北京宣武年鉴

BEIJING XUANWU NIANJIAN

2006

北京市宣武区地方志编纂委员会

中华书局

图书在版编目(CIP)数据

北京宣武年鉴. 2006/北京市宣武区地方志编纂委员会编.

—北京:中华书局,2006

ISBN7—101—05415—3

Ⅰ. 北... Ⅱ. 北... Ⅲ. 区(城市)—北京市—2006

—年鉴 Ⅳ. Z521.3

中国版本图书馆 CIP 数据核字(2006)第 143404 号

北京宣武年鉴(2006)

北京市宣武区地方志编纂委员会编

*

中华书局出版

(北京市丰台区太平桥西里 38 号 100073)

http://www.zhbc.com.cn

E-mail:zhbc@zhbc.com.cn

北京市三元诚信印刷厂印刷

*

787 * 1092 1/16 31.5 印张 24 插页 841 千字

2006 年 12 月第 1 版 2006 年 12 月第 1 次印刷

印数:2000 册 定价:105 元

ISBN 7 - 101 - 05415 - 3/K · 2433

北京市宣武区地方志编纂委员会

《北京宣武年鉴》编辑部

编 辑 说 明

一、《北京宣武年鉴》是一部综合性资料工具书，在中共北京市宣武区委和宣武区政府领导下，由区地方志编纂委员会组织编纂，《北京宣武年鉴》编辑部负责编写。

二、本年鉴以邓小平理论和“三个代表”重要思想为指导，遵循中国共产党十一届三中全会以来的路线、方针和政策，全面贯彻党的十六大精神，科学地反映客观情况。

三、本年鉴全面记述2005年度宣武区在各条战线、各个方面所发生的重大事件和新的情况，为领导决策提供可资参考的依据；为各行各业提供有价值的资料；为各方面人士了解宣武、研究宣武提供最新信息。

四、本年鉴以记述宣武区属各系统、各单位情况为主，对区境内中央、市属单位进行适当记述。

五、本年鉴采用文章和条目两种体裁，以条目体为主，用规范的语文体、记述体，直陈其事，力求言简意赅。

六、本年鉴设有综述、特载、专文、文件选编、大事记、党员先进性教育、党派、政权·政治协商、群众团体、政法·军事、综合经济管理、财政·税务·金融、工业·商务、城市建设、城市管理、科技·教育、文化·旅游·卫生·体育、社会生活、街道、人物、统计资料、附录22个一级栏目。一级栏目下设二级栏目，二级栏目下设分目，分目下设条目。

七、本年鉴收有宣武区党、政、军、民主党派、人民团体、街道、企事业单位、驻区部分单位负责人名录，均以2005年内任职情况为限。同时，收有2005年度获国家(中央部、委)、市及区奖励与荣誉称号的单位和个人名单,以及获高级职称人员名单。

八、本年鉴所选文章和条目,均由各部门、各单位确定专人撰写,并经主管负责人审核。统计资料由区统计局提供。

九、本年鉴反映2005年1月1日至12月31日期间所发生的情况,文内一般直书月、日,不再书写年份。

十、本年鉴在编辑出版工作中,得到全区各单位、各部门的大力支持和热情帮助,在此一并表示感谢。由于时间和水平所限,疏漏与不足在所难免,恳请广大读者批评指正。

● 中共中央政治局常委、全国政协主席贾庆林到广外街道红莲南里调研

● 副市长牛有成慰问社区卫生工作者

● 市委书记刘淇参观长椿寺

● 市委副书记、市纪委书记阳安江参观民俗文化展

● 市委副书记、政法委书记强卫慰问执勤民警

● 区委区政府领导参加全民义务植树宣传活动

● 王岐山市长到广外街道调研社会保障工作

● 区领导与社区老人亲切交谈

● 区领导参观双清别墅

● 区人大主任王敏荣视察食品卫生安全

● 区政协主席张文华视察琉璃厂文化街

● 宣武区保持共产党员先进性教育活动动员大会

● 宣武区第一批先进性教育活动党员干部培训班

● 区级领导干部弘扬井冈山精神专题培训班

● 党旗永远在我心中

● 陶然亭街道工委保持共产党员先进性教育活动动员大会会场

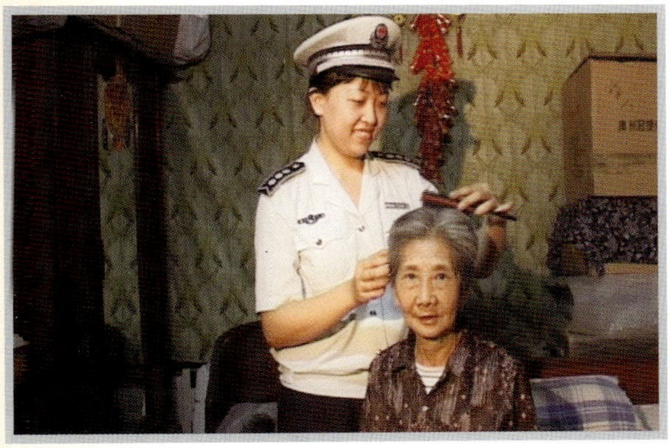

● 城管队员与社区居民亲如一家

● 社区居民为广外派出所送锦旗

● 城管队员护城河巡逻

● 法制教育进课堂

● 区领导参加城管大队领导班子专题民主生活会

● 专业小广告清理队伍整装待发

● 文明迎奥运光彩运动会会场

● 争当时代先锋，建设和谐宣武大型文艺演出

● 第四届“城管之星”表彰大会

● 社区居民给区城管大队送锦旗

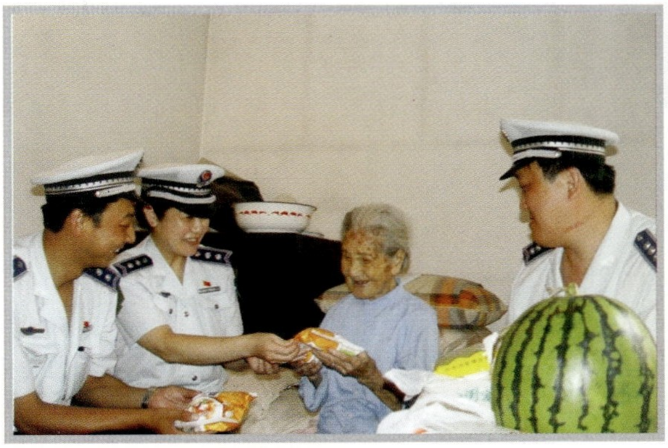

● 城管队员慰问百岁老人

● 区环卫中心青年党员利用工余时间检修机扫车

● 区领导与社区老人欢度重阳节

● 全国人大常委会副委员长、民革中央主席何鲁丽到马连道茶叶街调研

● 市委政法委书记强卫到广外街道调研

● 第五届马连道茶叶节开幕式现场

● 北京2008年奥运国际论坛2005大会会场

● 甘南藏族自治州歌舞团慰问宣武区人民专场文艺演出

● 奥委会官员参观天桥街道社区体育中心

● 奥委会官员向社区居民学习抖空竹

● 奥委会官员观看民俗文化表演

● 区委书记唐大生在奥运论坛上演讲

● 奥委会官员到清芷园社区参观访问

● 国际友人参加“人文奥运宣武行”活动

● 居民与外国友人联欢

● “人文奥运宣武行”文艺演出现场

● 学雷锋“综合包户”志愿服务

● 青年志愿者咨询服务活动

● 为贫困家庭子女献爱心

● 青年应急献血志愿者签名仪式

● 青年志愿者参加交通秩序整治

● 市区领导与艺术家参加大观楼百年庆典活动

● 区领寻与赴韩参加“你好，汉城节”秧歌队员合影留念

● 侨联文艺汇报演出

● 社区秧歌队盛装行进表演

● 第四届宣南文化节暨廉政文化专场演出

● 优秀鼓曲、绝活绝技展演

● 2005庆新春联欢会

● 厂甸庙会游人如织

● 杂技表演亮相厂甸庙会

● 第三届北京2008奥林匹克文化节天桥市民文化广场活动盛况

● 保护文物古迹宣传活动

● 北京国际旅游文化节民俗节目表演

● 非物质文化遗产申报项目——北京天桥中幡

● 白纸坊街道开展“千名党员进万家，为民服务零距离”主题实践周活动

● 贝宁国民议会议长参观清芷园社区

● 牛街礼拜寺维修工程开工

● 2005年宣武区援疆干部欢迎欢送会

● 社区居民热烈欢迎奥委会官员参观访问

● 把美的旋律献给2008奥运会

● 陶然亭社区艺术团成立

● 社区居民欢度重阳节

● 城管队员向中学生宣传法律法规

● 区领导观看城管大队建队8周年回顾展

●“暖心便民工程”启动

● 警情通报揭牌仪式

● 表彰青年拔尖人才

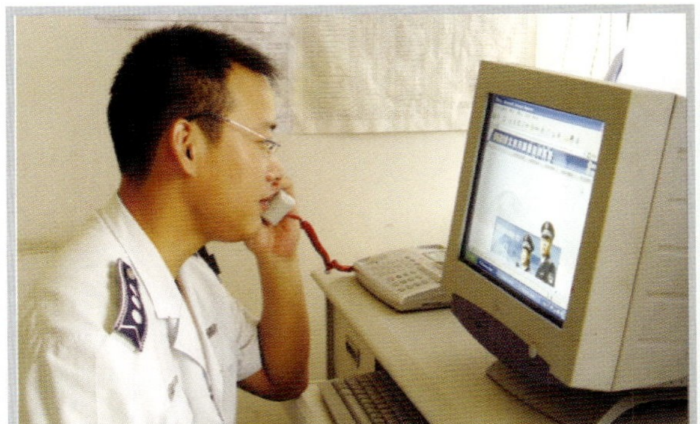

● 城管队员倾听群众呼声，耐心解答问题

● 大栅栏城管分队便民指路站

● 社区居民为执勤民警送上绿豆汤

● 查处店外经营

● 城管队员上街巡逻

● 把绿地养护知识送到居民身边

● 选任人民监督员

● 公安宣武分局先进性教育活动总结表彰会

● 宣武区政府向公安宣武分局发放巡逻车仪式

● 武警七支队战士与天桥街道社区居民结军亲

● 北京教育学院宣武分院附属中学成立

● 德育特色学校——宣师一附小

● “文明我先行 快乐伴成长”主题教育活动

● 牛街社区群众文化活动

● 第八届全民健身体育节

● 回民医院复诊典礼

● 回民小学生喜爱奥运福娃

● 首届“广内杯”社区空竹邀请赛

● 电影界前辈参加大观楼电影百年活动

● 申报全国“非物质文化保护遗产”项目——抖空竹

● 缤纷年轮

● 社区新图像

● 花坛·和谐旋律

● 珠市口中国结花坛

● 花坛·贺寿（万寿西宫）

● 广安门桥区一景

● 新建公共绿地——多媒体峰会绿地

● 西二环路沿线绿化景观

● 枣林前街新景

● 滨河公园绿化景观

● 云南马帮走进马连道茶城

● 进京茶商参加第五届马连道茶叶节

● 大观园庙会一景

目　录

综　述

特　载

专　文

文件选编

大事记

党员先进性教育

·概况

党　派

中国共产党北京市宣武区委员会

·概述

·主要工作和重大活动

·组织工作

·宣传工作

·精神文明创建活动

·统一战线工作

· 对台工作

· 决策研究工作

· 老干部工作

· 保密工作

· 直属机关工委工作

· 党校工作

纪检　监察

民主党派

政权　政治协商

北京市宣武区人民代表大会常务委员会

北京市宣武区人民政府

·民族　宗教　侨务

·对外事务

·信访工作

·档案工作

宣武区妇女联合会

宣武区工商业联合会

宣武区科学技术协会

宣武区残疾人联合会

宣武区归国华侨联合会

宣武区文学艺术界联合会

宣武区私营个体经济协会

宣武区红十字会

政法　军事

政法

·中共北京市宣武区委政法委员会

·公安工作

·案例举要

·检察工作

·案例举要

统计

劳动和社会保障

工商行政管理

安全生产监督

国有资产管理

质量技术监督

审计

药品监督管理

烟草专卖

财政　税务　金融

财政

税务

·国家税务

商务

·商务管理

·北京金源投资管理有限公司

·北京金座投资管理有限公司

·北京金正资产投资经营公司

·北京翔达投资管理有限公司

·北京金泰恒业有限责任公司宣武分公司

城市建设

管理

·建设管理

·建筑行业管理

房地产开发与建筑业

·北京市宣武区城市建设综合开发总公司

·北京宣房投资管理公司

·住房公积金管理

城市环境

·市容卫生

·环境保护

·管理监察

节水　防汛　供暖

·节水工作

·防汛工作

·供暖工作

科技　教育

科技

教育

·基础教育

文化 旅游 卫生 体育

文化

消费保护

居民生活状况

街　道

街道工作办公室

大栅栏街道

天桥街道

椿树街道

陶然亭街道

广安门内街道

牛街街道

白纸坊街道

广安门外街道

人　物

领导干部名单

部级先进集体和先进个人

市级（含系统）先进集体和先进个人

区级先进集体和先进个人

获高级职称人员

统计资料

附　录

中共北京市宣武区委主要文件目录

北京市宣武区人民政府主要文件目录

驻区主要单位名录

区域教育机构名录

区域医疗机构名录

区域文化设施名录

街道社区居民委员会

综　述

区情概况

宣武区位于北京市中心城区的西南部，总面积19.04平方公里。东以前门大街、天桥南大街、永定门内大街为界，与崇文区相接；西以马连道北路为界，与丰台区毗邻；南以永定门西滨河路、右安门东城根、右安门西城根为界与丰台区接壤；北以前门西大街、莲花池东路为界，与西城区、海淀区相连。全区划分为大栅栏、天桥、椿树、陶然亭、广安门内、牛街、白纸坊、广安门外8个街道办事处，辖108个社区居委会。区人民政府驻广安门南街68号。

2005年，全区地区生产总值按可比口径增长10%左右，人均地区生产总值在5 000美元以上。年内，实现财政收入25.2亿元，比上年增长2%，完成全年预算的101.7%。其中，增值税2.3亿元，比上年下降14.8%；营业税12.1亿元，比上年增长11.9%；企业所得税5.5亿元，下降9.2%；房产税2.0亿元，增长18.9%。投资规模趋于稳定。全年完成全社会固定资产投资76.3亿元，比上年下降9.8%。投资结构逐步调整。房地产开发投资呈下降趋势，在全社会固定资产投资中所占份额为71.7%，比上年下降10.2个百分点。

年末，全区常住人口为52.6万人。人口出生率4.2‰，死亡率5.2‰，自然增长率－1.0‰。计划生育率98.69%。

2005年国民经济和社会发展

经济建设

国民经济平稳健康发展。工业生产快速增长。2005年全年实现现价工业总产值243.2亿元，比上年增22.7%。其中，电力、热力的生产和供应业完成212.3亿元，占全部工业产值的87.3%，对全区工业产值的贡献率为103.8%。建筑业生产平稳。全区具有资质等级的独立核算建筑施工企业，完成建筑业总产值73.7亿元，比上年增长5.4%。流通领域规模以上批发零售业商品购进总额576.4亿元，比上年增长27.2%；商品销售总额588.7亿元，比上年增长20.2%。商品交易市场成交活跃。全区各类商品交易市场完成零售额4.8亿元，比上年增长6.8%。连锁企业进一步发展。全区16家连锁企业拥有门店367个，比上年增长17.6%；实现商品销售总额18.8亿元，比上年增长10.4%；利润总额9 269万元，同比增长57.1%。

全年新设立外商投资企业23家，比上年增加1家；辖区进出口总额20.2亿美元，比上年增长7.1%；实际利用外资1 894.3万美元，比上年增长0.4%；完成涉外税收3.2亿元人民币，比上年增长5.3%。

重点街区建设有序推进。国际传媒大道建设取得新进展，北京通信大楼结构封顶，沃尔玛超市开业，富卓广场、经济日报社综合业务楼正在进行内外装修；马连道采购中心重点项目进展顺利，音像大厦、新华书店总店、北京医药物流中心、百安居建成开业。

城市建设和管理

年内，房地产开发施工面积417.4万平方米；竣工面积167.6万平方米。有4条道路建成通车，12条道路完成翻修、养护工作。“一户一表”改造顺利推进，水表、电表改造分别完成17 802户和15 004户。琉璃厂地区部分地块规划工作基本完成。危旧房改造稳步推进。全区共拆迁居民5 589户，其中危改区拆迁居民2 442户。

城市综合整治工作成效明显。大栅栏地区月亮湾周边环境整治收尾，陶然亭公园周边、报国寺周边、和外东街南侧等5片“城中村”整治工作有序推进，共计拆迁居民1 718户，拆迁单位43个。市运二厂小区、牛街西里小区、菜园街24号院等小区升级改造工作全部完成,共拆违章建筑和临时建筑4 980平方米,绿化改造37 555平方米,改造整修道路18 906平方米。植树4.05万株,铺草坪7.01万平方米,新增绿地5.41万平方米,年末人均公共绿地面积2.39平方米。

大气污染得到有效治理。年内,全区空气质量二级和好于二级的天数为236天,占全年总天数的64.7%,比上年增加15天。

科技　教育

坚持科教兴区战略,科技资源进一步整合,科技创新能力、服务能力不断增强。全年认定登记技术合同1 100份,交易额11亿元。社区科普、青少年科普活动不断发展,广外红莲中里社区、车站西街15号院、天桥街道香厂路等6个社区科普活动室建成投入使用。宣武区科普工作获"北京市第五届青少年机器人竞赛"一等奖1项;获"第25届北京市青少年科技创新大赛"决赛科技论文发明创造一等奖2项、二等奖6项、三等奖23项;获科学幻想画一等奖1项、二等奖2项、三等奖3项;获"第二十届全国青少年科技创新大赛"优秀科技实践活动二等奖1项。

教育资源继续整合。撤并了204中学、134中学、146中学、广义街小学,完成了三教寺幼儿园和科技馆迁址、回民幼儿园新址规划、外国语实验学校增设高中部、建设教育学院宣武分院附中的工作。全年投入365万元用于教育资源调整,投入2 179万元用于改善办学条件,投入3 007万元用于全系统基建工程和修缮工程。

社区教育、成人教育不断发展,创建学习型城区工作取得新进展。各街道成立了社区教育委员会,形成了社区总院、社区分院、市民学校三级办学网络;全区共有3所中等职业学校,在校学生4 202人,教职工672人,其中专任教师380人。

教育质量不断提高。年末,全区共有小学34所,在校学生15 023人,教职工2 205人,其中专任教师1 688人;普通中学23所,在校学生24 311人,教职工3 068人,其中专任教师2 007人。义务教育阶段入学率100%,中考合格率93%,高考上线率90%以上。

文化　卫生　体育

文化基础设施建设得到加强,全区拥有文化馆1个;图书馆1个,馆藏图书32.3万册,比上年增加3.7万册;档案馆1个,馆藏档案资料13.6万卷(册),当年新增1.5万卷(册)。区文化馆、宣南文化博物馆、天桥市民广场投入使用,"宣南文化"影响力进一步扩大,厂甸庙会、大观园红楼庙会、"宣南文化节"等标志性文化节庆活动成功举办,"民族团结杯"、"广内杯"、"法源寺丁香诗会"、"陶然杯地书邀请赛"、"椿树杯社区京剧票友大赛"、"白纸坊高雅艺术进社区"等群众文化活动在社会上产生较大影响。

卫生事业不断发展。完成了宣武区公共卫生事件医疗救治体系规划建设项目和13个社区卫生服务示范站的装修改建工程。医疗卫生条件进一步优化,全区拥有卫生机构217个,床位4 336张,平均每千人拥有床位8.3张。

体育设施不断完善,全区拥有体育运动场馆256个,体育运动场馆面积34.1万平方米。全民健身活动蓬勃发展。成功举办了"宣武区第八届全民健身体育节",全年举办运动会18次,参会运动员9 013人。

民政　人民生活

社会保障体系不断完善。年末全区养老、失业、医疗、工伤、生育保险缴费人员分别达到17.9万人、21万人、37.6万人、15.9万人和11.9万人,社会保险基金征缴率均在98%以上,累计收缴基金达18.6亿元。

社会福利事业得到发展。全区拥有敬老院6所,床位279张,收养人员207人。年内有7 246户家庭15 446人享受城镇居民最低生活保障,累计发放最低生活保障金4 761万元。

就业、再就业工作稳步推进。进一步加大了就业培训力度,提高了服务水平,拓宽了就业门路,保持了就业形势的基本稳定。2005年,全区城镇登记失业率为1.93%,失业人员再就业率为65.86%。

居民生活质量不断改善。居民人均可支配收入达到17 023.7元,比上年实际增长14.3%。2005年,全区从业人员人均劳动报酬为32 174元,比上年增长20.6%;八大类消费全面增长,居民人均消费性支出13 840.8元,比上年增长20.8%。2005年,恩格尔系数为30.2%,比上年下降3.2个百分点;居民人均住房使用面积14.8平方米,比上年增加0.3平方米。

精神文明和民主法制建设

在保持共产党员先进性教育活动的推动和影响

下，精神文明和民主法制建设又取得新进展。认真实施了《宣武区2004—2008年创建全国文明城区规划》和《宣武区2004—2007年争创全国双拥模范区规划》，开展了扎实有效的精神文明创建活动。区政府自觉接受人大及其常委会的法律监督、工作监督，高度重视区政协和各民主党派、工商联、无党派人士、各人民团体参政议政和民主监督作用。认真做好人大代表建议和政协委员提案办理工作，办复率达到98%，满意率达到95%，有力推动了政府工作。广泛听取社区居委会、居民群众和专家对政府工作的意见、建议，主动接受监督。

认真落实党风廉政建设责任制，廉政建设和反腐败斗争深入开展。全面实施《行政许可法》，对不符合要求的行政许可事项进行了全面清理。

开展双拥共建、拥军优属活动，加强律师、公证等法律服务，做好法律援助工作。依法保障妇女、未成年人和残疾人的合法权益。深入宣传、全面贯彻党的民族宗教政策。坚决维护民族团结大局，加快牛街民族地区经济社会发展，促进各民族共同繁荣进步。进一步落实社会治安综合治理各项措施，推进社会治安防控体系建设，深入开展“平安社区”创建活动，强化科技防范手段，落实群防群控，增强社会治安防控能力。对突出治安问题和治安混乱地区，在继续加强城市秩序综合整治的基础上，有针对性地研究治本措施和工作机制，强化日常管理。继续开展安置帮教和社区矫正工作。坚持不懈地开展了同“法轮功”邪教组织的斗争。

以发现得早、化解得了、控制得住、处置得好为目标，积极预防和妥善处置群体性事件。重视做好人民来信来访和人民内部矛盾排查调处工作，健全预防、化解各种矛盾和纠纷的机制，建立健全社会利益协调机制，畅通和拓宽群众利益表达渠道，引导群众以理性合法的形式表达利益要求、解决利益矛盾。全面推广普及礼仪教育，深入开展市民讲英语活动，在市民中开展“除陋习、树新风”和“来京务工人员与北京市民同行”活动，进一步提高了市民和来京务工人员道德水平。

（牛建华）

特　载

在区委九届三次全体(扩大)会议上的报告

中共宣武区委书记　唐大生

(2004年12月27日)

同志们:

现在,我受区委常委会的委托,向全会作工作报告。

一、2004年全区工作回顾

今年以来,区委坚持以邓小平理论和"三个代表"重要思想为指导,认真贯彻落实中央、市委的各项决策和部署,团结带领全区各级党组织、广大党员干部和各族人民群众,开拓进取、克服困难、艰苦奋斗,全面完成了各项工作任务,取得了改革开放和现代化建设的新成绩。

——区域经济保持平稳增长,人民生活条件得到改善。预计全年实现地区生产总值225亿元,同比增长12%;实现财政收入23.5亿元,同比增长20.5%。居民人均可支配收入达到14 677元,剔除价格因素增长10%。就业和再就业工作成绩显著,全区城镇登记失业率1.43%,失业人员就业率70.6%,区劳动和社会保障局荣获全国再就业先进集体称号。认真落实城市最低生活保障制度,进一步健全社会保障体系,加强社会救助工作,困难群体生活得到有效保障。加大力度、切实解决了一批涉及群众切身利益的困难和问题。

——城市建设积极稳妥推进,城市管理水平不断提高。完成了全区城市规划的修编工作,重点地区、重点项目的整体规划进一步加强。整体推进了功能街区建设,大栅栏、马连道、传媒大道等重点地区建设取得新进展,广安门办公商务区服务环境进一步优化,天桥、牛街特色街区建设步伐加快。北京通信大厦、富卓广场等重点工程建设进展顺利。危旧房改造在克服诸多困难的情况下积极推进,红居、新安中里等回迁住宅楼建设如期竣工,回迁居民6 596户。继续完善市政基础设施,城市承载能力和服务功能进一步增强。加快实施《宣武区古都风貌保护规划要点》,修缮了德寿堂、长椿寺等重点文物,加强了对古都风貌的保护。加大治理大气污染力度,全面落实环境保护各项措施。大力推进环境综合整治和绿化建设,城市面貌进一步改善。认真落实北京市第五次城管工作会议精神,继续推进城市管理体制改革与创新,进一步提高了城市管理水平。切实加强了公共卫生体系和突发事件应急机制建设,夺取了防控非典和禽流感疫情的胜利。

——各项改革进一步深化,对外开放水平不断提高。深化国有资产管理体制改革,组建了专门机构,加强了对国有资产的监督和管理。积极推进了区属国有、集体企业改革改制,国有资产有序退出,增强了企业发展活力。进一步优化所有制结构,鼓励支持非公有制经济发展,促进多种所有制经济共同发展。全面推行全程办事代理制,深化行政审批制度改革,促进政府职能转变,优化了区域发展环境。严格落实国家土地供应制度改革的政策要求,清理整顿规范土地市场,实施了土地收购和整理储备。加强固定资产投资清理,积极推进投资体制改革,实施政府投资项目代建制,规范了投资项目建设程序。加快推进了教育、卫生、文化、体育等领域改革。成功举办了第五届宣武经贸洽谈会,利用北京宣武国际传媒周、京港洽谈会等提供的机遇和平台,加大招商引资力度,全年引进外资1 800万美元,同比增长49.2%。积极参与中法文化年系列活动,对外展示了形象,提高了影响力。

——精神文明建设得到加强,各项社会事业繁荣发展。荣获了全国双拥模范区称号。国家卫生区创建工作取得积极成果。认真贯彻中央、市委关于加强和改进未成年人思想道德建设的要求,进一步加强和改进了青少年思想道德教育工作。深入开展全国文明城市的创建活动,精神文明建设整体水平进一步提高。研究制定了教育事业发展规划,确定了教育现代化发展目标,加快实施了教育布局调整和资源整合,提高了教育教学质量和水平。推进了科技工作,进一步完善了科技管理和服务体系,广泛开展科普宣传活动,增强了群众科学观念。加快基层文化、体育设施建设,丰富和活跃了群众文化、体育生活。加大公共卫生事业投入力度,积极推进了区域卫生资源的整合,加强了基层卫生服务体系建设,提高了医疗卫生服务质量和水平。民政优抚、计划生育、残疾人保障、档案、人防、老龄等各项工作也都取得了新成绩。

——民主法制建设扎实推进,安定团结局面更加巩固。坚持和完善人民代表大会制度和政治协商制度。贯彻落实区委关于加强人大、政协工作的有关规定,以纪念区人大成立50周年为契机,进一步加强了人大工作。积极为区政协履行职责创造条件,政协组织的职能作用得到充分发挥。加强了党对统战工作的领导,巩固和发展了爱国统一战线。认真落实党的民族宗教政策,关心支持民族地区的建设与发展,促进了民族团结进步。认真落实依法治区工作纲要,深入贯彻落实《行政许可法》和《全面推进依法行政实施意见》,依法行政工作迈出新步伐。加强了法制宣传教育和法律援助工作。继续推进了司法改革,促进司法公正。加强和改进了公安工作,加强社会治安综合治理,加大打击犯罪和治理整顿力度,提高了群众对社会治安的满意度。圆满完成各项安全保卫任务。深入开展与法轮功等邪教组织的斗争。高度重视切实加强安全生产工作,健全监管机构,加大投入,开展专项整治,严格落实责任制,保证了人民群众生命财产安全。进一步完善了人民内部矛盾排查调处工作机制,解决了一批复杂信访问题,维护了社会稳定。

——积极推进党建工作创新,党的建设迈出新步伐。抓住换届契机,加大干部调整交流力度,进一步优化了领导班子结构,增强了整体功能。制定《关于贯彻中央和市委加强党的执政能力建设要求的实施意见》,定期举办"领导干部论坛",积极开展多种形式的教育培训工作,提高党员领导干部的综合素质和履职能力。认真贯彻《干部任用条例》,进一步深化干部人事制度改革,实行区委全委会无记名投票表决正处职领导干部拟任人选和推荐人选制度,建立完善职位说明书和干部推荐说明书,积极探索领导干部任职资格考评与组织考察相结合的干部考察新方法,加快建立以正确的政绩观为指导,由品德、知识、能力、实绩等要素构成的领导干部考核评价指标体系,积极推进了干部管理以职务管理为主向职务管理与职责管理相统一、以职责管理为中心的管理方式转变。召开了全区人才工作会议,制定下发了加强全区人才工作的意见,加强了对人才资源的战略开发,进一步了优化人才发展环境。制定了《区委2004—2008党建五年规划》和"增三力"工程实施意见。举办十五城区社区党建工作研讨会,推进了基层党建工作创新。认真贯彻"两个条例",研究制定加强党内监督的若干规定,加大了源头治理力度,狠抓党风廉政建设责任制的落实,反腐败工作取得新进展。

一年来,区委在领导全区工作中努力做到"五个坚持":

1. 坚持总揽全局的原则,有效发挥地方党委的领导核心作用。认真贯彻落实《中国共产党地方委员会工作条例(试行)》,进一步改进领导方式和执政方式,不断完善区委议事规则和决策程序,正确履行全委会、常委会、书记会的工作职责,充分发挥集体领导的作用。积极发挥政府的行政职能作用,尊重支持区人大、区政协依法依章履行职责,促进了四套班子团结协作。认真履行把握方向、谋化全局、提出战略、推动发展、营造良好环境的领导职责,加强对全区经济社会发展重大问题的研究和指导,加强对全区重大事务、重要工作部署的领导和综合协调。充分发挥工会、共青团、妇联等群团组织联系群众的桥梁和纽带作用,进一步加强与各民主党派、工商联和无党派人士的政治协商和合作共事,努力调动起各方面的积极性,形成全区发展的合力。

2. 坚持发展是第一要务,努力促进经济和社会全面协调发展。贯彻科学发展观的自觉性不断增强,认真落实中央加强宏观调控的各项措施,在提高经济增长速度的同时,更加注重经济运行的质量和效益,优化经济增长结构,加快培育新的经济增长点,不断增强发展后劲。积极探索中心城区城市建设的特点和规律,在保护古都风貌的同时,努力创新工作思路,加快推进危旧房改造和城市建设,改善群众居住条件。树立节约资源的观念,统筹考虑当前发展与长远发展的需要,合理开发和使用土地等各种资源,增强可持续发展能力。不断完善政策措施,加大投入力度,大力发展教育、科技、文化、卫生、体育等各项事业,努力使经济和社会发展相辅相成、相互促进。

3. 坚持稳定是第一责任,积极妥善解决改革发展中的矛盾和问题。面对改革发展中不断出现的新情况、新问题，区委始终站在全局和政治的高度，统筹考虑改革、发展、稳定的关系，坚持把维护政治稳定、保持社会安定作为第一位的政治任务常抓不懈。在推进经济建设、城市建设、改革调整以及其他各项重点工作中，通过深入细致的思想政治工作和群众工作，及时疏导和化解了大量矛盾和问题；在深化改革中，努力把改革的力度、发展的速度和群众的可承受程度统一起来，注意促进社会公平，调动各方面的积极性；不断完善维护稳定的领导体制和工作机制，强调稳定是第一责任，努力把矛盾解决在基层、化解在萌芽状态，确保了全区稳定安定。

4. 坚持执政为民的宗旨，努力实现维护和发展群众的根本利益。牢固树立“群众利益无小事”的观念，坚持把代表群众的根本利益作为出发点和落脚点，不断完善工作措施，加大工作力度。在制定政策上，正确反映和兼顾不同方面群众的利益，努力把握绝大多数人的共同利益与具体利益的结合点，统筹考虑群众的长远利益和当前利益。在推进工作中，把群众需求作为第一信号，把维护和发展群众利益作为第一任务，把群众满意作为第一标准。坚持和完善领导干部联系基层制度，促使各级领导干部深入群众，注意了解民意，关心群众疾苦，倾听群众呼声，抓住群众反映强烈的热点、难点问题开展工作；坚持为民办实事制度，认真落实折子工程，加强监督检查，着力解决事关群众切身利益的各种实际困难和问题，努力把实事办实、好事办好，使人民群众在改革与发展中得到更多实惠，实现发展的根本目的。

5. 坚持从严治党的方针，不断提高党的执政能力和领导水平。按照“三个代表”的要求，毫不放松地加强和改进自身建设。坚持把思想政治建设放在第一位，制定加强局、处级领导班子思想政治建设的意见，深入开展“三个代表”重要思想和科学发展观的学习教育活动，切实提高党员干部的思想政治理论水平。加强调查研究和分类指导，不断推进基层党建工作的规范化和制度化，夯实党的执政基础。坚持“两个务必”，大力弘扬求真务实精神，对照胡锦涛同志提到的“十个方面”的问题，查找自身不足，认真加以整改。严格落实党风廉政建设责任制各项要求，进一步完善各项制度措施，切实做到对党员干部严格要求、严格教育、严格管理、严格监督，不断提高党组织和党员队伍的创造力、凝聚力和战斗力，保证了全区各项事业的健康发展。

同志们，以上成绩和经验的取得，是市委正确领导的结果，是全区上下团结一致、齐心协力、共同奋斗的结果。在此，我代表区委向辛勤工作在全区各条战线上的同志们表示衷心的感谢！

在看到成绩的同时，我们也必须清醒地认识全区发展中仍然存在一些问题和不足，主要表现在：区域经济特色不够鲜明，主导产业未形成规模，对外开放的水平还不够高；重点功能区建设未能实现整体突破，加快推进危旧房改造和城市建设的任务仍然十分艰巨；困难群众就业和生活的压力比较大，人民生活中一些实际问题未能根本解决，影响稳定的因素仍然存在；党的领导方式、执政方式需要进一步改进和完善；一些领导班子在社会主义市场经济条件下谋划改革、推进发展的能力还不够强；一些基层党组织战斗堡垒作用发挥得不够好；一些党员干部执政为民的意识不够强、作风不够扎实等等。这些问题影响着全区各项事业的繁荣发展，影响着党的执政水平和执政成效。对此，我们必须高度重视，认真解决。今年十月，胡锦涛总书记视察北京、亲临我区指导工作。这是对全区广大党员、干部群众的极大鼓舞和鞭策，我们要牢记总书记的要求，并以此为巨大动力，再接再厉推进全区更快更好地发展。

二、当前面临形势和2005年主要目标任务

2005年是实施“十五”发展计划的最后一年，也是加快推进全区发展至关重要的一年。准确分析和把握当前形势、明确明年工作目标任务，对于科学确定未来全区经济社会发展的战略方针，加快推进全区各项事业发展，具有十分重要的意义。

当前，全区发展面临新的形势和任务。一是全市上下正围绕“新北京、新奥运”的战略构想，加快推进首都现代化建设，形成了聚精会神搞建设、一心一意谋发展的良好局面。特别是随着市委、市政府对南城发展的支持力度不断加大、各项措施不断落实，为全区加快发展创造了良好外部条件，提供了难得机遇。二是国家宏观调控力度加大、土地供应政策发生变化、北京市城市总体规划修编、风貌保护和危旧房改造政策进行调整，对全区工作提出了更高的标准和要求。三是虽然这些年全区发展迈上了一个新台阶，但是，与率先基本实现现代化的要求相比，我们在发展的速度、发展的规模、发展的质量和水平上还有一定的差距，全区加快发展的任务还很艰巨。因此，我们要充分把握有利条件，增强做好明年全区工作的信心，又要保持清醒头脑，积极做好应对各种困难的准备，要把思想统一到党的十六届四中全会精神上来，统一到中央明年经济工作的主要任务上来，统一到市、区第九次党代会的各项部署上来，牢牢把握以下三个原则：

一是落实科学发展观，努力实现全区经济社会的新发展。按照科学发展观的要求，结合宣武实际，高

水平制定“十一五”规划,进一步明确城市功能和主导产业的发展方向和布局,统筹考虑当前发展与未来发展的需要,正确处理经济增长与社会进步的关系、人口资源与环境的关系、发展手段与目的的关系、改革发展与稳定的关系,使全区的发展更加符合经济社会发展规律,更加符合先进生产力的发展要求、先进文化的前进方向,更好地满足人民群众不断增长的物质文化需要。

二是解放思想改革创新,努力实现全区工作的新突破。坚持解放思想、实事求是,冲破一切妨碍发展的思想观念,不断研究新情况,解决新问题,实现新发展;进一步深化改革,冲破一切束缚发展的做法和规定,不断推进体制机制创新、工作思路创新、工作方法创新;要善于总结经验、善于抢抓机遇,敢于面对挑战、迎难而上,敢于在竞争中前进和发展,统一思想、上下一心、团结一致、满怀信心地做好全区各项工作。

三是加强执政能力建设,努力实现全区党建水平的新提高。以提高执政能力为目标,进一步完善决策机制、改进领导方式和执政方式,发挥好党委的领导核心作用;进一步转变观念、推进创新,发挥好基层党组织的战斗堡垒作用;进一步加强教育、严格管理,积极探索保持党员先进性的长效机制,发挥好广大党员的先锋模范作用。不断提高党的科学执政、民主执政、依法执政的水平。

全区各级党组织、广大党员干部要充分认识全面落实科学发展观同提高党的执政能力、加快推进改革发展的一致性,在深化改革、推进发展中落实科学发展观,在落实科学发展观中提高党的执政能力,促进全区和谐发展,实现现代化建设的历史使命。

2005年全区工作的指导思想是:以邓小平理论和“三个代表”重要思想为指导,全面贯彻党的十六大、十六届三中、四中全会精神,围绕“新北京、新奥运”战略构想,加快落实市、区第九次党代会确定的各项任务,坚持发展是第一要务,进一步树立和落实以人为本的科学发展观,大力加强社会主义物质文明、政治文明和精神文明建设,以提高执政能力为重点,全面推进党的建设,圆满完成“十五”发展计划,加快推进全区经济和各项社会事业发展,为把宣武区建设成为现代化首都中心城区而努力奋斗!2005年全区经济和社会发展的主要目标是:全年地区生产总值按可比口径增长9%,区级财政收入扣除不可比因素增长10%,居民人均可支配收入实际增长8%,全年登记失业率控制在2.5%以内。2005年全区要努力做好以下六个方面的工作:

(一)加快经济体制改革和结构调整,进一步繁荣发展区域经济。

按照完善社会主义市场经济体制的要求,不断创新经济发展思路。深化经济领域各项改革、扩大开放,促使区域经济总量提升、规模扩大、质量提高,进一步增强全区经济的整体实力和发展活力。

坚持改革方向,完善市场机制。加快推进政府向经济调节、市场监管、社会管理和公共服务职能的转变。坚持定期分析经济形势制度,加大对经济运行调节力度,提高领导经济工作的能力和水平。落实土地供应制度改革的要求,加快实施土地储备和一级开发,完善土地交易市场。加强市场监管,进一步整顿和规范市场经济秩序,加快构建完善的市场信用体系。加快推进资本、技术、劳动力等要素市场建设。调整和优化财政支出结构,加大对公益性和公共基础设施建设等领域的投入。加强对财政投资项目的预算管理和审计监督,提高资金使用效益。加快投融资体制改革步伐,积极探索开放市政公用事业和城市基础设施建设运营市场的有效途径。

加快结构调整,增强发展活力。加快国有企业改革步伐,进一步完善企业股权结构、资本结构和治理结构,提高竞争力。大力发展非公有制经济,加强指导和服务,把非公经济培育成全区经济新的增长点。进一步健全国有资产监督管理体系,加强国有资产的监督管理。优化产业结构,大力发展现代服务业、商贸流通业、文化旅游业、房地产建筑业和信息传媒业。积极创造条件,吸引更多集团、企业总部入区落户,进一步发展壮大总部经济。充分挖掘和发挥“老字号”企业的品牌效应,推进老字号传统优势与现代经营方式和服务手段的结合,加快发展特色经济。

扩大对外交流,提高开放水平。加大对外宣传和招商引资的力度,完善引资综合协调服务体系,提高服务水平。健全完善项目资格审查准入制度,提高利用外资的质量和水平。有效整合、集约利用区域教育、卫生、文化等优势资源,促进区域发展。充分利用好“两个市场、两种资源”,坚持“引进来”和“走出去”相结合,积极搭建平台,拓宽企业发展空间和资源配置空间,支持企业做大做强。加强与市有关部门的联系与沟通,积极主动地在政策上、资金上、项目上争取更多的支持。进一步发展对外交往,推动与友好城市在各方面、各领域的交流与合作。

(二)加快推进城市建设与发展,进一步完善提升城市功能。

按照城市现代化建设的要求,积极探索中心城区城市建设的特点和规律,促进经济发展与城市建设、城市建设与城市管理、危旧房改造与保护古都风貌的统一,提高城市的建设和发展水平。

完善城市规划,优化整体功能。充分发挥规划对城市建设和发展的导向作用、调控作用，提高城市规划的前瞻性、科学性。结合北京市总体规划修编，做好区域性控制性详细规划的修编工作，进一步调整完善区域空间布局、功能街区布局和产业布局，使规划更加有利于提升城市的功能、发挥资源的利用效率、方便群众工作和生活。继续完善历史文化保护区的整体规划，研究制定宣南文化保护开发规划。加强对城市规划的宣传，强化对规划实施的监督和管理。

加快建设步伐，改变城市面貌。按照整体规划、分步实施、重点推进、打造精品的原则，加快大栅栏、马连道、国际传媒大道和广安大街两侧的开发建设。进一步完善广安门商务办公区的协调服务职能，积极推进牛街民族商业街区、天桥民俗商业街区建设。创新工作思路、探索多种方式，集中力量加快推进城市危旧房改造，改善群众居住条件。进一步完善城市道路交通设施、市政公用设施和小区配套设施。继续抓好重点地区、重点工程建设。认真实施《宣武区古都风貌保护规划要点》，加强对重点文物的修缮和周边环境的治理，加快实施大栅栏、东西琉璃厂、法源寺等四个风貌保护区的保护建设。

深化城管改革，提高管理水平。贯彻落实北京市第五次城管工作会议精神，进一步深化街道综合改革，理顺区、街以及政府各职能部门的关系，明确职责任务，加快建设相互衔接、合理分工、规范高效、充满活力的城市管理框架。加大科技投入，运用现代科技和电子信息手段，提高城市管理的科技含量和现代化水平。进一步完善城管监察执法体制，加强城市管理长效机制建设。加大综合整治和环境建设力度，从根本上解决一些地区环境脏乱差问题。继续加大大气污染防治力度，加快推进城市绿化、净化、美化、亮化工程，建设整洁优美、便捷畅通、井然有序的城市环境、居民生活环境。进一步健全完善区域预警和应急处理体系，形成统一指挥、功能齐全、反应灵敏、运转高效的城市管理应急机制，提高保障公共食品、医疗卫生和处置突发事件的能力。

（三）加快推进社会管理创新，进一步促进全区和谐发展。

按照建设和谐社会的要求，深入研究社会管理的规律，加强和改进群众工作，正确处理人民内部矛盾，提高社会管理和建设水平，加快建设党委领导、政府负责、社会协同、群众参与的社会管理体制。

加快政府职能转变，推进管理机制创新。进一步推进行政体制改革，整合行政资源，降低行政成本，提高行政效率。加快推进政企分开、政事分开。继续推进全程办事代理，强化服务意识，转变工作作风，提高工作效率和服务水平，优化发展环境，增强区域对资本、人才、技术的吸引力和凝聚力。加快推进政府信息化和“数字宣武”建设，不断提高社会信息化管理和服务水平。充分发挥地方党委、政府在社会管理领域中的主导作用，积极探索建立灵活高效的协调机制、社会动员机制，提高社会组织动员能力。积极引导各类社会组织和广大市民参与社会管理，形成社会管理和社会服务的合力。

妥善协调各方利益，有效化解各类矛盾。高度重视和维护人民群众最现实、最关心、最直接的利益，代表最广大人民群众的根本利益，坚决纠正各种损害群众利益的行为，下大力解决好城市危改、交通拥堵、公共卫生、社会治安等群众反映突出的问题。加强对新形势下人民内部矛盾的分析研究，提高化解矛盾纠纷、妥善处置群体性事件的能力。坚持和完善人民内部矛盾纠纷排查调处工作机制，综合运用政策、法律、经济、行政等手段和教育、协商、调解等方法，引导和帮助群众以理性合法的形式表达利益要求，解决利益矛盾，自觉维护安定团结。充分发挥基层组织在信访排查工作中的第一道防线作用，及时妥善处理群众反映的问题，切实提高基层化解矛盾的能力和水平。

坚持党的群众路线，加强和改进群众工作。加强马克思主义群众观点和党的群众路线的宣传教育，进一步密切党群、干群关系。积极探索和把握新形势下群众工作的特点规律、方式方法，加强和改进群众工作。以群众关心的热点和难点问题为工作重点，把理顺群众情绪与努力为群众解决实际问题结合起来，把联系群众、服务群众与宣传群众结合起来，善于运用说服教育、示范引导和提供服务等方法，把群众工作做深、做细、做实，不断提高组织群众、宣传群众、教育群众和服务群众的本领。各级领导干部要深入基层、深入群众，倾听群众呼声，关心群众疾苦，用良好的形象和作风教育群众、影响群众，团结带领群众艰苦创业。

（四）加快推进先进文化建设，进一步繁荣发展社会事业。

按照发展先进文化的要求，大力加强社会主义精神文明建设，不断提高广大市民的思想道德水平和科学文化素质，加快发展各项社会事业，进一步提高人民生活质量和水平。

加强理想信念教育，巩固思想基础。坚持马克思主义在意识形态领域的指导地位，全面落实用邓小平理论和“三个代表”重要思想武装全党、教育人民的战略任务，推动“三个代表”重要思想的普及。弘扬以爱国主义为核心的民族精神和以改革创新为核心的时代精神，引导人们牢固树立建设中国特色社会主义的共同理想。坚持贴近实际、贴近生活、贴近群众，不断增强宣传舆论工作的针对性和感染力。进一步健全和完善思想政治工作的运行机制,做好统一思想、理顺情绪、凝聚力量的工作,使全区人民始终保持昂扬向上的精神状态。

加强思想道德建设,深入开展创建活动。广泛深入开展爱国主义、集体主义和社会主义教育,大力倡导爱国守法、明礼诚信、团结友善、勤俭自强、敬业奉献的基本道德规范,深入推进以社会公德、职业道德、家庭美德为重点的道德教育,广泛开展文明礼仪宣传教育实践活动,积极推进人文奥运。加强和改进未成年人思想道德建设,推进学校、家庭、社会三结合的教育网络建设。认真贯彻落实《2004—2008年创建文明城区规划》,以"建首善、创一流"为目标,全力争创全国文明城区。大力开展爱国卫生运动,增强市民卫生文明意识。加强双拥共建工作,巩固全国双拥模范区创建成果。

加快发展社会事业,不断改善人民生活。全面贯彻党的教育方针,继续深化教育改革,加快实施教育现代化战略,满足广大群众对优质教育资源的需求。发展成人教育、职业教育和社区教育,努力构建学习型社会。加强科学知识的宣传普及,提高广大群众科学素质,推动科技进步与创新。加强对宣南文化的研究和宣传,促进宣南文化与人文奥运的结合。加强文化市场管理,提高群众文化活动的整体水平。以公共卫生体系建设为中心,加快实施卫生事业改革,提高医疗卫生整体服务水平。积极推进全民健身工作,不断提高全民健康水平。继续推行优生优育优教,稳定低生育水平。高度重视、切实做好就业和再就业工作,加强指导服务,促进就业和再就业。进一步健全和完善社会保险、社会救助、社会福利等保障体系,切实保障困难群众的基本生活。加快文化、体育、旅游等公共服务设施建设,不断满足人民群众日益增长的物质文化需求,让人民群众生活的更方便、更幸福。

(五)加快推进民主政治建设,进一步巩固安定团结的政治局面。

按照建设社会主义政治文明的要求,坚持和改善党的领导,推进民主政治建设,保障人民当家作主的各项权利,加快推进依法治区,切实维护全区的安全稳定。

坚持和改善党的领导,不断提高决策水平。充分发挥区委作为地方党委的领导核心作用,加强和改进对区人大、政府、政协的领导,支持其依法依章独立负责、协调一致地开展工作,及时研究并统筹解决其工作中的重大问题。发挥好工会、共青团、妇联等群众团体在全区三个文明建设中的桥梁和纽带作用。进一步巩固和发展新时期爱国统一战线,充分调动起各民主党派、工商联以及各界人士的积极性,为全区发展贡献力量。切实做好民族、宗教、侨务和对台工作,巩固发展全区民族团结进步的成果。进一步加强以民主集中制为核心的各项制度建设,改进和完善决策机制,积极推进决策的科学化、民主化,健全有关重大问题决策前的协商制度,建立专家参与决策咨询论证制度和决策失误责任追究制度,努力运用科学的思想、科学的制度、科学的方法推动各项事业发展。

巩固发展民主政治,保障人民民主权利。坚持和完善人民代表大会制度,保证和支持区人大及其常委会依法实施法律监督和工作监督。坚持和完善中国共产党领导的多党合作和政治协商制度,积极推进人民政协政治协商、民主监督、参政议政的规范化和制度化。进一步巩固和发展基层民主,健全民主选举、民主决策、民主管理和民主监督制度,充分保证群众民主权利。坚持完善社会舆情汇集和分析制度,畅通社情民意反映渠道。积极推行政务公开、厂务公开、居务公开,拓宽人民群众参与管理经济、文化和社会事务的渠道,调动起各方面的积极性、创造性,把全区人民的智慧和力量转化为加快推进改革开放和现代化建设的巨大动力。

加快推进依法治区,创造稳定社会环境。继续深入开展"四五"普法工作,进一步增强公民的法律素质,进一步提高广大公务员特别是领导干部依法行政、依法办事的能力,坚持依法处理和解决各种矛盾和问题,坚持用法律引导和规范各种社会行为。加强对行政行为的监督检查,完善行政执法责任制。加强党委对政法工作的领导,继续推进司法改革,促进司法公正。牢固树立稳定是第一责任的意识,进一步完善维护社会稳定的领导体制和工作机制。全面落实社会治安综合治理各项措施,认真解决全区治安工作中出现的各种问题,加强对流动人口的管理,深入开展基层安全创建活动,完善社会治安防控体系,切实提高应急反应、治安防控的能力,提高依法打击各种犯罪活动、保障人民生命财产安全的能力。坚持"安全第一、预防为主"的方针,积极探索安全生产的长效机制,努力形成高效运作的安全监管体系,坚决防止重大安全事故发生。继续深入开展同敌对势力以及法轮功邪教组织的斗争,切实维护全区政治稳定和社会安定。

(六)以提高执政能力为重点,进一步加强和改进党的建设。

按照"三个代表"的要求,以提高党的执政能力为重点,加强和改进党的思想、组织、作风和制度建设,为加快推进全区改革开放和现代化建设提供坚强有力的政治保证和组织保证。

加强和改进思想政治建设。坚持用马列主义、毛泽东思想、邓小平理论和“三个代表”重要思想武装全体党员，不断把学习贯彻“三个代表”重要思想引向深入，在武装头脑、指导实践、推进工作上取得更大的成效。按照建设学习型领导班子的要求，切实抓好领导干部的理论学习和业务学习，提高领导干部学习的能力。进一步健全各级党委中心组学习制度，充分发挥党校的主渠道作用，坚持干部自学和轮训制度，推动党员干部学习经常化、制度化。大力弘扬理论联系实际的学风，善于运用马克思主义的立场、观点、方法科学地分析和判断形势，善于用科学的理论指导全区改革发展的实践，妥善解决全区改革发展稳定中的重大问题，妥善解决群众生产生活中的紧迫问题，妥善解决党的建设中的突出问题，努力在按照规律办事、提高工作水平上不断取得新的进步，在落实科学发展观上有新的拓展，在领导发展的能力上有新的提高。

加强和改进党的组织建设。认真落实《区委2004—2008年党建规划》的要求，大力实施“增三力”工程，深入开展基层党组织“五好”争优创先活动，使基层党组织成为“三个代表”重要思想的组织者、推动者、实践者。加快社区党建工作机制创新，推进社区党建工作取得新成效。加强和改进机关、事业单位党建工作，促进业务工作开展，提高服务水平。进一步加强企业党建工作，加大在新经济组织、新社会组织中建立党组织的工作力度，积极探索党组织建设的新模式。结合基层党组织建设的实际情况，分级分类调整规范基层党组织的工作职责，明确工作目标任务，切实提高基层党组织的履职能力和履职水平。加强对基层工作的指导和服务，积极为基层开展工作创造条件。真正重视、真情关怀、真心爱护广大基层干部，积极帮助解决基层干部在工作、学习、生活中存在的实际困难和问题。基层党组织和基层干部要主动适应新形势，把贯彻党的主张、促进改革发展、维护群众利益、做好真诚服务作为重要职责，把群众紧密团结在党的周围。认真做好发展党员工作，增强党的阶级基础，扩大党的群众基础。加强党员教育和管理，按照中央、市委的统一部署，组织开展好以实践“三个代表”重要思想为主题的党员先进性教育活动，积极探索党员保持先进性的长效机制，促使广大党员坚定理想信念、坚持党的宗旨、增强党的观念、发扬优良传统，保持先进性和纯洁性，在全区改革开放和现代化建设中始终走在前列。

加强和改进领导班子和干部队伍建设。按照政治坚定、求真务实、开拓创新、勤政廉政、团结协调的要求，切实把领导班子选好配强。认真贯彻落实区委关于加强局、处级领导班子思想政治建设的意见，进一步提高领导班子、领导干部的思想政治水平。遵循领导班子建设和干部成长规律，不断优化领导班子结构，努力将一批政治上靠得住、工作上有本事、作风上过得硬的干部选拔到各级领导岗位，不断增强领导班子的整体功能，提高领导班子和领导干部的执政能力。继续加大培养和选拔优秀妇女干部、少数民族干部和党外干部的力度。按照素质优良、数量充足、结构合理、堪当重任的要求，进一步拓宽后备干部的培养选拔方式，加快后备干部人才库建设。认真组织好“领导干部论坛”，继续抓好大规模培训干部的工作，不断创新培训方法，拓宽培训内容，提高培训质量。进一步深化干部人事制度改革，继续推进干部管理由职务管理为主向以职责管理为中心的管理方式转变。坚持党管干部原则和“四化”方针，认真贯彻执行《干部任用条例》，进一步完善民主推荐、民主测评、民主评议、公开选拔、竞争上岗、任前公示等制度，促进干部工作的科学化、民主化和制度化。坚持党管人才的原则，认真贯彻落实区委、区政府关于加强人才工作的意见，切实抓好党政人才、企业经营管理人才、专业技术人才和高技能人才队伍建设，进一步营造鼓励人才干事业、支持人才干成事业的社会氛围，为各类人才提供干事业的舞台，努力把各方面优秀人才集聚到全区的各项事业上来。

加强和改进党的作风建设。认真贯彻落实中央、市、区委关于加强和改进党的作风建设的各项规定，切实解决党员干部在作风方面存在的突出问题。以保持党与人民群众的血肉联系为核心，大力弘扬求真务实精神，大兴求真务实之风，提高执政效率。从区委做起，切实精简会议、文件和简报，进一步改进会风。严格规范和控制各种检查、评比，达标活动，切实减轻基层负担。坚持和完善领导干部联系基层、调查研究制度，加强督促检查工作，抓好各项工作的落实。各级领导干部要坚持全心全意为人民服务的宗旨，加强世界观的改造，牢固树立马克思主义的世界观、人生观、价值观，坚持正确的权力观、地位观、利益观，坚持科学的发展观和正确的政绩观，重实际、说实话、办实事、求实效，坚决反对形式主义、官僚主义；坚持谦虚谨慎、艰苦奋斗、廉洁自律，坚决反对骄傲自满、铺张浪费，真正做到为民、务实、清廉。

把深入推进党风廉政建设和反腐败斗争作为加强党的执政能力建设的重要内容来抓。坚持标本兼治、综合治理，惩防并举、注重预防的方针，努力构建与社会主义市场经济体制相适应的教育、制度、监督并重的惩治和预防腐败体系。进一步落实党风廉政建设责任制，坚持和完善反腐败领导体制和工作机制，继续在加强教育上下功夫，筑牢拒腐防变的思想道德防线；继续在完善制度上下功夫,真正形成用制度规范从政行为、按制度办事、靠制度管人的机制;继续在加强监督上下功夫,认真贯彻《党内监督条例》和《党内民主权利保障条例》,加强群众监督、舆论监督以及各方面的监督,防止权力失控、决策失误和行为失范,保证把人民赋予的权力用来为人民谋利益。要切实解决群众反映的突出问题,坚决纠正损害群众利益的不正之风,坚决查处各类违法违纪案件,通过扎实有效的工作,不断取得党风廉政建设和反腐败工作的新成效。

同志们:圆满完成2005年各项工作,加快推进全区经济和社会事业发展,是全区各级党组织和广大党员干部的历史使命。我们要始终保持清醒头脑,不断增强机遇意识、责任意识和发展的紧迫感,扎扎实实地推进各项工作;要始终保持与广大人民群众的血肉联系,紧紧依靠全区人民,团结一致,艰苦奋斗,不断开创现代化建设的新局面;要始终保持昂扬向上、奋发有为的精神风貌,向着创一流的目标,永不懈怠。让我们紧密团结在以胡锦涛同志为总书记的党中央周围,以邓小平理论和“三个代表”重要思想为指导,在市委的领导下,与时俱进、开拓进取、再接再厉,夺取改革开放和现代化建设的新胜利,为把宣武区建设成为现代化首都中心城区而努力奋斗!

北京市宣武区人民政府工作报告

——2005年1月11日在北京市宣武区第十三届人民代表大会第二次会议上

宣武区区长　武高山

各位代表:

本届政府履行职责已经一年。现在,我代表宣武区人民政府,向大会作政府工作报告,请予审议,并请各位政协委员和其他列席人员提出意见。

一、一年来工作回顾

2004年是本届政府的届首之年。过去的一年,在市委、市政府和区委的领导下,区政府紧紧依靠全区各族人民,认真实践“三个代表”重要思想,树立和落实科学发展观,坚持“城市建设带动、结构优化升级、科教文化兴区”三大发展战略,求真务实,迎难而上,团结奋进,较好地完成了区十三届人大一次会议确定的各项任务,全区经济和社会发展实现良好开局。

——区域经济快速发展。预计实现地区生产总值225亿元,经济增长速度为12%,是“十五”以来增长最快的一年。

——财政收入增长较快。预计实现财政收入23.5亿元,增长20.5%。

——就业再就业工作成效明显。全区城镇登记失业率为1.43%,失业人员就业率为70.6%,比上年提高4.87%。

——人民生活稳步提高。居民人均可支配收入达到14 677元,剔除价格因素影响,实际增长10%。

——城市建设管理工作有效推进。拆迁居民2 260户,回迁居民6 596户,新增绿地15.77万平方米,一批市政设施、绿化工程、整治项目及重点工程等相继完工。

——一些工作取得突出成绩。我区被评为“全国双拥模范区”,区劳动保障局荣获“全国再就业先进集体”荣誉称号,牛街街道荣获“全国各族青年团结进步先进集体”荣誉称号,区民政局荣获“全国军休服务与管理先进单位”和“全国先进婚姻登记机关”荣誉称号,区残联荣获“全国残疾人信访工作先进集体”荣誉称号,等等。

这些成绩,标志着全区经济社会发展迈上了新的台阶,进一步增强了全区人民加快推进宣武发展,全面建设小康社会的信心。

一年来,我们主要做了以下四方面工作:

(一)继续调整经济结构,推进体制机制创新。

进一步优化产业结构,产业发展呈现良好势头。第三产业预计实现增加值160亿元,同比增长12.5%,占地区生产总值的71%。电力、金融、建筑等领域的重点企业在区域经济中的骨干作用更加突出。继续发展特色经济,牛街民族特色街餐饮业和居民生活服务业聚集效应明显,天桥民俗特色街稳步发展,菜百被中国商业企业管理协会命名为"中国黄金第一家"。进一步优化所有制结构,非公经济在优化经济结构、扩大就业、繁荣市场等方面发挥了重要作用。

功能区建设继续推进。大栅栏地区规划工作取得新进展,煤市街道路拓宽工程拆迁开始启动,前门月亮湾环境整治拆迁基本完成。积极推进琉璃厂地区建设,南新华街完成拆迁,道路基本建成。大力推进国际传媒大道建设,富卓广场、北京通信大楼、经济日报社业务楼等项目进展顺利,新闻出版总署办公楼等项目基本完成前期手续。承办了"第四届互联网与多媒体全球峰会",对发展传媒产业,推动国际传媒大道开发建设起到了积极作用。马连道地区控制性详细规划调整方案已经市政府批准,北京医药物流中心等项目建成投入使用,欧倍德建材超市、新华书店图书物流中心工程按期推进。去年底,市政府所属 14 个部门陆续入驻中环广场,广安门办公商务区环境不断改善。

稳步推进各项改革,进一步理顺国有资产管理体制。金源、翔达、金工公司整体改制,组建了新的有限责任公司。金座公司整体改制方案和区网点处改革方案正在落实。宣开总公司、校办公司两家单位下属企业改制工作顺利实施。继续推进市场交易制度改革,不断完善市场准入制度和社会信用体系,深入开展食品、药品和文化市场专项整治,整顿规范市场经济秩序取得有效进展。积极推进投资体制改革,探索政府投资建设项目管理新模式,对政府投资非经营性项目进行了"代建制"试点。

优化区域发展环境。深化政府机构改革,调整组建了区发改委、区商务局、区国资委和区安全生产监督管理局,强化了政府对区域经济发展和安全生产的宏观调节、监督管理职能。区级议事协调机构和临时机构由 124 个精简到 59 个,精简幅度为 52.4%。深化政务公开,在完善"一站式"办公服务的基础上,全面推行全程办事代理制,全区 35 个政府部门和 8 个街道办事处的 544 项审批和服务项目已全部纳入全程办事代理范围。组织参加了第七届北京科技博览会和第八届京港贸易洽谈会,举办了第五届宣武经贸洽谈会,全年实际引资 1 800 万美元,同比增长 49.2%。

(二)克服困难,扎实推进,进一步提高城市建设和管理水平。

由于土地供应政策调整,风貌保护要求提高,拆迁难度不断增加,去年全区城市建设和环境整治工作面临很大困难。我们坚决落实中央和北京市宏观调控措施,依法清理在建和拟建项目,规范土地出让方式;同时,千方百计争取支持,积极创造有利条件,城市建设和管理工作取得新成绩。

结合古都风貌保护,积极推进危旧房改造。启动了双柳树一期、红居二期、三统碑一期等危改区的拆迁工作,实现了牛街二期、红居一期、新安中里、南横街东口等危改区居民平稳回迁,力促樱桃园、小马厂、春风二期等回迁楼加快开工建设。落实市政府标准租私房腾退政策,解决标准租私房 3 147 户,完成了市里下达的指标任务。做好危改区规划工作,菜西危改区规划方案已经市政府原则同意,大吉、广安两个重点危改区规划方案完成了交通评估、专家论证等前期工作,待市政府批准。妥善处理好保护和改造的关系,认真落实《宣武区古都风貌保护规划要点》,法源寺周边整治绿化工程已经完成,建成燕角楼、天王寺等 6 处反映宣南文化特色的街景标识,完成了德寿堂等重点文物的修缮工作,建成了宣南文化博物馆,长椿寺成为集中展示宣南神韵的窗口。

继续完善市政基础设施。红居街、教子胡同、广义街北段、广外红居仓储路及跨河桥等市政道路已经完工,万明路、里仁东街、广安门南街等 13 条道路完成翻修改建。地铁四号线工程宣武门、菜市口站正常施工。万明路变电站和广内电话局土建工程已经完工。

加大环境综合整治力度,完成了陶然亭公园周边一期、宣外大街等 10 项环境整治工程,新建、改建南中轴路、法源寺和丰宣公园等 3 块集中绿地。全面落实控制大气污染各项措施,全年二级和好于二级以上的天数达到 60.4%,完成市政府下达指标的 102%。广泛动员,全民参与,全力争创国家卫生城区,接受了国家爱卫会检查验收。认真落实防汛工作责任制,经受了去年 7 月 10 日特大暴雨的考验,连续 19 年实现了汛期"少塌房、不死人"的工作目标。认真落实办实事计划,翻挑大修直管公房 1 200 间,新建、改建二类以上公厕 43 座,在 12 个小区实现垃圾分类,干路机扫率达到 85%,平房院新增"一户一表"1 153 户,解决了一批与群众生活密切相关的实际问题。积极探索、完善城市管理长效机制,继续提高城市管理水平。有效推进社区体制改革和机制创新,加强了社区服务和志愿组织建设。

(三)注重统筹兼顾,关心群众生活,加快社会各项事业发展。

高度重视解决群众特别是困难群众的生活问题。加强了对大龄就业困难人员的再就业援助,继续实施就业再就业"十项承诺",去年开发社区就业岗位 12 433

个。社会保险扩面征缴工作稳步推进,保险覆盖面进一步扩大。完善少年儿童基本医疗保障,设立了少儿住院互助金。认真落实城市最低生活保障制度,落实粮油帮困、学费减免、廉租住房、医疗救助、临时救助等专项救助政策,坚持为优抚对象排忧解难,困难群体生活得到有效保障。大力弘扬扶残助残的良好风尚,全年共安置残疾人就业116人,无障碍设施建设取得积极进展。实施农民工参加工伤和医疗保险办法,重视解决拖欠农民工工资问题,去年共为4 000多名民工追讨工资900多万元。

统筹发展社会各项事业。积极改善教育、文化、卫生、残疾人、老年人服务设施,北京小学分校和天桥市民文化广场建设已经完工,民族敬老院、回民医院、残疾人活动中心等新建、改扩建工程正在施工。深化招生考试制度改革,对小学毕业生试行综合评价,在全市"小升初"招生工作中率先取消电脑派位。对6所中小学校进行调整合并,扩大优质教育资源,教师整体素质和教育教学质量进一步提高。积极探索卫生体制改革和区域卫生资源整合的途径,加强全区公共卫生体系建设。打赢了防控高致病性禽流感和非典疫情阻击战,为全市疫情防控做出积极贡献,保障了人民生命健康安全。文化活动丰富多彩,参与组织了北京国际旅游节和中法文化年系列活动,成功举办了厂甸庙会、大观园红楼庙会和国际传媒周等文化活动。北京杂技团荣获第六届全国杂技比赛"金狮奖",椿树园社区荣获"全国群众文化先进社区"荣誉称号。举办了第七届全民健身体育节,天桥社区健身中心被国家体育总局列为示范工程。以科技进步促进区域发展,积极开展各类科技活动。加快推进电子政务和信息化网络建设,办公自动化系统推广应用工作全面铺开。深入开展计划生育优质服务,全区计划生育率为99.04%。召开全区人才工作会议,进一步优化了人才发展环境。

(四)加强精神文明和民主法制建设,全力维护政治稳定和社会安定。

按照区委的统一部署,认真抓好"三个代表"重要思想、党的十六届三中、四中全会精神学习教育活动,认真学习贯彻胡锦涛总书记视察北京时就基层基础工作发表的重要讲话精神,社会主义精神文明建设取得新成绩。加强公民道德建设,重点加强了未成年人思想道德建设,陶然亭街道开展社区青少年教育的经验得到中央文明委的肯定和推广。制定、实施《宣武区2004—2008年创建全国文明城区规划》和《宣武区2004—2007年争创全国双拥模范区规划》,开展了扎实有效的创建活动。

积极向区人大及其常委会报告工作,自觉接受人大及其常委会的法律监督、工作监督。积极支持区政协和各民主党派、工商联、无党派人士、各人民团体发挥参政议政和民主监督作用,定期向区政协委员通报区情。邀请区人大、区政协领导列席区政府常务会议,虚心听取意见,主动加强沟通。办复人大议案1件、代表建议223件,政协建议案4件、委员提案170件,有力推动了政府工作。广泛听取社区居委会、居民群众和专家对政府工作的意见、建议,主动接受监督。认真落实党风廉政建设责任制,廉政建设和反腐败斗争深入开展。全面实施《行政许可法》,对不符合要求的646项行政许可事项进行了全面清理。普法工作更加深入,妇女儿童、侨务和对台工作取得新成绩。全面贯彻党的民族宗教政策,关心支持牛街地区发展,民族团结的局面得到巩固。

强化安全工作,维护社会稳定。深入开展安全生产工作大检查,深入排查消除各类安全事故隐患,在完善工作机制、落实监督责任、进行专项整治、加强教育培训、开展安全演练等方面采取了一系列坚决有力的措施,确保了全区安全工作形势的基本稳定。严厉打击各种违法犯罪活动,深入开展城市秩序综合整治,加强社会治安综合治理,依法打击"法轮功"邪教组织,有效改善了社会治安环境。妥善处置由拆迁回迁、企业改制、拖欠工资和供暖供电等问题引发的群体性事件,坚决维护人民群众合法权益,积极化解矛盾、理顺情绪,为全区改革发展创造了稳定的社会环境。

各位代表!过去一年工作的成绩,是在市委、市政府和区委的正确领导下,在区人大、区政协的监督、支持、帮助下,全区各族人民同心同德、团结奋斗、辛勤劳动的结果。我代表区政府,向各位人大代表、政协委员、各民主党派、工商联和无党派人士、各人民团体及全区各族人民对政府工作的信任和支持表示诚挚的感谢!向大力支持我们工作的驻区中央、市属单位和驻区部队表示诚挚的感谢!

总结、分析我们一年来的工作,对照科学发展观和胡锦涛总书记对基层基础工作提出的要求,对照"新北京、新奥运"的要求和人民群众不断提高的物质文化生活需要,我们清醒地看到,政府工作还有许多困难和问题,群众还有一些不满意的地方,多年积累的深层次矛盾从根本上解决还需要较长的时间。主要是:在经济发展方面,所有制结构、产业结构还不够合理,经济总量和运行质量仍有待提高,潜在经济增长点的培育任务艰巨;在城市建设方面,面临宏观调控、风貌保护和土地、拆迁等政策的调整,城市建设和环境整治的难度加大,一些重点项目的推进受到影响;在城市管理方面,管理体制和运行机制仍未理顺,管理长效机制还没有真正形成,与居民群众日常生活密切相关的水电气热供应等问题仍然不同程度地存在;在就业和社会保障方面,就业岗位开发难度增大,不少低收入居民生活还比较困难,劳动关系引发的矛盾和社会问题呈上升趋势;在安全稳定方面,消除大量的安全隐患还需要我们做出长期的努力,错综复杂的利益关系和社会矛盾引起的不稳定因素和群体性事件增多,妥善处理人民内部矛盾的工作难度加大;在自身建设方面,政府依法行政的水平仍有待提高,对政策和一些深层次问题的前瞻性研究不够,政府职能转变、作风改进、管理创新、队伍建设和优化发展环境的任务仍然很重,重大项目、重点工程组织协调推进的力度仍需加强。对这些矛盾和问题,我们必须保持清醒头脑,增强忧患意识,知难而进,扎实工作,通过改革和发展认真加以解决,决不辜负人民的信任和期望。

二、2005 年政府工作的总体要求和主要目标

今年是实现"十五"计划的最后一年,也是我区改革和发展十分关键的一年。做好今年工作,对于全面实现"十五"计划目标,为"十一五"期间经济和社会发展奠定坚实基础,具有十分重要的意义。今年政府工作的总体要求是:以邓小平理论和"三个代表"重要思想为指导,全面贯彻党的十六大、十六届三中、四中全会和市、区九次党代会精神,坚持科学发展观,牢固树立首都意识,落实执政为民要求,加强政府自身建设,抓好发展这个第一要务,强化稳定这个第一责任,立足区情、加快发展,统筹协调、促进发展,安全稳定、保障发展,正确处理改革发展稳定的关系,着力解决经济社会发展中的突出矛盾,着力解决关系人民群众切身利益的突出问题,实现全区经济和社会各项事业全面发展、共同进步。

根据上述要求,结合当前形势和全区实际,做好今年政府工作,需要我们按照科学发展观的要求,进一步统一思想,把握好以下几个原则:

一是坚持适度性原则。在当前改革进入攻坚阶段,发展进入关键时期,稳定压力不断增加的形势下,我们在工作推进中必须更好地把改革的力度、发展的速度和社会可承受的程度统一起来,从首都发展的高度和全区工作的实际出发,深入全面地分析形势,科学合理地确定我们今年的工作目标。在改革和工作推进中,既要敢于攻坚、锐意进取,又要兼顾各方、积极稳妥,把握好政策措施出台的时机、力度和节奏,不片面追求过高的经济增长指标,更加注重速度和结构、质量、效益的统一。

二是坚持协调性原则。把不断改善人民生活作为处理改革发展稳定关系的重要结合点,在社会稳定中推进改革发展,通过改革发展促进社会稳定,协调好改革发展稳定的关系,协调好经济发展与资源利用、危旧房改造与风貌保护的关系,协调好当前与长远、需要和可能的关系,更加重视经济和社会的协调发展,更加重视传统和现代的协调互动,更加重视维护民族团结和社会稳定的大局,更加重视人民群众尤其是困难群体生活水平的提高,实现区域经济社会全面、协调、可持续发展,努力建设社会主义和谐社会。

三是坚持个性化原则。宣武区是首都中心城区之一,我们的功能定位必须体现首都功能,服务首都发展的大局;在此基础上,充分发挥区域特色优势,积极探索和尝试具有宣武特点的发展途径。要利用区域资源优势,培育茶产业和传媒产业,打造黄金、老字号等特色品牌,体现经济发展个性;努力挖掘宣南文化深厚的历史积淀,打造大栅栏、琉璃厂、天桥、牛街等体现文明传承的城市品牌,突出文化发展个性。要通过科学规划和具体的工作措施,把区域特色转变为区域品牌和发展优势,切实增强区域的凝聚力、吸引力和创新发展活力。

四是坚持创新性原则。创新是一个民族进步的灵魂,开拓创新是政府工作的基本要求。形势在不断发展变化,全区改革开放和现代化建设在前进,要求我们不断总结新经验,扩展新视野,在实践中探索前进,永不自满,永不懈怠。要适应不断变化的新形势,推动制度创新,解决改革发展面临的新问题,把创新精神落实到发展区域经济、深化改革开放、推进危旧房改造、保护古都风貌、加强基层工作、改进政府管理等具体工作中去。

今年全区经济和社会发展的主要预期目标是:地区生产总值按可比口径增长 9%,财政收入在剔除不可比因素的情况下增长 10%;居民人均可支配收入增长 8%;城镇登记失业率控制在 2.5% 以内,失业人员就业率保持在 60% 以上。

三、2005 年工作任务

实现今年工作目标,重点要抓好七个方面的工作:

(一)调整结构,深化改革,实现区域经济持续快速健康发展。

合理调整功能区布局,整合组织机构,加强统一协调,推动功能区建设取得新进展,培育新的区域经济增长点。建设大栅栏琉璃厂文化旅游商业区,壮大文化旅游业。全力推进煤市街道路拓宽工程,争取年内建成通车,为整个大栅栏地区的保护、改造、发展创造条件。国际传媒大道今年重点是积极争取市政府支持,确立其在首都经济发展中的定位,努力打造以传媒产业和信息产业为重点的现代服务业。沃尔玛超市项目要建成开业,开工建设国际新闻中心、新闻出版总署办公楼等项目,北京通信大楼主体工程完工,经济日报社业务楼交付使用。建设马连道采购中心区,大力发展茶叶、图书、音像等产业,壮大特色商贸业。新华书店图书物流中心、欧倍德建材超市、北京音像大厦要建成开业。继续改善广安门办公商务区的发展环境。

加快经济结构调整。继续优化企业结构,吸引国内外企业到我区投资经营,不断壮大总部经济。按照"抓大扶小"的思路,重视发挥重点企业支撑区域经济发展的骨干作用和中小企业在吸纳就业、改善人民生活、促进市场竞争中发挥的重要作用,支持和帮助各种规模的企业加快发展,尤其要对重点企业以及具有发展潜力和示范作用的中小企业提供重点支持。支持品牌企业和老字号企业不断壮大,大力发展特色经济。优化产业结构,积极发展商务、金融、房地产、传媒、新型商业等现代服务业,进一步提高服务业增加值在地区生产总值中的比重。继续完善所有制结构,大力发展混合所有制企业,努力为各类所有制企业创造公平竞争的环境。积极鼓励、支持和引导非公经济加快发展,认真研究、努力解决非公企业发展中面临的困难和问题,努力改进服务,加强监管,不断提高非公经济的产业层次和企业素质。

推进国有资产管理体制和国有企业改革。完善国有资产管理体制,健全国有资产出资人机制,对国有资产收益、对外投资、产权转让等实行规范化管理,制定国有企业领导人员选拔任用、激励约束制度,规范经营者的权利义务。要着眼于增强企业活力和竞争力,调整国有资产布局,整合国有独资企业,指导企业完善法人治理结构。继续深化国有、集体企业改革改制,发挥国有资本的影响力,推动企业引进社会资本,做大做强企业资产总量,实现企业资本结构多元化和投资主体多元化。按照公益性和经营性分开的原则,在确保稳定的前提下,积极稳妥地推进事业单位改革,逐步实现经营类事业单位企业化。深化投资体制改革,强化政府投资和政策引导作用,继续探索、完善政府投资非经营性项目"代建制"。

优化发展环境,为区域经济持续健康发展创造良好条件。继续深化行政审批和许可制度改革,减少行政审批事项。整顿和规范市场经济秩序,遵循自愿、平等、公平、诚实、守信原则,营造市场准入、交易、竞争、消费的良好环境,建立宣武区企业信用信息系统,加快企业信用体系建设。继续深化政务公开,及时发布政务信息,努力增强政府工作的透明度。组建政务大厅,深入推行全程办事代理制,优化工作流程,完善服务功能。加快推进电子政务建设,扩大网上办公的范围,尽快实现政府部门间的资源共享和网上互联审批,打造"数字宣武"。继续落实领导干部联系重点企业制度,切实搞好服务,解决实际问题,努力为企业发展创造好的条件。要严格依法治税,积极涵养税源,确保税收任务的全面完成,保持财政收入持续稳定增长。进一步增强公共财政观念,强化预算意识,依法加强财政预算管理和审计监督,加强资金使用管理和绩效考核,严格控制一般性支出,提高财政资金的使用效益。组织好第六届宣武经贸洽谈会等招商活动,充分发挥区位和区域资源的比较优势,结合区域产业定位和功能区建设,加强区域合作,实现优势互补。

要依据市政府确定的宣武区区域功能导向及评价指标体系,结合区情实际,深入研究、编制好《宣武区"十一五"期间国民经济和社会发展规划》,进一步理清今后一段时期全区经济社会发展的思路,进一步明确区域功能定位、发展战略、产业发展方向和重大项目安排。高质量完成第一次全国经济普查和全国1%人口抽样调查工作,为编制规划、科学决策提供客观准确的依据。

(二)创新思路,多措并举,推动城市规划建设取得新进展。

今年城市建设工作依然面临很大难度。我们要按照市政府的要求,积极探索旧城有机更新的新模式,严格保护古都风貌,切实消除危房隐患,加强基础设施建设,改善居住生活环境。

发挥规划的先导作用。今年规划工作的重点是按照北京城市总体规划,积极配合市规划部门完成我区控制性详细规划调整,促进资源合理利用,实现城市规划与经济发展的有机结合,为区域可持续发展创造条件。要积极争取支持,实现重点地区、重点项目在规划上的新突破,完成大栅栏地区的交通组织规划、市政设施规划以及煤市街以东地区的城市设计,完成国际传媒大道和马连道地区城市设计工作。加强规划管理,认真监督规划的实施和有效落实。

重视土地的基础作用。要在清理整顿土地市场的基础上,实行严格的土地管理制度,依法管地用地。抓住土地供应制度改革的有利时机,盘活区域土地资源。积极研究全区土地利用总体规划,建立土地收购储备制度,有效组织土地一级开发,规范经营性项目用地招标、拍卖、挂牌出让工作。

在保护古都风貌的前提下,多形式推进危改工作。要适应全市危改从成片改造到小规模、渐进式、多样化、微循环方式这一工作思路的转变,通过"城中村"整治、市政道路建设、危房危楼拆除和文物腾退等多种形式，多渠道运作资金，千方百计加快危改步伐，切实解决群众住房困难。进一步规范拆迁程序，实施“阳光拆迁”，加强组织协调，加快拆迁进度，尽快完成三统碑一期、双柳树一期和红居二期等危改区拆迁工作，启动三统碑二期、双柳树二期拆迁，同时力争实现大吉片等地区的局部改造。继续抓好外迁安置用房建设和筹集工作，为加快危改创造条件。加强小马厂、樱桃园、春风二期回迁楼建设工程调度，保证居民按时回迁。

积极推进市政基础设施建设。完成南新华街、南横街西段等道路建设，基本完成北马连道路、陶然亭路东段、白纸坊西延路等道路工程，启动南横街东段等道路拆迁。地铁四号线陶然亭站要完成拆迁并按期开工。万明路变电站通电运行，广内电话局投入使用。完成民兵训练基地建设，公安宣武分局新看守所工程监所部分完工并投入使用，加快区委党校教学楼建设。依法加强建设工程质量、建筑行业和施工现场管理。

（三）面向基层，突出重点，进一步提高城市管理水平。

城市管理工作要坚持以人为本，围绕基层群众的实际需求，突出抓好群众关心的热点、难点问题，抓好“城中村”环境整治，加强城市建设和管理之间的衔接，完善城市管理长效机制。

按照市政府部署，我区“城中村”整治今年的重点是陶然亭公园周边二期、报国寺西南侧、和平门外东街南侧、先农坛北里和回民医院北侧等五个项目。要组成专门工作机构，认真抓好规划、拆迁和土地利用等重要环节，加大推进力度。完成前门月亮湾、陶然亭公园周边整治一期等重点绿化工程建设，新建、改建绿地10万平方米，进一步提高绿化覆盖率。继续落实大气污染治理各项措施，做好防汛、供暖、节水、垃圾分类等项工作。

办好直接关系群众生活的实事是执政为民的重要体现。在今年办实事计划制定过程中，我们采取多种形式，广泛征求了社会各方面意见，力求贴近群众、面向基层、符合实际，让更多的群众受益。今年办实事计划的主要内容包括：翻修大栅栏西街、广安门车站西街等12条“便民路”，对廊房二条等5个街区进行老化电线改造，修缮危旧房屋2 000间，推广“一户一表”5 000户，对牛街西里二区等4个小区进行整治、改造、升级，新建、改建公厕23座，干路机扫率提高到90%，新增社区就业岗位8 500个，安置7 000名失业人员，等等。今年我们还要下决心突破难点，解决一批居民用电、用水等方面长期积累的矛盾。区政府将明确责任，加强督促检查，确保今年办实事计划全面完成。

认真贯彻市第五次城市管理工作会议精神，积极推进城市管理体制改革，重点要落实三项改革措施：一是进一步深化街道综合改革，明确街道办事处的职责任务，围绕为群众服务这个核心，创新街道办事处的工作方式；二是全面加强社区建设，推进社区民主自治，完善社区功能，整合社区资源，逐步形成新型的社区管理体制和运行机制，提高社区服务的质量和水平，不断丰富服务内容和服务模式；三是推进行政管理体制改革，逐步健全公共管理和公共服务体系，进一步推进和完善城管等领域的综合行政执法，积极进行环卫、园林等单位内部运行机制改革，引入竞争机制，提高环卫清扫保洁和绿化养护管理作业的专业化水平。认真研究物业管理领域出现的新情况、新问题，将物业管理纳入到社区建设当中，努力提高管理水平。认真实施《宣武区突发公共事件应急预案》和各专项预案，建立并不断完善区域突发公共事件应急体系，全面提升应急管理能力。

（四）做好就业和社会保障工作，不断改善人民生活。

要继续把促进就业放在突出位置，解决就业工作中的难点问题，进一步完善政策，拓宽就业渠道，计划新增就业岗位1.1万个。积极探索、建立促进就业的长效机制，逐步实现就业管理专业化、就业工作制度化和就业服务社会化，不断完善市场经济条件下促进就业的服务体系。完善就业助理服务，加强定岗培训，注重培训效果，对求职者特别是就业困难的特殊群体和困难家庭实行“一对一”帮扶，使其尽快脱困。积极引导失业人员转变就业观念，推行灵活多样的就业形式，鼓励自谋职业、自主创业。完善失业登记制度，对来京务工人员就业结构实行动态监测，提高来京务工人员有序化流动程度。按照依法维权、真诚服务、化解矛盾、理顺关系的思路，大力推行集体合同制度，坚持依法加强用工管理，规范企业用工行为，保障劳动者合法权益。必须高度重视、认真解决劳动关系引发的纠纷，建立和完善劳动关系预警、协调、监控机制，加大劳动监察力度，做好劳动仲裁工作，促进企业劳动关系的和谐稳定。加强对建筑企业工资支付情况的监控，努力解决拖欠农民工工资问题。继续推进社会保险扩面征缴工作，有针对性地突破缴费难点，同时积极落实农民工参加工伤和医疗保险问题。切实做好企业职工生育保险政策实施的相关工作，进一步完善社会保障体系。

加快社会救助体系建设，改善困难群众基本生活。进一步完善最低生活保障制度，保证低保人员生活水平不降低。继续对不同低保家庭实施分类救助，完善专项救助制度,向低收入居民提供相应的医疗、养老、教育等社会救济,发挥各项救助制度的综合解困效应,认真解决特殊困难家庭遇到的实际困难,切实保障低收入居民的基本生活需求。积极发展老龄事业和残疾人事业,继续推进残疾人按比例就业工作,完善无障碍设施,区残疾人活动中心装修改造工程上半年竣工交用。

(五)加强民主法制建设,确保社会安全稳定。

坚决贯彻区人大及其常委会决议,坚持重大事项报告制度,认真做好区政府组成人员的述职工作,自觉接受人大监督。坚持重大问题决策前认真听取政协及各民主党派、工商联和无党派人士、各人民团体的意见,自觉接受区政协的民主监督。认真负责地办好人大议案、代表建议和政协建议案、委员提案,使办理过程成为推动政府工作、改进工作作风的过程。坚持和完善区政府和区工会联席会议制度,积极支持工会、共青团、妇联等群众团体的工作。巩固全国双拥模范区创建成果,深入开展双拥共建、拥军优属活动,多办实事。加强律师、公证等法律服务,做好法律援助工作。依法保障妇女、未成年人和残疾人的合法权益。今年是"四五"普法的最后一年,要认真总结、继续加强普法宣传教育,在全社会营造学法、懂法、守法的良好环境。

认清新形势下做好民族宗教工作的重要性,深入宣传、全面贯彻党的民族宗教政策。坚决维护民族团结大局,加快牛街民族地区经济社会发展,加强少数民族各类人才培养,促进各民族共同繁荣进步。全面贯彻党的宗教信仰自由政策,依法管理宗教事务,积极引导宗教与社会主义社会相适应。今年要继续建设好牛街民族特色街,抓好牛街礼拜寺修缮工作,建成牛街民族敬老院。认真做好侨务和对台工作。

安全责任重于泰山。要以对人民群众生命财产高度负责的精神,切实做好安全工作。加强安全生产监管,深化安全专项整治,落实安全防范措施,强化安全工作责任制,确保不发生重大安全事故。对安全隐患比较集中,安全设施条件较差,安全工作难度较大的平房密集区、人员密集场所、地下空间等重点部位,要重点检查,认真整改。摸清安全隐患底数,建立安全隐患档案,加大资金投入,分步组织实施,逐步减少安全隐患尤其是重大隐患的数量。进一步健全食品安全控制体系,防止发生重特大食品安全事件。

稳定工作事关全局。要巩固严打整治成果,控制发案,提高破案率,不断增强人民群众的安全感。进一步落实社会治安综合治理各项措施,推进社会治安防控体系建设,深入开展"平安社区"创建活动,强化科技防范手段,落实群防群控,增强社会治安防控能力。对突出治安问题和治安混乱地区,今年要在继续加强城市秩序综合整治的基础上,有针对性地研究治本措施和工作机制,强化日常管理。继续开展安置帮教和社区矫正工作。坚持不懈地开展同"法轮功"邪教组织的斗争。

积极探索防范化解社会矛盾的新机制。以发现得早、化解得了、控制得住、处置得好为目标,积极预防和妥善处置群体性事件。重视做好人民来信来访和人民内部矛盾排查调处工作,健全预防、化解各种矛盾和纠纷的机制,建立健全社会利益协调机制,畅通和拓宽群众利益表达渠道,引导群众以理性合法的形式表达利益要求、解决利益矛盾,完善人民调解制度,努力把各类矛盾解决在基层,化解在萌芽状态,为构建首都和谐社会做出积极贡献。

(六)统筹经济社会发展,推进社会各项事业全面进步。

深入学习和贯彻落实邓小平理论和"三个代表"重要思想,进一步学习领会科学发展观的深刻内涵,在武装头脑、指导实践、推动工作上求实效。围绕"人文奥运",全面推广普及礼仪教育,深入开展市民讲英语活动,努力提高全区人民的奥运意识和文明素质。继续在市民中开展"除陋习、树新风"和"来京务工人员与北京市民同行"活动,进一步提高市民和来京务工人员道德水平,切实加强公民思想道德建设。继续开展多层次、多领域、多形式的群众性精神文明创建活动,全面推进文明社区、文明行业、文明单位建设,大力宣传先进典型,形成良好社会风气。

认真贯彻落实市、区教育大会精神和《宣武区教育事业发展规划纲要(2004—2010年)》,立足宣武教育实际,继续加大教育投入,深化教育改革,全面实施素质教育,打造宣武教育强区。推进中小学办学条件标准化、现代化工程,按计划、分步骤推进全区教育结构布局调整,加强示范高中校建设,整合区域教育资源,为各级各类教育的协调发展创造条件。实施教育系统人才队伍建设工程,加强教师队伍建设。继续深化素质教育,抓好未成年人思想道德建设,推进课程改革实验,努力提高校外教育质量。大力发展职业教育,加强社区教育,创建学习型先进城区,努力建设学习型社会。认真做好校园安全和周边环境整顿工作。

进一步加强公共卫生体系建设,健全突发公共卫生事件应急机制,提高预警和应急反应能力。加强重点传染病防治,努力控制传染病的多发、爆发。装修改造13个社区卫生服务站,努力创建全国社区卫生服务示范区。进一步深化卫生体制改革,积极探索、稳步推进区属医院改制工作,逐步建立医疗机构新的运营机制,为人民群众提供优质医疗服务。整合、开发、利用区内外的科技资源,以科技活动为载体,促进先进适用科技成果的应用，提高各项工作的质量、效益和水平。继续加强科普能力建设，开展更有实效性、长效性的活动，提高居民科学素养。以打击商标侵权和盗版为重点，认真开展知识产权专项行动。

推进基层文化建设，深入开展民族、民间文化保护项目工作。办好厂甸和大观园红楼庙会、宣南文化节、五月鲜花等重要文化活动。利用北京建城3 050周年和中国电影诞生100周年的机会，举办纪念活动，进一步提升宣南文化的知名度。发展文化设施，建设区文化馆。加强文化市场监管，促进文化演出活动等文化事业繁荣发展。修缮法源寺、盐业银行和京华印书局等一批市区级文物，建设一批宣南文化城市景观标识。深入宣传贯彻《体育法》和《全民健身计划纲要》，努力提高竞技体育和群众体育水平。加强体育设施建设，重点实施宣武体育场西侧看台改造工程，做好宣武体育中心建设的前期工作。办好全民健身体育节，推进全民健身活动深入开展，增强群众身体素质。深入开展中国/联合国人口基金第五周期生殖健康计划生育项目试点，加强人口出生缺陷调研和干预，提高人口素质，继续稳定低生育水平。

（七）落实科学执政、民主执政、依法执政的要求，努力建设责任政府、服务政府、法治政府。

认真落实加强党的执政能力建设要求，进一步加强政府自身建设，是当前政府工作面临的新形势、新任务。我们必须牢固树立执政为民理念，紧密结合宣武发展实际，努力建设责任政府、服务政府、法治政府。今年，要着力抓好以下几个方面：

第一，推进政府职能转变。加快推进政企、政事、政社分开，在全面履行政府职能的同时，更加注重履行好社会管理和公共服务职能。要主动转变管理观念和管理方式，整合行政资源，降低行政成本，综合运用经济、法律、行政等手段管理经济和社会事务，推进政府管理方式、方法和管理手段的创新，不断提高政府办事效率、管理能力和服务水平。

第二，全面推行依法行政。要深入贯彻实施《行政许可法》，贯彻落实《北京市人民政府全面推进依法行政实施意见》，更新政府行政理念，科学设定行政程序，规范行政行为，健全行政监督机制，把依法行政贯穿于政府工作的方方面面，努力做到合法行政、合理行政、程序正当、高效便民、诚实守信、权责统一。进一步完善专家咨询、社会公示和社会听证制度，健全公众参与、专家论证和政府决定相结合的行政决策机制，完善行政决策程序，不断提高决策的民主化、科学化水平。继续推行行政执法的评议考核制和错案追究制，依法做到执法有保障、有权必有责、用权受监督、违法受追究、侵权须赔偿。

第三，加强基层基础工作。要继续认真贯彻胡锦涛总书记视察北京时对基层基础工作提出的希望和要求，高度重视、切实加强全区基层基础工作。坚持和完善领导干部联系基层制度，各级领导干部要带头深入基层、服务基层，真正重视、真情关怀、真心爱护广大基层干部，帮助解决基层工作中存在的实际困难和问题。广大基层干部要按照胡锦涛总书记提出的增强自身素质的要求，加强学习，增强本领，转变作风，廉洁自律，做群众信赖的贴心人、带头人。

第四，认真抓好政风建设。按照区委的统一部署，在行政机关集中开展好“保持共产党员先进性教育活动”，认真解决政府工作人员在思想、组织、作风以及工作方面存在的突出问题，使广大公务员树立正确的理想信念和高尚的道德情操，永葆人民公仆的本色，建设一支政治坚定、业务精通、清正廉洁、作风优良的公务员队伍。认真落实执政为民要求，找准群众需求和政府工作的结合点，区分轻重缓急，把有限的资金用在群众最关注、最急迫解决的问题上，用在与群众切身利益密切相关的实事方面，努力提高群众对政府工作的满意度。政府全体工作人员特别是领导干部，都要大力弘扬求真务实精神，树立科学发展观和正确的政绩观。领导干部要带头廉洁从政，以身作则，办事情、做决策要坚持实事求是，一切从宣武实际出发，既要积极进取，又要量力而行，既要立足当前，更要着眼长远，不头脑发热，不急功近利，不盲目攀比，继续保持谦虚谨慎、不骄不躁的作风，继续保持艰苦奋斗的作风，坚持勤俭办一切事业，坚决反对各种奢侈浪费行为。要认真落实党风廉政建设责任制，持之以恒地抓好反腐败工作，坚决查处损害发展环境的案件，坚决纠正损害群众利益的不正之风，坚决防止和克服形式主义、官僚主义。

各位代表！

今年，政府的工作任务仍然相当繁重，实现全年目标，需要我们付出艰苦的努力。全区人民的信任和支持，宣武未来发展的美好前景，时刻鼓舞、激励和鞭策着我们振奋精神、埋头苦干，政府的责任重大而光荣。让我们紧密团结在以胡锦涛同志为总书记的党中央周围，高举邓小平理论和“三个代表”重要思想伟大旗帜，以更加坚定的信心，更加有力的措施，更加扎实的工作，努力完成今年经济社会发展的各项任务，开创全区改革发展稳定的新局面，为把宣武区建设成为现代化首都中心城区而努力奋斗！

北京市宣武区人民代表大会常务委员会工作报告

——2005年1月13日在北京市宣武区第十三届人民代表大会第二次会议上

宣武区人大常委会主任　王敏荣

各位代表：

我受宣武区第十三届人民代表大会常务委员会委托，向大会报告工作，请予审议。

一年来主要工作情况

2004年是区十三届人大常委会的届首之年。在中共宣武区委的领导下，区人大常委会坚持以邓小平理论和“三个代表”重要思想为指导，全面贯彻党的十六大和十六届三中、四中全会精神，坚持科学发展观，加强执政能力建设，认真执行区十三届人大一次会议决议，紧紧围绕全面、协调、可持续发展的主题，把推进民主法制建设作为根本任务，切实履行宪法和法律赋予的职责，为保障、促进经济建设和各项社会事业的健康发展做出了积极贡献，发挥了地方国家权力机关的作用。全年共召开常委会会议7次，听取和审议“一府两院”及其部门工作报告13项，提出意见、建议38条，做出决议、决定11个；召开主任会议9次，研究了27项议题，提出意见、建议39条。

一、切实加强法律监督，进一步推进依法治区

保证宪法、法律在本行政区域内的有效实施，是宪法和法律赋予地方各级人大及其常委会的重要职责。一年来，区人大常委会切实加强法律监督，支持和促进“一府两院”依法行政，公正司法。

（一）围绕社会关注的难点问题实施法律监督

常委会加大法律监督力度，全年先后开展了对《中华人民共和国行政许可法》实施准备工作情况、《中华人民共和国预算法》、《中华人民共和国税收征管法》、《中华人民共和国审计法》、《中华人民共和国消防法》、《国务院物业管理条例》、《国务院特种设备安全监察条例》、《北京市人口与计划生育条例》、《北京市学前教育条例》、《北京市人民防空条例》、《北京市公园条例》、《北京市产品质量监督条例》等法律法规执行情况的检查。

为进一步推动我区公共卫生事业和传染病防治工作再上新台阶，常委会会议听取和审议了区政府《中华人民共和国传染病防治法》实施情况的报告。会议围绕我区疾病预防控制体系、卫生监督执法体系、公共卫生应急医疗救治体系、公共卫生信息系统建设状况，政府对传染病防治、公共卫生事业的资金投入情况和卫生行政部门资金使用情况，我区传染病防治工作、公共卫生事业建设发展情况进行审议。区政府根据审议意见和建议，制定了加强公共卫生建设的具体实施方案、建立了应对突发公共卫生事件的长效管理机制、调整了财政支出结构以加快基础设施建设。

区人大常委会始终关注公民道德素质建设工作，听取了区政府《公民道德建设实施纲要》贯彻实施三年来的情况报告。区政府有关部门结合常委会的意见制定了改进措施，促进了《纲要》在我区的贯彻实施。

与市人大上下联动，分别开展了《中华人民共和国教育法》和《北京市养犬管理条例》执法检查。在执法检查的推动下，我区养犬管理工作顺利开展，养犬按期登记居全市第二。为提高城市管理水平，保证群众身体健康，先后开展了环境卫生条例实施情况和食品卫生法实施情况检查，促进了有关法律法规的贯彻实施，推动了相关工作，群众满意度有所提高。

（二）围绕公正司法、文明执法，加强司法监督

加强司法监督是常委会的重要职责。常委会会议先后听取了区政府关于“贯彻实施宣武区开展法制宣传教育第四个五年规划”的情况报告、区法院关于“改进审判作风，落实司法为民措施”的情况报告、区检察院关于“强化法律监督，树立现代执法观念，维护公民合法权益”的报告和公安宣武分局“落实严打整治方针，构筑治安防控体系”的情况报告。通过审议，增强了各司法部门依法行政、公正司法的责任感、自觉性，优化了发展环境，营造了自觉维护人民利益、加快宣武发展的良好社会氛围。

二、切实加强工作监督，突出重点，进一步促进“一府两院”工作

一年来，区人大常委会牢牢把握发展主题，围绕“改革发展稳定”的大局，加强了对“一府两院”的工作监督。

（一）提高监督经济工作的效能，加强对财政等重点工作的审议监督

进一步加强了对财政工作的监督，促进政府依法理财。针对如何强化对政府财政工作的有效监督这个难点，常委会进行了积极探索和重点突破。邀请有关专家对常委会组成人员等进行培训、召开专题研讨会、到兄弟区县学习取经、深入财政部门调研视察，在此基础上起草了《宣武区预算监督办法》，经过反复征求各方面意见，常委会会议已经批准并开始实行，使我区预算监督由程序性监督向实质性监督迈出了一步。推进部门预算执行情况的监督工作，对区劳动和社会保障局、区教委预算执行情况进行了重点跟踪监督。

常委会会议听取和审议了区政府2003年财政审计报告，审查批准了2003年财政决算。专题听取和审议了区政府2004年1至9月份财政预算执行情况的汇报，审查批准了2004年财政预算变更方案。通过各方面的共同努力，2004年我区较好地完成了调整后的年度预算，实现了收支平衡的目标。此外主任会议还听取了区国税局半年税收完成情况的汇报。

常委会十分关注全区经济发展。听取了区政府关于全区重点项目开发建设及招商引资情况的报告，建议和要求区政府进一步加强对地区规划建设的领导，调整经济布局，完善招商引资机制，提高招商引资力度和进度，大力加强软环境建设，进一步优化投资环境。区政府认真研究和落实常委会各项议题的审议意见，加强各重点项目的运作和招商引资的力度，促进了区域经济的协调发展，为全区各项社会事业健康发展奠定了坚实的基础。

根据上届人大常委会的建议，常委会会议继续听取和审议了关于“先农坛东侧绿地发挥经济作用”议案办理进展情况的报告，鉴于先农坛地区为北京南中轴线的重要景观，其整体规划涉及宣武、崇文两个区，规划权隶属于市商务局和市规划委，商业项目开发的具体意见在短期内不会出台。常委会建议此项议案的办理工作就此结束。

常委会对十三届人大一次会议确定的“关于尽快落实大栅栏风貌保护区开发建设政策”议案进行了重点督办。经过区政府及相关部门的认真办理，目前已制定了《大栅栏历史文化保护区改造建设实施方案》，并争取到市政府有利于该地区开展改造的部分政策；大栅栏月亮湾地区环境综合整治工程已全面展开，煤市街道路拓宽工程正在启动。区人大常委会经过审议，认为该议案的办理措施得力，扎实有效，有的改造建设项目已有实质性进展。对此，人大代表是满意的。

（二）维护人民群众的根本利益，加强对社会热点工作的监督

2004年11月中旬，常委会组织部分区人大代表对区政府年初确定的为民办实事计划完成情况进行了检查。代表们对区政府20件实事项目的完成情况和取得的成效给予了充分肯定，对个别项目由于市政府政策调整等原因无法按时完成的情况给予了充分理解，希望区政府在2005年工作中切实依据人民群众的需求制定实事计划，做到民主决策，科学决策，增强实事的民意基础，以更加扎实的工作作风，高标准、高质量地实施、落实好2005年为民办实事工程。

常委会会议听取了公安宣武分局“落实严打整治方针，构筑治安防控体系”的情况报告，要求区政府及公安部门切实担负起维护社会稳定的政治责任，更新治安防范工作理念，深化基层创安工作，完善治安防控体系，提高应对突发事件和社会治安常态管理的能力，努力营造良好的发展和居住环境。常委会会议后，公安宣武分局主动针对存在的问题加强调研，制定解决措施，提出了解决大栅栏地区治安状况较差的工作对策，并突出重点，全面展开了综合整治工程。

常委会主任会议听取了区劳动和社会保障局关于劳动就业政策落实情况的汇报。在充分肯定成绩的同时，建议区政府从认真落实“三个代表”重要思想的高度进一步提高认识，认真贯彻国务院、市政府有关政策规定，搞好协调，努力做好劳动就业工作，确保各项政策落到实处。据此区劳动和社会保障局提出了针对性较强的整改措施，促进了全区的劳动就业工作。常委会还组织代表视察了区“低保”中心。

（三）促进社会协调发展，加强对教育、科技、文化、卫生、体育等社会公共事业发展情况的监督

2004年4月,我市再次发生非典疫情,在区委的坚强领导下,区政府的有力工作下,各有关部门通力协作,疫情得到了及时有效地控制。区人大常委会及时听取了区政府主管领导及有关部门对抗击非典疫情的情况汇报,提出了积极的意见和建议。

常委会主任会议听取了区政府关于卫生资源整合及改革情况的报告,建议要处理好阶段性工作与整体目标的关系,用可持续发展的思想指导工作;加强卫生体制改革政策的宣传,进一步处理好改革、发展、稳定的关系;严格依法办事,确保卫生体制改革方案的顺利实施。

常委会关注文化和体育事业的发展,主任会议分别听取了“新北京新奥运”体育事业发展构想情况的汇报和实施古都风貌保护规划纲要、提高宣南文化开发利用水平的汇报,促进了我区文化体育事业的发展。同时对教育事业改革发展规划实施方案编制情况、小学升初中等教育改革情况予以关注,组织代表对教育发展状况进行了视察。

(四)促进国家机关工作人员勤政廉政,加强对“一府两院”的工作评议和人大常委会所任干部的述职评议

按照党管干部的原则和人大常委会人事任免办法,坚持干部任免条件,严格任免程序,完善工作制度。一年来,常委会会议认真审议了主任会议、“一府两院”提请的人事任免事项,依法任免国家机关工作人员99人次。2004年2月下旬,区人大常委会举行颁发任命书大会,向区政府新一届组成人员颁发任命书,以进一步增强被任命干部的民主意识、法制意识、责任意识和公仆意识。为加强对常委会任命干部的任后监督,常委会主任会议先后听取了区人民法院、区人民检察院两位副职进行的述职,促进了任命干部的勤政廉政建设。

常委会会议对区城管监察大队依法行政工作进行了评议。26名区人大代表参加了前期调研。35个单位的中层以上干部参加了座谈和个别访谈;共发放评议测评表100份,回收82份,回收率为82%。常委会会议评议时,不但肯定了成绩,而且有针对性地指出了存在问题。城管监察大队高度重视,针对代表提出的意见建议,及时制定整改计划。整改结果表明,常委会的评议推动、促进了城管监察工作。

三、切实加强代表工作,进一步发挥代表作用

常委会认真贯彻落实《代表法》,坚持并完善主任接待日制度、常委会组成人员联系代表制度、代表列席常委会会议制度、代表活动日制度、代表联系选民制度等十项制度,努力为代表依法履行职务创造条件,提供服务。

一是密切常委会组成人员与代表、代表与选民的联系。坚持常委会组成人员联系代表制度,深入基层,广泛联系代表,倾听代表对“一府两院”以及常委会工作的意见、建议和代表履职过程中遇到的困难。多种形式加强代表与选民联系,如公示制、接待选民日、走访选民和向选民述职等。2004年共有32位代表向选民代表述职。

二是积极为代表履行职务创造条件。为了使新一届人大代表对人大工作和区情更加了解,区人大常委会把代表培训列为重点工作。举办《宪法》、《代表法》的讲座,使代表进一步明确了代表的权利和义务。邀请代表列席常委会会议,组织代表参加视察活动,开阔了视野,进一步提高了代表履职的积极性。向代表发放《代表工作手册》、《宣武报》、《区人大常委会公报》、《宣武人大信息》和区情通报等材料,拓宽和畅通了代表知情知政的渠道。常委会还积极组织人大代表进行社会调查,广泛征询群众意见,完成市人大交办的《北京市历史文化名城保护(草案)》、《北京市安全生产条例(草案)》、《北京市旅游管理条例(修正草案)》、《中华人民共和国可再生能源法(草案征求意见稿)》、《北京市动物防疫条例(草案)》、《北京市实施〈中华人民共和国文物保护法〉办法(草案)》、《最高人民法院关于完善人民陪审员制度的决定(草案)》、《北京市道路交通安全条例(草案)》和《中华人民共和国治安管理处罚法(草案)》等9项立法征询意见工作。

三是指导好闭会期间的代表活动。指导各代表联组制定好全年活动计划,组织和发动各代表联组开展检查和评议活动。8个代表联组都围绕全区中心工作,有计划、有重点地开展了形式多样的活动,较好地履行了参与管理国家和社会事务的职责。全年共组织代表参加学习、视察、座谈和走访选民等活动82次,约1 400人次的代表参加了活动。

四是认真督办代表建议办理工作。常委会把代表建议、批评、意见的督办作为做好代表工作、密切联系群众的重点。从抓进度、抓重点、抓落实入手,通过召开重点承办单位和代表座谈会,深入基层现场检查等形式,加强经常性的督促检查,随时掌握办理进度,了解代表对办理工作的意见和建议。经过区政府及各承办单位的共同努力,解决了大批群众生活诸多不便的问题。183件代表建议全部在法定时间内办复。其中,得到解决和基本解决的120件,占总数的65.6%,许多代表和群众普遍关心的问题都得到了较好的落实和解决;已列入计划逐步解决的8件,占总数的4.4%;通过调查研究摸清情况向代表作详细说

明的23件，占12.5%；由于政策条件所限或其他原因，暂不能解决，向代表解释的13件，占总数的7.1%；另有19件建议转市相关部门研究办理，占10.4%。闭会期间共收到平类建议30件，已经办复25件。反馈结果表明，绝大多数代表对办理工作表示满意和基本满意。此外，常委会还高度重视代表和群众的来信来访工作，全年共接待来访185人次，处理来信126件次。通过来信来访的办理，督促有关部门努力为群众排忧解难，密切了国家机关与人民群众的联系，促进了社会的稳定。

四、切实加强基层基础工作，进一步推进基层民主政治建设

经区委批复、区人大常委会会议通过，2004年6月，全区8个街道全部成立了人大街道工委。常委会把指导人大街道工委工作、发挥人大街道工委作用作为一项基础性工作来抓。实践证明，人大街道工委在推进基层民主政治建设中发挥了积极作用。

一是增强规范意识，指导和帮助各街道工委健全工作制度，规范工作程序。年初，常委会及时召开全区8个代表联组工作会议，就全年工作提出指导性意见，指导各联组制定全年工作目标，理清工作思路。人大街道工委成立后，常委会提出了健全工作制度、依法行使各项职权的要求。半年来，我区人大各街道工委的工作制度进一步健全，工作程序进一步规范，制定各项规章制度40余项，促进了街工委工作经常化、规范化、制度化。

二是增强服务意识，为人大街道工委开展工作做好服务。常委会通过邀请街工委主任列席常委会会议、培训工委组成人员和办公室主任、学习总结推广先进典型等方法，帮助街工委组成人员和其办公室主任不断丰富业务知识，提高工作能力。

三是增强职能意识，提高人大街工委工作的整体水平。常委会主任、副主任和有关工作机构坚持分片联系制度，经常深入基层，具体指导人大街工委依法履行职责。定期召开人大街道工委办公室主任联席会，研究探讨和帮助解决工作中遇到的困难和问题，不断提高工作水平，推动了基层民主政治建设。

五、切实加强对人民代表大会制度的学习宣传，进一步推动新形势下我区的人大工作

2004年9月15日，是人民代表大会成立50周年纪念日。按照区委要求，常委会以纪念人民代表大会成立50周年为契机，大力宣传人民代表大会制度，宣传我区民主法制建设的做法和经验，宣传人大代表依法履行职责的先进事迹，进一步提高全区各级国家机关工作人员及广大人民群众对人民代表大会制度、人民代表大会工作的深入了解和全面正确的认识，从而进一步提高广大人民群众的法治观念和法律意识。

区人大常委会制定了详细的宣传工作计划，先后在宣武报上刊登了12篇介绍代表履职情况、人民代表大会制度知识的文章和宣传专刊；在《北京人大》上刊载了7篇宣传文章；10月21日《北京日报》刊载了题为“三家”合力共建政治文明的文章，全面介绍区委、区人大、区政府在推进民主政治建设中的作法和体会。区人大常委会网站重新改版，调整充实了大量介绍宣传人民代表大会制度的内容。通过50周年系列纪念活动的宣传，创造好的舆论氛围，得到全区社会各方面的理解与支持，进一步推进新形势下的人大工作，推进我区政治文明建设。

六、切实加强自身建设，进一步提高工作水平

加强人大及其常委会的自身建设是做好工作、不断提高工作水平的关键。

在思想政治建设上加强学习培训。常委会制定并坚持了学习制度，一是结合审议的议题在常委会会议和主任会议前组织学习相关法律法规；二是举办培训班，邀请老常委、老代表介绍履职经验；三是举办专题讲座和报告会，有针对性地提高常委会组成人员的政治意识、全局意识、法制意识。区人大常委会还在机关开展了以“提高综合素质和工作水平”为主题的大讨论活动，提升了干部队伍的整体素质，优化了机关作风，形成了“团结奋进，开拓创新，协调进取”的工作氛围，提高了为常委会服务、为代表服务的质量和效率。

在组织建设上进一步建立健全组织。建立了人大常委会党组和常委会临时党支部，对机关党支部、机关工会进行了换届选举，制定了党组议事规则、党支部学习和机关工会主题活动日等制度，定期召开党组生活会、讲党课、开展勤政廉政教育、举办才艺展示，充分发挥党组织和工会组织的作用。

在作风和制度建设上完善有关规定和办法。制定了关于密切联系代表、加强调查研究工作的“六项制度”，先后召开了人民代表大会制度理论与实践座谈会、常委会组成人员研讨会和人大机关工作研讨会等，围绕如何提高人代会及人大常委会会议审议质量、行使重大事项决定权等重点、难点问题，提出了许多既有前瞻性又具指导性的意见、建议，有效地推动了人大工作的深入开展。一年来，各工作机构撰写专题调研、考察报告11篇，提出建议意见36条。

各位代表：区人大常委会一年来的工作取得了一定的成绩，这些成绩的取得，是区委的正确领导、支持的结果,是全体代表和常委会组成人员及各工作委员会共同努力的结果,也是与全区人民的大力支持,与区人民政府、区人民法院、区人民检察院的密切配合分不开的。在此,我代表区十三届人大常委会,向大家表示衷心的感谢和诚挚的敬意!

在肯定成绩的同时,也必须看到,我们的工作仍存在一些差距。主要是:向代表通报情况,帮助代表知情知政还不够;代表工作制度还有不少差距、代表活动还不够完善,有待进一步加强;常委会及其机关的自身建设还需不断改进和加强,特别是组织制度、工作制度尚需健全,服务水平、工作效率和信息自动化水平尚需提高。这些问题,都要认真对待,采取措施,不断加以解决。

2005年的主要工作

各位代表:

今年是实施"十五"计划的最后一年,是全面落实党的十六大和十六届四中全会精神的一年。随着我们党执政理念、执政方式的转变和深化,作为一级地方人大组织,我们一定要从加强党的执政能力建设的高度,增强做好人大工作的责任感和使命感。在工作大局中找准位置和着力点,在代表群众利益中找准位置和着力点,在推进民主与法制建设中找准位置和着力点,为推进依法治区,为促进全区三个文明建设的协调发展做出应有的贡献。

一、进一步强化监督职能,努力提高监督水平

要依法履行监督职能,切实加强对"一府两院"的法律监督和工作监督。着力启动"一府两院"内部自身的监督程序,不断探索新的监督方式,健全完善监督机制,努力实现监督实效。建立和完善跟踪反馈机制,对人代会、常委会的决议、决定以及审议意见要跟踪监督,落到实处,促进"一府两院"依法行政和公正司法,着力推进全区经济和各项社会事业的持续、快速、健康发展。

(一)切实加强对法律法规贯彻实施情况的监督检查,努力推进依法行政和公正司法,确保法律法规的有效实施。重点对《中华人民共和国安全生产法》、《中华人民共和国行政许可法》、《中华人民共和国人口与计划生育法》、《北京市促进私营个体经济发展条例》、《中华人民共和国药品管理法》、《北京市体育设施管理条例》、《北京市宗教事务条例》等法律法规贯彻实施情况进行监督检查。要通过强化司法内部监督,加强司法机关队伍建设,提高司法效率,努力实现公正司法。

(二)围绕发展主题,抓住经济和社会发展中的重要问题和人民群众普遍关心的热点、难点问题进行工作监督,保障和促进经济持续、快速、健康发展和社会全面进步。关注"十一五规划"的编制工作,着重加强对经济统计情况、社会治安、审判监督、教育督导、妇女合法权益保障、群众体育、交通安全和解决拖欠农民工工资等工作情况的监督,促进和保障我区经济和社会的协调发展。

二、进一步行使好重大事项决定权和人事任免权

(一)认真行使重大事项决定权,努力实现国家事务决策的民主化、法制化。积极探索行使重大事项决定权的方法和途径,在党的领导下,坚持抓大事、求实效的原则,准确把握全区经济建设、社会稳定的重大问题和广大人民群众普遍关心的热点、难点问题,依照宪法和法律规定,在搞好调查研究的基础上,充分发扬民主,依法及时做出决议、决定,并抓好督促检查,确保贯彻落实。

(二)努力实现党管干部和人大依法行使任免权的统一,依法做好干部的任免和任后监督,深入开展干部述职评议工作。坚持对党负责和对人民负责的一致性,认真行使任免权,完善人事任免程序,推进人事任免工作的制度化、规范化。继续坚持和推行任前法律知识考试、任后述职评议等制度。抓好评议工作,加强对"一府两院"工作的监督和对常委会任命的"一府两院"工作人员的监督,促进"一府两院"及其工作人员依法履行职责,正确行使人民赋予的权力,清正廉洁,执政为民。

三、进一步做好代表工作,努力为代表履行职务提供服务

要认真贯彻实施《代表法》,充分尊重和保护人大代表的各项权利,拓宽知情知政渠道,切实做好代表工作,提高代表活动实效。要采取多种形式,进一步加强与代表的联系,认真督办代表建议,充分发挥代表的整体作用,组织指导代表开展视察、调查和评议等各项活动,为代表提出高水平的议案做好前期准备,为代表执行职务创造条件,强化代表的履职意识。要认真总结代表工作经验,努力探索代表活动的激励和监督机制,不断提高代表工作的质量和水平。

四、进一步加强对人大街道工委的工作指导,努力推进基层民主政治建设

立足实际,注重实效,有针对性地加强对人大街道工委工作的指导。结合全年工作安排,及时对街工委工作提出指导性意见。继续坚持常委会主任、副主任

和有关工作机构分片联系街工委的制度,坚持定期召开街工委主任会议,坚持邀请街工委主任和人大代表列席常委会会议,为街工委工作的开展创造良好的条件。要搞好对街工委主任、副主任及办公室主任的培训,适时召开人大街工委工作会议,及时总结交流街工委工作经验,研究探索指导新形势下做好街工委工作的思路和方法,不断提高街工委工作的整体水平。

五、进一步加强自身建设,努力提高履职能力

加强常委会的思想建设、作风建设和制度建设,是做好人大工作的重要条件。要深入学习领会党的十六届四中全会精神和"三个代表"重要思想,认真学习建设有中国特色社会主义民主法制理论,不断增强常委会组成人员的大局意识、群众意识和责任意识,提高依法履行职务的水平和能力。

要进一步完善各工作委员会与"一府两院"的对口联系制度等各项规章制度,积极探索和实践行之有效的监督形式,通过建立一套既有利于发扬民主,又利于提高工作效率和质量的制度体系,促进常委会工作的规范化、民主化。

加强执政能力建设,认真贯彻民主集中制原则,严格执行议事规则,健全、修订、完善各项工作制度,建立健全各种会议的工作流程,努力做到决策的民主化、科学化。要深入实际调查研究,不断了解新情况,研究新问题,广泛听取各方面的建议和意见,为审议和决策提供可靠的依据。

切实加强机关干部队伍建设,加大对年轻干部的培养教育和锻炼力度,以适应新时期人大工作的需要。把区人大常委会真正建设成为充分发挥作用的国家权力机关、全面履行各项职责的工作机关、密切联系人民群众的代表机关。

各位代表:

充分发挥人大及其常委会地方国家权力机关的作用,推进社会主义民主法制建设,是人民对我们的殷切期望,也是我们光荣而艰巨的历史使命。让我们紧密团结在以胡锦涛同志为总书记的党中央周围,在区委的领导下,紧紧依靠全区人民,认真贯彻落实党的十六大和十六届四中全会精神,坚持科学的发展观、政绩观,以创新的精神,务实的作风,扎实的工作,齐心协力,奋发进取,为宣武区全面建设小康社会,实现经济更加发展、民主更加健全、社会更加和谐的目标做出更大的贡献!

关于宣武区2004年国民经济和社会发展计划执行情况与2005年计划草案的报告

——2005年1月11日在北京市宣武区第十三届人民代表大会第二次会议上

宣武区发展和改革委员会

现将宣武区2004年国民经济和社会发展计划执行情况与2005年计划草案报告如下,请予审议。

一、2004年国民经济和社会发展计划执行情况

2004年是新一届政府届首之年,全区人民以邓小平理论和"三个代表"重要思想为指导,认真贯彻落实科学发展观,积极应对宏观环境的新变化,紧紧抓住发展机遇,求真务实,开拓创新,奋力拼搏,较好地完成了区十三届人大一次会议审议通过的国民经济和社会发展计划。

(一)经济持续快速发展,运行质量和效益明显提高

2004年全区实现地区生产总值225亿元,增长12%,完成年度计划的102.7%,"十五"是"十五"以来经济增长最快的时期。在住宿和餐饮业、交通运输仓储和邮政业、房地产业等共同带动下,第三产业预计实现增加值160亿元,增长12.5%,对GDP增长的贡献率达到73.5%。第二产业预计实现增加值65亿

元,增长10%,规模以上工业企业综合效益指数预计达到188%,比上年提高42个百分点。预计实现财政收入23.5亿元,增长20.5%,完成全年预算的112.4%;财政支出22.7亿元,增长9.9%。

增长继续重点企业发展活力不断增强,骨干作用日益突出,对区级财政的贡献率达到45%,占区级财政收入的73%,支柱地位得到加强。特色企业创新经营理念,完善管理机制和运营模式,市场竞争地位逐步增强,全聚德、菜百、张一元、更香被评为"2004年北京名牌产品生产企业"。多种所有制经济共同发展,非公有制经济增加值约占地区生产总值的三分之一。企业数量不断增加,年末内资企业总数达到14 570家,增长11.2%,注册资本142.4亿元。外商投资企业146家。

(二)城市建设稳步推进,功能区开发取得新进展

积极落实国家宏观调控政策,认真清理固定资产投资项目,预计完成全社会固定资产投资82亿元,完成年度计划102.5%。基本建设规模保持稳定,开复工面积241.5万平方米,其中新开工面积85.3万平方米;竣工面积73.3万平方米,分别完成年度计划的100.6%、106.6%和104.7%。重点工程建设步伐加快,和北京小学分校综合已经完工,万明路变电站完成土建工程,回民医院改造、广内电话局、区政府2号楼正式投入使用经济日报社综合业务楼、牛街民族敬老院等工程建设顺利。

市政基础设施供给能力增强。城市交通网络加快发展,红居街、教子胡同、广义街北段、广外红居仓储路及跨河桥等市政道路已完工,万明路、里仁东街、广安门南街等13条道路完成翻修改建。动迁居民2 260户,拆除危房2.4万平方米。启动了三统碑一期、双柳树一期、红居二期危改小区的拆迁,牛街二期、红居一期、新安中里、南横街东口等危改小区6 596户居民按时回迁。

功能区建设稳步推进。国际传媒大道建设取得新进展,北京通信大楼、富卓广场等工程建设进行积极推进,国际新闻中心、国家新闻出版总署办公楼正在开展前期准备工作。大栅栏地区月亮湾周边环境整治拆迁进入收尾阶段,煤市街市政道路工程已经启动,琉璃厂地区一期部分地块规划工作基本完成,南新华街道路拓宽工程基本完成。马连道地区控制性详细规划调整方案获市政府批准,首次对1号地进行收购和整理储备,北京医药物流中心正式营业,新华书店图书物流中心结构封顶,欧倍德建材超市加紧建设。

(三)改革开放不断深入,区域发展环境继续改善

积极推进投资体制改革。实施政府投资建设项目代建制,进一步规范政府投资项目建设程序,提高资金使用效率。认真落实市场准入制度改革措施,加快适应国有土地使用权出让制度改革。加强热点、难点问题研究,认真开展老字号商标使用情况调研,明确了老字号商标处置办法。积极解决区属企业改制中出现的深层次矛盾和问题,认真处理好改革、发展和稳定的关系。

区属投资公司改革成效显著。金源公司、翔达公司由国有全资企业转型为国有参股、职工入股、投资主体多元化的有限责任公司,并正式挂牌成立,实现了国有资产的有序退出。金工公司与所属16户企业完成整体改制,世纪金工投资有限公司已经运营,金座公司整体改制方案正在落实。宣开公司、校办企业管理中心所属企业改制工作有序进行,区网点处机构改革方案获准实施。

对外经贸工作有序推进。全年完成涉外税收3.05亿元,增长47.7%;实际引资1 887.78万美元,增长49.2%;新批外商投资企业22家,增长10%。组织参加第八届京港洽谈会暨奥运经济市场推介会等活动,成功举办第五届宣武经贸洽谈会,利用"宣武国际传媒周"、"第四届互联网与多媒体全球峰会"提供的机遇和国际平台,集中展现宣武区域特色和整体形象。

发展环境不断优化。全面贯彻落实《行政许可法》,建立健全各项配套制度和工作程序,规范行政行为。加强政务公开,及时公开重大事项决策和执行情况,广泛征求社会各方意见,监督重大工程项目的规划、实施和资金使用情况。继续完善落实领导干部联系重点单位制度,确定我区2004-2005年度百户重点企业。在全区43个政府工作部门和公共服务部门推行全程办事代理制,544项审批和服务事项纳入全程代理范围。成立区政务大厅,整合入驻部门行政流程,推出综合代理服务,开展网上审批试点,行政效率得到提高。加大市场监管力度,加强安全生产工作,市场秩序进一步规范。

(四)经济与社会协调发展,各项社会事业全面进步

教育科技事业取得新成果。教育资源继续整合,完成上斜街小学与宣外大街小学、回民小学与教子民族小学等6所中小学校的合并,扩大了优质教育资源,教育教学质量和办学条件得到提高。科技管理与服务进一步完善,成立区科技企业协会,建成大栅栏街道网络计算机培训教室和春风、椿树园等社区科普活动室。

卫生事业发展步伐加快。公共卫生投入力度加大,剔除上年"非典"一次性支出不可比因素的影响,实际增长3.9%。认真开展预防保健工作,建立完善

公共卫生体系和应急反应机制,切实保障群众身体健康。积极探索卫生体制改革和区域卫生资源整合的新途径,出台《宣武区深化卫生体制改革的意见》,完成天桥医院托管工作。

文化体育事业蓬勃开展。加强文物保护,修缮德寿堂药店、长椿寺、法源寺等古迹,成功举办了宣南文化节、厂甸庙会、全民健身体育节等群众文体活动,建成"天桥社区健身中心",中小学体育达标率达到95%以上。全区人口自然增长率为-3.99‰,计划生育率达到99.04%,完成全年计划。

(五)就业和社保工作取得明显成效,人民生活水平逐步提高

劳动就业形势稳定。积极落实优惠政策,加大就业培训力度,拓宽就业门路,增加经费投入,全年培训失业人员6 402人。城镇登记失业率为1.43%,控制在2%以内,失业人员就业率达到70.6%,其中,"4 050"人员就业率为75.28%,超额完成年度计划。全年安置失业人员13 419人,开发社区就业岗位12 433个,分别完成年度计划的107.4%和138.1%。

社会保障体系不断完善。社会保险覆盖面继续扩大,失业、养老、医疗、工伤等四项保险基金征缴率全面完成年度计划。落实粮油帮困、学费减免、廉租住房、医疗救助、临时救助等专项政策,制定应急救助预案,加强对困难群体的社会救助。全年累计支出最低生活保障金4 233万元,使全区7 439户低保家庭受益,实现了应保尽保。

生活品质进一步提高。居民人均可支配收入14 677元,剔除价格因素,实际增长10%。人均消费支出11 455元,增长10.6%,其中,耐用消费品和娱乐教育文化及服务支出增长10%以上。居民消费价格指数预计达到101%,比上年提高0.8个百分点,市场物价总水平基本保持稳定。

城市环境继续改善。全年环境整治拆迁面积达5.36万平方米,完成陶然亭公园周边一期、宣外大街、手帕口南街等10项重点环境整治工程。绿化工作取得显著成效,新建、改建南中轴路、法源寺和丰宣公园等3块集中绿地,全年植树2.3万株,铺草14.6万平方米,分别完成年度计划的116%和146%,新增绿地15.77万平方米。继续推行垃圾分类收集,建设改造二类以上公厕43座,完成年度计划。严格控制扬尘、机动车尾气污染,完成燃煤锅炉改造年度计划,空气质量二级和好于二级的天数达到221天,完成市政府下达指标的102%。

在看到成绩的同时,我们也清醒地认识到,全区经济社会发展中还存在一些不容忽视的矛盾和问题,主要表现为:经济结构不尽合理,新的增长点不多,规模效益和运行质量有待提高;风貌保护要求提高,危旧房改造进度趋缓,城市建设难度加大;就业压力依然较大,消费价格上涨,低收入群体生活需要特别关注;发展环境有待改善,政府公共供给能力需要加强,经济调节手段和方式尚需完善等等,这些问题需要在今后工作中高度重视,立足长远,着眼当前,统筹考虑,通过发展和改革逐步加以解决。

二、2005年国民经济和社会发展预期目标及主要工作

2005年是全面落实科学发展观、实现"十五"计划目标、编制"十一五"规划的关键之年,也是保持全区经济社会发展良好态势的重要一年。综合分析国内外发展环境,全区经济社会既有加快发展的有利条件,也面临新的挑战和压力。我们要全面贯彻党的十六大、十六届三中、四中全会、中央经济工作会议以及市区九次党代会精神,紧紧抓住筹办奥运、南城倾斜、加入世界贸易组织后过渡期等重大机遇,积极应对煤、电、油、运紧张、消费价格上涨等不利因素的影响,以制定"十一五"规划为契机,探索实施三大战略的措施,提升综合竞争力;以加快基础设施建设为突破口,全面推进危改进程,提高居民生活品质;以壮大企业规模为重点,强化微观经济基础,促进区域经济发展;以完善机制为重点,加强政企互动,稳步推进经济体制改革;以社会信用体系建设为重点,规范市场运行,完善市场经济秩序;以资源综合利用、环境保护为重点,大力发展循环经济,实现全面、协调、可持续发展。2005年全区经济和社会发展的主要预期目标是:

——地区生产总值按可比口径增长9%;

——财政收入剔除不可比因素增长10%;

——全社会固定资产投资80亿元;

——居民人均可支配收入增长8%;

——城镇登记失业率控制在2.5%以内。

为实现上述预期目标,2005年将着重做好以下七个方面的工作:

(一)加快结构调整,促进区域经济平稳健康发展

继续调整企业结构。加大对外宣传力度,打造区域品牌,营造公开、平等、有序的市场环境,吸引跨国公司、国内大型企业总部入驻,培育引导现有企业壮大规模,加强管理,节能降耗,提升企业竞争力。坚持抓大扶小,充分发挥重点企业的骨干作用,进一步做强做大重点企业;加强中小企业培育,鼓励和支持就业型企业发展,积极争取国家、市中小企业专项扶持资金,建立以资金融通、信用担保、技术支持、管理咨询、信息服务、市场开拓和人才培训为主要内容的中小企业服务体系。继续优化所有制结构,鼓励发展混

合所有制经济,支持发展非公有制经济,引导建立和完善现代企业制度,不断提高企业素质和对经济增长的贡献率。

加快调整产业结构。促进产业结构优化升级,增强市场适应性和竞争力。抓住服务业扩大开放的有利时机,采取有效措施,鼓励建立和完善中介组织,重点发展商务、金融、房地产、传媒、新型商业等现代服务业。整合区域商业资源,培育新型商业业态,扩大经营规模。挖掘区域文化资源,提升文化产业素质,将文化和旅游有机融合,实现两者的互促互进、共同发展。发挥城区优势,完善城市功能,营造特色明显的服务业聚集区,进一步提高服务业增加值占地区生产总值比重和从业人员占全区从业人员比重。

大力发展特色经济。发挥特色商业的比较优势,提高金银珠宝、茶叶、时尚服饰、特色餐饮、文化娱乐等商品和服务的市场份额,扩大特色商品的影响力和吸引力。加大对连锁经营的支持力度,引进国内外知名连锁品牌,扩大连锁商业占全区社会消费品零售额的比重。完善特色企业管理机制,创新经营理念和发展思路,支持菜百、张一元、更香、爱义行、内联升、瑞蚨祥等品牌企业和老字号企业发展壮大。

(二)实施项目带动,积极推进重点功能区建设

加快功能区开发建设。统筹协调,完善管理,探索功能区开发建设的整合思路,实现土地一级开发,改善投资基础环境,增强投资者信心。积极做好国际传媒大道城市设计规划,加快北京通信大楼、沃尔玛超市建设进程,开工建设新闻出版总署办公大楼,加快启动国际新闻中心项目开发建设。深化大栅栏、琉璃厂地区城市规划,完善市政交通管网设计,加快推进煤市街道路拓宽工程。继续抓好马连道采购中心区建设,完成新华书店图书物流中心开业准备,加快建设欧倍德项目。按照整体规划、分段实施、重点推进、打造精品的原则,研究广安大街的规划建设方案,理顺项目关系,探索开发模式,加快建设步伐。继续以清真餐饮为龙头,充实民族特色内涵,加快牛街民族特色街发展。深入挖掘天桥民俗特色,培育特色经济,促进天桥民俗特色街开发。

(三)创新工作思路,提高城市建设水平

调整完善控制性规划和土地管理制度实施体系。结合北京市总体规划修编,做好区域控制性详细规划修编工作,规范土地市场管理,加强土地整理储备中心的运作,建立土地收购储备制度,积极探索土地一级市场招、拍、挂工作流程和操作方法,全力做好土地一级开发工作。

加快基础设施和重点工程建设。完成南新华街、南横街西段、广义街南段、南菜园街、香炉营、樱桃园二条和樱桃园三条等道路建设。基本完成北马连道路、陶然亭路东段、白纸坊西延路等道路工程。开工建设南横街东段、槐柏树街等道路。全年计划开复工面积200万平方米,其中新开50万平方米;竣工150万平方米。加快区委党校教学楼建设,万明路变电站通电运行,加快公安宣武分局看守所、民兵训练基地、牛街礼拜寺修缮、回民殡葬馆等一批重点工程建设。

加快危旧房改造进程。按照市委、市政府的要求,积极探索旧城有机更新的新模式,在保护古都风貌的前提下,适应全市危改从成片改造向小规模、渐进式、多样化、微循环方式这一工作思路的转变,通过道路建设、环境整治、文物保护,以点带面、重点突破,多渠道运作资金,多形式推进危改。在依照程序、规范拆迁的基础上,切实加强组织协调,加快拆迁进度,计划拆迁居民3 000户。力争大吉等重点危改区实现局部启动。继续做好三统碑一期、双柳树一期、红居二期等危改区的拆迁工作,启动三统碑二期、双柳树二期拆迁,加快樱桃园、春风二期、小马厂的回迁楼建设,确保居民按时回迁。

(四)加快改革开放,增强区域经济发展活力

深化国有资产管理体制改革。建立和完善符合市场经济发展要求的国有资产监督、管理、运营体制。建立国有资产收益收缴制度、对外投资制度、重大事项报告制度,规范经营者的权利、责任、义务,确保国有资产保值增值。建立国有企业领导人员选拔任用和激励约束机制,加强企业经营人才的管理和培养。建立企业内控机制,推动企业加强管理,提高决策水平。

深化企事业单位改革。推进国有独资和控股企业改革,完善企业股权结构、资本结构和治理结构。以产权调整为突破口,继续深化企业改革,整合区属开发公司,积极推进京都文化投资管理公司、宣房投资管理公司和大碗茶公司改革。加强对已改制企业的分类指导,促使企业合理配置资源,拓宽融资渠道,壮大规模,提高竞争力。加快推进事业单位改革,按照公益性和经营性分开的原则,逐步对文化、卫生、体育等事业单位进行分类改革。

深化投融资体制改革。强化政府投资和政策引导作用,突出完善城市功能、优化经济结构、有效利用资源、改善生态环境的项目开发。完善政府投资建设项目代建制,理顺投资项目管理程序,强化固定资产投资项目的招投标管理和对建设工程的有效监控,注重建设项目的经济效益和社会效益可行性分析,规范政府投资行为。对符合城市发展规划、产业政策和土地利用规划的项目,加快前期工作,加强指导协调,争取筹划一批、开工一批、营运一批。

加强对外经贸工作。认真研究世界贸易组织相关规则，加快服务贸易领域对外引资步伐，充分利用区内资源实现与国内外市场的对接，做好协调和服务工作。加强与各区县沟通合作，实现优势互补、资源共享。拓宽招商引资渠道，充分利用多种招商手段，形成全方位多层次的投资促进网络，着力办好第六届宣武经贸洽谈会。提高利用外资水平，调整引进资金结构，抓好已经签约项目的入资、启动和跟踪服务。加强国内外交流，支持企业扩大出口，努力创造更多贸易机会。

（五）坚持以人为本，加快提高人民生活品质

继续把促进就业放在突出位置。坚持劳动者自主就业、市场调节就业、政府促进就业的方针，努力改善创业和就业环境。落实扶持政策，加强创业指导，推行灵活多样的就业形式。以4050失业人员为重点，加大帮扶力度，确保4050失业人员就业率达到60%。开展形式多样、内容丰富的技能培训，提高劳动者就业技能，计划新增就业岗位11 000个，其中，新增社区就业岗位8 500个，安置失业人员7 000名，确保城镇登记失业人员就业率达到60%以上。

稳步推进社会保障制度改革。探索建立多层次、广覆盖的社会保障体系，落实下岗职工基本生活保障、失业保险、城市居民最低生活保障“三条保障线”政策，实现“两个确保”。提高非公有制企业和自收自支事业单位参保率，完善补充医疗保险，扩大社会保险覆盖面。加快社会救助体系建设，继续对低保家庭实施分类救助，切实保障低收入居民基本生活需求，认真解决特殊困难家庭遇到的实际困难。大力发展老龄和残疾人事业，确保区残疾人活动中心装修改造工程年内竣工交用。

创造良好人居环境。加强城市管理，加大环境综合整治力度，集中精力做好陶然亭公园周边二期、报国寺西南侧、和平门外东街南侧、先农坛北里和回民医院北侧等五个项目的整治工作。完成前门月亮湾、陶然亭公园周边整治一期等重点绿化工程建设，新建、改建绿地10万平方米。继续做好垃圾分类收集，新建、改建公厕23座。健全环境安全监管机制，完善环境管理保障体系，强化施工工地、道路扬尘和机动车尾气污染控制，力争全区空气质量二级及好于二级的天数与全市同步增长，不断提高城市环境质量。

（六）注重统筹兼顾，推动社会事业全面进步

加大教育卫生资源整合。认真落实《宣武区教育事业发展规划纲要》，加强职业教育、技能培训和继续教育，构建终身教育体系。积极推进北京十五中学分校实验楼、北京第十四中学、北京市第一实验小学综合楼、三教寺幼儿园改造等项目建设，促进基础教育均衡发展。加大公共卫生投入，加强公共卫生基础建设，装修改造13个社区卫生服务站，努力创建全国社区卫生服务示范区。建设公共卫生应急指挥信息系统，完善突发公共卫生事件医疗救治体系。健全卫生监管体系，保证群众食品、药品和医疗安全，有效控制甲乙类传染病发病率。统筹规划区域卫生资源，推进公立医院产权制度改革，引入竞争机制，扩大优质医疗资源的有效供给。加快宣武中医、广外医院病房楼改造。

促进科技文化体育事业发展。加强对区内外科技资源的开发、整合与利用，促进科技创新和科技成果的应用，提升城市现代化水平。加强公共文化基础设施投入，推进区文化馆和社区文化站建设，完善宣南文化博物馆设施。积极落实文物保护修缮任务，设计一批展示北京历史文脉、宣南文化地上遗存的街景标识。加强国际文化交流，塑造有国际知名度和竞争力的文化品牌。举办宣武区第八届体育节，实施宣武体育场西看台改造工程，做好宣武体育中心建设的前期工作。建立社区多元化投入机制，加快群众健身体育设施建设，促进全民健身计划纲要实施。研究落实全区人才资源建设战略规划，树立科学的人才观，推进人才培养和引进工作。坚持计划生育，稳定低生育水平，提高人口素质，全年计划生育率达到98%以上。

（七）加强公共管理，优化区域发展环境

组织好“十一五”规划编制工作。认真总结“十五”期间国民经济和社会发展的成就、经验和薄弱环节，深入研究事关发展的全局性、战略性、关键性问题，理清全区经济社会发展思路，明确区域功能定位、发展战略、产业发展方向和重大项目安排，促进区域经济协调健康发展。落实国家宏观调控政策措施，加强经济预测和分析，密切关注经济增长、价格水平、劳动就业、人民生活等重要指标的发展变化趋势。建立自觉节约资源和保护环境的工作机制，落实资源节约活动计划，加强舆论监督和宣传，广泛动员建设节约型社会。建立宣武区企业信用信息系统，逐步构建完善的市场信用体系。继续规范市场经济秩序，加强执法，开展专项检查，着力整顿房地产市场、建筑市场和旅游市场，营造市场准入、交易、竞争、消费的良好环境。

完善政府公共服务体系。发挥政府的信息平台作用，及时披露政府的政策和重大决策，提高信息的公开性和透明度。继续落实领导干部联系重点企业制度，加强与企业的沟通，建立及时的反馈服务机制，切实为企业解决实际问题。进一步完善区政务大厅的公共服务功能，推进全程办事代理制，拓宽代理制的服务范围和领域。加快推进电子政务建设，切实简化办事程序，实现监督机制的创新，提高服务质量和

办事透明度。全面落实《行政许可法》,严格按照法律规定的权限和程序行使权力、履行职责,逐步实现行政许可权的相对集中,统一、联合、集中办理行政许可事项。深化行政审批制度改革,认真清理行政审批项目,降低行政成本。继续深化城市管理体制改革,建立和完善城市管理长效机制,研究制定城管工作规划,提高城市管理水平。

2005年是我区经济和社会发展的关键一年,改革和发展的任务十分艰巨,我们要在市委、市政府、区委的领导下,在区人大及其常委会的监督下,以邓小平理论和"三个代表"重要思想为指导,不断增强责任感和使命感,用科学发展观统领经济社会发展全局,以十足的干劲、踏实的作风、积极的行动,努力完成全年国民经济和社会发展的各项任务!

关于宣武区2004年财政预算执行情况和2005年财政预算草案的报告

——2005年1月11日在北京市宣武区第十三届人民代表大会第二次会议上

宣武区财政局

现将宣武区2004年财政预算执行情况和2005年财政预算草案报告如下,请予审议。

一、2004年财政预算执行情况

2004年是新一届区政府的届首之年,在区委、区政府的领导下,财政工作认真贯彻市委、市政府确定的各项改革措施和要求,切实执行区第十三届人民代表大会第一次会议通过的各项决议,坚持依法理财、科学理财,深化财政改革,规范支出管理,财政收入继续保持稳定增长,公共保障能力进一步增强,预算执行情况良好。

区第十三届人民代表大会第一次会议批准的2004年财政收入预算为20.9亿元,全年预计完成23.5亿元,比上年增长20.5%,完成全年预算的112.4%,圆满实现了区委区政府确定的奋斗目标。

区第十三届人民代表大会第一次会议批准的2004年财政支出预算为17亿元。在预算执行中,由于市拨专款增加、市政府规范公务员收入政策出台等因素支出加大,经报请区人民代表大会常务委员会批准,支出预算变更为22.7亿元,全年预计支出22.7亿元,比上年增长9.9%。

根据《预算法》和《北京市预算监督条例》的规定,重点报告财政预算执行和超收收入安排情况:

2004年财政收入235 000万元,市拨专款及转移支付45 000万元,上年专项结转17 000万元;财政支出227 000万元,体制上解54 000万元,结转下年项目资金16 000万元,财政收支平衡。

财政收入主要项目完成情况是:增值税27 000万元,为年度预算的94.7%,比上年下降4.6%,主要是电力企业政策调整造成的减收;营业税100 000万元,为年度预算的122.3%,比上年增长34.1%;城市维护建设税、城镇土地使用税及土地增值税13 270万元,为年度预算的101.3%,比上年增长9.6%;教育费附加收入6 000万元,为年度预算的103.9%,比上年增长13.8%;企业所得税60 000万元,为年度预算的104.3%,比上年增长14.5%;房产税、印花税及车船使用和牌照税22 350万元,为年度预算的112.6%,比上年增长24.8%;行政性收费收入、罚没收入等非税收入5 920万元,为年度预算的279.2%,比上年增长81.8%,主要是由于政策调整因素带来的增收;基金预算收入460万元。

财政支出主要项目完成情况是:基本建设支出27 700万元,为变更预算的100%,比上年下降23.6%;文体广播事业费2 600万元,为变更预算的100%,比上年增长10.5%;教育支出28 000万元,为变更预算的100%,比上年增长15.7%;医疗卫生支出10 600万元，为变更预算的100%，剔除上年“非典”支出1 800万元一次性不可比因素，比上年增长3.9%；抚恤和社会福利救济12 238万元，为变更预算的100%，比上年增长22.5 %；行政管理费24 800万元，为变更预算的100%，比上年增长45.2%；公检法司支出20 000万元，为变更预算的100%，比上年增长55.7%；城市维护费18 000万元，为变更预算的100%，比上年增长22.9 %。

2004年预算超收收入的安排使用情况是：财政收入比预算超收增加区财力20 000万元，根据《北京市预算监督条例》有关规定，并兼顾区域经济发展的实际需要，财政增加财力安排的主要支出项目为教育依法增长增加支出2 000万元、落实市政府关于规范公务员收入政策增加支出13 000万元、街道分成及转移支付增加支出5 000万元。

上述预算数字，在决算编制汇总后，会有微小变化。

一年以来，我区按照新一届政府工作的总体要求，继续实施城市建设带动、结构优化升级和科教文化兴区三大战略，采取多项措施优化区域经济环境，保持了国民经济和各项社会事业的持续、协调、健康发展，财政收入实现稳定增长，综合经济实力进一步壮大。财政工作认真落实区人代会及市区财政工作会议提出的各项要求，大力组织财政收入，严格依法治税，深化预算管理改革，强化公共财政意识，优化财政支出结构，公共保障能力进一步增强。

（一）团结奋斗，千方百计完成全年财政收入任务。

2004年既是我区新一届政府工作的第一年，也是我区改革发展的关键一年。我区财政收入在连年大幅增收的高基数上，要完成人大批准的财政收入增长10%的目标，需要付出巨大努力。但财税部门知难而上，团结奋斗，千方百计提前67天完成年初人代会批准的预算收入任务。通过加强税源建设，坚持大力发展“总部”经济、特色经济和非公经济的措施已显现成效，全区产业结构更趋合理，多种经济成份对财政收入的贡献更加稳定，形成多方共促财政收入持续攀升的良好局面；通过完善街道财政体制，充分调动街道发展区域经济和协税护税的积极性，街道财政体制运行平稳。全年街道预计完成财政收入101 400万元，占全区财政收入的43.1 %；继续严格执行《税收征管法》及实施细则，加大税务稽查和清理欠税的力度；财税部门密切配合，定期沟通，收入指标细化，认真分析收入形势，初步形成动态收入分析监测体系，全力做到税款应收尽收。在全区上下的大力配合下，在税务等部门的艰苦努力下，圆满地完成了全年财政收入任务。

（二）发挥职能，以科学发展观优化财政支出结构。

按照科学发展观的要求，以建立公共财政体系为目标，进一步优化支出结构，将支出重点放在满足政府履行职能和社会公共需要上，确保全区各项事业的科学、持续、健康发展。加强政法部门建设，落实“科技强警”要求，全年安排公检法司支出20 000万元，保证政法机关履行职能，有力地维护了地区社会稳定；继续加大教育、科技文化等事业投入，全年预算内安排教育经费28 000万元，比上年增长15.7 %，高于财政经常性收入增长，达到了《义务教育法》“三个增长”的法定增长比例，从资金上有力的保障了全区基础教育事业的快速发展；加大对公共卫生事业的资金投入力度，全年安排卫生事业经费10 600万元，切实保障人民群众的身体健康；加大社会保障事业的投入，全年安排14 088万元，确保各项低保政策的落实，大力促进全区的就业与再就业工程；加大城市基础设施的投入力度，全年基本建设支出及城市维护费支出45 700万元，进一步改善了全区投资环境和人民生活环境。

（三）改革创新，积极稳步地推进预算管理改革。

细化部门预算编制，修订各项支出定额标准，完善部门预算软件编制功能。按照《宣武区专项资金预算管理暂行办法》的有关要求，对专项资金预算编制实行文本制度，进一步规范预算单位的项目申报、评审、审核程序。对基本建设类、部分修缮类和购置类以及一次性业务费项目首次实行专项文本制度，对专项资金申报、评审、立项程序提出规范性要求，以增强对专项资金的监督问效。进一步压缩一般性业务费占财政支出的比例，按照确保重点、统筹兼顾的原则，提高财政资金使用效益。

深化国库集中支付改革，工资统发已扩大到全区除教委以外的全部行政事业单位。区国库支付中心成立并全面运行，全面负责政府采购项目、直接支付项目和工资统发项目的财政资金拨付工作。预计全年区国库直拨人员工资、专项经费及政府采购资金累计45 000万元，占财政支出总额的19.8%。在资金拨付过程中，资金拨付的及时率、准确率、安全率均达到了100%；积极研究开发离退休人员工资统发、银行支付系统软件，并首次开展离退休人员工资统发试点工作。

深化政府采购工作改革，继续贯彻《政府采购法》，全面推行政府采购预算管理制度，政府采购工作运行更加规范。制订了《关于加强基本建设项目政府采购管理的通知》、《关于加强信息化工程建设政府采购管理的通知》、《关于政府采购监督管理的通知》等三个规范性文件,为全年政府采购的规范运作奠定了良好基础;将行政事业单位25辆在编黄标车进行公开拍卖处理,拍卖所得64.6万元全部缴入国库,这是我区首次以公开拍卖形式处置国有资产,对探索国有资产处理新途径具有重要意义;建立“政府采购数据库”,加强对政府采购项目的统计和需求分析。深入对政府供应商备案资料和专家库的管理,进一步提高政府采购工作的规范性和采购质量;首次对绿化工程及道路改造工程实施政府采购,使我区政府采购工作不断推向深入。

夯实基础工作,充分发挥财政职能作用。根据文件要求,认真做好规范公务员收入工作。财政部门积极与区人事局、区监察局等部门配合,联合下发了《关于暂停发放各种津贴补贴的通知》,同时测算新政策对我区全年财政收支平衡的影响。针对较大的资金缺口,财政部门通过增收挖潜,清缴欠税,严格控制支出项目等措施确保规范公务员收入政策的资金到位。明确统发的工资项目和工资标准,根据规范公务员收入有关政策和标准对原工资统发软件系统及时进行改版和升级,组织人员对纳入规范范围的单位基本信息进行录入并严格审核,确保整个规范收入工作的按时准确完成;金财工程项目全面实施,正在建立覆盖全区预算管理单位的财政财务管理平台,通过财政管理手段的根本性变化有效提高全区财政财务管理的科学性、实用性、准确性。

(四)依法理财,财政制度法制建设不断加强。

以实施贯彻《行政许可法》为契机,深化行政审批制度改革,精简规范行政审批事项及程序,查找行政许可依据,对涉及财政业务管理的20件事项进行清理;制发《宣武区财政局质量计划编制办法》,保证财政服务过程质量要求明确、过程步骤清晰、人力和物力资源配置充足合理;制定《宣武区专项资金预算管理暂行办法》及统一的《专项资金预算申报文本》,重新界定了专项资金的管理范畴,完善了专项资金项目库管理内容,增加了专项资金预算申报、审核、核定与项目执行的标准化要求;大力宣传普及《会计法》,深入开展会计信息质量检查,加强日常监督管理,构建多层次的财政财务监督体系,切实提高依法行政和依法理财的水平。

2004年我区财政工作在区委、区政府的正确领导下,在全区各部门的通力配合下,取得了新的成绩。财政收入超额完成年度预算,并继续保持平稳增长的态势;财政支出结构进一步优化,公共财政体系日趋完善,满足社会公共需要的能力进一步加强。收支进度合理,预算执行情况良好。在成绩取得的同时,我们也应该看到目前财政收支运行中存在的一些不容忽视的问题:在连年增收的高基数基础上增收空间有限;税收政策的调整,如对大唐电力的政策调整将直接造成财政的减收,而税收实行属地管理同时使我区收入不确定因素增加;财政收入增长带来的教育等领域法定支出的增长,社会保障等领域需要继续增加投入,规范公务员收入、政策性增资,住房补贴等人员经费刚性支出都进一步加大了财政支出压力,财政收支矛盾依然十分突出。

上述问题,应该引起我们的高度重视,在新的一年要进一步采取行之有效的措施加以解决。

二、2005年财政预算草案

2005年财政预算编制安排的指导思想是:贯彻党的十六大和十六届四中全会精神,坚持以邓小平理论和“三个代表”重要思想为指导,结合财政工作的实际,不断树立和落实科学的发展观,发挥财政职能,大力支持各项改革,完善公共财政体系,促进经济社会全面、协调可持续发展。根据上述指导思想,2005年财政预算草案是:

财政收入预算247 500万元,剔除上年不可比因素增长10%。

财政支出预算208 500万元,同口径计算比上年增长12.6%。

2005年我区财政收入247 500万元,市转移支付5 000万元,上年结转项目资金16 000万元;财政支出208 500万元,体制上解60 000万元,收支相抵财政预算平衡。

随着2008年北京奥运会的临近,南城改造全面进行和首都率先基本实现现代化的步伐加快,新的一年我区面临难得的机遇和挑战。作为履行政府职能的重要组成部分,财政工作将一如继往开拓进取,从以下几方面入手,全力完成2005年财政收支预算任务。

(一)树立科学发展观,确保财政收入的稳定增长。

发展是硬道理,经济是基础。没有经济发展和财政收入增长,各项社会事业的发展就会失去物质基础和财力来源。财政工作要按照科学的发展观,积极置身于经济社会发展的大系统中,探索建立稳定的财政收入增长机制。要不断提高领导和促进发展的水平,推动我区经济社会又快又好地发展。坚持经济建设这个中心不动摇,聚精会神搞建设,一心一意谋发展。加快改革步伐,优化发展环境。

按照区委区政府确定的发展区域经济的整体思路,继续深入推进城市建设带动、结构优化升级和科教文化兴区三大战略，充分发挥财政职能优化区域经济环境，以改革促发展，以发展求进步，以科学的发展观保持国民经济和各项社会事业的持续、协调、健康发展。借助奥运会和南城改造建设的大好时机，将区域经济提高到一个新的水平。

（二）坚持科学理财的理念，支持全区各项事业协调发展。

按照可持续发展的原则，坚持科学理财。资金分配上本着对党和人民高度负责的精神，正确处理近期发展和长远发展之间的关系。进一步发挥市场在资源配置中的基础性作用。充分调动各方面加快发展的积极性，不断增强各项事业发展的生机和活力。

坚持实事求是的原则，认真落实财政资金“一是吃饭，二是建设”的方针，保政权建设，足额安排人员和公用支出，确保各种法定支出按规定的比例增长。在此基础上，按照“先重后轻，先急后缓”的原则，加大各项事业投入，大力支持社会保障、环境保护等与人民群众密切相关领域的投入；加大对于基层各项事业的投入力度，服务基层，下大力满足基层工作的需要；继续加大教育文化投入力度，努力实现科教文化兴区战略；加大卫生事业投入，保障人民群众身体健康；加大基础设施建设、环境整治投入，进一步改善我区投资环境，为全区经济社会的进一步发展创造条件。

（三）推进财政改革，提高财政管理水平。

进一步深化部门预算改革，细化部门预算编制，修订各项支出的定额标准，完善部门预算软件编制功能，使之更加符合财政各项工作的需要；积极研究探索开展绩效预算考评工作的新思路，学习和借鉴现有的经验和做法，并结合我区实际情况，充分利用现有的条件，从项目预算入手，制定项目绩效预算考评指标体系，逐步建立适合我区实际情况的绩效考评工作制度，进一步提高财政资金的使用效益。

积极推进国库集中支付工作，进一步发挥国库支付中心的作用，继续扩大直接支付的领域；落实财政部、市财政局关于加强政府非税收入管理的通知精神，研究推进非税收入收缴管理改革的具体措施，实现对部门非税收入的动态管理；开展建立国库单一账户体系试点工作，做好试点单位选择、试点方案制定以及集中支付信息系统建设等基础工作；进一步扩大区属行政事业单位在职人员及离退休人员工资由国库统一发放的范围，加强财政资金的统一调度和管理。

继续深入推进金财工程建设，在新年内争取有突破性进展，形成新的财政财务管理模式。积极构建全方位的政府财政网络联接系统，加快推进统一财务软件实施进程，实现对区属行政事业单位网络化管理；系统整合部门预算、国库集中支付、办公自动化等业务软件，提高资源共享利用率，建立新型的信息化、现代化财政管理模式。

继续完善政府采购程序，扩大政府采购范围。继续深入落实《政府采购法》，使政府采购更加深入人心；在严格遵守《政府采购法》和政府采购相关规定的基础上，一方面加强制度建设，规范采购程序，同时简化中间环节，提高政府采购工作效率。

（四）完善法制建设，强化财政监督管理。

在深入贯彻《行政许可法》的基础上，结合财政工作的实际情况，继续完善财政法制建设，强化财政监督机制。把财政监督管理贯穿于财政工作的各个环节。加强专项资金的申报、使用和落实完成情况的监督检查力度，确保专款专用。加强预算收入的监督管理，保证财政收入足额及时入库；认真贯彻《会计法》、《会计基础工作规范》，加强会计基础工作，提高会计信息质量，特别是行政事业单位会计人员水平；完善财政内外监督机制，协调配合各相关部门，加大财政资金的跟踪检查和管理力度，确保财政资金安全有效运行。

2005 年，我们将以十六届四中全会精神为指针，在区委区政府的领导下，在区人大的监督下，全面贯彻“三个代表”的重要思想，紧紧依靠全区广大人民，与时俱进，开拓创新，为率先基本实现现代化的目标而努力奋斗！

北京市宣武区人民法院工作报告

——2005年1月12日在北京市宣武区第十三届人民代表大会第二次会议上

宣武区人民法院院长　于建伟

各位代表:

现在,我就宣武区人民法院2004年的主要工作和2005年的工作安排向大会作报告,请予审议。

2004年主要工作

2004年,在宣武区委、市高级法院的领导下,在区人大及其常委会的监督和区政府的支持下,我院以邓小平理论和三个代表重要思想为指导,认真贯彻落实党的十六大和十六届四中全会精神,忠实履行宪法和法律赋予的职责,以公正效率为目标,坚持司法为民,努力开展审判工作,稳妥推进法院改革,大力加强法官职业化建设,各项工作取得了新进展。

一、依法做好审判和执行工作,为维护社会稳定、促进经济发展和构建和谐社会提供有力司法保障

2004年,我院全体干警克服新收案件大幅增长、案件审理难度明显增加的困难,较为圆满地完成了审判任务。全年共受理案件12 107件,比2003年多受理2 668件,增长了28%;审结案件12 112件,比2003年多结案2 887件,增长了31%;未结案件330件,比2003年少5件。

(一)依法审理刑事案件,确保社会稳定

坚持"严打"方针,保持高压态势。我院继续完善"严打"经常性工作机制,对抢劫、强奸、重大盗窃等严重影响群众安全感的犯罪,实施重点打击,全力维护社会稳定。共审结危害社会治安类案件380件,判处罪犯466人,其中判处5年以上有期徒刑的75人。结伙持枪抢劫未遂的被告人马南、孙宝健、丁建,分别被我院依法判处有期徒刑10至11年。我院继续加大对经济犯罪的打击力度,遏制腐败现象,维护正常经济秩序。共审结贪污、受贿、挪用公款、侵吞国有资产、诈骗等各类经济犯罪案件23件,判处罪犯28人,涉案金额480万元。我院还及时审理了3起利用邪教组织破坏法律实施案,程松等3名"法轮功"分子分别被判处有期徒刑3年。

挽救失足少年,依法适用缓刑。在审理未成年人犯罪案件时,我院坚持"教育为主、惩罚为辅、寓教于审"的方针,注重庭审的前延和后续工作。对犯罪情节一般,有条件适用缓刑的未成年被告人,我院尽可能依法宣告缓刑,并要求他们参加社区矫正。在已审结的53件未成年人犯罪案件中,有30名未成年被告人被适用缓刑。

全年共审结各类刑事案件435件,判处罪犯555人。

(二)依法审理民商事案件,促进社会和谐和经济发展

强化保护职能,依法调整婚姻家庭关系。我院严格按照婚姻法、继承法等法律和相关的司法解释,注意保护妇女、老人、儿童和无过错方的合法权益,共审结离婚纠纷824件,继承纠纷56件,抚育纠纷133件,赡养纠纷30件。在审理80岁老人杜兰爱起诉8名子女赡养纠纷时,法官依据查明的事实,当庭对拒不履行法定赡养义务的被告人进行了训诫,并及时作出杜兰爱胜诉的判决。

缓解社会矛盾,依法处理群体性纠纷。近年来,群体性纠纷案件大量增加,仅2004年就受理了近300件,涉及当事人上千人,影响到上万个家庭的切身利益。我院尽可能采用调解方式解决纠纷。有一起7名业主起诉开发商要求办理房产证的群体性纠纷案件,涉及到一栋楼的80户居民。负责承办民事案件的法官多次与政府相关部门联系,反复做当事人双方的调解工作,最后终于达成了使各方满意的调解协议:由开发商在规定期限内办理房产证。此外,对调解无效的群体性纠纷,在排除激化矛盾的可能性后,

及时作出判决，避免出现久调不决的情况。

促进经济发展，依法维护市场经济秩序。我院进一步加强与建立社会主义市场经济体制密切相关的商事案件的审判工作，审结票据、存单、储蓄、借贷等金融类纠纷案件174件，涉案标的金额1.2亿元；审结买卖、承揽、承包、租赁、代理等合同类纠纷案件2 657件，涉案标的金额9 386万元；审结股东权益纠纷等案件21件。面对新受理拖欠供暖费案件激增至1 500余件的情况，法官们加班加点，突击审理，赶在正式供暖前，审结了全部供暖纠纷案件，调解率达到88%。既避免了因诉讼而影响居民正常取暖，又保护了供暖方的合法经济利益。为预防发生新的供暖纠纷，我院还向供暖单位发出相关司法建议。

追求“双重效果”，依法判处各种新类型案件。新类型案件中有许多属于社会影响较大的案件，处理起来也有相当的难度。我院力求做到精心组织、精兵承办、精细审理，努力争取案件处理的法律效果和社会效果的统一。我院受理的“新交法”实施后全国首例“奥拓车”撞人纠纷案、储蓄实名制前化名存款纠纷案、连锁加盟经营合同纠纷案以及涉禽流感纠纷案等一批新类型案件，都已依法审结。

全年共审结各类民商事案件8 093件。

（三）依法审理行政案件，监督行政执法行为，保障公民、法人和其他组织的合法权益

结合我区特点，我院将以下案件的审理作为重点：一是与奥运设施配套的城市建设有关的行政案件和非诉执行案件。在审理此类案件时，注意处理好保护被拆迁人合法权益与保障城市建设顺利进行的关系，重点做好原告的思想疏导工作，防止矛盾激化；二是社会保障类行政案件。2004年1月1日《工伤保险条例》开始实施，社会保障类行政案件上升趋势明显。对于此类政策性较强的案件，我院既重视对弱势群体的保护，又充分考虑政府职能转变和行政管理体制改革的大局，做到稳妥处理。

全年共审结公民、法人和其他组织起诉市卫生局、市交通委、市劳教委等市、区行政机关申请履责、不服决定的各类行政案件150件。其中，维持行政机关决定的40件，判决行政机关败诉和因行政机关改变决定而原告撤诉的39件，其他方式结案的71件。

（四）依法开展执行工作，维护法律权威

规范执行工作，提高案件质量。在全市法院系统集中清理未结案件、执行款物及执行案卷活动中，我院认真清理未结案件，并对所有中止案件进行排查；成立了执行中止组，专门负责中止案件的恢复执行工作；继续完善执行案件全程公开制度，在不同阶段分别向当事人告知案件执行进度；特别邀请人民陪审员参加重大疑难执行案件的听证会，共同探讨有效执行方案，同时减少外界对执行工作的误解。

制定重大案件执行预案，主动争取各方支持。对一些被执行人抵触情绪严重、有可能激化矛盾、案情复杂的执行案件，我院积极与街道办事处、居民委员会、公安派出所、交通队、消防队等部门联系，制定详细的强制执行预案。执行时，法院依法采取强制措施，其他部门紧密配合，协同行动，保证了每一次重大执行行动的顺利完成。全年共实施重大执行行动12次。

加大执行力度，最大限度实现当事人的合法权益。对经过反复工作仍拒不履行生效法律文书规定义务的被执行人，我院坚决采取强制措施，全年共依法拘留抗拒执行的被执行人45人；并对1 368件案件采取了冻结、划拨被执行人银行存款及查封、扣押、拍卖、变卖被执行人财物等强制措施。

我院特别重视在执行阶段对弱势群体的保护，及时执结了赡养、抚育、扶养、劳动报酬等案件217件；还执结了涉及拖欠农民工工资的案件65件，执结标的额300余万元，使数千名农民工拿到了自己的劳动报酬。

全年共执结各类执行案件3 434件，涉案标的金额7.78亿元（含市高级法院指定我院执行的案件）。我院执行庭由于执行工作规范、执行效率高，被市高级法院推荐到最高法院，参加全国法院系统先进执行部门评比。我院积极参与执行工作同时出色完成其它相关警务工作的法警大队也荣立了集体二等功。

（五）依法延伸审判职能，积极参与社会治安综合治理

为进一步拓宽司法服务领域，我院与区司法局、市监狱管理局清河分局达成共识，在清河分局建立“服刑人员法律援助工作站”，积极参与“法律援助进大墙，人文关怀促改造”的法律援助工作；针对未成年人法律观念缺乏和易冲动的特点，我院12名被聘为法制副校长的法官分别前往北师大附中等中小学校宣讲法制课；我院其他法官还深入社区举办模拟法庭并和社区调解组织共同探讨人民调解工作。

为做好服刑犯人的社区矫正工作，我院对判处管制、宣告缓刑和决定暂予监外执行的罪犯，在宣判或作出决定前，均向其固定居住地派出所核实其详细住址，在判决生效后及时送达《社区矫正告知书》，并将相关法律文书及材料向区司法局移送；我院还加强与缓刑未成年人的联系，注重判后教育。日前，两名表现较好的缓刑未成年人参加高考，分别被北京工商大学和北京城市学院录取。

为畅通人民群众反映审判问题的渠道，力争把问

题解决在基层,我院高度重视信访工作,专门成立了信访工作领导小组,下设信访办公室,负责处理日常的信访事项;我院继续坚持和改进院长接待日制度,每个星期三都有院级领导在接待室接待来访当事人,认真听取和解决他们反映的问题。全年共处理人民来信 264 件;接待群众来访 3 万余人次。

为扩大法律宣传、普及法律知识,我院干警积极撰写稿件,在各类报纸、杂志、网络上发表普法文章 900 余篇;在宣武区 2004 年度法制宣传教育工作会暨 2003 年度普法工作总结表彰会上,3 人受到表彰;在市高级法院主办的第 7 届“天平杯”好新闻奖评比中,4 人获得 6 个奖项,获奖数在全市法院系统位列第三;在第 17 届全国法制好新闻评比中,1 篇稿件获得消息类 3 等奖。

二、稳妥推进法院改革,为使审判工作适应新形势需要创造良好条件

2004 年,我院进一步解放思想、转变观念,密切联系审判工作实际,稳步推进法院改革,主要做了三个方面的尝试:

(一)扩大简易审理案件范围

为进一步提高审判工作效率,方便当事人诉讼,我院在法律规定限度内,扩大了民事简易程序的适用范围。全年适用简易程序审理案件 7 543 件,绝大多数案件在 1 个月内审结。对高龄老人、残疾人等提起诉讼的案件,对小额诉讼和当事人之间争议不大的案件,实行即收、即调、即审、即裁。有一起当事人双方共同来院要求解决扶养关系的案件,立案庭法官了解到被告患有脑部疾病,行动不便,立即与审判庭联系;审判庭法官当即下楼来到立案庭,即时审理,即时调解结案;案件从立到结仅用了一个多小时。

(二)尝试进行多种方式调解

为有效缓解当事人之间的矛盾,我院鼓励法官积极试用各种调解方式结案。比较行之有效的调解方式主要有四种:一是法院内调解。法官或法官助理通知双方当事人到法院在开庭审理之前专门进行调解,或在庭审期间进行调解。采用这种方式调解的案件最多,约占总调解结案数的 90%。二是便民调解。对当事人因年老多病、身体残疾或其他原因不方便到法院参加诉讼的,法官主动到当事人家中办案。目前,采取这种方式进行调解已成为我院法官的自觉行动。三是社区调解。对有一定典型意义,有利于进行社区法律宣传教育的案件,法官积极与社区组织联系,深入社区就地进行调解。有一起因断水导致的邻里纠纷,法官在社区组织的积极支持下,到社区开庭,又到纠纷现场勘验,再到当事人家中调解纠纷,终于使当事人达成通水和安装电表的协议,案件得到圆满解决。四是社会化调解。对案情复杂,矛盾尖锐,可能影响稳定的案件,特别是对一些群体性纠纷案件,法官动员协调各方面的力量,包括政府有关部门、人民调解组织、社区组织、技术专家等,共同参与对案件的调解。我院受理的市属某公司与 8 户居民因搬迁引发的群体性纠纷,由于适时采取社会化调解方式,在一定程度上缓解了居民的激动情绪,保证了案件审理的顺利进行。

(三)探索均衡结案有效途径

我院以审限跟踪为主要手段,改进审判流程管理方式,实行结案效率目标管理,要求所有案件的审理都力争在法定审限的三分之二的时间内办结;同时要求每月均衡结案,各审判庭的月结案率力争保持在 90% 左右。对审限的严格要求调动了各审判庭的结案积极性。民三庭结合本庭商事案件大幅度提高的现实,总结出“提高商事审判效率 6 要素”的审判经验,即:及时排期、电脑办案、繁简分流、注重调解、即时判决、交流创新。我院从事商事审判的法官人均年结案为 300 多件,结案数最高的一名法官达到 502 件,创我院历年来个人结案纪录。我院全部案件的审理效率按每月均衡计算,绝大多数时间处于全市首位。

三、认真抓好法官职业化建设,为全面提高法官综合素质奠定坚实基础

我院党组自 2003 年提出建设服务型、学习型法院的目标以来,注意加强对法官的职业化教育,强化法官的服务大局意识、职业道德意识、司法为民意识、自觉接受监督意识和提高办案质量意识,努力打造一支高素质的法官队伍,以适应日益复杂繁重的审判任务。

(一)强化服务大局意识,追求法律效果和社会效果的统一

服务大局,是从事法官职业的基本要求。在年初的政工会上,我院党组根据党的十六大提出的“保持长期和谐稳定的社会环境”的精神,要求法官在审理案件时,一定要有为稳定、和谐、发展、改革服务的大局意识;既要考虑案件的法律因素,要依法办案,又要考虑案件所涉及的政治、经济、社会心理等其他因素,努力追求法律效果和社会效果的统一。院党组的这一要求,得到了全体法官的积极认同,并付诸审判实践。特别是在审理群体性纠纷和有重大社会影响的案件时,法官们都能尽最大的努力,运用各种法律手段缓解可能激化的社会矛盾。

(二)强化职业道德意识,树立公正廉洁文明的良

好形象

职业道德，是从事法官职业的基本资格。我院十分重视强化法官的职业道德意识。在市高级法院开展的“司法公正树形象”教育活动中，我院党组提出具体贯彻意见：一方面听取社会各界意见，查摆自身表现的不足，认真进行整改；另一方面积极向法院系统的先进模范人物宋鱼水、蒋庆学习，学习他们公正、廉洁、文明办案的良好职业道德。许多法官撰写文章谈学习心得体会，在区纪委、区委组织部、区委宣传部联合组织的“求真务实、勤政为民”征文活动中，我院推荐的“求真务实，司法为民”和“为了公平正义，无怨无悔”两篇文章分别获得一等奖和二等奖。

我院进一步加强党风廉政建设，在院长和各主管院长之间、各主管院长和各庭庭长之间签订了《党风廉政建设责任书》；新制定了《目标管理廉政工作分则》、《干警述廉制度》等多项廉政制度；严格执行市高级法院《关于规范法官和当事人及其律师相互关系的六条禁止性规定》；从严处理了个别工作人员的违纪行为。

我院还狠抓法官队伍的审判作风建设，继续严格执行《审判作风档案制度》，同被反映有审判作风问题的法官进行警示性谈话。从纪检部门和院长接待日反映的问题看，我院法官的审判作风问题已经有了较大的改进。全年共收到表扬信130封，锦旗41面；回收的《文明廉政监督卡》表明，当事人满意率为99.5%。

（三）强化司法为民意识，切实维护当事人的合法权益

司法为民，是从事法官职业的基本目标。我院要求每一名法官都要明确，审理案件的主要目的是为民“定纷止争”，因此要尽可能的为当事人提供各种诉讼便利，切实保护他们的诉讼权利。

在方便当事人诉讼方面：我院在立案庭放置了诉讼用纸、签字笔等，方便当事人立案；在审判区楼道内的当事人休息场所，放置饮水桶和座椅，方便当事人在法庭外等候；采取了对老人和残疾人诉讼的照顾措施，对上楼开庭行动不便的，尽可能安排在一楼开庭；还安排了值班法官随时帮助解决当事人遇到的各种问题；实施了对经济困难的当事人进行司法救助，2004年共减、缓、免收诉讼费用18.4万元。

在维护当事人合法权益方面：凡民商事、行政案件当事人来立案，一律免费发放《案件受理通知书》、《民事行政诉讼指南》、《诉讼风险提示书》、《举证通知书》、《文明廉政监督卡》，让当事人明确诉讼权利与义务，提示他们在立案、举证、庭审和执行等环节将承担的风险等，帮助当事人避免或降低一些常见的诉讼风险和成本，减少不必要的损失。在庭审阶段保障当事人充分陈述的权利、选择鉴定机构的权利，并平等地保护当事人的举证权；法官在庭审中尽可能让当事人平等充分地发表意见；鉴定机构和举证期间的确定，都要征求双方当事人的意见等等。

我院还专门设立了律师更衣室，为律师到法院参加诉讼活动提供便利条件。

（四）强化接受监督意识，真正实现“阳光下的审判”

自觉接受监督，是从事法官职业的基本条件。我院特别重视强化法官接受人大监督的自觉性，对区人大常委会批转的人民来信，要求在最短的时间内予以负责任的答复和报告；对区人大常委会、主任会和人大代表的评议和建议，积极制定改进方案和措施，并认真落实。我院每个季度都邀请区人大代表前来旁听案件审理；年中以“改进审判作风，落实司法为民措施”为题向区人大常委会作了专题汇报；年底主动邀请本区的市人大代表到我院视察工作；此外，我院的各位副院长还向区人大常委会主任会作了述职报告。全年，共接到区人大代表建议1件，办理后人大代表表示非常满意；接到区人大常委会批转的信件8件，全部按要求办结。

2004年，我院聘请了新一届的特邀廉政监督员9名，比上一届增加两名；召开了特邀廉政监督员座谈会，听取意见和建议。我院重视发挥人民陪审员的监督作用，实行了相对集中的轮流值班制，举办了法律业务培训班。全年人民陪审员共陪审、听证各类案件257件。我院同样重视人民群众直接参与的社会监督，继续坚持公开审判制度，对依法应当公开审理的各类案件全部进行了公开审理，共有5 922名公民参加旁听，200余名新闻记者进行了采访。我院还重视发挥内部审判监督机制的作用，实行再审复查听证制度，实行案件检查评查制度，实行错案追究制度。审判监督庭通过申诉再审程序共改判案件5件，检查各类案卷239卷，对查出的各类问题全部向各审判庭和法官进行了反馈。

（五）强化办案质量意识，大力培养精通审判业务的法律人才

确保办案质量，是从事法官职业的基本素质。我院高度重视对审判人才的引进、教育和培养。2004年，我院又招收了3名法律专业的研究生。到目前为止，我院从事审判工作的法官已全部具有大学本科以上学历，硕士研究生人数已达到9名。我院对全体法官进行了为期一周的集中综合培训和不定期的专题业务培训；开展了民事案件判决书的评比活动和法官参加旁听的庭审观摩活动；举办了有高、中级法院法

官参加的疑难法律问题研讨会;还选派部分法官参加了市高级法院在北京法官进修学院举办的“刑事审判实务”、“人身损害赔偿审判实务”和“合同、担保审判实务”等专业培训。2004 年,又有 9 人通过了国家司法考试,取得了担任法官的资格。我院推荐的论文《试论我国国家赔偿确认听证程序的构建》获得北京市法院第 16 届学术研讨会一等奖,并被选送参加最高法院组织的全国法院系统学术研讨会;另有两篇论文获得市级研讨会评选的三等奖。这标志着我院的法学理论水平又有了进一步的提高,同时也为高质量的办案打下了坚实的基础。根据市高级法院的统计,我院的上诉案件被二审法院改判和发回重审的比率均低于全市平均水平,保证了较高的审判质量。

各位代表:

2004 年,我院较好地完成了各项审判任务,取得了一些工作成绩,但也还存在一些不容忽视的问题,主要表现是:法官队伍的整体素质还不能完全适应新时期审判工作的需要;对审判工作中反映出来的疑点、难点问题调研力度不大,解决办法不多;个别法官对办案应注意的法律效果和社会效果统一的问题重视不够;审判作风建设和廉政建设还需进一步加强。对此,我院将以高度的责任感,认真总结经验,积极采取措施,切实加以解决。

2005 年工作安排

2005 年,我院要以邓小平理论和“三个代表”重要思想为指导,提高司法能力,追求法律效果和社会效果的统一,做好审判和执行工作,巩固深化各项改革,加强法官职业化建设,为本区各项事业发展提供稳定和谐的社会环境和公正高效的法制环境。

一、依法审判和执行

紧紧把握司法为民和司法为稳定、和谐、发展、改革服务的大局,进一步提高办案质量,继续保持均衡结案的高效率。

在刑事审判工作中,坚持“严打”方针,保持对犯罪分子的高压态势,重点打击抢劫、抢夺、贩毒、盗窃等严重影响社会治安的犯罪和严重扰乱社会主义市场经济秩序的犯罪;对国家工作人员贪污受贿、徇私舞弊的犯罪行为也要予以严厉打击;坚持“宽严相济”的刑事政策;完善并落实防止超期羁押的规章制度;继续执行普通程序简化审的规定;对未成年人犯罪的审判要注重缓刑的适用;大力推行法官、人民陪审员和未成年罪犯之间“一对一”的帮教制度。

在民商事审判工作中,高度重视调解工作,总结调解经验,提高调解水平,增加调解结案的数量,最大限度缓和当事人之间的矛盾;高度重视对群体性纠纷案件的审理,制定审理此类案件的相关规定,力争把各类不稳定因素消除在萌芽状态;高度重视对弱势群体的保护,实施有效的司法救助;高度重视对新类型案件和有较大社会影响的案件的审理,注意法律效果和社会效果的统一。

在行政审判工作中,强化大局意识和“首都无小事”意识,有针对性地学习《行政许可法》和世贸规则条款,特别注意审理好新类型行政审批、行政许可争议案件;加强对行政执法的有效监督、有序规制和对公民、法人、其他组织合法权益的有力维护。

在执行工作中,加强执行力量配备,完善执行监督机制,树立文明执法形象;彻底清理中止执行案件,建立相应的中止执行案件管理制度;继续开好人民陪审员参加的疑难执行案件听证会;坚持全程公开告知执行各阶段的进展情况,消除当事人对执行工作易产生的误解。

继续做好审判职能的延伸,积极参与社会治安综合治理。加强与社区组织的联系,采取多种方式如举办模拟法庭、就地审判、讲法制课等进行法律宣传;加强与中小学校的联系,充分发挥法制副校长的作用,教育未成年人从小做到知法、懂法、用法;利用办理案件多,新闻素材多的优势,继续向新闻媒体提供数量多、质量高的普法文章,进一步扩大法院审判工作的影响力。

二、巩固深化法院改革

积极探索更为有效的审判管理新机制,尝试成立专门的审判工作管理组织,协调全院各类案件的审理工作,做到质量、效率统一管理。

积极探索运用电脑智能监控系统改进审判工作,在审判大楼的当事人通道和各审判法庭全部安装监控镜头,在一段时期内保存法官和当事人在审判区内所有诉讼活动的录音录像资料,同时对开庭审理的全过程进行数字刻录,逐步做到纸质档案和电子档案共同存档。

积极探索诉讼调解的新途径,在调解的程序安排、人员配备、调解技巧等方面进行重点尝试和调研,力争较大幅度提高民商事案件的调解率。

三、加强法官职业化建设

提高院党组对审判工作的领导能力。加强领导班子建设,坚持理论中心组的政治学习,注重理论联系实际;提高中层干部的管理水平;加强对中青年法官的"人生观、世界观、价值观"教育;重视对审判人才的引进、培养和锻炼。

增强法官搞好廉政建设和作风建设的自觉性。严格执行党风廉政责任制、全院大会定期通报制等各项廉政制度和审判作风档案制度,并制定更加细化的审判责任追究和审判成绩表彰制度。

调动法官学习法学理论和总结交流审判经验的积极性。举办各种类型的审判业务培训班;组织各种案件的庭审观摩活动;召开复杂疑难案件研讨会;重视审判业务的调研和成果转换等等。

各位代表:

在新的一年里,我院将在宣武区委和市高级法院的领导下,牢记司法为民的宗旨,公正高效地做好各项审判工作,为首都全面、协调、可持续发展和"新北京、新奥运"战略构想的顺利实施,为宣武区政治安定、社会和谐和经济发展做出积极的贡献。

北京市宣武区人民检察院工作报告

——2005年1月13日在北京市宣武区第十三届人民代表大会第二次会议上

宣武区人民检察院检察长　王忠华

各位代表:

现在,我就宣武区人民检察院2004年的主要工作情况和2005年工作安排向大会报告,请予审议。

一、2004年的主要工作情况

2004年,我院在区委和市检察院的领导下,在区人大及其常委会的监督和区政府的大力支持下,以邓小平理论和"三个代表"重要思想为指导,树立和落实科学发展观,坚持"立检为公,执法为民、服务发展"的检察工作主题,深入开展"强化法律监督,维护公平正义"教育活动,认真履行宪法赋予的法律监督职能,全力维护首都社会稳定,努力为区域经济发展营造良好的法制环境,全院各项检察工作取得较大进展,为我区的经济发展和社会稳定做出了积极的贡献。

(一)严厉打击刑事犯罪,全力维护社会稳定

2004年,我院以维护首都社会稳定为首要任务,按照区委和市检察院的工作部署和要求,依法正确行使检察权,严厉打击各类刑事犯罪。

1、依法严厉打击各类影响人民群众安全感的刑事犯罪。2004年,我们对日益攀升的刑事犯罪发案,坚持"严打整治"的高压态势,从严从快打击各类刑事犯罪。全年共批准逮捕各类刑事犯罪案件455件591人,依法提起公诉403件519人,案件数分别比2003年上升18.5%和27.1%。其中,对严重暴力犯罪和影响群众安全的多发性犯罪案件进行了重点打击,共批捕此类案件157件238人,提起公诉213件324人,分别占办理案件总数的34.5%和52.9%。如北京西客站聚众械斗案;单某某等人冒充警察在我区马莲道家乐福超市附近抢劫、轮奸案,我院坚决做到快捕快诉,不在检察环节贻误战机。

2、加大对破坏社会主义市场经济秩序犯罪的打击力度。全年共批准逮捕各类经济犯罪案件32件45人,提起公诉52件62人,为我区经济建设和社会各项事业的发展营造了较好的法制环境。如,在审查陈某某涉嫌非法出售增值税专用发票案中,我院以《继续侦查意见书》引导公安机关侦查取证并派专人跟踪此案,案件的侦查工作有较大进展,已查实涉案金额近2亿元,是目前我区国税系统发生的最大一起涉税案件。

3、坚决依法严厉打击利用"法轮功"邪教组织进行的犯罪活动。按照市检察院的统一部署,依法从严从快审查起诉了利用邪教组织破坏法律实施案3件3人,经我院出庭支持公诉,3名被告人均受到法律的严惩,有效震慑了法轮功邪教犯罪。

4、认真做好涉法上访案件的排查调处工作。全年共受理群众举报、申诉、来信来访294件,比2003年上升了31%。针对今年涉法上访案件激增的严峻形势,我院按照中央、市检察院和区委对集中处理涉法上访专项工作的部署,成立领导小组,增加办案力量,先后派出120人次到最高人民检察院对住我区的

上访人员进行劝解。共完成涉法上访排查处理案件12件,均已按照要求分流或结案。

(二)加大查办职务犯罪的力度,积极推进反腐败工作深入开展

遵照中央关于反腐败工作的总体部署,认真落实最高人民检察院和市检察院提出的"加大办案力度,提高执法水平和办案质量,注重办案效果"的工作要求,围绕人民群众反映强烈的腐败问题,不断加大查办职务犯罪工作力度。

1、突出查办大案要案。全年共立案侦查贪污贿赂职务犯罪案件18件25人,立案数比2003年增长50%,共为国家挽回经济损失1 600余万元。查办百万元以上大案6件8人,占立案数的33.3%;查办处级以上领导干部涉嫌犯罪要案9人,其中正局级干部涉嫌犯罪2人,占立案人数的39.1%。如国资委业绩考核处正处级调研员陈某某涉嫌挪用公款5 000万元案,已侦查终结移送审查起诉。

2、积极查办破坏国有企业改制的职务犯罪。针对近年国有企业改制过程中,职务犯罪造成国有资产大量流失的问题,我院把私分国有资产犯罪和借国企改制之机贪污、挪用公款犯罪案件作为打击重点。全年共依法查处此类案件5件9人,占立案总数的27.8%,涉案金额总计达两千余万元。我们先后查办了中国机械对外经济技术合作总公司王某某(正局级)私分国有资产200余万元案;北京中讯通信发展有限公司原法人代表、北京中讯群通科技股份有限公司原董事长毛某某(正处级)与该公司副总经理孙某某(正处级)等3人利用企业改制、重组中的国有股权变动等方式贪污209余万元案;北京卫生材料厂原厂长、北京羚锐卫生材料有限公司原总经理李某某(副处级)等人利用职务之便,在企业改制转轨中与他人共同贪污70万元案。通过查办此类犯罪案件,严厉打击了国企改制中的职务犯罪,保护了国家财产安全,为国企改制营造了良好的法制环境。

3、加大对国家机关工作人员利用职权侵犯人权犯罪案件查办力度。我院认真落实最高人民检察院开展的查办国家机关工作人员利用职权侵犯人权犯罪专项活动,加强办案力量、加大工作力度,侦查工作有很大进展。全年共受理案件16件。现已立案查处了一起人民群众反映强烈的执法人员利用职权非法拘禁案。

(三)认真履行法律监督职能,努力维护司法公正和法制统一

法律监督是宪法赋予检察机关的重要职责和神圣使命,我院紧密结合办案,不断强化监督职能,切实维护司法公正和法制尊严。

1、加强刑事诉讼监督。我院坚持打击犯罪与保障人权并重,注意防错防漏,不枉不纵。全年发出《说明不立案理由通知书》3份,监督侦查机关立案1件2人;依法不批准逮捕7件7人;经严格依法审查,作出不批准侦查机关申请延长侦查羁押期限案件3件7人;在审查赵某某涉嫌诈骗一案中,对侦查机关严重违反刑事诉讼法关于补充侦查期限的规定,我院依法发出了纠正违法通知书。

经依法审查,全年做出不起诉决定8件8人,提请抗诉1件2人。对应当起诉而未移送起诉的,决定追诉3人。如在审理李某某涉嫌诈骗一案中,经我院引导侦查,依法追诉了同案犯王某某。王某某现已被区法院以诈骗罪判处有期徒刑十年。

2、加强对民事、行政审判活动的监督。全年受理各类民事、行政申诉案件45件,建议抗诉2件,不予建议抗诉4件。我院在审理北京某房地产开发有限公司与北京某洗浴有限公司房屋租赁合同纠纷申诉案中,经依法认真审查认为判决适用法律错误,已向市检察院建议抗诉。对法院的正确判决,我们积极做好申诉人的服判息诉工作,努力化解矛盾,维护社会和谐稳定。

3、加强对监管场所的监督。围绕最高人民检察院、公安部关于在全国看守所及驻所检察室开展创建"加强监管执法、加强法律监督、保障刑事诉讼顺利进行、保障在押人合法权益示范单位"的活动中,我院对9件减刑、假释和保外就医案件进行专项检查,坚持每月对戒具使用情况,超期羁押情况,分管分押情况,提讯、押解情况进行检查,对检查中发现的问题以联席会议和检察建议、发纠正违法通知的方式,随时督促有关部门改进工作,健全制度。另外,注重维护在押人员合法权益,对在押人员发放了200余份维权问卷调查;建立了驻所检察官接待制度;认真落实延长羁押期限告知制度;积极开展监外执行监督,参与社区矫正工作。

(四)坚持打防结合,积极参加社会治安综合治理

结合办案开展犯罪预防,是检察机关为大局服务的重要途径。我院坚持打防结合,发挥自身优势,积极参与社会治安综合治理工作。

1、加强法制宣传教育工作。全年我院共向来访人员、区属机关、街道、企事业单位、金融机构等单位发放《检察职能100问》、《控告申诉维权告知宣传手册》、《民事行政检察宣传手册》千余册;上法制课20余次,听课人员达万余人;通过制作法制宣传展板、召开座谈会等形式开展法制宣传工作,取得较好的社会效果。另外,我院加强了对未成年人的犯罪预防和维权工作,深入社区、学校和看守所向未成年人发放《未

成年人相关法律法规必读》手册；我院8名检察官作为法制校长，还经常深入中小学校上法制课，举办母亲课堂，为未成年人及其家长耐心细致讲解有关法律知识，有效地预防了未成年人犯罪。

2、加强职务犯罪预防工作。在区委的领导下，建立了预防职务犯罪社会工作网络，成立了宣武区预防职务犯罪网络领导小组，制定了《宣武区预防职务犯罪网络成员单位日常工作联系制度》。同时，我院把预防职务犯罪纳入党风廉政建设中，一是在区委党校建立教育基地，把预防职务犯罪作为学员的必修课，先后在区委党校2004年两期处级干部培训班开课。二是制作了"宣武区预防职务犯罪警示教育"展板，在驻区机关、国有企事业单位、街道等十余个部门巡展，收到书面观后感200余份，广大干部群众普遍反映展览内容贴近身边，警示作用强。此举被北京电视台第九频道转播。

（五）坚持以改革为动力，积极开展检察工作机制创新

一年来，我院按照"强化法律监督，维护公平正义"和"执法为民，服务发展"的工作主题，围绕强化监督和服务发展两大课题，积极创新工作机制。

1、认真落实特约监督员工作和人民监督员制度试点。按照市检察院部署，聘任了23名市区两级人大代表、5名区政协委员为我院特约监督员。通过组织他们参加看守所召开的"驻所维权现场会"，旁听庭审，出席我院工作总结大会等活动，主动接受特约监督员对我院工作监督。

2004年10月，最高人民检察院决定在全国检察机关扩大开展人民监督员试点，我院作为市检察院选定的首批试点单位，制定了人民监督员制度试点工作方案，设立了人民监督员办公室，在区委和区人大的支持下，选任了9名人民监督员，召开人民监督员选任大会，向人民监督员介绍有关法律知识和检察工作情况。2004年12月，我院对一起拟不起诉案件启动了人民监督员监督程序，对该案是否不起诉进行了评议和表决，收到较好效果，保障人民监督员切实履行职责，发挥作用。

2、为维护犯罪嫌疑人、被告人的合法权益，我院积极探索在检察工作环节的维权工作机制。对案件在检察环节因法定事由需延长羁押的，必须及时告知犯罪嫌疑人、被告人，实行《延长羁押期限告知规则》。自觉接受人民群众的监督，提高了检察工作的透明度，有效防止违法超期羁押。

3、加大对刑事被害人合法权益的保护。为使被害人请求抗诉权得到确实保护，增强答复的公开性和透明度，减少被害人因对答复不满而导致的缠诉和上访，我们改革原有的答复方式，探索公开告知答复程序，实行《被害人提出抗诉案件审查结果公开告知制度》。该举措进一步深化了检务公开，减少涉法上访，维护了社会稳定。

4、加强对因刑事犯罪造成国家、集体财产损失的司法保护。针对国家、集体财产遭受犯罪行为侵害后，在刑事诉讼中缺乏主体提起附带民事诉讼的问题，为加强对国家财产的司法保护，我院与区国有资产监督管理委员会，就如何保护国有财产不受侵犯共同进行了调研，制定了《宣武区人民检察院刑事附带民事诉讼暂行办法》，积极探索刑事附带民事诉讼。目前，我院已对一起刑事案件提起刑事附带民事诉讼。

5、积极探索检察工作为区域经济发展服务的新途径。我院深入区属街道调研，寻找检察工作与街道工作的结合点，通过与街道开展共建活动，为全面开展法制宣传、法律咨询等法律服务提供了便捷的工作渠道，受到街道的普遍好评。我院还深入到驻区金融机构、国有大中型企业了解企业需求，征求意见，受到所到单位和部门的普遍欢迎和支持。

此外，我院按照市检察院的部署，认真实施"主侦检察官办案责任制"。经市检察院考试审定，选任了7名业务骨干为我院主侦检察官。新的办案机制调动了工作积极性，推动了职务犯罪案件的查办力度，提高了办案质量和效率。

（六）加强队伍建设，提高执法水平

按照"政治坚定、公正清廉、业务精通、作风优良"检察队伍建设的工作目标，我们进一步强化了队伍的政治建设、廉政建设、业务建设和作风建设，以领导班子建设带动检察队伍建设，不断提高队伍的政治素质、业务素质和职业道德素质，为推动检察工作发展提供强有力的组织保障。

1、在领导班子建设方面，一是抓思想理论建设。坚持领导班子理论学习制度，通过自学、集体学、参观、座谈交流等形式，深入学习"三个代表"重要思想和党的十六届三中、四中全会精神，努力提高领导能力，发挥好领导班子的政治核心作用。二是抓作风建设。结合我院工作实际和领导班子状况，按照市检察院开展的五风建设活动要求，针对存在的突出问题，领导班子成员自我剖析、检查整改，制定了《宣武区人民检察院加强领导班子建设若干规定》，发挥好领导班子表率作用。三是抓民主集中制建设。对全院的人事安排决策、重大案件决策、重大检察工作事项决策等，坚持集体研究决定制度，坚持群众路线，遇事多征求意见，积极发挥领导班子的集体智慧，提高了领导班子的科学决策和民主决策水平。

2、在队伍建设方面,我们以班子建设的成果,带动队伍全面建设。

一是抓理论学习。我们以“强化法律监督、维护公平正义”主题教育活动和争创学习型处室、学习型检察官活动为载体,开展“向方工同志学习”活动;组织实施了读一本书,写一篇调研文章,办一个精品案的“三个一”活动;举办了读书演讲会。通过开展这些活动,增强检察人员的现代执法观念,树立正确的世界观、人生观、价值观。二是抓廉政教育。积极开展廉政信用档案建设;积极组织“三德”知识竞赛、党风廉政宣传教育月等活动;认真查处违纪行为,针对干警的违纪对全院进行廉洁自律教育,努力培养检察人员良好的职业道德。三是抓素质培训。为实施“人才兴院”战略,我们把培训作为重要手段,广泛开展多形式、多层次的岗位练兵活动,提升干警的执法水平。培训有计划、有落实、有检查、有考核。我院先后邀请多名领导干部分别对全院干警进行理论辅导以及区情和党风廉政教育;各处室还开展了不同类型的专业培训,如公诉部门开展了庭审观摩、疑难案例辩论会,民行处、控申处和研究室针对当前民事法律的热点、难点问题进行联合培训,反贪局开展了集中整训,办公室组织了信息员培训,院政治部组织开展中层干部培训、书记员培训、英语培训以及备战市检察院多项业务大比武的专门培训。此外,我们还组织院处两级干部出境出市考察学习,推荐年轻大学生到高等学府深造。四是抓制度建设。建立以德、能、勤、绩、廉为考核内容的考核评价制度,成立院考评委员会和工作机构,加强日常的考核,把制度落到实处。形成以中层干部为主要考核对象,以部门的全面管理情况为考核内容的管理机制。为加强制度建设,我们对全院现行规章制度进行了重新修订,新的制度汇编于今年全面组织实施。五是抓检察宣传。2004 年我院共编发检察工作信息 222 篇,在各媒体报道外宣稿件 478 篇,分别比 2003 年增加了 1.5 倍和 3.4 倍。检察信息被区委和市检察院转发 44 篇,比 2003 年增加 3 倍。在 2004 年 8 月揭晓的“全国法制好新闻”评选活动中,我院报道的《延长羁押期限要告知》获通讯类三等奖。

此外,在区委、区人大及其常委会和区政府的关怀支持下,我院的办公条件得到了进一步改善,交通工具、通信设备以及微机网络建设等都得到加强和充实,为全面开展各项检察业务提供了较好的物质保障。

我院 2004 年的工作虽然取得一定成绩,但离市检察院的工作要求和区委对我院提出的奋斗目标还有不小的差距,存在的主要不足:一是干警队伍的整体素质、执法观念和执法水平还不能完全适应新形势、新任务的要求;二是法律监督的力度和效果还有待进一步增强;三是科技强检信息化建设的步伐还需进一步加快。对以上问题,我们将高度重视,在今后的工作中采取有效的措施,认真加以解决。

二、2005 年工作安排

2005 年,是认真贯彻落实党的十六届四中全会精神和胡锦涛总书记视察北京的重要讲话精神,全面促进我院各项检察工作发展的关键一年。我们要坚持科学发展观,按照加强党的执政能力建设的要求,始终坚持“立检为公、执法为民、服务发展”的检察工作主题,继续深化“强化法律监督、维护公平正义”教育活动,以争创“学习型检察院”为载体,以提高执法能力建设为重点,认真履行法律监督职责,积极推进检察改革和管理机制创新,全面加强队伍建设,全力维护首都改革、发展、稳定大局,为我区的经济发展和社会全面进步营造良好的法制环境。为此,我院重点要抓好以下工作:

(一)树立和落实科学发展观,把牢“立检为公、执法为民、服务发展”的检察工作主题

按照科学发展观的要求,检察工作必须始终坚持“立检为公、执法为民、服务发展”的正确方向。结合检察工作的实际,要深入学习贯彻党的十六届四中全会及胡锦涛总书记视察北京的讲话精神,继续深化“强化法律监督,维护公平正义”的主题活动,认真开展好共产党员先进性教育和检察职业道德教育,使全体检察人员牢固树立为人民执法,为发展服务的正确执法观,并自觉落实到各项执法活动中,努力做到为人民用好权,执好法。

(二)认真履行法律监督职能,为我区经济发展和社会进步提供良好的法制环境

继续依法严厉打击严重刑事犯罪,全力维护社会稳定,对严重危害社会治安、严重影响人民群众安全感多发性犯罪、抢劫、抢夺、盗窃等侵财型犯罪,坚持依法从严从快打击;进一步加大查办职务犯罪的力度,重点查办县处级以上领导干部职务犯罪案件、行政执法和司法人员的严重渎职侵权案件以及借国有企业改革之机侵吞、私分国有资产案件,为改革发展创造健康的工作环境;强化诉讼监督,积极开展各项诉讼监督工作,努力维护好人民群众的合法权益,促进司法公正。

积极参加社会治安综合治理、法制宣传和职务犯罪预防等工作,认真做好涉法上访人员的来信来访工作,努力维护全区的政治稳定和社会安定,为创造公平、公正的法制环境和健康有序的经济发展环境发挥积极作用。

（三）加大综合素质培训工作力度，努力提高执法水平

执法能力是执政能力的重要内容，贯彻落实党的十六届四中全会精神，加强党的执政能力建设，检察机关重点要加强执法能力建设，提高执法水平。按照最高人民检察院和市检察院关于大规模开展培训工作的部署和人才培养规划的要求，进一步加大培训力度，采取多种形式和方法促进检察人员政治素质、业务素质和职业道德素质提高，大力培养专家型、专门型、实用型的等不同类型人才，为检察工作可持续发展提供智力支持和人才保障。

（四）以改革创新为动力，推动检察工作的发展

检察工作机制创新要按照"立检为公，执法为民，服务发展"的总要求，以实现全社会的公平正义为价值目标，从检察实践存在的突出问题切入，围绕如何强化法律监督改进工作方式，建立有利于为民执法、为发展服务的工作机制和制度。通过新机制，努力提高执法为民的能力和为经济发展服务的能力，使检察工作充满生机和活力。

（五）做好检务保障，积极推进科技强检和信息化建设

按照市检察院提出的"积极争取、逐步改善、保障有力、服务到位"的工作要求，积极争取各方面的支持，不断改善办公条件，完善内部功能，逐步增加科技装备。特别是信息化建设，在加大专业人才培养的同时要加强技术装备保障，努力实现检察业务建设、检察队伍建设和检察人事管理的信息化，加快科技强检步伐。

各位代表，面对新的形势和任务，我们将继续全面贯彻"三个代表"重要思想，认真落实党的十六大和十六届三、四中全会精神，以科学发展观为指导，大力加强执法能力建设，振奋精神，扎实工作，全面提升执法水平，在区委和市检察院的领导下，在区人大及其常委会的监督下，在区政府的大力支持下，全面完成各项检察任务，为维护首都的政治稳定，为加快推进我区的现代化建设做出我们新的更大贡献！

中国人民政治协商会议
北京市宣武区第十一届委员会
常务委员会工作报告

——2005年1月10日在政协北京市宣武区第十一届委员会第二次会议上

宣武区政协主席　张文华

各位委员：

我受政协宣武区第十一届委员会常务委员会的委托，向大会作工作报告，请予审议。

2004年工作的回顾

2004年是十一届区政协的开局之年。一年来，我们在中共宣武区委的领导和北京市政协的指导下，坚持以邓小平理论和"三个代表"重要思想为指导，认真贯彻中共十六大、十六届三中、四中全会和市、区"两会"的精神，坚持树立科学发展观，牢牢把握"团结、民主"两大主题，紧紧围绕我区改革、发展、稳定的大局，广泛团结各界人士，认真履行政治协商、民主监督、参政议政职能。全体委员和参加区政协的各民主党派、人民团体精神振奋，开拓进取，团结协作，求真务实，较好地完成了届首之年的各项任务，呈现出新的面貌，取得了新的成绩。

一、加强学习培训，抓紧机构建设，为本届工作奠定思想和组织基础

区政协常委会坚持把委员的学习培训和专委会、街道联络组的机构建设作为重要任务抓紧抓早，以充分发挥政协委员的主体作用和各专门委员会、各街道

联络组的基础作用。

开展多种形式的学习培训,增强委员的政协意识和履职能力。区政协对新一届委员进行了各种形式的培训。一是政协理论知识的培训。在十一届一次会议上,即请市政协领导作了关于人民政协基本理论和基本知识的报告;及时举办委员学习班,请市政协提案委员会领导作了关于如何有效地运用提案履行政协委员职责的报告,请十届区政协委员介绍了履行委员职责的经验体会;编发有关资料,组织委员学习新修订的《中国人民政治协商会议章程》。二是党和国家方针政策的学习。中共十六届四中全会闭幕后,要求委员认真学习《中共中央关于加强党的执政能力建设的决定》和胡锦涛在庆祝中国人民政治协商会议成立55周年会议上的重要讲话;为及时正确了解台湾大选情况,区政协与区委统战部、区台办联合举办了台湾形势报告会。三是知情参政的培训。为使委员全面了解区政府的工作,请武高山区长通报了上半年我区经济、城建与各项事业的进展情况和下半年的主要任务;各专委会和街道联络组结合视察考察活动,组织委员听取了相关部门的情况通报。区政协全年为委员提供学习材料《参政议政参考》3期,组织区情通报和形势报告约30次,参加的委员有1 000余人次。这些学习培训,为委员们认清形势、把握大局、了解区情、参政议政提供了条件。使委员们明确了人民政协的性质、地位、职能和作用,了解了宣武区的区情,增强了责任感和使命感,提高了履职能力。大家决心为宣武区经济和社会的全面发展贡献力量。

组建专委会和街道联络组,发挥工作机构的基础作用。十一届一次会议后,我们及时组建了提案、文史资料、经济科技、城市建设和管理、教育文化卫生体育、民族宗教、社会法制、港澳台侨等8个专门委员会。有231名委员报名加入各个专委会,占全体委员的89%,反映出新一届委员履行职责的积极性高、责任感强;聘请了22名特邀委员,充实了专门委员会的队伍。各专门委员会根据各自的职能任务,研究制定了全年的工作计划,组织委员开展了参观学习、通报区情、视察考察、调查研究等各种积极有效的活动。我们在8个街道建立了区政协委员街道联络组,各街道联络组在委员们的热情参与和各街道工委与办事处的大力支持下,开展了通报街道情况、参加居民代表大会、视察基层执法部门工作等活动。专门委员会和街道联络组的建立,使新一届区政协有了两种发挥委员主体作用的工作机构,为本届政协切实履行职能奠定了良好的组织基础。

二、围绕中心,讲求实效,积极履行人民政协三大职能

区政协常委会始终围绕加快宣武发展这个中心,紧紧抓住全区经济和社会发展中的重点工作和人民群众关注的热点问题,以开拓进取、讲求实效的态度,组织和依靠各界委员,认真履行了政治协商、民主监督、参政议政职能,为增强中国共产党的执政能力作出了贡献。

协商政府工作报告。十一届一次会议期间,新一届政协委员以高度的政治责任感,对《区政府工作报告》进行了认真热烈的讨论,在充分肯定2003年区政府工作的同时,就我区经济建设和社会各项事业的发展提出了优化区域发展环境、加强城市建设和管理、加强再就业和社会保障工作、加强科教文卫体工作、加强民主法制建设等6个方面共45条意见、建议。区委、区政府领导认真听取了各位委员的意见,充分肯定这些意见起点高,思路宽,认识深,对政府工作有帮助和推动。全会期间,区政协还就“宣武区经济建设和科技发展”、“城市建设和城市管理”、“教育、文化、卫生、体育和民主法制建设、精神文明建设”的情况与问题,组织委员召开了3个专题通报座谈会,区领导与委员们进行了面对面的交流和沟通。会后,区政府对委员们的意见建议进行了认真研究和办理,并加强督促予以落实。

深入调查研究。调查研究是政协履行职能的基础工作和重要形式。我们贴近全区经济建设和改革开放的实际,抓住政府工作的重点、难点问题,完成了4个调研课题,形成了2个常委会议建议案、2个主席会议建议案。区政协经济科技委员会与区工商联、私个协联合完成的《关于进一步加快我区民营经济发展的调研报告》,形成了区政协常委会议建议案。调研报告指出了目前我区民营经济在整体规划、发展环境、企业规模和素质、中介组织建设等方面存在的问题,提出了制定民营经济发展规划、营造良好的服务环境、加强对民营经济的引导和相关的组织建设、加强对民营经济的研究、指导和宣传等13项加快我区民营经济发展的具体建议。区政协教文卫体委员会与区文化委(旅游局)联合完成的《关于促进“宣南文化”旅游产业发展的调研报告》,形成了区政协常委会议建议案。调研报告对我区旅游产业发展的基本情况和存在问题进行了分析,有针对性地提出了提高认识、开发重点、加大投入、改善投资环境、提升知名度、创新发展等14项具体建议。区政协研究室完成的《关于积极推进我区危旧房改造与古都风貌保护问题的意见建议》和区政协教文卫体委员会完成的《关于进一步做好宣武区基础教育结构布局调整的调研》,

作为区政协主席会议建议案，分别就我区危改与风貌保护的工作原则和政策措施，就我区基础教育调整的目的意义和主要途径，提出了积极的建议。在2004年调研工作中，课题的确定充分听取了区政府领导的意见，使其更具有针对性和实用性；力量的组织注重与有关政府部门和人民团体密切合作，实现了优势互补；方法的采用既立足本区实际，又广泛吸收先进地区的经验，坚持说实话、出实招、讲实效。4个建议案均得到区委、区政府的高度重视，领导同志亲自批示，有关部门精心办理、认真答复，许多建议被予以采纳。

召开两次议政会议。区政协与区委统战部围绕优化区域经济发展环境问题，于6月初联合召开了第一次议政会。委员们和党派团体成员视察了广外街道政务服务中心、马连道茶叶街、工商宣武分局牛街工商所和区地税局纳税服务所，听取了王永新常务副区长关于优化区域经济发展环境方面的情况通报，就进一步转变政府职能，规范、简化行政审批程序，建立健全公正、公平、公开的市场竞争环境和社会舆论环境，明确区域功能定位，推动相关产业发展等方面的问题积极建言献策。区政府12个有关部门对委员们的意见建议认真办理，采取了50余条措施加以落实。区政府办公室以书面形式将《关于区政协第一次议政会就优化发展环境所提意见建议的落实情况》回复区政协，参会人员对办理情况非常满意。11月初，我们围绕关于打造教育强区的工作情况召开了第二次议政会。与会人员视察了北京小学分校、北京市回民学校；听取了王永新常务副区长关于打造宣武教育强区，创办人民满意教育的情况通报；就进一步搞好教育资源调整和教师队伍建设，加强和改进基础教育、职业教育、成人教育、社区教育工作提出了意见建议。区委、区政府领导对政协议政会十分重视，区委书记唐大生同志、区长武高山同志出席会议，直接听取委员们的意见建议；充分肯定议政会的形式和效果；充分肯定委员们的意见建议和参政议政的热情；鼓励委员们为区委、区政府决策的科学化、民主化而积极献计献策。

完成提案工作。区政协常委会把提案作为政协履行职能最直接、最便捷、最有效的方式，作为政协委员和政协参加单位特有的一项民主权利，作为党政机关听取各界人士的意见，接受监督、改进工作的一条重要渠道，积极组织，认真办理。一次会议以来，各民主党派、人民团体和委员共提出184件提案，经审查立案的169件，其中全会期间的提案156件，平时提案13件。现已全部办复，满意率为66.7%。落实主席督办重点提案5件，对超事权的15件提案请市政协委员带到市里或通过相关信息渠道转送有关部门参考。许多提案内容广泛、观点新颖、思路开阔、切实可行。提案内容涉及我区经济、城建、城管、教育、医药卫生、科文体、公安政法等各个方面，对区委、区政府掌握情况、科学决策、改进工作起到了积极的推动作用。关于里仁街5号教师宿舍楼用电难的提案，经过政协领导亲自督办，区教委筹措资金，及时更换了电线和电度表，进行了增容，保证了教师们安度盛夏。大家纷纷赞扬区委、区政府、区政协为教师们办了实事、好事，解决了教师们生活中的困难。

广泛开展视察考察活动。区政协各专门委员会和街道联络组围绕我区重点工作和群众关心的热点问题，组织委员开展了内容丰富、形式多样的视察考察活动。主要视察了宣武区基础教育课程改革、文化旅游产业开发、体育、公共卫生、食品卫生监督管理、就业和低保、老字号企业和非公企业发展、物业小区管理、南新华街和前门月亮湾道路改造等方面的工作情况。委员们了解了我区经济和社会各项事业在区委、区政府领导下取得的突出成绩，深受教育和鼓舞，同时提出了发展中存在的问题及解决问题的建议，对推动和改进这些工作起到了积极作用。在对体育工作视察后，委员们建议抓住北京承办奥运的契机，尽快落实区体育中心改建工作。该建议引起区委、区政府的高度重视，责成有关部门收回原用于房地产开发项目的用地，加快宣武体育中心的规划和改建工作。在对张一元、内联升、瑞蚨祥老字号企业视察后，委员们提出的许多具体建议，受到老字号企业的称赞，他们反映，这样的视察是实实在在的帮忙。今年区政协组织委员参观视察和外出考察共40余次，有700余人次参加。

认真组织民主评议和特邀监督员工作。区政协常委会重视并加强了民主监督工作。社会法制委员会组织部分委员对区建委工作进行了民主评议。参加评议的委员们在充分肯定区建委多年来为我区城市建设所做出的成绩后，就改进和提高区建委的工作提出了建设性意见。评议工作得到建委全体同志的理解和配合，得到政府相关部门的支持，促进了建委的工作。评议结果以《参政议政》专刊的形式，报送区委、区政府参考。为了使政协民主监督做到经常有效，我们在届首之年建立了特邀监督员队伍和人民陪审员队伍，开展了业务培训和经验交流，有29名委员被11个部门聘为特邀监督员，有20名委员被区法院聘为人民陪审员，有3名委员被区检察院聘为人民监督员。特邀监督员参加了多种形式的视察、检查活动和行风评议工作，人民陪审员全年共陪审案件40余件。

努力搞好反映社情民意和对外宣传工作。我们开展了2004年区政协信息和宣传报道工作的培训，邀请市政协信息处和新闻中心负责人对区政协信息员、通讯员及机关干部进行了专题辅导。政协委员、党派团体成员和专兼职信息员尽职尽责，从不同角度积极了解和反映人民群众的呼声。全年区政协共编发反映社情民意的《信息》130余期，其中经区委、区政府领导批示的有60余期，被市、区刊物采用了40余期，对区委、区政府和有关部门了解民情、广集民智、解决民忧起到了促进作用。民族宗教委员会视察后反映的“牛街牛羊肉市场进货交易场所亟待解决”的信息，区政府有关部门一周之内作出回应，采取措施予以解决，社会反映良好，群众十分满意。我们加强了对外宣传，对区政协的重要会议、重要工作和主要活动、主要经验及时报道。全年被有关媒体采用的稿件共20余篇，其中《北京观察》第9期发表的宣武区政协为弘扬宣南文化献计出力的一组文章，反映了几届区政协20年来在研究宣传和促进开发利用宣南文化方面作出的不懈努力，扩大了区政协的社会影响。区政协网站完成改版，为委员们了解区情、履行职责提供了新的信息平台。

三、突出团结、民主两大主题，发挥委员和各界人士的积极性

区政协常委会将团结、民主两大主题贯穿于政协工作的各个方面，努力营造宽松和谐的环境，为政协委员和各界人士搭建参政议政的舞台。

注重与委员的沟通。针对十一届区政协新委员多、中央市属单位委员多的实际，新一届政协领导集体采取多种形式，与委员加强沟通与交流。利用主席接待委员日，深入基层单位，走访各界委员，主动了解情况，认真听取意见，关心委员工作、生活，帮助委员排忧解难，使委员们感受到政协大家庭的温暖。我们组织了政协委员和统战人士国庆中秋联欢会、庆祝建国55周年的《流光溢彩五十五年 笔墨丹青千载宣南》摄影、书画展等联谊活动，增进了委员间的相互了解和友谊，增强了区政协的亲和力和凝聚力。

密切与党派团体的联系。区政协领导在十一届一次会议之后，首先看望了各民主党派区工委的同志们，与大家亲切座谈，共商做好新一届区政协工作的思路。一年来，我们在专题调研、议政会议和视察考察过程中，注意听取和采纳党派团体的意见与建议。各民主党派和人民团体表现出高度的责任感和使命感，踊跃参加区政协组织的各项活动，认真调查研究，积极撰写提案，及时报送信息、反映社情民意，以不同方式提出了很多高质量的意见建议。

加强港澳台侨和民族宗教工作。区政协与区委统战部联合召开统一战线各界人士纪念江泽民同志对台八项主张发表九周年座谈会，港澳台侨委员会与区台办联合举办元宵节联欢会，归侨侨眷和台胞台属表示坚决拥护“和平统一、一国两制”方针，坚决反对台湾独立，为促进两岸经济、文化交流和早日实现祖国统一，广交朋友，多做工作。民族宗教委员会组织委员考察了青海、甘肃、宁夏民族经济，对我国民族宗教政策加深了理解和认识；视察了我区牛街清真超市、正兴德茶庄和牛街牛羊肉市场，对清真食品的安全、质量和牛街民族经济发展提出了有益的建议。

做好文史资料征集、编辑工作。文史资料委员会研究制定了本届征编史料的5年规划，为今后文史资料征集和编辑工作奠定了良好基础；配合市政协《北京市文史资料精选》丛书的出版，完成了宣武卷的目录定稿及部分稿件的征集工作；开始编撰《宣武区“五七”干校纪实》，对建国后文史资料的征集进行了探索；为研究、普及宣南文化中的戏曲文化，编辑出版了宣武文史第十一辑《菊坛拾零》；为宣传我区文化旅游资源和品牌，与区文化委联合编辑出版了旅游手册《宣南文化游》。

四、重视领导班子和机关队伍建设，推进政协工作的规范化、制度化、程序化

区政协常委会认真贯彻落实全区政协工作会议精神，从多方面加强自身建设，努力提高领导水平和工作质量。

加强领导班子建设。我们在届首之年的第一次常委会上，专题研究了区政协常委会的自身建设问题，对常委会组成人员提出树立学习意识、责任意识、委员主体意识和表率意识的要求，就常委会思想作风建设和切实履行职责作出具体规定。举办了常委暑期学习班，常委们学习考察了大连市城市建设和管理工作以及西岗区政协加强调查研究和发挥委员主体作用的经验。一年来，常委会将促进发展作为履职的第一要务，坚持求真务实精神，以较强的责任感和使命感，团结、依靠各界委员努力做好政协工作，发挥了领导和带头作用。

加强机关队伍建设。为适应新形势、新任务需要，我们加强了政协机关干部队伍的思想作风建设。组织全体人员深入学习中共十六届四中全会决定、全国和北京市“两会”精神、新修订的政协章程，全面贯彻党和国家的路线、方针、政策，认真落实中共宣武区委的工作部署。注意学习兄弟政协的先进经验，面向全体委员，改进机关作风，提高工作效率和服务质量，保持了务实、高效、团结、进取的工作态势，保证了区政协全年任务的完成。

加强规章制度建设。为使区政协工作制度化、规范化和程序化,我们加强了规章制度的建设。制定了《政协北京市宣武区委员会常务委员会工作规则》,明确了常委会的指导思想、职责任务和会议制度。制定了《中共政协宣武区委员会党组工作规则》,健全了区政协党组的集体领导制度。制定了《政协宣武区委员会关于提案办理报告签署意见的参照标准的暂行办法》,进一步规范了提案办理工作。制定了《政协宣武区委员会关于民主评议的暂行办法》,对民主评议工作作了具体规定。各项制度的建立和完善,使区政协的工作紧张有序、高效顺畅。

各位委员:2004 年,我们坚持围绕中心、服务大局的原则,坚持求真务实、开拓创新的精神,坚持团结民主两大主题,坚持发挥委员主体作用、专委会基础作用和常委会领导带头作用,使新一届区政协形成较强的凝聚力,使届首之年的各项工作取得了新进展。区政协 2004 年工作的成绩,是在中共宣武区委领导和北京市政协指导下,在区人大、区政府和全区各有关单位的支持下,在参加区政协的各党派团体、各界委员的共同努力下取得的。在此,我代表区政协常务委员会向市区各级领导,向全体委员,向热情支持政协工作的同志们表示衷心的感谢!

回顾 2004 年工作,我们在取得成绩和进步的同时,还存在一些差距和不足。主要是:在履行政协职能方式的创新上还不够,需要进一步探索;为委员们知情参政创造的条件还不够,需要付出更大的努力;对人民政协工作规律和特点的认识还不够,需要进一步提高;对街道联络组工作的总结和指导还不够,需要进一步加强。这些问题我们将在今后的工作中加以认真研究和改进。

2005 年工作的思路

2005 年是全面贯彻落实中共十六大和十六届四中全会精神,全面实现宣武区“十五”计划的关键一年,也是十一届区政协工作在届首之年良好开局的基础上继续推进和提高的重要一年。我们要以邓小平理论和“三个代表”重要思想统揽政协工作,在中共宣武区委的领导和北京市政协的指导下,紧紧围绕中共宣武区委九届三次全体(扩大)会议确定的 2005 年奋斗目标和工作任务,充分调动全体委员和参加区政协的各民主党派、人民团体的积极性,认真履行政治协商、民主监督、参政议政职能,高举爱国主义、社会主义两面旗帜,突出团结、民主两大主题,努力开创政协工作新局面,为增强中国共产党的执政能力,为落实科学发展观,促进我区社会主义物质文明、政治文明和精神文明建设的协调发展作出新的贡献。

一、深入学习贯彻中共十六届四中全会决定和胡锦涛同志在庆祝人民政协成立 55 周年大会上的讲话精神

中共十六届四中全会是在国际形势深刻变化、国内改革发展处在关键时期的条件下召开的一次十分重要的会议。全会通过的《中共中央关于加强党的执政能力建设的决定》,是加强党的执政能力建设的纲领性文献,也是推进中国特色社会主义事业的行动指南。胡锦涛同志在庆祝人民政协成立 55 周年大会上的重要讲话,高度评价了人民政协成立 55 年来在我国社会主义革命、建设、改革进程中所作出的重大贡献,全面总结了人民政协事业发展积累的宝贵经验,明确提出了新世纪新阶段开展人民政协工作的方针原则和工作要求,对于人民政协更好地履行职能、发挥作用,进一步为推进中国特色社会主义的伟大事业、实现中华民族的伟大复兴贡献力量,具有十分重要的指导意义。学习贯彻中共十六届四中全会精神,是当前全党的重要政治任务,也是人民政协的重要政治任务。我们要把学习中共十六届四中全会决定与学习胡锦涛同志在庆祝人民政协成立 55 周年大会上的重要讲话结合起来,紧密联系我区实际,深刻领会精神实质。要将中共十六届四中全会和胡锦涛同志重要讲话的精神贯彻到政协的各项工作中去,为不断增强中国共产党的执政能力,促进宣武区经济社会的全面发展而尽心竭力、建言献策;为不断探索人民政协工作的规律,推动人民政协事业兴旺发达而求真务实、开拓创新。

二、全力服务我区可持续发展的大局,切实履行政治协商、民主监督、参政议政职能

围绕中心、服务大局,是人民政协履行职能必须遵循的重要原则。今年是实施“十五”计划的最后一年,也是研究编制宣武区经济社会发展“十一五”规划的一年。“十一五”规划是党的十六大提出的全面建设小康社会奋斗目标后编制的第一个五年规划,“十一五”期间,我们将面临全面贯彻落实科学发展观,完善社会主义市场经济体制,与国际经贸规则接轨的重要机遇期,编制好“十一五”规划对于指导和促进宣武区经济与社会全面、协调、可持续发展具有十分重要的意义。我们要充分发挥政协人才荟萃、智力雄厚、位置超脱、视野宽阔的优势,围绕 2005 年全区工作重点和新任务、新要求,围绕“十一五”规划编制这一关系宣武区长远发展的重要工作,通过专题调研、议政会、视察考察、民主评议、办理提案、了解和反映社情民意等多种形式和活动,认真履行政治协商、民主监督、参政议政三项职能,为实现宣武区的可持续发展,加强三个文明建设积极贡献力量,充分发挥政协特殊的促进作用。

三、充分发挥政协特点和优势,广泛开展团结稳定和促进祖国统一的工作

构建社会主义和谐社会是全面建设小康社会的重要目标和任务。我们要坚持以人为本,把维护人民群众的根本利益作为政协一切工作的出发点和落脚点,充分发挥政协组织具有广泛代表性和包容性的优势,及时了解社会生活中的重要情况和群众关注的热点问题,如实反映党派团体和各族各界人士的意见建议,积极协助党和政府做好协调关系、化解矛盾、理顺情绪的工作,努力维护我区团结民主、生动活泼、安定和谐的政治局面。实现祖国的完全统一是我们的神圣使命。要坚定不移地贯彻"和平统一、一国两制"的基本方针和现阶段发展两岸关系、推进祖国和平统一进程的八项主张,充分发挥政协海内外联系广泛的优势,努力团结港澳台侨各界人士,多渠道、多形式地开展联谊交流活动,坚决反对任何形式的"台独"分裂活动,为巩固和发展爱国统一战线和促进祖国统一大业早日完成贡献力量。

四、继续加强自身建设,进一步提高履行职能的水平

搞好自身建设,是人民政协履行职能、发挥作用的重要基础。我们要继续建立健全与新政协章程相配套的各项规章制度,不断完善各种工作程序,进一步推进政协履行职能的制度化、规范化、程序化。要继续加强区政协常委会建设,进一步增强班子成员的责任意识、学习意识、委员主体意识和表率意识,充分发挥常委会集体领导的作用。要继续加强政协委员队伍建设,使委员们进一步增强荣誉感、责任感和使命感,更加积极地履行职责、致力发展、奉献社会,不辜负全区人民的重托与期望。要继续加强政协机关建设,进一步增强机关干部的政治意识、全局意识和服务意识,不断提高办事效率、工作水平和服务质量,大力推进信息化建设,完善区政协网站管理,为委员知情出力、履行职责提供良好条件和信息技术平台,努力使政协机关成为"委员之家"。

各位委员:宣武区改革开放和社会主义现代化建设形势喜人,前景美好,这为我们做好政协工作创造了有利条件,提出了更高要求。让我们在中共宣武区委领导下,高举邓小平理论和"三个代表"重要思想的伟大旗帜,开拓进取,扎实工作,为争取宣武区人民政协事业新的进步,为圆满完成宣武区"十五"计划,为我区提前基本实现现代化而努力奋斗!

求真务实,推进党风廉政建设和反腐败斗争深入开展

——2005年3月2日在区纪委四次全会暨全区党风廉政建设工作会议上

宣武区纪律检查委员会书记　韩恩慈

同志们:

这次会议的主要任务是:以邓小平理论和"三个代表"重要思想为指导,学习贯彻党的十六届四中全会和中央纪委第五次全会精神,按照全市党风廉政建设工作会议的总体部署,认真总结2004年我区党风廉政建设和反腐败工作,研究提出2005年工作任务。

一、2004年工作回顾

2004年是新一届区委、区政府的届首之年,本届区委、区政府高度重视党风廉政建设。在过去的一年里,全区各级党政组织和纪检监察组织认真贯彻中央纪委三次、四次全会和国务院第二次廉政工作会议精神,按照全市党风廉政建设工作会议的各项部署,紧密围绕宣武区现代化建设的中心工作和区九次党代会提出的未来五年全区反腐倡廉的总体目标,坚持标本兼治,综合治理,突出重点,全面推进的工作思路,推动党风廉政建设和反腐败各项工作取得了新进展,促进了宣武区经济和社会各项事业的全面发展。

（一）围绕优化发展环境，进一步推进政府管理创新

全程办事代理制得到全面推进。围绕政府管理创新，提高工作效率和服务水平，我区在8个街道、35个政府职能局全面推行了全程办事代理制。以区市政管委、卫生局等部门为试点推行了网上行政审批工作，使全程办事代理制在受理、承办、回复等环节基本实现了网上运行。2004年，全区共受理审批事项156 202件，办结153 612件；受理服务事项94 721件，办结92 774件，办结率98%，群众满意率99%。得到了企业和群众的好评，并顺利通过了市政务公开领导小组的联合检查。

行政许可项目得到进一步规范。在深入宣传贯彻《行政许可法》的基础上，区法制办牵头依法清理了行政许可事项，全区共确认现行有效的行政许可事项158项，并明确了加强行政许可事项管理的工作要求；对全区8个街道、32个具有行政许可与服务职能的政府部门实施《行政许可法》准备情况进行了检查，进一步规范了行政许可行为，推进了依法行政工作。

进一步加强重点工程监督检查力度。按照"阳光工程"的要求，我区制定了《关于在基本建设中实施阳光工程的意见》。对"第四届互联网多媒体全球峰会"会址及陶然亭周边环境整治等市、区重点工程实施了全程监督，保证了工作圆满完成。在广泛调研的基础上，制定下发了《宣武区关于规范中小工程项目招标采购的工作意见》，对未纳入建筑市场公开招投标范围的、工程单项造价在50万元以下的建设工程项目和200万元以下的市政基础设施工程项目进行了规范，明确了中小工程项目招标采购工作程序，促进了中小工程的公开、公正、透明。

（二）认真执行"四大纪律八项要求"，加强领导干部廉洁自律工作

坚持自律与他律相结合，规范领导干部的从政行为。我区结合实际贯彻落实"四大纪律八项要求"，认真解决党员领导干部存在的突出问题，坚持对领导干部的从严要求。一是"两节"期间继续对全区党员干部提出严格遵守廉洁自律的有关规定，反对和制止铺张浪费的要求。二是针对群众反映强烈的问题，对全区党政群机关、事业单位和领导干部提出廉洁从政的四项要求，并认真抓好落实。三是制定下发了《关于严肃党纪政纪，确保机构改革工作顺利进行的通知》，强调重申五项纪律，确保了政府部门机构改革工作的顺利开展。四是认真落实市委、市政府关于规范公务员收入的相关规定，结合实际对上级主管部门拨发各类专项奖励经费的使用提出规范性要求，并督促落实。

认真开好领导班子专题民主生活会，提高民主生活会的质量。全区各级党政领导班子、领导干部在宣传教育月期间，以"求真务实、勤政为民"为主题，对照"四大纪律八项要求"，深入查找班子和自身在思想、工作和廉洁自律方面存在的不足，认真召开了专题民主生活会。区纪委、区委组织部代区委在区属党政机关、企事业单位领导干部、基层科队站所中层干部、离退休老同志中广泛征求了意见，向区级领导班子进行了反馈。根据群众意见，区委区政府领导班子从思想作风、工作作风、领导作风和廉洁自律等四个方面提出了整改措施。全区71个处级领导班子召开了专题民主生活会，15位区级领导参加了分管部门和基层单位的民主生活会。

认真开展了专项清理工作。根据全市统一要求，对处级以上党政领导干部在企业兼职情况进行了清理，目前我区处级以上党政领导干部已没有在企业兼职的情况；开展了区属国有企业、党政机关和事业单位违反规定为职工购买商业保险的清理清退工作；对党政领导干部拖欠公款或利用职权将公款借给亲友的问题进行了专项清理。

加强党政机关公务用车管理，积极推进公务用车改革试点工作。我区及时转发了市财政局、市监察局联合下发的《关于加强党政机关公务用车管理的通知》，进一步重申了党政机关、领导干部配备、使用和更换小汽车的有关规定。对领导干部违规配备和使用公务用车的问题，按照市纪委的要求进行了纠正。根据市纪委公车改革试点工作指导意见，我区在深入调查、借鉴外省市车改经验的基础上，对公务用车情况进行了摸底、测算，制定了公车改革试点工作实施方案。

进一步深化厂务公开，推进国有企业党风廉政建设。重点围绕企业重组、改制，以深化厂务公开为载体，进一步深入落实党风廉政建设责任制，指导改制企业加强党风廉政建设。各企业结合实际加强制度建设，认真落实"三重一大"要求和中央纪委对国有企业领导人员廉洁自律的三项要求。区纪委会同有关部门从教育、制约、规范入手，广泛开展预防职务犯罪教育，进一步规范厂务公开工作程序，加大对违纪违法案件的查处力度，确保了企业改革健康有序地进行。

（三）查办案件工作力度进一步加大

2004年，我区案件检查工作按照"惩治腐败、优化环境、维护稳定、促进发展"的指导思想和惩防并重的原则，抓住重点领域，主动出击，取得了初步成果。全年共立案14件，其中大要案9件。结案10件，通过查办案件，挽回经济损失200万元。从立案情况看：

经济类案件仍高居首位,共立案9件,占全年立案总数的64%。其中,北京市卫生材料厂厂长李芸等三名领导干部在企业改制过程中,利用公款以及采取弄虚作假手段为个人购买合资企业股份的问题,是典型的借企业改制之机,利用职务便利以权谋私的案件。另外,党员、干部嫖娼等违反社会主义道德类案件,呈现高发频发趋势。2004年共查处此类案件4件,位居立案总数的第二位。从受到党政纪处分情况看,受到重处分人数比重大,占全年处分人次的63.6%。2004年受到党政纪处分共10人,其中双重处分1人。党纪处分8人,其中开除党籍6人,警告2人;行政处分3人,其中开除1人,记过1人,警告1人。解除行政处分4人。

在查办案件的同时,我区积极探索惩防并重的工作机制,进一步加强预防工作。一是督促发案单位认真查找原因,健全制度,堵塞漏洞,充分发挥查案工作的治本作用。二是加强典型案例通报,总结发案教训,举一反三,要求全区各单位针对薄弱环节,加强防范工作。针对区属企业领导人员在企业改制过程中出现的问题和党员干部嫖娼等违反社会主义道德类案件呈上升趋势等倾向性、苗头性问题,区纪委及时下发了《关于严禁区属企业领导人员在企业改制期间用公款为个人购买股份的通知》和《关于我区几起党员、干部嫖娼案件的通报》,要求全区党员干部汲取教训,严于律己。

区纪委高度重视信访工作,继续坚持重要信访和直管干部信访件集体研究制度。全区纪检监察系统共接待处理群众来信来访举报电话383件次,同期下降22.5%,办结375件次。反映的问题主要集中在拆迁、政府部门工作人员工作作风、企业特别是亏损企业管理人员以权谋私侵害职工利益等方面。从案件线索来源看,群众信访举报仍是案源主渠道。

(四)深化专项治理工作,切实纠正侵害群众利益的不正之风

继续加大治理教育乱收费力度。先后两次召开全区治理教育乱收费专项会议,研究提出工作要求。下发了《关于2004年治理教育乱收费工作意见》,并组成7个检查组,对全区中小学、幼儿园、社会力量办学单位进行了全面检查。经检查清退涉及"一费制"违规金额110万元;查处违规"三限"规定收费466.3万元。

认真纠正医药购销和医疗服务中的不正之风。积极推行药品集中招标采购,实施药品和医疗服务价格公开,加强了对药品市场的监管。通过开展以"树立良好医德医风形象"为主题的行风建设活动,进一步增强医护人员对患者的服务意识。区监察局会同有关单位对区属部分医院和辖区内14家医疗机构药品价格、集中招标采购和医疗服务情况进行了检查。2004年,全区卫生系统集中招标采购药品金额6 516.72万元,占医院购药总金额的83.3%,集中招标采购药品让利患者金额达780万元。

认真开展各类专项治理和专项检查工作。开展了清理整顿各类报表工作,没有发现超范围发放统计报表的情况;开展了党政机关与所办企业脱钩的专项工作,脱钩工作涉及区属单位所办13家企业和赢利性事业单位,目前已撤销4家、改制4家,移交2家,遗留3家事业单位待下一步事业单位改革一并解决;开展了对区属行政机关、事业单位职工住房补贴工作的专项检查,开展了清理整顿统一着装工作,对违规问题进行了纠正。

继续深化民主评议行风活动,促进政府部门作风建设。圆满完成第六届党风廉政监督员和特邀监察员换届工作,组织"两员"对全区实施全程办事代理制情况进行了明察暗访。委托北京市零点市场调查与分析公司对18个与群众生产生活和企业发展关系密切的综合经济管理部门、执法部门和公共服务部门的政风建设情况开展了调查。从依法行政、廉洁从政、文明服务、办事效率、政务公开五个方面的测评情况看,上述部门及科队站所工作人员依法行政意识和服务意识有了明显提高,得到了社会和企业的认可。为促进社会各界对政风评议活动的广泛参与,开辟了网上评议政府专栏,积极推进了网上评议政府活动。

(五)党风廉政宣传教育工作取得切实成效

以"五好一创"活动为载体,组织开展了党风廉政建设宣传教育月活动。2004年5月,全区党政机关、企事业单位以"求真务实,勤政为民"为主题,以"好党课"、"好征文"、"好作品"、"好新闻"、"好网站"的评选活动为载体,广泛开展了党风廉政建设宣传教育月活动。全区各单位主要党政领导干部讲党课48场,听课人数达26 000人次;区纪委、区新闻中心联合制作了反映我区五年来党风廉政建设工作的纪实录像片参加全市"好作品"评选;积极开展了党风廉政建设"好网站"、"好征文"评选活动,在党风廉政建设中起到了积极作用。区纪委、区委宣传部、区委党校、区新闻中心、宣武报等部门和单位密切配合,进一步加大对外宣传力度,利用多种媒体对我区党风廉政建设进行宣传,北京电视台和各类报刊相继对我区廉政建设进行了报道。

广泛开展"两个条例"的学习教育。在全区组织了党纪条规百题测试和党纪条规知识竞赛活动。我区荣获了全市党纪条规知识测试组织奖,区纪委代表队获得了全市党纪条规知识竞赛第三名的好成绩。

通过开展党纪条规知识测试和竞赛活动，在全区进一步掀起了学习、宣传和贯彻《中国共产党党内监督条例（试行）》、《中国共产党纪律处分条例》的热潮。

加强“正反典型”的宣传教育。年内先后组织广大党员干部观看了《先进典型事迹报告会》、《忏悔与警示》、《王怀中的两面人生》等电教片。与区检察院联合举办了“宣武区预防职务犯罪展览”的巡回展出，近万名党员干部参观。对区党校处级班和中青年班学员进行了预防职务犯罪的相关教育。结合我区已结案的典型案件，进行了拍摄制作警示片的有益尝试。

围绕重点工作开展调查研究。重点对改革现行公务用车制度和建设惩防腐败体系的问题进行了深入调研，分别形成了《宣武区公务用车制度改革筹备阶段的调研及思考》和《加强制度建设，构建反腐倡廉的制度体系》的调研报告。此外，区纪委还积极协助中央纪委在我区开展了党风廉政建设民意调查问卷工作，保证了调查结果的客观真实、及时有效，圆满地完成了此次问卷调查任务。

（六）深入落实党风廉政建设责任制

重点落实了四个到位：

强化领导到位，党政领导班子对党风廉政建设负总责。2004年是新一届区级领导班子及其成员按照工作分工履行责任制职责的第一年。年初，区委及时调整充实了区责任制领导小组，明确了责任制工作重点，对全面检查贯彻落实责任制情况做出了部署。年底在各单位普遍自查的基础上，由15位区级领导带队，对20个单位贯彻落实党风廉政建设责任制情况进行了重点检查，使责任制一级抓一级，层层抓落实的工作机制得到落实。

强化责任到位，党政“一把手”切实做到“五个亲自”。年初，区委书记主持召开责任制领导小组会议，对上一年各牵头单位完成工作任务情况进行总结分析，对工作成效突出的31个牵头单位、协办单位在全区范围内进行了通报表彰；主持分解全年党风廉政建设工作任务，落实到54个牵头部门和协办单位，由15位区级领导负责主抓。教育月期间，区委副书记、区长为全区党政领导干部讲了党课。区委书记主持召开了区级领导班子专题民主生活会，并组织相关部门根据群众意见，研究制定了整改措施，分解落实到有关部门。年底，区委书记、区长亲自带队深入基层对重点单位进行了检查，并分别召开会议听取了各位区委常委和副区长落实责任制任务分工情况的汇报。在区领导的带动下，全区各级党政主要领导抓责任制的意识明显加强。

强化工作到位，领导班子成员认真做到“三个抓好”。全区各级党政领导班子成员注重把落实责任制与分管的业务工作相结合；与抓干部队伍建设，加强对干部的教育和管理相结合；与研究分管部门存在的主要问题和解决群众反映的突出问题相结合。区委、区政府领导班子成员年初与牵头单位、部门认真研究制定责任制实施方案，半年专题听取各牵头单位的汇报，及时研究解决工作中的难点问题，有针对性的加强指导；积极参加分管部门领导班子的专题民主生活会，结合实际提出明确具体的要求；带队参加对基层单位贯彻落实责任制的专项检查。由于各级领导班子成员履行责任制工作到位，全区党风廉政建设各项任务的落实力度不断加大。

强化监督到位，积极发挥纪委组织、协调、监督、检查的职能。区纪委、监察局依据《党章》和有关法规认真履行职责，围绕责任制的落实主动发挥作用，积极探索新的工作形式，取得了初步成效。建立了区纪委常委、室主任联系区级领导抓党风廉政建设和反腐败的工作制度，明确了工作内容、工作范围和具体要求。区纪委各常委、室主任积极发挥协调组织作用，主动协助区领导落实责任制逐级汇报制度，督促牵头单位做好汇报、与区领导一起参加基层单位的民主生活会、一起听取牵头单位的专题汇报、一起检查责任制落实情况。这项制度的建立和实行，对进一步充分发挥区纪委、监察局职能，建立党风廉政建设责任制工作有效机制起到了积极的促进作用。

（七）建立健全各项制度，加强领导班子和干部队伍建设

2004年是区纪委换届的第一年，新一届区纪委领导班子十分重视自身建设，相继制定了《区纪委全委会工作规则》、《区纪委常委会工作规则》、《书记办公会议事规则》和《区监察局局长办公会议事规则》等工作制度，研究提出了《关于进一步加强思想政治作风建设的意见》，为新一届领导集体更好地肩负起领导全区党风廉政建设和反腐败工作的重任提供了有力保障。

一年来，区纪委常委会认真落实“三个代表”重要思想和中央纪委、市纪委的重要工作部署，积极协助区委、区政府抓好党风廉政建设各方面工作。在工作中常委会一班人严格执行民主集中制，充分发扬民主，集中集体智慧，提高决策的科学性、前瞻性；以身作则、廉政勤政，努力工作，勇于接受监督。区纪委常委会高度重视和切实加强调查研究，努力适应党风廉政建设和反腐败斗争的新情况和新特点，不断提高领导水平和工作能力，为推动全区党风廉政建设和反腐败斗争的深入开展进行了积极的探索。

区纪委高度重视加强纪检监察干部教育培训工

作。为进一步提高全区纪检监察干部的理论素质和业务水平,先后组织了纪检监察知识讲座、《行政许可法》辅导报告等理论、业务知识培训,举办了两个《条例》专题培训班。制定并实施了《关于切实加强干部队伍建设的意见》、《纪检监察干部挂职锻炼工作实施意见》、《区纪委机关干部轮岗工作实施意见》,通过培训学习和轮岗交流为纪检监察干部进一步创造了熟悉业务知识,提升业务水平的有利条件。

回顾一年的工作,在充分肯定成绩的同时,我们也必须清醒地看到,党风廉政建设和反腐败工作面临的任务还相当繁重,党员、干部违纪、违法现象时有发生;一些损害群众利益的突出问题还没有得到根本解决;建立教育、制度、监督的惩防体系还有大量的工作要做。同加强党的执政能力建设的要求相比,我们在思想认识和工作上也还存在一些不相适应的方面。有些单位和部门执行党风廉政建设责任制还不够自觉,工作还不到位;对党员领导干部的教育、监督还存在薄弱环节;从源头上、机制上防范腐败的方法和手段还比较少;纪检监察干部队伍的整体素质还有待进一步提高。对此,我们必须高度重视,采取有力措施加以解决。

二、2005 年主要工作任务

2005 年,我区党风廉政建设和反腐败工作总的指导思想是,认真贯彻落实党的十六届四中全会确定的标本兼治、综合治理、惩防并举、注重预防的方针,按照抓紧建立健全教育、制度、监督并重的惩治和预防腐败体系的要求,以求真务实的精神,不断探索新形势下反腐倡廉的有效途径和对策。继续强化纪检监察两项职能,加大惩处力度,注重源头治理,扎实推进党风廉政建设和反腐败斗争的深入开展,为确保实现区九次党代会提出的各项工作目标提供坚强的政治保证。

(一)深入贯彻落实十六届四中全会精神,进一步提高对党风廉政建设和反腐败斗争重要性的认识

党的十六届四中全会对加强党的执政能力建设作出了全面部署,也对反腐倡廉工作提出了新的要求。全会明确指出,党风廉政建设和反腐败斗争关系党的生死存亡;党越是长期执政,反腐倡廉的任务越艰巨,越要坚定不移地反对腐败,越要提高拒腐防变的能力;各级党委要把党风廉政建设和反腐败斗争作为提高党的执政能力和巩固党的执政地位的一项重大政治任务抓紧抓实。这既表明了我们党对反腐败工作的清醒认识和坚定决心,也进一步明确了党风廉政建设和反腐败工作在加强党的执政能力建设中的重要地位和作用。因此,我们要充分认识纪检监察工作的崇高使命和重大责任,深刻领会“执政基础最容易因腐败而削弱,执政能力最容易因腐败而降低,执政地位最容易因腐败而动摇”的深刻内涵。要把党风廉政建设和反腐败斗争各项任务融入到加强党的执政能力建设的实际进程之中,进一步增强信心,在认真总结以往工作经验的基础上,积极应对新形势对纪检监察工作提出的新要求,继续深入、持久地开展好党风廉政建设和反腐败工作。

(二)按照建立健全惩治和预防腐败体系的总体要求,扎实推进党风廉政建设和反腐败工作

中央颁布的《建立健全教育、制度、监督并重的惩治和预防腐败体系实施纲要》,是党中央从提高党的执政能力、巩固党的执政地位的全局出发作出的重大战略决策。《实施纲要》全面分析了当前党风廉政建设和反腐败工作面临的形势,深刻阐述了建立健全惩治和预防腐败体系的重大意义,明确提出了建立惩防体系的指导思想、基本原则和工作目标,是当前和今后一个时期深入开展反腐倡廉工作重要的指导性文件。对此我们要在深刻领会《实施纲要》重要意义的基础上,深入学习、广泛宣传,并在今后的工作中认真贯彻和落实。要继续坚持党委统一领导,党政齐抓共管的领导体制和工作机制,切实把建立健全惩治和预防腐败体系作为一项政治任务抓紧抓好。全区各部门、各单位要结合各自业务工作和具体情况,积极探索建立健全惩防体系的有效途径和方法。区委将按照市委的统一安排,紧密结合实际,尽快制定符合我区特点的实施意见,并将其纳入党风廉政建设责任制,做好各项任务的分解、落实和检查。

(三)认真落实党风廉政建设责任制,确保党风廉政建设各项任务落到实处

党风廉政建设责任制是加强党的领导,深入推进反腐倡廉工作的重要制度保障。今年要继续抓住责任分解、责任考核和责任追究三个重要环节,加大工作力度。一要认真贯彻吴官正同志在“全国落实党风廉政建设责任制电视电话会议”上的重要讲话精神,通过深入落实党风廉政建设责任制,形成全党抓党风廉政的合力,把反腐倡廉工作不断引向深入。二要结合区委区政府中心工作,认真做好全年反腐倡廉工作的任务分工,明确任务,落实责任。各级党政主要负责人是落实党风廉政建设责任制的第一责任人,要认真履行“一岗双责”。不仅要管好自己,带好班子成员,而且要对本部门、本单位的党风廉政建设工作负总责。三要加强责任制考核,积极探索党风廉政建设责任制考核机制,继续坚持区纪委常委、室主任协助区领导抓党风廉政建设和反腐败工作的联系制度。年底前,区级领导要带队对落实反腐倡廉牵头任务工

作情况、对承担牵头任务单位的“一把手”落实责任制履行职责情况进行重点检查。四要加大责任追究力度，维护党风廉政建设责任制的严肃性。对领导干部在职责范围内因失职出现问题的，要坚决追究责任，决不姑息迁就。

（四）不断加强反腐倡廉教育，努力提高领导干部廉洁自律的自觉性

1、加强反腐倡廉教育，筑牢思想道德防线。继续坚持把党风廉政宣传教育纳入党的宣传思想工作的总体部署，发挥大宣教格局的积极作用，进一步明确任务，落实责任，加强统一协调，形成整体合力。要针对教育对象的不同情况，分层次、有重点地确定教育内容。对党政机关领导干部，要以“求真务实，勤政为民”为主题开展从政道德教育；对掌管人、财、物的重点岗位从业人员，要积极开展预防职务犯罪教育；对全体党员干部，要重点进行思想道德教育和纪律教育。

按照中央和市委的统一部署，今年全区正在深入开展以实践“三个代表”重要思想为主要内容的保持共产党员先进性教育活动，反腐倡廉宣传教育内容要纳入先进性教育活动当中，突出教育手段的创新性和互动性，注重宣传教育的实效性。要广泛开展正反两方面典型教育，充分利用毕玉玺案、侯培铎案等在市、区有一定影响的典型案例开展有针对性的警示教育。要加强廉政文化建设，积极探索廉政文化进社区、进家庭、进学校的有效途径和形式，不断扩大教育的影响力和覆盖面，使廉洁观念深入人心。

2、坚持自律与他律相结合，认真落实《中国共产党党内监督条例（试行）》，进一步规范领导干部的从政行为，加强对党政“一把手”的监督。继续深入落实中央纪委提出的“四大纪律，八项要求”，结合正在开展的保持共产党员先进性教育活动，抓紧研究制定我区落实《中国共产党党内监督条例（试行）》实施办法，加大监督力度，抓好各项制度的落实。

要严格执行中央纪委五次全会提出的五项纪律规定：一是违反规定收送现金、有价证券和支付凭证的，按照组织程序一律先免职，再依据规定处理。二是“跑官要官”的要批评教育，不能提拔重用，在重要岗位上的要予以调整，已得到提拔的要坚决撤下来；对“跑官要官”制止不力造成用人严重失察失误的，要严肃追究责任。三是放任纵容配偶、子女及其配偶和身边工作人员利用领导干部职权和职务影响经商办企业或从事中介活动谋取非法利益的，要辞去现任职务或者由组织责令辞职，并按照规定给予纪律处分。四是利用婚丧嫁娶等事宜收钱敛财的要严肃查处。五是参与赌博的，应予以免职，再依据规定处理；到国（境）外赌博的，要从严惩处。

贯彻落实五项纪律规定要紧密结合实际。当前，要重点查处党员领导干部、国家公职人员、国有企事业单位负责人参与赌博问题，严格按照中央纪委、中组部《关于严肃查处党员和干部参与赌博的通知》精神，凡是参与赌博的领导干部一律予以免职；凡是对直接管理范围内发生党员干部参与赌博问题不制止、不查处或隐瞒不报，压制不查的，要严肃追究有关责任人的责任。重申：在工作单位和会议、培训期间一律禁止玩麻将牌的规定。要严格执行规范公务员收入的有关规定，严肃查处违反规定的行为，防范和杜绝违纪问题的发生。要深入研究从源头上、机制上加强领导干部廉洁自律的有效措施，积极慎重地推进公务用车货币化改革的试点工作，探索和研究职务消费改革的有效途径。

继续围绕企业改革，加强党风廉政建设。坚持把实现“国有资产不流失、领导人员不失足、职工利益不受损”作为工作的出发点和落脚点，加强对国有企业，国有控股、参股企业的监管。国有独资、控股企业管理人员，要严格执行廉洁从业若干规定。改制企业要进一步完善法人治理结构，结合企业自身情况，按照建立现代企业制度的要求建立健全保障企业规范运行的各项制度，确保企业决策和管理的公开透明。改制企业党组织可以根据国有企业管理人员廉洁自律的有关规定，结合企业自身情况对企业经营管理者提出廉洁从业要求，并通过相关程序使其成为企业内部的管理规定认真执行，确保企业的健康发展。要进一步深化厂务公开，认真实行厂务公开台帐化管理，不断规范工作程序，确保企事业单位改革平稳、顺利的进行。

（五）加强制度建设，深化源头治理

1、健全和完善政府决策制度。要把科学决策、依法决策、民主决策作为政府决策的基本准则，健全决策规则，规范决策程序，强化决策责任。建立和完善重大事项集体决策制度、专家咨询和评估制度、决策听证和公示制度、决策责任追究制度。

2、深化财政管理体制改革。进一步细化部门预算内容，扩大国库集中收付范围，强化对资金运行全过程的监控。逐步开展财政资金绩效评价工作，加强对专项资金使用效益的审计。扩大政府采购的范围和规模，规范采购行为，提高服务质量，加强对集中采购机构的监督和管理。严格执行“收支两条线”管理规定。

3、健全政府投资监管制度。完善政府投资项目决策机制，实行政府投资项目公示制度和公开招投标制度，研究建立政府投资后评价制度和投资责任追究

制度。进一步强化对重点领域、重点部门、重点环节和重点项目的稽查和审计。

4、在基本建设领域全面落实“阳光工程”。按照“阳光工程”实施意见的要求,政府投、融资的建设工程项目,从审批立项到交付使用,全面落实“十公开、十不准”,坚决杜绝暗箱操作,保证工程建设项目公开透明。加强对工程招投标工作的监管,完善规定,坚决纠正违反规定干预和插手建设工程招投标、虚假招标、规避招标和串通招标的行为。进一步规范中小工程的招标采购工作。严格执行拆迁公示制度和拆迁人员持证上岗制度。建立拆迁单位信誉管理制度。

5、继续推进干部人事制度改革。全面贯彻《干部任用条例》和“5+1”法规性文件精神,进一步完善和健全公开选拔制度,通过建立领导干部辞职制度、职务任期制,不断探索领导干部能上能下、能进能出的机制。努力推进干部管理由职务管理为主向以职责管理为中心的方式转变。进一步加强干部监督工作。积极建立探索用人失察失误责任追究制度。

(六)推进依法行政,进一步规范行政行为

1、认真贯彻落实《行政许可法》和《全面推进依法行政实施纲要》。贯彻落实好《行政许可法》,对于推进政府依法行政,具有十分重要的意义。设定行政许可事项必须于法有据,实施行政许可一定要严格按照法定程序进行。年内要对《行政许可法》的执行情况进行一次检查。

2、推进行政执法责任制。坚持权责一致,做到有权必有责、用权受监督、侵权要赔偿、违法要追究。加强行政执法程序建设,政府机关及其工作人员必须按法定程序办事。实行行政执法依据公开制度、执法过错追究制度。研究制定执法行为评议考核制度。

3、进一步落实全程办事代理制度。要积极探索“一个窗口对外”、统一办理或联合办理、集中办理的新型工作机制,简化手续,减少环节,提高工作效率和服务质量。同时,加强对落实全程办事代理制情况的监督检查,对违反规定的单位和人员要追究责任。

4、进一步深化政务公开。要使政务公开成为政府施政的一项基本制度。政府机关办理的行政事项,除法律法规要求保密的,能够公开的都要向社会公开,提高工作的透明度,保障人民群众对政府工作的知情权、参与权和监督权。学校、医院等与群众利益密切相关的公共部门和单位,要全面推行办事公开制度。

(七)加大违纪违法案件的查处力度,维护党纪政纪的严肃性

要继续保持对腐败分子的高压态势,坚决查办大案要案。重点查处发生在领导机关和领导干部中滥用权力、以权谋私的违纪违法案件;查处在企业重组改制和破产中国有资产严重流失的案件;查处在拆迁整治中严重侵害群众利益的案件。要进一步健全和完善纪检监察机关与司法机关、行政执法机关、审计机关相互移交案件线索和案件移送制度,加强区域、系统合作,实行协查联办,形成办案整体合力。进一步落实办案责任制,严肃办案纪律,严格办案程序,加强案件管理,保证案件查办从立案、调查、审理、处分、执行各环节严格按程序进行,依纪依法办案。继续发挥信访作为案源主渠道作用,同时通过效能监察、经济责任审计、专项治理、专题调查等各种有效手段,深挖案件线索,不断揭露和查处腐败问题。要继续坚持“四不结案”原则和“一案双报告”制度,充分发挥查办案件的综合效应。加强对案例的分析研究,积极探索案件多发领域发案的特点和规律,研究提出防范腐败的途径和措施,通过查办案件积极开展预防职务犯罪工作,做到关口前移,防患于未然。

(八)围绕发展第一要务,进一步加强行政监察工作

行政监察工作要继续以落实依法行政,促进政府职能转变,优化发展环境,服务第一要务为中心,加强廉政监察、效能监察和执法监察,充分发挥行政监察职能作用,在优化发展环境上有所作为。

1、各级监察部门要切实履行《行政监察法》赋予的职责,进一步加强对国家法律法规、政府法令和重大决定执行情况的监督检查,坚决纠正有令不行、有禁不止,有法不依、执法不严、违法不究的行为,确保政令畅通。重点检查《行政许可法》在全区的落实情况,规范行政行为,推进依法行政,坚决查处乱设审批项目,违反审批程序的行为。充分发挥区行政投诉中心的职能,直接受理、查处一些部门及其工作人员作风不正、效率不高、态度生冷、推诿扯皮、不负责任等影响群众生活、企业生产和发展环境的突出问题。对工作中不负责任、造成严重后果的,群众反映强烈、损害政府形象的,要严肃处理,直至追究领导责任。加强安全生产工作,落实安全生产责任制,对不履行或不正确履行职责而导致事故发生,给国家和人民财产造成损失的要严肃追究有关责任人的责任。建立派驻监察机构例会、报告制度,促进基层监察部门切实履行行政监察职能。

2、以民主评议行风、政风活动为载体,进一步促政府形象转变。今年要继续加大行风评议力度,充分发挥党风廉政监督员和特邀监察员队伍的作用,进一步完善监督网络,探索监督的有效形式。重点围绕实施全程办事代理制,对政府职能部门及科队站所工作人员在依法行政、廉洁从政、文明服务、办事效率、政

务公开等方面情况开展明察暗访。同时加强行风评议结果的反馈,督促相关部门针对评议中反映的问题加大整改力度,进一步促进政府形象的转变。

3、采取有力措施,解决损害群众利益的突出问题。继续加强治理教育乱收费工作,严格执行义务教育阶段"一费制"、公办高中招收择校生"三限"政策和来京务工人员子女入学收费的有关规定。继续开展纠正医药购销和医疗服务中的不正之风,完善药品集中招标采购,强化对药品市场的监管力度,大力开展医德医风建设。继续开展涉企"六乱"的专项清理,进一步减轻企业负担。严肃查处在拆迁过程中损害群众利益的问题。

(九)进一步加强区纪委领导班子建设,努力提高纪检监察干部队伍素质

要进一步加强区纪委常委会班子自身建设,继续完善和规范各项工作制度,狠抓落实。要充分发挥常委会的领导核心作用,从把握全局工作的角度出发,针对当前党风廉政建设和反腐败斗争所面临的新形势和出现的新问题,广泛深入地开展调查研究,不断提高班子的决策能力和决策水平。要继续坚持区纪委常委联系基层制度,转变作风,进一步加大对基层工作的指导力度,做到真正沉下去,努力掌握第一手资料,为科学决策奠定坚实的基础。要牢固树立区纪委常委会对全委会负责的意识,继续坚持常委会向全会报告工作制度,诚心诚意地接受监督。同时积极探索全委会进一步加强对常委班子监督的有效措施。

进一步加强对纪检监察干部政治理论和业务知识的培训,不断拓宽视野,开阔眼界,提高政治素养和业务水平。创造条件促进纪检监察干部的上下交流,加大干部轮岗和挂职锻炼的力度,为纪检监察干部进一步参与工作实践,提高业务素质搭设舞台。在健全基层组织建设的基础上要进一步加强对派驻机构的管理,不断加大考核力度,完善考核体系。努力培养和造就一支政治坚强、公正清廉、纪律严明、业务精通、作风优良的高素质的纪检监察干部队伍。

同志们,2005 年的工作目标已经确定,任务已经明确。面对新形势对党风廉政建设和反腐败工作提出的新要求,我们要进一步振奋精神,在以往工作取得成绩的基础上,积极应对新情况、新问题的挑战。按照市委、市纪委的部署,在区委、区政府的领导下,与时俱进,开拓创新,团结进取,扎实工作,把党风廉政建设和反腐败工作进一步推向深入,为顺利实现区九次党代会确定的工作目标,为我区经济持续、快速、协调、健康发展和社会的全面进步做出新的贡献。

专 文

落实科学发展观 建设和谐新宣武

科学发展观和构建社会主义和谐社会是我们党在认真总结执政经验,广泛借鉴其他国家发展中的成败得失,精辟分析当前国际国内形势的基础上,提出的两大治国方略,标志着我们党对社会发展规律的认识进一步深化,对紧紧抓住和用好重要战略机遇期,加快推进全面建设小康社会的历史进程具有十分重要的指导意义。宣武区的发展正处于承前启后的重要时期,如何以科学发展观统领和谐宣武建设,是摆在我们面前的重大课题。

一、建设和谐宣武的重要意义和基础条件

构建社会主义和谐社会是一种治国理念,一种治国方略。关于和谐社会内涵的论述很多,总的来说就是"政通人和、国泰民安",人们各尽其能、各得其所又和睦相处,同时人与自然之间也实现友好的互动。在区域发展中落实这样的理念和方略,建设和谐宣武,具有十分重要的意义,也具备了比较好的基础和条件。

(一)充分认识建设和谐宣武的重要意义

落实科学发展观的必然要求。科学发展观是从发展理念、发展思路等方面促进经济社会协调发展,是从发展的角度谋和谐,构建和谐社会是从社会关系、社会状态方面反映、检验落实科学发展观的成效,是从和谐的角度促发展,两者互为体用。落实科学发展观,就要在区域发展中坚持"以人为本",实现经济社会协调发展、人与自然和谐发展,这就必然要求我们大力推进和谐宣武建设,用和谐的理念理顺社会关系,理顺人与自然的关系,实现人与人和睦相处,人与环境友好互动,从而促进区域的科学发展和人的全面发展。同时科学发展观是统领发展全局的世界观和方法论,我们建设和谐宣武也必须以此为指导。

保证全区人民分享发展成果的必要手段。区域发展的目的是提高全体居民的福祉,促进共同富裕,所以我们在保持经济快速发展的同时,还要努力确保人民群众在发展中获得更多实惠。这就必须建设好和谐宣武,通过进一步理顺分配关系,健全保障社会公平的体制机制,处理好不同群体的具体利益纠纷,健全社会管理和公共服务体系,大力发展社会事业等途径,普遍提高全区人民的生活质量,保证各阶层、各方面群众都分享到区域改革和发展的成果。

落实"新北京、新奥运"战略构想的重要举措。建设新北京,举办一届高水平、有特色的奥运会,是北京市未来几年的重要部署,作为首都功能核心区,宣武区必须做出应有的贡献。为此我们提出了"新北京、新宣武"的口号,要通过落实科学发展观,建设和谐新宣武,为成功举办2008年奥运会贡献力量,向世界展示深厚的宣南历史文化积淀和独特的古都神韵,以及昂扬向上的精神风貌,安定有序的社会环境,明礼守法、诚信友爱、和睦相处的人文环境,为提升北京城市形象和竞争力发挥较大的作用。

提高全区基层党组织执政能力的重要课题。市场经济的发展使基层党组织和群众的利益关系发生了变化,基层党组织不再直接包揽群众的生产生活和收益分配,这种情况下,服务群众、宣传群众、组织群众需要更高的领导和协调能力。建设和谐宣武恰恰要求全区各级基层党组织切实发挥领导核心作用,善于处理不同方面群众的具体利益关系,善于领导群众管理基层社会事务,这就对基层党组织执政能力建设

提出了重要课题。

(二)建设和谐宣武的基础和机遇

近年来,宣武区保持经济快速发展的同时,在经济社会协调发展方面也取得了长足的进步,为和谐宣武建设打下了基础。

和谐宣武建设的物质基础基本具备。十五时期,全区经济保持了平稳快速增长,预计地区生产总值年均增长11%,人均地区生产总值超过5 000美元;2005年财政收入实现25.17亿元,按可比口径年均增长14.2%;人民生活水平大幅度提高,2005年居民人均可支配收入超过17 000元,年均实际增长12.2%。城市建设稳步推进,重点功能区初具规模,市政基础设施进一步完善,城市承载能力有了很大提高,危旧房改造有序进行,3.5万户居民改善了居住条件,城市绿化和环境综合治理取得新进展,区域环境明显改善。

和谐宣武建设的制度基础逐步建立健全。随着经济快速发展,区域行政管理体制和社会管理体制改革不断深入,为区域经济社会协调发展提供了有力支持。民主法制建设不断加强,依法治区水平不断提高;就业再就业、劳动和社会保障、社会治安综合治理等方面的体制机制逐步建立健全。社区改革和体制机制创新取得较大进展,去年以来,全区积极落实北京市第五次城市管理工作会议精神,强化了街道综合协调服务职能,部分职能划归专业管理部门垂直管理,为继续深化城市基层管理体制改革取得了有益经验。

和谐宣武建设的人文社会环境初步形成。精神文明建设不断取得新进步,先后被评为"首都文明城区"、"全国精神文明创建工作先进城区"、"全国双拥模范区"和"首都双拥模范区";未成年人思想道德建设形式新、效果好,宣师一附小创编的"新童谣"得到胡锦涛总书记的批示并在全市推广,陶然亭街道开展社区青少年"六德"教育的经验得到中央文明委的肯定。各项社会事业取得新进步,教育资源进一步整合,教育质量持续提高;科普工作深入开展,荣获首批"全国科普示范城区"和"全国科普志愿者队伍建设示范区"称号;宣南文化影响力增加,举办了宣南文化节、厂甸庙会和大观园庙会,加快了街道文化站和社区文化室等文化基础设施建设;卫生和体育事业也有较快发展。民族地区繁荣发展,牛街地区成为全国民族团结进步的先进典型。

和谐宣武建设的基层基础业已形成。社区建设成效明显,2002年荣获"全国城市社区建设示范区"、"北京市社区建设示范区"称号;2004年10月,胡锦涛总书记视察北京工作时来到我区广外街道,看望基层干部群众,对做好全区工作给予了极大的鼓舞和促进;2005年,全区在广外街道进行试点,开展了创建"五星级和谐社区"活动,通过深入细致的研究,将"服务群众、开展文化活动、维护稳定、居民自治、党的领导和党的建设"五方面工作细化量化,形成由5个一级指标、46个二级指标、185个三级指标构成的"五星级和谐社区"考评体系,有效推进了和谐社区建设,目前正在逐步推广。

上述成绩是全区广大干部群众团结奋斗、开拓创新的结果,是我们建设和谐宣武的基础和起点。

和谐宣武建设面临重要机遇。当前宣武区的发展已进入重要机遇期,2008年北京奥运会筹备工作全面展开,为提高区域城市建设管理水平、提升宣南文化知名度、推动城市现代化进程提供了大好机遇;北京城市总体规划将宣武区定位为"国家新闻媒体聚集地之一,宣南文化发祥地和传统商业区",为区域长远发展指明了方向,提供了更加广阔的空间;北京市提出加快南城发展并制定了一些倾斜政策,为我们加快各项事业的发展创造了非常好的政策环境和社会环境;国际产业转移和国内区域协作的加强,为宣武区依托良好的区位优势,优化产业结构和空间布局提供良好的外部环境。未来五年宣武区经济社会将经历一次大发展,这个过程会巩固区域和谐的物质基础,缓解许多社会矛盾,同时也为我们集中力量解决一系列社会问题创造了有利条件,我们应该充分利用这段时期大力推进和谐社会建设。

二、加快构建和谐宣武需要重视的问题

在充分把握现有基础和有利条件的同时,必须清醒地看到在和谐宣武建设中还存在不少矛盾和问题,需要我们高度重视,并采取有效措施切实加以解决。

(一)加快构建和谐宣武的经济基础还相对薄弱

主要体现在:一是综合经济实力需要进一步增强。从经济总量看,虽然我区人均地区生产总值已经达到5 000美元,略高于北京市平均水平,但是距离首都中心城区的发展要求还有不小的差距,与东城、西城等经济较为发达的城区相比差距更为明显。从产业结构看,现代服务业是区域未来发展的重要方向,但是,我区现代服务业增加值占地区生产总值的比重仅为50%,比重还不高,发展的空间和潜力还很大。二是总部经济、特色经济需要更快发展。经过九五、

十五的快速发展,我区总部经济发展水平已经有了明显的提升,但在总量和发展质量方面还存在较大的不足。我区具有明显的文化、民族特色资源优势,但是目前区域特色经济发展相对缓慢,对区域经济增长的贡献相对较小。宣南文化产业发展不够充分,民族特色经济还主要局限于商业经营,文化旅游业的开发力度不够,资源优势还没有充分转化为经济发展优势。三是经济增长方式需要加快转变。目前,我区部分经济领域仍然延续着粗放型增长模式,一些产业的核心竞争力不强,总的来看,与实现集约型发展的要求尚有一定差距,经济运行的质量需要进一步提高。四是经济抗风险能力还不强。我区支柱型大企业在经济中所占比重相对较高,2005 年辖区百家重点企业对区级财政的贡献超过 70%,区域经济对某些重点企业的依赖较大,一旦这些企业的经营状况出现问题就会对区域经济产生较大负面影响。

(二)加快构建和谐宣武的人口资源环境制约还较大

突出表现在:一是高人口密度给区域和谐发展造成了很大压力。宣武区常住人口 50.4 万人,平均每平方公里超过 2.6 万人,人口密度居北京市各区县之最。高密度人口给区域的住宅、就业、教育、交通、环境、治安和市政基础设施等方面造成沉重压力,也削弱了区域的经济功能和可持续发展能力,成为影响地区和谐发展的重要因素。二是土地资源缺乏减少了区域发展的空间。土地资源是区域发展最重要的载体之一,全区土地面积 19.04 平方公里,可开发建设用地 14.57 平方公里。截至目前,已开发建设的土地约为 10 平方公里,待开发建设的存量用地不足 5 平方公里,严重制约着区域的持续发展。随着古都风貌保护的要求不断提高,土地的开发成本迅速增加,给加快区域发展和促进区域和谐带来了一定困难。另外,在区域土地的使用上也存在不合理因素,目前区域住宅用地比例 41%,远高于全市平均水平 11%,住宅用地比例过大,导致发展经济和兴办社会事业所需公建用地非常紧张。

(三)一些关系群众切身利益的问题还需要进一步解决

一是社会就业压力日趋加大。随着各项改革和产业结构调整的不断深化,结构性失业不断增加,2005 年城镇登记失业率一度超过 2%,失业人员再就业率连续数月降低到 60% 以下,就业形势还比较严峻。二是完善社会保障体系的任务还很重。以城市低保为例,随着经济发展,低保政策的覆盖范围逐步扩大,财政支出不断增加,2003 年全区享受低保的人口为 16 724 人,区级财政支出资金近 3 800 万元,2004 年为 16 165 人,支出增加到 4 200 万元,2005 年为 15 446人,支出达到 4 429 万元,未来几年还需继续加大财政投入力度。总的来看今后几年建立多层次、广覆盖的社会保障体系,实现“两个确保”的任务还比较重。三是劳动关系有待于进一步理顺。随着经济组织形式、就业方式、分配方式的多样化和复杂化,规范和协调劳动关系、保护劳动者权益面临着许多新情况、新问题,劳动争议明显增加,促进劳动关系和谐稳定要做的工作还很多。四是基础设施建设和社会事业发展相对滞后。宣武区发展起点较低,区域开发建设成本较高,各级财政能够投入的力量相对有限,交通及水电气热等市政基础设施建设还不能很好地满足群众生活需要,图书馆、文化馆等公共服务设施还需要进一步完善,危房改造和城中村整治的任务还很重,这些问题都要在推进和谐宣武建设的过程中切实加以解决。

(四)促进区域和谐发展的创造活力还不足

一是区域创新能力还不够强。目前我区科技创新存在高成本、低实效和重复开发等问题,缺乏扶持发展的“激励机制”、协调沟通的“联动机制”和合理有效的“评估机制”,自主创新对区域经济社会发展的推动作用还不明显。同时,公共服务领域的体制机制创新不够活跃,还未能有效地促进公共管理水平的提高。二是人才的总量较小、结构不合理。造成这一问题的主要原因是体制机制的障碍,由于户籍、档案、社会保障等因素阻碍着体制内外的人才交流,管理的条块分割制约着人力资源的优化配置,人才市场不完善使人才供需难以衔接等原因,致使区域人才相对缺乏。按照新的经济普查数据,全区各单位从业人员中,具有大专及以上学历的人员 97 653 人,占35.8%,低于全市 38.8% 的平均水平,具有专业技术职称的人员比重为 25.4%,仅高于全市平均水平一个百分点,这种情况是不利于实现首都功能核心区功能定位的。

(五)影响社会和谐稳定的因素依然存在

一是刑事和治安案件发案率高位徘徊。2005 年共立刑事案件 3 383 起,同比增加 371 起,上升 12.3%,虽低于全市 15.6% 的平均增幅,但防范基础并不牢靠。部分地区治安状况不好,主要是广外、大栅栏、前门月亮湾和国务院信访接待站等几个重点地区各类案件多发,附近群众的日常生活受了一定影响。对敌斗争形势仍然严峻,法轮功邪教组织转入地下,活动更加隐蔽,继续威胁着区域稳定。二是群众信访反映出一些不稳定因素,如拆迁和回迁产生的各种矛盾、老旧楼房的维修和新建小区物业管理、企业与事业单位退休费增幅不同引发的争议、早期改制企业遗留问题等等,从实质上看,主要是改革发展中不同群体间的具体利益纠纷。三是市民文明素质需要进一步提高。总的来看我区居民在日常行为和对待社会问题、处理利益纠纷等方面与现代文明市民的标准仍有较大差距,这给社会管理和社会建设带来了许多困难,是实现区域和谐必须认真研究和努力解决的问题。

三、建设和谐宣武的目标和思路

胡锦涛总书记指出,社会主义和谐社会应该是民主法治、公平正义、诚信友爱、充满活力、安定有序、人与自然和谐相处的社会。这是对社会主义和谐社会基本特征精辟论断,以此为指针并结合区域实际,我们提出了建设和谐宣武的目标和思路。

(一)目标

和谐宣武应该是区域经济发展又快又好,社会治理得有条不紊,文化氛围浓郁,环境优美宜人,群众安居乐业、心情舒畅。具体来说,建设和谐宣武的目标是:

——重点街区功能完善,现代服务业发达,总部经济和特色经济繁荣,经济发展又快又好,区域和谐的物质基础坚实;

——科技创新体系比较完善,机制创新和管理创新活跃,富有创新精神和创业能力的人才大量涌现,区域发展充满活力;

——就业相对充分,劳动关系和谐稳定,社会保障体系健全,社会事业健康发展,公共服务达到较高水平,人民群众安居乐业;

——社会管理体制健全完善,社会秩序良好,安全稳定水平达到2008年成功举办奥运会的基本要求;

——民主制度健全,依法治区水平比较高,各方面群众的权益都得到较好的维护并形成长效机制,充分实现社会公平公正;

——精神文明建设卓有成效,市民文明程度较高,形成团结进取、诚信友爱、和谐共处的人文环境;

——城市规划、建设和管理达到国际大都市水平,现代都市气派和宣南古都风貌有机结合,区域综合环境和谐宜居。

(二)思路

以科学发展观统领和谐宣武建设的思路是:

——从经济协调发展入手推进和谐宣武建设。以整合区域发展资源,转变经济增长方式为核心,建立经济协调发展的机制,着重协调好总量增长与结构优化的关系,扶持重点产业与发展一般产业的关系,国有企业改革与非公经济发展的关系,总部经济壮大与经济平稳运行的关系,当前发展和长远发展的关系,经济发展与社会进步的关系等等,促进区域的科学发展,推进和谐宣武建设。

——从增强社会活力入手加快区域和谐发展。坚持党管人才的原则,充分发挥市场配置人力资源的基础作用,以建立顺畅的社会流动机制为核心,建立创造激励机制,在区域形成尊重劳动、尊重知识、尊重人才、尊重创造的良好氛围,和保障人们各尽其才、各得其所的体制机制,鼓励人们在各个领域充分发挥聪明才智,不断开拓创新,使区域发展充满活力,加快和谐宣武建设的步伐。

——从培育先进文化入手促进区域和谐。高度重视文化在和谐社会建设中的突出作用,以邓小平理论和“三个代表”重要思想为指导,建立先进文化培育机制,传承弘扬博大精深的宣南文化,使区域文化事业持续发展,文化产业不断繁荣,更好地满足人民群众日益增长的精神文化需求,显著提升市民思想道德素质、科学文化素质以及城市文明程度,促进区域和谐。

——从民主法治建设入手为区域和谐提供保障。坚持党的领导、人民当家作主和依法治国的有机统一,以政府职能转变为龙头,建立民主法治机制,在推进依法行政的过程中不断规范政府、社会和市场的关系,不断加强政府的社会管理和公共服务职能,发挥市场在经济领域的基础性作用,提高社会自我管理的能力,使区域经济社会发展进一步转入民主法治轨道,从根本上保障和谐宣武建设的进行。

——从妥善处理人民内部矛盾入手维护区域和谐。坚持妥善处理人民内部矛盾,以维护社会公平为目标,建立利益协调机制,畅通各种利益诉求渠道,妥善协调不同方面群众的具体利益纠纷,确保全区人民分享改革发展的成果,建立矛盾疏导机制,引导群众用理性合法的方式表达利益诉求,有效疏导社会矛盾,维护社会稳定,为区域经济社会和谐发展提供良好的环境。

四、建设和谐宣武的主要工作

和谐宣武建设是区域发展的一项长远目标,也是一项紧迫的任务，涉及到经济社会发展的各个方面，围绕上述目标和思路，从多领域采取有力措施，整体推进，方能取得实效。

（一）壮大总量提高质量，为和谐宣武夯实物质基础

发挥区位和文化优势，提高区域经济质量。充分发挥良好的区位优势和文化优势，优化产业结构，提升产业质量。结合区域特点，优先发展信息传媒产业、金融保险业和高端中介服务业，大力培育特色鲜明的旅游产业和文化产业。引导经营者用现代经营模式、管理手段和先进适用技术提升传统产业，积极发展购物中心、品牌专卖、电子商贸等现代商业。注重发掘部分传统产业的文化底蕴和民族特色，注重开发品牌，通过与文化产业、休闲旅游业互相渗透来提升产业质量，壮大特色经济。

坚持“抓大扶小”，提高经济运行效益和抗风险能力。通过完善公共基础设施和服务体系，优化投资环境，积极吸引企业总部，壮大总部经济。同时积极支持中小企业的发展，注意发挥总部经济的辐射力，带动一批为其提供服务的层次较高、发展较好的中小企业，不断培育新的经济增长点。

着力打造重点功能区，增强经济发展后劲。着力打造四大功能街区：传统商业和文化旅游业发达的大栅栏—琉璃厂文化商业区；以国际传媒大道为重点、具有较强辐射力和带动力的传媒聚集区；集办公、文化、娱乐等功能为一体的、企业总部汇集的现代化、数字化的广安门商务区；现代流通产业聚集，电子商贸发达、特色品牌突出的马连道采购中心区。依托重点功能区的产业集聚和扩散效应，按照上述产业取向逐步构建优质产业聚集、级次和空间布局合理的现代化产业格局，为经济发展提供强大持久的动力。

集约利用能源资源，努力建设节约型城区。发展循环经济，提高资源综合利用效率。积极探索土地开发利用模式，通过规划控制、综合调度，统筹规划预留空间、合理安排开发建设进度，用有限的土地资源实现经济社会效益整体最大化。强化资源节约、集约使用观念，在全区形成节约意识和节约风气，努力建成资源节约、集约增长的节约型城区。

（二）提高自主创新能力，增强区域发展活力

健全科技创新体系，提高自主创新能力。积极参与首都创新战略，建立健全以市场为导向、以企业为主体的科技创新体系，大力提升自主创新能力。尽快设立科技企业创新扶持资金，以财政扶持、政府采购等形式鼓励企业进行技术创新和产品研发；加快制定相关政策，引导社会资金跟进，多渠道增加企业研发投入；加快创新平台和服务体系建设，推动自主创新能力的显著提升。

实施人才开发工程，增加人力资本储量。加快落实首都人才发展战略，实施人才开发工程，使一批富有创新能力和创业精神的人才在各行各业涌现出来。以高层次人才为重点，全面加强人力资源建设，抓好高级公共管理人才、高级经营管理人才、专业化高技能人才的培养和使用，特别应该有针对性地培养和引进区域重点发展领域所需优秀人才，在传媒产业以及能够传承弘扬宣南文化的传统产业等领域储备足够的人力资本。建立有利于优秀人才脱颖而出、充分施展才能的体制机制，积极探索科学化社会化的人才评价体系，形成有利于人力资源最优配置的人才流动机制，为制度创新、管理创新、科技创新和自主创业提供人才保证和智力支持。

（三）加强社会管理，维护安定有序的社会环境

创新机制和手段，调动全社会共同参与。改变旧的社会管理思路，建立党委领导、政府负责、社会协同、公众参与的社会管理格局。加强管理和服务，充分发挥社团、行业协会、中介组织等民间团体提供服务、规范行为、反映诉求的作用。建立健全各种社会管理机制，如人民内部矛盾的协调处理机制，社会治安综合治理机制，和社会预警机制、突发事件应急机制、社会动员机制等等。创新社会管理手段，运用现代信息技术，整合社会管理资源，重点解决社会管理中条块分割、资源分散、职责不清、管理缺位等难题，提高管理效率，节约管理成本，目前应加快推进信息化城市管理系统的建设，不断完善网格化城市管理模式。

创新信访排查工作，加强社会治安综合治理。一是加大信访排查力度，探索矛盾排查与信访接待的新方法、新途径。坚持属地管理原则，建立区、街联动的工作机制，建立劳动关系联席会议和城市建设联席会议等制度，定期排查处理劳动纠纷、危房改造、环境整治等热点难点问题。二是加强社会治安综合治理工作。加大对“法轮功”等邪教组织斗争力度，全力保持区域政治稳定。健全以“巡逻、社区、治安、内保”四张治安防控网，形成覆盖各个领域、贯穿全过程、规范每个环节的防控警力体系。加大投入，提高平房院和老旧楼房小区的防范能力，增强群众安全感。

强化区域人口管理，着力解决几个重点问题。综

合运用经济、法律和行政手段,积极探索与社会主义市场经济和城市发展水平相适应、总量控制与优化结构相结合的人口综合调控机制。一是通过政府主导、财政支持、政策倾斜、市场化运作,积极引导居民外迁。严格控制居民住宅尤其是回迁房的规划建设,尽可能规划建设一些大型公共设施、办公商务建筑等,在迁出常住人口的同时用就业人口置换常住人口,提高就业人口比重,缓解人口压力。二是加强对外来人口的管理和服务,认真解决外来人口的劳动保障和子女上学等问题;打击少数不良群体的违法犯罪行为,坚决遏制、重点打击外来人口犯罪的帮派化苗头。三是积极应对老龄化问题,创新养老服务模式,完善老年人健康服务体系,逐步建立老年人应急救助网络系统。

(四)完善公共服务体系,提高人民生活质量

创新公共服务模式,提高公共服务效率。进一步明确现代政府公共服务职责的主要内容:一是引导支持社会力量参与提供公共服务,二是直接提供社会部门无法提供的公共服务,三是对所有的公共服务供给进行监督。根据公共产品和服务的不同性质,结合区域发展情况,灵活地选择其实现方式,包括提供者、运作模式、公共资源投入方式(如特许经营、行政合同、财政补贴、税收减免等),大力提高公共服务供给效率,同时加强监督,确保公平公正。目前要积极推进水、电、气、热等公用事业改革,逐步理顺价格,继续推进市政环卫服务等领域的改革,降低成本,提高效率。

大力发展社会事业,提高人民生活质量。加快推进教育现代化,优化教育结构,实行各类教育均衡发展。推进中小学办学条件标准化、现代化,深化教育教学改革,全面提高义务教育水平。整合区域职业教育资源,加强各类技能培训和继续教育。以社区为依托,积极推行校外教育和社区教育,构建终身教育体系,努力建设学习型城区。完善公共卫生服务体系,加快推进医疗制度改革,大力整合卫生资源,加强基层卫生服务,努力实现"大病进医院,小病在社区"的目标,切实解决群众看病难的问题。发展公共体育事业,积极推进全民健身计划,加快社区健身中心等公共设施建设,增强人民体质。

加强就业工作,维护民生之本。结合经济增长方式转变,开发新的就业领域,千方百计创造就业机会。以"再就业绿色通道"为抓手,切实落实各项再就业政策,为下岗失业人员再就业和自主创业提供支持。推广培训服务与融资服务相结合的工作模式,一方面根据市场需要组织再就业和创业培训,推行政府补贴与培训后再就业效果挂钩的机制;另一方面,重点解决小额贷款落实的问题,在简化手续、降低门槛的同时,推进创业培训、信用社区与小额担保贷款的联运,为下岗失业人员创业提供优惠便利的融资服务。

做好劳动和社会保障工作,切实维护人民群众利益。指导监督企业规范劳动关系,减少劳动合同、工资待遇和社会保险等纠纷;教育劳动者依法维权,依法解决劳动纠纷;组建劳动关系协调委员会,作为企业与职工协商、处理各方面纠纷的桥梁和纽带;探索建立区、街、社区三级劳动争议调解体系,将劳动关系协商调解机制进一步向街道、社区延伸,力争把劳动纠纷解决在基层。当前社会保障工作的重点是落实城市低保政策,本着"应保尽保,应退则退"的原则,规范审批程序,实行"分级管理"和"分类救助",做到有的放矢,该保的保好,有条件脱保的则积极引导和帮助就业。

(五)优化城市综合环境,建设和谐宜居宣武

以新思路指导城市建设,改善群众的居住条件。充分考虑土地资源稀缺的情况,以协调发展的观念统筹规划基础设施建设、危房改造和古都风貌保护、环境建设,加强规划的引导作用。改变过去"大拆大建"、"剃光头"的做法,按照"有机更新"的理念正确处理危房改造与古都风貌保护的关系,探索"小规模、渐进式、多样化、微循环"的城市改造与建设新模式,推进危房改造和"城中村"整治的有序进行,改善群众的居住条件。

提升城市形象和内涵,营造宜居的区域环境。通过有效的环境治理美化措施,使区域环境更加美丽宜人。加大对大气和水体的污染防治力度,使环境质量明显改善;做好城市绿化美化工作,完善城市绿网体系,扩大绿色活动场所,为群众营造更自然的休闲空间。保护好宣南古都风貌,重点推进大栅栏、东琉璃厂、西琉璃厂、法源寺等4个历史文化保护区的保护修缮和有机更新。整治好重点文物周边环境,做好文物腾退工作。结合城市建设和危房改造,继续建设展示北京历史文脉、宣南文化地上遗存的街景标识,提升区域文化品位。

提升城市文明程度,形成和谐的人文环境。一是加强思想道德建设。大力弘扬以爱国主义为核心的民族精神和以改革开放为核心的时代精神,形成勇于奉献、开拓进取的精神风貌,大力倡导爱国守法、明礼诚信、团结友爱、勤奋自强、敬业奉献的基本道德规

范，全面推进社会公德、职业道德和家庭美德教育，不断提升公民的思想道德素质。二是开展文明城区创建活动。按照“新北京、新奥运”的要求，以“建首善、创一流”为目标，深入开展创建文明街道、文明社区、文明行业、文明单位、文明景区为重点的精神文明创建活动。通过各种有效的实践活动载体，重点加强市民在公德意识、礼仪规范、奥运知识方面的素养，努力提高公民文明素质。三是发展文化事业和文化产业。继续办好厂甸庙会、红楼庙会、宣南文化节等品牌活动，提升区域文化形象。做好非物质文化遗产的普查和保护工作，建立有效的非物质文化遗产传承机制，保护和弘扬民族民间文化。积极扶持文化企业发展壮大，推动图书音像、电信传媒、民间艺术、传统工艺品交易等产业加快发展，促进民俗特色文化演艺事业。广泛开展各种群众性文化活动和文艺演出活动，满足人民群众的文化需求。

（六）加强民主建设，推进依法治区工作

大力发扬民主，健全各项民主制度。坚持和完善人民代表大会制度、中国共产党领导的多党合作和政治协商制度，不断巩固民主团结、安定和谐的政治局面。充分发挥工会、共青团、妇联等人民团体的桥梁纽带作用；高度重视民族工作，认真落实党的民族、宗教政策，坚持民族团结，促进共同发展；认真做好党外人士、非公经济人士的工作，引导他们更好地为和谐宣武建设贡献力量。加强基层基础工作，进一步扩大基层民主，继续加强党的基层组织建设，引导好各种民间组织的发展；完善居务公开、厂务公开等办事公开制度。

坚持依法办事，提高依法治区水平。加快推进依法治区，完善司法工作程序，推进司法改革，落实警务公开、检务公开，促进司法公正，维护社会正义；全面推进依法行政，加强行政执法的体制、程序和执法队伍建设，加大执法监督力度，切实规范执法行为；加大普法宣传力度，不断提高全区人民尤其是公务员队伍的法律意识和法律素养。

（七）加强和谐社区建设，打好和谐宣武的社会基础

深化基层管理体制改革，进一步理顺区街居关系。落实好北京市第五次城市管理工作会议精神，深化城市基层管理体制改革，进一步理顺政府职能部门、街道办事处与社区居委会的关系。政府部门要在社区层面履行好职能，把该管的事管好；健全相应的监督约束机制，完善街道和社区对职能部门工作的考评机制；充分发挥街道指导社区建设的职能，健全“条专块统”的城市管理格局，共同推动和谐社区建设。

创新社区管理模式，提高社区自治水平。社区自治是和谐社区建设的重要基础，只有不断提高社区自治水平，才能调动居民更广泛的参与，充分实现自我管理、自我服务、自我教育、自我监督。通过创新社区管理模式，为居民广泛参与提供有效渠道，完善“一心两会一站”的工作机制，以社区党组织为核心，充分发挥社区成员代表大会和社区居委会的作用，依托社区工作站开展服务，切实提高社区自治水平。

调动各方积极参与，完善社区服务体系。既要落实好政府在基层的公共服务职能，又要培育社区自我服务能力，发挥社会组织整合利用各种资源的积极作用，不断提高社区基层服务的广度、深度、质量和效率，更好地满足居民各方面需求。着力加强就业再就业、劳动和社会保障、文化、卫生等服务体系建设；加强社区工作队伍建设，提高服务水平；大力发展志愿者队伍，同时探索社区服务市场化运作机制。以丰富健康的文化活动为载体，提高居民的归属感，促进社区和谐。

（八）加强各级党组织对和谐宣武建设的领导

在和谐宣武建设中，全区各级基层党组织应该增强使命感和责任感，结合基层党建工作，真抓实干，切实发挥领导核心与战斗堡垒作用。

创新基层党建工作，形成坚强的领导核心。以构建和谐社区为动力，不断探索在社会结构、就业方式、人口结构、社会组织形式出现重大变化的情况下，基层党建工作的新思路、新模式。根据社会结构的变迁调整党的基层组织设置，加强对流动党员的管理和教育，加强新经济组织、新社会组织的党建工作，加大基层党组织和区域内单位党组织的沟通协调，真正做到哪里有群众那里就有党的工作，哪里有党员哪里就有党的组织，哪里有党的组织哪里就有健全的组织生活和坚强的战斗力。部分社区采取了“党支部建在楼（院）上”等一系列新尝试，取得良好效果，要认真总结并加以推广。建立健全社区党组织统筹协调机制，协调社区各类组织、整合社区资源、正确反映群众意见、平衡各方利益，锻炼基层党组织做好新时期群众工作的本领，形成建设和谐宣武的坚强领导核心。

以服务为切入点，增强基层党组织的凝聚力。在新形势下加强基层党组织对基层单位和群众的领导，必须大大提高基层党组织的凝聚力。应该从加强党执政的社会基础和群众基础的高度，认真看待并着力

加强基层党组织凝聚力建设。建立健全密切联系群众的各种服务机制，积极实施再就业工程，组织下岗失业人员进行再就业培训，为他们开辟就业门路；完善党员联系群众制度，开展“党员责任区”、“党员联系户”、“无职务党员设岗定责”等活动；大力培育和支持各类具有公益性质、服务居民的社会组织，提高群众生活质量。制定激励政策，建立以党员和共青团员为骨干的志愿者、“义工”等各种服务队伍，推动志愿者服务活动的深入开展。广泛组织和开展群众文化活动，满足群众多层次的文化需求。通过更好地为基层单位、为群众服务，增加党的基层组织的凝聚力，树立基层党组织的威信，夯实领导和谐宣武建设的群众基础和社会基础。

建立先进性建设长效机制，为建设和谐宣武发挥模范作用。认真总结保持共产党员先进性教育活动的成功经验，不断健全完善使党员“长期受教育，永葆先进性”的长效机制，充分发挥党员的先锋模范作用，成为构建和谐社区、和谐单位的主力军，给群众树立典范，带动整个社会积极参与。

课题主持人：区委书记 唐大生

课题顾问：马仲良（区政府顾问，北京市社科联研究员）

李程伟（区政府顾问，中国政法大学副教授，政治与公共管理学院副院长）

参加单位：区研究室等联合调研组

宣武区城市管理绩效评价体系研究

随着城市管理现代化进程的加速，由科技革命冲击导致的管理理念、体制等都发生着一系列深层次的变化，从北京来看，城市管理水平总体呈现稳步提高的态势。作为北京中心城区之一的宣武区，在建设国际化大都市的进程中，城市管理水平和现实需求之间仍有不小的差距。因此，建立城市管理长效机制和对城市管理水平进行综合评估的标准，促进城市管理更加科学和有效，是区政府的重要职责。经过一年的调查研究和相关论证，我们研究制定了宣武区城市管理绩效评价指标体系，初步得出了一些结论和意见，为进一步的实践和探索构建起了一个初步的平台。

一、宣武区城市管理绩效评价指标体系的设立

城市管理绩效是城市管理活动所产生的效能和结果，是城市管理所产生的经济效益、社会效益和环境效益的有效统一。城市管理绩效是城市管理的出发点和归宿，是衡量城市管理水平的最重要指标。我们遵循选择城市管理指标的主要原则，从城市管理的客体指标和社会评价指标两大方面选取城市管理绩效评价指标。按照北京市各区县功能定位，宣武区为首都功能核心区，主要任务是加强城市管理，保护古都风貌，改善人居环境，发展现代服务业。通过深入分析北京市绩效评估组提供的《2004 年宣武区经济和社会协调发展绩效评估结果》，并结合首都功能核心区的定位目标及宣武区近两年实际发展状况来看，宣武区在环境方面的建设相对薄弱，所以在设计城市管理指标上这里着重选取了和环境密切相关的指标。其中，城市管理的客体指标包括资源环境、社会环境、生存环境三个层面。管理社会评价指标包括企业评价和居民评价两个层面。这样，整个城市管理绩效评价指标体系包括两个方面，三个层面（见图 1），20 个分指标，其中 2 个综合指标由 7 个子指标构成，大小指标共计 27 个（见表 1）。

（一）城市管理绩效评价指标体系结构

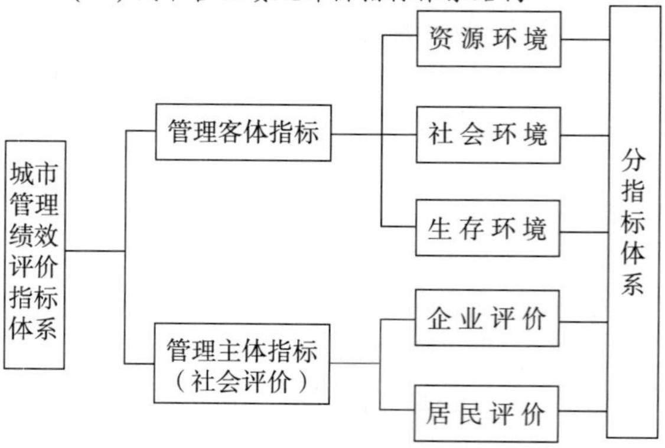

图 1　城市管理绩效评价指标体系结构图

表1 城市管理绩效评价指标体系

体系	一级指标	二级指标	三级指标	四级指标	单位
城市管理绩效评价指标体系	客体指标	资源环境	空气质量达标天数		天
			降尘量		吨/公平公里.月
			区域环境噪声平均值		dB(A)
			交通干线噪声平均值		dB(A)
			垃圾分类收集率		%
			人均公共绿地面积		平方米/人
			绿地率		%
			环境保护投资指数		%
		社会环境	公共管理综合指数	公共厕所达标率	%
				人防工程达标+率	%
				出租房屋登记率	%
				出租房屋合格率	%
			流动人口登记率		%
			人口密度		人/平方公里
			人均道路面积		平方米/人
			每万人群众上访批次		批/万人
		生存环境	危旧房屋解危率		%
			危旧房文物修缮率		%
			法定甲乙类传染病发病率		1/10万
			安全指数	刑事案件万人发案率	件/万人
				刑事案件破案率	%
				非正常死亡事故比率	%
			人均住房使用面积		平方米/人
	主体指标	企业评价	企业满意度		分
		居民评价	居民满意度		分

(二)城市管理绩效评价指标体系层次内涵

1、管理客体指标中,包括三个层次,18个指标

(1)资源环境指标。这里的资源环境主要是指城市自然环境,它是城市内和环绕于城市周围的各种自然要素的总和。如大气、河流、草地等。而我们所生活的城市中的自然环境多数都是次生环境,即经过人类社会加工改造了的环境,如污水、园林、噪音等。随着人类生产和生活活动日益增多,排放到自然环境中的有害物呈加速增长趋势,使城市生态系统的调节机能受到严重破坏,引发日益严重的城市环境问题。因此,必须高度重视对自然资源的环境保护和管理,它是保证可持续发展的重要前提。这里选用了8个与环境保护密切相关的指标,分别是空气质量达标天数、降尘量、区域环境噪声平均值、交通干线噪声平均值、垃圾分类收集率、人均公共绿地面积、绿地率和环境保护投资指数。通过评价这些指标来督促宣武区

自然环境的保护和管理。

(2)社会环境指标。城市社会环境是在自然环境的基础上,人类通过长期有意识的社会劳动,由加工和改造的自然物质、创造的物质生产体系、积累的物质文化等所形成的环境体系,是与自然环境相对的概念。如公共设施、交通等。社会环境是人类物质文明和精神文明的标志,它又随着人类文明的进步而不断地丰富和发展。社会环境本身存在的问题与人口发展息息相关;人口无计划地增长带来住房、交通拥挤,燃料和物质供应不足等问题而降低生活质量,造成对风景区及文物古迹的破坏等。所以,在社会环境指标中也纳入了与人口相关的指标。我们选择公共管理综合指数(公共厕所达标率、人防工程达标率、出租房屋登记率、出租房屋合格率)、流动人口登记率、人口密度、人均道路面积、每万人群众上访批次等指标评价城市社会环境。

(3)生存环境指标。一直以来,“衣、食、住、行”是人类生存的基本需求。随着人们生活水平的提高,城市中“衣食”已经不再是困扰人们生活的难题。在这里城市生存环境指标重点围绕“住和行”。城市管理为人民服务,通过城市住房管理使广大人民公平地享受到城市发展的成果,大大提升居民住房质量;通过城市治安管理,保障社会生活正常有序的进行,为居民出行安全带来保证;通过城市卫生管理,显著提高全民卫生知识和健康知识,降低居民感染传染病的机率。因此,我们选择了危旧房屋解危率、危旧房文物修缮率、法定甲乙类传染病发病率、安全指数(刑事案件万人发案率、刑事案件破案率、非正常死亡事故比率)和人均住房使用面积等指标来评价城市生存环境。

2、管理主体(社会评价)指标中,包括两个层次,两个指标

(1)企业评价。我们选择企业满意度作为评价指标。

(2)居民评价。我们选择居民满意度作为评价指标。

两项指标反映政府管理是否得到了企业、居民的认可,他们对政府管理工作成效的评价,是政府部门改进职能的重要依据。

(三)城市管理绩效评价指标体系中的特殊指标群

在选择的27个指标中,根据每个指标自身的特点和受外界因素影响的特殊性进行如下归类:

1、逆指标群。即指标值越小越好的指标。在指标体系中共有8个逆指标,分别是:降尘量、区域环境噪声平均值、交通干线噪声平均值、人口密度、每万人群众上访批次、法定甲乙类传染病发病率、刑事案件万人发案率、非正常死亡事故比率等。

2、风险性指标群。即受突发性因素影响大,具有较大风险的指标。这类指标尽管经过部门加强管理可以起到一定作用,但是当外界不可控因素突发状况下会直接导致指标大幅变动,所以对这类指标应客观的看待。指标包括每万人群众上访批次、法定甲乙类传染病发病率、刑事案件万人发案率和非正常死亡事故比率等。

3、限制性指标群。即指受地域面积和人口等限制性因素影响较大的指标。这类指标改善空间比较窄,改善难度比较大,所以能提高很小的幅度已经很不易了,所以对这类指标要结合现实情况正确看待,不应定过高的目标要求。包括:垃圾分类收集率、人均公共绿地面积、绿地率、流动人口登记率、人口密度、人均道路面积和人均住房使用面积等。

4、动态目标指标群。即根据市里当年定的达标要求来履行,而该目标要求不由区县控制且每年呈动态变化的指标。这类指标达标率通常要控制在100%,但当指标目标要求很严格的话,完成难度也会相当大。这类指标包括:空气质量达标天数、公共厕所达标率、人防工程达标率、流动人口登记率、危旧房屋解危率和非正常死亡事故比率等。

二、城市管理绩效评价指标含义和计算方法

表2 城市管理绩效评价指标体系解析表

指标名称	指标解释	计算方法	单位
一、资源环境			
1、空气质量达标天数	空气质量达标天数:指空气质量属于二级及好于二级的天数。	实测天数	天
2、降尘量*	降尘量:指大气环境中测得的含尘量,按月平均计算的年平均值。	降尘量=全年各月单位面积大气含尘量之和÷12	吨/平方公里.月

3、区域环境噪声平均值*	区域环境噪声平均值:指城市建成区内经认证的环境噪声网格监测的等效声级的算术平均值。	区域环境噪声平均值=全部网格测点等效声级之和÷网格测点个数	dB(A)
4、交通干线噪声平均值*	交通干线噪声平均值:指城市建成区内经认证的交通干线各路段监测数据,按其长度加权的等效声级平均值。	交通干线噪声平均值=各路段按长度等效声级加权之和÷路段个数	dB(A)
5、垃圾分类收集率	垃圾分类收集率:指本区县实行垃圾分类的地区人口总数占城镇非农人口总数的比重。	垃圾分类收集率=(本区县实行垃圾分类的地区人口总数÷城镇非农人口总数)×100%	%
6、人均公共绿地面积	人均公共绿地面积:指报告期末区域公共绿地面积与区域人口的比率。	人均公共绿地面积=区域公共绿地面积÷区域人口	平方米/人
7、绿地率	绿地率:指城市各类绿地(含公共绿地、居住区绿地、单位附属绿地、防护绿地、生产绿地、风景林地等六类)总面积占城市面积的比率。	绿地率=(各类绿地面积之和÷区域面积)×100%	%
8、环境保护投资指数	环境保护投资指数:指城市环境保护投资占城市地区生产总值的百分比。	环境保护投资指数=(城市环境保护投资÷城市地区生产总值)×100%	%
二、社会环境			
9、公共管理综合指数	1、公共管理综合指数:由"公共厕所达标率"、"人防工程达标率"、"出租房屋登记率""出租房屋合格率"四项指标合成。	公共管理综合指数=(公共厕所达标率+人防工程达标率+出租房屋登记率+出租房屋合格率)÷4	%
(1)公共厕所达标率	公共厕所达标率:指达标公厕占全部公共厕所的比重。	公共厕所达标率=(达标公厕÷全部公共厕所)×100%	%
(2)人防工程达标率	人防工程达标率:指当年达标人防工程占全部人防工程的比重。	人防工程达标率=(达标人防工程÷全部人防工程)×100%	%
(3)出租房屋登记率	出租房屋登记率:指普通楼房地下室的已登记出租房屋套数占其所有出租房屋套数的比率。	出租房屋登记率=(普通楼房地下室已登记的出租房屋套数÷普通楼房地下室出租房屋总套数)×100%	%
(4)出租房屋合格率	出租房屋合格率:指普通楼房地下室出租房屋中无安全隐患的房屋所占比重。	出租房屋合格率=(普通楼房地下室出租房屋中无安全隐患的房屋÷普通楼房地下室出租房屋总套数)×100%	%
10、流动人口登记率	流动人口登记率:已登记的流动人口占地区流动人口的比重。	流动人口登记率=(已登记的流动人口÷地区流动人口)×100%	%

11、人口密度*	人口密度:指区域内单位面积(每平方公里)拥有的人口数。	人口密度=户籍人口÷区域面积	人/平方公里
12、人均道路面积	人均道路面积:指区域内平均每人拥有的道路面积。是衡量道路建设总体水平的指标,反映道路交通管理的基础条件。	人均道路面积=报告期末实际道路总面积÷报告期末人口数量	平方米/人
13、每万人群众上访批次*	每万人群众上访批次:指区县当年每万人中到市信访办、国家信访局及重点地区进行集体上访的批次数。	每万人群众上访批次=群众集体上访批数÷区域人口(单位:万人)	批/万人
三、生存环境			
14、危旧房屋解危率	危旧房屋解危率:指当年应解除安全隐患的危旧房中已解除安全隐患的危旧房所占比重。	危险房屋解危率=(已解除安全隐患的危旧房屋数÷应解除安全隐患的危旧房屋数)×100%	%
15、危旧房文物修缮率	危旧房文物修缮率:指报告期内现有区级以上文物保护单位危旧房中的文物建筑经修缮的比重。	危旧房文物修缮率=(现有区级以上文物保护单位经修缮的危旧房文物÷其全部危旧房文物)×100%	%
16、法定甲乙类传染病发病率*	法定甲乙类传染病发病率:指在某一时期内暴露人口中新发生国家规定的甲乙类传染病病例的频率。在一定程度上反映政府对传染病的控制能力。	法定甲乙类传染病发病率=新发生甲乙类传染病病例数÷区域人口(单位:10万人)	1/10万
17、安全指数	安全指数:由"刑事案件万人发案率"、"刑事案件破案率"、"非正常死亡事故比率"三项指标合成。反映地区公共安全状况。	安全指数=(刑事案件万人发案率+刑事案件破案率+非正常死亡事故比率)÷3	%
(1)刑事案件万人发案率*	刑事案件万人发案率:指辖区内当年的全部刑事案件立案数与人口平均数量的比值。反映地区治安状况。	刑事案件万人发案率=刑事案件立案数÷区域人口(单位:万人)	件/万人
(2)刑事案件破案率	刑事案件破案率:指辖区内当年公安机关管辖的刑事案件破案数与立案数之比。	刑事案件破案率=(刑事案件破案数÷刑事案件立案数)×100%	%
(3)非正常死亡事故人数*	非正常死亡事故人数:指辖区内三种非正常死亡(包括交通肇事死亡、生产安全事故死亡、火灾死亡三类)原因的实际死亡人数。	非正常死亡事故人数=交通肇事死亡人数+生产安全事故死亡人数+火灾死亡人数	人
18、人均住房使用面积	人均住房使用面积:指以户为单位的分户门内全部可供使用的净面积。	人均住房使用面积=报告期末实有住房面积÷报告期末居住人口	平方米/人

四、社会评价			
19、企业满意度	企业满意度是反映企业对区域城市管理评价的综合指标。包括企业对区域投资环境、设施建设等方面的满意程度。	主要通过问卷、网络调查、电话交流等方式取得	分
20、居民满意度	居民满意度是反映居民对区域城市管理评价的综合指标。包括居民对衣食住行、社会治安、道路交通等方面的满意程度。		分

三、确定城市管理绩效评价指标的评价方法

将城市管理绩效评价指标体系应用于实际的过程中,需要研究确定评价方法。在研究确定城市管理绩效评价指标体系和指标权重的过程中,我们通过走访调研、召开座谈会和电话咨询的方式与环保局、建委、市政管委、信访办、卫生局、公安局、文化委、安监局、人防办等部门进行了深入交流,广泛征求了各方专家的意见和建议,最终运用层次分析法确立了各指标的权重(见表3),对于动态目标指标群适当赋予了较小的权重。通过参考国家、市、区相关规划文件如十一五规划发展目标、国家规定的参考标准,还有全市当年水平、市里给区县下达的目标等资料确定了指标目标值(见表3)。

通过将指标实际值与相应的指标目标值对比后的结果来评价每一个指标的达标程度。再运用加权平均的方法,确定综合指标的达标值。由于评价指标中有些是正指标,有些是逆指标,其处理的方法也有所不同,即:

对于正指标,达标值=(指标值÷目标值)×100

对于逆指标,达标值=(目标值÷指标值)×100

需要说明的是,如果达标值大于100时,只取100为最大达标值。这样不会使个别指标值的超常影响到综合值的计算。

表3:宣武区2004年城市管理绩效评价指标体系

指　　标	单位	权重%	指标目标值	2004年实际值	达标值%
总评价		100			83.5
一、资源环境		26			81.7
1、空气质量达标天数	天	2	216	221	100.0
2、降尘量*	吨/平方公里.月	3	8	9	88.9
3、区域环境噪声平均值*	dB(A)	2	53.9	54.8	98.4
4、交通干线噪声平均值*	dB(A)	2	69.6	68.6	100.0
5、垃圾分类收集率	%	4	35	13.8	39.4
6、人均公共绿地面积	平方米/人	4	2.5	2.43	97.2
7、绿地率	%	3	19.08	18.7	98.0
8、环境保护投资指数	%	6	3.3	2.31	70.0
二、社会环境		17			85.2
9、公共管理综合指数	%	2			100.0
(1)公共厕所达标率	%	1/2	100	100	100.0
(2)人防工程达标率②	%	1/2	-	-	-
(3)出租房屋登记率②	%	1/2	-	-	-
(4)出租房屋合格率②	%	1/2	-	-	-
10、流动人口登记率	%	2	90	98.7	100.0
11、人口密度*	人/平方公里	4	23 500	27 995	83.9

12、人均道路面积	平方米/人	5	6	4.1	68.3
13、每万人群众上访批次 *	批/万人	4	0.25	0.27	92.6
三、生存环境		17			76.0
14、危旧房屋解危率	%	2	100	100	100.0
15、危旧房文物修缮率	%	4	75	31	41.3
16、法定甲乙类传染病发病率 *	1/10 万	3	380	403.1	94.3
17、安全指数		3			93.5
(1)刑事案件万人发案率 *	件/万人	1	40	48.8	82.0
(2)刑事案件破案率	%	1	52.3	51.6	98.7
(3)非正常死亡事故比率 *	%	1	30	13	100.0
18、人均住房使用面积	平方米/人	5	20	14.5	72.5
四、社会评价		40			87.1
19、企业满意度	分	20	85	82.4	96.9
20、居民满意度	分	20	85	65.7	77.3

注:①“ * ”号表示该指标为逆指标。

②指标 9 - (3)人防工程达标率、指标 9 - (3)出租房屋登记率和指标 9 - (4)出租房屋合格率三项指标 2004 年没有明确统计,2005 年起数据才能取得,所以该指标数值为空暂不予考虑。

③目标值来源:全市当年水平、市里下达的目标、区里制定的规划目标等。

四、2004 年宣武区城市管理绩效指标目标实现程度

2004 年宣武区城市管理绩效目标总体实现程度 83.5%(见表3),当中有六个指标在 2004 年度完全达标(即 100%)。如图 2 所示,在城市管理指标的四大类中,“社会评价”达标值最高为 87.1%,可以看出,主观评价优于客观评价,说明宣武区城市管理的实际水平与大众的感受有差异,城市管理的结果所起到的社会效应相对更好些。客体指标达标值从高到低依次为社会环境、资源环境和生存环境。其中最低的生存环境达标值 76%,与总体评价相差 7.5 个百分点,所以宣武区城市管理应当加大在生存环境方面的整治力度。

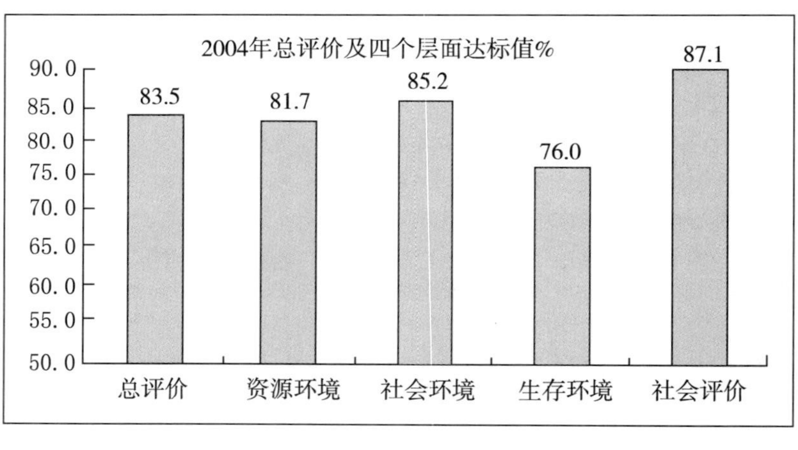

资源环境指标中噪音类指标基本达标,绿化类指标超过 95%,降尘量相对较弱在 90% 以下,环境保护投资指数与全市平均水平还有较大差距,达标率 70%,投资力度还需加大。达标率最低的指标是垃圾分类收集率仅 39.4%,这项指标和人口有关,参加垃圾分类的居民越多或者全区人口下降就会促使该指标提高,所以一方面要提高垃圾分类技术水平、加大宣传推广覆盖面,另一方面控制全区人口。该指标还有较大的治理空间,目前需要加快建设步伐。

社会环境类指标里公共管理综合指数和流动人口登记率达标率 100%,人口密度和群众上访均在 80% 以上,人均道路面积达标率最低为 68.3%,如何改善道路交通仍是摆在政府面前最艰巨的任务之一。

生存环境指标中，直接导致生存环境综合值偏低的指标是危旧房文物修缮率和人均住房使用面积，达标值分别为41.3%、72.5%。危旧房文物修缮率是一个慢性指标有其特殊性，因为修缮危旧房文物需要一个长期的过程，文物的新旧程度和规模不同会影响修缮难度和周期，宣武区区级以上危旧房文物16处，2004年修缮5处，距离目标还有很大距离。2004年宣武区人均住房使用面积14.5平方米/人，要实现最终目标平均每人还需要增加5.5平方米，疏散区内人口扩大住房面积势在必行。

关于社会评价的满意度调查中，2004年企业满意度82.4分，达标值96.9%；其中满意度相对较低的是政务公开和政府办公服务方面；居民满意度65.7分，达标值77.3%。其中满意度低且意见反映最多的是道路交通、市容环境、住房条件等方面，这正与客观评价结果所反映出的突出问题相呼应。

五、促进宣武区城市管理发展的对策

（一）加强市政管理，坚持重点突破与总结推广相结合

目前，北京的市政管理正处在从粗放型注重量的建设向集约型注重质的建设转变过程中，这个转变还需要相当长一段时间。同时，宣武区城市建设与发展的大环境还存在一些制约因素，如危旧房屋多、人口密度大、区域面积小等。因此，加强市政管理要以集中整治为突破口，同时加强对城市薄弱环节的专项整治。根据以上指标体系评价结果来看，我区的薄弱环节尤其对于有较大整治空间的指标，如垃圾分类、文物修缮等，量的建设还差得较远，还需经过专项整治加快建设进度。另外，注重城市环境综合整治的总体规划，有计划、有重点地解决一些难点、热点问题，努力使其质的建设得到改善。

要真正落实城市管理责任制，尤其是健全岗位责任制，强化监督检查机制和追究制度。坚持区政府和街道办事处“一把手”对城市管理负总责，确立城区街道办事处对城市管理的主体地位，做到权责统一，落实必要管理经费，提高街道综合组织管理能力。要有针对性地建设一批环境示范街，积累经验，发挥示范作用，及时总结加以推广，带动全区市政管理，特别是市容环境管理水平和质量的提高。

（二）加强基础设施建设，增强生态城区对污染的防治能力

城市是人类开发利用自然资源创造出来的复合生态环境，我区在建设成首都功能核心区的同时也要向建设生态城区努力。因为生态城区的建立，将能够很好地解决经济发展与环境保护的关系，有利于贯彻落实环境保护的基本国策，有利于发展社会生产力，增强综合国力，提高人民生活水平，从而实现经济建设和人口、资源、环境的协调发展。

在对我区旧城改造的过程中，一定要对基础设施建设统筹规划，居民区要建设集中供热、集中供气和供排水系统，地面的绿化、道路建设、垃圾收集和处理等设施也应同时规划、同时施工、同时使用。建设生态城区要发展集中供热，开辟多种气源；努力普及和完善城市排水系统，根据城市水环境特点，有计划地建设污水处理设施；集中整治污染重、环境质量差的水域，改善城市水环境面貌；科学分类收集垃圾，采用先进技术进行垃圾处理。从根本上改观我区的自然环境和社会环境。

（三）改善居住条件，将危房改造与风貌保护有机地结合起来

目前，居住在北京旧城平房区（含历史风貌保护区）内的居民有数百万，我区作为北京市的发源地，平房密集现象尤为突出。这些居民的居住条件极差，生活极不方便。主要涉及资金问题以及危房改造与历史文化名城保护之间的尖锐矛盾问题。其实，危房改造与历史文化名城保护不应对立起来，保护区内的房屋、街道不是简单的静止文物，要有现代居住、使用功能，因此，应该以人为本，从实际功能出发理顺思路。只有保护区内居民居住条件得到改善，居民有了方便的生活环境，他们才会有保护的积极性，历史文化名城的保护才会得到真正的落实。所以应当对旧城实行点、片结合的原则进行保护，从而以较低的成本使更多的居民受益。如本地段原貌基本没有破坏，则可成片保护；严格清除保护院落内的违章建筑，特别是房管部门当年“见缝插针”的建筑；以优惠的政策鼓励保护院落内的居民外迁等。通过采取这些措施协调危改与保护的矛盾，达到疏散人口、提高居民生活质量和创造良好生存环境的目的。

（四）加强城市道路建设，处理好道路建设与优化布局的关系

宣武区城市基础设施的建设在全国来讲处于比较先进的地位，但是，从北京市发展的角度来看，仍然具有一定的提升空间。尤其是在城市道路建设方面，由于历史原因，宣武区的城市道路建设处于相对落后的状态。因此，区政府应该把城市道路建设作为市政建设的重点工作来抓。首先，加大政府在道路建设方面的公共投资，促进道路建设的发展。其次，合理规划道路优化城市布局。现在建设的道路应当在几十年或上百年后都能发挥重要作用，所以道路建设的规划和设计眼光要有长远性和前瞻性。在确定实施道

路建设项目时,必须把有效满足城市交通需要作为第一条件,处理好个别道路与全局道路的关系。也就是说,在确定建设某一条道路时,必须考虑该道路在整个城区道路交通布局中的地位和作用,必须使建设的道路是整个道路网络的有效组成部分,而不是多余的部分。同时吸取某些城市道路拥堵的教训,引进人性化的理念,进行科学细致的研究,保证城市道路的使用效率。三是处理好发展交通与发展经济的关系。如促进宣武区琉璃厂、大栅栏特色街的发展离不开道路宽阔交通便利这个条件,通过道路建设促进经济的发展。

课题主持人:区长 武高山

参与部门:区统计局、研究室

深化社区党建工作机制 努力提高社区党组织领导和谐社区建设的能力

区委副书记　杨素荣

构建社会主义和谐社会,是我们党在新的历史阶段从全面建设小康社会出发,综合国内、国际形势作出的重大决策,是中国特色社会主义事业的重要组成部分。社区作为社会的细胞,是城市建设和管理的重心,社区和谐是城市和谐、社会和谐的基础。构建社会主义和谐社会,在城市基层重点是抓好和谐社区建设,没有社区的和谐,就不会有城市的和谐、社会的和谐。宣武区作为首都北京的中心城区,在构建社会主义和谐社会首善之区工作中担负着重大责任,我们要充分认识建设和谐社区的重要意义,把加强社区党组织建设作为提高党构建社会主义和谐社会能力的基础性工作,大力加强社区党组织的先进性建设,努力提高社区党组织领导和谐社区建设的能力。

一、领导和谐社区建设是新时期赋予社区党组织的重要职责

社区党组织是我们党在城市基层的执政载体,建设和谐社区就是要在社区党组织的领导下,通过各种方式和渠道,把社区居民群众、各种组织和驻社区单位的智慧和力量最大限度地凝聚和发挥出来,解决市场经济发展进程中城市基层工作中出现的各类矛盾和各种问题,为社会的改革发展稳定创造良好的环境和条件。

1、领导和谐社区建设是社区党组织发挥领导核心作用的具体体现。社区党组织是社区各种组织和各项工作的领导核心,这就使社区党组织在各类社区组织和各项社区工作中处于总揽全局、协调各方的位置。建设和谐社区是一个系统工程,需要社区各方面力量的广泛参与和积极配合。在社区的各种组织中,只有社区党组织能够通过实施政治领导、思想领导和组织领导,有效地整合社区资源,充分调动各方面的积极性,履行好各自的责任和义务,共同把建设和谐社区的各项任务和要求落到实处。

2、领导和谐社区建设是社区党组织加强执政能力建设的内在要求。党的十六届四中全会作出了关于加强党的执政能力建设的决定,把构建社会主义和谐社会作为党的五种执政能力建设之一提了出来,并且指出,各级党组织要适应我国社会的深刻变化,把和谐社会建设摆在重要位置。这就是说,在新的历史条件下,处于城市基层的社区党组织,已经成为构建社会主义和谐社会的重要力量,是和谐社区建设的倡导者和领导者。社区党组织只有不辱使命,在加强执政能力建设中,领导好和谐社区建设。

3、领导和谐社区建设是社区党组织坚持服务经济建设的重要途径。经济建设是党的中心工作,全党工作必须紧紧围绕和服从服务于经济建设这个中心。当前,随着经济体制改革的不断深化,新经济组织、新社会组织大量涌现,退休人员、失业人员和流动人员进入社区,居民群众的物质文化生活呈现出多层次和多样化的需求,社区已经成为反映社情民意的最前沿,是各种社会矛盾的聚集点,是城市基层管理的重要领域。社区党组织作为党的工作和战斗力的基础,必须从坚持服务经济建设出发,维护经济社会改革的重要成果,切实肩负起领导和谐社区建设的重任。

二、社区党组织建设取得的成绩及在领导和谐社区建设中存在的不适应

新时期赋予了社区党组织领导和谐社区建设的重要职责，这就对社区党组织的执政能力建设提出了新的要求。近年来，我区以建立和完善社区党建工作的领导机制、服务机制、联动机制为核心，大力进行社区党组织建设，社区党组织的执政能力得到了进一步增强。

1、社区党的组织基础得到了夯实。为了适应新的社区体制要求，科学调整了社区党组织设置，全区绝大部分社区党组织实行党委建制，保留了少数社区党组织的党总支和党支部建制。同时，社区党组织本着有利于开展工作、有利于党组织和党员发挥作用的原则，合理设置了党支部或党小组。有的街道在社区推行了“党小组建在楼上”的做法，建立了楼宇党小组，成为楼宇居民的“主心骨”。目前，全区各社区以社区党组织为龙头、居民党支部为骨架、楼门院党小组为网络的社区党组织体系已经形成。

2、社区党组织与其他组织的关系基本理顺。进一步明确了社区党组织是社区各种组织的领导核心，从而摆正了社区党组织和自治组织的关系，并对社区党组织的职责进行了细化，将“政治上领导、组织上保证、工作上把关”作为实现对自治组织领导的具体方式。从加强制度建设入手，建立和完善了社区党组织和社区自治组织的一系列日常工作制度，规范了社区党组织和社区自治组织的工作方式。同时，社区党组织通过发挥协调议事机构的作用，逐步理顺与社区其他各种组织的关系。

3、社区党务干部队伍素质有了较大提高。近年来，我区制定了社区专职工作者管理办法，明确了社区专职工作者包括社区专职党务干部，规定了社区党务干部的待遇等同社区专职工作者，从而解决了社区党务干部的待遇问题。全区有95%以上的社区实行了党组织书记和居委会主任分设，“一肩挑”的社区均设有专职副书记或专职党务干部。社区党务干部平均年龄42岁，大专以上学历达到70%以上，结构明显优化，为社区党组织进一步发挥领导核心作用奠定了扎实的人才基础。

4、社区党组织的领导方式有了较大转变。面对新的形势和任务，社区党组织主动把握市场经济条件下建设现代化社区的工作要求，积极转变领导方式。在动员方式上，注重通过党组织的带动作用和党员的先锋模范作用形成示范效应，广泛吸引居民参与社区建设；在工作内容上，实现从仅抓日常党务工作，向对地区性、群众性、社会性、公益性事务的领导和协调的转变；在工作方法上，实现从过去开大会、读文件、发号召，向了解需求、提供服务的社会工作方法的转变。

尽管如此，但是从整体上看，社区党组织的执政能力与领导和谐社区建设的要求还存在着诸多的不适应。主要表现在：一是思想认识有待进一步提高，一些社区党组织负责人的思想认识还停留在传统的社区党建层面，还没有形成“社区大党建”观念，对社区党建的“新目标、新格局”认识不清。二是工作方式有待进一步改进，工作上还较多地倚重权力影响，习惯于用行政化的方式开展工作，没有很好地发挥非权力因素的影响力，不善于用对话、协商的方式解决工作中遇到的问题。三是创新意识有待进一步加强，比较习惯沿用传统思维模式和工作模式开展工作，用创新的办法解决社区工作中出现的新情况、新问题的办法还不多，工作缺乏较强的针对性和实效性。四是干部素质有待进一步提高，从整体上看，社区党务干部文化知识层次和党务工作经验仍显不足，有一部分社区党务干部党的基础理论功底还比较薄弱。这些不适应，势必会影响到社区党组织领导和谐社区建设的进程。

三、进一步深化社区党建工作机制，提高社区党组织领导和谐社区建设的能力

根据新形势、新任务的要求，我们必须从宣武区的实际情况出发，继续大力深化社区党建工作三个机制，不断提高社区党组织领导和谐社区建设的能力。深化领导机制要从整合社区党组织的目标出发，着眼于形成社区“大党建”格局的需要，逐步把社区党组织的多元隶属关系变为社区党组织原则上实行属地原则，实现由“以条为主”向“以块为主”的转变，打造参与、推动社区自治的党的组织网络。深化服务机制要从满足社区居民群众的多层次、多样化需求出发，不断完善社区服务体系，拓展社区服务领域，丰富社区服务内容，改进社区服务方法，最大限度地满足居民群众日益增长的物质文化需要，以提供高效、便捷、周到的服务让居民群众真正得到实惠。深化联动机制要着眼于发挥社区各类组织在社区居民服务、社区文化建设、社区民主建设、社区安全稳定等方面的作用，以建立和落实党建工作责任制为主要手段，形成以居民群众是否满意为主的综合考评体系，激发社区单位参与社区建设的积极性。要在深化社区党建工作机制过程中，着力提高社区党组织的五种能力：

1、提高领导社区工作的能力。社区党组织是社区各类组织和各项工作的领导核心，全面领导本社区的各项工作，我们要按照社区党组织的职责和功能定位的要求，进一步强化社区党组织的领导核心地位，提高社区党组织领导社区工作的能力。一是建立科

学规范的领导体制。打破条块分割的传统社区管理和党组织管理模式,把直接领导、双重领导和多方协调等领导方式结合起来,进一步理顺社区党的工作管理体制,将各种组织和各方面力量整合到社区党组织周围,形成以社区党组织为核心、社区各类党组织共同参与的社区党建工作新格局。进一步明确社区党建工作协调分会的议事规则,明确社区党组织的组织协调职能,明确驻社区单位党组织的责任与义务。二是扩大党建工作覆盖面。创新社区党组织设置形式,逐步建立纵横延伸、条块结合、立体交叉、全员覆盖的社区党组织网络。积极在"两新"组织中建立党组织,努力消除党建工作空白点。三名以上党员的单位设支部,不足三名党员的单位可按照地域相邻、行业相近原则建立联合支部,没有党员的单位要确定党建工作联络员。三是提高党务干部的素质。按照社区党务干部职业化、专业化的发展方向,建立选拔机制,把优秀人才选拔到社区党务干部队伍中来,选好配强社区党组织书记;建立培训机制,加强社区党务干部的培训,提高社区党务干部素质;建立工作考核和退出机制,以居民群众满意为标准进行工作考核评估,业绩突出的要予以奖励,党员和群众不满意的要予以辞退或解聘,形成社区党务干部队伍的良性新陈代谢。

2、提高服务社区居民的能力。服务社区居民是社区的基本功能,是构建和谐社区的主题和生命力所在。社区党组织要牢固树立群众观点和服务意识,把服务社区居民作为社区党建工作的中心任务和主要工作。一是开展多样化服务。采取多种方式畅通民愿诉求渠道,定期进行舆情分析,掌握居民群众的服务需求,重点发展面向居民群众的多样化服务,开展面向社区群众的便民利民服务,面向下岗失业人员的再就业服务,面向特殊群体的社会救助、社会福利和优抚保障服务等。二是开展针对性服务。从了解人、关心人、凝聚人入手,提高人性化服务水平,针对社区居民的个性化需求,努力做到服务内容由物质性服务向物质性服务和精神性服务并举的转变,服务性质由纯粹的扶贫帮困、排忧解难向为居民群众实现自我价值、健康成长发展创造条件、提供平台的转变,积极开展孤寡老人陪伴、障碍心理咨询和疏导等服务。三是开展市场化服务。充分发挥市场机制在社区服务中的作用,整合社区资源,鼓励兴办社区物业、社区卫生、文化娱乐、社区保洁、保安家政等便民利民产业;培育社区中介服务组织,积极参与社区服务;建立起由专职、兼职和志愿者组成的高素质的社区服务队伍,实行专业工作者和社区志愿者队伍共同协作的工作方式,为社区居民群众提供优质服务。

3、提高发展社区民主的能力。发展社区民主,是构建和谐社区的内在要求和重要目标。社区党组织要按照十六大提出的"完善城市居民自治,建设合理有序、文明祥和的新型社区"的目标,不断提高发展社区民主的能力。一是加强对自治组织的领导。按照宪法和法律的要求,进一步落实社区居委会的自治功能,加强和改进对社区居委会工作的指导,帮助社区居委会履行好法律规定的权利和义务,充分发挥沟通政府与社区居民的桥梁作用,依法协助政府完成各项工作任务。二是完善民主选举制度。在社区党组织的换届选举中,要进一步扩大民主,试行"两推一选"和党组织负责人直接选举,使社区党组织成员,尤其是社区党组织负责人得到社区党员和群众的普遍认可。在社区居委会选举中不断扩大社区直接选举的覆盖面,把居民拥护的思想好、作风正、有能力、愿意为居民服务的人选进社区居委会成员中来。三是推进民主管理。要把居民群众关注和涉及居民利益的办事制度、办事程序及时公之于众,接受居民群众监督,保障居民群众的知情权;居民自治范围内的事项应依程序按大多数居民的意见办理,涉及居民利益的重大决策应及时听取居民群众的意见,保障居民群众的参与权;组织居民有序开展与其日常生活紧密相关的公共服务工作的监督评价活动,围绕经济权益行使民主权利,保障居民群众的监督权。创新社区党员民主管理机制,探索党员教育管理的方法途径,确保每个党员充分行使民主权利。

4、提高繁荣社区文化的能力。繁荣社区文化,是社会主义精神文明建设的重要内容,也是和谐社区建设的内在需要。社区党组织要以满足群众不断增长的精神文化需求为导向,努力提高繁荣社区文化的能力。一是培育文化品牌。根据社区自身特点,广泛开展形式多样、内容丰富的文化活动,使居民群众感受社区的文化生活,增强他们热爱社区、热爱生活的情感。培育和壮大社区文艺组织和文化指导员、文化辅导员队伍,不断推出社区群众喜闻乐见的文化活动,使居民群众享受社区大家庭的温馨。要在开展丰富多彩的社区文化活动中,注意培育社区的文化品牌,宣传先进的文化理念,把社区建设成为传播先进文化的阵地。二是提高居民道德素养。以《公民道德建设实施纲要》为指导,培育居民的社会公德、职业道德和家庭美德,大力弘扬中华民族邻里互助、乐善好施、扶贫济困等传统美德,形成平等友爱、融洽和谐的人际关系。要充分利用社区文化活动设施,积极开展丰富多彩、健康有益的文化、体育、科普、教育、娱乐等活动,倡导科学文明健康的生活方式。三是建设学习型社区。要通过培育学习性组织,如开展创建学习型社区、学习型楼院、学习型家庭,积极争做学习型居民等活动,营造社区居民群众热爱学习、勤奋学习的学习氛围,激发社区新的发展动力,把社区建设成为居民学习、提高素质的课堂。

5、提高化解社区矛盾的能力。社区党组织要适应形势发展的需要，不断提高正确处理人民内部矛盾的能力，通过深入开展细致的思想政治工作和创建平安社区等工作，搞好纠纷排查，化解社区矛盾，把问题解决在基层，打牢党在城市工作的组织基础和群众基础，有效维护社会稳定。一是构筑群防群治网络。要建立以社区党组织为领导，社区民警为主导，社区治保会和物业保安为依托，社区居民积极参与的群防群控体系，落实社会治安综合治理责任制，规范和维护社区生活秩序。二是完善矛盾调解工作机制。要定期排查和调处社区矛盾，使社区内部矛盾得到及时、有效的处理，从源头上减少人民内部矛盾的发生。社区党组织要积极转变工作方式，变被动防堵为主动疏导，变群众上访为下访群众，理顺群众情绪，化解群众矛盾，维护社区稳定。三是组织开展经常性、群众性的法制教育活动。要充分发挥社区党员电化教育网络的作用，加强法制宣传，同时注意利用网络化城市管理信息平台，引导居民群众通过合法途径反映要求，努力把社会不稳定因素解决在社区、解决在萌芽状态。另外，要注意疏导社区居民的各种忧虑、困惑、压抑等情绪，积极创造条件，为社区居民提供倾诉、宣泄、交流和安抚的机会，有条件的社区要定期组织专家到社区开展心理保健咨询服务，预防各种心理疾病的发生，融洽社区人际关系。

总之，建设和谐社区是构建社会主义和谐社会的客观要求，领导和谐社区建设是社区党组织的重要职责。我们必须进一步解放思想，与时俱进，继续深化社区党建工作机制，扎实推进基层党建工作创新，不断提高社区党组织的工作能力，使之切实担负起领导和谐社区建设的历史使命。

关于宣武区处级领导班子思想政治建设状况的调查报告

处级领导班子思想政治建设的状况决定着区域经济社会发展的质量和水平，决定着“十一五”规划能否顺利实施，影响到全区党的建设的发展。加强处级领导班子思想政治建设，是全区党的建设的重要内容。为此，区委组织部组成专题调研组，通过向党政机关、街道、事业单位243名领导班子成员发放调查问卷，开展重点访谈，调阅2004年年终目标责任制考核、2005年先进性教育活动相关资料等方式，对当前全区处级领导班子思想政治建设的状况进行了调查，进一步摸清了情况，发现了存在的突出问题，提出了初步对策。

一、当前处级领导班子思想政治建设的基本情况

（一）对全区处级领导班子思想政治建设状况的总体评价

通过对2004年年终目标责任制考核相关数据、2005年先进性教育活动相关资料分析，我们认为：全区绝大多数党员、干部、群众对处级干部队伍的能力素质是认可的，处级领导干部能够团结带领广大干部群众，勤奋敬业，扎实工作，开拓进取，奋勇争先，在推进全区三个文明建设协调发展中，发挥了坚强有力的组织领导作用。主要体现在：

1、处级领导班子、领导干部普遍具有较高的思想政治素质，政治上立场坚定，大局意识较强。处级领导班子和领导干部，能够认真学习邓小平理论和“三个代表”重要思想，坚决贯彻执行中央和市、区委的决策，正确处理改革、发展、稳定的关系，正确处理局部利益和整体利益的关系，围绕宣武区“十五”期间提出的“城市建设带动、结构优化升级、科教文化兴区”三大发展战略，抢抓机遇，聚精会神搞建设，一心一意谋发展，确保了功能区和各项重点工程建设的顺利推进，确保了与人民群众生活密切相关的危改区建设、再就业工程的顺利实施，表现出了较强的政治意识和大局意识。在保持共产党员先进性教育活动中，党员领导干部身先士卒，自觉践行“三个代表”重要思想，想群众之所想、急群众之所急，帮群众之所需，坚持为困难群众办好事、办实事，切实解决了一批群众反映强烈、通过努力能够解决的突出问题，使先进性教育活动取得了实效，成为了群众满意工程，全区先进性教育活动群众满意度达到99.4%。

2、处级领导班子、领导干部普遍作风务实、踏实肯干、事业心责任感较强。处级干部面对区域面积小、人口多、自然条件和基础设施差、发展后劲相对不足带来的巨大压力，发扬特别能吃苦、特别能战斗的精神，朴实敬业，不追风，碰到困难不后退，遇到挫折不气馁，埋头苦干，迎难而上，勇挑重担。近年来，正

确处理古都风貌保护和城市建设、改善居民环境的关系,完成危改拆迁数万户,城市面貌发生了显著变化,经济快速增长,各项社会事业蓬勃发展。失业人员就业率长期保持在60%以上,登记失业率控制在2%以内,各项社会保险基金收缴率均达到98%以上。经过坚持不懈的努力,在2003年抗击非典斗争以及2005年防控高致病禽流感工作中,广大处级干部沉着应对、周密部署,冲锋在前、默默无闻,得到了全区上下的普遍认可。调查显示,88.67%(注:该数据为对204张有效问卷进行统计的结果,下同)的被调查者认为所在班子整体精神状态良好。

3、处级领导班子、领导干部普遍具有较强的业务工作能力,团结一致,同心同德,争优创先意识较强。处级领导班子普遍能够坚持以经济建设为中心,认真贯彻民主集中制原则,大事讲原则,小事讲风格,团结协作,配合默契。党政"一把手"注重想大事、议大事,善于统筹全局,协调各方,体现了较强的驾驭能力。广大处级干部能够动员、组织、带领群众,一心一意搞建设,同心同德谋发展。处级领导班子坚持高标准、严要求,领导干部工作热情高、干劲足,不断开创本单位工作的新局面,努力争创一流的工作业绩,有较强的争优创先意识。近年来,我区涌现出了一大批全国、全市或本行业、本系统的先进典型。精神文明建设、双拥工作、人民防空、党史工作、群众体育、社区建设、计划生育、劳动保护、财政、审计、残疾人服务、信访接待等多项工作,先后被评为北京市或全国先进。这些成绩的取得,与处级领导班子大力加强思想政治建设,带领党员干部群众开拓进取、艰苦创业是分不开的。调查显示,绝大多数被调查者对我区处级领导班子思想政治建设状况是满意的,认为好和较好的达94.5%。

(二)加强处级领导班子思想政治建设的主要做法

1、加强领导班子思想理论建设。处级领导班子坚持把加强党性修养、抓好理论武装放在思想政治建设的首位,把党委(党组)中心组学习作为重要手段,不断强化处级领导班子和领导干部的执政意识、执政理念和执政宗旨,引领处级干部牢固树立为民的执政观、科学的发展观和正确的政绩观,增强处级干部的思想理论修养。全区绝大多数处级领导班子能够坚持每月1—2次的集中学习,完善中心组学习相关制度。结合实际,椿树街道、环卫服务中心等单位建立了党(工)委书记批阅中心组成员学习笔记制度,天桥街道建立了学习缺勤补课制度等。通过强化政治理论学习,领导班子成员理想信念更加坚定,领导班子整体理论水平有所提高,运用理论指导实践、推动工作的自觉性有所增强。

2、加强领导班子能力建设。处级领导班子普遍采取了请进来、走出去,邀请专家学者授课研讨,与重点高校合作举办研修班等形式进行学习,提高综合素质和管理水平。处级党政"一把手"注重提高自身综合素质,积极参与到区委组织的"一把手"素质工程中,通过"一把手"论坛等形式的学习交流,提高自身的领导能力。同时,区委注重从整体上抓处级领导班子能力建设,按照"内容系统化、方式多样化、学员差别化、学制短期化、参训高频化"的思路,以公共管理、法律知识和岗位技能为重点培训内容,采取多种方式,对处级领导干部进行大规模培训,促进领导干部知识向能力转变。

3、加强民主集中制建设。处级领导班子普遍建立了党委(工委、党组)议事规则、行政办公会制度和有关例会制度,能够做到坚持重大工作任务部署、科级干部任免调动、大额度资金使用等重大问题集体研究决定。在形成决定之前,注意了在沟通中协调,在协调中统一认识,一些业务性较强的单位,还注意广泛了解民意,通过专家论证,提高决策的科学性。通过认真贯彻民主集中制,加强班子内部监督,大多数"一把手"发挥了核心作用,班子成员之间经常交心通气,及时化解内部矛盾,增进了班子成员之间地团结协作,增强了凝聚力和战斗力。调查结果显示,84.7%的人认为所在领导班子民主集中制执行得好。95.5%的人认为所在班子成员之间工作配合协调或基本协调。

4、加强领导班子职能建设。处级领导班子根据自身特点,积极探索履行职能的方式,努力推进机构职能、领导方式、执政方式的转变。区委各职能部门积极发挥参谋助手作用,为区委科学决策提供充分的依据。区政府职能部门党组以降低执政成本、提高执政效率为目标,坚持依法行政,大力推进职能转变,切实履行政府的经济调节、市场监管、社会管理和公共服务的职能。政府职能部门领导班子从服务群众入手,大力简化办事环节和程序。全区现行有效的行政审批事项从原有的515项减少到229项,减少56%。区政府有关部门成立了区域发展环境投诉服务中心,完善"一站式"服务,着手进行全程代理服务试点。处级领导班子都建立了领导干部联系重点企业制度,开辟了企业和政府联系的"绿色通道"。推行了政务公开,凡与人民群众切身利益相关的事项,做到办事依据、步骤时限、投诉举报全面公开,接受群众监督。很多处级班子通过广泛征求意见,发放监督卡和调查问卷,聘请人大代表、政协委员做监督员,主动接受群众监督。

5、加强领导班子作风建设。处级领导班子和领导干部能够树立正确的群众观念，坚持联系基层、联系群众制度，深入所联系的单位或社区去，认真研究基层工作，倾听基层干部和群众的呼声，帮助基层解决实际问题。各单位均结合本地区、本部门的实际，采取多种措施，提高办事效率，强化服务，切实解决群众关心的热点问题。如天桥街道领导班子成员坚持每周一到自己联系的社区了解情况，及时发现、解决问题；各单位积极推行全程办事代理制，不断提高办事效率等。处级领导班子认真贯彻落实《党内监督条例》、《纪律处分条例》，坚持做到了以教育为主、预防为主、事前监督为主，提高了廉洁自律的思想意识和拒腐防变的自控能力。通过加强作风建设，增强了处级领导班子的群众观念和宗旨意识，进一步密切了党群、干群关系，处级领导班子服务群众、服务党员、服务基层的水平进一步提高。

二、当前我区处级领导班子思想政治建设存在的主要问题

（一）存在问题的主要表现

1、在思想理论建设方面：一些领导班子和领导干部对科学发展观的认识尚需进一步深化。坚持科学发展观，就是要既坚持发展是硬道理、发展是党执政兴国的第一要务，又要与时俱进转变发展观念、创新发展模式、提高发展质量、实现科学发展。调查显示，7.4%的处级领导干部对“究竟怎样科学发展，感觉比较模糊”；1%的处级领导干部认为“强调全面协调可持续发展，会影响、冲淡经济建设和发展的势头”。

2、在能力建设方面：从总体情况看，谋划型、创新型的干部相对不足。面对经济社会快速发展的新形势，少数干部思想不够解放，思路不够开阔，改革创新的紧迫感不强。一些干部欠缺公共管理、公共服务知识和意识，还没有适应由单纯的行政管理、行政干预向优化发展环境、提供高效服务的职能转变，为公众提供高效服务的方式和手段比较单一。一些干部缺乏深入细致的调查研究，对宏观局势、发展趋势和事务发展的规律性认识不准，不善于从宏观上思考问题、把握规律。一些干部缺乏果断决策的胆识和气魄，不善于超前谋划，抢抓机遇。一些副职独立开展工作的能力比较弱，关键时刻束手无策、一筹莫展。调查显示，认为处级领导班子目前最需要增强的能力排在前三位的分别是应对复杂局面的能力、依法行政的能力和总揽全局的能力，创新能力则排在了领导干部的个人最需要增强的能力之首。

3、在民主集中制建设方面：个别领导班子成员之间沟通不够，关注全局的意识不强，一些副职对其他领导干部分管的工作客观上不太了解、主观上不愿了解，在集体决策时难以发表有见地的意见。个别“一把手”对重要工作、重大事项的标准把握不准，或自作主张、事后通报，或事无巨细、不敢拍板。

4、在职能建设方面：目前，党政领导班子的职能转变还没有完全到位。在社会主义市场经济条件下，党委（党组）如何发挥作用的问题需要进一步创新。一些党委（党组）在党的建设方面的思路和措施还不适应工作的需要，使党的建设滞后于形势任务的发展。政府部门处级领导班子在社会主义市场经济条件下的经济调节、公共服务、社会管理、市场监管等作用还没有充分发挥。处级领导班子的职能建设还需要进一步加强。

5、在作风建设方面：个别年轻干部心态浮躁，工作作风漂浮，综合协调、解决复杂问题的能力不强，对群众工作缺乏应有的耐心，不愿、不会做深入细致的思想政治工作，难以很好地宣传群众、组织群众、发动群众。极少数干部有守摊思想，存在着“船到码头车到站”、“差不多就得了”的思想，工作不在状态，不敢、不愿为创新付出代价。

（二）存在问题的原因分析

1、处级领导班子思想政治建设的主要任务、检验标准、工作要求不够明确。一些处级领导班子没有把思想政治建设当成重中之重，忽视了加强思想政治建设，割裂了思想政治建设与日常工作之间的内在联系。“一把手”没有真正履行“一岗双责”的职责，把抓班子、带队伍与推动业务工作紧密结合起来。对于加强处级领导班子思想政治建设，一些领导班子缺乏明确的目标，没有检验的标准，工作要求不明确，工作制度不完善。这些都直接影响着领导班子思想政治建设工作的开展。

2、处级领导干部队伍整体素质有待于进一步提高。干部队伍的综合素质、理论素养、专业化水平尚需提高。尽管近年来区委不断加大干部教育培训力度，收到了明显的成效，但也存在着诸多不足。在干部教育培训工作的宏观管理上，制度仍需完善，力度仍需加强。在干部教育培训手段上，方法单一，针对性、实效性不够强，还不能完全满足干部实际工作需要，没有完全达到通过培训尽快提高干部整体素质的预期目的。

3、处级领导班子的职责管理还不到位。领导班子和领导干部的职责还不够明晰，处级领导干部职务管理为主向职责管理为中心的转变尚处于起步阶段，影响了班子及成员树立较强的职责意识，及时转变党委（党组）和行政的职能，及时理清职责目标，正确履职。职责管理不到位，使领导班子内部的监督工作弱化。对处级领导班子特别是对“一把手”进行监督的制度较多,但落实还不够。

三、加强和改进处级领导班子思想政治建设的对策措施

(一)明确责任,齐抓共管,建立处级领导班子思想政治建设的责任制

1、建立处级领导班子思想政治建设责任制。“一把手”在领导班子思想政治建设工作中负总责。要充分发挥“一把手”在领导班子思想政治建设中的重要作用,使“一把手”真正对领导班子思想政治建设负全责,强化“一把手”抓班子带队伍的责任意识和带头贯彻民主集中制、带头求真务实、廉洁自律的表率意识,使“一把手”能以政治坚定、作风民主、清正廉洁、把握大局的应有精神和风范,影响带动班子成员,影响带动党员干部,影响带动人民群众,共同推进各项事业的发展。

2、形成上级党委职能部门统筹协调、齐抓共管的工作格局。区委组织部作为抓处级领导班子建设的重要职能部门,要发挥总揽全局、协调各方的作用,更好地把工作纳入到全局之中。要定期对处级领导班子思想政治建设进行督导,对实施效果进行评估,确保工作落到实处。组织、宣传、纪检等相关部门要发挥各自职能,齐抓共管,推进处级领导班子思想政治建设。

(二)规范管理,创新方法,进一步加强思想理论建设

1、坚持和完善党委(党组)理论中心组学习制度。领导班子理论学习中心组要结合实际,围绕学习组织、学习考勤、学习档案、学习通报、专题调研、学习经验交流和学习检查考核等方面,认真搞好理论中心组学习。通过经常性的、形式多样的中心组理论学习,及时掌握最新的理论创新和实践创新成果,研究解决发展中的重大理论问题和实践问题,不断强化理论武装,提高思想理论水平,树立为民的执政观、科学发展观和正确的政绩观,增强领导班子执政能力。

2、建立“述学、评学、考学”制度。把定性与定量、考试与考核结合起来,形成较为科学的干部理论学习考核标准体系,为确保学习质量提供有效监督和有力支撑。“述学”就是建立领导干部学习汇报制度,让领导班子成员在党校学习、境外培训、挂职锻炼、顶岗培训等结束后,在一定范围内对学习体会、参与调研的课题和成果、存在的问题和不足等进行专题发言,通过发言回顾和自我评价,巩固学习成果,接受群众监督。“评学”就是日常对党委(党组)中心组发言以《学习纪要》形式,接受干部群众监督评议,在年终考核时对全年学习情况进行评估。“考学”就是将学习及实践运用情况作为领导干部考核任用的条件之一,着眼实践,学以致用,增强理论学习的实效性。

(三)突出重点,加强培训,进一步提高总揽全局、应对复杂局面的能力

区委组织部要从整体上抓好处级领导班子的能力建设,进一步完善培训内容,改进教学方法,创新培训形式,拓宽培训渠道,完善培训机制,继续强化专业管理能力培训,做到贴近区情、贴近领导干部思想工作实际、贴近党的路线方针政策,突出抓好科学发展观、正确政绩观和群众观的教育,培养提高领导班子和领导干部理论思维、战略洞察、把握大局的意识和能力。对全区处级领导干部按职级、系统、任职时间、职能分工的不同分别设计培训内容,实施分类分层次培训。如对“一把手”,重点培训总揽全局能力和组织协调能力,对副职重点培训依法行政、创新能力,对副处级后备干部重点培训政治理论和领导能力。处级领导班子和领导干部要自觉接受培训,不断改善知识结构,开拓工作思路,有针对性地提高履职能力。

(四)民主领导,科学决策,进一步提高领导班子决策水平

1、进一步完善领导班子的工作运行机制。明确党委(党组)会、书记办公会、主任(局长)办公会的职责权限,规范领导班子成员的决策分工和领导班子的议事规则和决策程序。通过任职谈话、集中培训、专题研讨、经验交流等形式,进一步加强民主集中制教育,使领导班子特别是党政“一肩挑”的领导干部掌握民主集中制的基本要求,熟悉基本程序,学会基本方法,增强民主集中制的执行力。

2、健全班子民主决策制度。领导班子决定重大事项前,要深入进行沟通,使班子成员有足够的时间和精力思考问题,做好准备,努力就重大问题达成共识。在班子中,要营造发表不同意见、敢讲真话、敢于发表不同意见的民主氛围,防止“一言堂”。班子成员要以高度负责的态度行使表决权,充分表达自己的意愿。

3、健全班子科学决策制度。加强决策前的调查研究,实行重大决策咨询专家论证制度、多种方案备选制度。加强决策后的跟踪了解,抓好落实督导和完善修正工作。建立决策失误责任追究制度,明确规定班子决策中的责任主体和责任内容,以及实施责任追究的具体情况、政策法规依据和处理办法,增强领导班子和干部科学民主规范决策的自觉性和坚定性。

(五)深化改革,加强监督,进一步明确职能加大管理力度

1、进一步完善领导班子和领导干部职责管理制

度。在对机构职能、工作性质与任务、职位职责与权限、任职资格条件等要素进行具体分析的基础上，继续完善领导干部职位说明书，科学界定领导班子和领导干部的职责，进一步明确职位职责、任职资格、责任程度和关键绩效指标，特别是要明确“一把手”在贯彻执行民主集中制中的带头和核心作用，明确班子成员“带队伍、促发展”的职责。

2、健全领导班子考核评价指标体系。坚持全面与重点、定性与定量、领导与群众相结合，改进绩效考核办法，准确评价领导班子和领导干部绩效，特别是创造性工作业绩，促使领导班子和领导干部进一步明确职能职责，坚持正确的价值取向，更加求真务实，开拓进取。完善领导干部辞职制度、调整不称职领导干部制度，促使领导干部能上能下。

3、建立对处级领导班子进行巡视的制度。由因年龄原因从处级领导岗位改任非领导职务的同志组成区委巡视组，对处级领导班子采取组织谈话、派人参加民主生活会和查阅党委（组）会、行政办公会记录、学习记录等方式，定期对领导班子及其成员学习情况、贯彻执行党的路线方针政策情况、廉政情况、执行民主集中制情况、干部选拔任用情况等进行全面检查了解，及时掌握实际情况，为干部任用管理提供依据。

（六）巩固成果，着眼长效，以服务群众为切入点，进一步转变领导班子的作风

进一步巩固和扩大先进性教育活动成果，健全领导班子密切联系群众的工作机制，拓展联系群众的途径，丰富服务群众的内容。建立领导班子为民办实事制度，从本地区、本部门实际出发，每年就群众关心的热点、难点问题确立为民办实事事项，列入年初工作目标，完成情况年终进行考核。深化领导班子联系基层、帮扶群众制度，促使领导班子深入基层调查研究，体察民情，了解民意，集中民智，开展便民利民和社会化服务等。引导处级领导班子和领导干部切实走群众路线，组织发动和团结带领群众，凝聚社会各方面力量，全力推进重点街区带动、主导产业聚集、科教文化强区、环境优化提升的“四大战略举措”，推进“三个文明”建设协调发展，为实现“十一五”规划奠定坚实的组织基础。

课题主持人：区委常委、组织部长 赵印春

参加部门：区委组织部干部组、调研组

关于完善国有资产监管体制深化国有企业改革的调研

区委常委、常务副区长　王永新

完善国有资产监管体制是完善社会主义市场经济体制的重要内容，也是国有企业改革进一步深化并取得突破的关键所在。党的十六大把改革国有资产管理体制确立为深化经济体制改革的一项重大任务。党的十六大之后，中央明确提出要建立和不断完善适应社会主义要求的、适应深化国有企业改革需要的国有资产监管新体制。近年来，宣武区积极贯彻落实中央的精神，结合区国有资产情况，积极探索建立完善国有资产监管体制的方法和途径，实现了国有资产监管职能的完整和统一。从区国资委组建一年多来的实践看，新的国有资产管理体制有力地促进了国有企业改革和国有经济布局结构的战略性调整，并取得了积极成效。

一、宣武区国有资产监管体制及国企改革总体回顾

纵观改革开放后宣武区国有资产管理体制的改革，从1990年区国资局的成立，到1999年区国资局撤销并入区财政局，再到1999年国有资产投资经营公司的成立，虽然国有资产管理体制改革实现了质的飞跃，但国有资产隶属于各政府部门，各政府部门分别行使部分国有资产所有权的状况并没有改变。2004年之前，宣武区的国有资产主要集中在原经贸委系统和建委系统的全民所有制企业，在管理体制上，原区经贸委管理商贸服务企业，区建委负责管理房地产开发建筑企业，区体改办负责所有企业的产权制度改革，区财政局负责净资产的处置，区组织部负责企

业领导人员的管理;在政府层面又设立国有资产议事、协调、决策机构,负责研究决定国有资产处置事项,形成国有资产管理多头、多部门管理,管资产与管人、管事相脱节,责、权、利不统一的局面,国有资产管理中的错位和越位问题仍然十分突出。2004 年,区委、区政府按照党的十六大、十六届三中全会精神和《企业国有资产监督管理条例》,根据北京市委、市政府的统一部署,在区域内实行了国有资产管理体制改革,组建了国有资产监管的实体部门。区国资委代表区政府履行国有资产出资人职责,集中、统一地行使所有权,形成责权明晰的可追溯责任的产权主体,标志着宣武区的国有资产管理工作进入了一个崭新的历史时期。

区属国有企业改革是与区国有资产管理体制改革相适应的。1993 年宣武区积极开展了股份制试点;1996 年一大批国企改制为有限责任公司、股份公司,如菜市口有限责任公司、国华商场等;1999 年之后,宣武区加大了国企改革力度,一方面组建行业性的国有资产管理公司,由资产管理公司牵头对下辖的各种国有中小企业进行改制;另一方面以理顺产权关系,建立现代企业制度和规范的法人治理结构为目标,积极推进企业股权多元化。随着 2004 年国资委的成立,宣武区国企改革进入以出资人主导为特征的新时期,改革的广度和深度进一步加大。

二、国企改革在新的国有资产监管体制下的新进展

区国资委实行了管资产和管人、管事相结合的监管制度,实现了国有资产的所有权和经营权的分离,彻底改变了过去多头管理、推诿扯皮的现象,为企业改革的进一步深化提供了体制保证。同时,区国资委在前几年区属国企改革改制取得的成果和经验的基础上,紧紧围绕"深化企业改革,实现投资主体多元化"的目标,并结合区属企业国有资产的状况,开展了一系列卓有成效的国企改制工作,调动了企业改革的自觉性和主动性,促进了企业改革的进一步深化。

1、建立国有资产流动机制。长期以来,受国有资产部门所有、企业所有的观念影响,加之政府也没有采取积极有效的流动措施,出现了国有资产只能投入不能调出的现象。为了盘活资产,发挥资源的最大效益,区国资委采取了资产重组、优势互补的机制,将企业的存量资产、项目和人力资源大范围调整,按市场的变化和需要进行流转,将经营型事业单位撤销,资产划转企业经营,将小公司合并到大企业,合并经营性质相同的企业。如把京都公司与网点公司的资产合并重组,把天开公司与天叶公司的资源合并重组,不仅做强了企业,发挥了的资产的使用效益,还为企业深化改革奠定了基础。

2、建立国有资产补偿机制。鉴于一些企业占用的资产质量不高、数量规模小以及存在政府原有承诺未及时兑现的情况,为了促进企业改革,区国资委采取了国有资产补偿的办法,对凡是有政府欠账或资产质量差影响企业改革的,通过运用其他方面的存量资产、闲置资产对企业予以补偿,如近年用网点处资产补偿了金座公司和恒达公司,促进了企业改制的顺利进行。

3、建立国有资产股权置换机制。通过多种形式的股权置换,加大了企业向股份制转变的力度。如宣开公司所属裕泰达公司将债务置换为股权,金建开公司的国有股权置换为社会法人股权,国华商场的 20% 国有股权置换为自然人。

4、建立国有资产退出机制。国有资产通过转让、预留退休人员各项费用、职工经济补偿的方式实现了国有资产从竞争性领域的小企业中有序退出。据统计,截至 2005 年 12 月底,全区国有资产有序退出 4 216.99 万元;预留改制企业离退休人员费用 6 622.64 万元;职工转换身份 1 015 人。国有资产完全退出后,企业及时建立新的资本结构,实现了国有企业向规范的股份制企业转变。

5、加强国有资产监管制度建设,规范企业改革。为了规范企业改革,实现依法监管、规范操作,区国资委制定了《宣武区国有资产监督管理委员会关于规范国有企业改制工作的意见》,进一步明确国有企业改制和国有产权转让的政策和程序,加强了对国有企业改制的监督和指导,防止了国有资产流失。此外,区国资委还在规范企业重大事项管理、加强企业财务监管、完善收益收缴办法等方面建立配套规章制度,初步建立起国有资产监管的组织体系和法规体系,进一步加强了对企业国有资产的监管,使国有资产保值增值责任层层得到落实。

实践证明,完善国有资产管理体制对于进一步搞好国有企业、推动国有经济布局和结构的战略性调整、实现国有资产保值增值具有重要的促进和推动作用,对企业的改革和健康、持续发展起到了重要的保障作用。

三、新的国有资产管理体制在推进企业深化改革中存在的问题

我区国有资产监管的体制框架已经建立,区属国有企业改制已经基本完成,通过加强监管、深化改革,有效地调动了广大企业经营者和职工的生产经营积极性和创造性,推动了企业快速发展。但随着国企改革的不断深化,国有资产监管体制和国企改革的一些深层次的矛盾和问题凸显出来,一些历史遗留问题也

更加暴露,不少新的矛盾和问题不断产生,如:

1、我区国有股份制企业的国有股权管理不够规范。国有资产在股份制企业占有一定的股份,针对新的企业制度应采取市场手段通过产权代表管理,但现在国有股份的产权代表有的是企业董事长和国有资产经营公司的总经理兼任,有的是监事会成员兼任,有的是企业董事长和总经理共同兼任。显然,对股权还没有统一的管理措施,还没有与企业改革同步深化,应通过规范的股权管理深化对股份制企业的改革,规范股份制企业的运作。

2、国有企业经营者的激励机制不够健全。区属国有企业经营者激励机制的建立是国有资产监管体制的重要组成部分。健全的制度可以调动经营者的积极性,也可增强经营者的责任感和风险意识。但目前有的企业资产规模不断扩大,实现了保值增值,但没有激励的措施;有的企业运作政府资金,只产生社会效益,不产生经济效益,也没有具体的激励办法。

3、国有资本的带动力不强。少数股份制企业中的国有股本占20%左右,其他股份由社会法人和自然人组成,但多数股份制企业的股本则由职工个人资本构成,未能形成社会上的战略投资者、机构投资者和社会法人投资者,使企业的核心竞争力和市场影响力不强,难以提升企业的经营规模和品位。

4、出资人权利不完整,出资人职责难以到位。目前,区国资委作为区属国有资产出资人代表,并没有完全享有出资人的所有权利,部分权利仍被一些政府部门占有,致使区国资委还不是完整意义上的出资人,难以有效行使出资人职责。

此外,国有独资企业竞争能力不强、经营效率不高、法人治理结构不健全等问题依然存在。这些情况表明国有资产监督管理体制框架虽然初步建立,但尚不健全,制约着国企改革的进一步深入。因此,真正实现政资分开、政企分开,做到权利、义务和责任相统一,管资产和管人、管事相结合,还有大量的工作要做。

四、继续完善国有资产监管体制,加快企业改革发展

"十一五"时期是宣武区加快建设现代化首都中心城区的关键时期。深化国有资产管理体制和深化企业改革将面临新的历史发展机遇,如何构建具有宣武特色的国有资产监管体制,加快企业改革发展步伐,增强国有经济的影响力和带动力,实现国有资本保值增值,努力实现"十一五"规划的良好开局,应该着重从以下几个方面入手。

(一)继续推进国资体制和国企体制改革

1、依法行使出资人的用人权,认真履行经营管理职能。建立符合社会主义市场经济要求的国有企业负责人员的选拔任用激励约束机制。探索符合宣武区实际情况和现代企业制度要求的出资人依法选聘企业负责人员,企业负责人员依法行使内部用人权的制度。引入竞争机制和市场机制,通过内部竞争上岗、社会公开招聘、人才市场选聘等多种方式,初步建立起适合我区区情的党管干部原则与市场配置人才相结合的新的用人制度。

2、建立国有资本经营预算制度,依法行使出资人的收益权。通过建立国有资本收益收缴制度和国有资本经营预算制度,推进依法对国有资本收益履行出资人的责任,为出资人权力到位和国有资产保值增值提供制度保证。国资委内部设立专门的经营预算机构,财政部门设立专项账户,国资委将国有资本经营预算情况向政府报告,接受区人大的监督。

3、建立重大决策事项的管理机制,依法行使出资人重大决策权。要明确企业主业,督导企业抓好战略发展规划,引导重大投融资方向。对企业重大决策事项制定一系列的制度、规定和办法,对企业重大决策事项进行合规性审查,对重大决策的过程和决策的实施依法进行监督。

4、推进国企改革,建立健全法人治理结构,建立和完善公司董事会制度。对部分实行传统的全民所有制体制的企业,五年内 全面完成公司制改造,实现投资主体多元化,积极引进战略投资者,实施经营管理、知识产权、无形资产等要素作价入股,在区属企业中全面建立实行现代企业制度。积极推进公司董事会建设,把建立和健全董事会作为现代企业制度建设的关键环节,董事会是法人治理结构的关键,在具体实践中,既要避免董事会对经理班子过度干预而使经理班子成为董事会的附属机构,又要防止董事会不能正常行使职权而形成"内部人控制"的局面等,将国有独资企业、控股企业和参股企业塑造为权责明确、依法经营、管理科学、运转规范的公司制企业。

(二)加快构建国有资产监管法规体系

建立和完善企业国有资产法规体系,坚持国有资产管理体制改革方向,坚持由行政管理体制向现在的国有资产管理体制转变、行政权力向现在的所有者权能和出资人权能转变,体现党的十六大及十六届三中全会精神,构建区内统一、完整的企业国有资产管理法规体系。

1、构建政府出资人制度。通过制定《宣武区国有资产监管办法》、《国有资产保值增值考核办法》等制度,实现国有资产保值增值。

2、规范国资委与所出资企业关系制度。通过制定《董事会管理制度》、《产权代表管理制度》等制度,处理好股东权与企业法人财产权的关系。

3、建立国有资产监督制度。通过制定《重大事项报告制度》、《产权管理制度》、《国有资本经营预算制度》,维护国有资产的安全,防止国有资产流失。

4、创新企业经营管理者的选聘机制。通过制定《经营者选聘制度》、《业绩考核制度》、《薪酬管理制度》、《责任追究制度》,落实区国资委的出资人职责。

5、修改、废止宣武区已不适应当前国资体制改革和国有企业改革的相关国有资产监管有关规定,为依法开展国有资产监管工作提供良好的法律依据和环境。

(三)加快构建国有资产经营责任体系

1、建立有效的国有资产经营体制和方式。建立“政府所有、企业经营”的国有资产经营体制,国资委统一代表区政府资产所有者职能,由国有企业经营区属国有资产,采取国有独资、控股公司、参股公司经营的方式。

2、建立适宜区情的国有资产经营结构和布局。根据国有资产规模不大、企业数量不多的状况,构建符合我区实际情况的国有资产经营的企业经营格局。

(1)资产经营公司负责国有资产投融资职责,发挥国有资本的引导和带动作用。

(2)经营土地一级开发整理公司负责宣武区的土地开发、整理、交易的职能,集约利用土地资源,提高资源的综合利用效益。

(3)经营区域内的基础设施公司负责道路、市政等公用设施的经营开发职能,探索公益事业市场运作的机制。

(4)文化文物经营发展公司负责宣武区品牌街区和文化资源的开发、保护、经营的任务,将文化资源的优势转化为地区发展优势和经济、社会发展优势,实现科教文化强区的战略目标。

(5)融资担保公司通过市场运作资金,建立国有控股、规模较大、机制灵活的公司制的担保机构,为区属企业融资担保服务,支持和扶持区域内中小创新型和高科技类的中小企业发展。并以此替代金正光彩公司资产规模小、担保额度小、企业贷款难的问题,创新企业筹融资体制、搭建企业融资平台。

(6)旧城改造公司负责城市的危房改造和旧房维护保养任务。根据资源的有限性,节约利用有限的资源,提高资源的最大效益。

(7)维护社会稳定公司负责接受、管理改制企业的退休人员,将离退休人员从因改制难以承担管理的企业剥离出来,连同退休人员预留费用,由该公司承接管理和服务,保护职工权益,减少企业负担,维护社会的稳定。

(8)非经营资产经营管理公司,负责非经营性资产的管理,将分布在已改制企业中的房产汇集到该公司中,统一经营、管理,通过盘活变现和开发这些房产带来的资源,解决一批长期积淀下来的历史问题和社会问题。

(9)各控股、参股公司负责投入企业国有股份的经营,保障国有股的权益。主要按照市场规则运行,发挥区属商业、服务业、房地产开发企业的带动作用,积极为区属经济的发展做出贡献;规范参控股公司的法人治理结构、建立法人治理机制,将现代企业制度落到实处;要保护职工权益,建立退休人员的保障机制;企业要建立长远发展规划,增强市场竞争实力,规模经营;探索多渠道解决国有企业转换为股份制企业后发展中出现的新问题和历史遗留问题。

3、建立科学合理的国有资产经营责任制度。对企业负责人实施经营业绩的管理,资本经营的责任落实到企业负责人身上,评价经营者经营成果,建立和完善国有企业经营业绩考核体系和制度,对国有股权代表实行授权委托、请示报告、考核评定制度,使管理更加规范有序。

4、建立国有资本合理流动制度。坚持国有资产“有进有退,进而有为,退而有序”的原则,使国有资产符合区政府宏观调控经济的需要。开展合理的流动和调整,调整的方向是促使国有资本逐步向基础性、公益性以及先导性产业领域集中,充分发挥外部效应、整体效应和先导效应;逐步使国有资本在一般性竞争领域有序退出,向优势企业、大中型企业集中,把规模做大、实力做强、机制做活;加大对各种品牌企业的扶持力度,促进菜百公司规模经营,支持张一元、晋阳饭庄、内联升、瑞蚨祥特色连锁经营,以此带动、引导区属经济的发展。

5、完善国有企业监事会工作制度。加强国有资产保值增值、防止流失的监督检查机制,对国有独资企业外派企业监事会,对国有控股和参股企业派出董事、监事,明确董事、监事的职责,行使国有股份的职权。

丰富群众文化生活　努力构建和谐社区

——关于宣武区社区文化建设的调查与思考

区委常委、区委宣传部部长　丁力

构建社会主义和谐社区,把社区建设成为各种社会群体和谐相处的社会生活共同体,既需要提高人民群众的物质生活,又需要丰富人民群众的精神生活。随着社会的进步、文化娱乐方式的日益多样,人民群众快速增长的精神文化需求呈现出多样性和多层次的特点,这给社区文化建设的内容、形式等各方面提出了更高要求。开展丰富多彩的文化活动,满足社区居民的精神文化需求,运用和发挥文化对于社会和谐发展不可替代的"润滑"作用,是和谐社区建设的重要内容。正是在这个意义上,构建社会主义和谐社区要以文化活动为载体。

一、我区社区文化建设的基本现状和主要做法

维护和保障广大人民群众特别是基层群众的基本文化权益,是构建社会主义和谐社会题中应有之意。对一个地区而言,发挥地域文化优势,建立健全文化服务网络,引导、培养基本文化活动骨干,是构建和谐社区不可或缺的内容。近年来,我区坚持不懈地加强社区文化建设,为促进社区和谐奠定了良好的文化基础。

(一)拓展基层文化活动空间、文化基础建设初具规模

丰富群众文化生活需要的"硬件",要靠政府发挥公共服务职能予以提供,需要活动空间更需财力的支持。近年来,区委、区政府把维护和保障最广大人民群众特别是基层群众的基本文化权益作为一件大事,不断加大投入,积极推进"区、街、社区、家庭"四级文化网络的建设与覆盖,拓展基层文化活动空间。在积极争取中央、市有关部门、驻区企事业单位支持的同时,根据区域经济支持发展的承受力,稳步推进基层文化基础设施的配套建设,对现有设施进行科学管理和使用。

拆迁腾地,建起市民文化广场。在城八区中,我区是人口密度最大的老旧城区,空间狭小,群众性公共健身娱乐场所匮乏。区委区政府在千方百计创造条件绿化美化城市,努力改善居民生活居住环境的同时,最大限度地为居民群众提供文化娱乐场所。近些年来,不断加大投资力度,靠拆迁腾地,有计划地建设了8个市民文化广场,总面积达17 600多平方米,同时还拨出专款,新建、改建了宣南文化博物馆、区文化馆、丰宣公园、万寿西宫等群众文化、休闲、娱乐的场所。

恢复整修影剧院。近年来,湖广会馆大戏楼、大观楼电影院等一批老北京颇具影响力的剧场戏院,在多方支持下得到恢复和发展。目前,全区已有专门从事演出活动的剧场戏院15家,总面积达到53 936.3平方米,总容量达到9 475人,其中大观楼电影院作为"中国电影诞生地",借助纪念中国电影诞辰100周年的契机得到全面的整修;天桥剧场的建设规模和现代化程度在南城首屈一指,经常吸引一些国内外著名演出团体登台。

街道文化活动中心、社区文化室从无到有。从1998年起,全区各街道克服了种种困难陆续建立了功能配置合理、具有适度规模的街道文化活动中心,为居民学习、健身和文化交流创造了更为优良的环境。目前,全区还建立了107个社区文化室,总面积达到6 832.3平方米,其中100平方米以上的有22个。社区文化室一般均配有电视机、VCD机和简单的音响设备等,部分活动室还有健身器、图书和棋牌。

我区的市民文化广场、专业文化场馆和街道、社区文化活动站(点)的布局趋于合理,初步实现了对全区的基本覆盖,在一定程度上满足了居民群众的基本文化需求。

(二)保护并运用优秀传统文化资源

社区居民间的和谐,在很多情况下来源于对那里地域文化的认同。培养居民对区域文化的归属感和认同,运用文化的凝聚作用、激励作用所产生的力量构建社会主义和谐社区,我区有着宣南文化这一独特

的优势,这一优势在近年来得到较为充分的发挥。

很多人提到宣武,都把它同源远流长的宣南文化联系起来。宣南文化是北京文化的重要组成部分,其主要包括以大栅栏地区老字号店铺为代表的传统商业文化、以天桥为代表的老北京民俗文化、以琉璃厂为代表的京城士文化、以京剧为代表的戏曲文化、以各地会馆和名人故居为代表的会馆宅邸文化、以牛街为代表的回族文化、以民间诸神为内容的坛庙文化、以鲁菜和回民小吃为代表的饮食文化、以大观园为代表的红楼文化等九个文化系列。居民对张一元、同仁堂、荣宝斋等老字号的认同,对放风筝、抖空竹、听京戏等传统文化活动的热衷,对茶汤、爆肚、驴打滚、酸豆汁、卤煮火烧等特色饮食的偏爱等等,或多或少地反映出传统文化的深刻影响。宣南文化不仅是颇具特色的京城民俗文化的代表,也是我区宝贵的传统文化财富 。

在构建"和谐宣武"的过程中,区委、区政府以一种历史的科学的态度考察和认识传统文化的历史地位和内在价值,积极培育既有传统传承,又有时代特征的地域文化,并运用文化的魅力提升我区的区域形象,力求使其成为居民群众引以自豪和骄傲的精神家园。

保护宣南文化资源。目前,区委区政府已经研究编制了保护宣南文化资源的具体规划,把它作为构建和谐社会的重要内容。努力实现点、线、面有机结合,将琉璃厂、大栅栏和法源寺等地区整体保护起来,在保护中谋发展,在发展中弘扬宣南文化。近年来,我区共修缮长椿寺、先农坛、牛街礼拜寺、纪晓岚故居等文物保护单位总计 13 项,总建设规模18 601.19平方米,其中长椿寺、纪晓岚故居等一批文物保护单位已经向社会开放。对法源寺前街绿化广场、南中轴沿线、天宁寺周边、报国寺周边、先农坛北里、长椿寺周边等地进行了拆迁整治,拆迁整治总面积 12.8 万平方米,搬迁居民3 300户,其中位于南中轴路的永定门及其周边绿化带已经成为附近居民群众的休闲场所,建立在报国寺内的旧货市场,如今也已经成为京城交换古旧物品和收藏品的场所,吸引了许多社区群众。区政府按照《北京市宣武区古都风貌保护规划要点》确立的风貌保护规划思路,投资建设有特色的城市景观标识,这些景观标识更加烘托出我区的区域文化氛围,得到了居民群众的认可。

发掘、抢救非物质文化遗产。与时俱进地传承民族民间文化,是发展社区文化的一项重要内容。2004年,宣武区被市文化局确定为以"宣南文化"为重点保护内容的综合性试点区;天桥"拉洋片"被确定为北京市民族民间文化保护试点项目;2005 年,分别召开了"北京春节厂甸庙会"、"北京天桥中幡"、"宣武抖空竹"申报国家级和北京市级非物质文化遗产保护名录代表作申报工作专家论证会,"白纸坊太狮老会"、"大栅栏五斗斋高跷秧歌"申报北京市级非物质文化遗产保护名录代表作申报工作专家论证会。2005 年12 月 31 日,"北京天桥中幡"被列入"第一批国家级非物质文化遗产名录推荐项目名单"进行公示。"拉洋片"、"北京西派皮影艺术"、"抖空竹"等多项民间技艺连续参加了几届首都新春联欢会的展演。这些非物质文化遗产来源于群众,保存于社区,是群众代代相传的智慧结晶,是我区传统文化的重要组成部分。抢救这些遗产,深得民心。

举办宣南文化节等标志性的群众文化活动。我区每年都举办北京厂甸庙会、大观园红楼庙会和宣南文化节等标志性的群众文化活动,充分展示北京民俗文化;"京味文化漫谈"讲座、"法源寺丁香诗会"、"宣南文化报告会"、"红领巾读书月"、"五月鲜花群众歌咏比赛"、"夏日文化广场"等系列文化活动贯穿全年。这些体现时代精神的文化活动融入的大量传统文化因素,深受不同文化层面居民的欢迎,并吸引了大量的中外游客参与其中。

目前,一个由政府引导、各方支持、居民参与的社区文化建设新高潮,正在我区兴起,如大观园、天桥乐茶园、大碗茶、湖广会馆、万胜剧场的建设运作等,不仅取得了较好的经济收益,还使濒于消失的一些地方剧种和传统曲艺重新获得了新生。同时,增强了居民的荣誉感、幸福感,所营造的和谐氛围,无疑对和谐社区建设起到了不可估量的作用。

(三)建设一支不走的基层文化工作队伍

在社会变革中,群众的生活方式、思想观念都发生了很大变化,这种变化还会继续持续,群众各方面的需求也在不断发生着变化。大量退休、失业人员回到社区,还有大量流动人口以及部分正在求职的大学毕业生也滞留在社区。他们在基本生活问题解决之后,对于精神文化生活也表现出强烈的渴求。

在社区中,社区居委会邀请有一技之长的居民参与社区文化活动,向他们颁发聘书,鼓励他们成为社区文化活动的带头人,有条件的还帮助他们成立社区文化社团,引导社区中自发的文化活动,向有组织的健康方向发展。如今,在社区中已经活跃着许多热心社区文化工作的骨干。这支不走的基层文化工作队伍在发展社区文化的过程中发挥着积极的作用。他们定期举办活动,丰富居民生活,还经常有组织地走上街头,登上舞台,进入电视,热情投入社会公益活动。区、街道定期举办各种文体比赛,鼓励和促进社区文化组织不断提升层次、提高水平。社区文化活动由群众自发形成到纳入软性管理、从群众自娱自乐到参与社会活动,舞台大了,要求高了,群众的积极性也被充分调动了起来。居民在满足自身文化需求外,也在一定程度上满足了社会的需求。活跃在社区中的各种文化体育队伍形式多样,包括秧歌队、民乐队、体操队、美术队、歌咏队、京剧小品演出队、武术队、合唱队、摄影队、足球队、乒乓球队、围棋队等,每年活动万余场次。这些群众性的业余文化队伍基本做到了每天有活动,每周有安排,每月有比赛,每年有收获。通过演出、排练、锻炼等活动极大地吸引了居民的广泛参与。在自娱自乐中,群众各显身手,各显其能,增强吸引力和感染力,在区委,区政府引导下,全区各街道都有了自己的文化品牌活动。如大栅栏街道的群众法制文艺活动、天桥街道的"天桥杯"社区鼓曲票友邀请赛、椿树街道的"椿树杯"社区京剧票友邀请赛、陶然亭街道的"陶然杯"地书邀请赛、广内街道的"空竹邀请赛"、牛街街道的"民族团结杯"社区舞蹈展演、白纸坊街道的"高雅音乐进社区"活动、广外街道的"红莲杯"中老年歌咏比赛等活动,吸引了不同兴趣和爱好的居民群众的热情参与。

在社区,各种群众文化组织积极参加市、区、街道以及驻区单位组织的文化活动、文艺演出和交流比赛,参加各种社会公益活动,如普法宣传、文明礼仪形象展示、文艺演出等,在地区及市内逐渐形成了一定影响力。经过几年的努力,我区的基层群众文化队伍艺术水准不断提高。在某种意义上,他们的表演成为宣武区乃至北京的"新名片"。如秧歌队的大妈们代表北京市的中老年朋友把"北京新秧歌"扭进了人民大会堂,赴法国巴黎参加庆祝中法建交50年北京风情舞动巴黎—香榭丽舍大街盛装行进表演,成为中法文化交流的使者;代表北京市参加韩国"你好,汉城节!"文化活动;赴澳大利亚参加"北京风情舞动悉尼"活动,向世界展示了宣南文化的魅力。再如椿树街道的椿树园社区,先后组织舞蹈队、秧歌队、合唱队,与日本的"禧舞代表团"、"四方舞代表团"、"大正琴代表团"等日本民间团体进行文化交流活动,他们还把韩国客人、日本朋友请进社区,开展"走进梨园之乡"京剧汇演、"友谊常青"插花技艺交流等社区文化交流活动。

区内各级各类文化团体参与区域文化建设的热情也十分高涨。一些中央市属驻区文化单位在区域文化建设中发挥了积极作用,如中国歌舞团利用专业优势,开展"高雅艺术进社区"活动参与夏日文化广场活动,与白纸坊街道居民同台演出。高水准的表演成为社区群众的一道文化大餐,受到普遍欢迎;北京风雷京剧团、北京杂技团、北京皮影剧团等区级文化演出团体,不断推陈出新,编演了一批深受国内外观众喜爱的节目。如今,这些专业的演出团体已经成为发展区域文化的一支重要力量,成为传播宣南文化的重要窗口。

二、文化对促进和谐社区建设的作用

我们通过内容丰富、形式多样、群众喜闻乐见的传播渠道和表现形式,有效地发挥了文化的感染力、感召力,将广大居民群众凝聚和团结在一起,将文化的社会功能和政治功能推进到一个新水平。我们在实践中体会到文化的功能主要表现在以下四点。

第一,文化是实现精神排遣、心理疏导的渠道。随着社会结构变迁、经济结构调整,越来越多的工人、农民、事业单位人员离开了自己工作多年的企业、单位或土地,开始走上了寻找新的职业和岗位的人生旅途。同时,城市居民的年龄结构和家庭结构也不断发生变化。社会老龄化问题、提前退休人员、失业人员增多,使相当一部分人的生活重心转向社区。这些人有着较多的空余时间和富余精力,走出家门参加社区各种活动包括文化活动,成为他们参与社会生活、体现个人价值、进行感情交流和精神排遣的主要途径。每天在各社区参与文化活动的居民数以万计。这不仅有助于他们消除寂寞、排遣郁闷,丰富生活,愉悦心情,也有利于他们的身心健康和生活质量的提高,更为社会稳定和团结提供了精神支撑和心理基础。

第二,文化是实现平等交往、和睦相处的平台。目前我国正在进入改革攻坚阶段,深刻地影响了人们的思想观念、行为方式。社区作为一定地域内居民社会生活的共同体,由不同收入、不同社会地位、不同文化程度、不同思想素质的各类居民组成,他们在思想认识、价值观念、行为方式上不可避免地存在着较大差异。而基于共同兴趣爱好、寻求感情慰藉和精神归宿而自发形成的社区文化组织,为居民群众提供了一个平等相处、互相交流、共同学习的机会和空间。在许多社区里出现了这样的情景,局长处长学习剑术健身,要拜退休大妈为师,爷爷奶奶想学美术要请儿孙辅导等等,退休专家学者与失业女工同台放歌演出,老教师无偿为失业人员子女辅导功课,在职人员主动帮失业人员寻找工作等等。

在参与社区文化活动的过程中,居民成员之间不分长幼、不论身份、不计贫富,在满足共同爱好兴趣的同时,增加了了解,加深了感情,团结互助,充满关爱。大家由小家庭融入到社区大家庭,拓展了交流空间,感受到了集体的温暖。每一个文化成员又影响带动着一户乃至几户家庭,感染和调适着夫妻关系、婆媳关系、邻里关系及其社会关系,把更多的家庭、居民吸引、凝聚到了一起。区域文化的发展对活跃基层文化生活、调节居民精神心理、主导社会文化风尚产生了越来越大的影响。居民之间通过社区文化增进了感情和友谊,创造了一个不同层次居民友好交往、和睦相处的平台。

第三,文化是实现党群互动、联系群众的桥梁。常年活跃在社区里的各种文化组织是社区文化建设的主力军,其成员既是群众文化活动的主体,又是党和政府依靠服务的对象。他们既能把党和政府的方针政策通过各种形式向居民群众解释宣传,又能将基层群众的呼声及时传递上来,成为党和政府密切联系群众的桥梁和纽带。通过社区文化传播渠道,群众能够取得更多信息,对党和政府大政方针和工作拥有更多了解,他们面对的各种问题和困惑也更加容易得到正面的解释和正确的引导;党和政府也能够从中捕捉更多的群众信息,从而了解民生民情民意,更好地为群众服务。

第四,文化是实现文化公平、维护文化权益的基础。公益性文化活动越来越多地进入社区,为缩小居民之间的文化差异和维护居民文化权益开了好头。同时,党和政府也在努力创造社区文化环境,从活动场地到资金投入,从扶持引导到教育培训等,努力为社区居民提供健康平等的社区文化平台,在全区初步形成了布局合理、设施完善、功能齐全、服务方便的社区公共文化服务体系,通过各种形式不断把文化财富送到社区居民手里,逐步实现社会文化利益由全体居民共享的目标。同时,特别注意兼顾低收入家庭和困难群体,努力为其创造必要的精神文化生活条件。经过这些努力不仅可以逐步缩小居民之间在文化生活上的差距,而且社区文化建设带来的知识的力量、精神的动力,也将极大的提高居民群众的科学文化素质和思想道德水准,使构建和谐社区建立在可靠的群众基础之上。

三、我区社区文化建设存在的主要问题及对策

文化建设可以创造生产力、提高竞争力、增强吸引力,形成凝聚力,对宣武区的发展产生着越来越重要的作用。随着社会生活的进步,社区居民群众对文化的需求和依赖,也将会随着物质生活条件的改善而越来越强烈。因此,构建健康向上、积极进步的时代文化体系,营造和谐的文化氛围,是建设和谐宣武的有效途径。我区一直按照"民主法制、公平正义、诚信友爱、充满活力、安定有序、人与自然和谐相处"的要求稳步推进文化建设,作了许多有益探索。区委区政府的辛勤努力和群众的积极性创造性给了我们许多有益的启示,但同时也存在着群众人文素质有待进一步提高、文化资源需要充分整合、文化产业的发展要纳入规范化轨道,宣南文化的创造潜力要进一步发挥、公共文化服务体系和基础设施建设要不断完善,以及科学处理历史文化名城的保护与城市建设的突出矛盾等一些问题。解决好这些问题,会不断增强社区建设的文化软实力。因此,我们针对这些问题提出以下建议对策。

(一)要积极开创全社会关心文化建设的局面

社区文化建设不只是政府的事,应该引起全社会的关注。目前,群众的文化公平、文化权利的维护工作还存在一些缺位现象,有的领导认为社区文化工作可有可无,所以工作力度不够。针对这些问题,政府应加强对社区文化工作的领导,把深化文化体制改革、加快文化基础建设作为重要的战略任务,为社区文化的协调发展营造良好的政策环境和社会环境。

政府要充分调动社会各方面的积极因素为社区文化建设服务。在科学规划的前提下,遵循市场经济规律,将零散的社会文化资源充分整合起来,依托区域文化优势,形成合力,打造品牌,使社区文化建设成为构建和谐宣武的精神基础和经济亮点。首先,要积极引导和鼓励社会各类文化企业参与社区文化建设,充分调动他们的积极性,如发挥一些专业文艺团体的优势,编演一批反映宣南文化的剧目,并深入社区为群众演出,同时为他们走出去,登上更大舞台创造条件。其次,要全面推进群众文化活动,继续加强群众业余文艺团队、文化志愿者队伍建设和基层文化干部、社区文化骨干的培训。将社区文化、企业文化、校园文化等方面的建设协调统一起来,尊重群众的首创精神,为他们搭建展示文化活动成果的交流平台,不断激发群众的参与热情。再次,要发挥报纸、电视、广播、互联网和各种活动的社会文化功能,大力倡导和宣传主流文化,引导群众明辨是非,自觉抵制不良文化的影响,有效占领群众的精神思想阵地。

人是文化建设中最为核心的因素,也是文化的重要主体。社区文化建设内在地要求全面提高居民群众的文化素质和文明水平。作为首都中心城区,居民文明素质的水平,将直接影响到对社区文明程度的评价和社区整体形象的树立。因此,在弘扬宣南文化、创造时代文化的过程中,不仅要重视那些以物质形态存在的文化,更要看重那些存在于居民思想中、表现在他们的言语行动上的"软文化"。

我区以贯彻落实《公民道德建设实施纲要》、创建文明城区等为主要内容,坚持贴近实际、贴近生活、贴近群众,通过开展"学习型社区"、"五好文明家庭"创建、"高雅文化进社区"和多种形式的志愿者活动,加强居民群众的社会公德、职业道德、家庭美德教育,全

面提升居民群众的文化素养，强化居民群众在社区文化和文明建设中的主人翁意识；通过开展青少年“六德”教育、新童谣创作等活动，引导青少年树立正确的世界观、人生观、价值观。因此，要继续加强社区党员的马克思主义理想信念教育，使每一名社区党员都成为社区思想道德建设的模范。在群众中大力弘扬以爱国主义为核心的民族精神和以改革为核心的时代精神。实施市民文明素质工程和城市文明创建工程，对居民群众进行道德规范、道德理想、文明语言、文明行为、文明礼仪等教育，不断强化“首都意识”、“公德意识”，使居民的文明素质得到全面提高。倡导爱国守法、明礼诚信、团结友善、勤俭自强、敬业奉献的基本道德规范，倡导文明健康的生活方式。通过开展广泛的群众性精神文明创建活动，让人人都参与、人人受教育。

（二）要继续加大政府对文化建设的投入

随着社会的进步，文化对区域整体发展的影响也越来越明显。一些文化基础设施的建设具有很强的公益性，单纯靠社会力量困难很大。政府应有计划地加大文化基础设施建设的投资比重，使文化建设资金在政府年度预算中占有适当的比例。对文化基础建设进行统筹规划，如市民文化广场、公益性演出场所等公共文化设施的建设布局要合理，对现有文化设施的使用、管理和维护要科学，使其在发展群众文化的过程中发挥更大的作用。在探索市场化运作的基础上，继续加大对博物馆、图书馆等群众文化场所的投入力度。重视保护民族民间文化，适当加大资金投入。对有经济价值的文化项目要鼓励进行产业开发，促进宣南文化资源优势向经济优势的转化。

发展社区文化需要有较多的资金支持和相应的政策保障。要紧紧把握奥运机遇和市政府向南城倾斜的政策机遇，积极争取各方面的资金和政策支持。区级财政应统筹社区文化建设的经费需求，制定有利于发展的社区文化预算，确保社区文化经费与区域经济发展相适应的增长。还要通过各种渠道招商引资，引导社会各方面力量尤其是企业积极参与社区文化建设。抓紧研究出台鼓励开发宣南文化资源、促进社区文化产业化的政策措施。

要积极适应社会公共服务主体多元化，投资渠道多样化的发展趋势，改变政府直接办事业的做法，将过去一些由政府、社会承担的事务，交给社区自主办理。积极尝试以市场化运营的方式开展社区文化活动的途径，尽快组建引进宣南文化经营性载体，如设立大栅栏—琉璃厂传统商业文化旅游区统一的管理机构，实行综合管理，保证环境整洁、经营有序、治安良好，推进社区特色旅游的健康发展。再如设立统一的天桥文化演出团体，使挖掘出来的宣南文化资源都能按照政府主导，市场运作的方式经营起来，促进社区文化的进一步繁荣，使社区文化资源能够服务于更广泛的社区群众。

（三）要充分利用传统文化资源为现实服务

文化名城的保护与发展是一个历史性的课题，随着社会生活的进步、人们需求的变化，它会反映出新的时代特点。如多元化的问题、个性化的问题等。但有一点是肯定的，那就是人们对文化的依赖将会随着时间的推移而越来越强烈，同时，历史文化资源伴随着开发也显得越来越“希缺”。因此，我们认为在宣武传统文化的保护与发展中，应以维护宣武区的可持续发展为目标来统筹规划。

文化的价值不仅在于它特有的社会功能，还在于它对其它领域的深刻影响。从传统意义上理解，历史风貌的保护与开发必然的要体现在扩张文化产业，并实现其不断增加的产值上。规划建设中的国际传媒大道将成为我区文化产业发展的重要载体。我区可以充分利用文化的产业关联度大、渗透力强这一特性，将“历史文化呈现”放在区域核心地位，着力打造文化品牌，烘托强烈的社区文化氛围，以“文化流”来推动社区文化的融合渗透，激发有较大文化含量的新型边缘产业群的生成，建立独特的社区文化形态，从而带动区域文化的进一步发展。因此，以科学发展观为指导，妥善处理好古都风貌保护与城市现代化建设之间的关系。散存于我区的众多历史遗迹，无可辩驳地要担负起孺养、丰富区域文化内涵的重任。

以“保护为主、抢救第一、合理利用、传承发展”为指导方针，开展非物质文化遗产普查和保护工作，建立科学有效的非物质文化遗产传承机制。建立民保项目目录，建立“宣武区民族民间文化资源数据库”积极申报国家、市级非物质文化遗产保护项目，公布一批宣武区非物质文化遗产保护项目，命名相应传承人（传承单位）。继续做好宣传展示工作。充分利用我区“宣南文化节”、“厂甸庙会”、“红楼庙会”、“奥运文化广场”等活动平台，组织民族民间文化保护成果的演出与展示，提高人们对民族民间保护重要性的认识，扩大影响。结合文化产业开发，拓展民保工作，引导和支持对有经济价值的项目进行产业开发。

我们要继续研究和挖掘宣南文化这一宝库，为文化强区战略提供持久动力。宣南文化是我们取之不尽，用之不竭的精神财富。它不仅陶冶和升华我们的情操，也将对我们实施的文化强区战略产生重要的支撑作用。

（四）要积极引导和扶持群众性文化活动的发展

目前，我区的各种群众性文化团队发展很快，他们在区域文化建设中正在发挥着越来越重要的作用。为此,全区各级党组织和政府部门要积极给予培育扶持,从资金投入、骨干培训、技术指导和场所建设等方面优先考虑、优先安排,抓好落实。社区党组织要注意改进、完善和创新工作载体和工作方式,注意发挥群众文化组织和其他民间组织的作用。在培育与发展、扶持与回馈的过程中,使社区群众文化组织不断壮大。使社区群众文化组织成为基层党组织和党员联系群众、服务群众的桥梁和助手,成为动员群众参与社区建设、丰富社区文化服务内涵的重要载体,成为化解矛盾、维护稳定的积极因素,成为弘扬正气、引领社会新风尚的领头人。要积极引导社区群众文化团队自觉地担负起提供服务、反映诉求、协调矛盾、监督社会等方面的功能,既成为社会舆情的引导者,又要成为社区矛盾的润滑剂。总之,群众性文化组织在社区有着广泛的群众基础和发展空间,是实现文化平等、构建和谐社区工作中的一支不可忽视的群众文化力量。政府要从资金政策等各个方面,为社区群众文化组织的发展提供支持,使之在区域文化建设中发挥积极作用。

发挥民间组织作用　推进和谐社区发展

随着“构建社会主义和谐社会”总目标的提出和城市社区建设的不断深入,发挥民间组织在社区中的积极作用,已逐渐成为加强城市基层基础建设的切入点和推进和谐社区发展的重要课题。为此,宣武区民间组织管理工作领导小组办公室开展了培育发展社区民间组织的课题调研。本次调研以发放统计表和走访座谈为主,调查对象主要为区属各街道、部分社区及部分民间组织,重点走访了志愿者协会、计划生育协会、白纸坊街道、红莲中里社区,与街道干部、社区民间组织工作者及社区居民进行了座谈交流。通过调查研究,基本摸清了我区社区各类民间组织的情况、社区民间组织在推进城市社区建设中的作用及目前存在的问题,同时对管理模式和培育发展规划进行了初步的探索,并提出了相应的对策。

一、我区社区民间组织的基本情况

宣武区共有8个街道办事处,107个社区。经调查发现,各社区中或多或少都有民间组织存在,这些社区民间组织包括社区老年人协会、计划生育协会、社区服务组织、各种文娱团队等,目前共计815个。从登记注册角度来看,共分为三种情况:

1、注册区级民间组织,在各街道成立分支机构,深入社区开展活动

目前我区共有4个社团属于此类情况,分别是:志愿者协会、计划生育协会、慈善协会、社区家政服务就业管理协会。以志愿者协会为例,2002年我区在全市率先由区民政局牵头,整合了工会、共青团、妇联及红十字会等系统的志愿者队伍,成立了志愿者协会,并在各街道成立分会,加强了对全区志愿者的规范管理,拓宽了服务渠道、服务范围和服务领域。2004年,协会又在总结天桥街道社区志愿者之家经验的基础上,在全区107个社区建立了志愿者联络站,负责宣传协会章程、发展志愿者入会、组织开展社区志愿服务以及推优评先工作,将志愿服务资源及志愿者管理延伸到社区,不仅强化了志愿者的服务功能,还壮大了志愿者服务队伍,对构建和谐社区有着积极的推动作用。

2、注册街道级民间组织,指导所辖社区民间组织开展活动

目前我区共有1个社团和1个民办非企业单位属于此类情况,分别是白纸坊街道文体工作协会和牛街街道阳光社区矫正服务中心。就白纸坊文体协会而言,协会按照“以文体活动为载体,深化精神文明建设,努力构建和谐社区”为思路,充分挖掘自身优势,不断整合地区各类文化资源,建立和完善了以文体协会为龙头,以社区为基础,以社会单位为支撑,以文体积极分子为骨干的文体工作网络,广泛开展群众性文体活动,营造出浓厚的和谐社区氛围。协会成立三年来,在白纸坊街道18个社区成立了秧歌队、合唱队、舞蹈队、太极队、乒乓球队等共计32支文体队伍,创编了北京新秧歌——“易拉罐”秧歌,参加了中法文化年及韩国汉城文化节演出,开展了高雅文化进社区、“北京新童谣”推广、“五月鲜花”歌咏比赛以及欢庆北京申奥成功千人长跑活动等一系列深受社区居民欢迎的群众文化活动,架起了政府与社会单位、社区居民之间开展文体活动的桥梁,实现了企业文化、校园文化和社区文化的交流和互动。

3、未经登记注册的社区自发民间组织,立足社区开展活动

此类社区民间组织是由社区单位或个人在社区范围内单独或联合成立的,在社区内开展活动,以满足社区居民的不同需要。以广外红莲中里社区为例,民间自发团队主要分为四类:一是休闲类,其特点是以休闲和文化娱乐为主,如社区休闲旅游健康俱乐部、社区秧歌队、腰鼓队等;二是维权类,其目的在于维护社区特定群体的合法权益,如社区残疾人协会、社区退休人员自管协会等;三是服务类,其功能是为社区居民提供服务,如社区治安维护队、绿地维护队等志愿者组织;四是教育类,其目标是帮助社区居民通过学习提高生活质量,如社区英语班、布贴画班、电脑班等。这些民间自发团队虽然规模都不大,人数在几十人左右,但针对治安、环保、服务等社区建设中的关键环节,有重点的引导社区居民参与公益性、福利性、群众性活动,成为构建和谐社区的生力军。目前各社区居委会对这些自发形成尚未进行注册登记的民间组织已经摸清了底数,进行了备案。此类社区民间组织在我区社区民间组织中占大多数。

二、社区民间组织在构建和谐社区中发挥的作用

通过调研,我们发现在构建和谐社区的过程中,社区民间组织的自治性、民间性、志愿性、组织性、公益性使其日益成为完善社区自治、加强社区管理的重要力量,成为拓展社区服务、活跃社区文化、加强精神文明建设的重要载体,成为提高居民参与水平、增强社区凝聚力的重要途径。

1、承担起政府改革后的部分职能,成为政府与民众之间的桥梁

社区民间组织参与社区建设,以其灵活的体制和多功能的服务形式,满足了社区居民越来越丰富的需求,在客观上适应了政府职能转变,实现“小政府,大服务”的社会转型需求。通过组织的制度化管理,规范和整合其组织成员的行为,凝聚组织成员的意见,实现政府与个体成员的有效沟通,还能进行不同群体的利益协调和对话,起到政府和社会成员矛盾缓冲带的作用,有利于维护社会秩序和社会稳定。

2、帮助政府建立起民主的管理机制,实现社区成员有序的政治参与

民主的管理机制是一个政府政治文明的价值取向,也是构建和谐社区的重要环节。民间组织在日常工作中,能够深入基层,了解社会各阶层的不同需求,并将来自民间单个的资源与能量汇聚起来,成为一种团体的诉求:一方面,它可以有组织、有目的地进行社会动员,整合和影响组织成员的价值观及利益表达方式,维护自身的合法权益,实现有序的政治参与:另一方面,为组织成员的利益表达提供了多样性的形式与渠道,保障公民利益表达的畅通,减少了社会成员的失范行为和对抗性的社会冲突。

3、整合社区资源,促进社区和谐发展

社区民间组织作为社会组织中的基层群众组织参与社区建设,能有效地动员社会力量和整合社区资源,承担部分市场不肯承担,政府职能部门又没有能力解决的社会职能,在构建和谐社区中起到了重要作用。比如帮助政府解决社会管理中的一些薄弱环节,对城市下岗职工、失业人员、妇女儿童、老年人、残疾人等社会弱势群体提供社会援助,在增进社会福利,促进社会公平等方面发挥着积极的作用。

4、促进社区精神文明建设,共建和谐社区

公民通过志愿参与无偿服务他人、回报社会为特征的各种社区民间组织,有利于促使全社会形成热心公益、扶贫帮困、团结互助、平等友爱、共同发展的社会氛围和人际关系,实现社会价值理性的回归,促进社区的和谐发展。尤其如社区志愿者协会、慈善协会等组织,其组建和开展活动的目的,就是拓宽人们奉献社会的渠道。社区居民在回报社会的过程中体现了自身的价值,通过社区文体队伍开展的文娱活动也陶冶了自己的情操,从而在社区中形成了健康向上的道德风尚。同时,这些活动也多角度地加强了社区的思想政治工作,促进了社区的和谐稳定。

三、当前社区民间组织存在的问题

目前由于观念、环境、体制等多方面因素,社区建设中各类民间组织的发展及其管理还很不规范,导致社区民间组织发挥的作用有很大的局限性。主要表现为:

1、培育管理社区民间组织缺乏操作性强的政策法规依据

社区民间组织是一种组织上的创新和制度上的创新,社区民间组织的培育发展没有一种现成的模式可供借鉴,目前我区尚未出台关于社区民间组织的培育发展与规范管理工作意见,工作中缺乏操作性强的政策法规依据。

2、社区民间组织的法律地位尚未澄清

任何组织的存在,都应具备相应的法律地位。社区民间组织虽然是我国社会转型期的新生事物,也应尽早确立其法律地位。由于大多数民间组织没有办理注册登记手续,没有独立的银行帐号,在对外宣传和接收社会捐赠资助时受到极大的限制,不利于更好地利用社区资源优势,阻碍了自身发展。我们认为社区建设需要全社会的投入,民间的人力、物力的投入

更是促进社区建设持续发展的后劲支柱。社区民间组织虽然不以营利为目的,但并不等同于不营利。民间组织的投入也需要按市场经济的规律取之于社区用之于社区,这样才会有生命力。因此赋予社区民间组织应有的法律地位并规范化管理是促进其健康发展的重要方面。到底是以民间意愿性组织的形式成立社会团体?还是以从事教育、科技、文化、卫生等方面社会服务实体性组织的形式成立民办非企业单位?还是以利用捐资资产从事公益事业财团组织的形式成立基金会?在下一步工作中急待澄清。

3、现有社区民间组织缺乏统一规划,设置布局不合理,发展不平衡

调查统计,现有的社区民间组织有三分之一是自上而下,或是有关政府部门为将职能延伸到社区,在上级部门的要求下成立的。这些组织其实都是与社区居委会一套班子多块牌子。加上社区与社区之间也存在基础、设施、居民素质等的差异,导致一些社区各类民间组织发展无序。

4、对社区民间组织的培育管理尚未纳入规范管理的轨道

社区民间组织的性质,决定了其应该由社区居委会对其人事、党建、业务活动、对外交往、接受捐赠、资助等有关事项实施管理。但鉴于我国现行的民间组织管理体制,目前对社区民间组织的培育管理尚未纳入规范管理的轨道。因此,必须解决好区、街道、社区居委会对社区民间组织管理上的职责分工,探索三级主管单位对社区民间组织的管理模式,防止因管理上的混乱或脱节而造成失控,影响到社会稳定。

5、社区民间组织的自身素质和社会化水平有待于进一步提高

通过调研我们了解到,目前大多数社区民间组织有欠规范,内部管理和对外服务行为未形成制度,人员素质参差不齐,服务水平有待于进一步提高。另外受资金、活动场地、设备等方面条件的限制,自身活力还需加强,不少社区民间组织则处于自生自灭、自发无序状态。

四、培育发展社区民间组织的建议

我们认为培育发展民间组织,重在机制建构和创新。

1、建议出台《宣武区政府关于社区民间组织的培育发展与规范管理工作意见》,全面推进我区社区民间组织的发展

培育发展社区民间组织,需要有良好的扶植培育的环境和相应的政策措施,才能更好地、持久地发挥民间组织在社区建设中的积极作用。我们要充分发挥民间组织管理工作领导小组和社区工作领导小组的作用,分析解决有关制约社区民间组织发展的各种因素,积极探索政策扶持、资金投入、人员管理等方面的问题,制定好宏观政策,使培育发展和监督管理工作有章可循。

2、探索新型管理模式,尽早澄清社区民间组织的法律地位

通过调研我们认为可以把目前备案式的较为松散型的社区民间组织管理体制纳入制度化、规范化管理的轨道,发展为"树状"新型管理模式,依法登记管理。就是在各街道成立社区服务协会,确立社会团体的法律地位,统一办理税务登记、银行开户、接受捐赠等对外事务。社区作为其分支机构存在,各社区民间组织作为工作站开展活动,其日常工作由社区居委会负责管理。

由于社区民间组织数量较多,且经常性地发生变化,如果都作为民间组织注册登记,无论是以社会团体、民办非企业单位还是基金会的名义,登记管理机关的压力都太大。但是如果采用"树状"管理模式,以宣武区为例,管理机关只对应 8 个街道社区服务协会,其下设的 107 个社区分会、815 个工作站由协会自行管理,既减轻了管理机关的压力,又有利于社区民间组织自身活力的发挥,所有社区民间组织也都处于登记在册的合法状态,使对社区民间组织的管理达到"可控性"的目标。

3、制定社区民间组织的发展规划,提出分类发展目标

我们认为培育发展社区民间组织的重点在基层,民政部门要按照政社分开、政事分开的原则,将培育发展工作与社区服务内容相结合,重点培育发展以下五个领域的社区民间组织:一是社区群众参与面广、具有群众基础的文体型民间组织,满足广大社区居民对文化、艺术、体育等方面的精神需求;二是与社区居民生活密切相关、有利于社区居民就业的服务型民办非企业单位,不断开拓新的服务网点和服务项目;三是与社区公共管理相关的安全自治型社会团体,参与社区民主管理;四是有利于促进公益事业发展的公益志愿型民间组织,把公益型社区民间组织发展与志愿者队伍和社区工作者队伍建设结合起来;五是组织社区居民文化学习或技能培训的学习型民间组织,为创建学习型社区做贡献。

4、理顺管理体制,加强对社区民间组织的管理,分类指导,强化监管环节

要理顺管理体制,就要充分发挥街道办事处的业务指导和管理作用,着手建立以街道办事处为主体、居委会为基础的民间组织培育发展机制,逐步形成政

府引导、社区居民参与、民间组织运作的良好发展态势；社区党组织和社区居委会要结合社区建设的推进，加强对社区民间组织的领导、协调和监督，引导社区民间组织的发展方向，协调解决经费、场地、设备等困难，维护社区民间组织的合法权益，对社区民间组织的活动开展、人员管理、会员吸纳等方面给予充分的支持。但是，街道加强对社区民间组织的指导、服务，并不是要代替社区民间组织的日常管理事务，其工作重点是理顺社区中民间组织与其它各类组织的关系，帮助解决一些实际问题。社区民间组织领导层，应由其成员推荐的代表及相关人员组成。街道（社区）的干部最好不要兼任社区民间组织的领导。

另外，我们认为要建立科学的社区民间组织日常管理制度和运行机制，根据社区民间组织的性质、规模、功能、业务领域、成员与服务对象的不同，加强分类指导与管理。首先，对于从事纯公益性，福利性社会事务的社区民间组织，管理部门在政策扶持的同时，可通过公开招标、购买服务、签订协议等市场手段，在社区民间组织之间形成有序竞争的局面，促进其健康发展；其次，对于开展有偿服务的社区民间组织，则要依靠市场调节，运用法律手段，指导、监督其工作，鼓励社区民间组织积极开展创收，以实现自我发展；再次，对营利性特征比较明显的组织，引导其转变为经济实体，到工商部门登记注册。另外我们要坚决取缔未经登记或备案，擅自开展活动的社区民间组织，加大对非法社区民间组织和社区民间组织违法行为的查处力度，保障基层社会的稳定。

5 社区民间组织要不断完善自身建设，提高组织的整体素质和社会化水平

就社区民间组织自身而言，一是要增强社会的责任意识和法制观念，加强自律机制和诚信机制的建设，建立健全以章程为核心的组织活动制度、民主议事制度、资金管理制度和监督制度等内部管理制度，逐步规范自身行为，在法律法规的范围内依法、自主地开展活动，树立良好社会形象；二是要加强服务能力建设，提高为社区群众服务的水平，同时，要保持组织活动的经常化、正常化，加强与社区群众的联系，最大限度地发挥社区民间组织的组织功能和联络功能；三是要通过合法的渠道，参政议政，表达合理的组织利益，发挥对政府的监督功能，推进社会的民主政治进程；四是要加强社区民间组织自身队伍建设，选好组织的领导人，加强从业人员综合素质的培训，提高其政治觉悟和工作能力，逐步向专业化方向过渡，实现社区民间组织的自我管理、自我完善和自我发展，提高组织的整体素质和社会化水平。

构建和谐社区离不开社区民间组织的广泛参与，我们要以“环境宽松、政策到位、组织健全、活动经常、监督有力”为目标，按照“重在培育发展、逐步规范完善”的要求，积极探索，促进社区民间组织的可持续发展，构建一个“政府调控机制同社区协调机制互联、政府行政功能同社区自治功能互补、政府管理力量同社区协调力量互动的社区管理网络”，为构建和谐社区做贡献。

课题主持人：副区长 哈金起

参加部门：区民政局

关于宣武区社区商业发展情况的调查

社区商业是一种以社区范围内的居民为服务对象，以便民、利民，满足和促进居民综合消费为目标的属地型商业。社区商业是城市商业的基础，是满足居民综合消费的重要载体，是城市商业空间中的一个重要层次。当前，随着城镇居民人均可支配收入日益提高，消费需求和消费结构发生显著变化，社区居民对服务餐饮、休闲娱乐等多样化、综合性的消费不断增长。城市居民不仅需要繁华的城市、地区商业中心，更需要网点齐全、业态合理、功能完备，并具备一定服务水平的社区商业。

作为首都功能核心区之一，宣武区的社区商业不仅承担着服务居民日常生活的功能，同时也引导着居民消费习惯的改变以及生活习惯的改变，同时还对就业及社区的宜居程度有着重要影响。在构建和谐社会、建设宜居城市的过程中，社区商业将成为满足和促进居民综合消费的主要形式，也是今后商业发展中一项十分重要的任务。

一、发展现状

（一）发展情况

宣武区现共有社区 108 个。由于区内城市建设推进程度不同和一些历史遗留的原因，各个社区建筑

形态和居住形态不同,使社区商业呈现出不同的特点,根据宣武区社区自身的特点可分为五类:

1、危改小区

宣武区共有62片立项的危旧房改造项目。目前,已建成危改小区22片,其中以天桥小区为比较典型的危改社区。该小区占地约0.93平方公里;区内居民3 300户,共8 300人;底商约120户,每户约80平方米;便利店5家;超市5个。无论从社区商业规模还是从商业业态来看,基本能满足社区内居民日常生活需要。

由于规划的原因,危改小区商业主要是以住宅底商的形式存在,一方面限制了餐饮娱乐等业态的存在,另一方面底商产权的分散化,业态的布局主要受市场租金的左右。生鲜超市的布局与业主对租金的预期往往形成差距,因此底商面积虽然不少,但某些服务功能还达不到非常便利的程度。

2、平房社区

由于城市改造和建设的进程,宣武区还留有一部分平房社区。其中以香厂路街道最具代表性,该社区占地约0.2平方公里,居民2 650户,约6 800人。平房区人口密度大、居民收入水平较低、商业基础配套设施较差、社区商业的承载空间严重缺乏。该社区除了具有2家便利店以外,其余都为沿街小型店铺,另外地摊、游商等不正规的商业形态适应居民对低廉商业服务的需求,生存能力极强,管理难度极大,对社区卫生、治安、街区形象造成了不小的负面影响。

3、旧楼房社区

此部分小区大都兴建于上世纪五、六十年代,楼房大部分为简易楼。虎坊路小区即为其中之一。该小区占地面积10.2万平方米,住户2 012户,5 046人(外来396人),共有76户商家,多为沿街式分布,业态比较丰富,而且该社区四周有大型超市分布(如美廉美、华强),所以较好地满足了社区内居民日常生活的基本需要。但由于当时建设时的条件限制,此类小区的商业服务设施的规划建设与现在居民提出的需要也产生了一定的距离,如停车位较少等一系列问题的出现。

4、新建商品房社区

新建的商品房规模社区在规划设计上为社区商业的发展提供了较为完善的基础设施,目前也有国内外著名的零售连锁商(如物美、迪亚)进入,美容美发屋、洗衣房、中西餐馆等其他配套服务设施也相对完善。新建商品房规模社区人口收入水平、人口素质和居民集中的程度大大提高,一般在进行区域范围的规划时都会布局大型商业设施如大型超市等,围绕大型超市会形成多功能社区服务中心,一般社区商业服务功能较齐全,居民消费较便利。

少数零散建设的商品房,开发主体没有综合安排商业基础设施建设,距离沿街商业又比较远的小区,居民日常消费不够便利。

5、企业家属院社区

以先农坛社区为典型代表,先农坛社区位于宣武区天桥街道东南部,面积约0.42平方公里。社区内户籍人口5 342人,常住人口2 537人;50%以上的居民是医科院系统的科研、医务人员;70%的居民具有大专以上的学历;10%左右的居民是体育系统的教职员工。该社区内配有2个便利店,每个大约200平方米左右,1个便民菜店,并且有一个配套食堂。由于以上商业配套都是计划经济时代的产物,目前这些服务机构又从属于该企业后勤集团自身管理和扶持,所以其社区商业便民服务的功能相对比较完善,基本上可以满足社区内居民的日常生活需要。

(二)总体判断

总体来说,宣武区的社区商业呈现出以下特点:

第一,初步建立了社区商业服务体系,基本满足居民日常生活的各种消费需求,便利化程度逐步提高。

第二,社区商业处于一种传统模式与现代模式并存的状态,业态形式多样。社区商业的主要形态与城市更新改造的进程和社区形体有直接关系。

第三,社区商业主要以大中型超市、沿街商铺为载体,连锁店、便利店有一定发展。

第四,部分社区业态档次较低、现代化商业业态比重较小、社区商业功能不全;个别社区需要进行生鲜超市、便利店的布局。

第五,商住分离和推进生鲜超市、便利店、早点餐饮、便民菜店、洗衣保洁、再生资源、旧货回收等"六条线"联动进社区,由于社区商业承载空间等因素的限制尚没有发展到位。

二、主要问题

经过认真调查,我们认为目前我区社区商业的发展主要存在以下问题:

1、平房社区目前商业基础配套设施相对落后

平房社区由于兴建年代较早,规划相对不合理,没有比较完善的商业基础配套设施,缺少引入现代社区商业的发展空间。目前存在于平房社区的商业形式以沿街小店铺、游商、小贩等不正规的形式为主,在工商管理、食品卫生、社会治安等方面存在一定的隐患。社区商业基础配套设施的彻底解决有赖于地区的更新改造,否则新型业态的社区商业布局难进此类社区。

2、非正规社区商业形态制约了现代社区商业的发展

目前存在于宣武区社区内的社区商店相当数量都是路边店、夫妻店,企业规模小,盈利水平低,商业形态比较落后,具备现代管理制度与管理手段及先进业态形式的社区商业企业较少。另外游商、地摊等不正规的商业形态虽然给社区管理、小区卫生等方面带来一定的困难,但由于其价格、便利等方面的优势,得到了一些社区居民尤其是中老年居民的认可,居民长期形成的一些消费习惯短时间内不易改变,低档次业态也迎合了地区居民收入水平。非正规的零散商户中占据了一定的市场份额,限制了一些现代社区商业形态的进一步发展。

3、生鲜市场的布局尚满足不了居民需求

从几个不同类型社区的情况来看,社区居民普遍对综合类农贸市场和生鲜食品超市有着较大的需求。宣武区目前以上两种业态无论在数量还是在位置布局方面都不甚合理,导致了社区居民买菜和买生鲜难等一系列问题。

4、社区商业功能组合还不够完善

有些地区社区商业中心功能不够完善、功能比例不合理,难于满足居民购物、就餐、休闲娱乐、生活服务等一站式消费需求。

三、发展思路

(一)总体思路

根据宣武区社区商业的发展现状和存在的主要问题,一方面要加快对传统模式的改造,包括引进一些先进的零售业态、对原有商业基础设施进行经营结构的调整、根据社区生活的多样性增设服务项目、扩大服务领域等;另一方面,要借鉴国外的经验,鼓励发展现代化的社区购物中心,以这种新的业态形式,满足社区居民购物、服务、休闲、娱乐等综合性需求。

(二)基本原则

未来宣武区社区商业发展必须坚持的基本原则是:

1、以人为本,便民利民

把满足社区居民日常生活需要作为社区商业服务的基本出发点,把提高社区居民的生活质量作为社区商业服务的中心内容,把企业的经营活动和居民的生活需求有机地结合起来,切实实现以人为本、便民利民,切实提高居民的生活质量和生活情趣。

2、因地制宜,分类指导

对不同类型社区实施分类指导。对已建成社区,要整合商业资源,加快社区型新业态、业种店铺建设,扩大商业设施总规模,通过增加服务项目,完善社区商业服务功能;对新建改建居住区要严格按照相关的商业服务业公共服务设施配套指标及规定配置商业服务设施,逐步实现社区商业便捷度、完善度和消费度的显著提高。

3、借鉴经验,稳步推进

大力借鉴先进国家和地区发展社区商业的成功做法,同时结合本区社区自身的特点,不断发现新情况、找出新问题,在总结经验的基础上努力开拓创新,使原有的社区商业企业经营更加完善,并在条件成熟时,通过连锁经营或资本运营、扩张等形式,将这些经验进一步运用到社区商业企业的持续经营和不断壮大之中,稳步推进全区社区商业的进一步发展。

四、主要措施

贯彻落实“三个代表”重要思想和科学发展观,坚持“以人为本、服务社会”的宗旨,以“便民、利民、为民”为出发点,反映民心、体现民情、满足民需,使社区商业建设成为解决实际问题、为群众办好事办实事的工作。

1、加强规划协调,促进网点布局合理化。

在城市商业网点规划中对社区商业的规模、结构、布局做出相关规定,强化布局职能、解决大区域范围的商业功能性布局问题。对于缺乏大中型超市或严重缺乏社区商业中心的少数地区,通过政府的商业规划确定商业发展基本格局,在区域开发和上规模的房地产项目开发的前期,强化政府的商业布局意愿,形成对开发进程有效的约束力;在招商引资阶段引导商业资本或长期投资者进行社区商业的经营,服务于广大社区居民;加强商业布局使全区商业设施总体布局逐步优化,较好地适应中心城区人口分布和消费结构变化的趋势,促进社会消费需求的充分实现。

加强对新建社区商业的规划引导,引导开发主体依据社区规模的大小、档次高低、居民的收入水平、大部分居民的职业特征等进行合理规划。对于大型新建社区政府可以引导开发建设主体发展社区购物中心,而中小型社区可以发展一些便民利民的社区小店。

2、利用市政基础设施的改造提升建成社区商业的档次和功能构成

充分发挥和利用现有商业服务网点的辐射作用,健全网点设施;扩大服务范围,完善网点和提升服务。利用市政基础设施的改造进程,整合原有沿街商业的商业面积,适当布局规模适中、新型商业业态所要求的商业设施;灵活确定商业业态模式,在社区周边引入有一定辐射作用的生鲜超市等,满足社区居民的日常生活需要。

3、解决平房区商业发展的主要手段

因势利导、规范经营、加强监管;利用平房区周边的大中型超市的辐射能力,解决部分平房区日常消费问题;同时,可以通过利用各种优惠政策和支持性资金,解决这类地区居民急需解决的一些日常生活问题。

4、积极引进连锁便利店、折扣店等现代社区商业业态

宣武区按社区居民的消费能力多样化,既有相对高级的高档小区如耕天下等,也有中等收入人群居住的如陶然北岸等,又有像香厂路这样收入水平较低的平房小区。富人阶层居住的高档小区,要重点发展品牌专卖店、小型中西餐馆、美容美发、洗染、花卉、洗衣房等便民利民的商业连锁店,形成功能齐全的商业功能群落。中低收入群体在宣武区所占比例较大,社区规模也相对较大,在商业店铺的选择上,适合发展经营品种多样、适合大众消费需求、价格比较便宜的中型超市、连锁便利店、折扣店等社区商业业态。

我们将进一步鼓励有实力的连锁企业参与社区商业建设。积极引导企业运用连锁经营方式,到社区设立各类便民利民的网点,并逐步搭载便民服务功能,满足社区居民多样化、个性化的消费需求。鼓励企业采取收购、兼并、特许加盟等多种形式整合分散的社区商业资源,规范社区内的小型门店,实现资源共享,综合利用。

5、利用现代技术手段,创新服务体系

积极建设面向社区服务的信息服务平台。鼓励有条件的企业利用信息技术开展社区便民服务,发展网上交易、网上服务,补充现有网点的不足;大力提倡社区骨干企业开展送货上门、送餐上门、修理上门的“三上门”服务,延伸服务功能,提高服务水平。鼓励社区商业企业组建专职的便民综合服务小分队入户服务,同社区居委会、社区居民建立稳定、畅通的联系渠道,开展便民有偿服务。

6、切实搞好社区商业示范工作

结合实际,选择一两个社区开展创建商业示范社区活动,制定社区商业示范活动方案,推进生鲜超市、便利店、早点餐饮、便民菜店、洗衣保洁、再生资源和旧货回收等“六条线”联动进社区,从中总结经验,寻求规律,以指导社区商业的建设;通过推广示范经验,逐步扩大示范范围,从而推动全区社区商业的全面发展。

课题主持人:副区长　袁双梅

参加部门:区商务局

关于我区医疗服务资源配置情况的调研

多年来,我区医疗服务不断发展,但面对不断变化的社会经济发展形势,人民医疗服务需求尚不能得到很好的满足。通过此调研,希望明确我区现有医疗服务体系设置的不足,针对之探讨今后对我区医疗服务资源配置的优化。

一、宣武区医疗服务现状概况

宣武区面积19.04平方公里,有八个街道办事处,户籍人口52.9万,暂住人口8.2万人。

(一)医疗机构数量及类别

截止到2004年12月31日统计为185个,其中:

1、按级别划分:三级医院4家,二级医院7家,一级医院9家,未定级医院1家,门诊部18家,防治所2家 ,中小学生保健所1家,诊所45家,卫生所5家,卫生室1家,卫生站34家,急救站1家,医务室57家。

2、按性质划分:非营利性医疗机构128家,营利性医疗机构57家;

3、按投资主体化分:

(1)政府办非营利性医疗机构21家:三级医院4家,二级医院6家,一级医院5家,门诊部2家,防治所2家;

(2)非政府办非营利性医疗机构107家:一级医院3家,门诊部6家,诊所1家,卫生所5家,卫生室1家,卫生站34家,医务室57家;

(3)营利性医疗机构57家:二级医院1家,一级医院1家,未定级医院1家,门诊部10家,诊所44家.

(二)医院分布

我区八个街道,面积差异大,医院分布也不相同:

	三级医院	二级医院	一级医院	一级以下医疗机构	人口(万)
广外街道	0	1	1	25	12.1
广内街道	2	0	1	26	8.4
天桥街道	2	0	1	25	4.6
大栅栏街道	0	0	1	12	4.3
椿树街道	0	0	1	15	3.9
陶然亭街道	0	1	2	18	5.3
牛街街道	0	0	0	12	4.7
白纸坊街道	0	4	2	37	8.7
合计	4	7	9	170	52

(三)医疗服务床位利用情况

2003年编制床位4 277张,实有床位4 156张,平均开放床位4 001.18,病床周转次数15.89,病床使用率84.24%。千人口拥有床位7.86张。

(四)卫生技术人员状况

全区医疗机构内卫生技术人员6 874人,其中注册医师2 696人,注册护士2 664人,药剂人员572人,检验人员298人,其他744人。千人口拥有卫技人员12.99名。

(五)2004年医疗机构运营情况

诊疗人次4 201 974,健康体检人数103 602,住院63 752人次,手术人次30 184,病床工作日307.49。

二、我区医疗机构现状分析

1、医院状况:我区共有各级各类医院20家,两家中医综合医院,一家妇幼保健院,一家精神病院,其他均为综合医院。

2、医疗机构数量:我区医疗机构共计190家,在本市较知名的医院也有三家(广安门中医院、友谊医院和宣武医院),但在全国乃至全球具有竞争力的医院还没有。非政府办非营利性医疗机构占总数的58.42%,绝大多数是在计划经济体制下建立的为单位内部人员服务的卫生室(所、站)、医务室(61家)和各级各类学校幼儿园等内部服务的卫生室(所、站)、医务室(50家)。营利性医疗机构共计58家占总数的30.53%,除一家二级综合医院外,其他均为门诊部以下小规模医疗机构。

3、运营情况:在各级各类医院中床位使用率表现为三级比一二级高,专科比综合高;一二级医院床位空闲,三级和专科医院病人住不进去,造成医疗资源利用不平衡。提示我区医疗资源的配置和利用不尽合理。

(1)中小医疗机构资源利用率不高。宣武区医疗卫生资源人均占有量远远高于全市平均值,医疗卫生资源总量(存量)完全能够满足当前经济水平的卫生服务需要及需求,甚至在一部分医疗机构已出现供大于求的现象,造成连续多年区属医疗机构的低病床使用率、门诊人次在低位徘徊,这与经济水平大大提高后的居民卫生需求发展速度不相称。

(2)我区现有的医疗卫生服务体系还不能适应和满足老年人健康服务的需求。目前宣武区60岁以上老龄人口总数已占全区总人口16.79%,虽然全区平均期望寿命已达发达国家大城市水平,但老年人中慢性病患者较多,带病生存期长,无病期与预期寿命的比值相应较低,与健康老龄化的指标相差较大。老年人就医不方便、环境不舒适、服务不规范等问题比较突出,需要对现有医疗服务资源加以改进,以利于在提供老年病医疗服务上充分发挥作用。

三、我区卫生事业发展环境与趋势分析

1、构建社会主义和谐社会需要卫生事业的配套发展。党中央提出了努力构建社会主义和谐社会的战略任务,其中卫生事业的发展是重要的一环。卫生工作直接关系广大人民群众的切身利益,并且与经济社会发展密切相关。随着全面建设小康社会的推进,促进健康,减少贫困,发展卫生事业,特别是加强公共卫生建设,建立健全社会医疗保障,势必得到进一步的重视和增强,同时也对卫生事业在提高人民群众生活水平、构建和谐社会等方面提出了更高的要求。

2、北京市、宣武区城市规划对卫生发展的要求。宣武区作为中心城区,资源和环境承载力不足,居住人口密度大,土地资源稀缺,卫生资源相对过剩。要

求我们合理规划区域卫生资源,抓住城市基础建设和危改拆迁不断推进的机会,优化我区医疗资源配置,提高卫生资源使用效能。

3、北京市率先基本实现现代化建设和举办2008年北京奥运会的发展机遇,给卫生工作提出更高要求,对医疗保障、急救保障、安全供血、卫生安全保障、以及卫生信息网络、乃至社会卫生环境整治等卫生系统的工作能力提出了新的挑战。要求卫生事业坚持“以发展助奥运,以奥运促发展”,进一步健全北京医疗卫生服务体系、疾病预防控制体系和卫生监督执法体系,依托三大卫生体系确保为北京奥运会提供一流的医疗服务和卫生安全保障。

4、国家、北京市相关政策出台对我区医疗体制改革的影响。医疗卫生事业是造福人民健康的事业,除了政府增加投入外也要靠社会的支持和参与,在人均经济水平较低的情况下,政府不应该也不可能把群众的医疗需求全部包下来。党的十六届三中全会指出:“深化公共卫生体制改革,强化政府公共卫生管理职能,建立与社会主义市场经济体制相适应的卫生医疗体系”。根据原国务院体改办,原国家计委、卫生部等八部委联合出台的《关于城镇医药卫生机构体制改革的指导意见》精神,除了政府发挥主导作用,保障群众基本医疗卫生服务外,大力吸引社会资源,发挥市场机制的作用是必然选择,开放医疗市场已成为医疗体制改革的现实趋势。

5、新形势下疾病谱变化的要求。随着经济社会的发展,人员流动的增加以及人们的行为方式和生活方式的变化带来人口结构、疾病谱变化,慢性非传染性疾病已成为我区威胁人民健康和生命的主要卫生问题,必须建立以预防为主的医疗服务体系以保证在最低成本下获得更为良好的效果。

6、管理体制改革及其要求

根据党的十六大和十六届三种全会的要求,深化我国行政管理体制和机构改革的总体要求是,按照“经济调节、市场监督、社会管理、公共服务”的原则,进一步转变政府职能;同时适应新形势,改进管理方式和手段,提高行政效能和工作效率。卫生领域也要依据同样的原则明确政府卫生职能,包括规划功能、服务功能、准入功能、监督功能、经济调控功能、信息服务功能和促进市场发育的功能。同时,充分发挥学会、协会等中介组织和学术团体的作用,加强行业自律、质量监督、医疗技术管理和业务指导工作。

四、我区医疗服务发展方向及具体规划

基于我区卫生服务的现有情况,考虑到目前各种社会影响因素,针对我区城市定位和社会经济特点,卫生工作应继续坚持以政府为主导,大力发展社区卫生服务;同时发挥市场机制作用,优化整合卫生资源,建立起适应社会主义市场的经济体制、适应我区经济发展水平、适应人民健康需求和承受能力的比较完善的医疗卫生服务体系。

(一)实施全行业管理,调整现有医疗机构设置

优化医疗机构设置,需要弱化医疗机构行政隶属关系和所有制界限,按照属地管理原则,以居民小病不出社区,大病确有保障为目标,对区域内医疗机构进行整合:

1、以友谊、宣武、广中研三所三级综合医院为我区提供综合医疗服务的主体,保持其较高的医疗和科研水平。

2、现有3所区属二、三级医院要以群众需要、有市场前景、高水平的专科医院为发展方向。

回民医院做为政府举办为主的区属综合医院,突出民族特色,承担宣武区重大突发事件医疗救治分中心职能,建立传染病隔离病房,负责宣武区低保特困人群医疗诊治。宣武中医医院要强化其中医特色,可探索实施产权制度改革。广外医院逐步实现医院与社区卫生服务职能剥离,医疗专科突出老年病特色,享受老年病医疗机构相应优惠政策,如进行机构剥离,剥离后的专科机构可以自由选择改制模式。

3、整合妇幼卫生资源,突出特色。将现有妇幼保健院、广外医院妇产科资源归并至回民医院妇产科;现妇幼保健院院址整建制改建为区精神病院,缓解目前精神病床位紧张状况;广外医院妇产科病房剥离后,增加老年病床位,突出老年病特色;现疾控中心结核病防治、性病防治的治疗任务交由回民医院承担。妇幼保健与精神病预防归并区CDC。

(二)大力发展社区卫生服务工作

在政府对卫生事业投入与国民经济发展同步增长的基础上,逐步调整卫生支出结构,不断完善有利于公共卫生、基层卫生发展的投资政策。

明确公共卫生服务和社区卫生服务是政府和全社会共同的责任,政府将公共卫生服务和社区卫生服务纳入公共财政支出项目,按项目购买服务。为群众提供基本医疗保障,维护人民身体健康。主要包括发展医疗卫生事业,健全基本医疗保障体系,增加政府经费投入,维护公立医疗机构公益性质,为群众提供优质、价廉的医疗服务。

健全社区卫生服务网络,完善服务功能,改革运行机制,运用规划手段促进卫生资源向社区转移,促进社区卫生服务机构的合理布局与发展。

社区卫生服务机构要根据区域卫生规划和社区居民的实际需求设置,以政府举办提供公共卫生服务

为主,允许大、中型医疗机构、企事业单位、社会团体、个人等社会力量多方举办社区卫生服务机构,健全社区卫生服务网络。原则上每个街道办事处至少设置一所社区卫生服务中心,服务半径过大可下设社区卫生服务站,并接受中心一体化管理。

社区卫生服务中心按照社区功能定位、服务人口、地域环境等因素分 A、B、C 三类进行设置,社区卫生服务站为社区卫生服务中心的派出机构,原则上按照服务人口 0.5—1.5 万服务人口设置,可以根据社区功能定位、服务人口、地域环境等因素分 A、B、C 三类进行设置;原则上社区居民步行 15 分钟内可以到达就近的社区卫生服务机构。

根据设置原则结合未来宣武区人口趋于减少的趋势,宣武区社区卫生服务中心规划数为 10 所(其中新增建中心 3 所,改扩建中心 4 所);社区卫生服务站规划数为 32 个(新增 4 个)。

街道名称	现人口数(万)	居委会数	现有社区卫生服务中心		规划中心	现有社区卫生服务站				规划社区卫生站		
			面积	类型		A 类	B 类	C 类	未达标≦120 M2	A 类	B 类	C 类
大栅栏街道	4.8	9	3469	1(A)	1(A)		1	1	石头	1	1	1
天桥街道	4.1	7	0	0	1(B)				永安路 仁民路		3	
椿树街道	4.6	6	1280	1(0)	1(A)			2	椿树园	1	2	
陶然亭街道	6.2	8	2145	1(C)	1(A)	1		2		2	1	1
广内街道	7.9	17	2700	1(B)	1(B)		1	4		2	1	2
牛街街道	5.3	9	1095	1(0)	1(C)		1	2		1	1	1
白纸坊街道	10.5	18	2500	1(B)	1(C) 1(B)		1		右安门 南菜园 双槐里	2	1	2
广外街道	9.5	28	3500	1(A)	1(C) 1(A)	1	2	2		5	2	
小计	——	——	2A 2B	1C 20	——	2	6	13	7	14	12	7
总计	52.9	102	7		10	28				33		

相应要求对现有相关医疗机构及功能进行以下调整:

1、大栅栏、椿树、陶然亭街道,现有社区卫生服务中心危改拆迁后在原址或隶属街道中心区域新建社区卫生服务中心,广外街道在三统碑地区规划新增建一个中心,以上四个新建中心均应达到 A 类中心标准。

2、本街道内只有一所二级医疗机构,又必须承担社区卫生服务"六位一体"任务,应进行部分"转轨"。现有牛街社区卫生服务中心、广外社区卫生服务中心应分别与回民医院、广外医院剥离;划出独立区域,设立独立的法人代表,实行经济独立核算,突出社区卫生服务功能并承担其任务。现京新药批办公地点腾退 700 平方米,建立广外社区卫生服务中心新址。

3、现有白纸坊社区卫生服务中心与区妇幼保健院剥离,在白纸坊街道办事处原址新建一个社区卫生服务中心;同时白纸坊街道现有印钞厂医院(企业办)转建为社区卫生服务中心。

4、天桥街道应设置的社区卫生服务中心,可以由辖区内的医疗机构部分转建成一所社区卫生服务中心。

5、社区卫生服务站现有 6 个不达标(不足 120 平方米),在 2007 年底前改造成 A 类站 2 个(牛街南线阁站、天桥永安路站),B 类站 4 个(天桥人民路站、白纸坊双槐里站、右安门站、南菜园)。新建共 4 个,其中 A 类站 2 个(广外、社区),C 类站 2 个(天桥、白纸坊社区)。

(三)优化新增医疗机构,构筑多元化投资新格局在加大政府向社区卫生服务投入的同时,通过制定政策措施,创造宽松环境,引导社会资金,发展壮大医疗卫生资源。既要坚持发挥政府的主导作用,也要注意发挥市场机制的作用。积极鼓励社会各界筹集资金支持公共卫生服务和社区卫生服务等社会公益性卫生服务。

1、制订并实施区域卫生规划。根据公共卫生服务和居民基本医疗服务需求,确定保留公立医疗机构的数量和规模,负责公共卫生和基本医疗服务,其余的公立医院可引入市场机制,吸收社会资金,改制改造成社会非营利或营利性医疗机构。优化资源配置,完善分类管理,加强政府的宏观调控和行业监管,有效解决卫生事业资源配置不合理、不协调问题。

对保留的公立机构,一是数量、规模要适应群众基本医疗和公共卫生服务需求,二是运行机制要体现公益性质,完善保障措施。对承担公共卫生任务的医疗机构探索实行政府购买方式。

2、新设医疗机构实行政府宏观调控与市场配置资源有机结合,坚持政府不举办营利性医疗机构,不新办国有独资的公立非营利性医疗机构。

3、新设医疗机构必须符合区域卫生规划,规划总量,新增非政府举办营利性医疗机构原则上放开市场。

4、坚持优先发展社区卫生服务的方针,实行政府主导和社会参与相结合,社区卫生服务机构根据区域卫生规划和社区居民的实际需求设置,充分利用社区资源,引入竞争机制,根据公平、择优的原则,允许大、中型医疗机构、企事业单位、社会团体、个人等社会力量多方举办社区卫生服务机构,健全社区卫生服务网络。

5、以区域卫生规划为依据,引导新建营利性医疗机构的类型,重点吸引投资发展具有竞争水平、具有一定规模的综合医院和专科医院(按照《关于北京市城镇医疗机构分类管理的实施意见》所规定床位数要求,分别由市、区两级卫生行政部门审核批准),严格控制新建中小型门诊部、诊所。

课题主持人:副区长 王瑞珠

参加单位:区卫生局

文件选编

关于贯彻中央和市委加强党的执政能力建设要求的实施意见

（2005 年 1 月 12 日）

为贯彻落实《中共中央关于加强党的执政能力建设的决定》、胡锦涛总书记视察北京工作时的重要讲话精神和《中共北京市委贯彻落实〈中共中央关于加强党的执政能力建设的决定〉的意见》，进一步加强全区党的执政能力建设，提高党的执政水平，结合宣武区实际，提出如下实施意见。

一、增强加强党的执政能力建设的责任感和紧迫感

党的十六届四中全会审议通过的《中共中央关于加强党的执政能力建设的决定》，是我们党站在时代和战略的高度，从新世纪新阶段国内外环境的深刻变化和党肩负的历史使命出发，对党的执政能力建设提出的新要求，深刻指出了加强党的执政能力建设的重要性和紧迫性；《中共北京市委贯彻落实〈中共中央关于加强党的执政能力建设的决定〉的意见》，既是首都执政实践的体会，也是全市加强党的执政能力建设的行动指南。全区各级党组织和广大党员干部一定要认真学习，深刻领会，坚决贯彻。

宣武区是首都中心城区之一，在推进首都现代化建设中担负着重要任务，这就要求全区各级党组织和党员干部必须具备与首都地位、职责相适应的执政能力和工作成效。当前，全区已进入一个新的发展阶段，改革发展稳定的各项任务艰巨繁重，加快推进经济和社会发展、率先基本实现现代化的要求很高。新的形势和任务，对全区各级党组织执政能力和执政水平提出了严峻挑战。

多年来，在市委的正确领导下，全区各级党组织团结带领广大党员干部和各族人民群众解放思想、实事求是、与时俱进，取得了改革开放和现代化建设的重要成就，全区各级党组织的执政能力同所肩负的职责和使命总体上是适应的。但也必须清醒地看到，中央、市委指出的党的执政能力建设方面的问题，在宣武区不同程度地存在，主要表现在：区级班子的领导方式、执政方式需要从机制和制度上进一步加强和完善；一些领导班子还不能够完全适应社会主义市场经济的要求，推进经济社会发展、领导和谋划改革的能力不够强，处理难点热点问题、有效化解复杂矛盾、妥善协调各方面利益的方法不够多；一些基层党组织战斗堡垒作用发挥的不好，基层基础工作、群众工作比较薄弱；一些党员干部执政意识、群众意识、忧患意识、责任意识不强，学习的能力、调查研究解决问题的能力不够强；有些党员干部依法执政的观念不牢固、作风不扎实，甚至存在不廉洁现象等等。这些问题严重影响着党的执政水平和执政成效，影响着全区各项事业的繁荣发展，切实加强全区党的执政能力建设极为紧迫和重要。

全区各级党组织和广大党员干部一定要从贯彻“三个代表”重要思想、巩固党的执政地位和执政基础的高度，增强责任感和紧迫感，紧紧围绕全区工作的大局，全面加强党的执政能力建设，始终做到立党为

公、执政为民,始终做到科学执政、民主执政、依法执政,为推进全区三个文明建设提供坚实的保证。

二、明确全区加强党的执政能力建设的指导思想、总体目标和主要任务

指导思想:坚持以马克思列宁主义、毛泽东思想、邓小平理论和“三个代表”重要思想为指导,以保持党的先进性为出发点,以密切党同人民群众的血肉联系为核心,以改革和完善党的基层领导机制、工作机制为重点,以提高全区干部队伍素质为关键,以加强党的基层组织和党员队伍建设为基础,不断增强党的创造力、凝聚力、战斗力,不断巩固党的执政根基,为全区经济和社会各项事业的协调发展提供坚强有力的政治保障和组织保障。

总体目标:通过努力,使各级党组织的战斗堡垒作用得到充分发挥;使各级领导班子的领导水平和执政水平得到全面提高,各级领导干部的执政本领和履职能力得到全面增强;广大党员干部更进一步坚定理想信念,切实做到求真务实、开拓创新、勤政高效、清正廉洁,始终做到“三个代表”,永葆先进性,团结带领全区各族人民加快经济和各项社会事业发展,把宣武区建设成为区域经济繁荣、文化特色鲜明、城市环境优美、民族团结和睦、人民生活幸福、社会和谐安定的现代化首都中心城区。

主要任务:按照中央、市委的要求,紧密围绕宣武区改革开放和现代化建设的实践,切实提高“五种能力”,牢牢把握并努力实践“七个必须”。进一步强化党委领导职能,充分发挥党委领导核心的作用;进一步落实科学发展观,促进我区经济社会更快、更好的发展;进一步提高社会建设和管理水平,促进宣武和谐发展;进一步强化执政为民的意识,实现好、维护好、发展好群众利益;进一步加强基层基础工作,提高基层工作水平;进一步加强和改善党的建设,提高领导班子和干部队伍素质。坚持立足现实、着眼长远,突出重点、整体推进。不断研究新情况、解决新问题、创建新机制,不断提高党的领导和执政水平,使全区各级党组织和党员干部在推进全区改革发展过程中始终走在前列,完成好建设现代化首都中心城区的历史使命。

三、突出重点坚持不懈地加强全区党的执政能力建设

按照中央提高“五种能力”和市委“七个必须”的要求,针对全区在党的执政能力建设方面存在的主要问题和薄弱环节,重点加强以下六个方面的工作。

(一)切实加强和改进党的领导,更好地发挥党委总揽全局、协调各方的作用。

完善职能,健全党的领导机制。充分发挥区委总揽全局、协调各方的领导核心作用,坚持全区工作的“一盘棋”,努力形成区委统一领导、区人大依法监督、区政府依法行政、区政协民主协商、社会各方面积极参与的工作机制,形成相互激励、相互促进、相互监督的工作格局。坚持和完善人民代表大会制度,支持区人大依法实施法律监督和工作监督,对涉及全区改革发展稳定的重大事项、重要问题进行审议,依法组织领导干部述职、政府执法部门评议。支持区政府依法行政,强化发展职能、服务职能、管理职能和协调职能,有效组织各项工作的落实。坚持中国共产党领导的多党合作和政治协商制度,支持区政协围绕团结和民主两大主题,积极有效的开展政治协商、民主监督和参政议政。支持区工会、共青团、妇联等群团组织充分发挥各自优势,积极开展工作。进一步加强对统战工作的领导,针对新形势下民族、宗教、侨务和民主党派、工商联工作的新情况新特点新任务,进一步加强统一战线工作。认真落实党的民族宗教以及各方面政策,调动一切积极因素共同促进全区发展。

健全制度,改进党的领导方式。进一步健全完善以民主集中制为核心的各项制度建设,按照《区委议事规则》和民主集中制的要求,严格规范区委及各级党委的决策程序和工作规则。进一步完善统一领导、专家论证和群众路线相结合的决策机制,加强决策前的调研论证、决策后的落实督导和实施效果的综合评估。实行重大决策咨询论证制度、征求意见制度、多种方案备选制度,建立完善与群众利益密切相关的重大事项社会公示制度,确保决策的科学化、民主化和公开化。坚持常委会向全委会一年两次报告工作制度、重大决策事项决策前民主协商制度。建立重大决策失误追究制度,实行区委全委会无记名投票表决正处职领导干部拟任人选和推荐人选制度,探索建立党代表列席全委会制度,积极探索党的代表大会闭会期间发挥代表作用的途径和形式。

把握全局,加强对全区工作领导。区委要认真履行把握方向、谋划全局、提出战略、制定政策、营造良好环境的领导职责。加强对全区经济社会发展规划、重大方针政策、重要工作部署以及重大事务的领导和综合协调。加强和改进党委对经济工作的领导,加强对全区经济社会发展战略方针、战略规划的研究,适时提出指导性意见,切实做好制定发展目标、搞好综合协调和提供良好服务等方面的工作。围绕城市建设、改革开放、社会稳定、文明建设等重要工作,深入了解民情、深入调查研究,确保决策科学、措施得力、群众满意。切实保证党的路线方针政策和市委各项决策部署的贯彻落实，为政府履行好经济调节、市场监管、社会管理和公共服务的职责，提供有力的支持和帮助。

（二）牢固树立和落实科学发展观，努力实现全区经济社会更快更好的发展。

促进区域快速发展。进一步强化抢抓机遇、加快发展的意识。全面落实"十五"发展计划，加快实施城市建设带动、结构优化升级和科教文化兴区战略，加快功能街区建设。坚持社会主义市场经济改革方向，加快所有制结构调整和完善，加快产业结构调整和升级。大力发展总部经济、特色经济、非公经济，重点培育和发展现代服务业、商贸流通业、文化旅游业、房地产建筑业和信息传媒业，形成多支柱产业均衡协调发展的局面。积极推进国有企业改革、市场制度改革和投融资制度改革，优化政府财政支出结构。实现区第九次党代会确定的各项工作目标。

促进区域协调发展。加快全区各项社会事业的发展，满足人民群众多方面的需求。坚持教育优先发展的战略地位，深化教育改革，推进教育创新，整合教育资源，打造教育强区和学习型城区。加强科技科普工作，增强科技进步与创新能力。普及群众科学知识，弘扬科学精神。加快区文化馆等基础设施建设，精心打造宣南文化品牌，实施群众文化精品工程，全面提升群众文化活动水平。加快推进卫生事业改革。健全完善疾病预防控制体系、传染病疫情报告体系和针对突发疫情的应急反应体系。广泛开展全民健身活动。加强公民道德和未成年人思想道德建设，深入开展群众性的精神文明创建活动，争创全国文明城区。

促进区域可持续发展。高水平地制定"十一五"规划。进一步明确区域支柱产业、优势产业的发展方向和目标，确定功能街区、重点项目、主导产业发展布局。统筹考虑当前和未来的需要，加强总体规划、城市规划、土地利用规划之间的衔接。强化节约资源的观念，集约利用有限的土地资源，整合利用好各方面的发展资源，不断提高资源的利用效率。高度重视和认真解决人口、资源和环境问题，统筹人与自然和谐发展。按照"四高"的要求，加快推进城市建设，提升城市形象。积极探索城市建设的特点和规律，正确处理好城市建设、危旧房改造和保护古都风貌的关系。积极创新工作方式、拓宽工作思路，加快推进城市危旧房改造和古都风貌保护，实现城市建设的新突破。利用首都知识密集、人才密集、科技密集的优势，千方百计拓展区域发展空间，增强区域可持续发展能力。

（三）加快推进机制创新、提高社会管理水平，努力构建和谐社会。

加快推进政府职能转变。深化行政管理体制改革和创新，加快推进政企分开、政事分开。切实加强政府的经济调节、市场监管、社会管理和公共服务职能。综合运用经济、法律、行政等手段，管理经济和社会各项事务，提高驾驭市场经济的能力和社会管理的能力。认真贯彻执行《中华人民共和国行政许可法》，继续深化行政审批制度改革，精简审批手续，规范审批行为；切实转变工作作风，提高办事效率、服务水平和管理水平，健全和完善精简高效、运转协调、行为规范的行政管理体系。发挥好市场在资源配置中的基础性作用，加快实施土地储备和一级开发，进一步完善政府投资建设项目代建制、政府采购公开招投标。大力推进政府信息化和"数字宣武"建设。整合行政资源、降低行政成本、提高行政效率，优化区域发展环境。

加快推进管理机制创新。加快推进城市管理体制改革，实现城市管理的重心下移。进一步明确区、街以及政府各部门的职责，健全区、街、各职能部门相互衔接、合理分工和规范高效、充满活力的城市管理框架。进一步完善社区管理服务体系。加强对各类社会组织的管理和监督，整合社会管理资源，充分发挥基层党组织和党员服务群众、凝聚人心的作用，充分发挥基层自治组织协调利益、化解矛盾、排忧解难的作用，充分发挥社团、行业组织和社会中介组织提供服务、反映诉求、规范行为的作用。逐步实现政府职能归位、市场机制入位、居民自治到位，逐步形成党委领导、政府主导、社会协同、公众参与的社会管理格局。

加快推进法治政府建设。加强法制宣传教育，全面贯彻《依法行政实施纲要》，进一步强化全区的法律素质和法制观念，进一步提高广大公务员特别是各级领导干部依法行政、依法办事的能力和水平，进一步理顺行政执法体制，完善行政执法责任制。加强执法队伍的建设和管理，提高执法人员素质和执法水平。加快推进政务公开，建立健全各项公开办事制度，实现办事程序公开化和规范化。严格实行问责制，审批的事项要承担责任，承诺的事情必须兑现。加强对行政行为的监督，把组织监督、群众监督、舆论监督以及各方面的监督有机结合起来，形成内外结合的监督体系。

妥善协调各方面利益关系。积极探索、准确把握新形势下群众工作的特点、规律和方法，不断提高组织群众、宣传群众、教育群众、服务群众的本领。落实维护社会稳定的工作责任制，积极探索预防和解决社会矛盾的新路子。完善处理人民内部矛盾的工作机制和社会利益协调机制，妥善协调各方面的利益关系，消除影响稳定的各种不和谐因素，创造良好的社会环境。重视群众来信来访，加强人民调解工作，引导群众以理性合法的形式表达利益要求。建立健全社会预警体系,形成统一指挥、功能齐全、反应灵敏、运转高效的应急机制。充分发挥司法机关惩治犯罪、化解矛盾和维护稳定的职能作用,加强和完善社会治安综合治理工作机制。严厉打击各种犯罪活动,打击法轮功邪教组织的破坏活动,维护社会稳定。

(四)强化执政为民意识,进一步提高执政为民的实际工作能力。

切实维护群众的利益。各级党组织和广大党员干部要切实强化执政为民的意识和责任感,始终把代表和维护人民群众的根本利益作为一切工作的出发点和落脚点。制定政策要从代表群众的根本利益出发,体现不同方面群众的利益需求,兼顾群众的长远利益和当前利益,切实把发展的速度、改革的力度和群众可承受的程度结合起来,提高群众对政府的信任度和满意度。推进工作中把群众的需要作为第一信号,把群众满意作为第一标准。凡是涉及群众切身利益的意见都要当作大事来对待,凡是群众提出的意见都要真心实意地听取,坚决纠正各种损害群众利益的行为。坚持并完善社会舆情汇集和分析机制,加强各级党的组织、政府部门与群众的沟通联系,建立起知民情、解民难、帮民需、顺民意的长效机制和联系群众、服务群众的经常机制。

切实为群众排忧解难。坚持为民办实事制度。健全社会保障体系,切实做好“两个确保”,完善“三条保障线”。建立低收入阶层经济援助制度,完善居民最低生活保障制度,着力解决特困家庭的生活、住房、子女就学、医疗等实际困难。高度重视就业和再就业工作,进一步完善劳动就业政策,加快搭建创业平台,拓宽就业渠道,优化创业环境。加快公共卫生体系建设,有效预防和妥善处置突发公共卫生事件。高度重视食品安全,确保人民群众吃上放心食品。高度重视安全生产,狠抓责任制落实和专项治理整顿,建立健全防范化解安全事故的长效机制。加大环境整治力度,加快治理城市环境脏乱死角,美化居民居住和生活环境。整体规划、分步实施老旧小区改造,完善水电气热、通讯等基础设施,提高群众生活质量。加快教育、文化、卫生、体育、旅游等公共设施建设,完善基本公共服务。

切实保障群众各项权利。进一步巩固和扩大基层民主,畅通人民群众发表意见、反映问题的渠道,保证他们对重大事项的知情权、参与权和监督权。进一步健全和完善基层政权、社区居民自治组织和企业民主管理制度。继续推进政务公开、居务公开、厂务公开。通过加大改革力度,推进社会主义民主的制度化、规范化和程序化,保证人民依法实行民主选举、民主决策、民主监督、民主管理的权利。全区各级党组织、党员干部要尊重群众的各项权利,牢记党的宗旨,坚持为人民服务,使群众的各项权利落到实处。

(五)高度重视切实加强基层工作,进一步提高全区基层工作水平。

加快基层党建创新。充分发挥基层党建在基层工作中的龙头作用。坚持“围绕中心、服务大局、拓宽领域、强化功能”的方针,加快推进基层党组织的工作方式、方法创新,增强基层党建活力。以“增三力工程”为载体,深入开展基层党组织争优创先活动,把握落脚点、找准结合点、抓住切入点、夯实支撑点,形成常抓不懈的工作机制,使基层党组织达到“五好”的要求。进一步完善社区党建工作的领导机制、培育服务机制、强化联动机制,加快构建以服务群众为重点的社区党建工作新格局。切实加强国有(控股、参股)企业和集体企业党组织建设,发挥其政治核心作用,夯实党在经济领域的执政基础。切实加强非公有制企业党的建设,巩固和扩大党的工作的覆盖面。切实加强机关、事业单位党组织建设,改进工作作风,提高工作效率。分级分类规范基层党组织的工作职责,完善服务功能,提高工作水平,努力使各个领域、各条战线的基层党组织都成为真正贯彻“三个代表”的组织者、推动者、实践者。认真贯彻《中国共产党党员权利保障条例》,加强党员教育和管理,按照中央和市委的要求,组织开展好党员先进性教育,积极探索建立党员保持先进性的长效机制。真正做到哪里有群众,那里就有党的工作;哪里有党员,那里就有党的组织;哪里有党的组织,那里就有健全的党组织生活和坚强的战斗力。

加强基层指导服务。研究制定全区加强基层基础工作的长远规划。各部门、各单位要从实际出发,制定加强基层工作的具体措施办法,使长远发展建设与当前工作、措施有机结合。坚持领导干部联系基层制度,各级领导干部要带头深入基层,深入实践,认真研究基层工作,加强对基层工作的指导和服务。要在全区总结推广一批基层工作经验,宣传表彰一批基层干部典型,发现培养一批基层干部后备力量,帮助解决一批基层工作中存在的实际困难和问题。各级领导、党政各部门要尽可能的为基层工作创造条件,尽可能的为基层减轻负担。切实做到重视基层工作,有新认识;关心基层工作,有新举措;帮助基层工作,有新规划;抓好基层工作,有新方法。

大力培养基层干部。真正重视、真情关怀、真心爱护广大基层干部,满腔热情地支持和帮助基层干部做好工作。选配好基层领导班子,加强基层干部队伍建设,坚持每年从区党政部门有计划的抽调一些年轻干部到基层实践锻炼。加大对基层干部的教育培训力度,设计好培训课程,安排好培训内容,提高培训的针对性和实效性,使基层干部通过培训,素质有所提高，能力有所增强。要大力宣传基层干部在全区现代化建设中的先进经验、先进典型、先进事迹，以先进的经验推动和促进基层工作取得新的进展。广大基层干部要不断增强提高自身综合素质的紧迫性，要按照胡锦涛总书记提出的增强自身素质的四项要求，加强学习，增强本领，转变作风，廉洁自律，努力做群众信赖的贴心人、带头人。

（六）切实加强领导班子和干部队伍建设，加快培养高素质的执政骨干。

切实加强领导班子建设。切实加强区委常委班子自身建设，加强区人大、区政府、区政协党组建设，提高领导全区工作的能力和水平。全面落实区委关于加强局、处级领导班子思想政治建设的意见，深入研究企业、事业领导班子思想政治建设的方式和机制，努力实现全区各级各类班子思想政治建设工作整体推进、全面提高。坚持和完善领导班子理论中心组学习制度，提高各级领导干部学习能力，切实增强各级领导干部执政为民的理念、科学发展的理念和依法执政的理念，牢固树立科学的发展观和正确的政绩观。认真贯彻落实《市委关于加强党政领导班子建设 2004 - 2008 年规划纲要》和《中共北京市宣武区委 2004 - 2008 年党的建设工作规划》，切实遵循领导班子建设规律和干部成长规律，不断优化领导班子结构和整体功能。继续加大干部调整交流的力度，把那些政治上靠得住、工作上有本事、作风上过得硬的干部选拔到各级领导岗位上来，进一步提高各级领导班子和领导干部的执政能力。合理配备女干部、少数民族干部和非中共党员干部，选好配强党政正职干部，加强国有（控股）企业领导班子建设。加快后备干部人才库建设，优化配置后备干部资源。注重在实践中多岗位培养、锻炼和选拔后备干部，有计划地组织年轻干部到艰苦地区、复杂环境和基层一线经受锻炼和考验。

深化干部人事制度改革。坚持党管干部的原则，认真贯彻落实中央关于深化干部人事制度改革的有关要求和市委“一个转变、两个系统、四个机制”的改革思路，加快推进干部管理以职务管理为主向职务管理与职责管理相统一，以职责管理为中心的管理方式的转变。建立和完善干部发现选拔机制、领导干部优化配置机制、干部考核评价机制和干部监督激励机制。建立完善职位说明书和干部推荐说明书，推行领导干部职位任职资格考评与组织考察相结合的干部考察新方法，建立以正确的政绩观为指导，由品德、知识、能力、实绩等要素构成的领导干部考核评价指标体系。实行职务任期制和任期目标责任制。完善干部交流制度，健全干部培训制度。认真贯彻落实区委、区政府关于进一步加强人才工作的意见，切实加强党政人才、企业经营管理人才、专业技术人才和高技术人才队伍建设。进一步健全和完善人才工作机制，完善服务体系，优化人才发展环境，形成广纳群贤、人尽其才、能上能下、能进能出、充满活力的用人机制。

扎实推进党风廉政建设。以保持党同人民群众的血肉联系为核心，进一步加强和改进党的作风建设。大力加强对党员干部的思想政治理论教育，加强党性锻炼和党性修养，使各级领导干部和广大党员始终不忘全心全意为人民服务的宗旨，始终做到权为民所用、情为民所系、利为民所谋。坚持并牢记“两个务必”，始终保持谦虚谨慎、不骄不躁的作风，始终保持和发扬艰苦奋斗的优良传统，勤俭办一切事业。大兴求真务实之风，坚持实事求是，提倡重实际、说实话、办实事、求实效，坚决反对弄虚作假、形式主义、官僚主义、急功近利，努力创造实实在在的政绩。加强党风廉政建设。进一步落实党风廉政建设责任制，切实抓好责任制任务分解、责任考核和责任追究。按照标本兼治、综合治理的方针，建立健全惩治和预防相结合的反腐败工作机制，继续加大从源头上预防和惩治腐败的力度。认真落实领导干部廉洁自律的各项规定，围绕重点突出问题，加大纠风和案件查处力度。认真贯彻执行“两个条例”，进一步健全和完善监督制度，切实加强对各级领导干部特别是“一把手”的监督管理，规范从政行为，有效预防和惩治腐败。坚持“预防为主、教育为主”的方针，加强对党员领导干部的党风党纪教育，筑牢思想道德防线。

四、狠抓落实确保全区党的执政能力建设取得实效

加强党的执政能力建设是适应新形势、抓住新机遇、实现新发展的客观需要，是实践“三个代表”重要思想、落实科学发展观、推进全区经济和社会更快更好发展的根本要求。全区各级党组织、广大党员干部特别是各级领导干部一定要抓好工作部署，狠抓工作落实，务必把加强党的执政能力建设的各项工作落到实处。要紧密结合本部门、本单位实际，认真查找问题和不足，制定具体措施和目标。要对《实施意见》中涉及的各项具体工作，逐条逐项进行分解，明确工作内容、责任人和完成时效。要加强对学习贯彻情况的督促检查，做到一级抓一级，一级促一级。通过全区上下的扎实工作和不懈努力，把全区党的执政能力建设提高到一个新水平。

主题词：党的建设　执政能力　实施意见

中共北京市宣武区委办公室　2005 年 1 月 12 日印发

（共印 180 份）

关于区属国有及国有控股企业领导人员管理办法(试行)

为进一步改进和加强区属国有及国有控股企业、集体企业、驻区有关企业领导人员的管理工作，推进高效、规范的公司法人治理结构的建立，根据《中华人民共和国公司法》、《企业国有资产监督管理暂行条例》和市委的有关规定，按照党管干部、依法管理、分类分层管理的原则，制定本办法。

一、管理权限

(一)区委管理的企业领导人员

北京市金正资产投资经营公司的党组织书记、总经理；

国有企业监事会主席。

(二)区委审批、区国资委党委管理的企业领导人员

北京宣房投资管理公司、北京大栅栏投资有限责任公司的党组织书记、董事长、总经理。

(三)区国资委党委管理的企业领导人员

1. 北京市金正资产投资经营公司、北京宣房投资管理公司、北京大栅栏投资有限责任公司的党组织副书记、纪委书记；副总经理、总会计师。

2. 区属国有企业(区委管理、审批的职位除外)的党组织书记、副书记、纪委书记；董事长、副董事长、监事会主席；总经理、副总经理、总会计师；董事、监事。

3. 划入区国资委管理的事业单位的党组织书记、副书记，主任、副主任及相应职务。

4. 区属国有控股企业(含相对控股)、集体企业的党组织书记、副书记、纪委书记；国有股权代表；董事长、副董事长、监事会主席人选，总经理建议人选。

5. 区属国有参股企业的党组织书记、副书记、纪委书记，国有股权代表。

6. 区委委托国资委党委管理的驻区双管企业、改制非公企业、外资企业党组织书记、副书记、纪委书记。

(四)区属国有企业、集体企业和国有参控股企业党组织管理、报区国资委党委备案的领导人员

区属国有企业、集体企业的总工程师、总经济师及相应职务；国有控股(含相对控股)企业的副总经理、总会计师、董事、监事；国有参股企业的董事长、总经理、副总经理。

二、任用程序

(一)区委管理的企业领导人员

由区委组织部提出建议人选、负责考察并听取区国资委党委意见，按规定程序报区委常委会审批后，区委、区政府分别任命。

(二)区委审批、区国资委党委管理的企业领导人员

由区国资委党委提出建议人选并征求区委组织部的意见；区国资委党委负责考察、研究确定人选；区委组织部参与考察、研究并按规定程序报区委常委会审批；审批后，区委、区政府分别任命。

(三)区国资委党委管理、审批的企业领导人员

1. 区国资委党委所属党组织的换届选举工作，按《中国共产党基层组织选举工作暂行条例》及有关规定执行。

在党员大会或党代表大会闭会期间，由区国资委党委提出党组织书记的建议人选，企业党组织提出副书记、纪委书记建议人选，区国资委党委负责考察、任命。纪委书记在任命前应征求区纪委意见。纪委副书记由公司党委提出人选、负责考察、任命，并报区国资委党委备案，任命前应征求区国资委纪委意见。

2. 区属国有企业的董事长、副董事长、总经理、副总经理、总会计师由区国资委党委或企业党组织提出建议人选，区国资委党委负责考察、研究同意后由区国资委任命或提出任命建议。

3. 划入区国资委管理的事业单位的主任、副主任及相应职务，由国资委党委提出建议人选、负责考察，研究同意后，由区国资委任命。

4. 区属国有控股(含相对控股)公司的董事长、副董事长、总经理、监事会主席，由区国资委党委提出建议人选、负责考察，研究同意后由区国资委分别向公司董事会、监事会推荐董事长、副董事长、监事会主席

人选；向公司提出总经理人选的建议。以上人员履行有关法定程序后，由有关企业党组织报区国资委党委备案。

5. 由区国资委向国有参控股公司派出国有股权代表，推荐董事、监事人选。董事、监事人选履行有关法定程序后，报区国资委党委备案。

6. 区属国有企业、集体企业党组织管理的领导人员，由企业党组织提出建议人选，经区国资委党委同意，企业党组织负责考察，研究确定后履行有关程序，并报区国资委党委备案。区国有参控股企业管理的领导人员履行法定程序后，由企业党组织报区国资委党委备案。

7. 区国资委党委管理的企业党组织书记、董事长、总经理、监事会主席，在酝酿人选时，应征求区委、区政府主管领导的意见；在确定人选前，应征求区纪委的意见。

8. 区国资委党委直属党组织所在单位的工会主席人选，由该单位党组织征求区国资委党委的意见后，依据《中华人民共和国工会法》选举产生，选举结果报区国资委党委备案。

中共北京市宣武区委
北京市宣武区人民政府
关于推进城市基层管理体制改革
和加强社区建设的意见

（2005 年 5 月 19 日）

为适应现代城市管理和经济社会发展的要求，进一步理顺城市基层管理工作的条块关系，转变政府职能，加强社区建设，建立职责明确、高效规范的城市基层管理体制，提高我区城市现代化管理水平，努力实现建设和谐宣武的目标，按照北京市第五次城市管理工作会议精神，现提出我区关于推进城市基层管理体制改革和加强社区建设的意见。

一、指导思想、基本原则和工作目标

（一）指导思想：

坚持邓小平理论和“三个代表”重要思想为指导，认真贯彻党的十六大和十六届三中、四中全会精神，坚持用科学发展观统领城市基层管理体制改革和社区建设工作，坚持科学执政、民主执政、依法执政的要求，以改革为动力推进各项工作，以转变政府职能为重点，以区街管理体制改革为突破，逐步理顺政府内部专业管理部门与街道办事处的条块关系，理顺政府管理和服务与社区民主自治的关系，加强城市基层管理的组织和制度建设，提高城市现代化管理水平，建设和谐宣武，推动我区物质文明、政治文明和精神文明共同进步。

（二）基本原则：

1. 坚持稳步推进的原则。推进城市基层管理体制改革，理顺政府内部专业管理部门与街道办事处的条块关系，既要积极主动，又要坚持稳妥。特别注意在改革中搞好新老体制的转换和衔接，保持工作的稳定性和连续性。有关部门要加强调查研究和组织协调，做到充分论证，切实可行。可以采取试点先行，确实取得成功经验后再逐步推开。

2. 坚持统筹兼顾的原则。推进城市基层管理体制改革，不要就改革论改革，要紧密结合基层工作发展的趋势，既着眼现在，又看到长远。要从整体上来研究思考城市基层管理的责任分工和工作任务，要统筹兼顾各政府专业部门正在进行的政府机构管理层级的设立和调整工作。既要着眼条块的具体领域，更要顾全全区工作的大局。

3、坚持精简高效的原则。转变政府职能，理顺条块关系，要合理调配现有人力资源，根据职责任务，本着精简的原则，做好岗位设置和人员配备，提高政府工作的效率。

4. 责任主体先行到位的原则。推进城市基层管理体制改革,涉及职能剥离划转的,要做好计划,分清步骤,明确时间,坚持采取新的责任主体先行到位的原则,避免改革过程中出现城市管理的空挡和混乱,对行政执法权的依法划转,必须按全市的统一要求进行。

(三)工作目标:

全面落实北京市第五次城市管理工作会议精神,加快推动政府管理与服务职能到位,市场机制和社会组织在公共服务领域作用的入位,社区民主自治功能的归位。逐步建立政府职能归属明确、政府各个主体权责清晰、条块机制紧密衔接的新体制,形成区级政府内部部门专业管理到底、街道办事处综合管理有力、社区自治管理充分的城市基层管理新格局。

二、工作任务

(一)逐步推进城市基层管理体制改革。

按照街道办事处"统筹辖区发展,监督专业管理,组织公共服务,指导社区建设"的职能定位,进行管理体制改革和推进机制创新,剥离街道办事处专业管理职责,对街道层面的政府管理机构进行整合。理顺街道办事处与政府专业管理部门工作关系,保证"条专块统"落实到位。

1. 对街道办事处内部部分科、站、队、所实行垂直管理。撤消街道办事处经济统计科,在街道辖区建立统计机构,划归统计局垂直管理。按照"人随编走,费随事转"的原则,将街道统计人员的编制划归区统计局,街道统计部门的经费纳入财政预算统一划拨给区统计局。街道办事处要为其提供办公场所并保留现有的办公设备。经济统计科的经济工作职能纳入街道办事处其他部门。

城管监察分队由区城管大队实行垂直管理。街道办事处主管城管工作的副主任不再兼任城管监察分队长职务。分队所需经费由区财政统一划拨给区城管监察大队。

街道的司法所划归司法局垂直管理。街道司法所的经费纳入财政预算统一划拨给区司法局。街道办事处要为其提供办公场所并保留现有的办公设备。

采取试点先行的方式,逐步撤消街道办事处劳动科。街道办事处劳动科劳动监察职能交由区劳动和社会保障局负责,其余业务工作和职能交由街道社保所负责。

城管监察分队和街道司法所纳入街道管理委员会成员单位,履行街道管理委员会成员单位在地区性工作中的职责任务,接受街道办事处和街道管理委员会的统筹协调、监督检查、考核评议。

根据社会发展的要求和基层城市管理工作的需要,逐步推进其它政府专业管理部门体制改革。

2. 对街道层面的政府管理机构进行整合。街道办事处在剥离专业管理职责的前提下,根据街道承担的职能,进行其内设机构的调整,减少与专业管理部门对应的科室,采取先行试点,取得经验,再行推开的方式,逐步在各街道实行"大科制",提高综合管理和组织公共服务的能力。

3. 逐步调整街道四项管理职能。逐步调整社会人员高考工作职能。社会人员高考工作职能划归区教委负责,街道办事处不再承担此项工作,涉及提取学生档案工作由街道社保所负责。

逐步调整环卫保洁职能。引入市场机制,逐步把街道办事处直接负责的地区保洁任务,交由具有专业资质的单位负责。街道办事处对地区的保洁质量负有监督检查的责任。提高道路保洁机扫率。

逐步调整绿化养护职能。把街道办事处直接负责的绿化养护工作,交由区园林局统一管理和养护。街道办事处对地区的绿化养护质量负有监督检查的责任。

逐步调整殡葬管理职能。把街道承担的殡葬管理工作逐步移交给区民政局,街道办事处承担《殡葬法》的宣传和信息工作。

4. 依法明确街道办事处有关职能。根据《北京市安全生产条例》的要求,在街道办事处内部明确负责安全生产监督管理工作的部门和人员,组织、协调、检查本地区安全生产工作,对生产安全事故隐患或者安全生产违法行为,及时向区安全生产监督管理部门和区政府其他有关部门报告。涉及水、电、气、热等专业监督检查工作由区安全生产主管机构负责。

5. 进一步改革基层服务模式和方式,大力推进基层公共服务。按照《中华人民共和国行政许可法》的要求,进一步完善和加强街道"一站式"办公大厅建设,实现专业管理和综合服务的有机结合。

加快发展社区公共服务事业,大力培育社区服务组织,多元化推进社区服务模式和方式。

(二)进一步加强社区建设。

按照完善城市居民自治,领导和组织广大居民依法有序地参与城市建设和管理,建设管理有序、文明祥和的新型社区的目标要求,进一步理顺社区民主自治与政府行政管理的关系,完善公民参与机制,规范社区工作,加强社区建设。

1. 大力推进和谐社区建设。和谐社区建设是构建和谐社会的重要切入点。要积极探索以服务群众为重点、以居民自治为方向、以维护稳定为基础、以文化活动为载体、以党的领导和党的建设为关键适合我区的和谐社区工作,努力建设管理有序、服务完善、环境优美、文明祥和的新型社区,为实现和谐宣武建设奠定坚实基础。

2. 推进委办局的职能转变工作。加快推进与街道和社区工作密切相关的文化、教育、体育、人口与计划生育、科学普及等部门的职能转变工作,加大职能部门对街道工作和社区工作的支持力度。

3. 加强对社区工作的指导和支持。建立全区局处级领导干部联系社区制度,加强对社区工作的指导。建立区委区政府委办局及其所属单位与社区对口支持的关系,密切党和政府与社区的联系。

4. 进一步规范进社区工作。建立社区工作"准入"制度,严格控制各部门在社区建组织,向社区派任务,进一步减轻社区居委会的行政负担。

5. 规范社区协管工作。对社区协管员的工作进行梳理和核定,规范社区协管员招用制度,加强社区居委会对社区协管员工作进行监督管理的指导力度。

6. 加强基层干部队伍建设。进一步向街道选派优秀干部,加强街道干部队伍建设,加强街道和社区建设工作。选派副处级后备干部到社区进行锻炼,加强对社区党建工作和社区自治工作的指导。

7. 进一步加强社区工作者队伍建设。改善社区工作者待遇,建立社区专职工作者比较稳定的工资增长机制和工作奖励机制。加强对社区工作者的培训。

8. 进一步加大对社区工作的投入。大力推进社区居委会办公用房和活动场所的建设和整合,使我区的社区办公用房和活动用房的使用质量进一步提高。适当提高社区居委会办公和活动经费,为社区工作提供保障。

(三)进一步加强街道的统筹和监督机制建设。

按照加强街道综合统筹和监督管理职能的要求,进一步完善有利于街道统筹辖区发展和协调地区管理事务的机制,完善有利于区街工作科学合理协调的机制,完善有利于街道考核和监督的机制。

1. 完善街道管理委员会工作机制。加强街道办事处对管理委员会成员单位的统筹协调、监督检查和考核评议工作,提高街道统筹辖区发展和监督专业管理的能力。

2. 转变考核方式。街道党工委和办事处的工作,由区委区政府统一组织考核和监督,政府专业管理部门不再对街道办事处发展经济、城市管理、社区建设、社会事业和社会保障、社会治安综合治理、精神文明建设、党建等工作进行专项工作的考核评比。

3. 健全监督方式。健全街道办事处监督评议政府专业管理部门工作的机制。通过社区会议等方式开展对政府专业管理部门的评议工作,加强对政府专业管理部门的监督。

(四)切实加强街道、社区党建工作。

认真贯彻落实中央、市、区精神,按照领导和服务于城市基层管理改革的要求,切实加强街道和社区党的建设工作。

1. 认真贯彻落实中央精神,努力实现街道、社区党建工作的"五个好"。要认真贯彻落实《中共中央组织部关于进一步加强和改进街道社区党的建设工作的意见》,坚持党的群众路线,进一步建立健全社区服务体系,大力开展社区服务活动,及时调整、健全社区党组织,充分发挥在职党员在社区建设中的模范带头作用,扩大党的工作覆盖面,努力实现街道、社区党建的领导班子、党员干部队伍、工作机制、工作业绩、群众反映"五个好"的目标要求。

2. 继续实施"增三力"工程,进一步完善"三个机制"。要进一步重视发挥街道和社区党建协调委员会和分会的作用,加强党建协调委员会监督机制建设,全面推进"增三力"工程。要加快推进2004年我区牵头组织召开的"城市社区党建工作研讨会"成果的转化工作,充分借鉴各城市社区党建的好做法,进一步完善我区社区党建的领导机制、服务机制和联动机制,切实增强街道、社区党组织的凝聚力、战斗力和创造力,发挥党员的先锋模范作用。

3. 创新街道党工委的工作方法和活动方式。要以适应街道"统筹辖区发展,监督专业管理,组织公共服务,指导社区建设"职能定位为方向,创新党的工作方法和活动方式,发挥街道党工委在深化城市基层管理体制改革中的核心作用。

4. 加强党对社区自治工作的领导。党工委要加强对社区党的工作和社区民主自治工作的领导。要利用党的组织优势和密切联系群众的优势,探索建立社区事务听证制度、居民代表提案制度、居务公开制度和社区事务通报制度,动员和组织居民参与社区事务的管理与监督,建立经常性、规范化的社情民意反馈和群众利益表达机制。

三、工作安排

(一)制定方案。区委、区政府要专门制定落实上述意见的"折子工程",各相关部门和各街道要紧密结合实际,严格按照"折子工程"的要求,加快制定落实方案。

(二)审批方案。各相关部门和街道制定的改革方案要经过区委、区政府的审批后方可实施。

(三)组织实施。方案一经审批,各相关单位要保质保量地完成工作任务。各项工作任务要按照区里下发的折子工程的要求时限完成。

四、工作要求

(一)统一思想,提高认识。推进城市管理体制改革是我区加强城市现代化管理的重要任务,是我区基本率先实现现代化的有力保障,实现"新北京、新奥运、新宣武"战略构想的重要举措。区委、区政府各个部门和各街道,要认清形势,加强沟通。统一对城市基层管理体制改革势在必行的思想,提高对城市基层管理体制改革的认识。要把推进城市管理体制改革和加强社区建设工作同我区正在进行的保持共产党员先进性教育紧密结合起来,从大局出发,统筹规划,确保城市基层管理体制改革顺利进行。

(二)充分调研,稳妥推进。区委、区政府各有关部门和街道要认真开展调研,制定切实可行的方案。要根据区情,稳步推进,必要时先行试点,重点突破,探索出路子,取得经验后,再全面推开。要积极征求上级主管部门的意见,争取市区各相关部门的支持。要广泛听取各方面的意见,认真处理好城市基层管理体制改革和基层各项事业发展与保持稳定的关系。

(三)加强领导,精心组织。区城市管理体制改革和社区建设领导小组及办公室要加强对各项改革任务的领导、组织、协调和指导。各相关部门和各街道要建立主要领导负责的责任制,成立主要领导挂帅的工作机构,明确主抓领导和责任部门,认真谋划,精心组织实施,创造性的开展工作。

(四)明确责任,加强配合。区委、区政府各部门和各街道要明确和认清各自在改革中的责任和承担的任务,一项改革工作涉及几个部门的,各部门要加强配合,注意从全区工作的大局出发,都要为改革创造条件,不充许出现任何推卸推诿责任、不配合全区改革工作的现象。

(五)服从大局,做好衔接。全区各部门和各街道都要树立大局意识,服从服务于改革的大局,严格执行区委、区政府关于改革的决定,做到局部服从整体、下级服从上级、个人服从组织。要注意做好涉及改革部门人员的思想工作。涉及体制和机制改革的,在新的责任主体尚未到位之前,要保证工作的正常开展,做到人员思想不散、工作秩序不乱、管理服务不断,特别注意避免出现工作上的失控和管理上的真空。对于工作上失职渎职、贻误工作的部门和人员要严肃处理。

关于深入开展社区教育创建学习型城区的实施意见

(2005 年 5 月 17 日)

为进一步贯彻实施首都在全国率先基本实现教育现代化,初步构建起与社会主义市场经济和社会事业发展要求相适应的现代教育体系,根据《北京市人民政府办公厅转发市教委关于加快发展社区教育意见的通知》(京政办发〔2001〕51 号)和《关于开展创建学习型城区工作的通知》(京教职成〔2004〕24 号)精神,结合我区实际,制定本实施意见。

一、指导思想

党的十六大报告明确指出,要"形成全民学习、终身学习的学习型社会,促进人的全面发展"。在此精神指导下,以《首都教育 2010 发展纲要》和《关于开展创建学习型城区工作的通知》为依据,从宣武区的经济、社会发展和建设现代化大都市的实际出发,深入开展社区教育,促进人的全面发展,创建学习型城区。加强引导社区成员逐步确立终身学习的理念,以创建各类学习型组织为切入点,以坚持教育体制改革、优化开放各种教育资源、健全社区教育制度、建立与可持续发展相适应的社区教育运行机制为重点,加快实现各级各类教育之间的相互沟通和衔接。努力构建具有首都特色的社会化、开放式,各种教育形式和类型相互包容、相互融合的终身教育体系,为全民学习,终身学习创造条件。

二、总体目标和具体目标

总体目标是:构建终身教育体系,创建学习型社会,到 2008 年我区学习型城区初步形成。学习型城区建设是我区今后一个时期的一项重要任务,对于加强区域社会经济发展,促进三个文明建设具有极其深远意义。创建学习型城区就是在大力发展基础教育的同时，积极发展职业教育、成人教育、社区教育、家庭教育，积极鼓励支持民办教育，形成职前、职后教育为一体，学历教育、非学历教育、正规教育、非正规教育并存的格局，为社会各成员提供多形式、多层次、多类别、多次受教育的机会，以满足其时时、事事、处处学习的需要。

具体目标是：

（一）积极发展成人高等教育。继续办好宣武红旗业余大学、北京电大宣武分校和宣武老龄大学，以地区经济和社会发展对人的需要为目标，调整专业设置，采取面授、函授、远程教育等多种手段，为满足地区市民多样化教育需求服务，学历与非学历教育培训量达1万人次。使学校居于全市成人高校的先进行列。

（二）大力开展社区教育。继续加强和完善社区学院总院和8个街道社区分院的建设，积极开展市民和流动人口培训，形成政府引导、社区各单位积极参与，市民自愿参加的运行机制。市民参与社区教育活动年均达20万人次，全区文体教育设施开放率达到100%。

（三）实施人才强区战略，深入开展职工教育。积极开展管理干部资格培训、专业技术干部继续教育、职工全员培训，全面提升员工队伍素质。各机关团体、企事业单位实现新增劳动力平均受教育年限达15年左右，从业人员平均受教育年限超过12年，职前培训率达到90%以上，从业人员在职培训参与率达到70%以上。

（四）鼓励支持民办教育。全面贯彻《民办教育促进法》，对民办教育，采取积极鼓励、大力支持、正确引导、依法管理的方针，顺应市场规律，加强宏观调控，做到布局合理、专业齐全，年培训量达到15万人次，鼓励民办教育积极参与社区教育，增加教育的覆盖面，使其成为创建学习型城区的重要载体。

（五）积极推进各类学习型组织建设。开展创建学习型社区和学习型组织是构建学习型城区的基础，分行业分系统开展创建各种学习型组织活动，树立典型，带动工作，营造学习的氛围和环境，为最终建成学习型城区奠定基础。

（六）依托社区，加强和改进青少年思想道德建设。全面贯彻《中共中央国务院关于进一步加强和改进未成年人思想道德建设的若干意见》，以街道为牵头单位，建立青少年社会实践基地，尊老爱幼，促进家庭、幼儿园、学校、社区德育活动的有效配合，注重校内外德育工作的结合，动员社会各方力量在德育工作中形成合力，切实 创造良好的育人环境和氛围。2005年选派教师到社区开展工作。

三、职责和任务

构建终身教育体系，创建学习型城区，是一项庞大的社会系统工程，需要各部门、各单位的通力合作。因此，各级领导和教育工作者，要具有创新精神和先进的教育理念，提高对创建学习型城区的认识。依据各部门承担的任务，重新对社区教育委员会各成员单位职责进行分解，各负其责，通力合作。

为满足人民群众多层次需求，针对不同群体，开展灵活多样的培训活动，其要点如下：

（一）为婴幼儿提供优质、均衡的正规教育。市立幼儿园以所在社区为依托，积极探索家、园、社区一体化教育模式，重点开展0-3岁早期教育的研究，朝着“逐步实现幼托一体，完善依托社区的学前教育网络”的方向发展。

（二）特殊教育工作。在深化教学改革、加强队伍建设、提高教科研水平、职业技能培训上，我区形成了自己的办学特色，在此基础上，力争实现残疾儿童、少年100%接受相当于高中阶段教育的目标。

（三）积极发展民族教育，形成区域特色。在办学过程中，发挥民族学校和市民学校的作用，开展丰富多彩的具有民族特色的教育培训活动，满足民族地区各族人民的多种需求，促进地区社会稳定和经济繁荣。

（四）全面提高基础教育质量，促进基础教育均衡发展，满足全区人民接受高标准、高质量义务教育的需求。要建设一批在全市乃至全国颇有影响的具有相当规模、具有现代化设施的高水平的中小学校，扩大优质教育的服务范围。

（五）优化配置职业教育资源。建设上规模、上档次的中等职业技术教育实体，充分发挥成人教育、民办教育机构的作用，为在岗、下岗、失业、岗前、转岗等人员提供多门类的职业技术教育培训。

（六）大力开展市民培训。充分发挥街、居两级文明市民学校作用，开展丰富多彩的非学历短期培训，为社区居民提供多样、便捷、形式灵活的服务，开展社会文化生活、职业技能、休闲娱乐、社会公德等各项培训，提高市民素质，促进精神文明建设。

（七）深化学校教育改革，促进全区所有教育资源更加开放，国民教育学校学习资源和设施在课外时间向社会公众开放时间每周超过15小时，充分发挥教育资源的作用。

（八）充分利用政府文化机构的设施，面向市民开放。区域内的图书馆、文化馆、艺术馆、科技馆、博物馆、美术馆、少年宫、少年之家等是开展终身学习活动的重要阵地，应成为市民学习科学，提高科学素养的大课堂,要制定开放计划,为辖区市民服务。

(九)加强校外活动站的建设和管理。利用街道和居委会文化教育设施,积极组织青少年开展社会教育和公益活动,促进学生德、智、体、美全面发展。

(十)大力推进学习型组织创建活动。各行业、各系统要稳步推进学习型组织的创建工作,提高认识,制定规划,开展试点,稳步推进。经过五、六年的发展,使全区创建活动初具规模。为此,要按系统开展评比,推进工作,为创建学习型城区奠定基础。

(十一)要建设一支社区教育工作者队伍。为满足社区教育发展的需要,要建立区、街二级专、兼职师资库,扩大社区教育志愿者队伍,积极落实从教育系统选派教师到街道开展社区教育。

(十二)全区各机关、企事业单位要树立人力资源是第一资源的观念,大力开展成人教育,实施科教兴国,人才强企战略。根据各单位的实际情况,在结合创建各种学习型组织的活动中,有针对性的开展职工培训,以提高职工培训的效果。各部门的教育经费要足额提取,专款专用。管理人员、专业技术人员以及全体员工学历达标、专业技术职务配比,员工持证上岗符合行业主管部门的规定,能满足本部门事业发展的需要。

(十三)鼓励支持民办教育,满足市民对各类培训的需求。民办教育机构要以社区为舞台,依托市场,形成专业门类齐全、培训内容丰富的办学体系,深入社区,服务社区,为人的全面发展和丰富市民文化生活提供服务。

(十四)总结实践经验,加强理论研究。注重社区教育理论研究工作者队伍建设,定期推出调研题目,社区与成人教育工作者要在自己的工作实践中,边总结,边研究,边提高,要充分发挥社区学院总院和区成人教育协会的作用,开展论文评选、交流,出版论文集,做好经验交流、理论推广以及咨询服务工作。

四、健全保障体系

(一)完善组织保障。区社区教育委员会负责创建学习型城区工作;由区委、区政府主要领导任主任,成员由有关委、办、局、街道办事处和群众团体负责人组成。区社区教育委员会下设办公室,成员单位由区文明办、区教委、区民政局、区财政局、区街道办、区妇联等部门联合组成。区社区教育委员会建立联系会议制度,办公室设在区教委,承担日常工作。

各街道要健全各有关职能科室和驻辖区教育资源单位参加的社区教育委员会,统筹街道社区教育工作,并确定主管科室、配备专职干部负责日常工作,业务上接受区社区教育办公室的指导。各社区居委会要建立主任统一领导、各位副主任分工负责、主管青教的主任直接管理的领导体制。各机关、团体、企事业单位要加强对职工教育的领导。各部门、各单位要将职工教育纳入企、事业发展规划,成立职工教育领导小组,确定主管领导,明确主管科室,并有专人负责。

(二)健全培训服务支撑网络。完善宣武社区学院总院、各街道分院以及居委会市民学校建设。发挥红旗业大、电大分校以及驻区成人高校的作用,通过面授、函授和远程教育等多种途径,为本区培训中高级人才服务,并且与各街道社区分院相衔接,延伸到各居民委员会市民学校,逐步形成融学历教育、职业教育、居民文化生活教育于一体的培训服务支撑体系;同时,要加强对社区教育的理论研究、师资培训,加强对街道社区教育的指导。要健全、完善各类专向培训中心的建设。充分发挥区属各业务主管部门领导下的专业培训中心的作用(如计划生育、家教、特教、流动人口教育、职业技术培训、法制教育、老龄教育等),各中心要在其上级部门的指导下,制定规划,完善制度,推进培训,成为各行业专业性的教育培训横向网络。要充分利用网络教育优势,加强电大远程教育中心作用,加强区街社区教育网站建设,为创建学习型城区搭建平台。

(三)完善制度建设。发展社区教育,创建学习型城区是时代赋予我们的一项崭新任务,需要我们更新观念,不断探索,在发展中不断完善。因而各级组织要在加强培训、经费投入、检查等各项制度的建设中不断完善。

(四)加强经费投入。每年区财政应按照《北京市发展社区教育促进学习型城区建设基本标准》(即常住人口与流动人口年人均不低于1元的标准)要求,保障社区教育专项经费。市、区对社区教育实验项目的经费投入,各街道安排的社区教育经费或收到的赞助款等,都要全额用于社区教育工作的开展。企事业单位职工教育经费要按国家文件规定,足额提取,专款专用,保障职工教育的发展。

(五)加强对创建活动的检查指导。大力发展社区教育,是创建学习型城区的基础性工作,需要各部门的通力协作和高度重视。第一,各单位要依据市、区教委制定的有关评估指标体系,制定规划,稳步推进;第二,由区社区教育办公室负责推动全区创建工作,抓好典型,表彰先进,全面带动学习型城区建设;第三,由区督导室组织有关专家开展社区教育的督导评估工作;第四,社区教育要纳入人民代表的法律监督、政协委员的民主监督,形成合力,推进创建工作的深入发展。

中共北京市宣武区委关于制定宣武区国民经济和社会发展第十一个五年规划的建议

（2005年11月2日中共北京市宣武区委九届四次全会通过）

根据党的十六届五中全会审议通过的《中共中央关于制定国民经济和社会发展第十一个五年规划的建议》和中共北京市委九届十次全会审议通过的《中共北京市委关于制定北京市国民经济和社会发展第十一个五年规划的建议》，中共宣武区委九届四次全会，结合宣武区实际，就制定《宣武区国民经济和社会发展第十一个五年规划纲要》，提出以下建议。

一、紧紧抓住发展的战略机遇，实现区域经济社会的新发展

“十一五”时期发展的基础。“十五”时期的五年是宣武区经济和各项社会事业全面发展的五年。在市委的正确领导下，区委团结率领广大党员干部和全区各族人民，全面贯彻“三个代表”重要思想，加快落实科学发展观和建设和谐社会两大治国方略，按照“新北京、新奥运”战略构想的要求，大力实施城市建设带动、结构优化升级、科教文化兴区三大战略，解放思想、求真务实、与时俱进、开拓创新，全区改革开放和现代化建设进入新阶段。回首五年，区域经济快速发展，城市建设扎实推进，城市管理水平显著提高，改革开放不断深化，各项社会事业蓬勃发展，精神文明和民主法制建设水平不断提升，党的执政能力不断增强，人民生活水平持续提高。全区人民经过五年的努力奋斗，实现了“十五”计划提出的奋斗目标，为宣武区“十一五”时期的快速发展奠定了良好基础。

“十一五”时期面临的形势。党的十六届五中全会和市委九届十次全会对“十一五”时期我们所面临的发展形势作了精辟的分析。今后五年，首都北京将迎来2008年奥运会和建国60周年，不仅给首都经济社会发展带来重要机遇，也对首都各项工作提出了更高的标准和要求。宣武区作为首都北京的中心城区，经济和社会发展将面临一个机遇与挑战并存的环境。我们必须从全国、全市经济社会发展的大局出发，对区域发展的机遇和挑战进行全面分析。

今后五年，宣武区的发展将面临难得的战略机遇，区域经济社会将经历一次大发展。落实北京城市总体规划和市委、市政府向南城政策倾斜的有利条件，将推动宣武区按照首都功能核心区的要求，逐步成长为国家新闻媒体聚集地和传统商业区，为区域发展带来难得的政策机遇；北京文化产业大发展和文化需求大提升的有利形势，将推动宣武区充分发挥宣南文化发祥地的区域特色，为文化事业和文化产业的发展创造不可多得的有利条件；国际产业转移和国内区域协作的加强，将推动宣武区依托良好的区位优势，在更高层次和水平上参与区域间的协作，为优化产业结构和空间布局营造良好的外部环境。

与此同时，区域发展还面临着许多挑战，地区间竞争日趋激烈，全市经济社会发展重点功能区布局我区优势不突出，南北城发展差距进一步拉大的趋势未能根本扭转，我区具有带动力和影响力的功能街区尚未完全建成；区域经济总量和增长质量与首都中心城区的发展要求不相适应，人口、资源和环境之间的矛盾较为突出；古都风貌保护与改善人居环境的要求不断提高，危旧房改造和城市建设的难度不断加大；随着各项改革的不断深入、产业结构的不断调整完善，失业、再就业和社会保障压力不断增大；社会转型造成利益冲突的多样化和社会矛盾的复杂化，影响稳定的因素呈增多趋势，社会管理和公共服务的要求不断提高等等。这些都是我们在制定和实施“十一五”规划中必须高度重视、清醒面对和妥善处理的问题。

“十一五”时期的历史任务。按照“新北京、新奥运”的战略构想和北京实施“新三步走”的要求，“十一五”时期全区的主要历史任务是基本实现现代化。围绕这一历史任务，“十一五”时期全区在经济、社会等各个领域要实现新的发展。区域经济迈上新台阶。经济结构不断优化，总部经济持续增强，增长方式切实转变，创新能力显著提高，经济实力、发展活力和综合竞争力不断提升，地区生产总值年均增长9%。城市建设取得新进展。道路交通和市政基础设施不断完善,城市空间布局逐步趋于合理,城市承载能力显著提升,城市管理手段和模式不断创新,居民居住条件和区域人居环境明显改善。人民生活达到新水平。各项社会事业全面发展,就业和社会保障制度逐步完善,促进劳动者充分就业,确保居民可支配收入不断增长,居民物质文化生活水平不断提高,生活品质持续改善。文化建设取得新成果。文化事业进一步繁荣,文化产业加快发展,精神文明建设取得新进步,广大市民文明素质显著提升,宣南文化进一步弘扬,古都风貌保护工作取得明显成效。社会管理得到新加强。社会管理体制基本完善,社会发展活力不断激发,社会公正度明显提高,社会治安综合治理和民主法制建设进一步加强,公共服务和安全稳定水平达到2008年成功举办奥运会的基本要求,努力构建和谐宣武。

二、以科学发展观为指导,构建经济社会发展的新格局

"十一五"时期是宣武区全面贯彻落实科学发展观,构建社会主义和谐社会,推动现代化建设全面进步的关键时期,全区经济和社会发展要适应新形势,迎接新挑战,开创新局面,再上新水平。

"十一五"时期全区经济和社会发展的总体要求是:坚持以邓小平理论和"三个代表"重要思想为指导,坚持党的基本路线、基本纲领、基本经验,全面贯彻落实以人为本的科学发展观,按照北京城市总体规划的要求,大力实施重点街区带动、主导产业聚集、科教文化强区、环境优化提升战略举措,加快传媒聚集区、商贸服务区、文化旅游区、都市宜居区建设步伐,努力实现首都功能核心区的基本功能,初步建成区域经济繁荣、人民生活富裕、文化特色鲜明、城市环境优美、社会管理有序、民族团结进步、地区和谐稳定的现代化首都中心城区。

"十一五"时期全区经济和社会发展的总体架构是:重点打造广安大街与宣外大街、菜市口大街交汇形成的"金十字"核心骨架,集中体现现代化首都中心城区的城市特征,充分展现"新北京、新宣武"的城市形象;通过统一规划、分步实施、整体推进、重点突破,努力构建支撑区域经济、社会发展的"一四二"战略布局。"一":整体打造交通便利、环境优美、市政基础设施及公共服务体系完善的广安大街,使其成为衔接各个重点发展地区、促进各类发展要素有序流动、合理集聚的核心纽带;"四":重点建设沿广安大街两侧依次分布的四个重点功能区,即传统商业服务和文化旅游产业发达的大栅栏－琉璃厂文化商业区,以国际传媒大道为重点、具有较强辐射力、带动力的传媒聚集区,集办公、文化、娱乐等多功能于一体、企业总部汇集的现代化、数字化广安门商务区,现代流通产业聚集、电子商贸发达、特色品牌突出的马连道采购中心区;"二":加快建设两个特色街区,即民族特色经济繁荣、民族文化氛围浓郁的牛街民族特色街区,宣南民俗文化特色鲜明,融人文、商业、服务于一体的天桥民俗特色街区。总体思路是:以重点区域快速发展推进主导产业集聚、总部经济壮大、人文特点突出、特色经济繁荣,引导资金、技术、人才等发展要素有效汇聚,培育具有强大带动力的新经济增长点、增长带,带动区域全面、快速、协调、可持续发展。经过五年的努力,初步形成空间布局合理、发展重点突出、区域特色鲜明的区域经济社会发展新格局。

"十一五"时期全区经济和社会发展的战略举措是:重点街区带动,充分利用有限资源,在妥善保护古都风貌的同时,大力推进重点街区的改造和建设,促进资金、技术等发展要素的合理流动,带动全区经济社会全面发展、城市功能迅速提升和人居环境不断改善,努力实现经济发展与社会进步、风貌保护与城市建设的有机统一;主导产业聚集,充分发挥地区优势,积极引进集团总部,引导主导产业向区域聚集,缓解资源矛盾,促进经济结构优化升级,推动形成适合中心城区特点的经济发展模式;科教文化强区,充分发挥区域文化资源优势,优先发展科技、教育,大力发展文化事业和文化产业,积极引进和培养各类人才,努力将丰富的科教、文化资源优势转变成地区发展优势,推动区域经济社会可持续发展;环境优化提升,加快推进各项综合改革,大力发展社会事业,加强社会管理,完善公共基础设施和公共服务体系,优化区域发展环境,进一步增强以环境促发展的能力,提升区域综合竞争力。

按照北京城市总体规划的要求和首都功能核心区的定位,经过五年的努力,把宣武区初步建成新闻媒体聚集、传媒及相关产业辐射力强的传媒聚集区;传统商业、现代服务业繁荣发达的商贸服务区;体现宣南文化特点和时代精神的文化旅游区;环境优美、设施齐全、生活便利、民族和睦、安全稳定的都市宜居区。

圆满完成"十一五"期间的各项任务,实现基本实现现代化的奋斗目标,必须围绕宣武区经济社会发展的总体要求、发展思路和战略重点,用科学发展观统领区域发展全局,牢牢把握好以下五个方面:

1. 坚持发展是第一要务,努力保持区域经济持续快速发展。按照建设首都功能核心区的要求,结合区域特点,聚精会神搞建设,一心一意谋发展,以科学发展观为指导，认真落实中央加强宏观调控的各项措施，在提高经济增长速度的同时，更加注重经济运行的质量和效益，优化产业结构，加快培育新的经济增长点；以重点功能街区建设为依托，以培育具有核心竞争力的产业集群为重点，妥善处理好人口、资源、环境的关系，不断增强发展后劲，实现经济快速、健康和可持续发展。

2. 坚持统筹协调，大力推进经济、政治、文化、社会四位一体建设。更加注重统筹协调，建立促进经济、政治、文化与社会协调发展的新机制。切实加强社会主义精神文明建设，不断提高广大市民的思想道德水平和科学文化素质，加快发展各项社会事业，进一步提高人民生活质量和水平；坚持和改善党的领导，推进民主政治建设，加快推进依法治区，使广大群众的基本权利得到有效保障；深入研究社会管理的规律，加强社会建设与管理，正确处理人民内部矛盾，提高社会管理和建设水平。

3. 坚持改革创新，不断提升区域发展活力和综合竞争力。加快体制创新、科技创新和管理创新，以创新带动区域经济社会的新发展。围绕加强政府的经济调节、市场监管、社会管理和公共服务职能，加快推进政府管理模式和管理手段创新；继续坚持市场化改革方向，进一步完善社会主义市场经济体制。大力实施科技创新和人才强区战略，发挥科技第一生产力的作用，推动经济增长方式转变，提升区域发展的现代化水平和可持续能力。运用现代化管理理论和管理手段，推进公共管理领域的电子化、信息化进程。

4. 坚持和谐发展，全力维护区域政治稳定、社会安定。进一步强化稳定是第一责任的意识，增强维护社会稳定、建设和谐宣武的责任感和紧迫感，切实担负起维护区域政治稳定、社会安定的重大责任。准确把握新形势下经济和社会利益分配格局变化的特点和规律，积极探索建立公平、公正、合理、有效的利益协调机制；不断完善维护稳定的领导体制和工作机制，积极研究化解矛盾的方式方法，认真落实处理人民内部矛盾的各项责任制，逐步把人民内部矛盾的处理工作纳入制度化、规范化、法制化轨道；不断完善社会治安防控体系，加快推进平安宣武、平安街道、平安社区建设，保障广大人民群众安居乐业。

5. 坚持以人为本，切实维护好、实现好、发展好人民群众的切身利益。坚持以人为本，以代表最广大人民群众的根本利益为出发点，不断满足人民群众日益增长的物质文化需求。把人的全面发展贯穿始终，把解决好涉及群众切身利益的实际问题作为一切工作的立足点，把改善人民生活作为全区的中心任务。始终坚持执政为民，牢固树立“群众利益无小事”的观念，努力为民办实事、办好事，全心全意、群策群力，不断提高人民群众的生活质量和水平。

三、围绕基本实现现代化的奋斗目标，全面完成“十一五”时期的各项任务

实现“十一五”时期的发展目标，必须按照科学发展观的要求，着重研究和解决关系全区发展大局的战略性、宏观性、政策性和可操作性的重大问题，走符合宣武区情的科学发展之路，努力完成以下八个方面的主要任务：

（一）加快转变增长方式，不断增强综合经济实力。

坚持发展是第一要务，妥善处理好资源有限性和区域可持续发展之间的关系，走科技含量高、经济效益好、资源消耗低、环境污染少、人力资源较好发挥新型发展道路，努力建设节约型城区，推动区域可持续发展。

优化提升产业结构。按照首都功能核心区的要求，结合区域发展特点，优先发展现代服务业，逐步形成以服务经济为主的产业结构。重点发展以信息传媒、特色旅游和文化产业为主导的文化传媒业；以提升区域整体服务水平为目标，大力发展以金融保险业、中介服务业为重点的商务服务业；以现代技术整体提升传统商业，加快发展以购物中心、品牌专卖、电子商贸等现代商业为主要形式的现代商贸业；以增强社区服务功能为核心，与促进增长、方便生活、扩大就业、建设宜居城区等方面有机结合，稳定发展社会服务业。充分考虑到土地资源缺乏的实际情况，立足于为区域发展拓宽空间，服务区域发展，适度发展房地产建筑业。逐步构建产业集聚、布局合理、环境优化、功能集成的现代产业发展格局，为区域经济发展提供强大、持久的推动力。

集约利用能源资源。提高资源综合利用效率，切实推动经济增长方式转变。坚持开发节约并重、节约优先，按照减量化、再利用、资源化的原则，推广使用有关资源节约和循环利用的先进技术，推广应用新工艺、新设备和新材料，逐步建立以低消耗、低排放、高效益为基本特征的经济增长模式；严格土地管理和土地供应，提高土地资源的利用效率，努力做到集约开发利用，促进人口、土地、资源、环境协调发展。强化资源节约、集约使用观念，促使全区形成节约意识和节约风气，努力建设集约增长、产业优化、资源节约、环境舒适、持续发展的节约型城区。

大力发展总部经济和特色经济。依托首都中心城区的区位优势，加大区域经济资源的整合力度，不断完善公共基础设施和服务体系，优化投资环境，积极吸引企业集团总部入区驻户,引导人才、技术、管理等资源向区域聚集,不断发展壮大总部经济。发挥总部经济的产业带动和辐射效应,积极扶持培育中小企业发展,完善中小企业服务体系,提升各类中小企业的整体素质,提高其参与市场竞争的能力。引导促进特色经济发展,鼓励支持特色品牌企业和老字号企业发展壮大;开发民族特色商品和特色服务,积极促进民族特色经济发展壮大;大力培育名店、名企、名牌、名街,使宣南文化和民族特色的资源优势转化为区域经济发展的品牌优势和市场优势。

(二)大力发展社会事业,着力提升区域公共服务功能。

按照以人为本的要求,大力发展社会各项事业,不断完善与社会主义市场经济发展水平相适应的、促进经济社会协调发展的公共服务体系,努力构建面向基层、覆盖全域、功能完善、分布合理的公共服务布局,切实提高区域公共服务能力。

加快推进教育现代化。坚持现代化发展方向,牢固树立以素质教育为核心的正确教育观,不断优化教育结构,整合区域教育资源,推进教育均衡化发展,确保市民公平受教育的机会,促进各级各类教育协调、持续、健康发展。大力发展基础教育,推进中小学办学条件标准化、现代化,深化教育教学改革,大力实施素质教育,不断提高区域教育教学质量,全面提高义务教育水平。整合区域职业教育资源,大力扶持发展职业教育,加强各类技能培训和继续教育。以社区为依托,积极推进校外教育和社区教育,构建社区、学校和家庭三位一体的终身教育体系,努力建设学习型城区。按照适当超前、优先发展的原则,不断增加公共财政对教育的投入,推动教育事业与区域空间布局、人口分布和产业发展相协调,保证人人享受优质教育资源,努力打造首都教育强区。

发展卫生体育事业。不断完善公共卫生服务体系,建立健全疾病预防控制体系、传染病疫情报告体系、公共卫生事件医疗救治体系、卫生监督体系和针对突发公共卫生事件的应急机制;加强对区属公立医院的管理和服务,积极创建人民满意医院;不断完善医疗服务网络,建立健全有效的基层卫生服务管理和运行机制,努力实现"大病进医院、小病到社区"的目标。保证市民公平享受医疗卫生服务的机会,切实提高区域公共卫生服务水平,不断满足人民对优质卫生服务的需求。大力发展体育事业,积极推进全民健身计划,开展全民健身运动,增强人民体质;加快区体育中心、社区健身中心等公共设施建设,健全全民健身服务体系,加快发展竞技体育,积极推进体育事业发展,切实提高区域公共体育服务水平。

完善社区服务体系。坚持社区服务面向群众的原则,拓宽社区服务领域,营造清洁、方便、安全、舒适的生活环境。积极推进社区服务配套设施建设,培育餐饮、商业、家政等社会化服务组织,重点解决群众日常生活不便的问题。建立健全社区卫生服务体系,加快推进社区卫生服务中心和社区卫生服务示范站建设,提高社区医疗服务水平。不断完善学前教育网络,加快推进社区公共文化基础设施建设。广泛开展社区福利服务,积极强化老年服务,解决"老幼孤残"等特殊群体的生活困难。推进社区双向就业服务机制,促进社区就业。

提升公共安全水平。把维护公共安全作为一项重要任务常抓不懈,坚持"平战结合、平灾结合、以防为主、快速反应、措施有效"的指导原则,不断完善区域减灾应急体系,建立健全突发公共安全事件、重大自然灾害的预警和应急机制。进一步健全安全生产监督管理体制,落实安全生产责任制,加强安全生产设施建设;落实消防安全责任制,进一步建立健全食品监管机制,落实监管责任,增强消防安全和食品安全的控制力;严格安全执法检查,及时消除影响公共安全的重大隐患,有效防止重大安全事故的发生,提高区域综合防御能力,确保国家和人民群众生命财产安全。建立健全以"巡逻、社区、治安、内保"为主体的社会治安整体防控网,加强社会治安综合治理,推进基层平安创建,提高科技创安水平,严厉打击各种犯罪活动,切实增强群众的安全感。

(三)切实加强社会管理,不断提高区域社会组织动员能力。

按照落实科学发展观、构建社会主义和谐社会的要求,坚持以人为本,以维护社会公平公正为目标,以调节社会矛盾和平衡利益为重点,建立责权明确、调控有力、运转高效的社会管理体制,努力提高社会管理水平和组织动员能力。

创新社会管理模式。进一步健全基层组织,完善社会管理服务体系,加强对各类社会组织的管理和监督,充分发挥社会自治组织协调利益、化解矛盾、排忧解难的作用,充分发挥社团、行业协会和社会中介等民间组织提供服务、反映诉求、规范行为的作用,逐步形成政府主导、社会协同、公众参与的社会管理体制、运行机制和服务体系。实现政府职能归位、市场机制入位、居民自治到位。运用现代信息技术,整合社会管理资源,重点解决社会管理中条块分割、资源分散、职责不清、管理缺位等难题,提高管理效率,节约管理成本。加快推进信息化城市管理系统的建设,不断完善网格化城市管理模式,切实提升城市管理水平。

完善管理机制体制。牢固树立以人为本的思想,从整体上把握改革、发展、稳定三者之间的关系，加强对新时期各种不稳定因素的分析研究，积极探索建立健全有利于提高社会公共管理水平的长效机制。认真分析研究新形势下利益协调工作的特点、规律和方法，注意把握大多数人的共同利益和不同群体的利益结合点，积极维护弱势群体的切身利益，探索建立协调各方利益关系、维护社会公平公正的体制机制。妥善处理人民内部矛盾，建立通畅的利益表达渠道和完善的沟通反馈机制，引导群众以理性、合法的形式表达利益需求，解决利益矛盾。进一步健全信访反馈与政策实施联动机制和重大群体性事件的预警机制，积极预防和妥善处理群体性事件。

强化区域人口管理。综合运用经济、行政、法律、市场等手段，积极探索建立与市场经济要求和区域经济社会发展水平相适应、有利于户籍人口总量控制与结构优化相结合的人口综合调控机制。认真贯彻执行人口准入政策，加强人口迁入的管理和服务。坚持计划生育基本国策，进一步稳定低生育水平，不断提高人口素质。积极引导区内常住人口有序外迁，降低人口密度，力争到2010年全区常住人口控制在50万以内。认真研究应对人口老龄化的政策措施，创新养老服务模式，完善老年人健康服务体系，逐步建立老年人应急救助网络系统。

加强基层基础工作。深化城市管理体制综合改革，理顺政府各职能部门与街道办事处之间的关系，增强政府社会管理和公共服务职能，把社会管理的各项基础工作落到实处。发挥基层党建的龙头作用，总结和深化社区党建工作领导机制、服务机制和联动机制，指导基层党组织改进机构设置、健全组织体系、规范工作职责、转变领导方式，为基层基础工作提供强有力的组织保证。加强基层民主政治建设，巩固和完善基层民主制度，建立健全居民参与社区建设、社区事务管理和监督的机制，营造健康有序的民主环境。牢固树立为基层服务的意识，不断加强基层干部队伍建设，认真帮助基层干部解决实际困难，大力支持基层干部开展工作，充分调动和发挥广大基层干部的主动性、积极性和创造性，提升首都中心城区的社会组织动员能力。

（四）加快城市建设步伐，不断完善区域城市整体功能。

紧紧抓住首都加快城市建设的重要机遇，充分利用市委、市政府向南城倾斜的政策优势，坚持高标准规划、高水平建设、高效能管理，以市政基础设施建设和危旧房改造为重点，不断改善居民居住条件和区域人居环境，提升城市承载能力。

突出规划引导作用。通过科学、合理、可行的控制性、详细性规划，引导城市建设有序进行。充分考虑区域土地资源不足、发展空间有限的不利条件，妥善处理好全局与局部、管理与服务、保护与发展、地上空间与地下空间之间的关系，重点做好广安大街两侧、大栅栏－琉璃厂地区、国际传媒大道、马连道等重要地区的规划和基础设施建设、危旧房改造、环境建设等重要项目的规划，发挥规划的调节和约束作用，统筹规划区域整体布局。

增强基础设施承载能力。按照适度超前、优先发展的要求，基本建立起安全、高效、完善的现代化基础设施体系。加快城市现代化综合交通体系建设，加快实施路网加密工程，积极推进停车设施等交通基础设施建设，实现全区主要路网的全部贯通，解决重点地区交通问题，不断增强交通基础设施承载能力。加快推进水、电、气、热、通讯、邮政网点等市政管线和公用设施建设，努力完成各项重点基础设施建设项目，带动全区基础设施的升级换代，切实提高广大居民群众的生活便利程度。

加快危旧房改造步伐。正确处理保护古都风貌与城市建设、改善居住条件的关系，努力实现以改造促保护、以保护促发展。按照小规模、渐进式、多样化、微循环方式的要求，采取公共财政倾斜等多种措施，稳步有序地推进危旧房改造。在危改中突出建设宜居城区和疏散区域人口的观念，积极控制住宅建设；进一步规范拆迁程序，加强外迁安置工作的组织协调，积极引导居民外迁。千方百计改造现有危房，确保居民的生命财产安全，不断改善居民居住条件，同时为产业发展开拓空间，全面提升首都中心城区的整体形象。

提升区域环境建设水平。加大对大气、水、噪音等污染的治理力度，使大气环境质量明显改善、区域河道水体基本还清、噪音水平低于国家和北京市标准。加强区域绿化美化工作，扩大城市绿色公共活动空间，完善城市绿网体系。加大重点文物周边、重点单位和地区周边环境整治力度，基本完成"城中村"的综合整治。推进环卫作业和垃圾处理的社会化、市场化进程。加强小区物业管理，加快推进社区生活基础设施建设，进一步改善区域人居环境，促进人与自然和谐发展，推动首都中心城区经济社会与区域环境协调发展。

（五）加强先进文化建设，努力打造首都文化强区。

牢牢把握先进文化的前进方向，紧紧抓住北京市大力发展首都文化的重要机遇，充分利用区域丰富的文化资源和深厚的文化底蕴，切实加强思想道德和精神文明建设，使全区人民始终保持昂扬向上的精神状态;弘扬宣南文化,繁荣文化事业,发展文化产业,不断提升城市文明程度,打造首都文化强区。

加强思想道德建设。全面落实用邓小平理论和“三个代表”重要思想武装全党、教育人民的战略任务,加强马克思主义理论研究和建设,努力使科学理论成为全区人民团结奋斗的共同思想基础和精神支柱,进一步增强全区各族人民的凝聚力和创造活力。加强理想信念教育,大力弘扬以爱国主义为核心的民族精神和以改革创新为核心的时代精神。加强公民道德和未成年人思想道德建设,大力倡导爱国守法、明礼诚信、团结友善、勤俭自强、敬业奉献的基本道德规范,强化“首都意识”、“公德意识”,全面推进社会公德、职业道德、家庭美德教育,不断提升居民思想道德素质。

提升城市文明程度。按照“新北京、新奥运”的要求,以“建首善、创一流”为目标,坚持围绕中心、贴近实际、形式多样、群众受益的原则,切实加强社会主义精神文明建设,积极开展精神文明创建活动。围绕以经济建设为中心,以服务人民、奉献社会为宗旨,深入开展创建文明单位、文明社区、文明行业活动。坚持把多种形式的群众性创建活动作为推进精神文明建设的重要途径,使广大人民群众成为精神文明建设的主体,着重解决行为、礼仪、服务、环境等方面存在的不文明因素。加强科普基础设施建设,加大科学知识的宣传普及力度,推进科普工作的社会化、社区化,切实提高广大市民的科学文化素质。加强诚信建设,在全社会倡导和弘扬诚实守信的文明风尚,切实提升广大市民的文明素质和城市的整体文明程度。继续贯彻落实《宣武区2004——2008年创建文明城区规划》,努力创建全国文明城区。

保护宣南古都风貌。坚持保护、利用、开发相结合的原则,认真贯彻落实《宣武区古都风貌保护规划要点》,切实加强古都风貌保护。重点推进大栅栏、东琉璃厂、西琉璃厂、法源寺等4个历史文化保护区的保护修缮和有机更新;积极探索多元投资保护文物的新机制,加快落实文物保护修缮任务,加大重点文物周边环境的整治力度;结合城市建设和危旧房改造,继续建设展示北京历史文脉、宣南文化地上遗存的街景标识,不断提升区域文化特色。逐步实现从单体的文物保护向旧城风貌整体保护的转变,形成点、线、面有机结合的宣南风貌保护格局,不断提高整体保护古都风貌的水平。

发展群众文化事业。充分发挥区域文化资源丰富的优势,发掘区域文化内涵,加大资金投入,加强政策扶持,保证重点民族、民间文化项目建设和公共文化基础设施建设,扶持公益性、原创性文化和优秀民族文化建设。以“保护为主、抢救第一、合理利用、传承发展”为指导方针,切实做好非物质文化遗产普查和保护工作,建立科学有效的非物质文化遗产传承机制,保护和弘扬民族民间文化;继续举办好厂甸庙会、宣南文化节等品牌活动,加快发展档案和文博事业,进一步提升区域文化形象。广泛开展各种群众性文化活动和文艺演出活动,不断满足人民群众的精神文化生活需求。

促进文化产业繁荣。把打造文化产业强区作为推动宣武经济、社会全面进步的一项重要举措,充分利用丰富的文化资源,调整完善文化产业结构,积极扶持文化企业发展壮大,重点培育发展一批综合性文化产业集团。建立健全富有活力的文化产品生产经营机制,不断完善文化产业政策,推动图书音像、电信传媒、民间艺术、传统工艺品交易等产业加快发展,促进民俗特色文化演艺业不断发展壮大。加强大栅栏、琉璃厂、天桥等文化旅游街区的开发建设,发展以民间艺术表演和传统商业服务为依托的文化旅游产业,努力打造宣南文化旅游品牌。进一步开放文化市场,规范市场管理,确保文化市场的繁荣、健康、有序。引导文化产业投资主体多元化,逐步形成一个相互依存、相互促进的文化产业集聚,为区域经济发展提供强大支撑力。

(六)提高自主创新能力,努力构建创新型城区。

紧紧抓住北京实施创新战略的重要契机,把提高自主创新能力作为全面贯彻科学发展观、促进经济增长方式转变、提高区域综合竞争能力的中心环节,加快推进科技创新,创新区域人才开发利用体制,不断提高区域自主创新能力,努力建设创新型城区。

完善科技创新体系。建立健全以区域发展需求为导向、以各类企事业单位为主体的科技创新体系,努力把先进适用的科技成果转化为经济发展和社会进步的强大推动力。积极推进科技体制改革,加快制定实施有利于推动科技创新的政策措施,多渠道增加对基层科技研究和应用活动的投入。鼓励基层单位妥善处理好技术引进和自主研发的关系,充分利用区内外的科技资源,切实提高科技转化能力和实际应用水平,为区域各项事业的可持续发展提供科技支撑。

优化自主创新环境。探索建立政府资金投入导向机制,设立科技企业技术创新扶持资金,以经费资助和贷款贴息等方式鼓励科技企业技术创新、产品研发,加大政府对具有自主知识产权的企业和项目的扶持力度。按照“以基层为主体、首都资源为依托、市场化运营”的模式,加快科技创新体系和科技服务体系建设,不断完善自主创新激励机制,加快推进自主创新成果应用。加强知识产权保护,严厉查处和制裁各种侵犯知识产权的行为,维护良好的创新环境。抓住北京建设创新型城市的契机,切实把发挥区域智力资源优势和提高自主创新能力有机结合起来,促进自主创新成果不断涌现。

实施人才开发工程。牢固树立强烈的人才意识和现代人才观念,创新区域人才资源开发与管理体制,增加人才总量,优化人才结构,把人才作为推动区域经济社会可持续发展的强大支撑。根据全区现代化建设的需要,建立健全科学的育人、引人、用人、留人机制和合理的人才流动机制,积极引进高素质、专业化的各类高技能创新型人才,营造有利于优秀人才脱颖而出、充分展现才华的政策环境。更加积极开放地培养、引进紧缺、适用人才特别是高层次人才,建立健全竞争择优的人才选拔机制,努力形成广纳群贤、人尽其才、能上能下、充满活力的用人环境,切实利用和开发好人才资源,为提高区域自主创新能力提供人才保证和智力支持。

(七)全方位推进改革开放,增强区域发展活力。

坚持改革是发展的动力,全面贯彻落实科学发展观,以政府行政管理体制改革为核心,带动经济和社会管理体制改革不断深化,进一步扩大开放领域和开放范围,营造良好的发展环境,增强区域经济、社会发展活力。

加快行政管理体制改革。按照政府在市场经济环境下发挥经济调节、市场监管、社会管理、公共服务作用的要求,着重处理好政府和市场的关系,解决好政府职能越位、错位、缺位问题,继续转变政府职能,推进政企分开、政事分开。建立健全"决策科学、分工合理、执行顺畅、运转高效、监督有力"的决策、服务、管理体系。推进依法行政,完善政府自我约束机制,强化外部监督体制。认真贯彻落实《中华人民共和国公务员法》,不断提高公务员素质,努力建设一支政治过硬、业务精良的公务员队伍。加快建设法治政府,逐步构建起与社会主义市场经济体制相适应的政府、市场关系框架。

继续深化经济体制改革。进一步健全"权责明确、框架清晰、管理规范、监督有力"的国有资产监管体系,提高国有资产运营质量,确保国有资产的安全。加快推进国有经济布局调整和战略重组,建立完善以现代企业制度为核心的公司法人治理结构,加快推进国有企业改革。大力发展非公有制经济,积极改善非公有制经济发展的政策环境,努力营造有利于各类所有制企业平等竞争的市场环境,鼓励社会资本进入基础设施、公用事业等法律法规未禁止的领域。继续深化投融资体制改革,完善政府融资平台,推进政府投资改革。继续完善事权与财权相统一的公共财政体制,提高资源配置和利用效率。

加快推进社会事业改革。坚持以人为本,进一步深化城市管理体制改革,推进城市管理服务的市场化改革步伐,强化政府社会管理职能,逐步建立政府与社会互联、互补、互动的社会化管理模式。积极推进教育、文化、卫生、体育各项社会事业管理体制改革,加大对区域内现有社会事业资源的整合力度,促进社会事业资源的调整重组;加快推进政事分开、政社分开、管办分离、事企分离,建立权责分明的公共管理和服务运行机制。进一步加大政府投入,加强市场化运作,基本建立起社会主义市场经济体制环境下的现代化社会管理和服务体系,满足不同层次的社会需求。

全面提升区域开放水平。充分发挥自身资源优势,积极开拓国际、国内市场,努力扩大区域开放度。加大对外宣传和招商引资的力度,完善引资综合协调服务体系,坚持"引进来"和"走出去"相结合,积极搭建平台,拓宽企业发展空间和资源配置空间,支持驻区企业做大做强。积极参与区域合作和国际竞争,加强与港澳台地区的经贸合作与交流,抓住国际产业转移的良好机遇,依托重点功能区建设,大力发展区域特色产业和重点产业,扩大对外贸易规模,不断壮大区域综合竞争力。进一步发展对外交往,有效整合、集约利用区域教育、卫生、文化等优势资源,推动与友好城市、友好地区在经济、文化、教育、卫生等各方面、各领域的交流与合作,全面提升现代化首都中心城区的对外开放水平。

(八)促进社会和人的全面发展,加快建设和谐宣武。

按照构建社会主义和谐社会的要求,结合区域经济、政治、文化、社会、历史等方面的特点和优势,不断丰富区域改革开放和现代化建设的内涵,以促进区域社会和人的全面发展为核心,加快推进和谐宣武的建设。

千方百计扩大就业。高度重视就业这一民生之本,把创造就业岗位和扩大就业作为重要发展目标,实现就业与经济增长的协调发展。积极探索建立促进就业长效机制,完善就业服务体系,全面建立公共就业服务制度,实现就业服务专业化、社会化;培育发展劳动力市场,加强对失业人员培训、职业技能培训、职业技能鉴定等工作,进一步规范劳动力市场的中介服务。千方百计拓展就业渠道、增加就业岗位,加大社区就业岗位的开发力度,充分挖掘社区就业潜力,鼓励非公经济吸纳劳动力,增强失业人员自主择业意识,切实解决困难群体的就业问题,支持和鼓励自主创业,实现多种形式的就业。健全劳动关系协调机制,逐步将区域性、行业性集体协商集体合同制度作为调整劳动关系的重要方式,提高劳动争议仲裁机构效能,提升劳动争议处置能力,依法维护劳动者合法权益。

完善社会保障体系。努力扩大社会保障覆盖范围,建立健全社会保险、社会救助、社会福利和慈善事业相衔接的社会保障体系。以完善养老失业保险、深化医疗保险制度改革和扩大社会保险覆盖面为重点,加快推进社会保险领域改革,不断完善社会保险服务体系,强化社会化管理服务。进一步健全以最低生活保障制度为基础、各种救助措施相配套、政府和社会力量共同参与、资金来源多元化的综合性、多层次的社会救助体系,不断完善医疗、教育、住房、就业等专项救助和应急救助措施,完善失业保险制度与城市低保制度的联动机制,落实城市居民最低生活保障相关政策,建立健全帮扶困难群体的长效机制。积极推动社会福利事业的发展,鼓励和支持社会力量兴办社会福利机构。全面促进慈善事业的发展,培育和发展各类慈善组织,推动慈善组织行业自律机制建设;切实保护妇女儿童合法权利,加强残疾人综合服务;切实加强国防教育,广泛开展军民共建活动,认真做好"双拥"优抚工作,努力创建全国"双拥"模范区。不断完善日常监督机制体制,进一步加强对社会保障事业的监督和管理。

加快和谐社区建设。围绕服务群众这一重点,从制度、机制方面入手,全面推进和谐社区建设。妥善处理政府管理与社区自治的关系,增强社区组织管理社会、服务群众的功能;理顺社区建设中的各方面关系,切实减轻社区负担。充分发挥社会组织整合利用各种资源的积极作用,培育社区自我发展能力,不断提高社区基层服务的广度、深度、质量和效率。加强社区基础设施建设,合理配置和利用社区资源,努力建设管理有序、服务完善、环境优美、治安良好、生活便利、人际关系和谐的现代化新型社区。

促进民族团结进步。认真贯彻落实党的民族宗教政策和《北京市少数民族权益保障条例》,充分尊重少数民族群众的风俗习惯,切实维护少数民族群众合法权益。积极开展马克思主义民族观、宗教观和"三个离不开"思想的宣传教育活动,认真研究党的民族工作的历史经验和民族工作面临的新情况、新问题,加快推进民族团结进步事业。加强对宗教工作的领导,依法加强对宗教事务的管理,积极引导宗教与社会主义社会相适应,将宗教活动纳入法制化管理的轨道,切实提高依法管理宗教事务的水平。继续大力推进牛街地区的经济社会发展,加快发展民族经济、文化、教育、体育、卫生事业,把牛街建设成为全国民族团结进步的窗口。

加强民主法制建设。坚持和完善人民代表大会制度,加强人大工作监督和法律监督职能。坚持和完善中国共产党领导的多党合作和政治协商制度,不断推进政治协商、民主监督、参政议政的规范化、制度化建设。发挥工会、共青团、妇联等群众团体和行业协会、中介组织等民间组织在社会管理与服务中的参与、监督作用。加强基层政权建设,进一步扩大基层民主,促进各类群众团体和城市居民的民主参与和社会调节,扩大公民有序的政治参与。完善民主决策机制,提高决策的科学性和民主性,建设公正、廉洁、高效的政府。加快推进司法改革,完善司法工作程序,落实依法警务公开、审判公开、检务公开的各项措施,促进司法公平公正。大力实施依法治区,加大普法宣传力度,不断提高全区的法律意识和法制素质;坚持依法行政,加强法制建设和执法队伍建设,积极转变执法观念,加大执法监督力度,将全区经济和社会发展纳入法治化轨道。

四、加强和改进党的建设,确保完成"十一五"时期各项目标任务

完成"十一五"规划的各项任务,关键在党,必须进一步加强和改进党的领导,切实加强党的先进性建设,不断提高党的领导水平和执政能力,为"十一五"规划的全面实施提供政治上、思想上和组织上的坚强保证。

(一)坚持以科学理论为指导,增强党领导经济建设和社会发展的能力。

坚持用马克思主义、毛泽东思想、邓小平理论和"三个代表"重要思想武装广大党员干部的头脑,自觉运用党的基本理论,基本路线,基本纲领、基本经验指导改革开放和社会主义建设事业。始终在政治上、思想上、行动上与党中央保持高度一致,确保中央和市委的各项路线方针政策得到正确贯彻落实。坚持与时俱进,用科学发展观统一全区广大党员干部的思想,统领全区经济社会发展的全局,不断增强各项工作的预见性、系统性和创造性。积极应对区域发展快、改革任务重、稳定压力大的形势要求,认真研究改革发展稳定中的重大理论问题和现实问题,不断提高创新能力和驾驭市场经济、驾驭复杂局面、驾驭全局的能力,不断提高发展社会主义民主政治的能力、建设社会主义先进文化的能力、构建社会主义和谐社会的能力。

(二)改进完善党的领导方式,推进决策的科学化、民主化、规范化。

按照党委总揽全局、协调各方的原则,不断完善党的领导方式和工作机制,切实加强党对人大、政府、政协工作的领导。认真履行把握方向、谋划全局、提出战略、制定政策、营造良好环境的重要职责，加强对全区经济社会发展规划、重大方针政策、重要工作部署以及重大事务的领导和综合协调，围绕经济发展、城市建设、改革开放、社会稳定、文明建设等重要工作，深入了解民情，深入调查研究，加大工作力度，推动工作深入开展。进一步健全重大决策咨询论证制度、征求意见制度、多种方案备选制度，建立完善群众利益密切相关的重大事项社会公示制度，确保决策的科学化、民主化和公开化，提高决策的质量和水平。加强统一战线工作，加强对工会、共青团、妇联等人民团体的领导。加强和改进思想政治工作，拓展党在各个领域联系群众的渠道。进一步加强各级党组织和基层政权建设，凝聚各方面的力量，调动各方面的积极性和创造性，共同推进全区发展。

（三）坚持党要管党、从严治党的方针，加强党的组织、作风和制度建设。

加强领导班子的思想政治建设，努力把各级领导班子建设成为政治坚定、求真务实、开拓创新、勤政廉政、团结协调的坚强领导集体。坚持党管人才的原则，深化干部人事制度改革，加快干部管理方式由以职务管理为主向以职责管理为中心转变，进一步优化干部队伍结构，扩大选人识人的视野，选拔一批政治上靠得住、工作上有作为、作风上过得硬的干部。从调整工作职责、改进工作方式、创新活动内容等方面入手，积极推进基层党建创新，不断提高基层党组织的凝聚力、创造力和战斗力。坚持党的群众路线，紧紧围绕服务群众、凝聚人心、密切与人民群众联系这个核心，深入基层、深入群众、深入实际，不断完善为人民服务的长效机制，进一步密切党同人民群众的血肉联系，切实提高组织群众、宣传群众、服务群众的本领，严肃惩处损害群众利益的违法违纪行为。认真贯彻落实党风廉政建设责任制，以改革统揽反腐败工作全局，抓紧建立健全教育、制度、监督并重的惩治和预防腐败体系，进一步做好新时期、新阶段的党风廉政建设和反腐败工作。

未来五年的任务光荣而艰巨，宏伟的目标鼓舞着我们，崇高的使命激励着我们，人民的期待鞭策着我们。全区各级党组织和全体共产党员要高举邓小平理论和“三个代表”重要思想伟大旗帜，在市委的领导下，团结带领全区各族人民，求真务实，开拓进取，扎实工作，努力开创宣武区改革开放和现代化建设的新局面，为全面完成“十一五”期间的各项任务而努力奋斗！

主题词：实施规划 “十一五” 建议
中共北京市宣武区委办公室
2005 年 11 月 11 日印发
（共印 180 份）

北京市宣武区人民政府关于废止部分规范性文件目录

一、《宣武区人民政府关于天桥地区危旧房改造实施办法》（区政府通告〔2000〕第 4 号）

二、《宣武区人民政府关于牛街二期危旧房改造实施办法》（区政府通告〔2000〕第 5 号）

三、《宣武区人民政府关于红居一期危旧房改造实施办法》（区政府通告〔2001〕第 2 号）

四、《宣武区人民政府关于南横街东口地区危旧房改造实施办法》（区政府通告〔2001〕第 3 号）

五、《宣武区人民政府关于小马厂地区危旧房改造实施办法》（区政府通告〔2002〕第 3 号）

六、《北京市宣武区行政审批程序暂行规定》（区政府通告〔2002〕第 4 号）

七、《宣武区人民政府关于樱桃园地区危旧房改造实施办法》（区政府通告〔2002〕第 6 号）

北京市宣武区人民政府
行政执法人员文明执法规范

第一章 总 则

第一条 为了贯彻《公民道德建设实施纲要》和《全面推进依法行政实施纲要》,建设热爱祖国、忠于人民、爱岗敬业、诚实守信、办事公道、服务群众、奉献社会的行政执法队伍,树立文明执法、规范执法的良好社会形象,进一步优化本区区域发展环境,构建和谐社会,根据有关法律、法规和市、区规定,制定本规范。

第二条 本规范所称行政执法人员是指依照法律、法规、规章规定,享有行政权力、承担行政责任的本区行政机关工作人员。

文明执法规范是指行政执法人员在履行法定职责过程中所应遵循的行为、仪容仪表和语言准则。

第三条 本行政区域内各行政执法机关及其工作人员履行法定职责时,适用本规范。

第四条 区政府统一领导全区文明执法建设工作。

区文明办、区人事局、区监察局、区法制办按照各自职责指导、监督、规范各行政执法机关严格执法、文明执法。

各行政执法机关负责对本机关行政执法人员遵守本规范情况实施管理。

第五条 行政执法应当严格依照法定职权和程序进行,遵守职业道德规范,做到以人为本、严格执法、热情服务。

第六条 行政执法机关及其工作人员应当模范遵守法律、法规、规章设定的义务、公民基本道德规范和北京市国家公务员行为规范。

第二章 行为规范

第七条 行政执法人员依法履行职责时,行为举止应当符合法律、法规、规章有关规定,做到举止端庄、行为规范、服务热情、办事公道。

第八条 行政执法人员依法履行职责时,应当严守以下禁止性规定:

(一)不得简单粗暴、激化矛盾;

(二)不得以势压人、冷漠生硬;

(三)不得办事拖拉、推诿扯皮;

(四)不得徇私舞弊、刁难报复;

(五)不得酒后执法、野蛮执法;

(六)不得吃拿卡要、私分财物。

第九条 行政执法人员在接待群众、解答咨询、受理申请时,应当做到:

(一)首问负责、热情接待、认真记录、耐心解答;

(二)不属于本机关职责范围的,即时告知当事人向有关机关咨询、申请、反映;

(三)属于本机关职责范围的,应当及时解答、办理,并在法定或者承诺时限内回复;

(四)方便群众,严格履行一次性告知规定;

(五)依法告知当事人享有的权利,应当出具书面决定的不得以口头告知代替;

(六)不得滥用职权,不得越权。

第十条 行政执法人员在进行执法检查、调查时,应当做到:

(一)适用一般程序,进行执法检查、调查时,除法律另有规定外,执法人员不得少于二人;

(二)出示执法证件,表明身份,说明来意和执法依据,要求当事人予以配合;

(三)检查物品、场所时,应当有当事人或者见证人在场,有序进行。轻拿轻放物品,不得乱翻乱扔,损坏当事人财物;

(四)询问当事人时,应当严肃认真,不得问及与检查无关的问题,不得采取诱导、压制的方式进行;

(五)检查、询问、调查应当制作笔录,笔录应当书写工整,表述准确,不得随意涂抹、篡改。笔录制作完毕,应当交由当事人签字确认,当事人拒绝签字确认的,执法人员应当注明情况;

(六)注重宣传教育,加强指导,不得有激化矛盾的言行举止;

(七)检查完毕,应当感谢当事人给予的配合,及时反馈检查结果。

第十一条 行政执法人员在作出行政决定时,应当做到:

(一)事实清楚、证据确凿、符合法律明确规定;

（二）作出决定前，应当告知当事人有关的事实、理由、依据。符合听证条件的，告知当事人有要求举行听证的权利；

（三）认真听取当事人的陈述、申辩，吸收采纳合理意见，不予采纳的应当说明理由；

（四）依法维护当事人享有的合法权利，无正当理由不得拒绝当事人行使合法权利的请求；

（五）坚持处罚与教育相结合的原则，注重执法效果，不得以罚代管；

（六）严格履行程序规定，不得忽视、违反法定程序；

（七）收取费用应当严格按照法定收费项目和标准执行，开具财政部门统一印制的收据；

（八）涉嫌犯罪的案件，应当依法移送公安机关处理，不得以行政处罚代替刑事处罚。

第十二条 行政执法人员在送达行政执法文书时，应当做到：

（一）按照法定时限及时送达；

（二）直接送达应在被送达人、被送达人的代理人、指定签收人或者与被送达人同住成年家属在场时进行；

（三）被送达人有不理解之处应当耐心解答，不得“一送了之”；

（四）被送达人拒绝签收的，应当邀请见证人在场，注明拒绝签收的理由，送达人和见证人签字后，留置送达；

（五）采取公告送达的，应当按照有关规定、程序进行，不得“一贴了之”。

第十三条 行政执法人员在采取强制措施或者进行强制执行时，应当做到：

（一）采取强制措施或者进行强制执行应当依据法律授权、法定条件、法定程序进行；

（二）采取强制措施或者进行强制执行应当选择适当、必要的方式、强度，避免造成不必要的损失；

（三）采取强制措施或者进行强制执行应当将有关决定、通知依法送达当事人；

（四）采取强制措施或者进行强制执行时，应当通知当事人到场，当事人拒绝到场或者没有到场的，不影响执行；

（五）采取强制措施或者进行强制执行时，执法人员应当出示执法证件，与当事人或者见证人共同清点、查验物品，制作《物品清单》、《执行笔录》，由当事人或者见证人核对后签字确认；

（六）暂扣物品应当妥善保管，不得使用、丢失或者损坏，未经法定程序不得随意处置。对季节性商品、鲜活、易腐烂变质以及其他不宜长期保存的物品采取强制措施，应当依照国家有关规定及时处理；

（七）返还物品应当及时通知当事人领取的时间、地点、方式，并办理相关手续。

第三章 仪容、仪表规范

第十四条 行政执法人员在依法履行职责时，应当遵守公务员仪表风纪有关规定，做到衣着整洁、大方得体、仪表端庄、仪容严整、姿态良好。

第十五条 行政执法人员在履行公务时，着装方面应当做到：

（一）本系统配发制式服装的，除有特殊工作需要外，工作期间应当着制式服装。制式服装应当配套穿着，不得与便服混穿；

（二）着制式服装时，戴帽应当端正，不得歪带、反带帽子。衬衫下摆应当塞于裤腰内，不得外露；

（三）无统一制式服装的，衣着应当大方得体。工作期间，不得以各种文化衫、背心、无袖装、露脐装、超短裙、短裤以及奇装异服为工作装，不得穿拖鞋；

（四）着装应当系好衣扣、领扣、袖扣，不得袒胸露怀，不得卷裤腿。

第十六条 行政执法人员在履行公务时，仪表方面应当做到：

（一）保持头发整洁、不得染彩发。男性执法人员不得留长发、大鬓角、烫发或者蓄胡须，女性执法人员着制式服装时发辫不得过肩；

（二）行政执法人员不得文身，不得染指甲、留长指甲，不得化浓妆；

（三）不得佩带各种奇形及迷信饰物。

第十七条 行政执法人员在履行公务时，体态举止方面应当做到：

（一）站姿应当挺直、收腹，不得背手、袖手、插手，不得勾肩搭背；

（二）坐姿应当保持上身端正，不得仰卧、斜躺、翘腿、抖腿、席地而坐；

（三）走姿应当抬头、挺胸、收腹，不得边走边吃东西、扇扇子、吸烟；

（四）不得嬉笑打闹、高声喧哗；

（五）不得酗酒、打架斗殴。

第四章 语言规范

第十八条 行政执法人员在依法履行职责时，应当做到谈吐文明、语气亲和、用词恰当、礼貌待人。

第十九条 行政执法人员在依法履行职责时，应当使用法言法语、规范用语，力求简单、明了。非应行政相对人要求,不涉及无关事项。

第二十条 本规范推介以下用语作为文明执法规范用语:

(一)接听电话、接待群众。

1. 您好,××机关,请问您有什么事?

2. 请进,您好,您请坐,请问您有什么事?

3. 请稍等,我给您查(找)一下;

4. 对不起,您咨询(反映)的问题不属于我们机关的职权范围,请您直接向××机关咨询(反映);

5. 您要找的人暂时不在,请您稍后再来电话或者等他回来,我让他给您回电话,方便的话,我也可以代为转达;

6. 您反映的问题,我们已记录下了,请留下您的电话号码,我们将在×日内给您回复;

7. 再见,如果您还有不清楚之处,可以随时打电话(或再来)。

(二)窗口规范用语。

1. 您好,这里是××机关,请问您要办什么事?

2. 您要办的事,需要具备××条件,准备××材料(原件、复印件),按照××程序办理,这是我们印制的告知单;

3. 您提供的材料齐全有效,可以当场给您办理,请稍候;

4. 您提供的材料不全,缺少××材料,请您补齐后再来;

5. 您的材料我们收下了,这是受理凭证,请收好,我们将依法进行审查,并在×日内通知您办理结果;

6. 对不起,您要办理的事项不属于我们机关的职权范围,请您直接到××机关办理。

(三)执法检查规范用语。

1. 您好,我们是××机关的行政执法人员×××、×××,今天要对××情况进行执法检查,这是我们的执法证件,请您配合我们做好检查工作,谢谢您的支持;

2. 请您出示××证件、材料;

3. 您好,我们是××机关的行政执法人员×××、×××,现就××问题向您询问,请您如实回答,您听清楚了吗?

4. 您好,这是《××通知书》,请您在×月×日到×地就××情况接受我们的调查,并提供××材料。

5. 请您核对检查(询问、调查)笔录,如无误,请您在此处签署"以上看过,情况属实"的意见和您的名字,如有误,我们将予以更正,谢谢;

6. 通过检查,我们发现你(你单位)存在以下违法事实,请在×日内予以改正,我们将根据调查情况作进一步处理。

(四)处罚、送达规范用语。

1. 您好,我们是××机关的行政执法人员×××、×××,您的××行为违反了《××法》第×条第×款关于××规定,根据《××法》第×条第×款规定,我们拟对您作出××行政行为,您有权进行陈述和申辩(依照法律规定,您可以在×日内向我机关申请听证,逾期视为放弃听证);

2. 您好,这是《××执法文书》,请您收好并在送达回证上签字,谢谢您的合作;

3. 您好,这是《××执法文书》,您拒绝签字接收,依照法律规定,这是×××,我们将请他作为见证人,通过留置送达方式进行送达;

4. 您好,这是《××缴款书》,请您收好,并在××日内到××银行交纳罚款(收费),逾期不交,我们将对您作出××处理。

(五)强制措施、强制执行规范用语。

1. 您好,为了查清××案情,依照《××法》第×条第×款关于××规定,我们将对××物品进行先行登记保存(查封、扣押、抽样取证),这是《××执法文书》和《物品清单》,请您核对,如无误,请签字,我们将在×日内作出处理决定,谢谢您的配合;

2. 您好,依照《××法》第×条第×款关于××规定,我们将对已经生效的《××执法文书》有关决定予以强制执行,请您不要妨碍执行公务,否则将承担法律责任,谢谢您的合作。

第五章 监督实施

第二十一条 各行政执法机关应当参照本规范,结合本机关实际,制定本机关文明执法的行为规范、仪容仪表规范和语言规范。

第二十二条 各行政执法机关应当指定专门机构、专人负责对本规范和本机关文明执法规范落实情况进行监督检查。

第二十三条 本规范落实情况纳入依法行政和精神文明建设工作考核范围。

行政机关考核不合格的,不得评为"精神文明先进单位"和"依法行政先进单位"。

行政执法人员考核不合格的,不得评为"精神文明先进个人"和"依法行政先进工作者"。

第二十四条 本规范由区政府负责解释。

第二十五条 本规范自2006年2月1日起施行。

主题词:行政事务 行政 通告

主送:区政府各委、办、局,各街道,各区属机构。

抄送:区委各部门,区人大常委会办公室,区政协办公室,区人民法院,区人民检察院。

北京市宣武区人民政府办公室

2005年12月30日印发

北京市宣武区人民政府关于规范行政自由裁量权行使的若干规定

第一条 为规范行政行为，保证各行政机关公正、公平行使行政自由裁量权，维护公民、法人和其他组织的合法权益，根据国务院《全面推进依法行政实施纲要》和《北京市人民政府关于全面推进依法行政的实施意见》，结合本区实际，制定本规定。

第二条 区政府所属行政机关作出具体行政行为，行使行政自由裁量权时，适用本规定。

实行垂直领导的行政机关作出具体行政行为，行使行政自由裁量权时，可以参照本规定执行。

第三条 本规定所称行政自由裁量权是指行政机关依照法律、法规、规章的规定，选择作出具体行政行为种类、范围、幅度的权力。

第四条 区政府统一领导本行政区域内行政自由裁量权行使的监督、指导、规范工作，日常工作由区政府法制办负责。

各行政机关负责规范本机关行政自由裁量权的行使。

第五条 行使行政自由裁量权应当遵循合法性原则，由合法主体在法定的裁量要件和法定种类、范围、幅度内行使。

第六条 行使行政自由裁量权应当遵循合理性原则，符合法律授权的根本目的，全面考虑、衡量相关因素，采取的措施和手段应当必要、适当。

第七条 行使行政自由裁量权应当遵循公平、公正原则，相同的行为应当相同对待，不得以事实和法律原则以外的因素给予优待或者歧视。

第八条 行使行政自由裁量权应当遵循公开原则，有关行政自由裁量的规定应当公布。行政执法机关应当将作出裁量决定的事实、理由、依据告知当事人。

第九条 当事人有权进行陈述和申辩。行政机关必须充分听取当事人的意见，当事人提出的事实、理由或者证据成立并且于法有据的，行政机关应当作为裁量依据予以采纳。

第十条 行政机关决定是否作出一定行政行为应当严格依照事实和法律裁量。事实要件与法律要件相一致的，行政机关应当严格依照法律规定办理，事实要件与法律要件不一致的，行政机关不得违法裁量。

第十一条 已经立案的行政案件，未经本行政机关负责人批准不得随意销案。

第十二条 行政机关选择行政行为的种类、范围、幅度，应当遵守以下规定：

（一）法律、法规、规章规定“应当”适用的，行政机关必须适用，不得选择适用；

（二）法律、法规、规章规定“可以”选择适用的，行政机关应当依据本机关行政执法行为自由裁量标准，结合事实决定适用。

第十三条 各行政机关应当根据实际情况制定本机关行政自由裁量权行使规范，明确各类行政执法行为自由裁量标准。

行政自由裁量权行使规范应当按照《北京市宣武区人民政府行政规范性文件管理规定》备案并公布。

第十四条 行政机关制定行政执法行为自由裁量标准应当遵守以下规定：

（一）法律、法规、规章规定可以选择行政行为种类的，行政机关应当明确适用不同种类的具体条件；

（二）法律、法规、规章规定可以选择行政行为幅度的，行政机关应当根据数量、金额、主观故意、社会危害程度、当事人具备的客观条件等情节划分出明确、具体的不同等级；

（三）对行政行为的种类和幅度划分自由裁量等级由各行政机关按照自由裁量幅度结合工作实际确定。但不得少于轻（低）、中、重（高）三个等级。

市级主管机关对同一行政执法行为制定自由裁量标准的，行政机关可以直接引用或者继续细化。

第十五条 行政机关应当根据职务、职责和行政执法需要明确各级行政执法人员行使行政自由裁量权的权限，自由裁量不得超越各自权限。

第十六条 行政机关作出具体行政行为时，决定依据的事实应当与该具体行政行为自由裁量等级的条件相符合或者基本相符合。

第十七条 行政机关行使自由裁量权作出行政

行为,应当在行政决定中说明理由。

当事人要求行政机关对作出行政决定的事实、理由、依据予以解释的,行政机关应当耐心解答。

第十八条 各行政机关的法制机构、法制工作人员应当依法对本机关作出的行政决定进行审核,保证行政自由裁量权的统一、公正行使。

第十九条 各行政机关可以制作典型案例,指导、规范本机关行政执法人员统一、公正行使行政自由裁量权。

第二十条 各行政机关应当根据法律、法规、规章、上级规范性文件和行政执法实际,对本机关自由裁量权行使规范适时进行评估、修订、调整、完善。

第二十一条 各行政机关应当加强内部监督。对违反行政自由裁量权行使规范、滥用行政自由裁量权、侵害公民、法人和其他组织合法权益的,行政机关应当主动纠正,并追究相关责任人员的责任。

第二十二条 区政府通过行政复议、行政执法案卷评查等形式对行政机关行使行政自由裁量权情况进行监督。

对行政机关违反行政自由裁量权行使规范,滥用行政自由裁量权,侵害公民、法人和其他组织合法权益的,区政府责令有关机关予以纠正或者直接予以纠正。

第二十三条 各行政机关规范自由裁量权行使工作纳入依法行政年度考核范围。

第二十四条 本规定由区政府法制办负责解释。

第二十五条 本规定自2006年2月1日起施行。

主题词:行政事务 行政 通告

主送:区政府各委、办、局,各街道,各区属机构。

抄送:区委各部门,区人大常委会办公室,区政协办公室,区人民法院,区人民检察院。

北京市宣武区人民政府办公室

2005年12月30日印发

北京市宣武区人民政府关于推进社会救助体系建设的意见

区政府各委、办、局,各街道,各区属机构:

为进一步加强社会救助工作,切实保障我区困难群众的基本生活,现就推进我区城市社会救助体系建设提出如下意见:

一、充分认识推进城市社会救助体系建设的必要性和重要性

推进我区社会救助体系建设,保障困难群众基本生活,是构建社会主义和谐社会首善之区的需要,是全面建设小康社会、统筹社会经济发展、实现“新北京、新奥运”战略构想的重要内容,对于维护全区改革、发展和稳定具有重要意义。

近年来,我区通过实施医疗、住房、教育、司法、就业、灾害救助、流浪乞讨人员救助等一系列专项救助,以及建立和完善临时救助、社会互助等措施,在保障低收入群众的基本生活,维护社会稳定方面发挥了重要作用。但改革开放和现代化建设的新形势以及北京市新近确定的区县功能定位,对我区城市社会救助体系建设提出了新的要求。全区各有关部门、各街道要从实践“三个代表”重要思想、全面贯彻落实科学发展观、构建和谐社会的高度,充分认识新形势下推进社会救助体系建设的必要性和重要性,高度重视,密切配合,认真做好相关工作。各企事业单位、人民团体和社会组织要充分发挥各自的作用,共同推动我区社会救助体系建设。

二、我区社会救助体系建设指导思想、基本原则和主要任务

(一)指导思想。

以邓小平理论和“三个代表”重要思想为指导,坚持以人为本,全面贯彻落实科学发展观,着眼于维护困难群众的基本生存权利、构建社会主义和谐社会的首善之区,加快建立以基本生活保障为基础,专项救助相配套,应急救助、社会互助为补充的综合性、多层次的社会救助体系,大力推进社会救助体系建设,切实保障困难群众的基本生活。

(二)基本原则。

1.政府主导,社会参与。保障困难群众基本生活

是政府的职责。各部门、各单位要进一步明确责任、加强领导、加大投入,确保社会救助工作的顺利开展。要积极动员社会力量参与社会救助工作,多层次、多途径解决低收入群众的各种困难。

2. 分类管理,标准有别。在救助管理上实行分类管理,救助标准上体现分类施保,重点扶助老弱病残等特困群体。

3. 法制保障,管理规范。要积极落实各项社会救助制度,使社会救助工作逐步实现规范化。遵循公开、公平、公正的原则,坚持属地管理,积极探索建立各种有效的规范化管理方式,推动社会救助工作顺利开展。

4. 保障生活,促进就业。随着全区经济社会的发展,不断提高困难群众的生活保障水平。要贯彻落实促进救助对象积极就业的扶持政策,建立救助与就业的有效衔接机制。

(三)主要任务。

1. 认真落实城市居民最低生活保障制度,以及医疗、教育、住房、就业等专项救助和应急救助措施,大力开展社会互助,并使各种救助项目有机衔接、相互协调,建立起解决困难群众生活问题的长效机制。

2. 切实加强对社会救助工作的支持与领导,健全和完善有利于各项社会救助制度顺利实施的管理体制和运行机制,提高社会救助工作的效率与效益。

3. 进一步改善社会救助工作条件,保证社会救助工作开展所必需的人力、物力、财力支持,加强基层和基础工作,不断提高社会救助工作的整体水平。

三、进一步完善社会救助制度,建立基本生活保障长效机制

(一)开展低保家庭生活状况调查。为完善最低生活保障制度,建立规范的低保标准调整机制,根据市民政局、市统计局的工作安排,每年年初按一定比例从低保家庭中随机抽样,实施低收入家庭全年收支数据跟踪调查,为全市适时调整低保标准,提供准确的数据参考。

(二)不断完善专项救助政策,切实发挥综合解困效应。民政、卫生、劳动保障、财政及街道办事处要全面落实医疗救助制度;教育部门要进一步落实对义务教育阶段贫困家庭子女杂费和教科书费减免政策,扶助低收入家庭子女完成学业;区、街房管及民政等部门要认真贯彻廉租住房制度,将符合城市廉租住房条件的家庭及时纳入救助范围;进一步提高突发公共事件应急救助能力,确保灾民得到及时有效的安置,保障其衣、食、住等基本生活条件;司法行政机关和法律援助机构应当根据民政部门颁发的有关救助证明,及时为申请人办理法律援助手续。

(三)健全应急救助机制,加大临时救助力度。根据全市统一要求,制定区低收入家庭生活救助应急预案,要充分发挥临时救助制度的补充作用,重点从医疗、教育、供暖、突发事件影响等方面,对低收入家庭面临的阶段性、临时性困难给予及时有效的救助。

(四)开展社会互助和社会服务,有针对性地对困难群众进行扶持和帮助。鼓励和扶持企事业单位、社会团体和个人从事社会救助和社会服务,广泛发动和组织群众性、社会性捐助活动。新闻、宣传、文化等部门要把弘扬中华民族扶贫帮困、团结友爱的传统美德教育纳入宣传工作计划,努力形成良好的社会风尚。要逐步建立健全社工、义工机制,开展社会帮扶、法律咨询、心理咨询等救助活动。要按照"政府推动、民间运作、社会参与"的工作原则,积极培育发展慈善和社会公益组织,鼓励和支持其依法开展募捐活动,并可协商或委托其承担相应的社会救助项目。要进一步增强服务意识,采取积极措施,为全区公益慈善事业创造有利环境,推动慈善事业面向公众、面向社会、面向困难群众自主经营、良性发展,成为政府救助的重要补充。要积极倡导机关团体和企事业单位开展领导干部联系困难户、"一帮一"等形式的帮扶贫困户活动。工会、妇联、残联、共青团等组织应当结合各自职能,开展社会救助活动,帮助贫困群众解决生活困难。要以"爱心家园"为服务平台,"96156"社区服务热线为枢纽,整合社会互助资源,发挥经常性社会捐助网络的作用,进一步推动社会互助活动的制度化和经常化。

(五)细化分类救助制度,实施积极的就业援助。区、街民政部门要根据低收入人员劳动能力、家庭人口结构等不同情况,合理区分不同低保家庭的困难程度,重点帮扶重残人、老年人、未成年人、重症病患者等特殊困难人员。区、街劳动就业服务机构要将有劳动能力的低保人员以及符合低保条件的申请人优先纳入就业服务范围,按照"保生活、促就业、接保险"的思路,实施积极的就业援助。

四、加强领导,规范管理,确保社会救助体系建设顺利推进

(一)进一步加强对社会救助工作的领导。我区社会救助工作实行政府负责制,建立区、街两级社会救助工作协调机制。区民政局负责本区社会救助工作的统筹规划、综合管理和信息统计。街道办事处负责本辖区社会救助工作的实施。发展改革、劳动保障、统计、财政、卫生、教育、建设、公安、司法、人事、城管、审计、监察、工会、妇联、共青团、残联、慈善协会和红十字会等部门按照各自职责分工做好社会救助相关工作。

(二)加大资金投入,完善筹资机制。按照公共财政的要求,将社会救助经费按照相关救助项目列入当年财政预算,同时,分级建立临时救助资金,用于困难家庭的应急救助。我区鼓励社会力量参与和支持社会救助工作,进一步推动社会捐助活动的制度化和经常化。企事业单位、社会团体和个人向社会救助捐赠,按政策规定扣除所得税。区、街接受的社会捐赠资金、发行福利彩票所筹公益金,每年要按照相关救助政策规定,提取一定比例用于社会救助。

(三)规范社会救助程序。凡申请低保、医疗救助、廉租住房救助、教育救助、临时救助,均以家庭为单位,由户主向户籍所在地社区居民委员会提出书面申请,经街道办事处初审后,根据不同的救助项目将初审意见报送民政、教育、建设等社会救助管理部门核准。以上救助项目,均应经过社区评审小组会议讨论评议,并进行公示。灾害救助、司法援助、就业援助、社会互助项目,根据有关规定履行申请、受理、核准、公示等程序。有条件的街道可建立社会救助部门联合审批制度。各部门、各单位以及社会各界从事社会救助活动,均要通过街道办事处具体实施,各种救助款物由街道负责调配发放,各类救助信息通过街道采集,报送到民政局汇总并对外公示。

(四)加强救助对象的动态管理。一是建立救助对象分类管理制度。对于民政救助对象,街道低保经办机构要每半年审核一次;对于收入来源比较明确、变化不大的家庭可按季度审核;对于收入来源不固定或不易确定的家庭,应加强重点核查,一般每月审核一次,必要时随时进行核实。城市低保对象在本市区县级行政区域内迁移的,由街道办事处低保经办机构办理低保待遇迁移手续,不再重新履行申请手续。对因特殊原因造成户籍地和居住地不一致的人员,实行"双重管理"。各有关部门应当积极探索流动人口中的贫困人员的救助制度,认真做好城市生活无着的流浪乞讨人员以及外地来京上访人员的救助管理工作。二是建立救助对象收入审查制度。区、街低保经办机构要采取个人申报、跟踪消费、社区评议等方法,认真做好家庭收入核查,随时掌握低保家庭收入变化情况,确保救助渠道畅通。三是建立救助对象一次性告知和档案管理制度。救助管理机构在受理救助申请时,应将需提交的证明材料以及办理程序等事宜,一次性告知申请人。街道办事处、社区居民委员会要分级建立救助对象个人资料档案,并实行一户一档,编号管理。各类救助事宜应当由街道及时录入电子数据库,实行信息化管理。四是建立救助对象协议管理制度。救助管理部门与救助对象要根据本市有关规定,约定双方应履行的法律责任和义务。所有符合条件的低保人员均要参加街道组织的公益活动,并实行考勤制、活动纪要制。

(五)加强社会救助队伍建设。要健全完善社会救助工作管理和服务网络,充分发挥低保事务管理中心、街道社会保障事务所的作用,大力推进信息化建设,努力实现社会救助管理服务工作的规范化、信息化和便民化。要将社会救助工作列入社区协管内容,根据救助对象户数和工作任务量,合理配备社会救助工作协管员。社会救助协管列为社区公益性就业岗位,所需人员经费列入再就业资金预算。要加强对各级社会救助工作人员的教育和培训,不断提高社会救助工作者的专业素质和工作能力。

(六)健全社会监督和评价机制。财政、审计、监察等部门要加强对社会救助资金的管理和监督检查,确保资金使用合法、安全,定期对政府救助和社会互助活动进行效益鉴定与评估,并向社会公布。

二〇〇五年六月十四日

宣武区防控高致病性禽流感措施

为全面贯彻落实国务院防控高致病性禽流感电视电话会议精神及北京市防控高致病性禽流感工作部署,做好今年我区秋冬季防控工作,保证动物源性食品安全,保护群众身体健康和社会稳定,结合我区实际,现提出12条防控高致病性禽流感工作措施,请各相关部门、街道高度重视,密切关注,认真落实,确保宣武区"零疫情"。

一、健全组织,明确责任。在原有区防控非典和禽流感工作领导小组的基础上,成立宣武区防治重大动物疫病指挥部,协调指挥、处理全区重大动物疫病的防控工作。主管区长王瑞珠任指挥长,区政府办主任杨川、区卫生局局长郑添工任副指挥长,区委宣传部、区政府办、区政府督察室、区发改委、区教委、区财政局、区建委、区市政管委、区商务局、区文化委、区卫生局、区体育局、区城管监察大队、公安宣武分局、工商宣武分局、区质监局、各街道、区园林局等部门主要领导为指挥部成员。指挥部下设办公室，办公室设在区卫生局，联系电话：83975390、83975391。各成员单位要明确各自防控工作的职责，积极协调配合，全面落实我区防控高致病性禽流感的各项工作。

（责任部门：各有关部门）

二、完善应急预案，提高应对能力。从全区实际出发，结合2004年我区防控禽流感工作经验，逐层完善突发疫情的应急预案，健全突发疫情应急机制，做到有总体要求，有明确责任，有物资保障，切实做好应对疫情暴发的各项准备工作。（责任部门：区卫生局）

三、加强疫病监测，做好预测预警。配合全市加强疫情检测、监测体系建设，及时、准确掌握禽流感疫情，一旦发现病禽及时上报，严格按照《动物防疫法》有关规定就地销毁，对疫源地进行封锁，彻底消毒。加强对高危人群的监测，在现有流感监测网的基础上，扩大监测人群，重点是对运输、加工销售人员等高危职业人群以及临床发热、重症肺炎病例等一般人群开展监测。继续健全现有传染病疫情报告体系，提高疫情报告速度及准确性。对发生的无论是禽流感，还是传染给人的疫情，不得瞒报、谎报、缓报、漏报，做到早发现、早报告、早处理。（责任部门：区卫生局）

四、摸清禽类底数，杜绝散养家禽。在2004年社区居民散养禽类和信鸽等鸟类的基础台帐的基础上，及时补充登记今年的散养情况，做到“底数清，情况明”。为制定防控措施，加强基础免疫提供依据。（责任部门：区体育局、各街道）

按照北京市统一部署，在11月10日前完成散养家禽的处理，杜绝社区内饲养禽类。（责任部门：各街道、区城管监察大队）

对辖区内的禽类交易市场、加工场所和仓储等环节的防疫条件和病死禽类无害化处理情况进行全面摸底调查，建立监管数据库。

（责任部门：工商宣武分局、区卫生局）

五、坚持预防为主，强化基础免疫。加强对运输、销售、加工禽类单位和场所的管理，按规定进行经常性的消毒。医务人员要做好个人防护，切实落实医院内消毒隔离制度。做好辖区内信鸽、孔雀等禽类的管理、免疫与饲养场所经常性的消毒工作，开展高致病性禽流感秋季集中免疫工作，保障疫苗的供给，达到100%的免疫率，及时进行免疫效果监测，确保免疫质量。

（责任部门：区卫生局、公安宣武分局、各街道）

六、严格检疫制度，杜绝活禽交易。按照“关口前移，重心下移”原则，结合我区“无大型屠宰加工场所，以销售禽及禽类制品为主”的特点，将防疫关口重点放在辖区内各批发零售场所，加强对禽类运输、销售环节的检验、检疫和监测，杜绝出售未经检疫的动物及制品，杜绝活禽交易，重点加强对集贸市场、餐饮行业、冷库的清理检查。（责任部门：工商宣武分局、区卫生局）

七、加强鸟类管理，禁止信鸽放飞。加强对我区花鸟市场的管理，严禁市场鸟类交易。按照市政府要求，禁止放飞信鸽，定期开展对鸽舍的消毒管理。（责任部门：工商宣武分局、区体育局、各街道）

八、广泛开展宣传，提高防护意识。积极稳妥地做好防控高致病性禽流感的宣传工作，利用多种渠道，让重点人群（饲养、加工、销售禽及禽产品的人员）及市民了解禽流感的知识，提高自我防护意识，消除疑虑，维护社会稳定。指导群众摒弃不良卫生习惯，培养健康生活方式，从而提高抵御疾病的能力。（责任部门：区委宣传部、各有关部门、各街道）

设置六部24小时咨询热线，便于居民及时了解与反馈情况。

动物疫情热线电话设在区动物卫生检疫监督站：63321918（工作日）63265100（节假日及夜间）

人间疫情热线电话设在区疾病预防控制中心：63036136

无害化处理热线电话设在区市政管委：83975280（工作日）83976598（节假日及夜间）

活禽交易举报热线电话设在工商宣武分局：12315

信鸽放飞投诉热线电话设在区体育局：63548239

散鸽放飞投诉和散养活禽投诉热线电话设在区城管监察大队：96310。

九、强化专业培训，提高处置水平。通过专业知识培训，提高临床医生的诊断及治疗水平，及时发现病人、及时治疗，减少并发症，降低死亡率。提高临床医生传染病疫情报告意识，一旦发现病例立即报告相关部门，杜绝迟报、漏报现象。通过对卫生防疫人员的培训，切实提高流行病学调查质量。一旦发生疫情，卫生防疫人员必须及时到位，开展流行病学调查，同时采取有效的消毒、隔离措施，严防疫情蔓延。（责任部门：区卫生局）

十、完善物资储备、强化队伍建设。建立禽流感应急物资储备库，充实防疫物资，落实包括疫苗、试剂、消毒药品及机具、防护用品、无害化处理等在内的疫情处置应急物资储备，以保障防控工作的需要。加强应急队伍建设，组成包括动物防疫、卫生、工商、公安等职能部门参加

的应急预备队伍,开展培训和演练。(责任部门:区商务局、区财政局、区发改委、区卫生局)

十一、快速处置疫情,杜绝疫情蔓延。一旦疫情发生,要按照
“加强领导、密切配合,依靠科学、依法防治,群防群控、果断处置”的方针和“早发现、快反应、严处理”的原则,采取严格的封锁、隔离、检疫、扑杀、消毒和无害化处理等措施,及时控制,坚决把疫情扑灭在疫点上,严防疫情扩散蔓延。严格疫情报告制度。建立健全突发疫情报告制度、完善动物疫情核查机制。如有疫情发生则立即严格执行疫情相关信息日报告制度。对瞒报、缓报、漏报、谎报和阻碍他人报告疫情的行为,要依法追究有关人员责任。严格疫情处置。疫情发生后,立即启动《高致病性禽流感应急预案》,依法划定疫点、疫区和受威胁区,采取强制封锁疫区等防治措施。相关部门要按照分工,各负其责,加强协调配合,真正建立起“政府负总责,部门各司其职”和“属地管理,分级负责”的工作机制。做好疫情追溯。严格实行流通环节的监督记录,建立和完善动物疫情追溯体系。对在疫病潜伏期和发病期间售出的动物及其产品、可疑污染物等,要及时追踪和处理。(责任部门:各有关部门)

十二、加强效能督查,落实防控措施。成立专项督查组,实施定期检查、监督与抽查,督促各项防控措施的落实。(责任部门:区政府督查室)

二○○五年十一月十四日

大事记

2005年宣武区大事记

1月

10日至13日　区政协十一届二次会议举行。

11日－14日　宣武区第十三届人民代表大会第二次会议召开。

20日　区领导参加保持党员先进性教育活动电视电话会。

☆　区委副书记仲兆军、副区长哈金起率队慰问66329部队。

21日　宣武区穆斯林群众欢度古尔邦节。

26日 区委召开保持共产党员先进性教育活动动员大会，区四套班子党员领导干部及宣武区各单位党组负责同志300余人参加大会。

29日　市委副书记杜德印到宣武区检查指导先进性教育活动。唐大生、杨素荣同志分别从先进性教育活动的准备工作、动员部署、具体措施、社会舆情与群众反映，以及当前宣武区面临的实际情况等多方面作了工作汇报。

2月

1日　国家卫生部副部长蒋作君、北京市副市长牛有成在市卫生局副局长梁万年，区领导仲兆军、曾赞荣陪同下来到白纸坊胡同社区卫生服务站，参加“新年送健康，关爱到社区”活动。

2日　北京市副市长孙安民率队视察了长椿寺宣南文化博物馆、南新华街，并对宣武区部分歌厅、网吧进行安全检查。

☆　劳动和社会保障部副部长王东进，社保中心主任孟昭喜，副司长陈金甫、熊先军及市劳动保障局有关领导来宣武区慰问医保、社保工作人员。

3日　区四套班子领导带队慰问驻区部队和武警官兵。

☆　市文物局局长梅宁华带队到宣武区调研，与区领导唐大生、武高山、仲兆军、曾赞荣等座谈宣武区文物保护工作。

4日　区领导慰问煤市街拓宽改造工程工作人员。

5日　市长王岐山、副市长刘敬民等到宣武区椿树园小区看望特困党员王春生。

☆　卫生部副部长马晓伟到宣武区慰问一线卫生监督人员。

☆　区领导仲兆军、周开让、申晓岩、哈金起、袁双梅、喻建平分别带队，对辖区内苏宁电器、北青阳光广外加油站、广外华联商场、华强大金诺店、永安路菜市场等进行节前安全检查。

6日　中共中央政治局常委、全国政协主席贾庆林到牛街西里社区回族居民陈敬武家中慰问。之后视察了牛街清真超市节日期间市场供应情况，考察了中国伊斯兰教协会、中国伊斯兰教经学院和中国佛学院。中央政治局委员、市委书记刘淇，全国政协副主席、中央统战部部长刘延东，国家民委主任李德洙，国家宗教局局长叶小文及王岐山、张恕贤、唐大生、武高山等市区领导陪同考察。

8日　中共中央政治局委员、书记处书记、国务委员周永康来到公安宣武分局天桥派出所，慰问节日期间坚守岗位的公安干警。

9日－14日　宣武区举办第五届厂甸庙会。

☆　中共中央政治局委员、国务院副总理曾培炎视察厂甸庙会。副市长张茅，市政府办公厅副秘书长李伟，市旅游局局长于长江和区领导唐大生、武高山、仲兆军、曾赞荣、喻建平等陪同视察。

23日　中央保持共产党员先进性教育活动督导

组组长殷一璀、副组长崔俊慧等在市委先进性教育活动办公室副主任孟秀勤、朱秉春的陪同下来宣武区就基层开展教育活动情况进行调研指导。市委先进性教育活动督导组组长续伯聪、副组长刘广明和区领导唐大生、武高山、杨素荣、丁力、赵印春、周开让、赵金花等参加了座谈。

24 日 党建工作会议召开。

26 日 市委书记刘淇、市长王岐山在区委书记唐大生、区长武高山、副区长杜灵欣陪同下到北京第二供热厂检查全国两会安全服务供热保障工作。

☆ 煤市街拆迁工程第二阶段动员工作启动。

28 日 民政部副部长姜力率队到白纸坊文体工作协会调研民间组织管理工作。市民政局局长赵义、宣武区长武高山、副区长哈金起陪同调研。

3 月

1 日 牛街街道举行司法所新址落成暨阳光社区矫正服务中心成立仪式。市司法局局长吴玉华、副局长王友江,区领导武高山、仲兆军、周开让、哈金起等亲临祝贺。

☆ 区政府第三次全体(扩大)会议召开。武高山区长对政府全年工作任务进行部署,区委书记唐大生出席并讲话。

7 日 马连道地区城市设计方案专家评审会召开。

9 日 区委保持共产党员先进性教育活动领导小组召开第一批参加先进性教育单位负责人会议。区委副书记杨素荣出席并讲话。

☆ 2005 年度卫生、人口与计划生育工作会召开。市卫生局局长梁万年、市人口与计划生育委员会副主任耿玉田、区领导武高山、仲兆军、申晓岩、王瑞珠、陈慧来出席会议。

☆区“十一五”规划前期研究课题签约仪式举行。王永新常务副区长参加并讲话。

10 日 武高山、仲兆军、周开让等到宣武交通支队和公安宣武分局天安门指挥部慰问参加全国“两会”值勤的干警。

14 日 区长武高山向区政协委员、各民主党派团体负责人通报区情。区领导张文华、韩恩慈、王玉兰参加通报会。

18 日 中国社会工作协会社区志愿者工作委员会成立大会在宣武区天桥街道举行。全国政协副主席周铁农、民政部部长李学举、团中央书记处书记杨岳、中国社会工作协会会长徐瑞新,区领导唐大生、武高山、杜灵欣参加会议。

22 日 2005 年度信访排查调处工作会召开。区领导仲兆军、赵金花、哈金起出席会议。

23 日 第一批先进性教育活动分析评议阶段部署动员会召开。市委督导组组长续伯聪对宣武区各单位开展第一阶段保持共产党员先进性教育活动给予了充分肯定。区委书记唐大生讲话。市委督导组成员、区委常委、区人大、区政府、区政协领导班子成员中的党员领导干部,区委先进性教育活动领导小组成员,区委督导组成员,第一批先进性教育活动单位负责人 300 多人参加了会议。

☆ 区委召开党外人士座谈会,听取各民主党派、工商联、侨联主要领导、无党派人士和民族宗教界代表人士对区委、区政府工作的意见和建议。唐大生向与会人士通报了宣武区开展保持共产党员先进性教育活动的情况和经济工作的运行情况。

24 日 北京音像大厦落户马连道采购中心区。文化部副部长赵维绥、市场司司长刘玉珠、北京市副市长孙安民、北京市新闻出版局党组书记冯俊科、局长孙向东、北京市商务局局长李昭,区领导唐大生、武高山、王敏荣、张文华、丁力、王永新、袁双梅、曾赞荣出席开业仪式。

25 日 2005 年度城建城管工作会召开。

4 月

2 日 唐大生、武高山、王敏荣、张文华等区四套班子领导与各民主党派、武警战士、中小学生及广大绿化志愿者一起参加全民义务植树和绿化宣传活动。

☆ 区 2005 年度普通高考招生考试报名工作结束。

6 日 宣武区召开“以文体活动为载体,努力构建和谐社区”现场会。区领导唐大生、丁力、杜灵欣等出席。文化部、全国思想政治工作研究会、市委宣传部、首都文明办、市文化局等单位的领导,北京社科院、新华社北京分社、中国人民大学等单位的专家学者应邀到会。

☆ 红十字会与红新月会国际联合会主席苏亚雷斯·托罗一行在王瑞珠副区长陪同下到天桥街道考察基层红十字工作。

15 日 区长武高山会见韩国汉城特别市龙山区区长朴长圭先生一行。

19 日 区领导仲兆军、周开让、哈金起等率队对三统碑流动人口聚集区进行综合整治。

21 日 北京市回民医院举行复诊仪式。市委副书记龙新民,市委常委、统战部长尤兰田,市人大常委会副主任赵久合,副市长孙安民,市政协副主席王长连,市民委主任张恕贤,市卫生局局长金大鹏,以及唐大生、武高山、张文华等市、区有关领导出席并慰问了医务人员。

21日 牛街礼拜寺修缮工程开工仪式暨新闻发布会举行。市文物局局长梅宁华及区领导韩恩慈、哈金起、王玉兰和市人大常委、区伊协会长薛天利阿訇出席开工仪式。

23日 宣武区举办马连道第五届茶叶节开幕式暨"中国特色商业街"揭牌仪式。马连道被命名为首批"中国特色商业街"。

5月

1日-8日 区领导检查安全生产工作并慰问一线劳动者。王敏荣、吴甲龙、袁双梅、杜灵欣、喻建平分别带队检查了宣武区部分商业、服务业重点单位的安全生产情况。

9日 市人大常委会副主任范远谋到宣武区调研,听取了区人大常委会党组关于开展保持共产党员先进性教育活动的情况汇报。

11日 东城、西城、崇文、石景山、宣武五城区人大内务司法工作联席会在宣武区召开。市人大常委会内务司法工作委员会副主任委员吴森钟出席联席会。

19日 市委副书记、市长王岐山到广外街道调研社会保障工作。先后参观了广外街道政务大厅和社区服务中心,听取了街道社会保障工作情况汇报,与现场办事群众进行了交流。副市长孙安民、区领导武高山、王永新、单彩芝陪同。

☆ 大吉危改项目一期拆迁、拆除、评估签约仪式正式举行。中国中信集团副董事长兼总经理孔丹,区领导武高山、王永新、周开让、赵金花、曾赞荣等出席签约仪式。

22日 市委副书记、市长王岐山到广外调研防汛工作。实地察看了莲花河河道清淤、截污工程建设情况。副市长牛有成,区领导武高山、杜灵欣陪同调研。

29日 第八届体育节暨地区全民运动会开幕式在广内街道举行。张文华、杨素荣、申晓岩、杜灵欣等区领导出席开幕式。

30日 区委召开第11次常委(扩大)会议,唐大生同志主持。会议专题研究了区委先进性教育活动整改方案。

6月

1日 市委副书记杜德印到宣武区调研党员先进性教育活动进展情况。市委副秘书长张清、市委组织部常务副部长孟秀勤、市委督导组组长续伯聪陪同调研。唐大生、武高山、杨素荣、赵印春、单彩芝等区领导参加了调研。

2日 全国政协副主席张思卿来宣武区考察绿色社区创建工作。听取了市、区领导有关创建绿色社区工作情况汇报。副市长陆昊、市政协副主席王长连,区领导唐大生、武高山、张文华、杜灵欣等陪同。

3日 贝宁国民议会议长伊吉一行访问宣武区。区人大常委会主任王敏荣、副主任申晓岩,区政府副区长哈金起等参加了接待。

☆ 武高山区长、杜灵欣副区长到区"城中村"整治拆迁指挥部慰问参与"城中村"环境整治的工作人员。

7日 市人大常委会副主任索连生就北京市人大工作会议前期准备工作到宣武区调研。

9日 区长武高山、副区长杜灵欣先后到教子胡同的人防工事、菜市口东危改片工地、掌扇胡同29号翻挑大修房屋施工现场、大栅栏小齐家中式楼危险房等地察看防汛情况。

12日 宣武区举办安全生产咨询日活动。

14日 启动青年应急献血志愿者招募活动。区领导仲兆军、丁力、申晓岩、王瑞珠等参加了纪念"6·14"世界献血者日暨招募应急青年献血志愿者启动仪式。

20日 规范行业场所经营行为整治社会环境秩序百日专项行动部署工作会召开。区领导仲兆军、哈金起、袁双梅等出席会议。

21日 中央政治局常委、全国政协主席贾庆林到宣武区考察和谐社会构建工作。视察了广外街道红莲南里社区和牛街社区服务中心,听取了宣武区构建和谐社会有关情况及牛街街道、广外红莲中里社区的汇报。全国政协秘书长郑万通,市领导王岐山、程世峨及区领导唐大生、武高山等陪同考察。

25日 由宣武区政府、第29届奥运会组委会、中国人民大学和北京联合大学共同主办的"北京2008奥运国际论坛2005大会"拉开帷幕。全国人大常委会副委员长蒋正华、全国政协副主席阿不来提·阿不都热西提、全国人大常委会原副委员长王光英、中共北京市委副书记龙新民、北京奥组委执行副主席蒋效愚、中国人民大学校长纪宝成、区委书记唐大生、区长武高山等出席开幕式。

29日 区委区政府在广安会议中心举行了《北京市宣武区志》首发式。区委副书记仲兆军主持。北京市地方志编纂委员会常务副主任,《北京志》主编、宣武区志主审段炳仁,北京市地方志编纂委员会办公室主任王铁鹏及区领导唐大生、武高山、张文华、王永新等出席首发式。

7月

2日－3日 宣武区举办“人文奥运演绎古都神韵,文化盛会再现百姓乐事”奥运文化广场活动。仲兆军、丁力、王永新、栗琦、陈慧来等区领导参加。

5日 宣武区社区矫正试点工作总结表彰大会召开。市司法局副局长王友江及区领导仲兆军、周开让、哈金起参加了会议。

7日 全国人大常委会民族委员会副主任陈士能一行到宣武区调研。市领导赵久合、吴保华、马中璞及区领导韩恩慈、哈金起、申晓岩等陪同调研。

☆ 广外街道社区服务中心举行“价格服务到社区”活动启动仪式。市发改委张万恒委员及杜灵欣副区长出席启动仪式。

8日 宣武区各党派团体启用办公新址。

☆ 市建委副主任孙乾带队到宣武区调研。常务副区长王永新出席调研座谈会。

11日 宣武区召开“十一五”规划前期研究课题专家评审会。武高山区长、王永新常务副区长出席会议。

14日 宣武区召开大吉片拆迁动员会。武高山区长、王永新常务副区长参加会议。

18日 全区党政领导干部大会召开。武高山主持会议,唐大生总结了全区上半年工作,并对做好下半年工作做出了部署。区四套班子领导参加了会议。

20日 王永新常务副区长会见由中共天津市红桥区委常委、副区长马广智率领的城市拆迁工作考察团一行。

26日 宣武区举行电力突发事件应急预演。

26日－27日 唐大生、韩恩慈、仲兆军等区领导率区拥军慰问团分赴武警北京总队第七支队、十五支队、66329部队、66117部队、区武装部、总装备部试验装备物资采购局、消防三支队、武警东经路消防中队、大栅栏消防中队和公安宣武分局消防监督处等地慰问广大官兵和干警。

29日 哈金起、袁双梅副区长出席老舍茶馆向国家博物馆捐赠仪式。

8月

1日 区委召开援疆干部欢迎欢送会,慰问第四批圆满完成任务的7名援疆干部,为第五批即将启程前往新疆的10名援疆干部送行。区领导武高山、仲兆军、杨素荣、赵印春、王永新、王瑞珠以及援疆干部所在单位党政领导参加了欢迎欢送会。

1日 区十三届人大常委会第13次会议任命税勇为宣武区人民政府副区长。

2日－15日 武高山区长就宣武区为民办实事工作进展情况到陶然亭、牛街、椿树三街道调研。

4日 全区2005年“城中村”环境整治项目拆迁阶段性工作总结大会召开。

8日 全区施工现场安全生产管理工作会议召开。

9日 市委副书记强卫就创建和谐社区工作到宣武区调研,听取了广外街道创建五星级和谐社区的情况介绍。

☆ 在“北京2008”奥林匹克文化节表彰大会上,宣武区荣获第三届“北京2008”奥林匹克文化节优秀组织奖。

18日 宣武区服务行业青年风采展示大赛开赛。

22日 区长武高山会见日本东京都北区体育交流代表团。

23日 宣武区举办“妇女发展与构建和谐宣武”论坛。市妇联副主席尹玲珍、中华女子学院院长张李玺及区领导杨素荣、王永新参加并讲话。

24日 市委常委、教工委书记朱善璐到宣武区调研。听取了宣武区社区教育总体情况汇报,参观了南纬路社区及天桥社区教育中心,观摩了暑期学生课堂和数字家园电脑培训课程,并询问了教委派驻社区教师的工作情况。

25日 市委常委、市委秘书长孙政才到陶然亭街道就先进性教育活动调研,区领导唐大生、赵金花参加。

☆ 宣武区举办交通秩序整治活动宣传高潮日活动。区领导分别到全区各重点路口视察交通秩序并参加宣传活动。

26日 宣武区举办全市首届“广内杯”社区空竹邀请赛。市民间文艺家协会副主席于志海及区领导申晓岩、税勇、喻建平等参加。

27日 宣武区《北京天桥八大怪》雕塑项目获得北京城市雕塑项目国家级“特别奖”。

31日 北京市国土资源局宣武分局正式对外挂牌办公。

9月

1日 全市中小学开学。市领导范远谋、张茅、范伯元及区四套班子领导分别参加了15中、华夏女中、北京小学等20余所学校的开学典礼。各校以纪念抗日战争暨世界反法西斯战争胜利60周年为契机,以"唱响国歌,上好爱国主义教育第一课"为题,举行了不同形式的开学典礼。

2日 区领导武高山、仲兆军、杨素荣、周开让、杜灵欣、曾赞荣等慰问煤市街道路拓宽工程拆迁指挥部工作人员。

3日 宣武区召开教育系统庆祝教师节大会。会上对158名先进教师、115名先进教育工作者进行了表彰。市教工委、教委领导刘建、杜松彭、张青山,区领导唐大生、武高山、张文华等出席庆祝大会。

6日 中央党校20期中青班学员参观宣南文化博物馆。

7日 武高山区长会见瑞典地方政府及地区协会访华团。区领导哈金起、杜灵欣陪同会见。

☆ 市建委副主任苗乐如视察宣武区部分"平改坡"工程。

8日-9日 市委先进性教育巡回检查组到宣武区检查第一批先进性教育回头看工作进展情况。听取了关于宣武区第一批先进性教育活动巩固和扩大整改成果工作情况以及区委常委会和政府党组的整改情况的汇报,关于区委常委班子开展理论学习情况的汇报,关于全区再就业工作落实整改情况的汇报。

12日 赵凤山等市领导到宣武区验收"四五"普法工作。区领导王敏荣、仲兆军、丁力、周开让、申晓岩、哈金起陪同验收。

13日 宣武区第一期教师带薪脱产培训研修班开学。王永新常务副区长出席典礼仪式并讲话。

20日 区民族宗教工作人员培训班开班。哈金起副区长到会讲话。

21日 第三届"椿树杯"北京社区京剧票友大赛举行。

27日 市委常委、常务副市长翟鸿祥到宣武区检查"十一"期间安全生产工作。区领导武高山、袁双梅陪同检查。

29日 哈金起副区长会见瑞士军事代表团,并陪同参观了区人防指挥中心。

10月

9日 武高山区长出席在北京国贸中心举行的第二届中国国际茶业博览会并作主题演讲。

☆ 武高山区长会见日本东京都北区日中友协访华团。

10日-12日 京津沪渝四市八区第19次、全国十二城区第21次人大工作交流会在宣武区召开。会议由宣武区人大常委会主办、西城区人大常委会协办。全国人大常委会副委员长何鲁丽,北京市人大常委会常务副主任范远谋,全国人大常委会代表资格审查委员会办公室主任、办公厅代表联络局巡视员李伯钧和宣武区、西城区的主要领导应邀参加了会议,来自全国十七个城区人大常委会的82名代表出席了会议。

11日 宣武区在陶然亭公园组织"重阳节"敬老大型游园活动。区领导唐大生、武高山、仲兆军、哈金起参加。

13日 区领导唐大生、武高山、袁双梅等出席北京普洱茶都暨云南思茅普洱茶落户马连道开业庆典。

☆ 陆昊副市长就老字号企业发展问题到琉璃厂荣宝斋调研。袁双梅副区长陪同。

15日 全区中小学生运动会开幕式在先农坛体育馆举行 。

17日 区四套班子领导参加在通州民兵训练基地举行的军事日活动。

18日 古道悠长普洱飘香--马帮走进马连道欢迎仪式在京城茶叶第一街举行。区领导唐大生、武高山、王敏荣、王永新、袁双梅参加。

19日 向公安宣武分局发放巡逻车辆仪式在区政府机关大院举行。哈金起副区长主持,区领导唐大生、武高山、王永新参加。

☆ 中国国际新闻中心建设项目签约仪式在北京中环假日酒店举行。区领导唐大生、武高山、税勇等以及新华社、中国图片社的有关领导出席。

21日 宣武区召开防治艾滋病工作委员会第一次会议。区领导仲兆军、王瑞珠出席并讲话。

22日 宣武区第23届学生科技节开幕式在育才学校举行。王永新常务副区长参加。

27日 北京第一实验小学举行综合楼奠基仪式。

31日 宣武区第八届机关运动会举行。区四套班子领导出席开幕式。

☆ 新疆喀什地区行署驻京联络处挂牌。区领导武高山、韩恩慈、哈金起等参加挂牌仪式。

11月

1日 第四届宣南文化节在宣南博物馆隆重开幕。市人大常委会副主任赵久合、副市长孙安民、市政协副主席张和平、市文联党组书记吕浩才、市委宣传部助理巡视员王文光、市文化局局长助理阮兰玉、市文物局副局长张杰、市文化市场执法总队队长赵安良,区领导唐大生、武高山、张文华、韩恩慈、仲兆军、税勇等及著名建筑学家王世仁出席开幕式。

2日 区委九届四次全体(扩大)会议召开。审议通过了《中共北京市宣武区委关于制定宣武区国民经济和社会发展第十一个五年规划的建议》、《关于马新云候补委员递补为中共北京市宣武区第九届委员会委员的决定》和《中共北京市宣武区委九届四次全体(扩大)会议决议》。唐大生主持会议并讲话。武高山作了《关于制定宣武区国民经济和社会发展第十一个五年规划建议的说明》。赵印春作了《关于马新云候补委员递补为中共北京市宣武区第九届委员会委员的说明》。区领导张文华、韩恩慈、仲兆军、杨素荣、丁力、王永新、周开让、赵金花、马海泉及区委委员、区委候补委员出席会议。区人大常委会、区政府、区政协有关领导,区纪委委员,区委、区政府各部委办局负责人,部分企事业单位领导列席会议。

4日 武高山区长会见澳大利亚罗根市市长约翰·弗里曼一行。

8日 日本东京都北区议会代表团到宣武区进行访问。区人大常委会副主任栗琦、单彩芝、吴甲龙、申晓岩参加接待活动。

11日 中共中央总书记、国家主席、中央军委主席胡锦涛对宣师一附小首创的新童谣创编传唱活动做出重要批示:北京此事办得好,体现了与时俱进和“三贴近”精神。采用少年儿童喜闻乐见的形式,让他们受到潜移默化的教育。要举一反三,创新更多的教育途径和方式。

14日 市委书记刘淇到宣武区调研。参观了宣南文化博物馆、区政务大厅、医保和社保大厅,与区四套班子领导进行了座谈。市领导孙政才、翟鸿祥等一同调研。

17日 宣武区在北京大学举行“宣南文化燕园行”系列活动。区领导唐大生、武高山、张文华等与北京大学领导陈文申、张彦参加启发仪式。

19日 武高山区长出席天宁寺广场综合楼奠基仪式。

20日 区领导参加保持党员先进性教育活动电视电话会。区委、区人大、区政府、区政协领导班子中的党员领导干部,区人民法院、人民检察院党组书记及各单位的主要领导在宣武区分会场收听收看了市委书记刘淇的动员报告和中央督导组组长殷一璀的重要讲话。

22日 全国八城区教育协作体年会在宣武区召开。

26日 民政部副部长贾治邦带队到牛街街道慰问困难群众。市民政局局长赵义、市政府办公厅副主任李进国及武高山区长陪同慰问。

27日 区领导唐大生、周开让、曾赞荣看望煤市街拆迁指挥部工作人员。

30日 市委副书记龙新民到实验一小、师大附中调研。王永新常务副区长陪同调研。

12月

1日 哈金起副区长会见马耳他中国友协代表团。

7日 沃尔玛购物广场宣武门分店开业。区领导武高山、张文华、杨素荣、袁双梅参加开业典礼。

☆ 宣武、顺义两区社区建设工作交流会在宣武区召开。广内、广外街道在构建和谐社区、推动社区建设等方面介绍了工作经验和做法。

8日 宣武区欢送新兵。区领导武高山、王永新、马海泉出席欢送大会。

9日 宣武区举行扶残助学金发放仪式。哈金起副区长、王瑞珠副区长、潘君副区长参加。

10日 北京首都开发控股(集团)有限公司举行成立揭牌仪式。武高山区长、税勇副区长出席了揭牌仪式。

12日 北京市公安消防总队宣武区消防支队成立。区领导仲兆军、王永新、哈金起、袁双梅、潘君参加揭牌仪式。

15日 市社会保障和再就业工作检查组到宣武区检查工作。王永新常务副区长代表区社会保障和再就业工作领导小组作工作汇报。

17日 吉林副市长到广外华联商厦、青年湖社区检查节能和供暖工作。杜灵欣副区长陪同检查。

19日 宣武区商业联合会成立。区领导武高山、杨素荣、袁双梅参加了成立大会。

20日 北京市第十四中学举行新址奠基仪式。

☆ 宣武区第六届民族团结进步先进集体、先进个人表彰大会召开。武高山区长主持会议。市人大副主任赵久合,市委统战部副部长周伯琦,市民委副主任马中璞、程二燕及区四套班子领导参加了会议。

21日 圣安寺遗址、万善寺故址、仙露寺故址、纪念中国电影百年标识等4处宣南文化景观标识竣工验收。税勇副区长和区政府顾问王世仁参加工程验收。

22日 纪念中国电影百年诞生地揭牌仪式在大观楼影城隆重举行。中宣部副部长、国家广电总局局长王太华,国家广电总局副局长赵实,北京市市长王岐山、副市长孙安民,市文化局局长降巩民,市广电局局长赵东鸣及区领导武高山、仲兆军、税勇等出席揭牌仪式。

26日 宣武区城市管理监督指挥中心成立。

☆ 宣武区体育中心训练综合楼建设工程开工。

27 日 全区百名创业带头人表彰大会举行，常务副区长王永新出席会议并讲话。

29 日 区委九届五次全体（扩大）会议召开。学习了党的十六届三中、四中和五中全会、中央经济工作会议和市委九届十一次全会精神，总结了 2005 年工作，研究和部署了下一年度工作任务。武高山传达了市委九届十一次全会精神。唐大生作工作报告和总结讲话。会议审议通过了区委工作报告和大会决议。

31 日 张茅副市长到宣武区虎坊桥车站慰问文明乘车站台监督员。

党员先进性教育

概　述

根据中央《关于在全党开展以实践“三个代表”重要思想为主要内容的保持共产党员先进性教育活动的意见》(中发【2004】20号)和北京市委要求,宣武区委结合本区实际,从2005年1月下旬开始到10月底,历时十个月,在全区开展了保持共产党员先进性教育活动。整个教育分两个批次,每个批次分为学习动员、分析评议、整改提高三个阶段进行。第一批,从1月下旬开始到6月底结束,参加先进性教育活动的区机关和事业单位共61个,涉及基层党组织330个,党员4 168名;第二批,从7月初开始到10月底结束,参加先进性教育活动的单位共有20个,包括承担全区先进性教育活动指导任务的区委部门、街道社区、企事业单位、两新组织(新经济组织和新社会组织),涉及基层党组织988个,党员26 067名。区委严格按照中央要求,在北京市委领导下和市委督导组(第一批教育)、市委巡回检查组(第二批教育)具体指导下,高度重视,周密部署,措施得力,扎实推进,效果良好,基本达到了提高党员素质,加强机关和基层党组织建设,增强党员服务群众意识,促进全区各项工作的预期目标,得到了广大干部、群众的好评。

(杨彦涛)

【市委副书记杜德印到区指导先进性教育活动】 1月29日,市委副书记杜德印到宣武区检查指导先进性教育活动。区委书记、区委先进性教育活动领导小组组长唐大生,区委副书记、区委先进性教育活动领导小组副组长杨素荣分别从先进性教育活动的准备工作、动员部署、具体措施、社会舆情与群众反映、当前宣武区面临的实际情况等多方面作了工作汇报。杜德印对进一步开展好先进性教育活动提出具体要求:一是各级领导干部要提高开展先进性教育活动的自觉性,掌握领导组织先进性教育活动的主动权,自觉投身到先进性教育活动中。二是结合工作实际,把提高党员素质落实到党的执政活动中,落实到党领导发展的各项事业中,把先进性体现到开展执政活动、提高执政能力、完成执政使命中。三是抓好学习培训,进一步解决抓先进性教育的自觉性、主动性的问题。杜德印同志特别指出,开展先进性教育活动正值春节,广大共产党员要向人民群众展现良好的精神风貌。市委副秘书长张清陪同指导工作。区委副书记、区长武高山,区委先进性教育活动领导小组成员丁力、赵印春、周开让、李莉及办公室的有关同志参加了会议。

(何嘉莹)

【区委常委会研究部署先进性教育工作】 1月21日,区委召开常委会,研究并通过了宣武区开展先进性教育活动的实施意见、第一批先进性教育活动实施方案、区委常委参加先进性教育活动的方案,决定成立区委先进性教育活动领导小组及督导组。会议决定,全区保持共产党员先进性教育活动分两个批次进行,每个批次半年时间。第一批是区党政机关和部分事业单位,时间为2005年上半年;第二批是区属基层单位和部分区委部门,时间为2005年下半年。集中学习教育活动分学习动员、分析评议和整改提高三个阶段。1月25日,区委召开常委会,专题研究了保持共产党员先进性教育活动方案。区委副书记杨素荣,区委常委、组织部部长赵印春就先进性教育活动方案和前一阶段的工作情况向常委们作了通报,会议围绕开展先进性教育活动的总体安排和方法步骤等具体问题进行了深入研究。

(何嘉莹)

【成立先进性教育组织领导机构】 1月,在区委领导下,成立了区委保持共产党员先进性教育活动领导小组,区委书记唐大生同志担任组长;区委副书记杨素荣,区委常委、宣传部长丁力,区委常委、组织部长赵印春,区委常委、政法委书记周开让,区委常委、区委办公室主任赵金花,区纪委副书记李莉担任副组长;成员由区委办公室副主任常卫国、区委区政府研究室主任王建华、区委组织部副部长陈勇、区委宣传部副部长李茂福、区委统战部副部长刘琪、区委政法委常务副书记李铁、区国资委主任、党委书记杨有成、区委教工委书记郑然、区直机关工委常务副书记邢贵斌、区委区政府街道办公室主任贺道容、区政府办公室主任杨 川、区民政局党组书记、局长张炳田担任。其主要职责是:(1)就全区先进性教育活动的重大事项向区委提出建议;(2)对每个批次、每一阶段的先进性教育活动作出安排,提出要求;(3)组建和派出督导组,督促检查全区先进性教育活动的落实情况;(4)听取各单位各部门先进性教育活动情况汇报,及时研究解决问题,总结推广经验;(5)对全区先进性教育活动进行全面总结。区委保持共产党员先进性教育活动领导小组下设办公室,作为工作机构,主任由区委常委、组织部长赵印春同志兼任;副主任由区纪委副书记李莉、区委区政府研究室主任王建华、区委办公室副主任常卫国、区委组织部副部长陈勇、王毅、区委宣传部副部长李茂福担任。办公室下设四个组及具体成员:(1)综合组由常卫国、陈勇、于国兴、韩淑琴、王美玉、赵丽、刘海涛、籍生裕、韩忠、王书广、申骏、马佩鸿等12名同志组成;(2)宣传组调整为牛建华、李岩、史占清、崔渭国、何嘉莹、许建等6名同志组成;(3)秘书组由王建华、张才斐、袁世良、阎涛、王其志、包瑞、王延军等七名同志组成;(4)联络组由李莉、鲁晓达、周金香、肖飒等四名同志组成。办公室主要职责是:(1)了解掌握各单位开展先进性教育活动的进展情况、主要经验和存在的问题,及时进行汇总分析;(2)与市委督导组联系,做好有关服务工作;(3)协调区委督导组的工作,做好督导情况的综合;(4)对在调查研究和督导中发现的问题进行研究,为领导小组决策提出建议;(5)筹备先进性教育活动工作会议和领导小组会议,起草有关文字材料;(6)做好先进性教育活动宣传报道工作;(7)为区委领导考察工作及开展调研活动做好服务工作;(8)完成领导小组交办的其他工作。

(杨彦涛)

【保持共产党员先进性教育活动动员会议】 1月26日召开。会议对全区开展先进性教育活动作出安排,动员全区各级党组织和广大党员认真开展和积极参加先进性教育活动。市委督导组组长续伯聪、区委书记唐大生出席并讲话。唐大生指出,要充分认识开展先进性教育活动的重大意义,把思想统一到中央决策部署上来。要抓住学习实践“三个代表”重要思想这条主线;把握保持共产党员先进性这个主题;明确提高党的执政能力这个着眼点;坚持“党要管党、从严治党”这个方针。通过这次教育活动,达到提高党员素质,加强基层组织,服务人民群众,促进各项工作的目标。续伯聪指出,开展好教育活动,必须紧密结合实际。要坚持领导干部带头,坚持走群众路线,坚持在解决突出问题上下狠功夫,坚持探索创新,坚持做到“两不误、两促进”。市委督导组成员,区级领导班子中的党员领导干部,区人民法院、区人民检察院党组书记,区委各直属党委(工委)书记、主管副书记、组织部长(党办主任),区委区政府各部、委、办、局党员行政主要领导同志和机关党组织书记,各街道办事处主任,各区级机关、人民团体党组书记和机关党组织书记,区国资委直属企业党组织书记,区委先进性教育活动领导小组办公室和区委督导组全体成员参加了会议。

(何嘉莹)

【向单位和部门派出督导组】 1月,区委先进性教育活动领导小组向参加第一批先进性教育活动的单位和部门派出督导组,按照每个督导组负责9-16个部门或单位安排,派出5个督导组,每组设正副组长,6名组员,共抽调干部40名。由现职的正处级领导干部或从领导岗位上退下来不久、身体状况良好且从事过党务工作的正处级老同志担任组长;成员从区纪委、区委组织部、区委宣传部、区直机关工委及参加第二批先进性教育活动的单位中抽调35名。具体人员(第一督导组:组长杨同发、副组长李英哲,成员阎玉义、郭文、孟勇、贾绍清、朱丽燕、尹世强;第二督导组:组长李燕、副组长杨国训,成员李雪静、刘革、薛裕平、康凯玲、周晓凌、徐翊;第三督导组:组长李忠、副组长王培发,成员鲍智深、孙秀芬、胡丽娜、王桂新、孙宁、王峰;第四督导组:组长赵炳坤、副组长赵兵,成员肖淑珍、宋彦彩、郭淑静、刘银华、李春宇、赵毅;第五督导组:组长陶佑、副组长贾恒浮,成员朱荣春、苏杭、王军艳、杨彦涛、衣戎生、王志伟)。区委督导组在先进性教育活动领导小组的领导下开展工作。其主要职责是:(1)了解掌握先进性教育活动的进展情况,向派驻单位党组织提出意见和建议;(2)及时向区委先进性教育活动领导小组反映情况,当好参谋;(3)及时发现先进性教育活动中存在的问题,并督促解决;(4)总结先进性教育活动经验,用典型指导工作。其工作方式,采取听汇报、参加会议、召开座谈会、个别访谈、查阅资料、问卷调查等方式开展工作,并对派驻单位的先进性教育活动进行评估。

(杨彦涛)

【一级抓一级,层层抓落实】 1月,区委建立领导干部联系点,以督促、检查、指导联系单位开展先进性教育活动情况,做到一级抓一级,层层抓落实。全区各部门、各单位都按照区委要求,成立了相应的领导机构和工作机构,迅速投入工作。全区各级党组织紧密联系党员思想实际，紧密联系全区工作大局和本单位的工作实际，紧密联系群众生产生活中的实际，抓好学习培训，开展主题实践活动。春节前，参加第一批开展先进性教育活动的61个单位330个基层党组织全部完成了思想发动任务，4168名党员（包括离退休党员）参加了动员会。

（杨彦涛）

【保持共产党员先进性主题教育实践活动】 2月，区委结合本区实际，提出在全区广大党员中深入开展“立足岗位争当时代先锋，服务群众建设和谐宣武”的主题实践活动，通过开展党员保持先进性的大讨论，概括提炼出不同系统、不同行业体现共产党员先进性的具体要求。参加教育活动的全区各单位开展了形式多样、主题突出的保持共产党员先进性主题教育实践活动，赢得了广大群众的好评。

（何嘉莹）

【慰问困难群众，解决生产生活难题】 春节期间，各部门、各单位党员领导干部积极走访、慰问困难群众，切实帮助群众解决生产生活中的实际困难。共慰问困难户、低保户等家庭近2万户，慰问支出达900余万元。

（何嘉莹）

【宣武区优秀共产党员先进事迹报告会】 2月1日举行。北京市优秀共产党员、公安宣武分局陶然亭派出所民警刘吉铎，北京市优秀共产党员、区残疾人联合会理事长冯兰英分别作了先进事迹报告。报告会由区委常委、组织部部长赵印春主持。他要求全区共产党员要以刘吉铎、冯兰英同志为榜样，发挥先锋模范作用，自觉主动地投身于先进性教育活动中，进一步明确新时期保持共产党员先进性的基本要求，确保先进性教育活动切实取得成效。区级党员领导干部、第一批先进性教育活动单位负责人、区委先进性教育活动督导组成员参加了报告会。

（何嘉莹）

【区级党员领导干部集中封闭学习】 2月17至18日，区级党员领导干部进行了为期两天的集中封闭式学习。区委书记唐大生作了动员，传达了市委书记刘淇所作的党课报告以及先进性教育活动领导小组工作会议精神。集中学习以自学为主，学习内容包括《保持共产党员先进性教育读本》、《江泽民论加强和改进执政党建设（专题摘编）》，胡锦涛、曾庆红、贺国强等中央领导同志的有关讲话精神。学习期间，区级党员领导干部听取了人民大学党委宣传部副部长、国际金融博士、中国人民银行博士后代鹏所作的经济形势报告。

（何嘉莹）

【编印《时代先锋》辅助教材】 2月，区委结合本区党史研究成果，编辑出版了先进性教育活动辅助读物《时代先锋》。该书分为方向篇、英烈篇、榜样篇。“方向篇”汇集了胡锦涛、曾庆红关于开展保持共产党员先进性教育活动的重要讲话以及一些重要文献摘编；“英烈篇”收集纪录了在宣南地区战斗过的革命英烈李大钊、高君宇、赵世炎、邵飘萍等从事斗争的纪略以及部分革命英烈的遗书、遗言等；“榜样篇”刊载了区残联主席冯兰英、牛街敬老院院长马淑品等12位宣武区优秀共产党员的先进事迹。该书充分展示了宣武区本区的红色文化资源和先进党员事迹，对于帮助广大党员回顾革命历史，学习身边先进典型，进一步坚定共产主义信念，有重要的辅导作用。

（何嘉莹）

【区级党员领导干部参观毛泽东在双清活动展览】 2月22日，24名区级党员领导干部到爱国主义教育基地香山双清别墅，参观了《毛泽东在双清活动展览》和当年中央领导同志开会办公的遗址，重温党的历史和毛泽东同志“两个务必”的教导，缅怀老一辈无产阶级革命家艰苦奋斗的历程。

（何嘉莹）

【中央督导组到宣武区检查指导党员先进性教育活动】 2月23日，以殷一璀为组长、崔俊慧为副组长的中央督导组一行6人，在市委先进性教育办公室副主任孟秀勤、朱秉春等陪同下，到宣武区检查指导先进性教育活动。区委书记唐大生汇报了全区开展先进性教育活动整体情况。殷一璀充分肯定了宣武区委开展党员先进性教育活动的工作。她代表中央督导组要求宣武区认真组织好学习阶段大讨论环节的内容，要在自上而下、自下而上反复讨论的基础上启发党员思考，交流学习体会，概括提炼出体现时代精神、符合岗位特点的共产党员保持先进性的具体要求。市委督导组组长续伯聪、区委有关领导和部分委办局负责同志参加了座谈。

（何嘉莹）

【先进性教育活动大讨论学习交流会】 3月9日召开。宣武公安分局政治处副主任陈金禄、区人大代表工作室主任郑维忠、区审计局干部马铮分别代表单位和个人作了发言。区委副书记杨素荣参加了会议，并代表区委对搞好大讨论活动提出了要求，杨素荣对第一阶段“回头看”工作进行了部署。第一批先进性教育活动单位的领导小组办公室主任、区委督导组成员、区委先进性教育活动领导小组办公室的各组组长参加了会议。

（何嘉莹）

【第一批先进性教育活动分析评议阶段概况】 3月23日,全区召开转段动员大会,到3月30日,参加第一批先进性教育活动的61个单位全部转入分析评议阶段。区委召开座谈会10个,发放征求意见函194份,共收集到各方面的意见和建议503条,经汇总归纳为6个方面22条,集中反映了全区经济社会发展中存在的一些突出矛盾和问题以及区委、区政府工作中的一些差距和不足。各单位广泛征求对党政领导班子及其成员的意见,窗口服务单位开展了“登千户门,纳万家言”活动,主动上门,向辖区内1 000多家企业和近万名服务对象征求意见,全区61个单位共征求到意见和建议5 000余条。在征求意见过程中,认真开展谈心活动,全区党员共开展谈心活动11 200余人次,其中,区级领导干部谈心537人次、处级领导干部谈心4 324人次。谈心活动达到了与人为善、坦诚相见、沟通思想、化解矛盾、找准问题、形成共识的目的。在此基础上,广大党员撰写了党性分析材料,基层党组织召开了组织生活会,领导班子召开了专题民主生活会。区委常委会、区政府党组和各单位都进行了分析评议情况通报。

(何嘉莹)

【区级领导班子广泛征求各方意见】 3月,第一批先进性教育活动分析评议阶段,唐大生、武高山、王敏荣、张文华、韩恩慈、仲兆军、杨素荣、丁力、王永新、赵金花等区级党员领导干部分别主持召开了10个座谈会,听取区各部委办局部分主要负责同志,部分区党代会代表、区人大代表、区政协委员,部分区级老同志,部分基层党员、基层群众代表,民主党派主要负责人,驻区有关单位负责人等100余人的意见、建议。征求意见主要内容包括:对区委常委会、区政府党组在贯彻党的路线方针政策,落实中央、市委一系列重大决策和部署精神,落实科学发展观和正确政绩观,领导全区改革开放和现代化建设、驾驭社会主义市场经济、建设和谐宣武的能力、水平以及工作作风等方面的意见、建议。群众反映的突出问题、迫切要求解决的问题,以及最不满意的问题。有关部门抽调专人参加了座谈会,并将座谈会上提出的意见和建议,在保持原汁原味基础上进行梳理、概括,为召开区级领导班子民主生活会、制定整改措施做准备。

(何嘉莹)

【区委常委会专题民主生活会】 4月17日召开。区委书记唐大生主持会议,市委副书记杜德印参加会议并讲话。民主生活会前,区委常委会成员通过征求意见表、座谈会、谈心等方式,广泛征求了全区干部群众对提高党的执政能力、加快推进全区社会经济发展、建立长效机制以及加强思想宣传、组织建设、作风建设等方面的意见,班子成员相互间开展了深入的谈心活动,认真撰写了个人党性分析材料,为民主生活会的召开做好了充分的准备。会上,区委常委围绕主题,以对党的事业、对同志高度负责的态度,严肃认真地开展了批评和自我批评。杜德印同志对这次民主生活会给予了充分肯定。他强调,要将每个人的党性分析集中概括,明确需要提高和进一步改进的重点,升华转化为整体推动全区工作的措施。他要求区委常委会成员要处理好三个关系:一要处理好个人与整体的关系;二要处理好古都风貌保护与发展的关系;三要处理好转变工作作风与体制管理改革的关系。市委副秘书长张清、市委组织部常务副部长孟秀勤、市委督导组组长续伯聪等参加了会议。

(何嘉莹)

【第一批先进性教育活动整改提高阶段情况】 5月16日,区委召开第一批开展先进性教育活动单位负责人会议,全区第一批先进性教育活动转入整改提高阶段。区委以“关键要取得实效”、“使先进性教育活动真正成为群众满意工程”为标准,积极引导和督促各级党组织和广大党员根据自身存在的突出问题,采取有力措施,切实加以整改。区委常委会,区人大、政府、政协党组分别制定了整改方案。各单位、各部门领导班子也结合各自实际,按照先进性教育活动的目标要求,认真制定整改方案。整改方案形成后在一定范围内进行了公布,吸收群众的合理意见进行必要的修订,使之更加贴近群众,更加切实可行。全区党员在分析评议基础上,对照党性分析材料,结合党组织的评议意见,对存在的问题进一步深入反思,制定了整改措施。集中整改阶段工作基本结束后,各单位、各部门在一定范围内公布了党组织、领导机关和领导班子的整改情况,听取群众意见,接受群众监督。基层党支部召开了专题组织生活会,交流了党员个人的整改情况,帮助党员进一步搞好整改。全区各单位、各部门通过测评会、座谈会、问卷调查等形式,在党员和群众中进行满意度测评。从测评结果来看,绝大多数党员和群众满意或基本满意,认为通过先进性教育活动,党员素质得到了提高、党组织建设得到加强,服务人民群众意识得到增强,各项工作得到有力促进,先进性教育活动收效明显。

(何嘉莹)

【第一批先进性教育活动工作总结大会】 6月23日召开。区委书记唐大生总结了全区开展先进性教育活动的情况,区劳动和社会保障局介绍了该局开展先进性教育的做法和体会。市委先进性教育督导组组长续伯聪参加会议并讲话。唐大生在总结报告中全面回顾了先进性教育活动的各项工作。他指出:近半年来,参加教育活动的党组织和广大党员把搞好先进性教育活动作为首要的政治任务和加强党的先进性建设的重要契机,高度重视,精心组织,周密安排,扎实推进,努力使先进性教育活动取得实效,成为群众满意工程。总体看,先进性教育活动提高了党员素质,加强了机关党组织建设,增强了党员服务群众意识,促进了全区各项工作,受到了广大党员和人民群众的好评。市委督导组组长续伯聪充分肯定了宣武区第一批先进性教育活动取得的成绩。他对宣武区先进性教育提出三点希望:一要巩固和扩大整改成果,抓好持续整改;二要以本区特有的创新精神,探索建立保持共产党员先进性的长效机制;三要抢抓机遇,全力推进全区的改革发展,为"新北京、新奥运"的战略构想作出新的贡献。

(何嘉莹)

【领导小组、办公室职能及人员调整】 6月,区委第二批先进性教育活动领导小组和办公室及其人员作了部分调整。具体情况是:(1)区委先进性教育活动领导小组,由于职务变动,将区国资委主任杨有成调整为区国资委党委书记马继业;根据工作需要,增加区卫生局党委书记马新云、区地方志主任牛建华为领导小组成员。(2)区委先进性教育活动办公室,增补牛建华为副主任。(3)办公室撤销联络组,联络组的职能并入综合组,鲁晓达、周金香不再列为办公室工作人员;李莉、肖飒、王其志、杨彦涛到综合组工作,赵丽、申骏不再列为办公室工作人员;宣传组增补邢安,崔渭国不再列为宣传组人员;包瑞不再列为秘书组人员;(4)办公室增设调研组,主要负责保持共产党员先进性长效机制的调研工作。调研组由于国兴负责,调研组内设4个小组,每小组3人,共12人(第一小组:孙树平、高怡文、阴红;第二小组:张俊、王少宏、张爱军;第三小组:李翠兰、谭建华、陈华;第四小组:朱荣春、薛志辉、王茹萍)。调整后,领导小组为21人,办公室39人。开展第二批保持共产党员先进性教育活动,区委督导组由第一批的40人减为20人,仍设五个督导组,具体人员(第一督导组:组长陶佑、副组长耿越,成员李英俊、王军艳;第二督导组:组长贾恒浮、副组长韩星桥,成员薛裕平、徐翊;第三督导组:组长赵炳坤、副组长,成员王志伟、陈斌;第四督导组:组长李忠、副组长李华,成员鲍智深、孙宁;第五督导组:组长杨同发、副组长朱玉兵,成员赵毅、王桂新)。为进一步加强基层先进性教育活动工作,区委抽调51名同志(其中3名副处级干部、48名副处级后备干部)到区国资委和街道工委帮助工作。(具体人员:1、派往区国资委党委16名:高岚、刘春、耿兵、万长宏、杜强、罗焕英、刘雪维、陈建军、阎建国、刘凤清、赵兰洁、阎启栋、贾京燕、赵艳军、王丽菊、常习芳;2、派往街道工委35名:大栅栏街道:王宾、张建华、温铁成、马蔚、隋松明;椿树街道:金梅、马锋杰、厚荣利、金长来、陈晶辉;广内街道:安久芸、刘长革、李乃东、张雷、王学斌;白纸坊街道:曾承东、杨俊青、栗力、贾胜辉、张世君;牛街街道:马奋奋、李华萍、王顺利、季明、安英红;陶然亭街道:李冬梅、周军、王成邦、孟辉、朱一凡;天桥街道:高连众、夏淑敏、石殿辉、唐力军、翟克伟)为搞好全区第二批先进性教育活动试点单位广外街道工委的教育工作,区委抽调区委先进性教育领导小组副组长、区纪委副书记李莉、区委区政府街道办公室副主任王希福、团区委副书记王其志、白纸坊街道工委组织部副部长王宝忠、区直机关工委干部肖飒等五名同志组成区委督导组进驻广外,具体检查指导广外街道工委的先进性教育工作。

(杨彦涛)

【第二批先进性教育活动工作会议】 7月5日召开。会议对全区第二批先进性教育活动进行了部署。区委书记唐大生出席并讲话,武高山、王敏荣、张文华、韩恩慈、仲兆军等区领导出席了会议,区委副书记杨素荣主持会议。区人大常委会副主任、广外街道工委书记单彩芝代表第二批先进性教育活动试点单位介绍了工作经验。区委常委、组织部部长赵印春对第二批先进性教育活动进行了工作部署。唐大生在讲话中指出:一要充分认识搞好第二批先进性教育活动的重要意义,进一步增强做好工作的责任感和使命感;二要牢牢把握目标要求,紧密结合基层实际,扎扎实实开展好全区第二批先进性教育;三要切实加强组织领导,确保第二批先进性教育活动取得实效、成为群众满意工程。区委常委,区委先进性教育活动领导小组办公室成员和区委督导组组长,第二批开展先进性教育活动单位的党委书记、主管书记、组织部部长和部分基层党组织书记参加了会议。

(何嘉莹)

【培训社区党组织负责人】 7月6日,区委先进性教育活动领导小组办公室对7个街道的86名社区党组织负责人进行了培训。在全区参加第二批先进性教育活动的2.6万多名党员中,社区党员有1.7万人,其中离退休党员约占第二批参加教育活动总人数的70%。为了确保社区党组织开展先进性教育活动的质量,区委先进性教育活动领导小组有针对性地举办了这次培训。培训期间,第二批先进性教育活动试点单位广外街道椿树馆社区党委书记娄建颖介绍了开展先进性教育活动的做法和经验,区委组织部副部长陈勇围绕这次保持共产党员先进性教育活动的重大意义、目标要求、指导原则和方法步骤进行了专题辅导。

(何嘉莹)

【市委巡回检查组来区检查指导第二批先进性教育工作】 7月22日,市委巡回检查组组长冯文生一行来宣武区检查指导第二批先进性教育工作。区委常委、组织部部长赵印春汇报了第二批先进性教育活动的开展情况及第一批先进性教育活动的整改情况。冯文生同志肯定了第二批先进性教育活动的做法,认为区委抓教育活动注重从实际出发,抓得细致具体,方法灵活多样,坚持边学边改,注重实效,体现了对教育活动的重视。他希望区委继续做好第一批教育活动的整改"回头看"工作。他强调,加强基层党组织建设是先进性教育的目标和重要任务,也是第二批先进性教育活动的重点工作,一定要注意积累解决相关问题的经验,把党的基层组织建设好。区委副书记杨素荣,区委常委、区委政法委书记周开让,区委常委、区委办主任赵金花以及先进性教育督导组组长汇报时在座。

(何嘉莹)

【市委巡回检查组与基层党组织负责人、党员代表座谈】 8月5日,市委巡回检查组到宣武区调研先进性教育活动,并同第二批先进性教育活动的部分基层党组织负责人、党员代表座谈。座谈会上,陶然亭街道工委书记赵洪文、区国资委党委书记马继业、翔达公司党委书记任兆敏、区职介中心党委书记贾铁山、回民医院党总支书记翟秀梅、白纸坊清芷园社区党支部书记贾德凤根据本单位的工作特点、党员实际情况进行了汇报。区委机关退休干部赵素华就退休后要不要保持党员先进性,怎样保持先进性畅谈了自己的收获和感受。北京43中党员高校文、大栅栏廊房二条社区党员杨素华、天桥虎坊路社区党委书记王宝兰向市委巡回检查组提交了书面心得体会。市委巡回检查组一行四人,还到广外街道车站西街社区、广外社区服务中心、马连道茶叶一条街考察。

(何嘉莹)

【第二批先进性教育活动学习交流会】 8月17日召开。天桥街道工委、广外医院、白纸坊街道半步桥社区、金座公司共4家单位的党组织负责人各自代表本单位在大会上发言,就做好先进性教育活动第一阶段工作交流了做法与体会。区委书记唐大生出席会议并讲话。他指出,第二批先进性教育活动开展以来,各单位教育活动开展得有声有色,富有成效。为更好地推动第二批先进性教育活动的深入开展,他提出:一是认真总结第一阶段的工作经验,不断把先进性教育活动引向深入;二是以先进性教育活动为契机,积极推进基层党建工作创新;三是切实巩固教育活动第一阶段工作成果,扎实做好分析评议工作。区委副书记杨素荣主持了会议,市委巡回检查组的同志参加了会议。会议对下一阶段先进性教育工作进行了部署,提出了要求。区委副书记、区长武高山,区委常委、宣传部长丁力,区委常委、政法委书记周开让,区委常委、区委办公室主任赵金花,区委先进性教育活动领导小组办公室全体成员和参加第二批先进性教育单位的党组织负责同志。

(何嘉莹)

【孙政才到陶然亭街道检查指导先进性教育活动】 8月25日,市委常委、市委秘书长孙政才到陶然亭街道检查指导开展第二批保持共产党员先进性教育活动的情况。陶然亭街道工委书记赵洪文进行工作汇报,谈了开展先进性教育的基本情况、主要做法、工作特点以及在分析评议阶段查摆出的主要问题和街道工委建立长效机制的初步设想。孙政才肯定了陶然亭街道开展先进性教育的主要做法。他指出,先进性教育一定要突出学习"三个代表"重要思想的主线,要把解决群众突出问题和实际困难作为教育活动的切入点,打造群众满意工程。他还就和谐社会建设谈了自己的看法。区委书记唐大生、区委常委、区委办公室主任赵金花陪同调研。

(何嘉莹)

【保持共产党员先进性教育活动总结大会】 10月24日召开。大栅栏街道工委书记杨慕兰、区教工委副书记周英芳、区国资委党委书记马继业先后在会上发言,分别介绍了本单位开展先进性教育的做法和取得的成效。区委书记唐大生作了报告,全面总结了先进性教育活动成果,提出了进一步巩固和扩大先进性教育成果的要求。他对先进性教育活动的初步经验进行了概括:一是加强党的先进性建设,必须坚持与时俱进,用发展着的马克思主义教育全体党员。二是加强党的先进性建设,必须坚持发扬党内民主,激发党员的内在动力。三是加强党的先进性建设,必须紧扣中心工作,把党的建设与促进全区经济和社会全面发展紧密结合起来。四是加强党的先进性建设,必须坚持以群众满意为标准,始终保持党同人民群众的血肉联系。五是加强党的先进性建设,必须推进基层党建工作创新,努力探索和建立健全保持共产党员先进性的长效机制。会议由区委副书记、区长武高山主持,区委常委会成员和区委、区政府各委办局主要负责人参加了会议。

(何嘉莹)

【先进性教育活动成果概要】 1－10月，全区处级党员领导干部上党课271次，举办各类专题报告会1281场。基层党组织对因病或其他特殊原因不能参加思想动员的党员，都以“送学上门”等形式进行了思想发动，确保了思想动员的全覆盖。坚持边学边改，边议边改，边整边改，切实解决存在的突出问题，使教育活动取得实效。各单位共制定整改措施4300多条，先进性教育结束时，已经落实的有2000余条，有力地推动了全区各项工作的开展。各单位积极为群众办好事、解难事，共有220多名处级党员领导干部参加了扶贫帮困活动，走访困难群众4480多户，结成帮扶对子950多对。先进性教育活动进一步提高了广大党员的思想政治素质，增强了学习实践“三个代表”重要思想的自觉性。进一步加强了基层党组织建设，增强了基层党组织的凝聚力和战斗力。进一步推进了基层党建工作创新，初步探索和建立了党员教育管理的长效机制。进一步增强了广大党员为人民服务意识，密切了党群干群关系。全区先进性教育活动满意率达到99.4%。

（何嘉莹）

党　派

中国共产党北京市宣武区委员会

概　述

中国共产党北京市宣武区委员会(简称中共宣武区委)是中国共产党宣武区代表大会选举产生的区级地方党的委员会,是区级党的领导机关。主要职责是:对宣武区经济建设、社会发展、党的自身建设及其他涉及全局性的重大问题作出决策;制定贯彻执行上级党组织和同级党代表大会决议、决定的措施;向地方国家机关推荐重要干部;组织、协调本地区立法、司法、行政机关,经济、文化组织和人民团体积极主动地、独立负责地工作;动员、组织所属党组织和广大党员,团结带领群众实现党的任务等。区委设办公室、组织部、宣传部、统一战线工作部、政法委员会、研究室、机构编制委员会办公室、直属机关工作委员会8个工作机构;另设老干部局、保密委员会办公室2个部门管理机构。年内,中共宣武区委在市委的正确领导下,坚持以邓小平理论和“三个代表”重要思想为指导,认真贯彻落实党的十六届三中、四中、五中全会精神和市委的各项决策部署,牢固树立和落实科学发展观,加快推进和谐宣武建设,紧紧围绕“新北京、新奥运”的战略构想,组织动员全区各级党组织,团结依靠全区各族人民,艰苦奋斗、扎实工作,与时俱进、开拓创新,全区经济和社会各项事业取得了新成绩。

地址:宣武区广安门南街68号
电话:83976133
邮编:100054

(林　黎)

主要工作和重大活动

【区委常委会议】 年内,共召开29次区委常委会议。1月21日,第1次常委会议,会议议题是:2005年全区统战工作要点的汇报;2005年全区宣传工作要点的汇报;全区开展保持共产党员先进性教育活动安排情况;干部问题;局级和处级领导干部年度考核评优情况的汇报;讨论《中共北京市宣武区委关于区属国有企业及国有控股企业领导人员管理办法》;2005年全区组织工作要点的汇报。1月25日,第2次常委会议,会议议题是:研究我区保持共产党员先进性教育活动安排。2月25日,第3次常委会议,会议议题是:2005年全区政法工作要点的汇报;区纪委四次全会暨党风廉政建设工作会议有关情况的汇报;给予建国前入党的老党员生活补助有关情况的汇报。3月11日,第4次常委会议,会议议题是:宣武区2005年北京市劳动模范和先进工作者推荐评选工作情况的汇报。3月18日,第5次常委会议,会议议题是:2005年城市环境整治、绿化美化工作要点的汇报;先进性教育活动转段事宜有关情况的汇报;干部问题。4月1日,第6次常委会议,会议议题是:大栅栏地区开发建设总体工作情况的汇报;进一步完善广安门办公商务区协调服务功能情况的汇报;先进性教育活动分析评议阶段工作安排。4月15日,第7次常委会议,会议议题是:牛街民族特色街、天桥民俗特色街总体工作情况的汇报;全区落实北京市第五次城市管理会议情况的汇报。4月29日,第8次常委会议,会议议题是:讨论《区委常委、区政府党组成员参加保持共产党员先进性教育活动第二阶段情况通报》;2005年招生考试工作汇报;全区民族、宗教工作及贯彻落实《宗教事务条例》情况的汇报;干部问题;“十一五”规划编制方案进展情况的汇报。5月13日,第9次常委会议,会议议题是:先进性教育活动第二阶段转段情况的汇报;有关换届问题的汇报。5月20日,第10次常委会议,会议议题是:全区食品安全工作情况的汇报;全区1-4月份经济形势分析的汇报;先进性教育活动区委常委会整改方案。5月30日,第11次常委会议,会议议题是:区委常委会先进性教育活动整改方案;政府党组先进性教育活动整改方案。6月3日，第12次常委会议,会议议题是:第二批先进性教育活动有关情况;干部问题。6月17日,第13次常委会议,会议议题是:第一批先进性教育活动总结和对区委常委会、区政府党组整改方案征求意见情况的汇报;干部问题;案件处理情况的汇报;通报今年不再集中组织干部休假;首都文明办与我区交流干部有关事项。7月7日,第14次常委会议,会议议题是:第二批保持共产党员先进性教育活动有关事宜;半年工作会有关事宜。7月8日,第15次常委会议,会议议题是:上半年全区信访工作主要情况的汇报;上半年全区劳动保障工作情况的汇报;全区信息化建设情况的汇报;全区文化建设工作情况汇报;第二季度社会舆情分析。7月29日,第16次常委会议,会议议题是:全区上半年治安形势分析及下半年工作措施的汇报;全区双拥工作情况的汇报;全区上半年安全生产工作情况的汇报;全区上半年经济形势分析情况的汇报;落实《北京市宣武区古都风貌保护规划要点》工作情况的汇报;北京市基层党建工作会议有关精神的汇报;干部问题。8月5日,第17次常委会议,会议议题是:干部问题。8月16日,第18次常委会议,会议议题是:全区重点工程、重点危改建设进展情况的汇报;全区科技发展工作情况的汇报;全区党风廉政建设情况的汇报。8月26日,第19次常委会议,会议议题是:2005年国土房管局机构改革工作有关问题的汇报;2005年基础教育工作情况的汇报;干部问题;"十五"计划完成情况及"十一五"规划思路情况的汇报。9月2日,第20次常委会议,会议议题是:全区上半年商务工作情况的汇报;卫生工作情况的汇报;区委常委关于第一批先进性教育活动整改方案落实情况的汇报。9月19日,第21次常委会议,会议议题是:2005年精神文明建设创建工作情况的汇报;全区人口和计划生育工作情况的汇报。基层工作有关情况的汇报;干部问题。10月9日,第22次常委会议,会议议题是:整顿市场经济秩序工作情况的汇报;全区安全生产及贯彻安全生产法律法规情况的汇报;"四五"普法工作情况的汇报;推进城市管理体制改革和社区建设工作情况的汇报;发展非公经济工作情况的汇报;《区委对"十一五"规划建议》的汇报;干部问题。10月20日,第23次常委会议,会议议题是:召开九届四次全会有关事宜的汇报;关于递补区委委员;挂职干部情况的汇报;《中共北京市宣武区委关于推进基层党建工作创新的实施意见》有关情况的汇报。11月3日,第24次常委会议,会议议题是:2005年1-9月份财政预算执行情况和部分变更2005年财政预算的报告;区委关于贯彻落实中央5号文件实施意见有关情况的汇报;1-3季度经济运行形势分析情况的汇报;城市管理工作情况汇报;区属事业单位人事制度改革进展情况的汇报;第三季度社会舆情分析。11月8日,第25次常委会议,会议议题是:与市委巡视组成员见面。11月18日,第26次常委会议,会议议题是:防控禽流感有关工作情况的汇报;区党校工作情况汇报;全区老干部工作情况汇报;区总工会工作情况汇报;团区委工作情况汇报;区妇联工作情况汇报;全区就业和社会保障工作情况的汇报。11月25日,第27次常委会议,会议议题是:年度考核有关情况的汇报;干部问题。12月16日,第28次常委会议,会议议题是:讨论《区委工作报告》;讨论《区政府工作报告》;区委九届五次全体(扩大)会议会务安排;"十一五"规划纲要情况的汇报;宣武区2005年国民经济和社会发展计划执行情况和2006年计划草案的报告;讨论《区人大工作报告》;讨论《区政协工作报告》;区检察院工作情况汇报;区法院工作情况的汇报;宣武区2005年财政执行情况和2006年财政预算草案报告的汇报;宣武区人民政府2006年在直接关系群众生活方面拟办重要实事计划情况的汇报;区议军工作情况汇报;《中共北京市宣武区委关于开展党务公开试点工作的意见》的汇报;干部问题。12月29日,第29次常委会议,会议议题是:年终考核常委评优推荐。

(林　黎)

【胡锦涛对新童谣活动做出重要批示】 1月11日,中共中央总书记、国家主席、中央军委主席胡锦涛对宣师一附小首创的新童谣创编传唱活动做出重要批示:"北京此事办得好,体现了与时俱进和'三贴近'精神。采用少年儿童喜闻乐见的形式,让他们受到潜移默化的教育。要举一反三,创新更多的教育途径和方式。"

(杜洪悦)

【2005年新春联欢会】 2月5日下午,区委区政府举行2005年新春联欢会。唐大生、武高山、王敏荣、张文华等四套班子领导和各民主党派及社会各界人士、驻区部队武警官兵、全区各单位党政主要领导、基层单位干部群众出席了联欢会并观看了文艺演出。

(杜洪悦)

【贾庆林慰问牛街回族群众】 2月6日下午,中共中央政治局常委、全国政协主席贾庆林到牛街西里社区回族居民陈敬武家中慰问。在牛街清真超市察看了节日期间市场供应情况,并考察了中国伊斯兰教协会、中国伊斯兰教经学院和中国佛学院。贾庆林同志指出,各级党委和政府要做好春节前的走访慰问活动,尽可能帮助少数民族群众和信教群众解决一些实际困难,让他们过一个欢乐祥和的春节。中央政治局委员、市委书记刘淇,全国政协副主席、中央统战部部长刘延东,国家民委主任李德洙,国家宗教局局长叶小文及王岐山、张恕贤、唐大生、武高山等市区领导陪同慰问。

(杜洪悦)

【周永康到公安宣武分局天桥派出所慰问】 2月8日(除夕)晚,中共中央政治局委员、书记处书记、国务委员周永康来到公安宣武分局天桥派出所慰问节日期间坚守岗位的公安干警。

(杜洪悦)

【曾培炎视察厂甸庙会】 2月9日(正月初一)上午,中共中央政治局委员、国务院副总理曾培炎视察厂甸庙会。副市长张茅,市政府办公厅副秘书长李伟,市旅游局局长于长江和区领导唐大生、武高山、仲兆军、曾赞荣、喻建平等陪同视察。

(杜洪悦)

【党建工作会议】 2月24日下午召开。会议对2005年全区宣传思想工作、组织工作和统战工作进行了部署;区委书记唐大生在讲话中指出全区党建工作会议的主要任务是:以邓小平理论和"三个代表"重要思想为指导,贯彻落实中央、市委有关党建工作的各项要求,总结2004年全区党建工作,研究部署2005年以及今后一个时期的党建工作,进一步动员全区各级党组织和广大党员,解放思想、开拓创新、狠抓落实,努力把全区党建工作提高到一个新水平。

(林　黎)

【中央巡视组到区巡视工作】 3月28日,中纪委中组部巡视组听取唐大生同志汇报全区主要工作情况;巡视组组长、十届全国人大常委任克礼作了重要讲话;巡视组分别与区领导班子主要成员进行了谈话;对马连道茶叶街、宣南文化博物馆、牛街清真寺进行了考察,并听取了有关工作汇报。唐大生、赵金花及市委有关部门负责同志陪同考察;区委区政府领导班子成员、区人大主任、区政协主席参加会议。

(林　黎)

【区领导参加全民义务植树活动】 4月2日上午,唐大生、武高山、王敏荣、张文华等区四套班子领导参加了开展以"打造宣武绿色生态环境,构建人与自然和谐城市"为主题的全民义务植树活动。

(杜洪悦)

【龙新民出席回民医院复诊仪式】 4月21日上午举行。市委副书记龙新民,市委常委、统战部长尤兰田,市人大常委会副主任赵久合,副市长孙安民,市政协副主席王长连,市民委主任张恕贤,市卫生局局长金大鹏,以及唐大生、武高山、张文华等市、区有关领导出席仪式并慰问了医务人员。

(杜洪悦)

【《宣武报》创刊十周年暨发刊600期纪念座谈会】 5月10日下午举行,丁力同志主持。唐大生、武高山、仲兆军,周开让等领导出席了座谈会。

(杜洪悦)

【市委副书记、纪委书记阳安江到区调研】 5月12日下午,市委副书记、纪委书记阳安江同志到区调研。听取了区经济、社会、党建和党风廉政建设及反腐败工作汇报。市纪委常务副书记冯书亮、市纪委副书记王翔,区领导唐大生、武高山、韩恩慈、杨素荣、赵金花等陪同调研。

(杜洪悦)

【市委副书记杜德印到区调研】 6月1日上午,市委副书记杜德印、市委副秘书长张清、市委组织部常务副部长孟秀勤、市委督导组组长续伯聪调研党员先进性教育活动开展情况。唐大生、武高山、杨素荣、赵印春、单彩芝等区领导参加了调研。唐大生书记汇报了区党员先进性教育活动的开展情况,单彩芝同志汇报了广外街道工委开展先进性教育试点工作情况。杜德印同志作重要讲话。

(杜洪悦)

【贾庆林考察和谐社会构建工作】 6月21日下午,中央政治局常委、全国政协主席贾庆林到区考察和谐社会构建工作。视察了广外街道红莲南里社区和牛街社区服务中心,听取了区构建和谐社会有关情况及牛街街道、广外红莲中里社区相关情况的汇报。全国政协秘书长郑万通,市领导王岐山、程世峨及区领导唐大生、武高山等陪同考察。

(杜洪悦)

【庆祝中国共产党成立84周年文艺演出】 6月28日下午举行,以"争当时代先锋,建设和谐宣武"为主题的庆祝中国共产党成立84周年文艺演出。唐大生、武高山、张文华、仲兆军、杨素荣等区委、区人大、区政府、区政协领导与来自全区各条战线的党员干部600多人同场观看了演出。

(杜洪悦)

【区各党派团体办公新址启用仪式】 7月8日上午举行,王玉兰同志主持。区领导唐大生、武高山、韩恩慈、栗琦、哈金起、喻建平和各民主党派团体市、区负责人等出席仪式。

(杜洪悦)

【党政领导干部会议】 7月18日上午召开。武高山同志主持,唐大生同志讲话总结全区上半年工作,部署下半年各项工作任务。区四套班子领导及全区处级以上领导干部参加会议。

(林　黎)

【拥军慰问】 7月26日至27日，区领导唐大生、韩恩慈、仲兆军等率领区拥军慰问团，分赴武警北京总队第七支队、十五支队、66329部队、66117部队、区武装部、总装备部试验装备物资采购局、消防三支队、武警东经路消防中队、大栅栏消防中队和公安宣武分局消防监督处等地，慰问广大官兵和干警，向他们致以节日的问候，并赠送了慰问金、慰问品，对他们为区经济社会发展做出的贡献表示敬意和感谢。

（杜洪悦）

【强卫到区调研创建和谐社区工作】 8月9日，市委副书记强卫，就创建和谐社区工作到区进行调研，听取了广外街道创建五星级和谐社区的情况介绍，并仔细询问了创建五星级和谐社区指标体系的各项内容。对广外街道开展的创建五星级和谐社区活动给予了肯定。杨素荣、周开让等区领导陪同调研。

（杜洪悦）

【朱善璐到区调研社区教育】 8月24日上午，市委常委、教工委书记朱善璐听取了社区教育总体情况汇报，参观了南纬路社区及天桥社区教育中心，观摩了暑期学生课堂和数字家园电脑培训课程，并询问了教委派驻社区教师的工作情况。唐大生、仲兆军等区领导陪同调研。

（杜洪悦）

【局级领导干部公共管理核心课程培训班】 9月23日至24日区委和清华大学公共管理学院共同举办，区局级领导干部和部分处级正职共37人参加了这次培训。清华大学公共管理学院通过专题讲座、现场研讨等形式，向学员介绍公共管理核心与前沿、公共关系学、区域经济发展、公共部门管理沟通等相关内容。

（杜洪悦）

【庆祝中华人民共和国成立五十六周年文艺演出】 9月28日上午举行。区四套班子领导和区各民主党派及社会各界人士、驻区部队武警官兵、全区各单位党政主要领导、基层单位干部群众一同观看了文艺演出。仲兆军同志代表区四套班子向全区广大干部、群众致以节日的问候。

（杜洪悦）

【军事日活动】 10月17日，区四套班子领导参加了在通州民兵训练基地举办的军事日活动。

（杜洪悦）

【弘扬井冈山精神专题培训班】 10月24日至29日举办。区局级领导干部赴井冈山干部学院，参加以弘扬井冈山精神为主题的专题培训班。武高山同志作开班动员。

（杜洪悦）

【区委九届四次（扩大）会议】 11月2日举行。唐大生同志主持会议并讲话。会议审议通过了《中共北京市宣武区委关于制定宣武区国民经济和社会发展第十一个五年规划的建议》、《关于马新云候补委员递补为中共北京市宣武区委第九届委员会委员的决定》、《中共北京市宣武区委九届四次全体（扩大）会议决议》。听取了武高山同志作《关于制定宣武区国民经济和社会发展第十一个五年规划建议的说明》、赵印春同志作《关于马新云候补委员递补为中共北京市宣武区委第九届区委委员的说明》。

（林　黎）

【市区领导与穆斯林群众欢度开斋节】 11月3日上午，市委副书记龙新民，市委常委、统战部长尤兰田，副市长孙安民，市政协副主席王长连，市民委主任张恕贤等领导和区领导唐大生、武高山、韩恩慈、栗琦、哈金起、王玉兰等来到牛街礼拜寺看望阿訇和乡佬，并向穆斯林群众表示节日的祝贺。

（杜洪悦）

【巡视工作动员大会】 11月9日上午召开。市委巡视组组长李树发、副组长黄杨，区委书记唐大生分别作了动员，并提出要求。唐大生、武高山同志分别代表换届以来的区委、区政府领导班子做了工作述职和个人述职。区四套班子领导及各部门负责人参加会议。

（林　黎）

【尤兰田来区视察指导工作】 11月11日下午，市委常委、统战部长尤兰田在区领导唐大生、韩恩慈、王玉兰等陪同下，视察了区各民主党派办公地点，并与各党派、团体负责人进行了座谈。

（杜洪悦）

【市委书记刘淇到区调研】 11月14日上午，中共中央政治局委员、市委书记刘淇到区调研。市委常委、秘书长孙政才，市委常委、常务副市长翟鸿祥一同调研。参观了宣南文化博物馆、区政务大厅、医保和社保大厅。听取了唐大生同志就贯彻落实中央五中全会和市委九届十次全会精神及全区经济社会发展有关情况汇报、武高山同志就全区经济运行和城市建设、管理等情况汇报。刘淇同志主持并讲话。区领导张文华、韩恩慈、仲兆军、杨素荣、栗琦等参加了座谈。

（林　黎）

【区委区政府务虚会】 12月1日至2日召开。会议学习贯彻中央经济工作会议精神，总结2005年工作，研究探讨2006年工作主要思路、重要措施和重点项目。与会领导从自身分管工作角度进行了发言和讨论。区四套班子领导和区委、区政府部分委、办、局负责同志参加会议。

（林　黎）

【区委党校新楼奠基仪式】 12月6日上午举行。市委党校副校长王群及区领导唐大生、武高山、张文华、杨素荣等出席了奠基仪式。

（杜洪悦）

【赵家骐到区检查党风廉政责任制】 12月6日上午，市委常委、组织部长赵家骐带领市党风廉政建设责任制检查组，检查贯彻落实党风廉政建设责任制情况。唐大生同志代表区委区政府就落实党风廉政建设责任制情况向检查组进行了汇报。市纪委常委周玉珍、市农村纪工委书记高华、市委巡视组组长李树发、副组长黄杨陪同检查。区委、区人大、区政府、区政协领导班子成员参加了汇报会。

（杜洪悦）

【区委九届五次（扩大）会议】 12月29日举行。武高山同志传达了市委九届十一次全会精神，唐大生同志作了工作报告和总结讲话。唐大生同志代表区委常委会总结2005年全区主要工作完成情况，提出2006年全区工作指导思想、工作重点和要求。会议审议通过了《中共北京市宣武区委九届五次全体（扩大）会议决议》。

（林　黎）

【安全工作大检查】 12月30日上午，区四套领导分别对辖区宏都花宇娱乐中心、美廉美超市白纸坊店、牛街春风13号楼工地、北京育才学校、友谊医院住院部等地进行了安全检查。对存在安全隐患的单位提出限期整改要求，并强调各单位要加强节日安全工作，责任落实到人，确保人民群众平安欢度新年。

（杜洪悦）

【区委机要工作】 全年办理电报452份；收发中央、市委文件7 495份、机要刊物1 4291本。向区档案馆移交区委1991－2004年实物档案168件、失效印章76枚。整理区委办2004年度归档文件材料950件，照片59张、实物档案（失效印章）7枚，一并移交区文档中心；全年接待利用档案46人次、610余卷（件）次。

（林　黎）

【综合信息工作】 全年区委办、政府办合编《宣武情况》普刊163期、增刊58期、业务通讯16期。向市委报送信息稿件约600条，被《北京信息》采用107条，其中3条被评为市优秀信息。

（林　黎）

【督查文书工作】 全年以区委名义下发文件25件，以区委办名义下发文件35件；区委向市委及有关单位的请示、报告、批复、函件24件；编写《常委会纪要》21期；《宣办通报》9期；向市委办公厅报送督查专报17篇，被《北京督查》采用8篇；督办市委领导批示件1件，办结1件；督办区委领导批示件18件，办结18件；配合市委办公厅开展督查调研1次。年内，办理政协提案32件。委员满意率100%。

（林　黎）

组织工作

【概况】 中共北京市宣武区委组织部（简称区委组织部）是中共北京市宣武区委主管组织、干部和人才工作的工作机构，主要负责全区处级领导班子、干部队伍、基层党组织和党员队伍、人才队伍建设，负责管理中共北京市宣武区委老干部局，行政编制27人，全额拨款事业单位编制3人。年内，在区委领导下，围绕加强党的执政能力建设和先进性建设，不断加强基层党组织、干部人才队伍、党员队伍建设，各项工作取得了新的进展。在先进性教育活动中，充分发挥职能作用，思想上高度重视，工作上摆在首位，确保了教育活动顺利开展、取得实效；推进基层党建工作创新，不断探索各领域党建工作规律；大力加强处级领导班子和干部队伍建设，做好大规模培训干部工作，年内共调整处级干部78人，其中提拔27人，交流11人；继续深化干部人事制度改革，实行了干部推荐书制度，建立了处级领导班子、领导干部实绩考核评价标准和评价指标体系；坚持党管人才原则，大力加强人才工作，起草了宣武区“十一五”人才规划，建立了人才实践园区，制定了优秀人才培养资助方案；进一步加大了对基层工作的指导，突出能力建设和作风建设，组工干部队伍建设得到了进一步加强。

地址：宣武区广安门南街68号
电话：83976172
邮编：100054

（何嘉莹）

【李维良调研组织系统信息化建设】 1月6日，市委组织部副部长李维良率队到宣武区调研组织系统信息化建设，听取了区委组织部关于干部信息管理系统、局域网络建设情况的汇报，观看了2004年宣武区处级领导干部年度目标责任制考核评价系统的多媒体演示。随后，李维良一行来到广内街道党工委，听取了信息化建设的汇报，充分肯定了区委组织部和广内街道党工委在信息化建设方面取得的成绩。

（何嘉莹）

【市领导慰问优秀党员马淑品】 2月4日，市委副书记杜德印，市委常委、组织部部长赵家骐，市人大副主任赵凤山，副市长牛有成，市委副秘书长张清等一行五人，来到北京市优秀共产党员、牛街民族敬老院院长马淑品家中，向老人送去了节日的祝福。市领导对马淑品退休后从事社会养老服务工作和取得的成绩给予了充分的肯定。

（何嘉莹）

【处级党员领导干部轮训班】 2月17日,来自参加第一批先进性教育活动的61个单位的160多名党员干部参加了为期两天的第一批轮训。区委常委、组织部部长赵印春在培训班动员时强调:举办处级党员干部培训班是区委推动先进性教育活动的重要举措,参加培训班的领导干部要端正态度,克服浮躁情绪,以良好的精神面貌投入到学习中来,真正做到集中精力,认真研读,通过培训,提高思想认识,增强学习的自觉性、主动性,取得实实在在的效果。培训班上中央党校教授谢鲁江、梁妍慧分别以"经济社会转型与共产党员先进性"、"学习党章,树立正确的群众观、权力观"为题作了辅导;中国社会科学院文化研究室主任李德顺、中央社会主义学院副院长甄小英就"先进文化的建设者"、"努力实践三个代表重要思想,自觉保持共产党员先进性"的主题做了报告。

(何嘉莹)

【党员发展对象培训班】 4月4日至8日举办。全区227名党员发展对象接受了培训。培训的内容包括"三个代表"重要思想、党的基本知识、党员的权利和义务、开展保持共产党员先进性教育活动的有关内容,学员还观看了优秀共产党员宋鱼水先进事迹录像片。所有学员在培训期间均向党组织递交了思想汇报和学习心得。

(何嘉莹)

【第五批援疆干部选派工作】 6月21日,区委召开动员大会,部署第五批援疆干部选派工作。按照市委下达的任务,宣武区对口支援和田地区墨玉县,选派第五批援疆干部共计8人,其中副处级党政领导干部2名,专业技术人员6名。援疆干部的选派,采取自愿报名与组织选派相结合的办法。动员会上,区委副书记杨素荣,区委常委、组织部长赵印春分别讲话,就选派工作的有关政策作了说明,并提出要求。

(何嘉莹)

【参观中央组织部部史部风展】 7月20日,区委组织部全体干部到中央组织部机关,参观了中央组织部部史部风展览。旨在让组工干部了解组织工作的历史,继承和弘扬组织部门的优良传统和作风。区委常委、组织部长赵印春代表组织部全体同志在留言簿上留言:"寻根求源,朴实感人,发扬传统,做好组织工作。"

(何嘉莹)

【援疆干部欢迎欢送会】 8月1日,第四批圆满完成任务的7名援疆干部、第五批即将启程的10名援疆干部及派出单位领导参加了迎送会。区委书记唐大生、区委副书记杨素荣参加会议。会上,第四批援疆干部代表汇报了在新疆和田地区的工作情况和感受,第五批援疆干部代表向区委表了态。唐大生同志代表区委向17名援疆干部及其家属表示感谢和敬意,并向第五批援疆干部提出要求。

(何嘉莹)

【接待贵州省遵义市来京挂职干部】 9月1日,区委为遵义市来京挂职干部召开了欢迎会,区政协副主席喻建平、区委组织部以及有关单位负责人参加了欢迎会。6名来自贵州省遵义市党政机关、基层单位的年轻干部到宣武区接受为期3个月的挂职锻炼。区委对挂职干部来京后的工作岗位、实践锻炼、住宿饮食等做了精心安排。6名挂职干部分别被安排到区纪委、区政协、区文化委、区综治办、区市政管委、广外街道,担任主要领导岗位的助理。

(何嘉莹)

【副处级后备干部培训班】 9月6日,开班仪式举行。经资格考试产生的126名副处级后备干部参加了培训,听取了中共中央党校梁妍慧教授题为《树立正确的政绩观、群众观和权力观》的讲座。

(陈星宇)

【教育培训总结检查工作】 9月初,区委组织部对全区各单位贯彻落实"十五"干部教育培训规划工作情况进行了全面检查。全区各单位利用近半个月的时间,对照"十五"干训规划要求,逐条进行分析,统计工作指标完成情况。区委组织部将全区各单位分为10个小组,在自查的基础上开展交流活动,以推进全区干部教育培训工作均衡发展。

(何嘉莹)

【拔尖人才学习交流活动】 9月15日,组织第四届有突出贡献的区级拔尖人才开展了学习交流活动。区委组织部把《第四届有突出贡献的科教、技术、管理人才手册》和本年度的学习资料费一并发放到拔尖人才手中,介绍了手册的使用事宜。《手册》将记载拔尖人才五年的工作目标、完成情况以及与区领导沟通联系情况。交流会上,组织部通报了区领导联系拔尖人才的名单。

(何嘉莹)

【基层党建创新工作座谈会】 9月16日,区委召开"宣武区基层党建创新工作座谈会",进一步学习贯彻市委《关于进一步推进基层党建工作创新的意见》,研究讨论区委《关于推进基层党建工作创新的实施意见(征求意见稿)》。区委直属党组织的书记、主管副书记、组织部长(党办主任)、区委先进性教育活动领导小组办公室调研组成员等近80人参加会议。区委副书记杨素荣到会并讲话,区委常委、组织部长赵印春主持会议并对区委《关于推进基层党建工作创新的实施意见(征求意见稿)》作了说明,市委组织部组织处处长郭玉良就学习贯彻市委《意见》作了专题辅导报告。

（何嘉莹）

【正处职后备干部综合测试】 9月17日，区委组织部委托市双高人才测评中心对民主推荐产生的正处职后备干部进行了综合测试。区委组织部从全区39个党政机关及区直属事业单位209名副处职领导干部中，经民主推荐，确认了73名正处职后备领导人才，并确定了正处职后备干部近期、中期、长期培养目标。

（何嘉莹）

【政绩观、权力观、群众观研讨活动】 9月下旬至10月上旬，第一期副处级后备干部培训班在集中学习的基础上，分为8个小组，开展了以树立正确的政绩观、权力观、群众观为主题的研讨活动。115名副处级后备干部参加。

（何嘉莹）

【副处级后备干部拓展训练】 10月16日至18日，区委组织部举办了副处级后备干部拓展训练活动，40名副处级后备干部赴北京兰格拓展训练学校怀柔基地接受训练。通过参与天梯、断桥、攀岩、信任背摔、穿越沼泽、荆棘排雷、盲人方阵、孤岛求生等训练项目，达到激发潜能、锻炼团队的目的。

（何嘉莹）

【第四期组工干部培训班】 11月21日–22日举办。区属党委、工委组织系统54名组工干部参加了培训。培训班以人力资源管理为主题，聘请清华大学公共管理学院沈群红副教授、中国高级公务员培训中心副研究员魏志勇等分别就绩效管理的方法及发展趋势、政府事业单位人力资源管理与品绩管理、团队建设等问题进行专题辅导。

（陈星宇）

【建立处级领导班子绩效考核评价体系】 年内，建立了处级领导班子绩效考核评价体系，设置“思想政治建设、组织领导能力、工作实绩和机关自身建设、先进性教育活动表现”5项一级指标和21项二级指标。突出工作实绩和能力建设要求的指标分值，根据重要性赋予不同考评主体评分相应的权重。考核测评结果采取计算机自动读卡分析系统进行数据处理、统计分析。

（何嘉莹）

【副处职后备干部换岗锻炼】 年内，选调了79名副处职后备干部，接受为期3–6个月的实践锻炼。锻炼形式包括到发达地区（上海闸北）挂职，到区级机关轮岗锻炼，到区委先进性教育活动领导小组办公室、督导组工作，到街道社区、区属企业协助开展先进性教育活动等。

（何嘉莹）

【建立人才实践园区】 年内，召开了区校共建会，向15所高校的组织部、团委的领导全面介绍了“宣武人才实践园区”工作设想和具体实施方案，并同北京大学、中央财经大学等单位协商了工作计划。

（何嘉莹）

【实施人才培养项目资助计划】 年内，制定了《宣武区优秀人才培养资助方案》，主要用于支持全区重点发展的行业、领域中已经具有一定业务水平的专业技术人才、技能人才，以及公共管理、企业经营管理等方面人才的培养和单位开展人才培养项目、提高人才工作水平。资助分个人和集体两类项目。资助项目确定后，区人才工作领导小组与受资助单位签订《项目资助协议书》，并由接受资助单位做好项目实施的组织与管理。

（何嘉莹）

【发展党员实行公示制、预审制和票决制】 年内，制定并印发了《关于宣武区基层党组织发展党员实行公示的办法》、《关于发展党员实行党委预审制度的意见》和《关于支部大会接收预备党员试行无记名投票表决的意见》，严把党员“入口关”，保证发展党员的质量。

（何嘉莹）

【年度基层党组织设置情况】 截至12月31日，全区共有基层党委96个，其中机关系统9个、街道系统66个、教卫体系统2个、企业系统15个、其他区委直属单位4个。党总支93个，其中机关系统10个、街道系统42个、教卫体系统18个、企业系统23个。党支部1 247个，其中机关系统251个、街道系统561个、教卫体系统174个、企业系统234个、其他区委直属单位27个。党组35个。区委直属党组织18个，其中：党委8个、工委10个（街道工委8个、教育工委，机关工委）。

（王雯燕）

【全区党员构成】 截至12月31日，全区党员总数为35 627人。其中正式党员35 246人，占党员总数的98.9%；女党员15 703人，占党员总数的44.1%；少数民族党员2 252人占党员总数的6.3%。机关系统6 474人，占党员总数18.2%；街道系统22 369人，占党员总数62.8%；教卫体系统3 106人，占党员总数8.7%；企业系统3 073人，占党员总数8.6%；其他区委直属单位605人，占党员总数1.7%。35岁及以下党员2 842人，占党员总数8.0%；36至45岁4 641人，占党员总数13.0%；46至54岁9 063人，占党员总数25.4%；55至59岁4 165人，占党员总数11.7%；60岁及以上14 916人，占党员总数42.0%。建国前入党老党员836人，占党员总数2.3%；1949年10月至1966年4月入党6 467人，占党员总数 18.2%;1966 年 5 月至 1976 年 10 月入党 6 379 人,占党员总数 17.9%;1976 年 11 月至 1992 年 9 月入党 12 712 人,占党员总数 35.7%;1992 年 10 月及以后入党 9 233人,占党员总数 25.9%。研究生 350 人,占党员总数 1.0%;大学本科 5 435 人,占党员总数 15.3%;大学专科 7 554 人,占党员总数 21.2%(大专、大本学历共 12 989 人,比 2003 年增加 566 人,占党员总数 36.5%);中专 4 718 人,占党员总数 13.2%;高中 4 722 人,占党员总数 13.3%;初中及以下 12 848 人,占党员总数 36.1%。党员在岗职工 9 552 人,占党员总数 26.8%。9 552名党员在岗职工中:公有经济单位 7 808 人,占党员在岗职工总数 81.7%;非公经济单位 1 744 人,占党员在岗职工总数 18.3%。9 552名党员在岗职工中:工人(营业员、服务员)1 509 人,占党员在岗职工总数 15.8%;管理人员、专业技术人员 4 719 人,占党员在岗职工总数 49.4%;机关系统干部 3 324 人,占党员在岗职工总数 34.8%。此外,武警 27 人,占党员总数的 0.1%。离休干部、退休(退职)人员 22 319 人,占党员总数的 62.6%。流动党员和居民等其他类型 3 729 人,占党员总数的 10.5%。

(王雯燕)

【发展党员工作】 截至 12 月 31 日,全区共发展党员 322 人。其中女党员 192 人,占发展总数59.6%;少数民族 20 人,占发展总数6.2%。25 岁及以下 32 人,占发展总数 9.9%;26 至 35 岁 146 人,占发展总数45.3%;36 至 59 岁 144 人,占发展总数44.7%。发展的 322 人中,研究生5 人,占发展总数 1.6%;大学本科 120 人,占发展总数 37.3%;大学专科 134 人,占发展总数 41.6%;中专 21 人,占发展总数 6.5%;高中 38 人,占发展总数 11.8%;初中及以下 4 人,占发展总数 1.2%。发展的 322 人中:在岗职工 303 人,占发展总数 94.1%(其中工人 33 人,占发展总数 10.9%;管理人员、专业技术人员 133 人,占发展总数 43.9%;机关系统干部人 137 人,占发展总数 45.2%);学生 12 人,占发展总数 3.7%;其他 7 人,占发展总数 2.2%。发展的 322 人中,先进模范人物 159 人,占发展总数 49.4%,共青团"推优"的 48 人,占发展总数 14.9%。另外,全区共有 4 430 人申请入党,其中,当年 335 人;入党积极分子 2 661 人,其中,当年 379 人。

(王雯燕)

【党内表彰情况】 截至 12 月 31 日,全区各级党委共表彰先进党组织 41 个;表彰党员 393 人次,其中授予优秀党员称号 343 人次,授予优秀党务工作者称号 50 人次。

(王雯燕)

宣传工作

【概况】 中共北京市宣武区委宣传部(简称区委宣传部)是主管全区宣传思想工作的区委工作机构。区新闻中心、宣武报社设在宣传部,区精神文明建设委员会办公室挂靠区委宣传部,区文联在区委领导下由区委宣传部指导其工作。宣传部的主要职责是:负责全区党的思想理论建设、全区性的思想政治工作;全区精神文明建设和文化建设的指导工作;指导、协调全区各项宣传工作,主办《宣武报》和 BTV-9《华彩宣武》电视栏目。年内,全区宣传思想战线深入学习"三个代表"重要思想和十六届三中、四中、五中全会精神,全面落实科学发展观,宣传工作贴近实际,实践效果更加明显,队伍建设得到加强,精神文明建设深入开展,文化事业不断进步,宣传思想工作为全面实现区"十五"规划,构建和谐宣武提供了思想保证、舆论支持、精神动力和文化条件。

地址:宣武区广安门南街 68 号
电话:83976209
邮编:100054

(董立明)

【文明礼仪宣传教育实践活动】 年内,以"礼仪北京、人文奥运"为主题,以生活礼仪、社会礼仪、职业礼仪、赛场礼仪、校园礼仪、涉外礼仪为主要内容,在全区开展了文明礼仪宣传教育实践活动。1 月 6 日,召开了文明礼仪宣传教育实践活动会议,对工作进行了全面部署。全区各单位围绕社会礼仪、生活礼仪等六个方面的主要内容,普及文明礼仪知识、制定文明礼仪规范、践行文明礼仪行为,开展了多种形式的宣传教育实践活动,进一步推进了全区公民道德建设,提高了市民文明素质和城市文明程度。

(侯丙振)

【"文明礼仪进社区,治家格言到万家"主题活动】 区委宣传部、区文明办、区妇联编辑印发了《文明礼仪治家格言》,2 月 1 日在牛街街道启动了"文明礼仪进社区,治家格言到万家"主题活动。居民代表张长征向全区 19 万户家庭发出倡议,在个人、家庭、邻里之间三个方面,共同遵守三条文明礼仪规则。宣师二附小的全体学生也倡议全区青少年争当文明小使者。区领导向全区家庭代表、社区代表及来京务工人员代表赠送了治家格言、文明礼仪图书、春联及音像文化用品。牛街社区居民、中小学生、来京务工人员及街道代表共 300 余人参加了此次活动。

(侯丙振)

【厂甸、大观园庙会】 2 月 9 日至 14 日,举办了第五届厂甸民俗文化庙会、第十届大观园红楼庙会。厂甸民俗文化庙会以首届北京民俗民间文化保护项目展演和庆祝中国电影诞辰百年为突出亮点，鲜活展示了“大栅栏五斗斋高跷秧歌”等老北京的民俗文化。大观园庙会以浓郁东北民俗风情的“东北二人转”、太原重型机械集团的“黄河鼓乐”、“元妃省亲”等特色节目吸引了众多市民。本届大观园红楼庙会成为文化活动群众参与者最多、最红火的一届庙会。

（董立明）

【文明礼仪形象大使命名仪式】 3月2日，在天桥街道举行了宣武区文明礼仪形象大使命名仪式。范进卯、李金明、董恒吉等10位老百姓耳熟能详的社区志愿者、学雷锋先进个人被命名为宣武区首批文明礼仪形象大使。同时表彰了在天桥地区精神文明建设活动中表现突出的文明单位、文明市民、五好文明家庭、优秀志愿者、优秀少先队员共100余人。

（侯丙振）

【宣传思想工作会议】 3月9日，区委宣传部组织召开了2005年度宣传思想工作会议。会上，传达学习了中央、北京市宣传思想工作会议精神，全面总结了2004年宣传思想工作，具体部署了2005年宣传思想工作和精神文明建设工作。区委副书记仲兆军同志出席了会议，并作了重要讲话。

（董立明）

【思想政治工作表彰会】 3月30日，区委宣传部组织召开了第三届思想政治工作表彰会，对51个思想政治工作优秀单位和53名优秀思想政治工作者进行了表彰。陶然亭街道“让青少年思想道德教育在这片沃土上生根结果”等获第二届宣传思想工作“创新奖”。各单位党政主要领导、主管书记、宣传部长、受表彰人员及基层思想政治工作者参加了会议。

（侯丙振）

【构建和谐社区现场会】 为推进社区文化建设，4月6日区委宣传部、区文明办等部门，共同组织了“以文体活动为载体，构建和谐社区”现场会，总结推广了白纸坊街道“以文体活动为载体，构建和谐社区”的经验。文化部、市委宣传部、市文化局、新华社北京分社等有关领导出席了活动并对宣武区社区文化建设工作给予了高度的评价。

（侯丙振）

【纪念《宣武报》创刊十周年】 5月10日，区委宣传部召开座谈会，纪念《宣武报》创刊十周年发刊600期。对多年来为《宣武报》发展做出突出贡献的“十佳优秀通讯员”进行了表彰。全区各单位主管宣传工作的领导和新闻通讯员共计百余人参加了座谈交流。

（董立明）

【“北京2008奥运国际论坛”活动】 6月25日至26日，来自世界各地的嘉宾和国际奥委会官员聚集大观园酒店，就“奥运会文化与总体影响”、“奥运会的全民参与途径”等话题发表了演说。武高山区长作为论坛嘉宾，进行了大会发言，阐述了人文奥运与宣南文化的精神内涵，人文奥运与宣南文化共同的时代特征。大会期间，宣武区还成功组织了“让奥运走进宣武，让历史点燃激情”为主题的“人文奥运宣武行”系列活动。

（董立明）

【爱国主义教育和革命传统教育】 7月至8月，为隆重纪念中国人民抗日战争暨世界反法西斯战争胜利60周年，弘扬伟大的民族精神，区委宣传部组织了全区万名党员干部群众到抗日战争纪念馆，参观了“伟大胜利－纪念中国人民抗日战争暨世界反法西斯战争胜利60周年大型主题展览”。同期，区委宣传部、京都公司（广安门电影院）共同举办了爱国主义题材和革命历史题材电影展映活动，为干部群众思想教育提供了有效载体。

（侯丙振）

【区情报告会】 8月3日，在区少年宫召开。区长武高山就经济发展、城市建设、社会各项事业发展和安全稳定等方面向与会人员通报了全区上半年工作情况及当前面临的形势和主要任务。来自全区各单位主管领导、宣传部门负责人、社区居（家）委会书记、主任，以及驻区主要单位负责人、区青联委员等近五百名党员干部群众参加了区情报告会。

（侯丙振）

【奥林匹克知识竞赛】 年内，为贯彻落实《人文奥运行动计划实施意见》、普及奥林匹克知识、营造人文奥运氛围，区委宣传部、区文明办联合举办了宣武区奥林匹克知识竞赛。全区7万多名干部群众参加了奥林匹克知识答卷，其中包括社区居民、机关干部、武警官兵、中小学生、外来务工人员和广大市民群众。来自全区街道系统和各委办局的12支代表队参加了现场知识竞赛。团区委代表队获得了本次知识竞赛的一等奖，区国税局代表队、椿树街道代表队获得二等奖，区审计局代表队、区工商局代表队和区检察院代表队获得了三等奖，区卫生局等6支参赛队获得了优胜奖。

（侯丙振）

【中国电影诞生地揭牌仪式】 12月22日，国家广电总局和北京市委、市政府共同举办了“纪念中国电影诞生100周年－大观楼中国电影诞生地”揭牌仪式。23 日,北京市第一个正式登记的影迷协会 - 大观楼影迷协会成立。

(侯丙振)

【理论宣讲工作】 年内,区委宣传部印发了《2005 年区委讲师团工作计划》、《关于加强基层理论宣讲工作的通知》,并对区委讲师团进行了调整充实。聘请兼职讲师 39 名,分为专家教授、领导干部和区内师资 3 个组,每组宣讲对象各有侧重,并增加了政策法规、文明礼仪、区域发展、宣南文化等内容,取得了良好的宣讲效果。

(孟　盼)

【《宣武报》出版发行工作】 年内,共采编出版《宣武报》50 期,发行量 50 多万份。为配合全区保持共产党员先进性教育活动,开设了《实践“三个代表”重要思想,保持共产党员先进性》专栏,重点报道了先进性教育的工作部署和各阶段的进展情况。结合八个街道的社区党建工作,会同新闻中心开展了以《党心凝聚民心,构建和谐宣武》为主题的“记者走一线”采访活动。在《时代先锋》专栏,集中报道了冯兰英、耿慧芳等一批优秀共产党员先进事迹,在全区广大党员干部中树立了新时期优秀共产党员的模范形象。《宣武报》加强了重点栏目建设,开设了《提高执政能力加强基层工作》、《群言堂》、《文明礼仪大家谈》、《办人文奥运讲文明礼仪》、《构建和谐社区》、《百姓与法》《宣南史迹》、《加强党风廉政建设》、《我为“十一五”规划献一言》等 20 多个专栏。

(张金环)

【新闻发稿和摄制新闻专题】 2005 年,新闻中心围绕区委、区政府中心工作,立足宣武的发展大局,对全区经济和社会发展中的热点问题以及取得的成绩进行了系统的、有针对性的报道,在北京电视台各新闻栏目播出新闻 100 余条,播出《华彩宣武》52 期,播发各类新闻近 400 条,专题 90 个,录制专题片 24 部。在北京日报、北京晚报、新华社、北京晨报、北京青年报、娱乐信报、京华时报、北京电视台等首都主流媒体上刊发反映宣武区各方面工作和成就的稿件 500 余条(不包括网上转载的数量)。

(寇雪然)

精神文明创建活动

【概况】 北京市宣武区精神文明建设委员会办公室(简称区文明办)是宣武区精神文明建设委员会的办事机构,挂靠区委宣传部,行政编制 5 人。主要职责是:宣传贯彻上级关于精神文明建设的方针、政策;制定实施本区精神文明建设规划、意见、方案;组织开展精神文明建设活动;协调驻区单位参与地方精神文明建设活动;监督检查基层精神文明建设任务完成情况等。年内,精神文明创建活动以争创全国文明城区为目标,全面贯彻落实区委九届三次会议通过的《宣武区 2004 - 2008 年创建全国文明城区规划》,加强了对创建文明街道、文明社区、文明大街、文明行业、文明单位等创建工作的指导和协调。天桥街道、牛街街道、广外街道、白纸坊街道、广内街道被评为首都文明街道。全区有 30 个社区被评为首都文明社区、25 个社区被评为首都绿色社区,28 个社区被评为宣武区文明社区,有 50% 的街道提前完成了市、区两级制定的社区宣传栏。北京菜市口百货股份有限责任公司被评为全国文明单位,北京市第十四中学、北京市公安宣武分局牛街派出所被评为全国精神文明建设先进单位。创建首都文明单位标兵 10 个,首都文明单位 54 个,宣武区文明单位 118 个,宣武区创建文明行业先进单位 10 个,创建文明机关先进单位 18 个。牛街街道被中宣部、中央文明办、民政部等 5 部委评为全国军民共建社会主义精神文明先进单位,创建首都少年军校示范校 1 所,首都先进少年军校 1 所。

地址:宣武区广安门南街 68 号

电话:83976220

邮编:100054

(于亚宁)

【接受“全国创建文明城市工作先进城区”测评组测评】 5 月 31 日 -6 月 3 日,宣武区接受了北京市“全国创建文明城市工作先进城区”测评组的测评。测评结束后,召开了文明委第二次全体会议,通报了宣武区参加争创全国文明城区的测评情况,讨论通过了《宣武区创建全国文明城区目标任务分解》和《〈宣武区创建文明城区规划〉任务分解方案》,提出了宣武区创建全国文明城区的目标。

(于亚宁)

【组织公众人文素质调研】 根据北京市人文奥运行动计划的要求,区政协、区文明办、区研究室、区街道办等有关部门联合组织了宣武区公众人文素质的调研,组织发放问卷 1 500 份,组织全区 7 万名群众参加全市奥林匹克知识竞赛答题,举办了全区奥林匹克知识竞赛决赛,12 支代表队参加了决赛。

(于亚宁)

【举办文明市民学校 10 周年成果展】 以宣武区文明市民学校建校 10 周年为契机,总结了 10 年来宣武区文明市民学校在提高市民素质方面所取得的经验。召开了推进楼道整治工作的表彰会,表彰了在楼道整治中成绩突出的 17 个先进社区。

(于亚宁)

【25 名教师下派街道和社区】　年内,与区教委协调,从全区中小学抽调25 名教师下派街道和社区。6 月27 日 –7 月 7 日对选派教师进行了为期 10 天的集中培训,7 月 11 日下派教师正式到街道和社区报到。

（于亚宁）

【暑期青少年教育实践活动】　年内,下派教师与社区配合,利用暑期开展丰富多彩的青少年教育实践活动。大栅栏街道与炭儿胡同小学联手开展“红领巾道德储蓄卡”活动;广外街道重点办好校外五种课堂 – 社会课堂、家长课堂、青春期课堂、安全课堂、激励课堂;天桥街道突出民俗文化特色,将传统与创新、集中与分散相结合;牛街街道以为青少年办实事为出发点,建立“青少年健康信箱”和开展“文化保护区小导游”活动;白纸坊街道以社区和学校为依托,实现社区和学校双向资源共享;椿树街道以“礼仪、学习、文体、科普”为主要内容,提倡未成年人动手动脑;陶然亭街道继续深入推进“六德”教育等,这些活动主题鲜明、内容新颖、形式多样,收到了较好效果。

（于亚宁）

【未成年人思想道德教育工作座谈会】　9 月 7 日,召开下派教师 2005 年暑期未成年人思想道德教育工作座谈会,进一步推进社区未成年人思想道德教育工作的开展。鼓励和引导街道从实际出发,开展丰富多彩的青少年教育活动并努力创新工作机制。会后,部分街道建立了未成年人思想道德建设工作协调委员会,区文明办、区妇联、团区委共同整理了一批未成年人思想道德教育创新案例,编辑出版了《宣武区未成年人思想道德建设工作成果掠影》。总结了牛街东里社区建立社区关爱未成年人成长长效机制的经验。

（于亚宁）

【首都文明办检查未成年人思想道德建设折子工程落实情况】　11 月 25 日,首都文明办检查组一行 12 人由巡视员尹学龙带队,检查了宣武区未成年人思想道德建设折子工程落实情况,宣武区有关部门和 8 个街道主管领导参加。

（于亚宁）

【文明礼仪教育实践活动】　年内,在全区开展了文明礼仪宣传教育实践活动。活动围绕生活礼仪、社会礼仪、赛场礼仪、职业礼仪、校园礼仪、涉外礼仪六个方面的内容,分四个阶段进行。2 月 1 日,由区委宣传部、区文明办、区妇联和区文联、牛街街道工委办事处联合主办的“文明礼仪进社区,治家格言到万家”宣传教育活动在牛街东里社区举行。市妇联主席荣华,区领导仲兆军、申晓岩、喻建平、杜灵欣等出席了仪式。出席活动的市、区领导为全区家庭代表、社区代表和来京务工人员代表赠送了《文明礼仪治家格言》、文明礼仪图书、新春楹联和音像文化用品。社区居民、中小学生、进京务工人员及街道代表 300 余人参加了此次活动。区文明办、区妇联把优秀格言汇编成册,下发到社区,同时利用楼门文化的形式张贴在社区居民楼道中,大力宣传普及家庭生活礼仪。3 月 2 日,以“文明礼仪人人讲 雷锋精神代代传”为主题的宣武区文明礼仪形象大使命名仪式举行。董恒吉等十位老百姓熟悉的社区志愿者被命名为宣武区首批宣传文明礼仪的形象大使。首都文明办副主任滕毅,区委副书记仲兆军,区委常委、宣传部部长丁力,区人大副主任申晓岩,区政协副主席喻建平等领导为十位文明礼仪形象大使颁发了证书。同时充分发挥文明礼仪形象大使的作用,发动文明礼仪志愿者、学雷锋志愿者和文明站台监督员走上街头、走进社区、走进工地,广泛宣传文明礼仪常识,组织开展维护交通秩序、美化社区环境等活动。3 月 31 日和 4 月共举办了 2 次全区性的文明礼仪专家大课堂活动。配合全市“百万礼仪读本进家庭”活动,6 月 16 日,北京市百万册《文明礼仪普及读本》进家庭暨牛街街道迎奥运文明礼仪大家学活动在牛街街道办事处举行。市委副秘书长陈启刚,首都文明办副主任滕毅、宣教处处长奚立龙,市妇联副主席姜贵平,市人大代表刘红艳,北京出版社奥运读物编辑中心总编辑杨钢、副总编辑赵晓伟和区委常委、宣传部部长丁力参加了活动。市、区领导向牛街街道的社区居民和家庭代表赠送了《文明礼仪普及读本》和《礼仪歌诀八十八》的文明礼仪大礼包。同时,6 万册《文明礼仪普及读本》发放到了全区各街道社区、学校、窗口行业等单位。重点组织党政机关、执法部门、服务行业、窗口单位围绕职业文明礼仪和岗位文明礼仪大讨论,开展职业礼仪的教育实践活动。区工会在职工中组织开展了职业礼仪竞赛;区直属机关工委组织区委区政府 20 多个部门结合工作实际,制定文明礼仪行为规范;团区委深入抓好青年文明号活动,组织创业青年文明论坛。8 月 18 日,由团区委、区旅游局、区商务局、区外办、区文明办等单位联合举办的“绚丽青春 华彩宣武” – 宣武青年风采展示大赛决赛在深圳大厦举行。北京申同健身中心代表队荣获本次大赛的一等奖;中民大厦代表队、北京大观园酒店代表队分别获得二等奖;东方饭店代表队、和平门烤鸭店代表队、北京菜市口百货股份有限公司代表队分别获得三等奖。以秋季新学年为契机,重点抓好了文明礼仪大课堂活动、校园文明礼仪 DV 剧大赛、少儿文明礼仪短剧大赛、“文明的宣武我的家”摄影绘画大赛和“唱响国歌”等活动,广泛宣传校园文明礼仪。许多学校还编写了本校的礼仪细则,许多有特色的礼仪实践活动不断出现,如陶然亭小学开展了争做“文明礼仪小能人”活动;红莲小学在全体学生中公开征选文明礼仪标兵;白纸坊小学建立“教师文明礼仪承诺”制度,制作文明礼仪承诺卡佩戴在胸前等。全区推出了一批文明礼仪小标兵和文明礼仪教育先进班级、先进学校。区教委在全区中小学生中继续抓好校园文明新童谣的推广普及工作,发放《北京新童谣》一书到每个学生手中,引导学生传唱、创编、实践文明新童谣。

(于亚宁)

【公民道德宣传教育活动】 年内,区政协、区文明办、区研究室、区街道办等有关部门联合组织了宣武区公众人文素质的调研,组织发放问卷1500份。召开了座谈研讨会,有针对性地提出今后公民道德建设的任务和重点。进一步推动全区学习、普及奥运知识活动的深入开展,组织全区7万名群众参加全市奥林匹克知识竞赛答题。10月21日上午,宣武区委宣传部、区文明办联合举办全区奥林匹克知识竞赛决赛,区委常委、宣传部部长丁力,区文明办主任王燕同志参加了活动,12支代表队参加了决赛,团区委代表队获得一等奖,区国税局代表队、椿树街道代表队获得二等奖,区检察院代表队、区工商局代表队、区审计局代表队获得三等奖,区卫生局代表队、区地税局代表队、区文化委代表队、区机关工委代表队、区劳动与社会保障局代表队、广外街道6支代表队获得优秀奖。以宣武区文明市民学校建校10周年为契机,总结了10年来宣武区文明市民学校在提高市民素质方面所取得的经验。11月22日,宣武区文明市民学校十周年座谈会暨市民学校与社区学院一体化办学启动仪式在广安会议中心六楼报告厅举行。区委常委、宣传部部长丁力,首都文明办创建处副处长常建军出席了会议,区文明办、区教委、区妇联、社区教育学院以及各街道主管领导、文明办主任,部分市民学校分校的负责同志和志愿者共150多人参加了会议。同时举办了文明市民学校10周年成果展,宣传了市民学校已形成具有宣武特色的办学方法和办学模式。10月18日,《都市生活与法律》首发式暨宣武区市民终身学习活动周在宣武区社区学院启动,启动了市民学校与社区学院一体办学,出版《都市生活与法律》一书和一批市民学校教材。

(于亚宁)

【第二次文明委全体会议】 10月15日,第二次文明委全体会议召开。区委副书记、区文明委常务副主任仲兆军主持。区领导唐大生、武高山、丁力、王永新、申晓岩、王瑞珠、喻建平和区文明委成员单位的领导参加了会议。会议通报了宣武区参加争创全国文明城区的测评情况,讨论通过了《宣武区创建全国文明城区目标任务分解》和《〈宣武区创建文明城区规划〉任务分解方案》。提出了要正确地对待全国文明城区测评结果,既要看到宣武区的发展变化和已经取得的成绩,又要清醒认识差距和不足。要坚定创建全国文明城区的目标不动摇,在新一轮的争创全国文明城区工作中有针对性的做好五个方面的工作。

(于亚宁)

【文明街道、文明社区创建活动】 年内,按照2005年确定的继续评选4-5个首都文明街道、创建10个左右市区级文明社区、1-2条首都文明大街以及力争实现70%以上的社区实现楼道无堆物堆料,清洁整齐的目标,区文明办进一步加强对创建文明街道、文明社区工作的指导和协调。2005年4月27日,召开了推进楼道整治工作的表彰会,表彰了在楼道整治中成绩突出的17个先进社区。6月28日上午,召开了宣武区社区精神文明宣传栏建设推进会,各街道主管书记和文明办主任参加了会议。与会人员乘车参观了法源寺、南线里、白广路等社区的5组宣传栏,重点听取了牛街、大栅栏街道介绍社区宣传栏建设情况。牛街、广外等街道分别投资20多万元用于建设社区精神文明宣传栏。年内,宣武区有4个街道提前完成了市、区两级制定的社区宣传栏四年规划。6月30日-7月5日,区文明办对全区文明社区、文明大街创建及楼道环境整治和宣传栏建设工作进行了中期检查指导,听取了各街道负责同志对今年文明社区、文明大街创建计划和楼道整治和社区精神文明宣传栏建设的情况汇报,共查看了18个社区、6条大街,抽查了20多个楼门和社区宣传栏。

(于亚宁)

【文明单位、文明行业、文明机关创建活动】 以诚信建设为重点,开展“创建文明行业、文明单位、文明市场、文明商户、文明旅游景区”的活动,进一步提高服务水平,优化服务环境。2005年,北京菜市口百货股份有限责任公司被评为全国文明单位,北京市第十四中学、北京市公安宣武分局牛街派出所被评为全国精神文明建设先进单位。区工商局按照全市的统一要求,成立了宣武区私营个体经济精神文明建设委员会,在私营个体经济会员中广泛开展了“诚信经济促发展,文明服务添光彩”、“争做文明诚信户,创建文明示范区”、“争当光彩宣武”、“创建劳动关系和谐企业”等活动。10月19日,北京市私个协在宣武区马连道召开了“争做文明诚信户,创建文明示范区”现场会,推广了宣武区私个协精神文明建设委员会开展诚信活动的经验。同时区私营个体经济协会还以召开座谈会、实地调研等方式针对全区的私营个体经济精神文明状况开展了调研活动，为全区的私营个体经济发展献言献策。积极开展“五好文明家庭”创建活动，表彰了第五届“五好文明家庭”和“五好文明家庭标兵”，宣传树立了105户“五好文明家庭”。2004年共创建首都文明单位标兵10个，首都文明单位54个，宣武区文明单位118个，宣武区创建文明行业先进单位10个，创建文明机关先进单位18个。

（于亚宁）

统一战线工作

【概况】 中共北京市宣武区委统一战线工作部（简称区委统战部）是中共宣武区委主管统一战线工作的职能部门，与区台办合署办公，行政编制11人。年内，区委统战部以邓小平理论和“三个代表”重要思想为指导，认真学习、贯彻党的十六届四中、五中全会精神和《中共中央关于进一步加强中国共产党领导的多党合作和政治协商制度建设的意见》（简称“中央5号文件”）及全国、北京市统战部长会议精神，深入宣传贯彻党的统一战线工作方针政策；加强基层党政领导干部、统战干部和党外代表人士三支队伍建设；坚持和完善共产党领导的多党合作和政治协商制度，引导各民主党派、工商联、侨联（简称“各党派团体”）努力发挥各自的职能作用，围绕区委、区政府的中心工作开展调研，建言献策；加强指导、完善机制，切实做好基层和社区统战工作；深入做好民族、宗教工作，维护民族团结和社会稳定；加大新社会阶层统战工作力度，推动非公经济健康发展；加大涉台交流交往，做好对台、侨务工作；坚持“大团结、大联合”的主题，调动一切积极因素，为宣武区的三个文明建设贡献力量；深入开展保持共产党员先进性教育活动，加强部门自身建设，努力提高干部素质。全区统一战线呈现出团结、稳定的局面。

地址：宣武区广安门南街68号
电话：83976200 83976181
邮编：100054

（沈建平）

【迎新春团拜会】 1月27日，区委统战部召开统一战线各界人士迎新春团拜会，韩恩慈、哈金起、陈慧来、喻建平等区领导出席会议，区政协副主席兼统战部部长王玉兰主持会议。区委副书记韩恩慈代表区委、区政府对统一战线各界人士在过去的一年为宣武区各项事业发展做出的贡献表示衷心感谢，并向大家致以节日的问候。与会人员表演了丰富多彩的文艺节目。各民主党派、团体、民族宗教界代表人士、台胞台属、归侨侨眷、党外处级干部及统战部退休老同志等160多人参加。

（沈建平）

【党派团体负责人协商会】 年内，区委、区政府、区政协、区纪委和统战部共召开19次党派团体负责人参加的协商会、议政会、征求意见座谈会、通报会。内容涉及区委区政府工作、贯彻中央和市委关于加强多党合作制度建设的文件、完善社会保险制度、加强社区建设、党风廉政建设、保持共产党员先进性教育活动、党派团体办公室迁址问题等。与会人员坦诚直言，各抒己见，提出了许多建设性意见建议。

（沈建平）

【学习贯彻中央5号文件】 年内，区委认真落实中央5号文件和市委的贯彻实施意见（简称“市委9号文件”）精神。明确主管书记牵头，统战部为主，结合宣武区的实际，研究制定具体贯彻实施意见（简称“区委17号文件”），下发全区各单位党委。统战部制发了学习贯彻中央5号文件的通知，编发了学习中央5号文件专刊，与宣传部联合举办报告会，请中央统战部领导作学习中央5号文件的辅导报告，召开了中共基层党组织负责人学习贯彻中央5号文件座谈会。积极支持各民主党派学习贯彻中央5号文件和市委9号文件精神，区委主管书记韩恩慈在第一季度党派团体工作联席会上及时向各民主党派传达了中央5号文件精神，并对学习贯彻提出了要求，统战部举办了暑期学习班，组织民主党派负责人学习中央5号文件和市委9号文件精神，对7个党派区工委举办的中央5号文件学习班给予大力支持，部长亲自作了4次辅导报告，负责党派工作的干部还参加了30多个民主党派基层支部组织的学习活动。

（沈建平）

【改善民主党派办公条件】 年内，区委以实际行动落实中央5号文件精神，各党派的办公用房从原来的300多平米增加到900多平米；区委还大幅度增加了各党派区工委办公经费，最多的4万多元，最少的也达到1万元。

（沈建平）

【统战工作会议】 3月11日召开。统战部部长王玉兰总结了2004年统战工作，部署了2005年工作。广外街道、卫生局等单位作了经验介绍。统战部对卫生局党委等8个统战工作先进集体、焦同启等7名统战工作先进个人进行了表彰。区委副书记韩恩慈对2004年全区统战工作取得的成绩给予了充分肯定，同时对做好2005年工作提出了要求。全区各单位主管领导、统战干部及重点社区党支部书记等100余人参加了会议。

（沈建平）

【党派团体工作联席会】 年内,召开全区各党派团体负责人参加的工作联席会4次。3月14日,区长武高山通报区情;区委副书记韩恩慈传达中央5号文件并讲话;统战部部长王玉兰部署有关工作并提出要求;统战部对2004年度党派团体统战信息工作进行表彰。6月17日,通报统战部先进性教育活动情况;研究党派团体有关工作。9月28日,传达市委统战部召开的民主党派工作会议精神;各党派汇报交流第三季度工作情况;表彰各党派团体为"十一五"规划献良策优秀组织单位、优秀参与人;部署第四季度党派工作。12月16日,统战部表彰2005年度党派团体优秀调研报告、党派团体有意义有影响的社会服务活动;各党派团体交流自身建设的经验。

(沈建平)

【为"十一五"规划建言献策】 4月至9月,统战部与区发改委共同组织各党派团体成员为编制宣武区"十一五"规划献良策活动。各党派团体积极参与,通过电话、传真、信函、电子邮件等多种方式,提出意见建议441件,内容涉及经济、商贸、旅游、教育、卫生、文化、科技、城市建设等诸多方面,区政府网站和《宣武报》分别刊载、刊登了其中的19件,统战部与区发改委共同评选出6个优秀组织奖、36件优秀建议奖。

(沈建平)

【信息工作经验交流会】 4月27日召开,民革区工委、民建区工委和牛街街道介绍了做好信息工作的经验,统战部对统战信息工作先进单位进行了表彰,聘请了23名信息员。

(沈建平)

【学习中央5号文件报告会】 5月13日,统战部与宣传部联合举办报告会,请中共中央统战部一局副局长袁廷华就学习中央5号文件作了辅导报告,区委理论学习中心组全体成员和全区各部门、各单位的主管领导、统战干部、宣传干部,区教工委、卫生局、文化委所属各基层党支部书记,各民主党派有关团体负责人、骨干,无党派代表人士,以及有民主党派成员的中央、市属单位中共党组织负责人等300余人参加了报告会。

(沈建平)

【统战干部培训班】 6月2日至3日,统战部举办基层统战干部培训班,市委统战部副部长周伯琦作了辅导报告。统战部部长王玉兰对做好统战工作及加强统战干部自身建设提出了要求。统战干部还就如何做好统战工作进行了交流。区委副书记韩恩慈看望了培训班全体同志,全区各街道、局处公司主管统战工作的领导、统战干部70余人参加了培训。

(沈建平)

【新阶层统战工作】 6月30日,统战部召开新阶层统战工作联席会,区国资委、商务局、司法局、民政局、工商局、科协、工商联、私个协等单位参加。会上,传达学习了《中共北京市委统战部关于在新的社会阶层中开展统一战线工作的意见》,统战部副部长刘琪部署了2005年新阶层统战工作。年内,统战部采用发放调查问卷,召开新阶层代表人士座谈会,走访新阶层代表人士等多种形式,对各单位推荐的新阶层代表人士情况进行调查并撰写了调研报告。

(曹炜峰)

【党派办公新址启用】 7月8日,各党派团体办公新址启用仪式在育新街2号办公楼前举行。区领导唐大生、武高山、韩恩慈、栗琦、哈金起、喻建平和各民主党派团体市、区领导等出席。区财政投资100多万元对办公新址进行了装修,配备了新的办公设备。唐大生在讲话后与各党派团体市领导共同为新址标牌揭幕。

(沈建平)

【民主党派暑期学习班】 7月21日,统战部举办各民主党派暑期学习班,请九三学社市委原副主委周舜武作了关于加强民主党派基层组织建设工作的报告。各民主党派区工委负责人、支部主任、办公室干部及工作骨干等120余人参加。

(沈建平)

【赴新疆参观考察】 9月4日至13日,统战部组织各民主党派区工委主要负责人一行10人,分别参观考察了新疆乌鲁木齐、石河子、喀什等地,与当地有关部门进行了交流与座谈。通过参观考察,使各民主党派区工委主要负责人开阔了眼界,丰富了知识,进一步了解了党的民族政策和改革开放给新疆带来的巨大变化,同时也深深感受到民主党派工作的责任重大,表示要坚持中国共产党领导的多党合作基本政治制度,发挥党派的优势,履行自身职能,尽心尽力,把中国的事办好,使中华民族振兴强大,自立于世界民族之林。

(沈建平)

【国庆中秋联欢会】 9月16日,统战部与区政协、区文化委在大观园共同举行政协委员和统一战线各界人士2005年国庆中秋联欢会,武高山、张文华等区领导与全区政协委员、统一战线各界人士参加。

(沈建平)

【重阳节义诊活动】 10月11日,统战部组织各民主党派中的12名医务工作者,在陶然亭公园为参加重阳节敬老游园会的老年人义务服务，共接待群众就诊咨询720余人次，发放疾病防治宣传材料230余份。唐大生、武高山、仲兆军、周开让、哈金起、陈慧来等区领导亲临义诊现场，看望慰问了参加义诊的各民主党派医务工作者。

（沈建平）

【百人谈话活动】 11月7日开始，统战部部长王玉兰、副部长李龙杰与负责民主党派工作的干部共同开展“百人谈话活动”，分别与各民主党派区工委全体委员、部分后备干部及已经离任的区工委主要领导等共计100余人进行谈心，了解情况，交流思想，听取意见，为2006年上半年各民主党派区工委的换届调整做准备。

（沈建平）

【尤兰田来区视察统战工作】 11月11日，市委常委、统战部部长尤兰田到宣武区视察指导工作，在区委书记唐大生、区委副书记韩恩慈的陪同下，听取了宣武区统战工作情况的汇报，视察了各党派办公地点，并与各党派团体负责人进行了座谈。统战部部长王玉兰就宣传贯彻中央5号文件、市委9号文件精神、民主党派工作和党外干部工作情况做了汇报。

（沈建平）

【社区统战工作经验交流会】 11月18日，统战部召开社区统战工作经验交流会，就贯彻落实市委统战部《关于加强北京市社区统一战线工作的意见》，提高社区统战工作水平进行交流。牛街街道东里社区、大栅栏街道三井社区等8个社区介绍了开展社区统战工作的经验。统战部部长王玉兰对进一步做好社区统战工作提出了要求。

（沈建平）

【基层党组织负责人座谈会】 11月29日，统战部召开宣武区贯彻中央5号文件中共基层党组织负责人座谈会，区教工委、卫生局、文化委、体育局主管书记和统战干部，有民主党派成员单位的中共基层党组织负责人以及部分中央、市属单位中共党组织负责人等70余人参加。15中学、区图书馆、63中学、回民学校、广外医院5个基层党支部代表先后发言介绍了经验。区委副书记韩恩慈在讲话中充分肯定了各基层单位的统一战线工作。

（沈建平）

【社会服务活动】 年内，统战部组织各党派团体开展了“有意义、有影响的社会服务活动”。12月16日，统战部对这项活动进行评比表彰，共评出拥军优属、捐资助残、义诊咨询、送健康进社区等13项“有意义、有影响的社会服务活动”，并颁发了荣誉证书。

（沈建平）

【宣传调研信息工作】 年内，共编印《宣武统战工作》45期、《宣武统战参考》2期；在《首都统战之窗》、《宣武报》、市委统战部、区政府网站上刊登各类简讯20余条；报送信息400余条，被市委统战部、区委、区政府采用150余条；完成《新形势下如何搞好宣武区民主党派基层组织建设》、《宣武区新社会阶层代表人士现状及工作思路》2篇调研报告；接待来信、来访90件，内容涉及住房拆迁补偿、医药费、解决历史遗留问题等。

（沈建平）

对台工作

【概况】 中共北京市宣武区委台湾工作办公室、北京市宣武区人民政府台湾事务办公室（一个机构、两块牌子，简称区台办）是区委、区政府主管本区对台工作的工作机构，与区委统战部合署办公。年内，区台办以邓小平理论和“三个代表”重要思想为指导，认真贯彻对台工作部署，结合本区实际情况，以建立健全工作机制为保障，充分利用本区对台工作资源，切实履行台办“组织、指导、管理、协调”的职能，积极参加保持共产党员先进性教育活动，促进了台办工作的开展和台办干部的自身建设，圆满完成了各项工作任务。

地址：宣武区广安门南街68号

电话：8397619

邮编：100054

（曹炜峰）

【纪念对台重要讲话发表10周年】 2月1日，区台办在《宣武报》上刊登《纪念江泽民同志〈为促进祖国统一大业的完成而继续奋斗〉重要讲话发表10周年》的纪念文章，并指导全区各基层单位开展了丰富多彩的学习和纪念活动。

（曹炜峰）

【对台工作领导小组成立】 2月，区委成立了由区委副书记韩恩慈任组长，副区长哈金起、区委统战部部长王玉兰任副组长，区人大、区政协、区委办、区政府办、区委宣传部、区委政法委、区委教育工委、区台办、公安局宣武分局、国家安全局宣武分局、区商务局11个部门为成员单位的对台工作领导小组。

（曹炜峰）

【走访涉台重点单位】 3月至6月，区台办走访了涉台重点工作窗口等单位和一些重点社区，听取基层干部对涉台工作的意见和建议；总结基层单位对台工作的经验；指导基层广泛开展各类对台工作。

（曹炜峰）

【学习《反分裂国家法》座谈会】 3月22日，与区政协、统战部联合召开统一战线各界人士学习《反分裂国家法》座谈会,区委副书记韩恩慈、区政协主席张文华、副主席喻建平、陈慧来等领导出席,各党派团体负责人、台胞台属代表及区部分政协委员20余人参加。张文华代表区政协和统战部对政协委员、各党派团体提出四点希望:一是要认真学习《反分裂国家法》,深刻领会其核心内容和基本思想,理解和掌握法律的精神实质;二是要多渠道、多形式地做好宣传工作;三是要做好广交朋友工作,加强民间交流交往;四是为广大台胞台属、归侨侨眷及在本区投资经商创业的企业做好服务工作。

(曹炜峰)

【台湾形势报告会】 4月21日,区台办与统战部联合举办台湾形势报告会,邀请中国社会科学院台湾研究所所长助理朱卫东作报告,讲解《反分裂国家法》出台的背景,介绍对台工作的形势。全区统战系统各基层单位的党政领导干部、统战干部及对台工作干部参加了报告会。

(曹炜峰)

【接待中国国民党大陆参访团】 4月28日,区台办精心组织、精心策划,圆满完成了中国国民党主席连战一行到老舍茶馆参观的接待工作。连战一行观看了京味文艺演出,老舍茶馆向连战主席赠送了特制的纪念品,连战为老舍茶馆书写了“振兴茶文化,祥和两岸情”的题词。

(曹炜峰)

【海峡两岸交流活动】 年内,区台办圆满完成了2005年宣武区因公赴台交流任务。办理因公赴台10批35人次,接待来京交流的台湾同胞5批71人次。

(曹炜峰)

【对台经济工作】 年内,区台办多次走访台资企业,加强与台资企业负责人之间的沟通,全方位、多角度地创新工作,认真落实《中华人民共和国台湾同胞投资保护法》,为台商挽回经济损失10余万元。

(曹炜峰)

【对台信访工作】 年内,区台办努力为台胞、台属、台商和台生排忧解难,先后受理涉台来访8件,来信15件,并与区房管部门配合,为3名台属解决了房产证问题。

(曹炜峰)

决策研究工作

【概况】 中共北京市宣武区委、北京市宣武区人民政府研究室(简称区研究室)是区委、区政府综合性决策研究部门,有专职调研人员7人。承担的主要任务是:围绕全区经济中心任务,对带有全局性、战略性、政策性重点问题进行调查研究,为区领导科学决策提供依据和建议。组织、协调、指导全区各单位、各部门调查研究工作,交流优秀调查研究成果。参与区委、区政府部分重要文稿的起草。年内,区研究室围绕区委区政府的中心工作和重点任务,深入开展调查研究,突出抓好重点课题的调研,加强全区调研工作的组织、协调、督促和检查。全区共完成调研课题278个,其中处级党政正职主持完成的调研课题83个;完成了《宣武调研》的编辑和报刊资料的收集等工作;区委区政府制定出台了《关于进一步加强调查研究工作的意见》,进一步明确了全区调查研究工作的总体要求和主要任务,完善了调查研究工作制度。

地址:宣武区广安门南街68号

电话:83976151

邮编:100054

(张　松)

【为区级领导调研服务】 年初,区研究室协助区委区政府领导确定重点调研课题15个,涉及经济建设、改革与发展、城市建设与管理、社区建设、组织人事工作、民主法制建设、党的建设等方面的内容,年内全部完成。其中,全市调查研究关注课题2个,区研究室牵头完成4个,参与完成1个。区研究室及时将区领导主持完成的调研课题,推荐市刊采用,全年被市刊采用调研报告4篇。

(张　松)

【处级领导干部调研情况】 年初,区研究室围绕全区工作重点,拟定了全区调研参考题目,并将“2004年全区各单位、各部门调研课题完成情况”、“2005年全区各单位、各部门调研课题计划”汇总成表,下发全区各单位和部门交流、参考。年中,下发“关于搞好2005年调研工作年中检查的通知”,对党政机关各处级单位党政“一把手”课题完成情况进行了督促检查。年底,对全区调研课题完成情况进行检查、统计、汇总,对处级领导干部课题完成情况进行检查。年初,全区43个单位和部门共确定调研课题132个,其中,党政机关处级“一把手”确立的调研课题46个。全年各单位、各部门共上交调研报告162篇,其中,处级党政“一把手”上交46篇。

(张　松)

【重点调研课题】 年内,区研究室牵头或参与的6项调研课题全部完成。《落实科学发展观,建设和谐新宣武》的调研,为全市调查研究关注课题,由区委书记唐大生主持,区研究室牵头,区委政法委、区发改委、区民政局、区街道办、区文明办、区劳动和社会保障局、区市政管委、区信访办、区科委、区人事局、区法制办等单位组成联合调研组,就落实科学发展观,促进区域和谐进行了深入调研。调研中,充分发挥专家学者、相关部门等各方面的作用，分析了宣武区推进和谐社会建设的基础条件与薄弱环节，提出了落实科学发展观，建设和谐新宣武的总体目标和工作思路。此调研课题为构建和谐宣武提供了理论基础和决策依据，为全区各单位各部门强化相关职能、创新体制机制提供了指导原则，在制定《宣武区“十一五”期间国民经济和社会发展规划纲要》中得到了应用。《以科学发展观为指导，推动区域资源的合理配置，努力实现和谐社会目标》的调研，为全市调查研究关注课题，由区长武高山主持，区研究室、区发改委牵头，区市政管委、区统计局、国土资源宣武分局、区文化委、区财政局、区商务局、区国资委、区人事局、区劳动和社会保障局等单位和部门组成联合调研组，就宣武区资源配置问题进行了调研。调研中，分析了宣武区资源现状和存在的问题，研究了未来宣武区资源配置的方向和目标，提出了新的配套措施。该调研为区域资源配置提供了决策方向，为区政府相关部门提供了改革的基础理论平台，为《宣武区“十一五”期间国民经济和社会发展规划纲要》的制定提供了参考。《宣武区城市管理效绩评价体系研究》为区重点课题，区长武高山主持，区研究室、区统计局共同完成。该课题调研报告被《北京社会经济问题研究》采用。调研中，对宣武区城市管理效绩评价指标体系的设立、城市管理效绩评价指标含义和计算方法、确定城市管理效绩评价指标的评价方法等进行了研究，分析了2004年宣武区城市管理效绩指标实现程度，提出了促进宣武区城市管理发展的对策。该调研为宣武区建立城市管理长效机制，促进城市管理更加科学、有效提供了依据。《宣武区未成年人思想道德建设工作的调研》为区重点课题，区委副书记仲兆军主持，区研究室、区教委牵头，区文明办、区司法局、区街道办、区妇联、团区委、公安宣武分局等单位和部门组成联合调研组，就宣武区未成年人思想道德建设工作进行了调研。调研中，总结了近年来宣武区加强和改进未成年人思想道德建设工作的主要做法和成效，分析了影响和制约宣武区未成年人思想道德建设的主要因素，提出了加强和改进宣武区未成年人思想道德建设的对策建议。此调研的部分建议，在宣武区精神文明建设和青少年思想道德教育工作中得到了采用，一些内容为《宣武区“十一五”期间国民经济和社会发展规划纲要》吸收采纳。《深化社区党建工作机制，努力提高社区党组织领导和谐社区建设的能力》的调研，为区重点课题，区委副书记杨素荣主持，区委组织部牵头，区委研究室参与完成。调研中，研究了新时期赋予社区党组织的职责，分析了社区党组织建设取得的成绩和领导社区建设中存在的不适应，提出了社区党组织在领导和谐社区建设中需要着重提高的五种能力。该调研在宣武区社区党建工作中得到了应用，部分内容列入区委2005年党建工作计划，推动了全区社区党建工作的开展。《借人文奥运之势，提升宣武区公众人文素质的调研》，为政协宣武区委员会主持，北京市科学研究中心、区研究室、区文明办、区街道办、区科委等单位和部门共同参与的重点课题。调研中，研究分析了人文奥运和公众人文素质的概念及相互关系、人文素质提高对宣武区经济发展的作用，确定了公众人文素质评价体系，全面调查分析了宣武区公众人文素质的现状，提出了提升宣武区公众人文素质的工作重点和措施建议。该调研以区政协建议案的形式提请区委、区政府研究参考，在实际工作中得到了转化应用。提升公众人文素质的建议已经列入区“十一五”规划，部分内容在宣武区公民道德建设、奥运宣传、宣南文化研究等工作中得到应用。

（张　松）

【2004年度调研成果选编】 年内，对2004年调研全区成果进行筛选、编辑，编印了《2004年度调研成果选编》，收录本区领导干部调研报告36篇。

（张　松）

【《宣武调研》出刊工作】 年内，编发《宣武调研》共61期，其中，普刊44期，增刊17期。搜集、整理有关专家学者的最新研究成果、国内外社会、经济等方面的先进经验，知名专家的权威分析、论坛文章等千余篇，经过筛选编发《决策参阅》51期。

（张　松）

【区政府常年顾问工作】 年内，第33次区长办公会决定成立宣武区“政府专家顾问组”，并制定出台了《北京市宣武区人民政府专家顾问组工作细则》。6月至10月，先后聘请了吴良镛、郑孝燮、谢辰生、罗哲文、宣祥鎏、徐苹芳、王世仁、李燕、舒乙、黄国雄、马仲良、李庚、黄序、孙久文、李程伟等知名专家和学者为区政府顾问。区政府组织专家顾问组，对区委关于制定“十一五”规划的建议、区政府2005年半年及年度工作报告、区政府关于制定“十一五”期间国民经济和社会发展规划纲要的报告等开展决策咨询，共提出修改意见和建议30余条；对宣武区“十一五”期间社会经济发展规划纲要进行咨询研讨；召开古都风貌保护与危房改造论证咨询会5次；参加区重点调研课题的研讨12次；撰写书面建议10篇，其中2篇以《决策参阅》的形式供区领导及相关部门决策参考，其他建议则根据不同情况，报区领导或送相关部门处理。

（张　松）

【区政府聘请建议征集人】 年内,制定出台了《关于聘请"宣武区特约人民建议征集人"的实施办法》,明确了聘请"特约人民建议征集人"的原则、条件、办法及活动方式、工作任务等,并对"特约人民建议征集人"队伍进行了调整。6月30日,区政府召开"宣武区政府特约人民建议征集人聘任会",区长武高山向陈立群、黄效东、许子莲、夏沁芳、陈平、孙莘、韩杨、杨冠军、吕民强、隋丽丽、伦永立、朱丽莉、薛凯旋、邢爱义、吴永宁、李军、李渡中、刘文军、腾昭义、孙京伟等20名区政府"特约人民建议征集人"颁发了聘书。区研究室专门组织区情通报会1次,并将区内部分相关文件材料及时提供给建议征集人,还组织参观了先农坛博物馆、传媒大道规划展、大栅栏规划展等,以便了解区情,更好地建言献策。"特约人民建议征集人"对区委关于制定"十一五"规划的建议、区政府2005年半年及年度工作报告、区政府关于制定"十一五"期间国民经济和社会发展规划纲要的报告等共提出修改意见和建议30余条。他们还积极为宣武区的城市建设与管理建言献策,提出了"关于夏季限时或禁开霓虹灯的建议"、"关于加强土地资源利用的建议"、"关于在红莲河畔创办旅游步行街的建议"、"关于将空中各类电网改入地下电缆纳入城市改造规划的建议"等有价值的建议22项,其中11篇以《决策参阅》特约人民建议征集人建议专刊形式,供区领导及相关部门决策参考。其他建议则根据不同情况,报区领导或送相关部门处理。

(张松)

老干部工作

【概况】 中共北京市宣武区委老干部局(简称区老干部局)是负责管理离休干部、处级退休干部和区委、区政府机关离退休人员的区委工作机构。现有干部、工人27人。年内,老干部局认真开展"保持共产党员先进性"教育活动,注重倾听老同志意见,抓好调查研究,认真落实离休干部的政治、生活待遇,老干部工作取得了新成绩。截止到12月31日,全区有老干部1 612人。其中离休干部923名,易地安置离休干部54名,副处级以上退休干部609名。离休干部平均年龄79.1岁。

地址:宣武区双槐里小区23号

电话:83525651

邮政编码:100054

(徐菁华)

【第十八次老干部座谈会】 1月19日区委、区政府在广安会议中心召开第十八次老干部座谈会。区四套班子主要领导、各单位老干部工作主管领导、局职老领导、老干部党支部书记代表参加了会议。会议传达了市第十八次老干部座谈会精神,总结了2004年老干部工作,部署了2005年老干部工作任务。

(徐菁华)

【区四套班子主要领导走访慰问老干部】 春节前夕,区四套班子主要领导走访慰问了宣武区部分局职离退休老干部;区委老干部局慰问了109名生活困难的离休干部,总计发放慰问金58 000元。

(徐菁华)

【党员先进性教育活动】 上半年,区委老干部局机关工作人员开展了保持共产党员先进性教育活动。通过下发征求意见表,召开座谈会,广泛征求各单位老干部和老干部工作人员的意见,查找工作中存在的不足。在机关党员中开展了"入百家门知百家情"走访慰问老干部活动,对居住在本区的51名生活不能自理或半自理的离休干部进行了走访;抓制度建设:制发了《管理制度汇编》,发至每位工作人员人手一册。建立了"热情服务,接受监督"窗口,共产党员佩带党徽,接受老同志的监督。明确工作职责,将局领导和各科室的工作职责重新修订,并对外公布,便于开展工作,接受监督。建立了局长接待日制度,配备专门工作人员做好信访工作。建立了党员联系老干部制度,每位工作人员负责联系1-2名老干部,定期走访慰问。老干部党校采取了学习、体检、疗养于一体的集中学习模式,分层次组织了局职老干部读书班、离休干部读书班、处退干部学习班,受到老干部的热烈欢迎。全区近1 200名离休、处退干部参加了老干部党校的学习,其中400名离休干部参加了老干部党校,占能够参加活动的离休干部总数的79%。老干部党支部以社区为阵地开展了丰富多彩的活动:普遍开展了一帮一结对互助活动,全区共有318名处退干部与332名离休干部结成互助对子332对;纷纷成立了老干部绿色志愿者协会,组织动员离退休老干部在社区内从自己做起,从身边小事做起,节水节电,清扫楼道,捡拾白色垃圾,宣传环保知识,投身社区建设。

(徐菁华)

【为老干部办实事】 年内,为老干部办8件实事:1、拨款35万元用于扩大、装修、改造老干部活动场所;2、拨款20万元用于老干部党校办学;3、拨款15万元用于组织处退干部活动;4、拨款10万元用于补助生活困难老干部;5、拨款13.8万元继续为离休干部订阅《北京日报》;6、拨款为47名空巢孤寡离休干部安装999卫星定位呼救仪;7、拨款2.9万元为58名易地安置离休干部发放一次性慰问金500元;8、为33名重病卧床不起的离休干部进行了家庭体检。

【区委区政府机关退休党总支成立】 6月8日,经区直机关工委批准,选举产生了区委区政府机关退休人员党总支第一届委员会委员。

(徐菁华)

【抗战胜利 60 周年纪念活动】 年内,全区各级领导走访慰问了抗战时期参加革命的老干部;举办了纪念抗战胜利 60 周年老干部演唱会,全区 15 个单位 450 名老同志参加;举办了老干部征文和知识问答活动;组织局职老干部和老干部党支部书记赴延安参观学习;区委老干部局专程到山东省济南市看望慰问安置在那里的宣武区抗战时期参加革命的离休干部王继争。

(徐菁华)

【老干部工作责任制检查】 6 月,老干部局领导对各单位落实《老干部工作领导责任制》情况进行了检查,此次检查分为自查和抽查两个阶段,40 个单位进行了自查,并上交了自查报告,区委老干部局对金工公司、椿树街道等单位进行了抽查。10 月 28 日,市老干部局领导到宣武区检查《责任制》落实情况,听取了工作汇报,召开了座谈会。

【老干部时事论坛】 11 月 8 日,近 40 名老同志参加老干部时事论坛。论坛围绕学习、贯彻党的十六届五中全会精神和当前国内外时事政治焦点、热点问题,组织老同志开展讨论交流,达到互相促进,共同提高的目的。

(徐菁华)

【举办第八届老干部金秋游园会】 10 月 10 日,在大观园举办了第九届老干部金秋游园会,全区近 46 个单位近 748 名老干部参加了游园会。

保密工作

【概况】 中共北京市宣武区委保密委员会办公室(简称区委保密办),挂北京市宣武区国家保密局牌子(简称区保密局),是中共北京市宣武区委保密委员会办事机构和区政府负责本区行政区域内保守国家秘密的工作机构,由区委办管理,行政编制 5 人。主要职责是:负责贯彻执行党和国家有关保密工作的方针、政策及北京市有关规定,制定和组织实施宣武区保密工作计划;依法履行行政管理职能,组织和监督保密法律、法规和规章在本区的实施。年内,区保密工作以保持共产党员先进性教育活动为契机,认真学习领会邓小平理论和“三个代表”重要思想,深入贯彻《中共中央关于加强新形势下保密工作的决定》,落实北京市保密工作会议精神,按照“突出重点、有效防范、确保安全、服务发展”的工作目标,健全完善了各级保密组织,加大了法制宣传教育力度,深入基层强化了监督检查,以涉密计算机信息系统保密管理为重点,提高了保密工作含量和防范能力。

地址:宣武区广安门南街 68 号

电话:83976191

邮政编码:100054

(吴松令)

【国家秘密载体定点年检】 4 月,根据国家保密局《关于印刷、复印等行业复制国家秘密载体暂行管理办法》、《重新审批、确定国家秘密载体定点复制单位的通知》和市国家保密局的年检通知要求,重点抽查了兆通、印钞厂 2 个单位,并按照有关规定,重点审核了辖区内 5 家定点企业。

(吴松令)

【保密委员会会议】 4 月 14 日召开。传达了市委保密委员会 2005 年工作重点,通报了 2004 年北京地区泄密情况,总结了 2004 年保密工作,部署了 2005 年区委保密委员会工作要点。区委保密委员会主任杨素荣讲话强调:领导干部要从讲政治的高度重视保密工作,把保密工作列入议事日程,像抓业务那样抓好保密工作。区委保密委副主任赵金花主持会议。

(吴松令)

【保密法宣传教育验收】 4 月,根据《北京市“四五”保密法制宣传教育总结验收工作的意见》,制定并下发了《宣武区“四五”期间保密法制宣传教育总结验收工作的意见的通知》,对“四五”保密法制宣传教育总结验收工作进行了部署。在各单位进行自查、上报总结报告的基础上,抽查了部分单位。验收情况表明,全区广大干部群众的保密意识有了新的提高,确保了国家秘密的安全。

(吴松令)

【辖区内互联网站检查】 4 月 15 日至 5 月 15 日,根据中共北京市委保密委员会办公室、北京市国家保密局《关于对传播国家秘密信息的互联网站开展检查整顿的通知》要求,对宣武区范围内 155 家互联网站开展检查整顿。确定了 84 家政府网站为重点检查单位、71 家企业网站为一般检查单位;涉及政治、经济、军事、外交、国家安全等方面内容的栏目作为检查的重点内容。通过检查,掌握了区域互联网站的数量和信息发布情况。

(吴松令)

【加强纸质国家秘密载体管理】 6 月 1 日至 7 月 15 日,对 95 个机关单位涉密文件、刊物的保密管理情况开展了专项检查。为确保检查效果,制定了详细的检查工作流程,对涉密文件、刊物管理过程划分出 4 个工作环节、15 个具体项目,包括收发环节(拆封、编号、登记、传阅、签收、注销),保存环节(清点核对、场所)和销毁环节(清点、登记、监销),针对这些环节和项目,逐一提出检查标准和程序。检查结果表明,绝大多数单位国家秘密载体管理情况较好。

(吴松令)

【党政机关保密工作大检查】 7月中旬,在全区开展了保密工作大检查工作。成立以杨素荣为组长的保密工作检查领导小组,下发了《中共北京市宣武区委保密委员会关于开展一次保密工作大检查的通知》,对检查的内容、方法、步骤和时间等做出部署。检查过程中重点突出了国家秘密载体的保密管理情况和涉密计算机使用情况。各单位结合实际,对照5个方面、22项具体检查项目开展了自查。各单位针对检查中发现的问题采取措施,立即整改。83个单位上报了自查报告。

(吴松令)

【干部保密教育】 年内,在党校举办的5期干部培训班(处级领导干部班3期、科级干部培训班1期、公务员初任班1期)播放了《筑牢保密防线》教育片,180名学员参加;组织新上岗保密干部培训,来自基层单位的50名专兼职保密干部通过考试获得市保密局、市人事局的保密干部上岗证书。

(吴松令)

【国家级考试考务保密工作】 年内,区保密局依照《国家教育部、中宣部、公安部、保密局关于国家教育考试安全保密规定》,配合区教委及考试中心做好高考等5次统一考试期间的试卷安全保密工作。区考试中心的经验在中保委、国家保密局出版的《保密工作》2005年第7期和北京市保密局《北京保密工作》专刊上刊登。

(吴松令)

【涉密计算机网络检查】 年内,对检察院计算机网络实行不定期的检查。主要查看是否严格落实涉密计算机及涉密网络保密管理规定,技术防范措施是否达标,涉密载体的管理是否规范,是否存在漏洞并监督及时更新。采取每周定期搜索和查看的方式,对区政府内网20多个网页进行浏览,通过对区属各单位的上网信息检查,看各单位是否做到了涉密信息不上网,上网信息不涉密。

(吴松令)

直属机关工委工作

【概况】 中共北京市宣武区委直属机关工作委员会(简称)是负责区直属机关系统党的建设的工作部门,区委派出机构。区直属机关工委在区委领导和区政府党组指导下,履行"协助、监督"职能,行政编制8人。年内,机关工委坚持以邓小平理论和"三个代表"重要思想为指导,深入贯彻党的十六大和十六届三中、四中、五中全会精神,紧紧围绕全区改革、发展、稳定大局,以加强党的先进性建设和执政能力建设为主线,认真开展了保持共产党员先进性教育活动,并以此为契机,加强机关党的组织建设,带领广大党员积极参加"立足岗位争当时代先锋,服务群众建设和谐宣武"主题实践活动,调动了党员、干部的工作热情和创造精神;加强了机关党风廉政建设;大力开展文明机关(单位)创建活动,制定了全系统机关公务员职业礼仪规范,推动机关精神文明建设深入开展。

地址:宣武区广安门南街68号
电话:83976187　83976184
邮编:100054

(姚春键)

【机关工委组织状况】 年内,区直机关工委下属59个处级单位中设有6个党委、7个党总支、46个直属党支部,基层党支部204个;共有党员4 821人,其中在职党员1 825人,离退休党员760人,流动党员2 236人;全年共发展新党员59名,批准预备党员转正51名,系统内共有16个基层党组织按规定完成了换届改选工作,成立了区委区政府机关离退休人员党总支和劳动局职业介绍服务中心党委。

(姚春键)

【党员先进性教育】 年内,工委系统所属59家单位的基层党组织、4 000多名党员分两批参加了以实践"三个代表"重要思想为主要内容的保持共产党员先进性教育活动。机关工委编写下发了《保持共产党员先进性教育百题问答》,为基层党组织在教育活动中抓住重点、推动活动深入开展起到了重要的指导作用。对参加第一批先进性教育的2 000多名科级(含科级)以下在职党员进行集中培训,在宣武机关党建网站开通先进性教育专栏,编写先进性教育专刊,加强教育活动的指导和宣传。开展区级机关作风状况问卷调查,向机关、街道、中央市区属企业等单位发出问卷近千份,对区级机关在办事效率、职能转变、作风建设等方面的情况以及推行"全程服务代理制"、"一次性告之"、"首问责任制"的情况广泛征求意见,撰写了《宣武区区级机关作风状况调查报告》,为机关党组织在先进性教育活动中实事求是、客观公正地查摆问题,扎扎实实地抓好整改,提供了必要的参考。开展"立足岗位争当时代先锋,服务群众建设和谐宣武"主题教育实践活动,在全系统党员和群众中开展了"我心中的共产党员先进性形象"征文活动,组织"共产党员献爱心"捐助活动,增强了广大党员的先进性意识,调动了参与教育活动的自觉性和主动性。坚持整改结合,积极探索建立长效机制。对发展党员材料预审、党组织换届选举、纪检案件处理、青年推优入党等项工作进一步规范工作流程,加强规范化管理,提高了工作效率，工委机关干部作风明显转变。

（姚春键）

【新党员座谈会】 为庆祝中国共产党成立84周年，机关工委举办20多名新党员参加的座谈会。新党员围绕入党以来在本职岗位上发挥作用情况、从普通群众到共产党员的转变以及在保持共产党员先进性教育中的体会等进行了座谈。通过座谈，进一步加深了对党的认识，增强了党员意识和党员的荣誉感、责任感和使命感。

（姚春键）

【征文活动】 年内，开展了“我心中的共产党员先进性形象”征文活动，共收到基层党组织交来的征文140余篇。

（姚春键）

【党风廉政教育】 年内，开展了以学习贯彻《建立健全教育、制度、监督并重的惩治和预防腐败体系实施纲要》、《三个代表重要思想反腐倡廉理论学习纲要》为主要内容的宣传教育。组织党员参加了两个纲要的知识答题活动。配合先进性教育活动，请各单位主要领导为党员干部讲专题党课，组织参观北京市廉政建设图片成果展；观看汪洋湖、任长霞等模范共产党员专题片和王怀忠、毕玉玺等反面典型警示教育片；参加了区纪委举办的“为民、务实、清廉”主题书画展和优秀廉政短信评选活动，工委系统共选送57件作品参评。

（姚春键）

【受理信访查处违纪】 年内，机关纪工委共受理来信来访4件，办结4件，协助办理开除党籍手续1人。按照事实清楚，证据确凿，定性准确，处理恰当，手续完备的原则，机关纪工委对群众反映的每个问题进行了认真负责、实事求是的处理。

（姚春键）

【精神文明建设】 年内，区直属机关工委在系统内继续进行文明机关（单位）创建工作，健全了精神文明建设领导小组，修订考评标准；开展文明机关、文明单位抽查活动；开展“强素质、解三难、树形象”职业道德主题实践活动，提出“五个一”、“五个要”要求，制定全系统机关公务员职业礼仪规范；进行文明机关、文明单位的总结评比。通过申报单位自评、各单位互评、领导小组抽查、征求廉政监督员意见等程序，评选出区地税局、财政局、审计局3家首都文明单位标兵，工商局、国税局等9家首都文明单位，人大、区委办、纪检委等18家宣武区文明机关，药监局1家区级文明单位。

（姚春键）

【工会工作】 年内，机关工会开展了喜闻乐见的群众性文体活动，与区体育局联合举办宣武区第八届机关干部职工运动会，承办跳绳、保龄球比赛项目；举办“庆‘三八’提高生命质量、提高生活质量”健康知识讲座，邀请高招办老师为机关干部子女进行高考志愿辅导，做好职工安康互助保险及女职工四病保险的入保及出险赔付工作。机关工会被市总工会评为北京市“模范职工之家”。

（姚春键）

【共青团工作】 年内，机关团工委开展了增强共青团员意识主题教育活动，增强了机关共青团组织的创造力、凝聚力和战斗力。2005年机关团工委被评为宣武区“五四”红旗团委，全国“五四”红旗团委创建单位。

（姚春键）

党校工作

【概况】 中国共产党北京市宣武区委员会党校（简称党校）、宣武区行政学院，是中共宣武区委直接领导下的培养领导干部的学校，大专体制。主要承担对全区党员领导干部进行系统的马克思主义基本理论教育和管理教育培训。包括处级领导干部进修班、中青年领导干部培训班、科级及科级以下公务员初任培训班等主体班次。党校作为市委党校成人教育学院宣武分院，开设了经济管理、行政管理、工商、法律、计算机等大学本科及专科班，增设了同中央党校合办的经济管理本科班。党校内设办公室、研究室、教务处、学历教育部、图书信息室、新趋势培训中心、总务处、理论教研室、计算机教研室共9个科室（研究室新增设），在册职工54人，其中，副教授5人（另有兼职副教授2人），专职讲师8人。年内，党校在职45名、离退休19名党员按照区委的统一部署，参加了宣武区第一批党员先进性教育活动，开展了“倡校风、树形象、服务宣武”主题教育活动。提高了党员的思想政治素质，党组织的战斗力得到了进一步增强。党校制定了20条整改措施，进行了任务分解，实行责任制，落实整改目标任务，促进了教学和其他工作。以党员先进性教育为契机，探索主体班教学改革。确立“一个中心、两个重点、四个方面”的教学新格局，以邓小平理论和“三个代表”重要思想为教学中心，以提高党员干部的执政能力和党性修养为重点，进一步充实“理论基础、世界眼光、战略思维、党性修养”四个方面的教学内容。对课程设置、教学内容、授课方式等方面进行了调整和改进。全年共举办第一批先进性教育活动处级干部轮训班二期，共312人；处级干部进修班三期124人；公务员能力建设培训班二期75人；公务员科级任职培训班二期63人；公务员骨干培训班一期48人；公务员初任班一期30人；积极分子培训班二期399人；军转干部培训班一期50人；妇女干部培训班一期25人；处级后备干部创新思维培训班二期 110 人,总计培训班次 17 个,共培训学员 1 236 人。在学历教育培训中,共招新生 831 人。区党校被评为北京市委党校系统招生工作十佳单位。

(杨淑卿)

【教学综合楼奠基仪式】 12 月 6 日,在宣武党校原址(南菜园 49 号)举行宣武党校教学楼开工仪式奠基典礼。区委、区政府、区人大、区政协四套班子主要领导、市委党校领导及党校职工和施工单位近 70 多人参加了奠基仪式。教学楼设计为地上九层、地下二层,地上由教学区、学员学习区、办公区和后勤服务区四部分构成;地下为车库和附属设施,总建筑面积 10 875 平方米,冬季取暖和夏季空调采用利用地热能的环保技术,整个工程工期为 14 个月,预计 2007 年 1 月竣工。

(杨淑卿)

【十城区党校干部培训工作座谈会】 12 月 8 日,北京市十城区党校干部培训工作座谈会在大观园酒店举行。会议由宣武党校常务副校长赵玉山主持,宣武区委副书记兼党校校长杨素荣在会上致辞,市委党校副校长王江渝做了重要讲话。会上,各党校就教学改革、教师队伍建设及硬件设施建设、建立全新的干部教育培训理念等方面进行了深入的探讨和交流。宣武区委领导和市委党校领导及十城区党校校长共 33 人参加了会议。

(杨淑卿)

【青年骨干公务员培训】 年内,根据宣人发【2005】26 号文件要求,区人事局和区行政学院联合组织了第一期青年骨干公务员培训班,参加学习培训的共 46 人,全部来自八个街道办事处。培训内容集中在政治理论和思维方式等方面,通过专家讲课、教师辅导、学习研讨等形式,进一步提高青年骨干公务员的政治素质和工作技能。

(杨淑卿)

【第三轮双聘工作】 年内,进行了第三轮双聘工作。本着精简、高效、有利于党校未来的发展的原则,学校成立了临时工作机构(改革办公室),负责双聘日常工作。处室由原来的 10 个调整为 9 个(撤消了财务处、将财务处合并到总务处、政治教研室和管理教研室合并为理论教研室、新增设了研究室)。按照公开、平等、竞争、择优和先中层、后一般工作人员的原则,对全员实行了聘任制,聘期二年。教师(副教授)实行了评聘分开制度。通过竞争上岗、双向选择,层层签定了聘任书,党校实现了由身份管理向岗位管理的转变。

(杨淑卿)

【2005 级新学员开学典礼】 8 月 31 日,市委党校宣武分院 2005 年新学员开学典礼在市总工会职工大学礼堂举行,市成教院领导和宣武分院 2005 年新学员参加了开学典礼。主管学历教育的副校长主持了会议。成教院院长介绍了市委党校成教院的办学情况。

(杨淑卿)

【外聘教师表彰会】 9 月 9 日,党校召开了"优秀外聘教师表彰会",从 40 多名外聘教师中评选出 9 名优秀教师进行表彰。向他们颁发了"优秀外聘教师"证书。这是党校加大了开放办学力度,注重利用社会力量,借助"外脑"以提高教学质量和教学水平的新的尝试。

(杨淑卿)

【教师和班主任培训】 年内,校委组织了全体教师和学历班专、兼职班主任,利用寒、暑假,举办了为期各两天的业务培训。培训内容有:中组部培训中心的同志讲《现代培训理念与方法选择》专题讲座、区委组织部领导做关于宣武区干部培训的思路的报告、组织学历班班主任学习市委党校成教院《班级管理制度》等。

(杨淑卿)

党史资料征集工作

【概况】 中共北京市宣武区委党史资料征集办公室(简称党史办)成立于 1987 年,是宣武区委主管党史工作的职能部门。主要职责是:贯彻执行中央、市、区委关于党史工作的指示精神,规划、组织、协调、指导全区的党史工作;征集、整理、编纂全区的党史资料;研究、编写全区各类党史科研成果;配合有关部门对全区党员、干部、群众进行党史和革命史教育;承担上级部门下达的党史征研任务;完成区委组织史资料的编写任务及区委交办的其他任务。年内,区委党史办根据中央和市委的有关精神,按照《宣武区 2001 ~ 2005 年党史工作规划》要求,以社会主义时期为重点,深入进行党史资料的征集、整理、编纂、研究;全区党史工作在原有基础上继续向前迈进,取得了新的进展。一是继续进行《宣武区社会主义建设史》的编写工作;二是完成编辑刊行了《宣武党史》第十期;三是举办了《纪念世界反法西斯战争和中国人民抗日战争胜利 60 周年》展览;四是进行了《北京革命史百科全书》在全市的立项工作,并承担了该书的编辑任务。全年编辑完成各类成果及文字资料近百万字。2005 年在北京市第五届党史研究成果评选中,宣武区委党史办编辑的《北京宣武百科全书》、画册《华采宣武》分别获得特别奖和一等奖,2 人获得北京市党史工作先进个人。

地址:广安门南街 68 号

电话:83976174

邮编:100054

(李春暖)

【编辑《时代先锋》】 2月,为使党史工作更好地为党的中心工作服务,宣武区委党史办在全区保持共产党员先进性教育活动开始之际,主动向区委建议并编辑了先进性教育活动辅助读本——《时代先锋》的编辑任务。《时代先锋》共20万字,设有"方向篇"、"英烈篇"和"榜样篇"三个部分:"方向篇"编入了毛泽东、邓小平、江泽民、胡锦涛关于共产党员先进性的精辟论述;"英烈篇"包括"英烈足迹"和"红色家书"两个部分,分别编入了曾在宣武地区从事革命活动的李大钊、高君宇、邵飘萍等先驱英烈的事迹及29位革命烈士的临终遗言;"榜样篇"则编入了新时期宣武区各条战线上十几位优秀共产党员和优秀党务工作者的先进事迹。区委对党史办紧密配合先进性教育开展党史工作,给予了充分的肯定。该书被列为全区先进性教育活动的主要内容之一,发到全区每个共产党员手中。

（李春暖）

【举办《纪念世界反法西斯战争和中国人民抗日战争胜利60周年》图片展】 8月,中国人民抗日战争胜利60周年之际,区委党史办举办了《纪念中国人民抗战胜利暨世界反法西斯战争胜利60周年》图片展。该展览通过130余幅图片资料,生动地反映了中国共产党在这场关系民族存亡的战争中,高举抗日民族统一战线的伟大旗帜,团结、激励和动员全国各族人民和海外中华儿女为打败日本帝国主义侵略、实现中华民族的伟大复兴、促进世界和平与发展发挥的中流砥柱作用。展览除展现抗日战争的全面情况外,还密切结合宣武地区的特点,反映了当时发生在这里的抗战历史,受到广泛欢迎。

（李春暖）

纪检　监察

【概况】 中国共产党北京市宣武区纪律检查委员会(简称区纪委)是中国共产党在北京市宣武区的纪律检查机关,主管全区的纪律检查工作;北京市宣武区监察局(简称监察局)是宣武区政府负责全区行政监察工作的职能部门。1993年5月,区纪委和区监察局合署办公,实行一套工作机构、两个机关名称的体制,在区委、区政府和市纪委、市监察局双重领导下工作。2005年3月,经区机构编制委员会批准,在区纪委机关原有的办公室、宣传教育室、廉洁自律工作室、干部室、行政监察室、信访室、案件检查室和案件审理室的基础上,设立行政投诉中心。2005年6月,经区机构编制委员会批准,将案件审理室和干部室合并为案件审理和干部管理室,同时设立纠正行业不正之风工作室。至此,区纪委共有9个处室。主要负责对区属党组织和党员遵守党的纪律的情况进行监督、检查,对违纪的党组织、党员和干部执行纪律。全区有58个基层单位设立纪委、纪工委、纪检组、监察科,共有专(兼)职纪检干部89人。年内,深入贯彻党的十六届三中、四中、五中全会,中央纪委六次全会和市纪委九次全会的精神,全区各级纪检监察组织坚持以改革统揽反腐倡廉各项工作,认真学习贯彻中央颁布的《关于建立健全教育、制度、监督并重的惩治和预防腐败体系实施纲要》和市委制定的《关于贯彻落实<建立健全教育、制度、监督并重的惩治和预防腐败体系实施纲要>的意见》,坚持教育、制度、监督、惩处并重,扎实推进党风廉政建设和反腐败工作各项任务,全区反腐倡廉工作取得了新成效。

地址:北京市宣武区广安门南街68号

邮编:100054

电话:83976205

（尹世强）

【案件查处工作】 年内,重点查处了发生在领导机关和领导干部中滥用权力、以权谋私的案件;在拆迁整治中严重侵害群众利益的案件;在企业重组改制和破产中国有资产严重流失的案件。全年共立案10件,其中大案要案8件;结案处分8人,其中处级干部4人,科级干部4人。将涉嫌侵吞巨额国有资产的4名区属企业负责人,移送检察机关。通过办案,为国家和集体挽回经济损失780万元。

（尹世强）

【纠正部门和行业不正之风】 年内,印发了《关于2005年治理教育乱收费工作意见》,对19所中学、21所小学和直属单位进行了重点检查,没有发现违规收费行为。推进药品和医药耗材集中招标采购,招标药品种类达3 200种,招标总金额8 645万元,网上招标采购金额1 674万元,累计让利给患者432万元。对区属医院中标药品、价格、一次性医用耗材进行了专项检查。取缔非法行医诊所4家。全年受理群众来信259件,全部在规定期限内办结。区行政投诉中心受理行政投诉19件,对群众反映的行政机关及其工作人员推诿扯皮、工作效率不高、不认真履行职责的问题直接进行查处和纠正。组织党风廉政监督员和特邀监察员，对区政务大厅服务窗口和44个政府部门、416个职能科室人员的工作作风进行了专项检查，对全区13个办事大厅开展了民主评议政风行风活动。

(尹世强)

【行政效能监察工作】 全年共受理各类审批、服务事项22.7万件，办结22.6万件，办结率为99.6%，公众满意率达到99.8%以上。对实施全程办事代理制开展效能监察，向9个单位的超时办理事项和群众不满意事项发出督办单，促其整改。

(尹世强)

【规范全区行政许可权】 年内，共确认现行有效的行政许可事项158项。将专项资金纳入国库集中支付范围。全年政府采购及专项资金直接支付金额达58 091万元。实现了区政府1、2号办公楼各部门会计集中核算。初步尝试和探索财政专项资金绩效评价试点工作，对2个财政专项资金项目的实施方案进行了财政支出绩效检查。加强了对集中采购机构的监督和管理，实现了政府采购管理机构和执行机构的"采管分离"。在政府投资项目中严格执行政府采购，全年共执行政府采购金额8 170万元，通过政府采购节约财政性资金108万元。制定了《宣武区政府投资建设项目代建制管理办法》，并对区委党校教学楼、民兵训练基地、政府3号楼等建设项目实行了"代建制"。

(尹世强)

【党风廉政宣传教育】 年内，全区各级党组织将廉政教育纳入保持共产党员先进性教育活动之中，统一安排，整体推进。组织全区党员干部参观警示教育展览，观看优秀共产党员事迹和警示教育电教片，广泛开展以《立党为公、勤廉为民，永葆共产党员先进性》为主题的党课教育。全区各街道、各系统，以及学校、医院、企业、社区等基层单位，通过开展创编廉政歌曲、廉政短信，组织廉政文化专场演出和廉政书画作品征集等多种形式，将廉政文化建设与职业道德建设、青少年思想道德建设、企业文化建设、社区精神文明建设和家庭美德建设紧密结合，积极探索廉政文化进机关、进学校、进企业、进社区、进家庭的有效途径和载体，收到了较好的教育效果。

(尹世强)

【健全党风廉政建设责任制】 年内，坚持各级党政领导干部"一岗双责"。各牵头单位和协办单位按照年初任务分解要求狠抓落实，工作取得切实成效。认真执行《区纪委常委、室主任协助区级领导抓党风廉政建设和反腐败工作联系制度》，15位区级领导分别带队，由党风廉政监督员、民主党派负责人、责任制领导小组办公室成员和纪检监察干部等70余人组成15个检查组，对33个单位贯彻落实责任制情况进行了重点检查。

(尹世强)

【区纪委四次全会召开】 3月2日，区纪委四次全会暨全区党风廉政建设工作会议召开。会议审议通过了区委副书记、纪委书记韩恩慈所做的工作报告，并对2005年党风廉政建设和反腐败工作进行了部署。区四套班子主要领导，区委、区政府各部、委、办、局党政正职，区纪委委员，各纪委、纪工委书记、纪检组长，监察科长及部分区属企业党政领导参加了会议。

(尹　静)

【行政投诉中心成立】 3月，宣武区行政投诉中心成立。截止到12月，共受理行政投诉19件，对群众反映的行政机关及其工作人员推诿扯皮、工作效率不高、不认真履行职责的问题直接进行查处和纠正。

(尹　静)

【举办廉政文化专场演出】 11月3日，宣武区廉政文化专场演出在北京市工人俱乐部举行。市纪委副书记王海平、市纪委常委刘经宇、中国纪检监察报副总编单威以及区四套班子主要领导出席并观看了演出。

(尹　静)

【市检查组检查党风廉政建设责任制情况】 12月6日，市委常委、市委组织部部长赵家骐同志带领市党风廉政建设责任制检查组到宣武区检查贯彻落实党风廉政建设责任制情况。市纪委常委周玉珍、市农村纪工委书记高华、市委巡视组组长李树发、副组长黄杨陪同检查。

(尹　静)

民主党派

民革宣武区工作委员会

【概况】 中国国民党革命委员会北京市委员会宣武区工作委员会(简称民革区工委)是民革北京市委的派出机构。年内,民革区工委有6个支部,党员181人。党员中,有第十届全国政协委员1人;第十三届区人大代表2人;第十一届区政协委员10人(其中常委2人);特邀监察员、监督员8人。
地址:宣武区育新街2号
电话:63565569
邮编:100054

(王　锦)

【参政议政】 年内,区工委负责人参加区委、区政府、区政协、区纪委和统战部召开的协商会、议政会、征求意见座谈会、通报会议共19次。在区政协十一届二次会议上,区工委提出了《关于继续推进健康教育、健康促进工作的建议》、《关于马连道地区经济发展的建议》的党派提案,另有委员提案14件。《关于马连道地区经济发展的建议》获区政协2005年度党派团体优秀提案奖;《城管部门应加大对琉璃厂各类游商的清理整治》获区政协2005年度政协委员优秀提案奖。区工委《宣武区图书馆发挥职能作用情况的调研》和《加强基础教育的特色优势,促进两岸青少年友好交流》2篇调研报告分获区2005年度党派团体调研报告一等奖和二等奖。向民革市委、区政协、区委统战部报送社情民意132条,被区委统战部采用43条,获2005年度党派团体信息工作二等奖;被市政协采用4条,被区政协采用14条,其中3条得到区领导批示。

(王　锦)

【促进统一工作】 3月,组织党员学习了《反分裂国家法》;7月,组织区工委委员、各支部委员和中青年骨干听取了国台办副主任孙亚夫的《台海局势报告》、国际关系学院黄嘉树的《台湾问题报告》及民革中央联络部部长郑建邦的《当前的台海局势与民革的祖统工作》;10月,邀请原市政协副秘书长张一纯与民革党员就台湾问题进行互动式交流座谈;10月24日,区工委接待了16位到大陆访问的原国民党青年军去台老兵。

(王　锦)

【学习交流活动】 年内,区工委组织区工委领导班子和广大党员利用集中学习、参观座谈等方式学习《中共中央关于进一步加强中国共产党领导的多党合作和政治协商制度建设的意见》、中共北京市委和宣武区委的贯彻实施意见。区工委主任和委员带头撰写了心得体会。7月29日,区工委举办学习中央5号文件暑期学习班,区工委委员、各支部委员和中青年骨干参加。

(王　锦)

【换届改选工作】 9月,完成了6个支部的换届改选工作,选举产生了29名支委,平均年龄51.4岁;具有大专以上学历的有23名,占79%;具有渊源关系、三胞关系的有14人,占48%。11月11日,经民革北京市委第十二届委员会第十四次常委会审议决定,增补李蓉为区工委副主任,滕昭义为区工委委员。

(王　锦)

【社会服务活动】 年内,举办了民主党派电子网络学习班活动,该活动被统战部评为2005年度党派团体有意义有影响的社会服务活动。区工委被民革北京市委评为社会服务先进集体,2名党员被评为社会服务先进个人。

(王　锦)

民盟宣武区工作委员会

【概况】 中国民主同盟北京市委员会宣武区工作委员会(简称民盟区工委)是民盟北京市委的派出机构。年内,民盟区工委有支部20个,盟员329人。盟员中,有第十二届市人大代表1人;第十届市政协委员1人;第十三届区人大代表4人;第十一届区政协委员14人(其中副主席1人、常委2人);特邀监察员、监督员、陪审员6人。
地址:宣武区育新街2号
电话:63565571
邮编:100054

(沙惠敏)

【参政议政成果】 年内,区工委负责人参加区委、区政府、区政协、区纪委和统战部召开的协商会、议政会、征求意见座谈会、通报会共19次。在区政协十一届二次会议上,区工委提交党派提案6件,委员提案19件,其中区工委提案《抢抓机遇,乘势而上,实现职教新跨越》和委员提案《关于加快解决北京140中学操场问题的建议》分获区政协2005年度优秀提案奖。年内,区工委完成5篇调研报告,其中《抓住奥运机遇,大力发展奥运经济,进一步促进宣武文商旅全面发展》和《关于对宣武区中小企业贷款难的调研》获区党派团体2005年度调研报告一等奖,《高中生生活状态调查》、《整合区域卫生资源,提高宣武区社区卫生服务整体水平》和《以法源寺为龙头,南横街为主干,沿途会馆为依托,打造宣南新的经济增长点的调查报告》获二等奖。组织盟员积极参与区委统战部举办的为宣武区“十一五”规划献良策活动,共提出85条建议,区工委获优秀组织奖,6人获优秀建议奖。积极向盟市委、区政协、区委统战部反映社情民意信息,被市政协采用2件、区政协采用13件、统战部采用64件,被评为区党派团体2005年度信息工作一等奖。

(沙惠敏)

【坚持政治学习】 年内,区工委领导班子坚持政治学习制度,在每次工委会上都有一位委员做学习的专题发言。5月13日,区工委组织工委委员、支部负责人、骨干等50人参加区委统战部组织的学习中共中央5号文件报告会。7月10日至12日,区工委委员、支部负责人等12人参加了盟市委举办的中共中央5号文件学习班。7月21日,区工委委员、支部负责人等25人参加了区委统战部举办的民主党派暑期学习班。7月27至28日,区工委举办暑期学习班,学习中共中央5号文件和中共北京市委9号文件,请民盟市委常务副主委朱尔澄作学习辅导报告,区工委委员、支部负责人、骨干等60余人参加。会后,区工委出版了《宣武盟讯》暑期学习班专刊,集中报道学习情况,发至全体盟员学习。

(沙惠敏)

【活跃组织生活】 年内,在南宫地热温泉水世界举办了女盟员联谊会。重阳节组织了47名老盟员参加的登香山健身活动。坚持为当月过生日的70岁以上的老盟员寄送生日贺卡90余张。各支部利用多种形式学习中共中央5号文件精神,开展了丰富多彩的活动。区工委被民盟中央评为基层组织建设先进单位。

【加强组织建设】 年内,区工委将原有的18个支部调整为20个,圆满完成了支部换届工作,发展新盟员28人。区工委评出2005年度6个先进支部、27名优秀基层干部、14名优秀信息员、12名优秀调研员和26名先进盟员,并进行了表彰。

(沙惠敏)

【参与社会服务】 5月27日,区工委举行“温暖童心－关爱残疾儿童”慰问捐助活动,向来自全区8个街道的50名残疾儿童代表捐助了学习用具和每人300元的助学金,并为残疾儿童演出了精彩的文艺节目。9月15日,区工委与盟市委联合组织了慰问宣武交通支队书画联谊会,民盟市委、区工委领导致辞向交警表示亲切慰问,并赠送了中秋节慰问品和民盟书画家的20件书画作品。两次活动均被评为区2005年度党派团体有意义有影响的社会服务活动,首都之窗新闻网和BTV－9还分别活动进行了报道。10月11日,区工委选派3名医务界盟员参加了区委统战部举办的重阳节为老年人义诊活动。年内,区工委坚持与椿树街道开展“结对子”活动,参加了椿树街道开展的文明礼仪进社区和宣东社区民族联谊会活动。

(沙惠敏)

民建宣武区工作委员会

【概况】 中国民主建国会北京市委员会宣武区工作委员会(简称民建区工委)是民建北京市委的派出机构。年内,民建区工委有支部15个、小组1个,会员478人。会员中,有第十三届区人大代表2人(其中常委1人);第十一届区政协委员15人(其中常委3人);特邀监察员、监督员8人。

地址:宣武区育新街2号

电话:83540299

邮编:100054

(白丽媛)

【参政议政情况】 年内,区工委负责人参加区委、区政府、区政协、区纪委和统战部召开的协商会、议政会、征求意见座谈会、通报会19次。在区政协十一届二次会议上,区工委提出党派提案2件、委员提案8件,其中区工委提案《关于宣武区现代服务业发展的建议》和委员提案《关于促进宣武区第三产业经济发展的建议》、《对制定宣武区“十一五”发展规划的几点建议》和《建议宣武区的政府网站重视“在线咨询”功能》分别被区政协评为2005年度党派团体优秀提案和政协委员优秀提案。完成调研报告3篇,其中《社区物业的发展趋势、存在问题和解决思路》获区2005年度党派团体调研一等奖,《按照首都区县功能定位,构建现代化服务型宣武》和《关于对中小企业实行贷款担保,促进非公经济发展情况的调研》获二等奖。向民建市委、区政协、区委统战部等反映社情民意和信息120余条,被区委统战部采用105条,被评为2005年度党派团体信息工作特等奖;被市政协采用3条、区政协采用25条,其中领导批示3条。组织会员为宣武区“十一五”规划献良策80条,被统战部评为优秀组织奖。

(白丽媛)

【老龄工委成立】 年内,区工委成立了老龄工作委员会,与原有的经济、信息、妇女和文化工作委员会一起,为民建会员参与党派政治生活构筑了新的舞台,为众多热心民建工作又富有才华的普通会员脱颖而出提供了机会,也为工委发掘和培养后备力量创造了条件,同时对于年老行动不便的会员给予了关心照顾。

(白丽媛)

【组织活动情况】 年内,区工委领导班子成员积极参加民建市委、区委统战部组织的学习班、座谈会等学习活动;区工委召开了学习中共中央5号文件暨参政议政研讨会；在中共十六届五中全会召开后，组织工委委员、支部主任及部分骨干会员学习贯彻会议精神，为编制宣武区“十一五”规划建言献策；组织会员参观陈云同志诞辰100周年展览、纪念抗日战争胜利60周年展览；召开了纪念民建宣武区工委恢复工作25周年座谈会。

（白丽媛）

【社会服务工作】 年内，区工委坚持与大栅栏街道开展“结对子”活动，“八一”建军节前夕，区工委和工委妇委会的同志到大栅栏街道开展拥军优属活动，被评为2005年度党派团体有意义有影响的社会服务活动。区工委妇委会组织女会员到长椿寺参观了宣南文化展，选派2名医务界会员，参加了区委统战部组织的重阳节敬老义诊服务活动。

（白丽媛）

民进宣武区工作委员会

【概况】 中国民主促进会北京市委员会宣武区工作委员会（简称民进区工委）是民进市委的派出机构。年内，民进区工委有支部12个，会员222人。会员中，有第十二届市人大代表1人；第十三届区人大代表3人（其中常委1人）；第十一届区政协委员12人（其中副主席1人、常委1人）；特邀监察员、监督员、陪审员5人。

地址：宣武区育新街2号

电话：63565563

邮编：100054

（苍玉清）

【参政议政工作】 年内，区工委负责人参加区委、区政府、区政协、区纪委和统战部召开的协商会、议政会、征求意见座谈会、通报会19次。市、区人大代表在市人大提出建议6件、在区人大提出建议4件；在区政协十一届二次会议上，区工委提交党派提案2件，委员提案20件，其中区工委提案《关于提升宣武区继续教育质量，进一步优化教师队伍的建议》和委员提案《关于拆迁问题的几点建议》被区政协评为2005年度优秀提案奖。区工委《关于宣武区社区教育持续发展的调研报告》和《宣武区中小学教师队伍现状与青年教师发展需求的的调研报告》分别被评为2005年度宣武区党派团体调研报告一等奖和二等奖。组织会员围绕市、区的发展建设等方面进言献策，上交民进市委建议75件，其中4件被民进市委评为优秀建议。上报的社情民意信息被市政协采用6条，区政协采用2条，区委统战部采用29条。

（苍玉清）

【加强自身建设】 年内，区工委组织会员认真学习中央5号文件。7月21日，组织工委委员、各支部主任、骨干会员、信息员参加区委统战部举办的暑期学习班；8月13日至14日，区工委举办了学习中央5号文件暑期学习班，请区委统战部部长王玉兰从中央5号文件的重大现实意义和深远历史意义、理论上的创新、如何学习贯彻等方面作了辅导报告。8月，在第二季度以支部为单位学习中央5号文件的基础上，召开工委扩大会，请各支部主任汇报并交流学习心得；同时，各支部分别开展了学习中央5号文件的特色支部活动，中教联支部组织支部会员并邀请中共基层党组织负责人共同学习、畅谈体会，被民进市委评为特色支部活动。区工委还组织工委委员、各支部主任、骨干会员围绕民主党派基层组织的职责和工作任务等组织建设中问题进行讨论，并提出相应的措施。年内，2个支部被民进市委评为先进支部。

（苍玉清）

【开展社会服务】 年内，区工委组织会员为北京贫困儿童捐款，共捐助5 600元，获民进市委颁发的“爱满民进”捐助活动组织奖。在民进市委组织的“纪念中国人民抗日战争暨世界反法西斯战争胜利60周年革命歌曲大家唱”活动中，区工委获组织奖。8月27日，第三联合支部组织了一次书法、绘画进军营的活动，民进会员中的书法和画家义务为武警七支队五中队官兵举办书画知识讲座和书画笔会，受到欢迎和好评，民进市委、区工委的领导参加了活动。此次活动被统战部评为2005年度党派团体有意义有影响的社会服务活动。

（苍玉清）

农工党宣武区工作委员会

【概况】 中国农工民主党北京市委员会宣武区工作委员会（简称农工党区工委）是农工党北京市委的派出机构。年内，区工委有支部10个，党员229人。党员中，有第十二届市人大代表1人；第十三届区人大代表2人；第十一届区政协委员10人（其中副主席1人、常委2人）；特邀监察员、监督员4人。

地址：宣武区育新街2号

电话：63565564

邮编：100054

（王锡玲）

【参政议政情况】 年内，区工委负责人参加区委、区政府、区政协、区纪委和统战部召开的协商会、议政会、征求意见座谈会、通报会19次。在区政协十一届二次会议上，区工委提交党派提案2件，委员提案10件，其中区工委提案《对深化宣武区医疗卫生体制改革的几点建议》和委员提案《关于在社区规范医疗市场行为的几点建议》被区政协评为2005年度优秀提案。区工委的调研报告《关于加强宣武区对慢性非传染性疾病防控管理的建议》获区2005年度党派团体调研报告一等奖。组织党员积极参加统战部开展的为编制宣武区"十一五"规划献良策活动，提出建议23件。向农工党市委、区政协、统战部报送社情民意信息60余件，被市政协采用3件、区政协采用10件、统战部采用39件，报送农工党市委的工作信息全部被《工作简报》和《北京农工》采用。

(王锡玲)

【加强组织建设】 年内，召开12次工委或工委扩大会，学习讨论和研究部署工作。加强和规范基层组织发展工作，制定了发展党员的程序。对党员数据库做到动态管理，随时修改变动数据，使之达到准确、完善。先后组织有关人员参加参政议政交流座谈会、信息员学习班、宣传骨干辅导班、社会服务工作骨干培训。1名区工委副主任被农工党中央评为优秀党务工作者。

(王锡玲)

【委员思想建设】 5月13日，区工委组织工委委员、支部负责人、骨干等参加区委统战部组织的学习中共中央5号文件报告会。7月10日至14日，区工委组织工委委员、支部负责人赴延安学习考察，进行"红色之旅"革命传统教育，先后参观考察了延安中共七大会址、枣园、杨家岭和西安等地，提高了对中国共产党领导的多党合作和政治协商制度的认识。7月21日，区工委委员、支部负责人等参加了区委统战部举办的民主党派暑期学习班。8月26日，区工委举办学习中共中央5号文件培训班，邀请农工党中央焦平生部长作辅导报告，区工委主任刘迎传达了统战部暑期学习班精神，工委委员、基层支部负责人、骨干等50余人参加。组织近百名党员参观了中国人民抗日战争暨世界反法西斯战争胜利60周年展览。区工委向宣武区妇女论坛大会提交了《婚前医学检查与人口素质》的论文并进行了大会发言。

(王锡玲)

【开展社会服务】 3月8日，区工委在大观园举办了庆"三八"献爱心专家义诊活动，9名农工党员中的医务人员为群众义诊、接待咨询200多人次，还发放了常见病预防保健知识等宣传资料。10月11日，选派2名医务人员参加了统战部举办的重阳节为老年人义诊活动。区工委坚持与广外街道开展"结对子"活动，11月4日，与广外街道联合开展了第十七届"国际科学与和平周"送健康进社区定点单位揭牌仪式暨义诊咨询活动，农工党市委、区工委、统战部和广外街道领导参加了揭牌仪式，10余名农工党员中的医务人员为群众义诊、接待咨询200多人次，此次活动和庆"三八"献爱心专家义诊活动被评为区2005年度党派团体有意义有影响的社会服务活动。

(王锡玲)

致公党宣武区工作委员会

【概况】 中国致公党北京市委员会宣武区工作委员会(简称致公党区工委)是致公党北京市委的派出机构。年内，区工委有支部3个，党员75人。党员中，有第十三届区人大代表2人；第十一届区政协委员7人(其中常委1人)；特邀监察员、监督员、人民陪审员5人。

地址：宣武区育新街2号

电话：63565570

邮编：100054

(黄成全)

【参政议政】 年内，区工委负责人参加区委、区政府、区政协、区纪委和统战部召开的协商会、议政会、征求意见座谈会、通报会19次。在区人大十三届二次会议上，提出代表建议1件；在区政协十一届二次会议上，区工委提交党派提案3件，委员提案8件；其中区工委提案《大力加强宣武区青少年身体素质迫在眉睫》和委员提案《培育创意产业，不断丰富文化产业的新内涵》被区政协评为2005年度优秀提案。区工委的《关于宣武区构建社会主义和谐社区的调研报告》荣获区2005年度党派团体调研报告一等奖。积极向致公党市委、区政协、统战部报送社情民意信息，被市政协采用2件、区政协采用11件、统战部采用42件，获统战部系统2005年度党派团体信息工作二等奖。

(黄成全)

【自身建设】 年内，区工委坚持每月一次的党员组织生活会，传达全国、市、区人大、政协"两会"精神，学习中共中央5号文件和有关统一战线理论、致公党党章和党史等。4月23日，区工委和致公党丰台区直属支部联合举办新党员学习班，邀请致公党中央常委邱国义教授讲解致公党党史及参政议政知识，区委统战部部长王玉兰对学习贯彻中共中央5号文件提出了要求。5月13日，区工委组织工委委员、支部负责人、骨干等参加区委统战部组织的学习中共中央5号文件报告会。7月21日，区工委委员、支部负责人等参加了区委统战部举办的民主党派暑期学习班。

(黄成全)

【支部建设】 年内，将原有的2个支部调整为3个支部，其中在职党员组成2个支部、退休党员组成1个支部，较好地调动了在职和退休党员的积极性。第一支部被致公党市委评为先进支部；1 名党员被致公党中央评为先进党员，1 名党员被致公党市委评为优秀党员，1 名党员被致公党市委评为优秀干部。

（黄成全）

【社会服务】　年内，区工委选派党员中的 3 名医务人员参加了统战部组织的重阳节为老年人义诊活动。区工委坚持与陶然亭街道开展"结对子"活动，组织 8 名党员慰问陶然亭敬老院，为老人们进行义诊并送上了慰问品。由区工委负责人参与创办的"设立联大奖助学金社会公益活动"被评为区 2005 年度党派团体有意义有影响的社会服务活动。2 名党员分别担任区侨界人民调解委员会主任和副主任，年内接待侨界人士法律咨询 6 人次。1 名党员赴湖南娄底慰问遭受洪灾的贫困山区灾民捐资 1 万元，赴广西百色地区为希望小学捐资 5 千元。

（黄成全）

【联谊交流】　1 月 25 日，区工委与区侨联、区民宗侨办共同举办区侨界春节联谊会，致公党党员和归侨、侨眷等 270 多人参加。10 月，组织党员赴昌平区参加"金秋农家乐"活动。11 月，为 60 岁以上老党员举办祝寿活动。年内，区工委慰问老领导、老党员 5 人、患病党员 3 人。党员接待来自美国、澳大利亚、印度尼西亚、日本、香港、澳门、台湾等国家和地区的海外侨界人士共计 100 多人次。

（黄成全）

九三学社宣武区工作委员会

【概况】　九三学社北京市委员会宣武区工作委员会（简称九三学社区工委）是九三学社北京市委的派出机构。年内，区工委有支社 5 个，社员 176 人。社员中，有第十三届区人大代表 2 人（其中副主任 1 人）；第十一届区政协委员 7 人（其中常委 2 人）；特邀监察员、监督员 4 人。

地址：宣武区育新街 2 号

电话：63582605

邮编：100054

（张雪芹）

【参政议政】　年内，区工委负责人参加区委、区政府、区政协、区纪委和统战部召开的协商会、议政会、征求意见座谈会、通报会 19 次。在区政协十一届二次会议上，区工委提交党派提案 2 件，委员提案 26 件，其中区工委提案《关于合理利用宣武区卫生资源的建议》和委员提案《争创国家社区卫生服务示范区，政府领导要加大管理力度》被区政协评为 2005 年度优秀提案。区工委的《宣武区律师参与构建基层和谐社会情况调查》和《加快建设，转变观念，尽快使宣武区社区卫生服务工作走上正规》分别获得 2005 年度区党派团体调研报告一、二等奖。向九三学社市委、区政协、区委统战部报送社情民意信息 94 条，被社市委采用 25 条、市政协采用 2 条、区政协采用 12 条、统战部采用 44 条。信息工作被统战部评为年度二等奖。组织社员积极参加统战部开展的为编制宣武区"十一五"规划献良策活动，提出建议 19 条，1 条获优秀奖。

（张雪芹）

【自身建设】　年内，区工委坚持组织区工委委员、支社负责人积极参加社市委、区委统战部和有关部门组织的各种学习班、座谈会、报告会。在区工委会议上，结合纪念抗日战争胜利 60 周年和九三学社建社 60 周年，进一步学习多党合作的历史，坚定了接受中国共产党领导的信念；传达了各民主党派中央关于组织发展工作座谈会纪要精神，认真贯彻执行组织发展工作方针。5 月 13 日，区工委组织工委委员、支社负责人、骨干等参加区委统战部组织的学习中共中央 5 号文件报告会。7 月 9 日，区工委举办暑期学习班，请社市委副主委兼秘书长王琳作了"如何做优秀的社干部"的报告，请统战部部长王玉兰作了学习中共中央 5 号文件的辅导报告，区工委委员、支社负责人等 30 余人参加。7 月 21 日，区工委委员、支部负责人、骨干等参加了区委统战部举办的民主党派暑期学习班。12 月 30 日，区工委召开 2005 年总结表彰大会，总结区工委 2005 年工作，表彰信息工作先进个人。2 名社员在建社 60 周年表彰活动中被九三学社中央评为优秀社员。年内发展新社员 3 人。

（张雪芹）

【社会服务活动】　年内，与天桥街道开展"结对子"活动。5 月 16 日，与天桥街道办事处举办了"有氧代谢运动－吃与动健康社区行"活动暨赠书仪式，向全区各街道社区捐赠了由区工委、区科协、区疾控中心共同编著的《居民健康手册》共计 6 万册。5 月 28 日，区工委 1 名副主任带队率 10 余人赴顺义区特殊儿童村，看望了服刑人员的子女并送上慰问品。7 月 28 日，在区工委主任的带领下，慰问了东经路武警消防支队并送上了书籍和慰问品。社员中的医务工作者还为武警官兵讲解了医疗健康知识。10 月 11 日，选派 2 名社员中的医务工作者参加了统战部组织的重阳节为老年人义诊活动。10 月 30 日，区工委一行 6 人，在区工委主任的带领下，看望了区工委捐助的平谷刘家店中学学生并送上了学习用具和慰问品。年内，区工委和社市委一起看望慰问了九三学社先贤黎锦熙之女、老社员黎泽渝。

（张雪芹）

政权　政治协商

北京市宣武区人民代表大会常务委员会

【概况】 北京市宣武区人民代表大会常务委员会（简称区人大常委会）是北京市宣武区人民代表大会的常设机关，由同级人民代表大会选举产生。依据法律规定，在本行政区域内，区人大常委会有审议决定重大事项、任免区国家机关工作人员和对法律、法规的贯彻实施、对区人民政府、区人民法院、区人民检察院工作及其人员进行监督等项职权。区十三届人大常委会组成人员23人，其中主任1人，副主任5人，委员17人。政法、财经、城建城管、教科文卫4个工作委员会作为工作机构，为人大常委会依法履行职责服务。区人大常委会机关设办公室、代表工作室、政法工作室、财经城建工作室、教科文卫工作室5个办事机构，行政编制25人。年内，区人大常委会按照区十三届人大二次会议决议的要求，坚持科学发展观，紧紧围绕改革、发展、稳定的大局和全区的中心工作，认真履行宪法和法律赋予的各项职权，为推进全区物质文明、政治文明和精神文明的协调发展，构建和谐宣武作出了积极贡献。全年共召开常委会会议9次，视察、检查了23部法律法规的贯彻实施情况，听取和审议了区人民政府、区人民法院、区人民检察院工作报告13项，做出决议、决定8项，并依法任免国家机关工作人员13人。

地址：宣武区广安门南街68号
电话：83976304　63531935
邮编：100054

（李如琳 刘广富 牛鸿涛）

【区十三届人大二次会议】 1月11日至14日举行。会议应出席代表227名，实际出席213名。市人大常委会副主任范远谋、北京市副市长刘敬民以及区委、区政府、区政协和区纪委的领导同志应邀参加了会议。本区选出的市十二届人大代表，出席区政协十一届二次会议的委员，区人民法院、区人民检察院的领导和区委、区政府有关部门的负责同志列席了会议。会议听取和审议了宣武区区长武高山所作的宣武区人民政府工作报告；审查和批准了宣武区2004年国民经济、社会发展计划执行情况的报告和2005年国民经济、社会发展计划；审查和批准了宣武区2004年财政预算执行情况的报告和2005年财政预算；听取和审议了区人大常委会主任王敏荣所作的宣武区人民代表大会常务委员会工作报告；听取和审议了区人民法院院长于建伟所作的宣武区人民法院工作报告；听取和审议了区人民检察院检察长王忠华所作的宣武区人民检察院工作报告；审议通过了关于动员全区各族人民争创全国文明城区的决议。会议期间，共收到代表10人以上联名提出的议案10件。经大会议案审查委员会审查、大会主席团决定，交区人民政府办理，由区人大常委会审议的1件；作为建议、批评和意见交由区政府有关部门研究办理并负责答复代表的9件。此外，会议还收到代表提出的建议、批评和意见173件，由区人大常委会交区政府及其有关部门办理并负责答复代表。

（李如琳 刘广富 牛鸿涛）

【区十三届人大常委会第8次会议】 1月5日召开。区人大常委会主任王敏荣主持。会议听取和审议了在区十三届人大二次会议上作出《关于动员全区各族人民争创全国文明城区决议》的议案，并同意正式列入大会的会议议程，提请区十三届人大二次会议审议。

（李如琳 刘广富 牛鸿涛）

【区十三届人大常委会第9次会议】 2月25日召开。区人大常委会主任王敏荣主持。会议讨论通过了区人大常委会2005年工作安排意见；通报了区十三届人大二次会议情况。

（李如琳 刘广富 牛鸿涛）

【区十三届人大常委会第10次会议】 4月19日召开。区人大常委会主任王敏荣、副主任栗琦共同主持会议。会议听取和审议了区财政局局长张宗禹受区政府委托所作的关于宣武区2004年财政决算的报告;听取和审议了区审计局局长张沪生受区政府委托所作的关于宣武区2004年预算执行和其他财政收支的审计工作报告;讨论通过了关于区人民法院任免人民陪审员的报告及2004届人民陪审员任免名单。

(李如琳 刘广富 牛鸿涛)

【区十三届人大常委会第11次会议】 5月31日召开。区人大常委会主任王敏荣、副主任单彩芝共同主持会议。听取了区人民政府副区长袁双梅受区政府委托所作的关于宣武区食品安全监督管理工作情况的报告;听取了区人民政府副区长王永新受区政府委托所作的关于宣武区教育督导工作情况的报告;通过了曾赞荣辞去宣武区人民政府副区长职务的决定。

(李如琳 刘广富 牛鸿涛)

【区十三届人大常委会第12次会议】 7月19日召开。区人大常委会主任王敏荣、副主任吴甲龙共同主持会议。听取了区人民法院院长于建伟所作的关于区人民法院加强审判监督工作的报告、宣武区发展和改革委员会主任王佐关于区发改委的工作报告和个人的述职报告,并进行了评议。

(李如琳 刘广富 牛鸿涛)

【区十三届人大常委会第13次会议】 8月1日召开。区人大常委会主任王敏荣、副主任申晓岩共同主持会议。会议根据武高山区长的提请,任命税勇为宣武区人民政府副区长。

(李如琳 刘广富 牛鸿涛)

【区十三届人大常委会第14次会议】 9月20日召开。区人大常委会主任王敏荣、副主任栗琦共同主持会议。听取了区司法局局长张洪刚关于宣武区人民调解、法律援助和“四五”普法工作情况的报告和个人的述职报告,并进行了评议;听取了区人大常委会执法检查组关于检查《中华人民共和国安全生产法》和《北京市安全生产条例》实施情况的报告;决定了有关人事任命事项。

(李如琳 刘广富 牛鸿涛)

【区十三届人大常委会第15次会议】 11月15日召开。区人大常委会副主任单彩芝主持会议。会议听取和审议了区财政局局长张宗禹受区政府委托所作的关于2005年1-9月份财政预算执行情况和部分变更2005年财政预算的报告;听取了区人民检察院检察长王忠华所作的关于监所检察工作的报告;听取了区政府关于防控高致病性禽流感工作情况的报告;通过了关于召开宣武区第十三届人民代表大会第三次会议的决定;任命潘君为北京市宣武区人民政府副区长;决定了其它人事任免事项。

(李如琳 刘广富 牛鸿涛)

【区十三届人大常委会第16次会议】 12月13日召开。区人大常委会副主任杨月欣主持会议。会议听取和审议了区人民政府副区长税勇受区政府委托所作的关于2005年建设宣武区文化馆议案办理情况的报告;听取了区人民政府副区长杜灵欣受区政府委托所作的关于宣武区城市管理工作情况的报告;听取和审议了区人大常委会、区政府关于区十三届人大二次会议代表建议办理情况的报告;听取了区人大常委会代表资格审查委员会关于区十三届人大二次会议以来代表资格审查情况的报告;原则通过了区人大常委会2005年工作报告;原则通过了区十三届人大三次会议建议议程和主席团、秘书长、计划和财政预算审查委员会、议案审查委员会建议名单;决定了有关人事任免事项。

(李如琳 刘广富 牛鸿涛)

【区十三届人大常委会主任会议】 年内,共召开10次主任会议,安排了29项议题,提出意见、建议37条。围绕全区的中心工作和人民群众关心的难点、热点问题,先后听取了区政府关于贯彻落实市第五次城市管理工作会议有关准备、关于贯彻区十三届人大二次会议所作的创建文明城区决议、关于煤市街道路改造进展和两侧规划落实、关于我区经济普查、关于解决拖欠建筑企业工程款、关于处理来信来访、关于国有资产监管运营、关于政务大厅运转等工作情况的报告;听取了区人民法院关于任免人民陪审员和区人民检察院开展“强化法律监督职能,树立现代执法观念,维护公民合法权益”以及区人大各街工委自身建设等工作情况的报告。

(李如琳 刘广富 牛鸿涛)

【法律监督】 年内,区人大常委会对23部法律法规的贯彻实施情况进行了检查,先后听取和审议了区政府有关部门关于预算法、审计法、安全生产法、税收征管法、食品安全法、统计法、国有资产管理条例、药品管理法、宗教事务管理条例以及北京市促进私营个体经济发展条例、文物保护法、规划法、大气污染防治法、北京市学生集体用餐管理条例等法律、法规的贯彻实施情况。其中,重点检查了安全生产、食品卫生、食品安全和教育等四个方面的法律、法规的实施情况。此外,常委会还参与完成了全国人大常委会和北京市人大常委会交办的9部法律法规草案的立法征询意见工作。

(李如琳 刘广富 牛鸿涛)

【民主评议】 年内,区人大常委会对区发改委、区司法局进行了工作评议,对发改委主任和司法局局长进行了述职评议。主任会议对区人民法院、区人民检察院各一位副职进行了述职评议。在评议中,通过采取召开"一府两院"处级以上领导干部参加的评议动员大会、常委会评议与人大街工委评议结合、常委会组成人员以无记名投票方式对被评议对象进行书面评议等新的评议形式,进一步增强了评议实效。此外,区人大常委会依法任命国家机关工作人员 10 名,免职 3 名。

（李如琳 刘广富 牛鸿涛）

【代表工作】 年内,区人大常委会及其工作委员会共组织代表参加学习、视察、检查、评议、座谈和走访选民等活动 60 次,约 1 180 人次的代表参加;先后举办了坚持和完善人民代表大会制度、反国家分裂法和贯彻中央 9 号文件精神等的学习辅导讲座;及时通报区人大常委会及"一府两院"的工作情况,并发送《中国人大》、《北京人大》及人民代表报、宣武报等刊物;组织代表建议督办员和提建议的代表对重点建议进行督办检查;推荐了 66 名人大代表担任"一府两院"监督员;坚持并完善了主任接待日、常委会组成人员联系代表、代表列席常委会会议、代表联系选民、代表向选民述职等制度,支持、保证和规范代表依法履行职责和行使权力。

（李如琳 刘广富 牛鸿涛）

【信访工作】 年内,共受理、接待人民群众来信来访 299 件次,其中接待来访 254 次、401 人,处理来信 45 件次。全部来信来访及时批转交有关单位和部门处理。其中,对某台属要求落实政策中的有关事宜、某小区业主与物业管理纠纷等重点信访案件,及时召开协调会议并督促其最终解决,切实维护了人民群众的合法权益,取得了良好的社会效果。

（李如琳 刘广富 牛鸿涛）

【保持共产党员先进性教育活动】 2 月至 6 月,区人大常委会机关按照中央和市、区委的部属和要求,在全体党员中开展了保持共产党员先进性教育活动。区人大常委会党组和机关支部高度重视,成立了领导小组,并紧密结合人大工作实际,积极开展了学习《党章》、机关干部与劳模代表座谈、主要领导讲党课、党员先进性标准大讨论、观看警示教育片、广泛征求意见、谈心和民主评议等活动。通过学习培训、党性分析、整改提高等三个阶段的教育活动,提高了机关党员的思想政治素质,增强了机关党组织的活力,加强了机关的思想建设和作风建设,有力地促进了区人大及其常委会各项工作的开展。

（李如琳 刘广富 牛鸿涛）

【人大工作交流会】 10 月 10 日至 12 日,在中民大厦召开京津沪渝四市八区第 19 次、全国十二城区第 21 次人大工作交流会。会议由宣武区人大常委会主办、西城区人大常委会协办。全国人大常委会副委员长何鲁丽,北京市人大常委会常务副主任范远谋,全国人大常委会代表资格审查委员会办公室主任、办公厅代表联络局巡视员李伯钧和宣武区、西城区的主要领导应邀参加了会议,来自全国共十七个城区人大常委会的 82 名代表出席了会议。区人大常委会主任王敏荣主持会议。区委书记唐大生和区长武高山分别向与会代表致词,并介绍了宣武区的发展概况。会议期间,代表们围绕如何进一步发挥地方人大常委会和人大代表的作用、进一步加强人大常委会的制度建设以及进一步强化监督工作等议题,进行了认真的探讨和交流。

（李如琳 刘广富 牛鸿涛）

北京市宣武区人民政府

概　述

北京市宣武区人民政府(简称区政府)是北京市宣武区人民代表大会的执行机关,是宣武区国家行政机关,对本级人民代表大会及其常务委员会和上一级国家行政机关负责并报告工作。主要职责是:执行本级人民代表大会及其常务委员会的决议、上级国家行政机关的决定和命令,规定行政措施,发布决定和命令;领导所属各工作部门和派出机构的工作;执行国民经济和社会发展计划、预算,管理本行政区域内经济、城市建设管理、教育、文化、卫生、体育等各项事业和行政管理工作等。2005 年是全面落实"十五"计划的最后一年,在市委、市政府和区委领导下,在区人大、区政协的监督和支持下,区政府坚持以邓小平理论和"三个代表"重要思想为指导,围绕"新北京、新奥运"战略构想,从宣武区实际出发,贯彻落实科学发展观,大力实施城市建设带动、结构优化升级、科教文化兴区三大发展战略,解放思想、求真务实,与时俱进、开拓创新,实现了"十五"计划确定的奋斗目标,全区改革开放和现代化建设迈上了新的台阶。

国民经济平稳健康发展。实现地区生产总值 206.4 亿元,按可比口径增长10%,人均地区生产总值超过5 000美元;全年实现财政收入25.2亿元,同比增长2%;投资规模基本稳定,全年完成全社会固定资产投资76.4亿元,同比下降9.8%;消费品市场持续增长,全年实现社会消费品零售额82亿元,同比增长6.3%;居民人均可支配收入达到1 7024元,同比增长16.1%;人均消费性支出13 841元,同比增长20.9%;恩格尔系数为30.2%,比上年下降3.2个百分点;居民人均住房使用面积14.8平方米,同比增加0.3平方米。

产业结构进一步优化。第三产业增加值占地区生产总值的比重达到85%,现代服务业实现增加值占地区生产总值的50%;商贸服务业、文化传媒业等主导产业不断发展壮大,房地产建筑业对经济增长的拉动作用较为明显,电力、金融等重点行业在区域经济中的支柱作用更加突出,2005年辖区百家重点企业对区级财政的贡献超过70%;特色经济持续发展,马连道茶叶街被评为"中国特色商业街",张一元、内联升等老字号企业和新月出租、更香茶叶等一批非公经济品牌企业发展活力进一步增强。

功能区建设稳步推进。国际传媒大道建设步伐加快,北京网通大厦、经济日报社综合业务楼、国际新闻中心、国家新闻出版总署办公楼等项目进展顺利;大栅栏地区整体规划设计方案及煤市街以东地区控制性规划方案获市政府批准,前门月亮湾环境综合整治和煤市街道路拓宽工程正在加快实施;琉璃厂地区一期规划设计方案基本完成,南新华街市政道路建成通车;马连道采购中心区建设初具规模,北京音像大厦、新华书店总店等重点项目投入使用;牛街、天桥特色街区建设取得了较为明显的社会效益和经济效益。

城市管理不断加强。制定实施《宣武区突发公共事件应急总体预案》和防汛、卫生、消防等各专项应急预案,成立区应急委员会,健全完善突发公共安全事件应急体系,提高公共管理能力;危旧房改造稳步推进,全区共拆迁居民5 589户,其中危改区拆迁居民2 442户;"城中村"整治工作有序进行,5片"城中村"共计拆迁居民1 718户,拆迁单位43个;加大环境综合整治力度,完成1.39平方米逾期临建拆除工作,新增绿地面积5.29万平方米,绿化覆盖率达到23.8%;完成18条"便民路"翻修工程,改造电表1.6万户、水表1.8万户,新建改建公厕348座,完成平改坡楼房14栋,主要道路机扫率达到90%;翻修危旧公房2 000间,连续20年做到"少塌房、不死人";认真落实市政府控制大气污染的各项措施,全年空气质量2级和好于2级的天数达到236天,超额完成市政府下达的223天任务指标。

各项社会事业全面发展。未成年人思想道德建设成效明显,宣师一附小创编的"新童谣"得到胡锦涛总书记的批示并在全市推广;成功举办了第五届厂甸庙会、第十届大观园红楼庙会和第四届宣南文化节等群众文化活动,建成区文化馆、天桥市民文化广场和一批基层文化设施;京华印书局修缮工程启动,盐业银行、交通银行2处文物建筑修缮方案已经通过,法源寺修缮工程竣工,建成圣安寺遗址、万善寺遗址、仙露寺遗址、纪念中国电影百年诞生地4个景观标识,加强了以民族民间文化为主要内容的非物质文化遗产保护工作;深入开展全国卫生服务示范区创建活动,不断完善社区卫生服务体系,完成13个社区卫生服务站的改造工程;全民健身活动蓬勃开展,成功举办了第八届全民健身体育节,社区健身中心等体育设施不断完善;积极开展再就业援助活动,新增社区再就业岗位10 831个,安置失业10 027人,城镇登记失业率为1.93%,失业人员就业率为65.86%。

社会和谐稳定发展。民族团结进步事业取得新成绩,牛街地区成为全国民族团结进步的先进典型;贯彻实施《依法行政实施纲要》,在全市率先实行了行政执法责任制和执法过错追究制,切实加强了对行政执法行为的监督;全面清理和精简行政审批事项,进一步规范了行政许可行为;认真做好人民内部矛盾纠纷排查调处工作,妥善化解了一批人民内部矛盾纠纷,多数突出信访问题基本解决,宣武区被评为"北京市信访排查调处工作先进集体";深入开展社会治安综合治理,加强治安重点地区治理整顿,广泛开展平安社区创建活动,严厉打击各种刑事犯罪,提高人民群众安全感,圆满完成了重要节假日、重大活动和敏感期的安全保卫与维稳工作,维护了全区的安全和稳定。

地址:宣武区广安门南街68号
电话:83976004
邮编:100054

(程东炜)

主要工作和重大活动

【贾庆林慰问牛街回族群众】 2月6日下午,中共中央政治局常委、全国政协主席贾庆林来到牛街街道,看望慰问了牛街西里社区回族居民陈敬武一家;到牛街清真超市察看了节日期间市场供应情况,并与超市员工及购物群众互致问候;在考察了中国伊斯兰教协会、中国伊斯兰教经学院和中国佛学院后,贾庆林同志指出:各级党委和政府要做好春节前的走访慰问活动,尽可能帮助少数民族群众和信教群众解决一些实际困难,让他们过一个欢乐祥和的春节。中共中央政治局委员、市委书记刘淇,全国政协副主席、中央统战部部长刘延东,国家民委主任李德洙,国家宗教局局长叶小文、市长王岐山、市民委主任张恕贤及区领导唐大生、武高山等陪同慰问。

（程东炜）

【曾培炎视察厂甸庙会】 中共中央政治局委员、国务院副总理曾培炎2月9日(正月初一)上午视察厂甸庙会。副市长张茅、市旅游局局长于长江和区领导唐大生、武高山、仲兆军等陪同视察。区有关领导汇报了厂甸庙会的发展历史和本届庙会的特色活动。曾培炎同志询问了庙会组织筹备和安全保障情况,在视察过程中与群众互致新春问候,并向商家了解经营情况。曾培炎同志一行还视察了宏宝堂和中国书店。

（程东炜）

【区政府第三次全体(扩大)会议】 3月1日召开,会议由王永新同志主持,武高山同志对区政府全年各项工作任务进行部署并提出要求:1、全力促进经济发展,积极推进功能区规划,大力开展精神文明建设,认真做好"十一五"计划编制工作;2、加强政府系统廉政建设和反腐败工作,加大专项治理力度,切实发挥监管职能,全面推进依法行政;3、紧密结合宣武发展和政府工作实际,全面深入推进保持共产党员先进性教育活动。唐大生同志提出要求:1、明确责任、狠抓落实,保证全年各项工作圆满完成;2、突出重点、猛攻难点,确保全区重点项目顺利进行;3、加强协调、整体推进,通力配合开展工作;4、转变作风、提高效率,积极为群众解决热点难点问题;5、坚持标准、严格要求,做到保持共产党员先进性教育和本职工作两不误。

（程东炜）

【中国社会工作协会社区志愿者工作委员会成立大会】 3月18日在宣武区召开,全国政协副主席周铁农、民政部部长李学举、团中央书记处书记杨岳、中国社会工作协会会长徐瑞新、区领导唐大生、武高山、杜灵欣和全国社区志愿者代表、部分省市民政部门负责人约150人出席。大会选举产生了中国社会工作协会社区志愿者工作委员会常委、主任委员、副主任委员和委员,表彰了天桥街道等11个"全国社区志愿者活动示范街道"和10名"中国社区志愿者之星"。

（程东炜）

【回民学校建校80周年庆典】 4月24日举行,中央政治局委员、市委书记刘淇发来贺信指出:能保留下这样一所历史悠久、办学成绩斐然的学校,是中华民族的骄傲,是中国少数民族的骄傲。希望回民学校进一步总结80年办学经验,奋发努力,做好基础教育改革的探讨与实践,更多地培养全面发展的适应现代化建设需要的各族人才。全国政协副主席白立忱、中央纪律检查委员会副书记夏赞忠、市委副书记龙新民、区领导唐大生、武高山、王敏荣、张文华等到会祝贺。

（程东炜）

【张思卿考察绿色社区】 6月2日,全国政协副主席张思卿率队考察了椿树园、建功南里小区,到居民家中了解了居民自治组织开展绿色环境保护工作情况,并听取了市、区领导有关创建绿色社区工作情况的汇报。副市长陆昊、市政协副主席王长连,区领导唐大生、武高山、张文华、杜灵欣陪同考察。

（程东炜）

【贾庆林考察和谐社会构建】 6月21日,中央政治局常委、全国政协主席贾庆林视察了广外街道红莲南里社区和牛街社区服务中心,听取了宣武区构建和谐社会有关情况及牛街街道、广外红莲中里社区相关情况的汇报。贾庆林同志对宣武区构建和谐宣武的工作给予充分的肯定,强调:在构建和谐社会、建设和谐宣武方面要进一步加强探索,创造经验,使这项工作有一个新的推进和大的发展。全国政协秘书长郑万通,市领导王岐山、程世峨及区领导唐大生、武高山等陪同考察。

（程东炜）

【政府常务会议】 年内,共召开16次政府常务会议,安排研究66项议题。1月5日,武高山区长主持召开了区政府第15次常务会议。会议议题是:区政府办关于宣武区人民政府2005年在直接关系群众生活方面拟办重要实事计划(征求意见稿)情况的汇报;区政府办关于"两会"筹备工作情况的汇报;区人口计生委关于宣武区2005年人口和计划生育工作要点情况的汇报;宣武交通支队关于宣武区交通安全"五进"工作的汇报。2月23日,武高山区长主持召开了区政府第16次常务会议。会议议题:区监察局关于2004年区政府系统党风廉政建设和反腐败任务完成情况及确定2005年工作任务的汇报;区政府办关于区政府2005年主要工作任务指标分解责任制情况的汇报;区政府办关于印发2005年2月－2006年1月区政府常务会议及区长办公会议议题安排计划的汇报。3月23日,武高山区长主持召开了区政府第17次常务会议。会议议题:区财政局关于2004年全区财政决算的报告、全区财政预算执行和其他财政收支情况的审计报告;传媒大道开发办公室关于国际传媒大道建设总体情况的汇报;大栅栏投资公司关于大栅栏地区开发建设总体工作情况的汇报;区马连道开发办公室关于马连道采购中心区总体工作及马连道第五届茶叶节情况的汇报。4月6日,武高山区长主持召开了区政府第18次常务会议。会议议题:区劳动保障局关于宣武区各街道

"预算外开支退休人员"参加医疗保险问题情况的汇报;区商务局关于牛街民族特色街、天桥民俗特色街总体工作情况的汇报;区建委关于宣武区2005年重点工程、重点危改工作要点情况的汇报。5月25日,武高山区长主持召开了区政府第19次常务会议。会议议题:区发改委关于规范和深化局处级领导干部联系重点单位制度的工作意见;区民政局关于推进宣武区社会救助体系建设的意见;区文联关于宣武区与第29届奥运会组委会、中国人民大学、北京联合大学等单位联合主办"北京2008奥运国际论坛2005大会"活动方案的汇报;区文化委关于2005年北京市奥林匹克文化节-宣武区奥运文化广场活动方案的汇报;区政府办关于宣武区奥运会前重点工作倒排工期折子工程的汇报。6月22日,武高山区长主持召开了区政府第20次常务会议。会议议题:学习研讨市委、市政府《关于区县功能定位及评价指标的指导意见》;区发改委关于宣武区重大、特大电力突发事件应急工作预案的汇报;区劳动保障局关于宣武区1-5月份劳动保障工作情况的汇报。7月6日,武高山区长主持召开了区政府第21次常务会议。会议议题:区信息办关于全区信息化建设工作情况的汇报;区统计局关于全区经济普查工作情况的汇报;区发改委关于区发改委工作情况的汇报;区文化委关于全区文化工作情况的汇报。7月20日,武高山区长主持召开了区政府第22次常务会议。会议议题:区安委会关于2005年宣武区各类安全隐患排查情况的汇报;区安全生产监督管理局关于今年上半年宣武区安全生产工作情况的汇报;区民政局关于全区双拥工作情况的汇报;公安宣武分局关于全区上半年治安形势分析的汇报;规划宣武分局关于落实《北京市宣武区古都风貌保护规划要点》工作情况的汇报。8月17日,武高山区长主持召开了区政府第23次常务会议。会议议题:区市政管委关于确定2006年"城中村"环境整治项目情况的汇报;区商务局关于全区上半年商务工作情况的汇报。9月7日,武高山区长主持召开了区政府第24次常务会议。会议议题:学习《中华人民共和国价格法》;区计生委关于全区人口与计划生育工作情况的汇报;区教育督导室关于宣武区人民政府全面实施素质教育的自评报告;区文明办关于2005年精神文明创建工作情况的汇报。9月21日,武高山区长主持召开了区政府第25次常务会议。会议议题:工商宣武分局关于整顿市场经济秩序工作情况的汇报;区司法局关于全区"四五"普法工作情况的汇报;区政府办关于成立北京市宣武区突发公共事件应急委员会的汇报;区民政局关于举办2005年"重阳节"敬老游园活动方案的汇报;区发改委关于宣武区发展非公经济工作情况的汇报。10月12日,武高山区长主持召开区政府第26次常务会议。会议议题:区体育局关于召开宣武区第八届机关运动会方案的汇报;区民政局关于建立宣武区社会救助工作联席会议制度情况的汇报;区政府办关于2005年宣武区"办实事计划"第三季度情况的汇报;区市政管委关于2005年前三季度城市管理工作总结及第四季度工作重点情况的汇报;区法制办关于区政府贯彻执行《行政复议法》情况的汇报。11月9日,武高山区长主持召开区政府第27次常务会议。会议议题:区劳动保障局关于全区就业和社会保障工作情况的汇报;区劳动保障局关于"十一五"时期劳动就业和收入分配规划的汇报;区卫生局关于防控高致病性禽流感工作措施的汇报;区政府办关于加强2006年元旦春节烟花爆竹安全管理工作情况的汇报。11月23日,武高山区长主持召开区政府第28次常务会议。会议议题:会前学法-区统计局关于统计违法行为有关规定的汇报;区政务大厅关于区政府政务大厅运转情况的汇报;区卫生局关于"十一五"时期公共卫生事业发展规划情况的汇报;国土宣武分局关于"十一五"时期土地资源开发利用规划情况的汇报;国土宣武分局关于2006年土地供应计划指标安排情况的汇报;区街道办关于做好面向社会公开招考社区专职工作者情况的汇报。12月7日,武高山区长主持召开区政府第29次常务会议。会议议题:区发改委关于《宣武区"十一五"期间国民经济和社会发展规划纲要》情况的汇报;区委研究室关于《宣武区"十一五"期间国民经济和社会发展规划纲要(草案)报告》的汇报;区发改委关于《宣武区2005年国民经济和社会发展计划执行情况与2006年计划草案的报告》;区财政局关于《宣武区2005年财政预算执行情况和2006年财政预算草案报告》的汇报;区发改委关于宣武区政府2006年投资计划情况的汇报。12月28日,武高山区长主持召开区政府第30次常务会议。会议议题:区发改委关于"十一五"时期固定资产投资规划的汇报;区市政管委关于"十一五"时期城市管理发展规划的汇报;区文化委关于"十一五"时期文化事业和文化产业发展规划的汇报;区民政局关于宣武区居民委员会换届选举工作方案的汇报。

(吕世及)

【区长办公会议】 年内,共召开28次区长办公会议,安排研究116项议题。1月19日,武高山区长主持召开了区政府第28次区长办公会议。会议议题是:区劳动保障局关于2005年宣武区再就业和劳动关系协调工作要点情况的汇报;区人事局关于推荐赵钢等4位同志参加

2004年度北京市享受政府特殊津贴人员选拔情况的汇报。1月26日，武高山区长主持召开了区政府第29次区长办公会议。会议议题是：区卫生局关于宣武区2005年卫生工作会筹备情况的汇报；区劳动保障局关于2005年春节期间在全区开展“送温暖”和慰问活动的方案及有关情况汇报；区外办传达市外事暨港澳工作会议精神并汇报2005年工作思路；区政府办关于表彰2003－2004年度人大代表建议、政协委员提案办理工作先进单位、先进个人和优秀承办件的决定；区文化委关于第五届北京厂甸庙会活动方案及安全保卫工作方案的汇报；区人事局关于人事任免有关事项的汇报。3月2日，武高山区长主持召开了区政府第30次区长办公会议。会议议题是：区政府办关于2005年区政府承办人大建议政协提案情况的汇报；区人事局关于2005年度全区表彰奖励立项工作情况的汇报；区人事局关于人事任免事项的汇报。3月9日，武高山区长主持召开了区政府第31次区长办公会议。会议议题是：区市政管委关于2005年城市环境整治、绿化美化工作要点的汇报；区工会关于宣武区2005年北京市劳动模范和先进工作者推荐评选工作情况的汇报；区外事办关于派遣老年秧歌队赴汉城参加表演方案的汇报。3月30日，武高山区长主持召开了区政府第32次区长办公会议。会议议题是：学习《北京市安全生产条例》；公安宣武分局消防处关于全区消防工作情况的汇报；区人防办关于全区人防工作情况的汇报；区发改委关于宣武区“十一五”规划前期工作进展情况及下一步工作设想的汇报；区人事局关于2004年度行政奖励工作的汇报；区人事局关于宣武区事业单位补充人员实行公开招聘有关问题的汇报。4月13日，武高山区长主持召开了区政府第33次区长办公会议。会议议题是：区研究室关于区政府聘请专家顾问工作有关情况的汇报；区街道办关于全区贯彻落实第五次城市管理会议情况的汇报；区综治办关于2005年社会治安综合治理工作要点的汇报。4月20日，武高山区长主持召开了区政府第34次区长办公会议。会议议题是：区发改委关于“十一五”规划编制方案重点问题的汇报；区市政管委关于宣武区2005年“城中村”环境整治工程拆迁补偿方案的汇报；区人事局关于李嘉岩同志职务任免的请示。4月27日，武高山区长主持召开了区政府第35次区长办公会议。会议议题是：区发改委关于一季度经济运行形势分析；区环卫中心关于宣武区公厕建设有关情况的汇报；区文联关于宣武区与奥组委、中国人民大学等单位联合主办“北京2008奥运会国际论坛2005大会”活动方案的汇报；区民宗侨办关于全区民族、宗教工作及贯彻落实《宗教事务条例》情况的汇报；区教委关于宣武区2005年招生考试工作汇报。5月11日，武高山区长主持召开了区政府第36次区长办公会议。会议议题是：区环保局关于宣武区2005年环保实事计划情况的汇报；区体育局关于体育节工作方案的汇报；区卫生局关于宣武区突发公共卫生事件医疗救治体系规划建设方案；区教委关于创建学习型城区有关问题的汇报；区劳动保障局关于宣武区企业管理的退休人员在居住地社保所申报门诊、急诊大额医疗费用报销工作的意见；区人事局关于马继业同志职务任免的请示。5月18日，武高山区长主持召开了区政府第37次区长办公会议。会议议题是：区劳动保障局关于解决建筑企业拖欠农民工工资现状和采取措施情况的汇报；区财政局关于调整社区专职工作者工资待遇问题的意见；工商宣武分局关于宣武区食品安全监督管理情况的报告；区卫生局关于京新医药公司、百强医疗器械公司改制工作情况的汇报；区政府教育督导室关于全区教育督导情况的汇报。6月1日，武高山区长主持召开了区政府第38次区长办公会议。会议议题是：区监察局关于2005年4月政府部门工作作风专项检查情况的报告；区法制办关于宣武区人民政府2005年依法行政工作要点及全面推进依法行政工作五年规划情况的汇报；区国资委关于对部分开发、市政基础设施企业调整完善的方案。6月8日，武高山区长主持召开了区政府第39次区长办公会议。会议议题是：区体育局关于《公共文化体育设施条例》及执行情况的汇报；区国土房管局关于继续落实2004年度宣武区机关事业单位无房职工补贴申报工作的请示；区文化委关于召开“宣武区文化工作会”筹备情况的汇报。6月22日，武高山区长主持召开了区政府第40次区长办公会议。会议议题是：区监察局关于给予周永欣等同志行政处分的请示。6月29日，武高山区长主持召开了区政府第41次区长办公会议。会议议题是：区街道办关于社区居委会减负工作情况的汇报；区信访办关于今年上半年全区信访工作情况的汇报；药监宣武分局关于《中华人民共和国药品管理法》执行情况的汇报；区人事局关于张秀敏、周永欣同志职务任免的请示。7月13日，武高山区长主持召开了区政府第42次区长办公会议。会议议题是：区信息办关于宣武区推广“网络化城市管理”工作方案的汇报；区人防办关于贯彻北京市防震减灾会议精神，做好宣武区防震减灾工作的意见的汇报；区体育局关于“2008”广安体育馆环境建设工作方案的汇报；京都文化公司关于琉璃厂文化区项目开发建设总体情况的汇报。7月27日，武高山区长主持召开了区政府第43次区长办公会议。会议议题是:区卫生局关于宣武区创建社区卫生服务示范区情况的汇报;区建委关于全区重点工程、重点危改建设进展情况的汇报;区发改委关于全区上半年经济形势分析情况的汇报;区建委关于调整拆迁行政强制执行责成实施主体情况的汇报。8月3日,武高山区长主持召开了区政府第44次区长办公会议。会议议题是:区残联关于进一步加强扶助贫困残疾人工作的实施意见;区地税局关于全区上半年地税完成情况的汇报;区司法局关于进一步加强街道司法所建设的实施方案。8月10日,武高山区长主持召开了区政府第45次区长办公会议。会议议题是:区科委关于全区科技发展工作情况的汇报;宣武交通支队关于上半年全区交通管理工作情况的汇报;区人事局关于李凤进等8位同志职务任免的请示。8月24日,武高山区长主持召开了区政府第46次区长办公会议。会议议题是:区文化委关于举办2005年第四届宣南文化节暨第六届宣武经贸洽谈会活动方案的汇报;区发改委关于"十五"计划完成情况及"十一五"规划思路情况的汇报;区体育局关于举办宣武区第八届机关运动会实施意见的汇报;区教委关于2005年基础教育工作情况的汇报。8月31日,武高山区长主持召开了区政府第47次区长办公会议。会议议题是:区劳动保障局关于做好全区低保就业服务对象就业工作实施意见的汇报;区劳动保障局关于落实退养人员医疗待遇问题有关实施方案和实施细则的汇报;关于区政府投资项目建设中心工作的汇报;区卫生局关于卫生工作情况的汇报。9月14日,武高山区长主持召开了区政府第48次区长办公会议。会议议题是:规划宣武分局关于宣武区近期建设规划思路情况的汇报;国土宣武分局关于"城中村"整治后建设用地储备管理工作方案的汇报;区红十字会关于宣武区红十字会第七次会员代表大会筹备工作情况的汇报。9月28日,武高山区长主持召开了区政府第49次区长办公会议。会议议题是:区安全生产监督管理局关于全区安全生产及贯彻安全生产法律法规情况的汇报;区街道办关于推进城市管理体制改革和社区建设工作情况的汇报;区人事局关于李洪祥等6位同志职务任免的请示。10月19日,武高山区长主持召开区政府第50次区长办公会议。会议议题是:区信息办关于网上全程办事代理、审批系统运行情况和近期工作计划的汇报;区民宗侨办关于2005年开斋节活动方案及安全保卫、突发事件工作预案的汇报;国土宣武分局关于编制《2006年度北京市土地开发计划申报书》情况的汇报;区民政局关于退离居委会老积极分子生活补贴和医疗待遇有关问题的汇报;区民政局关于开展扶贫济困送温暖"捐赠月"活动情况的汇报;区人事局关于人事任免事项的汇报。10月31日,武高山区长主持召开区政府第51次区长办公会议。会议议题是:区财政局关于2005年1-9月份财政预算执行情况和部分变更2005年财政预算的报告;区发改委关于1-3季度经济运行形势分析情况的汇报;区建委关于开展宣武区最低生活保障家庭住房情况调查工作的汇报;区体育局关于广安体育馆及周边整治项目计划与投资情况的汇报;区人事局关于区属事业单位人事制度改革进展情况的汇报。11月16日,武高山区长主持召开区政府第52次区长办公会议。会议议题是:京都公司关于2006年春节厂甸庙会活动方案的汇报;区商务局关于"十一五"时期商贸流通业发展规划情况的汇报;区人事局关于进一步加强宣武区基层公务员队伍建设实施办法的汇报。11月30日,武高山区长主持召开区政府第53次区长办公会议。会议议题是:区政府办关于区十三届人大二次会议代表建议、批评和意见办理情况的报告;区市政管委关于城市管理工作情况的汇报;区文化委关于"建设宣武区文化馆"议案办理情况的汇报;大观园管委会关于举办第十一届北京大观园红楼庙会方案的汇报;区市政管委关于组建城市管理监督指挥中心工作的汇报;区财政局关于对2006年部门预算编制部分定额标准修改意见的汇报;区国资委关于区属企业改制工作情况的汇报。12月14日,武高山区长主持召开区政府第54次区长办公会议。会议议题是:区政府办关于区政府2006年在直接关系群众生活方面拟办重要实事计划情况的汇报;区街道办关于"十一五"时期社区建设发展规划的汇报;区劳动保障局、区统计局关于街道劳动科、统计科垂直管理改革方案的汇报;区建委关于"十一五"时期城市建设规划的汇报;区建委关于区重点工程、重点危改工作情况的汇报;区民宗侨办关于举办宣武区第六届民族团结进步表彰大会暨民族团结进步成果展开幕仪式筹备方案的汇报。

(吕世及)

【《北京市宣武区志》出版】 6月29日举行首发式,结束了宣武区没有志书的历史。《北京市宣武区志》共30编、130章、136万字,由总论、主体、附录组成,它真实记载了区境自有史料记载以来的历史发展脉络,是一部有较高价值的地情书。市地方志编纂委员会领导段柄仁、王铁鹏及区领导唐大生、武高山、张文华等出席了首发式。

(程东炜)

【"双合格"家庭教育宣传实践展示】 9月24日,在宣武区拉开帷幕,全国人大常委会副委员长、全国妇联主席顾秀莲、北京市委副书记强卫及全国妇联、市妇联和宣武区主要领导出席。全国妇联书记处书记张世平对宣武区开展的“万名母亲学家教,科学教子进家庭”等活动给予充分肯定。

（程东炜）

【第四届宣南文化节】 11月1日开幕。开幕式上进行了拉洋片、耍中幡、五斗斋高跷秧歌、抖空竹等非物质文化遗产保护项目的展演。市人大常委会副主任赵久合、副市长孙安民、市政协副主席张和平、市文联党组书记吕浩才及市委宣传部、市文化局、市文物局、市文化市场执法总队的相关领导,区领导唐大生、武高山、张文华、韩恩慈、仲兆军及著名建筑历史学家王世仁先生出席开幕式。来宾还参观了宣南历史文化展和宣武区“十五”期间文化成果展。

（程东炜）

【“宣南文化燕园行”活动】 11月14日在北京大学百年纪念讲堂广场拉开帷幕;11月17日举行了专场演出,区领导唐大生、武高山、张文华及北京大学领导陈文申、张彦与2 500多名师生欣赏了抖空竹、耍中幡等宣武区申报市级、国家级非物质文化遗产保护项目民间绝技的表演。活动历时一个月,分“宣南文化燕园行”文艺晚会、“宣南文化与腾飞的宣武”大型展览、宣南文化与区情讲座、大学生宣南文化一日游、“我心中的宣武”座谈会暨北大校友畅谈会5个部分,通过展示以9大文化系列为内涵的“宣南文化”,促进传统文化与校园文化的交流,让更多的莘莘学子了解宣武、热爱宣武,吸引高校人才到宣武创业。

（程东炜）

【宣南文化博物馆建成开放】 11月30日举行开馆仪式,国家博物馆馆长吕章申、市政协副主席王长连、市文物局局长梅宁华、区委书记唐大生共同为博物馆揭牌,武高山同志致词。文化部社会文化司司长张旭,区领导张文华、丁力、栗琦、税勇、潘君、陈慧来及区政府顾问王世仁、李庚出席仪式。宣南文化博物馆共设有“悠悠宣南”、“宣南士乡”、“英烈足迹”、“梨园胜景”、“城南乐园”、“百年兴商”、“民族团结”和“宣南文化保护开发成果”8个展厅,通过营造真实、典型历史场景的形式,向人们展示宣南文化群众性、多元性的特点和与时俱进的文化精神。

（程东炜）

【纪念中国电影百年诞生地揭牌仪式】 12月22日在大观楼举行,中宣部副部长、国家广电总局局长王太华,副局长赵实,市长王岐山,副市长孙安民,市文化局局长降巩民,市广电局局长赵东鸣,区领导武高山、仲兆军、丁力,著名电影艺术家于蓝、王心刚等出席了仪式。国家广电总局和市政府领导共同为大观楼中国电影百年诞生地揭牌。

（程东炜）

【20件实事完成情况】 年初,区政府在广泛征求意见的基础上,确定了2005年在直接关系群众生活方面拟办的20件实事计划;一年来,经过各责任单位的不懈努力,除个别事项中的部分内容因拆迁、规划等因素影响未能全面完成外,其他项目均已圆满完成。1、危改拆迁工作基本顺利,小马厂、樱桃园回迁楼全部建成,已回迁居民996户;春风二期回迁楼因开工日期延误,预计2006年上半年回迁。三统碑一期累计完成拆迁总量的89%,双柳树一期累计完成拆迁总量的95.7%,红居二期累计完成拆迁总量的82%;三统碑二期拆迁已经张贴拆迁公告。双柳树二期因未在规定期限内交齐土地出让金,已经被市国土局公告收回土地,市三委一局联审会已经同意由奇然公司作为主体继续实施双柳树二期的土地一级开发工作。2、牛街民族敬老院正在进行工程收尾;区残疾人活动中心改造工程已经完工;牛街礼拜寺大殿修缮已完成,清真女殿正在进行油饰和设备安装,附属用房即将开工建设。3、城市道路基础设施建设顺利进行,完成了南新华街、北马连道路建设;南横街西段(菜市口大街－盆儿胡同)拆迁已完成总量83.3%;煤市街道路已经完成拆迁总量的98.8%;陶然亭路(东段)正在施工;枣林前街东段(牛街－白广路)招投标工作已经完成;白纸坊西延路正在办理前期手续;南横街东段道路因大吉片拆迁暂停,于2006年初启动拆迁。4、超额完成了18条市政道路翻修和养护任务。5、新建、改建二类以上公厕348座;6个小区参与全市的垃圾分类达标工作;新增小型机扫车6辆,主要道路机扫率达到90%,超额完成任务。6、“城中村”项目整治进展顺利,完成了先农坛北里、陶然亭公园周边2个项目拆迁任务;报国寺周边项目拆迁工作完成95.4%,回民医院北侧项目完成97.3%,和外东街完成85.7%。全部完成牛街西里二区、马连道西里小区、广内宣西小区、菜园街24号院等4个小区的整治、改造、升级。7、超额完成15项13 927平方米逾期临建的拆除工作。8、完成绿化建设面积11.53万平方米(其中新增绿地5.29万平方米),完成指标数的115%;重点项目中陶然亭公园周边绿化工程完成,月亮湾因未拆迁完毕未能绿化;完成9条景观道路和5条街巷绿化工作,新建、改建了11个居住小区绿化。9、翻挑大修直管公房2 000间;水表改造完成17 802户,电表改造完成15004户;完成5个街区共1 937户的老旧电线改造任务。10、

认真落实市政府控制大气污染的各项措施,加大控制扬尘、油烟、机动车尾气污染的各项检查执法力度,全年空气质量2级和好于2级的天数达236天,超额完成223天的任务指标。11、回填早期人防工程17 623平方米,加固、改造早期人防工程9 990平方米,共计完成2.76万平方米,超额完成全年计划。12、无障碍设施改造任务全部完成;为335名残疾学生或生活困难的残疾人子女捐资助学15.8万元;对360名残疾人进行了职业技能培训;为250名贫困残疾人免费发放小型康复器材和辅助用具;新安置72名残疾人就业;为30名贫困白内障患者实施了复明手术。13、再就业援助活动取得成效,城镇登记失业人员就业率为65.86%,失业率为1.93%。新增社区再就业岗位10 831个,安置10 027名失业人员再就业,经认定的就业特困人员再就业率达到100%。14、组建老年人法律援助律师团,加大维权力度;组织了文化、体育等系列活动;全年共为5 200余名老年人进行了健康体检。15、完成了8家便民浴池的装修改造;对政府授牌的60家早餐示范店、规范店实行动态管理,撤换了11家不符合条件的企业,并及时调整补充新的早餐经营企业;管理规范了便民配送菜店进社区工作。16、完成春风、三义里、白菜湾、清芷园、广内大街、北火扇、琉璃厂、南横东街、陶然北岸、太平街、果子巷、和平门、椿树园13个社区卫生服务示范站建设。17、加强全区科普工作,组织参加了第七届"北京科普之夏"活动,开展了100余项科普活动,新建6个社区科普活动室。科普宣传大街建设完成设计方案并上报市里审批,由于北京市对主要大街两侧广告栏设置进行新的规划,未能实施建设。18、加大教育结构布局调整力度,改建了三教寺幼儿园,硬件条件达到北京市示范幼儿园标准;广义街小学并入北线阁小学;完成了204中学、134中学、146中学的撤并,在原138中学的基础上组建了北京教育学院宣武分院附属中学,进一步均衡了全区教育资源布局和发展;北京第14中学广外新址已经开工建设。

19、区文化馆新馆改造工程完工,京华印书局修缮工程已经启动,盐业银行、交通银行2处文物建筑修缮方案已经通过,法源寺修缮工程竣工,建成圣安寺遗址、万善寺遗址、仙露寺遗址、纪念中国电影百年诞生地4个景观标识,成功举办了第五届厂甸庙会、第十届大观园红楼庙会和第四届宣南文化节等群众文化活动。20、成功举办了第八届全民健身体育节;宣武体育场西看台改造工程开工,已完成拆除工作;白纸坊社区体育中心即将建成,装修施工基本完工,部分器材设备采购到位。

(杨艳春)

【信息工作】 年内,编发《宣武情况》普刊162期,增刊58期,刊稿2 000余篇。区领导批示68人次,直接解决群众关心的热点难点问题42件,领导批示办结率100%。向市政府报送稿件1 679条,被《昨日市情》采用137条,市领导批示信息4条。摘报媒体报道239件424条,区领导批示20人(次)。

(程东炜)

【办理议案、建议、提案工作】 年内,办理人大代表议案、建议和政协委员提案416件。其中:全国人大代表建议1件;全国政协委员提案2件;市人大代表建议8件;市政协委员提案7件;区人大代表建议224件,区人大议案1件;区政协委员提案174件,区政协建议案4件。各项议案、建议、提案办结率100%。

(贾旭辉)

【值守应急和便民电话工作】 年内,接报各类信息1 612件(次),采纳信息847件(次),编发《值班快报》365期,《情况摘报》19期,《值班动态》12期,区领导批示166人(次),同时编发上报市政府值班室材料25件(次),接收、转发会议通知447件(次),接收和转发市、区各类传真342件(次)。全年共受理便民电话9 175件(次),其中反映问题3 490件(次),政务咨询服务5 685件(次),完成市便民电话中心交办事项267件(次),办复率为100%;完成人民建议反馈工作80件。

(张　淼)

【信息化工作】 年内,政府机关内部办公基本实现网络化,全区100多个单位2 439人通过电子政务平台实现了网上办公,42个委办局构建了内部办公系统;"北京宣武"网站实施改版,更具可读性、实用性、交互性和公开性,被授予2005年度"首都之窗"政务公开奖;网上办事和审批系统建设和应用加快推进,截止2005年底,31个委办局和8个街道办事处网上共受理行政许可和服务事项20 322件,办结19 939件;社区信息化水平进一步提高,完成"畅柳园社区免费数字家园"建设,全区挂牌成立的"数字家园"增至4个;完成广外街道车站西街15号院和牛街街道钢院2个社区1 435户居民的有线电视数字化转换工作。

(洪文渊)

【文书和档案工作】 年内,制发各类公文426件,其中:上行文28件、下行文89件、平行文65件、会议纪要161件、其他83件;受理各类公文4 325件,办理领导批示2 027件(次);接收中央、国务院、市委文件586件、机要刊物502件;完成上年度归档文件1 178件、文件汇编40本;全区部分行政机关实行了网上办文,41个部门取消了纸质文件的发放。

（关朝琮）

法制工作

【概况】 北京市宣武区人民政府法制办公室（简称区法制办）是区政府负责法制工作的职能部门，行政编制9人，事业编制6人。设综合科、行政复议科、宣武区人民政府行政执法监督队。主要职责是：承担区依法行政协调领导小组办公室的日常工作，负责推进本区依法行政工作的协调、指导和监督；对区政府及其工作部门规范性文件进行合法性审核及备案；承办法律、法规草案征求意见及参与立法调研、论证工作；负责为区政府重要决策提供法律意见，研究提出本区贯彻实施法律、法规和规章的方案或意见，研究涉及政府行为的共同规范及行政执法中存在的普遍性问题，向区政府提出完善制度及解决问题的建议，参与解决行政管理、经济建设以及各项改革中的涉法问题；负责承办区政府行政复议、行政应诉、国家赔偿等工作，代表区政府参加民事、经济等诉讼活动；开展行政执法监督工作，指导、规范行政机关的行政许可、行政处罚等行政执法行为，推进行政执法责任制和评议考核制、执法人员资格管理制度，审查、确认行政执法主体资格，对重大行政处罚案件审查、备案，承办拆迁裁决行政强制执行案件和违法建设强制拆除案件的审核工作；负责组织、指导和督促行政机关开展法制宣传、教育工作及法制信息工作。

地址：宣武区广安门南街68号

电话：83976079

邮编：100054

（王　巍）

【依法行政培训】 3月11日，邀请市政府法制办主任周继东为区领导作了学习《全面推进依法行政实施纲要》的辅导报告，区委理论学习中心组成员及部分行政机关的主要负责人共50余人参加了学习；4月25日至26日，组织全区处级干部培训班，邀请市政府法制办高级法律专家李富莹宣讲了《全面推进依法行政实施纲要》的主要精神和内容，400多名处级干部参加了培训；6月2日至3日，举办了行政法制工作人员培训班，对41个部门共64名专（兼）职法制工作人员进行了《全面推进依法行政实施纲要》的集中学习培训，法制办主任结合区行政执法工作实际，对《全面推进依法行政实施纲要》进行了讲解。

（王　巍）

【推进行政许可法实施】 年内，对全区许可法实施情况进行综合性检查，听取汇报、组织考试、查阅许可案卷和笔录、检查窗口办公及公示情况，填制调查表。根据市法制办统一安排，成立专题调研课题小组，开展建立行政许可事后监管机制的综合性调研，深入开展对行政许可事后监管现状，典型经验、存在问题、制度缺陷的研究和探索，推进行政许可制度的完善。

（王　巍）

【规范性文件审核】 年初，对区政府通告35件和全区行政机关部门规范性文件298件进行审核、清理。对存在依据不足、时效过期、调整对象消失等文件，及时函告制文机关，并提出废止、修改建议；年内以政府通告形式共废止区政府规范性文件7件；审核行政机关部门规范性文件8件。协助政府和行政机关审核各类经济合同10余件，保障了区政府民事活动的合法性和严肃性。

（王　巍）

【法规修订征求意见】 年内，组织召开各类座谈会19个。其中，对群众关注的《北京市烟花爆竹安全管理规定》草案，分别组织召开不同年龄段、不同文化层次、不同居住环境等居民座谈会13个，广泛征求了意见。完成市人大法规、市政府规章征求意见事项15件。

（王　巍）

【成立依法行政协调领导小组】 年初，成立了由武高山区长任组长，王永新常务副区长、哈金起副区长任副组长，13个行政机关主要负责人为组员的依法行政工作协调领导小组，办公室设在法制办，承担依法行政协调领导小组办公室职责，编制、落实《宣武区人民政府2005年依法行政工作要点》。

（王　巍）

【规范文明执法内容】 年内，区政府制定发布了《宣武区人民政府行政执法人员文明执法规范》（宣武区人民政府通告2005年第5号），对行政执法人员依法履行职责时的行为、仪容和仪表、语言三个方面进行了具体规范。区政府将本规范落实情况纳入依法行政和精神文明建设考核范围。

（王　巍）

【规范行政自由裁量权】 为规范行政行为，保证各行政机关公正、公平行使行政自由裁量权，维护公民、法人和其他组织的合法权益，根据国务院《全面推进依法行政实施纲要》和《北京市人民政府关于全面推进依法行政的实施意见》，宣武区人民政府制定发布了《宣武区人民政府关于规范行政自由裁量权行使的若干规定》（宣武区政府通告2005年第6号），对行政机关作出具体行政行为，行使行政自由裁量权进行了具体规范。

（王　巍）

【加强行政规范性文件管理】 年

内,区政府根据《北京市行政规范性文件备案监督办法》、《北京市人民政府规章制定办法》,制定了《宣武区人民政府行政规范性文件管理规定》(宣武区人民政府通告2005年第3号),对行政规范性文件的制定、清理、备案、行政责任等方面作出了具体规定,凡违反本规定制定规范性文件,并损害公民、法人或者其他组织合法权益的,由人事机关或者监察机关按照处理权限,追究制文机关直接负责的主管人员及其他直接责任人员的责任。

(王　巍)

【行政执法案卷评查】　年内,区政府根据国务院《全面推进依法行政实施纲要》和《北京市行政执法和行政执法监督暂行规定》以及其他有关规定,制定了《宣武区人民政府行政执法案卷评查规定》(宣武区人民政府通告2005年第4号),对行政执法案卷评查的范围、形式、标准、程序,以及对不合格案卷的处理方式作出了具体规定,将行政执法案卷评查结果纳入依法行政年度考核和行政执法责任制年度考核内容。

(王　巍)

【规章文本自由索取】　年内,共印制《北京市城市房屋拆迁管理办法》、《北京市人民政府关于修改〈北京市生育服务证管理办法〉的决定》、《北京市人民政府关于修改〈北京市基本医疗保险规定〉的决定》、《中华人民共和国行政许可法》、《中华人民共和国治安管理处罚法》等法律、法规、规章文本15 000余份,分发至全区12个自由索取点,供公民免费索取。

(王　巍)

【行政复议和行政诉讼】　年内,共接到行政复议申请50件,审查受理43件,不予受理7件。在已审结案件中:维持25件,终止审查16件,驳回申请1件,撤销原具体行政行为1件;代理区政府作为被申请人参加市政府行政复议的案件3起。代理区政府参加诉讼案件49起,其中一审38起,二审11起。审结的37起一审案件中,裁定准予原告撤诉10起,驳回原告起诉17起,驳回原告诉讼请求3起,判决撤销行政行为4起,确认违法1起,责令履行职责1起,维持行政行为1起。二审案件中,维持一审8起,人民法院协调处理1起,撤销一审2起。

(王　巍)

【行政强制执行】　年内,审核房屋强拆案件22起,审核拆违案件33起。

(王　巍)

【行政处罚案卷评查】　年内,对全区15个行政执法机关的行政处罚案卷进行评查,在抽调69卷行政处罚案卷中,优秀卷54卷、合格卷11卷、不合格卷4卷。参加北京市组织的行政处罚案卷评查活动,取得总评优秀的成绩。

(王　巍)

【编制法制建设规划】　年内,与区司法局主持编制《宣武区十一五法制建设规划》。规划主体分为两部分,第一部分是对“十五”期间法制建设的回顾,第二部分是“十一五”期间法制建设的主要任务。

(王　巍)

机构编制

【概况】　北京市宣武区机构编制委员会办公室(简称区编办)是区机构编制委员会的常设办事机构,在区编委的领导下,负责本区行政管理体制和机构改革以及机构编制日常管理工作,既是区委的工作部门,又是区政府的工作部门,列入区委序列,与区人事局合署办公。年内,在市编办的指导和区委、区政府的领导下,区编办坚持以邓小平理论和“三个代表”重要思想为指导,贯彻党的十六大精神,坚持科学的发展观,在做好机构编制日常管理工作的同时,以深化行政管理体制改革为主线,新增设部分区属政府机构和群众团体机构,继续整合事业资源。截止到年底,全区党政群机关及行政执法机构总数为60个(不含法院、检察院),行政编制1748名,机关事业编制139名,政法专项编制65名,执法专项编制377名;全民所有制事业单位287个(不含法院、检察院下属事业单位),事业单位编制15 044名。

地址:宣武区广安门南街68号

电话:83976083

邮编:100054

(杨海燕)

【区行政投诉中心成立】　1月,根据市编办《关于成立区县行政投诉中心有关问题的通知》精神,成立区行政投诉中心,设在区监察局。主要负责受理区级行政机关、街道办事处及其工作人员违法违规行政行为的投诉;调查处理市行政投诉中心转办的行政投诉件;直接调查违法行政、不履行或不正确履行职责、效率低下等行政违法违规事件;组织协调区委、办、局和街道办事处依法调查处理行政违法案件;按照有关规定,对调查的问题提出处理意见,构成违纪的由监察机关提出监察建议或作出监察决定等。

(杨海燕)

【区文学艺术界联合会机关成立】　1月,成立区文学艺术界联合会机关,主要负责所属文艺家协会的联络、协调、服务和管理工作;组织、推动本地区文学艺术活动的开展。

(杨海燕)

【区妇女活动中心更名】 1月，鉴于区妇女活动中心准备新增开展儿童活动和家教咨询的职能，区妇女活动中心更名为区妇女儿童活动中心。

（杨海燕）

【区残疾人综合活动中心成立】 1月，成立区残疾人综合活动中心，主要负责组织开展残疾人康复培训、盲人保健按摩培训、就业培训、职业介绍、重残人托养、心理咨询、法律咨询、图书阅览、文体活动等工作。

（杨海燕）

【区党员电化教育中心成立】 1月，按照市委组织部《关于进一步加强党员电化教育工作的意见》的要求，成立宣武区党员电化教育中心，主要负责统一管理全区的党员电化教育工作。

（杨海燕）

【区福利彩票发行处更名】 1月，区福利彩票发行处更名为区福利彩票发行中心。

（杨海燕）

【调整区八个街道社区服务中心职能】 1月，根据市编办《关于加强街道乡镇文化服务机构建设的通知》精神，区八个街道社区服务中心增加开展街道文化工作的职能。

（杨海燕）

【区历史风貌保护区住房开发建设办公室更名】 2月，区历史风貌保护区住房开发建设办公室更名为区政府投资项目建设中心，主要负责统一组织政府投资工程项目的建设、协调和监管，组织实施政府投资建设项目代建制工作。

（杨海燕）

【区新闻报道中心和宣武报社合并】 5月，为实现文字、摄影、摄像等优势资源的互补，区新闻报道中心和宣武报社合并成立区新闻中心，主要负责《宣武报》及对外文字报道、电视新闻及专题片的制作、网络媒体的新闻宣传等。

（杨海燕）

【区爱卫会办公室调整隶属关系】 6月，区爱国卫生运动委员会办公室由原隶属于区卫生局调整为隶属于区市政管委，其人员编制统一划归区市政管委。

（杨海燕）

【区侨联机关独立设置】 6月，区侨联机关从民宗侨办划出独立设置，为正处级群众团体机构，主要负责为归侨、侨眷和海外侨胞提供服务。

（杨海燕）

【区医疗保险事务管理中心成立】 6月，成立区医疗保险事务管理中心，负责承担由区社保中心划出的全区医疗保险费用的收缴、审核及支付管理职能。

（杨海燕）

【区政府采购中心变更隶属关系】 6月，根据《中华人民共和国政府采购法》规定，政府采购监督管理部门不得设置集中采购机构，采购代理机构与行政机关不得存在隶属关系，区政府采购中心由原隶属于区财政局变更为隶属于区政府投资项目建设中心。

（杨海燕）

【区个体出租车管理站成立】 6月，成立区个体出租车管理站，主要负责贯彻落实个体出租车管理的相关精神和要求，协助做好车辆年检和更新，配合执法部门做好监管工作等。

（杨海燕）

【区国土资源管理机构及所属机构人员编制上划】 7月，根据《中共北京市委、北京市人民政府批转市国土局等部门提出的〈北京市国土资源和房屋管理体制改革方案〉的通知》精神，按照《关于区（县）国土资源和房屋管理机构和人员编制划转有关问题的通知》要求，区国土资源管理机构及所属机构、人员编制上划市国土资源局实行统一管理。

（杨海燕）

【区科委加牌】 7月，为进一步加强区知识产权管理和保护工作，建立健全知识产权管理机构，区科委加挂区知识产权局牌子。

（杨海燕）

【区城市管理监督指挥中心成立】 10月，按照《中共北京市委、北京市人民政府关于推广东城区城市管理经验，建立信息化城市管理系统的意见》，成立区城市管理监督指挥中心，主要负责辖区内城市管理的监督与评价工作。

（杨海燕）

【区突发公共事件应急委员会办公室成立】 11月，根据《关于成立区县突发公共事件应急委员会及其办公室的通知》精神，成立区突发公共事件应急委员会办公室，设在区政府办公室，主要负责组织、协调、指导、检查本行政区域内突发公共事件的预防和应对工作。

（杨海燕）

【八个街道司法所机构及人员编制划转】 11月，根据北京市第五次城管会议精神及区委、区政府《关于推进城市基层管理体制改革和加强社区建设的意见》，八个街道司法所机构及人员编制划归区司法局管理，划转后各司法所增加社区矫正日常管理工作的职能。

（杨海燕）

【区招商投资服务中心加牌】 11

月,区招商投资服务中心加挂中国国际贸易促进委员会北京市宣武区支会、中国国际商会宣武商会牌子。

(杨海燕)

【区接收捐赠工作站更名】 11月,区接收捐赠工作站更名为区接受救灾捐赠事务管理中心。

(杨海燕)

【北京大观楼大银幕电影院更名】 11月,北京大观楼大银幕电影院更名为北京大观楼影城。

(杨海燕)

【区军队离休退休干部白纸坊服务管理中心成立】 12月,成立区军队离休退休干部白纸坊服务管理中心,主要负责全区散居军队离休退休干部的服务管理工作。

(杨海燕)

【区卫生监督所机构编制调整】 12月,区卫生监督所由事业单位调整为行政执法机构,使用行政执法专项编制。主要职责是:按照管理权限,负责本行政区域内传染病防治、食品、消毒产品、生活饮用水、公共场所卫生、学校卫生、医疗机构、妇幼保健、采供血机构以及相关执业人员的执业活动等方面的执法监督工作,依法查处有关违法案件。

(杨海燕)

人事管理

【概况】 北京市宣武区人事局是区政府综合管理全区人事、人才工作的职能部门,下设办公室(挂"机关人事科"牌子)、公务员管理科、专业技术人员管理科、人员调配综合科、工资福利与退休科、人事争议仲裁科6个职能科室,行政编制29人;另下设区人才交流服务中心(全额拨款事业单位)。年内,区人事局以邓小平理论和"三个代表"重要思想为指导,深入贯彻党的十六届三中全会、四中全会精神,落实北京市人事局和区委区政府的工作部署,围绕宣武区经济社会发展,坚持以科学的发展观统领各项工作,不断深化行政管理体制和事业单位人事制度改革,加强公务员队伍和专业技术人才队伍建设,完善人才市场体系,加大区域人才资源开发力度,为宣武区经济和社会全面发展提供了坚实的人事保障。

地址:宣武区广安门南街68号

电话:83976085

邮编:100054

(窦鸿雁)

【党政机关人员队伍情况】 截至2005年底,全区党政机关工作人员队伍总量为2 181人,比去年减少4人。全年,接收应届毕业生18人,安置军转干部64人,录用国有企事业单位工作人员15人。全区党政机关工作人员中,局级干部31人,处级干部345人,科级干部1 057人,科级以下工作人员748人。

(窦鸿雁)

【党政机关人员年龄结构】 截至2005年底,全区党政机关 工作人员总数为2 181人,其中35岁以下的工作人员659人,占总数的30.2%;36至40岁的工作人员377人,占总数的17.2%;41至45岁工作人员426人,占总数的19.5%;46至50岁公务员366人,占总数的16.8%;50岁以上公务员353人,占总数的16.2%。宣武区党政机关工作人员年龄结构趋于年轻化。

(窦鸿雁)

【党政机关人员学历结构】 截至2005年底,全区党政机关工作人员总数为2 181人,大本以上学历1 428人(其中研究生学历96人),占总数的65.5%;大专学历669人,占总数的30.7%;高中学历及以下人员84人,占总数的3.9%。党政机关工作人员的学历层次明显提高。

(窦鸿雁)

【专业技术队伍发展变化】 年内,区企、事业单位专业技术人员队伍基本保持稳定,人员总量受企事业单位制度改革、改制等因素的影响,略有减少。截至2005年底,全区专业技术人员总量为9 259人,比2004年增加2.9%。专业技术人员高、中、初级专业技术职务比例为1:3.5:3.9。45岁以下的中青年骨干占专业技术人才队伍总数的62.4%,年龄结构分布合理。

(窦鸿雁)

【事业单位管理和技术人员状况】 截至2005年底,区属事业单位中共有管理人员及专业技术人员8 959人,其中专业技术人员8 291人。从人员总体情况看,事业单位管理人员和专业技术人员年龄分布合理,45岁以下人员占总数的62.2%。学历结构以大学本科及专科为主体,具有大学专科以上学历的人员占总数的77.3%。本区事业单位管理和技术人员主要集中分布在教育和卫生系统 。

(窦鸿雁)

【国有企业管理和技术人员状况】 截至2005年底,区属国有企业共有管理人员及专业技术人员1 396人,其中专业技术人员968人。从人员总体情况看,国有企业管理人员和专业技术人员相对集中在45至55之间,45岁以下人员占总数的46.6%。学历层次偏低,大专及以上学历占总数的63%,高级专业技术人仅占总数的5%。

(窦鸿雁)

【公务员录用机制】 年内,首次将

招收录用应届大学毕业生纳入到公务员公开招考工作中，实现了不同群体在竞争上的公平性；初步建立面试考官制度，首批有67人取得市人事局颁发的《北京市录用国家公务员面试考官资格证书》，提高了面试工作的科学性、专业性；首次在公务员正式录用前增设实践环节，提升招聘成功率。今年，区面向应届毕业生招录了18名公务员，面向社会招录了11名公务员。

（窦鸿雁）

【公务员作风建设】 年内，下发了《关于严肃机关工作纪律有关事项的通知》和《关于规范国家公务员佩带胸卡上岗有关事项的通知》，认真落实政务承诺制、投诉举报制和责任追究制等各项制度，组织联合检查，通报检查结果，促进了机关作风转变；开展"人民满意的公务员"和"人民满意的公务员集体"评选活动，广泛宣传先进事迹，使公务员的责任意识、服务意识和公仆意识进一步增强。

（窦鸿雁）

【宣传贯彻公务员法】 年内，《中华人民共和国公务员法》由第十届全国人大常委会第十五次会议于4月27日通过，并将于2006年1月1日起施行。根据市人事局的要求，区人事局下发了《关于认真组织学习中华人民共和国公务员法的通知》，分层次、分岗位对区公务员进行培训。对处级以上领导干部开展公务员法专题讲座；对科级及以下公务员进行了公务员法的全员轮训；对从事公务员管理工作的同志进行了重点培训，实现全区公务员轮训一遍的目标，人均学习时间达到12学时。在《宣武报》、《宣武人事信息》、宣武政府网上开辟公务员法宣传专栏，并举办了征文、知识竞赛等多种活动，为公务员法的正式实施奠定了基础。

（窦鸿雁）

【公务员政治培训】 年内，首次把政治培训做为培训的首要内容，制定下发了《关于进一步加强国家公务员政治理论培训的意见》。定期举办专题政治培训，将政治理论学习和思想教育贯穿于初任、任职等各类常规培训之中，鼓励各单位积极自行组织开展各类政治培训，初步形成了包括专题培训、常规培训、自主培训在内的公务员政治培训体系，全年开展各类政治培训10讲40学时。

（窦鸿雁）

【公务员能力培训】 年内，人事局以《国家公务员通用能力标准框架》为基础，调整了原有培训内容，突出初任、任职、更新知识培训的重点；创新培训形式，推出了专题讲座、拓展训练、案例分析及情景模拟等教学方式，首次采取走出去的教学方式，把培训班"搬"进了北大课堂；完善培训机制，实行了课程及师资淘汰制；落实公务员培训登记检查制度，将培训结果作为公务员年终考核的内容，与职务晋升、选拔使用结合。全年公务员累计参加培训4 589人次。培训的力度和广度创历史新高。

（窦鸿雁）

【青年公务员骨干培养】 年内，建立青年公务员骨干培养制度，制定下发了《加强宣武区青年公务员骨干培养工作的暂行意见》，明确青年公务员骨干培养方向，制定培养计划。举办青年公务员骨干培训班，全区各机关单位共确定青年公务员骨干203人；制定青年公务员素质拓展计划，与团区委合作开展宣武青年讲坛和系列青年公务员素质拓展培训活动，初步形成了科级公务员后备培养机制。

（窦鸿雁）

【出台公务员队伍建设文件】 11月，我局与区委组织部联合下发《关于进一步加强区基层公务员队伍建设的实施意见》（试行），抓住人员的引进、培养、管理等环节，从落实制度规定，改进作风；加大培训力度，提高素质和能力；注重个人发展，试行职业生涯设计等七个方面入手，着力优化队伍结构，加强教育培养，规范管理，不断提高基层公务员队伍建设水平。

（窦鸿雁）

【规范公务员收入】 年内，人事局牵头成立联合检查小组，定期对各规范收入单位的政策执行情况进行全面检查；建立了工资收入半年报制度、违规发放工资的责任追究制度、工资与预算拨款相结合的制约机制、统一了规范收入后住房公积金的核定办法、实行了工资财政统一发放。纳入规范收入范围的单位都较好地执行了政策规定和相关制度，全区规范收入执行的情况良好。

（窦鸿雁）

【制定人才发展规划】 年内，成立"十一五"人才规划课题小组，充分运用与首都经贸大学共同合作的"宣武区人才资源建设战略规划研究"成果，结合区经济社会发展以及全区人才工作自身特点，通过走访全区经济、文化、教育、卫生等行业领域主管部门、召开座谈会、发放征求意见稿等形式广泛征求意见，同时注重与各类规划的衔接论证，撰写完成区"十一五"人才发展规划，谋划出全区人才资源建设的总体思路和具体措施。

（窦鸿雁）

【引进人才】 年内，加大对重点企业和紧缺人才的政策倾斜。规范工作程序，开展人才需求调查，提高了人员补充的计划性和科学性。全年共引进高级人才11人，优秀毕业生103人，采取面向社会公开招考的方式吸纳实用性人才67人，办理北京市工作居住证107人。

（窦鸿雁）

【拓展人才服务领域】 年内,首次采取现代化人才选拔技术为区国税局、环保局科级领导干部竞争上岗进行综合素质测评及结构化面试。拓宽培训领域,新增日语培训、公务员录用考前培训、会计中级考试培训等培训项目。与北京易人网达科技有限公司合作开发人才联盟网站,实现与各区县及各行业人才信息资源共享和网上服务项目的拓展。

(窦鸿雁)

【公开招聘事业单位人员】 年内,首次将竞争和择优机制引入到事业单位选人机制,出台了《宣武区事业单位补充人员实行公开招聘的意见》,规定除政策性安置和涉及特殊岗位确需采用其他方法引进的人员外,事业单位补充工作人员均要采取面向社会公开招聘方式。初步实现了事业单位用人机制从计划调配向市场配置的转轨。年内共有26家事业单位的77个岗位面向社会进行了公开招考,择优录用49人。

(窦鸿雁)

【岗位设置试点】 年内,制定出台《宣武区岗位设置工作指导意见》,选择有示范性效应的卫生、体育、文化、街道等4个系统14家事业单位作为科学设岗试点单位,抓住职能分解、岗位分析、岗位说明等关键环节,指导其正确科学设岗。对区实现按需设岗、按岗聘用,起到了充分的带动作用。

(窦鸿雁)

【仲裁工作】 年内,通过加强仲裁员理论与实践知识的培训、建立区县间横向交流网络、搭建区域内人事仲裁与民事审判的沟通平台等措施提高仲裁工作水平。建立仲裁案件通报制度,及时公开案件动态信息;开展大规模培训,分设教育系统、卫生及其他系统两个专场,针对事业单位领导与人事工作者两个层次有针对性地进行了相关内容的人事争议仲裁培训,区属273家事业单位主要领导、主管领导和人事保卫干部、工会干部参加了培训,使事业单位领导、人事干部,从思想观念到技术方法得到全面提升。人事仲裁工作逐步纳入到了规范化、程序化的轨道上,初步建立起人事争议的预防机制。年内共处理正式申请7份,其中5件不属于受理范围,正式立案2件并裁决。

(窦鸿雁)

【规范事业单位收入】 年内,通过事业单位工资收入水平调查以及行政事业单位津贴补贴清理审核工作的开展,摸清了区事业单位收入现状,并将部分全额拨款事业单位工资收入纳入财政统发,统一了奖金、津贴和补贴的项目、标准,初步整顿了部分事业单位的分配秩序。

(窦鸿雁)

【军转安置工作】 年内,区安置军转干部的任务达到94名。面对安置工作的严峻形势,人事局以创新的思维迎难而上,采取了许多新措施,一是引入竞争机制,实行择优安置,实行考试与功绩量化评分制;二是加大工作力度,对安置单位下达指令性安置指标;三是实行“人性化”安置,与军转干部谈话,了解情况,力求适才适岗。通过这些有力措施,圆满完成了军转安置工作,军队转业干部全部安置到了机关、事业单位。

(窦鸿雁)

民族　宗教　侨务

【概况】 北京市宣武区人民政府民族宗教侨务办公室(简称区民宗侨办)是区政府主管民族宗教侨务工作的职能部门,行政编制6人。主要职责是:负责调查研究本区民族、宗教、侨务方面的情况;依法保护少数民族公民、信教群众、归侨、侨眷及华侨、华人在本区的合法利益;参与研究制定少数民族经济、教育、文化、体育、卫生等各项事业的发展规划,依法对本区宗教事物进行管理等。年内,区民宗侨办认真贯彻落实党的民族宗教侨务政策。尊重少数民族风俗习惯,促进民族经济和民族教育的发展,加强对清真饮、副食行业的规范化管理,深入开展民族团结进步创建活动,宣传党的民族政策。积极稳妥的开展宗教工作,坚决抵制宗教极端倾向和宗教渗透,保证牛街礼拜寺修缮及牛街敬老院新建工程的有序进行,搞好宗教产的归还、赔偿问题,抓好三支队伍建设,积极引导宗教与社会主义社会相适应,维护地区的团结稳定;充分发挥侨界人民调解委员会的作用,增强为侨服务和维权的意识,加大为侨资企业服务力度,努力实现社区为侨服务、侨为社区做贡献的双赢局面;处理好突发事件,组织好大型活动,把民族宗教侨务工作纳入社区发展之中,形成了全社会重视民族宗教侨务工作的良好局面。

地址:宣武区广安门南街68号
电话:83976063
邮政编码:100054

(贾　楠)

【侨界新春联谊会】 1月25日,宣武区委统战部、民宗侨办、侨联、致公党区工委共同举办了2005年侨界新春联谊会,共有270多名归侨、侨眷参加。北京市侨办副主任赵庆兰、市侨联副主席邱国武、宣武区委副书记韩恩慈、副区长哈金起等领导参加了联谊会。韩恩慈代表区委、区政府向侨界人士致新春贺辞。

(贾　楠)

【民族宗教界人士迎新春座谈】 2月2日,宣武区举行民族宗教界人士迎新春座谈会。区委副书记韩恩慈、副区长哈金起以及区委统战部、区民宗侨办负责同志出席，与全区伊斯兰教、天主教、基督教、佛教等民族宗教代表人士40余人茶话座谈。哈金起副区长通报了全区区情和民族宗教工作情况，韩恩慈希望民族宗教界发挥其独特影响，全面、准确地宣传贯彻《宗教事务条例》，积极带领信教群众与社会主义社会相适应，引导他们积极投身社会主义现代化建设。

（贾　楠）

【侨务工作会议】 3月31日下午，区委统战部、区民宗侨办、侨联召开宣武区侨务工作会议。区民宗侨办向各街道工委、办事处主管侨务工作的干部以及各街道侨联委员传达了国务院办公厅《关于加强新形势下侨务工作的意见》的文件和胡锦涛主席关于搞好侨务工作的讲话精神，并就2005年宣武区侨务工作作了部署。区委统战部长王玉兰参加了会议。

（贾　楠）

【街道宗教工作培训】 4月7日，组织各街道工委、办事处从事民族宗教工作的主管领导、干部共20余人，进行宗教培训。培训以参观北京市五大宗教活动场所为主，采取边参观宗教场所边请专人讲解相关民族宗教知识的形式。训前，区民宗侨办已组织各街道负责民族宗教工作的同志对2005年新颁布实施的《宗教事务条理》进行了学习。培训期间参观的宗教场所有：藏传佛教雍和宫、道教白云观、天主教西什库教堂、基督教崇文门教堂、伊斯兰教南豆芽菜清真寺和东城区奥林匹克社区。

（贾　楠）

【牛街礼拜寺修缮工程】 4月21日，牛街礼拜寺修缮工程开工仪式暨新闻发布会在寺内举行。市文物局、宣武区四套班子有关领导出席开工仪式。市文物局副局长于平宣布修缮工程开工，宣武区副区长哈金起代表区委、区政府向区伊斯兰教界表示祝贺，市人大常委、宣武区伊斯兰教协会会长薛天利阿訇发言，感谢党和政府对穆斯林群众的关怀。牛街礼拜寺修缮工程由市、区财政拨款2 200余万元，分两期进行。一期文物修缮工程为北京市人文奥运计划项目，全面维修加固寺内现有文物建筑，修旧如旧，为该寺近些年来维修规模最大的一次文物保护工程；二期改扩建工程，包括清真女礼拜殿、锅炉房、男女水房、东房2座等改扩建项目，同时进行水、电、气、热等小市政配套设施建设。工程设计单位为北京市文物建筑保护设计所，经公开招标确定工程施工单位为市房修二公司，预计2006年6月竣工。市文物局有关处室、区有关单位负责同志，以及50余名阿訇、乡佬代表参加了开工仪式。驻京主要新闻媒体20余家参加了新闻发布会。

（贾　楠）

【侨商接待日活动】 4月26日，宣武区举办了区长侨商接待日活动，13家侨资企业的15名代表参加。市侨办分管侨资企业的领导初世敏、对外经济科技处处长张少云参加了活动。副区长哈金起和区发改委、政务大厅、民宗侨办、商务局、工商局、国税局、地税局、财政局、文化委(旅游局)共9家职能部门的主管领导对企业提出的问题进行了解答。共有8家侨资企业发言，提出了12条问题或建议。哈金起副区长已责成有关责任单位负责解决。市侨办初世敏对接待日活动给予了充分肯定，并希望把后继工作做扎实，确实为侨资企业的发展创造更好的服务环境。

（贾　楠）

【牛街街道受国家表彰】 5月27日，人民大会堂举行中央民族工作会议开幕式暨国务院第四次全国民族团结进步表彰大会。会上，宣武区牛街街道作为模范集体受到表彰。牛街办事处主任范宝从胡锦涛总书记手中接过奖牌。受到表彰的模范个人是牛街清真超市总经理平国栋。

（贾　楠）

【民族工作情况通报会】 5月20日，区委常委、宣传部长丁力在牛街街道主持召开“宣武区民族团结进步情况通报会”，民宗侨办主任杨文伯向驻京8家主要媒体通报了民族团结进步工作情况。牛街办事处主任范宝通报了贯彻落实民族宗教政策、努力构建和谐社会的工作，牛街东里社区负责人介绍了开展民族团结活动的情况。宣武区发改委、商务局等有关负责同志参加了通报会。据统计，近十年，市、区政府用于牛街危旧房改造、市政基础设施建设、文物修缮以及民族经济和民族教育、民族卫生、民族体育等各项事业发展的资金总计达到10亿元人民币。

（贾　楠）

【传统体育项目赴法交流】 6月20日，牛街摔跤队队员钱崇玉、曹家越代表北京市参加中法文化交流活动的摔跤项目。市民委民族一处处长赵丽娜出席了欢送会。

（贾　楠）

【《宗教事务条例》学习辅导】 6月24日，国家宗教局副局长王作安为宣武区机关各部门、各街道、重点民族社区和民族宗教工作重点单位的负责人和民族宗教工作干部作了《宗教事务条例》学习辅导报告。报告深入浅出阐述了我国制定颁布《宗教事务条例》的立法背景、适用范围和立法宗旨，从维护人民利益、发展社会主义民主政治、建设社会主义政治文明的高度阐述了依法管理宗教事务、保障公民宗教信仰自由、维护宗教和睦、社会和谐的重大意义。

(贾 楠)

【民族夏令营活动】 8月,区民宗侨办和区伊协组织区回族群众的部分子女前往承德举办夏令营活动。期间对孩子们进行了爱国主义教育及政策法规宣传。参加此次活动的小营员共29名,年龄在10-18岁,为保证安全,区民宗侨办和伊协安排了十余名工作人员一同前往。

(贾 楠)

【宗职人员培训】 9月16-23日,区民宗侨办在门头沟举办了为期7天的宗职人员培训。这次培训分为两期,参训人员包括宗教教职人员、宗教场所负责人、宗教爱国学习小组负责人共40余人。区委副书记韩恩慈、副区长哈金起到会看望并慰问了宗教界人士。培训期间,区民宗侨办主任杨文伯、北京市伊协秘书长丁刚分别做了有关宗教工作的讲座,区法制办主任果玉成对《宗教事务条例》进行了辅导讲解,海淀区清河清真寺阿訇王吉惠介绍了实际工作经验与体会。

(贾 楠)

【成立人口计划生育协会】 9月22日,牛街街道成立了牛街民族特色街流动人口计划生育协会。协会的任务是将这条街上的1个清真超市、4个清真餐厅、2个美容美发店的5个民族400余名流动人员组织起来,实现"同管理,同服务",本着"自我教育、自我管理、自我服务"的原则,开展人口计划生育的特色活动。

(贾 楠)

【区领导接受荣誉牌匾】 10月8日,区伊斯兰教协会、部分乡佬代表和牛街礼拜寺建筑施工监理单位向区委、区政府送来"人民公仆"、"执政为民"两块荣誉牌匾,区委副书记韩恩慈、副区长哈金起、区委统战部长王玉兰代表区委、区政府接受了牌匾。牛街礼拜寺改扩建工程是穆斯林群众十分关注的建设工程。原占地面积4 700平方米,改扩建后达到近10 000平方米,礼拜大殿600多平方米,新增加了礼拜用的副殿130平方米和女礼拜殿近200平方米。为让穆斯林群众在开斋节(11月3日)能回到礼拜寺过宗教生活,市、区政府投入近2 200万元,支持牛街礼拜寺改扩建。工程进行期间,市、区领导多次到工地视察,现场解决施工中遇到的问题,使改建工程得以顺利进行并如期竣工。

(贾 楠)

【穆斯林群众欢度开斋节】 11月3日,穆斯林群众来到修缮一新的牛街礼拜寺欢度开斋佳节。市委副书记龙新民,副市长孙安民,市委统战部长尤兰田、副部长周伯琦,市民委主任宗教局局长张恕贤、市民委副主任马中璞,市政协副主席王长连,区委书记唐大生,区长武高山,区委副书记韩恩慈,副区长哈金起,区政协副主席、统战部长王玉兰等来到礼拜寺,向穆斯林群众祝贺节日。节日当天,来牛街礼拜寺礼拜的人数有4 500人,其中有8个国家的46名外宾以及参观群众达4万余人。中央电视台等多家新闻媒体对此进行了报道。

(贾 楠)

【第六届民族团结进步表彰大会】 12月20日,宣武区召开第六届民族团结进步先进集体、先进个人表彰大会,武高山区长主持。会上对35个单位、104名同志、20个居民楼门院进行了表彰。区委书记唐大生作了题为"高举民族团结进步的旗帜,努力开创全区民族工作的新局面"的讲话。总结了宣武区五年来民族工作取得的成绩,并就今后一个时期做好民族工作提出了意见。北京市人大副主任赵久合,市委统战部副部长周伯琦,市民族事务委员会副主任马中璞、民委委员赵宏生、市相关部门各区民族宗教部门及区四套班子的领导出席了表彰大会,并为获奖单位和个人颁发了奖牌和证书。

(贾 楠)

对外事务

【概况】 宣武区人民政府外事办公室(简称区政府外办)是区政府负责本区外事工作的职能部门。行政编制4人。主要职责是:审批重点对外参观单位的设立及调整;审核本区所属单位建立对外友好交流关系;审核本区所属单位聘用外籍文教专家的资格;审核本区人员因公出国及赴香港、澳门特别行政区及团组用汇;管理境外记者来本区采访;组织接待来本区访问的党和国家重要外宾及国外对口友好区、民间友好组织;组织协调"市民讲外语"活动等。年内,根据北京市外事及港澳工作会议精神,为进一步加强外事管理工作,扩大对外交往,使外事工作能更好地贯彻为中央的整体外交服务,为北京市对外交往服务,为本地区经济建设和社会发展服务,根据宣武区实际,对全区30个单位的护照专办员进行了相关的业务培训;召开了全区重点对外参观单位外事工作经验交流会暨总结会;审核了1个单位聘用外籍文教专家资格;新批准1个重点对外参观单位;接待来自不同国家和地区的各类参观团组2 022批、28 698人次,其中国宾5批、94人次,境外记者9批、24人次;办理因公出国(境)手续171批、476人次,合格率100%。

地址:宣武区广安门南街68号
电话:83976120
邮编:100054

(乔燕骅)

【接待马来西亚最高元首希拉杰丁】 3月1日,马来西亚最高元首希拉杰丁一行30人参观牛街礼拜寺,薛天利阿訇接待了来访客人。

(张同达)

【区外事工作会议】 3月17日,召开全区外事工作会议,会议传达了张茅副市长在北京市外事暨港澳工作会议上的报告和龙新民副书记的讲话,部署了2005年外事工作。全区有关系统和重点对外参观单位负责人50余人参加了会议。

(吴幼庆)

【日本茶艺访中团来区访问】 3月26日,以日本日中交流展协会林千惠子女士为团长的第一次高级茶艺访中团一行10人到我区来访,并在宣武区少年宫为学员们作了茶艺表演。

(吴幼庆)

【庆祝与龙山区建立友好关系十周年】 4月16日,以韩国汉城龙山区厅长朴长圭为团长,以副议长朴吉俊为副团长的龙山区代表团一行20人访问了宣武区。武高山区长、区人大常委会单彩芝副主任和哈金起副区长会见了该团全体成员。并参加了在万胜剧场举办的《庆祝中国北京宣武区与韩国汉城龙山区建立友好关系十周年纪念大会》。

(乔燕骅)

【奥地利总理参观琉璃厂文化街】 4月21日,奥地利共和国总理许塞尔一行30人参观琉璃厂文化街并购物。

(张同达)

【老年秧歌队赴韩演出】 4月30日,以宣武区人大常委会副主任单彩芝为团长的宣武区老年秧歌队一行40人赴韩国参加"你好,汉城节"活动。在此期间,该团到龙山区进行了友好访问,并为龙山区区民演出了精彩的文艺节目,受到当地群众的欢迎。

(乔燕骅)

【德国记者采访大栅栏】 5月20日,德国《明镜》周刊记者罗安等2人就大栅栏地区规划改造的情况采访了市规划局宣武分局局长甘靖中和大栅栏投资有限公司董事长申献国。

(张同达)

【市民讲外语活动】 5月27日,区外办、区文明办和区妇联在椿树街道千禧园球迷餐厅举办了"人文奥运,礼仪北京—2008畅想"市民英语角活动。宣武区150多名热情的英语爱好者跟着外籍女主持人,大声朗读英语100句。

(张同达)

【接待贝宁国民议会议长】 6月3日,贝宁国民议会议长伊吉一行8人访问了宣武区人大常委会,区人大主任王敏荣接待了客人,宾主双方就中国人民代表大会制度进行了友好交流。随后,伊吉议长一行在副区长哈金起的陪同下参观了白纸坊街道清芷园小区。

(张同达)

【接待牙买加总理】 6月19日,牙买加总理帕特森一行20人到老舍茶馆观看文艺节目。

(张同达)

【东京青少年体育交流团来访】 8月21日,以花川舆惣太为团长的日本东京都北区青少年体育交流团一行24人应邀访问了宣武区。该团在京期间,分别与宣武区师范学校第一附属小学、宣武区师范学校第二附属小学的足球队进行了友谊比赛,还与北京第一实验小学的师生举行了联欢活动。

(乔燕骅)

【武高山区长会见瑞典客人】 9月7日,武高山区长会见了以保罗·迪克留斯先生为团长的瑞典地方政府及地区协会访华团一行3人,宾主双方就城市管理、环境保护及再就业等问题进行了座谈。杜灵欣副区长参加了会见,并陪同客人参观了宣武区政务大厅、北京友谊医院利用地下热水设施、万寿西宫公园环保设施及应急指挥中心和椿树园社区。

(乔燕骅)

【实验一小管乐团访问东京都北区】 9月29日,应日本东京都北区的邀请,北京第一实验小学管乐团一行44人到日本东京都北区进行友好访问。

(吴幼庆)

【法国巴黎第五区副区长访问宣武区】 10月7日,前来参加中法市长与总裁峰会的法国巴黎第五区副区长巴尔东先生一行2人拜会了宣武区政府,武高山区长会见了巴尔东副区长,并介绍了宣武区概况,商讨了两市区交流与合作事宜。

(乔燕骅)

【接待日中友协访华团】 10月8日,以丸山典义先生为团长的日本东京都北区日中友协访华团一行31人访问了宣武区。代表团在京期间,参观了北京第一实验小学、马连道茶叶商城,观看了北京杂技团表演。

(乔燕骅)

【接待埃及记者采访】 10月14日,埃及《十月》杂志副主编侯赛尼、《金字塔报》主编助理萨布林采访了牛街办事处领导和回民家庭。

（张同达）

【澳大利亚洛根市代表团访问宣武区】 11月4日,应区政府邀请,以约翰·弗里曼市长为团长的澳大利亚洛根市代表团一行4人访问了宣武区。武高山区长会见了代表团全体成员,哈金起副区长陪同会见。代表团还参观了政务大厅及宣南博物馆。

（乔燕骅）

【接待日本友好城市调查团】 11月7日,以藤田隆一议长为团长的日本东京都北区议会友好城市调查团一行13人访问了宣武区,区长武高山、人大副主任栗琦分别会见了代表团全体成员。该团在京期间参观了宣南博物馆、北京第十五中学和北京第一实验小学,并与宣武区教育委员会、体育局和文化委员会负责同志进行了座谈交流,商讨了合作项目。

（乔燕骅）

【接待马耳他中国友好协会代表团】 12月2日,以马耳他中国友好协会主席雷诺·卡莱亚为团长的马耳他中国友好协会代表团一行4人应邀访问了宣武区,武高山区长、哈金起副区长会见了该团全体团员。并陪同参观了宣武区政务大厅。在京期间,马耳他中国友好协会代表团成员还拜会了市政协、市友协及北京奥组委。

（乔燕骅）

外事活动一览表

时　间	国 别	代表团名称	人数	活 动 内 容
3月26日	日本	日本日中交流展第一次高级茶艺访中团	10人	友好交流
4月15日	韩国	韩国汉城特别市龙山区代表团	20人	友好访问
4月30日	中国	中国北京市宣武区老年秧歌队赴韩演出团	40人	交流演出
8月21日	日本	日本东京都北区青少年体育代表团	24人	友好访问
9月28日	中国	中国北京第一实验小学管乐队赴日演出队	45人	交流演出
10月7日	法国	法国巴黎第五区友好代表团	2人	友好访问
10月8日	日本	日本东京都北区日中友协访华团	31人	友好访问
11月4日	澳大利亚	澳大利亚洛根市代表团	4人	友好访问
11月7日	日本	日本东京都北区议会友好城市调查团	13人	友好访问
12月2日	马耳他	马耳他中国友好协会代表团	4人	友好访问

2005 年宣武区接待境外记者采访一览表

时　间	通讯社	记者姓名	采访内容
1 月 14 日	日本东京新闻社	加藤直人 3 人	采访北京师大附中校长刘沪及 3 名学生《关于教育、中日关系等问题》
4 月 13 日	巴西环球电视网北京分社	索尼亚 4 人	在湖广会馆采访风雷京剧团团长松岩并拍摄京剧《闹天宫》《天女散花》
5 月 20 日	德国《明镜》周刊	罗安 2 人	采访规划宣武分局局长、大栅栏投资有限公司董事长《关于大栅栏地区规划改造情况》
6 月 22 日	日本朝日新闻中国总局	山根祐作 3 人	采访大栅栏投资有限公司经理《关于大栅栏过去、现在还有将来的发展方向》
6 月 25 日	日本朝日新闻中国总局	山根祐作 2 人	采访《北京 2008 奥运国际论坛 2005 大会》
8 月 26 日	韩国汉城电视台北京支局	金有珍 3 人	在长椿苑广场拍摄《北京市首届“广内杯”社区空竹邀请赛》场面
10 月 11 日	埃及《十月》杂志副主编《金字塔报》主编助理	侯赛尼和萨布林 2 人	采访牛街办事处和回民家庭了解牛街概况及回民生活状况
10 月 14 日	巴拿马电视二台	诺利 3 人	到琉璃厂文化街拍摄
11 月 10 日	法新社北京分社	何铭生 1 人	采访大观楼电影院经理王占友《关于电影院的历史以及目前的发展情况》

接待国宾一览表

时　间	来访团组	团长身份	人数	访问内容
3 月 1 日	马来西亚	希拉杰丁最高元首	30 人	参观牛街礼拜寺
4 月 21 日	奥地利共和国	许塞尔总理	30 人	参观琉璃厂文化街并购物
6 月 3 日	贝宁共和国	伊吉国民议会议长	8 人	访问宣武区人大常委会、参观白纸坊街道清芷园小区
6 月 19 日	牙买加	帕特森总理	20 人	到老舍茶馆观看文艺节目
7 月 22 日	圭亚那合作共和国	总理夫人	6 人	到大栅栏商业街瑞蚨祥绸布店参观购物

信访工作

【概况】 中共北京市宣武区委、北京市宣武区人民政府信访办公室(简称区信访办)是区委、区政府负责组织协调信访工作、处理信访问题和对人民内部矛盾纠纷进行排查调处的职能部门,行政编制 8 人。主要职责是:受理来信、接待来访,承办上级机关交办的信访事项;组织实施信访交办、督办工作;组织实施人民内部矛盾排查调处工作;组织实施区领导信访接待日工作;协调解决区域、部门之间的信访问题;对本地区、本系统的信访工作进行业务指导,及时提供信访信息,综合研究信访情况;向信访人宣传有关法律、法规、规章和政策等。区属基层单位信访、排查调处工作由党政主要领导负总责,由 1 名党政副职分管信访排查调处工作,机构设在党政办公室,设立专、兼职信访工作人员。年内,信访排查调处工作以党的“十六大”和十六届三中、四中全会精神为指导,认真贯彻落实“三个代表”重要思想,紧紧围绕改革、发展、稳定大局,深入贯彻市信访排查调处工作会议精神,开展了以“立足岗位、争当时代先锋、服务群众、建设和谐宣武”活动,把保持共产党员先进性教育与做好信访、排查调处工作相结合。通过深入学习贯彻落实新修订的国务院《信访条例》,按照市信访排查调处工作会议精神要求,以实现“双零指标”(发生到中南海等重点地区群体聚集零指标、发生群体事件零指标)为目标,认真落实中央处理信访突出问题及群体性事件联席会议《关于积极预防和妥善处置群体性事件的工作意见》,建立预防和化解群体事件快速反映工作机制、从“事要解决”出发,完善信访处理规则、建立依法受理、分流、办理、督查及复查复核工作机制三项工作任务。通过采取整合行政资源、创新工作机制、健全工作机构、制度、双向规范行政机关和信访人的依法处理信访事项和依法信访行为和采取关口前移、工作重心下移等措施,构建了大信访、大排查、大调处的工作格局。年内,共受理群众来信、来访2 868件次,同比下降15%,其中受理群众来信1 810件,同比上升6%,接待群众来访1 676批4 226人次,同比批次下降37%,人次下降52%。群众到区集体访76批848人,同比批次下降10%,人次下降63%,群众到市越级集体访9批223人次,同比批次下降52.6%,人次下降75.8%。召开区排查调处领导小组(扩大)会议6次,排查重点矛盾纠纷问题32个,经排查领导小组研究后领导全部包案处理。信访排查调处工作在为促进经济发展、构建和谐宣武建设的服务中发挥了重要作用,取得了显著成绩。宣武区被市委、市政府评为2001－2005年度信访排查调处工作先进单位。

地址:广安门南街68号

电话:83976011

邮编:100054

(张平斋)

【成立信访事项复查机构】 5月19日区政府根据市委、市政府要求,区政府办下发了《关于成立宣武区信访事项复查复核工作领导小组的通知》(宣政办发【2005】25号),成立了以常务副区长王永新为组长、副区长哈金起为副组长、耿惠芳为办公室主任、区政府各主要职能部门为成员的宣武区信访事项复查、复核领导小组和办公室。明确了宣武区信访事项复查、复核工作原则和程序。

(张平斋)

【《信访条例》宣传】 4月19日,《信访条例》宣传日活动。设立了宣武分会场,各街道设立了宣传站,国家信访局、市信访办领导和区党政主要领导参加了宣武分会场的宣传日活动。年内,信访办领导到基层、党政机关有关部门、群众团体等单位举办《信访条例》辅导讲座20多场,参加辅导人数达2 000多人次。

(张平斋)

【排查调处工作】 年内,人民内部矛盾排查调处工作制度进一步完善、规范。坚持了区、基层“两级”排查调处制度,区排查办、街道和有关主要部门坚持了自下而上的每月一次的排查调处制度,对排查出的热点问题层层上报,把人民内部矛盾化解在萌芽状态。区委、区政府对全区排查出的重大问题实行了定期和随时召开由区党政主要领导和有关单位主要领导参加的区排查调处领导小组(扩大)会议制度,对研究的问题件件包案到领导,责任到单位,限期解决,并实行责任追究。全年共召开排查调处人民内部矛盾领导小组(扩大)会议6次,排查出不稳定因素32件,经过协调、督办,矛盾纠纷基本解决。

(张平斋)

【信访工作会议】 3月22日,宣武区召开2005年信访排查调处工作会。市信访办副主任李小玲,区委副书记仲兆军,区委常委、区委办主任赵金花,副区长哈金起出席会议。信访办主任耿惠芳总结了2004年信访、排查调处工作,部署了2005年信访、排查调处任务;哈金起副区长传达了中央和北京市信访排查调处工作会议精神。会议表彰了2004年度信访、排查调处工作目标考核优秀单位和先进个人。

(张平斋)

【仲兆军接待国家信访局来访】 6月9日,区委副书记仲兆军接待了国家信访局接待司二处全体同志。耿惠芳主任介绍了宣武区信访工作的经验做法,接待二处的同志参观了宣武区接待大厅的功能。

(张平斋)

【市信访办领导检查领导接待工作】 8月3日,市信访办主任吴世民来我区检查区领导接待日工作。吴世民主任肯定了区领导接待日工作和信访工作,对宣武区适应新形势,改善接待环境和接待方式表示赞赏,希望区信访工作再上新台阶,取得新成绩。

(张平斋)

档案工作

【概况】 北京市宣武区档案局(简称区档案局)是宣武区人民政府负责档案事业管理的职能部门。主要职责是:依法对全区档案工作实施监督和指导。宣武区档案馆为地级国家综合档案馆,是集中管理宣武区档案的文化事业机构,与区档案局合署办公,一个机构、两块牌子。主要职责是:收集、保管对国家和社会具有保存价值的档案资料;开发档案信息资源,为社会提供服务。全局(馆)设办公室、法制教育科、业务指导科、管理科、编研征集科、计算机室、文档管理中心等7个科室。年内,区档案局(馆)坚持依法治档,加大了法制宣传力度,增强了执法检查工作的针对性。注重档案的开发利用,档案数字化工作成效显著。馆藏档案资料不断丰富,提供利用工作水平有所提高。进一步拓宽档案编研工作领域,努力开发“宣南文化”特色档案资源。开展了多种形式的教育活动,受到广泛认同。文档管理中心建设取得进展,“区县政府机关文件中心规划与研究”科研课题顺利通过验收,局馆获得宣武区科学技术一等奖、北京市档案科技优秀成果一等奖、国家档案局科研项目二等奖等多个奖项。

地址:宣武区广安门南街68号

电话:83976506　63532741

邮编:100054

（马妍薇）

【开发利用档案】　年内,区档案馆共接待利用者5 028人次,提供各类档案、资料8 376卷(件、册)次,出具档案证明4139件。接收了17个单位14 625卷(册、张)档案。清查95个全宗档案125 746卷。馆藏开放档案经重新鉴定,总数达到7 789卷。

（王振威）

【档案数字化管理】　年内,馆藏档案案卷目录全部实现计算机检索,达到13万余条。著录永久文书档案卷内文件目录7万条。档案资料目录中心共接收、整合38个单位报送的室藏目录数据24万余条;截止2005年底共建立数据库29个、拥有案卷级和文件级目录数据92万条。

（王振威 马妍薇）

【文档中心工作】　年内,区文档中心代管档案单位由35家增加到45家。接收了43个单位(部门)档案41 112件(卷、盒、张)。为机关单位提供利用490人次,利用档案7 602件(卷);复印、传真档案3203页,递送25次。扫描挂接档案原文2 280件,15 756页。完成6 199卷档案卷内文件著录和16 620件文件级文件的著录工作,检查核对档案数据条目4万余条。

（李福君 马妍薇）

【接待来馆参观】　年内,区档案馆接待了中央档案馆利用处副主任王绍忠、北京市信息化工作办公室信息资源中心副主任林绍福;接待了山东潍坊市档案局;宁夏银川市档案局、深圳市档案局、山东淄博档案局、西安市档案局、塘沽档案局。丰台、海淀、石景山、西城档案局也前来参观交流。

（周永欣 李福君）

【法制宣传教育】　年内,以“12·4”宣传月为契机开展了系列宣传活动;在宣武区档案信息网站建立“宣武区档案局电子法规文件库”,将现行有效的28份文件上网。向白纸坊街道18个社区赠送档案书籍,使档案书籍首次摆上宣武区社区法制图书角。出刊《档案执法专刊》3期。举办了档案执法员和执法联络员培训班,27人次参加培训。

（马秋影 马妍薇）

【执法检查工作】　年内,全区96个单位(部门)全部开展了档案法执法情况自查,82个单位(部门)进行了协作组互查,2个立档单位和2个基层单位接受了区档案局的重点检查。

（马秋影）

【行政许可事项】　年内,区档案局制定了《行政许可程序性规定》和《行政许可办理流程》。首次办理行政许可事项,向相关单位送达了《宣武区档案局准以行政许可决定书》。将行政许可事项、配套工作制度以及许可项目的实施和结果依法在利用大厅、政府网站、局馆网站上公示。在《行政许可法》实施一周年之际,通过了区政府贯彻《行政许可法》情况检查。

（马秋影）

【实施政务公开】　年内,区档案局将政务公开目录予以公示。开办网上答卷,将政务公开的内容、档案局行政许可制度、档案执法责任制、执法专刊等定期更新。

（马秋影）

【现行文件利用】　年内,根据国家档案局和市档案局的要求,区档案馆正式开展现行文件利用工作,在档案利用大厅设立现行文件索取点。将已公开的涉及劳动就业、生活保障、福利待遇、医疗保险、房屋拆迁、征地补偿等与人民群众密切相关的政务信息文件,陈列在阅览大厅供利用者自由索取。已提供现行文件37种、文件310份,查阅下载文件6份,电话咨询查阅10余次。

（高淑荣 陶莉）

【爱国主义教育基地工作】　年内,区档案馆在牛街社区举办“《马关条约》110周年祭”讲座活动,近百人参加;组织4场以《纪念中国人民抗日战争胜利60周年》为主题的专题报告会,48个社区500余名中小学生及居民参加。配合《反分裂国家法》的贯彻,举办由人民大学教授王政尧主讲的“宣南文化”系列讲座第五讲《说说康熙皇帝统一台湾》,近百人参加。与区委宣传部联合组织“保持共产党员先进性教育”巡回展览(市档案馆主办),参观人数达15 680余人。与团区委共同开展宣南文化进高校活动。《追寻先烈足迹》、《走进宣南的胡同》、《宣南梨园名人故居》三个展览继续在全区中小学、街道、社区、图书馆进行巡回展出,共计39 980人参观。

（刘崇誉 马妍薇）

【编研成果】　年内,《宣武区档案馆指南》的重新修订与续编工作完成,全书共13万字,内容由区档案馆概况、馆藏档案介绍、馆藏资料介绍和附录四部分组成,介绍了馆藏96个全宗的内容等;与专家联手编辑的《清代宣南人物事略初编》、《清代宣南诗词选》相继交付印刷。其中《清代宣南人物事略初编》由人民大学王汝丰教授主编,编辑工作自 2001 年始,历时四年,区委书记唐大生作序;《清代宣南诗词选》由北京诗词学会编辑,自 2003 年始,历时二年,区政协主席张文华作序。编辑出版了根据区档案馆保存的黄宗汉档案形成的论文集《寻思集》;刊出《兰台参阅》(增刊 3),《兰台参阅》系列刊物被首都图书馆地方文献部作为核心资料收藏。我馆主办的《中国档案报·档案大观》“宣南文化专版(2004 年 12 月 3 日 5-8 版)”荣获“2004 年中国新闻奖副刊好版面一等奖”。

(周永欣 马妍薇)

【科研项目】 1 月 21 日,区档案局承担的国家档案局科研项目《区县政府机关文件中心的规划与研究》课题通过评审,连续荣获宣武区科学技术一等奖、北京市档案科技优秀成果一等奖、2005 年度国家档案局科研项目二等奖。此课题经 2000 年 8 月 16 日第 61 次区长办公会议批准作为国家档案科研课题的试点项目立项,历时 4 年完成。区文档管理中心的建成运行,使机关档案工作的管理模式发生变化;区机关 45 个部门的现行文件实行了集约化、专业化管理;机关文档一体化和电子文件的全程管理成为现实。

(陶 莉)

【接受市局检查】 11 月 4 日,根据北京市档案局《关于开展区县档案执法检查和档案馆认定工作的通知》要求,区档案局(馆)接受北京市档案局对区档案局(馆)2004——2005 年工作情况的检查和认定,得到市局领导的充分肯定。

(马妍薇)

【外出考察学习】 11 月 5 日-22 日,区档案局(馆)组织局馆部分同志,分两批赴湖南省参观学习。一批参观了湖南省档案馆,一批到毛泽东同志和刘少奇同志的故乡,其间游览了张家界、庐山。

(马妍薇)

地方志工作

【概况】 北京市宣武区地方志编纂委员会办公室(简称区志办),是宣武区地方志编纂委员会的办事机构,隶属宣武区政府直接管理,正式编制 4 人。主要职责是:制定修志工作计划;组织志书编纂;审定验收志稿;编纂出版年鉴。年内,《北京市宣武区志》正式出版,并举行了首发式。完成了《北京宣武年鉴(2005)》的编纂任务。

地址:宣武区广安门南街 68 号
电话:83976160
邮编:100054

(牛建华)

【宣武区志出版】 5 月下旬,历经 14 年辛勤工作,《北京市宣武区志》终于出版发行。《北京市宣武区志》以志为主体,兼用述、记、志、传、图、表、录诸体。志书较为全面、系统、真实地记录了区境内自有史料记载以来的历史事物,内容涉及区境自然、人文、社会、经济、历史及现状。记载时限,上限为建置之始,下限至 1994 年底。全书共 30 编、130 章,总计 120 万字。

(牛建华)

【区志首发式】 6 月 29 日,《北京市宣武区志》举行首发式。市地方志编纂委员会常务副主任、《北京志》主编段柄仁,市地方志编纂委员会办公室、区委、区政府、区政协主要领导王铁鹏、唐大生、武高山、张文华,区地方志编纂委员会组成人员,区历届地方志编纂委员会顾问、主任、副主任,《北京市宣武区志》主审、副主审、责任审稿、特约审稿、责任编辑部全体成员参加了首发式。

(牛建华)

【修志人员外出考察】 9 月 7-9 日,区志办组织修志老同志赴海南、广西考察。

(牛建华)

机关后勤服务工作

【概况】 北京市宣武区机关后勤服务中心(简称区机关服务中心)成立于 2002 年 1 月,为区政府全额拨款事业单位,主要负责区机关办公大楼的后勤工作。机关后勤服务中心正式编制 48 人,机关服务中心设办公室、综合管理科和车队。年内,机关服务中心在区委、区政府的领导下,坚持以“三个代表”重要思想为指导,认真开展保持共产党员先进性教育活动,按照科学发展观、正确政绩观和构建和谐社会的要求,坚决贯彻落实区委、区政府一系列指示、规定,抓学习强素质,抓作风促落实,抓监督上水平,抓创新促发展,抓班子带队伍,较好地完成了以服务保障为中心的各项年度工作任务,领导和机关比较满意。

地址:宣武区广安门南街 68 号
电话:83976125
邮编:100054

(刘雪维)

【精神文明建设】 年内,为了更好地为区领导、区机关服务,服务中心把建设学习型组织、争创学习型职工,作为中心的一项重要任务,认真开展以实践“三个代表”重要思想为主要内容的保持共产党员先进性教育活动,精心组织干部职工学科学、学文化,学业务、学技能。推行“8+2”学习模式,成立学研小组,坚持边学边改,边议边改,边整边改,学用结合、以用促学,提高了中心全体同志的整体素质,取得了明显成效。服务中心在工作任务十分繁重的情况下,围绕树立文明形象、优化发展环境、提高工作效率、创新工作机制的目标，大力开展"强素质、解三难、树形象"职业道德主题教育实践活动，有力促进了以服务保障为中心的各项任务的完成。被宣武区精神文明建设委员会评为"创建文明机关先进单位"。

（刘雪维）

【交换打印文件】 年内，交换文件180 348件，其中密件4 930件，机密文件2 058件，急件38 944件，平件124 156件；收发信件47 394件、挂号件3 394件、杂志20 604件，做到了及时准确无差错。打印文件116 649万多字，复印文件495 007万余份，油印文件2 432 544份，差错率得到有效控制。

（刘雪维）

【车辆保障】 年内，车队的管理力度有所增强，管理方法明显改善，管理效益进一步提高。全年报废车辆5台，送修车辆580台次（含部门车辆），车辆完好率达100%，为机关35个部门出车1 867台次，行车里程达131万多公里，无误事误时现象，杜绝了道路交通事故的发生。

（刘雪维）

【固定资产管理】 年内，固定资产形成了完善的管理办法和操作流程，全年接报申请购置固定资产单157份，购置物品127件，较好地保障了有关部门工作的正常运转。1号楼新增固定资产设备278件，总价值187.8万元；家具类：28件，总价值1万元，合计188.8万元。新增汽车3辆，价值98.2万元。申请报废资产总值519万元，设备类资产总价值294.5万元，合计813.5万元。

（刘雪维）

【办公区卫生防病】 年内，以"创卫"为契机，彻底整治办公区域卫生，消除了卫生死角；投资近万元购买药品和器械，有效地防治了蚊蝇、老鼠、蟑螂的孳生和蔓延。完成了区级领导保健工作及机关干部的防病、治病、计划生育和2004年度的献血工作。医务室接诊7 770人次，其中输液116人次，注射119人次，查血糖150人次，换药30人次，按摩84人次；开设常用药小型药房，不排队不挂号就能取到药，方便了干部职工。

（刘雪维）

【安全工作】 年内，组织开展了以"建立良好秩序、携手共创和谐、确保大楼安全"为主要内容的专项治理月活动，着力解决机关存在的不文明行为、不安定因素、不讲秩序现象等3大项16条问题。办公楼的工作秩序得到了有效维护。先后制定并完善了防火、防盗、防破坏、防食物中毒、防突发性群体性事件等制度规定与处置预案，预防措施得到了加强；加强督促检查，逐级签定《安全责任书》，制度规定得到了落实；加强了各种设备的日常维修和保养，发现并排除隐患19余次，设备完好率达到100%。

（刘雪维）

【日常保障工作】 年内，完成了1300余人春节及"十一"的节日会餐任务。保障了进驻2号楼所有腾空单位房屋管理、资产核对及调拨报废工作；制作各类标识牌3 000多块；维修一线通276次，普通电话282次，新装电话19部，移机38部，调整电话130部，增容电话300部，保障了通讯设施的正常运转；完成了自新路24号楼、大学生宿舍的服务保障工作。

（刘雪维）

【整改措施】 年内，通过开展先进性教育活动和"强素质、解难事、树形象"主题教育实践活动，中心领导班子进一步改进了思想作风和工作作风，采取定期、不定期走访、座谈、发放征求意见表的形式，着力摸清服务需求和对服务工作的意见，并切实加以解决。根据大家的意见，我们在2号楼修建了电动自行车停放处，解决出入地下车库不便的问题；改造了2号楼电梯运行模式，解决了上下楼等候时间长的问题；为2号楼卫生间添置卫生卷纸，解决了大家方便不便的问题；拆除小白楼，积极与相关部门联系，努力解决部分干部职工机动车停车难的问题。公布热线电话，为各部门提供全天候24小时服务。

（刘雪维）

【节能改造】 年内，根据区领导关于落实"开展节约型机关"的指示精神，为把节电工作落到实处，完成了1、2号楼的用电节能改造工作。对1号楼空调机组冷却、冷冻循环泵进行了改造，仅此一项节约电费40%；对日光灯开关进行改造，将原有的1个开关控制两个灯，改为单独控制，共改造房间484间，用线7 100米，改造日光灯开关520个；对用水量较大的浴室进行改造，将24个龙头改为插卡式感应喷头；餐厅改造了10个节水型龙头，节约了能源。完成了市政府下达的综合指标8%的任务，实际完成9%。

（刘雪维）

【为灾区募捐】 1月，完成了向印度洋海啸受灾地区捐款活动。机关干部踊跃捐款，共计捐款53 085元。12月完成了向江西、内蒙灾区募捐任务，捐赠衣物104包，共计2 443件衣物，捐款5 042.25元。

（刘雪维）

【物业管理】 年内，加强了对物业的监督和管理，进一步提高了服务质量。建立了客服中心，实现了快速高效。1至10月，客服中心共接听电话962次，其中工程报修601次、会议及保洁服务266次、餐厅订餐21次、信息咨询21次、各部门信息上传58次，有效地解决了大家遇到的棘手问题。加强了质量与环境管理体系建设。我们主要做了ISO9000质量管理体系认证和ISO14000环境管理体系认证工作,进一步修订了物业公司的工作标准和作业流程以及管理措施、奖罚规定,建立了服务承诺和投诉举报制度,使物业公司的管理更加严谨,运转更为有效,为优质高效地完成任务提供了制度与机制上的保证。年内,1、2号楼共为4 393场会议提供了服务,接待参会人员123 196人次;设备检修5 504余次,日常巡视21 965余次,更换各种灯具1 950个,清洗开水器48次,鼠药投放72余次,清洗新风级过滤网378个,清洗消毒空调过滤网150个,设备完好率达到了100%。中心两次对服务工作进行了回访式问卷调查,满意率均在97%以上。

(刘雪维)

【食堂管理】 10月,加大了对职工食堂监管力度,切实办好职工食堂。采取变委托物业公司一家管理为服务中心与物业公司两家共管的方式,由中心严把采购关、出入库关、财务关,并选派专人负责监督加工、制作、外卖等各个环节的食品卫生与食品质量,初步形成了监督制约机制,有效地堵塞了漏洞,改善了机关人员的伙食。

(刘雪维)

中国人民政治协商会议北京市宣武区委员会

【概况】 中国人民政治协商会议北京市宣武区委员会(简称区政协)是北京市宣武区的地方政协组织,主要职能是:政治协商、民主监督,参政议政。政协宣武区第十一届委员会组成于2004年,有委员260人;常务委员会有主席1人,副主席6人,秘书长1人,常委40人;设提案、文史资料、经济科技、城市建设和管理、教育文化卫生体育、民族宗教、社会法制、港澳台侨8个专门委员会。区政协机关设办公室、研究室、联络一处、联络二处4个办公机构,工作人员27人。年内,在中共宣武区委的领导和北京市政协的指导下,坚持以邓小平理论和“三个代表”重要思想为指导,认真贯彻中共十六大、十六届三中、四中全会和市、区“两会”的精神,坚持树立科学发展观,牢牢把握“团结、民主”两大主题,紧紧围绕宣武区改革、发展、稳定的大局,广泛团结各界人士,认真履行政治协商、民主监督、参政议政职能。全体委员和参加区政协的各民主党派、人民团体精神振奋,开拓进取,团结协作,求真务实,取得了新的成绩。全年共召开主席会议10次,常委会议7次,完成调研4项,形成建议案4件,提出提案225件,编写“参政议政”3期,简报25期,报送社情民意《信息》111期,出版《宣武报》政协专刊1期。

地址:宣武区广安门南街68号
电话:83976329 63532010
邮编:100054

(管 平)

【政协十一届二次会议】 1月10日至13日举行,张文华主席主持开幕式。会议审议并通过了《政协宣武区第十一届委员会常务委员会工作报告》和《政协宣武区第十一届委员会常务委员会关于提案工作情况的报告》。全体委员列席了宣武区第十三届人民代表大会第二次会议,听取并协商讨论了《宣武区人民政府工作报告》、《关于宣武区2004年国民经济和社会发展计划执行情况及2005年计划草案的报告》、《关于宣武区2004年财政预算执行情况及2005年财政预算草案的报告》、《宣武区人民法院工作报告》、《宣武区人民检察院工作报告》。全会期间,举行了宣武区经济和社会发展情况通报会。中共宣武区委、区政府的主要领导和各职能部门主要负责人到会听取意见、建议。会后,经整理、汇总7个方面意见16条,报区政府参考。

(管 平)

【政协常务委员会会议】 年内,共召开7次常务委员会会议,安排36项议题。1月12日,区政协常务委员会召开第六次会议。会议听取了崔显修秘书长汇报本次会议期间委员们讨论区政协常委会工作报告和区政府工作报告等会议文件的情况,审议了本次会议期间提案审查情况的报告,审议通过了政协北京市宣武区第十一届委员会第二次会议决议(讨论稿),听取崔显修秘书长汇报各民主党派、人民团体在闭幕式上的发言材料准备情况,确定闭幕式上发言的单位。2月23日,区政协常务委员会召开第七次会议。会议审议通过了《政协北京市宣武区第十一届委员会常务委员会2005年工作要点(草案)》,审议通过《政协北京市宣武区第十一届委员会常务委员会2005年委员学习计划(草案)》。4月19日,区政协常务委员会召开第八次会议。会议请区纪检委副书记、监察局长王申恒通报2004年宣武区党风廉政建设和反腐败工作情况及2005年工作重点、会议请区政协副主席喻建平报告区政协工作创新的情况,审议通过区政协关于人事任免的决定(草案)。6月30日,区政协常务委员会召开第九次会议。审议了《关于促进琉璃厂文化区建设的调研报告》和《关于促进国际传媒大道建设的调研报告》,并形成常委会议建议案。会议还审议了《政协北京市宣武区委员会关于加强政协委员街道联络组工作的意见(草案)》、听取了民主评议区市政管委工作情况报告。7月26日,区政协常务委员会召开第十次会议。会议听取了区政府办公室副主任于子强关于区政协十一届二次会议以来提案办理情况的通报,听取并讨论了武高山区长关于区政府2005年上半年工作情况的通报。9月22日,区政协常务委员会召开第十一次会议。听取了区发改委主任王佐对区"十一五"规划(初稿)作说明;协商讨论了区"十一五"规划(初稿)。12月8日,区政协常务委员会召开第十二次会议。会议审议并通过了《政协北京市宣武区委员会全体会议工作规则(草案)》、《政协北京市宣武区委员会常务委员会工作规则(草案)》、《政协北京市宣武区委员会主席会议工作规则(草案)》、《政协北京市宣武区委员会专门委员会通则(草案)》、《政协北京市宣武区委员会委员视察工作条例(草案)》、《政协北京市宣武区委员会反映社情民意信息工作条例(草案)》;审议了关于召开区政协十一届三次会议的决定(草案)、会议议程(草案)、会议日程(草案)、委员分组名单(草案)、小组召集人名单(草案)、会议秘书处组成人员名单(草案);审议了常委会工作报告和提案工作报告的报告人选,三次会议开幕式和闭幕式的主持人,以及在政协十一届三次会议闭幕式上的发言单位及发言人;审议了2005年度表彰优秀提案的决定和名单(草案)及《政协宣武区第十一届委员会常务委员会工作报告》(审议稿)、《政协宣武区第十一届委员会常务委员会关于提案工作情况的报告》(审议稿)。

(管　平)

【**政协主席会议**】　年内,共召开10次主席会议,安排61项议题。1月11日,区政协召开第十次主席会议。会议听取了崔显修秘书长汇报的区政协十一届二次会议各小组讨论常委会工作报告和提案工作报告的情况,听取了崔显修秘书长汇报的各民主党派、人民团体在闭幕式上的发言材料情况,确定了闭幕式上的发言单位,审议通过了《政协宣武区第十一届委员会第二次会议决议》(讨论稿)。会议决定将以上内容和关于本次会议期间的提案审查情况报告,于12日提交区政协第6次常委会议审议。2005年2月21日,区政协召开第十一次主席会议。会议审议通过了《政协宣武区第十一届委员会常务委员会2005年工作要点(草案)》,审议通过了《政协宣武区第十一届委员会2005年委员学习计划(草案)》,审议通过了政协北京市宣武区委员会《关于转发中共北京市宣武区委办公室〈进一步做好党派提案工作暂行办法〉的通知》。会议决定将《政协宣武区第十一届委员会常务委员会2005年工作要点(草案)》和《政协宣武区第十一届委员会2005年委员学习计划(草案)》提交政协宣武区第十一届委员会常务委员会第七次会议审议。2005年3月10日,区政协召开第十二次主席会议。听取并讨论了区政协1、2月份工作总结和3月份工作计划、听取了区政协常委会2005年工作要点分解、2005年常委会议安排和2005年主席接待日安排情况的汇报。2005年4月11日,区政协召开第十三次主席会议。审议通过了《政协宣武区委员会领导班子成员联系政协委员街道联络组的工作制度》、《政协宣武区委员会关于政协委员报告履职情况的规定》、宣武区政协2005年3月份工作总结和4月份工作计划;听取了《政协北京市宣武区委员会机关处以上干部联系政协委员的工作制度》、《宣武区政协机关关于开展"五个一"和"五声"活动的决定》以及对政协委员街道联络组工作调研情况的汇报;会议审议了区政协关于专门委员会副主任人选调整的决定(草案);确定政协宣武区第十一届委员会第八次常委会议于4月19日举行,主要内容为:听取区纪律检查委员会领导通报2004年我区党风廉政建设和反腐败工作情况及2005年工作重点。2005年5月13日,区政协召开第十四次主席会议。会议审议通过了《政协北京市宣武区委员会关于进一步发挥政协界别作用的意见》、审议通过了宣武区政协2005年4月份工作总结和5月份工作计划、审议通过了《政协北京市宣武区委员会关于加强政协委员街道联络组工作的意见》(草案)、会议决定将《政协北京市宣武区委员会关于加强政协委员街道联络组工作的意见》(草案)提交区政协第十一届委员会常务委员会第九次会议审议。会议确定政协宣武区第十一届委员会第三次议政会议于5月底举行,议题为:关于完善我区社会保险制度。2005年6月27日,区政协召开第十五次主席会议。会议审议《关于促进琉璃厂文化区建设的调研报告》和《关于促进国际传媒大道建设的调研报告》、听取了社会法制委员会评议区市政管委工作情况的报告、确定十一届区政协第十五次常委会议于6月30日举行,会议内容是:审议《关于促进琉璃厂文化区建设的调研报告》和《关于促进国际传媒大道建设的调研报告》形成常委会议建议案、审议《政协北京市宣武区委员会关于加强政协委员街道联络组工作的意见》(草案)、听取民主评议区市政管委工作报告。2005年7月7日,区政协召开第十六次主席会议。会议审议通过了《关于我区"低保"工作情况的调研》,并决定将该报告作为区政协主席会议建议案报区委、区政府研究参考。会议还审议通过了宣武区政协2005年6月份工作总结和7

月份工作计划、听取了关于召开政协委员街道联络组工作会议的安排。确定区政协第十一届委员会第十次常委会议于7月下旬举行,内容是:(1)请区政府领导通报2005年上半年工作情况(2)区政府办公室负责人报告区政协十一届二次会议以来的提案办理工作情况(3)书面汇报区政协上半年工作总结。2005年9月6日,区政协召开第十七次主席会议。会议审议通过了宣武区政协2005年8月份工作总结和9月份工作计划、听取了宣武区政协和中共宣武区委统战部联合举行宣武区政协委员统一战线各界人士2005年国庆中秋联欢会的具体安排、确定了政协宣武区第十一届委员会第四次议政会于9月15日举行,题为:加强社区建设。确定政协宣武区第十一届委员会第十一次常委会议于9月22日举行,会议内容为:专题协商区"十一五"规划(初稿),(1)请区发改委主任对区"十一五"规划(初稿)作说明(2)常委就区"十一五"规划(初稿)进行协商讨论(3)请武高山区长讲话。2005年11月14日,区政协召开第十八次主席会议。会议审议通过《政协北京市宣武区委员会全体会议工作规则(草案)》、《政协北京市宣武区委员会常务委员会工作规则(草案)》、《政协北京市宣武区委员会主席会议工作规则(草案)》、《政协北京市宣武区委员会专门委员会通则(草案)》、《政协北京市宣武区委员会委员视察工作条例(草案)》、《政协北京市宣武区委员会反映社情民意信息工作条例(草案)》,决定将以上六项规章制度草案提交区政协十一届委员会第十二次常委会议审议、审议通过了《关于借人文奥运之势提升宣武区公众人文素质的调研报告》,会议决定将该报告作为区政协主席会议建议案报区委、区政府研究参考。2005年12月5日,区政协召开第十九次主席会议。会议审议通过了关于召开区政协第十一届委员会第三次会议的决定(草案)、十一届三次会议议程(草案)、十一届三次会议日程(草案);审议了委员分组名单(草案)、小组召集人名单(草案)、会议秘书处组成人员名单(草案);审议了常委会工作报告和提案工作报告的报告人、党派团体在三次会议闭幕式上的发言人(草案)、审议了2005年度表彰优秀提案决定和名单(草案)、审议《政协宣武区第十一届委员会常务委员会工作报告》(审议稿)和《政协宣武区第十一届委员会常务委员会关于提案工作情况的报告》(审议稿);通过了《政协宣武区委员会第十一届委员会第三次会议主席、副主席主持会议分工》、讨论通过了政协第十一届委员会常务委员会第十二次会议召开的时间和内容。会议决定将以上各项提交区政协第十一届委员会常务委员会第十二次会议审议。

(管　平)

【提案委员会工作】　年内,组织部分委员赴山东省济南市、枣庄市政协就提案工作经验和如何发挥民主党派在提案工作中的重要作用进行了交流。组织了有各民主党派、工商联和侨联主管提案负责同志参加的提案工作培训,开展了提案摘报、征集提案线索和建立提案台帐等工作。参加政协的民主党派、人民团体和政协委员全年提出提案210件,全部办复。满意率为77%。

(管　平)

【文史资料委员会工作】　年内,完成了《北京文史资料精选＊宣武卷》的稿件组织、编审、打印、校对工作。整理、编辑、出版了宣武文史第十二辑。组织了多种视察、参观学习、考察活动。

(管　平)

【经济科技委员会工作】　年内,围绕宣武区经济建设和改革中的难点、热点问题,积极开展调查研究、专题座谈、情况通报以及视察等活动。和区发改委联合开展了关于促进国际传媒大道建设的调研。调研报告经区政协常委会议审议,作为常委会议建议案报区委、区政府。

(管　平)

【城市建设和管理委员会工作】　年内,开展了《关于借人文奥运之势提升宣武区公众人文素质》的调研,报告经主席会议审议,形成主席会议建议案。开展了"城中村"改造、社区建设视察活动。对宣武区"十一五"城市建设发展规划、环境保护发展规划、城市管理发展规划、社区发展规划、老龄事业发展规划进行了协商讨论。

(管　平)

【教育文化卫生体育委员会工作】　年内,组织了教育、文化、卫生、体育工作情况通报会。组织委员就整改区精神病医院环境、先农坛体育运动学校、宣武区社区卫生服务、宣武区小学校园及周边环境整治等工作开展了视察。进行了宣武区文化、卫生、体育系统"十一五"发展规划的协商讨论。

(管　平)

【民族宗教委员会工作】　年内,组织了宣武区民族宗教工作通报会。学习了国务院新颁布的《宗教事务条例》。组织了对"尽快改善宣武区回民幼儿园的办学条件"提案的追踪视察。开展了参观、学习活动。

(管　平)

【社会法制委员会工作】　年内,与区民政局联合开展了关于我区低保工作情况的调研。调查报告经主席会议审议,作为主席会议建议案报区委、区政府。组织了对区检察院、区政务大厅、区残疾人活动中心、区部分施工企业的视察。对区市政管委开展了民主评议。听取了区建委的整改措施汇报。开展了宣武区“十一五”人才开发与利用发展规划、劳动和社会保障事业发展规划、法制建设发展规划的协商讨论。

（管　平）

【港澳台侨委员会工作】　年内，召开了元宵节茶话会、学习《反分裂国家法》座谈会。组织了工作情况通报会。对牛街、马连道茶叶一条街进行了视察。组织了在宣武区经商的台商联谊活动。

（管　平）

【召开区情通报会】　3月14日，区长武高山向区政协委员、各民主党派团体负责人通报区情。武高山区长通报了2005年前两个月宣武区经济和社会发展的基本情况和3月份及2季度的重点工作、“十一五”规划的调查研究和编制工作、未来五年政府工作的几点思考。

（管　平）

【召开学习座谈会】　3月22日，宣武区政协、区委统战部联合召开宣武区统一战线各界人士学习《反分裂国家法》座谈会。各民主党派、工商联以及黄埔同学会、侨联、台胞台属代表、区政协港澳台侨委员会委员参加了座谈会。

（管　平）

【召开信息工作会】　3月29日，区政协召开信息工作座谈会。区政协研究室主任就2005年信息工作要点作了安排。民革区工委、民建区工委、九三学社区工委信息员分别介绍了自己做好党派信息工作的经验和体会。与会人员还对区政协的信息工作提出了一些意见和建议。

（管　平）

【举办学习报告会】　4月26日，区政协和区委统战部联合举办学习中共十六届四中全会决定和胡锦涛同志在庆祝人民政协成立55周年大会上重要讲话报告会。全国政协办公厅研究室主任卞晋平作了报告。

（管　平）

【主席、副主席接待委员日活动】　3月17日，张文华主席利用主席接待委员日走访了北京健峰生物技术有限公司董事长孙世东、北京银行右安门支行行长马宝红、北京欧杰电讯技术有限责任公司总经理王云3位委员，直接听取了他们的意见和建议。5月16日，喻建平副主席在主席接待日邀请港澳台侨界委员以及部分民主党派、人民团体负责人，就国民党、亲民党代表团赴大陆访问和当前海峡两岸关系等问题进行座谈，听取大家对做好祖国统一工作的意见建议。

（管　平）

【委员活动日】　5月26日，为纪念抗日战争胜利60周年，区政协组织委员参观了平西抗日烈士陵园，当日还组织委员游览了房山区仙栖洞和云居寺。

（管　平）

【政协议政会】　5月30日，区政协和区委统战部围绕我区完善社会保险制度的工作召开了十一届区政协第三次议政会。张文华主席主持会议。区委书记唐大生，区长武高山，常务副区长王永新出席了会议。9月15日，区政协和区委统战部联合召开加强社区建设议政会。区委副书记、区长武高山，区委副书记、纪委书记韩恩慈，副区长杜灵欣、税勇参加了会议。

（管　平）

【协商会议】　5月14日，区政协就区“十一五”规划召开了协商会议。区发改委副主任刘学增就区“十一五”规划编制工作及“十一五”规划框架内容作了说明。喻建平副主席对区政协组织好、协商好区“十一五”规划提出了具体要求。

（管　平）

【国庆中秋联欢会】　9月16日，区政协和区委统战部主办，区文化委承办的“宣武区政协委员统一战线各界人士2005年国庆中秋联欢会”在北京鑫融剧院举行。区长武高山、区政协主席张文华，区政协委员、各党派团体成员和各族各界代表人士，区委、区人大、区政府、区政协的领导同志出席联欢会。区政协副主席、区委统战部部长王玉兰在联欢会上致辞。

（管　平）

【秘书长联席会】　11月4日，区政协召开了民主党派、人民团体秘书长联席会。会上，崔显修秘书长要求参加政协的各党派、团体认真做好政协十一届三次会议的大会发言及提案、社情民意的准备工作。

（管　平）

群众团体

宣武区总工会

【概况】 北京市宣武区总工会(简称区总工会)是中国共产党领导下的职工群众自愿结合的群众组织。区总工会受中共北京市宣武区委和北京市总工会的双重领导,负责指导全区各行各业的基层工会工作。区总工会所属局、公司、街道和直属基层工会83个,基层工会委员会579个,工会会员38 838人。2005年,全区各级工会组织在区委和市总工会的领导下,紧紧围绕区委、区政府的中心工作,认真贯彻"三个代表"重要思想,全面落实科学发展观,深入学习贯彻党的十六大、十六届四中全会、中国工会十四大和北京市总工会十一届二次委员会议精神,结合保持共产党员先进性教育活动,按照"组织起来,切实维权的总要求,坚持服务大局、服务职工,大胆开拓、勇于创新,区总工会各项工作取得了明显进步。

地址:宣武区白纸坊东街甲12号

邮编:100054

电话:83537409

(田　喆)

【区总工会十一届四次委员(扩大)会议】 1月5日,区总工会十一届四次委员(扩大)会议在区政府1号楼B1报告厅召开。区委副书记杨素荣、市总工会区县部部长程玉山出席会议。区总工会副主席张秀敏在总结去年工作的基础上,提出了2005年工作意见。区直机关工委、菜百公司、金工投资管理公司工会从不同角度介绍了工作经验。会上,对先进集体、先进个人进行了表彰。

(宋玉清)

【区政府与区总工会年度联席会】 1月6日,宣武区政府与区总工会2004年度联席会议召开。常务副区长王永新主持会议,区长武高山出席。经过协商,会议就两项议题达成一致:一是由区财政每年拨款50万元补助工会经费不足;二是对职工集体突发事件,区政府及有关部门应及时通报区总工会,便于工会了解情况,协助政府更好地化解矛盾,解决问题。区长武高山希望政府与工会进一步加强联系与沟通,共同协调劳动关系,维护职工合法权益。区委副书记杨素荣应邀出席会议;出席会议的还有区财政局副局长涂云国及区总工会常委。

(宋玉清)

【传达贯彻市委办公厅【2005】31号文件】 12月21日,区维护职工权益稳定职工队伍工作会议召开。常务副区长王永新主持会议,区委副书记杨素荣就宣武区贯彻落实市委办公厅【2005】31号文件精神讲了话,区总工会主席宋大中传达了市委办公厅【2005】31号文件《中共北京市委办公厅北京市人民政府办公厅转发中共北京市总工会党组<关于维护职工权益稳定职工队伍的意见>的通知》精神。区国资委系统各基层单位、区教委、卫生局党政工领导;区总工会委员会、经审会、女职工委员会的委员及各单位的工会主席出席了会议。会上下发了区总工会十一届五次委员会的工作报告。

(宋玉清)

【送温暖工作】 年内,区各级工会组织开展了"进万家门,知万家情,解万家难"的送温暖活动。元旦、春节期间,区总工会及各基层单位工会、行政部门共筹措资金4 608 510元,补助困难职工总数4 107人,其中,区总工会为特困、困难职工支付慰问金145 000元。期间,各级工会组织除开展走访、慰问活动外,还举办了联欢会、团拜会、座谈会等活动。

(田　喆)

【为困难职工办实事】 年内,从送温暖基金拨付专款57 000元,对31名考上大学的困难职工子女,分别给予1 000元-2 000元的助学金。区总工会积极与北京图书大厦、健宫医院、天天好大药房协商联系,向全区800余名困难职工,赠送了购书卡、就医卡和购药卡,使他们购药、买书可以得到八八折到九二折不等的优惠。新核查困难职工档案,为做好明年的送温暖工作打下了基础,通过重新调查,宣武区现有困难职工501人,其中月人均收入300元以下特困职工410人,月人均收入300元-360元的91人。

(田　喆)

【“一日捐”活动】 年内,全区有52个单位近2万人通过一日捐”活动捐款506 423元,按“四、三、三”比例分别划入区总工会、局公司工会和基层工会三级送温暖基金帐户,本着专款专用的原则,用于对特困职工的解困工作。

(田　喆)

【推行厂务公开】 年内,总工会研究制定了《2005年厂务公开民主管理工作意见》,加大厂务公开工作的推进力度。结合宣武区实际,制订了《宣武区关于落实厂务公开“行政主体到位”和“两书一查”制度的实施意见》,经区委、区政府领导同意,下发各基层单位,保证了行政领导“第一执行人”职责的落实,确保了厂务公开工作的深入开展。

(田　喆)

【健全完善集体合同制度】 年内,各级工会组织积极推动企业建立健全了平等协商和集体合同制度,进一步提高了集体合同质量,将平等协商的内容引导到职工关心的重点和难点问题上来。积极探索由用工单位、劳务中介组织与进城务工人员平等协商、签订集体合同的新形式,并且把进城务工人员也纳入到了平等协商集体合同制度中来。对在改革中发生的问题,工会组织早发现、早介入,及时全面了解情况,为政府决策提供可靠依据。一方面维护了职工的合法权益,另一方面协助政府、企业做职工工作,确保企业改革工作的平稳进行。

(田　喆)

【合理化建议月活动】 年内,在广大干部、职工中组织开展了“我为宣武发展献一计”合理化建议月活动。共收到合理化建议1 000余条。对涉及全区、具有一定代表性的20件合理化建议报送了区政府。

(田　喆)

【安全生产月活动】 年内,区总工会开展了以“遵章守法,关爱生命”为主题的安全生产月活动。建立健全了一级抓一级的安全生产责任制,把安全生产各项制度落到实处。全区共有637人次参加了对45个企业共169次的安全生产大检查。为宣传安全生产,减少伤亡事故发挥了积极作用。

(田　喆)

【第四届职工英语大赛】 11月,区总工会举办了第四届职工英语大赛,全区一千余名职工积极参与,因水平较高,大赛得到了各方面的好评。

(田　喆)

【劳动模范推荐和评选工作】 年内,区总工会在完成了北京市劳动模范推荐和评选工作。共评选产生了全国先进工作者1名,北京市劳动模范、先进工作者17名,北京市模范集体3个。“五一”节前,以区委、区政府名义组织召开了庆“五一”暨2005年北京市劳动模范、先进工作者表彰大会,区总工会举办了五一劳模招待会。

(田　喆)

【为劳动模范办实事】 年内,为200名退休劳模办理2005年度劳模公园年票,为119名劳模提供了35万多元的帮扶资金,协助有关部门为3名劳模解决了住房困难。为劳模组织体检和为在职劳模订阅劳动午报和工会博览杂志。

(田　喆)

【“双争创”和文明礼仪教育活动】 年内,在全区广大职工中开展了以“日常行为讲文明,本职岗位展风采”为主题的职业道德、职业礼仪教育活动。各级工会组织利用各种宣传工具宣传文明礼仪知识,并结合岗位需要,开展了文明礼仪知识竞赛答案和知识竞赛活动。据不完全统计,全区80%的职工参与了这次活动,25个单位组队参加了区总工会举办的知识竞赛。

(田　喆)

【社区建会工作】 年内,区总工会先后深入部分街道调查了解社区工会工作情况,在8个街道的配合下对在宣武区注册经营的161家外商投资企业和13个写字楼组建工会情况进行了核查登记。并有针对性地制定下发了《关于社区工会的职责和主要任务(征求意见稿)》,对加强社区工会规范化管理、明确职责起到了一定的作用。

(田　喆)

【女职工权益工作】 年内,从送温暖基金中申请专款,为34名没有上女职工特殊疾病保险的在职特困单亲女职工送上了健康保险。组织近千名女职工参加了女职工权益保障法律法规知识竞赛活动,组织8名特困单亲女职工参加市总的专题课堂学习,为她们提供子女教育的专门辅导,受到女职工的欢迎。

(田　喆)

【下岗职工再就业】 年内,总工会职介所积极为下岗职工再就业提供服务,开通了职业介绍信息网站,登载求职招聘信息,进一步加强了求职者与用人单位的信息沟通,1—10月份,为求职人员提供职业指导636次,求职登记481人,介绍推荐就业547人,成功地为378名下岗失业职工找到了工作岗位,成功率达78.6%。

(田　喆)

【职工安康互助保险】 年内，宣武区职工安康互助保险新增会员近1 000人，各项投保金额达4 000多万元，有302名职工出险得到理赔和慰问，给付金额300 248.40元。

（田 喆）

共青团宣武区委员会

【概况】 中国共产主义青年团北京市宣武区委员会（简称团区委）受中共北京市宣武区委和共青团北京市委领导，负责全区共青团工作，领导少先队宣武区工作委员会，指导宣武区青年联合会，并承担宣武区未成年人保护委员会办公室和宣武区综治委预防青少年违法犯罪工作领导小组办公室的工作。团区委机关设办公室、组织部和统战联络部、宣传部、权益部4个部室，行政编制11人。全区有派出机构（即团的工作委员会）11个、直属团委26个（含临时团委1个）、直属团总支11个（含临时团总支1个）、直属团支部5个。全区14至35岁青年133 738人，其中团员17 233人。年内，不断加强青少年思想道德教育建设，认真开展保持共产党员先进性教育活动，加强党建带团建工作，开展增强团员意识主题教育活动，开展形式多样、主题鲜明的青少年教育活动。不断优化区域发展环境，加强区域化团建，努力深化"区校共建"活动，促进青年就业再就业工作，积极扶助弱势青少年群体，推进青年志愿者工作，继续开展青年文明号争创活动。不断加大服务青少年成长成才力度，努力提高青年公务员素质，切实关注进京创业青年发展，进一步加强团干部培养和队伍建设，大力举荐优秀青年人才，指导推进青年社团组织建设。

地址：宣武区白纸坊东街甲12号

电话：63522311

邮编：100054

（默京达）

【基层组织建设】 年内，区委组织部、团区委联合召开了宣武区党建带团建工作推进大会，出台了《关于进一步加强基层党建带团建工作的意见》，强调了带思想建设、带组织建设、带班子建设、带队伍建设、带作风建设以及优化团的工作条件的"五带一优化"的工作思路。组织开展了"为团旗增辉、为宣武添彩"的主题团日评选活动。经评审委员会评审，区城管大队团委、牛街街道团工委、区直属机关团工委、北京更香茶叶有限公司团总支组织开展的主题团日活动被评为优秀主题团日活动。团区委以《宣武区基层团组织目标量化考核办法》为标准，加大考核力度，深入开展"达标创优"各类竞赛活动。评出五四红旗团委18个、五四红旗团支部33个、优秀团干部57名、优秀团员44名。认真开展推优工作，推优入党92人，推优入团2 715人。积极开展非公经济组织建团与团建工作，以街道团工委为主力，系统团组织继续以"一带一"模式指导非公企业建立团组织，全年共建立非公团组织7家。在做好非公建团工作的同时，组织卫生系统青年志愿者为200多名进京创业青年进行了健康体检和法律咨询等服务【并与首都高校合作，组织非公企业团员青年30余人开展"我做一日大学生"体验式活动，青年团员积极参与、直接对话、坦诚交流，达成了"融入组织氛围、提高综合素质、展示自我才华、积极奉献社会"的共识。

（周 纪）

【思想建设】 年内，由区委老干部局、团区委共同承办了"传承革命精神、奉献青春才智"宣武区纪念抗日战争胜利60周年座谈会，区域内各行各业的优秀青少年代表和参加过抗日战争的离退休干部代表近80人参加。《宣武青年》团刊作为团的宣传阵地的作用，坚持正面引导，把握舆论导向，连续4年被评为宣武区宣传思想政治工作"四个一"最佳宣传阵地奖。"宣南文化高校行"活动荣获宣武区第二届宣传思想工作"创新奖"。

（杜宇琛）

【捐资助学】 年内，团区委积极为弱势青少年办实事，不断整合资源，充分发挥北京青少年发展基金会、希望工程北京捐助中心宣武区工作站的作用，加大筹资力度，开展"爱心手牵手－安利助学计划"、"温暖童心－关爱残疾儿童"等捐资助学活动，同时，通过"希望之星（1＋1）奖学金、爱心基金、学子阳光奖学金、沃尔玛农民工子女助学金、明德奖学金"等项目，全年共为区493名各类困难家庭青少年发放助学金共计268 500元。

（武 剑）

【社区工作】 年内，6个社区被评为市级"青年文明社区"。23名优秀社区青少年工作者受到团区委表彰。以寒暑假为重点，充分发挥"区校共建"大学生志愿者力量，发放中小学生回社区报到卡，开展了"新春唱响新童谣"、"文明相伴，欢喜过年"、"文明生活，健康成长"、"我做一日清华学子"等主题教育活动，活跃了基层团队组织，提高了青少年思想道德素质，收到了良好的效果。

（王冬娃）

【志愿服务】 年内,召开了“宣武区学雷锋‘综合包户’青年志愿服务行动推进会”,表彰了一批优秀集体和个人,深化了“综合包户”、“青春映晚霞”、“青年爱心诊室”、“社区关爱工程”、“助学家教”等多项青年志愿服务品牌。宣武区学雷锋“综合包户”活动荣获第六届北京青年志愿服务行动优秀项目,大栅栏街道“综合包户”志愿者服务队、区地税局牛街税务所青年志愿者服务队、宣武区第一职业学校团委被评为北京青年志愿服务行动优秀服务集体,广外医院团支部书记高宇、北京市华夏女子中学团委书记王磊被评为北京青年志愿服务行动优秀青年志愿者。团区委在原有的志愿服务项目的基础上,不断推出新的志愿服务项目,承办了由市委宣传部、首都文明办、市交通委、市交管局、市教委、市总工会、团市委、市妇联等单位主办的“青春献祖国,志愿迎奥运－文明交通伴我行活动启动仪式”,全区1 000余名青年志愿者参加了交通秩序环境集中整治行动;以构建社会主义和谐社会为主要内容,配合“世界献血日”,与区卫生局联手招募了316名青年应急献血志愿者;在“世界艾滋病日”,组织青年志愿者宣传预防艾滋病知识;发挥“区校共建”大学生志愿者的作用,与区矫正办、区检察院、首都师范大学团委共同开展了“为了明天－未成年人社区矫正”志愿服务活动。

(武　剑)

【区校共建】 年内,继续以项目化运作的方式推动“区校共建”。与区委组织部联合召开了2005年“区校共建”工作座谈会,邀请了北京大学、清华大学等15家高校党委组织部长、团委书记参加,推出“宣武区人才实践园区”项目,加大智力和人才的引进力度。团区委与北京大学团委共同举办了“宣南文化燕园行”活动,通过文艺晚会、宣南文化展览、宣南文化讲座、宣南一日游、“我心中的宣武”座谈会暨北大校友畅谈会等形式,使北大学子加深了对宣南文化和宣武发展的了解和认识。继续开展大学生志愿者社会实践活动。

(雷　玥)

【青少年维权和预防青少年违法犯罪工作】 年内,召开了未成年人保护和预防青少年违法犯罪工作会议,进一步构建青少年维权网络,加强青少年法制教育工作者培训,不断加强中小学校法制校长队伍建设,15名同志荣获宣武区“优秀法制校长”。开展了“为了明天－未成年人社区矫正”活动、未成年人法律援助等工作。深化“优秀青少年维权岗”创建、“青少年模拟法庭”等活动,未成年人成长环境不断优化。

(李京)

【青年联合会工作】 年内,区青联召开了四届三次主席办公会、常委会和全会,增补委员9名,调整了秘书长,并授予王澎、李煦、刘家博、刘家欣、姜彤五名委员“特别贡献奖”。举办了“凝聚青年才智,服务宣武发展－宣武区青年企业家论坛”,邀请区青年企业家以及区政府经济部门领导就企业管理、企业文化、政府政策支持方面等问题进行了交流,搭建了青年企业家学习交流的平台。区青联开展了“温暖童心”活动,为全区32名家庭贫困残疾儿童送去了生活用品和捐款,并与委员所在的安利(中国)日用品有限公司联合推出“爱心手牵手－安利助学计划”。年内,区青联共举办七次委员沙龙,通过参观委员所在企业及座谈交流等形式,实现了信息共享,加强了委员间的合作,促进了事业发展。定期开展了委员健康日、亲子活动、金点子行动等一系列委员喜闻乐见的活动。积极向市青联推荐优秀青年,年内共有8名青年被市青联吸收为委员。

(周　纪)

【青年人才工作】 年内,经区委组织部审核,区人才工作领导小组同意,决定授予张忠涛、赵国辉、张华、崔琛、王荣、刘尧、赵文胜、张岩、寇杰、朱丽俐10名同志为宣武区第六届青年拔尖人才。6月,区委组织部、团区委、区青联以“青春放飞梦想 爱心铸就希望”为主题,举办了宣武区第六届青年拔尖人才表彰大会。

(张春雷)

【双拥工作】 年内,与武警七支队开展了多种形式的文体联谊活动和“首都卫士看北京”、“青春旋律进军营”等为主题的特色双拥活动,为部队青年官兵提供了切实的服务,进一步增强了武警官兵保卫祖国首都的使命感。

(崔　杰)

【团干部培养】 年内,采取动态化、多样化、小型化的方式,从加强团干部的理论学习、知识拓展、能力培养等方面入手,对全区团干部进行全面系统的培训。以“抓基层、打基础、推动共青团自身建设”为主题,开展街道团工委书记工作交流活动,举办了“构建和谐社会与团组织的责任”专题研讨会以及直属团干部培训班活动,提高了团干部的业务技能和综合素质。

(李子祥)

【青年就业与再就业工作】 年内,团区委与区劳动和社会保障局共同召开了失业青年专场招聘会,联系用工单位7家,为辖区失业青年提供了保洁、销售、超市、物业等15条用工信息,共有72名辖区失业人员参加。其中46名失业人员与用工单位达成了就业意向，同时向用工单位宣讲了市、区出台的各项再就业的优惠政策，调动了企业安置失业人员的积极性。

（申　骏）

【团建创新项目】 年内，团区委继续开展团建创新申报工作，经团区委常委会审核通过，共批准8个基层团组织申报的团建创新项目。

（刘继红）

【团员主题教育活动】 年内，全区各级团组织开展了增强共青团员意识主题教育活动。活动分为宣传动员、学习实践、巩固提高三个阶段。教育活动达到了“增强意识、健全组织、活跃工作”的目的。11月，团中央督导组对区开展增强团员意识主题教育活动进行了检查，并给予了高度评价。在北京市增强团员意识主题教育活动先进单位评比活动中，区卫生局团委、天桥街道团工委、区团教育工委、区审计局团支部、区检察院团支部被评为“北京市增强团员意识主题教育活动先进单位”。

（张春雷）

【青年文明号工作】 2005年是“青年文明号”创建活动在区开展12周年。全区共有青年文明号单位（集体）172家，团区委积极在文明号单位（集体）范围中开展论坛交流、文体比赛等活动，增强文明号意识、提升文明号素质。全区共有16家单位（集体）申报区级青年文明号，在团区委的指导下，申报质量和数量均超过往年。为改进和完善青年文明号检查评比机制，深化青年文明号的社会评价体系建设，青年文明号考评委员会引导菜百、张一元等青年文明号发挥龙头带动作用，带动青年文明号集体积极参与社会公益活动；各街道团工委发挥青年文明号区域联动机制，推动青年文明号投身社区服务行动。团区委充分发挥全国、市、区级青年文明号集体典型示范作用，不断深化青年文明号的社会评价体系建设，引导广大青年技能比武、岗位建功、岗位成才，全区共评选出青年文明号集体16个，青年岗位能手20名。

（杜宇琛）

【青年文化建设】 年内，联合区旅游局、区商务局、区外办、区文明办等单位，举办“绚丽青春、华彩宣武－宣武青年风采展示大赛”，展示了宣武青年的精神风貌和时代风采；举办“宣武青年拔河友谊赛”，邀请了一批中央市属驻区单位及非工企业团员青年参加，促进了区域化团建工作。

（申　骏）

【公务员素质拓展系列活动】 3月至10月，与区人事局共同组织开展了“我与宣武共成长”－2005年宣武青年公务员素质拓展计划系列活动。包含“宣武青年讲坛”、“青年公务员DV调研展示大赛”、“青年公务员学习交流”和“青年公务员原创文学朗诵会”四个子项目，使青年公务员开阔了视野，提升了素质。

（崔　杰）

宣武区妇女联合会

【概况】 北京市宣武区妇女联合会（简称区妇联）是中共宣武区委领导下的妇女群众团体组织，是党和政府联系妇女群众的桥梁和纽带。其基本职能是团结、动员广大妇女参与经济建设和社会发展，代表和维护妇女的合法权益，促进男女平等的实现。区妇联机关现设办公室、组织联络部、宣传教育部、妇女儿童工作部、妇女儿童工作委员会办公室。共有干部职工15人。基层妇女组织包括：街道妇联8个、社区妇代会108个、局处公司女职工委员会52个、机关、党派妇委会21个、非公经济妇女组织16个和北京市三胞妇女联谊会宣武分会、北京市妇女理论研究会宣武分会、北京大众读书会宣武分会、北京市家庭教育研究会宣武分会、宣武区巾帼苑联谊会。年内，区妇联坚持以邓小平理论和“三个代表”重要思想为指导，以开展保持共产党员先进性教育活动为契机，以妇联组织能力建设为重点，以构建和谐宣武为目标，紧紧围绕区委、区政府中心工作，结合妇女需求，突出重点，发挥优势，扎实工作，推动了全区妇女事业的新发展。

地址：宣武区白纸坊东街甲12号

电话：83536480　87096109

邮编：100054

（李爱香）

【“两节”送温暖】 1月17日，市妇联主席荣华、副主席姜贵平、区委副书记杨素荣，慰问了宣武区单亲特困母亲、再就业明星马国英。同时为一名“贫困母亲”解决了为期一年的每月300元救助款。1月21日，启动区妇联第三年“情暖百户心”两节送温暖活动。为全区八个街道的百余户困难妇女和家庭送去了米、面、油等生活必需品及节日慰问信。全区各级妇女组织慰问下岗特困女工、单亲母亲、贫困家庭、特困学生、残疾人及老妇救会主任、妇女统战人士、五好文明家庭、巾帼女杰、离退休老干部、武警官兵共8 850户，8 800多人。1月26日，区妇联副主席许荫英代表区妇联参加了由副区长哈金起率队组成的兵妈妈慰问团,到武警七支队慰问、探望了800名新兵战士。区妇联送去了800份鞋垫、袜子、笔、本等物品及800封慰问信。

(李爱香 佟凤华 谢军)

【倡导家庭礼仪】 2月1日,与区委宣传部、区文明办联合在牛街东里社区举办了"文明礼仪进社区、治家格言到万家"主题活动。市妇联主席荣华、区委副书记仲兆军、区委宣传部部长丁力等领导出席并向社区家庭赠送了《文明礼仪治家格言》小册子。中小学生在六条10米长卷上写下了"礼仪宣言"。区文联的书法家和社区书法爱好者现场书写了家庭文明春联送给居民。五好文明家庭代表向全区19万户家庭发出了要遵守文明礼仪规则的倡议。

(李　勐)

【"三八"系列活动】 3月4日,在广安会议中心隆重举行"宣传男女平等国策,展示女性文明风采,推动妇女事业发展"－宣武区纪念"三·八"国际劳动妇女节95周年活动。区委副书记杨素荣代表区四套班子向大会致辞,中国妇女报总编卢小飞女士为与会者作了题为"贯彻男女平等基本国策与构建和谐社会"的报告。区四套班子领导、全区各单位主管领导、区妇女儿童工作委员会各成员单位领导、妇女之友、妇女干部等近五百余人参加了庆祝大会。大会由区妇联李春英主持。区人事局、区妇联联合表彰2004年度基层妇女组织先进集体17个、先进个人12名。为八个街道的巾帼志愿者服务队授"宣武区巾帼志愿者服务队"队旗,巾帼志愿者代表向全区志愿者和广大妇女发出了"迎接奥运是你我共同的心愿,办好奥运是你我共同的责任"的倡议。展出了"贯彻落实男女平等基本国策,推动落实十五时期妇女发展规划"的宣传展版。为全区妇女和下岗失业女职工安排了健康、心理、维权、体能测试、家庭教育等方面的咨询服务及失业女工手工编织品的展卖活动。3月5日,在申同体育活动中心举办了巾帼苑联谊健身活动,各分会秘书长、会长、女领导干部联谊分会全体成员40余人参加,区委副书记杨素荣参加并讲话。3月8日,与区司法局的干部来到北京市外地犯罪遣送处,参加了服刑女犯庆"三八"树立四自精神重塑健康人生演讲会。

(高怡文 王慧)

【非公经济妇女组织建设】 "三八"期间,在宣武区北京麦德姆传媒广告有限责任公司、家乐福马莲道店(外企)、北京安华景苑饭店、皇诚老妈、牛街街道社区公益性就业组织、国华餐厅、郭林家常菜酒家、蟹岛酒家、红龙宾馆、南来顺火锅店、高丽高烤肉店、千喜园足球餐厅共12家非公企业建立了妇委会,在北京东方信报广告有限责任公司建立了妇女工作小组。3月18日,在更香茶叶公司召开非公企业妇代会主任座谈会,就全区非公经济妇女组织建设状况、作用、工作职能等进行了交流及培训。区妇联主席李春英、副主席许荫英、中国妇女报记者金勇出席座谈会。

(王　慧)

【三胞妇女联谊会】 3月22日,与侨联联合举办各界妇女学习《反分裂国家法》座谈会。台胞、台属、归侨侨眷坚决拥护国家颁布的《反分裂国家法》,表示积极做好海外亲属的工作,为实现祖国统一大业贡献力量。区委统战部部长王玉兰、区妇联主席李春英出席了座谈会,座谈会由副主席许荫英主持。

(王　慧)

【下岗女工手工编织品展卖】 4月28日,分别在广安会议中心、国华商场、SOGO商场门口举办下岗失业女工手工编织成果作品展卖,展卖的作品近700余件,销售额9 000余元。

(许伯宁)

【关爱单亲母亲活动】 4月29日,举行了单亲母亲支持小组在全区推广启动仪式,100余名单亲母亲参加了启动式。9月14日,区妇联举办了单亲特困母亲话中秋座谈会,60名单亲特困母亲参加了座谈。在座谈中进行了宣武区单亲特困家庭现状的问卷调查。

(李爱香 佟凤华)

【五好家庭评选表彰】 5月14日,在广安会议中心举办了"学习文明健康,建设和睦家庭"宣武区第五届五好文明家庭评选表彰活动。与区精神文明建设委员会联合对在五好文明家庭创建活动中涌现出来的10名科学教子家庭标兵、10名教子有方好母亲及百户五好文明家庭进行了表彰。播放了区妇联制作的《学习文明健康,共建和睦家庭－宣武区第五届五好文明家庭风采录》宣传片。区五好文明家庭创建活动协调领导小组副组长、区委常委、区委宣传部长丁力到会祝贺并讲话。

(李　勐)

【妇女干部培训班】 5月17日,在区政府2号楼10层会议室举办全区妇女干部新《信访条例》培训班,区信访办主任耿惠芳主讲。区、街妇联干部、妇代会主任、局、处公司女职工委员、民主党派、非公企业妇委会主任等150余人。7月28日,在区红旗业大举办宣武区基层妇女干部业务培训班。区、街妇联干部,局处公司女职工委员、机关党派非公经济组织妇委会主任、基层妇代会主任180余人参加。全国妇联妇女理论研究室主任丁娟、北京社会科学研究院研究员王凤仙分别为基层妇女干部讲授了“如何运用心理学知识做好新时期妇女思想工作、如何运用科学工作理念开展社区弱势群体妇女工作”专题。9月16日，中央党校教授李慧英为区委党校处级班学员专题讲授“男女平等基本国策”。10月19－21日，在区委党校，与区委组织部共同举办女领导干部培训班，局处公司女工委员、党派机关妇委会主任、部分妇女界别政协委员、部分三胞妇女联谊会理事近100人参加。区委组织部部长赵印春做了培训动员。10月25日－28日，部分机关干部参加了市妇联妇女干部培训班。

（王　慧）

【学习型家庭大赛】 5月21日，与区科协、区信息联合举办“消除数字鸿沟，享受时尚生活”数字生活技能大赛。来自全区的10支家庭、学生代表队参加数码摄影、短信息交流、网上冲浪及数字家电知识问答4个项目的比赛，最终逐出两个家庭队和一个学生队代表宣武区参加了6月11日“2005年北京市百万家庭数字生活技能大赛”的决赛，获参与奖。

【女性英语风采展示】 7月21日，与区市民讲英语活动领导小组、宣武区文化馆联合举办“唱响2008，我们与奥运同行”女性学习英语风采展示大赛。来自窗口行业的一线职工、教师、医护人员、税务工作者以及社区的居民，通过自己编排的情景剧、快板、表演唱和诗歌朗诵，表达了全区女性期盼奥运的炙热情感，展示了宣武女性积极为奥运做贡献的精神风貌。市妇联副主席姜贵平，区委常委、宣传部长丁力等领导出席，各界妇女代表四百余人参加了活动。

（李　勍）

【庆六一活动】 5月26日，与区教委在槐柏幼儿园开展了以“弘扬民族文化，巧手装扮北京”为主题的全区幼儿庆“六一”活动。100名来自幼儿园所的孩子集体创作迎奥运会百米画卷。区委常委、宣传部部长丁力、区妇联主席李春英、区教委副主任牟东棋、现代家庭教育报社主编袁安胜等有关领导参加了活动。5月29日，组织宣武区红莲小学40名学生参加市妇联举办的“同在一片蓝天下，流动人口子女逛京城”活动。5月31日，在区少年宫举办了以“唱响北京新童谣，争做文明好少年”为主题的宣武区庆“六一”儿童节大会。北京市妇联副主席杨秀珍、区委常委、常务副区长王永新、区教工委书记郑然、区教委主任高子忠、区妇联主席李春英、团区委书记、区少工委主任艾丽等领导出席大会。6月1日，在宣师一附小礼堂开展“文明永驻校园，好书伴我成长”主题书签、图书赠送启动式。区人大副主任申晓岩、区妇联副主席姜光、区教委副主任牟东棋、宣武图书馆馆长李金龙以及宣师一附小校长杨英等领导参加了启动式。赠送区妇联印制的以文明行为习惯为内容的书签1 700套。六一期间，区妇联资助了第八批品学兼优贫困生100名，资助款每人200元。

（谢　军）

【外事活动】 6月1日，接待台湾妇女参访团56人，区劳动部门、教育系统、卫生部门等领导参加座谈，区妇联主席李春英主持会议。6月2日，区妇联李春英主席和区教委有关人员在槐柏幼儿园接待了台湾功文文教基金会访问团一行7人，与台湾功文文教基金会负责人蔡雪泥博士就幼儿园亲职教育问题进行了交流。代表团参加了幼儿园组织的亲子互动活动，观看了小朋友演出的节目。蔡雪泥博士做了“潜力开发的关键期在幼儿”的演讲，近百名家长参加。11月1日，阿拉伯地区科威特、苏丹、阿联酋、约旦、阿曼、巴勒斯坦、阿尔及利亚7国使节夫人一行7人，在全国妇联、市区妇联、区委统战部等有关领导的陪同下，参观了宣武区牛街礼拜寺。牛街礼拜寺管委会主任韦春杰、薛天利阿訇介绍了牛街礼拜寺的历史和发展情况。区妇联与使节夫人互赠纪念品。使节夫人为牛街礼拜寺捐款6 400元。

（邢淑丽）

【巾帼苑联谊活动】 6月18日，巾帼苑联谊会在世界花卉大观园举行学插花联谊活动。40余名女领导干部参加。

（王　慧）

【未成年人思想道德建设】 6月29日，与区计生委、区机关工委联合开展了“家庭教育教研员培训会”。区青春健康中心主任温方、退休的部分中小学校长等12位教育专家作为区家庭教育教研员参加了培训会。区妇联主席李春英传达了中共中央及国务院对加强家庭教育工作的指示精神及要求，介绍了宣武区开展家教工作的情况；温方主任向大家介绍了孩子们存在的一些亟待解决的心理问题；专家们研讨了当前宣武区家庭教育工作的现状、存在的问题及对策，并针对宣武区家庭教育需求，从青少年身心健康成长、行为习惯养成、成人成材三个方面确立了9个教育课题。7月16日，与区人口计生委、区老教协联合举行了“万名母亲学家教，科学教子进家庭”启动式。来自全区8个街道社区的近300余名家长参加了活动。聘请了11名家庭教育教研员。她们围绕青少年身心健康、行为习惯的培养、成人成材三个方面以“自助餐”的形式，利用暑期深入各社区“母亲课堂”进行授课55场，培训16 000余人。8月11日，与区人口和计划生育委员会、宣武区计划生育协会、宣武区牛街街道办事处共同举办了“合格父母大家谈”活动。来自全区的百余个家庭围绕“家长与孩子如何相处”、“面对不断成长的孩子,家长该怎么管”、“什么样的家长可以算合格”等问题展开了热烈的讨论。9月24日,由中华全国妇女联合会、北京市妇女联合会主办、宣武区委区政府承办的“全国‘双合格’家庭教育宣传实践展示活动”在宣武区牛街东里社区隆重举行。全国人大常委会副委员长、全国妇联主席顾秀莲、北京市委副书记强卫、全国人大常委、原国家教委副主任柳斌、中国关心下一代工作委员会副主任郭锡权、全国妇联书记处书记张世平、全国妇联儿童工作部部长蒋月娥、全国妇联宣传部部长王卫国、北京市妇联主席荣华、宣武区委书记唐大生等领导出席。中共北京市委副书记强卫、全国妇联书记处书记张世平在会上讲话。活动以“亲子携手同行,做节约型家庭”为主题,集中展示了创建节约型家庭的成果。牛街街道东里社区居民张长征家庭向全国家庭发起了“从家庭做起,建设节约型社会”的倡议。成立了由10位家教专家组成的全国家庭教育专家讲师团。开展了家庭教育讲座、“合格家长、合格人才”标准大家谈、节能制作展示、家庭亲子互动上网活动展示。顾秀莲主席为牛街街道题词“ 民族团结进步 共建和谐牛街 ”。

(李爱香 谢军)

【“四自”精神培训】 6月,对失业妇女举办“树立‘四自’精神 转变择业观念”培训班10期,培训妇女近400人次。

(佟凤华)

【妇女儿童发展规划】 7月7日,召开“十五”时期妇女儿童发展规划终期评估及“十一五”时期妇女儿童发展规划编制培训会。区妇儿工委主任、常务副区长王永新主持。区妇儿工委副主任、区妇联主席李春英、妇儿工委委员、联络员等60余人参加了培训。市妇儿工委办公室常务副主任周雅荣对“十五”妇女儿童发展规划评估和编制“十一五”妇女儿童发展规划要求进行培训;区发改委副主任刘学增针对编制“十一五”专项规划的具体要求进行讲解;重点领域的委员单位针对“十五”时期妇女儿童发展规划终期评估框架和“十一五”时期妇女儿童发展规划框架分组进行了讨论。区妇儿工委办公室主任、区妇联副主席姜光部署了《“十五”时期妇女儿童发展规划》终期监测评估工作的实施意见和《“十一五”时期妇女儿童发展规划》编制工作的意见安排。

(谢　军)

【宣武妇女网站运行】 8月1日,宣武妇女网站建立并正式运行。全年编辑《宣武妇女工作交流》13期,编辑出版《宣武女性》杂志4期,编辑《妇女工作交流》十二期,《宣武女性》4期,建立了宣武妇女网站,并利用现有的工作交流平台,最大限度的扩大信息容量。全年收到上报信息481条,《区妇联工作信息交流》编用202条,《宣武女性》编发44条,采用率达到60%以上。编辑上报110条,其中《宣武情况》采用信息23条,北京市《妇女工作信息》采用23条,被采用率也达到了50%以上。同时通过宣武妇女网站、《妇女工作交流》、《宣武女性》刊发调研文章18篇。

(李爱香)

【举办妇女发展论坛】 8月23日,“妇女发展与构建和谐宣武”论坛在区政府2号楼举办。论坛收到论文50余篇,与会人员围绕妇女发展规划涉及的六个领域进行研讨,为编制宣武区“十一五”时期妇女发展规划提供了科学的依据。北京市妇联副主席尹玲珍到会并讲话。中华女子学院院长张李玺教授对论坛进行总点评。宣武区委副书记杨素荣到会致辞。宣武区妇女儿童工作委员会主任、常务副区长王永新就《宣武区“十五”时期妇女发展规划》实施情况作了题为《贯彻男女平等基本国策 促进妇女事业全面发展》综述发言。区人大、政协等有关领导及来自宣武区妇儿工委成员单位的委员、热心于妇女理论研究的专家学者、部分妇女理论研究会会员、妇女工作者等近150人参加了论坛。论坛由宣武区妇女儿童工作委员会副主任、区妇联主席李春英主持。

(李爱香)

【陈秀荣考察广外街道妇女工作】 9月16日,全国妇联副主席陈秀荣等在市妇联主席荣华的陪同下到宣武区广外街道考察基层妇女组织建设工作。

(王　慧)

【女杰学习交流活动】 9月26日,举办巾帼女杰学习交流活动。来自宣武区教育、公安、商业等各行各业的巾帼女杰参加了“学先进、强素质、永做巾帼先锋”交流活动。此次学习交流活动为期两天,安排了专家讲座、学习参观和座谈交流。

(李　勍)

【革命传统教育】 10月9日－16日,组织机关党员干部到革命圣地－遵义会址、红军三渡赤水纪念塔、息烽集中营等地开展“红色之旅”革命传统教育活动。

(李爱香)

【第九次议政日】 12月6日,在区政协会议室举办各界妇女第九次“议政日”活动,主题是:为编制宣武区“十一五”妇女儿童发展规划建言献策,各界妇女代表40余人参会,提出意见建议40余条。北京市妇联副主席尹玲珍同志到会并讲话。区委副书记杨素荣到会看望了与会代表。

(王　慧)

宣武区工商业联合会

【概况】 北京市宣武区工商业联合会(简称区工商联)是中共北京市宣武区委、区政府领导的宣武区工商界组成的人民团体和民间商会组织,是党和政府联系非公有制经济代表人士的桥梁和纽带,是政府管理非公有制经济的助手。区工商联内设办公室、会员工作部、经济开发部三个部门,行政编制12人。基层组织有:广内、陶然亭、天桥、大栅栏、椿树、白纸坊、牛街、广外8个街道分会和餐饮行业分会、马连道茶叶同业会、妇女联谊会。会员总数989户,注册资金1 000万元以上的15户。年内,区工商联在区委、区政府的领导下,全面贯彻邓小平理论和“三个代表”重要思想,认真学习党的十六大和十六届五中全会及国务院《关于鼓励支持和引导个体私营等非公有制经济发展的若干意见》的精神,积极践行科学发展观,以促进非公经济健康发展和促进非公经济人士健康成长为目标,认真履行商会职能,努力拓宽工商联工作范围,进一步增强服务意识,为促进宣武区的经济发展和社会发展做出了积极的贡献。

地址:宣武区前孙公园胡同56号
电话:63172903
邮编:100052

(王　萌)

【非公经济组织成立法律顾问团】 1月7日,宣武区非公经济法律顾问团成立。北京市工商联秘书长卢晓华,宣武区政协副主席、统战部部长王玉兰,区工商联党组书记、常务副会长王健,区司法局副局长白洁等领导及入选的顾问团成员9家律师事务所的10名律师和20多名非公企业家参加了成立仪式。区司法局副局长白洁介绍了律师顾问团的成立背景、意义以及基本职能。北京市工商联秘书长卢晓华,宣武区政协副主席、统战部长王玉兰为法律顾问团揭牌。

(何小松)

【工商联积极参政议政】 1月,工商联提出了《关于加大对非公经济的宣传力度》、《解决非公企业科技人才进京户口的问题》两件团体提案,会员中的人大代表和政协委员也围绕宣武区的政治、经济、文化建设,提出了《如何保护宣武区大街两侧非公企业不流失》、《关于统筹开发宣武区红色旅游资源》等15件个人议案和提案。此外,还在区政协十一届二次全会上作了《创建良好环境促进非公经济健康发展》的大会发言,为促进宣武区经济发展建言献策。

(何小松)

【接待孙安民副市长及市联领导来区视察】 1月19日,北京市副市长、市工商联会长孙安民带领市工商联党组书记、第一副会长宁长庆、党组副书记、常务副会长吴杰、副会长李燕平、卢晓华、王克林等领导,到宣武区视察,区委书记唐大生、区长武高山、副书记韩恩慈、杨素荣、副区长袁双梅、哈金起给予了热情接待。孙安民及市联领导对宣武区委、区政府多年来对区工商联工作的支持表示衷心的感谢,并希望区委、区政府今后一如既往的继续给予大力支持,共同为实现“新北京、新奥运”的战略构想努力。

(于向东)

【社会主义事业建设者表彰会】 2月1日,工商联召开优秀社会主义事业建设者表彰会,出席会议的有市委统战部副部长李卫东,市委统战部工商经济处处长谭林,市工商联党组副书记、第一副会长吴杰,市工商联会员处副处长徐柳民。区领导有:区政协主席张文华,区委副书记韩恩慈,区委常委、区政府常务副区长王永新,区人大副主任吴甲龙,副区长、工商联会长袁双梅,区政协副主席、区委统战部部长王玉兰,区委统战部副部长、区台办主任刘琪。工商联党组书记、常务副会长王健做工商联2004年工作总结及2005年工作思路的报告,市、区领导向荣获市级“优秀社会主义事业建设者”光荣称号的北京爱义行汽车有限公司总经理邢爱义以及受到市级表扬的北京更香茶叶有限公司总经理朱丽俐、北京千禧园球迷餐厅总经理刘文亭、北京健峰生物技术有限公司董事长孙世东颁发了荣誉证书。区政协副主席、区委统战部部长王玉兰在会上代表区委统战部、区人事局、区工商联宣读了“关于开展向优秀社会主义事业建设者学习的决定”。常务副区长王永新向企业家做了区情通报。

(于向东)

【新春佳节慰问老会员】 在新春佳节来临之际,工商联向50年代为国民经济建设和发展做出贡献的部分原工商业者暨工商联老会员发放了节日慰问金和慰问信。

(王铁军)

【向东南亚受灾地区捐款】 印度洋海啸发生后,北京千禧园球迷餐厅、北京小肠陈饭庄、北京信一净化美饰工程有限公司、北京万邦包装装璜有限责任公司、北京丽晶皇城老妈饮食有限公司、楚风置业包装制品有限公司、佳诚物业管理有限公司、翌鑫盛世物业管理有限公司、北京中哲银纸张有限公司及北京更香茶叶有限公司等非公企业都积极参加了向东南亚灾区捐款活动。

(王铁军)

【完善企业联系制度】 年内,为落实《国务院关于鼓励支持和引导个体私营等非公有制经济发展的若干意见》,区工商联在先进性教育第二阶段中,坚持边整边改,制定了《宣武区工商联会员企业联系制度》,其中包括联系方式、联系内容、具体要求。提出驻会副会长每季度走访1-2户企业,干部每月走访1-2户企业;新入会企业一个月内走访完毕。这项制度有利于为会员企业提供更多更好的服务。

(于向东)

【法律咨询服务】 3月18日,区司法局、工商联组织宣武区非公经济组织律师顾问团的17名律师为工商联部分会员企业的企业家们进行现场法律咨询答疑。参加活动的企业家们普遍感觉律师态度认真,答疑明确简练,体现了很高的专业素质,大家参加活动收获很大,并希望以后能有更多机会参加类似的活动,促进企业健康发展。

(何小松)

【区政协委员视察会员企业】 4月13日,区政协副主席陈惠来、喻建平,秘书长崔显修与宣武区政协经济科技委员会部分委员,视察了工商联会员企业-北京利尔德机电设备有限公司。北京利尔德机电设备有限公司位于大兴芦城工业园区,主要从事高低压电气成套设备的生产。董事长高镇权向委员们生动地介绍了公司10余年的创业历程和发展战略。区政协副主席喻建平赞扬了利尔德公司的创业精神,介绍了宣武区政协和工商联为贯彻《国务院关于鼓励支持和引导个体私营等非公有制经济发展的若干意见》精神的工作思路,并对利尔德公司积极参加光彩事业,热衷多项公益项目的善举给予了赞扬。

(于向东)

【韩恩慈副书记到非公企业调研】 5月25-26日,区委副书记韩恩慈在区工商联党组书记、常务副会长王健的陪同下,到宣武区非公企业调研。韩书记走访了北京更香茶叶公司、北京爱义行汽车公司、北京兰格信息有限公司和北京健峰生物技术有限公司,听取了4家公司总经理的情况汇报,详细了解了企业的发展规模、人员、资金、党团工会组织的发展状况,以及企业的发展前景。

(王铁军)

【大栅栏分会开展捐助特困家庭活动】 6月1日大栅栏街道举行"互助关爱、共建和谐,综合包户"22周年签字仪式,工商联大栅栏地区分会2个成员单位与两户特困家庭签订了协议书。这是自2003年地区12个民营企业与11个特困家庭实施手拉手捐资助学之后,地区工商联分会关爱特殊群体,奉献爱心活动的延续。

(王铁军)

【广内"工商业沙龙"成立】 6月2日以企业法人代表论坛为形式,以企业间加强交流、提高经营管理水平、开拓经营思路为目的的"广内工商业沙龙"正式成立。广内分会副会长、北京美尼拉食品有限公司经理沈欢做了题为《无店铺经营模式》的首次演讲,介绍了本企业经营的具体经验和作法,受到与会企业家的热烈欢迎。

(王铁军)

【参加市民营企业招聘周活动】 6月6日,宣武区工商联21家会员企业参加了由市劳保局、市总工会、市工商联联合组织开展的"民营企业招聘周"活动。21家企业共提供300多个就业岗位,受到众多失业人员、大中专院校毕业生、技能人才和其他劳动者的关注。

(王铁军)

【民营企业就业工作座谈会】 6月9日,为了配合市劳动和社会保障局、市总工会、市工商联做好民营企业招聘周活动,区劳动和社会保障局与工商联联合召开民营企业就业工作座谈会。区劳动和社会保障局有关同志介绍了宣武区现阶段劳动就业情况和企业安置下岗失业人员及相关政策。到会的民营企业结合本企业在实际用工中遇到的一些问题和有关劳动用工政策向劳动和社会保障局的有关领导进行咨询,表示要严格执行有关法律法规,吸收下岗失业人员,为地区经济发展多做贡献。

(王铁军)

【举办非公企业家培训会】 6月9日,召开了非公企业家培训会第一次会议,北京市工商联党组副书记、常务副会长吴杰做了关于《当前非公经济发展现状和我们的工作》的报告。吴杰副会长首先就《国务院关于鼓励支持和引导个体私营等非公有制经济发展的若干意见》的一条主线、两个重点、三个突出特点做了精彩讲解,并简要分析了宏观调控对非公经济的影响和机遇。市工商联培训处处长江述高、区委组织部副部长王毅、区委统战部副部长刘琪、区工商联党组书记、常务副会长王健及区工商联执委40余人参加了培训会。

(于向东)

【餐饮分会举办食品卫生培训】 6月16日,宣武区餐饮行业分会举办"夏季食品卫生工作"培训会。邀请区防疫站有关同志对食品卫生监督法进行逐条讲解,并回答与会企业提出的有关问题。会上,餐饮分会要求会员企业,对本企业食品卫生要经常进行安全检查,使食品卫生达标。

(王　南)

【武高山通报区情】　7月7日,工商联举办第二次非公企业家培训会,宣武区区长武高山做宣武区区情与相关政策的专题辅导报告。武区长与非公企业家就非公企业发展中存在的问题进行面对面交流与互动。十多名企业家分别就经营场地拆迁、融资贷款、劳动用工、吸引人才和宣传导向等问题与武区长进行了热烈的交流和探讨,拉近了非公企业家与政府的距离,企业家们也表达了对政府的高度信任和理解。区政协副主席、区委统战部部长王玉兰、市工商联培训处处长江述高、区工商联党组书记、常务副会长王健、副会长赵淑珍及区工商联执委50余人参加了培训活动。

(王　萌)

【创建名牌企业研讨会】　7月19日,区政协经科委与工商联联合召开创建名牌企业研讨会,梦求建筑装饰公司总经理王继东、慧思德珠宝首饰有限公司总经理张炳慧、北京老字号小肠陈饭庄总经理陈秀芳等十几名企业家分别结合自己的经营体会,从产品质量、技术创新、优质服务、注重信誉、营销策略、善待员工、学习型组织等诸多方面与创建名牌企业的关系进行了深入的交流,区政协副主席喻建平参加并讲话。

(宋晶阳)

【寻求发展 回馈社会】　9月1日前,工商联将6 800元现金送到宣武区17名家境贫困的学生手中。北京爱义行汽车服务有限公司捐资20万元,在本市平谷区贫困山区兴建"北京爱义行光彩小学"。

(王铁军)

【区工商联接待二战美国老兵后人】　为庆祝世界反法西斯胜利60周年,中国抗日战争胜利60周年,受中国政府的邀请,曾在中国战斗过的二战美国老兵的后人葛瑞格先生及其家人,携带着当年父亲在支援中国抗战时期留下的反映当时中国昆明的珍贵历史照片来到中国展出,并捐献给中国国家博物馆。8月17日,中国国家博物馆及相关单位在位于东华门的我区非公企业侯嘉菜馆举行了答谢仪式。副区长、区工商业联合会会长袁双梅,区工商业联合会副会长兼秘书长赵淑珍出席了答谢仪式,并与格葛瑞格一家亲切交流,互赠礼品。8月18日,袁双梅副区长,赵淑珍副会长,热情接待了葛瑞格先生一家人。并陪同他们参观了宣南文化博物馆、琉璃厂文化街及纪晓兰故居,品尝晋阳饭庄具有中国特色的美食。

(王　萌)

【赴贵阳遵义学习考察】　8月22日,宣武区工商联和部分会员企业家代表赴贵阳、遵义等地学习考察。受到了遵义市工商联的热情欢迎。期间两会人员围绕如何发展区域经济,做好招商引资工作进行了交流,并商定建立长期友好的关系,共同为两地的经济建设贡献力量。随后,考察团一行参观了遵义会议会址和息烽集中营,受到了一次爱国主义教育。

(王　萌)

【届中考察非公经济代表人士】年内,按照市委统战部、市工商联要求,在区委统战部领导下,工商联对非公经济代表人士进行届中考察。工商联党组对非公经济代表人士在个人总结的基础上进行综合评议,充分肯定了他们的成绩和为社会公益事业所做的贡献,指出了现阶段存在的不足。

(王铁军)

【组织执委体检】　9月15日,工商联组织执委进行2005年度身体健康检查,30多位企业家参加了体检,自2003年起,工商联本着对非公企业家政治上团结引导、生活上关心照顾的方针,每年为工商联执委进行身体健康检查,已经坚持三年。此项活动深受企业家的好评。

(王　南)

【八家会员企业受表彰】　年内,北京市工商联会同市质量技术监督局、市国家税务局、市地方税务局,在全市非公经济会员企业和行业商会中开展"质量、纳税先进会员企业"评选表彰工作,区工商联共8家会员企业受到表彰。其中质量先进会员企业有:北京原杰电子有限责任公司、北京利尔德机电成套设备公司、北京更香茶叶有限责任公司、北京爱义行汽车服务有限责任公司、北京市绿得食品有限责任公司。纳税先进会员企业有:北京新月联合汽车有限公司、北京润博房地产开发有限公司、北京广华轩房地产开发有限责任公司。获得"工商联纳税先进会员企业"称号的企业同时被北京市地税局评为纳税信誉A级企业。

(宋晶阳)

【茶叶同业会参展第二届中国茶博会】　10月9日至12日,第二届中国茶博会在国展中心举办。茶叶同业会协助商务局和广外办事处做好各项筹备工作,共组织11家茶商,27个展位,以马连道京城茶叶第一街的名义参加了这届茶博会。本次参展活动内容丰富,有展销、展示、洽谈、茶艺表演等,并特别邀请了印度和美国茶叶专家到本街召开马连道国际性茶叶座谈会,介绍国际茶叶交易的经验,回答茶商所关心的问题。茶博会参展活动,进一步提升了马连道茶业街的知名度。

(何小松)

【再就业援助联盟活动】 10月21日,牛街工商联分会与牛街社保所结成再就业联盟,即街道社保所与地区民营企业单位代表北京佳诚物业管理公司、北京翌鑫盛世物业管理公司签订再就业援助联盟协议书,协议双方互助互促,通过援助联盟发挥民营经济促进就业的重要作用,促进民营企业单位积极吸纳安置地区低保、失业人员。此次援助联盟活动共有5家民营单位参加,为200多名失业人员提供了89个用工岗位。达成用工意向的63人次。

(王 南)

【湖北省光彩事业库区行】 10月26至28日,工商联党组书记、常务副会长王健率4名会员企业家,参加由中央统战部和全国工商联等领导和百余名非公企业家参与的湖北省光彩事业库区行活动,受到湖北省统战部、工商联领导、十堰市委、市政府及当地企业家的热情接待。活动使企业家们开阔了眼界、沟通了情况、增进了友谊。另应湖北省竹溪县工商联之邀,参观了当地的茶园。经双方协商,签订了友好商会协议。

(于向东)

【参加全国工商联光彩事业活动】 11月19日,区工商联党组书记、常务副会长王健一行11人,参加了由全国工商联光彩事业促进会组织的"全国民营企业家看鹤壁"活动。在河南省鹤壁市,企业家参观了当地民营企业生产建设情况,听取了当地政府有关民营企业发展状况及当地经济发展规划介绍和招商引资的各项优惠政策,参加当地招商引资项目合作签约仪式。

(于向东)

【参政议政工作会议】 11月29日,工商联组织部分会员企业家召开参政议政座谈会,对今年工商联在政协大会上的团体提案进行讨论。二十余名企业家围绕宣武区经济建设和社会发展实际,结合非公企业发展中存在的问题进行座谈,提出了许多有建设性的意见。北京市工商联副会长李燕平、调研室主任李忠厚,区政协副主席、区委统战部部长王玉兰、区政协副主席喻建平、区委统战部副部长刘琪、区工商联党组书记、常务副会长王健等参加座谈。

(王 萌)

【爱义行捐资助学工程】 年内,北京爱义行汽车服务有限公司董事长邢爱义资助学工程正式启动。这一工程将连续七年,每年以20万元数额为资助贫困山区教育事业捐款。12月6日,首次在受捐助的平谷区金海湖镇黑水湾小学举行了揭牌仪式。市工商联副会长、市光彩事业促进会副会长卢晓华、北京市委统战部工商经济处处长谭林、平谷区副区长刘汉勤、宣武区政协副主席喻建平及宣武区委、平谷区委统战部和宣武区、平谷区工商联有关领导出席揭牌仪式。

(王铁军)

【区政协委员视察工商联员企业】 12月7日,宣武区政协部分委员到北京经济技术开发区东区视察了工商联员企业－北京大唐万邦复制技术发展有限公司。区政协副主席王玉兰、陈惠来、喻建平,秘书长崔显修与大家一同视察。万邦公司董事长徐忠东向委员们介绍了本公司的技术特色、研发经历以及公司拥有专利技术的经济和文化价值,以多媒体的形式展示了企业的规范管理和发展前景。

(何小松)

【区领导走访非公企业】 12月23日,区委副书记仲兆军,副区长、区工商联会长袁双梅等领导走访了北京爱义行汽车服务有限公司和新月联合汽车有限公司,了解企业发展情况。区领导希望非公企业进一步提高整体素质,关心职工生活,保障其合法权益,加强党、团、工会的建设,抓住产业调整的机遇,把企业做大做强。

(宋晶阳)

【工商联市联系统文明单位验收】 12月26日,工商联党组书记、常务副会长王健,副会长兼秘书长赵淑珍陪同市工商联副秘书长李红军、办公室主任王志明等领导,对2005年度工商联新推荐的4户市联系统文明单位进行验收。截至目前,工商联共有市联系统文明单位19家,文明单位标兵3家,首都文明单位2家。

(王 南)

【工商联网站开通】 年内,在宣武区政府信息中心的大力帮助下,宣武区工商联网站现已正式开通,网站的开通将使工商联的服务更加具体和富有时效性。

区工商联网站的网址是:http://gshl.bjxw.gov.cn

(宋晶阳)

宣武区科学技术协会

【概况】 宣武区科协技术协会(简称宣武区科协)成立于1979年11月,是宣武区科技工作者的群众组织,是中国科协和北京市科协的地方组织,是党和政府联系科技工作者的桥梁。主要职责是开展学术交流、科学普及、咨询服务工作。宣武区科协行政编制4人,其下属事业单位"宣武科技协作中心"编制9人。区属学会、协会、研究会有广外、广内、白纸坊、牛街、陶然亭、椿树、大栅栏、天桥8个街道科学技术协会和宣武区环保、卫生、劳动、烹饪、计生、成教、理科、园林、土建、青少年辅导员10个专业学会。年内,宣武区科协发挥自身及区属各学会、协会、研究会和街道科协的优势,广泛开展了多种形式的科学技术普及活动,大力弘扬科学精神,普及科学知识,传播科学思想和科学方法,把科普活动深入到家庭、学校、居委会、社区。全年全区共组织各类科普活动375项,其中大型科普活动18项,科普知识讲座270次、各种科技知识竞赛8场、各种咨询服务宣传活动44个、举办和组织各种参观、展览29次、其它活动24项,以"节水节电"、"科学健身"和"防治禽流感"等知识为主题制作科普展板400余块,参与活动及受益群众达8万余人次。

地址:宣武区广安门南街68号

电话:83976262

邮政编码:100054

(赵顺壁)

【宣传贯彻落实《科普法》】 年内,通过召开科协工作交流会、科协工作会和科普工作联席会,以各种形式组织区属各学会、协会、研究会及广大科技工作者认真学习了《中华人民共和国科学技术普及法》(以下简称《科普法》);采用张贴宣传挂图、散发法规文本和宣传材料等不同的方式和方法宣传了《科普法》;以"科技周"和"科普之夏"活动为重点,以"科教进社区"为主要内容,贯彻落实《科普法》。按照《科普法》的要求,把科普工作列入了宣武区"十一五"科技发展的规划。

(赵顺壁)

【科普宣传工作】 年内,宣武区科协进一步加大了科普宣传的力度。先后为基层建起了科普室、电子宣传屏;开展了科普"四进入"即进军营、进社区、进学校、进工地等宣传活动。在抓好基层科普宣传的同时,为把科普引向深入,提高领导干部的科学素养,注意加强了对区机关领导干部科技知识的宣传。针对机关领导干部的特点,为领导干部征订了《大众科技》等报刊,组织领导干部参加科技知识讲座等活动,较大地提高了机关领导干部学习科技知识的兴趣,较好地丰富了机关领导干部的科技知识,也使宣武区科普工作在提高层次、引向深入方面迈出了重要一步。

(赵顺壁)

【举办"科学技术和科学精神"讲座】 5月26日,宣武区科委科协为区委中心理论学习组在中国科技馆举办了以"科学技术和科学精神"为主要内容的科技讲座。讲座由中国科技馆馆长王渝生主讲,区科协主席王国建主持。区委书记唐大生、区长武高山,区人大、区政协及区委区政府机关的主要领导参加了讲座。

(赵顺壁)

【学习宣传科学发展观】 8月19日,区科委科协与区委宣传部请来了北京航空航天大学经济管理学院院长吴季松博士为区领导作了题为《以科学发展观指导循环经济和城市建设的发展》的专题报告,区科委科协及各单位还采用多种方式对领导干部和工作骨干进行了现代科学知识和科技工作的宣传、培训,帮助他们丰富知识,增强科技意识。

(赵顺壁)

【科普活动茶社】 年内,天桥街道香厂路社区在天桥街道办事处和区科协的支持下,充分利用民俗文化底蕴深厚的优势,建立了"科普活动茶社"。茶社购置了音响、小舞台、八仙桌椅等设备。活动室内设置有数字技术普及、环保知识、科普图书、手工制作、益智玩具、食品安全检测等贴近百姓生活,适合不同年龄群体动手、动脑的科技活动项目,为社区群众以茶座形式开展生活科学常识交流、进行有科技含量的民俗技艺展示搭建了广阔的平台。茶社还根据群众需求安排有关专家进行科普讲座,组织社区科普爱好者的联谊活动,为地区中小学生开展社会实践课、技能课提供利用。扩大了科教的受益范围,提高了普及率,为构建和诸家庭、和谐社区、和谐社会起到了积极的促进作用。

(赵顺壁)

【数字生活技能大赛】 5月21日,宣武区科协、区信息办、区妇联在宣武区天桥街道联合组织开展了"2005年北京百万家庭数字生活技能大赛－宣武区预赛"活动。来自全区8个街道的八支家庭代表队和宣武区第二职业学校的2支学生代表队参加了大赛。宣武区政协副主席喻建平,北京市科协信息中心副主任刘英、北京市信息办吴刚华处长、北京市妇联联络部刘颖部长,宣武区科委主任、科协主席王国建、天桥街道工委书记宋卫东、区政府办副主任、信息办主任付贵森、区妇联副主席许荫英等领导参加了活动。北京市信息办、市妇联在开幕仪式上向参赛选手赠送了光盘和图书,区科委、科协向天桥街道赠送了电子宣传科普设备。通过比赛,选拔出广外街道和天桥街道的两个家庭队,一支学生队代表我区参加"2005年北京百万家庭数字生活技能大赛"决赛。

(赵顺壁)

【区青少年发明项目获奖】 9月,为了鼓励青少年的创造精神,培养创新型科技人才,展示中小学生在发明创造方面取得的优秀成绩,北京发明协会与北京市科协青少年部共同组织北京地区的中小学生参加了在北京举办的第十五届全国发明展览会。在展览会上,由宣武区青少年科技馆选送的四项学生发明项目,有三项获得银奖。

(赵顺壁)

【全国科普日活动】 9月17日,宣武区科协、区节水办公室 和广内街道办事处在广内街道长椿苑街心花园举办了"建设节水型社会,你我共参与"为主题的全国科普日宣传活动,开展咨询、展示,向社区居民发送了科普材料。宣武区委副书记仲兆军等有关领导参加了科普宣传,提高了公众节约能源的意识。

(赵顺壁)

【科技周启动仪式】 5月15日,由北京市科协、宣武区科协、区广外街道办事处及北京科技大学等八所院校在广外街道车站西街15号院联合举办了北京市大学生社会实践进社区暨宣武区科技周启动仪式。活动以"科技以人为本,全面建设小康"为主题,面向社区居民,围绕科技与健康健身、科技与文明生活、科技与防灾减灾、科技与人文历史等内容,组织大学生志愿者深入社区开展咨询、讲座、发放科普资料等科普宣传服务活动。市科协、市文明办、宣武区有关领导及社区400余人参加了启动仪式。

(赵顺壁)

【科技周活动】 按照北京市人民政府办公厅京政办函【2005】21号"关于举办2005年北京科技周活动的通知"精神,成立了由常务副区长王永新同志担任主任,区科普工作联席会议全体组成人员为组员的宣武区"2005年北京科技周"活动组委会,负责制定活动方案、部署具体工作和组织全区性大型活动。办公室设在区科协。3月23日,组委会组织召开了宣武区2005年"科技周"工作研讨会,研讨了"科技周"活动的开展和街道科普经费使用的管理方法,对有关单位提出了具体的要求。5月10日,召开了区科普联席会议,研究、部署了"科技周"具体工作事宜。在5月14—20日期间及前后,以"科技以人为本全面建设小康"为主题,以宣传科学发展观和建立和谐社会的思想,弘扬科学精神,普及资源节约、生态保护、循环经济及科学、文明、健康的生活方式为主要内容,开展了一系列的科普教育活动。"科技周"活动期间,区科协及各单位以社区科普活动为重点,安排组织了244项丰富多彩的宣传教育活动。宣传了科学发展观和建立和谐社会的思想;宣传了《科普法》;结合宣武区的特点和公众关注的热点,采用各种形式弘扬了科学精神,传播了科学思想,普及了科技知识,引导公众建立科学、文明、健康的生活方式,促进了学科学、爱科学、讲科学的社会风气的形成。各有关单位加强了领导,积极、认真地组织开展了形式多样的活动。特别是各街道设专人负责,投入了街道专用科普经费,积极开展了一系列有影响、有特色的活动,促进了社区科普活动的全面开展。本届"科技周"坚持了"注重实效"的原则,把活动的重点放在了基层,区科普联席会成员和科协系统各单位积极发挥作用,广泛动员社会各方面力量参加,吸引了较多的公众进行参与,促进了和谐社会的发展。

(赵顺壁)

【科普设施和科普场所建设】 年内,先后为广外红莲中里社区,车站西街15号院,天桥街道留学路等6个社区建立了科普活动室;为广外街道红莲南里、白菜湾社区,椿树街道椿树园社区安装了多画面全自动画廊;为社区活动配发了等离子电视机、益智玩具等折合为人民币30余万元的活动器材;为全区所有社区和学会、协会订阅《大众科技报》,为部分基层科普单位订阅《科技日报》、《科学时报》、《科技潮》等科技类报刊;与九三学社宣武区工作委员会等单位合作,编辑《居民健康手册》,通过发送和培训等方式,向广大社区居民宣传"营养与卫生"和"家庭急救"等知识;定期更换了虎坊桥科普画廊的宣传内容,宣传了"科学、文明、健康"的有关知识、为部分社区制作发放了"节水节电"、"科学健身"和"防治禽流感"等知识的400多块科普展板。

(赵顺壁)

【世界物理年活动】 年内,为响应联合国通过的"2005年为世界物理年"的决议,提高宣武区广大师生的科学文化素养,普及科学前沿知识。10月22日,宣武区理科学会和宣武分院二部中学教研室在北京十五中礼堂,联合主办了题为《爱因斯坦与相对论革命》的专题演讲会。请中国引力与相对论天体物理学家,北师大博士生师生导师——赵峥教授,为300多名宣武区各中学的物理教师、地理教师和各中学的部分三好学生进行了演讲。

（赵顺壁）

【青少年科普活动】 年内，配合北京市“国际物理年”活动的开展，制作展板，在科普画廊进行巡回展出，展示了百名世界顶级科学家的生平伟绩和魅力；向社区居民和青少年发送科普书籍，宣传了中外科技巨星的光辉业绩，组织开展了科技发明、科技竞赛、科技制作、科技夏令营和“走进国家重点实验室”等一系列科技活动。区科委、科协还与区教委、区体委、区青少年科技馆共同组织了“宣武中小学生航空、航天模型赛”、“北京市第五届青少年机器人大赛”、“第25届北京市青少年科技创新大赛”的决赛活动。

（赵顺壁）

【青少年科普活动结硕果】 年内，在“北京市第五届青少年机器人竞赛”中，获一等奖1项；在“第25届北京市青少年科技创新大赛”的决赛中获科技论文发明创造一等奖2项、二等奖6项、三等奖23项，科学幻想画一等奖1项、二等奖2项、三等奖3项；在“第二十届全国青少年科技创新大赛”中，获优秀科技实践活动二等奖1项；在参加“北京百万家庭数字生活技能大赛”决赛的三个代表队均获得了优胜奖区科协获优秀组织奖；在北京举办的第十五届全国发明展览会上，由我区青少年科技馆选送的四项学生发明项目中，有三项获得了银奖。

（赵顺壁）

【公众需求调查】 年内，为了认真贯彻落实《中华人民共和国科学技术普及法》，切实了解公众对科普的需求，中国科协等单位在全国范围内开展了“我与科普——公众需求调查活动”。宣武区白纸坊街道双槐里社区居委会非常重视此次活动，组织社区内30多名中小学生进行了认真的答卷。在《大众科技报》公布的“2005年‘我与科普’——公众需求调查活动表彰名单”中，双槐里社区居委会成为北京市唯一受到表彰的单位。

（赵顺壁）

【学术研讨交流】 年内，各街道科协根据各自的特点认真开展了各项学术交流研讨活动。区属各学会、协会，各街道科协按照市、区科协的要求和安排，积极组织了论文写作和学术交流活动。区医学会、区计划生育学会、区建筑行业协会等区属学会、协会及各街道科协都组织了学术论文发表和交流活动，区医学会等单位还编制了学术论文集，促进了学术交流工作的开展和学术人才的成长。在北京市科协学术论文的评选活动中，获第八届北京科技交流学术月区、县优秀科技论文二等奖一项、鼓励奖三项。

（赵顺壁）

【“金桥工程”】 年内，宣武区科协及区属各学会、协会，围绕宣武区科技进步、经济建设、城市管理中的难点、重点问题和科技工作者的热点问题，积极开展了专家提建议和科技人员献计献策等活动，各单位发挥广大科协委员和科技人员作用，配合科委努力搞好科技服务体系建设，不断推进科技进步与创新，促进科技成果的转化与应用，积极地为全区经济建设的发展牵线搭桥，为经济建设的发展服务，向市科协申报“金桥工程”立项和奖励项目3项。获得北京市科协2004年－2005年度“金桥工程”项目三等奖一项和组织工作三等奖。

（赵顺壁）

【开展社区科普需求调研】 年内，为了进一步搞好社区科普工作，宣武区科协和北京市科学学研究中心联合开展了社区居民科普需求情况的调查。通过调查摸清了情况，加深了认识，深受启发，了解到：在社区活动中，居民印象最深的活动是治安宣传、便民服务和科普宣传，科普活动排在第三位；偶尔参加和经常参加科普活动的居民占了绝大多数；大多数居民注意到了社区科普的开展，并愿意成为社区科普活动的志愿者；大部分社区居民参加科普活动的目的是“增长生活知识和技能”；社区居民对科普活动内容的需求主要集中在健康知识、生活知识和科技知识几个方面；社区居民比较接受的科普宣传形式是科普画廊、宣传手册、专题讲座和科普参观；绝大多数居民认为在社区科普的组织工作中发挥最主要作用的是社区居委会。

（赵顺壁）

【科普之夏活动】 7月17日至9月17日，宣武区科协及区属各协会、学会和街道科协充分发挥各自的优势，本着“贴进社区、贴近居民、贴近生活”的原则，充分利用夏日群众休闲、纳凉的机会，面向城市社区居民，继续深入开展了科教、文体、法律、卫生“四进社区”的活动，举办了群众喜闻乐见的科普活动，开展了有关科学文明、健康生活、革除陋习等方面的科普宣传，调动了社区居民参与科普活动的积极性。7月27日，陶然亭街道举办了“科普之夏”活动启动仪式。区科委科协向街道社区赠送了42吋等离子电视机及DVD和录像机，区文化馆老师带领来自社区的30多名青少年进行科普活动。与会者通过组装电路、遥控赛车，操纵自己组装的遥控机器人，了解了相关的科技知识；科普之夏期间，白纸坊街道双槐里社区为了丰富学生暑期生活、普及科学知识，组织了社区中小学生到万寿公园观看了科普橱窗展览，使同学们树立了节水、节电的意识。还组织同学们到青少年科普基地观看了“探索自然界的神奇力量”和“十大自然灾难”录像片,使同学们对自然灾难的发生加深了认识和了解。增长了科普知识。

(赵顺璧)

【科技拥军活动】 在“八一”建军节前夕,宣武区科协和牛街街道办事处共同举行了“科普进军营”活动。挑选了二百多本适合部队官兵阅读的书籍亲自送到武警七支队十二支队的战士们的手中,还向十二支队赠送了几十种科普益智玩具,为官兵们单调枯燥的军旅生活增添了轻松欢乐的色彩。

(赵顺璧)

【普及防治禽流感知识】 年内,宣武区科协发挥科协组织的优势,及时组织制作了“防治禽流感有关知识”的科普展板,在科普画廊展出,向广大社区居民宣传和普及防治禽流感的工作措施和疾病防治的科学知识。

(赵顺璧)

【优秀青年工程师推荐申报工作】 年内,组织了北京市第十五届“北京优秀青年工程师”的推荐和申报工作,经北京市科协评审,宣武区白云生、张秋杰两位同志被评为北京市第十五届“北京优秀青年工程师”。

(赵顺璧)

宣武区残疾人联合会

【概况】 北京市宣武区残疾人联合会(简称区残联)是区残疾人的统一组织,是将残疾人自身代表组织、社会福利和事业管理机构融为一体的残疾人事业团体,归区委政法委管理,业务上接受北京市残联指导。主要职责是:代表残疾人共同利益,维护残疾人合法权益;开展各项业务工作,直接为残疾人服务;承担区政府委托的部分行政职能,发展和管理残疾人事业。区残联设办公室、群工部、教育就业指导部,行政编制8人。宣武区残疾人劳动就业服务所和宣武区残疾人综合活动中心(事业单位,全额拨款)为其下属单位。年内为858名残疾人办理了残疾人证;换发盲人乘车证38张,接待残疾人来信、来访、来电580件次。区残联被评为首都文明单位。

地址:宣武区双槐里小区甲1号
电话:83539004
邮编:100054
网址:www.bjxwcl.org.cn

(时瑛梅)

【成立宣武区残疾人综合活动中心】 1月11日成立,为全额拨款事业单位。中心有编制3名,其中主任1名。主要职责是:负责组织开展残疾人康复培训、盲人保健按摩培训、就业培训、职业介绍、重残人托养、心理咨询、法律咨询、图书阅览、文体活动等工作。

(时瑛梅)

【残疾人工作协调委员会议】 3月8日,召开残疾人工作协调委员会会议。区残工委副主任、理事长冯兰英汇报了2004年残疾人工作报告及2005年工作计划。副理事长陈丽红传达了国务院办公厅转发民政部等部门《关于进一步加强扶助贫困残疾人工作意见》。区残工委主任、副区长哈金起出席会议并讲了话。

(时瑛梅)

【残疾人工作会】 3月14日,召开宣武区残疾人工作会。全区八个街道的主管主任、残联理事长、专职干部、聘干等40余人参加。区残联副主席、政府办副主任于子强主持会议。区委副书记仲兆军、区委政法委书记周开让、副区长哈金起出席并讲话。

(时瑛梅)

【残疾人康复工作】 年内,完成白内障复明手术1 000例,低视力配备助视器12名,肢残人系统训练127名,装配假肢4名,装配备假肢矫形器100名,聋儿康复训练5名,低智力儿童训练12名,用品用具服务1 800件。1月,举行康复工作总结暨培训会。3月,宣武区智残人康复训练指导中心在区培智学校成立,召开了由精神残疾人亲友参加的精残人日间照料康复座谈会。7月,召开成年智障康复工作培训会。9月,宣武区精神残疾人日间照料试点工作启动。12月,进行“十五”期间残疾人康复工作表彰会,对16个先进集体、56个先进个人进行了表彰。

(张　曦)

【残疾人抽样调查领导小组一次会议】 年内,宣武区召开第二次全国残疾人抽样调查领导小组第一次会议。区卫生局、统计局、财政局、残联等部门主要领导参加。区政府办副主任、领导小组副组长于子强主持并宣读了领导小组名单。区残联理事长、领导小组副组长冯兰英传达了国务院关于第二次全国残疾人抽样调查的主要精神,通报了本市第二次全国残疾人抽样调查的总体安排及宣武区工作进度情况,部署了下一步工作。区政府副区长、领导小组组长哈金起在讲话中强调,各有关部门充分认识,切实加强组织领导,要明确职责,加强配合,共同做好抽样调查工作，圆满完残疾人抽样调查任务。

（魏荣霞）

【残疾人就业、扶贫工作】 年内，共安置115名残疾人就业，其中：按比例安排残疾人就业78人，社区就业20人，职介安置9人，个体就业8人。职业技能培训368名。依法收取残疾人就业保障金445万元。

（陈 景）

【走访慰问残疾人】 年内，共走访、慰问残疾人3 567人次，投入资金73万元，有536人（次）残疾学生和残疾人子女享受扶残助学工程提供的助学金53万余元。

（王伟艳）

【无障碍百颗星活动】 年内，提出创建无障碍百颗星活动。完成无障碍改造任务102个。其中，公共服务设施80处，学校10所，公园3座，小区1个，市政道路4条，高层建筑4座。对丰泽园饭庄等40个先进集体和卢文海等40个先进个人进行了表彰。

（谷 杰）

【社区残疾人工作会】 4月14日，召开了宣武区第一次社区残疾人工作会。市残联理事长赵春鸾，区残联主席、副区长哈金起、残联副主席、政府办副主任于子强，区残联理事长冯兰英，八个街道残联主管主任、理事长、专干、协管员、社区残协主席、副主席共计200余人参加会议。会上传达了市残联副理事长马大军在北京市社区残疾人工作暨第二批温馨家园命名会议上的讲话精神；部署了2005年社区残疾人工作；广外街道红莲中里社区残协、陶然亭街道果子巷社区残协、大栅栏街道百顺社区残协介绍了经验。

（谷 杰）

【爱耳日宣传】 3月3日，围绕“全社会共同关爱老年人－健康听力，幸福生活”主题，开展了爱耳日宣传活动。各社区和三级医院共同张贴宣传画112张，向社区居民发放宣传材料4 352份，制作展板146块，设立咨询台42处，悬挂宣传横幅211条。

（张 曦）

宣武区归国华侨联合会

【概况】 北京市宣武区归国华侨联合会（简称区侨联）是接受中共宣武区委领导和市侨联指导的人民团体。年内，区归侨588人、新华侨2 500人、侨眷9 600人。区侨联有委员22人，其中主席1人、副主席2人、常委8人、驻会干部1人，担任第十一届宣武区政协委员7人；全区街道侨联8个，共有委员62人。2005年牛街街道工委、陶然亭街道工委被市侨联评为“街道侨联工作示范单位”；牛街街道侨联、广安门外街道侨联被北京市侨联评为“街道侨联工作先进集体”；牛街街道、天桥街道2名干部被市侨联评为“先进侨联工作者”；7名街道侨联干部被市侨联评为“街道侨联工作先进个人”。

地址：宣武区育新街2号

电话：83551870　83540298

邮编：100054

（刘春英）

【参政议政】 年内，区侨联负责人参加区委、区政府、区政协、区纪委和统战部召开的协商会、议政会、征求意见座谈会、通报会19次。在区政协十一届二次会议上，区侨联提出团体提案2件，委员提案28件，其中区侨联《关于解决六十年代返乡务农人员生活困难的建议》的提案被区政协评为2005年度优秀提案。完成的《关于宣武区街道侨联的作用及存在问题的调查报告》获2005年度区党派团体调研报告二等奖。在区统战部组织的为宣武区“十一五”规划献良策活动中，共有35人提出113条建议，其中3人获优秀建议奖，区侨联获优秀组织奖。

（刘春英）

【区侨界春节联谊会】 1月25日，区侨联与区民宗侨办、致公党区工委共同举办区侨界春节联谊会，市侨办副主任赵庆兰、市侨联副主席邱国武、区委副书记韩恩慈、副区长哈金起出席，区侨联主席郑添工以及270多名归侨、侨眷参加。韩恩慈代表区委、区政府向侨界人士致新春贺辞，肯定了侨务工作，希望继承和发扬归侨、侨眷的爱国主义光荣传统，为祖国的发展和宣武区的建设贡献力量。赵庆兰、邱国武也分别致辞给大家拜年。归侨、侨眷表演了舞蹈、杂技、独唱、小提琴独奏和踢踏舞等节目。

（刘春英、张岩）

【爱国主义教育活动】 年内，和各街道侨联共同组织归侨侨眷100余人参加市侨联等单位组织的首都侨界纪念抗日战争胜利60周年大会。500人次参观了纪念抗日战争胜利60周年展览和圆明园遗址。

（刘春英）

【侨界人民调解小组成立】 年内，区侨联、区侨办、区司法局共同协商，在全区8个街道成立了以区侨界人民调解委员会成员为小组长的“街道侨界人民调解小组”，调解小组组长将参加各自街道的调解委员会工作。

（刘春英）

【聘请海外顾问】 7月30日,区侨联聘请法国籍华人、法国巴黎"法中友好协会"常务副会长郭凝女士为区侨联海外顾问并颁发了聘书。郭凝女士对北京的发展非常关注,她组织法国媒体拍摄的《北京你好》专题片在法国主流媒体的黄金时段进行了播放,并提议法国巴黎市副市长和第五区区长到宣武区访问,为巴黎市第五区与宣武区建立友好城区牵线搭桥。

(刘春英)

【开展"文化交流年"活动】 年内,区侨联积极响应中国侨联开展"文化交流年"活动的号召,按照市侨联的部署,开展了一系列的侨界群众文化活动。组织归侨、侨眷参加市侨联组织的"青春为祖国闪光"征文活动,13篇文章选入《青春为祖国闪光》文集。组织全区8个街道侨联参加"第二届首都新侨乡文化节宣武区侨联文艺汇演",表演了大合唱、独唱、集体舞、独舞、京剧清唱、变脸等精彩的节目,市侨联副主席邱国武、区委统战部长王玉兰、副部长杨文伯、刘琪对汇演的成功给予了高度评价。区侨联合唱团参加了区"五月的鲜花"群众文化活动。广外、白纸坊街道侨联的舞蹈《马莲茶歌》、《中国节》参加了市侨联的文艺汇演。区侨联合唱团、大栅栏街道侨联合唱团参加了北京市老龄委、中国音乐家协会等举办的纪念中国人民抗日战争暨世界反法西斯战争胜利60周年合唱大赛并获奖。区侨联获市侨联颁发的"最佳组织奖"。

(刘春英)

【街道侨联工作】 年内,牛街街道侨联建立健全了社区侨联工作例会、情况通报、联系交友、定期联谊、宣传教育和基础资料管理制度。广外街道侨联组织侨界群众为宣武区"十一五"规划献良策,向有关部门提出了"发挥老会馆在宣武区文化建设中的作用"、"加强马连道商业街经营诚信管理工作"、"做好《老年证》颁发工作"等25条建议。广内街道侨联组织归侨、侨眷参加"文化交流年"活动,举办摄影、压花、书法、绘画和手工艺制作展览,受到社区群众和市侨联的好评;椿树街道侨联与社区联手,实现了"社区为侨服务"和"侨为社区做贡献"的双向服务。陶然亭街道侨联开展了"文化陶然伴我行"活动。白纸坊街道侨联成立了"侨界之家"维权小组。大栅栏街道侨联开展纪念抗日战争胜利60周年爱国主义教育活动,参加市、区、街组织的文艺汇演。天桥街道侨联进行侨情调查,为侨界知名人士、孤寡、年老体弱、生活困难归侨、侨眷建立了电脑资料数据库。

(刘春英)

【为老归侨祝寿】 12月1日,区侨联为老归侨举办了祝寿活动。区委统战部、区侨联、各街道侨联领导和归侨、侨眷等130余人参加。区侨联主席郑添工向大家汇报了区侨联全年的主要工作,区委统战部副部长杨文伯谈了在澳大利亚参加世界"反独促统"大会的感受,区委统战部、侨联领导为40余名60岁以上的老寿星颁发了纪念品。

(刘春英)

宣武区文学艺术界联合会

【概况】 北京市宣武区文学艺术界联合会(简称区文联)是宣武区文艺界各协会、团体和文化单位代表组成的人民团体,北京市文联的团体会员,于2004年12月22日正式成立。文联区下属区书法家协会、区作家协会、区京昆艺术发展促进会和区老年书画研究会4个会员单位,外围组织有区集邮协会、区图书馆学会、区风筝协会等。第一届代表大会有会员316人,理事72人,顾问12人。主席、副主席7名,秘书长、副秘书长3人。文联常设机构编制5人,主要任务是组织宣武区文学艺术家、文化工作者和业余爱好者学习、贯彻党的文艺方针,深入生活,加强艺术实践,开展文学艺术创作,交流经验;发现和培养文艺人才,评比和表彰文学艺术作品;指导社区文化和群众文艺团队的业务建设,承担区域各文学艺术协会、文化单位的联络、协调、管理、服务,负责向有关部门反映会员意见和正当要求。年内,区文联组织协调、承办大中型群众文化活动11次,举办讲座16次,举办画展2次,参加市级比赛2次。被北京市文联授予"北京市先进区县文联"。并荣获北京市奥组委颁发的"北京奥运文化节优秀活动奖"和"优秀组织奖"。

地址:宣武区育新街2号

邮编:100054

电话:83539237

(李 岩)

【北京2008奥运国际论坛2005大会】 6月25-26日,大会由宣武区政府、第29届奥运会组委会、中国人民大学共同主办,区文联负责策划、组织和落实。论坛主题是"和谐之境:奥林匹克总体影响与全民参与"。全国人大常委会副委员长蒋正华、全国政协副主席阿不来提·阿不都热西提、全国人大常委会原副委员长王光英、中共北京市委副书记龙新民、区委书记唐大生、区长武高山等领导出席论坛开幕式。奥运官员及来自世界各地的嘉宾,就"奥运会文化与总体影响"、"奥运会开闭幕式与奥运城市的形象设计”、“奥运会的全民参与途径”等内容发表演说。武高山在大会发言。论坛进行期间,中外嘉宾参加了“共建天桥人文奥运文化体育社区”活动。

（李　岩）

【大观楼中国电影百年活动】 12月23日,区文联承办了由国家广电总局电影局、北京市人民政府和宣武区政府主办的“庆祝中国电影诞辰百年－中国电影诞生地大观楼揭牌仪式”活动。同时组织策划并实施了“永远的辉煌－大观楼百年华诞纪念活动”。国家广电总局电影局、市文化局、区委区政府有关领导及于洋、陶玉玲等著名电影艺术表演家参加了纪念活动。

（李　岩）

【策划组织群众文化活动】 年内,主持策划、参与组织实施了“宣武区2005年春节团拜会”、“五月鲜花群众歌咏比赛、夏日文化广场”等活动;策划并协助组织实施了“厂甸庙会”、“宣南文化节”和“2006年厂甸庙会”、“大观园红楼庙会”等大型群众文化活动。完成了上级交办的“北京市文联成立50周年庆祝活动的文艺家进社区文艺演出”和新疆和田地区文工团、甘肃省甘南藏族自治州歌舞团赴京汇报演出活动的有关工作;协助区纪委策划完成了“纪检干部门书画展”和“反腐倡廉大型文艺演出活动”。

（李　岩）

【策划组织文化赛事】 年内,与街道等基层单位合作,参与策划并协助组织了“陶然杯北京市第三届地书大赛”、“椿树杯北京第三届社区京剧票友大赛”、“天桥杯－五省区鼓书大赛”、“广内街道首届北京空竹大赛”等比赛活动。

（李　岩）

【组织艺术家开展艺术创作】 年内,拨专款支持“金融系统京剧票友会”创编京剧《金狮雄风》,该剧获全国业余京剧评比一等奖;推出艺术家自创自编自导自演的歌曲和艺术项目6个,其中歌曲《廉政干部之歌》获得北京市纪检系统一等奖,快板书“咱们亲人冯兰英”引起社会反响,郑重的儿童科普童话书获全国科普创作三等奖。在北京市合唱节、北京市文学节、北京市国标舞大赛中,区文联组织参加的节目分别获得二等奖、三等奖,区文联合获优秀组织奖。

【书画文化展示】 年内,出资为区文联理事刘庆路举办了宣南文化题材画展;支持区书法协会参加“北京国际书画双年展”,15幅作品获奖;支持区文联理事刘忠冬研究古旧字画修复复制工作,其技术获得了北京市科学进步二等奖。

（李　岩）

【宣南文化交流】 年内,组织不同层次的专家讲座16次,从不同的侧面,较为系统地介绍宣南文化,并在团区委和各街道的支持下,与人大、北大合作,举行了二项面对大学生的北京宣南文化交流活动。

（李　岩）

宣武区私营个体经济协会

【概况】 北京市宣武区私营个体经济协会(简称区私个协)由全区私营企业、个体经营者及其从业人员组成,是经社会团体行政主管机关核准注册登记的社会团体法人。协会宗旨是:贯彻执行国家有关促进私营个体经济发展的法律、法规和规章,引导、培育私营个体经济健康发展,团结、教育全区私营企业、个体经营者及其从业人员守法经营,履行“自我教育、自我管理、自我服务”的职责,发挥“服务、教育、宣传、协调、监督”职能作用,促进私营个体经济持续、快速、健康发展,为建设社会主义物质文明和精神文明服务。协会分设宣教部、服务部、维权部、信息部、办公室,下设大栅栏、天桥、广内、广外、牛街五个地区分会和马连道茶商一个行业分会。年内宣武私个协在市协会的指导下,在区委、区政府和工商宣武分局的领导下,立足协会职能,以促进本区私营个体经济持续、健康、快速发展为目标,深入宣传贯彻《国务院关于鼓励支持和引导个体私营等非公有制经济发展的若干意见》,切实维护私营企业、个体工商户的合法权益;成立宣武区私营个体经济精神文明建设委员会,积极开展精神文明建设活动;依托宣武区私营个体经济工作联席会议制度,充分发挥全区各部门的职能作用,积极引导、培育全区私营个体经济稳步健康发展。截止到年底,全区个体工商户40 614户,同比增长28.7%,注册资本达2.5亿元,同比增长30%;私营企业累计10 770户,同比增长58.2%,注册资本合计84.7亿元,同比增长50.3%。

地址:宣武区大栅栏铁树斜街30号
电话:63035137
邮编:100050

（胡艳莲）

【协会团工委举办新春联欢会】 1月29日,协会团工委举办“2005年新春联欢会”。联欢会上,团员青年为海啸灾区捐款,600名优秀团员受表彰。

(胡艳莲)

【庆祝“三八”妇女节】 3月8日,举办茶话会,庆祝“三八”妇女节。企业家中女人大代表、政协委员、区巾帼女杰,以及各分会女企业家代表参加。会长李广隆出席了茶话会并致词。会后举办了“庆‘三八’关爱女性健康”专题讲座。

(胡艳莲)

【成立私营个体经济精神文明建设委员会】 3月22日下午,召开宣武区私营个体经济精神文明建设委员会成立暨“诚信经营促发展文明服务添光彩”主题活动动员大会。区文明办等16家成员单位的主管领导和私营企业个体工商户代表出席了会议。会议由副区长、区私营个体经济精神文明建设委员会主任袁双梅主持。区委副书记仲兆军、北京市私营个体经济协会会长金鑫到会祝贺并讲话。区精神文明办主任王燕宣读了《关于成立宣武区私营个体经济精神文明建设委员会的通知》,工商宣武分局局长杨鸣就区私营个体经济精神文明建设委员会的职责、任务、要求讲了话。区私个协会会长李广隆宣读了《关于开展“诚信经营促发展,文明服务添光彩”主题教育活动的通知》,并结合宣武区的具体情况向各分会进行了部署和动员。首都文明单位和区文明单位代表先后在会上发言。

(胡艳莲)

【第四届第四次理事扩大会议】 3月24日–25日,第四届第四次理事扩大会暨2005年工作会召开。区协会理事、各分会会长、副会长和全体协会干部参加了会议。北京市私个协会会长金鑫、宣武区副区长袁双梅、区政协副主席喻建平,以及区协会法律援助站、担保公司、定点医院等合作单位的领导应邀出席。大会总结了2004年工作,对2005年工作做了部署和安排。表彰了协会系统2003–2004年度市、区先进集体和先进个人。

(胡艳莲)

【十一家私营企业建妇女组织】 3月–4月上旬,区个协制定并下发了《宣武区关于在非公有制企业中建立妇女组织的实施意见》,更香茶叶公司等11家私营企业首批成立了妇委会或妇女小组等妇女组织。

(胡艳莲)

【千禧园球迷餐厅开展主题教育活动】 清明时节,千禧园球迷餐厅组织员工开展“缅怀英烈,发扬传统,拼搏奋斗”主题教育活动,在陶然亭公园举行象征中国工农红军万里长征的“环湖拉练赛”,在烈士墓碑前敬献花篮,缅怀在宣武开展革命活动的中国共产党早期领导人,决心继承革命先烈遗志,发扬革命传统,为企业发展,为宣武建设贡献力量。

(胡艳莲)

【保护知识产权讲座】 4月25日,在马连道茶城举办《保护知识产权 提高商标意识 促进马连道特色街经济发展》知识讲座。茶商和音像市场60余名代表参加了这次学习活动。工商宣武分局副局长、会长李广隆结合奥运知识产权保护条例,教育会员树立品牌意识,提高商标意识,转变经营理念,提升管理模式,遵纪守法,学会用法律武器保护自己的合法权益,促进马连道特色商业街的健康发展。

(胡艳莲)

【茶商分会为诚信户授牌】 4月27日,马连道茶商分会在征求公安、工商、税务等部门意见的基础上,经过一年的考评,在800余家茶商中选出75名茶商,为他们举行了“马连道茶叶街2004年度诚信商户”授牌仪式。区商委、工商联、私个协的领导出席了仪式。

(胡艳莲)

【文明迎奥运光彩运动会】 5月30日,在宣武体育场举办“文明迎奥运光彩运动会”。运动会开幕式由中央电视台体育频道主持人韩乔生主持。副区长袁双梅在开幕式上致辞,出席开幕式的还有区政协主席张文华、区人大副主任栗琦、北京市私营个体经济协会副秘书长扬端义、王京茹等。前羽毛球奥运女双冠军顾俊、前女排世界冠军梁艳、前北京足球队著名球员李惟淼也参加了开幕式。本次运动会受到全区会员的支持和响应。6个分会有近百家企业1 000多人报名参加男女100米、4x100米接力、拔河等12个项目的角逐。参加人数和规模都超过了历届运动会。

(胡艳莲)

【举办通讯员培训班】 11月10日,来自各分会20多家私营企业的通讯员在工商宣武分局会议室接受培训。市私个协会宣教部部长王幼民,结合自己多年从事宣传工作的实际经验和体会,就文章题材的确立、体裁的选择,以及采访技巧、写作技巧等和通讯员们进行了交流。

(胡艳莲)

【全市私个协系统现场会】 10月19日,北京市私营个体经济精神文明建设委员会在宣武区召开“争做文明诚信户、创建文明示范区”主题教育活动现场会。各区县、直属分会私个文明委和示范区分会的负责人参加了会议。市文明办副主任马润海、市私个协会长金鑫、区委常委、宣传部长丁力到会并讲了话。更香茶叶公司、鸿志茶庄、茶商军旅小组代表受表彰的89户“文明诚信户”汇报了诚信经营的做法与体会。

(胡艳莲)

宣武区红十字会

【概况】 北京市宣武区红十字会(以下简称:区红会)是中国红十字会的地方组织,是从事人道主义工作的社会救助团体,依法取得社会团体法人资格,独立自主地开展工作。红会编制7名;设办公室、业务科;并挂区少儿住院医疗互助金管理办公室牌子。按行政区域划分,下设八个街道红十字会及红十字会学校工作委员会。现有基层会员组织147个,其中:机关、企事业单位82个,中小学校、职高65个。红十字会员40 692人,其中:成人会员31 911人,青少年会员8 781人。2005年,区红会完成了区红十字会六届理事会第六次会议制定的各项工作任务及市红十字会交办的工作,再次获得北京市红十字会系统"先进集体"称号。

地址:宣武区广安门南街68号

电话:83975516

邮政编码:100054

(王秀丽)

【为印度洋海啸灾民捐款】 2004年12月底,印度洋发生海啸。年内,在区政府有关部门的支持下及时公布了区红会的捐助热线,并开通了区红会专用网页,及时向大众传递受灾国的灾情及宣武区募捐动态,并开出流动募捐车,在商场门口等繁华地带进行募捐宣传。一个月内,区红会接收赈灾捐款682 426.68元,全部上缴市红十字会。在专项审计中得到市审计局和市红十字会的好评,并获得市红十字会"2005年度募捐救助活动组织发动优秀奖"称号。

(王秀丽)

【区领导节前慰问】 春节前,区委副书记仲兆军同志带领红十字会干部看望患病的公安干警;副区长、区红十字会会长王瑞珠到天桥街道居民家中慰问患病人员。

(王秀丽)

【六届理事会第六次会议】 宣武区红十字会六届理事会第六次会议于3月10日在区政府会议室召开。审议通过了《关于更换部分常务理事、理事的报告》及2004年工作总结和2005年工作计划,原则通过了《宣武区红十字会第七次会员代表大会筹备情况报告》。一致通过副区长王瑞珠兼任区红十字会第六届理事会理事、常务理事、会长;陈银芝任区红十字会第六理事会理事、常务理事、常务副会长;刘燕、张志豹担任区红十字第六届理事会理事、常务理事;李卓新、李启国、王玉珍担任区红十字第六届理事会理事。

(王秀丽)

【红十字会总会领导来区调研】 3月31日,中国红十字总会常务副会长江亦曼一行5人在市红十字会党组副书记、副会长韩陆等领导的陪同下到宣武区调研。区长、区红十字会名誉会长武高山、副区长、区红十字会会长王瑞珠接待了总会领导。会上,王瑞珠会长向总会领导汇报了区红会2005年的工作思路及对如何发展红十字事业的意见和建议。随后,江会长一行参观了设在政务大厅的少儿住院互助金窗口和天桥地区红十字活动中心,观看了社区居民的自救互救知识培训课。与办事处的主任、红十字会干部和居委会主管主任一起就如何在社区中开展红十字志愿服务工作进行座谈。

(王秀丽)

【"博爱在京城"募捐救助活动】 4月29日,在广外红莲广场正式启动"博爱在京城"募捐救助活动,得到驻区单位和社区居民的积极支持和广泛参与,截止到11月,共募集善款308 440.30元,全部上缴市红十字会。

(王秀丽)

【全国政协委员来区视察】 10月10日,全国政协副主席、民革中央常务副主席周铁农,全国政协常委、社会和法制委员会副主任伍绍祖及部分全国政协委员,在中国红十字会总会常务副会长江亦曼、北京市副市长、市红十字会会长孙安民、北京市政协副主席满运来等领导的陪同下,视察了设在区政务大厅内的红十字会少儿住院互助金窗口。区长、区红会名誉会长武高山、副区长、区红会会长王瑞珠,区政协副主席王玉兰等领导陪同政协委员视察。区红十字会常务副会长陈银芝向各位代表简要汇报了宣武区开展少儿住院互助金工作情况,并回答了委员们的提问。

(王秀丽)

【人道主义救助】 "两节"期间,区红会开展了以"红十字与您牵手"为主题的社会救助系列活动,投入救助金10万元,对全区113户特困家庭和100名困难学生进行了救助。2005年,区红会还先后为陶然亭、大栅栏、广外地区的20户遭受火灾的居民送去5万余元的救助金及生活必需品;帮助24名白内障患者作了免费复明手术;为椿树等6个地区的12名因大病、重病造成生活困难的居民送去医疗救助款4万元;出资组织培智学校的部分学生游览了动物园、参观了天文馆;为牛街民族敬老院添置两台电动健身椅。

(王秀丽)

【对外交流】 4月6日上午,红十字会与红新月会国际联合会主席苏亚雷斯·托罗先生一行3人在中国红十字会总会常务副会长江亦曼及市红十字会常务副会长李雪奴的陪同下,到宣武区天桥社区视察红十字会工作。副区长、区红会会长王瑞珠陪同视察,托罗先生为街道红十字会题词。9月21日,罗马尼亚登博维察省红十字代表团一行10人在市红十字会副会长韩陆的陪同下,到区回民小学进行工作访问。

(王秀丽)

【少儿住院医疗互助金工作】 7月5日,区红会、区教委、区卫生局在区教委礼堂联合召开宣武区少儿住院互助金工作总结表彰暨动员大会。各学校、托幼园所和医院领导200余人参加会议。市红十字会副会长韩陆、副区长、区红会会长王瑞珠、市互助金管理办公室主任于瑞苓以及区教委、卫生局、街道办、团委、妇联、监察局、红十字会等有关部门的负责同志出席了会议。2004-2005年度,宣武区共缴纳互助金款170余万元,收缴率达70%,获市少儿互助金工作优秀组织奖。本学年度,为患儿报销医疗费623人次,报销金额超过百万元。白纸坊小学等25个单位被评为区少儿互助金工作先进单位,罗光辉等21名同志被评为区少儿互助金工作先进个人。

(王秀丽)

【自救互救演练】 7月14日,区红会主办了"迎奥运自救互救大演练",来自街道和学校工委的9支急救队和150余名居民积极参与,广外、天桥、陶然亭街道分别获得一、二、三等奖。10月29日,宣武区30余名急救队员、14名中学生参加了"北京市红十字会系统应对灾难救护演练"活动,区急救队表演的地震现场避险逃生及中学生现场救护表演获得好评。宣武区荣获组织奖、团体表演奖、表演奖三项奖项。

(王秀丽)

【中日韩夏令营】 8月8日~8月12日,区红会干部陈莹带领降新宇、李冰清、丁超、张羚清4名同学前往韩国参加"中日韩夏令营"活动,四名同学与韩国、日本红十字青少年进行了广泛交流。

王秀丽

【社会助学】 百安居装饰建材有限公司与区红会签订助学协议,决定长年资助宣武区5名生活困难的学生每人每学年5 000元完成小学至大学的学业。北京小学捐款3.24万元,对广内地区中小学校的81名特困生进行了救助。

(王秀丽)

【红十字生命关爱行动】 9月6日晚,区红会工作人员为建筑工地工人举办了预防爱滋病、心理卫生、避险逃生等健康知识讲座。互动形式的讲课,吸引了在场的120多名工地民工。12月2日下午,区红会与市红十字会、中国医促会亚健康专业委员会联合举办了"为了母婴健康,让我们携手拯救乳房"健康科普知识讲座,来自各个社区的下岗女工和外来务工人员150余人,参加了此次培训。红十字生命关爱行动在需要关注的群体中开辟了新的活动场所。

(王秀丽)

【诗歌、童谣征集及文艺汇演】 年初,区红会在全区中、小学校中开展了"红十字,我心中的歌"诗歌、童谣征集及文艺汇演活动。征集稿件1 300余篇,将40篇获奖作品制作成了精美的画册和书签,发放给参与活动的学校和学生,受到普遍好评。在文艺汇演中,有18个节目参赛,节目内容新颖活泼,生动感人,展现了当代红十字青少年的风采。"红十字,我心中的歌"主题活动被区委宣传部评为2005年度特色宣传教育活动。

(王秀丽)

【红十字青少年工作】 11月,宣武区白纸坊小学通过市红十字会"红十字示范校"检查验收。全区有6名学生被评为市百名优秀红十字青少年会员;宣师一附小"纪念红十字会百年系列活动"、白纸坊小学"培养今天的幼苗,托起明天的太阳"活动和66中学"我为红十字做贡献"活动获十佳红十字青少年活动奖;外国语实验学校"百年华诞,永恒的爱"活动和上斜街小学"我们生活在爱心的摇篮里"主题系列活动获优秀红十字青少年活动奖。

(王秀丽)

【世界献血日纪念活动】 6月14日上午,区红会配合区血液管理办公室在庄胜崇光百货商场门前举办"世界献血日"纪念活动。当日有41人献血,采血62袋;有60名无偿献血志愿者现场参加了青年应急献血志愿者的签字仪式。

(王秀丽)

【博爱超市挂牌】 12月份,在市红十字会的支持下,大栅栏街道红十字会依托社区中心筹建的"博爱超市"正式挂牌,博爱超市联合各社会团体参与扶贫济困的社会救助,为社区搭建了一个奉献爱心的平台。

(王秀丽)

政法　军事

政　法

中共北京市宣武区委政法委员会

【概况】 中共北京市宣武区委政法委员会(简称区委政法委)是领导政法工作的区委职能部门,隶属于中共北京市宣武区委。主要负责研究和处理宣武区政法工作中的重大问题,监督和支持政法各部门依法行使职权,指导和督促政法队伍建设等工作。全委共有干部9人。区政法系统包括公安宣武分局、区检察院、区法院、区司法局、安全宣武分局、区民政局、区残联。年内,全区政法系统以保持共产党员先进性教育为重点,以"规范执法行为,促进执法公正"专项整改活动为载体,全力做好维护政治稳定和社会安定的工作,圆满完成了"两节"、"两会""涉日稳定"和党的十六届五中全会等重大活动、重大节日的安全保卫工作,确保了各个敏感时期的社会稳定;继续做好集中处理涉法上访工作,建立创新了工作机制;认真做好人民内部矛盾纠纷排查调处工作,确保全年未发生重大群体性事件;加强了对公正司法、严格执法工作的监督检查;加大对重点人调查摸底和重大疑难案件的协调工作力度,化解了影响稳定的不安定因素;在全区政法各单位中开展了"零违纪,树形象"和"学先进、树典型"等活动,全面提升了政法队伍的整体素质。年内,全系统实现了"零"违纪的目标。

(孙　红)

【政法工作会议】 2月28日,召开全区政法综治工作会议,总结2004年政法综治工作,部署2005年任务。确定了"执法为民、服务发展"的主题,要求通过积极推进政法工作改革创新,创造和谐稳定的社会环境和公正高效的法治环境,推动全区政法事业发展。

(孙　红)

【区领导慰问"两会"值勤干警】 3月10日,区委副书记、区长武高山,区委副书记仲兆军,区委常委、政法委书记周开让,慰问了参加全国"两会"值勤的交通民警、公安干警,并送去了慰问品。

(孙　红)

【安全保卫工作】 年内,区委政法委针对2005年安全保卫工作特点,制定工作方案及预案,建立工作台帐,全面落实各项安全保卫措施及责任制,圆满完成全国"两会"、党的十六届五中全会等重大活动及"五一"、"十一"重大节日的安全保卫工作。在全国"两会"召开前夕,区委副书记仲兆军,区委常委、政法委书记周开让,副区长哈金起亲自带队到各街道检查安全保卫工作情况,确保了工作万无一失。

(孙　红)

【做好涉日稳定工作】 年内,区委政法委制定有关涉日的维护稳定工作预案,对区日资企业、日籍人士进行了统计分类,分别对全区下发了《宣武区近期维护稳定工作方案》、《关于做好近期维稳工作的通知》、《关于妥善应对小泉再次参拜靖国神社做好维护区稳定工作的通知》,组织做好各项有关涉日维护稳定工作。

(谢　涛)

【确定查办渎职犯罪重点】 7月,开始进行为期一年半的集中查办破坏社会主义市场经济秩序渎职犯罪专项工作。9月7日,召开了集中查办破坏社会主义市场经济秩序渎职犯罪专项工作情况通报会,确定了区专项工作的3项重点。

(孙　红)

【部署加强改进律师工作】 年内,依据市委、市政府转发的《市委政法委关于进一步加强和改进律师工作的意见》,区委、区政府制定下发了《中共北京市宣武区委关于贯彻落实市委政法委关于进一步加强和改进律师工作的意见》,《意见》中包括了重视律师工作,发挥律师作用,改善律师执业环境及加强律师队伍建设四方面主要内容。区委政法委邀请区委、区人大、区政府、区政协领导及全区24个委办局视察了3个律师事务所,召开了相关部门的协调会和座谈会,以保证此项工作顺利完成。

(孙　红)

【“树形象,零违纪”活动】 年内,在全区政法系统开展了“树形象,零违纪”教育活动。加强了对政法各单位活动开展情况的督促检查。建立健全了领导干部廉政档案制度,解决了廉政自律方面存在的问题。通过教育活动的开展,增强了广大干警执法为民、树立良好形象的意识,活动收到良好效果,全年全系统实现了“零”违纪的目标。

(孙　红)

【“学先进,树典型”活动】 年内,结合开展保持共产党员先进性教育活动,在全区政法各单位中组织开展了“学先进,树典型”活动,通过向刘吉铎、冯兰英等身边先进典型人物学习和各种形式的教育活动,提高了广大干警的政治素质,推进了政法队伍的思想建设、作风建设和职业道德建设,增强了队伍的凝聚力和战斗力。

(孙　红)

公安工作

【概况】 北京市公安局宣武分局(简称公安宣武分局)是区政府主管公安工作的职能部门,业务上受北京市公安局领导,担负着全区刑侦预警、治安巡逻、户籍管理、消防安全及重大活动警卫工作。由8个派出所、1个治安派出所及15个职能处室组成。年内,公安宣武分局坚持以“三个代表”重要思想和科学发展观为指导,全面贯彻落实“整体防控、精确指导、精确打击”的战略决策,求真务实,开拓进取,拼搏奉献,维护稳定,各项工作取得了显著成绩。牛街派出所连续十一年荣获全国公安系统青年文明号称号;预审大队、牛街派出所被评为全国优秀公安基层单位;内保处王军同志被评为全国优秀人民警察。

地址:宣武区粱家园1号

电话:63018603

邮政编码:100052

(杨启成)

【110爱民实践主题日】 1月10日,分局在宣武门庄胜广场举办了“警民携手,共铸平安”警民互动活动,开展了有关“110”咨询、“二代证”办理、中小学及金融单位防范、禁毒宣传、侵财案件防范、防煤气中毒等问题现场答疑和装备展示、消防灭火表演等活动。数千名群众对各自关心的问题进行了咨询,并观看了分局的警用装备展示和家庭灭火演示。活动中,分局民警通过发放材料、答疑解惑等方式将各种日常安全防范等知识传授给群众。本次活动共发放宣传材料1万余份,围裙1 000余条。

(王宏瑞 杨亦兵)

【校园出入证管理】 年内,分局经与区教委研究决定,自2005年1月1日起,在教育系统实行校园出入卡及幼儿接送卡制度。校门出入卡内容包括:学校名称、学校校徽或标志、学生的姓名、照片、班级、学号等。教职工的校门出入卡内容与学生的相似,但在底色上与学生有所区别。另为全区中小学校幼儿园聘请保安员170名,为35所小学、13所幼儿园和8所中学安装了红外报警、监控等技防设备。

(王宏瑞 杨亦兵)

【厂甸及红楼庙会安保工作】 2月9日至14日(农历初一至初六)第五届“厂甸文化庙会”和第十届大观园红楼庙会分别在南新华街和大观园举办。分局共组织安保力量6 546人次现场执勤,并对活动场所摊位、娱乐设施进行了安全检查,确保了市区领导及172万名游客的安全。

(王宏瑞 杨亦兵)

【两会安全保卫】 年内“两会”保卫工作中,分局最大限度地将警力投入街面,增大震慑力度,狠压街头发案。每天投入派出所巡逻民警215人次,巡逻车28部次,各派出所在执行加强式巡逻方案的基础上,启动机关巡逻一级方案;“两会”代表休会和双休日期间,执行超常规巡逻防控方案,在辖区的繁华场所、重点要害部位等代表可能涉足的地区增加两到三个步巡段,每天投入派出所巡逻民警300人次,巡逻车28部次;投入联防、保安400人次,加强了对社会面的巡逻控制,“两会”安全保卫做到了万无一失。

(王宏瑞 杨亦兵)

【看守所新址建设】 年内,区委、区政府进一步加大了对公安工作的投入力度,投资4 100余万元启动看守所新址建设,并为一线实战单位装备了21辆桑塔纳巡逻车。

(杨启成)

【防控体系建设】 年内,制定了《防控体系建设实施方案》,明确了巡警、人口、治安、内保四张网主责单位的职责任务,全年共立刑事案件3383起,同比增加371起,上升12.3%,低于全市平均上升15.6%的增幅。

(杨启成)

【巡逻网络建设】 年内,以落实勤务规范为重点,以落实社区分类管理为重点,推进了社区网络建设。大力加强了机动车停车管理,社区盗窃机动车案件发生103起,同比减少34起,下降33%。以信息采集为重点,进一步规范了治安、内保虚拟网建设。突出"筛人、控物、看地"的主要功能,在全区初步建立了20个治安管理子系统,狠抓行业场所的装机率、上网率,针对犯罪分子"吃住行销乐"等环节,对全区场所、行业进行摸排,建立细致的基础台账,严管、严控、严查,从而实现管理功能的最大化。全年通过旅店核查抓获网上通缉逃犯106人,名列城区组第一。构建了内保防控网络应用操作平台和五个子系统,运用网上巡检和异地监控等技术手段,对全区内保单位进行管辖核定,积累相关数据信息,纳入网络管理,切实提高了对内部单位的依法监管能力;深入贯彻公安部八项措施,依托中小学幼儿园安全管理平台,有效地维护了校园周边秩序充分发挥信息化建设对整体防控的支撑作用。以信息技术为载体,加强了情报分析、预警控制、指挥联动、警务信息控制等系统的建设;开通了信息查询2号台,加强了通信设备的维护检查,为处置突发事件和快速反应提供了通信保障。加强情报信息的收集和掌握,逐一落实对重点人的控制措施,全年未发生一起失控问题。依法查获并做刑事拘留处理的法轮功人员达27人,积极配合有关部门开展矛盾排查工作,依法处置群体性事件67批,涉及3 300多人。

(杨启成)

【公安基础理论和应用对策研究】 年内,坚持在实践中总结经验、升华理论,用理论指导实践、推动工作,围绕"五大专题"开展调研,形成调研报告30篇,进一步从理论层面和实际操作层面丰富了思路,揭示了新形势下违法犯罪活动的规律特点,创造性地提出了解决治安重点、难点问题的对策。科学设定业务常量,规范了日常警务工作。

(杨启成)

【破获刑事案件】 全年破获本区刑事案件2 200起,同比增加371起,上升20%,高于全市12.7%的增长率;刑事拘留犯罪嫌疑人1 187人,同比增加91人,上升8.3%;打掉违法犯罪团伙178个,涉及团伙成员832人,同比分别上升31.8%和29.2%。

(杨启成)

【开展专项整治】 年内,先后开展了扫黄打非、查禁赌博、中小旅店清理整治、职业介绍行业清理整治、打击偷盗自行、清"七黑"等专项行动。期间,共查处治安案件26 837起,抓获作拘留以上处理的3 147名。

(杨启成)

【开展全警练兵活动】 年内,积极建立"战训合一"的训练模式,在市局组织的首届特等射手选拔赛中,巡警支队一名民警荣获了市局优秀射手称号;210名民警达到英语口语初级和中级水平;在公务员学法用法和依法行政"四五"普法考试中,分局民警业务、法律理论知识考试合格率达到100%。练兵活动在城八分局取得了第二名的好成绩。

(杨启成)

【调整领导班子】 年内,先后对20个单位的领导班子进行了调整,任免干部67人;开展了部分副处和科职领导干部竞争上岗工作,34名一线骨干走上领导岗位。

(杨启成)

【信访工作】 年内,分局纪委接到群众来信来访96件,同比减少34件,下降35.4%。按照公安部统一部署,深入开展了"大接访"活动,落实"分局领导、责任单位正职领导、主管领导、办案民警"四级责任制,在"事要解决、息诉罢访"上下功夫,使104批群众来访得到接待和依法处理,达到了结办率"四个100%"的预期目标。

(杨启成)

【实行干部轮岗】 年内,分局党委要求新提拔的派出所干部必须到预审法制部门轮岗交流工作一年,交流期间由法制部门按普通民警安排工作,每半年进行一次小结,对表现做出鉴定,交流期间工作表现将作为干部试用期任期考核的参考,同时制定了《分局干部到预审法制部门轮岗交流工作实施意见》。此举对改善基层派出所执法水平,规范办案程序,提高干部素质起到了良好的作用。

(王宏瑞　杨亦兵)

【规范民警执法行为】 年内,分局专项整改活动领导小组将"110"接处警现场处置环节和伤害案件列为分局重点整改的问题。在广泛调研的基础上,先后出台了《宣武分局现场取证工作规范》和《宣武分局办理轻伤害案件工作规范》,并以分局文件的形式下发全局各办案单位,在全局上下认真贯彻,严格组织实施,有效解决了"110"出警民警到达现场后采取控制手段多、取证不及时以及一线民警在伤害案件初查过程中取证粗糙、造成后期取证困难的问题。

(王宏瑞　杨亦兵)

【加强物防技防建设】 年内,分局依据现有条件落实物防、技防建设,开展了"装百扇门、保万家安"活动及"严防入室盗、辖区不窝贼"的秋猎行动,在地方政府的支持下,积极为辖区居民安装院门56个,防护窗1 200余个,推广防盗锁272把,防盗门273个,门磁报警67个,建立有人看管停放车场7个,封闭小区15个,楼宇对讲系统4个。营造了良好的防控格局。

(王宏瑞　杨亦兵)

【三级领导一线指挥】 年内,分局采取党委成员一线指挥、职能部门跟进指挥、基层领导跟班作业的方法,使各级领导带着任务、带着问题、带着目的开展一线指挥,并通过实地调研和系统分析,及时了解和掌握了治安工作方面的第一手资料,确保了各级领导工作岗位前移,直接"抓问题、抓过程、抓细节",形成了"督得紧、查得严、管得实"的工作局面,推动了警力部署和工作措施的落实。

(王宏瑞 杨亦兵)

【评选服务标兵活动】 年内,分局人口处通过评选先进带动全体,提升整体服务水平。一是通过公告的形式告知群众正在开展的服务标兵评选的活动。由群众自行在窗口索取《评选"服务标兵"征询意见单》,投入意见箱。二是通过向派出所发放《户口差错反馈表》,由派出所将问题直接反馈到中心主任处,对于出现的差错经核实整理后,告知民警本人,提出批评和整改措施。三是根据民警本人每天和每周的工作量,做出统计。四是通过警风监督员的明查暗访的意见和结果。最后,经过各项打分和民主评议,评选出四名服务标兵挂牌上岗。

(王宏瑞 杨亦兵)

【治安调解工作】 年内,治安调解中心共受理派出所移交的疑难治安调解纠纷案件301起,涉及当事人761人,现赔金额19.8万元,经工作成功调解165起,占受理案件总数的53.2%,自诉罢访25件,占受理案件总数的8%,移送法院98件,占受理案件总数的29.7%,总结案率为80.9%。

(王宏瑞 杨亦兵)

【社区分类安全管理】 年内,分局综合考虑各社区自然、人口、组织、设施和治安状况等方面的因素,将全区107个社区,划分为一类指导型社区72个、二类组织型社区33个和三类联动型社区2个;实行了"社区民警AB角"制度,对三类社区落实了一区两警配置;在牛街派出所试点组建了全市第一支社区巡防队,依靠群众建设社区防范网络。

(王宏瑞 杨亦兵)

【警察宣传日活动】 10月,分局巡警支队、治安支队、人口处、法制处和八个户籍派出所组织开展了"警察宣传日"活动,活动共投入警力132人,参加展示的警务车16辆、警用摩托车10辆和巡逻防暴民警50人;8个宣传点共展示了有关天安门地区分局先进事迹、向天安门地区分局学习要点、安全防范小常识、限养相关规定等内容的展板106块;现场播放《巡逻民警基本行为规范》演示片,展示各种警用装备100余件,发放《首都巡警向天安门地区分局学习,打造一流首都巡警队伍》《首都巡警防范小常识》《致居民群众一封信》等宣传资料46 000余份,为3 800余名群众解答了关于治安管理、法律知识、户籍规定等方面的问题。

(王宏瑞 杨亦兵)

【换发二代身份证工作】 年内,分局集中换发第二代居民身份证,全区换证44万多人,占应换证人口的91.94%,超过全市平均换证率近3个百分点,提前3个月完成了市里下达的年底换证率达到90%的任务。

(王宏瑞 杨亦兵)

【新疆民警到牛街派出所实习】 年内,新疆和田地区公安局81名干警和61名警嫂,在公安部和市局领导的具体安排下,分六批次到宣武分局牛街派出所参观交流、实习工作。期间,公安部、市局、分局等领导多次到牛街派出所看望并慰问来京交流的新疆和田民警和警嫂。

(王宏瑞 杨亦兵)

【清理整顿出租房屋】 年内,分局共出动各种力量3 686人,检查各类出租房屋7 000余户、1.3万余间;发现解决各类隐患219处,确定重点出租房屋42户,处罚违法出租房主3名;新登记流动人口2 361人,重新签订《出租房屋治安责任书》7 000余份。

(王宏瑞 杨亦兵)

【消防安全工作】 年内,发放宣传材料20余万份,消防演讲38场,运动会15场,知识竞赛29场,报告会10场,文艺演出5场,消防演习162场,消防培训118场,播放消防录像131场。共组织各类消防安全检查45次,检查单位5 930个次,消防违法违章行为4 826件,排查出一般火灾隐患17件,解决隐患9件。实施消防行政处罚665起,罚款156 100元,责令停止使用1起。

(王宏瑞 杨亦兵)

【一日捐活动】 年内,分局积极组织民警参加区工会系统发起的将一日工资收入捐助特困职工的活动,全区民警捐款39 875元。

(王宏瑞 杨亦兵)

案例举要

【打掉特大盗窃本田高档轿车犯罪团伙】 1月23日,宣武分局刑侦支队破获特大盗窃本田高档轿车案,打掉危害全市的韩飞、张瑜盗车犯罪团伙,抓获7名犯罪嫌疑人,收缴被盗本田轿车14辆。2005年1月初,刑侦支队机动车案件侦查队根据群众举报,并经对已被抓获盗车犯罪团伙成员预审深挖,获知该犯罪团伙主要成员逃匿到河北省保定地区。据此侦查员赶赴保定,于23日3时许,在河北省保定市将韩飞(男,1978年10月27日出生,河北省定兴县东落堡乡吴村人)等3

名犯罪团伙成员抓获,追缴10辆被盗本田轿车。随后,经深挖线索,在河北省廊坊地区将张瑜(男,1974年11月25日出生,河北省固安县东湾乡马大人庄村人)等3名犯罪嫌疑人抓获,收缴被盗本田轿车4辆。并赴内蒙古自治区鄂尔多斯市将销赃犯罪嫌疑人郭宇田(男,1971年7月27日出生,内蒙古鄂尔多斯乌兰镇人)抓获。经审查,犯罪嫌疑人交代,自2003年以来结成盗车团伙,在本市宣武、朝阳、丰台、东城、西城、海淀、昌平等区及天津市等地,采用钢板钥匙坯子撬车门锁、强行破坏点火开关启动汽车等手段,盗窃本田轿车作案29起,并销赃获利的犯罪事实。现7名犯罪嫌疑人已移送宣武检察院起诉,罪犯张瑜被北京市第一中级法院判处有期徒刑11年。

（韩富敏 刘伟）

【侦破特大绑架杀人案】 1月31日,宣武分局刑侦支队在市局刑侦总队等部门的协助下,只用42小时迅速破获1起特大绑架杀人案,抓获2名犯罪嫌疑人。1月30日0时许,刑侦支队现案队接事主冯玫(女,43岁,全国政协服务局二处服务科副科长,住宣武区西便门东里3号楼1405号)报案称:1月29日9时许,其女儿杨乃文(1987年11月6日出生,北京214中学学生)外出参加同学聚会。当日16时许,发现其手机关机从此失去联系。当日21时30分许,接到一陌生男子用其女儿手机打来电话称:杨乃文已被他们挟持,要保住其性命,就要用人民币30万元赎回。接报后,宣武分局、刑侦支队领导亲自指挥,会同刑侦总队及市局有关业务处迅速开展破案工作。侦查员经大量走访调查、摸排工作,于1月31日13时许,在丰台区海慧寺将犯罪嫌疑人雷鹏飞(男,1985年11月13日出生,无业人员,住本市丰台区海慧寺10号)抓获。2月1日1时许,将另一名犯罪嫌疑人姜波(男,1982年1月11日出生,无业人员,住丰台区石榴庄东街195号院3号)抓获。经审查,2名犯罪嫌疑人交代,长期以来密谋从互联网聊天中寻找有钱人,将其绑架后索要钱财。经与杨乃文网上聊天,得知杨的母亲在政协工作,认为其家中一定有钱。即于1月29日9时许,2人将杨乃文约到雷鹏飞家中,雷将其强奸并挟持至大兴区西广德村一出租房内,捆绑杨乃文并向其家人索要赎金30万元。随后于当晚22时许,雷、姜二人将其杀害灭口,趁深夜抛尸至大兴区西广德村一废弃工地内。2005年1月31日23时许,侦查员找到被害人杨乃文的尸体。

（韩富敏 刘伟）

【破获严小凤医院系列拎包盗窃案】 8月25日,宣武分局刑侦支队抓获1名网上通缉在逃的女犯罪嫌疑人,破获医院妇产科系列拎包盗窃案20余起。8月9日上午10时许,全国政协委员、著名蒙古族表演艺术家、北京现代艺术学院教授娜仁高娃(女,41岁,住西城区皮裤胡同丽华园小区)报案称,其在宣武医院妇产科手术室内进行手术时,被盗LV牌女式皮包一个,内有手机、现金、信用卡等物,价值人民币5万余元。侦查员经调查及对近期该医院妇产科多起盗窃案件分析,判断为1名女嫌疑人一人所为。随后,侦查员抓住嫌疑人遗留物等线索,迅速赴广州开展工作,查明嫌疑人在宣武医院现场遗留物为广州事主罗某(女,45岁,广州市天河区妇幼保健医院主治医生)被盗物品。由此判断,犯罪嫌疑人有可能是跨越京粤两地的盗窃惯犯。随后,侦查员经在广州市苏庄地区进行摸排工作,于8月25日18时许,将犯罪嫌疑人严小凤(女,1972年5月1日出生,户口所在地:广州市天河区人,网上通缉在逃人员)抓获。经审查,犯罪嫌疑人严小凤交待,因沉迷六合彩输掉10万余元后开始盗窃,自2004年12月起,以医院妇产科做手术的患者为作案目标,先后在北京、广州两地拎包盗窃作案20余起、获赃款10万余元。

（韩富敏 孙长青）

【破获85万元特大诈骗购房款案】 8月31日,宣武刑侦支队经缜密侦查抓获诈骗犯罪嫌疑人赵敏,查获赵某用"北京华融信房地产开发公司"法人代表名义,以"回迁房"、"低价房"作"钓饵",先后诈骗事主购房款达85万元。7月12日,接王某、冯某、张某3名女事主报案称:2002年9月,赵敏宣称其公司正在合作开发"新景家园"、"新裕家园"房地产项目,能帮助"熟人"买到其中的低价"回迁房"。随后赵敏与3名事主分别签订了伪造的"购房手续",先后收取事主"购房预付款"达85万余元。后事主们到已建成2个小区查明根本无赵敏所称房产,才知受骗。随后赵敏以各种理由拒不退款,2005年5月即失去联系。经查,赵敏(女,1958年12月15日出生,原北京华融信房地产开发公司法人代表,户籍地本市宣武区椿树上二条19号,原公司早已被工商局吊销),以虚构"公司"主体和住宅产权事实,进行"合同诈骗"犯罪活动。2005年8月31日10时许,侦查员经深入侦查,在庄胜肯德基餐厅将诈骗巨额购房款的犯罪嫌疑人赵敏抓获。

（韩富敏、胡庆华）

【侦破方块点状足迹系列入室盗窃案】 12月12日,分局刑侦支队经缜密侦查,成功破获危害全市"方块点状足迹"系列剪护栏入室盗窃案。打掉入室盗窃团伙2

个,抓获8名犯罪嫌疑人,收缴作案汽车2部、赃款20万余元和大量赃物。自2005年10月5日至11月20日,我市7个城区相继发生剪护栏钻窗入室盗窃案,并遗留"方块点状"花纹足迹。12月4日17时许,刑侦支队入室盗窃案件侦查队在姚家井小区蹲守中,发现一辆红色捷达车"可疑车"及2名可疑男子。随后追查到该可疑车及其团伙盗窃作案线索;并于12月11日又查明另一伙乘坐红色普桑车盗窃作案3人团伙;2个犯罪团伙成员互有联系,专门选择每晚17时30分至19时30分时段,对各未封闭、偏僻居民区进行剪护栏钻窗入室盗窃。12月12日19时,侦查员将乘红色捷达车作案的杨金涛(男,1980年3月1日出生,河南省南阳地区人)等3名团伙成员抓获。同时,将乘红色普桑车作案另一犯罪团伙成员祝涛(男,1975年12月20日出生,河南省正阳县人)等3名犯罪嫌疑人抓获;并于12月13日,在其租住地将张森(男,1973年1月6日出生,河南省南阳地区人)等另2名团伙成员抓获。经鉴定,犯罪嫌疑人祝涛作案所穿鞋与前期全市系列案件现场提取"方块点状足迹"足迹一致。经审查,犯罪嫌疑人交待,2005年先后在我市宣武、东城、西城、崇文、朝阳、海淀、丰台区等地入室盗窃作案100余起的犯罪事实。

(石卫平、孙长青)

检察工作

【概况】 北京市宣武区人民检察院(简称区检察院)是国家的法律监督机关,在辖区内依法独立行使检察权,接受北京市人民检察院(含第一分院)和中共北京市宣武区委的领导,对本级人民代表大会及其常务委员会负责并报告工作。主要承担侦察、审查起诉等业务。反贪污贿赂局是区检察院的常设机构。年内,区检察院坚持以邓小平理论和"三个代表"重要思想为指导,认真落实科学发展观和构建和谐社会的要求,紧紧围绕"强化法律监督、维护公平正义"和"执法为民、服务发展"的主题,以先进性教育活动和专项整改活动为动力,积极推进各项检察工作再上新水平。反贪局总结的"七个一"工作经验在全市反贪部门推广,在全市反贪年度工作考核中取得了考评总分第二的好成绩。三名干警荣获全市十佳调研能手和十佳优秀书记员称号,预防处、技术处、控申处和政治部等部门在全市检察业务大比武中总成绩名列全市前三名。在宣武区申报"学习型城区"活动中,区检察院入选宣武区学习型示范单位。

地址:宣武区广安门外车站西街甲17号

电话:63465026

邮政编码:100055

(李　健)

【案件查办工作】 年内,区检察院共立案侦查贪污贿赂等职务犯罪案件18件26人。查办处级以上干部犯罪8人,五十万元以上大案5件10人,为国家挽回经济损失近1亿元。如立案侦查了北京城乡建设集团有限责任公司党群工作部副部长王某某(正处级)涉嫌受贿案;北京城乡建设工程有限责任公司董事长王某某等领导班子成员涉嫌受贿案;中国电工设备总公司业务员袁某某涉嫌挪用公款160余万元案;中国北方工业公司所属苏州北方实业发展公司总经理、苏州中盈房地产有限公司总经理李某涉嫌贪污、国有公司企业人员滥用职权案等。2005年区检察院反贪局各项工作的综合考评位居全市第二,实现高检院及市检察院提出的反贪工作健康平稳发展的工作目标。

(李　健)

【渎职侵权案专项工作】 年内,开展了"严肃查办国家机关工作人员利用职权侵犯人权犯罪案件"和"集中查办破坏社会主义市场经济秩序渎职犯罪"专项工作。召开区直属委、办、局负责人座谈会,发动群众,开辟案源。全年共受理线索10件,立案侦查2件2人,协助侦查一起涉税案件,并与区工商局共同制定了《关于加强工作协作实施办法》,就案件线索的移送、通报以及合力开展依法查处职务犯罪、打击违法经济行为的活动等方面实现信息资源共享。筹建了宣武区地区职务犯罪预防网络,通过走访区属各大单位调研征求意见,得到了108家单位的广泛认可和支持;加大行业预防力度,召开了市国资委职务犯罪预防网络宣武组工作会议,构建预防体系;积极推出预防职务犯罪立项制,确定预防重点,提高预防工作的针对性和实效性。通过组织浦东发展银行北京分行宣武、亦庄等4家支行的80余名员工在前进监狱与服刑犯进行面对面零距离的警示教育,利用展板先后在印钞、变电管理处、华北电网等15家单位进行巡展,制作"惩防并举,反腐倡廉"预防职务犯罪警示教育网页,并通过在清河监狱筹建预防职务犯罪警示教育基地等形式,促进干部廉洁自律和依法行政。

(李　健)

【刑事诉讼监督】 年内,区检察院坚持程序与实体并重,办案与监督并重,打击犯罪与保障人权并重。在立案监督方面,共发出《说明不立案理由通知书》13份,纠正违法2件;在侦查监督方面,对应当移送起诉而未移送的,决定追诉2人;在审判监督方面,依法提起抗诉案件2件。

(李　健)

【民事行政诉讼监督】 年内,共受理民事行政申诉案件28件,提请抗诉1件。对不服法院正确判决、裁定的申诉案件,做好息诉服判工作,努力维护司法权威,消除社会不安定因素。如我院以调解方式息诉了尹某某十年上访申诉案。进一步加大对监管场所的监督力度。重点开展了"减刑、假释、保外就医"专项检查活动,召开检警两家主管领导联席会,建立了对办理减刑、假释、保外就医工作的监督机制,收到了良好效果。

(李　健)

【群众信访工作】 年内,受理信访301件,受理举报136件;办理刑事申诉案件2件;办理初查50件。坚持实行首办责任制和检察长接待日制度,严格执行当事人申诉权利义务告知制度;对集体访和重复访,坚持法律与政策相结合,依法妥善处置。成立处理涉检信访工作小组,集中清理涉检信访案件。如在接访的一位刑满释放人员家属工作中,其反映儿子的同案犯杨某未被追究刑事责任,后经调查情况属实,依法将杨某提起公诉,维护了法律的尊严。

(李　健)

【建立双向监督制约机制】 年内,制定了《侦诉部门相互监督制约操作规程》、《内部执法监督实施细则的补充规定》,对批准和决定逮捕后改变强制措施等7类敏感案件进行重点审查、回访和备案,形成程序严密、制约有效的内部监督机制。主动接受外部监督。定期向人大常委会和人民代表大会报告工作,接受审议。成立了人民监督员办公室,选任了9名人大代表和政协委员担任人民监督员,对自行侦查的职务犯罪案件中犯罪嫌疑人不服逮捕决定、拟撤销、拟不起诉的3类案件进行监督,让人大代表、政协委员直接监督检察机关职务犯罪案件的办理过程。全年接受人民监督员监督的案件11件15人。

(李　健)

【打击邪教赌博犯罪】 年内,与公安、法院等部门紧密配合,深入开展打击利用"法轮功"邪教组织进行的犯罪活动和赌博犯罪活动,全年共受理利用邪教组织破坏法律实施案5件6人,赌博案7件14人,并依法全部提起公诉。

(李　健)

【加强干部队伍建设】 年内,区检察院开展了中层干部竞职上岗工作,有26名干警充实到中层干部队伍中,其中8名同志具有硕士学历,最年轻的年仅27岁,优化了中层干部的年龄结构和知识层次。

(李　健)

【"举报宣传周"活动】 年内,区检察院充分利用"举报宣传周"这一平台,积极开展形式多样的职务犯罪预防宣传活动。一是召开职务犯罪预防网络工作会,全面部署预防工作。市国资委预防职务犯罪网络宣武组在北京二商集团有限责任公司召开了"惩防并举、反腐倡廉"动员暨职务犯罪预防工作会议。二是围绕"惩防并举、反腐倡廉"的主题,搞好预防宣传工作。制作的"惩防并举,反腐倡廉"预防职务犯罪警示教育展板先后在华北电网公司、宣武区南区邮局展出,收到良好效果。三是举办专题讲座,推进预防职务犯罪教育。主管检察长田俊生在区政府进行预防职务犯罪专题讲座,向金工公司下属企业的一百多名副厂级以上领导干部介绍了当前的反腐败斗争形势,汇报了2004年检察机关查办职务犯罪的情况,分析了发生腐败的原因,提出了惩治腐败的具体措施,并讲解了《刑法》规定的职务犯罪涉及的有关罪名。

(李　健)

【启动监督程序维持逮捕决定】 3月21日,区检察院以犯罪嫌疑人袁敬寅涉嫌挪用公款罪对其作出逮捕决定。由于嫌疑人不服逮捕,该院宣武启动人民监督员程序对此案予以监督,最终人民监督员全票同意检察机关的逮捕决定。这是该院自实施人民监督员制度以来,第一起针对不服逮捕决定启动人民监督员程序的案件,收到了良好的法律效果和社会效果。

(李　健)

【甄贞副检察长到宣武院作专题报告】 3月31日,市检院副检察长甄贞到区检察院作了一场"当代检察官应该树立什么样的司法理念"的专题报告。甄贞副检察长围绕当代检察官应该具备什么样的司法理念,从客观公正理念、法律监督理念等十个方面深刻分析了树立现代司法理念的必要性和重大意义,提出现代司法理念的基本概念和执法要求。强调司法理念是执法工作的灵魂,树立现代执法理念有利于落实"立检为公、执法为民、服务发展"的工作主题;有利于提高案件质量和执法水平;有利于提高法律监督能力;有利于推动各项检察工作的开展。同时要求检察人员应将现代司法理念真正落实到检察工作中的每一环节。

(李　健)

【受理首例利用高科技手段犯罪案件】 年内,区检察院受理了首例利用高科技手段进行犯罪的案件。2004年12月17日,被告人兰波利用担任中国国情网技术总监,掌握其下属两个网站服务器IP地址的便利条件,擅自更改网站服务器IP地址,造成这两个网络系统所属的10 185家地方各级党委、政府宣传部门在两个网站的网页于12月18日至22日无法正常打开,损失金额达240万元以上。对此案的审查处理,为检察院应对新形势下出现的高科技、高智能新型犯罪积累了宝贵的经验。此案以破坏计算机信息系统罪向法院提起公诉。

(李 健)

【举行书记员技能比武】 为全面提高书记员队伍素质和工作水平,同时为参加市检院书记员业务竞赛选拔优秀选手,区检察院以岗位练兵为载体,对全院书记员进行培训,并于5月17日进行了书记员技能比武。比武内容包括电脑笔录录入与卷宗装订两个部分。比武结束后经过评审组认真评审,选拔出两名最佳书记员和一名优秀书记员。

(李 健)

【干部人事制度改革】 6月,区检察院结合队伍建设实际,开展了竞争上岗双向选择工作。通过考试、演讲答辩、民主测评、综合评定四个方面严格程序的筛选,经院党组研究决定,有26名干警走上了中层领导岗位。充实调整后的39名中层干部平均年龄38岁,比原任中层年龄降低了3岁,最年轻的年仅27岁。36人具有法律本科以上学历,其中有8名同志具有硕士学历,中层干部的年龄结构和知识层次更趋合理。一般干警进行了双向选择,有效调动了干警的积极性和能动性。

(李 健)

【在押人员出所回函制度】 年内,区检察院监所检察处在开展"规范执法行为,促进执法公正"活动中,为加大对监管场所的监督力度,深挖监管场所职务犯罪线索,切实维护在押人员合法权益,实行了在押人员出所回函制度,制定了《出所人员权利告知书》。告知出所人员对羁押期间发现执法人员有违法行为的,可在出所后通过回函的形式向检察机关提供线索、反映情况,同时还提供了与检察机关驻所人员的联系方式及邮资。

(李 健)

【与阿尔山检察院建立友好关系】 8月8日,区检察院与阿尔山院举行建立友好检察院仪式。内蒙古自治区人民检察院兴安盟分院副检察长韩平,兴安盟阿尔山市人民检察院检察长郭玉发及党组成员,宣武院检察长王忠华及纪检组长陈宗纲等出席了会议。双方就加强基层检察院建设进行经验和信息交流学习,相互提供帮助和支持,做到优势互补、共同促进、实现双赢达成共识。

(李健)

【22家企业领导旁听庭审】 年内,区检察院预防处与北京一轻控股有限公司党委共同组织其下属22家企业的60名主要领导,在宣武法院旁听了依法公开审理的原北京双合盛五星啤酒集团公司总经理兼党委书记霍景泉、副总经理兼总会计师付德元、党委副书记兼纪委书记朱金亭、财务审计部部长朱丽华涉嫌贪污、私分国有资产案。近十家媒体的记者对庭审现场进行了报道。参加旁听人员表示,要以此为戒,廉洁自律,杜绝犯罪。

(李 健)

【"零距离"警示教育报告会】 区检察院预防处组织浦东发展银行北京分行宣武、亦庄等四家支行的八十余名员工,在前进监狱召开了与服刑犯面对面、"零距离"的警示教育报告会。清河分局、浦发北京分行、区委政法委和宣武院的有关领导参加了此次会议。报告会上,服刑犯人讲述了各自利用职务之便走上犯罪道路、沦为阶下囚的经过,他们的现身说法使参会人员内心产生了极大震撼。

(李 健)

【慕平检察长视察宣武检察院】 11月29日,市检察院党组书记、检察长慕平亲临区察院视察工作,听取了工作汇报后对该院在2005年所取得的各项工作成绩予以了肯定,并对下一步的政治、业务工作给予了明确的指示。

(李 健)

案例举要

【北京双合盛五星啤酒集团公司原领导班子成员涉嫌犯罪被提起公诉】 1999年8月至2002年2月间,被告人北京双合盛五星啤酒集团公司原领导班子成员总经理兼党委书记霍景泉、副总经理兼总会计师付德元、党委副书记兼纪委书记朱金亭、原财务审计部部长朱丽华等人利用职务之便,事先合谋,采取截留收入不入帐、虚假平帐等手段,侵吞公款共计人民币50.3万元。1999年7月至2002年2月间,被告人霍景泉、付德元、朱金亭集体研究决定,由劳动部门制单,以单位名义,将套取、截留的公款,共计38.11万元集体私分给本单位职工。2005年8月25日,区检察院依法对霍景泉、付德元、朱金亭以涉嫌贪污罪、私分国有资产罪,朱丽华涉嫌贪污罪提起公诉。

(李 健)

【批捕本市首例赌球案涉案嫌疑人】 2月12日,区检察院以涉嫌赌博罪批捕了北京市第一例网络赌球案的嫌疑人胡剑君、陈博,涉案金额达上千万元。自2003年6月始至捕前,犯罪嫌疑人杨立新(在逃)伙同胡剑君、陈博在朝阳区京达国际公寓的北京新立同创网络技术有限公司内,通过"宝盈"、"三星"、"大地"等网络,以赌球的方式组织赌博活动。杨立新负责组织人员参赌,胡剑君负责记帐,陈博负责支取赌资,仅2004年4月19日至2004年6月7日期间,即非法获利人民币130余万元。

(李　健)

【成功调解息诉一历经十年上访申诉案】 年内,区检察院成功调解一起历经十年上访申诉案件。1994年北京宣房房屋经营公司下属部门违反规定办理了尹桂芳与他人的换房手续。2002年该房所在地区拆迁,致使尹桂芳房屋使用权等相关权益遭受侵害。自此尹桂芳开始了艰辛的维权之路。2005年2月6日,经民行检察处多方工作协调,申诉人尹桂芳与被申诉人北京宣房房屋经营公司等单位在和解协议书上签字,尹桂芳获得28万元赔偿金。至此,历经十年的上访申诉,终以当事人双方和解息诉而圆满解决。

(李　健)

【两"法轮功"人员被提起公诉】 被告人苟钰芳于2004年10月19日凌晨,在宣武区陕西巷内散发题为《了解真象》等内容的邪教法轮功宣传品时被当场抓获,并从其身上查获尚未散发的上述内容邪教法轮功宣传品198份,后又从其暂住的宣武区吉兴旅馆202房间内收缴邪教法轮功宣传品340份。曾在2000年2月5日,因练习法轮功妨害社会管理秩序,被行政拘留十五日的被告人皮亚东,于2004年11月2日,在宣武区虎坊桥美廉美超市内,散发随身携带的题为《新纪元》的邪教法轮功传单时被当场抓获归案。受理此案后,主管检察长亲自督导,案件承办人严格依照法律,准确认定事实,把握证据,经过认真细致地审查,两名被告人被依法提起公诉。

(李　健)

【成功追诉一起漏罪】 年内,区检察院通过检察长接待日得到举报线索,成功追诉了一已决犯被遗漏的犯罪事实。据举报人反映:其子于1998年因强奸罪被判刑,同案犯杨迈在逃。2003年杨迈因涉嫌犯罪被其他法院判刑,但在审理时未涉及杨迈涉嫌强奸的事实。该院对举报线索高度重视,控申处积极开展工作,经与有关单位多次协调,最终将杨迈解回宣武再审。2005年1月,宣武法院以强奸罪判处杨迈有期徒刑五年,与原判有期徒刑五年合并执行有期徒刑七年。最终成功追诉了漏罪,维护了法律的尊严。

(李　健)

审判工作

【概况】 北京市宣武区人民法院(简称区法院)是国家的审判机关,独立行使审判权,审判在法律规定范围内的第一审刑事案件、民事案件、经济案件、行政案件,通过依法审判,严惩一切犯罪分子,解决民事、经济和行政纠纷。2005年,在宣武区委、市高级法院的领导下,在区人大及其常委会的监督和区政府的支持下,该院以邓小平理论和"三个代表"重要思想为指导,积极贯彻落实党的十六大和十六届四中、五中全会精神,紧紧围绕"公正与效率"主题,忠实履行宪法和法律赋予的职责,规范司法行为,促进司法公正,坚持司法为民,各项工作取得了新的进展。全年共受理刑事、民商事、行政、执行案件14 304件,同比上涨18%;共审结14 119件,同比上涨17%;全部案件均在法定审限内审结。其中,审结刑事案件479件、民商事案件9 847件、行政案件265件;执结各类案件3 482件;审结再审、申诉案件46件。该院自觉接受人大及其社会各界监督,坚持司法为民,自觉强化内部监督,提高司法水平,积极开展先进性教育活动,打牢法官"公正司法、一心为民"的思想基础;开展"规范司法行为,促进司法公正"专项整改活动,重点解决影响先进性建设的突出问题;狠抓党风廉政建设,树立法院良好形象;加强人才培养,实现审判资源合理分配。年初,该院执行庭被最高法院评为"全国法院执行工作先进集体";10月,法警大队被最高法院评为"全国法院司法警察工作先进集体";11月,审判监督庭被最高法院评为"全国审判监督工作先进集体"。

地址:宣武区南菜园甲35号

电话:83522233

邮编:100054

(彭艳艳)

【实施陪审制度】 年初,认真核定人民陪审员员额,组织考试,及时完成报审和任命工作。在该院考场参加考试的164名人民陪审员全部合格,取得了上岗资格。科学安排人民陪审员陪审事项。探索吸收人民陪审员主持和参加庭前调解、申诉复查、执行和信访接待等工作,扩大其参与审判工作的范围。在安排具体事项时,既考虑审判工作的需要,又兼顾人民陪审员的本职工作,同时为人民陪审员提供参加陪审的便利条件。全年,人民陪审员共参与陪审和听证各类案件358件759人次,陪审人次和案件数量均为历年来最高。

(彭艳艳)

【做好帮教工作】 年内,立足于"教育、感化、挽救"的方针,了解每名未成年犯的犯罪成因、心理状态、悔罪表现,详实记载,据此找出感化点,宣告缓刑的未成年被告人至今无一人重新犯罪。以社会调查为基础,两个教育阶段为重点,搞好"三点一线"的庭审活动。为挽救失足青少年成为对社会有用的新人,协同司法局对被判处缓刑的未成年人,进行社区矫正,实行法官和缓刑少年犯的"一对一"帮教;对他们在生活、学习中遇到的实际问题,尽全力予以解决。上高三的王某面临无法报名参加高考的困境,学校以其正在服刑为由取消了他的报名资格,通过法官与校方沟通,问题得以解决后王某考入北京京北职业技术学院。

(彭艳艳)

【街道民调工作试点】 年内,制定出民调试点的指导和工作方案,将白纸坊、牛街等街道作为民调试点单位,进行专项工作指导。此外,对试点辖区内引发的法律纠纷及该院受理的一些典型案例,采取邀请支持调解和审判员实地指导调解及诉讼调解与人民调解相结合等不同形式进行针对性的民调指导,以培训专业化的民调队伍。全年在上述民调试点单位共开展了近十起人民调解,取得了较好的社会效果。

(彭艳艳)

【筹建非正规就业纠纷调解中心】 年内,鉴于非正规就业涉及的法律关系复杂,又没有专门的立法,非正规就业者分布在各个社区,很多纠纷本身并无明确的法律依据等不利因素,区法院率先在宣武区最具有民族特色的牛街街道办事处帮助他们筹建了我市第一家非正规就业纠纷调解中心。

(彭艳艳)

【推出"组合式全方位调解"】 年内,在对上一年度"全方位调解"总结、完善基础上,形成了新的"组合式全方位调解",即将案件调解划分为庭审前调解、庭审中调解、庭后调解三段。针对案件的不同情况,对如何适用各个调解模式进行了划分。审判员可根据案件的不同情况自行选择适用不同的调解模式,对案件的调解向庭长汇报。"组合式全方位调解"方式的应用,收到了良好的社会效果。同时,要求各合议庭在每月报结时,将案件的详细调解情况填入固定报表,并于报结日交内勤汇总。内勤对类似案件的调解率、调解阶段以及特殊案件情况进行综合整理,通过统计分析,达到规范调解行为、完善调解方式的目的。

(彭艳艳)

【普通程序案件简易化审理】 年内,在不违背诉讼法规定的前提下,转移审判的重心,将常规案件合议制定位为审判长负责制;对非诉行政执行案件审查时,抓住非诉执行审查的核心,以书面审查结合聆讯的方式,既保证了审查质量,又保证了能在30日内作出裁定。同时,配套制定了出《行政裁判文书判前征疑措施》,力求在裁判文书发出前规范法律文书行文,最大限度提高司法文书质量。

(彭艳艳)

【全面梳理区院规章】 年内,指定专人负责,对全院审判管理的各项规章制度进行编写、梳理。相继编写了《审判委员会议事规则》、《合议庭工作规则》、《审限管理若干规定》、《各类判决书质量评查办法》等审判管理制度。还搜集近年来各业务庭、室各自制的各种业务规则,进行编辑、整理。在较短的时间内制定、编辑完成了"审判管理编"的各项规章制度,为全院今后规范业务和工作考核提供了依据。

(彭艳艳)

【规范执行行为】 年内,组织全体执行人员认真学习相关法律规定和最高法院关于查封、扣押、冻结、拍卖、变卖等执行行为的各项新司法解释,并集中进行闭卷考试;安排专人负责执行行为的监督和新司法解释的适用;制定《关于案件中止执行、终结执行实施细则》,成立中止案件清理组,及时恢复一批符合法定条件案件的执行。

(彭艳艳)

【实现执行公开】 年内,区法院实行了各阶段向申请人告知执行进度,以便于其随时了解执行员所做的工作;在裁定前将初步决定书面通知当事人,为其提供陈述意见的机会;邀请人民陪审员参加执行案件的听证,进一步提高执行工作的透明度和公信力。2005年6月,该院就"信德园"房地产项目的系列执行案件召开通报会,向权利人、申请人及众多个人购房者说明了关于本案被执行人资产状态、债权债务及执行工作进展等相关情况。会后,许多购房者对法院主动公开执行环节,同时在执行思路上千方百计替老百姓切身利益着想的做法表示感谢。

(彭艳艳)

【接受人大政协监督】 年内,区法院主动邀请市区两级人大代表到该院视察工作,同时每个季度至少安排一次人大代表对典型案件的旁听,共有86人次旁听了5件案件的开庭审理,每次旁听后人大代表都负责任地进行评价并提出改进意见;对区人大常委会转办的人民来信,安排专人督办,并在指定的期限内做出书面汇报;向区人大常委会作了《关于加强审判监督工作的报告》,听取了反馈意见和建议;还邀请人大代表、政协委员和特邀廉政监督员对该院的审判工作和法官的审判作风进行不定期暗访。年底,各位副院长认真准备了向区人大常委会主任会的述职报告。人大、政协对法院工作的监督,有效促进了司法行为的规范,督促该院各项审判工作都严格依法进行。

(彭艳艳)

【畅通社会监督途径】 年内,坚持每日的值班法官制度,在立案大厅里,法官轮流值班,一方面帮助当事人解决遇到的各种临时困难,另一方面听取他们的批评意见;坚持每周的院长接待日制度，按照主管的业务范围，由各主管院长进行专题接待，对超出主管范围的问题，由院长召集相关人员研究解决；坚持每案的文明廉政监督卡发放制度，听取双方当事人的意见；坚持随时的监督电话接听制度，监察室由专人负责接听并记录来电内容，及时向审判庭通报；建立涉诉信访长效机制，完善信访工作例会制度和信访通报、摘报制度、信访老户档案制度等。

（彭艳艳）

【开通便民网站】 年内，为使司法为民的目标落到实处，2005 年 6 月，该院在国际互联网上开通了本市基层法院第一家以便民服务为主题的“宣武区法院便民网站”（http://xwfy.chinacourt.org），最大限度地方便了当事人参加诉讼和监督法院工作。从网站上，当事人可以获悉该院地理位置、收案范围，相关法律知识，可以下载常见文书格式，查阅开庭公告，向“院长信箱”反映问题等。网站最大的特色是提供互动服务，当事人可以通过电子邮件把诉讼材料发送到“立案初审信箱”，由立案法官进行网上审查，免去了当事人因准备诉讼材料不合格多次往返法院的麻烦。诉讼材料经立案法官审查合格后，当事人到法院一次即可成功立案。

（彭艳艳）

【开展专项整改】 年内，深入开展了“规范司法行为，促进司法公正”专项整改活动，集中解决先进性教育中查找出的主要问题，探索在法院工作中建立保持先进性的长效机制。针对在庭审前、庭审中、庭审后三个阶段和执行工作中存在的不同问题，抓紧进行整改。对能及时解决的问题立刻采取措施加以改正，不等不拖；对审判能力方面的问题，加大学习和培训的力度；同时，建立健全规章制度，对过时的予以废止，不适合的予以修订，然后汇编成册，便于执行和监督。

（彭艳艳）

【党风廉政建设】 年初，召开政工会，由院长和各主管院长、主管院长和各庭庭长签订党风廉政建设责任书，明确各自应承担的廉政责任；制定《2005 年党风廉政建设和反腐败斗争主要任务分工意见》，将全年的党风廉政建设和反腐败斗争工作分解为二十项，每一项工作都明确了责任单位和责任人，做到分管领导、责任单位、任务要求、工作时限“四到位”，并将任务完成情况纳入年终考核指标。执行本院《关于干警报告个人重大事项的规定》，将每名干警购房、购车等涉及重大经济行为的内容记录在案。组织干警学习优秀法官宋鱼水、金桂兰的先进事迹，营造学先进、赶先进、当先进的氛围。

（彭艳艳）

【合理分配审判资源】 年内，根据市高级法院关于合议庭及辅助人员分类管理的工作部署，区法院将审判方式、审判组织和人事制度有机结合，以“固定合议庭”为载体，实现对审判长、法官、法官助理、书记员的分类管理。自 10 月初开始，通过资格审查、统一考试、民主测评、能力评定、年度考核等程序，正式评选出 24 名审判长、47 名合议庭法官、50 名法官助理。这一举措，可有效调动各类审判人员的积极性，有利于提高审判质量和效率。

（彭艳艳）

【广外法庭启用电子签章】 年内，广外法庭正式启用北京市法院电子签章系统。以往，广外法庭存在送达法律文书不及时的问题，如当庭达成调解协议的案件，由于要到本院盖章，当事人要再来法院领取民事调解书。这样，不仅当事人有所反映，审判人员也感到极不方便。有时，当事人不愿特意为此来法院，领取的时间经常是不固定，也不及时，案件的归档周期也因此受到一定的影响。使用了电子签章系统之后，法律文书和院章可以一次性制作完成，既免去了当事人和审判人员的奔波，同时提高了审判的效率，缩短了书记员的归档周期。当天审结的案件，当天就能送达给当事人，书记员也能当天完成整理卷宗的工作。

（彭艳艳）

【妥善处理群体性纠纷】 年内，在群体性纠纷案件居高不下的情况下，区法院加强了对当事人的法律宣传教育，做好相关预防工作；主动争取有关部门的配合与协助，妥善处理，及时化解不安定因素。2004 年 12 月，李东海等 130 名业主以北京庄胜房地产开发有限公司迟延交付预售商品房为由，集体起诉至该院，要求庄胜房地产按逾期交房天数支付违约金。部分业主甚至走上街头，举着口号牌要求维权。此案受到诸多媒体关注，被称为“京城最大的交房纠纷”。该院耐心进行疏导，在一定程度上缓解了当事人之间的对立情绪。审理中，涉案房屋竣工，该院便督促庄胜房地产积极交房。法庭调解后，百多业主与庄胜房地产达成了庭外和解，125 名业主向该院提出撤诉申请。

（彭艳艳）

【制定案件质量评查暂行办法】 年内，区法院制定了《案件质量评查暂行办法》。上诉改判、发回重审案件，经再案改判的原审案件，申诉、申请再审案件及再审案件，有关部门批转的信访案件及各审判庭的已结案件均被纳入评查范围。同时确定了差错案件处罚及责任承担要与年度个人及集体考核制度挂钩的原则。该院评查上年度全院一审已结案件83件。其中涉及刑事案件41件,为故意伤害案件(均为判决),民商事案件42件,为交通事故人身损害赔偿纠纷案(均为判决)。评查合格率100%。评查上诉案件786件,写出上诉案件检查报告118份,无一件追错。

(彭艳艳)

【判前征疑措施】 年内,为加强司法审查能力建设,区法院制定并实行了行政裁判文书判前征疑措施。由行政审判庭成员与研究室成员组成裁判文书判前征疑常态机构,不定期邀请院领导、审判委员会委员、其他庭室业务骨干参加裁判文书判前征疑;独立承办案件的法官,在制作完裁判文书后,应当做好裁判文书判前征疑的准备;庭长负责裁判文书判前征疑的提议和协调工作;判前征疑的意见,仅供独立承办案件的法官参考;根据案件性质,不定期邀请上级法院调研部门人员指导、参与。

(彭艳艳)

案例举要

【本市首例第三人侵权导致承担补充赔偿责任案】 11月17日下午,宣武区法院依法对原告魏秀贵、刘玉杰诉被告北京万程世都宾馆有限责任公司人身损害赔偿案进行宣判。该案中,该院认定被告存在过错,应承担补充赔偿责任,故判决其赔偿原告6万元。经审理查明:2004年4月15日24时许,魏巍、包美梅、窦健、陈瑜在被告处办理了宾馆住宿登记。魏巍与包美梅两名女子登记入住2007客房,陈瑜与另一男子窦健登记入住2009客房。次日,窦健与包美梅离开被告处,陈瑜退2009客房,与魏巍同住2007客房。陈瑜当时尚不足22周岁,与魏巍未办理登记结婚手续。后被告发现魏巍私留陈瑜住宿,因考虑到两人的热恋关系,没有向公安机关报告。同年4月下旬的一天凌晨1时许,二人发生争执,陈瑜掐死魏巍。在魏尸体高度腐败后,陈瑜在2007客房卫生间内将尸体肢解后逃离现场。2005年4月19日,高院核准陈瑜死刑,并维持一中院作出的陈瑜赔偿本案二原告经济损失、死亡赔偿金290 652元的判决。在处理魏巍后事中,被告给付二原告经济帮助5 000元。陈瑜被执行死刑后,民事赔偿部分因被执行人无财产而无法执行。二原告遂以被告没有尽到合理限度范围内的安全保障义务、陈瑜无财产可供执行为由,要求被告承担补充赔偿责任,赔偿应由陈瑜赔偿的290 652元。法院认为,因第三人侵权导致损害结果发生,安全保障义务人有过错的,应当在其能够防止或者制止损害的范围内承担相应的补充赔偿责任。本案中,被告作为宾馆经营者,在防范问题上存在过错,没有尽到安全保障义务,应当在其能够防止或者制止损害的范围内承担相应的补充赔偿责任。根据《中华人民共和国民法通则》第137条第7项、《最高人民法院关于审理人身损害赔偿案件适用法律若干问题的解释》第6条第2款的规定,该院依法判决北京万程世都宾馆有限责任公司赔偿魏秀贵、刘玉杰6万元(含已付5千元)。一审宣判后,双方当事人均未提出上诉。

(彭艳艳)

【诉讼代理合同纠纷案】 2003年2月,被告陈向河因房屋租赁一案,聘请原告北京市包银律师事务所(以下简称包银律所)律师担任代理人,并与其签订了《委托代理合同》。双方约定:涉案标的为人民币50万元。被告先付3万元律师费;一审判决之日,被告再按涉案标的金额50万元的20%一次性付费10万元。如果被告未先期支付3万元,视其选择了10万元后期付款。逾期支付一日每日给付100元违约金。陈如增加诉讼请求,费用另议。签约当日,陈向河签署了授权委托书,委托被告的律师陈某为该案诉讼代理人,代理权限为全权代理。数日后,陈向河向河北省霸州市法院提起诉讼,要求被告许某及靳某给付两年的房屋租金50万元。在该案审理中,陈某仅参加了前3次庭审,最后2次庭审和宣判均未出席。陈向河便另行出资委托其他律师代理诉讼。同年11月,河北省霸州市法院判决解除陈向河与被告许某、靳某的租赁合同,同时判决二被告支付陈向河租金18万元。被告陈向和认为,被告的律师陈某后2次庭审和宣判均没有出席,导致自己又花钱另请律师。如果交纳10万元律师费给原告,十分不值。故没有交纳。为此,原告包银律所将被告陈向和诉至法院,要求其交纳律师费,并支付违约金。法院经审理认为:律师作为委托人的代理人,应当按照委托人授权的范围和权限,按照法律的规定和律师执业规范的要求,为委托人提供法律服务,履行各种职责。律师收费应当合理。被告陈向河委托原告包银律所律师陈某代理权限为全权代理,但律师陈某却未参加全部庭审和宣判,其收取的代理费数额显然过高,不符合公平原则。宣武区法院审结一起诉讼代理合同纠纷案,对于原告北京市包银律师事务所18万元律师费的诉讼请求,法院判决被告陈向和给付3.6万元及相应利息。2005年12月19日,北京市第一中级人民法院二审维持了此判决。

(彭艳艳)

【旅游合同纠纷案】 6月15日上午,宣武区法院对原告王延廷与被告北京菊苑文化旅行社有限公司旅游合同纠纷一案依法作出判决，被告退还原告预付款，并赔偿损失。原告也因伪造重要证据，妨碍法院审理案件，被罚款100元。2004年6月，原告在《北京晨报》上看到被告连续刊登的旅游广告后，就打电话与被告联系。6月24日，被告工作人员刘福龙到原告家中，与原告签订了《旅游协议》。双方在协议中约定："旅游线路－长白山、镜泊湖、五大连池，行程九日，旅游时间未定。"原告和被告工作人员刘福龙在该协议上签字，该协议盖有被告外联部印章，该协议上的印章与被告在公安局备案印章一致。原告当即交付了2 040元，刘福龙开具了收据，该收据上的被告"外联部"印章印文与被告在公安局备案印章印文不一致。7月12日，刘福龙写下书面承诺，"如本周内仍然无法进行旅游……加付50%赔偿金"，并加盖了被告"外联部"印章，该印章印文与被告在公安局备案印章印文不一致。刘福龙与被告解除劳动关系以后，原、被告在安排原告出游问题上发生纠纷，造成原告出游未成行。双方纠纷经北京市旅游局调解未果。原告起诉来院，要求被告退还旅游费2 040元，加付旅游费50%的赔偿金1 020元，支付交通费、电话费、出游预购物品费400元，赔偿精神损害费100元，并赔礼道歉。开庭审理中，原告以被告有欺诈行为，造成了自己人身损害和经济损失为由，变更诉讼请求为：要求被告退款2 040元，支付9个半月的利息，赔偿2 040元，支付医药费347.63元，支付交通费440元，赔偿精神损失费500元，按北京市职工上一年平均工资计算赔偿耽误其时间造成的损失，并向其书面赔礼道歉。被告不同意原告的诉讼请求。审理中，本院发现原告提供的第5项证据中有伪造的证据，依法对其妨碍民事诉讼行为予以处罚。经审理认为，当事人采用合同书形式订立合同的，自双方当事人签字或者盖章时合同成立。原、被告订立的《旅游协议》上有原告签名，也有被告盖章，该《旅游协议》已依法成立。依法成立的合同，对当事人具有法律约束力，当事人应当按照约定履行自己的义务。被告与原告履行旅游合同期间，被告与负责安排原告出行的工作人员刘福龙解除了劳动关系，造成原告出行受到影响，这是被告的原因致使原告旅游未成行。对此，被告应该承担违约责任的后果。法院依法作出判决：一、解除王延廷与被告签订的《旅游协议》。二、被告退还王延廷预付款2 040元，同时支付9个半月的利息，按银行同期活期储蓄利息计算。三、被告赔偿王延廷交通费200元。四、被告向王延廷书面赔礼道歉，以法院审核通过为准。一审宣判后，双方当事人均未提出上诉。

（彭艳艳）

司法行政工作

【概况】 北京市宣武区司法局（简称区司法局）是区政府负责本区司法行政工作的区政府职能部门，业务上受北京市司法局指导。局机关设有办公室、政工科、法制宣传教育科、基层工作科、公证律师管理科、法律援助指导科和法制科；另设有职能办公室3个，即宣武区依法治区领导小组办公室、区刑释解教人员安置帮教工作领导小组办公室、区社区矫正工作领导小组办公室（分设在法宣科、基层科内）。此外，经区编委研究同意，原8个街道司法所机构编制划归区司法局管理。区法律援助中心为区司法局所属全民所有制全额拨款事业单位；区公证处为区司法局所属全民所有制自收自支事业单位。区司法局政法专项编制65名，其中局机关37名，街道司法所28名。局机关现有干部33人，工勤2人，司法所现有27人。2005年，宣武区司法局在区委、区政府和市司法局的领导下，认真实践"三个代表"重要思想，以维护首都稳定为首任，充分发挥了司法行政工作职能作用，各项工作取得了较好成效。

地址：宣武区南菜园街51号
电话：83975232
邮政编码：100054

（赵　越）

【法律教育咨询】 年内，全区60.3万普法对象接受普法教育，普及率98.7%。组织领导干部进行法律知识学习4 878人次，法律知识考试2 309人次；组织执法人员法制培训8 000人次；组织企业经营管理人员法制培训3 644人次。开展法制文艺宣传82场次，开展法律咨询活动385场次。编发和订购普法宣传材料63种近20万份，8万多流动人员接受普法教育。

（边　涛）

【人民调解工作】 年内，全区基本形成了以司法所为枢纽，以街道调委会为骨干，以社区调委会为基础，以行业性、区域性调委会为补充的上下联动、职能明确、优势互补的人民调解组织体系。建有调解组织131个、调解员1 010人，共调解民间纠纷3 522件，调解成功3 410件，调解成功率达97%，防止群体性上访60件涉及2 191人。

（续建军）

【安置帮教工作】 年内，全区有各级帮教机构756个，帮教工作人员846人；共有刑释解教人员852人（刑满释放643人，解除劳教209人），脱管221人；帮教率为95%，安置率为71%；建档率100%。

（王　晶）

【法律援助工作及"148"专线】 年

内,法律援助中心指派办理法律援助案件77件,其中刑事案件38件,民事案件39件。提供法律援助咨询共计5 333人次,其中法援中心接待2 565人次,“148”专线接待742人次,街道法律援助工作站接待1 481人次,社团法律援助工作站接待545人次。

(胡丽英)

【律师工作】 年内,驻区共有35家律师事务所。组织10家律师事务所担任了白纸坊街道13个社区的常年法律顾问,还有2家律师所分别进入陶然亭街道社区和校场口社区担任法律顾问。全年各社区共已累计开展各类活动50余次,举办法律知识讲座10余场,解答法律咨询300余人。安排32名律师49次陪同区领导信访接待,共接待信访群众145批次,370人次,集体访37批。7-12月份共办理律师执业证书申请36份,发放律师执业证33份,办理补发执业证书申请2份,办理律师事务所合伙人入伙申请3份、退伙申请6份,办理律师事务所负责人变更申请2份、地址变更申请3份,办理律师调出申请5份。

(田　宇)

【组建非公经济法律顾问团】 1月7日,区司法局与工商联共同发起并组织的宣武区非公经济法律顾问团正式成立。顾问团的工作将实现五项职能:法律咨询职能、法制宣传职能、依法引导职能、法律援助职能及法律顾问职能。顾问团的10名律师是从辖区300名律师中选拔出的执业素质较高、企业法律服务经验和服务意识好的律师。每年将无偿为非公经济组织提供2次法律咨询。代理案件和担任常年法律顾问也会本着优质、优惠原则协议收费。顾问团领导协调小组由区司法局、工商联组成。区司法局负责协调各顾问团成员,定期研究解决非公经济组织及职工关心的法律问题,制订律师参与顾问团工作评价指标体系等工作。

(田　宇)

【未成年人社区矫正】 1月21日,由区司法局、区检察院、团区委、首都师范大学团委联合举办的“为了明天——未成年人社区矫正”活动在广内街道正式启动。活动聘请21名心理专业大学生和2名律师作为未成年人社区矫正工作志愿者,旨在通过整合社会优势资源,对未成年社区矫正人员开展志愿服务、公益劳动、法制教育、文化教育、心理健康知识教育等社区矫正活动,引导、帮助其矫正不良思想和行为习惯,提高道德水平和法制观念,促进其形成健康人格,顺利回归社会。年内,全区共接收社区服刑人员236人,解除矫正100人。

(王大颖)

【法律援助律师团成立】 2月25日,旨在维护未成年人、老年人及外来务工人员合法权益的三个法律援助律师团在宣武区成立。三个法律援助律师团由十五名律师组成,他们将接受区法律援助中心指派,充分发挥自身优势,高质量地办理相关法律援助案件,更有针对性的依法为受援人提供优质的法律援助服务。

(栾婧姝)

【牛街司法所新址落成】 3月1日,区长武高山、区委副书记仲兆军、区委常委、政法委书记周开让、副区长哈金起、市司法局局长吴玉华、副局长王友江、局长助理吕国兴出席了新址落成典礼。牛街司法所新址建设投入资金近40余万元,全所建筑面积300多平方米,设有人民调解庭、法律援助接待室、社区矫正谈话室及心理咨询室、法律服务所及其它配套设施。

(赵　越)

【公证法律知识培训】 3月23日,在白纸坊街道公证服务进社区启动仪式上,区公证处主任为白纸坊街道办事处18个社区的居委会主任、调委会主任进行了公证法律知识的培训,宣讲了与居民群众生活密切相关的继承、遗嘱、赠与、委托等公证常识并向18个社区赠送了公证知识宣传资料。

(赫　欣)

【陶然亭成立供电供水调委会】 4月1日,陶然亭街道成立了由街道司法所、派出所、宣武区供电服务中心等8家单位组成的供水供电领导小组,该小组下设供电供水服务调解委员会,专职调处欠费停电、停水纠纷。该调委会平时将协调供电、供水部门及时调处地区供电、供水矛盾纠纷。此外,每隔月中旬,司法所、供电服务中心、自来水公司、房管所等部门举行一次协调会,相互通报收费情况及存在问题,并提出解决方案,将矛盾化解在萌芽状态,避免激化。

(张国华)

【首家信访调解中心启用】 4月6日,北京市首家信访调解中心在宣武区广内街道正式启用,街道信访部门、司法所联合办公,实现了联合接访、联合排查、联合调解及信访调解中心同各部门间的分工合作,形成部门调解、联合调解、法律调解、人民调解的相互结合的信访、调解工作格局。

(周早阳)

【社区干部法律知识大赛】 8月9日,启动了以“增强法律素质、构建和谐社会”为主题的社区居委会干部法律知识竞赛活动。全区比赛分预赛和决赛两场,内容涵盖了婚姻家庭、继承、信访、物业管理、交通安全、劳动就业、房屋买卖租赁等各方面的法律问题。经过激烈角逐,最终大栅栏街道2队和1队分获冠军和亚军,并代表宣武区参加了北京市社区居委会、农村“两委”法律知识大奖赛。区委常委、区委宣传部部长丁力、区委常委、区委政法委书记周开让、副区长哈金起等领导观看了比赛,并向获奖单位颁了奖。

(张　兵)

【新增对律师管理服务职能】　年内,区司法局新增三大类律师管理职能:1、行政许可工作,包括:律师执业证的受理和初审;律师事务所设立、合并、注销的受理和初审;律师事务所办公场所、章程、合伙人、负责人等变更登记事项的受理、核准和备案等。2、日常监管工作,包括:协调相关部门,负责辖区法律服务市场秩序的监管;接受市局委托,对辖区内受到行政处罚的律师事务所和律师,负责行政处罚决定的执行和监督;对辖区内律师事务所执行相关规章、制度情况进行监督和检查。3、协调和服务工作,包括:组织律师参与辖区内政府法律顾问、信访、重要经济活动、公益事业等法律服务工作;协调相关部门,改善辖区内律师执业环境;协调相关部门,扩大辖区内律师的参政议政渠道;推动辖区内律师事务所和律师的沟通、交流和宣传工作,指导律师行业组织在本辖区内的活动。

(田　宇)

【“四五”普法通过验收】　8月16日和9月12日,宣武区顺利通过市“四五”普法检查验收组对区普法档案和整体工作检查验收。

(何晓红)

【与宣师二附小签订法律援助共建协议】　9月30日,区司法局与宣师二附小签订了法律援助共建协议书,区司法局向学校赠送了“为了明天——关注青少年权益保护”及“宣武区未成年人法律援助爱心卡”等宣传资料,聘请了12名法律援助小使者;少先队员代表向全体同学发出了——为了明天加强自我保护的倡议。

(鲁秀云)

【规范基层法律服务所活动】　年内,开展了规范基层法律服务所活动。此次活动将时3个月,分为自查自纠、建章建制整改提高、总结验收三个阶段。通过开展政治思想、职业纪律教育以及规范管理制度、个人职业行为等,认真解决部分服务所乱收费、乱许诺等问题。

(胡秀平)

【开展服刑人员帮教活动】　11月22日,区司法局、广外街道帮教人员向宣武区80多名服刑人员介绍了近几年来宣武区经济发展和建设情况,表达了家乡人民对服刑人员的殷切期望,并向服刑人员赠送了生活用品。

(王　晶)

交通管理工作

【概况】　北京市公安局公安交通管理局宣武支队(简称区交通支队)是负责宣武区道路交通的管理机关,依法对辖区的道路交通实施管理。年内,交通支队紧紧围绕交通管理各项工作任务和队伍建设,始终坚持“执法为民,争创一流”的工作标准,坚持对内对外两个“从严”,大力加强能力建设,加强对各项交通管理工作的精确指导、精心组织,坚持从严治警与维护民警的权益相结合,不断提高队伍的凝聚力和战斗力;以提高全体民警的工作能力为目标,强化教育,强化培训,为经济发展和构建和谐社会提供了良好的交通环境。全年共纠正各种交通违法行为143 859起,刷卡99 418起,填写800罚单44 441张,共罚款18 220 905元。全年共开展交通安全等宣传活动376场次,举办交通安全法知识竞赛、各类演讲比赛876场次,举办各种交通文艺演出6次,受教育群众达12万人次。全年执行交通警卫任务572次(一级勤务35次,二级勤务102次,三级勤务435次),出动民警8 618人次,确保了每次交通勤务的安全畅通。全年管界共发生交通事故12 147起,其中快速处理交通事故12 030起,死亡14人,比指标减少1人,宣传事故死亡10人,比指标减少6人,实现了交通事故稳中有降的目标。全年共收到表扬信30封,表扬电话46个,电子邮件9件,接受锦旗32面,共加班加点110 867小时,贡献公休4 015天,341人次带病坚持工作;有1个单位荣立集体三等功,1人荣立个人二等功,5人荣立个人三等功,49人受到嘉奖。

(盖房芳)

【规范执法行为】　年内,支队20余次专题研究执法工作,精心组织,全力以赴开展“规范执法行为,促进执法公正”专题教育,认真查找民警自身执法时的问题,并制定切实可行的整顿措施,保证每名民警的能公正执法。支队先后制定6项制度,坚持执法质量考评,确保了民警执法水平不断提高。在执法方式上,坚持非现场与现场执法相结合,在不断加大非现场执法力度的同时,不断提高值勤民警现场执法能力。

(盖房芳)

【行人自行车违规整治】　年内,宣武交通支队在全区11个模范路口采取路口民警与路口协管员紧密配合、严管严罚的方法,狠抓路口行人、自行车的违法行为,一年来共纠正行人、自行车违章39 476起,罚款571 180元,确保了区内行人、自行车秩序基本良好。

(盖房芳)

【联合专项整顿】 年内,宣武交通支队联合城管、工商、巡察等有关部门严格整治地铁路沿线、前门月亮湾、马连道茶叶一条街、右安门桥区、天桥地区、珠市口西大街等处反复出现的人力三轮车违反限制规定非法揽客拉活,流动摊商非法占路经营水果、物品等行为。全年召开协调会320次,集中整治411次,清理无照流动摊商2 357起,罚款47 140元,清理车行道内散发物品、小广告185起,非法指路牌13面,其他交通违法行为5 791起,罚款87 380元。同时,支队先后成立162个整顿组,利用整顿高潮日组织80余次专项治理,大力加强对故意摘除、涂改、遮挡号牌,农马拖、禁限车种的整治力度,共纠正违法行为17 095起,罚款2 673 800元。

(盖房芳)

【综合整治交通违法】 年内,加大对机动车违法停车、闯红灯、走禁行、走公交车道、超速行驶等违法行为的监管和追查力度。全年共粘贴违法停车告知书29 425张,罚款5 885 000元。全年共处理自动监测仪摄录非现场违法行为177 991起,罚款28 872 785元,其中刷卡处理124 511起,罚款19 958 700元;810罚单处理53 480起,罚款8 914 085元。有效查处了交通违法行为。

(盖房芳)

【整治学校周边秩序】 年内,宣武交通支队从年初开始先后3次对全区94所学校门前的交通设施状况进行了普查和调研,在学校门前施划人行横道43条,增设注意行人标志22面,增设禁止停车标志25面,组织民警和交通协管员不定期地开展秩序整顿,纠正处罚各类交通违法行为,确保了学校周边交通秩序良好。

(盖房芳)

【调度调整管控岗位】 年内,宣武交通支队充分发挥指挥调度室的职能,针对全年接报的2 688起报堵,专门召开分析会34次,提出疏堵措施162条,有效地发挥了指挥调度室参谋助手的作用。同时针对一年四季度不同的拥堵情况,先后调整岗位126次,特别是进入冬季增加固定、巡逻岗位12处,通过岗位调整,使全区的重点拥堵路段都纳入了民警的管控范围。

(盖房芳)

【交通安全宣传】 年内,宣武交通支队以交通安全宣传"五进"活动为载体,强化全区各阶层群众的交通安全宣传力度,共向各类新闻媒体、报刊投交通安全宣传稿件819条,其中电视播发120条,电台播发320条,报刊刊登379条,出版发放《宣武周刊》48期,共计24万份。

(盖房芳)

【路口、路段渠化、优化】 年内,宣武交通支队通过对路口、路段的渠化、优化,进一步提高了路口、路段的通行能力,减少交通事故的发生。对白纸坊桥西灯路口、广安门东桥下路口、自新路路口3处交通堵点采取增加车道、完善交通标志等方法进行渠化,效果明显。全年共完成优化工程18处,优化路口、路段36处,粘涂自行车图案572个,施划停车泊位418个,新建公交港湾4处,调整公交站点9处,施划视觉减速带900米,增设黄闪灯4处,增高中心护栏700米。

(盖房芳)

【交通事故预防措施】 年内,宣武交通支队依靠各级地方安全组织,层层承担预防交通事故的责任。召开4次安委会,动员全区力量,强化交通安全宣传工作;建立预防交通事故联席会议制度和交通安全工作领导小组,按照"五整顿、三加强"的工作要求,定期召开会议,分析交通安全形势,制定交通安全措施,检查重点单位的整改情况;由区安委会与8个街道安委会及所属单位签订了900份责任书,有效预防和减少了交通事故的发生。

(盖房芳)

【重点单位车辆安检】 年内,宣武交通支队加强对专业运输单位、重点单位的宣传检查力度,及时消除事故隐患,全年深入460家违法超标单位进行安全大检查,深入专业运输单位576次,检查运营车辆12 210台次,召开经理会18次,参加经理936人,消除事故隐患38个。

(盖房芳)

【整顿地铁四号线工地周边交通秩序】 5月至6月,宣武交通支队采取有效措施最大限度降低地铁四号线菜市口站施工对交通的影响。地铁四号线菜市口站施工工程位于菜市口路口,周边路网密集、车流量大,加之工程复杂,施工初期报堵情况十分突出。宣武交通支队及时会同有关业务处和施工单位,通过实地勘察调研,针对路口早晚高峰车辆通行密集的情况,及时调整高峰期施工路口南北的信号灯放行时间,减少车辆滞留,加快通行速度;针对1.8米高的施工围挡容易造成驾驶员视觉盲区问题,将其上0.8米改为可视网状式的围挡,扩大驾驶视野,消除事故隐患;通过设置禁止左转弯标志、调整导向车道、开辟新车道、完善施工绕行引导标志等方法,优化路口交通组织,提高车辆的通行率;同时增派民警10名,协管员18名,加强巡逻控制,发现问题及时处置,确保道路交通安全畅通。通过多种措施,地铁四号线菜市口站周边地区道路交通拥堵得到明显缓解。

(盖房芳)

【优化手帕口桥交通组织】 5月至

6月，宣武交通支队结合手帕口桥相关路段道路扩建工程，由区市政管委资助，重新对桥区及相连道路进行交通组织优化。期间，共投入资金12万元，在手帕口南街北段西侧开辟了1条3米宽的非机动车道，将原有机动车上下行3条车道增至4条车道，将桥上专右车道改为直右车道，有效缓解了该地区的交通拥堵。

（盖房芳）

【车辆号牌专项整顿】 年内，针对故意污损、遮挡及不按规定悬挂机动车号牌等交通违法行为日益增多的问题，宣武交通支队于4月5日在宣武区广外15号大院内召开了专项治理不按规定悬挂机动车号牌或故意污损、遮挡号牌的交通违法行为宣传进社区活动启动仪式。随后，民警与社区保安及物业管理人员即时分成12个小组，对区内63个社区进行了全面检查。经过1个半小时的检查，共查出故意污损、遮挡、不按规定悬挂机动车号牌的问题车19辆，并通过查询与违法车主取得联系，做现场宣传教育，指出该行为造成的严重社会危害，并责令其对其恢复原状。

（盖房芳）

【交通安全文艺汇演】 为进一步增强广大群众交通法制观念和守法意识，减少交通违法行为，5月25日，宣武交通支队组织社会单位、社区、学校、家庭以文艺演出的形式进行交通安全宣传，受到群众的普遍欢迎。参与活动的广大群众通过身边发生的人和事以及亲身经历，自编、自演了相声、快板、表演剧、小品等文艺节目，宣传了交通安全法，讴歌了北京道路交通的变化，讽刺了一些交通不文明的行为和事。副区长杜灵欣、交管局宣传处副处长郝满良、各街道办主管主任以及来自社会单位、专业运输单位、社区的居民共计600余人参加了这次活动。通过开展交通安全文艺活动，进一步提高了广大市民群众交通法制观念和安全意识，无论是参与竞赛的选手还是观众，都受到了一次交通安全教育，在全区营造了广大市民群众积极学法、共同守法的良好氛围。

（盖房芳）

【为驾驶员发放体检医院路线图】 自9月22日起，宣武交通支队印制了3万余份《宣武区体检医院至宣武交通支队乘车路线示意图》小卡片，发放给群众。卡片一面绘制了宣武区主要大街，清楚标明了宣武医院、友谊医院、广外医院等宣武区8家具备出具驾驶员有效身体证明资质的医院，以及宣武交通支队的具体位置；另一面为群众提供了各家医院至宣武交通支队的公交车乘坐方式和医院的咨询电话。卡片小巧简洁，便于携带，依据该卡片的指示，在医院体检后的群众能顺利找到宣武交通支队办公地点提交《驾驶人身体条件证明》。

（盖房芳）

【交通违法服刑人员现身说法】 为深入开展交通安全宣传“五进”活动，宣武交通支队组织四名特殊的演讲者为驾驶员朋友上了一堂非同寻常的交通安全课。10月26日下午，在城南某监狱的小演播室里，四名因交通肇事逃逸获罪的服刑人员将自己亲身经历、不堪回首的往事讲给驾驶员听，用最现实、最鲜活的事实警示驾驶员朋友特别是存在交通违法行为的驾驶员，让大家时刻牢记作为一名驾驶员的责任和义务。参加听讲的有部分来自宣武区各单位、社区的有过交通违法超标行为或酒后开车史的“重点”司机和交通事故严重超标的单位领导，大家纷纷表示这样的安全课使他们受到了极大的触动，深感作为一名驾驶员对社会、对家庭、对他人、对自己的责任重大，严格遵守交通安全法，时刻牢记交通安全更为重要。

（盖房芳）

【交通民警走访贫困户】 10月31日，宣武交通支队结合开展“准确人生定位，珍惜价值回报”专题教育活动，组织了28名民警，入户走访了两户低收入家庭，让民警面对面地了解生活在身边的低收入家庭的收入情况、生活情况，对照自己，找准差距。通过此次活动，增强了民警参加公安工作的自豪感和当前公安工作待遇的优越感，增强了民警爱岗敬业的自觉性。

（盖房芳）

【水管爆裂抢修工程的交通维护】 12月22日早6时，宣武交通支队指挥调度室接报“白纸坊桥东河岸因自来水主管道破裂，水流外溢，造成现场河岸大面积坍塌，道路无法通行”。接报后，支队果断处置，上报情况、部署执勤队立即赶往现场、实施断行、疏导交通。樱桃园队仅用了5分钟时间集合值班、备勤警力，由值班队领导带队，赶到事发现场，在疏导白纸坊桥东灯路口车辆的同时，对广安门南街北段设置断路标志实施断行，在菜园街南口、白纸坊西灯路口、白纸坊桥北主路出辅路口等主要路口增设警力进行外围分流疏导，将道路拥堵降到最低。截止至26日，共出动警力192人次、警车120辆次。为配合好抢修工作，支队共增设了9处维护疏导和外围分流岗，从早6时40分到8时进行维护。27日路面交通恢复正常。

（盖房芳）

【利用皮影戏进行交通安全教育】 12月，宣武交通支队结合中小学生交通安全宣传教育周活动内容，与北京市皮影剧团共同编排了少儿皮影动画剧－《悟空八戒学交法》，并在中小学校进行了演出。该剧讲述了孙悟空和猪八戒来到现代化的北京城,因不懂交法而造成的种种违法行为。宣武交通支队在编剧时考虑到中小学生的特点,将交通安全法的教育内容融入其中,并设计了不少观众互动环节,因此皮影戏演出过程中,学生们能在民警的提示下,不断指出悟空、八戒违反交法的行为,台上台下相互呼应,现场气氛轻松热闹。全区共有58所中小学校的3万余师生观看了演出。通过妙趣横生的皮影戏,使中小学生在轻松活泼的氛围中学习、掌握交通安全知识。

(盖房芳)

社会治安综合治理工作

【概况】 北京市宣武区社会治安综合治理办公室(简称区综治办)是区委领导下的社会治安综合治理委员会的常设办事机构,与区委政法委合署办公,不设内设机构,行政编制5人。主要职责:指导、协调、督促、检查、参与辖区内各个部门的综合治理工作;结合本区实际制定社会治安综合治理工作规划和实施方案并组织实施。年内,区综治委继续认真落实社会治安综合治理领导责任制,向8个街道、23个综治成员单位下达了社会治安综合治理任务书;开展了社区平安创建活动。开展为期3个月的清理"七黑"百日专项整治行动,解决了城市管理、治安秩序等突出问题;大力推进"科技创安工作",年内新增科技创安小区7个。2005年宣武区被首都综治委评为首都社会治安综合治理2005年度先进区。

地址:广安门南街68号

电话:83976211

邮编:100054

(张立虹)

【集中劝返工作】 两节两会期间,区综治办组织公安、民政、城管、卫生、环卫及8个街道开展会前集中劝返和救助工作。共接待求助4人,实际救助11人,劝返22人,集中送回当地27人。

(张立虹)

【第一次综治委扩大会议】 4月7日,区综治委召开2005年第一次综治委扩大会,区综治委委员、综治成员单位及各街道综治委主任、主管主任、综治办主任参加了会议。会议对2004年综治工作进行了总结,通报了当年社会治安综合治理责任制考核结果,部署了2005年综治工作任务. 区综治委向23个综治成员单位及8个街道下达了社会治安综合治理任务书,进一步明确了各单位应承担的工作职责及工作标准。

(张立虹)

【集中整治广外三统碑】 4月19日,区综治办组织公安宣武分局、工商宣武分局、区城管大队、区文化委、区卫生局、宣武交通支队、广外办事处、房地产开发公司等200多人参战,市公安局刑侦总队动用19条警犬,对广外三统碑地区治安乱点进行了大规模整治。起获毒品6包,当场抓获正在吸食毒品的嫌疑人4名,收缴砍刀6把、匕首4把、镐把18根,审查嫌疑人48名,拆除私搭乱建的棚子8处,清理无照经营摊点4处。11月25日至28日,区综治办组织公安、工商、城管、卫生、文化、教委、广外街道办事处和天叶公司等多家单位对该地区进行为期4天的统一整治,共出动整治、监控力量336人,车辆50余台次,拆除违章建筑棚户16个,收缴管制刀具4把,没收桌子4张,炉子4个,清运废物垃圾21车,该地区的社会治安和卫生环境得到进一步净化。

(张立虹)

【牛街成立社区巡防队】 4月20日,在牛街东里社区广场举行了牛街社区巡防队成立仪式。市公安局人口处处长郑广德为社区巡防队授旗,与会领导为巡防队员们佩带了胸牌和袖标。该支队伍由街道出资,由56名下岗及失业人员组成,是全市第一支由街道出资从事社区巡逻的专职社区巡防队伍。

(张立虹)

【宣西社区安全防范现场会】 4月21日,区综治办组织召开"宣武区广内街道宣西社区安全防范现场会",区综治委部分成员单位、公安派出所所长及全区各社区书记主任参加了会议. 广内街道及宣西社区主任、居民代表介绍了科技创安工作情况,推广了广内街道宣西社区安全创建及科技防范工作经验。并下发了《宣武区关于进一步加强社区安全防范工作意见》。

(张立虹)

【地下空间安全检查】 4月27至30日,区综治办组织公安、工商、城管、区建委、区人防办、区防火办等部门及各街道综治办,对823处地下空间进行了检查,发现问题67处,存在安全隐患726个,下发整改通知单及检查记录单405份,停产停业通知书2份,解决并立即整改658处,实施行政处罚28起,金额19 000元。4月29日,区综治办、区人防办等单位对全区重点部位的地下空间和人防工程进行了抽查。

(张立虹)

【共建平安宣武主题宣传】 5月15日,"携手共建平安宣武"大型主题宣传活动在八个街道宣传点同时展开。区综治委成员单位、各街道主管领导及工作人员400余人参加了宣传咨询活动。全区8个宣传站在主要大街、路口、社区悬挂横幅、标语77条,摆放宣传展板、板报260块,张贴创建"平安社区"、刑事案件案例分析及民警提示的宣传挂图近万张，发放社会治安综合治理有关知识的宣传材料 15 000 余份，接受群众咨询 3 000 余人。

（张立虹）

【107 个社区成立综治委】 5 月，在 107 个社区成立了“社区社会治安综合治理委员会”，明确了社区党支部（总支）书记为社区综治工作第一责任人，并在吸纳社区民警、社区居民、辖区单位、物业的负责同志参与其中。同时，明确了社区治保工作职责和任务，坚持从基础性工作入手，逐步完善基层综治网络和防控体系建设，保障了基层社会治安综合治理工作的正常开展。

（张立虹）

【百日专项行动】 6 月 20 日，规范行业场所经营行为整治社会环境秩序百日专项行动部署工作会议召开，区相关单位领导及 8 个街道主管领导参加了会议。公安宣武分局副局长部署了关于规范行业场所经营行为整治社会环境秩序百日专项行动工作，明确了整治重点和要求。百日专项行动共组织公安、工商、城管、街道办事处、文化委等单位参加清理整顿集中行动 85 次，对 105 处行业场所、地区进行了集中整治。专项行动中，共组织民警 1 500 余人次，工商 370 名、文化 120 名、其它人员1 140余名，共检查歌厅 530 余家次、洗浴 470 余家次、发廊 520 余家次、旅店 610 余家次，其它场所、地区 180 余家次，共查出各类问题 260 处次，其中停业整顿 36 家、取缔发廊等 78 家、责令限期改正 146 家。在 6 月、7 月两次公安执法周期间，公安分局抓获违法犯罪嫌疑人员 109 名，其中，刑事拘留 14 名、行政拘留 94 名、移交处理 1 名。关闭（取缔）无照歌厅 10 家、无照发廊 78 家。工商、城管等执法部门查处各类问题 2 000 余件。

（张立虹）

【国庆节前集中劝返和救助工作】 9 月 27 日至 30 日，在全区范围内开展了为期 4 天的集中劝返、救助行动，共出动各种执法力量 2 634 人，车辆 72 台次，共劝返、救助 215 人。其中劝返 159 人，告知流浪乞讨人员 56 名，救助 42 人。

（张立虹）

【流动人口维护社会治安志愿者筑城行动】 12 月 28 日，在牛街街道召开了“宣武区流动人口维护社会治安志愿者筑城行动启动仪式”。区委常委、政法委书记周开让，市公安局人口处副处长刘玉成等领导出席了启动仪式，区有关部门领导和流动人口代表 120 人参加。公安宣武分局人口处处长马京宝同志宣读了《宣武区关于组织流动人口参与维护社会治安志愿者筑城行动的实施意见》，与会领导为 8 个街道的流动人口志愿者代表授旗，流动人口志愿者代表张林向外来流动人口发出倡议，号召全区外来务工人员积极加入到维护社会治安志愿者筑城行动中来，为维护全区社会治安稳定做出贡献。

（张立虹）

【综治干部培训班】 年内，先后 2 次对街道综治办干部和 107 个社区书记、主任、治保主任及有关工作人员分两批次进行了为期三天的全员培训。在培训班上，结合工作实际进行授课，就综治工作的职能、职责，以及平安创建和综合治理等问题进行了研讨与交流，进一步提高了综治干部和社区工作人员的工作水平。

（张立虹）

【建立完善综治工作制度】 年内，区综治办建立和完善了综治工作制度。其中包括：《宣武区综治委成员单位定点联系工作制度》、《社会治安形势分析季度例会及月通报制度》、《高发案社区警示制度》、《对季度无发案社区颁发流动红旗制度》、《社会治安综合治理督查督办工作制度》、《宣武区关于进一步加强社区安全防范工作意见》、《分局人口管理系统社区防控重点工作责任追究的若干规定（试行）》、《宣武区先进治保会先进治保积极分子和先进社区治安巡逻志愿者评选标准及考核办法》、《案件倒查一票否决制度》及《综治干部教育培训工作制度》。

（张立虹）

防范和处理邪教工作

【概况】 中共北京市宣武区委防范和处理邪教问题领导小组办公室（简称区委 610 办），是防范和处理法轮功等邪教及有害功法问题的区委工作部门，挂靠区委政法委，行政编制 6 人。年内，以“三个代表”重要思想和党的十六届四中、五中全会精神为指导，认真贯彻市委 610 办提出的“打击与教育、战时与平时、防范与建设”工作方针，坚持“严打深挖、巩固成果、深化教育、有效处置、加强基础、提高能力”工作重点，以党员先进性教育为龙契机，开展对 610 系统干部的忠诚教育；以“五个结合”、“六个加强”全面开展反邪教警示教育，提高群众防御邪教的能力；健全并完善长效和应急工作机制，加强基层基础工作；整合工作资源、搭建工作平台，逐步形成“一办两局”、“两办两局”、“三办两局”工作格局；充分发挥公安、安全职能作用，专群结合全面做好社会面的监控工作。干部群众团结一致，有效地遏制法轮功邪教组织针对北京开展的“正邪大决战”和破坏国家安全、政治稳定的图谋；实现了中央提出的“两个绝不允许”；确保了敏感期和重大政治活动期间的社会政治稳定。

地址:宣武区广安门南街68号
电话:83976210
邮政编码:100054

(黄亚如)

【加强安全防范】 年内,针对敏感期、重要节假日等重点时期法轮功及其他邪教活动的特点,区委610办随时下发动态情况通报和动态分析,适时启动防范法轮功等其他邪教借机滋事工作预案,做到领导重视,积极部署;责任明确,措施到位;督导及时,严密防范;专群结合,群防群治。对法轮功等邪教人员全面开展法制教育、警示谈话;对邪教及有害功法的重点人员、易发案场所实行24小时监控。圆满完成全年安全防范工作任务,确保全区政治稳定和社会安定。

(黄亚如)

【开展警示教育】 年内,区委610办结合街道、社区实际,充分利用"四个纳人"长效机制及反邪教宣传教育机制,以"五个结合"深化警示教育,以"六个加强",确保取得时效。"五个结合"既是警示教育与平安社区创建相结合、与党员先进性教育相结合、与压发案相结合、与摸排深挖相结合、与民族宗教工作相结合。"六个加强"是加强对领导干部防范和处理邪教方面的理论知识学习;加强对机关、街道、社区干部的反邪教警示教育;加强对外来人口的反邪教警示教育;加强对特殊地区的反邪教警示教育宣传;加强对在校学生的反邪教宣传教育;加强对陶然亭公园锻炼群众的宣传教育及正面引导。

(黄亚如)

【打击处理工作】 年内,针对法轮功邪教组织"九评"共产党及在北京开展"正邪大决战"等反动宣传活动的逐步升级,区公安、安全等职能部门充分发挥主力军作用,加强情报信息的汇商沟通,共同协调作战,在敏感期和重点时期重拳出击,开展"晨晖"、"晨雷"等专项打击活动,依法严打现行,深挖幕后,消除窝点,有力地震慑了法轮功邪教组织的违法犯罪活动,确保全区的社会安定。截至11月26日,成功破获"601"、"708"法轮功案件24起,抓获法轮功犯罪嫌疑人25人,打击处理24人,教育转化1人。

(黄亚如)

【基层基础工作】 7月至8月间,区委610办与区保密局共同对本系统基层基础材料建设及保密工作进行了规范性的检查指导,促进和完善了基层基础工作。检查规范的内容包括610系统文件的传阅使用和管理、信息报送传递途径、街道社区基础档案管理、功法及邪教组织人员数据库管理和保密设施、对外宣传途径、与法轮功及其他邪教和功法组织人员日常接触谈话记录、610系统干部人才库建立和保密设施及相关制度建立等八个方面。

【工作调研】 年内,先后开展了《如何将反邪教工作更加深入地融入到综合治理工作》、《在打击处理法轮功等其他邪教人员违法犯罪活动中公检法司等部门如何加强工作协调与沟通》、《610系统干部队伍现状分析》、《法轮功违法犯罪案件倒查分析》、《运用四个纳入长效工作机制开展警示教育工作的启示与收获》、《关于当前冒用宗教名义的邪教的调研分析及工作对策》等调研。通过调研,解决公安、安全处理邪教问题方面的信息共享、线索互惠问题及在法轮功案件审理中检察院举证、法院印证等环节出现的不足等问题。形成调研文章5篇。

(黄亚如)

【案件倒查工作】 11月下旬,对全年24起法轮功案件进行案件倒查工作调研。期间走访了公安、安全及街道、社区的610系统工作部门及干部,调阅了被打击处理人员的所有案卷,对涉案人员逐一进行个案分析及分类汇总。涉案主要行为是散发、投寄法轮功及有关《九评》等反动宣传品,参与地下组织的非法串联和聚会。调研对案件发生的时间、人员进行排队,对涉案人员反复原因进行分析和查找,综合发案情况和相关数字,查找和分析出工作中突出问题,提出加大基础排查的力度、提高社会单位及群众防范意识、强化各级610系统干部综合素质教育三项工作措施。

(黄亚如)

【干部业务培训】 年内,区委610办公室高度重视610系统干部队伍的组织和能力建设,积极开展不同层面干部的形势教育和专业培训,提高业务素质。2次举办街道、社区610系统干部的脱产集中培训,培训内容涉及邪教、宗教及之间的区别、邪教在国际国内的发展、世界各国在处理邪教问题上的态度和在处理邪教问题上的有关政策法规等理论和概念方面的知识;2次举办公安、安全、法院、检察院、司法局等司法机关610系统干部的脱产集中培训,通报法轮功等其他邪教的活动情况,学习国家在处理邪教问题上的有关法律法规和政策,就调查取证、线索排查、打击处理、法律法规的适用、工作协调等方面的经验和问题进行了交流研讨。培训加大了街道与社区、公安与司法等方面在处理邪教问题上的工作交流和联系,在依法打击处理法轮功顽固分子违法犯罪行为等方面取得了共识,促进了对邪教的打击处理工作。全年,有290人次的街道、社区干部、100多人次的公安、司法等专门机关的干部接受培训。

(黄亚如)

【制做宣传台历】 12月,区委610办为配合警示教育社会宣传,拨出专款六万五千余元制做以"和谐宣武”为主题宣传台历15 000册，内容包括崇尚科学、心理健康、健康标准、历史文化、邪教伎俩、远离邪教、反对邪教、和谐社会等，旨在通过人民群众益于接受的形式，潜移默化地进行“崇尚科学、关爱健康、远离邪教”的社会宣传教育活动，提高干部群众远离邪教的意识。台历发放到机关、单位、街道、社区干部群众及已转化的法轮功人员。

（黄亚如）

【防范和处理其他邪教】 年内，在防范和处理其他邪教工作中，开展了冒用宗教名义开展邪教活动的组织及有害功法组织人员摸排、有害气功屡禁不止的深层次分析调研、对其他邪教人员警示教育等项工作。通过工作，发现掌握原法轮功人员转修反动会道门、法轮功变异功法等问题，区委610办汇同公安、安全等专门机关及时进行了有效的控制和教育工作。

（黄亚如）

【打击处理案例】 左某，男，1963年1月18日生，汉族，大专文化，籍贯北京，户籍、住处均在丰台区右安门外玉林东里，原铁道部工程管理中心设备处工程师。赵某，女，1964年1月7日生，汉族，籍贯北京，大学文化，无业，左某之妻，户籍住址同上。赵某2001年3月因妨害社会管理秩序被劳动教养一年六个月，2002年8月13日解教。左某于2001年12月7日至2005年2月3日书写装有宣扬法轮功邪教、《九评共产党》煽动人们退党等内容的印刷宣传品及信封并邮寄邮件5782件；赵某于2003年2月28日至2005年2月5日书写装有宣扬法轮功邪教、《九评共产党》煽动人们退党等内容的印刷宣传品及信封并邮寄邮件印刷品3587件。上述邮件均被截获。2005年3月1日区公安、安全两局依法对其住宅进行搜查，在二人住处查获准备投寄的装有法轮功内容的信件2件、台式电脑、扫描打印一体机、复印机各一台及邮票、信封若干。同期，二人被查获归案。2005年8月4日，宣武区人民检察院提起公诉，宣武区人民法院公开审理此案，经过质证、认证，法院认为：左某、赵某无视国法，在法轮功邪教组织被依法取缔后，继续大量投寄、散发、传播法轮功邪教内容及《九评共产党》等反党反政府内容的宣传品，破坏法律实施，妨害社会管理秩序，情节特别严重，其行为均已构成利用邪教组织破坏法律实施罪，依据二人的犯罪情节分别惩处。宣武区人民检察院指控其罪名成立。依照《中华人民共和国刑法》第三百条第一款，第五十五条第一款，第五十六条第一款，第六十四条之规定，分别判处左某、赵某有期徒刑八年，剥夺政治权利一年。

（黄亚如）

军　事

人民武装

【概况】 北京市宣武区人民武装部（简称区人武部）是区委、区政府的军事工作部门和兵役机关，受北京卫戍区和中共宣武区委、区政府的双重领导。其主要职能是负责宣武区所在地区的军事工作。武装部设军事科、政工科和后勤科。年内，圆满完成了民兵政治教育、民兵整组、军事训练、国防教育、双拥共建和征兵等各项工作任务。民兵武器装备管理连续36年保持安全无事故。

地址：宣武区教子胡同14号

电话：63532988　63533007

邮编：100053

（丁正泉）

【后勤工作】 1月，区人武部修改制定了《宣武区人武部党委集体理财规定》、《干部职工管理若干规定》。严肃了党委集体理财制度，严格了报销制度规定，规范了贵重物品采购管理，保证了经费的正常运行；在干部职工的管理上，从提高人员素质入手，加强干部职工的管理教育。6月，人武部对食堂管理上进行社会化保障改革，改革后食堂每年可节约经费8万余元。

（丁正泉）

【基层建设】 2月，利用一周时间，组织基层武装部部长、专武干部进行业务培训。对编印下发的《民兵工作文件汇编》和《基层武装干部应知应会常识》进行学习；3月10日，全区召开了民兵工作会议，区委书记唐大生参加会议并做了重要指示。20个基层武装部和23名基层武装干部受到表彰，广内街道工委书记兼武装部政委雷秀兰、大栅栏街道办事处主任兼武装部第一部长白杰进行了武装工作述职。

（丁正泉）

【人事调整】 2月初，马海泉部长被北京市委组织部任命为中共宣武区委常委；3月初，政治委员苗爱民调任警卫第三师任副政治委员、警卫第三师副政治委员倪效仲任区武装部政治委员；10月中旬，政治委员倪效仲任职满10年，北京军区免去其北京市宣武区人民武装部政治委员的职务，由北京市怀柔区人民武装部政治委员胡振键接任武装部政治委员;5月份,副部长黄国平被任命为兼区武装部军事科科长;2月初,北京市崇文区人民武装部政工科干事丁正泉被卫戍区任命为区武装部政工科科长,军事科科长张立军改为后勤科科长。

(丁正泉)

【民兵整组】 3月,区人武部本着"三便于"、"两适应"和"严格配干,合理编组"的原则,对全区民兵组织进行了整顿。根据卫戍区赋予的任务,新组建1个双25高炮营、1个重点民兵营和1个民兵应急营。按照"巩固国有企业、落实非公有企业民兵组织、健全中小型企业民兵组织"的思路,在全区31个较大规范的非公有企业普遍建立了民兵组织。经过整组,全区现有民兵6 529人,其中基干民兵4 610人、普通民兵1 919人;民兵连(营)68个,其中基干民兵连(营)50个,应急分队800人,专业技术分队878人,对口专业分队2 060人。对基干民兵、应急分队、专业技术兵实施了微机管理。

(丁正泉)

【双拥共建】 3月,区人武部、牛街民兵和武警七支队到牛街清真寺参加了义务劳动;区人武部承包2家困难户,送去米、面、油、水果和学习用具等;协调区委组织部、区人事局、区教委等部门,使全区转业干部安置率、驻区部队干部随军家属工作安置率、干部子女入学率均达到了100 %;8月1日,区人武部总结宣扬了区民政局优抚安置科科长葛德凤的先进事迹,推荐上报参加了全军"八一"招待会,葛德凤受到军委首长接见。

(丁正泉)

【民兵军事训练】 4至8月,全区民兵军事训练工作及时调整计划,采取分训、补训、精练的方法,确保了年度训练任务的完成。5月中旬至7月上旬,还分别组织了民兵高炮分队和一个民兵高炮排在预备役高炮五团进行了驻训,并赴北京军区乐亭靶场参加了卫戍区组织的实弹射击,在考核中首发击落靶机一架。8月中旬,组织进行了100人的民兵应急分队集中驻训。全年完成民兵训练任务800人。其中民兵干部70人,专业技术分队中导弹18人,侦察10人,通讯30人,防化30人,军械修理10人,专业对口分队100人,应急分队500人。经考核验收,合格率100 %,优秀率46 %,全部达到了训练大纲的要求。民兵武器训练共消耗弹药8 520发,无事故发生。

(丁正泉)

【征兵工作】 9至12月,区人武部认真贯彻《兵役法》、《征兵工作条例》和《北京市征兵工作条例》,较好地完成了年度征兵任务。10月20日,在北京市征兵动员大会上被评为2004年度北京市征兵工作先进单位。10月23日,开展了形式多样的征兵宣传活动,北京市副市长吉林、卫戍区副政委王子彦等领导和区四套班子领导参加了宣传活动,《北京日报》、《北京晚报》、北京电视台等多家媒体进行了报道。全区共有396名适龄青年上站体检,合格165人;共计输送新兵133人,其中男兵123人,女兵10人。

(丁正泉)

【基地建设】 10月份,历时近一年的宣武区民兵训练基地竣工。该基地几经选址,由区委区政府投资1 000余万元,在驻怀柔桥梓镇的卫戍区警卫第三师十一团靶场建成。基地建筑面积4 000多平方米,能同时容纳300多人集中训练、学习、生活。基地主楼设施完善、功能齐全,满足了民兵训练基地化、模拟化、规范化的要求。

(丁正泉)

【政治教育】 年内,认真开展保持共产党员先进性教育活动,组织全部党员学习了胡锦涛同志《在新时期保持共产党员先进性专题报告会上的讲话》、《江泽民加强和改进执政能力建设(专题摘编)》和《保持共产党员先进性教育读本》等有关文件和书籍。到世纪坛参观了北京市举办的大型"反腐倡廉"展览,同时还组织全部人员到香山参观了毛泽东双清别墅和李大钊烈士陵园。5月,结合抗日战争胜利60周年暨世界反法西斯胜利60周年,在全部和广大民兵中开展了培育战斗精神教育;组织全部人员到卢沟桥参观了抗战60周年大型展览。开展了学习38军防空旅、"法在我心中"教育。同时针对事故苗头和倾向性问题,组织普法教育,观看《两面人生》、《王怀中犯罪忏悔记》等警示教育片。民兵政治教育以总政《参训民兵政治教育纲目》为统领,采取专人授课、知识竞赛、组织活动等形式,依托"民兵之家",重点抓了民兵应急分队、专业技术分队和对口专业技术分队学习贯彻"三个代表"重要思想、保持共产党员先进性教育的活动。对广大民兵进行形势、职能和任务教育,民兵受教育率达到85 %以上。

(丁正泉)

【国防教育】 年内,投入近10万余元,征订《中国民兵》200份、《国防》200份、《华北民兵》400份、《中国国防报》190份;成立了由专家、教授、老军人和区领导组成的国防教育宣讲团,组建了10个双拥宣传队和3个战士放映组,8个街道开设了固定的国防教育宣传阵地;10月17日,组织协调区四套班子成员共38人过军事日活动,在通州训练靶场,进行了冲锋枪、手枪第一练习实弹射击;武装部还组织有关委、办、局及街道领导参加军事日活动。在第五个全民国防教育日中,开展了丰富多彩的国防教育活动，区四套领导班子参加。共发放宣传材料2万余份。9月18日《中国国防报》头版头条刊登了活动情况，《北京日报》、《战友报》、北京电视台、中央电视台军事频道分别进行了报道；制作了国防教育网页。依托区政务网开辟了国防教育网站，开设了国防教育频道、国防教育动态、国防教育神州行图片、军事天地、政策法规等8个国防教育宣传专栏。积极组织全区少年军校开展军事训练，全年共军训学生2万余人。

（丁正泉）

【武器装备管理】 年内，按照"完善设施、落实制度、纯洁队伍、确保安全"的工作思路，把武器装备的安全作为大事来抓，定期分析民兵武器装备安全管理形势，严格落实科以上领导驻库值班制度和武器装备动用规定；对武器库进行了整修，完善了硬件设施；加强库管人员的思想教育、政治审查和业务培训，严格民兵、学生军训和实弹射击中枪支、弹药的管控，实现了36年安全无事故。

（丁正泉）

人民防空

【概况】 北京市宣武区人民防空办公室（简称区人防办），既是北京市宣武区国防动员委员会的常设机构，也是主管宣武区人民防空工作的区政府职能部门。主要职责是：贯彻执行国家和北京市关于人民防空的方针政策、法律法规；拟订本区城市防空重要目标，监督、指导重要目标单位制订并落实防护措施和抢险抢修预案；组织实施人民防空工程建设、监督、指导人防设施的维护管理；拟订并组织实施防空袭预案和各项保障方案，会同有关部门组织防空演习、演练；负责防震减灾工作，组织开展人民防空宣传教育等工作。区人防办下设指挥通信科（地震科）、工程建设管理科、财务秘书科，行政编制13人、工勤编制3人。年内，区人防以邓小平理论、"三个代表"重要思想和中央《关于加强人防工作的决定》为指导，按照区委、区政府和市人防办、市地震局的总体部署，认真贯彻"长期准备，重点建设，平战结合"的方针，按照"扎扎实实练内功，扎扎实实抓工作，以实干谋发展，用作为创地位"的基本思路，抓住机遇，积极进取，圆满完成了各项工作任务，实现了《十五发展规划》的各项目标。全年办理人防地下室竣工认可26处，建筑面积99 446平方米，质量合格率达到了100%。完成"结建"人防工程规划6片，规划建筑面积9 048平方米。2005年，全区人防工程建筑面积698 385平方米，人员掩蔽面积424 178平方米，已接近2015年实现人均1平方米的国家目标。保持了人防工程连续23年无消防、治安及工程责任事故。在第五次全国人民防空会议上，宣武区人防办被评为全国人民防空先进单位。

地址：宣武区广安门南街68号

电话：83976027

邮编：100054

（范纯祥）

【人防工程建设】 年内，结合本区危改实际，严格落实国家和北京市关于结合城市建设修建人防工程的规定，不断加强"结建"监督力度。全年完成"结建"人防工程规划6片，规划建筑面积9 048平方米。

（范纯祥）

【人防工程竣工验收】 年内，严格按标准对竣工人防工程进行现场核查和认定，全年办理新建人防地下室竣工认可26处，建筑面积99 446平方米，合格率达到了100%。全区人防工程建筑面积698 385平方米，人员掩蔽面积424 178平方米。

（范纯祥）

【早期人防工程治理】 年内，区政府拨专款500余万元，保障人防治理施工的资金需要。全年共治理早期工程27 625平方米，其中回填17 635平方米，加固9 990平方米。至此，早期工程除几处列入危改项目拟结合危改施工处理外，其他已全部治理完毕，提前完成了全年治理任务和区政府为民办实事计划。

（范纯祥）

【安全度汛】 全力做好防汛工作。立足于防大汛、抢大险，坚持防汛工作早布置、早检查、早准备。将人防工程防倒灌作为重点，确定了汛期重点区域8片。对全区人防工程进行了2次普查，下发了300余份致人防工程使用单位法人、使用人的公开信。重新修改完善了防汛应急预案，进一步明确了重点工程、重点部位不同险情类别和防汛抢险的具体措施及责任单位、责任人。组建了4支160人的抢险队伍，准备了必备的防汛抢险物资，确定了3个施工工地为区汛期应急物资供应单位，从点、线、面各方面做好防汛工作，实现了全区人防工程的安全度汛。

（范纯祥）

【专项清查整顿】 年内，认真落实人防工程专项清查整顿工作。确定了一把手负总责，主管领导具体抓，各科长参加的清查整顿领导小组，调动本办主要力量，制定了清查整顿工作方案，实行了各科分片包干的工作责任制。组织区、街协同配合，深入各使用工程反复地进行了检查，对重视不够、行动缓慢的单位，及时以发单子、通报等形式进行了督促，对有问题长时间不整改的单位进行了处罚。严格标准，严格验收，分别对全区323处在用工程进行了综合验收。经验收,达标工程276处,基本达标工程27处,不达标工程20处,合格率达93.4%。

(范纯祥)

【工程开发利用】 年内,探索开发工作的市场化、社会化改革,对1处工程进行了面向社会公开招租,产生了良好的效果。全年共开发利用人防工程3处,建筑面积2 631平方米。收取工程使用费254万元。

(范纯祥)

【依法行政】 年内,认真抓了在办理行政审批过程中各岗位职责的落实。全年共办理行政审批6项,均在规定的时限内办结。处理各种违法违约问题165起,均符合法律规定,无行政诉讼。

(范纯祥)

【指挥中心建设】 年内,完成了连通市人防指挥所光纤路由的铺设。区政府先后3次紧急启用中心指挥自动化系统,为区领导实施应急指挥发挥了重要的技术保障作用。完成了瑞士军事代表团和各单位领导来中心视察、参观的汇报演示任务,中心建设被区科委评为2005年科技进步一等奖。

(范纯祥)

【通信警报建设】 年内,认真落实市人防办提出的三环路内警报音响覆盖率达到百分之百的要求,全年新建警报点5个,安装警报器5台,使全区警报音响覆盖率提前达到了100%。完成了车载单边带电台的调试和检修任务;调试开通了办公室450兆调频电台,解决了收听干扰等问题。

(范纯祥)

【警报建设与维护】 年内,配合市人防通信处对全区16台防空警报控制终端进行了更新,解决了警报设备型号不统一、老化、维护困难、易出现故障等问题。对广内、大栅栏、陶然亭街道6公里的地下通信电缆进行了加固。加强了警报器日常的检查与维护,防止了各种事故和问题的发生。

(范纯祥)

【防震减灾宣传】 年内,根据市地震局《关于开展"7.28唐山地震纪念日"宣传活动的通知》,7月28日至8月5日组织开展了防震减灾宣传活动。购买了6 000册《家庭避震要诀》、160盘《地震来了怎么办》光盘及防震减灾知识挂图等,下发八个街道107个社区,并组织2 000余名居民观看了《地震来了怎么办》科普光盘,对50余名社区骨干进行了包扎、固定、搬运、自救、互救等技能培训,进行了紧急情况下的逃生演练。

(范纯祥)

【地震应急建设和避难场所建设】 年内,指导8个街道修改完善了地震应急人口疏散计划;协调区卫生局、民政局修订了地震人口疏散医疗及物资应急保障计划;协调园林局完成了长椿园、翠芳园、法源寺三处避难场所建设,总面积21 300平方米;配合市地震局、交管局完成了宣武区主要避险场地交通标志牌的选点工作;协调有关部门进行了地震台的选址工作。制定了《宣武区地震灾害应急预案》;进一步完善了全区地震灾情速报网,收集整理了全区防震减灾基础资料;加强了防震减灾宣传教育,普及了地震及避险救护知识;,购置了必备的地震应急装备和物资;配合园林局,利用万寿公园建造了一处群众紧急避险场所。

(范纯祥)

【财务管理】 年内,严格贯彻执行国家《人民防空财务管理规定》和《人民防空会计制度》,严格按照年度预算加强财务核算、财务管理和财务监督。全年筹集人防经费1 227.4万元,其中:组织人防平战结合收入254万元,落实财政拨款589.4万元,市人防拨款378万元。做到了资金结算准确及时、无违纪、无差错。

(范纯祥)

人民警察

【概况】 中国人民武装警察部队北京市总队第二师第七支队,始建于1949年6月,当时番号为北平市人民政府公安局公安总队第1团。1966年6月7日,改称为中国人民解放军警卫第二师7团。1969年12月27日,警卫二师根据北京卫戍区命令,第7团改称为警卫二师第5团。1979年1月,改称为7团。1999年2月,支队番号改编为武警北京市总队第二师第七支队。防区分布在宣武、崇文、朝阳、丰台、西城和大兴6个区,主要担负警卫、守卫、看押、看守以及武装巡逻等任务。2005年,七支队党委在总队、师党委的正确领导下,按照"强班子、抓基层、谋发展、保稳定"的总体思路和支队党委的工作部署,着力建班子,用心抓基层,扎实打基础,合力保安全,有力推动了支队建设持续协调稳步发展,确保了部队内部安全稳定和中心任务圆满完成。

地址:北京市宣武区珠市口西大街133号

电话:63035336－34726

邮政编码:100052

(张奇然)

【思想政治建设】 年内,支队党委坚持用党的创新理论武装官兵,不断深化对"三个代表"重要思想和十六大以来党的创新理论成果的理解,形成理论调研成果22篇。按照增强针对性、实效性的要求,在部队中深入开展"保持党员先进性,培育战斗精神"专题教育。认真搞好"四反"教育,扎实做好心理工作,深入开展知兵爱兵和"法律服务到基层"活动，官兵思想稳定，同时拓展了支队双拥共建工作发展空间。

（张奇然）

【中心工作】　年内，按照"以人为本、信息主导、正规执勤、确保安全"的思路，坚持依法治勤、正规执勤和科技强勤。固定勤务严格落实《执勤规定》、《正规化执勤等级评定标准》和执勤"三项纪律"，对勤务进行专项治理，消除了隐患，确保了安全。支队被评为正规化执勤一级单位，9个中队达到一级标准。十中队"识爆排爆"做法受到总部好评，七中队押运勤务经验被总队推广。继续加大三级网建设步伐，支队指挥中心建设进展顺利。精心组织实施临时勤务，圆满完成各类临时勤务702起，处置各类有碍安全的问题180起，群体性上访事件167起，发现制止自焚、自杀事件5起。军事训练狠抓警官训练和部队基础训练，实施专勤专训、勤训轮换，为完成各项任务提供能力素质支撑。支队勤训轮换做法被师推广。

（张奇然）

【后勤保障】　年内，按照后勤建设坚持保基层、保中心、保生活的原则，狠抓了后勤规范化管理和后勤队伍建设。注重加强对士官司务长队伍的培训，坚持每季度进行审计，财务管理更加规范；全面推行自助餐，严格落实伙食管理五项制度，部队伙食质量普遍提高；军械管理成效明显，支队军械仓库被总队评为"红旗军械仓库"；全年出动车辆2 000台次，圆满完成各类保障任务；卫生队全年下基层巡诊132人次；计划生育"五率"达100%，取得23连冠。

（张奇然）

【班子和干部队伍建设】　年内，着眼提高"三个素质"、"四个本领"，以先进性建设为核心，党委机关"保持先进性，提高'四个本领'"学习教育活动，较好地解决理想信念、精神状态、思想作风、工作标准等方面存在的问题。运用党委机关教育成果指导基层先进性教育，狠抓析事明理、整改提高和模范作用，党组织功能弱化的问题得到较好解决，群众满意度测评满意率达到98.6%，四中队党性分析试点经验被总队推广。扎实开展"三视"教育，加强对正副书记在职培训，党委的核心领导和支部的战斗堡垒作用明显增强。

（张奇然）

【周永康慰问执勤哨兵】　2月8日晚，中共中央政治局委员、书记处书记、国务委员兼公安部部长、武警部队第一政委周永康同志冒着严寒，满载着党中央、国务院对武警部队的亲切关怀，来到担负新华社警卫任务的十中队，慰问春节坚守在执勤一线的官兵，并致以节日问候。

（张奇然）

【一大队被评为标兵大队】　年内，一大队党委坚持以《纲要》为依据，认真贯彻上级党委首长决策指示，按照支队党委的总体目标，严格按纲抓建，注重打牢基础，认真抓好经常性工作落实，部队全面建设有了新的进步，所属四个中队建设发展比较均衡，有两个中队跨入先进行列，中心任务完成圆满，部队内部安全稳定，年底被总队评为基层建设标兵大队。

（张奇然）

综合经济管理

发展与改革

【概况】 北京市宣武区发展和改革委员会(简称区发展改革委)由北京市宣武区发展计划委员会改组而来,2004年8月1日正式挂新牌,是负责研究拟定本区经济和社会发展政策,进行综合平衡,指导本区总体经济体制改革的区政府工作部门。主要职责是:研究拟定本区国民经济和社会发展战略、中长期规划和年度计划并组织实施;研究分析区域内外经济形势和发展情况;负责起草本区国民经济和社会发展以及经济体制改革、对外开放的规范性文件、措施;负责汇总和分析本区财政、金融等方面情况,制订投融资体制改革方案并组织实施;研究本区经济体制改革和对外开放的重大问题;组织制订本区重大项目计划,安排政府财政性建设资金,组织编制本区土地供应计划;贯彻落实国家有关价格管理的法律、法规;负责各项社会事业与国民经济和社会发展的衔接平衡;促进中小企业和非公经济发展;研究提出本区可持续发展战略和产业发展规划;研究提出促进就业、收入分配、社会保障与经济社会协调发展的建议;承担区国防动员委员会经济动员办公室和电力、煤炭行业管理等工作。全委下设10个部门,包括8个科室、2个事业单位,职工总数60人。年内,完成了《宣武区"十一五"期间国民经济和社会发展规划纲要》和《2004年国民经济和社会发展计划执行情况与2005年计划草案的报告》;危改房改造和功能街区建设稳步推进,基础设施建设进展顺利,城市环境明显改善;全程办事代理制不断完善,进一步加强了对区域经济的监控与调节,经济运行平稳,区域经济活力进一步增强。

地址:宣武区南菜园街51号

电话:83975331

邮编:100054

(高　辉)

【编制国民经济和社会发展计划】 年初,起草制定了《2004年国民经济和社会发展计划执行情况与2005年计划草案的报告》,并经区第十三届人民代表大会第二次会议审议通过。报告从经济持续快速发展、城市建设稳步推进、改革开放不断深入、区域发展环境继续改善、社会事业全面进步、就业和社保工作取得明显成效、人民生活水平逐步提高等方面,总结了2004年国民经济和社会发展计划情况,提出了2005年国民经济和社会发展预期目标和主要工作。这些工作是:加快结构调整,促进区域经济平稳健康发展;实施项目带动,积极推进重点功能区建设;创新工作思路,提高城市建设水平;加快改革开放,增强区域经济发展活力;坚持以人为本,加快提高人民生活品质;注重统筹兼顾,推动社会事业全面进步;加强公共管理,优化区域发展环境。

(高　辉)

【基本建设项目】 年内,万明路110千伏变电站建成交用,南新华街、马连道南街等4条道路建成通车,大栅栏西街、留学路、广安门北街等12条道路翻修和养护工作全部完成,煤市街道路拓宽工程完成拆迁,陶然亭路、白纸坊西延路、太平街等6条道路正在加紧施工或办理相关手续。民兵训练基地、天桥市民广场、区残疾人活动中心、民主党派办公楼、140中学操场等建设、改造工程竣工,完成牛街礼拜寺修缮工程。牛街民族敬老院、清真女寺、区政府3号楼和区委党校教学楼等建设工程顺利推进。拆迁居民5 589户,超额完成年度计划。小马厂、樱桃园等危改区建成,春风小区正在进行结构施工,三统碑一期、红居二期拆迁工作基本完成。

(张薇嘉)

【功能区建设】 年内,国际传媒大道建设取得新进展,沃尔玛购物广场开业,富卓广场、经济日报社综合业务楼正在进行内外装修,北京通信大厦结构封顶,国际新闻中心正在办理前期手续。大栅栏地区月亮湾周边环境整治拆迁和琉璃厂一期部分地块规划工作基本完成。马连道采购中心区重点项目音像大厦、新华书店总店、医药物流中心、百安居等建成开业。广安门商务区发展环境继续优化,总部经济聚集效应不断增强。

(张薇嘉)

【优化区域发展环境】 年内,落实《行政许可法》,建立健全各项配套制度和工作程序,规范了政府行政行为。加强政务公开,及时公开重大事项决策和执行情况,扩大了监督渠道。完善领导干部联系重点单位制度,提高了为企业解决困难和问题的自觉性、针对性和时效性。成立区政务大厅和区行政投诉中心,深化全程办事代理制,梳理和规范审批事项,扩大网上审批范围,办事效率显著提高。加大市场监管力度,全面开展“企业治乱减负”工作,强化安全生产责任制,市场秩序、安全生产形势明显好转。开通企业信用信息系统,为社会提供查询服务,初步实现行政执法机关信息互通与共享。落实第五次城管工作会议精神,稳步推进城市管理体制改革,切实提高城市治理效能。

(张薇嘉)

【城市环境整治工程】 年内,城市环境明显改善。陶然亭周边、报国寺周边以及和外东街南侧等5片“城中村”整治工程进展顺利。加大居住小区环境治理力度,完成了牛街西里二区、马连道西里、菜园街24号院等4个小区的整治、改造和升级工作。绿化工作成效显著,全年植树3.87万株,铺草5.74万平方米,绿化面积11.53万平方米,超额完成年度计划。继续推行垃圾分类收集,建设改造二类以上公厕348座。认真落实控制大气污染的各项措施,严格控制扬尘、油烟、机动车尾气污染,空气质量二级和好于二级的天数达到236天,超额完成市政府下达的指标任务。

(张薇嘉)

【经济体制改革】 年内,发改委组织研究本区经济体制改革和对外开放的重大问题,并提出措施建议;组织拟订综合性经济体制改革方案,提出相关配套措施;协调有关专项经济体制改革,指导和协调经济体制改革试点工作;协调相关政策的落实。负责申报企业债券发行和股份有限公司设立、调整的审核,组织公司上市的审核;负责非上市股份有限公司的监管工作;研究提出本区利用外资的发展战略,做好利用国际金融组织、外国政府贷款和国际商业贷款的协调服务工作;研究推进事业单位企业化工作;负责联系驻区金融机构。

(张薇嘉)

【事业单位改革】 年内,围绕经营性事业单位改革的实施对象和主要方式、国有资产的处置、在编人员的安置、职工劳动关系的调整、职工社会保险关系的处理、离退休人员的待遇和管理等六个方面,出台了《宣武区关于经营性事业单位改革的意见》。

(张薇嘉)

【投资体制改革】 年内,对政府投资项目实行了代建制,制定了政府投资项目前期研究费用审批办法,规范了政府投资审批行为,企业投资项目实行核准制和备案制,落实国有土地使用权出让制度改革,区政府对马连道1号地进行了收购和上市交易。

(张薇嘉)

【扩大对外开放】 年内,根据外资准入政策,制定外商投资企业申报材料样本,提供网上办公服务,简化办理程序,共吸引25家外商投资企业在我区注册成立,其中区级核准9家,投资范围涉及食品、化妆品、科技开发、技术咨询等多个行业,合资金额2.5亿元。

(张薇嘉)

【协调解决改革遗留问题】 年内,多次召开专题会议,协调原区副菜公司6户已改制小企业反映与网点处和金座公司的房产权属问题,按照区长专题协调会议精神,下发了《关于协调解决区网点处划拨房产过程中有关问题的会议纪要》,并对6家已改制企业致信市政府有关部门反映房产问题进行了答复。

(张薇嘉)

【价格管理工作】 依据《中华人民共和国价格法》,年内对区域市场居民生活必需品、能源、居民服务、居民常用药品、房地产市场等价格实施日常、特殊时期、突发事件的价格监控。加强了对价格监测数据进行动态分析和价格发展趋势的预测工作,关注低收入群体对价格波动的反映,为领导决策及时提供了支持与帮助。7月,价格服务到社区工作启动仪式在广外街道社区服务中心举行。市发改委有关领导以及区政府领导当场向广外各社区主任及100位居民,讲授了价格维权知识。向社区居民发放了近万份《居民消费价格指南》手册。在8个街道进行了8场主题为“如何维护自己的合法权利反对价格欺诈”的讲座,受到社区居民欢迎。

(张薇嘉)

【能源价格调查】 年内,根据水价调整,开展对本区游泳池、浴池、洗车、便民浴池等特殊行业用水情况调查。夏季用电高峰时期,对部分用电企业进行了峰谷用电量和价格的调查。建立了宣武区常任价格听证代表制度,培训了10名价格听证会固定代表。

（张薇嘉）

【收费管理工作】 年内，对辖区内政府定价的经营性收费进行了审批、核准和备案；承办了市减轻企业负担办公室安排的各项工作任务。根据北京市发改委、北京市财政局开展行政事业性收费年审和换发新《收费许可证》的通知，对各收费单位的行政事业性收费进行年审及换发新的《收费许可证》，全区如期启用了2005年版的《收费许可证》413个，其中正本145个，副本268个。

（张薇嘉）

【公示行政事业性收费项目】 年内，在发改委网站公布了北京市2005年行政事业性收费目录、收费标准、执收部门、收费依据等，以方便企事业单位和个人查询。根据目录的规定，目前我市保留的行政、事业性收费项目为580项；其中行政性收费250余项，事业性收费330余项。涉及我区的行政、事业性收费170余项，其中行政性收费90余项，事业性收费80余项。

（张薇嘉）

【清理行政事业性收费】 3月份市财政局、发改委、监察局下发了《关于公布取消涉及行政许可事项的行政事业性收费项目的通知》，我区涉及取消收费项目16项，主要包括烟草专卖许可证、健康凭证、外地来京人员做工证等，共涉及执收单位27个；涉及转经营项目6项，涉及执收单位3个。为这些单位及时办理了《收费许可证》的变更、核销。

（张薇嘉）

【民办教育收费实行新办法】 6月，区发改委转发了北京市发改委、教委、劳动和社会保障局《关于转发国家发展改革委教育部劳动和社会保障部印发〈民办教育收费管理暂行办法〉的通知》。通知规定：民办学校对非学历教育收取的学费、住宿费标准，由学校自行制定后报区发改委备案。同时，发改委召开了全区140余家文化类民办学校和劳动技能类民办学校大会进行贯彻。

（张薇嘉）

【停止执行广告服务收费管理办法】 5月底，市发改委、市工商局下发了《关于废止广告服务收费管理暂行办法》的通知，区发改委联合区工商局向全区110余个广告经营单位、广告发布单位转发了文件。至此，广告经营单位、广告发布单位执行了近十年的广告服务收费管理暂行办法停止执行。

（张薇嘉）

【收费监督卡工作】 按照区党风廉政建设和反腐败工作主要任务的要求，区发改委走访《收费监督卡》持卡单位，了解企业的缴费情况，一年来向服务的企业发放取消收费项目的通知”等政策文件300余份。走访了65户持卡单位，解决了6个企业反映的收费问题。

（张薇嘉）

【治乱减负检查】 11月，区发改委牵头，成立了监察局、财政局等五个部门组成的检查领导小组，向区内40个有关部门布置了减负检查工作，要求自查2004年以来取消的收费项目是否得到落实，是否使用行政事业性统一收费票据、是否实行“收支两条线”等规定。各单位自查后上报无问题，市减负检查小组在进行抽查中未发现大的问题。

（张薇嘉）

【物价检查所获国家发改委荣誉命名】 年内，检查所加强制度建设，完善《宣武区发改委物价检查所行政执法内部规定》；改进工作方式，建立快速反应机制；加大执法力度、提高执法水平，集中力量开展日常巡查、节日检查和专项检查；有条不紊的推进了教育收费、医疗服务和药品价格、物业收费、机动车停车收费、价格欺诈等各项检查，共查处各类价格违法案件130件，经济制裁总金额46.79万元；被国家发展改革委命名为2004－2005年度国家规范化物价检查所。

（张薇嘉）

【物价检查所调整工作机构】 年内，进行了机构调整和干部竞争上岗。在机构设置上，由原先的4个科室调整为5个科室，增加市场监管科，价格举报中心更名为社会监督科，增加了社会监督、组织联络指导和接受新闻单位舆论监督的职能。中层干部由14人调整为15人，新提拔6人，其中正科5人，平均年龄43岁，与调整前相比，降低10岁。

（张薇嘉）

【开展教育收费专项检查】 年内，为贯彻落实党中央、国务院关于进一步做好进城务工农民子女的义务教育工作指示，物价管理所开展了进城务工就业农民子女义务教育收费专项检查工作。查处42所中小学存在多收农民工子女杂费问题，向1 300余名农民工退还多收杂费61 000余元。

（张薇嘉）

【价格举报工作】 年内，物价所申请使用价格举报业务专用电话“83712358”。共受理价格举报案件158件、咨询166件，处理价格违法案件19件，调解退款33万元，退还消费者21 354.29元，罚款4 750元。

（张薇嘉）

【价格认证工作】 2005年，价格认证中心认真贯彻执行最高人民法院、最高人民检察院、公安部、国家发展计划委员会808号文件精神，以及北京市人民政府第46号令的规定,接受公安、检察院、法院、行政执法机关、以及其他单位的委托,全年完成价格鉴定案件2 043件,鉴定金额769万元。

(张薇嘉)

统　计

【概况】 北京市宣武区统计局(简称区统计局)是宣武区人民政府的职能部门,1988年3月正式成立。区统计局设四科、三队、二室、一中心,即综合科、社会科、工交科、法规科,城调队、商调队、执法队,办公室、计算机室,普查中心。2005年,全区各级统计部门和广大统计工作人员在区委、区政府和市统计局的领导下,按照区局年初确定的"抓住一个机遇,完善两大系统,突出三个重点,落实四项保障"的统计工作要求,紧密结合宣武区实际,以确保统计数据质量为核心,以为各级党政领导、有关部门和社会各界提供优质服务为目的,大力推进统计工作改革与建设,努力开创统计工作的新局面,统计工作取得了好成绩。

地址:宣武区广安门南街68号
电话:83976053
邮政编码:100054

(张文霞)

【网上数字采集】 年内,改进数据采集方法,积极推进各专业统计报表网上报送。各行业规模以上单位网上直报率达到70%。8月,在天桥街道网报试点的基础上,八个街道统计系统的网上报数工作推广完成。各街道劳动工资网报率达到了80%以上。

(王　宾)

【发表经济普查公报】 年内,先后发表了宣武区经济普查主要数据一、二、三号公报。同时,召开了"宣武区经济普查成果报告会"。报告会涉及经济普查工作情况简介、全区经济发展状况综合分析、GDP核算结果简要说明、从业人员的规模与特点、现代服务业基本情况、私营经济发展状况和文化产业基本情况等7个方面的内容,受到了与会人员的欢迎。

(王　宾)

【开展统计执法检查】 全年执法检查351个单位;立案处罚61个单位;其中罚款8个单位,罚款金额42 000元;警告59个单位;立案率17.4%。在日常统计执法检查中,共发出《统计调查事项查询书》34份、《责令限期改正通知书》23份、《统计报表催报通知书》157份。6月至8月,局执法队参加了市统计局统一组织进行的为期2个多月全市政府统计系统集中执法检查工作。

(王　宾)

【培训执法人员】 年内,调整充实了执法队人员,整合了区、街两级统计力量,建立并实行了统计执法检查责任分工制度;加强了统计执法人员的培训,培训内容包括执法检查工作程序、检查技巧、执法人员规范用语和禁忌事项等方面,并对统计执法检查中容易出现的问题和以往的经验、教训,特别对执法检查文书进行了重点辅导。

(王　宾)

【1%人口抽样调查工作】 4月,区政府办公室下发《关于开展2005年宣武区1%人口抽样调查的通知》,区1%人口抽样调查办公室成立。之后,宣武区开展了试点、样本选取、摸底、清点、入户登记、复查以及数据的录入、审核、汇总、上报、分析工作。11月1日零时为正式调查时点。经全市1%人口调查办公室对本市调查表的质量抽查结果表明,宣武区受检质量在全市名列前茅。

(王　宾)

【干部挂职锻炼】 年内,区局有4名副处级后备干部分别到上海市闸北区统计局、国资委和大栅栏、牛街街道挂职锻炼或参加第二批先进性教育工作;1名今年新录用的大学毕业生参加了初任培训,并到基层锻炼3个月;1名业务骨干抽调参加城市管理部件调查;与此同时,有5个科室队的副科长和临时负责人承担起科内的领导责任;并调用了3名科长分别负责1%人口抽样调查、经济普查资料开发和办公室工作;2名同志提拔为副处级领导干部,1名同志任局长助理,分别负责部分科室队领导工作;5名同志积极报名参加"援疆"工作,经过组织上严格考察,最终副局长陈鹏程被确定为"援疆"干部,担任新疆和田地区墨玉县县委副书记,"援疆"时间为3年。

(王　宾)

【文明机关创建活动】 2005年,统计局再次被授予"创建文明机关先进单位"荣誉称号。至此,统计局已连续三年获此殊荣。

(王　宾)

劳动和社会保障

【概况】 北京市宣武区劳动和社会保障局(简称区劳动保障局)是负责劳动和社会保障行政事务的区政府职能部门,主要职责是:贯彻执行劳动法律、法规、政策,对用人单位依法进行监督检查;负责辖区内劳动工资、社会保险、职业介绍、就业安置、职业培训、职业技能鉴定工作;依法处理辖区内劳动争议案件及实施劳动保障、行政执法监察等。全局下设16个部门,包括8个科室、8个事业单位。现有职工189人。年内,以开展先进性教育活动为契机,以构建和谐社会、和谐宣武为主题,积极促进就业再就业,不断推进社会保障体系建设,进一步加大依法行政和维权力度,大力加强党风、行风、精神文明建设,全面完成了市、区下达的年度工作计划和各项工作目标。本年度,区劳动保障局被北京市劳动保障局评为"优秀信息单位、优秀信息条目、优秀信息领导、优秀信息员"的政务信息四优单位;被北京市劳动保障局评为宣传先进单位;被北京市劳动保障局评为优秀调研先进单位;被宣武区政府评为2005年度宣武区人民满意的公务员先进集体;被宣武区政府评为2005年度首都精神文明先进单位;区劳动保障局下属劳动仲裁科、医保中心、劳动监察科(劳动监察大队)被北京市劳动保障局授予"三优文明服务窗口"称号。

地址:宣武区南菜园街51号

电话:83975452

邮编:100054

(李迎春)

【医保网站开通】 1月,宣武医保网站正式开通。通过"医保信息"、"服务指南"、"政策文件"、"表格下载"、"监督投诉"、"服务信箱"等十余个栏目,宣传北京市基本医疗保险相关政策、法规,做好对定点医疗机构、用人单位和参保人员的服务工作,力争做到政务公开,不断提高工作效率和服务质量。

(李迎春)

【再就业援助月活动】 2月援助月期间,开展了"送经验、送政策、送岗位、送技能、送服务、送温暖"活动。共举办再就业先进事迹宣传展览420次,发放政策宣传材料35 587份,提供上门政策咨询服务52 139次;全区发布就业信息1 583条,集中开发公益岗位547个;确定技能培训项目129个,帮助151名有条件的失业人员成功实现个人创业。

(李迎春)

【王东进慰问宣武区医保社保工作人员】 2月2日,劳动和社会保障部副部长王东进和社保中心主任孟昭喜、副司长陈金甫、熊先军,市劳动保障局局长张欣庆、副局长王德修等到宣武区慰问医保、社保工作人员。区委书记唐大生、常务副区长王永新陪同慰问。

(李迎春)

【区劳动关系协调工作委员会成立】 4月15日,区劳动和社会保障局成立了"劳动关系协调工作委员会"。局长、主管副局长及就业、社会保障、劳动关系、劳动仲裁、信访、信息等部门有关人员组成委员会成员;明确了委员会职责、工作制度和工作要求。率先开创了全市劳动关系协调工作新途径。

(李迎春)

【区首家失业人员俱乐部成立】 5月18日,宣武区首家失业人员"同心家园"俱乐部在广外街道成立。受到失业人员的欢迎。

(李迎春)

【职业介绍服务中心成立党委】 6月15日,为适应新形势下存档党员管理工作的需要,宣武区劳动保障局组建了区职业介绍服务中心党委,设立了15个基层党支部、63个党小组,民主投票选举出45名党支部委员。

(李迎春)

【企业招聘周和服务对象招聘周活动】 6月25-7月2日招聘周期间,发动200多名就业助理员实行"一助一"面试洽谈和全程就业跟踪服务。全区共有300个用工单位为失业人员提供岗位2 516个,为低保人员提供岗位2 540个,在区政府和有关部门支持下,区交通支队为低保就业困难人员开发90个交通安全宣传协管和地面交通协管岗位。

(李迎春)

【劳动学会成立二十周年纪念大会】 6月28日,区召开劳动学会成立二十周年纪念大会。学会自1985年成立以来,先后组织各类学术研讨会20次,举办劳资干部岗位培训班35期,办班58次,8 975人次参加,41篇论文分获部级、市级和区级奖励。区劳动学会多次被评为北京市、宣武区社团办先进社团。

(李迎春)

【天桥社区成立劳动关系调解会】 8月,天桥街道天桥社区成立了全市首家社区劳动关系调解委员会。截至年底,天桥社区、虎坊路社区劳动关系调解委员会共走访社区用人单位140余家,发放各类劳动保障宣传材料12 000余份,调解处理劳动纠纷5件,为辖区16名失业人员找到工作岗位。

（李迎春）

【刘淇视察医保社保工作】 11月14日，中共中央政治局委员、北京市市委书记刘淇在市委常委、常务副市长翟鸿祥，市委常委、秘书长孙政才及宣武区区委书记唐大生、区长武高山、常务副区长王永新陪同下，到宣武区医保、社保中心业务大厅视察医保和社保工作。

（李迎春）

【开发就业再就业岗位】 年内，共开发社区就业岗位10 831个，社区安置失业人员10 027人，全年安置城镇登记失业人员就业14 468人（其中“4050”失业人员就业6 015人），全区城镇登记失业率为1.93%，登记失业人员就业率为65.86%，全年培训失业人员7 008人，完成市里下达指标5 000人的140.16%；公共职业介绍机构失业人员推荐成功7 336人，完成市里下达指标5 460人的134.35%；失业人员创业成功率、失业人员再就业定岗培训率、特困人员社区托底安置就业率、新认定就业型企业安置失业人员等主要指标，均提前或超额完成市局下达的年度指标，保持了全区就业局势的基本稳定。

（李迎春）

【社会保险基金收缴工作】 年内，区养老保险累计收缴基金102 265.7万元，完成市里下达的必保指标83 292万元的122.78%；完成争取指标85 338万元的119.84%。失业保险累计收缴基金9 490.63万元，完成市里下达的扩面指标7 809万元的121.53%。工伤保险累计收缴基金1 657.2万元，完成市里下达的扩面指标1 374万元的120.61%。医疗保险累计收缴基金71 605万元，完成市下达指标63 305万元的113.11%。养老、失业、医疗、工伤四险收缴社会保险基金合计比上年增长3.15亿元，增幅为20.48%。养老、失业、医疗、工伤四项社会保险缴费人员总计923 518人，比上年增加110 418人，增长11.96%。各项社会保险基金征缴率均达到98%以上，社会保险覆盖面进一步扩大。生育保险自7月1日实施以来，累计参统企业2 657户；参统人数118 895人；累计收缴基金1 205.35万元；累计基金支付145.56万元。

（李迎春）

【劳动保障工作】 年内，完成了10 044名地方企业职工劳动合同期限届满续订、终止劳动合同工作，城镇职工劳动合同续订率达92.2%，比上年同期上升7个百分点。全年共受理劳动保障信访12 993件，同比下降28%；受理劳动争议案件1 082件，同比增长70%，首次突破千位数，结案率为100%，调解率为37%；全年查处劳动违法案件612件，比年内增长8.3%。日常巡查共3 129户次，与上年相比增长9.3%，投诉、举报案件查处率为100%；对105户用人单位存在的违法行为下达《行政处罚决定书》，涉及金额34万余元，与上年相比增长61.9%。社会保险稽核部门共受理举报案件197件，结案165件，结案率83.8%。

（李迎春）

【建筑工地劳动用工监管工作】 年内，区劳动保障局与区建委建立了联合协调工作机制，加大了对辖区建筑企业拖欠农民工工资的处理力度，有效控制了突发事件的发生，全年建筑工地群体突发事件比上年下降50%。共为2 392名农民工追欠工资422.46万元，在全区建立了31个农民工工资预留账户，维护了来京务工人员的合法权益。

（李迎春）

【劳保系统建立党员先进性长效机制】 年内，在党员先进性教育活动中，完成了两批包括存档党员在内的1800余名党员先进性教育的指导组织工作。在先进性教育活动中，建立了领导责任制、党组成员联系点制度、党组成员与普通党员谈话制度。组织开展了“五项学习活动”、“六个主题党日活动”和“劳动保障共产党员先进性具体标准”的大讨论。率先在全区总结出劳动保障系统共产党员先进性的六条标准，提出“从服务人民群众入手，抓好先进性教育”的工作思路。组织全局党员干部为人民群众办实事194件，接到群众表扬信160封，锦旗53面。区劳动保障局党员先进性教育活动开展情况在全区大会上做了经验介绍。

（李迎春）

【信息化建设及政务信息工作】 年内，建立了局门户网站及电子政务OA办公系统，开设了共产党员先进性教育、政务公开、社会监督、办理指南等10余个专栏。加强了对工作目标考核与信息宣传工作的组织领导，制定了《工作目标考核办法》、《宣传工作考核办法》，将信息报送等宣传工作纳入《工作目标责任书》。由于领导重视并加大了工作目标考核力度，年内我局各个部门均完成或超额完成当年主要工作目标，报送的政务信息被《北京信息》、《昨日市情》、《劳动日情》、《宣武情况》共采用287条，完成全年预定指标的241%，同比增幅113%。

（李迎春）

【建立特困人员医疗费报销“绿色通道”】 年内，建立了特困人员医疗费报销“绿色通道”制度。采取“当日申报、当日审核、当日结算、当日支付”，解决了特困人员医疗费周转困难的问题。全年共为231名特困人员发放了“绿色通道”卡，支付医疗保险基金49.32万元。市委刘淇书记对为特困人员服务开辟的“医疗费申报绿色通道”工作给予了充分的肯定和较高的评价。

（李迎春）

【农民工参加医疗保险】 年内，全区外地农民工参加医疗保险达到37 814人，完成了市里下达指标的290.9%；外地农民工参加工伤保险达到31 313人，完成了市里下达13 000人任务指标的241%。

（李迎春）

工商行政管理

【概况】 北京市工商行政管理局宣武分局（简称工商宣武分局），主要负责辖区市场经营主体登记、商标广告管理、打假维权、流通领域食品安全、整顿和规范市场经济秩序等方面的工作，全局下设25个部门，有干部职工267人。各类市场主体55 467户。其中：内资企业13 187户，外资企业398户，个人独资和合伙企业1 268户，个体工商户40 614户（其中下岗职工办照21 711户）。有形市场44个，其中：农副产品市场28个，工业品市场9个，文化市场5个，生产要素市场2个，日均上市摊位6 431个，主要农副产品成交量14 860万公斤，成交额101 079万元，同比分别增长48%、47%。办理年检验照28 528户，其中：内资企业年检11 257户，参检率88.98%；外商投资企业年检249户，参检率88.93%；个人独资企业及合伙企业年检536户，参检率58.45%；个体工商户实际验照16 486户，验照率61.93%。成批吊销执照1 146起。在工商宣武分局“12315”和区消费者协会受理各类投诉、举报、咨询6 685件，其中消费投诉1 122件，为消费者挽回经济损失44.96万元；举报721件，办结率为99.3%，属实率31.98%，立案率35.8%。消费者投诉两日联系率、七日办结率保持100%。办理各类行政处罚案件493起，罚没款753.84万元，罚没款入库544万元。

地址：宣武区南菜园街51号
电话：83975720
邮编：100054

（毛　强）

【春节庙会市场环境】 宣武区共安排庙会摊位560多个（其中厂甸324个，大观园236个），游人总量达174万人（其中厂甸119万人，大观园55万人）。庙会期间，工商宣武分局共出动干部460人次、机动车48台次，每天对有证摊商的日常经营情况、食品安全情况等进行规范和管理，6天共处理消费者投诉32件，查抄禁售物品500多件，收缴倒卖的经营者胸卡13个，销毁臭豆干120余斤，协助卫生部门清理无健康证摊位3个，协助城管部门清理无照经营1300户次。

（毛　强）

【国务院、市政府领导视察庙会工作】 2月，中共中央政治局委员、国务院副总理曾培炎、副市长张茅、吉林以及市政府办公厅副秘书长李伟、市旅游局局长于长江分别到厂甸庙会现场视察庙会工作，并对坚守在庙会一线的工作人员表示慰问，区委、区政府领导唐大生、武高山、仲兆军、曾赞荣、喻建平等陪同视察。

（毛　强）

【排查销售野生动物商品的商户】 3月，工商宣武分局组织力量对琉璃厂及其周边地区销售野生动物商品的商户进行拉网式排查，当场查扣了7户当事人销售的用蟒蛇皮制作的二胡82把、中三弦1把、西藏乐器扎木聂1把、坠胡1把、铃鼓5个及象牙制品59件，总案值30余万元。

（毛　强）

【“诚信·健康·维权与食品安全进五区”活动】 3月，“诚信·健康·维权与食品安全进五区（社区、村镇、学校、工地和军营）”活动在宣武区清芷园启动。此次活动由市委宣传部、首都文明办、市工商局、市消协、市食品办共同主办，历时一年。18个区县的工商局干部和消协的工作人员、16个行业协会及社区群众600余人参加了启动仪式。

（毛　强）

【为守信企业建立监管档案】 3月，为加强守信企业的动态监管，工商宣武分局对辖区2004年新公示的123户守信企业建立了监管档案。

（毛　强）

【集中整治虚假广告】 4月，工商宣武分局对辖区内的崇光百货商场、菜市口百货商场、华联超市、家乐福超市、大栅栏商业街、广外茶城等重点商业企业、重点地区节日期间的广告宣传、促销活动进行了集中整顿检查，重点查处企业经营活动中利用广告及其它方法进行虚假宣传、不正当竞争行为及企业促销中利用“打折销售”、“返券销售”、“让利销售”、“抽奖”等名义从事的不正当竞争、侵害消费者合法权益的行为。

（毛　强）

【外商投资企业监管措施】 年内，工商宣武分局采取3项措施加强对外商投资企业异地经营问题的监管:一是加强《经营户口资料簿》的管理和利用;二是加强与地方政府各相关单位的联系、交流,对有效的信息资源进行整合与共享;三是在日常工作中我们落实网格化监管,确定职责,强化日常巡查工作。对宣武区标注的28户外商投资企业,共发出责令改正通知书22份。

(毛　强)

【危险品行业企业监督管理】 7月,结合辖区实际情况,工商宣武分局开展了化学危险品专项整顿。全区共有从事化学危险品行业的企业40户,其中12户经销成品油、9户经营油漆化工、5户经销液化汽、其他行业企业14户。

(毛　强)

【查处非法传销】 7月,工商宣武分局对在天桥南大街1号盛金大厦五层经营的品品德国际茶艺茶道连锁集团天桥茶园店进行检查,执法人员在其经营场所内发现该集团的"品品德以茶会友全球发展方案"、"关于设立消费花红奖金的重要通知"、"会员登记表"等文字材料及会员入会时必购的"大清皇室御用普洱"茶砖。经查,该公司的行为涉嫌非法传销。

(毛　强)

【有形市场实施分类分级管理】 年内,工商宣武分局完成对全区44个有形市场的分类分级管理。按照经营商品的风险度将有形市场分为A、B、C、D四类,按照"信誉度"和市场综合指标将有形市场分成三级:一级为有良好记录,且被有关部门表彰过的市场;二级为无不良记录,也无良好记录的市场;三级是有不良记录,被有关部门处罚过的市场。经过层级划分后,全区共有A类一级市场5个、A类二级市场8个、A类三级市场8个;B类一级市场3个、B类二级市场4个;C类一级市场1个、C类二级市场5个、C类三级市场4个;D类一级市场2个、D类二级市场4个。

(毛　强)

【查处非法销售"象牙制品"】 9月,工商宣武分局会同国家林业局、林业公安局、国家濒危物种进口管理办公室北京办事处、北京市工商局执法队联合行动,针对销售国家一级保护野生动物"象牙制品"的违法行为,对大栅栏地区,东、西琉璃厂街经营古玩工艺品的商户进行逐一检查。执法人员发现其中3户涉嫌未经国家相关部门审批许可,销售"象牙制品",当场扣留象牙制品63件。

(毛　强)

【农副产品市场"禽流感"防控工作】 10月份,根据市工商局"禽流感"防控工作紧急会议精神,工商宣武分局对辖区内的21个农副产品市场进行了拉网式检查。执法人员着重对经营者的主体资格、活禽及禽类产品的检疫票据、台帐建立和摊位消毒情况进行了检查;同时执法人员还向市场主办单位及经营人员进行了宣传,强调了防控"禽流感"的重要意义和目前的严峻形势,并就有关"禽流感"防控知识进行了讲解。

(毛　强)

【市食委会考评食品安全】 12月,市食品安全监察处处长冀玮带领市食品办、市农委、市质监局、市卫生局、市工商局等市食品安全委员会成员单位对宣武区"食品放心工程"开展情况进行考评,并实地检查了部分食品生产经营单位。区食品安全领导小组及区质监局、区卫生局、药监分局、区商务局、区建委、区教委、区城管大队、工商分局等区食品安全领导小组成员单位的主管领导参加了汇报并陪同检查。

(毛　强)

【企业信息公众查询服务系统开通】 12月份,市工商局"企业信息公众查询服务系统"正式开通,向公众提供多种渠道和多种方式的查询服务。

(毛　强)

安全生产监督

【概况】 北京市宣武区安全生产监督管理局(简称区安监局)是行使安全生产监督管理的区政府职能部门。主要职责是:贯彻执行《中华人民共和国安全生产法》《北京市安全生产条例》及相关法律、法规;加强安全生产监督管理,依法督查新、改、扩建工程项目的安全设施与主体工程同时设计、同时施工、同时投产情况和生产安全隐患整治、生产安全事故的调查处理;综合监管危险化学品、烟花爆竹安全,组织协调生产安全事故应急救援,依法负责安全生产、宣传、教育、培训考核工作。全局设办公室、综合科、监督管理科3个行政职能科室,共有编制12人。年内,区安监局认真贯彻了国家安全生产法律法规,依法组织人员对辖区公共聚集场所、大商场、市场、宾馆、饭店、建筑工地等生产企业单位进行安全生产检查。完成整改227件,整改率达99%;收到举报案件20起,案件处理率达100%。全年未发生重特大生产安全事故。年内,接待咨询群众18 000余人次,解答各类安全生产及相关问题300多个;举办各种安全生产培训班51期,培训1 583人。与去年同期相比,安全事故死亡率下降60%。

地址:宣武区南菜园街51号

电话:83975432

邮编:100054

(张继元)

【安全控制指标情况】 年内,北京市安委会下达给宣武区各类事故控制指标总数22人。其中交通肇事控制指标15人;火灾控制指标2人;生产安全控制指标5人(其中建筑行业3人,其它行业2人)。全区共发生生产安全事故1起,死亡2人,与去年同期相比,死亡率下降60%。发生重大交通事故13起,死亡14人(宣传死亡事故9起,死亡10人);发生火灾203起,死亡2人。全年未发生一起死亡3人以上的重特大生产安全事故,重大节日和重大活动中均未发生有影响的安全事件。

(张继元)

【安全生产许可证管理】 年内,根据北京市安全生产监督管理局《关于印发北京市危险化学品生产企业安全生产许可证管理规定和行政许可实施程序的通知》精神,区安监局对辖区内22家危险化学品经营单位、39家烟花爆竹销售部门审核办理了生产经营许可证。其中危险化学品经营单位,由区安监局初审,市安监局核发甲种许可证19家,区安监局审核发放乙种许可证3家。

(张继元)

【安全生产基础调研】 年内,区安监局与北京市劳保所共同组成宣武区安全生产基本情况调研组,对宣武区安全生产现状进行摸底调研,调研课题通过专家评审会,首次完成由地方政府安全生产监督管理部门组织进行的区域性安全生产现状调查分析报告,对宣武区的生产现状进行了全面系统的分析研究,提出了加强安全生产管理措施方案。

(张继元)

【"十一五"规划·应急预案】 年内,区安监局与中国安全生产科学研究院共同组成课题小组,加紧进行"十一五"规划和宣武区安全生产应急救援预案编制工作。到年底,安全生产"十一五"规划和宣武区安全生产事故应急预案编制初稿已编制完成。

(张继元)

【安全生产月活动】 6月,按照国家安监局和市安监局的统一部署,开展了安全生产月活动。安监局制定并印发了《宣武区2005年安全生产月活动方案》,各部门按照方案,做到了早准备、早安排、早部署。并围绕"遵章守法、关爱生命"主题,开展了形式多样、内容丰富的安全生产月宣传活动。6月12日当天,除在庄胜广场设立一个主会场外,在全区8个街道和3所学校门前分别设立了11个分会场。副区长哈金起、袁双梅和区相关部门的负责人与25个单位240余人参加了咨询日活动。当日共发出各类安全生产宣传资料26 000多份,接待咨询3 000余次,解答各类安全相关问题300 多个。安全月期间共有2 400余家企业,60 000余人参与活动;张贴宣传画36 000余张;设置宣传专栏、黑板报321个;发放各种宣传资料56 000余份;参加安全生产知识答卷32 000余人。

(张继元)

【安全生产法宣传培训】 年内,加大了安全生产法规宣传、教育、培训力度。共举办各类安全生产法律法规及特种作业培训班51期,培训1 583人。其中处级以上培训班3期,培训100人;危险化学品专项培训2期,培训113人;特种作业人员培训46期,培训人员1 370人。

(张继元)

【经常性安全检查】 年内,着重对建筑、交通运输、危险化学品、大型商(市)场、超市、小商品市场、娱乐场所等生产经营单位进行经常性安全检查。有60个小组、961人参加。检查286多次,检查单位518个,查出各种问题、事故隐患228件,完成整改227件,整改率达99%;下达行政执法文书152份,罚款18.2万元。收到举报案件20起,案件处理率达100%。

(张继元)

【区领导检查安全生产】 年内,区领导共38人次参加了安全生产检查。元旦、春节、"五一"和国庆节前,区四套班子领导分别带队,对辖区内的商场、超市、小商品市场、农贸市场、宾馆、饭店、医院、加油站和公园等多家单位进行了安全生产大检查。在督促隐患单位整改的同时,强调各部门要高度重视该企业的安全生产工作,一方面企业要加强监管,严格执法;另一方面政府安全管理部门要加强对企业的具体指导。认真查找存在的薄弱环节和各种漏洞,切实做好安全生产工作。

(张继元)

【危险化学品专项整治】 年内,全区危险化学品经营单位25家;其中:剧毒危险化学品经营单位2家;加油站10家;其他危险化学品经营单位13家。安全生产监督管理局共出动227人次对辖区内危险化学品经营单位、加油站以及危化品使用、存储单位进行检查,查处隐患8处,整改率达100%。

(张继元)

【非星级宾馆专项检查】 年内,共出动16个检查组、800余人次,分别对辖区内70余家非星级宾馆开展了安全生产检查。共检查发现各类安全问题141件,当场解决问题125件。采取消防安全措施16件。填发法律文书62份,处罚10 000余元。

(张继元)

【烟花爆竹零售设点审核】 年内,根据市烟花办统一部署,宣武区于2005年11月11日开始了烟花爆竹零售单位和临时销售网点报名登记工作,共有350家单位及个体工商户前来报名。区安监局对基本符合条件的138家经营单位进行了登记。按照统筹规划、合理布局的原则,批核38个销售点。并对准许销售的单位法人及个体户照主进行了烟花爆竹销售安全知识培训和安全资质考试。

(张继元)

国有资产管理

【概况】 北京市宣武区国有资产监督管理委员会(简称区国资委)于2004年7月组建。为区政府直属正处级特设机构。区政府授权区国资委代表国家履行国有资产出资人职责。主要职责是:代表区政府向部分出资企业派出监事,负责监事的日常管理工作;通过法定程序对企业负责人进行任免、考核,并根据其经营业绩实施奖惩;通过统计、稽核等方式对出资企业国有资产的保值增值情况实施监督;建立和完善国有资产保值指标体系;拟定考核标准,维护国有资产出资人权益。区国资委内设办公室(党委办公室)、党群工作科、业绩考核科、产权管理科。行政编制19人。现区国资委监管国有企业11户;事业单位2户;集体企业2户;区属国有控股企业6户;管理党组织的企业12户。年内,区国资委按照职责,认真履行管资产、管人、管事和管党建的要求,较好地完成了各项任务,全系统企业实现销售收入48.5亿元,上缴税金2.26亿元,实现利润7 570万元。

地址:宣武区南菜园街51号

电话:83975413

邮编:100054

(江浩远)

【企业改革重组】 年内,完成了天桥投资公司与天叶公司国有资本、项目资源、技术人才的整合;调整了天枫公司作为区土地整理一级开发的职能定位;完善了大栅栏投资公司、京都公司、房投公司、创通公司以及大观园管委会法人治理结构,健全了企业领导班子,提升了企业的竞争实力和应对市场变化的能力,为企业科学、规范运行提供了保障。

(江浩远)

【企业公司制改造】 年内,按照使股份制成为公有制主要实现形式的目标要求,区国资委系统的国有、集体企业积极进行现代企业制度的改造。京都公司所属的宏宝堂画店、宣武玉器厂、工艺美术品公司、清秘阁,宣开公司的蓟城物业公司,区城市服务中心及存车处,校办企业管理中心的星光印刷厂等企业当年完成了公司制改造。

(江浩远)

【国有资产年月报工作】 年内,在国有独资和参控股企业开展了国有资产统计年报和月报工作。截至2005年底,区属国有资产总额12.4亿元,比2004年净减少2 000万元,主要是国有存量资产支付改制成本及核销损失所致。国资委对部分企业(原网点处、网点公司、房投公司、宣开公司)开展清产核资工作,使之做到帐实相符。

(江浩远)

【企业重大事项监管】 年内,将对外投资、担保、产权转让事项确定为监管的重要事项。京都公司、金正公司、华美公司产权转让480万元;宣开公司、金正公司用国有资产为企业贷款担保3.7亿元;原网点处划转房产10 805平方米、宣兴公司、金工公司出售土地13万平方米;天枫公司、大栅栏投资公司对外投资1亿元等均按照程序和权限规范运作,防止了国有资产流失。

(江浩远)

【企业领导班子配备】 年内,完成了长城公司、宣开公司、金座公司、京都公司、昊都公司、鼎新公司党组织负责人的任用考察、调整配备;菜百公司、中融公司总支和支部进行了换届选举。组建和健全了宣开公司、宣房投公司的行政领导班子;完成了恒达公司党委改总支建制工作。天开、天叶、天枫、创通、大投等部分区属开发、市政基础设施企业的党政一把手全部配齐。

(江浩远)

【企业经营管理人员培训班】 年内,研究制定了《关于进一步加强企业经营管理人员教育培训工作的实施意见》,举办了企业领导班子成员的先进性教育培训班、企业经营管理人员法律培训班、系统基层党支部书记和党务干部业务知识培训班。同时建立了企业领导人员参加培训情况的年度检查制度，提高了培训组织工作实效性。

（江浩远）

【企业党员先进性教育活动】 从7月中旬开始，全系统286个党组织、3 171名党员参加了教育活动。国资委党委制定了《关于建立保持共产党员先进性长效机制的意见》，所属各级党组织制定和完善了党员学习培训、党员管理教育、党内民主参与、联系和服务群众议事规则、党支部工作目标考核等多项制度。全系统组织开展了先进性教育活动与党的先进性建设理论研讨的征文活动，领导干部在落实党风廉政建设责任制过程中，“一岗双责”。建立、完善了与生产经营管理责任体系相衔接的党风廉政建设责任制网络体系。在加强基层党组织建设方面，坚持企业改制与党组织建设同步，完成了恒达公司改制后党委改总支的建制工作；指导莱百公司、中融公司完成了总支和支部的换届选举。认真做好党员发展工作，2005年度，全系统共发展新党员38名、预备党员转正59名。

（江浩远）

质量技术监督

【概况】 北京市宣武区质量技术监督局（简称区质监局）的前身为北京市宣武区标准计量局，于1988年9月6日成立。1991年5月9日，更名为北京市宣武区技术监督局。2000年6月13日，更名为北京市宣武区质量技术监督局，由区属单位上划为由北京市质量技术监督局垂直管理的正处级机构，同时加挂北京市宣武区质量技术监督稽查队牌子。2000年11月18日，原宣武区劳动与社会保障局特种设备监察科及特种设备检验所划转到宣武区质量技术监督局。2001年11月20日局机关完成了机构改革工作，设办公室、法制科、质量（稽查）科、标准化科、计量科、特种设备监察科共6个科室。下设3个事业单位，即：宣武区计量检测所、宣武区特种设备检测所、宣武区组织机构代码办公室。全局在编干部职工73人。主要职责：依法负责本行政区域内的质量技术监督管理、行政执法和特种设备安全监察工作，领导所属事业单位为质量技术监督工作提供技术保证和技术服务。年内，区质监局以邓小平理论和“三个代表”重要思想为指导，全面贯彻落实党的十六届五中全会精神，按照国家质检总局和市局的工作部署，紧紧围绕政府的中心工作，从优化发展环境、加快区域经济发展的需要出发，坚持开拓创新，求真务实，以质量为重点，认真履行综合管理、行政执法和安全监察职责，做好优化企业发展环境工作，圆满完成了各项工作任务。

地址：宣武区自新路24号

联系电话：63527430

邮编：100054

（刘海英）

【行政执法检查】 年内，宣武区质量技术监督局行政执法检查1 052起，办理行政处罚案件124件，其中立案处罚案件56件，现场处罚案件68件。罚没款207 698元。

（刘海英）

【计量监督管理】 年内，计量管理工作在历年管理的基础上，有了新的突破。完成了对10家燃油加油站的45台加油机119支油枪的检查，受检率100%；完成了对31家验光配镜单位的106台计量器具的检查，受检率100%；. 完成了对17家一级以上医疗单位的4 300台计量器具的检查，受检率100%；完成了对20家大中型超市的480台计量器具的检查，受检率达到97%，公平秤受检率达到100%；完成了对8家已实施行政许可的制造修理计量器具单位的42台计量器具的检查，在用计量器具保持了考核时的水平；完成了对28家农贸市场的59户次在用计量器具4 800台的监督检查，强检计量器具受检率达到90%，公平秤受检率100%。完成了对70家宾馆饭店在用计量器具393台的监督检查，计量器具受检率达到94 %以上。完成了对超市定量包装商品330件的抽查，合格率97%；283件自包商品的抽查，合格率93%。

（刘海英）

【质量监督管理】 年内，宣武区1家瓶装饮用水生产企业通过了食品生产许可证核查组的现场审查，取得了生产许可证。张一元茶叶有限责任公司与北京更香茶叶有限责任公司通过了QS审查组的现场审核；完成了对宣武区获“工业产品及食品”生产许可证企业2004年度年审工作，年审率达到100%。核实了宣武区2004年7月－2005年2月新获证的3家获证企业的基本情况；开展了13类食品生产企业基本情况的调查。完成了危险化学品有机类、工业甲醇和炭化钙（电石）、无机类、液体无水氯产品生产企业摸底调查工作；对宣武区汽车、装饰装修等五类实施强制性产品认证生产企业进行了调查；完成了国家质检总局下达的豆制品等7类食品调查工作。对宣武区食品生产企业取得ISO9000及HACCP认证情况开展了调查。完成了对宣武区食品添加剂生产企业的调查任务。

(刘海英)

【生产企业建立质量档案】 年内,对11家实施工业产品生产许可证的企业建立了质量档案。对辖区注册的253家生产企业建立了质量档案,实现一户一档管理,并建立了监督抽查和日常监督检查档案记录制度,为实现生产企业动态管理打下了基础。

(刘海英)

【企业标准化监督】 年内,对26个企业的55个产品进行了企业标准备案。完成了对34个企业的101个产品执行标准的登记注册。

对2002年至2004年备案的企业标准文本进行监督复核,共清理已备案的企业标准文本150个次,对不符合要求的8个企业12个食品标准文本,发放了责令改正告知书。对已经备案企业标准到期未进行复审的,发放了注销企业标准通知书。经过认真清理,共废置了40个企业的102个企业标准。

(刘海英)

【特种设备监察】 年内,开展了特种设备监察。完成特种设备日常监督检查91家,完成年计划115%;重要时期重点场所102家,完成年计划143.6 %;市局委托的定期监督检查13家,完成年计划100 %。全年检查在用特种设备:锅炉234台、压力容器67台、电梯1 071台、起重机械4台、厂内机动车5台、游乐设施15台,共1 396台,占全区在用特种设备总数4 099台的34%。落实属地监察。2005年市属转来360多台特种设备,涉及62家单位。对转来的62家(除铁路系统)使用单位逐一进行检查,掌握了真实情况,更正了特种设备数据库中大量的错误信息,完成了核对工作,属地监察工作全面落实。

(刘海英)

【组织机构代码工作】 年内,区质监局共办理组织机构代码证书4 939份。

(刘海英)

【行政许可事项全程代理】 年内,办理行政许可事项4 576项。在局网站上公示了行政许可项目、工作规则、申请表、实施行政许可公告等内容;对宣武区生产企业办理行政许可的信息在宣武区政务网站上进行公示。

(刘海英)

【受理投诉工作】 年内,受理投诉、举报案件58件,解决了58件,为用户和消费者挽回经济损失7 100余元。

(刘海英)

【计量检定测试】 年内,完成计量器具检定31 295台件,其中:强检计量器具检定28 199台套,医疗卫生计量器具检定4 451台套,环境监测计量器具检定52台套;完成安全防护计量器具检定6 056台套;完成贸易结算计量器具检定17 640台套。完成行政事业性收费87.38万元,经营性收入11万元。

(刘海英)

【特种设备检验】 年内,检验特种设备2 771台。其中锅炉633台、压力容器检验170台、电梯1 910台、厂内机动车检验52台、起重机械58台。完成行政事业性收费255万元,经营性收入16.44万元。

(刘海英)

【食品企业标准监督管理】 年内,按照市局部署,开展了对食品企业标准的备案、登记清理工作。共清理36个食品生产企业的106个食品标准文本(涉及相关标准1 626个);对其中16个企业的49个不符合要求的食品标准文本,及时通知企业修改;废置了23个企业的64个食品企业标准。以异地生产和委托加工为重点,对食品企业的标准实施情况进行了专项监督检查。加强了对企业标准备案的复核工作,使企业标准的有效性和合法性明显提高。

(刘海英)

【茶叶市场质量安全管理】 年内,完成了对取得生产许可证食品生产企业的年审工作。对企业的生产设备、检测设备和成品库等必备生产条件进行检查,年审率100%。在茶叶实施QS申请阶段,结合马连道茶叶一条街的特点,茶叶市场多(8个茶叶市场)、茶商多(约670户)、自有品牌的茶叶商户多(约60个)、茶叶分装企业规模小等特点,召开了多次由有关部门和企业参加的座谈会,对国家规定的食品质量安全市场准入精神进行了广泛宣传,为茶叶的食品安全市场准入制度的实施做好了准备工作。在宣武区政府网站北京市宣武区质量技术监督局食品专项整治专栏网页,刊出两期茶叶食品质量安全市场准入制度专集,宣传相关法律、法规和相关的知识。

(刘海英)

【食品质量监督检查】 年内,完成了119家次的119个样品的市级食品质量监督抽查任务和18个样品的食品质量抽查及日常监督工作。以产品抽查为抓手,摸清了食品生产企业的底数,对存在质量问题的食品封存、扣押,严禁流入市场。

(刘海英)

【应对食品安全突发事件】 年内,按照市、区要求,先后紧急组织了查处“苏丹红”、“禽流感”等行动。制定了《食品质量安全风险预警快速反应工作方案》。

（刘海英）

【老旧住宅电梯安全评估】 年内，按照市局和区政府工作安排，及时对涉及宣武区的27部老旧居民住宅电梯全部进行安全评估，确认13部更新，1部改造，提出了安全隐患整改方案及完成时限。对宣武区老旧居民住宅电梯所涉及的52家产权单位发出《特种设备安全监察指令书》，限期制定整改方案，落实电梯更新改造资金。

（刘海英）

【质量技术监督法规宣传】 年内，紧紧围绕区政府中心工作和社会关注的热点问题开展，以正面宣传为主，大力宣传食品整治、特种设备安全监察、煤炭监督等重点工作，组织了“3.15”、“质量月”、“安全月”、“世界计量日”等一系列宣传活动。向新闻媒体和市局报道工作情况101篇次，市、区级媒体报刊杂志刊发区质监局各类工作信息83篇（条），刊登采用率达到82.2%。

（刘海英）

审　计

【概况】 北京市宣武区审计局是负责本区审计工作的区政府工作部门，受本级政府和上级审计机关的双重领导。对本级人民政府和上一级审计机关负责并报告工作，审计业务以上级审计机关领导为主。现有9个部门，即：综合办公室、人事管理科、财政金融审计科、固定资产投资审计科、行政事业审计科、经济贸易审计科、内部审计指导科、经济责任审计科，共有审计干部47人。2005年，区审计局在区委、区政府和市审计局的领导下，以“三个代表”重要思想和党的十六大、十六届四中、五中全会精神为指导，按照科学发展观的要求统领审计工作，以“严谨细致，提高质量；科学管理，提升水平”为核心，以“四并重一加大”为重点；着力加强机关党组织先进性建设、精神文明创新建设和廉政勤政长效机制建设。在维护财经秩序，推动经济发展，加强权力制约，促进廉政建设等方面发挥了积极的作用。全年审计及调查单位100个，查处违规金额7 577万元，管理不规范金额2 931万元；已上交财政金额1 385万元，已调账处理金额6 145万元，已自行纠正金额1 810万元。审计决定执行率100%，未发生行政复议案件。提交调研报告12篇；完成审计信息152篇，被上级有关部门采用58篇；在《中国审计报》等媒体发表各类文章33篇。2005年，区审计局被首都精神文明建设委员会授予“首都文明单位标兵”荣誉称号，被区委授予“第三届思想政治工作优秀单位”荣誉称号，被区政府授予“行政执法先进单位”称号。被北京市人事局、北京市审计局授予“北京市审计系统先进集体”称号，被北京市审计局评为“优秀信息工作先进单位”。

地址：宣武区德源胡同12号
联系电话：63547142
邮编：100053

（张博威）

【预算执行情况审计】 年内，主要审计了财税部门预算组织情况，政府采购工作情况，财政性基本建设专项资金、市区教育专项资金、医疗卫生专项资金、人防工程专项资金、生态保护专项资金的管理使用情况。审计或调查单位92个，审计财政资金总额13.26亿元，占财政支出的51%。

（张博威）

【固定资产投资审计】 年内，完成了残疾人活动中心等7个工程的审计。有5个工程存在多计工程结算款的问题，合计金额283.92万元。发现的主要问题是，工程洽商认定和审核相对滞后；在未取得施工许可证的情况下先行施工；监理方未及时出具监理月报；项目存在先签合同后审批的现象。

（张博威）

【行政事业审计】 年内，主要完成了对区民政局等22个单位的审计。查处违规金额2 195万元，管理不规范金额274万元，应上缴财政金额274万元，应调账处理金额1 922万元，应自行纠正金额274万元。

（张博威）

【企业审计】 年内，完成了对北京百强医疗器械有限责任公司等6个企业的审计。查处违规金额5 419万元，管理不规范金额989万元，应上缴财政金额66万元，应调账处理金额5 353万元，应自行纠正金额989万元。

（张博威）

【领导干部经济责任审计】 年内，对3名党政领导干部和2名国有企业领导干部进行了经济责任审计，查出违规金额4 652万元，管理不规范金额989万元，被审计的领导同志均负主管责任。

（张博威）

【审计调查】 年内，完成了对教育专项资金等5个审计调查项目。涉及单位62个，审计调查金额55 125万元，调查发现问题金额1 144万元，提交审计调查报告8篇。

（张博威）

【内部审计】 年内,区属22个内部审计机构共完成审计项目288个。查出损失浪费金额49.4万元,促进增收节支350.8万元,纠正违纪金额1 393.41万元,220条审计建议被采纳。

(张博威)

药品监督管理

【概况】 北京市药品监督管理局宣武分局(简称药监宣武分局),是北京市药品监督管理局设在本行政区域内主管药品监督管理的派出机构,于2001年9月正式挂牌成立。主要负责对本行政区域内药品(包括中药材、中药饮片、中成药、化学原料及其制剂、抗生素、诊断药品、放射性药品、麻醉药品、毒性药品、精神药品、医疗器械、卫生材料、药用包装材料)、保健食品、化妆品等研究、生产、流通、使用进行行政监督和技术监督。根据北京市机构编制委员会办公室、北京市卫生局、北京市药品监督管理局《关于调整区县保健品、化妆品的管理职责有关问题的通知》精神,辖区保健品、化妆品的监管职责转由分局承担。目前分局共设6个职能科(室)和1个事业编制所:办公室、安全监管科、市场监督科、医疗器械科、保健食品、化妆品监管科、稽查办公室(科)、药检所。共有公务员编制20人、行政执法编制10人、事业编制7人、工勤编制4人,现有在编人员共31人。截至年底,辖区全部管理相对人为:医疗器械生产企业25家、经营企业326家;药品经营企业92家;医疗机构211家,其中一级以上医疗机构25家,医疗机构制剂品种中药233个、西药424个;保健食品经营企业93家、生产企业8家;化妆品生产企业1家、经营企业200余家,另有650余家美容美发厅、宾馆、饭店涉及化妆品的经营、使用。2005年全年共受理行政审批988项,其中医疗器械生产、经营企业开办60项、变更85项、换证203家;药品零售企业开办18项、变更23项、换证160家,办理指定向危重病人发放麻醉药品医疗单位许可423项,医疗机构制剂许可证换发4项;保健食品卫生许可证12项。年内共受理各类举报、批转98件,其中78件经调查不符合立案条件未予立案,已处理完毕96件;立案20件,结案17件,撤案1件,2件正在处理中,结案率90%;没收假劣药械货值金额27 440.53元,没收违法所得35 015.53元,罚款总计154 782.52元(含2004年度未收缴罚款120 000元)

地址:宣武区广安门外大街三义东里八号楼
电话:63313879
邮编:100055

(申　梅)

【市场监督管理】 年内,分局对辖区药品零售企业、医疗器械生产企业进行重点检查;对麻醉药品、第一类精神药品购入印鉴卡的16家医疗机构和11家经营二类精神药品的企业开展执法检查,沿线追踪一针一片的去向,保证监管措施安全到位;同时强化对药品、疫苗、医疗器械购进、登记、使用等环节的监管,确保防治药物、医疗器械质量安全;采取现场调查为主,发调查表、电话询问为辅的形式,在较短的时间内完成对辖区内规模较大的、有代表性的30家药品经营企业、47家器械经营企业、12家二级以上的医疗机构防控人感染禽流感所需的有关药品、医疗器械(含医疗防护用品)等物资储备调查摸底,维护了市场秩序,为有关部门决策提供了相关数据。

(申　梅)

【推行行业标准】 年内,完成9家新开办零售药店的GSP认证工作。通过关口前移－在办证的同时启动一次性告知、一帮一服务、提供申报材料模板等形式,提高企业对GSP认证工作的认识,保证材料申报一次合格率达到95%以上。同时加强认证后的追踪检查,防止出现“回潮”,将跟踪与日常监督、专项检查相结合,通过现场宣传、帮促指导,提高企业认识增强自觉性,对出现问题的企业予以严肃查处,保证企业把实施GSP工作落到实处;帮促辖区内中国中医研究院广安门医院制剂室顺利通过GPP达标,最大程度地为其提供有效服务。

(申　梅)

【开展普法宣传】 年内,共开展针对药品经营企业,医疗器械生产、经营企业,保健食品、化妆品生产、经营企业以及医疗机构负责人、质量管理人员、从业人员的各类法律法规宣传培训、专题讲座共8期,内容包括相关法律、法规、业务知识、不良反应、安全用药等,参加培训人员达到600余人次,发放相关学习、宣传材料1 000余份。此外,分局多次在辖区繁华地区、药店店堂、部分社区开展包括“安全用药进社区”,“关爱生活,关爱健康－拒绝虚假药品、医疗器械、保健食品广告”等在内的各类大型宣传活动,累计制作展板、横幅数十幅,发放各类宣传材料5万余份,接待群众咨询4 500余人次。

(申　梅)

【保健食品、化妆品监督管理】 在职能划转但人员尚未到位的情况下，分局通过发放调查问卷、企业自查、现场检查、与相关部门信息沟通等形式对辖区保健食品、化妆品经营企业进行摸底调研，收集企业相关证照资料，逐步建立企业监管档案；对辖区6家保健食品生产企业进行实地或委托其他分局调研，对企业生产车间、生产流程、从业人员和企业资质等情况进行现场检查；对辖区大型商场、超市、品牌保健食品专卖店等重点监管对象进行现场检查；制定保健食品、化妆品专项整治方案，按要求完成辖区内37家经营企业345个品种保健食品的产品标签和说明书的现场检查；针对珠市口地区美容美发用品批发店集中且是美容美发厅主要进货渠道的情况，分局联合工商开展联合执法，加大源头监管力度。

（申　梅）

【医疗器械不良事件监测】 年内，辖区不良反应监测报表数量1 198份，同比去年增长了34%，在全市药监系统中名列前茅。医疗器械不良事件监测进展顺利。组织召开了辖区一级以上医疗机构负责人会议，陪同市ADR中心医疗器械监管科领导对北京友谊医院、宣武医院走访调研，与上述两家医院使用重点监测品种的心内、心外、骨科、眼科等部门负责人及临床医生开会座谈。

（申　梅）

【三品一械抽验】 年内抽验药品705批次，其中基础测试100批次、送市所50批次、区所555批次。抽验品种涉及中成药、化学药、中药饮片、生化药品、抗生素等，药品来源涉及经营企业495批次、医疗机构210批次。抽验化妆品52批次，抽检保健食品26批次，抽验医疗器械检品46批次，品种包括大型机电类医疗器械、一次性无菌医疗器械、合成树脂牙、口腔填充物、安全套等多类产品，发现不合格8批次，其中包括避孕套5批次、评价性检验的大型设备3批次。抽验涉及9家商场超市、6家药品零售企业、4家宾馆饭店。分局所属药品检验所共完成药品检验任务555批次，其中不合格7批次，不合格率1.26%。

（申　梅）

【回收过期药品】 年内，分局与宣武区发展改革委员会、宣武区商务局联合倡导主办、北京天天好大药房有限责任公司承办“全民安全用药、清理家庭小药箱”大型公益活动。共接待市民群众8万余人，回收过期药品3 000多种、5 000余公斤。

（申　梅）

烟草专卖

【概况】 北京市宣武区烟草专卖局（简称区烟草专卖局）、北京市宣武烟草公司成立于1998年3月18日，实行一套机构，两块牌子，隶属于北京市烟草专卖局，归北京市烟草专卖局、北京市宣武区人民政府双重领导，以北京市烟草专卖局为主的管理体制。负责全区的卷烟经营和市场管理。局内设机构包括：办公室（法制科）、政保科、访销信息科、专卖监督管理科、财务科；人员编制57人。2005年共实现工商税利2 739.09万元，其中实现税金641.75万元，实现利润2 097.34万元。

地址：宣武区南菜园街甲1号

电话：63530944

邮政编码：100054

（王燕红）

【经济效益】 年内，共销售卷烟20 821箱，比上年增长3.7%，完成计划任务的105%；其中地产烟5 023箱，完成计划任务的103%；在优化销售结构方面，对15个品牌170余件的卷烟进行清理，品牌结构不断提高。全年销售名优烟13 029箱，占总销量的62.58%；百牌号卷烟销售20 693箱，占总销量的99.38%。销量的增长和结构的提高拉动了效益的增长，全年实现毛利3 497万元，比上年增长18.2%；综合毛利率15.65%，比上年增长1.6%。

（王燕红）

【网建工作】 年内，根据网建实施方案部署，圆满完成了后台结算、明码标价、统一指导价、集中电话订货中心、推行“协议订单”销售模式、安装PDA信息系统等工作，为下一步全面推行新的营销模式提供了网络信息和技术保障。

（王燕红）

【执法检查】 年内，共出动执法5 235余人次，出动执法车辆540余车次，检查卷烟零售户7 964余户次，从2005年4月起实行普通程序、简易程序的双管齐下的办案模式，共立案342起，其中普通程序立案88起，简易程序立案254起。

（王燕红）

【许可证管理】 年内，从强化许可证办理、合理化布局入手，狠抓许可证管理工作。2005年我区局共办理行政许可证435户，新办许可证132户，变更许可证54户，延续许可证249户。

（王燕红）

财政　税务　金融

财　政

【概况】 北京市宣武区财政局(简称区财政局)是负责全区财政收支、财税政策、会计管理和财政、财务监督的政府职能部门。全局现有15个行政科室、2个事业单位,共82人。2005年,财政工作按照科学发展观和正确政绩观要求,立足服务区域经济发展和建设的大局,围绕财政中心任务开拓进取,从发挥财政职能、深化财政改革、夯实管理基础、加强内部建设等方面入手,使财政综合管理水平得到进一步提高。

地址:宣武区长椿街甲24号
电话:83154208
传真:63011078
邮编:100053

（马　蔚）

【财政收支运行情况】 年内,财政收入累计完成251 653万元,比上年增加4 981万元,增长2%,为年度预算的101.7%;财政支出累计264 895万元,比上年增加35 110万元,增长15.3%。全年财政收支运行平稳。

（马　蔚）

【公共事业支出】 本年度,全区财政支出累计用于政法部门支出19 485万元,教育事业及附加支出37 770万元,抚恤和社会保障类支出44 432万元,医疗卫生支出16 662万元,基础设施建设和综合治理支出46 930万元。

（马　蔚）

【财政绩效监督试点】 年内,选定"宣武区文化委第四届宣南文化艺术节"和"北京市卫生学校裸露操场改造"两个专项,对资金的使用和效益情况开展检查和评价。并针对被查单位在财会工作中存在的薄弱环节及财政资金使用中出现的问题提出了改进意见和建议,规范了行政事业单位财政财务核算及管理,做到寓监督于服务。年内,区局先后组织行政事业单位各类财政监督检查102户次,涉及财政专项资金1 761万元。

（马　蔚）

【财政预算监督管理】 年内,修订了《宣武区标准预算周期管理办法》,进一步完善定员定额标准体系和专项经费文本申报制度,提高部门预算编制的准确性和科学性。配合基本建设工程代建制的试行及其逐步推广,研究代建制情况下的财政管理模式。进一步规范预算管理工作程序,修订本局《预算指标及经费拨款操作规程》、《基础资料数据库管理暂行办法》,同时开展升级预算软件系统、探索建立部门预算绩效考评制度等项工作。

（马　蔚）

【公务员收入管理】 年内,在实现行政单位在职人员工资全部统发的基础上,进一步将已实行规范公务员收入管理的离退休人员纳入工资统发范围。全区已实行工资统发的在职人员5 115人,离退休人员2 375人。国库2005年累计直接拨付各类财政资金10.03亿元,占当年财政支出总额的37.9%。

（马　蔚）

【市级财政专款支付试点】 年内,研究和修订本局内部资金拨付程序,制定实施《市拨专款财政直接支付改革会计核算暂行规定》,分三批组织教育、卫生系统中的330余名财会人员进行了专门培训。

（马　蔚）

【规范政府采购】 本年度,认真贯彻落实《政府采购法》,研究并制定有关工作制度及配套措施,重新修订了《宣武区政府采购工作程序》,制发了《宣武区政府采购专家库管理暂行办法》、《宣武区政府采购定点服务供应商监督考核办法(试行)》等制度,在细化政府采购预算的基础上,区政府采购范围和规模进一步拓宽,全年累计执行政府采购项目金额16 219万元,节约预算资金111万元。为实现政府采购"采管分离",8月1日,宣武区政府采购中心正式划归宣武区政府投资项目建设中心管理,实现政府采购执行机构与管理机构分离。

(马 蔚)

【"金财工程"建设】 年内,围绕财政财务管理工作积极推进"金财工程"专网建设,完成184家预算单位的网络铺设工作,8个街道办事处全部实现网上财务数据查询共享。在全区范围内分批推广使用统一财务核算软件。

(马 蔚)

税 务

国家税务

【概况】 北京市宣武区国家税务局(简称区国税局)隶属于北京市国家税务局,主要负责宣武区内按规定由国家税务局征收的中央税收、中央与地方共享税收和部分地方税收的征收管理工作。设25个部门,其中内设科室13个、事业单位3个、基层税务所9个。有干部职工340人。年内,按照国家税务总局和北京市国家税务局的要求,以"三个代表"重要思想为指导,以保持共产党员先进性教育活动为契机,认真落实以人为本、全面协调可持续的科学发展观,以组织收入为中心,以强化征管基础工作为重点,积极推进依法治税,切实提高征管质量和服务水平,不断加强队伍建设和作风培养,保证了各项税收工作的顺利进行。全年共组织税收收入548 405万元。其中:增值税17 955万元,消费税3 176万元,营业税658万元,企业所得税336 665万元,涉外所得税9 528万元,中央级城建税46万元,利息个人所得税18 760万元,代征收入17万元。比上年同期减少40 634万元,减少6.9%;全年组织区级税收收入71 116万元,比上年同期80 838万元减少9 722万元,减少12%。

地址:宣武区四平园7号楼

电话:63544760

邮编:100052

(左东斌)

【遏制偷逃税款】 年内,区国税局从3个方面遏制增值税一般纳税人逃税趋势。一是加强废旧物资发票、为小规模纳税人代开增值税专用发票、海关进口增值税完税凭证、货物运输发票等普通抵扣凭证的管理工作。二是及时修改完善了一般纳税人认定及管理办法,加强了对新办商贸企业的审核。三是加大了税务稽查力度,对已走逃企业积极进行实地查找,对税款抵扣出现问题的企业也逐户进行核查。

(左东斌)

【强化税收征缴】 年内,区国税局面对严峻的收入形势,从四个方面入手抓好组收工作。一是加强重点税源监控,强化税基管理。落实税收分配计划,进一步提高税收分析质量。加大汇算清缴期间所得税的符合性审核的力度,加强内外资房地产企业的管理。二是强化征管措施,逐步将纳税评估工作与组收工作相结合,努力提高增值税的有税率。三是加大稽查力度,从加强低零税负的管理及案头分析上入手,开展好专项检查。四是相关部门要做好调研摸底,制定切实可行的方案,推行所得税核定征收。

(左东斌)

【提高管理效能】 年初,区国税局对征管机构及岗位职责进行了调整。为保证各项税收工作的顺利开展,区国税局采取了多项措施,加强部门间的协调配合,提高管理效能。一是明确岗位分工,进一步细化工作职责。认真梳理各类涉税事项,细化各岗位的职责。二是在依法行政的基础上,简化、归并、理顺办税程序,切实提高征管质量和效率。三是深化CTAIS数据应用与维护,提高系统运行质量。充分发挥税收管理员在征管工作中的监控、管理、服务职能,为CTAIS基础数据的应用与维护提供可靠的信息补充。四是强化服务意识,做好办税辅导工作。

(左东斌)

【勤政廉政建设】 年内,区国税局结合实际明确了党风廉政建设工作的主要任务,以求真务实的精神突出抓好六方面工作的落实。一是充分认识做好反腐倡廉工作的重要性和必要性。二是加大工作力度,构建税务系统惩治和预防腐败体系。三是落实党风廉政建设责任制,健全反腐倡廉工作机制。认真履行"一岗两责"的要求,围绕税收中心工作,强化干部队伍管理。四是发挥廉政教育工作的作用,筑牢拒腐防变的思想道德防线。五是加强行业作风建设,优化区域经济发展环境。完善全程代理工作,深化"两权"监督制约机制。六是加大信访和案件查办力度,提高执纪办案能力和水平。

(左东斌)

【税收宣传月活动】 4月份,区国税局围绕"依法诚信纳税,共建小康社会"的主题,开展了各种宣传活动。在办税服务大厅悬挂宣传横幅,设立税法咨询台,向纳税人宣传税收政策和税法知识,发放宣传材料,并充分利用市局外部信息网站宣武网页进行宣传。加强与各大新闻媒体的联系,进行不同层面、不同内容的税收新闻宣传。走访部分纳税信用A级企业,深入了解企业对税务部门在征收管理、纳税服务方面的需求。举办座谈会,认真听取企业的意见和建议。在办税人员中开展以"假如我是税收管理员"为主题的征文活动,用换位思考的方式让纳税人发表对区国税局各方面工作的看法。

(左东斌)

【企业所得税汇算清缴】 3月底,区国税局顺利完成了内资企业所得税汇算清缴工作。经统计,应进行汇算清缴企业4 596户,已进行汇算清缴企业4 330户,申报率97.57%,累计入库所得税54 402万元,完成全年计划378 510万元的14.37%。在此项工作中,区国税局采取了多种形式宣传、落实各项税收政策。根据企业不同情况召开了6期大型辅导会,并利用各种手段对企业进行广泛告知。为保证汇算清缴工作质量,区国税局加强统筹安排,做好初始审核,着重进行符合性审核。建立会审制度,完善征收与管理部门的资料交接制度,建立健全单位及干部考核机制,促进汇算清缴工作顺利开展。

(左东斌)

【纳税评估管理】 年内,区国税局确立了纳税评估管理体系,进一步加强了税源管理,取得了实效。首先,强化税源监控,掌握税源变化。对重点税源企业实行专人管理,切实加强重点税源的收入预测和分析工作。加强对异常指标的监控,对零申报、低税负企业,监控其是否有异常购票情况。其次,加强催报催缴管理,及时掌握税收管理员管户申报情况。第三,有针对性地开展纳税评估,提高评估效用。每月根据系统查询到的异常指标安排纳税评估工作,注重将买票、用票、申报三个环节结合起来分析。

(左东斌)

【管理员辅助平台投入运行】 4月,区国税局自行研制开发的信息系统《税收管理员辅助工作平台》一期工程投入试运行。该平台是基于税收管理员制度之上的CTAIS与金税系统的辅助支持系统,其各种功能的实现都是针对于税收管理员岗位的,解决了CTAIS和金税系统部分查询统计功能不能按管理员分类进行、无法实现征收数据的历史同期比对、不能满足新的管理需要等问题,极大方便了管理员管户,提高了工作效率。

(左东斌)

【三大系统数据整合】 4月,区国税局开展了征管系统、防伪税控系统和出口退税系统三大系统数据的整合工作。首先,明确数据清理的具体内容,将三大系统的差异信息进行了归类整理。其次,明确责任部门和完成时限。各有关部门按照归口管理的原则落实数据清理工作,层层把关,责任落实,确保数据准确性。第三,加强培训和仿真演练工作,以保证三大应用数据整合后,各项业务平稳运行,操作流程顺畅有序。

(左东斌)

【征收管理新模式】 2004年底,区国税局进行了征管机构及岗位职责调整,建立了以管事为主结合管户的征管新模式,实行了税收管理员制度。经过一段时间的摸索、磨合,年内各项工作走上正轨。摸清了底数,掌握了管户情况;规范了岗责和工作流程,完善了考核机制;充分调动了广大干部的工作主动性。对重点税源户实行专人管理,加强对异常指标的监控和纳税评估工作;大力搞好培训,提高管理水平。各税务所有针对性地开展了征管业务培训。

(左东斌)

【所得税汇算退税】 年内,区国税局在办理2004年度企业所得税汇算退税工作中,坚持依法行政与维护权益相结合,坚持严格审核与提高效率相结合,坚持有效管理与优质服务相结合,严把审核关,及时为95户企业办理了退税手续,退税金额1 084万元,并通过审核发现存在问题企业31户,少退税款933万元,既维护了纳税人的合法权益,又有效地制止了税款的流失。

(左东斌)

【征缴外资外企所得税】 5月底,区国税局共计组织外资、外国企业所得税2 851万元,完成市国税局计划的104.1%,提前7个月完成全年任务。该局加强了对内外资房地产企业的管理。对预售房收入要按预售房收入和规定的利润率进行税款征收;对已到建设期汇算的房地产企业进行竣工结算,带动了外资、外国企业所得税提前7个月完成全年税收收入计划。

(左东斌)

【免税农产品发票管理】 年内,区国税局加强了对免税农产品专用收购凭证的管理。一是把好初审关,由管理所对申请购买该票种的纳税人进行实地核查和纳税评估。二是严格日常监管,对购领此票种的纳税人每年进行一次纳税评估,对疑点户列入重点监控范围。凡超越范围使用此票种的,检查核实后立即取消其购领资格,并按相关规定予以处罚。三是稽查措施跟上,加大日常检查与专项检查力度,严把最后一道防线。

(左东斌)

【为出口企业服务】 年内,区国税局采取了多项内外结合的措施,把为出口企业服务的宗旨落到了实处。第一,结合出口退税工作实际,对相关制度进行修订,并在外网上进行公告。第二,结合征管机构调整,制定了外贸企业专人分管联系制,建立健全了退税信息回访反馈制,加快退税申报及审批速度。第三,进一步加大出口企业的政策培训力度。开办了两期政策培训班,使广大出口企业及时了解最新的出口退税政策,加强了税企沟通。

(左东斌)

【阳光评税系统启动】 7月1日,区国税局正式启动了个体工商户计算机核定定额系统,即阳光评税系统。该系统在原有基础上审定添加了符合实际征管情况的几十项参数和项目,初步形成了适合宣武区各行业的基本参数、经营项目,体现了阳光评税的科学性、公正性、规范性。

(左东斌)

【一般纳税人年审工作】 6月,区国税局开展了2004年度增值税一般纳税人年审工作。加强年审数据采集,认真开展纳税评估。对410户纳税异常企业,由税收管理员逐户开展纳税评估、审核。对经评估不符合年审条件的企业,严格按照规定取消其增值税一般纳税人资格。

(左东斌)

【企业所得税核定征收】 6月,区国税局推行了企业所得税核定征收方式,首批共认定了1 639户纳税人实行所得税核定征收办法,占应缴企业所得税户数的32.07 %,二季度申报期已全部按核定的应税所得率计算申报了税款。企业所得税有税户由一季度的513户上升至1 559户,改变了以往企业所得税申报零缴税企业户数过大的状况,所得税有税率大幅度提高。

(左东斌)

【增值税简易申报】 9月,区国税局对增值税小规模纳税人中连续6个月零申报的企业实行简易申报方式,允许其在未取得应税收入的前提下不需按月上门申报,申报资料年底一次上交,减轻了企业和申报窗口的压力,提高了有税率。

(左东斌)

【落实全程办事代理制】 年内,区国税局共办理全程办事代理事项7 000余件,全部按照工作流程及要求在规定时限内办结,纳税人满意率100% 。

(左东斌)

【欠税管理】 年内,区国税局针对欠税结构和企业的具体情况,努力清理陈欠,防止新欠。充分发挥税收管理员作用,加大催缴工作力度,将催缴工作列入税收管理员日常征管工作内容。加强对欠税企业基础信息的核查、管理,建立对欠税企业的定期走访制,对新、陈欠企业区别对待,分类管理,实施征、管、查一条龙管理,最大限度地减少欠税发生。

(左东斌)

【行政处罚案件听证会】 11月2日,应北京中亚金泰医药有限公司对区国税局实施行政处罚一案所提出的听证申请,区国税局依法定程序举行了该税务行政处罚案件听证会。听证会严格按照国家有关行政法规的程序和内容进行,实现了税务机关与纳税人在执法行为和纳税义务关系上的平等、公正,也体现出了税务机关坚持依法行政的意识。

(左东斌)

【打击涉税违法犯罪】 年内,区国税局将打击虚开增值税专用发票等违法犯罪活动与税收专项检查工作相结合,在开展"鑫都联虚开增值税专用发票案件"查处的同时,对废旧物资回收经营企业及用废企业,以农副产品为主要原料的生产加工企业,2004年7月1日以后新成立的工业企业、经济类型变更为工业、技工贸的企业进行了专项检查。"鑫都联虚开增值税专用发票案件"已抓获陈永寿等犯罪嫌疑人17人,查补入库金额190万元;专项检查检查企业98户,查补入库金额109万元。

(左东斌)

【税务文化建设】 年内,区国税局采取多种形式,广泛、深入、结合实际地开展税务文化建设,加强思想政治工作。该局通过开展税务文化建设,大力弘扬"优质服务塑形象,顾全大局树精神,严格教育建队伍,深化改革创事业"的北京国税精神,逐步树立起"办事高效、运转协调、作风优良、行为规范"的行政执法部门良好形象,受到了广大纳税人的好评。

(左东斌)

【档案管理通过复检】 12月,区国税局机关档案管理工作顺利通过宣武区档案局和市国税局的考核,继续保持北京市区、县级机关档案管理一级标准。

(左东斌)

地方税务

【概况】 北京市宣武区地方税务局(简称区地税局)在宣武区行政区域内行使地方税收管辖权,主要职责是贯彻执行国家的各项经济、税收政策,组织辖区内地方税收入,维护和规范税收秩序。局机关内设12个职能科室(办公室、税政管理一科、税政管理二科、征收管理科、纳税评估科、计划统计科、政策法规科、信息化管理科、人事教育科、基层工作科、监察科、财务管理科),7 个税务所(第一税务所、第二税务所、个体集贸税务所、大栅栏税务所、天桥税务所、牛街税务所、广安门税务所),1 个稽查局(立案科、检查一科、检查二科、审理科、执行科),1 个机关后勤服务中心。全局现有干部、职工 335 人,其中党员 158 人、团员 43 人,党团员人数占干部、职工总数的 60%;大专以上学历 308 人,占全局干部、职工总数的 92%,其中研究生 3 人、本科生 230 人、大专生 78 人。年内,区地税局以十六届三中、四中全会精神和"三个代表"重要思想为指导,深入开展保持共产党员先进性教育活动,坚持科学的发展观,从强化"纳税服务的能力、网上办公的能力、税源监控的能力、综合素质的能力"入手,继续完善"网上全程办公体系",搭建应税税源管理平台,着力提高税收征管水平和税政管理水平,不断提升各项工作科学化、精细化管理程度,在全局上下的共同努力下,各项工作稳步推进,较好地完成了工作任务。全年共累计组织各项收入 419 424 万元,组织市级税收收入 405 436 万元, 完成市局年初下达税收收入计划任务 415 000 万元的 97.7%(完成市局调减后计划 405 000 万元的 100.11%),其中,区级收入完成 169 978 万元,完成区级追加 161 500万元的 105.25 %,圆满完成了全年的税收任务。截至 4 月末,全区在册税务登记户 19 092 户。

地址:宣武区德泉胡同 10 号

电话:83543753

邮政编码:100053

(张朝晖)

【地税征收管理】　年内,受政策和大幅减收等多种客观因素影响,完成税收任务形势严峻。为确保税收收入,地税局从做细征收的第一个环节入手,充分利用和依靠新系统,全面开展发票深度稽核、评估、检查工作,有效地提高了以票控税能力;建立了科、所、人、户分税种、分行业跟踪监控机制,实行有效的税源管理;加大约谈、检查力度,强化重点税源管理;加大催缴力度,认真清理旧欠,减少新欠,从而有效地提高区域税务征收能力。

(张朝晖)

【送温暖活动】　年内,在党员先进性教育活动推动下,地税局向市残疾人社会公益事业促进会捐赠 40 套价值 28 万元电脑和图书,设立了"扬帆网络培训教室",圆了宣武培智学校 100 多名智力残疾学生畅游网络世界的梦想;设立了简易医疗门诊;改善了牛街、广安门、第一税务所办公条件、纳税环境;局食堂重新装修改造,改善了就餐环境;局机关提高了对困难职工的补助额度。

(张朝晖)

【税源精细化技术管理】　年内,充分依托信息化建设成果,以税源管理精细化分类为切入点,继续深入研究应税税源有效管理的实现形式和主要途径,经过可行性分析、反复论证后,进行了系统应用平台的具体开发。实现了对纳税人的涉税行为进行科学分类,将应税税源以数据电子地图的形式进行动态展示:在地图上标注出相对固定税种税源户,并通过闪烁的颜色来明确该税源户应征与已征税收的对比结果,设立税源户分税种应征税收趋势预测图库,建立起预测收入与已征税收对比警示提示功能,进而采取相应的、行之有效的分类管理方法,达到了对应税税源的精细科学管理:一是税源管理直观化。系统将每个纳税户按其经营地址在电子地图上予以标注,通过纳税户编码与后台数据库相连接,自动准确地显示标注出不同类别或项目信息,使各个环节的管理人员查询纳税户有关的纳税信息更加方便和直观;二是核定税额自动化。系统以计算机实施自动定税,科学的定税方法,透明的定税过程,保证了定税结果透明合法,公平了税负,优化了纳税环境,避免了人情税、关系税的发生。三是税务评估、检查的针对性。实行地图式管理,可以根据它提供的直观信息,有针对性地进行检查,改变了过去费时、费力的拉网式检查,减少了重复检查、随意检查、无针对性检查给纳税人带来的不便;四是纳税评估的数字化。利用地图提供的点、线、面区域,对一个纳税人,一个街道,一个居委会,一个圈定范围的税收征管信息进行分析、处理,便能评估出纳税人纳税的真实性和准确性。应税税源管理信息系统的成功运行,将有效补充与完善税收综合服务系统功能,真正地实现"抓住户"、"管准数";系统的成功运行极大地提高了税收管理与纳税服务能力,使税源科学管理与税款应收尽收的前景更加明确更加广阔。

(张朝晖)

【完善征管体系】　年内,按照"统一口径,规范管理"的要求,建立完善了各项管理制度。制定了《宣武区地方税务局委托代征税费管理实施意见》、《宣武区地方税务局关于个体工商户及集贸市场的管理工作意见》、《纳税申报管理工作规程》等六项征管类制度,指导、规范委托代征、个体征收及纳税申报等方面的工作。

(张朝晖)

【车船税征收工作】　年内,车船税的征收在保留原有征收方式基础上,个人机动车车船税征收增加了远程缴纳税款。新征收方式的开通要求政策宣传和措施落实必须到位,地税局通过召开辅导会、发放宣传材料、网络公告等多种方式,加大了税收政策辅导和政策宣传力度,为税款的顺利征收提供了保障。

(张朝晖)

【房产土地使用税征收管理】 年内,认真做好贯彻取消房产税和土地使用税审批项目后续管理工作。对因房屋大修导致连续停用半年以上的,在房屋大修期间免征房产税的纳税人,按户建立档案,强化对纳税人房产情况的跟踪、监控工作,及时掌握纳税人房产使用状况及变化情况,为加强征管提供一手依据。

(张朝晖)

【契税直接征收】 从2005年1月1日起契税改委托代征为直接征收。为做好契税直征工作,采取三项措施努力夯实契税直征基础:一是契税直征实施“先税后证”,强化源头控管;二是建立健全契税直征工作的各项管理制度,完善征管工作规程和征收岗位责任制度,为组收、征管和服务等重点工作提供制度支持;三是规范契税减免申报程序,理顺工作秩序,堵塞管理漏洞。四是以契税直征为契机,积极探索研究房地产税源动态管理监控体系,为房地产税源科学化、精细化管理提供依据。

(张朝晖)

【网上全程办公体系建设】 年内,在规范审批程序梳理审批内容、公开审批流程的基础上,借助电子签名法的法律化实施,组织人力,集中研究,成功开发了“网上减免税”审批程序,实现了税收减免网上审批,有力地补充完善了地税局“网上全程服务体系”内容,至此,具有六类网上办公功能的“网上全程办公体系”已基本构建完成,实现了“纳税人在税务机关办理的主要业务全部上网”的工作目标。

(张朝晖)

【建设纳税服务大厅】 年内,投资20余万元建设高标准现代化纳税服务大厅,实现了服务区、办公区、自助申报区的分离,打破了传统的柜台式服务,真正实现了与纳税人面对面零距离服务。新服务大厅还在宣武区政府机关中首家启用了智能排队系统,实现了“三屏”联动,即:滚动屏、触摸屏、叫号屏。以上服务措施,既提高了纳税人的办税效率,也使纳税人感受到平等、关爱和尊重,受到了纳税人的好评。

(张朝晖)

【“献爱心 育栋梁 托起明天的太阳”活动】 年内,地税局为青海省平安县贫困学生捐书2 800余册价值32 000元、捐赠计算机及服务器14台,建起图书室、计算机室,并由干部个人先捐款12 500元,认领资助100名贫困学生,今后每年按期捐款,直至他们完成小学学业,在捐赠仪式上,平安县教育局向地税局赠送了“情系山乡教育,惠及莘莘学子”牌匾。

(张朝晖)

【网络阵地建设】 年内,将纳税人在税务机关办理的六项主要业务全部上网,实行全程网上办税,纳税服务实现新跨越;将纳税信誉等级评定工作全部纳入计算机管理,评定工作实现新突破;提供自助式的网上申报,建立随需纳税申报模式,纳税申报实现了新改变。建立一个政务公开机制,依法、定期公布税收政策及有关规定,开辟两个视窗栏目“税务行政公告”和“区情区貌”介绍,制作网络视频FLASH宣传片,为纳税人掌握政策、了解区情提供绿色通道。年内,外网网页点击率较去年翻了一番。

(张朝晖)

【稽核评估检查】 年内,采取四项措施加强稽查干部能力建设。一是健全制度,完善管理。制定《关于完善重审会工作的几项措施》《关于规范税务检查文书》《非正常户管理暂行办法》等三项制度,为加强管理、规范执法提供制度保障;二是明确职责,建立标准。稽查局成立后,按照科学化、精细化管理的需要,重新梳理了稽查业务流程,明确各部门工作职责,重建岗位工作标准,为工作顺利开展奠定基础;三是抓好培训,提高素质。采取以案代训、专题授课等形式,先后组织“预防职务犯罪”“执法检查”“举报案件检查”“房地产行业检查”等四类专题培训,强化执法人员政治素质,增强执法意识、廉政意识、风险意识,提高干部依法行政能力;四是实行三级管理,提高稽查办案质量。建立检查汇报、检查会审、检查重审层级汇报制度,完善稽查工作程序,有效提高了办案质量。同时,做好稽查案件向征管、纳税评估情况反馈,为征管决策提供依据。

(张朝晖)

【机构职能调整】 年内,成立了稽查局、第一税务所、个体集贸税务所、纳税评估科,合并了营业税科所得税科为税政一科,地方税科改制为税政二科,撤消研究室,档案资料室并入征收管理科,使机构设置逐步适应税收管理科学化、精细化管理的需要。

(张朝晖)

【党风廉政建设】 利用网络资源继续做好《廉政纵横》电子刊物,组织观看“反腐倡廉警示展览”、“反腐倡廉公益广告展览”,举办“预防职务犯罪挂图展”。通过教育和活动的开展,增强了税务干部廉洁从政和拒腐防变意识,树立了宣武地税良好形象。在区监察局委托“零点调查公司”组织进行的行风测评中,地税局测评分数位居前列。

(张朝晖)

金　融

工商银行宣武支行

【概况】　中国工商银行股份有限公司北京宣武支行(简称工行宣武支行),隶属于中国工商银行股份有限公司北京市分行。支行内设机构14个,下设31个营业网点,共有职工643人。经营范围包括:办理人民币存款、贷款、结算业务;办理票据贴现;代理发行金融债券;代理发行、代理兑付、销售政府债券;代理收付款项,以及总行在中国银行业监督管理委员会批准的业务范围内授权的业务、资信调查、咨询、见证业务;办理外汇存款、外汇汇款、外汇贷款、外币兑换;国际结算、结汇、售汇;代理国外信用卡付款;通过上级行办理代客外汇买卖;代理保险业务。年内,工行宣武支行贯彻落实总、分行各项改革与业务发展的总体部署和要求,紧紧把握"经营效益指标"的主线,全行上下在工作中按照"营销抓亮点、管理求严格"的工作方针,合理规划业务发展方向和发展速度,进一步完善风险和内控管理,不断加强队伍建设,使支行各项工作迈上了一个新台阶。
地址:宣武区广外南滨河路3号
电话:63480658
邮编:100055

(成　梅)

【工商银行整体改制】　年内,中国工商银行整体改制为中国工商银行股份有限公司,并于2005年10月28日正式成立。工行宣武支行不断拓宽与大型优质客户的合作空间,力求做到资产业务、负债业务和中间业务均衡发展,确保了支行经营效益的持续增长。全年实现人民币经营利润7.26亿元,较去年增长18.71%。

(成　梅)

【优化客户结构】　年内,工行宣武支行增强了对大型企业、集团公司、系统客户的综合竞争和服务能力,以优化业务结构为突破口,以优化客户结构为目标,在硬件方面加大了网点整合和改造力度,在软件方面配齐配好个人业务客户经理,积极开展高端个人客户金融服务,使支行的负债结构得到了进一步的调整。2005年末,实现本外币各项存款及同业存放款较年初增加28.86亿元,人民币储蓄存款较年初增加18.9亿元。

(成　梅)

【处置不良贷款】　年内,按照总、分行的战略部署和工作要求,开展了对不良贷款尽职调查、确权、剥离、划转和清收处置等工作,并进行了责任人认定,同时加大对潜在风险的清收力度,取得了显著成效。年末,全行不良贷款余额由年初的8.7亿元下降至年末的3.4亿元,占比由5.09%下降至2.24%,支行贷款质量得到极大提高,为今后的可持续发展奠定了坚实的基础。

(成　梅)

【扩大优质资产份额】　年内,加快了信贷结构调整步伐,积极推进信贷业务多行业、多品种发展,不断提高优质资产市场份额。截止到12月末,支行向法人客户累计发放人民币贷款78笔,金额99亿元,全部贷款投向总、分行优质客户,新增贷款不良率为零。

(成　梅)

【发展中间业务】　年内,认真分析中间业务盈利结构,及时将全年任务进行了细分、下达,通过实行定期通报制度、适时开展专项竞赛、加强中间业务收费管理,加大中间业务考核力度等多策并举,加强中间业务管理和考核。同时多管齐下采取有效措施,积极营销中间业务产品,特别是充分利用资源优势,实施捆绑营销策略,使电子银行业务快速发展,全年实现电子银行业务收入168.67万元,同比增长达279.15%,成为中间业务发展中的一大亮点。

(成　梅)

【从严治行】　年内,通过层层签订责任书、开好履职汇报会、做好员工思想动态分析,将贯彻党风廉政建设责任制和案件防范责任制工作落到实处。同时积极开展风险点和风险源的排查、扎实开展依法合规大检查、健全完善管理和考核制度、做好内控评价工作,进一步规范管理行为和操作行为,确保支行发案率为零。

(成　梅)

【党员先进性教育活动】　年内,深入开展保持共产党员先进性教育活动,以共产党员先进性为标准,对全辖所有营业网点的机构负责人(含储蓄所主任)进行了全面考察,考察结果称职及群众满意率为96%,活动使广大党员在思想上、组织上、作风上受到一次全面的教育,党员的先锋模范作用有了明显提高,经营意识和责任意识都有了进一步增强。

(成　梅)

建设银行宣武支行

【概况】　中国建设银行股份有限公司北京宣武支行隶属于中国建设银行股份有限公司北京市分行。支行下设3个升格支行,14个储蓄所柜,员工400余名。主要开办的业务有:企事业单位、机关团体本外币存款、各类企业贷款、汇兑结算、票据贴现、本外币储蓄、外汇买卖、个人住房贷款、委托性住房金融业务、个人消费贷款、银行卡业务、金融代理业务、委托贷款、工程造价咨询、财务顾问、网上银行业务等。年内,支行党委牢牢把握总、分行股改工作重心,带领全行员工,以强化管理为中心,以严格防范风险、规范经营为前提,通过开展保持共产党员先进性教育活动、“举一反三”主题教育活动,改善了原有基础管理薄弱的状况,完善了各项内控措施,建立了全面、规范、有效的风险管理与内控体系,实现了各项业务健康发展的工作目标,支行主要经营指标完成情况达到了历史最好水平。年末,全口径存款余额为200亿元,较年初增加了42亿元;贷款余额合计65亿元。
地址:宣武区广内大街314号
电话:63268357
邮编:100053

(张　民)

农业银行宣武分行

【概况】 中国农业银行北京市宣武区支行(简称“农行宣武支行”)是经中国银行业监督管理委员会批准,中国农业银行总行下设的二级分支机构,隶属于中国农业银行北京分行。办理人民币存款、贷款和结算业务;办理票据贴现;代理发行金融债券;代理发行、代理兑付、销售政府债券;买卖政府债券、代理收付款项及代理保险业务;办理外汇存款、外汇贷款、外汇汇款、外币兑换、结汇、售汇、国际结算;通过上级行办理代客外汇买卖;代理国外信用卡付款以及总行在经中国银行业监督管理委员会批准的业务范围内授权的其它业务。农行宣武支行现共有基层营业网点10个,其中包括3个二级支行、3个分理处、1个营业部、2个储蓄所,支行机关下设10部1室,全行在岗干部职工253人。年内,农行宣武支行根据中国农业银行北京分行提出的工作要求,以保持共产党员先进性教育为契机,紧紧围绕效益中心,强化经营管理,提高资产质量,加快业务发展,加强风险防范,取得了较好的经济效益。年末全口径各项存款余额418 968万元,各项贷款余额276 941万元,全年实现利润9 967万元,比上年增长15%,人均创利40万元,在中国农业银行支行级经营单位经营利润评比中名列前茅。,被总行授予2004－2005年度“中国农业银行百家先进支行”荣誉称号。
地址:宣武门西大街28号院10门
联系电话:63601625
邮政编码:100053

(董　誓)

【优化信贷结构】 年内,农行宣武支行各项贷款余额276 941万元,全年累计发放贷款315 664万元。其中:AA级以上企业贷款289 194万元,占累计发放贷款91%;优良客户贷款比率进一步提高。

(董　誓)

【清收不良贷款】 年内,农行宣武支行累计清收不良贷款本息3 519万元,完成全年任务的658%,退出潜在风险客户贷款金额3 079万元,完成退出计划的421%,不良贷款比上年下降2 900万元,控制在分行下达的指标之内,超额完成全年的清收、盘活、压缩和退出任务。

(谢筱娟)

【增加储蓄存款】 截止到年末,农行宣武支行全口径储蓄存款余额为133 127万元,较年初增长32 359万元,完成分行下达22 000万元计划的147%,比上年总量增长32%。

(董　誓)

【银行卡消费】 2005年,全年银行卡消费累计额为30,954万元,完成分行消费额任务的187.6%,较去年多增了15 745万元。

(谢筱娟)

【国际业务】 全年国际贸易结算量完成14 919万美元,较去年同期增长8 565万美元,比上年增长136%。宣武支行积极挖掘老客户,维护老客户,争取国际业务更高的归行率,使国际业务结算量势头不断向好。

(董　誓)

【理财产品】 年初农行推出第一支人民币个人理财产品－“本利丰”,通过大力宣传,随时协调,数日内发行了该产品1 942万元,超额完成分行下达的任务;“汇利丰”是农业银行推出的一款个人外汇(美元)结构性理财产品,它可以给予客户本金保证,并使得客户获得远高于同期外币定期存款利率的收益回报。2005年共发行14期“汇利丰”产品,累计销售365万美元,销售额在分行系统中名列前茅。

(谢筱娟)

【网上银行】 积极开展网上银行的宣传推广工作,改变银行传统的服务方式,并定期走访对公客户,加强与企业的勾通联系。截至12月31日,网上银行对公客户注册21户;新增个人客户305户,完成全年任务的113%。

(董　誓)

【中间业务】 全年宣武支行中间业务拓展成效显著,实现中间业务收入1 125万元,比上年增长31%,完成全年任务的107%。截至年末,代理保险业务，实现保费收入2 221.99万元；其中寿险保费收入2 023.79万元，财险保费收入198.2万元，代理保险手续费收入57.77万元；共代理销售7支基金，基金总额1 475万元，其中鹏华基金销售1 084万元，销售额名列分行排名第一，并由此荣获了总行《鹏华基金优秀销售支行》的荣誉称号。

（谢筱娟）

【金融产品宣传】 为促进宣武支行各项业务的开展，先后组织八次入社区大型宣传，将社区宣传与特色宣传相结合。广大团员积极投身于“五个一”活动中，通过向附近居民宣传个人储蓄、基金、保险、个人外汇和各种代理业务，在一定程度上提升了附近居民对农行个人金融产品的认知度，扩大了农行的社会影响力。春节期间在大观园庙会上设立宣传台，渲染喜庆气氛，突出特色宣传，使农行的金融产品与优质服务深入人心。

（董　誓）

中国银行宣武支行

【概况】 中国银行北京市宣武区支行（简称中行宣武支行）是股份有限公司性质的商业银行，隶属于中国银行北京市分行。经营范围包括：办理人民币存款、贷款和结算业务；办理票据贴现；代理发行金融债券；代理发行、兑付、买卖政府债券；代理收付款项；办理外汇存款、贷款、汇款、外币兑换；国际结算；结汇、售汇；代理国外信用卡付款；通过上级行办理代客外汇买卖以及总行在中国银行业监督管理委员会批准的业务范围内授权的其他业务。支行下设5部1室，13个网点支行，2个储蓄所，网点辐射宣武区、西城区、海淀区、丰台区。年内，中行宣武支行认真贯彻审慎经营、持续发展的方针，加强内控基础管理，积极推进人力资源改革，奋力拓展市场，优化服务环境，开创了依法合规经营与业务协调发展的新局面。

地址：宣武区南新华街1号

电话：63184810

邮政编码：100052

（李　维）

【完善内控管理机制】 年内，支行结合实际确定了“在调整中求发展”的经营思路，集中调整了网点布局、人员结构和资产业务方向，构建了业务质量分析和监控管理两个平台，倡导各级领导争做内行管理者、专家型管理者，树立扎实严谨的作风。采取了7项措施健全完善风险管理和内控机制，大大降低了业务差错率，在北京分行的排名由一季度的16名跃升到四季度的第3名，创支行历史最好水平。

（李　维）

【优化业务结构】 年内，支行重点发展人民币公司存款、储蓄存款和消费信贷业务，对国家重点扶植的行业和企业给予重点支持，积极拓展城建拆迁补偿款所带来的吸存机遇，大力发展以住房按揭贷款为重点的消费信贷业务，资产增加了11.6亿元，实现利润1.75亿元，资产不良率下降至0.42%。

（李　维）

【发展VIP客户】 年内，支行专门制订了《零售理财客户经理管理办法》，在各营业网点聘任了16名零售客户经理。通过积极营销发展VIP客户带动个人金融业务的全面发展。其中支行营销“春夏秋冬”外汇理财产品位居分行第一，信用卡发卡量列分行首位，易方达货币市场基金销售列分行第三。另外，还与部分高校签定了银校全面合作协议，向贫困大学生发放国家助学贷款2 451万元。

（李　维）

【改善服务环境】 年内，调整改造了7个网点的内部格局，增强了客户服务功能，开展了星级柜员评比和“奥运服务我先行”柜台实用英语比赛。与分行票据中心密切配合，顺利完成14个机构票据提回系统上线，细化RTS系统操作规程，完成4.0版个人金融柜台业务技能项目培训，落实了分行《个人实时汇划操作细则》和《借记卡跨省通存通兑操作细则》，大大方便了客户。

（李　维）

保险股份有限公司宣武支公司

【概况】 中国人民财产保险股份有限公司北京市宣武支公司（简称人保财险宣武支公司），是国有大型股份制金融企业，主要经营各类财产保险、多种责任保险、短期人身意外保险等。支公司下设7个营业部，1个业务部，1个综合部，现有正式职工58人。年内，人保宣武支公司以“严格、规范、谨慎、诚信、创新”的金融系统十字行风和北京保险行业“诚信为本，客户至上，合规经营，服务取胜”的文明服务公约，规范自身行为，实践“尊重客户，以诚相待，让客户满意是我们最大的追求”的服务理念，不断开拓创新，优化服务，增强市场竞争意识和能力，坚持“把效益作为检验企业经营好坏的标准，把业绩作为检验员工贡献大小的标准”，努力提高管理、业务、服务水平，实现企业效益的最大化，取得了优异的经营成果。被宣武区人民政府授予“宣武区文明单位”。

地址：宣武区菜市口南大街平原里20号楼

电话：83526161

邮编：100052

（顾惠潼）

【企业财产保险业务】 年内,人保宣武支公司继续坚持以市场为导向,以客户需要为宗旨,积极为各类企业开办财产保险业务,有针对性的制定经营策略,把握市场动态,了解客户需求,疏通展业渠道,强化服务职能,提高服务质量,积极向客户提供风险评估服务,普遍在承保前对客户进行防灾防损检查,有效的降低了保险事故发生率。并做到了一旦发生事故,立即到现场勘查定损,并及时合理赔付,使客户的损失减少到最低程度。

(顾惠潼)

【家庭财产保险业务】 年内,人保宣武支公司注重发挥自身优势,积极探索和发展分散型财产保险市场,在推出"金锁"、"金牛"等家庭财产保险业务后,又全面推出了个人贷款购房抵押保险业务,取得良好的经济效益和社会效益。

(顾惠潼)

【机动车辆保险业务】 年内,人保宣武支公司根据市场的反应和客户要求,针对北京保险市场的复杂局面,及时加大承保、理赔力度,提高服务水平,并采取了多项有效措施:一是严格保前验车,确保承保质量;二是搞好服务,严格履行各项承诺,以良好的服务和信誉促进了业务的发展;三是调整业务结构,加大效益车种的展业力度;四是提高理赔质量,堵塞漏洞,杜绝违规赔付和欺诈行为等;五是加大宣传力度,积极扩大客户队伍,使机动车辆保险在支公司继续保持了支柱险种的地位。

(顾惠潼)

【货物运输保险业务】 年内,人保宣武支公司加大了对海上货物运输、航空货物运输及国内铁路、公路运输的展业、承保力度,使该险种得到长足的发展。

(顾惠潼)

【责任险、意外险业务】 年内,人保宣武支公司积极拓展责任险、意外险业务险种,加强了开发和宣传工作,专门设立了相关部门,提高了经济效益和社会效益。

(顾惠潼)

【内部管理】 年内,人保宣武支公司按照股份制企业的管理体制和要求,实施经营和考核,对两个文明建设同研究、同布置、同考核、同奖惩,进一步完善业务流程,提高工作质量和效率;在对客户实行"星级管理"、"星级服务"的基础上,又推出了"VIP客户"、"绿色通道"等服务的新举措,促进了企业与客户之间的密切关系,推动了业务发展;继续加大对保险代理人的管理力度,使承保质量进一步提高。

(顾惠潼)

【客户服务】 年内,人保宣武支公司对菜市口、广安门两处营业部的人员进行了调整,优化了内部环境,各项业务顺利开展。公司设有95 518保险服务专线,为客户提供24小时电话服务,内容包括保险咨询、预约,受理各类事故报案及投诉。

(顾惠潼)

工业　商务

工　业

北京世纪金工投资有限公司

【概况】　北京世纪金工投资有限公司(简称世纪金工公司)于2004年在金工公司基础上整合组建而成。金工公司与17家市属划转工业企业共同出资组建了国有法人参股的世纪金工公司,实现了职能从管理型向经营型的转变。公司注册资金1 000万元,在职职工1 401人,占地面积95 437平方米,建筑面积113 509平方米,主要从事投资管理;汽车、电子、纺织机械的零部件加工;出租写字间等。公司机关内设总经理办公室、财务审计部、安全保卫部、人力资源部、资产运营部、工业发展部、物业发展部、党群工作部、董事会办公室,员工38人。公司下属6家工业分、子公司和一个生产厂。其中,三纺机公司是生产气弹簧和汽车水泵轴连轴承的国内汽车整车配套件重点企业;科通厂是国家定点军民用固体继电器的专业生产厂家,每年承接多项国家重点工程项目并为"神五"、"神六"航天飞船提供固体继电器;美达公司主导产品为出租汽车计价器、负离子发生器和发电机故障监测仪等;电炉厂生产经营几十个系列、上百种规格工业电炉,是行业质量承诺单位。5家房屋租赁公司拥有黄金地段房源且分布于市内主要干线。其中,世纪金工宏洋大厦位于广安门商务区域,年入住签约率90%以上。2005年,公司在"倡导和谐向上的世纪金工价值理念,人尽其才、物尽其用,全面依靠职工,努力回报股东,积极服务社会,打造百年企业"经营宗旨引领下,较好地完成了各项任务。

地址:宣武区培育胡同15号

电话:63524785

邮编:100052

(武秀华)

【电器有限公司再获3C认证】　2月,北京电器有限公司11种产品再次获得国家质量认证中心2004年度3C认证。

(武秀华)

【确立世纪金工发展方略】　3月,世纪金工公司召开第一届股东大会第二次会议,审议并表决通过了总经理赵钢代表世纪金工新一届领导班子所作的《2004年度经营情况报告》和《2005年度经营工作计划报告》;通报了世纪金工公司拟并购北京第一低压电器有限责任公司的意向并听取了股东意见。新公司成立后,开展了企业调研,完成了部门设置、职责确定、定岗定编、人员聘用、地址搬迁等工作,确立了"一年整合期、两年整固期和全面发展三个阶段"的《总体发展规划》。提出2005年作为整合期,要完成公司及其下属企业的整合计划,实现工业与物业经营的基本分离;实现工业企业销售收入8 200万元;完成物业企业房租收入1 900万元;实现公司在岗职工人均月收入提高10%;达到对股东的回报率不低于5%。

(武秀华)

【工业、物业全面整合】　5月,金工公司党委和世纪金工公司正式宣布了世纪金工公司各子公司、分公司的设置和党政领导的聘任任命:成立以三纺机、科通厂、北无仪厂、电炉厂工业为主体的四个子公司;世纪金工宏洋物业子公司、物业一分公司、物业二分公司、物业三分公司和物业四分公司及塑料十三厂生产经营机构。至此,世纪金工原有企业的工业、物业经营从组织形式上实现了基本分离,机构设置、班子配备初步落实。

(武秀华)

【世纪金工公司实施并购】　6月,世纪金工公司并购北京第一低压电器有限责任公司,使其成为旗下全资子公司。

(武秀华)

【宏洋大厦装修工程竣工】　6月28

日,世纪金工宏洋大厦装修工程提前竣工。该写字楼地处广安门商务区域,前身是享誉京城的北京音像批发市场,地上十三层、地下两层,租赁面积为6 000平方米。

(武秀华)

【开展“安全月”活动】 6月,世纪金工公司开展以“遵章守法,关爱生命”为主题的“安全生产月”活动,并成立安全工作领导小组和安全工作委员会。各企业张贴宣传画、设置专栏板报、举办咨询日活动、进行问卷调查,采取抽查与自查方式,对查出的12处隐患实施了整改。

(武秀华)

【美达公司电子201计量站】 信息产业部设在世纪金工下属企业美达公司(原北京无线电仪器厂)的“电子201计量站”为国家重点工程“神舟五号”、“神舟六号”等提供了校准、检测服务。6月,该计量站通过了国家认可委员会和国防科工委认可委员会的双重审核,被授予“国家校准实验室”和“国防校准实验室”两项称号。

(武秀华)

【物业系统各公司注册成立】 7月,世纪金工公司下属1个物业子公司、4个物业分公司分别在工商局注册成功宣告成立。它们是:以工艺品厂、半导体材料厂、电炉厂为主体的世纪金工宏洋物业管理有限公司;以科通电子继电器总厂、明华电器厂、医疗设备四厂为主体的世纪金工第一房屋租赁分公司;以无线电仪器厂、卫生材料厂为主体的世纪金工第二房屋租赁分公司;以表带密封件厂、倍得公司、塑料十四厂为主体的世纪金工第三房屋租赁分公司;以商标印刷厂、塑料十三厂、制本一厂为主体的世纪金工第四房屋租赁分公司。

(武秀华)

【夏季节约用电】 7月至9月,世纪金工公司部署节约用电迎峰度夏工作。在此期间,领导重视、组织严密、措施得力、宣传到位,各分、子公司(厂)严格执行所在区域的限电错峰规定,合理安排工作时间,保证了节电、生产两不误。

(武秀华)

【公司领导指导先进性教育】 8月,金工公司党政领导深入企业指导先进性教育工作。公司党委书记袁海旺先后到塑料工业联合公司、大华陶瓷厂参加先进性教育活动;总经理赵钢分别到双金属轴瓦厂和静电设备厂听取先进性教育汇报;公司党委副书记王铁赤到一得阁和互感器厂检查先进性教育活动开展情况;副总经理杨家礼冒雨前往第四房屋租赁分公司和宏洋物业公司参加先进性教育活动;副总经理尹承裕先后到北无仪和三纺机厂了解宣传教育进展情况。

(武秀华)

【三纺机获国际质量体系认证】 9月,世纪金工下属企业三纺机公司通过了新加坡PSB质量体系认证公司ISO/TS16949认证;通过了CUC中国中联认证中心GB/T19001-2000idtISO9001:2000质量体系的监督审核,获得了上述各体系的认证证书。

(武秀华)

【一得阁运用法律武器维权】 9月,北京市高级人民法院发布终审判决:北京一得阁工贸中心诉被告北京传人文化艺术有限公司和高某侵犯企业商业秘密(墨汁产品)案中,一得阁胜诉。至此,历时两年的一得阁自主知识产权(墨汁产品)保卫战赢得胜利。它表明:企业只有提高维权意识,善于运用法律武器,才能确保知识产权和自身权益免受侵害。

(武秀华)

【信息产业部电贺科通厂】 世纪金工下属企业科通厂继“神舟五号”之后再一次承担并高质量地完成了为“神舟六号”载人航天飞船配套件-固体继电器的科研生产任务。为此,10月17日9时,国家信息产业部发来贺电,向科通厂并全体科技人员和干部职工致以热烈的祝贺和诚挚的问候!

(武秀华)

【公司召开一次党代会第三次会议】 金工公司第一次党代表大会第三次会议12月29日举行,112名代表参会。党委书记袁海旺作了题为《积极推进企业党建工作创新,努力构建团结和谐的新局面》的党委工作报告;会议审议通过了党委副书记、纪委书记王铁赤作的《加强廉政教育完善监督机制,保证企业各项工作健康发展》的纪委工作报告以及《党费收缴使用管理情况》报告。华星表业有限责任公司党支部、一得阁墨业有限责任公司党总支、世纪金工公司房屋租赁三分公司党总支、科通电子继电器总厂党委的代表分别向大会作了汇报发言。

(武秀华)

【科通厂高端新品通过验收】 年内,光MOS固体继电器和微组装大功率固体继电器预研项目通过军工验收。这一科研项目是世纪金工下属企业科通厂自主研制的体积更小、功耗更少、可靠性更好、更易于实现智能化的新型固体继电器项目。

(武秀华)

【一日捐活动】 年内,金工公司工会组织全系统23个基层工会共计1 510人参加了“一日捐”活动,共筹得捐款25 137.30元。

(武秀华)

【美达公司拳头产品创收】 本年度，世纪金工下属企业美达公司(原北京无线电仪器厂)主导产品出租汽车计价器、电子测量仪器、汽车负离子发生器销售收入近1 200万元。

(武秀华)

【科通厂获国家技改资金支持】 年末，世纪金工下属企业科通厂在销售收入同比增长33%的同时，获得国家信息产业部批准的1 838万元技术改造项目投资(其中国家投资1 250万元)。

(武秀华)

【世纪金工开局之年效益提升】 年末统计，世纪金工公司工业生产实现销售收入8 766万元，超额原计划566万元；物业经营收入达到2 076万元，比原计划增加了176万元；上缴国家和地方各类税金达941万元；在岗职工年人均工资提高了10%，实现了开局之年的良好经济效益。

(武秀华)

商　务

商务管理

【概况】 北京市宣武区商务局(简称区商务局)是主管本区内外贸易和对外经济合作的区政府工作部门。内设办公室、综合科、流通发展科、对外经济发展科4个科室。其主要职责是：贯彻执行国家有关内外贸易和对外经济合作方面的法律法规、方针政策及北京市的有关规定；研究本区内外贸易和对外经济合作的发展战略，提出中长期发展规划及年度计划，并组织实施。研究拟订和实施本区商品流通、物流配送重点设施的布局规划；负责商品流通的行业管理；监测、分析市场运行和商品供求状况；负责重要消费品市场调控和政府储备的组织实施，制定市场供应和物资保障应急预案；负责本区粮食流通的行政管理、行业指导和盐业管理工作。研究拟订本区生活服务业设施布局规划并组织实施，协调区域商业中心、特色商业街、功能街区商业规划布局和各类商品交易市场的规划与建设；负责生活服务业的行业管理。研究拟订本区拍卖、典当、实物租赁、旧货流通、再生资源回收等特殊流通行业的规划，并组织实施。负责本区经济的对外交流合作，负责进出口贸易的促进和管理；负责外商投资管理，指导外商投资促进工作。规范流通秩序，实施行业管理，维护经营与消费者合法权益，维护投资与涉外企业合法权益。指导并促进内外贸领域行业协会、社会中介组织的发展。

地址：宣武区广安门南街68号

电话：83976036

邮编：100054

(马　前)

【音像大厦乔迁开业】 3月24日，“北京音像大厦乔迁开业仪式”在马连道音像大厦前举行。文化、出版和商户代表300多人出席开业仪式。音像大厦是文化部指定的两家国家级音像批发市场之一，年营业额约5亿元。

(马　前)

【百安居落户马连道】 9月6日上午，百安居马连道店落户典礼在马连道街举行。百安居马连道店拥有10 000多平米的营业面积，是百安居公司在中国的第40家连锁店，北京的第4家店。百安居马连道店是继法国家乐福超市之后，马连道地区的第二家世界500强企业连锁门店，也是宣武区第一家大型装饰建材专业店。

(马　前)

【沃尔玛购物广场宣武门店开业】 12月7日，位于宣武门外大街28号富卓大厦的沃尔玛购物广场宣武门店隆重开业。宣武门分店是沃尔玛在中国开设的第52家商场，也是继石景山山姆会员店和海淀知春路分店之后，沃尔玛在北京开设的第三家商店。该商场建筑面积1.8万平方米，经销商品达2万余种。

(马　前)

【诚信促销活动】 在市、区有关监管部门联合对商业企业促销行为规范进行检查的基础上，市商联会与各区县商联会共同组织了诚信促销文明杯竞赛活动。2005年春节黄金周诚信促销文明杯竞赛第一阶段，由各区县商务主管部门推荐，全市36家优胜企业获得行业提名。宣武区9家企业获得提名。此次竞赛活动的目的在于，贯彻落实市商务局等三部门发布的《北京市商业零售企业促销行为规范(试行)》和《北京市商业零售企业进货交易行为规范(试行)》，规范企业经营行为，维护市场经济秩序和广大消费者的合法权益，提高服务质量，树立首都商业良好的社会形象。

(马　前)

【再生资源回收网点】 全区再生资源回收网点117处，归属四个系统。金源公司回收网点25处，环卫局2处，街道系统58处，残联42处。全年回收各类废旧物资共9 490余吨，交易额1 155万元，比2003年的

1 047万元上升10.98%。从业人员260人,比2003减少29人。安置下岗失业人员83人,安置新就业人员15人、安置残疾人员42人。

(马　前)

【中国特色商业街揭牌】 4月23日,由区政府和中国茶叶流通协会联合主办、中国步行商业街工作委员会协办的北京马连道第五届茶叶节开幕式暨“中国特色商业街”揭牌仪式在北京马连道茶城广场举行。中国城市商业网点建设管理委员会会长荀培路、中国茶叶流通协会常务副会长王庆、市商务局副局长李顺利和区领导唐大生、武高山、王敏荣、张文华、丁力、单彩芝、袁双梅等出席开幕式。中国步行商业街工作委员会研究中心主任韩健徽宣布授予“中国特色商业街”的决定。

(马　前)

【黄金周市场销售火爆】 “五一”黄金周,全区消费品市场总体表现活跃,黄金珠宝、服装服饰、茶叶经营特色突出。统计数据显示,8家重点商业服务业企业,1-7日累计实现销售额11 235万元,同比增长31.39%。菜百公司7天累计销售3 222万元,同比上升31.67%。庄胜崇光百货商场节日7天累计销售收入5 129万元,同比上升36.51%.张一元茶叶公司黄金周期间,公司销售同比上升11.08%。餐饮消费持续火爆。节日7天,全聚德烤鸭集团、晋阳饭庄分别实现营业额1 805万元、81.4万元,同比增幅都在三成以上。“十一”黄金周期间,8家重点商业服务业企业,1-7日累计实现销售额13 927万元,同比增长16.0%。菜百公司7天累计销售3 222万元,同比增幅达18.7%。庄胜崇光百货商场黄金周7天累计实现销售额7 282万元,同比上升13.4%。张一元茶叶公司销售收入324万元,同比上升18.7%。餐饮消费持续火爆,全聚德烤鸭集团实现营业额2 077.2万元,同比增幅为25.6%。

(马　前)

【商业网点安全月活动】 区商务局对马连道地区家乐福、郑周超市、苏宁电器、华联商厦的安全生产情况进行了检查。结果显示,各单位加大了安全生产宣传培训和投入力度,健全管理制度及应急预案,完善了消防设备设施及管理,普遍进行了安全隐患的自查,采取措施进行了整改,使安全通道、消防设备、设施等硬件有较明显的改进。家乐福马连道店申请专款用于标识的改造;华联商厦广安门店不但消防器材完好有效,还在每层设有平面逃生指示图,扩大对顾客的宣传。对存在的不同程度安全隐患问题,要引起重视,认真进行自查自纠,不留盲点。

(马　前)

【便民浴池】 年末,政府扶持的红龙浴池、小桥浴池由原每天平均接待70多人次增加到150多人次;增幅最小的也比原来增长了20%-30%。琴岛、莲雾等浴池由原来每天接待40多人次,到现在平均每天接待60多人次。

(马　前)

【重点商业服务业获财政资金支持】 区商务局、财政局为企业落实商业结构调整资金644.65万元、发展社区便民菜店补助资金48万元、便民浴池装修改造扶持资金78.22万元。通过政府财政资金的大力支持,上半年,菜百公司的销售额达6.2亿元,增长41%;翔达公司启动了老字号恢复工程,餐饮销售3 537万元,同比增长15.3%;张一元销售额1.3亿元,同比增长11%。

(马　前)

【宣武区12家门店获“全市首批优秀特色店”殊荣】 在7月19日召开的“北京市中小流通企业年会”开幕式上,副市长陆昊、北京市商务局长李昭、宣武区副区长袁双梅等领导亲自为全市30家“北京市首批优秀特色店”颁牌。张一元茶叶有限责任公司大栅栏茶庄、更香茶叶有限公司马连道茶庄等12家门店榜上有名。

(马　前)

【食用盐市场检查】 8月19日,区商务局联合市商务局执法大队、工商、卫生14名执法人员,有针对性地对14家销售、使用食用盐单位进行了重点检查,其中餐饮业11家、农贸市场1家、小超市和小副食店各1家。检查中发现12家单位存在销售、使用假冒“晶晶牌”食用典盐问题。当场收缴假冒“晶晶牌”食用典盐106公斤,市商务局执法大队对4户当场处罚,罚款200元,对其它情节严重的涉及出售假冒白酒、出售“三无”食品、无健康证上岗等问题,工商、卫生等执法部门分别予以立案调查。

(马　前)

【规范早餐经营】 年内,确定了60家早餐经营示范店、规范店,其中示范店16家,规范店44家。9月23日,区商务局会同区行业协会举办了2005年宣武区早餐经营企业规范工作培训会。60家早餐经营企业负责人及管理人员参加了培训

(马　前)

北京金源投资管理有限公司

【概况】 北京金源投资管理有限公司(简称金源公司)由原北京金源投资管理公司转制而成,内设党

务工作部、行政办公室、劳资保卫部、财会审计部、经营开发部等5个部室,现有控股子公司7家,参股公司2家,经营网点177个,建筑面积96 000多平方米,主要以从事商业流通业和资本运营为主,现已初步形成6条连锁经营体系,即:华强综合超市和社区便利店连锁、牛街清真超市连锁、正兴德、永安茶叶连锁、五谷粮油贸易、华强旅行社和精诚再生资源绿色回收业态。年内,金源公司以“打造品牌、突出特色、创造市场、科学管理、加速发展”为发展目标,认真贯彻“一个落实、四个坚持”的总体发展思路,坚持以提高经济效益和经济运行质量为中心,以发展作为第一要务,以夯实基础、完善机制、规范管理为重点,以强化整体意识、提高员工素质为核心,通过不断加强物质文明、精神文明、特别是企业文化建设,促进了企业和谐进步,取得了较好的经营业绩。实现商品销售收入2 .2亿元,综合效益715.8万元,上缴各种税金803.5万元,职工股金分红率13%,职工收入比上年提高11%,较好地完成了年度计划和各项工作任务。

地址:北京市宣武区广安门南街60号

电话:63541432

邮编:100054

(付淑梅)

【一届二次会员代表大会】 3月7日,金源公司召开一届二次会员代表大会暨一届二次职代会,审议通过了2004年公司经济工作总结和2005年工作思路的报告、2004年公司业务招待费使用情况的报告、2004年公司内部职工持股会监事会工作报告、行使股东权利情况的报告和股利分配情况的报告。

(付淑梅)

【“三.一五”维权】 3月15日,牛街清真超市在门前搭台,与区质检局、工商局、烟草局联手,举办了以“健康维权、今天3.15、天天3.15”为主题的维权消费咨询活动。十三香、和田宽、三和园竹盐、伊家以及大厂跃华等知名品牌厂家参加了咨询活动。

(付淑梅)

【第四届绿茶节】 4月20日,正兴德举办以“诚信、健康、和谐”为主题的第四届绿茶节。其中,正兴剑芽、黄山雀舌、梅家坞龙井、庭山碧螺春等4种春茶成为“北京市2005年春茶节”推荐的质量合格、质价相符的春茶。

(付淑梅)

【“五一”黄金周】 自4月25日起至5月10日,金源公司以“春情、春意、激活春天市场,多彩、和谐、互动服务营销;真情、真意、奉献浓情服务,特色、创新、塑造金源公司品牌”为主题,组织策划了“五一”节市场营销活动,隶属公司及其所属门店、超市均推出了一系列酬宾促销活动。

(付淑梅)

【粮油精品店开业】 6月11日上午时,位于广外红居5号楼一层的五谷粮油精品店隆重开业。该店营业面积120平方米,以经营粮油为主,兼营副食调料、休闲食品、卫生洗涤用品等日常生活必需品约1 000多个品种。其中各种杂粮近80种,仅绿豆面、黄豆面、黄米面、江米面等杂面就有10多种,受到消费者欢迎。

(付淑梅)

【公司三年发展规划】 7月12日,金源公司召开一届三次会员代表大会和一届四次股东会审议通过了公司制定的《2005年-2007年发展规划》,规划从经济指标、规模效益目标和管理目标三个方面确定了企业发展目标,其中经济指标是:到2007年商品销售收入年均增长5%;利润增长8%,净利润增长8%;股金分红率增长8%;员工收入增长5%。

(付淑梅)

【合理化建议征集】 自年初开展此项活动以来,共收到建议179份,内容涉及企业文化建设、员工教育培训、超市流程管理、市场营销开发、特色品牌运作、能源资源节约、员工文娱生活等各个方面,其中10项建议被公司评为“十佳建议”。

(付淑梅)

【华强第一超市重张开业】 8月20日,华强第一超市重张开业仪式隆重举行。改造后的超市增加营业及库房面积500多平方米,共设五层经营大厅,其中,地下一层经营粮油、副食、日百、日杂商品,地上一层经营日配生鲜、包装休闲食品、蔬菜、水产、熟肉、主食厨房商品,二层则以文化用品、小五金、小家电等商品为主,三层经营服装、鞋类商品,四层经营家具,品种共15 000余种。20日开业当天销售额达到33万元。

(付淑梅)

【《金源公司》月刊创刊】 10月1日,《金源公司》月刊创刊。董事长阴建玲、党委书记于培德、总经理时文生分别题词:“祝《金源公司》月刊茁壮成长,成为金源公司人的良师益友!”、“祝《金源公司》月刊与时俱进,越办越红火!”、“祝《金源公司》月刊精益求精,激励全体员工团结奋进!”。月刊定于每月中旬发刊,发至公司本部、隶属企业及其所属直营门店、超市。内容将紧紧围绕企业物质文明、精神文明和政治文明建设,通过要闻综述、工作动态、营销在线、专题研讨、员工风采、文化生活等不同板块,全面反映企业发展和广大员工精神风貌。

(付淑梅)

【"中秋国庆"劳动竞赛】 金源公司中秋国庆市场营销劳动竞赛活动自2005年9月1日开始到10月10日结束,共评出先进单位5个,服务标兵16名,销售能手19名。

(付淑梅)

【公司培训员工】 1-10月,共举办培训班5期,其中营业员、收银员中级资格取证班2期,门店经理、超市店长岗位培训班2期,营业员岗前培训班1期,共培训员工277人,同时组织门店经理、超市店长分2批进行了异地培训。

(付淑梅)

【开斋节酬宾活动】 11月3日是回族传统开斋节,牛街清真超市除推出超市系列酬宾活动和门前传统小吃展卖外,还策划了系列爱心奉献活动。向牛街地区的20名特困学生每人捐赠300元助学金;向牛街地区享受低保的特困家庭每户赠送乜贴肉5斤及净菜4盒;向牛街敬老院赠送乜贴肉50斤。正兴德茶庄开斋节前为牛街礼拜寺和敬老院送去了茶叶,并于当日在牛街总店门前设置了展台、咨询台,免费发放660份茶叶礼包,吸引了众多消费者。

(付淑梅)

北京金座投资管理有限公司

【概况】 北京金座投资管理有限公司(简称金座公司)是年内通过资产重组整体改制为由职工持股机构和自然人出资组成的有限责任公司。公司总部内设党群工作部、经理办公室、经营开发部、财务审计部、人力资源部5个部室。公司所属和平门百货商场、劳务服务分公司2家分公司和志同达劳务服务有限公司、德寿堂医药有限公司2家子公司,公司参股、控股企业8家。职工总数2 582人,其中在职职工784人,离、退休1 798人。年内,公司含参控股企业销售收入4.47亿元,实现利润550万元,上缴税金1 124万元,职工股金分红率10%,较好地完成了年度计划和各项工作任务。

地址:宣武区南横西街27号

电话:63522526

邮编:100052

(王继红)

【走访慰问特困职工】 春节前夕,金座公司工会对所属企业特困下岗职工、困难劳模、重大疾病职工和孤寡户共计141人进行了走访慰问,送去慰问品、慰问金合计12万元。并对6名困难职工子女提供春风助学资助款5 900元。

(王继红)

【北京金座投资管理有限公司成立】 4月18日,北京金座投资管理有限公司正式注册成立。新企业由公司内部职工持股机构和自然人出资组成,其中公司内部职工持股机构出资占总股本的91.9%,自然人出资占总股本的8.1%。至此,实现了金座公司整体改制的平稳过渡,建立了与市场经济相适应的现代企业制度和"分工明确,各负其责,协调运转,相互制约"的法人治理结构。

(王继红)

【经济工作会议】 4月19日,金座公司召开2005年经济工作会议,公司党政领导、部室负责人及所属企业党政领导参加了会议。会议部署了2005年工作任务,确定2005年总的指导思想是:以建立现代企业制度,完善法人治理结构为核心;以加快资源整合、资产盘活、优化资源配置与质量,强化资产管理制度建设,确保资产规范高效运营为手段;以努力寻求新的经济增长点,力求公司实力增强、效益提高,股东资产增值、员工收入增加为目标,实现公司跨越式发展。

(王继红)

【新资产关系确立】 5月27日,一届二次股东会研究决定,公司整体转制后,以公司出资99%,公司工会出资1%的方式,共同投资50万元和100万元,分别组建德寿堂医药有限公司和志同达劳务服务有限公司2家子公司;同时重新组建金座公司和平门百货商场和金座公司劳务服务分公司2家直属分公司,从而建立形成了资产关系清晰,责权利明确的公司资产管理框架。

(王继红)

【工会会员代表大会】 5月31日,金座公司工会召开第一届会员代表大会,60名正式代表,5名列席代表出席会议。会上代表们听取了公司监事会主席张山树所做的工会工作报告,听取了公司工会经费审查委员会的工作报告;大会选举产生了新一届工会委员会和经费审查委员;通过了大会决议;区总工会副主席王学章出席会议。

(王继红)

【企业撤并调整】 年初,金座公司首先对所属阳光市场、一条龙等六个空壳企业完成了撤户注销。二季度末,对美都服装厂、大百二场两个停业单位完成了企业撤销,资产、债务、人员整合重组，对同属于停业性质的燕明玻璃店，经更名后重新注册组建为公司直属的劳务服务分公司。将所属企业撤并调整前分别管理的内退、待岗人员全部转入新组建的劳务服务分公司统一管理。

（王继红）

【安全生产工作】 年初，金座公司为配合整体改制的顺利完成，全面落实安全生产责任制，分别与各所属单位重新签订了《安全生产责任书》。围绕“遵章守法，关爱生命”安全月活动主题，开展了一系列有针对性的宣传教育活动：通过板报、内部信息等多种形式进行安全知识的宣传；开展各种安全知识培训，进一步推动企业各项安全工作的有效落实；组织职工参加安全生产试题答卷。针对公司经营网点分散、基础设施薄弱等现状，公司安全工作领导小组组织对重点部位进行经常性检查，坚持重点时期和节假日开展全面的安全生产检查，为企业营造良好的安全生产环境。

（王继红）

【新考核体系运行】 6月8日，一届三次董事会研究决定，金座公司按照新体制、新机制的要求，重新制定了《控股子公司及所属企业经营者年薪考核办法》、《经济效益、综合效益考核实施细则》，落实公司行使出资者的权利，履行企业资产经营的责任。公司召开专门会议，由公司董事长分别与所属的全资企业经理签订资产经营责任书，从而形成了责、权、利相结合，目标明确，有效制约的考核体系。

（王继红）

【内联升效益创历史新高】 年内，拥有152年悠久历史的内联升，因有效实施老字号品牌特色竞争发展战略，经济效益再创新高。销售总额达到3 300余万元，实现五年翻一番，利税同比增长16.3%，人均创利税8万多元，创造同行业单店销量第一的良好业绩。花色品种3 000余种，仅当年开发新品种200个，通过ISO国际质量体系认证，为内联升历史上品种最多、质量最好、销量最大的历史新高。年内，内联升通过市级《著名商标》的复评，产品的升级改造工作获得国家级《科技进步三等奖》，企业获得市级《首都文明单位》称号，部分班组获得首都《劳动奖状》、《巾帼建功先进》等多种奖项。

（王继红）

【健全完善资产运营管理制度】 年内，金座公司按照现代企业制度要求，结合新体制、新机制的需要，健全完善了包括公司法人治理结构各项议事规则，以及公司财务管理、资产经营管理、人力资源管理、行政基础管理等一整套较为科学规范的内部管理制度。

（王继红）

北京金正资产投资经营公司

【概况】 北京市金正资产投资经营公司（简称金正公司）是经北京市宣武区人民政府批准，于1998年8月正式成立的国有独资公司，履行区域公共设施基本建设、社会公益性项目建设、重点开发项目投融资，以及收缴国有资产收益、对政府项目提供贷款担保、对中小企业贷款担保提供咨询服务等职能。设二部一室一公司，有员工15 人。公司注册资金56 000万。权属企业15家（其中控股2家，参股企业13家）。年内，金正公司为促进区属国有企业改革进程，提高国有资本的运营能力，优化资本结构，促使产权清晰，加大了企业改革的力度，指导参与企业的改制工作；年度国有资产保值增值率106.18%，实现国有资本分红收益1 061.49万元；对外贷款担保在保余额109 200万元；在国家开发银行贷款余额为63 000万元，主要用于区域环境整治和道路建设工程；为15户中小企业的18个融资项目提供了2 080万元贷款担保 。

地址：北京市宣武区育新街甲2号

电话：63558819

邮编：100054

（杨杰华）

【国有资产收益情况】 年内，金正公司实现国有资产分红收益1 061.49万元，保值增值率达到106.18%。

（杨杰华）

【为中小企业担保】 年内，金正公司共为15户中小企业的18个融资项目累计提供担保金额2 080万元。

（杨杰华）

【对外贷款担保】 发挥区政府投融资工作平台的作用，开展对外担保业务，截至年末，对外贷款担保在保余额109 200万元。

（杨杰华）

【贷款支持区域建设】 截至年末，金正公司在国家开发银行贷款余额为63 000万元，根据区政府与国家开发银行的贷款合作协议，主要用于区域环境整治和道路建设工程。

（杨杰华）

【产权证划入工作】 4月28日，金正公司完成了北京燕郊房屋产权证以及土地证的划入工作。

（杨杰华）

北京翔达投资管理有限公司

【概况】 北京翔达投资管理有限公司（简称翔达公司）是经宣武区

经济体制改革办公室批准，于2004年初通过产权制度改革，依法整体改制为国有法人参股的有限责任公司。翔达公司设立了完善的法人治理结构，内设办公室、财务审计部、人力资源部、企业策划部、物业管理部和党务部6个部室和职工技能培训学校、区饮食服务行业协会两个自收自支部门，所属9个独立核算的行政建制单位和1个控股子公司。主要经营范围涉及餐饮业、旅店业、浴池业、美容美发业、照相业和文化旅游等经营业态。年末，经营网点80余个，建筑面积近6万平方米；正在建设中的酒店工程1处，建筑面积3.89万平方米。按照科学发展，提高效益，增强实力，做大做强的工作思路，经营结构进一步优化，竞争能力不断提升，经济效益稳步提高。全年完成营业收入同比增长10.2%，实现利润同比增长27.2%，资产总额达3.26亿元。

地址：宣武区教子胡同28号

电话：010－6352.1731

传真：010－63537573

邮编：100053

（陈宇光）

【一届四次股东会议】 1月20日，在翔达公司会议室，召开了第一届股东会第四次会议。会议审议通过了《2004年度财务决算方案》、《2004年度利润分配方案》、《2004年度财务预算方案》、《关于增资扩股的实施方案》和《公司章程修正案》。

（陈宇光）

【首次增资扩股】 2月17日，翔达公司完成了首次增资扩股工作，总投本增长37.36%，为公司的经营发展提供了有效的资金支持。

（陈宇光）

【经济工作会议】 2月28日至3月1日，在碧溪温泉饭店，召开了翔达公司经济工作会议。会议全面总结了2004年的工作，提出了2005年经营发展思路，确立了以科学发展观为指导，进一步解放思想，转变观念；以提高效益，促进发展为目标，进一步优化资源配置，调整经营结构，不断提升市场竞争能力和整体实力的经营发展方针。

（陈宇光）

【青年员工奖励基金】 3月下旬，翔达公司制定了《青年员工奖励基金管理使用办法》。为不断增强企业的凝聚力，构建和谐企业，按照《办法》的规定，翔达公司每年出资10万元设立专项基金，对凡在翔达公司系统各企业连续工作满3年的青年员工，结婚时给予价值3000元的实物奖励。

（陈宇光）

【人才招聘】 4月初，翔达公司为适应市场经济和现代企业制度的客观要求，逐步改善管理队伍的年龄结构、知识结构，不断提高经营管理水平。制定了《人才招聘实施办法》，面向社会公开招聘大学本科以上学历的人才招聘计划全面启动。

（陈宇光）

【规范物业管理】 4月初，翔达公司为加强整体改制以后，所剥离的宿舍及附属设备、设施等非经营性资产的管理，有效行使代管职责，确保公司资产和国有资产的产权关系清晰。在翔达公司物业管理部的基础上，组建了“翔达信诚物业管理公司”。

（陈宇光）

【宣传服务车启用】 4月10日，翔达公司清华池脚病治疗中心宣传服务车正式启用。清华池是一家百年老店，其脚病治疗技术享誉京城，流动宣传服务车进社区入家庭，为方便患者诊治，进一步扩大企业社会知名度起到了积极的促进作用。

（陈宇光）

【美味斋饭庄重张开业】 4月26日，翔达公司美味斋饭庄在宣武区白广路35号异地恢复营业。美味斋饭庄系一家经营上海风味特色的“老字号”餐饮企业，1956年12月从上海迁入北京，原地址位于宣武区菜市口地区，九十年代中期因市政改造拆迁，停业十年之久。2004年9月，翔达公司投资数百万元对宣武区白广路35号经营网点进行了整体翻建，使美味斋饭庄得以重新恢复营业。

（陈宇光）

【纪晓岚故居重新开放】 7月1日，翔达公司管理的市级文物保护单位－纪晓岚故居，经过再次投资整修和布展，恢复对外开放。“纪晓岚故居”现已成为“宣南文化”的组成部分和旅游景观。

（陈宇光）

【老字号经营发展会议】 8月25日，翔达公司在美味斋饭庄，召开“老字号餐饮企业经营发展座谈会”，向社会各界征求意见和建议。著名作家肖复兴先生、中国工商时报编辑陈利民女士、宣武报社、区国资委、区商务局的有关领导以及翔达公司所属各餐饮企业经理参加了会议。

（陈宇光）

【吐鲁番餐厅廿周年店庆活动】 9月5日，翔达公司在吐鲁番餐厅举办了“吐鲁番餐厅20周年店庆”活动，北京市民委副主任马中璞同志、区委副书记韩恩慈同志以及中国伊斯兰教协会、区民宗侨办的领导，社会各界60多人应邀出席了庆典活动。

（陈宇光）

【晋阳饭庄分店开业】 9月中旬，

翔达公司所属晋阳饭庄又一家加盟式特许经营餐饮企业，在丰台区马家堡西路开业。为进一步推动品牌带动，促进发展战略奠定了良好的基础。

（陈宇光）

【翔达大酒店工程复工】 9月下旬，翔达公司独立开发建设，位于宣武区广安大街菜市口东侧，总建筑面积3.89万平方米的翔达大酒店工程复工。建筑工程预算总投资3.2亿元人民币，计划2006年12月份竣工交付使用。

（陈宇光）

【员工公寓启用】 11月27日，为解决在翔达公司系统工作的外来务工人员的住宿问题，投资近百万元改造装修的员工公寓正式启用，200多名外来务工人员的住宿条件得到了根本改善。

（陈宇光）

【安全生产培训】 12月15日至16日，翔达公司在北京昌平凤山温泉度假村，举办了“安全生产培训会议”。会议总结了2005年安全生产工作，提出了2006年安全生产工作要求，再次进行了安全生产法律、法规培训。宣武区安全生产监督管理局副局长祖淑燕、商务局副局长李宁作了安全生产形势报告，结合区情就今后安全生产工作提出了具体要求。宣武区国资委党委书记马继业以及公司所属各单位经理、门店和租赁（承包）单位负责人等100多人参加了会议。

（陈宇光）

【档案工作获市级先进】 年内，翔达公司档案工作荣获宣武区唯一的“北京市档案系统2004－2005年度先进集体”。

（陈宇光）

北京金泰恒业有限责任公司宣武分公司

【概况】 北京金泰恒业有限责任公司宣武分公司（简称：金泰宣武公司）原为北京市宣武煤炭公司，2005年9月30日经北京京煤集团有限责任公司批准，改制为金泰宣武公司。原煤炭公司隶属的两个煤厂分别改制为北京金泰广安商贸有限责任公司和北京金泰永安商贸有限责任公司。改制后分公司有6家控股公司和1家直属的颐寿轩敬老院，以及北京金泰方园厨房设备有限责任公司、北京方园京广厨房设备有限责任公司、北京南城机电设备有限责任公司和北京金泰开阳商贸有限责任公司。公司目前有职工265人。年内，公司销售蜂窝煤38 473吨，比上年减少492吨；主副营及其它收入7 502万元，比上年增加1 487万元；上缴管理费及实现利润315万元，比上年增加15万元；超额完成年度计划指标。目前金泰宣武分公司除担负着区内4万户居民的民用煤供应任务外，另经营厨房设备、制冷设备、五金机电等20余类上万种商品和志同联劳动服务公司、金泰开阳大厦商务写字楼等。年内，公司继续被评为北京市金泰恒业公司（原北京市煤炭总公司）文明建设“标兵单位”，公司党委被评为先进党委，4个门市部被评为“金泰恒业杯”星级文明窗口，6个门市部被评为“金泰恒业杯”文明示范窗口和文明窗口。5月23日公司迁至宣武区半步桥街48号金泰开阳大厦办公。

地址：宣武区半步桥街48号
电话：63548097
邮编：100054

（张　育）

【方园分店重张开业】 1月，北京金泰方园厨房设备有限责任公司方园分店重张开业。新的方园分店位于宣武区天桥南纬路正阳天下商品楼一层，营业面积140余平方米，距离原方园分店仅50多米，分店重张后，将继续老店的品牌特色，并按照“小窗口、大视野、新平台”的经营策略，开拓创新，再创辉煌。

（张　育）

【送温暖活动】 元旦春节期间，公司开展了为职工送温暖活动，公司及权属单位的党政工领导共走访慰问离退休干部职工、困难职工、生病住院职工55户，送去困难补助及慰问金27 820元，使职工深受感动。

（张　育）

【召开职工代表大会】 2月，公司召开五届十八次职工代表大会暨2005年度工作会，听取审议了经理金晏明所作的《以三个代表重要思想为指导，树立科学的发展观，努力推进公司健康、持续发展》的报告，听取和审议了公司财务及业务招待费执行情况的报告、《集体合同》履行情况报告、公司五年规划执行情况等报告。大会审议通过了《职工代表大会工作实施细则》及《经营者目标管理考核奖励办法》。对2004年度先进单位、集体和个人进行了表彰并颁发了证书和奖金。经理金晏明、党委书记李景和分别与所属单位签订了2005年经营目标管理责任书及安全生产等专项责任书。

（张　育）

【民用煤价格调整】 4月，按照北京金泰恒业公司（原北京煤炭总公司）的要求，进行了民用煤价格调整，每块蜂窝煤从0.52元调整为0.70元，每吨从416元调整为560元，此后除在“冬煤预储”期间价格略有下降以外，年内，其蜂窝煤价格始终未变。

（张　育）

【公司迁址】 5月,由于公司调整经营结构,原办公楼开发利用,金泰宣武分公司从广安门内德源胡同8号迁至右安门内半步桥街48号金泰开阳大厦办公。公司的办公环境得到明显改善。

(张 育)

【合作开发永安路市场】 7月,宣武分公司与北京浴海源汽车服务有限责任公司在金泰开阳大厦举行合作开发永安路市场项目签约仪式。永安路市场项目占地3 380平方米,建筑面积9 770平方米,地上三层,地下二层。建成后,双方将共同经营。12月8日永安路市场工程正式开工,预计2006年12月中旬竣工投入使用。

(张 育)

【三公司通过质量、环境认证】 8月,宣武分公司权属金泰开阳大厦、京广方园厨房设备有限责任公司、金泰方园厨房设备有限责任公司先后通过ISO9001和ISO14001国际质量、环境认证。这将对促进企业发展、参与市场竞争起到积极作用。

(张 育)

【宣武煤炭公司改制】 9月,经北京京煤集团批准,原宣武煤炭公司改制为北京金泰恒业有限责任公司宣武分公司,其隶属的两个煤厂分别改制为北京金泰永安商贸有限责任公司和北京金泰广安商贸有限责任公司,改制后,宣武分公司共有6家控股公司和1家直属颐寿轩敬老院。

(张 育)

【献爱心捐款活动】 9月,在保持共产党员先进性教育活动中,公司开展"伸援助之手,建帮困基金"的献爱心活动。118人共捐款19 910元,专项用于职工特殊困难的救助。年内,公司职工还为东南亚海啸捐款11 214元,为困难职工刘永志捐款4 397元,为患白血病的职工家属捐款15 280元,利用帮困基金3 000元援助遭遇火灾的职工。公司职工全年共捐善款5万余元。

(张 育)

【开展"冬煤预储"活动】 8月20日至9月20日,宣武分公司开展了一年一度的"冬煤预储"活动,期间分阶段实行了蜂窝煤的价格优惠。到9月20日全区居民共预储冬煤22 148吨,预储户23 879户,预储覆盖率达到94.64%,为确保冬煤供应打下了良好的基础。

(张 育)

【兴建颐寿轩敬老院】 10月,公司自筹资金开发建设的颐寿轩敬老院投入使用。敬老院位于宣武区善果胡同5号,总建筑面积为5 560平方米,一至六层有标准间101间,床位210余张,室内设有独立卫生间,全天热水供应、地板式采暖,配有智能型呼叫系统、护士站以及电视、电话等设备设施及良好的服务。是集养老、休闲、医疗、娱乐等多功能为一体的一流敬老院。

(张 育)

北京恒达宏业经贸有限公司

【概况】 北京市恒达投资管理公司经北京市供销合作总社的批准,于2005年6月21日转制为股份制企业。企业新名称:北京恒达宏业经贸有限公司(简称恒达公司)。恒达公司设有党群部、行政工作部、财计科3个职能部室。下属宣武建材商场、宣武菜市口生活用品商场、宣武红星炊事用具商店、鑫盛通建材商场、北京宏盛兴炊事机械公司5个分支机构和宣武炊事食品机械公司1个参股控股企业。在职职工110人,离退休职工339人。公司主要经营炊事机械、不锈钢制品、土产建材、土产杂品。转制后公司克服诸多市场不利因素,以改革为动力,抓住机遇,克服困难,团结奋斗,在新的经济机制运行中,树立科学发展观,进一步明确了企业发展的方向和目标。2005年,全系统实现商品销售收入4 405万元,比去年同期增长17.14%,实现利润39万元,比上年同期增加21.1万元。销售和利润指标都超过了年初确定的目标,企业全面扭亏。

【一届一次股东大会】 6月2日,北京市恒达投资管理公司召开"北京恒达宏业经贸有限公司"第一届一次股东大会。会议通过公司章程,股民选举产生董事会成员6人。监事会成员5人。

【一届一次董事会】 6月9日,公司召开第一届第一次董事会,选举李华昌为董事长兼总经理。

【一届一次监事会】 6月9日,公司召开第一届一次监事会。选举郭秀君为监事会主席。

【新公司成立揭牌仪式】 7月26日,北京恒达宏业经贸有限公司举行正式成立揭牌仪式。区国资委书记马继业、主任杨有成及公司新任董事长李华昌、公司前任经理仟延顺、公司董事会及监事会全体人员参加了仪式。

地址:宣武区南横西街98号

电话:63522045

邮政编码:100053

(王立国)

北京菜市口百货股份有限公司

【概况】 北京菜市口百货股份有限公司(以下简称菜百公司)由北

京菜市口百货商场于2000年5月1日改制而成，是北京最大的以黄金珠宝饰品为特色经营的专营店。营业面积8 800平方米，员工486人。设有经理办公室、业务部、财务部、人力资源部、现场管理部、物业部、保卫部。年内，公司完成了经营班子调整和党总支换届选举，新一届党政两套班子配备齐全，董事长、总经理和党总支书记实行交叉任职，使监督机制更加完善。12月，公司团支部经宣武区团委组织部批准升格为团总支，并召开了团总支选举大会，产生了新一届团总支委员会。2005年，公司销售额达到117 188万元，与去年同期相比，上升31%，经济指标实现三个突破：即销售额突破10亿元，利润突破5 000万，实现利税突破1个亿。黄金珠宝首饰创下了连续16年在北京市同行业中销量第一，全国单独门店销量第一的辉煌业绩。2005年，公司先后荣获全国文明单位、中国黄金首饰驰名品牌、全国黄金行业明星企业、首都平安示范商场等多项荣誉称号。“菜百首饰”在第二届“北京影响力”的评选中进入前十名，荣获最具影响力品牌奖。

地址：宣武区广内大街306号

电话：83520468

邮政编码：100053

（杨文兰）

【“中国黄金第一家”揭幕典礼】 1月28日，在菜百公司举行“中国黄金第一家”揭幕典礼。中国黄金集团总经理兼中国黄金协会会长成辅民、中国商业企业管理协会会长何济海、北京市商务局局长李昭、宣武区副区长袁双梅、区商务局局长王典、菜百公司总经理赵志良、副总经理王春利等参加了揭幕典礼。

（杨文兰）

【发售“中国黄金第一家金条”】 1月28日，由菜百公司开发的自有品牌“中国黄金第一家”纪念金条发售。共有20g、30g、50g、100g四种规格。纪念金条的正面图案是“中国黄金第一家”字样，四周配有中国传统风格的花纹，背面是“菜百公司”字样、菜百公司标志、含金量标准、“FINGOLD”字样、克重、编码及生产厂家标志。

（杨文兰）

【发售“北京奥运金”纪念金条】 2月4日，由北京奥组委、中国印钞造币总公司和中国金币总公司联合发行，中国银行、中钞国鼎（北京公司）投资有限公司总经销，“北京奥运金”纪念金条正式在菜百公司首发。纪念金条是2008年奥运会特许商品，共有50g、100g、500g、1 000g四种规格，全国限量发行2.08吨，“北京奥运金”将连续发行5条，拼合后组成“2008”完整的图形。

（杨文兰）

【发售“北京奥运金彩色系列第一组”纪念金条】 3月29日，北京奥运金彩色系列第一组在菜百公司首发。本组金条共有50g、100g、500g三种规格，正面图案为彩色的北京奥运会会徽、“中国印”，背面图案是中国金币总公司英文缩写“CGCI”、编码、含金量及克重等。第一组全国发行量为1.75吨。

（杨文兰）

【公司董事会暨股东会召开】 4月19日，菜百公司召开2005年董事会和股东大会，审议通过了《2004年工作报告》、《2004年财务决算报告》、《2004年红利分配方案》、《2004年监事会工作报告》、《2005年财务预算报告》。

（杨文兰）

【新一届领导班子产生】 4月19日，选举产生了第二届董事会、监事会成员。赵志良任董事长、王春利任总经理。

（杨文兰）

【干部职工聘任聘用】 5月29日，历时18天的干部职工聘任聘用工作结束。聘任公司总经理助理2人；聘任经营部和部门经理9人、经营部现场经理和分店经理4人、商品部主任和分店副经理18人、部门经理助理和商品部副主任18人。

（杨文兰）

【新一届党总支产生】 6月9日，召开党总支换届选举大会，经过差额选举，产生了新一届总支委员会。

（杨文兰）

【李镭一行到公司调研】 7月9日，国家发改委价格监督检查司司长李镭、北京市发改委物价检查所所长李洁、宣武区常务副区长王永新、区发改委主任王佐、副主任孙泽国等各级领导到公司就价格诚信经营工作进行调研，公司董事长赵志良、总经理王春利汇报了价格诚信经营工作。

（杨文兰）

【荣获全国黄金行业多项荣誉】 7月30日，中国黄金协会授予菜百公司“全国黄金行业明星企业”、“中国黄金首饰驰名品牌”称号，公司董事长赵志良成为全国黄金行业优秀企业家金质奖章获得者。

（杨文兰）

【获“中国金币特许零售商”资格】 8月16日，根据中国金币总公司关于进行特许零售商试点等工作的通知（中金发【2005】16号），菜百公司作为中国金币总公司首批推出的10家特许零售商，北京地区唯一的商业零售企业，正式开展贵金属纪念币特许零售试点工作。

（杨文兰）

【国际铂金协会颁发纪念牌】 8月24日,国际铂金协会主席Courage(高伟政)先生到菜百公司,祝贺2005年铂金首饰销售7个月内突破1亿,并向公司总经理王春利颁发了"祝贺菜百公司2005年铂金销售1亿元"的纪念牌。

(杨文兰)

【捐资助学】 年内,菜百公司向大兴区青云店镇第二中心小学和门头沟坡头小学的学生捐赠图书300册,学习文具近千件。并将场庆经费4万元捐赠给北京市希望工程。

(杨文兰)

【国际铂金协会颁发纪念杯】 9月15日,铂金协会主席Courage(高伟政)先生在深圳会展中心举办了"隽永铂金、眩目绽放"为主题的答谢酒会,为表彰菜百公司连续三年销售黄金突破1亿元,特向公司颁发了纪念奖杯。

(杨文兰)

【场庆5周年服务促销活动】 8月18日至9月18日,菜百新世纪商场开展了为期32天的5周年场庆服务促销活动。活动期间,实现销售收入8 367万元,较上一年同期对比,增长了31.16%。活动的促销形式主要有:购物返礼券、抽奖、积分卡回报等。

(杨文兰)

【集体协商职工工资】 10月14日,菜百公司召开2005年集体协商决定工资会议,与会的企业方代表和工会方代表共同讨论通过了《2005年度工资增长方案》。公司企业方和工会方代表参加了协商会议。

(杨文兰)

【独家销售"狗年贺岁"金条】 11月9日,作为中国金币总公司发行、上海金币投资有限公司总承销的农历丙戌"狗年贺岁"金条,由菜百公司首发。公司在北京地区独家经销并同时进行回购。此次发行的"狗年贺岁"金条,成色为99.99%纯金,有500克、200克、100克和50克四种规格及850克的套装。

(杨文兰)

【庆祝菜百公司销售突破10亿元座谈会】 11月15日,由区政府主办,宣武区商务局承办的,主题为《实施品牌战略 发展特色经济》暨"庆祝菜百公司销售突破10亿元"座谈会在大观园酒店举行。宣武区副区长袁双梅主持座谈会,区委书记唐大生、区长武高山以及区委、区政府、区人大、区政协和宣武区各综合部门的主要领导出席座谈会。中国珠宝玉石首饰行业协会常务副会长陈洲其、秘书长孙凤民、中国金币总公司总经理单建生,世界黄金协会中国区总经理王立新,原市长助理、市商委主任藏洪阁,市商务局局长李昭、副局长程红,北京市商业联合会常务副会长张锡林,张一元茶庄、庄胜崇光百货等商业企业负责人也参加了会议。

(杨文兰)

【"菜百首饰"进入"影响北京百姓生活的十大品牌"】 12月17日,由北京电视台、北京晚报、北京青年报、北京人民广播电台、新浪网等12家北京主流媒体主办的第二届"北京影响力"活动,中,"菜百首饰"成为影响北京百姓生活的十大品牌之一。

(杨文兰)

【王春利荣获"中国品牌建设十大杰出经理人"】 12月30日,经过中国企业文化促进会、中国工业设计协会、人民日报社市场报、品牌杂志社、中国十大影响力品牌推选组织委员会推选,王春利荣获第二届(2005年度)中国品牌建设十大杰出经理人。

(杨文兰)

北京国华商场有限责任公司

【概况】 北京国华商场有限责任公司(简称国华商场),是一家经营特色显著的中型企业。国华商场集营业、办公、仓储为一体,建筑面积10 589平方米。下设业务企划部、人力资源部、财务部、安保行政部、党总支委员会、共青团支部、工会、现场服务办公室、计算机中心、经理办公室。以铂金首饰为经营特色,汇集八个大类的铂、黄金、珠宝翠钻,达九万余品种。同兼营家居日用、食品超市、生活用品。年内,公司完成销售收入1.62亿元,实现利税885万元,实现分红率41%。再次被评为北京市"守合同重信用"企业、"首都精神文明单位"、"宣武区重点企业联赛优秀单位"、"宣武区工会系统目标管理考核先进单位"。2005年11月,国华商场珠宝首饰被评为中国珠宝首饰业驰名品牌。

地址:宣武门西大街18号楼
电话:63022531
邮编:100053

(许恒宽)

【股本结构调整】 年内,公司进一步深化了企业内部改革,调整了股本结构,公司总股本从800万元减持至400万元。国有股全部退出。年末,公司实现销售收入1.62亿元,利税885万元,实现股东分红率41%。

(许恒宽)

【干部竞争上岗】 年内,公司将现代企业用人机制引入企业,进一步完善了企业法人治理机构。公司场级、科级岗位实行竞聘上岗。7月、10月顺利完成了场级、科级七个岗位的竞聘工作。

（许恒宽）

【公司促销活动】　年内，公司围绕“京城铂金第一家”的经营定位，举办大型促销活动18次，广告支出245万元。

（许恒宽）

【首饰特色经营荣获驰名品牌】　为了丰富“京城铂金第一家”的经营内容和服务内容，年内，公司对铂金和珠宝首饰在经营结构和管理模式上作了两大调整。扩大了铂金经营面积，使铂金饰品的经营面积在京城最大，新辟铂金特色岛，细化铂金品类，开发、设计男款铂金至尊系列新品。创新珠宝经营管理自营模式，实行统一国华商场品牌，细化饰品分类管理。新的管理模式，确保了首饰品质，丰富了首饰款式，便利了顾客选择与比较。11月，国华商场珠宝首饰荣获中国珠宝业驰名品牌。

（许恒宽）

【自行开发软件】　年内，公司完成了收银系统服务器的升级和改造，自行设计、开发了重点商品管理流程软件。实现了对珠宝首饰等重点商品购进、销售、库存、网上查询功能，及时为供货商提供供销信息，实现了网上商品的动态管理和真正意义上的首饰单品管理。

（许恒宽）

【更新服务设施】　年内，为落实“迎奥运三年行动计划”，商场逐步完善硬件服务设施，重新铺设了残疾人坡道，对商场的6个卫生间进行了改造，对卖场的8个试衣间重新进行了装饰。

（许恒宽）

【组织公益活动】　年内，公司与宣西、长西、三庙三个社区开展了“共建社区共创和谐”的公益活动，为社区居民上门服务、义务维修16次；组织163名居民，在春、秋季节到京郊名优厂家踏青参观；参与组织乒乓球赛、象棋比赛；为宣西社区老年活动站的改造捐款。“三八”节、“五一”节期间为宣武区8个街道的下岗、失业、残疾人员举办手工编织品劳动成果展卖。

（许恒宽）

【全员三级培训】　年内，公司对312人次进行了三级分级分类培训：岗位培训、技能培训、综合素质培训。对不同岗位的营业员进行了中级营业员资格培训；对经营珠宝首饰的营业员进行NGTC中级营业员技能资格和钻石分级技能资格培训；对二线工作人员和中层管理人员分别进行了服务规范、法律法规、经营理念等综合培训。

（许恒宽）

北京张一元茶叶有限责任公司

【概况】　张一元茶叶茶庄始建于1900年，创始人张昌翼，安徽歙县人，店名取“一元复始，万象更新”之意。1991年“张一元”商标在北京市商标局正式注册，1992年成立了北京市张一元茶叶公司。1999年张一元从国有体制中分离出来，以300万元注册资金转制为北京张一元茶叶有限责任公司。在十几年的发展历程中，“张一元”以弘扬茶文化、振兴民族品牌为己任，坚持走规范化、现代化的连锁经营道路，现旗下产业涉及研发、加工、销售几大领域，拥有4 000多平方米的茶叶加工及配送中心，对茶叶实行统一配送。在全国各产茶区建立30多家生产基地，拥有几十万亩茶园，一个茶研所，形成了产－供－销一体化的经营模式。目前公司经营千余种高、中、低档的红茶、绿茶、花茶、乌龙茶、紧压茶、保健茶。截止到2005年，公司连锁店已达83家，年销售额达到2.4亿元，年利税人均创利，人均劳效连续八年居全市、全国同行业之首。多年来，公司获得各类荣誉称号达十多种。2005年底，公司顺利通过了食品安全市场准入（QS）认证，成为全国茶叶分装企业首家通过QS（A级）的企业，是北京市茶叶行业中首家通过QS（A级）的企业。2005年，“张一元”又获“北京商业创新品牌”新称号。

地址：宣武区万明路18号

电话：8316．9366

邮编：100050

（陈　薇）

【四届一次职代会】　2005年1月9日至10日，公司召开了第四届第一次职工代表大会。通过了《2004年公司工作总结报告》、《2005年公司工作计划报告》、《2004年公司业务经费支出情况的报告》。明确了2005年公司的总体目标。区总工会副主席王学章同志应邀参加了本次会议并发表讲话。

（于凤云）

【新春开门红】　春节市场张一元显现出巨大的品牌效益和企业的活力，公司销售再创历年新高。从2005年1月1日至2005年2月15日，公司直营店零售额达到2359万元，比去年同期的2 115万元增加了244万元；同比增长11.5%。张一元总店创造了日销121万元的新纪录，再创全国茶行单店日销的最高纪录。

（于凤云）

【张一元杭州分公司成立】　3月28日，公司正式成立了杭州分公司，在同行业中率先实现了西湖龙井茶收购、加工、运输、销售统一管理,促进了公司产业链发展。今年分公司共收购龙井茶 53 937 斤,比去年增加了 8 000 斤,其中精品龙井茶 300 斤。经国家检测中心、北京市质检站等权威机构的综合评定,今年公司销售的西湖龙井茶无论是内质、外形,质量在同行业中高居首位。

(于凤云)

【张一元春茶盛典】 历时 22 天的"2005 年北京春茶节 - 张一元春茶盛典"于 5 月 7 日结束。所属 73 家连锁店累计实现销售额1 189.8万元。较去年同期1 089.8万元,增加 100 万元,同比上升9.2%。其中直营店(17 家)销售额为 691 万元,加盟店(56 家)销售额为 498.8 万元,分别同比增长 1.9% 和 21.13%。春茶节期间推出遍布全国产茶区的上百种名优新绿茶;摆放鲜花 3 020盆;店内悬挂吊旗6 000张;张贴促销海报 70 张;布置新绿茶展台 64 个;开展炒茶表演 60 场;茶艺表演 26 场;现场茶叶讲解咨询 1 场、答疑 100 人次;网上茶叶讲解咨询 1 场、答疑 60 人次;斗茶表演及茶友交流会 1 场、65 人次参加;免费品尝 955 场、12 096 人次;发放宣传册 13 038 本。

(于凤云)

【"一日捐"活动】 9 月 12 日至 16 日,全公司上下组织开展了"一日捐"捐款活动。共有 159 名职工捐款总额为 6 910 元。

(于凤云)

【东花市店开业】 2005 年 7 月 17 日,公司第十八家直营店——东花市店正式开业。此店的开业填补了张一元在东花市地区的经营空白,方便了附近居民购茶。2005 年公司连锁店已开连锁店 83 家,覆盖了北京 17 个城近郊区县。

(于凤云)

【第六届茶文化节】 8 月 20 日至 8 月 28 日,为期 9 天的张一元第六届茶文化节落下帷幕。此次文化节的重要活动之一是纪念张一元建店 105 周年,隆重推出张一元特制普洱茶纪念饼套装,限量发售 3 000 套。该纪念饼出自云南最负盛名的普洱集团,选料精细、做工精良,香气浓郁甘醇,堪称普洱精品,极富收藏价值,深受消费者的欢迎。

(于凤云)

【公司通过(QS)市场准入认证】 12 月 6 日,公司顺利通过了食品质量安全市场准入(QS)认证,从而成为全国茶叶分装企业首家通过 QS(A 级)的企业;也是北京市茶叶行业中首家通过 QS(A 级)的企业。

(于凤云)

【职工业务技能大赛】 12 月 5 日,公司工会举行职工业务技能知识大赛。大赛内容丰富,包括茶叶知识、茶文化知识、茶具知识、干茶辨别、服务演示等,参赛的 42 名选手经过复赛、决赛的激烈角逐,最后决出前三名。此次竞赛全面提高了职工的业务知识水平。

(于凤云)

【张一元 2005 光荣榜】 今年以来,公司先后荣获"中华老字号会员单位"、"全国三绿工程茶叶放心服务品牌"、"全国食品安全十强企业"、"北京市无假冒商标示范商场"、"北京市优秀特色店"、"北京市著名商标"、"首都精神文明建设单位标兵""全国商业优秀教育培训先进单位"、王秀兰同志荣获"全国商业行业尊师重教模范"等称号。

(于凤云)

北京宣武区工艺美术品公司

【概况】 北京宣武区工艺美术品公司是北京京都文化投资管理公司下属单位。所属企业有北京清秘阁公司、宣武民族玉器厂。主要经营:工艺美术品、文房四宝、字画、瓷器玉器等。年内公司进行了经济体制改革,将宣武区工艺美术品公司、北京清秘阁公司、宣武民族玉器厂三家整体改为北京清秘阁有限公司。企业性质为股份有限公司,主营业务不变。

地址:宣武区西琉璃厂 52 号

电话:63162236

邮政编码:100052

(刘　平)

【第四届第七次职工大会】 1 月 17 日,公司召开了第四届第七次职工大会,审议通过了贾志仁经理作的《行政工作报告》和各部门工作总结。

(刘　平)

【举办首届书画笔会】 2 月 22 日,清秘阁公司与廊坊明珠大厦共同举办"构建和谐社会,共创明珠辉煌"首届书画笔会,著名书画家雷振民、邹德忠、焦可群等人出席助兴。

(刘　平)

【三家整体改制方案获得通过】 4 月 4 日,召开全体职工大会,会议审议通过了《宣武区工艺美术品公司、宣武民族玉器厂、北京清秘阁公司三家整体改制实施方案》。

(刘　平)

【中鸿信受托对企业资产评估】 4 月 14 日,公司委托中鸿信建元会计师事务有限公司进行企业改制所需的资产评估业务。经过二个多月的资产评估工作,6 月 3 日,中鸿信公司出具了三家企业的资产评估报告书。

(刘　平)

【第四届第九次职工大会】 7 月 4

日，召开了第四届第九次职工大会，审议通过了贾志仁经理作的半年工作总结，副书记刘平作的《关于调整职工工资的意见》，副经理王宪作的《上半年业务招待费使用情况的报告》。8月9日，公司再次召开职工大会，审议通过了《企业章程》、《职工安置意见》、《资产处置方案》及新的股本结构。

（刘　平）

【清秘阁公司增资扩股】 11月，经工商局批准，宣武区工艺美术品公司和宣武民族玉器厂并入清秘阁公司，更名为北京清秘阁有限公司。12月28日，北京清秘阁有限公司的8位股东，将股份打入北京工商银行琉璃厂支行，并到宣武区工商局办理变更营业执照手续。

（刘　平）

北京新月联合汽车有限公司

【概况】 北京新月联合汽车有限公司（简称新月公司），成立于1992年12月，是集出租汽车客运、汽车租赁、汽车修理、汽车救援和省际旅游汽车客运、宾馆服务为一体的大型企业集团，是北京市出租汽车行业的骨干企业。公司下设办公室、人力资源部、财务部、车辆管理部、运营服务部、安全保卫部、科技信息部，辖16个出租客运分公司、1个旅游分公司和1个租赁分公司，另有新通救援公司、海南新月汽车公司、金沙宾馆、新鼓楼宾馆、神路园大酒店等控股企业。公司拥有各种运营车辆7 000多部，员工8 500余人，运营规模约占北京市出租运营市场总量的10%。

公司地址：北京市朝阳区王四营乡马房寺368号

电话：67366666

邮编：100023

（刘爱民）

城市建设

管理

规划管理

【概况】 北京市规划委员会宣武分局(简称市规划委宣武分局),是北京市规划委员会的派出机构。下设办公室(与综合业务科合署办公)、规划科(与建设用地管理科合署办公)、建设工程管理科(与市政交通工程管理科合署办公),行政编制16人;所属北京市宣武区规划监察执法队(编制8人),为正科级规划监察执法机构;北京市宣武规划信息服务中心、宣武区建筑设计所是所属两个自收自支事业单位。市规划委宣武分局主要职能是:负责城市规划建设问题的研究、参与研究本区经济和社会发展规划、协调城市规划与近期和年度建设计划的衔接问题;负责组织本区分区规划、控制性详细规划及主要地区城市设计的编制和修订工作;负责本区的地名规划和地名命名、变更等管理工作;负责本区规划地理信息系统建设和管理工作;负责规划档案管理工作;负责本区测量标志的管理工作;对违反规划管理法律、法规的行为进行查处;承办市规划委及宣武区委、区政府交办的其他事项等。年内,市规划委宣武分局围绕市规划委的中心任务和宣武区经济、社会、文化各项事业发展的目标,全面贯彻落实科学发展观,以国务院对北京城市总体规划批复为指导,以实施城市总体规划为主线,以“保持共产党员先进性教育”为契机,以转变规划观念、转变行业作风为重点,发挥城市规划在社会、经济、文化事业发展中的科学性、前瞻性和综合性服务功能,圆满完成了年度工作计划。

地址:宣武区南菜园街51号
电话:83975046
邮编:100054

(徐　利)

【规划工作前期调研】 年内,按照市规划委的统一部署,以国务院正式批准的《北京城市总体规划》(2004-2020)为指导,市规划委宣武分局参与完成了《北京旧城规划》、《基础设施近期建设规划》、《中心城区控规基础设施专项规划》以及《北京市“十一五”期间历史文化名城保护规划》的前期调研工作,提供了宣武区现状情况材料及规划思路,并对前期资料统计及图纸进行校核;协助市规划委相关处室以街区为单位,对中心城区控规整体修编现状进行校核工作。

(徐　利)

【参与编制经济社会发展专项规划】 年内,配合编制了《宣武区“十一五”期间国民经济和社会发展规划》、《宣武区“十一五”期间城市规划相关问题研究》等工作;以优化教育资源配置,逐步增强优质教育资源为核心,与宣武区教委共同组织,委托市规划院编制了《宣武区教育规划》;配合市交通委完成以宣武区为研究对象进行的《北京交通影响评估决策支持系统》课题研究。

(徐　利)

【大栅栏历史文化保护区方案】 年内,市规划委宣武分局在《北京大栅栏地区保护、整治与发展规划设计》的基础上,组织清华大学建筑学院、清华大学建筑与城市研究所共同完成了大栅栏煤市街以东地区城市设计方案编制工作。规划范围:东起前门大街,西至煤市街;南起珠市口西大街,北至前门西大街。规划用地31.8公顷。方案在经过多次深入研究和专家论证后,得到市规划委的批准。核发了大栅栏煤市街以东地区的启动地块(C、H地块)的规划意见书和用地许可证,历史文化保护区改造试点进入实质性操作。协调大栅栏投资公司、京都文化投资公司以及清华大学等单位,合作开展对煤市街以西地区的规划设计研究工作,规划范围:东起煤市街,西至南新华街;南起珠市口西大街,北至前门西大街。规划用地92.5公顷。

(徐　利)

【国际传媒大道方案】 年内,市规划委宣武分局配合清华大学完成了《国际传媒大道城市设计方案》编制的相关工作。传媒大道区域内投资活跃,一批传媒业重大项目均取得较大进展:核发了国际新闻中心建设用地规划许可证;北京移动枢纽项目已经建成并投入使用;北京网通大楼、富卓花园广场、经济日报社报业大厦即将竣工;国家新闻出版总署办公楼设计方案已由市规划委审定。

(徐 利)

【马连道采购中心区方案】 年内,市规划委宣武分局与马连道开发建设办公室联合组织了马连道采购中心区城市设计方案竞赛,并邀请规划、建筑、交通、景观等方面专家参加了"马连道采购中心区城市设计方案专家评审会",根据专家所提意见,委托中国建筑设计院对马连道采购中心区城市设计方案进行汇总。设计方案框架突出四大特色:充分利用中心绿地,突出茶文化特色;借助西客站南广场的地域优势,做大做强茶叶贸易和图书音像两大产业;紧密结合奥运理念,努力打造商务街区、文化街区、旅游街区;充分利用有限的土地资源,发挥最大的土地利用价值。

(徐 利)

【危旧房改造】 年内,分局为加快推动危改项目建设,克服种种困难,及时核发了大吉危改、菜西危改建设用地规划许可证;继续审批并核发了三统碑、红居、菜园街、双柳树、樱桃园、朗琴园四期项目建设工程规划许可证;研究确定区委党校、庄胜H地块、面粉五厂、菜西危改等项目规划方案;核发了区内危旧平房翻建的建设工程规划许可证。

(徐 利)

【景观标识规划建设】 年内,继续贯彻落实《宣武区古都风貌保护工作要点》,开展宣南文化景观标识规划建设工作。与区文化委、区政府投资建设项目代建中心等部门合作,组织建设了(金)圣安寺故址标识、(辽)仙露寺故址标识、(唐)万善寺故址标识和纪念电影百年标识等4个宣南文化景观标识项目,并组织征集拟在大栅栏历史文化保护区内建设的28项史迹标牌方案。

(徐 利)

【重点项目规划论证】 3月16日,组织召开了棉花片规划方案专家论证会。方案已经市政府批准,开始组织实施;组织开展了天桥南区公建设计方案国际征集工作,召开了天桥南区公建设计方案专家论证会;协调完成了十四中在广外新校址的选址工作;组织召开了首特钢地区所有开发单位征求意见会,核发了规划意见复函,年底举行了新址奠基仪式;协调完成了宣武区体育中心西扩的控规调整工作,经市规划委和相关部门同意后,市政府已正式批准了控规调整方案;完成了大观楼影院的装修改造工程设计方案竞赛和专家评审工作。

(徐 利)

【广安片危改方案论证】 3月,市规划委宣武分局收到市信访办转来的汪洋等1 638名居民联名来信,反映广安地区居民居住条件恶劣,市政配套设施落后、房屋质量存在安全隐患等问题,并强烈要求改善居住环境。市规划委宣武分局主动与街道办事处共同组织召开了居民座谈会和广安危改片规划方案专家论证会,并根据专家意见组织进行修改、完善了设计方案,并报市政府。

(徐 利)

【宣西片危改方案论证】 8月12日,分局组织召开了宣西片危改区专家座谈会,专家们经过现场踏勘,从不同的角度就设计思路和改造方式提出了具体建议。在9月23日召开的宣西片危改专家论证会上,专家普遍认为:该方案布局合理、空间流畅、舒展有序、水平较高;同时,较好地处理保护与发展的协调关系,并充分发掘其他有价值的历史遗存。传统建筑基本上成片地保存,对传统风貌保护起到较好的示范作用。

(徐 利)

【"城中村"整治】 年内,采用特事特办的方式,提前介入工作,及时进行现场踏勘,在全市率先完成规划用地手续的办理,有力地保证宣武区整治工作的顺利开展。同时,按照宣武区领导的指示,提前研究"城中村"整治后建设规划问题,为下一步的土地合理利用打下了基础。

(徐 利)

【逾期临建拆除】 年内,成立了专门的工作小组,建立工作报告和拆迁问责制度,对拆除工作进行专门监督。由于拆除的逾期临建大都是一些正在经营的房产,因此产权单位和承租人对此有强烈的抵触情绪。在做好耐心细致思想工作的前提下,分局不断修改完善工作预案,有效地阻止了矛盾的激化,保障年度任务的顺利完成。全年实际拆除逾期临时建筑19处,总建筑面积13 895平方米;腾退市政代征地5处,代征地面积24 250平方米。

(徐 利)

【无障碍建设与改造】 年内,完成了100项无障碍设施改造的计划,并通过了市无障碍设施改造建设领导小组的验收。

(徐 利)

【规划审批管理】 年内,共作出各类行政许可211项。其中,办理规划意见书74件，建设用地规划许可证11件、用地规模65.02万平方米，建设工程规划许可证130件、建筑规模75.16万平方米，规划意见复函23件，临时建设工程规划许可证18件。

（徐　利）

【规划监督检查】　年内，共完成规划验线9项，总建筑面积38.2万平方米；完成规划验收42项，总建筑面积71.3万平方米；补办处罚手续3项，建筑面积582.64平方米。

（徐　利）

建设管理

【概况】　北京市宣武区建设委员会（简称区建委）是负责本区建设行政管理的区政府职能部门。主要职能是：依法监督管理建设行业、建筑市场和房地产开发市场；负责制定和落实本区建筑工程年度开复工和竣工计划、区管建设项目的报建和开工审核；负责属地内工程质量、房地产开发和建筑行业、建筑市场、工程建设招投标、城市综合开发、危旧房改造等工作的监督管理。区建委设办公室（挂纪委、监察科牌子）、工程科、企业科、危旧房改造办公室、质量管理科。年内，建委以党员先进性教育活动为契机，坚持以“构建和谐宣武”为目标，以“优化地区发展环境”为主题，紧紧围绕“城建带动”这一战略，不断开拓创新、扎实工作、务实求新、克服困难，圆满完成了2005年各项工作任务。全区完成基本建设开复工209.47万平方米，是年计划的103.2%；累计新开面积为50.57万平方米，完成年计划的101%；累计竣工面积为150.5万平方米，完成年计划的100.3%。沃尔玛超市、牛街礼拜寺、万明路变电站、回民医院装修改造等一批重点工程和功能区建设项目竣工交用，14栋平改坡改造工程全面竣工。南新华街、南横街西段、北马连道西段等8条道路建成通车。全年累计拆迁居民5 589户，其中危改区拆迁居民3 900户，完成小马厂8#、10#、11#号楼、樱桃园危改区1#楼的回迁任务。2005年9月，建委完成了建房合并与划转工作，调整后，增加了房屋行政管理以及住房制度改革的行政职能。

地址：宣武区南菜园街51号
电话：83975154
邮编：100054

（闫　瑾）

【春风二期回迁楼复工】　春风危改二期工程是2004年度区委、区政府为居民办的20件实事之一，涉及110多户居民回迁。由于春风小区9#楼的40多户居民以13#楼对9#楼有遮挡为由，到现场阻扰施工，致使工程无法正常施工。区委区政府有关领导及时召开春风危改二期回迁楼专题协调会，有关单位三次致信居民，向居民解释政策法规，并按照区政府的工作要求给予居民一次性补助，一定程度上缓解了矛盾，工程于1月7日复工。

（刘亚鹏）

【煤市街道路拓宽拆迁工作启动】

煤市街市政道路拓宽工程是全区2005年重点工程，于2004年12月31日正式张贴拆迁公告，工程北至前门西河沿南至两广大街，全长1 045米，规划红线宽25米。涉及被拆迁居民734户，被拆迁单位68个，总投资4.5亿元。煤市街市政道路拓宽工程自2004年12月31日张贴公告，在拆迁公告期35天内，共有633户居民签订了搬迁协议，占全线总拆迁任务的86.23%，创造了近几年拆迁速度最好记录。

（刘莹娜　王世茹）

【新闻出版署项目拆迁启动】　新闻出版署是传媒大道上一个地标性的项目，该项目2005年1月18日张贴公告启动拆迁，共涉及447户居民，拆迁公告期40天，截至2005年3月7日，共完成拆迁居民345户，占总量的77.18%。

（刘莹娜）

【市民委领导视察牛街敬老院】

牛街敬老院工程是区2005年重点工程，区政府为民办实事工程之一。3月10日，市民委主任张恕贤视察了牛街敬老院工地。

（张东艳）

【禁用粘土实心砖工作】　为落实《北京市建筑节能管理规定》，2005年，建委对区内30多家建筑、装修及市政施工工地的围墙、临建等设施进行了“禁止使用粘土实心砖”专项检查。检查中发现地铁四号线菜市口站、庄胜二期住宅、南新华街和南横街市政道路、春风二期危改等工地现场存在堆放或使用粘土实心砖，当场责令施工单位停止了粘土实心砖施工，并下发了限期整改通知书，要求在3个工作日内拆除所有使用粘土实心砖的构筑物，并及时将粘土实心砖清出施工现场。

（刘亚鹏）

【市危改办领导来区调研】　3月22日，由市危改办副主任魏成森带队，调研宣武区未启动拆迁的危改区情况。调研小组听取了菜园街、菜西、双柳树、棉花、腊竹等危改区总体规划的介绍，重点视察了涉及保留、保护的文物和院落，并通过录像、照相等方式对现状进行了记录。魏成森副主任表示，调研小组将把实际情况积极向专家及市政府反映，力争尽早启动危改工程。

（刘莹娜）

【城建工作会议】　3月25日，2005年城建工作会召开。区委书记唐大生、区长武高山以及区人大、区政府、区政协有关领导和市建委、市规委、市国土局有关领导出席了会议。曾赞荣副区长在大会上作了题为《认真落实科学发展观 扎实推进城建工作》的报告。报告全面总结了2004年的城建工作,部署了2005年城建工作,确定城建工作的总体任务是:大力推动危旧房改造;坚定不移地推进功能区建设;充分发挥规划先导和土地基础作用;精心组织加强调度,有序推进市政基础设施和重点工程;继续规范行业管理,高度重视安全生产工作。并强调:各部门要按照区委、区政府提出的要求,进一步树立和落实科学发展观,以更加务实的作风,更加扎实工作,同心同德,再接再厉,圆满完成今年的各项任务,为推进我区城建工作的健康发展做出新贡献。市建委委员张玉平肯定了我区在城市建设方面取得的成绩,同时为我区的城市发展、城建管理提出了建议。

(安　磊)

【西黄线增建复线工程】 西黄线增建复线工程涉及宣武区15亩用地,全部位于广外办事处属地,需要拆迁房屋约1 100平方米、伐移树木274棵、拆除绿地约2 000平方米、围墙400米。危改办积极协调、主动服务,与相关部门开展实地踏勘,提前开展用地界测量钉桩、移栽树木报批、区管道路管线施工方案等事宜,为尽早启动征地拆迁工作创造了条件。

(刘莹娜)

【无障碍设施改造工程启动】 年内,区建委会同规划分局对区内2002年1月1日以后设计施工并已建成的项目进行了排查,并确定今年将对长椿寺、牛街西里2#楼公建、红居4#、5#裙房4项工程进行无障碍改造。改造内容主要包括建筑物出入口和公共卫生间并统一悬挂无障碍标志。改造工作由项目的建设单位负责。

(刘亚鹏)

【加强招投标活动监管】 年内,建委按照2005年北京市建筑市场管理工作会的精神,采取三项措施加强国有和政府投资工程项目招投标活动的监管。一是规范资格预审;二是规范评标活动;三是进一步加强招投标监管力度。

(王海书)

【140中学操场改造动工】 140中学操场改造于5月25日破土动工,预计该工程9月初学校开学后投入使用。改造后的140中学操场将具备300米塑胶跑道、通透式围墙和15米的绿色隔离带。

(刘亚鹏)

【西厢工程拆迁档案移交】 西厢工程拆迁档案于5月底全部整理完毕,顺利移交区档案馆。共计整理档案105卷,10 460页,涉及被拆迁户1 828户。

(闫　瑾)

【万明路变电站供电】 6月18日,区重点工程之一的万明路变电站正式开始运营供电。至此,宣武区东半部地区供电难问题得到圆满解决。

(张东艳)

【大吉危改拆迁启动】 7月18日,大吉危改一期公告张贴完毕,该地区居民盼望多年的危改拆迁正式启动。大吉危改项目由国信房地产公司开发建设,一期拆迁四至范围是:北起菜市口胡同42号至包头章胡同一线、南至南横东街、东起南横东街57号、西至菜市口南大街一线,涉及拆迁居民2 293户单位50个。拆迁工作依据《北京市城市房屋拆迁管理办法》(87号令)进行货币补偿。

(刘莹娜)

【三统碑危改工程建设】 年内,三统碑危改工程进展顺利。三统碑危改区东起莲花河西岸,西至马连道东侧,南起广外大街北侧,北至广莲路,总占地面积14.7公顷,可规划用地6.28公顷,规划总面积259 378平方米。于2003年12月启动拆迁,小区的7号和8号商品住宅楼已完成拆迁工作,即将开工建设。7号和8号楼位于三统碑危改小区的东南部,为地上28层,地下2层的建筑,总建筑面积61 394平方米。由中铁建设集团有限公司负责工程建设任务,北京兴电国际工程管理公司负责工程监理工作,工程预计2006年8月底竣工。

(张东艳)

【天宁广场综合楼开工建设】 天宁广场综合楼项目位于西便门内大街53号、天宁寺立交桥北侧,由恒讯科创(北京)置业有限公司投资6.5亿元建设,定位为5A级的写字楼,建筑高度80米,建筑周边设有8 000多平方米的连续绿化广场及575个停车位,项目建成后有望成为宣武区和北京市的标志性建筑,并将为招商引资、吸引国内外企业落户宣武奠定基础。该项目计划2007年建成交用。

(张东艳)

【南横西街道路拆迁工作启动】 7月25日,南横街道路(菜市口大街至盆儿胡同)的拆迁工作启动,该段工程是南横西街道路改扩建工程分段施工的一部分,西起教子胡同永中,东至菜市口大街西延线,南至南横街规划红线,北至规划红线。涉及拆迁居民125户,单位5个,总投资7 200万元。

(尹　申)

【鸭子桥北里平改坡工程启动】 8月30日,鸭子桥北里11、12#楼开工建设。平改坡改造资金实行市、区政府补贴和产权单位自筹相结合的办法解决。具体为:直管公房由市、区政府各补贴50%;单位自管公房由市政府补贴50%,区政府补贴20%,单位自筹30%。于11月完工。

(王京江、尹申)

【苗乐茹来区调研平改坡】 9月7日,市建委副主任苗乐如就平改坡改造工程来我区调研。在鸭子桥北里11和12号楼现场听取了税勇副区长的工作汇报,针对平改坡工作提出了意见:一是平改坡改造资金实行市、区政府补贴和产权单位自筹相结合的办法,区政府要保证资金的落实,不允许施工单位垫资施工。二是加快前期工作的进展,推动后续工程尽快开工。三、工程建设、监理、施工单位要精心组织、规范运作,确保工程的进度、质量和安全。四是妥善处理好民扰和扰民问题。

(王京江)

【政府投资项目“三推进”措施】 年内,区建委对政府投资项目采取了“三推进”措施:即推进手续办理、推进项目开工、推进工程建设。具体是:在项目办理相关前期手续阶段,尽可能合理安排程序,从项目招投标、现场管理、质量监督等方面加快办理速度,确保项目手续齐全,规范运作;在项目开工前准备阶段,组织召开相关部门参加的工程进场协调会,从居民工作、现场安排、安全生产等不同角度提出工作要求,确保工程顺利开工;在工程建设阶段,派出专门人员密切关注工程进展情况,与建设单位建立联系人汇报制度,出现问题及时沟通并以最快的速度协调,确保工程按期交付使用。

(尹　申)

【南新华街道路工程竣工】 该工程于2004年6月开工,道路断面设计为一幅路,其中车道宽各24米,两侧辅路宽5米,同步实施雨水、污水、天然气、自来水、电力、电信、有线电视、各种市政管线,由北京道桥市政公司和正成市政公司承建。涉及拆迁居民317户,单位30个,工程总投资24 000万元。工程于2005年10月建成通车。

(闫　瑾)

【南菜园西街道路工程竣工通车】 工程东起菜园街,西至广安门南大街,道路全长260米,红线宽25米,为城市支路。工程于2005年9月开工建设,同步实施污水、电力、电信、有线电视、各种市政管线,道路投资300万元,工程于2005年10月建成通车。

(闫　瑾)

【建筑节能问卷调查】 10月,区建委向房地产开发企业、建筑设计、施工单位、监理单位、宾馆、写字楼、金融机构及物业管理公司以及小区居民等有关单位和居民下发了《建筑节能问卷调查》,共发放问卷55份,收回有效问卷54份。调查采集了第一手材料,为做好建筑节能管理工作打下了基础。

(刘亚鹏)

【牛街礼拜寺修缮工程完工】 11月3日,牛街礼拜寺修缮工程交付使用,回民群众在修缮一新的礼拜寺内举行了传统的开斋节活动。该工程总投入资金约2 100万元,是建国56年以来政府对牛街礼拜寺最大的一次修缮。

(尹　申)

【北马连道路工程竣工通车】 该工程11月建成通车。工程东起莲花河,西至马连道路,道路全长850米,红线宽30米,为城市次干路。工程于2003年8月开工,同步实施雨水、污水、电力、电信、有线电视、各种市政管线,工程总投资6 500万元。

(闫　瑾)

【樱桃园三条道路竣工通车】 工程东起右内大街,西至白广路,道路全长400米,红线宽20米,为城市支路。工程于2005年8月开工,同步实施雨水、污水、自来水、电信、有线电视、各种市政管线。工程总投资4 400万元。2005年11月建成通车。

(闫　瑾)

【危改小区居民回迁】 小马厂危改小区11#楼1－7层的居民于11月14日办理了回迁手续,领到了新房的钥匙。至此小马厂10#、11#楼的回迁办理工作基本结束,538户居民顺利迁入新居,占应回迁总量的83%。

樱桃园危改小区自11月18日开始办理回迁手续,截止11月25日居民已有336户居民办理了入住手续,占应回迁总量的89%。

(刘莹娜)

建筑行业管理

【概况】 年内,完成了对18家新申办房地产经纪机构的资质初审;为21家房地产经纪分支机构核发了资质证书。实施“阳光工程”,以公开、公正、公平为原则,办理招投标手续72项,总建筑面积528 499平方米,中标总价9.82亿元。对全区59项竣工工程进行了拉网式质量检查,确保建筑工程质量合格率100%。在监工程132项,建筑面积2 582 526平方米,竣工验收67项,1 310 827平方米,合格率100%。施工现场管理,按照“强化日常监管、重点专项整治”的工作思路,清理拖欠工程款64个项目、共2.37

亿元。协调处理劳务纠纷49起,涉及民工3 853余人,6 700万元工资。出动1 205人(次),对410余个(次)工地进行了安全检查,对6个工地进行了行政立案处罚,罚款9.07万元。

(闫　瑾)

【规范施工现场】　1月7日—11日,对全区工地的围档情况进行了专项检查,发现围档不合格7处。对情况较严重的春风二期、南横东街危改两处工地的围档进行了重点整治。

(张　瑾)

【行业管理改变隶属关系】　元月14日,对新划归区建委管理的30余家建筑业企业召开了行业管理工作会。30余家企业均在宣武区注册,原由市行业片组及各专业局负责的行管工作,《行政许可法》实施后全部划归注册区管理。

(苗满元)

【首批14家企业获《安全生产许可证》】　年内,依据国务院颁布的《安全生产许可证条例》及市建委《关于办理建筑施工企业〈安全生产许可证〉的通知》的要求,区建委积极组织区内建筑企业申报《安全生产许可证》,陶然建筑公司、中宣市政公司等14家首批申报企业通过审查,取得证书。

(岳　亮)

【"两会"期间施工现场管理】　年初,制定了"两会"期间安全保障工作方案,对辖区内各工地安全检查提出五点要求:1、各工地负责人要加强对施工现场的管理,制定"两会"期间的安全和保卫工作措施。2、停止一切土方开挖施工,确保各类管线安全。3、提前入手进行矛盾纠纷排查,对工地的不稳定因素要纳入事前监控范围,及时发现,及时解决。4、各工地必须加强值班制度,保持信息畅通。5、摸清在施工地外施队伍人数,进行封闭式管理。

(张　瑾)

【房地产开发企业年检工作启动】　我区房地产开发企业资质年检工作自3月21日开始至5月底结束。本次年检工作将全部从网上进行,全区在册73家房地产开发企业年检结果分两批向社会公布。

(苗满元)

【在施工地安全大检查】　自3月8日起,对属地内在施工程进行了安全生产大检查。检查内容包括企业安全生产保证体系的建立和落实情况,安全生产许可证的持证情况,施工现场安全管理中存在的隐患,劳务用工管理和工人的安全教育记录以及监理单位履行职责情况。检查覆盖了全区已复工的46个项目,对27个存在安全隐患的建筑工地下达了安全隐患限期改正通知单和加强安全生产行政建议通知单,其中责令7个工程暂时局部停止施工。对检查中所发现的问题,要求各工地在监理公司的监督下由项目经理组织,按照"三不放过"的要求逐一整改,复查合格后才能施工。

(张　瑾)

【《信访条例》宣传进工地】　4月19日上午,北京市信访办和市建委在宣武区菜市口北京市通信公司综合业务楼施工现场进行《信访条例》宣传活动。国家信访局副局长赵法友,北京市信访办副主任刘树年,市建委副主任苗乐如,市建委委员张农科,曾赞荣副区长等市区领导参加。市信访办刘树年副主任向现场工人宣讲了《信访条例》的内容和重要意义。市建委张农科委员向广大农民工介绍了建设系统信访工作情况,同时公示了市建委信访办的地址和联系方式,明确了信访合法渠道。

(王京江)

【在施工地大型机械专项检查】　4月5日至22日,区建委对辖区内29个在施工地进行施工机械专项检查。检查重点:租赁合同(包括资质证书)、拆装合同(包括资质证书)、安全管理协议、安全教育记录、安全技术交底和验收记录、作业人员上岗证书、塔吊统一编号和检测报告、起重吊装工程方案、安全检查记录、隐患整改记录、群塔作业方案等。据统计,全区共有塔式起重机32台,外用电梯23台,升降机12台。从检查情况看,在施工地施工机械安全生产情况总体良好,施工机械的租赁、拆装、日常使用管理比较规范,安装验收手续齐全,使用单位、租赁单位按要求签订了安全管理协议书,特种作业人员能够持证上岗,群塔作业有方案。通过核实,全区所有塔吊,外用电梯均已备案。存在的主要问题:个别单位现场资料零乱不全,施工方案未经监理公司审批,安全教育、安全技术交底针对性不强,现场无租赁单位安全检查记录。

(张　瑾)

【落实"七保证"工期控制措施】　4月27日,区建委对菜市口东片危改区B座、广安门住宅小区A区等单体规模较大的建设工程工期管理行为进行了专项抽查,重点检查建设单位要求施工单位压缩工期的违规行为,帮助施工企业制定以"组织保证、劳力保证、物资保证、机械保证、技术保证、制度保证、管理保证"七保证为主要内容的工期总体保证措施和关键工序工期保证措施。

(张　瑾)

【民工免费观看文艺演出】　4月28日,宣武区各建筑工地的350余位民工在天桥乐茶园免费现场观看了由宣武区委、区政府专门为民工举办的以“宣南文化进工地丰富民工业余文化生活”为主题的文艺慰问演出。

（安　磊）

【劳务用工专项检查】 5月9日至5月23日，区建委对辖区内在建工程进行了劳务用工专项检查。检查的重点是：施工总承包、专业承包企业一季度劳务费支付及民工工资监督落实情况；劳务分包企业“实名制”管理办法、签定和履行劳动合同、作业人员持证上岗、一季度工资支付情况等。检查了51个施工工地，外施队伍113支，涉及劳务人员9 972名。下达《限期改正通知单》32份，要求施工总包单位切实承担起管理责任，对发现的违法违规行为，要立即采取措施予以纠正，并随时将整改情况上报区建委。

（张　瑾）

【结构在施工程大检查】 5月18日－19日，区建委对全区范围内监督的结构在施工程开展大检查，共检查工程14项，共计25万平米，其中公建两项，其余均为住宅工程。通过检查，全区在施工程的质量管理基本到位，工程质量处于受控状态。对检查中发现的问题，工作人员当场提出了整改要求。

（付海林）

【五项措施保证学生静音备考】 年内，区建委采取五项措施，加强对考场周边工地的监管力度，营造考生良好学习环境。从6月1日起停止夜间施工，不再受理夜间施工审批申请，直至中考结束；要求施工单位制订降噪降尘措施，建设单位、监理单位要监督其落实情况；施工现场必须设立居民来访接待室。建设单位、施工单位要随时接待居民来访；严禁大型机械作业；加强执法检查。

（张　瑾）

【工地安全渡汛工作】 年内，区建委牢固树立“群众利益无小事”的观念，认真落实市、区防汛指挥部的部署，采取五项措施，确保建设工地安全渡汛。一是加强领导。成立了全区建筑工地防汛领导小组；二制定了《2005年宣武区建委系统防汛预案》，辖区内工地必须制定有针对性的防汛预案；三是下发了《关于认真做好施工现场防汛工作的通知》和《关于开展建筑工程预防坍塌事故检查活动的通知》；四是与13支防汛抢险队签订了责任书。五是加强了监督检查工作。

（张　瑾）

【雨季安全生产大检查】 6月10日至13日，区建委施工办检查了14个在施工地，重点监督检查各工地雨季安全生产易发事故的薄弱环节，对存在重大危险源和安全通病的有关责任单位提出整改要求和预警提示。对存在安全隐患的工地下发了9份限期改正通知单，要求严格按照法律法规以及有关规范、标准履行职责，提高安全生产意识，落实安全生产主体责任。

（张　瑾）

【全区建筑市场和房地产市场专项检查】 6月15日至9月15日，在全区范围开展为期3个月的建筑市场和房地产市场专项大检查活动。第一阶段7月上旬辖区内各在建工程进行自查自纠。第二阶段从7月中旬至9月15日将开展拉网式检查，检查重点是建设工程各项手续是否齐全，招投标是否存在违规行为，是否存在建设工程转包违法分包等违规行为。

（安　磊）

【区人大代表视察建筑工地安全】 8月17日，区人大常委会副主任吴甲龙带领部分区人大代表对我区建筑工地贯彻实施《安全生产法》和《北京市安全生产条例》情况进行了视察。代表们先后视察了北京燕京汽车厂住宅小区、南横东街危改区、北京市通信公司综合业务楼、广安门住宅小区等四个在施工地，详细查看了内业台账及现场安全监管情况。吴甲龙副主任强调：一是政府有关部门要进一步加大宣传和执法力度，切实加强领导，严格实施安全生产一票否决制；二是各施工单位要抓好安全教育培训工作，切实落实安全生产责任制，及时消除各种事故隐患；三是要积极创建文明施工工地，确保安全生产无事故。

（张　瑾）

【七项措施保证建筑工地安全生产】 年内，区建委有针对性地创新监管模式，采取七项措施保证施工现场安全生产，取得了良好效果：一、强化对重大安全危险源实施重点监控，确保不发生重特大安全责任事故。二、实行重点安全隐患单位约见告诫制度，确保安全保证体系的完善和安全隐患的整改时效。三、实行建筑工地安全状况差别化管理，对现场管理较差的工地起到了鞭策作用。四、推行监理单位《安全月报》制度，充分发挥监理单位安全监管作用。五、实行《施工现场巡查通报》制度，扬优曝劣，倡导积极向上的安全文化风气。六、实施安全隐患复查到位制度，加大复查力度，确保检查效果。七、实施安全帮扶制度，体现服务，促进工地管理水平的提高。

（张　瑾）

【清理拖欠工程款】 年内，共有64个拖欠项目，合计拖欠金额2.37亿元。8月30日，随着北京市热力集团与北京市中宣市政工程有限公司签订最后一份还款协议书，区建设领域清理拖欠工程款工作全面告捷。比北京市要求提前4个月完成任务。

（孙玉民）

【建筑工人卡拉OK大赛】 为丰富建筑工人的业余文化生活,配合"第四届宣南文化节"活动,11月1日在马连道13号中直机关经济适用房建筑工地首次举行了"建设者之歌"建筑工人卡拉OK大赛。来自各建筑工地一线的19名选手登台献艺,3人获一等奖,6人获二等奖,10人荣获三等奖。税勇副区长、文化委许立仁主任、区建委党组李洪祥书记等领导为获奖者颁发了奖品。

(张瑾 杨玉宏 宋伯宁)

【施工工地扬尘治理】 10月以来,联合区环保局、区城管大队对全区建筑、市政工地的洗车设施、道路硬化、土方固化、垃圾入库、场地清洁、工地围挡等各项措施进行大检查,对不达标的工地一律责令整改,逾期未改的移交城管执法部门处理。

(张 瑾)

【防火隐患排查整治】 年内,结合开展的"迎奥运保安全火灾隐患排查整治百日行动",区建委开展了施工现场火灾隐患的排查整治工作。重点对施工现场施工人员宿舍、办公区用电取暖情况,易燃易爆物品存储及使用情况,临时消防设施的防冻保温、消防水源及消防设施、设备、器材的完整、灵敏、有效情况,结构施工使用保温材料所采取的防火措施情况,建设工程内是否存在违章住人情况,疏散通道、消防车道和安全出口的畅通,用火、用电、用油、用气的消防安全管理情况,重点工种人员以及其他施工人员消防设施的掌握情况,各项消防安全责任制度的落实情况,工地内部的防火巡查和重点部位的防火检查情况进行了全面检查。

(张 瑾)

房地产开发与建筑业

北京市宣武区城市建设综合开发总公司

【概况】 北京市宣武区城市建设综合开发总公司(简称宣开总公司)是从事房地产开发、经营业务的国有企业,具有中华人民共和国建设部评定的房地产开发一级、银行资信AAA级、国家档案管理二级资质,是中国房地产综合效益百强企业之一。公司经过深化改革、改制后,现有干部职工70人,下设5个职能部室和1个下属单位(供热厂)。年内,公司开复工面积25.2833万平方米,比上年度下降8%;竣工面积11.2981万平方米,比上年度提高261%;综合经营收入69 503.67万元,比上年度提高37.86%;实现利润2 469.73万元,比上年度的166.93万元提高了近14倍;上缴税费6 216.25万元,比上年度提高37%;贷款总额950万元,比上年度下降91.52%。

地址:宣武区庄胜广场中央办公楼南翼7层

电话:63108897　63532142

邮编:100052

(高孝良)

【员工捐款捐物献爱心】 1月10日至13日,总公司及6家单位职工231人义务捐款108 696、25元;送交宣武区民政局接收捐赠工作站,转送因印度洋地震海啸造成损失的南亚地区国家。总公司、裕昌公司和7个党支部的73名党员还义务捐款26 037元转交区残联。公司和党员、群众又在区工会组织的"一日捐"活动中捐款14 843.6元。12月又向贫困、受灾地区捐献棉衣、棉被155件。

(高孝良)

【总公司机关迁址】 3月18日,顺利完成了公司迁址工作,购置了办公设备,建立了内部局域网和电子信箱通信系统,设立乒乓球室,购买微波炉为职工热饭菜,使员工感受到企业的舒适和温馨,改善了办公条件和工作环境。

(高孝良)

【总公司改制领导小组会议】 3月21日,在大观园酒店二层会议室召开了宣开总公司改革改制领导小组第五次工作会议。副区长曾赞荣、相关委办局领导及宣开总公司党政班子成员参加了会议。会议听取了宣开总公司总经理刘群生同志关于企业进一步深化改革、改制和人员分流工作进展情况及存在问题的汇报。与会各委办局领导对宣开总公司改革改制的成绩给予充分肯定,对企业今后的发展问题提出了很多建设性的建议。常务副区长王永新将宣开总公司改革改制的成绩归纳为"区委、区政府领导好、各委办局配合好、宣开总公司班子好、改革改制方案好、改革改制操作好"。要求宣开总公司在完成企业改革改制和做好经济业务工作基础上,认真研究房地产政策、市场趋势和选准企业经营模式,使企业在生存发展的前提下,力争将企业做大做强。

(高孝良)

【第三次清产核资工作】 3月15日至6月底,总公司开展了第三次清产核资工作。对长达15年之久的呆帐、坏帐进行核实取证;对工程欠款、拨款、合同逐项审查、核对,对固定资产清点造册,对房屋性资产实地勘察、盘点登记,基本摸清了家底。为防止先清后乱，财务资产审计部还制定了一系列管理制度，规范了管理。

（高孝良）

【总公司调整行政班子】 5月，宣武区国资委党委协助宣武区城市建设综合开发总公司调整了行政领导班子。新领导班子更加年轻化、专业化。

（高孝良）

【企业管理建章建制】 5月，区国资委党委协助调整了总公司党政领导班子，按照企业发展要求建立起一系列管理奖惩激励制度。从抓岗责入手，重新制定了65项工作职能和555条岗位职责。总公司机关改革前有18个部门，120多名职工。改革后38人竞聘上岗，工作效率、企业效益比改革前有了大幅度提高，企业的凝聚力、向心力、创新力、战斗力进一步增强。

（高孝良）

【广安大厦促竣促销联合办公室成立】 9月，宣开总公司与未来集团成立了广安大厦促竣促销联合办公室。经努力，总公司工程管理部核定了广安大厦工作量和审核工程预算拨款、材料招标等资料，完成了工程收尾工作，为工程验收和销售工作奠定了基础。

（高孝良）

【清理债权债务】 9月 为做好清理债权、债务工作，总公司成立了9个追缴欠款小组，共计追缴欠款5 011万元，完成资金回收3 082.72万元。

（高孝良）

【基层单位改制完成】 10月11日，蓟城物业公司召开了第一次股东大会。通过了《北京蓟城物业管理有限责任公司章程》，选举产生了董事会、监事会成员。总公司原有下属二级企业6个，三级企业10多个。现除具有公益职能的嘉园供热厂和三级企业中山旅行社外，公司下属企业已全部进行改制、重组或撤消。总公司收回改制、重组企业资金1.26亿元。

（高孝良）

【嘉园住宅区市政工程基本完工】 年内，经工程管理部员工不懈努力，全年基本完成了嘉园住宅区十多年来开发遗留的市政、电力、自来水、绿化、照明等一系列工程问题。完成嘉园住宅区电力工程24项，17栋楼3 208户年底正式发电工作。完成嘉园住宅区14栋楼2 126户的户内天然气改造工程。已为5栋楼836户通了天然气。

（高孝良）

【南线里小区商服楼竣工】 年内，南线里商服楼实现了当年施工当年竣工的目标。施工期间未发生索赔，工程竣工后及时销售焦煤集团，回笼了资金。

（高孝良）

【总公司进入全国房地产行业500强】 年内，总公司被建设部、国家统计局评为全国房地产行业500强之中的第334位。12月17日，在人民大会堂举行了隆重的表彰颁奖仪式。

（高孝良）

北京房开置业股份有限公司

【概况】 北京房开置业股份有限公司原系北京市宣武区房地产经营开发公司。成立于1993年，2001年经市体改委、市工商局批准为北京房开置业股份有限公司，注册资金5 000万元。公司为一级资质房地产开发企业，并通过ISO9001国际质量管理体系认证。主要经营房地产开发；经营销售商品房；城市危旧房改造和开发建设等。公司自成立至今一直从事危旧房改造工作，先后开发建设了13个危改区，占地162公顷，规划建筑面积318万平方米，年开复工面积达100万平方米左右。主要开发项目有：双槐树危改区、建功北里危改区、平原里危改区、椿树危改区、法原寺危改区一期工程、牛街东、西危改区、腊竹危改区。完成开发建设面积219万平方米，解决了近26 000户拆迁居民的住房问题。同时完成了广安门大街、两广路、菜市口南大街、菜园街、白纸坊街、盆儿胡同、南横街等城市道路代征地的拆迁工作。其中平原里危改工程和牛街一期危改工程获“建国五十周年重大建设”荣誉证书和奖杯。公司致力于危改的同时，还开发建设了西华经典、似海怡家、信恒大厦、祥和家苑、置业家苑、牛街商业等精品商品房项目，为繁荣宣武区的经济发展做出了贡献。2005年，开复工总面积25万平方米，新开工2万平方米，竣工7.2万平方米。完成投资12 346万元，实现收入2 145万元。2005年，北京房开置业股份有限公司被宣武区精神文明建设委员会评为宣武区文明单位。被牛街街道工委、办事处授予“牛街街道第八届民族团结进步先进集体称号”

地址：宣武区广安门内大街210号，西华经典二层
电话：63577515/9
传真：63577566
邮编：100053

（乔　茜）

【区民族敬老院竣工】 12月28日，北京市宣武区民族敬老院竣工。该工程位于牛街东里危改区，毗邻牛街礼拜寺和万米绿地，环境优美，总建筑面积10 418.26平方米。该项目由区政府投资。新落成的民族敬老院为庭院式建筑模式，仿古建

设计风格,与牛街民族建筑在风格协调统一。

(乔　茜)

【春风13号楼主体结构完工】 年内,房开公司在保证工程质量的前提下,特别加快施工进度,12月份实现了主体结构竣工,并进行了部分二次结构施工。,为春风13号楼居民按时回迁创造了条件。

(乔　茜)

【接受市审计局专项审计】 年内,作为"三区五片"危改项目,牛街危改接受了市审计局的专项审计。经审计:牛街危改政策性亏损3.7亿元,收支帐面亏损2.9亿元。审计结果与公司的财务状况相符。审计过程中,房开公司积极配合,提供了完整详实的危改资料,确保了数据的准确有效。审计结果真实地反映了牛街危改的资金状况,为探索危改的新途径提供了依据。

(乔　茜)

北京市天枫房地产开发公司

【概况】 北京市天枫房地产开发公司(简称天枫公司),成立于1999年11月,区属国营企业。公司设6个管理与业务部(室)。

年内,宣西片危改项目设计方案通过了专家论证。

地址:宣武区广内大街6-1号
电话:83556601
邮政编码:100053

(徐　玲)

北京陶然建筑有限公司

【概况】 北京陶然建筑有限公司(简称陶建公司)是具有年施工面积50万平方米以上,年竣工面积20万平方米以上,年施工产值3亿元以上施工总承包能力的土木工程建筑企业,建筑资质为房屋建筑施工总承包二级。公司拥有北京陶然房地产开发有限责任公司、北京市陶然建筑装饰工程有限责任公司、北京陶然康宁物业管理有限责任公司三家投资控股企业和北京印痕楼治印社一家投资参股企业。公司拥有各类管理人员150余人,其中具有初级专业技术职称81人,中级专业技术职称31人,高级专业技术职称8人,高级技工10人。年内,公司认真贯彻"精心施工,创优质工程;持续改进,让顾客满意"的方针,以"质量就是生命"为宗旨,脚踏实地,锐意进取,不断为社会和广大客户创造出满意的产品和服务。年内开复工面积160 538平方米,竣工面积65 572平方米,实现收入12 161.99万元,上缴利税1 089.51万元。依托科学的管理制度、严谨的质量监督体系,实现了工程质量一次交验合格率100%、参评工程获奖率80%的企业质量目标,同时达到了回访保修履约率100%、顾客满意度95%的要求。

地址:宣武区广外天宁寺前街2号C座
电话:63263613
邮编:100055

(王　芳)

【市领导慰问干部职工】 2月6日(农历腊月二十八),副市长孙安民在区长武高山等的陪同下,来到由陶建公司第八项目部承建的区重点工程樱桃园危改小区施工现场慰问干部职工。听取了公司董事长林玉琇作的关于樱桃园危改小区工程项目的情况汇报,孙安民代表市、区政府向陶建公司的干部职工表示节日祝贺并赠送了彩色电视机。

(王　芳)

【樱桃园危改区居民回迁】 11月14日,樱桃园危改小区1#回迁楼以优质的工程质量,如期完成竣工验收。20日起,开始办理回迁入住手续。由于前期工作准备充分,整个回迁过程平稳顺利,居民对1#楼的工程质量及回迁手续办理表示满意。11月,北京电视台、区委宣传部、区新闻中心等媒体对此项工程予以综合宣传报道,区委、区人大、区政府、区政协等各级领导对此项危改工程项目质量给予充分肯定。

(王　芳)

【市级文明安全工地通过验收】 11月,公司第三项目部组织施工的中国第一商城二期1#、2#楼工程申报市级文明安全工地工作正式启动。公司安全管理部及第三项目部自9月中旬开始按照市级文明安全工地施工管理的要求认真组织实施。11月22日经朝阳区文明安全工地检查小组的检查顺利通过验收。

(王　芳)

北京市鑫宣市政工程有限公司

【概况】 北京市鑫宣市政工程有限公司(简称鑫宣市政公司)是具有市政公用工程施工总承包二级资质、爆破与拆除工程三级资质的有独立法人资格的有限责任公司。公司注册资本金2 000万人民币。年内通过了市级守信企业认证、市总工会和市社会与劳动保障局系统和谐企业认证以及ISO-9000质量体系资质认证。公司实行董事会领导下的总经理负责制,内设机构有综合办公室、人力资源部、财务部、经营部、工程部、市场部,另有负责区属道路养护工作的养护项目部和负责夜景照明工程巡查的亮丽工程项目部。公司有员工82人,设有副总经理、总工程师、总经济师、总会计师等管理岗位;目前拥有30台(套)大型机械的机械运营部及多个市政工程施工项目经理部。年内,鑫宣市政公司还建立了以市政公司为投资主体的北京市鑫宣园林绿化工程有限公司、北京市鑫宣世纪能源科技应用有限公司。在开拓市场绿化工程、道路养护工程以及新能源工程方面做出了新成绩。鑫宣世纪能源公司2005年5月16日获北京市科学技术委员会颁发的《高新技术企业认定证书》;8月2日获埃尔维质量认证中心颁发的ISO－9001:2000质量管理体系认证;区科技进步三等奖;同时成为国家发改委、全球环境基金、世界银行中国可再生能源发展项目技术进步支持单位,中国可再生能源专业委员会成员单位;宣武区科技企业协会理事单位。

地址:宣武区培育胡同甲7号

电话:63546948

邮政编码:100052

(徐　参)

【园林绿化工程】 鑫宣园林绿化工程有限公司是有园林绿化工程施工三级资质企业。年内,该公司完成的西便门东里7千平米绿化环境改造工程,被首绿委评为市级花园小区工程,中标完成的北京巴布科克·威尔科克斯有限公司(石景山区)6千平米厂区中心花园工程和全球国合北京货运物流中心(顺义区)庭园5千平米绿化工程,受到甲方好评。

(徐　参)

【新能源工程建设】 年内,北京市鑫宣世纪能源科技应用有限公司(简称鑫宣世纪能源公司)积极落实政府新型能源计划,先后为广外社区建设2KW太阳能交流双路电站一座,安装庭院照明灯29盏;为西便门东里社区建设10.8KW太阳能电站一座,安装24盏独立庭院照明灯,64盏草坪装饰灯;为牛街西里二区建设6KW太阳能电站一座,安装64盏独立庭院照明灯;为牛街民族敬老院安装独立庭院照明灯10盏。上述工程的实施为社区提供了新型照明能源,同时减少了大量市政供电能耗。

(徐　参)

【区属道路养护】 年内,鑫宣市政工程公司重点提高区属道路养护维修工程质量,新增大型养护机械4台(套),同时对养护施工人员加强技术培训,提高了道路养护施工水平,区属道路完好率明显提高。

(张　颖)

北京市创通基础设施建设投资公司

【概况】 北京市创通基础设施建设投资公司(简称创通公司)为全民所有制企业,主要业务经营范围是宣武区行政区域内的市政基础设施改造及投资管理、信息咨询等。公司设办公室、资金管理部、前期规划部、拆迁部、工程部,有员工20人。年内,创通公司根据区政府确定的宣武区基础设施建设折子工程项目,按计划完成了南新华街、樱桃园三条、枣林前街、荣宁园东路、北马连道路、南菜园西街等6条市政道路工程的建设。

地址:宣武区骡马市大街临41号

电话:83159092

邮编:100052

(沙克勤)

【枣林前街道路工程】 5月10日建成通车。该工程由创通公司负责建设,北京市政总公司施工。枣林前街道路工程,东起白广路,西至南线阁,是区属路网加密工程。道路全长400米,红线宽40米,同步建设10ϕ108电力管井,敷设DN1000地下雨水管线、DN800污水管线、DN400中水管线、DN400天然气管线、24孔电信管线各400米,路面竣工面积16 000平方米,工程总投资2 500万元。

(沙克勤)

【南新华街道路工程】 9月28日建成通车。该工程由创通公司负责建设,北京城建道桥工程公司施工的南新华街道路工程,北起和平门,南至虎坊桥,是市属重点工程。道路全长1 000米,红线宽35米,同步敷设DN1200地下雨水管线、DN600污水管线各1 000米;DN600热力管线700米、24孔电信管线900米,同步建设路灯和交通设施,路面竣工面积35 000平方米,工程总投资5 000万元。

(沙克勤)

【樱桃园三条道路工程】 10月30日建成通车。工程由创通公司负责建设,北京市政六公司施工。樱桃园三条道路工程,东起右安门内大街,西至白广路,是区属重点工程,道路全长397米,红线宽20米,同步敷设DN600地下雨水管线、DN300污水管线各397米,路面竣工面积7 940平方米,工程总投资900万元。

(沙克勤)

【公司迁入新址】 11月18日,为了适应公司业务工作的开展和改善员工的工作环境,公司从广安门内大街临133号迁至骡马市大街临41号办公。

(沙克勤)

【南菜园西街道路工程】 12月1日建成通车。工程由创通公司负责建设,北京城建九公司施工。南菜园西街道路工程,东起菜园街,西至广安门南大街,是区属道路工程。道路全长260米,红线宽25米,同步敷设DN300地下污水管线、24孔电信管线各260米,路面竣工面积6 500平方米,工程总投资1 000万元。

(沙克勤)

【荣宁园东路道路工程】 12月20日建成通车。工程由创通公司负责建设,北京城建九公司施工。荣宁园东路道路工程,东起南菜园西街,西至政府前街,是区属道路工程。道路全长120米,红线宽15米,同步敷设地下污水管线120米,路面竣工面积1 800平方米,工程总投资300万元。

(沙克勤)

【北马连道道路工程】 12月20日建成通车。工程由创通公司负责建设,北京鑫宣市政工程公司施工。北马连道道路工程,东起莲花河路,西至马连道路,是区属路网加密工程。道路全长460米,红线宽30米,同步敷设DN1000地下雨水管线、DN500污水管线、24孔电信管线各460米,路面竣工面积13 800平方米,工程总投资1 800万元。

(沙克勤)

北京昊都建筑工程有限责任公司

【概况】 北京昊都建筑工程有限责任公司为区属国有企业,主要经营工业与民用建筑项目、地基与基础工程的施工;设备租赁;建筑材料的技术开发;锅炉安装及热力、防水管线工程的施工。公司下设3个处室,2个土建分公司,2个专业分公司,现有在职职工56人。年内,公司继续狠抓了经营管理,全年新开较大项目2个,一般项目2个,工程开复工面积11 155平方米,完成工作量1 987万元。按照区发改委、区国资委的要求及公司实际,年内重新启动了人员分流工作。分流人员82名。

地址:宣武区白广路17号

电话:63560316

邮政编码:100053

(杨惠娟)

【精简机构】 10月,根据工作性质及公司改制要求,昊都公司再次进行了结构整合和办公人员调整,将原公司机关5个处室减少至3个处室,办公人员由33人减少到21人;项目经理部财务上交公司管理;成立两个土建分公司等。按照公司改制设想,土建分公司采取自找活源、自负盈亏、独立核算的方式自主经营。

(杨惠娟)

【新开工程】 年内,宣武区政府3号办公楼装修改造工程、北京134中学装修改造工程先后中标并开工建设,与此同时公司还承接了宣武区新建公厕3个和改建公厕15个的施工任务。

(杨惠娟)

城市管理

市政管理

【概况】 北京市宣武区市政管理委员会(简称区市政管委)是主管本区城市市政基础设施、防汛、供暖、环境卫生、城市市容环境综合整治、绿化、爱国卫生运动工作的区政府工作部门。内设办公室、市政管理科、绿化管理科、市容管理科、环卫管理科、城市环境综合整治科、防汛供暖科、爱国卫生委员会办公室8个职能科室,行政编制32人。下属宣武区节约用水办公室、宣武区市政设施监察管理所和个体出租汽车管理站3个事业单位,事业单位编制数为26名。区市政管委的主要职责是:制订本区市政、市容、环卫、绿化、防汛、供暖等事业的中、长期规划和年度计划,并组织实施;负责拟订本区城市环境综合整治计划,并组织实施;负责协调、指导、督促、检查各街道和相关部门的城市环境综合整治工作;负责组织开展爱国卫生运动,提高市民健康水平;负责对区节水办公室进行业务指导,制订年度用水计划和日常用水管理;负责对个体出租车进行管理,保持社会稳定。年内,对破旧平房集中,居民居住条件差的5个"城中村"进行了拆迁整治,共计拆迁居民1 744户,单位51个。绿化工程开、竣工面积11.53万平方米(其中新增绿地5.29万平方米)。结合奥运场馆周边道路建设和便民路工程,翻修了永定门西街、西经路、马连道路、里仁街西段等18条道路;改造电表15 000户,水表17 802户。在牛街、大栅栏、广内3个办事处进行胡同保洁改革试点;新建、改造了348座公厕,群众用厕环境得到明显改善;在耕天下、盛景家园等6个小区开展垃圾分类工作,在太平街密闭式清洁站加装垃圾分类设备,减少了生活垃圾量。翻挑大修2 000间破旧直管公房,连续20年实现"少塌房,不死人"的防汛目标。市政管委全年受理行政许可事项967件,接待咨询人员3 532人次。新的城市常态管理机制及"信息化城市管理系统"基本建成。

地址:宣武区南菜园街51号

电话:83976598

邮编:100054

(李　建)

【道路翻修】 3月至11月,翻修了马连道胡同、66中门前路、湖广会馆、登莱胡同、樱桃斜街、铁树斜街、里仁街西段、右安门西街、广安门北街、粉房琉璃厂街、车站西街、留学路、西草场街东段、手帕口南街、广安门南街、永定门西街、西经路、石头胡同等18条道路,进一步完善了市政基础设施,市民出行更加方便。

(新　军)

【电表及老旧电线改造】 年内,为解决老旧平房区居民用电难问题,由政府资助,实施"一户一表"(电表)改造,全年共完成15 004户,改造老旧电线1 876户,解决了与群众生活密切相关的用电问题,提高了群众的生活质量。

(新　军)

【水表改造】 年内,为解决老旧平房居民用水浪费、夏季用水高峰断水现象,实施"一户一表"(水表)改造,全年共完成17 802户,帮助群众解决了用水计量问题。

(新　军)

【先农坛北里1－10号楼"城中村"环境整治拆迁工程】 年内,该工程启动。工程四至范围:东起:先农坛院墙;西至:先农坛院内马路以东;南起:先农坛院墙;北至:先农坛院墙。占地6 264平方米,拆迁居民338户,拆迁单位3个。

(曹　莉)

【陶然亭公园周边"城中村"环境整治拆迁工程】 年内,该工程启动。拆迁四至范围:东起:陶然亭公园西墙;西至:菜市口南大街;南起:区教委及陶然亭公园北墙外两栋宿舍楼以北;北至:姚家井小区以南。占地41 302平方米;拆迁居民650户,人口1 850人;

拆迁单位10个.

(曹　莉)

【报国寺周边“城中村”环境整治拆迁工程】 年内,该工程启动。拆迁四至范围:东起:报国寺牌楼以西;西至:广义街以东;南起:广安门内大街以北;北至:报国寺前街以南及北京大型物资运输厂围墙以南。占地15 239平方米;拆迁居民216户;人口756人;拆迁单位6个

(曹　莉)

【牛街南口回民医院北墙外及周边环境整治工程】 年内,该工程启动。整治范围:东起:右内大街;西至:白广路大街;南起:回民医院北墙及白广路东里以北;北至:枣林前街。占地17 116平方米;拆迁居民270户;拆迁单位5个。

(曹　莉)

【大栅栏地区和外东街南侧“城中村”环境整治拆迁工程】 年内,该工程启动。整治拆迁范围:东起:变电站东墙;西至:西河沿小学以东;南起:和外东街楼房以北;北至:和外东街;占地3 695平方米;拆迁居民1户,人口3人;拆迁单位4个。

(曹　莉)

【整治小区环境】 年内,对马连道市运二厂宿舍小区、菜园街24号院小区、牛街西里小区(二区)、宣西小区进行了环境整治和绿化改造工作。拆除了重点大街、重点景区、宗教旅游场所周边的废弃烟囱和废弃线杆。

(曹　莉)

【防汛工作】 年内,宣武区域降水过程25次,共降水367毫米,接近北京地区400－600毫米的正常降水。降水造成居民院内积水501处次,倒树断枝97株,道路积滞水42处,解决房屋漏雨3 813间,因房屋倾斜搬迁居民1处。防汛实现了连续20年“少塌房,不死人”的工作目标。7月“麦莎”台风期间,全区在岗值班人员2 625人次,出动巡查人员1 770人次,出动车辆46台/次,准备水泵147台,防水麻袋10 000条。

(曹　莉)

【供暖工作】 年度统计,全区共有供暖单位119个、208处锅炉房、593台锅炉,供暖面积700余万平方米。宣武区燃煤锅炉房两处广外供热厂(红莲小区)约100万平米、平渊里小区供暖面积约28万平米。燃气锅炉房88处,约500万平米;燃油锅炉房105处,约80万平米;其他清洁能源供暖方式13处,供暖面积约20万平米。

(曹　莉)

【应对天然气供应紧急情况】 年初,天然气供应出现紧张情况。2月26日上午10时,按照市压限天然气紧急部署,宣武区天然气全区燃气日用量降到351 905立方米,2月底至3月初,全区燃气日用量降至平均30万立方米左右,3月15日燃气日用量降至232 328立方米。全区有关工作人员积极奋战,在用气量可压减空间非常小的情况下,不辞辛苦、顾全大局,对全区159处锅炉房进行全天监控,严防死守每个锅炉房每台锅炉的燃气用量,为全市压减燃气工作做出了突出贡献,对社会稳定工作起到了关键作用,圆满完成春节及全国“两会”供热保障任务。

(曹　莉)

【街巷保洁市场化现场会】 4月29日,区市政管委主持召开牛街地区街巷保洁市场化运作现场交流会,区环卫服务中心所属振武永洁保洁公司介绍了经验。副区长杜灵欣和区市政管委主任刘金水亲自到会讲话。会议向各街道办事处推广了牛街街巷保洁经验,明确了各地区保洁资金划拨、保洁人员住房、街道强化监督等问题,同时要求以“积极稳妥、逐步推进”为指导思想,进一步推广由街道通过合同委托,将街巷保洁交由区环卫服务中心进行专业管理的新模式。截至年底,环卫服务中心又相继承接了广内、大栅栏两个地区的街巷保洁工作。

(李建刚)

园林绿化

【概况】 宣武区园林市政管理局为宣武区园林绿化业务的主管部门。内设园林科、主任工程师室、三产办公室等8个管理科室。有宣武区绿化队、宣武区绿化二队、宣武艺园管理处、万寿公园管理处、滨河公园管理处5个下属单位。附属有二级企业施工资质的北京紫光绿化工程有限公司。全局实行全员聘任制,有职工304人、临时工38人,其中干部和技术管理人员72人。年内,完成国际互联网与多媒体峰会会址绿化工程、珠市口西大街绿地建设,前三门大街、红莲南路、广内大街特色园林大街绿化改造工程,广安会议中心、经济日报社、宣武区教委、半步桥小学、北京卫生学校、牛街街道办事处、万寿公园管理处、万寿紫金宫屋顶绿化工程,广安门桥区垂直美化工程、牛街清真寺周边绿地改造工程、永内西街绿化改造工程。新建、改建绿地8.16万平

方米，完成屋顶绿化1.53万平米。栽植常绿乔木430株、落叶乔木869株、灌木3 197株、绿篱2 281米2.44万株、色带7 147平方米16.85万株、宿根花卉10.4万株，铺草49 294平方米。新建的多媒体峰会绿化工程被评为北京市优质工程。全年总工程额约2 064万元。城八区绿化养护检查评比，获总分第四名。全年为民抢险伐除危险树木187株。管理区属收费公园2个，实现公园行业规范化达标管理，全年接待游客233.52万人次；管理免费公园5个，面积31.65万平方米；管理街头绿地14处、面积32.96万平方米，道路绿化长度121.11千米、绿化面积60.65万平方米。管理绿地348.36万平方米，管理树木64.68万株（含攀缘植物24.03万株）、古树名木478株、竹子15.94万株、色块114.20万株、9.10万平方米，宿根花卉36.59万株、1.68万平方米，绿篱137.5万株、7.46万延长米、草坪136.99万平方米，取得了较好成绩。

地址：宣武区白纸坊东街甲29号

电话：63517899

邮政编码：100054

（李秀朋）

【红莲南路绿化工程】 4月20日开始施工，7月15日竣工。红莲南路改扩建绿地4 402平方米。拆除沿街临时建筑280平方米，清运渣土1 100立方米，回填客土1 260平方米，栽植常绿乔木20株、落叶乔木53株、常绿灌木639株、落叶灌木110株、丰花月季70株、色带684平方米1.71万株，铺种常绿草坪2 400平方米，砌筑挡土墙491.6延长米，挂贴花岗岩面层489平方米，铺装花岗岩路面464.5平方米、彩砖路面188.9平方米，现浇混凝土路面669平方米，铺设花岗岩路牙89.5延长米、混凝土路牙160延长米，安装铁艺栏杆90延长米，铺设喷灌管线2 917延长米，安装喷头150个，报装水表井一处，工程造价143万元，改造后成为节水型绿地。

（窦建国）

【国际互联网与多媒体峰会绿化工程】 3月20日开工，6月10日完工。北京国际互联网与多媒体峰会会址，位于宣武区菜市口大街南端路东、开阳桥东北角，绿地面积5 980平方米。保留原有大树8株，种植常绿乔木82株、落叶乔木94株、落叶灌木50株、绿篱5 900株160延长米、月季6 100株256平方米，建防腐木结构观赏平台10个150平方米，敷设喷灌管线1 280延长米，铺装面积739平方米。工程工程造价377万元。该工程获北京市“2005年度园林绿化企业优质工程”称号。

（李朝红）

【滨河公园公益画展】 年内，北京市滨河公园管理处利用金都苑展览室，分别举办了“广宁春风”、“红五月”、“迎六一儿童节”、“迎七一庆祝建党84周年”、“庆十一”等多次画展，累计展出各类书画作品200多幅，全年累计接待游客逾万人次，受到群众好评。

（李朝红）

【滨河公园成为精品公园】 年内，在滨河公园北京建城纪念柱银杏广场新增10个仿木座椅，完善石座凳、果皮箱等公共设施；油饰园内景亭，翻建部分园路，开展无障碍设施改建，在枣林桥绿地入口处设置方便残疾人和老年人的无障碍通道；全园新置多处指路牌和安全警示标志；对主要树木悬挂树木种属知识的标牌；在市政热力管线工程完成后，全面恢复损坏的绿地，植油松等乔灌木46株、色带70平方米1 400株，回填客土300立方米，铺草坪2680平方米。增加公园色彩，栽植摆放鲜花3.1万余盆。当年，滨河公园在北京市园林局第三批“精品公园”中榜上有名。

（李朝红）

【绿化宣传活动】 年内，开展了《北京市公园条例》颁布实施三周年暨《爱我绿地、文明游园》宣传活动以及各类绿化主题的宣传活动、科普宣传月活动，组织2次社会宣传咨询日活动和5次经验交流活动，接待3次中小学生参观，科技人员参与119人次，接待游客近2 000人次，放映科教电影1次，放映科教影视片10次，开展经验交流、观摩活动8次，展出宣传展板40块，发放宣传材料1 700余份，奖品1 000份；全年散发宣传材料7 000余份，纪念品2 800份，接待咨询数千人次，受宣传人数达到万人以上。

（刘朝阳 李秀朋）

【广安胡同临时绿化工程】 7月完成。广安胡同位于宣武区广安门内大街中段路北，系两侧小区建设后2005年按规划展宽至30米的街巷。因道路建设未完成需先行绿化，临时绿化面积5 601平方米。万寿公园承接路两侧的临时绿化工程。施工中刨除地表原房屋的铺装地面及基础墙，7日内完成土壤更换，清理渣土并回填客土各480.8立方米。栽植龙爪槐12株、黄杨球5个、女贞球6个、大叶黄杨篱80延长米、苔草538平方米。临时绿化改造工程造价总计15万元。

（李　屹）

【万寿公园栽植节水植物】 在2004年改建节能型公园的基础上，公园管理处将每年需投入大量人财物力养护的部分早熟禾草坪改植为适应性强、抗病、耐荫、耐旱、耐寒、耐瘠薄、无须修剪且春季返青早、秋季枯黄晚等特点的节能型地被植物苔草。9月，更换园内后山种植的早熟禾草坪4 000平方米，进一步减少水源和人工管理消耗。

(李　屹)

【屋顶绿化工程】　年内，由北京紫光绿化工程有限公司中标承接，在广安会议中心、经济日报社、宣武区教委、半步桥小学、北京卫生学校、牛街街道办事处、万寿公园管理处、万寿紫金宫饭店等8处试验实施屋顶绿化工程，施工面积13 763平方米，使用种植草炭土1 033立方米，铺装面积1 579平方米，种植佛甲草11 501平方米，工程造价266.7万元。

(郭　宇)

【国庆花卉布置】　“十一”前夕，为营造节日氛围，区园林局在区内主要街道路口和区属公园内摆放节日花坛9座、布置花街7条，摆花35.1万盆。经市园林局评比，国庆花坛“和谐旋律”“缤纷年轮”和“京韵风情”花坛获一等奖，“雄鸡报晓”与“贺寿”获二等奖。

(刘朝阳　李秀朋)

【第四届“金剪子”技能比赛】　12月19日至20区，园林局举办第四届“金剪子”绿化职工岗位技能比赛。组委会聘请市园林局专家、高工吴恩元和杨志华以及区园林局退休局长、高工等为评委。赛后，市园林局专家高工吴承元对5个参赛单位打箱情况逐一进行讲评，近百名园林干部职工专注地听取技术要领和各自的不足。宣武区绿化二队荣获“金剪子”称号，滨河公园管理处、万寿公园公园管理处分获第二、第三名。

(刘朝阳　周小蓉)

【枣林西街分车带绿化工程】　该工程年内完成。宣武区枣林西街位于南横西街西端，东起白广路路口，西至北线阁路口，长675米，宽32米，绿化长度304米，绿化面积930平方米。枣林西街绿化工程系道路改造拓宽后新建的分车带绿地，由宣武区园林局设计，宣武绿化队负责施工。栽植各类树木61株，其中常乔8株、落乔53株、色带335平方米1.34万株、月季1 020棵、矮牵牛等花卉1.1万株。施工中拆挖混凝土垫层312立方米，回填客土330立方米，安装白色喷塑护网花拍159.3平方米，喷灌管线304延长米，喷灌立听21个。

(李小菊)

【南横西街分车带一期绿化工程】　该工程年内完成。宣武区南横西街分车带绿化工程东起牛街南口西至盆儿胡同北口，全长580米，路宽30米，绿化长度500米，绿化面积1 530平方米。工程分为行道树和分车带绿化栽植两部分，栽植树木125株。其中，常绿乔木12株、落叶乔113株，栽植色带314平方米13 400株、花卉9 500株。施工中拆挖混凝土垫层200立方米，回填客土390立方米，安装白色喷塑栏杆182.4平方米、喷管管线280延长米、水井2个。

(李小菊)

【广内大街绿化改造工程】　4月5日至5月20日施工。广内大街绿化改造工程为北京市迎接2008年奥运会100条绿化特色大街改造工程之一，原大街绿地内的油松银杏搭配简单，绿化改造增加植物种类，以高大的乔木为衬托，在绿化隔离带内种植花灌木，利用矮牵牛花卉种植花带，提升色彩与层次感，增加路人视觉感受。工程由宣武园林局设计，宣武区绿化队施工，北京盛典园林绿化监理有限公司实施监理。栽植油松1株、榆叶梅130株、金钟连翘30株、红花碧桃6株、紫薇55株、矮牵牛5万盆，铲除原植早熟禾草坪9 200平方米，更换为窄叶高扬茅草坪。工程进土27立方米，工程出渣土460立方米。更新绿地栏杆2 900米，铺透水砖290平方米。

(李小菊)

【二环路立交桥(宣武段)绿化美化工程】　该工程年内完成。二环路立交桥绿化美化是全市立交桥绿化美化工程的一部分，宣武段北起广安门桥南至菜户营桥，绿化面积2 000平方米。宣武区市政管委投资建设，北京市园林科研所设计，宣武园林局负责施工，北京华林源工程咨询有限公司实施监理。广安门桥区安装护网花拍46.53平方米、拱形花排577平方米，菜户营桥安装圆形花拍165平方米。砌筑月季花池28平方米，砌青石板、青灰砖花牙728延长米，将花卉草坪隔离，起挖草坪1 200平方米。

(李小菊)

【永内西街绿地改造工程】　5月完成。宣武区永定门内西街绿地面积5 363平方米。因绿地人为损害严重，宣武艺园管理处负责对绿地改造。设置绿地护栏660.9延长米，种植色带1 663平方米5 600株、大叶黄杨球65个、红叶小檗球5个，铺设高羊茅草坪3700平方米。

(董淑芹)

【前三门大街沿线(宣武段)绿地改造工程】　该工程年内完成。前三门大街沿线(宣武段)绿地改造工程系北京市迎接2008年奥运会100条绿化特色大街改造工程之一，东起前门，西至西便门大街，长约4 050米，绿化改造面积11 275.4平方米。宣武艺园管理处负责工程建设。种植乔木84株、灌木2284株、色带1 549.4平方米24 790株，种丹麦草草坪8 500平方米，增植宿根花卉7.2万株，点缀配景石140块，花池27个1 735平方米、花架1处36平方米。宣武门西大街西端的翠芳园与前三门一线绿化同时改造，更换园路和广场铺装3 294平方米，摆放应时花卉2.6万盆，更换座椅23个,增设果皮箱10个。

（董淑芹）

【牛街礼拜寺外围绿地改造工程】 8月,宣武艺园管理处对该绿地进行改造。宣武区牛街礼拜寺外围绿地建设于2000年,绿地北缘在2004年拓宽输入胡同道路被占用300平方米。宣武艺园管理处在该绿地种植油松4株、西府海棠2株、灌木1 830株、色带593.4平方米9 494株,更换草坪2 850平方米,铺装广场645平方米,增加供居民休息的花架1个28平方米、路椅8个,并设置了带安装不锈钢扶手的无障碍通道。

（董淑芹）

【滨河公园矗立金中都应天门标志】 年内,按照宣武区政府关于建设展示北京历史文脉和宣南文化地上遗存及故址的街景标识的安排,区文化委在滨河公园所辖的白纸坊立交桥南侧机动车调头通道以南绿地内设置宣南文化街头标识物之一－金中都应天门故址。该标志为一块长约4米、高近3米、厚约2.5米的20余吨重的巨石,上刻应天门故址说明。

（秦士琮）

土地　房屋

国土资源和房屋管理

【概况】 北京市国土资源局宣武分局(简称市国土局宣武分局)为北京市国土资源局的派出机构,在北京市国土资源局的领导下,按照管理权限,负责组织实施本行政区域内土地、矿产资源等行政管理工作。分局设行政机关和局属事业单位两部分。局机关设办公室、综合科、地籍科、国土资源利用科、财务科和执法监察科6个职能科室;局属事业单位是北京市土地整理储备中心宣武区分中心。年内,国土资源管理紧紧围绕市、区确定的工作目标和战略部署,依法行政,强化行政管理职能,以加强基础建设为重点,摸清底数,完善工作程序;以转变政府职能,推动管理机制创新,提高办事效率和服务水平为主线,继续深化全市土地供应制度改革,加大干部队伍培训力度,提高国土资源管理水平,完成了宣武区“十一五”时期土地利用规划工作,编制了宣武区2005年度、2006年度土地供应计划和土地储备开发计划,宣武区地籍调查共完成9 827宗地;加强土地整理储备,马连道采购中心1号地在北京市土地市场正式挂牌交易。

地址:宣武区南菜园街51号

电话:83975191

邮编:100054

（王建华 何琳娜）

【市国土资源局宣武分局挂牌成立】 8月31日,副区长税勇在广安会议中心主持北京市国土资源局宣武分局(简称市国土局宣武分局)揭牌仪式,区长武高山与市国土局党组副书记、副局长刘辉共同为北京市国土资源局宣武分局揭牌,市国土局宣武分局正式成立。按照市、区国土资源和房屋管理体制改革的工作部署和要求,市国土局宣武分局于9月1日起正式对外办公,挂牌成立。

（王建华）

【干部培训会】 年内,召开了全体干部培训会议,组织全体工作人员参加了区史教育、业务培训和拓展训练,圆满完成新录用工作人员岗前培训工作。

（王建华）

【国有土地使用权登记】 年内,办理国有土地使用权登记151宗,用地面积113.71公顷。其中划拨国有土地使用权登记24宗,用地面积7.54公顷;出让国有土地使用权登记104宗,用地面积81.18公顷;国有土地使用权抵押登记23宗,用地面积24.99公顷。

（刘　春）

【建设项目用地预审】 年内,根据《建设项目用地预审管理办法》(国土资源部第27号令)和《关于近期建设项目用地预审有关问题的通知》(京国土市【2005】292号)文件规定,市国土局宣武分局于2005年开展建设用地预审初审工作,共受理预审18件,拟用地面积51.86公顷。

（刘　晶）

【土地供应计划编制完成】 年内,编制完成“2005年度和2006年度土地供应计划”及《2005年土地供应计划区县级指标安排使用方案明细表》的申报工作。2005年,宣武区共申请项目42个,用地面积89.51公顷。2006年,宣武区土地供应计划指标土地项目共56宗,供地面积113.38公顷;土地供应计划后备地块土地项目共25宗,供地面积113.24公顷。

（刘　晶）

【完成“十一五”土地专项规划】 年内,按照宣武区“十一五”规划领导小组的要求,市国土局宣武分局完成了《宣武区“十一五”期间土地利用规划意见》编制工作。

(刘 晶)

【土地利用情况】 年内,经市国土资源局审批宣武区国有土地使用权出让、划拨用地35宗,用地面积37.04公顷,其中办理国有土地使用权协议出让22宗,用地面积2.45公顷;办理划拨用地13件,用地面积34.59公顷。

(刘 晶)

【马连道1号地成功入市】 年内,完成了马连道采购中心区1号地市政方案咨询工作,并分别委托京港评估公司和测绘院完成了项目上市底价评估以及宗地西界6个桩点的场钉桩工作,同时就项目交通评价、毛地价水平确定、出让金返还、挂牌文件编制等问题积极与有关部门沟通。9月中旬,组织召开了马连道采购中心区1号地项目新闻发布会。11月21日,经市国土资源局地价联审会审议通过,该宗地正式在北京市土地交易市场挂牌。

(杨 倩)

【做好“城中村”土地上市前准备】 年内,根据区政府第48次区长办公会议和推进“城中村”土地储备上市交易协调会的精神,成立了“城中村”土地储备工作领导小组,及时与区市政管委、规划宣武分局就项目“总预计拆迁支出”、“规划指标”等进行了沟通,向北京市土地整理储备中心就项目入市交易的办理程序报送了相关材料,对报国寺、牛街整治后产生的建设用地项目上市后可能回收的资金成本进行了分析,为“城中村”土地上市做好充分准备工作。

(杨 倩)

【土地储备开发计划编制完成】 年内,按照北京市国土资源局和北京市发改委《关于编制2005年和2006年度土地储备开发计划》的要求,编制完成《2005年度北京市土地储备开发计划》和《2006年度北京市土地储备开发计划》。依据该计划,宣武区2005年共18个项目,总用地面积约174.66公顷;2006年共28个项目,总用地面积约131.93公顷。

(杨 倩)

【完成土地一级开发项目统计】 年内,根据北京市土地整理储备中心《关于印发土地一级开发项目用地实施情况统计报表的通知》(京土整储开【2005】032号)文件精神,对辖区内已授权的或符合“458号文件”并通过联审会审定的用地项目,从手续申报、开发实施进度、项目投资情况三个方面进行了调查统计,并填报了《土地一级开发项目手续申报情况表》、《土地一级开发投资情况表》、《土地一级开发实施进度表》。此次调查共涉及宣武区12个项目,总用地面积为108.02公顷。

(杨 倩)

【开展土地利用清查】 年内,在全区范围内开展了出让和划拨土地清查工作完成了宣武区审批的划拨用地清查工作,并开展了划拨用地项目土地使用情况、出让土地闲置项目及未经批准中止建设项目情况的调查、上报工作,共调查土地418宗,用地面积737.36公顷。其中划拨用地92宗,用地面积454.13公顷;协议出让326宗,用地面积283.23公顷。

(陈培源)

【存量土地核查情况】 年内,对全区范围内土地利用现状及使用情况进行了核查。经查,宣武区19.04平方公里的土地中,剩余可利用的存量土地为3.86平方公里。

(陈培源)

北京宣房投资管理公司

【概况】 北京宣房投资管理公司下辖北京宣房房屋经营公司、北京宣房楼宇设备公司、北京宣房拆迁有限责任公司、北京宣房鑫兴商贸有限公司、北京宣房物业管理有限公司、北京大厚房地产开发有限责任公司、北京市红义物业管理公司、北京市正阳经济贸易公司、北京市宣武区宣房建筑工程处、北京市宣武区房地产交易所10个全资、控股子公司,在职员工1270人。2005年,按照“抓班子,带队伍,求生存,谋发展”的总体思路和“大人才观、大资产观、大财务观、大经营观”的经营管理理念,进一步统一思想,转变观念,加快改革,规范管理,同舟共济,谋求发展,积极围绕中共宣武区委、宣武区人民政府交办的任务开展工作,圆满完成了辖区直管公房管理、防汛、锅炉供暖、电梯运行、平房院一户一水、电表改造,迎奥运楼房平改坡工程,物业管理等项任务。本年度共管理直管公房226.99万平方米;直管锅炉30处、70台,供热面积201万平方米;直管电梯49部,高压水泵17处;管理北京市宣武区人民政府广安会议中心、丰台区富卓园小区、辖区老旧小区、托代管小区物业19个,面积100万平方米。

单位全称:北京宣房投资管理公司
地址:北京市宣武区右安门内大街15号
电话:63523001
邮编:100054

(唐晓峰 周 乾)

【调整充实公司领导层】 年内,根据北京市宣武区人民政府、中共北京市宣武区人民政府国有资产监督管理委员会委员会、北京市宣武区人民政府国有资产管理委员会有关北京宣房投资管理公司人事任免的通知和批复精神,公司调整充实了党委、董事会、经理层领导班子。

（唐晓峰 周 乾）

【为印度洋海啸灾民捐款】 1月中旬,面对印度洋地震、海啸灾民的困难生活,北京宣房投资管理公司积极响应北京市红十字会、北京市宣武区红十字会关于为印度洋地震和海啸灾民开展紧急募捐的通知精神,号召公司广大员工充分发扬国际人道主义精神,积极投入到这次国际人道主义救助活动之中。广大员工积极响应,踊跃捐款,奉献爱心,1 089名员工共捐款22 279元。

（唐晓峰 周 乾）

【公房租金收缴】 年内,北京宣房投资管理公司所属宣房房屋经营公司在房屋租金收缴工作中,继续采取房屋管理人员的工资与租金收缴额度直接挂钩的管理方法,激发了房屋租金收费人员的工作热情,提高了房屋租金的月收缴额度和年收缴率。全年租金收入实现2 610万元,超出2 414.04万元年定收计划195.96万元、8.12个百分点,占年应收租金2 627.53万元的99.33%。

（唐晓峰 周 乾）

【电梯、高压水泵安全运行】 年内,北京宣房投资管理公司所属宣房楼宇设备公司加大了对辖区直管电梯、楼房高压水泵等设备的维修管理和养护力度,投资35万元,更换了有关部件,保证了所管辖的49部电梯、17处高压泵组安全运行。在每年一次的北京市房屋设备组织的电梯安全检查中,49部电梯全部达标。同年,为了保证居民饮用水的安全和卫生,宣房楼宇设备公司对17处楼房高压水泵的所有水箱实行了封闭管理,消除了安全隐患。

（唐晓峰 周 乾）

【实现国有资产保值增值】 本年,北京宣房投资管理公司把追求经济效益、实现经营利润作为企业发展的根本目标,依据国有公益性公司、国有经营性公司、法人股和自然人股有限责任公司三类不同子公司的性质及其各自占有使用公司资产的数量和质量、所从事经营业务的种类和所产生的经济效益以及年初财务和经营预算计划,分别向10个子公司下达了经济指标和利润指标,并且指导督促各单位搞好经营活动,广开门路,增加创收,取得了较好的经济效益。全年公司经济总收入28 783万元,人均创产值19.7万元,实现利润1 143万元,上缴税收1 035.8万元,位列宣武区国有资产监督管理委员会系统企业第三名,实现了国有资产的保值增值。

【平房院水电表改造】 4月,北京宣房投资管理公司承担了北京市宣武区人民政府下达的平房院居民水、电表各15 000户入户改造工程任务。公司指定所属宣房房屋经营公司为牵头单位负总责,安排经验丰富、有一定实力的宣房房屋经营公司五分部、宣房楼宇设备公司和宣房建筑工程处,承担一户一自来水表的改造工程任务;宣房房屋经营公司1、2、3、4分部承担一户一电表的改造工程任务。各施工单位精心制定方案,科学安排施工,坚持安全生产,统一技术工艺标准,采取管道浅埋、使用保温套管的方法,解决了因地下情况复杂自来水管线,填埋深度不够的问题,保证了施工进度和质量。全年一户一自来水表改造完成17 977户,超出任务指标2 977户;一户一电表累计完工送电和户内线路15 132户,超出任务指标132户。其中一户一自来水表改造工程在北京市自来水集团验收中,被赞誉为"树立了全市自来水改造工程的典范"。

（唐晓峰 周 乾）

【迎奥运楼房平改坡景观工程】 9月上旬,北京宣房投资管理公司通过竞标从北京市宣武区建设委员会获得了宣武区鸭子桥北里1、4、5、6、7、8、9、10、11、12号、南滨河路73号11栋直管楼房和天宁寺6、9、13号3栋单位自管楼房平顶改坡顶工程项目。施工中倒排工期,认真编制计划,定期召开工程调度会研究解决遇到的问题,根据雨季施工和居民不搬离楼房的实际,向设计单位北京建工建筑研究院提出了采用型钢代替砼圈梁的施工方案和技术作法,变湿作业为干作业,在不增加工程造价且保证质量的前提下,降低了施工难度,缩短了工期,减小了对居民群众生活的影响,保证了工程进度和质量。11月14日,全部14栋楼房提前6天完成了改造任务,并且一次性通过了北京市建设委员会、北京市房屋修缮质量监督站、北京建工建筑研究院、宣武区建设委员会的验收。

（唐晓峰 周 乾）

【拆除辖区废弃烟囱】 年内,北京宣房投资管理公司承担了北京市宣武区下达的辖区永安路106号、大外廊营甲6号、先农坛胶印二厂、陕西巷33号四处分别属于四级高度、二级风险和二级高度、一级风险的废弃烟囱拆除任务。公司所属宣房建筑工程处、宣房房屋经营公司五分部克服工地周围环境复杂、作业面狭小,安全风险大等困难,按照有关要求制定拆迁方案,精心组织施工,确保作业安全,在规定时间内圆满完成了任务,消除了安全隐患,美化了市容,改善了周围居民的生活环境。

（唐晓峰 周 乾）

【辖区直管公房售房工作】 年内,北京宣房投资管理公司所属宣房房屋经营公司积极做好辖区政府城市改造拆迁范围内直管公房的销售工作,安排人力协助开发和拆迁单位深入拆迁居民家中进行入户动员,宣传售房政策,加快了搬迁进度。全年共完成大吉、南横西街、先农坛北里、地铁四号线等11片拆迁地区直管公房销售2055户,3462间。

(唐晓峰 周 乾)

【危改和"城中村"拆迁】 年内,北京宣房投资管理公司所属宣房拆迁有限责任公司积极参与辖区危改和"城中村"改造工程的拆迁工作,在完成广外三统碑、大栅栏月亮湾、大吉片共计286户居民拆迁扫尾任务的同时,率先完成了先农坛北里332户居民、3个单位的"城中村"改造工程拆迁任务,为另外四个"城中村"改造拆迁工程提供了经验。全年共完成上述地片拆迁面积37 915.66平方米,并在2005年宣武区"城中村"改造总结会上介绍了经验。

(唐晓峰 周 乾)

【排除消防隐患】 马连道中街33号楼由于楼内7户居民占用楼道和两侧楼梯出口作厨房或居住,封堵了防火通道,形成了安全隐患。年内,北京宣房投资管理公司所属宣房房屋经营公司四分部在宣武区综合治理办公室、防火办公室、广外街道办事处的协助下对该楼封堵的防火通道进行了拆除。在拆除消防通道的同时,四分部还对楼内卫生进行了清理,改造了电路和居民厨房,消除了安全隐患,改变了居民的生活环境,86户居民从中受益。

(唐晓峰 周 乾)

【物业管理】 年内,北京宣房投资管理公司按照北京市政府、宣武区政府建设宜居城市的要求,积极配合北京市宣武区人民政府启动了老旧小区物业管理为民办实事工程。公司所属北京宣房房屋经营公司、北京大厚房地产开发有限责任公司、北京市红义物业管理公司、北京宣房物业管理有限公司、北京市正阳经济贸易公司分别在建功北里、双槐里、法源寺西里等老旧小区物业、新安中里危改回迁、广外马连道小区托代管物业、宣武区人民政府广安会议中心酒店物业、正阳商业楼房屋租赁物业、丰台区富卓园商品房物业管理和服务中积极探索,扎实工作,得到了业主的好评。全年公司共管理物业小区19个,面积100万平方米。公司所属宣房物业管理有限公司所经营管理的广安会议中心,被评为2005年京城饮食界"百家影响力餐馆"。

(唐晓峰 周 乾)

【兑现社会服务承诺】 年内,北京宣房投资管理公司公开向辖区居民承诺:对辖区军烈属、人民教师、孤寡老人、失业弱势人员在房屋、水、电维修,锅炉供暖,电梯运行5项服务内容上,定期上门提供服务。全年共收到锦旗70面,表扬信1324封。公司被评为宣武区创建文明行业先进单位,公司所属北京宣房房屋经营公司、北京宣房建筑工程处被授予首都文明单位称号。

(唐晓峰 周 乾)

【参加中纪委党风廉政歌曲征集创作】 本年7月上旬,中共北京宣房投资管理公司党委接受中共北京市宣武区纪律检查委员会下达的关于参加中共中央纪律检查委员会征集党风廉政歌曲的创作活动任务。公司党委把此作为政治任务,结合当时正在进行的保持共产党员先进性教育活动,组织相关人员迅速进行谱曲创作,用15天时间创作完成了"八个坚持,八个反对"的曲谱。经过公司宣房艺术团合唱队和乐队60余名队员的精心排练,于7月29日在鑫融剧场完成了歌曲的录制工作,并由中共北京市纪律检查委员会上报中共中央纪律检查委员会参加了全国党风廉政歌曲评比活动,荣获优秀创作奖。

(唐晓峰 周 乾)

【信访接待工作】 年内,北京宣房投资管理公司共办理中共北京市宣武区委、宣武区人民政府领导批件25件、办理市长电子信箱反映问题45件,办理宣武区人民政府督查件4件,一般群众来信78件,接待群众来访5 600人次,办理群众呼声电话2 680件,其中办理宣武区人民政府办公室下转便民电话186个,受理北京市宣武区人民代表大会代表建议9件,办结率百分之百。

(唐晓峰 周 乾)

【主办全国房地产行业思想政治工作研究会年会】 10月18日至21日,北京宣房投资管理公司成功地主办了全国房地产行业联合城区职工思想政治工作研究会第十七届年会。来自全国11个省市、21个城区的房地产管理部门、经营管理企业参加了会议,中共北京市宣武区委副书记韩恩慈、宣武区人大常务委员会副主任栗琦、宣武区人民政府副区长王瑞珠、宣武区政治协商会议副主席王玉兰应邀出席了大会开幕式。本届年会交流了全国房地产行业城区职工思想政治工作的经验和做法,探讨了行业改革和发展成果,评选出公司党委副书记李洁撰写的《强化七种意识、加强思想工作、构建和谐企业》等一等奖论文4篇。

(唐晓峰 周 乾)

住房公积金管理

【概况】 北京住房公积金管理中心宣武第一管理部隶属于北京住房公积金管理中心,属全额拨款事业单位。根据国务院《住房公积金管理条例》的规定，负责管理国家机关、国有企业、城镇集体企业、外商投资企业、城镇私营企业及其他城镇企业、事业单位、民办非企业单位、社会团体（统称单位）及其职工缴存的长期住房储金，并对违反条例规定的单位，逾期不缴或少缴的行为进行执法。截止到年末，宣武第一管理部所属建立住房公积金的单位共1 446个，125 632人，全年新增建立住房公积金制度单位91个，1 695人；扣除全年职工支取1.65亿元，年末归集余额15.18亿元。

地址：宣武区骡马市大街14号

电话：63517081

邮政编码：100052

（刘　毅）

【职工住房补贴】 年内，新增住房补贴汇缴单位104个，1 348人。年末住房补贴缴存单位130个，1 985人，归集余额9 511万元。

（刘　毅）

【单位住房基金】 年内，单位住房基金缴存单位795个，根据政策支取673万元，年末归集余额23146万元。

（刘　毅）

【住房公共维修基金】 年内，住房公共维修基金缴存单位271个，年内根据政策支取315万元，年末归集余额34 835万元。根据市政府有关规定113户住房公共维修基金缴存单位完成平移分配，金额11 644万元。同时根据市建委、市小区办的有关规定，审核了属地范围内6家开发商、1 594户、92 614平方米商品房开发出售中有关维修基金的相关手续工作。

（刘　毅）

【职工购房贷款】 年内，住房公积金贷款共发放1 685笔，金额43 704.7万元，支持职工购买住房16.01万平方米。其中商品房贷款1 205笔，3 4463.4万元；经济适用房贷款398笔，8 159.8万元；危改房贷款82笔，1 081.5万元。宣武第一管理部累计发放贷款10 567笔，金额191 724万元。

（刘　毅）

【困难户租金补贴】 年内，宣武第一管理部发放廉租住房租金补贴197笔，10.8万元。累计发放标准租私房补贴1 158笔，金额437.8万元。

（刘　毅）

【受理住房公积金投诉】 年内，根据《住房公积金管理条例》，宣武第一管理部共受理职工正式投诉8起，连同2004年末未结案投诉4起，结案9起，涉及职工89人，涉案金额47 287.86元。另根据职工反映情况，解决了两家规模较大企业欠缴住房公积金的问题，为1 200余名职工补缴住房公积金近250万元。

（刘　毅）

城市环境

市容卫生

【概况】 北京市宣武区环境卫生服务中心（简称区环卫服务中心）是区政府直属全额拨款事业单位，承担着全区主要大街的保洁、生活垃圾转运、公厕建设与管理、化粪池的清掏与抽运、大件垃圾与渣土垃圾的清运及应急保障任务。中心设党委办公室（与团委合署办公）、工会、业务基建科、劳动人事科、计划财务科、行政办公室6个职能科室；下属有环境卫生一队、环境卫生二队、环境卫生三队、环境卫生四队、环境卫生车队、环卫业务管理站6个基层单位及振武永洁保洁公司，共有干部职工698人。年内，区环卫服务中心在环卫设施建设与管理、专业服务和应急保障方面都取得了较好的成绩。全年清运生活垃圾22.8万吨、渣土3.2万吨，抽运粪便17.1万吨；全区50条干路、262万平方米道路保持干净整洁；干路机扫率达到90%，道路洒水降尘率保持100%。全区有二类以上公厕125座，达标公厕341座，三类公厕197座。

地址：宣武区黑窑厂街20号

电话：63530727

邮编：100052

（马　静）

【扫雪铲冰】 年内，区环卫服务中心及各街道办事处完成5次扫雪铲冰任务。雪后，充分发挥人机配合作业，及时对全区大街、立交桥、过街桥、地下通道口、车站和路牙融雪铲冰。共出动作业人员1 226人次，撒布机36车次，水车128车次，推雪铲1辆次，运输卡车10车次，机扫车3辆次，后勤保障车13辆次，喷洒融雪剂386吨，保证了快慢行道的正常通行。

（马　静）

【春节环卫保障】 春节期间，区环卫服务中心精心组织、周密安排，强化监督检查，对17条重点大街和地区增加保洁人员,延长保洁时间,加强庙会保洁,设置垃圾桶150余个,公厕指示牌22个,六天共出动保洁人员1 020人次,机扫车30车次,华林车30车次,集装箱车6车次,水车12车次,清运垃圾147吨。

(马 静)

【太平街密闭式清洁站投入试运行】 年内,全市首家社区垃圾分类减量系统在太平街密闭式清洁站投入试运行,该设备通过对社区生活垃圾机械筛选、过滤,提取塑料、纸类等可回收物,达到垃圾减量、降低运输费用、减少垃圾填埋费用、节约土地资源等效果。

(马 静)

【达标公厕改造】 年内,收集三类公厕基础数据,改造8个样板间公厕;制定三类公厕改造方案、标准;与市政管委配合评估施工队伍资质、业绩,做好招投标工作;全年共完成351座公厕改造工作,提前超额完成任务。

(马 静)

【“五一”及天安门广场环卫保障】 “五一”期间,区环卫服务中心充分发挥人机配合优势,加强对前门地区、虎坊路等12条重点繁华大街的清扫保洁工作,组织应急人员清除马连道、手帕口桥下道路等处遗撒4.4吨;加大公厕保洁力度,延长重点大街和繁华地区公厕开放时间,做到随用随保洁;进一步提高作业效率与服务意识,节日期间清运生活垃圾3674.56吨,渣土63车次、120余吨,抽运粪便165吨;天安门广场环卫保障工作,七天共出动保洁人员680人次,机扫车56车次,华林车压缩车7车次,后勤保障车32车次,清运垃圾6吨。同时,协调各街道环卫部门,加强对胡同的保洁。

(马 静)

【张思卿视察垃圾分类】 6月2日,全国政协副主席张思卿及政协委员一行30余人到环卫中心下属环卫二队视察垃圾分类工作,政协委员们询问了宣武区居民如何用废品兑换再生纸的有关情况。区委书记唐大生、区长武高山等领导陪同视察。

(马 静)

【“十一”环卫保障】 “十一”黄金周期间,环卫专业部门共出动人员2 291人次、机扫车48辆次、华林压缩车8辆次、后勤保障车32辆次,共清运垃圾3 761.03吨,清除路面遗洒6.5吨。

(马 静)

【新增垃圾分类小区】 年内,宣武区再次增加了6个垃圾分类小区,并全部通过市市政管委验收。全区参与垃圾分类工作的社会单位530个、物业小区53个,共回收和分拣可利用物2 806吨,清运厨余垃圾277.7吨。

(马 静)

【禽流感防控工作】 年内,区环卫服务中心和区园林局及各街道办事处根据市防治重大动物疫情指挥部的要求,迅速成立了防控禽流感工作领导小组,制定应急工作预案,共处理死禽87只,有效防止了禽流感传播。

(马 静)

【推行人性化环卫服务措施】 年内,区环卫服务中心向临街居民、单位征求对干路清扫保洁及规范化服务的意见和建议,不断改进干路清扫作业质量,群众满意率达到了98%。垃圾清运方面,在33个密闭式清洁站中配备了“吊装作业,请勿入内”的安全提示牌,避免了附近居民误入引发安全事故;投资7万余元将大观园垃圾楼吊装设备更换为液压型,使困扰居民的噪声问题得到极大改善。公厕管理中,做到三类公厕每天两冲两扫,一类公厕随时保洁;投资近5万元,在大观园、南下路等重点繁华地段安装10个夜光型公厕指示牌,并在358座公厕安装710块夜间闪光指示牌。

(马 静)

环境保护

【概况】 北京市宣武区环境保护局(以下简称区环保局)是主管本区环境保护工作的区政府职能部门,业务上受北京市环境保护局领导。局机关行政编制21人,内设办公室、法制综合科、开发监理科、监察管理科4个职能科室;事业编制18人,设监察队、监测站2个事业编制科室。主要职责是:贯彻执行环境保护政策、法律,拟订本区环境保护规划和计划,并组织实施;落实本区内基本建设项目、技术改造项目和区域开发项目环保审批及环保设施验收;监督管理本区内废水、废气、工业固体废弃物、噪声、振动、恶臭、有毒化学品等污染防治工作;对违反环保法规的行为进行现场监督、检查和处罚等。年内,坚持环境影响评价和“三同时”审批制度,严格执行建设项目“分类管理”的环保审验程序和相关法律法规,全年办理“三同时”审批新建项目320个,对其中33个项目进行了环境影响评价审批,加强了全过程的监督管理,现场监督检查523次。在落实市政府控制大气污染的各项措施中,推进使用清洁能源,控制煤烟型污染等项工作;进一步加强了对各种施工工地的管理和执法检查力度,重点控制扬尘污染;加强对机动车尾气的巡查与检测,控制机动车污染;巩固前十个阶段已治理成果,严防、严查“反弹”。辖区空气质量明显提高。积极组织协调各有关部门落实区政府2005年环保实事。加强环境质量和各种污染源的监测,报出环境质量常规监测数据3 472个,污染源监测数据4 269个。依法征收排污费65.34万元(其中:区属单位8.62万元;中央、市属单位56.72万元),实施环保行政处罚590起,罚款6.21万元。

地址:宣武区白纸坊崇效胡同7号

电话:63554971

邮编:100053

(张 新)

【第十一阶段控制大气污染动员会】 5月20日,区召开了落实"北京市第十一阶段控制大气污染措施"动员会,总结了第十阶段的工作,部署了第十一阶段的工作任务和目标,杜灵欣副区长与35个区属有关单位签定了责任书,区政府各委、办、局、街道办事处以及各房地产开发公司、建筑公司、经贸公司、施工工地等61个部门(单位)的负责人参加了会议。

(张 新)

【控制煤烟型污染】 年内,区局筹措资金400多万元,解决了广外供热厂和平原里锅炉房燃煤锅炉脱硫除尘治理改造资金问题。在取暖期期间,加大检查力度,落实煤堆、渣堆苫盖、下灰装袋等方面的降尘措施,保证锅炉正常运行;监测锅炉99台,监测油烟478家;取缔露天烧烤和商用小煤炉,全年共查燃煤"反弹"839家,取缔小煤炉272个,取缔烧烤16起。

(张 新)

【控制扬尘污染】 年内,以万寿西宫监测子站周边地区为重点,加大组织协调力度,坚持部门巡查、"区扬尘办"联合检查和违法案件移送制度。全年组织召开扬尘污染控制会议7次,组织"区扬尘办"成员单位对各类工地进行了14次联合检查,对全区69个建筑工地、5个市政工地、25个拆迁工地进行了两次全面检查。区环保局组织32名环保协管员加大了对施工工地的检查频次,累计出动人员10 264人次,检查工地6 769家次,对违反环保法规的行为进行了现场处理和限期治理。同时,向区城管监察大队移送违法案件38起,处罚扬尘污染单位17家次,罚款3.36万元。全区完成18条破损道路的翻修工程,硬化了手帕口南街4 100平方米的裸土便道,完成绿化面积11.53公顷,屋顶绿化1.38万平方米,区环卫服务中心加大子站周边道路洒水降尘频次,全年喷雾降尘累计6.6万公里,用水量4.6万吨。

(张 新)

【控制机动车尾气污染】 年内,加强了对辖区主要道路、监测子站周边等机动车尾气的检查。累计路查机动车5 427辆,其中460辆无尾气合格标志,228辆排放超标,合格率95.8%;夜查工程车、货运车6 513辆,合格率为90.8%;入户检查重点单位车辆2 863辆,合格率为98.8%;对不合格的车辆填发了限期治理通知书,责令限期治理,并按有关法规对其实行了行政处罚,全年处罚584起,罚款5.98万元;查处群众举报超标车辆141辆;发放防治尾气污染宣传材料5 000余份;审验了全区14个加油站环保设施的运行状况。

(张 新)

【环境综合整治定量考核情况】 年内,宣武区可吸入颗粒物年平均值为0.140毫克/立方米,比上年下降了5.41%;降尘量为8.9吨/平方公里?月,比上年下降了1.11%;区域环境噪声平均值为54.6分贝,比上年下降了0.2分贝;交通干线噪声平均值为68.5分贝,比上年下降了0.1分贝。污染控制方面:烟尘控制区覆盖率为100%;烟尘控制区清洁能源使用率为97.69%,比上年降低了0.10%。工业废水排放达标率为100%;工业烟尘排放达标率为100%;工业二氧化硫排放达标率为100%;炉、窑烟尘浓度达标率为100%;炉、窑、灶烟气黑度达标率为100%。环境建设方面:清洁能源使用率为100%;生活垃圾密闭清洁式储运率为100%;建成区绿化覆盖率为21.05%,比上年减少3.44%。4、环境管理方面:环境保护投资指数为2.02%,比上年下降12.55%;污染防治设施运行率为100%。

(张 新)

【2005年环保十件实事】 年内,区环保十件实事全面完成。第一,截止到12月31日,宣武区空气质量二级和好于二级的天数达到236天,超额完成全年空气质量二级和好于二级的天数达到223天的任务;第二,完成了北京卫生学校裸露操场扬尘治理工程。第三,全面完成了宣武区12条破损道路的翻修工程。第四,完成了手帕口南街4 100平方米裸土便道的硬化工程。第五,开展了"安静居住小区"创建活动,完成了康乐里等3个"安静居住小区"的材料申请,等待市环保局审批验收。第六,完成了北京铁路装卸机械厂停产搬迁工作。第七,按任务要求全面完成了348座标准化公厕改建任务;积极购置道路机扫设备,实现了主要道路机扫率达到90%的目标。第八,陶然亭地区周边等2块大型绿地工程已竣工,完成绿化面积11.53公顷,任务完成率达到了115%。第九,完成了屋顶绿化1.38万平方米,任务完成率达到了138%。第十,加强油烟污染监控,全年共监测494家,提前完成全年监测指标。

(张 新)

【环境宣传教育】 年内,区环保局制作了20块展板,在"六·五"世界环境日在街道、社区巡展,大力宣传普及环保科学知识,宣传防治大气污染,改善空气质量工作的长期性、艰巨性以及尘污染给人们生产、生活带来的危害性,努力做到家喻户晓、人人皆知。6月1日,区环保局、区人事局、市环保宣教中心共同举办了“环保之声”诗歌朗诵会。全区各部门的公务员及工、青、妇等群团组织人员200余人,参加了此次活动。以创建国家文明城区为契机,动员社区居民参加“绿色社区”、“绿色生活”活动,借助市民学校、社区宣传栏等场所进行宣传,为社区、学校、机关等部门配发了180套宣传画。举办了宣武区2005年小学生“我爱地球妈妈”演讲比赛。全区7所小学的12名学生参加了演讲,并从中选拔出2名学生参加市里组织的预选赛。组织参加市环保宣教中心举办的“自然与生命的瞬间”摄影比赛、“方寸之间,话环保无限”短信有奖征集活动和北京绿色地图标注活动。开展了“首创公众参与京城蓝天行动”。在8个街道10个环保模范社区开展此项工作,10个社区分别成立了协调委员会、组织了防尘监督员队伍。为双槐里社区的30名中小学生上环保知识课,利用暑期发动青少年学生积极参与防治尘污染活动,对天桥小区、大栅栏大安澜营社区、陶然亭街道红土店社区防尘监督员进行培训。全国政协副主席张思卿等30名政协委员高度评价了宣武区“绿色社区”的创建工作,建功南里社区被评为首家“全国绿色社区”。

(张　新)

【全程办事代理】 年内,区局抽调专人全程受理环保行政审批221件,完成219件;受理环境委托监测70件,完成67件;受理环保咨询1 440人次。群众对受理事项,除1项“较满意”外,其余均为“满意”。

(张　新)

【信访提案工作】 年内,受理群众来信、来访和“12 369”热线共计570件,其中反映噪声污染问题的342件、油烟污染问题的126件、扬尘污染问题的32件、燃煤1件、异味42件、冒黑烟18件、光污染5件、水污染2件、废弃烟囱1件、热污染1件;已全部处理完毕,处理率为100%;办理人大代表建议2件,政协委员提案2件,全部提前办理完毕,人大代表和政协委员表示满意或非常满意。

(张　新)

【排污申报登记】 年内,根据国家颁布施行的《排污费征收使用管理条例》,完成了4家市重点污染源等单位、20家工业企业、307家第三产业单位、51个施工工地的申报登记、复核工作。申报前通知并督促有关单位申报,申报后对每一家申报单位的相关材料予以核实后录入电脑数据库。

(张　新)

【科技手段管理环境】 年内,为加强对宣武区空气质量的监管力度,区环保局分别在子站周边和白纸坊地区、牛街地区、陶然亭地区建立了可吸入颗粒物(PM10)无线监测仪6台。监察人员不出屋即可在微波传输遥控视频监控系统终端显示屏前对15个重点工地进行即时监控;还可根据可吸入颗粒物(PM10)无线监测系统终端显示器显示的PM10浓度在不同地区的分布情况采取相应的扬尘控制措施。

(张　新)

【水源防护区隐患督查】 年内,按市环保局要求,开展了水污染防治检查。汛期共出动87人次,对水源防护区重点单位进行了30家次的执法检查,对水污染隐患单位提出了整改意见。汛期内没有发生泄露、污染事故。

(张　新)

【污水处理设施督查】 年内,加强了对全区24套污水处理设施的日常监督检查,确保了污水处理设施的正常运行。

(张　新)

【环保专项行动】 年内,开展了环保专项行动,对各类违章企业加大了检查处罚力度。并对存在环境问题的5家施工工地、2家医院、1家宾馆、1家工厂、1家物业管理公司实行挂牌督办。在专项行动中,区环保局出动2 937人次,检查单位2 032家次,限期治理17家;区城管大队出动3 403人次,检查单位542家次,处罚5家,罚款13 800元;区建委出动1 587人次,检查拆迁工地及施工工地共508家次;区质监局出动95人次,检查单位40家次,纠正违法行为1家,责令限期改正1家;区工商局出动483人次,检查单位462家次,取缔无照烧烤5家(立案查处1家),取缔无照餐馆10家(立案查处6家),销毁煤灶5个,查处超范围经营烧烤1家,取缔无照洗衣1家并立案调查。环保专项行动中,挂牌督办的10家单位经治理,已全部达标摘牌。

(张　新)

【环境安全监管】 年内,按照国家环保总局下发的《关于进一步加强环境监督管理严防发生污染事故的紧急通知》精神,认真汲取松花江水环境污染事件的教训,成立了突发性环境污染事故应急办公室,制定了《应对突发性环境污染事故应急预案》,全面排查了环境污染隐患单位,为有效防范环境污染事故奠定了基础。

(张　新)

【“十一五”环保发展规划】 年内,根据《北京城市总体规划》(2004～

2020年)和市、区“十一五”国民经济社会发展规划中有关环境保护的目标要求,区环保局完成了《北京市宣武区“十一五”环境保护发展规划(草案)》的编制工作。

(张　新)

【空气质量达标】 年内,万寿西宫空气质量自动监测站监测结果表明:2005年宣武区空气质量二级以及好于二级的天数全年累计达236天,占全年天数的64.66%,超额13天完成了市政府下达的任务。

(张　新)

管理监察

【概况】 北京市宣武区城市管理监察大队(简称区城管大队),在本行政区域内综合行使市容环境卫生、工商行政、城市规划、公安交通、市政管理、公用事业、城市节水、停车管理、城市绿化、环境保护、施工工地、城市河湖、非法出租汽车运营、非法三轮车运营以及非法导游的全部或部分行政执法工作。城管大队内设办公室、政工科、法制科和直属队,8个分队分布8个街道,行政编制226人,工勤编制8人。西客站城管分队的业务工作由宣武城管大队代管。年内城管大队,按照科学发展观和与时俱进的要求,夯实“强化机制管理,提高环境水平,强化综合素质,提高城管形象”;以构建专业化、责任制的管理模式,增强执法能力,推动城管体制改革;坚持依法行政,全面履行职能,狠抓常态管理,精心推进“六大工程”,开展了保持共产党员先进性教育各阶段教育活动,按时完成了创建“全国文明城区、全国卫生城区”、“厂甸红楼庙会”、“两会”、“五一”黄金周、中高考、灯杆旗整治等各项环境保障工作任务。共实施行政处罚13 103起,罚款362万余元;拆除违法建设380余处,计5 285.67平方米,查处无照运营黑出租车301辆,无照运营“黑三轮”861辆,整治灯杆旗、灯箱等户外广告601处,通过“非法小广告警示系统”查处非法散发小广告5 346件。城管大队获“宣武区精神文明先进单位”、“宣武区社会治安综合治理先进单位”、“宣武区纪检工作先进单位”,天桥城管分队获“共青团北京市青年文明号”,椿树城管分队获“北京市城市管理综合行政执法系统先进分队”、“宣武区精神文明先进集体”、“宣武区十佳先进基层单位”等称号。

地址:宣武区南菜园街72号

邮编:100054

电话:63557984

(郑彦彬)

【双创建工作】 5月,根据区委区政府指示,城管大队在创建“全国文明城区”、“全国卫生城区”的测评验收工作中,全员停休,机关科室分为两个组,配合分队在早、晚时间段进行巡查。每天长达12小时。及时处理各类违章,确保了良好的环境秩序。

(郑彦彬)

【重点整治工作】 年内,结合“节水”新职能,城管大队与区节水办在全区范围内联合开展了三次“节水”专项执法活动,重点查处施工工地浪费用水、洗车行业浪费水资源等违法行为。对广外马连道西里社区、三统碑、天桥留学路地区等670余处违法建设予以拆除,计3 469平方米。在办事处的协调及有关部门的配合下,另对168间2 000平方米违法建设,经过20余天的工作,全部予以拆除。配合公安、交通等相关部门开展了对没收的黑人力三轮车和公开集中销毁、冬季食品安全专项整治、清理整顿北京市劳动力市场秩序的专项执法活动以及“扫黄打非”、“禁放”宣传与救助等各项综合治理活动。

(郑彦彬)

【夜间违法行为专项整治】 5月,城管大队在夜间连续开展了“整治烧烤、打击黑车、清理无照、掏除窝点、查处遗撒”专项环境整治工作。通过为期一个月的专项整治行动,严厉打击了无照经营、露天烧烤、黑车、非法小广告、道路遗撒等违法行为,使区域夜间城市环境得到了明显的改善。

(郑彦彬)

【打击非法小广告】 年内,城管大队按照市综合行政执法局的要求,连续开展了非法小广告的专项整治活动,并把每月第三个星期四作为全市小广告专项整治日。一年来,共查处各类擅自散发、涂写、刻画小广告违法行为113起、非法小广告制造窝点52个、罚款2万元、没收非法小广告10万余张、发动社会人员力量清除擅自涂写、张贴小广告4万余处,同时对非法小广告录入警示系统4 000余件。

(郑彦彬)

【城管热线管理】 8月,城管大队按照市综合行政执法局指示,成立了96310热线值班室,及时协调、反馈、处理热线问题。为确保值班室工作的制度化、规范化,大队制定了《96310值班室管理办法》和《城管大队96310城管热线受理规定》,并在秋季军训中,对全体队员就如何受理城管热线问题做了进一步培训。一年来,共接听城管热线6 257余个,均已落实解决。

(郑彦彬)

【执法模式创新】 年内,城管大队在总结执法经验的基础上,研究探讨新形势下的执法模式。实行捆绑联动执法机制,与公安治安支队、交通支队、环保局、卫生监督所、工商局、水务局河道管理处等单位建立“捆绑式”执法工作机制,制定了《关于在全区城市环境整治工作中实施“捆绑式”执法的具体实施意见》,建立了执法与管理工作的新模式。制定了《实施专业化、责任制网格化管理方案》、设立网格化管理示意图板,将我区分为8个大网格和127个小网格,实现了由过去的一街一人、一区一人转变为“一格一人”的管理模式。初步形成“专业定人,责任定岗,专业不失察,责任不脱岗”网络工作体系。为保障网格化管理出实效,大队先后制定了《城市管理行政执法监控方案》和《城市管理重大责任问题追究办法》,两个办法的制定,构筑了大队条块分明、各级联动、快速反应的长效管理与应急处理机制。启动了二级重点监控预案的执法演练,收到较好成效。

(郑彦彬)

【百日专项执法工作】 7月,城管大队开展了整治环境秩序百日专项行动。本着“条块结合,属地为主,清理整治与规范管理相结合”的原则,以街头无照经营摊贩、非法客运、小广告、非法露天消夏餐饮经营场所及施工扬尘、无证夜间施工扰民、泄漏遗撒等影响社会秩序和市容环境的问题为整治工作重点,依法履行城管监察职责。主要做法:一是以市、区挂帐乱点为重点,对全区44条主要大街和重点地区每天都进行全面检查,对影响城市环境的400余个问题,均以督办单形式发放给分队,使问题得到及时有效的解决。二是大队机关在加强业务检查的同时,注意与服务分队有机结合,采取分组配合分队的方式。三是推行大队领导分工督办,分队联组,机关科室支援,公安、交通等部门紧密配合的联动机制。四是全员停休,集中力量开展执法活动。

(郑彦彬)

【取缔黑车】 年内,根据市政府、市综合行政执法局指示,城管大队制定了整治“黑车”工作方案,由区政府牵头组织召开了城管、公安、交通工作会议,对我区擅自从事客运、货运的黑出租车、黑三轮车、黑旅游车开展了多次专项整治活动。一年共查处黑出租车301起、黑摩的、黑人力三轮车861起,共计罚款2 312 570元。

(郑彦彬)

【城市常态管理】 年内,城管大队采取“集中与专项、巡查与盯守、联合与自行”相结合的工作模式,保证了主要大街、重点地段、敏感点位的环境秩序。对市区、大队挂帐的31个脏乱点32个区中摊,全区创建的17条奥运式大街及16个奥运式社区,从分队打盯结合、相邻分队联合到集中整治,三管齐下取得较好的效果。

(郑彦彬)

【河湖垂钓管理】 7月,城管大队为完善河湖日常管理专业执法机制,确保河湖执法工作的制度化和规范化。组建了河湖执法组。制定了相关管理规定,明确了工作职责和要求,执法组由两名监察员组成,配备巡逻艇两艘,负责我区河湖管理范围内的巡查执法。自7月份以来,河湖执法组严格查处在河湖管理范围内非法捕鱼,倾倒污水、污物等违法行为。取缔了在护城河内非法设置的“绝户地笼”、渔篓、渔网;放生各种鱼类1 000余尾;清除沿岸非法小广告40余处;批评教育非法垂钓、游泳、洗刷衣物等行为100余起,区域护城河及沿岸的环境秩序得到明显改观。

(郑彦彬)

【暖心便民工作】 年内,城管大队收到群众反映卫生、违法建设、养鸽户、污水外溢等问题700余件,大队经过整理确定600件,做为暖心便民实事项目。截至11月底均已完成。各分队还制作了便民联系卡,为社区安装公示牌317块;同时建立了每月召开联席会等制度。全年创建16个奥运社区。

(郑彦彬)

【纪念建队8周年】 5月,城管大队隆重纪念成立8周年,北京市综合行政执法局发来了贺信,区4套班子主要领导题词,对宣武区城管大队8年来取得的成绩,给予了充分肯定,并提出了殷切希望。大队召开了“建队8周年座谈会”、制作了“8年风雨路,城市展新容”的成果图片展和电视纪实片《建队8周年巡礼》。

(郑彦彬)

节水 防汛 供暖

节水工作

【节水计划管理】 年内,被节水办纳入计划用水管理单位2 583户,计划指标量950万立方米。因拆迁和改为居民用水而撤消计划管理的单位348户;新增未纳入计划管理单位108户 。年计划节水50万立方米,实际全年节水61.2万立方米。其中推广节水器具5 247套件,新装冷却塔2台(200立方米/小时),节水量596 568立方米;新增使用中水洗车站点5个,节水量5 500立方米;降低自来水管网漏失,节水量约10 000立方米。

(厚荣利)

【超计划加价管理】 年内,实发超计划加价1 497户,解决加价1 448户,处理率96.73%,收取加价金额62.5万元。

(厚荣利)

【节水"六必须"检查】 年内,按照市目标管理责任书的要求,对2004年尚未达到节水"六必须"要求和未被检查的1 590个计划用水单位进行检查。共检查1 761个单位,其中达标单位1 728个,未达标33户,达标率为98%。

(厚荣利)

【节水技术措施改造】 年内,完成了对区内居民家庭用水器具情况的调查并对调查结果进行了数据分析。区节水办集中对老旧小区和平房院开展器具换装工作,共换装节水型器具800套件。雨水、再生水节水技术改造项目及其它重点节水技改项目3项。完成了市级节水技改工程白纸坊街道菜园街24号院雨水利用工程,铺设透水砖约1 500平方米,市节水办已验收合格。配合北京市节水管理中心对北京小学分校雨水中水利用工程进行验收。该中水处理工程启用后,每年节水22 000立方米,节约经费10万元。区节水办与市节水管理中心、市环境保护科学研究所、市科委、区科委联合对大观园的中水进行治理。初步实验成功。

(厚荣利)

【节水专项管理】 年内,区节水办联合城管大队对辖区内的洗车行业进行了全面检查,共检查洗车站点32家。联合区商务局等相关部门,对区域内10家大众便民浴池进行了全面检查。

(厚荣利)

【节水型单位(小区)创建工作】 年内,区节水办计划创建市级节水型单位和节水型小区各5个,区级节水型单位和节水型小区各1个。实际上全区有12个市级单位、7个市级小区、1个区级单位、1个区级小区参加了创建工作,并且全部通过了创建工作验收。

(厚荣利)

【节水宣传】 3月22日,在区政府B1会议室,全国节水办公室的齐兵强博士向各街道、各系统单位主管节水工作者、部分人大代表和政协委员和辖区内用水量较大单位的节水工作人员,作了以水资源形势为专题的报告。5月18日,区节水办在虎坊桥十字路口设立了以"学习宣传贯彻《北京市节约用水办法》"为主题的节水宣传站,并向过往行人分发宣传材料和纪念品。区市政管委主管主任曾建国参加了宣传活动,八个街道办事处同时举办了形式不同的节水宣传活动。全区共设立节水宣传栏56处、悬挂横幅40余条、节水板报100多块,发放节水宣传彩页和节水宣传画4 750多份。

(厚荣利)

【"爱水在金秋"游园活动】 "十一"黄金周期间,区节水办与大观园管委会、区科委、市水科所等单位共同举办了"爱水在金秋"的游园活动。展示节水展板50块,五个厂家展示了节水型器具,举办了节水文艺演出,组织部分市民代表参观了麋鹿园湿地,了解了北京水资源变化的历史,产生了较好的宣传效果。

(厚荣利)

【节水办成立20周年纪念】 年内,节水办制作了节水工作20周年多媒体回顾短片,召开了成立20周年纪念座谈会,在宣武报上刊登了关于节水工作的相关文章。

(厚荣利)

【节水行政许可事项】 年内,在2号楼政务大厅设立办理行政许可事项窗口,全年共办理增加临时用水173件,建设项目节水设施竣工验收25件,接受咨询1 795人次。

(厚荣利)

防汛工作

【直管公房安全度汛】 本年,为保证辖区直管公房安全度汛,北京宣房投资管理公司及时做出部署,安排所属宣房房屋经营公司组织人员对所管房屋进行了安全普查,制定了修缮计划和防汛工作预案。全年共普查房屋226.99万平方米,检查平房62 152间,中式楼293栋、3 432间,楼房585栋;翻挑大修平房、中式楼2 000间,附標

2 699根、附柁38架、拆砌墙439个、安全加固1171间,屋面整修20 482间;楼房中修239栋,51万平方米。在立足防大汛思想指导下,公司成立了防汛领导组织指挥机构,明确了防汛责任区域和责任人以及现场指挥人员和出现场的时间,组建了26支、300人的防汛抢险队伍,准备了防汛物资。严格落实领导带班、日常值班、雨天出巡、雨后查漏等项制度,对重点部位、重点问题列表上墙,确保发现一个问题解决一个问题,做到万无一失。公司所属宣房房屋经营公司被北京市建设委员会评为北京市城镇防汛工作先进集体。

(唐晓峰 周 乾)

【迎战台风“麦莎”】 8月7日、8日、9日,公司组织360余名参汛人员,坚守3天,圆满完成了迎战台风“麦莎”的任务,连续20年实现了北京市政府提出的“少塌房、不死人、安全度汛”的防汛工作目标。

(唐晓峰 周 乾)

供暖工作

【完成冬季供暖任务】 年内,北京宣房投资管理公司所属北京宣房楼宇设备公司共管理直管锅炉30处、70台,供热面积201万平方米。年内,公司上下发扬“辛苦我一人,温暖千万家”的奉献精神,克服供热管线设备老化、燃料成本上涨、资金短缺等困难,积极做好设备的维修保养和运行工作。全年共投入资金270万元,大修锅炉房、热交换站30处,更换供暖管道20处、3 000米,保证了所管锅炉按时点火、送暖,室温不低于16度,连续11年被评为北京市住宅锅炉供暖先进单位。

(唐晓峰 周 乾)

【供暖季收费增长】 年内,北京宣房投资管理公司所属宣房楼宇设备公司继续下大力气做好供暖费的收缴工作,一方面安排专业工作人员进行积极催收;另一方面聘请3名律师对欠费单位进行诉讼追收,使供暖费的收缴额度又有了增加。年内共收缴供暖费3 722万元,其中本供暖季收费3 002万元,旧欠720万元,超出去年3 466.09万元收费总额255.91万元,增长了35.2个百分点,再创历史新高。本供暖季实收费完成应收费总额4 682.10万元的64.12%。

(唐晓峰 周 乾)

科技　教育

科　技

【概况】 北京市宣武区科学技术委员会(简称区科委)是负责全区科技工作的政府部门。2001年经职能调整后,区科委的主要职责是:制订本区科技进步战略;编制本区科技发展规划;科学技术普及;科技企业认定;科技类民办非企业单位的核准;科技资源配置;科技经费的管理;知识产权;技术市场;科技外事;科技奖励;科技保密;科技统计;科技信息;科技培训;专家顾问组;工程系列职称评定等。区科委行政编制6人。年内,区科委认真贯彻落实"科学发展观",不断优化服务环境,深入开展科技立项、科技奖励、知识产权保护、科普宣传等工作,努力增强科技进步在区域建设和发展中的作用,促进了全区各项事业的持续快速健康发展。

地址:宣武区广安门南街68号

电话:83976262

邮政编码:100054

(赵顺壁)

【保护知识产权宣传周】 4月20日至4月26日,区科委开展了"保护知识产权宣传周"活动。活动以"保护知识产权,促进创新发展"为主题,立足基层,面向百姓,采用发放知识问卷和宣传资料、悬挂横幅、展出宣传展板、政府政务大厅大屏幕宣传等多种形式,与街道科协、部分委办局的宣传形成合力,在全区范围内形成了浓厚的保护知识产权社会氛围。宣传周共发放知识产权知识问卷500份,收回476份,发放知识产权普法宣传资料1 000余份,解答消费者咨询115人次,制作展板20余块,并在区政府机关大厅和部分街道巡回展出,有效地促进了社会公众知识产权保护意识和法律知识的提高。

(赵顺壁)

【节能宣传周】 6月12日,在宣武区万寿公园,由宣武区发改委主办,区园林局、区教委、区科委、区市政管委、区建委、区商务局协办的宣武区2005年"节能宣传周"活动拉开序幕。开幕式由区发改委主任王佐主持,区园林局代表、小学生代表分别就节能发言并表态,常务副区长王永新代表区委区政府就举办这次活动的重要意义讲了话。活动围绕"节约能源从我做起,构建和谐宣武,迎接绿色奥运"的主题,采取设置展板、发放宣传材料、邀请节能企业进行产品展示等形式向群众进行了宣传。各单位采取设置展板等形式在机关、学校、建筑工地进行了节能宣传,力求使全社会认识、了解节能的重要性与方法,做到节约能源从我做起。

(赵顺壁)

【区知识产权局挂牌成立】 7月,宣武区知识产权局正式挂牌成立,与宣武区科学技术委员会合署办公。宣武区知识产权局在宣武区委区政府的领导下,承担宣武区知识产权会议办公室的职能,组织研究本区知识产权方面的重大问题,建立完善本区专利工作体系,联络和协调本区各知识产权主管部门建立区知识产权保护和创新体系,协助北京市知识产权局开展专利管理、专利行政执法,为宣武区落实知识产权制度创造良好环境。

(赵顺壁)

【宣武区科技企业协会年会】 7月28日,宣武区科技企业协会在洋桥大厦举办年会。钱宝亮会长就协会工作做了重点发言,强调了科技企业协会应立足研究,做好服务工作,为成员单位在发展上、在经营中作些切实可行的工作;年会通过了协会下半年的工作安排,提出要突出为科技企业办实事,加强与宣武区工商联合会的合作,把科技企业协会与其他行业协会紧密结合起来,成立"促进联盟"优势互补,帮助成员单位增加潜在客户资源商机,进行国际贸易合作的尝试;请区相关管理部门为企业进行税务、科技立项申报的指导;帮助企业通过技术合同登记依法享受国家的税收优惠政策等。宣武区国税局、宣武区地税局、宣武区社团办、北京金正资产投资经营公司、北京金正光彩担保有限公司、北京商业银行琉璃厂分理处的主管领导及主管部门负责人在会上分别做了发言。区科委王国建主任就科技企业协会是政府与企业沟通的桥梁,科委对协会成员单位的工作如何支持,如何采取鼓励与扶持的方式帮助科技企业在科技创新中找到自身价值等发表了意见。

(赵顺壁)

【区政协委员考察区科技企业】 11月11日,宣武区政协部分委员由喻建平副主席带队,对本区北京协和建昊医药技术开发有限责任公司、北京索德电气工业有限公司、北京第一低压电器有限责任公司三个科技企业进行了考察。委员们通过听取企业负责人对企业发展的介绍、考察企业的生产经营情况,了解了企业在发展中遇到的问题,征求了企业对政府工作的意见和建议。

(赵顺壁)

【仲兆军到高新技术企业调研】 8月13日,区委副书记仲兆军到区高新技术企业——北京大唐万邦复制技术发展有限公司进行调研。听取了北京大唐万邦复制技术发展有限公司董事长徐忠东关于公司情况的介绍,参观了“数字分色及水色、墨色合成复制书画”的工作流程。仲兆军对该公司的工作给予了肯定,并强调要进一步加大科技创新的投入,增强自主创新能力,保护好知识产权。各有关部门要加强对高新技术企业的服务和扶持,为他们创造良好的发展环境,促进企业的发展。区科委主任王国建、区委办公室副主任王建华、区科协副主席于忠芬、区科委副主任王爱民共同参加了调研。

(赵顺壁)

【科技奖励评审】 年内,完成了2005年宣武区科技奖励评审工作。此次申报参评项目共71项,经过评审委员会严格、客观、公正的评审,有64项获奖,其中一等奖5项,二等奖20项,三等奖39项。此次参评项目无论是数量还是质量,都好于往年。科技奖励评审的实施,较好的调动了机关、企事业单位开展科技工作的积极性。通过这些工作的开展,进一步优化了科技发展环境。

(赵顺壁)

【编制宣武区“十一五”科技发展规划】 年内,针对新时期科技发展和宣武区经济对科技工作的要求,起草制定了宣武区“十一五”科技发展规划,并对新时期宣武区科技发展战略思路、科技工作的定位和新目标、科技事业与区域发展间相互促进作用等内容进行了研究,明确了今后五年科技工作的方向和工作重点。规划确定了“十一五”期间,科技工作将以实施科学决策先行工程、科技创新提升工程、科技支撑产业工程、科技成果推广工程、科普发展推进工程、知识产权保护工程这六项工程为重点,从增强科技意识,完善工作机制 ,加强政策宣传,发挥政策潜力,改革科技工作管理体制,形成推动科技发展合力,完善科技投入体系,促进科技成果转化,营造良好氛围,集聚优秀科技人才,利用首都科技资源优势,提高区域科技发展能力入手,做好各项工作,以达到科学决策能力得到很大的提升、科技创新水平得到很大的提高、科技进步在经济建设中作用得到很好的体现、科技成果在城市建设与管理中得到很好的应用、科学普及得到很好的发展和知识产权保护得到有效落实的目标,促进宣武区科技工作的全面发展。

(赵顺壁)

【科技服务工作】 年内,调整、增补了宣武区科技专家顾问组成员和宣武区自然科学类技术职称中级评委会成员,建立了宣武区科技专家与科技人才数据库;开展了区域专利资源现状研究,摸清情况,探索保护、开发、利用的有效方法,着手建立了操作可行的知识产权保护工作协调机制;组织了区科技立项(备案)工作和国家级、市级科技专项申报工作,积极争取了区内外各种科技经费和科技政策的支持;开展了在研课题和区科技孵育项目的管理与跟踪服务工作。先后为大栅栏街道办事处建成了办公通信网络,使该街道实现了网上办公,提高了工作效率;协助有关企业完成了“数字分色及水色、墨色合成复制中国历代古书画技术研究”课题的年度报告;制定了大观园“再生水回用于城市景观水体富营养化防治技术研究与示范”课题年度治理方案;协助区人防办向市科委申报了“应急指挥系统在城市管理中的扩展与应用”的课题;开展了“利用现代信息技术进行旧城改造中史料保存与应用研究”;完成了金桥工程项目的立项、奖励申报工作;完成了高新技术企业的认定和复核工作;进行了民非企的年检;开展了技术合同认定登记;利用CAD工作站加强了对企业的培训;支持和帮助区科技企业协会开展了各项活动,密切了与科技企业的联系,并为其提供了服务。

(赵顺壁)

【民营科技管理】 年内,完成了6家高新技术企业的认定和6家高新技术企业的复核;进行了民营非企业单位的年检;积极支持和帮助宣武区科技企业协会开展了各项活动,发挥了协会在企业与企业之间、企业与政府之间、企业与市场之间沟通交流与合作的作用,以开展高新技术企业认定初审、科技立项、科技奖励、科技专项申报等工作为切入点,密切了与科技企业的联系,主动、热情、及时、有效地提供了服务。帮助“协会”开展了企业信息化培训、人才政策咨询、技术市场管理政策咨询等活动，坚持“民营科技企业家季谈会制度”，加强了与企业的沟通，及时了解了企业发展的概况，向企业传达相关政策，加强了企业间的交流与协作。进一步贯彻落实扶持科技企业的优惠政策，加强服务，鼓励和扶持高新技术企业的发展。

（赵顺壁）

【区科普项目巡回展专家研讨会】 8月25日，区科委科协组织召开了“宣武区科普项目巡回展专家研讨会”，请清华大学、北京科技大学、首都师范大学、自然博物馆、自来水博物馆、区环保局、北京新源电力科技公司、北京鑫宣世纪公司、天北星公司、北京电力需求侧管理中心等单位的专家到会进行了研讨。专家们就当前及今后社区科普形式、可流动展示的科普项目等发表了意见，提出了许多具有前瞻性、长效性且切实可行的建议。此次专家研讨会的召开，有力地促进了宣武区社区科普工作的开展。

（赵顺壁）

【技术合同登记】 年内，北京市技术合同登记处宣武工作站进一步增强了服务意识，严格了认定登记手续，依法行政，服务热情，促进了技术合同认定登记工作的健康发展。全年共登记技术合同2 076份，与去年同期比较，增长了61.56%；成交额达18.3708亿元，与去年同期比较，增长了62.69%；实现合同份数2084份，与去年同期比较，增长了79.81%；实现金额达16.4542亿元，与去年同期比较，增长了94%。

（赵顺壁）

【应用高新技术保存中国古书画】 年内，由区科委组织立项，北京大唐万邦复制技术有限公司完成了“数字分色及水色、墨色合成复制中国历代古书画技术研究”的科技成果。该技术是一项综合应用现代高新技术形成的一项高保真复制中国古书画创新技术，涉及到数字采集、绘画材料改造、复制色彩等相关技术领域的研究，技术创新点是研究、仿制的传统宣纸、绢能适合现代机械复制工艺，并解决了宣纸、绢在复制过程中的抽丝及色彩还原性差等问题；研究中国国画色的水性颜料与油性颜料相结合技术，解决了“石青”、“石绿”、“朱砂”等古书画颜料在现代复制工艺中的色彩还原及体现厚重感等问题。该课题成果已在研究的过程中加以应用，为故宫博物院等全国19家博物馆（院）复制了代替原件展出的“献寿图”、“菊花图”、“清帝大婚图”、“蔡襄”、“贴落”“匾联”“隔扇芯”及大型绢本“帝王像”、“李太白上阳台手卷”、“徐光启手札”等文物百余件；为人民大会堂复制“江山如此多娇”及其它书画作品共计30多幅。

（赵顺壁）

【太平街垃圾楼正式运行】 3月，选用运输车中置方案的《太平街垃圾楼示范工程》正式运行，使用系统前该垃圾楼每天外运垃圾为3车，使用后为三天外运2车，又由于该系统可将可燃物（塑料袋占较大比例）有效分出，大大提高了运输车辆的负载率，降低了运输费用，节约了土地资源，减少了垃圾填埋费用。5月，由北京市市政管理委员会主持召开了科技成果鉴定会，与会专家做出了“该系统在密闭式垃圾清洁站使用属国内首创，分选设备总体性能居国内领先水平”的结论。至7月17日，该系统共运行131天，累计处理生活垃圾235.8吨，塑料选出量为53吨，运行状况良好，有机堆肥物全部进入南宫堆肥场。该项目的研究成果为城市生活垃圾的综合治理、推进城市垃圾产业化进程提供了可能。

（赵顺壁）

【“再生水回用技术研究与示范”项目】 年内，针对北京市内以城市污水再生水作为景观用水的城市河湖的水污染现状，为改善大观园的水质，宣武区科委组织开展了将生态修复技术用于河道、湖泊富营养化的治理研究。该项目采用了美国勇信环保公司、中国水科院及瑞士阿尔法公司的生物处理技术，采用喷洒微生物加曝气的方式使水体净化，降低了污染物，抑制了藻类的复发，收到了很好的治理效果。

（赵顺壁）

【旧城改造中史料保存与应用研究】 年内，区科委和区文化委完成了利用现代信息技术进行旧城改造中史料保存与应用研究的工作。该项工作自2002年6月中旬召开项目各有关单位工作协调会开始，于2002年10月正式列入北京市科委社会发展计划科技项目，在课题组成员单位的共同努力下，经过几年的调研和开发，完成了《宣武区史料综合信息管理与应用系统》、《宣武区大栅栏地区文物保护单位三维复原技术研究》、《大栅栏文物古迹历史文化词典》、《古书画复制ICC数字分色色彩管理技术研究》、《字画装裱机温度时间自动化控制改造研究》阶段性成果和电视宣传片《大栅栏》的制作脚本。其中《宣武区史料综合信息管理与应用系统》已在区文化委投入使用，经试运行，较好地完成了从现有纸质档案管理到数据化管理的转变。

（赵顺壁）

【科技奖励】 年内，根据《宣武区科学技术奖励办法》有关规定，宣武区科学技术奖励评审委员会办公室共受理2003——2004年度申请科学技术奖励项目71项。经过奖励评审委员会严格、客观、公平、公正的评审,初步评审出推荐获奖项目64项,其中一等奖5项,二等奖20项,三等奖39项。

(赵顺璧)

教　育

基础教育

【概况】 北京市宣武区教育委员会(简称区教委)1997年由原宣武区教育局和宣武区成人教育局合并组成,统一领导全区的学前教育、基础教育(含特殊教育)、校外教育、职业教育和成人教育。区委教工委是负责全区教育系统党的建设、思想政治工作和干部管理工作的区委派出机构;区教委是负责全区教育事业的区政府职能部门。区委教工委设工委办公室、教育纪工委、组织部、宣传部、教育工会、团教育工委、少工委办公室、机关党总支等工作部门;区教委职能科室有办公室、人事科、保卫科、计财科、审计科、学前教育科、小学教育科、中学教育与职业教育科、校外教育科、成人教育科、体育卫生美育科、政策法规科。区委教工委与区教委合署办公,行政编制110人。年内,区有托幼园所25所,其中市立园13所、机关厂矿园5所、街道园4所;入园幼儿1 579名、在园幼儿5 225名、离园1 516人;教职工432人,其中,专任教师225人;学前三年教育普及率96%。小学35所;教学班620个,在校生15 023人、招生2 038人、毕业3 324人;教职工2 173人,其中,专任教师1673人;小学入学率100%,巩固率100%,毕业及格率100%。中学23所,其中初中6所、高中17所;教学班678个,其中,初中教学班345个、高中教学班333个;毕业9503人、招生7 278人、在校学生24 311人,其中,初中11 167人、高中13 144人;初中入学率100%,巩固率99.15%,毕业及格率90.16%;高中入学率95.19%,毕业合格率82.55%,应届高考录取率88.06%;教职工3 068人,其中,专任教师2007人(初中1 119人、高中888人)。特殊教育学校1所,开设23个班,结业21人、招生27人;教职工58人,其中,专任教师53人;残疾儿童入学率100%、巩固率100%。校外教育单位4个,教职工130人,其中,专任教师79人。中小学教师学历合格率98.36%,其中,小学教师学历合格率100%、初中教师学历合格率98.12%、高中教师学历合格率95.6%。中小学市级特级教师19人,其中,小学特级教师8人、中学特级教师11人。中小学教师具有高级专业技术职务435人,其中,小学教师15人、初中教师211人、高中教师209人。全区中小学图书馆藏书188万册。校舍总占地798 402平方米,总建筑面积737 646平方米。固定资产总值85 344.9万元。全年教育经费投入76 611万元,其中,国家拨款55 473万元,自筹经费21 138万元。

地址:宣武区姚家井三巷34号
电话:63580437
邮编:100054

(潘　军)

【教育结构调整】 年内,中学学段教育资源硬件整合工作基本完成。先后撤并了204中学、134中学、146中学、广义街小学,开工建设了14中新址、北京小学走读部,完成了北京小学广外分校工程、宣师二附小校舍改造工程、回民幼儿园新址建设、三教寺幼儿园和科技馆迁址工作。外国语实验学校增设了高中部,完成了教育学院宣武分院附中建设。

(潘　军)

【14中、66中被评为示范高中】 年内,14中、66中被评为北京市示范高中校,全区市级示范高中校达到6所。

(潘　军)

【教师队伍建设】 年内,区教委下发了《宣武区教委关于中小学教师定期带薪脱产岗位培训的实施意见(试行)》,举办了60名中小学语文教师参加的首期中小学语文骨干教师研修试点班。成立了名师工作室、名师流动工作室以及初高中毕业年级中心备课组,推进了全区中小学跨校联合教研工作,扩大了兼职教研员队伍。开展了中学青年教师和教研组双优评比、"宣新杯"小学课堂教学竞赛、"芳星杯"幼儿教师半日评优活动和中小学主题班会评优活动,举办了"红烛杯"幼儿教师教学基本功大赛、第五届"走进童心世界研讨会",有效地促进了广大教师施教能力的提高。

(潘　军)

【骨干教师管理】 制发了《骨干教师履职手册》,建立了市区级骨干教师信息库,加强了对骨干教师的管理和考核。分别组织了中小学、幼儿园学科带头人和骨干教师课堂教学的展示、交流活动。成立了北京教育学院宣武分院附中,为教科研人员提供了开展教学实践与研究,提高指导教科研能力的基地,教研员们整体素质得到提升。"1—4—

1”骨干教师的带动作用进一步得到发挥。

（潘　军）

【德育工作】　年内，召开了中小学德育工作会议，提出了德育工作新思路。开展了宣武区中小学德育工作研讨月系列活动，总结推广了先进经验。市教委在我区召开了“走进宣武 走进实验一小”现场会，并在市中小学德育工作观摩交流周活动中，推广了我区德育工作经验。我区青少年学生违法犯罪率控制在1‰以下，“四五”普法工作受到市、区好评。

（潘　军）

【小学课改】　年内，区教委召开了小学课程改革研讨会和初中课程改革实验总结表彰大会，对小学课程改革和初中两年来的课改工作进行了全面总结。回民小学代表我区小学接受了市课程改革联合视导，得到了视导组的高度评价。制订了“宣武区校本教研评价标准”。组织了校本教研专题讲座和展示交流活动，召开了课程改革研讨会。共推出了40个校本教研活动个案，有效地推动了校本教研工作的开展。在首届“全国园本教研研讨会”交流和评选活动中，我区幼儿园1篇课题研究获一等奖，2篇获二等奖，17篇获三等奖。

（潘　军）

【学生学业水平】　年内，我区小学学生学业水平达到测试目标，中考合格率为92.83%，其中优秀率为37.27%；高考本科上线率为57.88%。小升初改革逐步完善。全区4 125名学生全部升入优质初中。体育、校外教育及特殊教育取得新进展。《学生体质健康标准》全面推进。2005年，高三体育会考及格率99.8%，初三体育中考，全区平均分28.74分。

（潘　军）

【规范学校内部管理】　年内，对校长经济责任、收费等139个项目进行了审计，发挥了规范学校内部管理，提高经济效益，促进廉政建设的作用。治理教育乱收费工作取得进展。制定了《2005年治理教育乱收费工作意见》和《关于开展创建规范教育收费示范区县活动的意见》，调整了治理教育乱收费工作领导小组，开展了春、秋季收费检查工作，规范了教育收费行为，巩固了治理教育乱收费工作成果。

（潘　军）

【校园安全工作】　教委教工委对校园安全工作提出了指导性意见。加大了对保卫干部的培训力度。定期派出安全督查组和机关工作人员深入到各基层单位进行安全检查，全年共组织13次全系统大检查，检查753校次，建立了8本安全台账，限时整改，确保了系统的安全稳定。校园技术防范工作稳步推进。年内，全系统安装技防监控设施的单位已达51个，基本实现了报警联网。

（潘　军）

【新童谣诵读大会】　1月21日，在宣武区少年宫，市委教工委、市教委、宣武区委教工委、宣武区教委联合举办“唱响新童谣，礼仪伴我行——北京市小学生新童谣诵读大会”。市委常委、教育工委书记朱善璐、市教委主任耿学超等领导参加了活动，与会人员共800余人。宣师一附小的学生们表演了童谣《打花巴掌哝》、《我是一个北京娃》、《过年啦》、《大客车、长有长，拉着客人跑四方》、《对人说话懂礼貌》等。

（李　辉）

【“三走进”活动】　4月22日，在回民小学，宣武区启动走进示范高中、走进课改样本校、走进示范幼儿园活动（即“三走进”）。旨在发挥优质教育资源辐射和带动作用，将先进的教育思想、现代管理经验、优秀课改成果水平迁移，实现区域内教育资源的共管、共享，从而促进基础教育均衡发展。课改样本校回民小学米君兰校长做了题为《教师在课程改革实践中成长》的报告。介绍了学校坚持“以人和为基础，以质量求生存，以个性创特色，以科研促发展，以育人为根本”的指导思想，抓住课程改革的契机，加强教师队伍建设，促进教师专业化发展的经验和做法。目前，宣武区共有北京市普通高中示范校6所，北京市示范幼儿园2所、区级示范园3所；区级课程改革样本校13所（其中中学4所、小学9所）。此次活动计划用三年时间，展示这些学校。2005年，展示了2所示范高中，7所课改样本校，2所市级示范园和1所区级示范园。

（李　辉）

【德育工作研讨月】　4月25日，在宣师一附小举行德育工作研讨月开幕式。宣师一附小杨英校长做了德育工作汇报，全面介绍了学校《开发教育资源、拓宽育人途径、推动德育创新》的实践经验。近年来，该校积极探索全新德育工作，以创编新童谣为载体，从儿童的视角寻找教育途径，促“成人化”向“生本化”转变；用多彩的活动满足童心，使“灌溉式”向“滴入式”转变；用多维一体的思想促进发展，从“零散性”向“系统性”转变等新的德育工作思路。研讨月活动历时一个月，由三部分内容组成：一是走进宣武区师范学校附属第一小学、北京市第六十二中学和北京市第十五中学三所德育工作特色校。总结推广三校新童谣、养成教育和校本德育文化的经验；二是召开中小学德育工作会议，表彰德育先进集体、优秀德育工作者、优秀德育教师。部署今后几年全系统德育工作,明确德育工作的思路、重点和措施。三是围绕贯彻区中小学德育工作会议精神,开展以加强和改进中小学生德育工作为主要内容的德育研讨活动。

(李　辉)

【中、高考心理咨询活动】 5月13日,在43中举行中、高考心理咨询卡发放仪式。共向全区中学生发放中、高考心理咨询卡11648张。近百名中学生代表、家长代表和各中学德育主任、心理教师参加本次活动。北京教科院德育与心理研究中心杨忠健教授在发放仪式上作了题为《中考冲刺——如何提高中考复习考试质量》的报告。

(李　辉)

【组建北京教育学院宣武分院附属中学】 5月28日,宣武区在原138中学的基础上组建了北京教育学院宣武分院附属中学。原北京市第138中学前身是白纸坊中学,始建于1960年9月,是一所完全中学。北京教育学院宣武分院二部承担全区教育系统的师训、教研、科研的任务。分院附中将成为我区教育系统教育科研的实践基地,为教育科学研究和教育教学实践搭建平台。宣武分院二部的教研员将到校兼课、听课、评课和指导教学、做示范课,对分院附中教师进行集中培训或开设讲座,通过师徒挂钩、重点培养等方式参与学校教师队伍的建设。

(李　辉)

【成立特殊教育艺术团】 5月28日,宣武区召开特殊教育"启明星"艺术团成立暨张明同学演唱会。演出以"跳动的生命"为主题,张明同学以及宣武区培智中心学校的全体师生汇报了音乐、美术、工艺品制作等方面的成果,展示了学校在遵循办学宗旨和美育目标,综合开发智力障碍学生艺术潜能,提供学习需要方面取得的丰硕成果。"启明星"艺术团是北京市第一个由智力障碍学生为成员的艺术团。成员均为宣武区培智中心学校的学生。

(李　辉)

【初中建设经验在全市交流】 6月9日,北京市教委在十四中分校召开了"加强初中建设工作会议"。各区县主管区县长、教委主任、分管副主任、督导室主任、教师进修学校校长和教科研部门相关同志参加了会议。宣武区在会上做了经验介绍。一是推进教育结构和学校布局的调整,优化资源配置;二是全面提高师资队伍的整体素质,促进人力资源的均衡发展;三是加强对学校的管理与监督,为教育协调发展提供体制保障;四是推进招生考试评价制度改革,促进生源的相对均衡。

(李　辉)

【参加市第八届学生艺术节】 4月18-25日,宣武区参加北京市第八届学生艺术节12个集体节目,610个个人节目的比赛,集体节目荣获一等奖9个,二等奖3个;个人节目荣获一等奖192个,二等奖229个,三等奖189个,其中一个集体节目、8个个人节目取得了全市第一名。在第七届学生艺术节上,宣武区共参加了7个集体节目的比赛。其中一等奖1个,二等奖1个,三等奖4个。

(李　辉)

【第五届课程改革研讨会】 6月22日,宣武区召开小学第五届课程改革研讨会暨校本教研展示交流活动。研讨以教学干部组织教学活动的形式进行。33所学校的37位教学干部参加,并在组内讨论的基础上,进行了大会交流。此次活动的研究主题体现了学校对自身问题解决的关注,即研究主题的确定基于学校教师的需求;基于学校的科研课题;基于学校特有的资源;基于学校日常管理。通过研讨发现了许多需进一步研究的问题,如:如何确定合适的中心议题,有效开展校本教研的活动,运用何种形式开展校本教研的活动更有效等。

(李　辉)

【向社区选派教师】 7月,宣武区启动了向社区选派教师工作,全区共选派28名教师,每个街道1-4人。选派教师的任期为两年。宣武区成立了由区委副书记、副区长任组长、区教委、区精神文明办、各街道为成员的领导小组。采取教师自愿报名、学校推荐,教工委、教委领导小组审核确定人选的方式进行选拔。选派的教师必须具备较好的政治思想素质和师德素养,责任心强,一定的教育教学能力和组织协调能力。派出教师接受了十个专题的集中培训,参加了参观、考察、案例交流等一系列活动,之后,被派驻到各街道开展工作。

(李　辉)

【爱国主义教育活动】 年内,宣武区以通过多种形式对学生进行爱国主义教育,纪念抗日战争暨世界反法西斯战争胜利60周年。以"唱响国歌,上好爱国主义教育第一课"为主题,举办开放式开学典礼,即"范围开放、内容开放、场所开放"。通过旗帜传递、敲响"铭志钟"等形式,引导学生树立爱国主义信念。向学生推荐十部爱国影片,介绍十个英雄人物,为学生树立学习的榜样。组织师生开展故事连颂、抗日歌曲大联唱及请老红军讲授亲身经历等活动,激发学生爱国热情。师生共同搜集有关抗日战争的史实资料,文字、图片和音像资料,制作爱国主义内容展板、背景墙等,在校内营造"勿忘国耻、爱国、爱家"的氛围。

(李　辉)

【课程教材改革实验通识培训】 8月28日，在师大附中礼堂，宣武区召开2005——2006学年度中学基础教育课程教材改革实验通识培训，约400名初中教师参加了培训。培训主题为"新课程下教学方式的课例研究"。北京市教科院基教研中心梁威主任系统介绍了课例研究的背景、过程以及取得的实效。6名市教研员分别从合作学习、体验式学习、信息技术与学科教学整合等角度，以评析典型课例的方式，进一步深入探讨了如何在课堂教学中实现教与学方式的有效转变。初中教师全部通过课改通识培训。

（李　辉）

【教师带薪脱产培训】 9月13日，在北京教育学院宣武分院举行了宣武区教师脱产培训第一期中小学语文骨干教师研修班开学典礼。第一期脱产培训班共60名学员，来自全区48所中小学。培训的主要内容包括通识培训和学科培训两部分，主要涉及教师职业道德，教师及学生心理健康教育，世界与我国教育改革发展动态，基础教育课程改革通识内容，教育教学资源的开发、利用与管理的方法，现代教育技术、学科课程标准、教学基本功、学科专项技能、学科评价的理论与方法等内容。培训方式主要包括：专题讲座、专题研究、专题调研、自修反思、案例培训、研训一体、导师带教、实践观摩、参与分享、远程教育等。培训时间为一学期。教师带薪脱产培训是宣武区贯彻落实2004年区委、区政府召开的教育大会精神所采取的举措。自2005年——2013年，利用8年时间，有计划，分期、分批组织全区教育系统在岗的3 500余名中小学教师参加定期带薪脱产培训。宣武区教委制发了《关于中小学教师定期带薪脱产培训的实施意见》。召开了全系统书记、校长参加的带薪脱产培训工作启动会，进行了广泛动员。

（李　辉）

【王建宗校长办学思想与实践研讨会】 10月18日，在育才学校，宣武区委教工委、区教委召开王建宗校长办学思想与实践研讨会。这是宣武区召开的第12位校长办学思想与实践研讨会。王建宗从思考办学思想、做好教育教学管理、提升个人修养等几个方面总结梳理了自己的办学思想与实践经验，北京师范大学陈孝彬教授做了点评。共300余人出席了会议。

（李　辉）

【启动"名师资源共享"计划】 10月10日，宣武区召开了小学第二届名师讲学团工作会议，就小学名师讲学团活动进行部署。小学第二届名师讲学团由宣武区在职或退休的语文、数学、科任、德育等多学科18位名师及外区3位顾问组成。本年度重点工作为：参与科室联合教学专项视导；以名师流动工作室的方式深入学校具体指导该校教师的教学实践；以名师坐堂的方式指导区内学校、教学干部、教师的教育教学及科研工作。为了更好地促进区域均衡发展，此次名师流动工作室建立点及坐堂学校均倾斜于规模较小、条件一般的学校，年内共安排了9所学校。

（李　辉）

【区小学名师流动工作室成立】 10月24日，在西河沿小学，举行了小学名师流动工作室启动仪式。五位名师接受了来自西河沿小学、红莲小学、琉璃厂小学、炭儿胡同小学、香厂路小学及棕树小学等6所学校的19人次关于教育、教学和科研等方面问题的咨询。宣武区名师流动工作室工作原则是向办学规模小、办学条件一般的普通学校倾斜，为其教育教学研究提供专业支持，努力促进我区教育均衡发展。名师工作室将以固定时间、流动学校、小型分散的形式，通过名师讲学、名师辅导、名师帮教等方法广泛传播名师先进的教学理念，传授名师精良的教学经验，指导干部教师开展课堂教学、校本教研、教育教学课题研究以及总结经验等，为基层学校干部、教师解疑释惑，为一线教学提供有针对性的指导，引领教师发展。

（李　辉）

【接受市实施素质教育督导】 年内，北京市政府教育督导室对宣武区政府和区教委实施素质教育情况进行综合督导。10月26日，市综合督导组对宣武区进行了为期一天的集中督导。听取了宣武区就教育系统两支队伍建设、教育资源调整、教育改革等情况所做的补充汇报。分四组针对宣武区教育决策、两支队伍建设、教育经费投入情况、职业教育、成人教育发展、教育教学管理等情况与区政府和教委相关部门和科室负责人进行了座谈。4月5－6日，市综合督导组对宣武区进行随访调查，查阅了区政府和区教委自2003年以来实施素质教育工作的有关文件、资料，并深入66中、陶然亭小学、红旗大学、育才学校、宣武一职、北京教育学院宣武分院二部、第四幼儿园、信息中心、少年宫和紧急避险教育基地进行了访谈、发放了调查问卷。市督导组认为宣武区自评工作扎实，效果明显，达到了总结经验，改进工作的目的。干部教师队伍建设得到加强，教育资源整合成效明显，办学条件得到改善，坚持全面实施素质教育、德育工作得到加强，工作进展明显，教学改革不断深化，学前教育、职业教育、成人和社区教育成绩明显，重视教科研工作，招生考试制度改革取得了新的突破，素质教育评价工作进一步完善，加强对学校安全工作的领导和管理，自主发展进展显著。

（李　辉）

【试行校(园)长任期制】 年内,宣武区首批13个单位试行校(园)长任期制。任期每届3年,任期期满考核合格,符合继续任职条件且工作需要的可以连任。在同一单位同一职务连任一般不超过3届,满3届者一般应进行轮岗或交流。校长任期目标管理程序为:校长根据学校情况,在45天内提出任期目标,交学校校务会讨论研究,完成任期目标初步方案,报送教工委、教委。教工委、教委将在15天内讨论校长任期目标,对校长任期目标的初步方案进行讨论研究,听取督导室意见,由主管主任认定。在15天内指导校长修改任期目标。主管主任与校长签订任期目标责任书。校长任期的年度考核和任期期满考核评价原则为年度考核和任期期满考核评价相结合、任期期满考核评价与行政督导相结合。年度考核以年度目标任务和当年重点工作的完成情况为主,任期期满考核评价以任期目标的完成情况为主,全面考核校长"德、能、勤、绩、廉"等方面的情况。校长任期内要接受经济责任审计。任期内因个人原因难以履行职责,在一年内累计8个月不能正常工作的校长,将终止其任期。13家单位为:北京市回民学校、宣武区外语实验学校、北京教育学院宣武分院附中、电大宣武分校、宣武区香厂路小学、宣武区红莲小学、宣武区白纸坊小学、宣武区三义里小学、宣武区回民小学、宣武区培智中心学校、宣武区太平街小学、宣武区椿树馆小学、宣武区青年湖小学、北京市第一实验小学、宣武区炭儿胡同小学、宣武区实验幼儿园、北京市第四幼儿园、宣武区长椿街幼儿园。

(李　辉)

【下校培训工作】 年内,宣武区探索继续教育新模式,开展下校培训。分别深入14中、15中、北京小学和育才学校,推行高中政治课新课程实验课,完成了部分中学政治教师和部分小学美术教师的培训。受到被培训者的欢迎。

(李　辉)

【第二届中小学生科技博览会】 10月22－23日,宣武区举办第二十三届学生科技节开幕式暨第二届中小学生科技博览会。本次科技博览会主题为"动手动脑、体验科学",通过科技作品展示、演示与互动,让学生充分发挥想象力,来感受科学的神奇与奥妙,让学生们亲身体验在玩儿中学习、在学习中探索、在探索中发现、在发现中创造的过程,激发他们学科学、爱科学、用科学的兴趣,全面提高科学素质。博览会共设三十余间展室,包含一百五十余项展示与互动活动,近八千名学生参与。此外,科博会设有"海模表演""车模表演",并通过宣传展板,向同学们介绍神舟六号载人航天飞船、航空航天知识、生活中节能小窍门和知识产权保护等方面的科普知识。

(李　辉)

【全国八城区教育协作体年会】 11月22日,宣武区承办召开全国八城区教育协作体年会。来自上海市闸北区、天津市河东区、大连市旅顺口区、重庆市九龙坡区等八个城区的30余位代表参加了会议。会议就基础教育课程改革、教育资源调整、教师的专业发展与全面提高学生素质等问题进行了交流和研讨。代表们参观了十五中、育才学校、北京小学和三教寺幼儿园。全国八城区教育协作体,始创于上世纪八十年代,最初由上海市闸北区、天津市河东区、大连市旅顺口区和北京市宣武区四个城区参加。目前,已经发展到八个城区(上海市闸北区、天津市河东区、大连市旅顺口区、重庆市九龙坡、深圳南山区、广州越秀区、通辽市科尔沁区和北京市宣武区)。每年召开一次会议,全面交流课程改革、教学改革的新动向,队伍建设的新举措,教育资源调整的新思路,探究教育改革进程中遇到的热点问题、难点问题和焦点问题,以达到相互协作,共同促进的目的。按照惯例,本次年会由宣武区承办。

(李　辉)

【学习型城区创建工作】 12月6日,宣武区接受了"北京市发展社区教育、促进学习型城区建设"专家组对创建学习型城区工作的评估。专家组听取了宣武区迎评工作报告和自评报告,并到宣武社区学院、实验一小、区检察院、区少年宫、菜百公司和天桥、广内街道就我区学习型学校、学习型机关、学习型单位、学习型企业建设情况进行实地考察。宣武区以政府统筹、教委主管、街道为中心,发动社会各部门、各单位积极参与,共同推进为原则,积极创建学习型城区,创建工作延伸到居委会。构建区街居三级社区教育网络,依托社区学院,加大对社区书记、主任的培训,举办节日文化活动和各种民间赛事。

(李　辉)

【十所学校在德育网站评比中获奖】 11月22－24日,北京市中小学德育工作观摩交流周上,宣武区师范学校第一附属小学、三义里小学和回民小学三所学校荣获北京市德育网站评比一等奖。14中、育才学校、实验一小和西便门小学荣获二等奖。回民学校、宣武区第二职业学校荣获三等奖。宣武区外国语实验学校荣获鼓励奖。这是北京市教委首次进行优秀德育网站评比。宣武区共推出16所学校参加市里的网站评比活动。

(李　辉)

【"红烛杯"幼儿教师基本功大赛】 11月14－27日,宣武区举办"红烛杯"幼儿教师教学基本功大赛。

此次活动采取自上而下、优中选优的方法，全区各幼儿园在广泛开展技术演练的基础上推选出80名教师参加区级比赛。比赛包括笔试和技能技巧两项，笔试又包括“录像分析”、“情景分析”、“提问设计”三项，技能技巧包括“现场美术命题创作”、“舞蹈（体操）”、“边弹边唱”“朗诵讲故事”四项。参赛教师逐一进行7项比赛，最终评选出综合奖一等奖4名、二等奖8名、三等奖16名及各单项的前10名。

（李　辉）

【十四中新址奠基】 12月20日，在广外首特钢七号地，宣武区举行北京市第十四中学新址奠基仪式。新校址占地3.67万平方米，将建设综合楼、图书馆、学生宿舍等配套设施，高中可达30个班的招生规模。工程预计于2007年竣工。北京市第十四中学是北京市示范高中校。现址位于宣武区下斜街40号。校园面积16 730平方米，共有40个教学班，招收学生1 860名。

（李　辉）

【小学年度教学质量报告会】 12月8日，宣武区召开2004－2005学年度小学教学质量报告会。小学教研室就全区教学质量情况进行了全面总结，并结合上学期期末学科抽测情况分别将语文、数学、科任学科质量进行了通报。宣武区小学以“过程管理、注重实效、客观常态”为原则，通过督导、视导、课堂教学观察、访谈、案例分析、学生学业水平测查等多种方式，及时了解学生学习成效，剖析课堂教学现状，理清管理脉络，明确教研方向。此次教学质量报告会科学、客观地分析了本学年度小学教学现状，总结了提高课堂教学效益的成功经验，探索建立教学质量监控、评价的长效机制。

（李　辉）

职业教育

【概况】 年内，宣武区中等职业学校共3所，其中宣武区第一职业学校、第二职业学校为国家级重点学校，宣武区第三职业学校为市级重点校。三所职业学校占地面积88 431平方米，建筑面积84 928平方米。3所学校在校生5 889人，开设近三十门专业（工种），175个教学班，教职工735人，专任教师420人，其中高级教师108人。全年教育投入5 943万元，其中国拨4 559万元，自筹1 484万元。

（刘钟仁）

【作文竞赛活动获奖】 4月，市职成所举办中等职业学校作文竞赛活动，宣武区1 600名学生报名参加比赛，共有178人获奖，其中一等奖3人，二等奖14人，三等奖161人。

（张来成）

【英语教师演讲获奖】 9月，宣武区3名教师报名参加市职成所举办的中学职业学校英语教师演讲比赛。其中宣武一职2人，宣武三职1人，分别获得一、二、三等奖。

（张来成）

【重点中等职业学校复评】 依据市教委关于开展国家级重点中等职业学校复评工作的通知精神，宣武区两所国家级重点中等职业学校，对本校工作进行了自查并申报复评。10月10日宣武一职、宣武二职接受了市专家组的验收并经市教委审核，被认定为合格校。

（刘钟仁）

【《班主任工作经验》出版】 10月，《班主任工作点滴经验汇编》出版。共收录论文、总结和案例26篇。大部分是班主任老师近几年来教育实践的总结。该书既反映了班主任老师的科研水平，也展示了班主任改革创新、与时俱进的精神风貌。

（刘兰英）

【青年教师培训示范课】 10月中旬－11月中旬，宣武区职教中心组织全区职教系统青年教师参加示范课听课活动。宣武区三职12名骨干教师做了示范课、研究课。宣武区三所职教校同学科教师也参加了听课活动，共听课500多人次。

（张来成）

【“快灵通”杯比赛获奖】 11月份，宣武区参加了北京市中等职业学校“快灵通”杯学生计算器使用比赛，共有1 300多人报名参加比赛，其中获市一等奖1人，二等奖11人，三等奖99人。

（张来成）

【职教校发展规划研讨会】 12月14日，宣武区召开职业学校发展规划研讨会。会上，三所职教校校长分别汇报了本校的发展规划并进行了认真的研讨。区教工委、教委书记郑然、教委主任高子忠就如何推进职业教育，构建可持续发展，大力推进我区的职业教育提出了具体要求。

（刘钟仁）

【区职教教育教学经验交流】 12月15日，宣武区召开职教教育、教学经验交流会。会上，三所职教校主管教育、教学副校长分别汇报了本校的教育、教学经验。区教委副主任田树林就如何加强职业教育，提高教育教学质量提出要求。

（刘钟仁）

【职教校阶段成果汇报会】 12月18日，宣武区举办职教校阶段成果系列汇报会。即，分别在宣武二职召开了“弹性学制与学分制改革工作”阶段成果汇报会;在宣武三职召开了“课堂教学质效探究会”;在宣武一职召开了“探索职教课程体系改革,推动学校整体发展”工作汇报会。有关领导和教师代表120余人,参加了汇报会。

(刘钟仁)

【职业技能训练课检查】 12月18日、19日、24日,由中职教科、区职教中心联合对宣武区职业技术学校进行职业技能训练课的检查。通过查阅材料,即看教学大纲,教学计划、技能标准材料,来了解学校技能课管理材料是否齐全,了解学校对技能训练课的重视程度。听1—2节技能训练课。目的是督促、了解学校当前技能训练课进展工作。

(张来成)

【学生百词竞赛活动】 12月,宣武区职教系统英语教研组组织全区一年级学生进行百词竞赛活动。37名学生获奖,其中一等奖8人,二等奖12人,三等奖18人。

(张来成)

成人教育

【概况】 年内,宣武区共有各级各类成人教育学校201所,其中成人高等学校2所,开设31个专业,在校生5 896人,招生2 537人,毕业1 519人,教职工130人,其中专任教师64人;各类企业职工学校2所,全年培训2 940人次,教职工22人,其中专任教师9人;民办教育单位107所,教职工1 205人,其中专任教师583人,兼任教师1 364人,全年培训127 043人。

(汤　毅)

【换发新办学许可证】 1-3月,按照教育部及北京市教委要求,民办教育机构换发新的办学许可证,由原来的《中华人民共和国社会力量办学许可证》换成由国家教育部印制的《中华人民共和国民办学校办学许可证》。换发许可证过程中,区教委对所有民办学校的资质进行重新审核,为102所学校换发了新办学许可证,停办15所,不予换发11所。4月1日开始,旧许可证全部作废,启用新的办学许可证。

(樊立华 汤毅)

【社区教育理论研讨会】 1月12日,宣武区社区教育委员会办公室召开了社区教育理论研讨会。此次研讨会的主题是“发展社区教育,创建学习型城区”。区教委、民政局、区政府街道办、社区学院有关领导出席了研讨会。会上,社区学院天桥分院等八位论文作者宣读了论文。论文涉及成人教育与学习型城区建设、职业教育在学习型城市建设中的实践与思考等方面,其中有六篇论文载入北京市成人教育学会论文集。约40人出席会议。

(高晓宁 汤毅)

【市教委评估电大宣武分校试点项目】 4月3日至5日,北京市教委评估专家组对电大宣武分校的人才培养模式和开放教育试点项目进行全面检查和评估。专家组听取了工作汇报、观看了《坚持创新,特色立校——发展中的北京电大宣武分校》专题片、检查了教学设施、查看了档案资料、观看了“试点”工作展览等,对电大宣武分校的工作给予了充分肯定。

(李洁娣 汤毅)

【举办社区教育干训班】 5月17-19日,宣武区社区教育干部培训班在宣武社区学院举行。培训班邀请北京市创建学习型城区的三名专家分别作了题为“社区居委会在创建学习型城区过程中应发挥的作用”、“以科学的发展观为指导,建设学习型和谐社会”、“奋发图强,奔向多彩”等专题讲座。培训班每年举办一次,培训对象是街道社区居委会领导。此次共有200多人参加了培训。

(高晓宁 汤毅)

【《宣武社区教育报》创刊】 5月30日,由宣武区社区教育委员会、宣武社区学院合办的《宣武社区教育报》出版。《宣武社区教育报》主要报道发展社区教育相关文件、知识、信息等,为发展社区教育,创建学习型城区服务,每月出版一期,发至全区各委办局、街道、学校、居委会及相关部门。

(赵慧声 汤毅)

【举办通识教育培训班】 6月20日,宣武区首期通识教育培训班在宣武社区学院举行。来自街道的60多位居民参加培训。培训内容包括《中国现代文学作品赏识-朱自清作品欣赏》、《历史唯物主义的创新与发展》、《人物摄影ABC》、《心理健康与健康生活》、《婚姻法-现代家庭生活的基石》、《欧洲文艺复兴时期的绘画艺术》、《如何欣赏书法艺术》、《网络基础知识及上网技巧》、《计算机应用-制表与基本计算》、《家庭理财-如何合理安排家庭教育支出》等,此举是创建学习型城区工作的一项重要实践活动。

(赵慧声 汤毅)

【创建学习型城区理论研讨】 6月28日,宣武区第二十届成人教育与创建学习型城区理论研讨会在社区学院举行,会上同时宣告宣武区成人教育学会社区教育分会成立。共54个单位65篇论文参加了评选,通过评审委员会评选,评出一等奖7篇、二等奖13篇、三等奖19篇。

(秦燕 汤毅)

【开通宣武区民办教育信息网】 7月,宣武区民办学校信息网正式开通，信息网包括：科室职能、信息动态、政策法规、行政管理、学校名录、网上下载、社团活动、光荣榜等栏目，信息网的开通，为宣传宣武民办教育、沟通民办学校信息、方便社会咨询发挥了重要作用。

（樊立华 汤毅）

【朱善璐调研社区教育】 8月24日，市委常委、市委教工委书记朱善璐到我区天桥街道南纬路社区居委会调研社区教育及青少年校外教育，充分肯定了宣武区近年来在开展社区教育和青少年校外教育工作中所取得的成绩。指出：构建和谐社会，要大力发展社区教育，推进学习型社会建设。目前以创建学习型先进城区为主要标志的社区教育取得长足发展，参与社区教育活动的市民达到年均30万人次。

（王俊明 汤毅）

【规范民办学校办学行为】 9月，宣武区教委出台了《关于印发宣武区规范民办学校办学行为的若干规定（试行）的通知》，通知对民办学校财务管理、变更事项、终止注销、备案、档案管理、联合办学等问题作了规定。并印制成册发到民办学校，为民办学校的规范办学提供了依据。

（樊立华 汤毅）

【召开社区学院理事会】 9月21日，宣武社区学院理事会成立暨第一届理事会会议在宣武区教委举行。会议选举了26名理事，并推举区委常委、常务副区长王永新为理事会理事长，教委副书记、教委主任高子忠为常务副理事长，区精神文明办公室主任王燕、教委副主任李华、红旗业余大学校长米淑兰为副理事长。王永新副区长在会议上强调：各委办局要进一步提高对创建学习型城区重要性的认识，做到思想到位、行动到位、措施到位。会上讨论通过了《北京宣武社区学院理事会章程》。

（赵慧声 汤毅）

【举办校长法规培训班】 9月27—29日，宣武区教委举办民办学校校长、主任法规培训班。培训班邀请有关专家学者作了题为“民办教育的发展趋势及走向的讲座”、宣讲了“首都‘十一五’教育发展规划”及《关于规范民办学校办学行为的若干规定》的文件，参加培训90余人。

（樊立华 汤毅）

【《都市生活与法律》首发式】 10月18日，举行了《都市生活与法律》首发式暨全民终身学习活动周启动仪式。该书在区教委、精神文明办、司法局、科委的大力支持下，由宣武社区学院组织编写，中国方正出版社出版发行。来自全区八个街道和社区的负责同志120多人参加了会议，1 800多册《都市生活与法律》一书分发到街道和社区居民手中。

（赵慧声 汤毅）

【健康教育讲座】 11月2日，在北京宣武社区学院举行大型健康教育讲座，邀请中国疾病预防控制中心食品与营养安全所、宣武区人大常委会副主任、九三学社工委主委杨月欣教授为社区的干部和居民作了主题为“食品营养与安全”专题报告并向杨月欣教授颁发聘书，聘请她为北京宣武社区学院荣誉教授。来自全区各街道社区居民120人听取了报告并领取一套《居民健康知识手册》。

（赵慧声 汤毅）

【社区学院与市民学校办学一体化】 11月22日，宣武区文明市民学校成立十周年暨社区学院与市民学校总校一体化办学启动仪式在广安会议中心举行。办学一体化一方面使师资力量、教育资源等得到整合，居民在接受各类社会文化生活教育的同时，积极参加各项文明创建实践活动；另一方面市民学校的办学纳入到社区学院发展社区教育的规划中，发挥教育资源和师资力量的优势，加大对市民学校办学的指导、协调和服务。会上，社区学院向市民学校分校校长和负责同志赠送了社区教育普及读本《通识教育讲座》系列丛书一套。

（李艳君 汤毅）

【学习型城区评估工作会】 12月6日－9日，北京市学习型城区建设先进区专家评估组一行17人到我区开展宣武区创建学习型先进城区综合评估工作。北京市“发展社区教育，创建学习型城区专家评估组”在市教委副主任李观政的带领下对宣武区创建学习型先进城区工作进行了全面检查和评估。在评估意见反馈会上，专家评估组组长范宏楠代表评估组对我区“创建”工作取得的成绩给予了充分肯定，区委常委、常务副区长王永新指出：要以这次专家评估组评估为新的起点和开始，全区上下要进一步提高认识，充分认识到创建学习型城区工作对促进区域经济社会发展所产生的重要推动作用。

（赵慧声 汤毅）

【教育资源向社区开放】 年内，区教委各基层单位，为进一步贯彻落实“宣武区教育委员会关于充分利用教育设施，开展社区服务的规定”，各单位在确保正常教育教学秩序的前提下，坚持教育设施向社区开放，全年各单位向社区开放操场47个，1.8万人次参加活动；向社区开放教室90间，开放图书馆12个，2 510人次借阅；开放计算机595台，3 130人次参加学习。

（高晓宁 汤毅）

【社区教育工作】 年内，宣武区社区教育工作取得较大发展。该区各街道保证适龄儿童接受九年制义务教育,共资助特困生467人就学,资助经费21.54万元。街道社区倡导为学校办实事,8个街道为学校办实事49件,投入经费33.91万元。开展居民素质教育、青少年校外教育、市民法律法规培训、老年教育、下岗人员再就业培训、外来务工经商人员培训、普及英语培训、市民家政培训等17 648次,有35.60万人次参加学习。

(高晓宁 汤毅)

【创建学习型城区大会】 5月23日,宣武区创建学习型城区工作大会在宣武区教委报告厅举行。区委常委、常务副区长王永新在会上作了题为《以构建和谐社会为发展动力,创建宣武特色的学习型城区》的报告,区委副书记仲兆军就贯彻落实会议精神,更新观念,创新思维;加强领导,认真实施;整合教育资源,推动社区教育;加强统筹,密切配合四个方面提出具体要求,这次大会标志着宣武区创建学习型城区工作进入了全面推进阶段。来自全区各委、办、局、总公司、街道社区、中小学、职业学校、成人高校、幼儿园的负责同志300余人参加了会议。

(高晓宁 汤毅)

北京宣武红旗业余大学

【概况】 北京宣武红旗业余大学成立于1958年,隶属于宣武区教委。主要承担成人高等学历教育(大学专科及专升本科),以及对各类专业技术人员实施继续教育,有宣武区右安门内大街79号和广外小红庙11号两个校区,5个系、部,开设专业12个,覆盖6个学科。教职工总数163人,其中,专任教师66人,兼职教师48人,教授、副教授21人,大专学历在校学生总数896人,毕业生451人,招生490人;市委党校红旗业大分院在校生1 320人,招生430人,毕业269人;北京理工大学继续教育学院红旗业大教学站在校生127人,招生95人,毕业79人;北京理工大学远程教育学院宣武学习中心在校生509人,招生316人;高等教育职业技术类自学考试在校生436人,招生213人。培训中心共培训1 973人次。图书馆建筑面积2 464平方米,藏书7.95万余册。学校占地面积32 837平方米,建筑面积35997平方米。固定资产总值1 338万元,其中教科仪器设备资产值881万元。

地址:宣武区右安门大街79号

电话:63543784

邮政编码:100054

(杜　敏)

【社区教育与创建学习型城区培训班】 5月17日至19日,宣武社区学院与区社区教育委员会办公室共同举办宣武区社区教育与创建学习型城区工作培训班。来自全区100多个社区的书记、主任和分管社区教育的副主任以及8个街道办事处文教科的同志共计200余人参加了为期三天的培训。培训班采取专题讲座的形式,邀请了北京市创建学习型城区指导委员会的专家、学者,新华社世界问题研究中心研究员围绕社区教育与创建学习型城区这一主题,分别以发展社区教育,创建学习型社区;构建全民终身教育体系,创建学习型社会以及当前国际形势等进行了专题讲座,收到了较好的效果。

(赵慧声)

【社区学院为居民编写教材】 6月－9月,社区学院组织15位教师编写的社区教育系列教材《文学社科篇》、《艺术赏析篇》、《电脑入门篇》、《日常实用篇》及《都市生活与法律》等先后刊印和出版发行。教材内容涉及社会科学知识、艺术欣赏、电脑知识、日常生活知识、心理健康知识、法律知识等方面,其中《都市生活与法律》,共28万字,由中国方正出版社正式出版发行。这些教材是社区学院首次为社区居民编写,并全部免费发放到街道社区居民手中。

(杜　敏)

【举办迎奥运家庭英语培训班】 6月7日,由宣武社区学院联合宣武区妇联、广外街道举办的宣武区迎奥运家庭英语300句培训班在红旗大学开班。培训班由宣武社区学院提供场地,负责组织教学、区妇联为学员提供教材及光盘,广外街道负责组织学员,宣武区人才交流服务中心派出教师,对社区居民进行无偿的正规培训。这种办学模式是宣武区社区教育的首次尝试。

(赵慧声)

【举办通识教育培训班】 6月20日由宣武社区学院举办的通识教育首期培训班在红旗大学举行了开学典礼。来自广内街道、天桥街道、白纸坊街道和牛街街道的60多名社区居民参加了首期培训班。首期通识教育培训班采用专题讲座的形式,内容包括《中国现代文学作品赏析——朱自清作品欣赏》、《历史唯物主义的创新与发展》、《人物摄影ABC》、《心理健康与健康生活》、《婚姻法——现代家庭生活的基石》、《欧洲文艺复兴时期的绘画艺术》、《如何欣赏书法艺术》、《网络基础知识及上网技巧》、《计算机应用——制表与基本计算》、《家庭理财——如何合理安排家庭教育支出》等。教师全部由宣武红旗大学各系部资深教授、副教授和讲师担任。教师授课全部采用多媒体演示等现代教学手段,受到社区居民的欢迎。

(赵慧声)

【开通宣武社区学院网站】 10月，北京宣武红旗业余大学开通了宣武社区教育网。网站的内容有：宣武社区学院的院校介绍，新闻动态、政策导航、学习超市、理论研究等栏目，同时可点击宣武区政府，宣武社区分院，东城、西城、崇文、朝阳、石景山等区的社区教育网站，查询有关教育信息。社区教育网的开通为社区居民网上学习提供了方便。

（杜　敏）

【创建学习型组织】 10月，社区学院先后制定《关于推进学习型组织建设的意见》、《关于创建学习型系（部）处室的实施意见》，在全校开展创建学习型个人、学习型处室、学习型学校的工作。学习型组织是以人的发展为中心，以提高组织成员的综合素质为目的，形成勇于自我超越，不断改善心智模式，注重团队合作、系统思考，具有旺盛的学习能力、实践能力、创新意识的群体。营造工作即学习，学习即工作的氛围。这项工作启动后，学校开展了多种形式的活动，青年教师撰写个人生涯发展规划、教职工制定个人学习计划、处室系（部）制定本部门学习计划。

（杜　敏）

【举办街道社区主任专题培训】 11月22日，由宣武区民政局牵头，红旗业大培训中心具体实施，对宣武区街道107名社区主任进行了专题培训。培训内容为“社区活动的策划”、“社区发展规划的制定”。授课教师从理论和实践两个方面对社区活动策划的意义、方法，社区发展规划的制定要求做了讲解。通过学习，社区主任们普遍感到这种培训主题明确，针对性强，对实际工作有较大帮助。

（杜　敏）

【接受“先进学习型城区”评估检查】 12月7日，北京市教委“创建学习型城区”专家评估组到我校进行评估检查。2005年宣武区申报“发展社区教育创建学习型城区先进区”。北京宣武红旗业余大学作为社区学院总院，是宣武区创建学习型城区的龙头，为宣武区的社区教育和创建学习型城区搭建平台。学院准备了归档的 卷社区教育档案、拍摄了介绍社区教育的《办学为民，服务宣武，为创建学习型城区做贡献》的专题片，整理了建院以来的教学活动的照片，出版了《北京宣武社区学院》画刊，建立了宣武社区教育网站，举办了社区学员创作作品展览。在检查中，社区学院院长全面介绍了社区学院在宣武区创建学习型城区中举办的各种类型的活动，社区学院对分院的“办学统筹、协调指导，教材开发，师资培训，教学示范，理论研究”等五项功能。通过检查，专家组对宣武社区学院的工作给予充分的肯定。

（杜　敏）

教育督导

【概况】 北京市宣武区人民政府教育督导室（简称区督导室），负责对区内的幼儿园、小学、中学、职业高中、成人教育等各类学校（园）的办学方向、管理水平和教育质量进行监督、检查、评估、指导；对区有关委、办、局、街道办事处履行教育法律、法规的执法责任和实施素质教育目标责任制的落实情况进行监督检查；对区有关行政部门领导和管理教育工作的情况实施督导；对教育工作中的重大问题进行调查研究，提出意见和建议。年内，督导室综合督导了9所学校（园）；随访督导了3个单位；专题随访了5个单位；开展了4项调查研究及教育执法检查工作；并接受了市教育督导室对我区的素质教育的综合督导检查。

地址：宣武区姚家井三巷34号
电话：63580567
邮编：100054

（邢　安）

【综合督导工作】 年内，督导室依据《北京市普通中小学全面实施素质教育评价方案（修订·试行）》《宣武区幼儿园全面实施素质教育评价方案（试行）》和《北京市宣武区职业高中学校督导评估指标体系（试行）》，会同教工委、教委有关科室和中小学教研室、科研室、德育组、宣武信息技术中心、招生考试中心及有关街道办事处对9所学校进行了综合督导。其中中学3所（63中学、138中学、宣武区第一职业学校）小学5所（西河沿小学、菜市口胡同小学、北京第一实验小学、老墙根第三小学、太平街小学）幼儿园1所（长椿街幼儿园）。督导期间，听取了校（园）长的自评汇报，查阅了档案资料，查看了课间操、课外活动和校园环境，参加了升旗仪式。共听课785节次，参加主题班（队）会199节，个别访谈干部、教职工458人次，分别对干部、教职工和部分学生、家长进行了问卷调查，召开了部分学生座谈会，在综合分析的基础上对学校工作做出了评价。在暑期教育系统书记校长会上，通报了2004－2005学年度的督导情况，对9所被督导的学校（幼儿园）的共性成绩和问题进行了总结分析，提出了改进建议。

（邢　安）

【专题随访督导工作】 年内，督导室就工作职能、环境建设、办学体制改革实验等专题，分别对北京市教育学院宣武分院、区招生考试中心、北京小学分校、三教寺幼儿园、实验一小彩虹分校等单位进行了专题随访督导。

（邢　安）

【修订《宣武区实施素质教育目标责任制评价方案》】 年内,依据“区县政府全面实施素质教育评价方案”和区政府机构设置、职能变动情况,督导室对《宣武区实施素质教育目标责任制评价方案(试行)》(宣政办【2002】18号)进行了修订,将原方案涉及的29个委办局、街道办事处的37个要素修订为由34个委办局、街道办事处承担的74项责任,细化评价标准,进一步完善委办局街各项职责,并正式下发。新颁《宣武区实施素质教育目标责任制评价方案(修订试行)》(宣政办发[2005]7号),是我区贯彻落实教育法律法规,明确各委、办、局、街目标责任,促进我区教育完整、综合性发展的重要文件。

(邢　安)

【随访督导】 年内,督导室会同区教委有关科室分别对大栅栏、广内、椿树3个街道办事处进行了随访督导。听取了主管主任的自评汇报,召开了部分科室负责人的座谈会,查阅了有关资料,走访了大栅栏街道所属的施家胡同社区居委会、广内街道所属的西便门东里社区居委会和椿树街道所属的椿树园社区居委会,并形成了对三个街道办事处的随访督导报告。至此,督导室完成了始于2002年的对全区8个街道办事处社区教育工作的督导。督导室对8个街道办事处落实素质教育目标责任制工作中的成绩、经验、不足及主要困难,进行了全面汇总和认真分析,就街道办事处如何进一步开展社区教育工作提出了意见和建议,形成了《宣武区社区教育工作调研报告》。

(邢　安)

【区人大常委会听取教育督导工作汇报】 5月31日,区人大第十一次常委会听取区政府关于教育督导工作情况汇报。此前区政府第37次区长办公会专门研究教育督导工作,对近几年的教育督导工作进行了回顾和总结并形成对区人大的文字汇报稿。区人大组织部分人大代表参加了对宣武一职、实验一小的综合督导活动,对教育督导工作开展情况进行了视察、调研和质询。区人大代表听取汇报后指出:我区教育督导工作在全区实施素质教育进程中发挥了巨大作用,已成为区政府转变职能、加强教育宏观管理的重要手段。

(邢　安)

【开展教育评价论文评选活动】 年内,为推进中小学教育评价理论的研究,督导室在教育系统组织了广泛的论文评选活动,并推荐32篇论文参加市论文评选,其中9篇在市里分别获得纪念奖。教育督导室和学前教育研究室共同撰写的《幼儿发展评价指标和评价依据的项目研究》获市三等奖。

(邢　安)

文化 旅游 卫生 体育

文 化

文化管理

【概况】 北京市宣武区文化委员会(旅游局)(简称区文化委)是区政府主管文化、文物、旅游工作的职能部门。负责全区文化、文物、旅游工作的规划、组织;依法管理市、区级文物保护单位、监管文物市场,保护地下出土文物;依法对辖区内书刊发行业、印刷业、音像业、文化娱乐业、旅游企业进行管理,同时承担区"扫黄""打非"办公室职能。全委由办公室、文化行政执法队、文化市场管理科、文化艺术科、文物管理科、文物管理所、旅游管理科、人事保卫科、财务科、文化产业开发科、文化馆、图书馆、旅游咨询服务中心构成。在编人数135人。年内,举办了第五届北京厂甸庙会;第十届大观园红楼庙会;第四届宣南文化节;第四届"法源寺丁香诗会";第三届"陶然杯"地书邀请赛;第三届"椿树杯"社区京剧票友邀请赛;第二届"天桥杯"社区鼓曲邀请赛、首届牛街"民族团结杯"广场舞蹈、舞台舞蹈展演;首届"广内杯"社区空竹邀请赛;白纸坊高雅艺术进社区、"宣南文化燕南行"及奥运文化广场等活动。开展国家级、市级非物质文化遗产代表作项目申报工作。组织区内重点非物质文化遗产项目参加了"2005年首都新春联欢会"、"第四届宣南文化节"、"第三届北京奥林匹克文化节"、"法兰西之夜-颐和园中秋游园晚会"、"第八届国际旅游文化节"展演。参与洲联睿道商业顾问有限公司"提升文化功能,发展文化产业、传媒产业的研究",完成了《宣武区"十一五"期间文化事业、文化产业发展规划》的编制。

地址:宣武区长椿街9号

电话:63036847

邮编:100053

(吉凤萍)

【民间技艺在人民大会堂展演】 2月2日至5日,区文化委组织拉洋片、皮影戏、风车、空竹、泥彩绘、剪纸、核桃挂件7项民间民俗表演项目和民间手工技艺展演,参加了在人民大会堂举办的"2005年首都联欢会"。

(吉凤萍)

【第五届北京春节厂甸庙会】 2月9日至14日,区政府主办,区文化委、京都文化投资管理公司共同承办了"第五届北京春节厂甸庙会"。副市长刘敬民,文化部社图司群文处处长刘波,文化部社图司民文处处长孙凌平,中共北京市委宣传部常务副部长王学勤,市文化局局长降巩民,市广电局局长赵东鸣,市文物局副局长孔繁峙,市旅游局副局长于德斌,区委书记唐大生,区委副书记、区长武高山,宣武区人大常委会主任王敏荣,区政协主席张文华及北京市、区相关部门领导出席了开幕式。庙会期间,组织了"首届北京民族民间文化保护项目表演"、"厂甸八绝邀请赛"、"中国电影百年-大观楼电影棚"等30余项文化活动,设3个舞台,6个撂地表演场地。为期六天的厂甸庙会活动,接待游客119.24万人次,其中外宾3 010人

(吉凤萍)

【第三届陶然杯地书邀请赛】 4月1日,区文化委、陶然亭街道办事处主办,区文化馆承办的第三届北京"陶然杯"地书邀请赛在陶然亭公园举办,首次推出"地书笔精品展"和"书法笔会展"。来自天坛、地坛、颐和园、玉渊潭、景山、北海、红领巾公园及陶然亭公园的近百名地书选手参加了邀请赛。

(吉凤萍)

【宣武-龙山友好十周年纪念】 4月16日,区外事办、区文化委在万盛剧场举行"庆祝北京市宣武区与汉城特别市龙山区建立友好合作关系十周年纪念会"。区秧歌队与北京杂技团演员同台献艺。在区长武

高山的陪同下,朴长圭团长及交流团成员观看了演出。

(吉凤萍)

【赴韩参加"你好、汉城节"活动】 4月30日至5月4日,应韩国汉城市政府邀请,区文化委组织白纸坊、广外、广内、牛街、椿树5个街道的秧歌队,赴韩国参加"你好、汉城节"活动。5个秧歌队在汉城市中心广场主会场、龙山区运动会开幕式、龙山区分会场、麻浦区分会场分别进行了表演。

(吉凤萍)

【"北京春节厂甸庙会"申报"非物文保"项目】 6月29-30日,市非物质文化遗产保护办公室、市群众艺术馆、区文化委共同主办的"北京厂甸庙会专家论证会暨北京市非物质遗产保护工作示范会"在新北纬饭店举行。经专家论证"北京春节厂甸庙会"申报为国家级和北京市级两项非物质文化遗产保护项目。

(吉凤萍)

【奥运文化广场系列活动】 7月2日、3日、9日、10日,天桥市民文化广场举办了第三届"北京2008"奥林匹克文化节暨宣武区奥运文化广场系列活动。活动由第三届"北京2008"奥林匹克文化节组委会主办,区委宣传部、区文化委承办。主要由六大板块、12项内容组成,四天共组织文化活动32场(次),调动36支优秀业余文艺团队,2 000余名演员登台表演,近万名社区居民参与了活动。区文化委获活动优秀组织奖。

(吉凤萍)

【"天桥中幡"等申报"非物文保"项目】 9月,区文化委三次召开专家论证会,对"天桥中幡"、"宣武抖空竹"以及"大栅栏五斗斋高跷秧歌"和"白纸坊太狮老会"进行论证,决定"宣武抖空竹"申报国家级非物质文化遗产代表作项目名录,"天桥中幡"、"大栅栏五斗斋高跷秧歌"和"白纸坊太狮老会"申报北京市级非物质文化遗产代表作项目名录。

(吉凤萍)

【民间绝技亮相中法文化年闭幕式】 9月17日,区民族民间绝活、绝技"北京天桥中幡"、"白纸坊太狮老会""宣武抖空竹";大栅栏民间手工技艺"北京皮影戏"、"空竹张"、"核桃卢"、"艺术宫灯"参加中法文化年闭幕式"法兰西之夜-颐和园中秋游园晚会。"

(吉凤萍)

【第四届宣南文化节】 11月1日至3日,在宣南文化博物馆举办第四届宣南文化节。文化节期间组织文化活动10项,各类演出36场(次),剧、节目表演310个,其中新创作节目83个,群众演员和文化志愿者2 000人次,46支优秀文艺团队参加活动。近万名社区群众参与了文化节活动。

(吉凤萍)

【迎奥运1000天文化活动】 11月11日,由区委宣传部、区文化委、广内街道工委、办事处主办,天桥街道办事处、椿树街道办事处、区文化馆承办的"宣武区迎奥运倒计时1 000天"庆祝活动,在广内街道长椿苑文化广场举行。

(吉凤萍)

【宣南文化燕园行】 11月17日,共青团北京市宣武区委员会、共青团北京大学委员会、区文化委、区档案局、菜市口百货股份有限公司,在北京大学百周年纪念讲堂共同举办"宣南文化燕园行"文艺专场演出。

(吉凤萍)

【网吧义务监督员座谈会】 10月21日,区文化委召开了聘请教育系统网吧义务监督员一周年座谈会。市教育系统"关工委"会长陈大白,市文化局副局长王珠,市文化执法总队书记张珠,区委常委、常务副区长王永新等领导及16名网吧义务监督员、部分网吧业主代表参加了会议。网吧义务监督员队伍成立一年来,促进了网吧的监督和管理,得到社会各界的认可。在全市18个区县起到了典型示范作用。

(吉凤萍)

【文化市场检查】 年内,区文化委行政执法队联合执法25次,出动检查人员3 647人次,检查文化娱乐场所1 293家次,出动车辆464车次,对违规场所立案处罚2件,罚款人民币10 000元。收缴非法音像制品85 100余张,非法电子软件3 700余张,非法出版物1 650余册(其中政治性非法出版物320余册)。

(吉凤萍)

【区文化馆服务面向基层】 年内,区文化馆开展了"业务干部进社区、文化辅导员分片包干"活动,以椿树、大栅栏、牛街、广内等街道为第一批试点单位,对各街道的文化特征、优势、资源等内容进行深入调研,实现了文化辅导责任、目标到人。年内培训单位40余家,开展培训400余次,培训辅导人员15 000余人次。

(吉凤萍)

【区图书馆多种形式开展大众读书活动】 年内,区图书馆共举办"《马关条约》一百一十周年祭"、"戏曲文化在宣南"、"社区健康科普讲座"、"中国书法发展史"等讲座、报告会50场次,有6 100余人次参加。发展基层服务点(借阅点)42个,其中机关、企事业单位11个,社区服务点17个,驻区部队11个,分馆3个，利用流动图书车送书115次、共23 000册。

（吉凤萍）

北京京都文化投资管理公司

【概况】 北京京都文化投资管理公司（简称京都公司）是经中共宣武区委、区政府批准，由区国有资产管理委员会授权资产经营的国有独资公司，2000年11月3日正式成立。主要职能是：整合区域范围内的文化、旅游、商贸业的优势资产，重点开发具有鲜明特色的琉璃厂文化产业区。公司所属及参控股的企事业单位有：白广路商场有限责任公司、北京湖广会馆大戏楼、北京风雷京剧团、北京杂技团、北京皮影剧团、群声说唱团、河北梆子剧团、中华电影娱乐宫、广安门电影院、大观楼影城、京南艺术公司、楚畹圜餐饮有限公司、红莲浒记餐饮有限公司、网点经济开发公司和鑫鼎房地产开发公司等多家单位。公司本部下设6个部室，包括2个综合部门，4个业务部门。截止到2005年底，公司总资产近1个亿，已初步形成了以文化产业和房地产开发为主导的多业并举的发展格局。

地址：宣武区小沙土园12号

电话：83159837

邮编：100050

（李丽英）

【琉璃厂文化园区建设】 年内，与大栅栏投资公司、宣武规划分局共同委托清华大学建筑学院及城市建筑设计研究所，完成了《北京大栅栏、煤市街以西及东琉璃厂地区保护整治复兴规划》。

（李丽英）

【南新华街整治】 年内，落实区政府第51期会议纪要精神，对临街可利用地块进行了翻建，共翻建商业用房3 900多平方米。公司与区创通公司、自来水公司、市政管委和城管等单位协调配合，为南新华街安装增设了4个箱式变压器，增加容量2 000千伏安。新建小型停车场800多平方米，整治南新华街小广场280平方米。12月，在公安、城管和街道办事处的支持配合下，对南新华街东1地块进行了整治，取缔了无照摊商。

（李丽英）

【企事业单位体制机制改革】 年内，中鸿信建元会计师事务所，对网点处、天虹市场经营服务中心进行了资产清算审计；对宏宝堂画店进行了彻底改制，成立了北京宏宝堂文化有限公司。对工艺美术品公司、清秘阁、宣武玉器厂整合资源，重组改制为北京清秘阁有限公司，国有股全部退出。对剧团、影院、湖广会馆等企事业单位实行《目标管理责任制考核》，提高了管理的针对性，激发了企事业单位的积极性。

（李丽英）

【北京风雷京剧团】 年内共演出496场，参加了奥运口号发布会大型文艺演出、宣南文化节开幕式文艺演出以及宣南文化燕园行文艺演出。此外，参加了在长安大戏院举行的香港艺术团百戏大考文艺演出。剧团新编了历史剧《窦娥冤》、《孙悟空大闹地府》。

（李丽英）

【北京杂技团】 年内，北京杂技团与加拿大太阳马戏团合作，在美国、加拿大、澳大利亚、新西兰、新加坡和中国香港特区演出了近800场。先后出访了以色列、瑞士、德国、西班牙等国。北京杂技团参加了全国政协新年茶话会的演出，受到胡锦涛总书记的亲切接见，参加了在人民大会堂举办的“国际友好文化节”活动，招待各国使节。杂技团常年在“天桥杂技剧场”演出杂技专场，共计700余场，观众约10万人。

（李丽英）

【北京皮影剧团】 年内，新编排神话剧《三牙象》、传统戏《孟姜女》，童话故事剧《瓶中的妖怪》、《猪八戒学本领》，普法童话故事剧《悟空八戒学交法》。其中《三牙象》、《孟姜女》两出戏同时获中国唐山国际皮影艺术展演优秀表演奖，《三牙象》获优秀编剧奖，最佳短剧目奖，《孟姜女》获优秀短剧奖。全年共演出289场次，观众达28 000人次。

（李丽英）

【湖广会馆】 年内，举办了魏喜奎曲剧艺术促进会成立十周年研讨会、戏曲博物馆历代名琴展、著名歌星陶喆新闻发布会、余叔岩艺术研讨会、“戏博56个民族”、“56张琴向祖国56周年献礼”等一系列活动，全年演出431场次，接待人数达57 000多人次。1月14日中央电视台在此拍摄了奥运宣传片。

（李丽英）

【大观楼影城】 2005年是中国电影诞辰百年。年初，国家广电总局确定在中国电影诞生地－大观楼举办中国电影诞生地庆祝活动，并决定对大观楼进行整体装修改造。改造工程由北京市古建筑学家王世仁先生设计，于7月26日动工，12月20日峻工。12月22日，举办了中国电影百年庆典活动。国家广电总局和北京市政府领导共同为中国电影诞生地揭牌。大观楼还成立了“大观楼影迷协会”，注册了“大观楼”商标。

（李丽英）

【广安门电影院】 年内，为纪念广安门电影院建院50周年，影院开展了一系列纪念活动:“五一”期间,与北京交通台“百姓TAXT”联手,每天约请50位出租车司机师傅免费观片;“六一”期间组织社会公益场,以“同在蓝天下,快乐伴成长”为题,放映《上学路上》,慰问外地来京务工人员的子女;策划了“万张情谊卡,免费送观众”酬宾活动,通过牛街清真超市、肯德基白广路店派发10元代金券,观众可持10元代金券抵10元票价;开展“寻找老影票,结识新朋友”活动,在媒体上征集50年代至80年代老影票,并以旧换新票;为纪念抗日战争胜利60周年暨影院建院50周年,组织京剧电影《平原作战》与戏迷互动;全年放映5 388场次,观众达208 912人次,票款500多万元。

(李丽英)

【中华电影娱乐宫】 年内,放映电影5 854场次,累计观众128 887人次。获得中共北京市委宣传部颁发的“电影《生死牛玉儒》优秀放映单位奖”和新影联影业有限责任公司颁发的“国产影片考核优胜奖”。

(李丽英)

文物管理

【概况】 宣武区现有国家级、市级、区级文物保护单位43处,其中国家级4处、市级26处、区级13处;还有文物普查登记项目62处、挂牌保护院落91处和历史风貌保护街区4处。区内文物有7类内容:重要的古代寺、坛、塔,如法源寺、牛街礼拜寺、天宁寺塔、先农坛等;会馆、戏楼、四合院等反映北京尤其是宣南地方特色的民间建筑,如安徽会馆、湖广会馆、正乙祠等;名人故居,如纪晓岚故居、康有为故居、邵飘萍故居、鲁迅故居等;梨园建筑,如尚小云故居、余叔岩故居、梅兰芳祖居等;近代代表性建筑,如劝业场、瑞蚨祥旧址门面等;革命纪念建筑,如孙中山、李大钊、毛泽东活动过的湖广会馆、陶然亭慈悲庵和原北京师范大学旧址等;城市遗址,如金中都太液池遗址;传统风貌保护街区,如东、西琉璃厂、大栅栏和法源寺传统风貌保护街区。年内,完成了牛街礼拜寺、法源寺的文物修缮工程;启动了交通银行、盐业银行和京华印书局三个文物修缮项目,实现了科伦克、三莱印务(北京)有限公司从区级文物保护单位崇效寺藏经阁迁出,消除了重大文物安全隐患;完成了(辽)仙露寺、(金)圣安寺等四项景观标识建设。宣南文化博物馆正式向社会开放。

(吉凤萍)

【深圳政协领导参观宣南博物馆】 1月12日,深圳市政协副主席王正明率学习团一行到长椿寺参观北京宣南文化博物馆,并与市政协副主席张和平、区政协主席张文华进行了座谈。

(吉凤萍)

【孙安民视察文化工作】 2月2日,副市长孙安民到宣武区视察北京宣南文化博物馆、拓宽后的南新华街以及区内部分歌厅、网吧。孙安民副市长对宣武区挖掘和弘扬宣南文化等方面的工作给予了充分肯定,并就安全工作做出重要指示。区领导武高山、仲兆军等陪同视察。

(吉凤萍)

【专家研讨棉花片风貌保护方案】 3月3日上午,区政府邀请郑孝燮、王世仁、宣祥鎏等六位专家就棉花片风貌保护方案征求意见。副区长曾赞荣出席会议,区文化委、规划宣武分局有关同志参加会议。

(吉凤萍)

【四城区贯彻落实《条例》研讨会】 4月28日,市文物局在区文化委召开了四城区贯彻落实《条例》研讨会。市文物局副局长于平,政策法规处处长孙玲,东城、西城、崇文、宣武四城区文化委主管文物工作的主任以及文物科、所负责人一同参加了研讨。

(吉凤萍)

【阳安江视察宣南博物馆】 5月12日,中共北京市委副书记、纪委书记阳安江在区委书记唐大生,区委副书记、区纪委书记韩恩慈等领导的陪同下视察北京宣南文化博物馆。阳安江听取了区文化委主任许立仁的汇报,并对区委、区政府开辟博物馆的决策给予了高度评价。

(吉凤萍)

【市青联主席考察宣南文化】 5月12日,市青联主席汪明浩及部分市青联委员一行30余人,在副区长曾赞荣、区青联主席艾丽、区文化委主任许立仁陪同下,考察了北京宣南文化。参加了宣南博物馆、蓟城纪念柱、北京建城纪念阙、天桥市民文化广场、北京古建筑博物馆等历史文化标志建筑。

(吉凤萍)

【刘敬民到宣南博物馆调研】 5月28日,北京市副市长刘敬民到北京宣南文化博物馆进行工作调研。刘敬民就展览内容提出了多项建议,并对如何发挥博物馆作用,扩大宣南文化影响,做了重要指示。

(吉凤萍)

【市政协文史委调研宣南文化】 5月31日,市政协文史委员会副主任匡国良一行十余人,就区内名人故居保护利用情况进行调研。区政协主席张文华,区委常委、常务副区长王永新,区政协副主席喻建平,区文化委主任许立仁陪同。委员们与区领导座谈后,视察了北京宣南文化博物馆、杨椒山祠、康有为故居等重要历史遗迹。

（吉凤萍）

【市人大财经委视察长椿寺】 6月1日，市人大常委会委员、市人大财经委员会副主任委员罗青及十余名市人大财经委委员，视察了长椿寺的修缮利用情况。市文物局副局长孔繁峙、市文物局计财处处长王鸿年等陪同视察。

（吉凤萍）

【澳大利亚访问团参观宣南博物馆】 11月4日，澳大利亚罗根市友好访问代表团一行四人在市长约翰·弗里曼的带领下，参观了北京宣南文化博物馆，区外事办公室主任乔燕骅、区文化委主任许立仁陪同。

（吉凤萍）

【中日文化友好交流】 11月8日，日本东京都北区议会友好城市访问团一行十三人，由北区议会议长藤田隆一带领，在区外事办公室主任乔燕骅陪同下，参观了北京宣南文化博物馆。随后文化委与日本访问团就文化、体育事业的发展进行了广泛交流。

（吉凤萍）

【刘淇视察宣南博物馆】 11月14日上午，中央政治局委员、中共北京市委书记刘淇与市委常委、秘书长孙政才，市委常委、副市长翟鸿祥等市领导，一同视察北京宣南文化博物馆。区委书记唐大生，区委副书记、区长武高山等领导陪同。刘淇书记对宣武区近年来开发、利用宣南文化，打造文化精品，丰富人民群众的文化生活所取得的成绩给予了充分肯定。

（吉凤萍）

【市委巡视组参观宣南博物馆】 11月24日，市委巡视组到先农坛古建博物馆和长椿寺宣南文化博物馆视察。区委副书记杨素荣，区委常委、办公室主任赵金花等领导陪同。巡视组领导指出："要更好地传承和弘扬宣南文化，进行合理的开发利用，为宣武区建设提供服务。"

（吉凤萍）

【宣南博物馆正式向社会开放】 11月30日，北京宣南文化博物馆在修缮一新的"京师首刹"——长椿寺落成并正式对外开放，为广大市民全景式接触宣南文化提供了场所。副区长税勇主持开馆仪式。国家博物馆馆长吕章申，区委副书记、区长武高山先后致词。文化部社会文化司司长张旭，鲁迅博物馆党委副书记赵国顺，市政协副主席王长连，市文物局局长梅宁华、副局长舒晓峰，区委书记唐大生，区政协主席张文华，区委常委、宣传部长丁力及宣武区政府顾问王世仁、李庚，各区、县文化委领导、区各委、办、局领导出席了开馆仪式。宣南文化博物馆成为"宣武区爱国主义教育基地"、"宣武区少先队实践教育基地"，区人大副主任栗琦、区政协副主席陈慧来为其揭牌。

（吉凤萍）

【向文保单位内居民发放消防器材】 年内，区文化委行政执法队会同市公安局宣武消防监督处，向居住在文物保护单位内的1 200余户居民发放了消防器材。

（吉凤萍）

旅　游

旅游管理

【概况】 北京市宣武区旅游局（简称区旅游局）是负责旅游行业管理的区政府职能部门。主要职责是：贯彻执行国家和北京市有关旅游工作的方针、政策和法律、法规、规章；编制区域内旅游发展中长期规划并组织实施。负责辖区内旅游资源的调研、开发、利用和保护。依法对辖区内的旅游市场进行管理、监督和检查；按照标准化管理的要求，负责辖区内饭店、餐馆的星级评定。负责组织辖区内旅游业的职业资格培训、教育培训；负责组织辖区内旅游业服务质量的检查、评比和交流；受理国内外旅游者的投诉；协调、促进旅游产品、纪念品的生产销售；协调管理旅游安全工作。负责组织辖区内旅游企业开展对外宣传及区内大型旅游活动；负责旅游统计工作。年内，按照《北京市旅游星级饭店（餐馆）评定标准》，完成了1家饭店、2家餐馆的星级评定工作。召开安全工作会，以培训、讲座等形式加强辖区旅游企业安全工作、学习贯彻《北京市安全生产条例》；组织企业安全负责人进行联组互查；会同区相关部门在旅游"黄金周"期间进行重点检查，排除安全隐患，保障旅游安全。在旅游企业中开展英语大赛，提高了接待服务的综合能力，促进了相互间的交流。完成了《踏歌南城走宣武》旅游风光片的制作和《逛百年老号购传统国货》、《宣武漫游》等宣传品的制作。组织旅游企业参加旅游促销活动4次。按要求完成了季度旅游统计、年度旅游统计、黄金周旅游情况统计分析工作。

（魏沁沁 吉凤萍）

【春节旅游黄金周安全检查】 春节前，会同相关部门就部分旅游星级宾馆饭店、旅游星级餐馆和景区的安全进行检查。黄金周期间,联合区发改委、城管大队、技术监督局、公安宣武分局、宣武交通支队、市政管委、卫生监督所等职能部门对节日旅游市场进行执法检查。黄金周期间共派出检查人员、警务人员8 756人次,查处违法行为350起,罚款13 500元。

(魏沁沁 吉凤萍)

【奥组委官员视察咨询中心】 2月4日,市旅游局领导陪同部分奥组委官员视察了区旅游咨询服务中心。

(魏沁沁 吉凤萍)

【宣武区旅游业英语大赛】 2月至8月,区旅游局与区委宣传部、区外事办、区商务局、团区委联合举办"青春行动树文明,行业骄子展风采——宣武区旅游业英语大赛",大赛由文明礼仪知识、服务技能展示、英语情景剧表演三部分组成,分初赛和决赛两阶段。10家旅游企业参加了大赛。通过比赛,提高了接待服务的综合能力,促进了相互间的交流。

(魏沁沁 吉凤萍)

【制作《踏歌南城走宣武》风光片】 3月至9月,与北京电视台"好山好水好心情"栏目合作,制作了宣武区第一部旅游专题风光片《踏歌南城走宣武》,并制成光盘。风光片以"宣南文化"九大系列为脉络,展示区内独特的旅游资源和厚重的文化底蕴。该片于"十一"期间在北京电视台、北美卫星频道播出。

(魏沁沁 吉凤萍)

【星级饭店、星级餐馆复核工作】 4月,按照市旅游局工作要求,区旅游局完成了对辖区内20家旅游星级饭店和24家旅游星级餐馆的星级复核工作。这是首次利用互联网进行星级饭店、星级餐馆的网上复核工作。

(魏沁沁 吉凤萍)

【"五一"旅游黄金周】 "五一"前夕,区委、区人大、区政府、区政协领导分别带队就黄金周安全防范、食品卫生及各项预案责任制的落实情况进行检查。黄金周期间,共派出检查人员2 082人次,查处各类违法行为233起,罚款10 290元。期间接待游人42万人次、与去年同期持平,实现假日旅游收入1 561.2万元、同比上升27%。

(魏沁沁 吉凤萍)

【安全月与"百日安全竞赛"】 5月,召开"2005年宣武区二星级旅游饭店安全工作会议",布置了安全月和百日安全竞赛工作。6月至9月,辖区旅游企业参加了北京市旅游局、北京市公安局联合开展的第十届"百日安全"竞赛活动。各旅游企业积极完善安全生产的各项规章制度、建立健全各项应急预案、投入资金对设备、设施进行改造。组织区内星级饭店、A级景区参加"百日安全竞赛有奖知识"答卷活动和《北京市安全生产条例》测试题答卷活动,参加人数达1 657人次。8月,区旅游局牵头对辖区内所有一、二星级旅游饭店进行联组互查,摸清了底数、查找了隐患、促进了整改。

(魏沁沁 吉凤萍)

【区"十一五"旅游发展规划】 6月至12月,聘请旅游规划专家对区内旅游资源做深入调研;召开旅游企事业单位、区相关职能部门座谈会,征求人大、政协等各方意见;编制了《宣武区"十一五"期间旅游发展规划》。

(魏沁沁 吉凤萍)

【"十一"旅游黄金周】 9月16日,税勇副区长主持召开"十一"黄金周旅游工作会议,对旅游接待、安全等工作进行了动员和部署。9月29日,区假日办召开旅游星级饭店、A级景区"十一"黄金周安全工作会议,进一步强调了安全预案逐级落实、事故报告制度以及带班值班制度等。9月29日上午,由武高山区长带队,区委、区人大、区政府、区政协领导及安监、公安、消防等部门对陶然亭公园安全工作进行检查。10月1日下午,袁双梅副区长带队检查了长江国际俱乐部等单位。据统计,"十一"黄金周期间,接待游人22.52万人次、同比上升11%,旅游企业共实现旅游收入1 562.5万元、同比上升7.2%;

(魏沁沁 吉凤萍)

【星级饭店评定工作】 年内,完成1家饭店和2家餐馆的星级评定,区域现有旅游星级饭店40家,其中三、四星级旅游饭店21家;旅游星级餐馆30家,其中三星级、五星级旅游餐馆共19家。

(魏沁沁 吉凤萍)

【制作旅游宣传画册】 年内,先后编印了《逛百年老号,购传统国货》、《宣武漫游一册通》、《宣南之旅》等画册共3本。

(魏沁沁 吉凤萍)

【旅游宣传推广活动】 年内,组织旅游企业参加了北京奥运旅游推介会、2005年中国国际旅游交易会、中国北方旅游交易会、五省市红色旅游宣传推广活动,就区内老字号企业、景区、星级饭店及旅行社进行宣传并开展旅游产品促销活动。

(魏沁沁 吉凤萍)

【旅游收入统计】 年内,旅游接待总人数为674.3万人次,比2004年略有下降;2005年度旅游总收入为

293 328.2 万元，比 2004 年增长 9.56%。

（魏沁沁 吉凤萍）

【旅游咨询服务】 年内，举办各类旅游咨询活动 11 次，发放旅游宣传材料 20 余种、5 万余册；接待游客咨询 16 390 人次，其中国内游客咨询 3 275 人次、国外游客咨询13 115人次；接待电话咨询20 718人次。

（魏沁沁 吉凤萍）

北京大观园

【概况】 北京大观园管理委员会（北京大观园红楼文化艺术博物馆）为全民自收自支事业单位，是具有古典园林外观、红楼文化内涵、博物馆功能的旅游活动场所。年内，大观园管委会成功举办了第十届大观园红楼庙会、红楼文化风情周、奥运国际论坛成员参观游览、京台青年红楼文化交流、国际青少年嘉年华活动、刘德华新碟发布会、第十届大观园中秋之夜晚会、爱水金秋主题游园活动，举办了 8 次“新世纪红学论坛”讲座。在景区开发建设方面，采用高新技术手段研制安装了插卡电子式智能电表；作为本市唯一一家全部注入中水的湖面景观，中水利用工程试验获得成功，被市科委定为科学节水、用水试点单位。大观园获北京市精神文明、节水、维护国家安全先进单位等多项荣誉称号。

地址：宣武区右内西街 18 号

电话：63544993

邮编：100054

（周玉凤）

【第十届大观园红楼庙会】 2 月 9 日（农历正月初一）至 2 月 14 日（正月初六），由北京大观园管理委员会主办的“第十届大观园红楼庙会”共接待游客 53 万人。庙会专程从曹雪芹的老家——辽宁铁岭聘请了“铁岭市民间艺术团”来京献艺。国家一级演员、“赵本山杯”金奖得主、韩国第十四届国际艺术节获个人演技金奖获得者、团长李海及东北喜剧丑星郭锦杰、中国戏剧节“牡丹杯”银奖得主王超，在大观楼舞台滚动演出了《刘姥姥进大观园》、《反正对花》、《串门》等一批幽默、欢快、精彩的节目。吉林省长春市明禹艺术团“太原重工”鼓乐队演出了精彩节目。元妃省亲游行是大观园红楼庙会的招牌节目，从社会公开招选的扮演贾宝玉和十二钗的演员，同大观园“红楼女子演艺组合”盛装出场，再现了“红楼胜景”。

（周玉凤）

【大观园红楼文化风情周活动】 5 月 1 日至 7 日，北京大观园管理委员会举办“红楼文化风情周”活动，共接待 5.5 万名游客。著名评书表演艺术家单田芳、相声表演艺术家李国盛、孟凡贵参加了此次活动。

（周玉凤）

【奥运国际论坛成员参观大观园】 6 月 26 日，第 29 届奥运组委会、中国人民大学、北京联合大学共同举办的“北京 2008 奥运国际论坛 2005 大会”成员参观游览了大观园。

（周玉凤）

【京台青年红楼文化交流活动】 7 月 12 日，由共青团北京市委、北京市台办主办的“第六届京台青年交流周——相约 2008”文化交流活动在北京大观园举行。本次交流活动特地邀请了北京语言大学的青年学者沈治均教授 主讲“十二金钗与贾宝玉的命运”。演讲其间沈教授与台湾青年就红学相关问题进行了探讨，54 名代表团成员参观了大观园景区，观看了水幕电影、民俗表演。

（周玉凤）

【国际青少年嘉年华活动】 7 月 14 日，由北京旅游局组织的“2005 年国际青少年嘉年华活动”在大观园举行，200 名来自美国、德国、新西兰、澳大利亚、加拿大、巴哈马 6 个国家和地区的青少年进行了器乐合奏、爵士舞、霹雳舞、街舞及行进表演。学明艺术团演出了具有浓郁中国民俗特色的变脸、杂技节目。1 000 余名游客观看了表演。

（周玉凤）

【刘德华新碟发布会】 8 月 9 日，著名影视歌三栖演员刘德华为宣传全新国语大碟《再说一次我爱你》，在大观园举行大型内地推介会，全国各地 200 多家媒体 400 余名记者被邀请夜游大观园。推介会自晚 8 时开始至凌晨结束历时 4 小时，国内外数十家媒体进行了宣传报道。

（周玉凤）

【第十届大观园中秋晚会】 9 月 16 日至 19 日，第十届大观园“中秋之夜”晚会在大观楼举行。国务院机关老干部活动中心、中国交通银行北京支行、顺驰蓝调房地产开发公司等分别包场，1 500 余来宾欢聚一堂，观看了“大观园之夜”梦幻红楼水幕电影。

（周玉凤）

【“爱水金秋”主题游园活动）】 10 月 1 日至 7 日，大观园以奥运为契机，在“十一”期间推出“爱水金秋”主题游园活动。活动采用生动活泼的形式，让游客在轻松愉悦的国庆佳节共同享受水的乐趣，感受水的珍贵，积蓄爱水情怀，强化节水意识。70 块展板图文并茂地向人们宣传自来水的历史沿革、节水知识。咏水颂水书画笔会上，20 余名书画艺术家临场挥毫泼墨，义卖、展卖。

7天共接待游客1.8万人次。

(周玉凤)

【新世纪红学论坛讲座】 大观园管委会自3月19日至11月19日共举办新世纪红学论坛8次,听众达860人次。论坛分别邀请了8位专家和教授进行了演讲,其中中央民族大学副教授曹立波演讲了“新世纪高校学生眼中的红楼梦”;中国红楼梦学会常务理事杜春耕演讲了“再现红楼梦是一部开放性小说”;中国红楼梦学会副会长蔡义江演讲了“红楼梦的大格局——曹雪芹、石头、宝玉三者之间的关系”;首都师范大学博导段启明演讲了“一面之交 百年不忘”;红楼梦研究所研究员王湜华演讲“我所知道的俞平伯”;北京师范大学文学院博导张俊演讲了“淡极始知花更艳——红楼梦语言艺术漫谈”;中国红楼梦学会副会长胡文彬演讲了“红楼梦的诱惑与红学的困惑”;中国第一历史档案馆清史档案专家张书才演讲了“漫谈《刘心武揭秘红楼梦》”。

(周玉凤)

【大观园湖改换中水】 大观园水面2公顷,每年需抽取8.2万吨地下水补充湖面。年内,为缓解水资源危机、利用中水补充湖面,大观园与清华大学、中国水利科学院等专家利用国际先进的治水技术,使中水进入湖面前先进行减氮磷钾处理,进入湖面后用播撒微生物的方法进行维护,水中放养吃水藻的鱼类减少藻类密度,水面种植吸收氮磷钾的植物,对局部出现严重藻类的水体使用机械装置,用物理的方法过滤掉水中污染物,彻底解决了中水中氮磷钾元素严重超标、藻类横生、腥臭肮脏的巨大难题,成为北京市科委科学节水、用水的试点单位。大观园利用中水节水的成功经验先后在中国水务协会、林业与环境促进会、北京水务局、公园绿地协会、对外科学技术交流中心等单位主办的“首届国际城市中水回用暨园林景观水治理技术研讨会”、“循环水务高级研修班”上作了介绍。得到了与会专家及美国、澳大利亚学者们的好评。

(周玉凤)

【使用插卡智能电表】 北京大观园2004年大观园用电总量为148.73万度,其中合作单位用电105.54万度,自用电43.19万度,需为合作单位垫付电费95万元。采用插卡式电表后,合作单位必须通过智能售电系统先行购买所需电量,再插卡使用,否则会自动掉闸断电。这套智能售电系统是在北京市民用电售电系统软件基础上,针对大观园特殊情况再开发的软件。插卡电子式智能电表的安装,彻底解决了合作单位恶意拖欠电费,收缴困难,用电难以管理等问题。

(周玉凤)

北京市大碗茶商贸集团公司

【概况】 北京市大碗茶商贸集团公司(简称大碗茶公司)成立于1979年,系区属集体企业,有职工190人。经营项目包括服装、百货、工艺品、餐饮、茶座、演出等多种内容。公司下设党办、财务科、劳资科、行政科、公司办公室;分支企业包括北京老舍茶馆、北京大碗茶商场、北京震云阁工艺品公司、北京大碗茶茶叶有限公司等4家集体和股份制企业。年内,公司继续实施“增销降耗,开源节流”经营方针,探索企业改制新途径。进一步调整产业结构,改善企业经营外部环境,加强财务管理和监督,加大文化产业资金投入,增强名牌经营意识,规范市场经营秩序,提高经营项目档次和服务品位,全年实现销售收入近2 000万元,上缴税金130万元。

地址:宣武区前门西大街3号

电话:63021741 63022969-8002

传真:63017529

邮编:100051

(王 捷)

【企业月报创刊】 1月1日,北京老舍茶馆月报正式创刊。由企业员工自己主办的月报,以“繁荣宣武经济、弘扬京味文化、传承中华文明”为宗旨,开辟有新闻动态、特别报道、京味讲堂、茶人天地、禅茶一味、企业文化等栏目,每期共12版,读者面向中央、市、区政府有关部门、友好单位,及企业客户、消费者和老舍茶馆员工。

(王 捷)

【澳门人士作客茶馆】 1月7日,北京老舍茶馆总经理尹智君在前门四合茶院接待了澳门特别行政区政府行政法务司司长陈丽敏及其随行人员。尹智君总经理向客人们介绍了企业的发展过程和经营现状,陪同客人们参观了企业的各营业场所,老舍茶馆的茶艺师还为来宾进行了茶艺演示。

(王 捷)

【首都茶界举办迎春团拜会】 1月20日,北京老舍茶馆与中国茶叶流通协会、中华茶人联谊会、华侨茶业发展研究基金会、吴觉农茶学思想研究会等首都四大茶叶协会共同举办首都茶界迎春团拜会。十届全国政协常委伍绍祖、中华全国归国华侨联合会副主席林丽韫、原北京市老领导郭献瑞、中国茶叶流通协会法人、常务副会长王庆等200人出席了招待会。

(王 捷)

【中日茶企交流】 1月23日,北京老舍茶馆总经理尹智君在前门四合茶院接待了日本中国茶协会王亚雷会长、日本游茶社李德义社长、藤井真纪子总经理等日本茶界人士。双方分别介绍了两国茶馆业的总体情况和发展趋势，并就茶馆业经营模式、信息化管理、人才培训、用人机制等方面进行了探讨。

（王　捷）

【新年开门红】　2月9日－15日的春节黄金周期间，北京老舍茶馆演出大厅共接待中外宾客1 634人次，实现销售收入14.2万元；分别较上年增长31%和57%。

（王　捷）

【谜赛活动】　2月22日，由北京市群众艺术馆、北京市大碗茶商贸公司和北京市群众文化学会共同主办，北京老舍茶馆、北京市群众文化学会谜友联谊会承办，北京市各区县文化馆协办的第五届老舍茶馆“盛喜杯”灯谜邀请赛决赛在北京老舍茶馆举行。本次大赛是一项全市性的大型文化活动，分为初赛和复赛，来自全市九个区县的代表队参加了大赛。经过竞逐，北京市大兴区代表队获得一等奖，西城区、石景山区、延庆县代表队获得二等奖，宣武区、通州区、朝阳区、海淀区、密云县代表队获得三等奖，来自延庆的张义先生被专家组评为最佳射手奖。北京市委宣传部常务副部长王学勤，北京市委宣传部副局级调研员、文化处处长王文光，文化处副处长卢红，北京市文化局社会文化处处长阮兰玉、北京市文史馆馆员李滨声、北京市群众艺术馆馆长张莞尔、北京市大碗茶商贸公司总经理尹智君分别为获奖队颁奖。

（王　捷）

【塞尔维亚总统作客茶馆】　2月23日，塞尔维亚共和国总统鲍里斯·塔迪奇在北京老舍茶馆观看了一台具有京味传统文化艺术特色的演出。演出结束后，鲍里斯·塔迪奇总统在贵宾留言簿上写到：“在您的茶馆非常美妙，我们会再次光临”。

（王　捷）

【赴港商务考察】　2月24日－27日，北京市大碗茶商贸公司尹智君总经理应香港特别行政区政府投资推广署邀请赴香港进行了为期四天的商务考察活动。在香港期间尹智君总经理拜访了香港投资推广署和市区城建局等政府机构，听取了香港市区重建局地区发展总监伍展明先生对文武庙旅游开发项目总体方案和市场运作情况的介绍，并实地考察；双方还就项目发展前景和今后如何加强合作进行了深入探讨。在港期间，尹智君总经理还会见了香港工商企业人士，了解香港市场的投资环境；与新光酒楼（集团）有限公司常务董事总经理李国雄先生进行了商务交流和合作洽谈。

（王　捷）

【“经济沙龙”座谈会】　3月2日，由宣武区青年联合会主办，北京老舍茶馆承办的“经济沙龙”座谈会在老舍茶馆举行。来自宣武区青年联合会的企业家常委与宣武区青年联合会领导就行业间的合作、有序、公平发展进行了认真讨论。出席座谈会的企业家有北京市大碗茶商贸公司总经理尹智君、北京爱义行汽车服务有限公司总裁邢爱义、北京更香茶叶有限公司总经理朱莉俐、北京安华景苑饭店有限公司董事长安斌、北京申同健身俱乐部总经理刘家欣、中国工商银行总行信贷审批中心副主任原擒龙。

（王　捷）

【学雷锋活动】　3月5日，共青团北京市大碗茶商贸公司团支部组织全体团员，在北京老舍茶馆门前的“老二分”茶摊前，开展“重温创业历程，共创企业辉煌”学雷锋主题活动。从活动中广大团员深深的体会到“大碗茶广交九州宾客，老二分奉献一片丹心”的深刻内涵，认识到企业16年来始终坚持卖“二分钱”大碗茶的意义。

（王　捷）

【纪念吴觉农诞辰百年活动】　4月8日，北京老舍茶馆与中国茶叶流通协会、中华茶人联谊会、华侨茶业发展研究基金会、吴觉农茶学思想研究会共同举行“首都茶界纪念当代茶圣吴觉农诞辰100周年”活动。中华全国归国华侨联合会副主席林丽韫，原北京市领导郭献瑞，中国茶叶流通协会常务副会长王庆，华侨发展研究基金会副理事长刘崇礼，吴觉农思想研究会副会长、吴觉农先生四子、原中国外交部驻外大使吴甲选，北京市大碗茶商贸公司总经理尹智君等200多人参加了纪念活动。此外，大会还邀请中国工程院院士陈宗懋作“饮茶与健康”专题讲座。

（王　捷）

【中外茶馆业主论坛】　4月16日，北京老舍茶馆总经理尹智君赴杭州参加“茶与城市－‘康师傅’中国（杭州）当代茶馆经营发展论坛。120余位茶界知名专家、学者以及中国、加拿大、日本、韩国等国家50多个城市的近100家茶馆的经营者参加了活动，大家就茶馆的历史发展、现状、社会功能、经营模式、人才需求、品牌保护等问题进行了交流。

（王　捷）

【第二届茶文化节活动】　4月23日，由北京市旅游行业协会与北京市大碗茶商贸公司主办，北京老舍茶馆和北京市旅游行业协会饭店分会承办“第二届老舍茶馆茶文化节暨绿色香茗入饭店活动”。北京市旅游局副局长、北京市旅游行业协会常务副会长顾晓园，区委常委、常务副区长王永新，宣武区人大副主任栗琦与200多位来自首都社会各界的嘉宾、学者共同参加了本次活动。开幕式上,15家北京市四、五星级饭店总经理从市、区领导手中接过了总计2 600多斤,43万袋(3克装/袋)袋装茶。来自北京大学、清华大学等7所首都高校的80名大学生,就"京味茶文化"与著名京味作家刘一达进行了的对话与交流。

(王 捷)

【连战先生感受京味文化】 4月28日,中国国民党主席连战先生与其率领的中国国民党和平之旅访问团全体成员在北京市委副书记龙新民的陪同下,在北京老舍茶馆演出大厅一同饮大佛龙井、品京味小吃、赏传统艺术。活动结束后,连战先生上台与全体演职员合影,并为老舍茶馆赠言"振兴茶文化,祥和两岸情"。北京老舍茶馆总经理尹智君向连战先生赠送了一对绘有"顶缸"和"五音连弹"传统演出形式的手绘盖碗。

(王 捷)

【外国元首品茗赏戏】 5月27日,克罗地亚共和国总理伊沃·萨纳戴尔来到北京老舍茶馆,与中外观众一起欣赏了一台具有北京地方特色的文艺演出。演出结束后,伊沃·萨纳戴尔总理在贵宾留言簿上写到:"感谢你们今天给我们的精彩演出"。6月19日,牙买加总理帕特森在北京老舍茶馆观看了一台具有京味传统文化艺术特色的演出。6月26日,捷克共和国总理伊日·巴洛欠克来到北京老舍茶馆品茶宴、饮香茗、赏戏曲。并在贵宾留言簿上写到:"非常感谢你们,这里非常不错,印象非常好"。

(王 捷)

【企业史料被国家博物馆收藏】 7月29日,北京市大碗茶商贸公司向中国国家博物馆捐赠企业珍贵史料仪式在中国国家博物馆西门举行。捐赠仪式上,北京市大碗茶商贸公司副总经理王秀臣代表企业向国博捐赠了70年代卖二分钱"大碗茶"使用的水舀子和大茶碗;北京市大碗茶商贸公司兼北京老舍茶馆总经理尹智君代表企业向国博捐赠了中国国民党主席连战先生为企业赠言和回函。中国国家博物馆马英民副馆长代表国家博物馆接受了捐赠物品并向北京大碗茶商贸公司兼北京老舍茶馆总经理尹智君颁发了捐赠证书。此次捐赠活动中,北京市大碗茶商贸公司共捐赠300多件企业珍贵的实物和照片底片史料,包括80年代李鹏总理的题词"努力办好社会主义集体企业",90年代美国前总统布什先生的签字以及2005年4月28日中国国民党主席连战先生手书的"振兴茶文化,祥和两岸情"墨宝以及7月1日的亲笔回信等。全国人大财经委委员段丙仁先生,北京市委宣传部副局级调研员王文光,北京市旅游局副局长、北京市旅游行业协会常务副会长顾晓园,中国共产党十三大代表、北京京剧院院长王玉珍,北京市宣武区总工会主席宋大中,北京市宣武区国有资产管理委员会书记马继业,北京市宣武区文化旅游委主任许立仁,共青团宣武区区委书记艾丽,雷锋生前战友、中国雷锋资料馆馆长乔安山,中华茶文化学会理事长、台湾茶人范增平与原北京市体制改革委员会主任李俊华,原北京市副市长王纯同志夫人刘智等来自社会各界的近200位人士参加了捐赠仪式。北京市宣武区人民政府副区长哈金起出席了捐赠仪式并讲话。

(王 捷)

【台湾名人到访】 9月18日,中国国民党元老,前中国国民党秘书长、台湾前"行政院"院长李焕同儿子李庆华(台湾新民党立法委员)、女儿李庆安作客老舍茶馆。

(王 捷)

【支持希望工程】 10月15日,由中国青少年发展基金会、云南省青少年发展基金会和云南省青年联合会主办,北京老舍茶馆承办的"希望工程云南普洱茶慈善拍卖会"在老舍茶馆西大厅举办。云南省政协副主席陈勋儒,九届全国青年联合会副主席黄松友,共青团中央统战部部长、全国青年联合会秘书长安桂武,共青团中央国际联络部部长江广平,中国青少年发展基金会秘书长涂猛,共青团云南省委书记、云南省实施希望工程领导小组组长罗国权,宣武区政协副主席喻建平,北京市大碗茶商贸公司总经理尹智君等社会各界名流近200人出席了拍卖会活动。拍卖会由著名相声表演艺术家姜昆主持,著名演员张国立助势,拍卖会共筹得善款241.6万元。

(王 捷)

【两岸茶文化交流】 11月24日-25日,北京老舍茶馆受北京市人民政府台湾事务办公室委托,接待了参加首届海峡两岸文化节暨京台文化周民间交流活动的台湾中华茶文化协会的台湾同胞。在为期两天的时间里,先后陪同台湾同胞参观了琉璃厂、湖广会馆,到马连道茶叶一条街与茶商进行了交流,并走访了北京的茶艺馆。

(王 捷)

卫　生

卫生管理

【概况】 北京市宣武区卫生局(简称区卫生局)是负责本区卫生工作的区政府职能部门。主要职责是:贯彻执行国家和北京市有关法律和地方性法规、规章;制定并组织实施全区卫生事业改革与发展规划,并依法检查、监督实施情况;统筹规划、协调本区卫生资源配置,制定并实施区域卫生规划和社区卫生服务规划;负责制定传染病、职业病、地方病防治规划并组织实施;负责环境、劳动、饮水、食品、学校放射防护等卫生管理,组织卫生检测,实施卫生监督;制定并组织实施妇幼卫生和初级卫生保健工作规划,指导、监督母婴保健专项技术和计划生育技术的实施;负责医疗卫生全行业的管理,负责权限内医疗机构设置的审批、校验、变更,一、二级医院的评审,取缔非法行医;监督医疗质量标准和服务规范的执行情况;受理医疗纠纷;依法组织全区无偿献血工作,负责采血、用血的管理;负责辖区内医师资格认定、注册、变更和执业护士资质的审核;负责本区卫生技术人才的引进;制定并实施医学继续教育规划;组织卫生科研工作;制定本区爱国卫生工作措施并组织实施;协调、开展爱国卫生工作;组织调度全区卫生技术力量,对传染病突发疫情实施紧急处置;预防和控制传染病疫情的发生、蔓延,组织全区突发公共卫生事件的医疗救治工作;负责本系统内医疗机构大型医疗设备的配置,应用质量监管;负责组织、监督医疗机构药品集中采购;承办区委、区政府和市卫生局交办的其他事项。卫生局机构分为三类科室:党务类,包括纪律检查委员会、组织部、工会、共青团;政务类,包括办公室(党委办、宣传、精神文明、行政、后勤)、监察科、人保科、财务审计科;业务类包括疾病控制与卫生监督科、医政科(挂"社区卫生服务管理办公室"牌子)、宣武区血液管理办公室、法制科、爱国卫生运动委员会办公室;行政编制 47 人。卫生系统职工 2 298 人,卫生技术人员 1 960 人,其中医生 831 人,护理人员 572 人。主任医师 19 人,副主任医师 115 人,主治医师 619 人。年内,宣武区共有各级医疗机构 199 个(营利性机构 57 个,非营利性机构 142 个),其中医院 22 家,门诊部 19 家,诊所、医务室、卫生站 157 家,急救站 1 个。另有区卫生局卫生监督所、区疾病预防与控制中心、宣武区卫生学校和宣武区卫生技术开发服务中心各 1 个。全区卫生技术人员 7 296 人,(含中央、市属医院),其中执业医生 2 736 人,注册护士 2 713人。共有床位4 336张。平均每千人口卫生技术人员 13.92 人、医生 5.22 人、护理人员 5.18 人、床位 8.27 张。年出生 1 668 人,其中男性 876 人,女性 792 人,出生率 3.18‰;死亡 2 870 人,其中男性 1 428 人,女性 1 442 人,死亡率 547.74/10万。人口自然增长率 -2.29‰。"十五"期间户籍人口 0 岁组平均期望值:男 82.63 岁、女 84.444岁、总人群83.54岁。死因顺位(前 10 位)依次为:心脏病、恶性肿瘤、脑血管病、呼吸系统疾病、内分泌代谢病、损伤与中毒、消化系统疾病、泌尿生殖病、神经系统病、新生儿先天异常。

地址:宣武区南菜园街 51 号

电话:83975378

邮编:100054

(肖锦秀)

【体制改革】 年内,对宣武中医医院、天桥医院产权制度改革进行了有益探索,签订了宣武中医医院与友谊医院合并意向书。根据《宣武区事业单位岗位设置工作的意见》,在广外医院进行岗位设置试点。北京市宣武区京新医药公司、北京百强医疗器械有限责任公司与区卫生局脱钩改制工作全面完成。

(肖锦秀)

【精神文明创建活动】 年内,围绕群众反映的热点、难点问题,强化卫生行政部门的市场监管和社会管理的职责,加大打击非法行医的力度,积极开展专项治理乱收费工作。把创建人民满意医院活动作为规范医疗行为,简化服务流程,提高医疗质量,改善服务态度,着力解决老百姓看病难、看病贵的突破口。将医疗机构行政许可和医政管理八项内容纳入一站式窗口受理。以医院管理年为契机,进一步整顿行业作风。在驻区一、二级医院和疾控中心、卫生监督所等单位开展"弘扬白求恩精神、做白求恩式医务工作者"和"诚信在卫生,满意在医院"的主题教育活动。从 3 月开始,在门急诊和住院病人中开展"我心中满意的医务人员"和"我心中满意的科室"评选活动,选出一批病人满意的医生、护士和科室(社区站)。《风采》专刊上连续报导了广外医院社区卫生服务站和宣武中医院针灸科的先进事迹;《宣武卫生工作信息》上宣传了区妇幼保健院全力抢救弃婴、回民医院王京虹勇斗歹徒的先进事迹,在全系统引起强烈反响。

(肖锦秀)

【医学教育】 年内,召开宣武区继续医学(护理学)教育委员会,将

"心肺复苏"等50个专业技术讲座确立为区级继续医学教育项目,5 000多人次参加了学习。举办"重点传染病防治知识培训骨干师资班"4期,培训卫生技术骨干和师资300多名,组织辖区各级各类医疗卫生机构7 300多名卫生技术人员参加北京市卫生局统一命题的重点传染病防治知识考试,合格率达99%。对区属医疗机构内的卫生专业技术人员实行继续医学教育学分IC卡管理,并制定了《宣武区卫生局关于学分管理有关问题的通知》,对卫生技术人员参加继续教育获取学分,做出了明确规定,促进继续医学教育学分管理的规范化。

(肖锦秀)

【人才培养】 年内,组织137名社区卫生服务从业人员参加市卫生局举办的全科医师、社区护士、防保医师岗位培训和考试,21人取得全科医师岗位培训合格证,23人取得防保医师岗位培训合格证,38人取得社区护士岗位培训合格证。推荐3名本科毕业生参加市卫生局组织的住院医师规范化培训,推荐1名卫生技术人员参加市卫生局举办的学科带头人培养。2005年晋升高级职称人员11人。

(肖锦秀)

【法制工作】 年内,经有关方面检查,行政处罚案卷合法规范合格率达到100%,参加市、区法制办处罚案卷评查以及市卫生局案卷评查均未出现不合格案卷;行政处罚执行率为99%;100%实现行政许可承诺;罚缴分离,罚款足额入库。配合区政府相关委办局完成企业信用信息建设、推进了全程办事代理工作。

(肖锦秀)

【基本建设】 北京市回民医院装修改造传染病楼1 360平方米,资金投入56.5万元。广内社区卫生服务中心投入390万元装修改造,改造面积2 728平方米;区财政投入300万元对春风站、白菜湾站、红莲站、仁民路站、东琉璃厂站、石头站、广内大街站、魏染站、和平门站、果子巷站、南横东街站、陶然北岸站、广外站等13个社区站进行装修改造,改造面积3 422.68平方米。

(肖锦秀)

【财务收支】 年内,卫生系统收入32 977万元,其中财政拨款8 287万元(正常经费5 256万元、专项经费3 031万元),业务收入27 721万元。全年支出32 199万元,收支相抵后结余778万元(含财政拨入正常经费)。

(肖锦秀)

【医疗设备】 全年固定资产总值17 792万元,同比增加1 725万元,增长10%,购入万元以上医疗设备117(台)件,金额1 955万元。

(肖锦秀)

医政工作

【概况】 年内,全区诊疗5 275 528人次,其中门诊5 003 796人次,急诊440 878人次,急诊留观38 990人次,健康检查140 964人。入院69 358人次,出院69 418人次;治愈率54.72%,好转率38.53%,死亡率3.76%;全区实有床位数4 336张,病床使用率82.97%,病床周转次数16.36,平均病床工作日302.85天。

(蒋景春)

【规范行政审批】 根据《医疗机构管理条例》等法律法规,进一步严格医疗机构校验、变更、审批工作。年内新批准设置、登记注册33家(其中含28个社区卫生服务站),年审校验148家,变更56家,注销7家,对15家存在医疗安全隐患的医疗机构提出整改意见。执业医师注册271人,变更291人;执业护士首注211人,变更28人,注销4人。

(蒋景春)

【"一站式"服务】 年内,医政有16项对外业务逐步进入审批大厅统一受理,统一制定了一次性告知材料、办理流程,并制作了电话语音服务系统,努力为管理相对人提供方便快捷的服务,全年共咨询869人次,受理1 236件,办结1 119件,初步达到提高工作效率和服务水平的效果。

(蒋景春)

【医院管理年活动】 年内,开展辖区各级各类医院"医院管理年"和"创建人民满意医院"活动。9月,12个督导检查组对辖区内6家二级医院全面展开督导工作,引导医疗机构坚持把社会效益放在首位,营造注重患者、注重管理、注重质量、注重安全的舆论氛围。

(蒋景春)

【打击非法行医】 年内,对机动车驾驶员体检医院进行了专项检查,共检查8户次;对全区药店内设"坐堂医"进行专项整治;对全区非法从事性病诊疗活动的机构进行检查。全年共处理投诉52起,对辖区医疗机构依法执业监督218户次,院感、消毒隔离监督275户次,预防性监督13户次,查抄无证行医7户,立案处罚10起,罚款1 5000元,没收药品、器械价值人民币6 000元,对1家使用非卫生技术人员从事卫生技术工作的医疗机构罚款4 000元,全区通报批评1起。

(蒋景春)

【公疗救治体系建设】 年内,完成了2家定点发热门诊、7家传染病隔离留观室、9家传染病接诊室、8家急救站点项目建设任务,达到建设标准,并通过北京市验收。

(蒋景春)

【科研工作】 年内,卫生系统共获得区级科技进步奖14项,其中一等奖1名,二等奖5名,三等奖8名,占全区获奖项目的21.9%。

(蒋景春)

【创建市星级工作站】 年内,姚家井社区卫生服务站通过北京市星级社区卫生服务站复验,同时,广内西便门东里社区站、长椿街西里社区站通过2005年度星级站验收,成为北京市三星级社区卫生服务站。

(蒋景春)

【综合防治示范社区建设】 年内,我区牛街社区、陶然亭社区作为示范社区,在6个单位内开展了高血压等与生活方式密切相关的慢性病科学监测、重点强化干预管理,为示范社区居民发放了《生活方式疾病防治百题知识》手册5 000余册,举办了20余场健康讲座,完成论文6篇,开展不同规模的知识竞赛,提高居民的健康知识知晓率。培训20余名体育指导员,对2 300余名居民进行了体质检测,科学评价居民的身体素质,引导居民进行工间操等大众体育锻炼,将健康真正送到居民手中,并顺利通过终期验收。

(蒋景春)

公共卫生

【概况】 年内,在有效防控高致病性禽流感疫情的同时,加强了其他重点传染病的防控工作,以控制霍乱、流行性出血热流行,严防鼠疫传入,预防肝炎、艾滋病、麻疹等传染病传播。全年共报告甲乙类传染病2 527例,发病率为398.02/10万,比上年同期上升3.34%,其中,病毒性肝炎270例、比上年同期下降12.20%,痢疾1 329例,比上年同期上升7.18%;报告丙类传染病3 700例,比上年同期发病率上升6.11%。按照“依法行政、权责一致”的原则,对食品、公共场所、二次供水等公共卫生行政许可工作模式进行改革,将原监督所承担的审核审定等行政审批工作转由卫生局负责。贯彻落实“一法两纲”为中心,以降低婴儿、孕产妇死亡率为目标,从依法规范妇女、儿童卫生保健服务工作着手,完善妇幼卫生执法监督体制改革,为群众办实事,对贫困孕产妇施行生育救助,承接联合国人口基金生殖健康/计划生育第五周期项目,努力提高全区妇女儿童健康水平。

(翟燕华)

【传染病管理与监测】 年内,传染病访视率达到100%,对辖区医疗单位疫情报告工作进行检查,查出各类传染病3 113例,发现传染病漏报1例,漏报率0.03%。对肠道门诊防病检查55户次,辖区医疗卫生保健机构消毒隔离业务指导92户次,托幼机构消毒隔离业务指导49户次。急性肠道感染外环境监测1 401件,结果均为阴性;流感病毒病原学监测,采集咽拭子69件,阳性率为30.43%;医疗卫生单位消毒隔离监测2 283件,总合格率为98.20%。不明原因肺炎、禽流感疫情主动搜索监测144轮次,未发现不明原因肺炎病例、SARS预警病例和人禽流感预警病例;加强禽流感重点人群监测,选择2个工地作为流动人群监测点;对市场禽畜产品经营人员,公园禽类养殖人员和居民中禽类养殖者(≥50羽)开展监测工作,未发现发热病例;采集外地返京人员血清100人份,经检测所有样本均为阴性。

(翟燕华)

【计划免疫】 年内,计划免疫的“四苗”全程接种率98%以上,其中脊髓灰质炎疫苗接种率100%,“白百破”接种率100%,麻疹接种率100%,卡介苗接种率98%。建卡、证率98%,及时率、合格率均达到指标要求。在外地来京务工人员中开展了针对性免疫预防接种流脑疫苗5 246人次。

(翟燕华)

【结核病防治】 年内,新登病人数275人(其中本市148人,外地127人),新生儿卡介苗接种4 624人,接种率98%,12周阳转率98%。

(翟燕华)

【艾滋病防治】 年内,健全了艾滋病监测网络,及时发现感染者和艾滋病病人并力争做到准确、及时地分析、预测疫情及流行趋势。八家艾滋病初筛实验室,共检测血清44 945份,检出阳性5份,检出率为0.011%。加强对HIV携带者/AIDS患者的流调、咨询、随访和管理工作,防止艾滋病病毒的扩散和传播。接到辖区医疗机构确证艾滋病疫情报告4例,通过传染病疫情信息报告系统收到现住址为我区的HIV病毒感染者/AIDS病人共21例。

(翟燕华)

【精神病防治】 年内,在册精神病人2 676人,其中现管精神病人2 331人;现管精神病人中,疾病期病人287人、波动期病人1人、慢衰期病人1 761人、缓解期病人282人;户在人不在的病人345人;建立家庭病床30张。

(翟燕华)

【健康教育】 年内,配合不同的宣传活动制作了各种宣传材料,制作宣传单、折页制作宣传单、折页5种15万余张、“预防肠道传染病”防病报纸2期6万张、宣传展板6种56

块、宣传横幅10条、《健康小手册－呼吸道传染病系列》5千册。此外,制作《居民健康手册》共3种1.2万套,免费发放给社区居民及辖区各单位。

(翟燕华)

【学校卫生】 年内,开展了学校常见病防治工作,召开了全区59所中小学校的校医会议,开展了相关知识的培训。对中小学校传染病工作的开展情况进行了摸底检查,内容包括学校传染病防治制度的制定、传染病健康教育宣传、医务室硬件配置等方面。对学校教室进行物质环境监测,其中教室人均面积、环境噪声合格率为100%,而墙壁反射系数、玻地比的合格率较低;5月份上斜街小学和63中学接受了市级健促校的验收,得到了市级专家的好评。

(翟燕华)

【食品卫生监督】 年内,以餐饮业量化分级管理为契机,继续加大对营养餐送餐企业、中小学托幼机构、小型餐饮业等重点单位的监管力度,圆满完成两节两会的卫生保障任务,开展了苏丹红专项检查。监督食品生产经营单位和个人5 969户次,合格5 587户次;新审批发放卫生许可证1 613个;对存在违法行为的135户食品生产经营单位、个人实施行政处罚,罚款人民币264 000元;发生食物中毒6起,中毒45人,食物中毒死亡率为零。

(翟燕华)

【公共场所卫生】 年内,监督公共场所2 427户次,合格2 393户次,合格率98.6%;发放卫生许可证684个;监测件数7 756项件,合格7 621项件,合格率98.3%;对违法经营的7户单位、个人实施行政处罚,罚款人民币2 750元。对辖区内32家洗浴场所及228户美容美发场所进行了专项监督检查,针对存在卫生问题较多的3家单位给予了行政处罚,联合街道办事处、工商、公安、城管等部门对未取得卫生许可证擅自经营理发美容的14家单位予以了取缔。对中小旅馆进行了日常监督检查,重点内容是卫生许可证及从业人员健康体检、消毒设施及卧具更换清洁情况,对存在问题的单位下达了卫生监督意见书及责令改正通知书,并对存在从业人员无健康证明上岗问题的1家单位给予了警告及行政处罚。

(翟燕华)

【生活饮用水卫生】 年内,监督生活饮用水374户次,合格344户次,合格率92.0%;发放卫生许可证118个;监测件数185件,合格185件,合格率100%;对4户无卫生许可证供水、4户卫生许可证过期未进行复验单位共8户违法经营单位实施行政处罚,罚款人民币8万元。

(翟燕华)

【重点单位监管】 年内,对辖区内有毒有害作业单位监督118户次,合格率89.11%;竣工验收1户;行政处罚2户次,处罚金额50 000元。依据《学校卫生管理条例》的有关要求,对辖区内的学校教学环境质量等进行监督检查81户次。对使用放射性同位素与涉嫌装置的单位和个人进行检查30户次,合格率96.55%。

(翟燕华)

【传染病监督】 年内,对辖区内医疗机构传染病消毒隔离监督295户次,预防性监督13户次,消毒产品经营单位监督102户次。对全区医疗、预防机构、托幼机构传染病防控工作进行了专项检查,共查各级医疗机构41户次,托幼机构17户次。重点对医疗机构制订预案,人员相关知识培训、发热及筛查门诊、疫情报告、医疗废物处理情况进行了监督。对1家医疗机构违反消毒管理办法的行为进行了处罚。对全区销售卫生用品的单位进行了集中检查,共查60家单位,抽查卫生用品66种。对"古鄘烧伤膏"、"黑金刚"及"激情似火"等违规产品进行市场清理;对违法经营的8户单位实施行政处罚,罚款人民币16 500元。

【动物防疫】 年内,加强对动物诊疗、饲养单位,动物及产品经营使用单位的监督管理,共完成监督户数526户次,组织夜查、早查6次,处理不合格动物产品3 900公斤,对动物产品兽药残留情况进行监测,共计56件,禽流感疫情监测80件,狂犬病及抗体监测验20件。所有监测项目均为100%合格。

(翟燕华)

【妇女保健工作】 年内,全区有孕妇1875人,孕产妇系统管理率98.7%,住院分娩率100%,孕产妇建册率99.04%,早孕检查率98.9%,高危孕产妇管理率100 %,无孕产妇死亡。组织医务人员培训讲座14期,培训1 237人次;举办孕妇学校讲课555期,参加6 073人次;放映录像授课211起,参加4 067人次;发放健康教育材料1 6940份。

(翟燕华)

【儿童保健】 年内,全区0至6岁儿童10 036人,系统管理率99.76%。5岁以下儿童中度营养不良患病率0.08%;3至6岁以上儿童口腔保健覆盖率99.16%;4岁至6岁以上儿童视力普查率99.45%。全区分娩总数1 860(户口在本区),围产儿死亡率6.39‰,婴儿死亡率8.54‰,4个月内母乳喂养率88.4%。新生儿疾病筛查4 652例,筛查率97.24%;出生缺陷监测4 630例,监测率100%;出生缺陷73例,出生缺陷发生率15.77%。组织医务人员培训7次，培训253人次；举办健康教育讲座5起，参加93人次。托幼机构保健医持证上岗率100%。

（翟燕华）

【计划生育管理】 年内，对辖区17所从事计划生育技术服务的医疗保健机构和105名计划生育技术服务人员进行资质复验，对验收合格的12所医疗保健机构和100名技术人员发放计划生育执业许可。全年开展计划生育手术17 066例，其中放置宫内节育器1 067例，取出宫内节育器3 586例，人工流产7 434例，药物流产4 572例。节育手术并发症发生率2.34/万，婚前医学检查率6.88%，婚前卫生指导率100%。

（翟燕华）

爱国卫生

【概况】 年内，建立健全了爱国卫生工作长效管理机制。注重做好爱卫会的议事协调工作，充分发挥爱卫会各委员部门的作用，监督检查各相关部门加强爱国卫生工作长效管理，落实爱国卫生委员部门的工作责任，创卫工作和城市卫生管理水平得到明显提高。

（董桂兰）

【除四害工作】 组织开展了全区大规模范围的除四害工作。在春秋季灭鼠和夏季灭蚊蝇蟑工作前，组织召集有关单位部门负责人参加的工作会议，并印发了关于开展除四害工作的文件及除四害技术指导资料，发放了除四害药械，价值86 000多元。开展了5次鼠密度监测；开展了5次蝇密度监测；2开展了9次蟑密度监测，共监督检查除四害工作重点行业和单位1 860户次，合格率为97.56%。同时，对除四害工作情况进行了大范围的检查。在北京市爱卫会对城八区的除四害工作考核中，宣武区名列第三。

（董桂兰）

【无吸烟单位创建活动】 年内，会同区教委在青少年中继续开展了“中小学生拒吸第一支烟，做不吸烟的新一代”主题教育和签名活动，有12所中小校取得了“无吸烟学校”称号。以创建无烟医院为重点，组织开展“无吸烟医院”创建活动，椿树医院获得北京市爱卫会授予“无吸烟医院”称号。

（董桂兰）

【控烟宣传活动】 结合世界无烟日，指导街道爱卫会在社区橱窗广泛张贴控烟宣传画，在107个社区开展了“关爱健康控制吸烟”宣传活动。组织相关执法人员学习《北京市公共场所禁止吸烟的规定》、《未成年人保护法》等法律法规。全年对禁止吸烟八大场所监督检查12次，合格率在95%以上。对中小学校周围的非法烟草广告标识和变相烟草广告进行了清理，与公安、工商、区烟草专卖局联合执法两次，清理取缔违法广告标识17块。

（董桂兰）

【群众性爱卫活动】 年内，共组织完成了48个周末卫生日、12个城市清洁日、1个爱国卫生月活动。设立宣传站85个，出黑板报1 246块，发放宣传品225 652份，清理堆物堆料657.7吨，参加活动总人数达到57 945人次，其中武警官兵102人次，志愿者14 053人次。

（董桂兰）

【争先创优工作】 年内，评出市级先进单位95个、先进社区12个、卫生红旗单位1个、先进个人72人；83个单位、81人被评为区级先进。

（董桂兰）

血液管理

【概况】 年内，以推动街头献血和高校团体自愿无偿献血为主体，以给单位下达献血任务为补充，区献血工作积极落实北京市逐步向团体自愿无偿献血管理模式过渡的目标。街头自愿无偿献血已连续四年满足了临床医疗用血量。为加强无偿献血宣传工作，制作献血内容的中型灯箱广告6块，区市政管委无偿提供大型灯箱广告4块。为庆祝“6.14”世界献血者日，区血液管理办公室与团区委联合组建了全市第一支无偿献血青年志愿者队伍，开展了现场签字仪式和大型宣传咨询活动。全年评选市级无偿献血先进单位16个、先进个人40人；评出区级无偿献血先进单位60个、先进个人179人。

（高 进）

【计划献血】 全年计划献血完成1 297袋，其中中央驻区单位完成130袋，市属单位完成486袋，区属单位完成443袋，高校完成238袋。

（高 进）

【街头献血】 年内，街头采血23 435袋，其中前门肯德基通州血站采血18 899袋；市血液中心在马连道采血3 240袋，厂甸庙会采血152袋。街头献血满足临床用血123.9%，总采血量满足临床用血131.1%。

（高 进）

【医疗用血】 年内，按照《北京市输血科（血库）基本标准实施细则评分标准》，组织专家对辖区内的9家用血单位进行了3次拉网式检查，检查结果全在300分以上，使临床用血更加规范。全年医疗用血17 875袋，其中全血94袋，下降了47.4%；成分血17 781袋，比2004年同期上升了

0.5%,占用血总量的99.4%;自体输血8781袋,比2004年同期上升了15%。占用血总量的49.1%。

(高 进)

【无偿献血费收支】 年内,无偿献血费收入1841 359.5元,上缴市献血办公室368 271.9元;上缴区财政局672 044.4元;收入用血互助金171 115.00元,全部上缴市献血办;为无偿献血者报销输血费26 740.00元;用于宣传和奖励的经费分别为216 596.1元和134 999.00元。

(高 进)

体 育

【概况】 北京市宣武区体育局(简称区体育局)是主管全区体育工作的区政府职能部门。主要职责是:拟定本区体育工作发展规划并组织实施;负责辖区体育执法工作;组织实施《全民健身计划纲要》,指导群众开展体育健身活动;统筹规划竞技运动项目布局;指导、监督学校体育工作;体育科研研究等。区体育局内设党委办公室、行政办公室、综合计划科、群众体育科、竞赛训练科5个职能科室,行政编制22人;下属有体育运动学校、少年儿童业余体校、宣武体育场、宣武体育宫、广安体育馆5个单位。1993年成立宣武区体育总会,主要业务范围是:宣传培训、组织比赛、咨询服务。现管理24个单项分会:风筝、门球、田径、信鸽、篮球、老年人、水冰、操舞、钓鱼、武术、乒乓、水上救生、棋类、桥牌、民族、台球分会及八个街道体育分会。年内,区体育局采取有力措施,精心组织进行了事业单位的人事改革,圆满完成了组织预防禽流感、竞技体育、群众体育、体育设施、体育执法等各项工作。

地址:宣武区登来胡同26号

电话:63548239 83546050

邮政编码:100053

(章 奕)

【体育安全周活动】 年初,举办了以"体育工作,安全第一"为主题的安全周活动。活动内容有安全法律法规培训;组织安全知识答卷和基层单位代表队安全知识智力竞赛;开展群策群力安全合理化建议活动。活动周期间,举行了处理溺水事故应急预案演练、灭火疏散预案演练。共发放安全知识答卷174份,查出安全隐患2处,收到合理化建议38条。

(章 奕)

【游泳馆顶棚改造完工】 宣武体育宫游泳馆顶棚因年久失修2004年被市、区政府列为重点整改项目。年内,体育局克服困难,对游泳馆顶棚进行了为期1个月的改造,排除了安全隐患,4月15日重新对外开放。

(章 奕)

【妥善安置原青年湖体育场人员】 年内,为解决青年湖体育场撤销后原有人员的安置问题,制定出台了《体育局撤消青年湖体育场人员安置实施方案》极其相关配套文件。原在册人员13名人事档案顺利转出体育局、2名人员经过竞争上岗分流到广安体育馆工作;1名内退和11名退休人员关系转入广安体育馆。

(章 奕)

【第八届全民健身体育节】 5月26日,宣武区第八届全民健身体育节在广安体育馆开幕。市体育局党组成员胡蓉,区人大副主任申晓岩,市社体中心主任陈世钊,以及市、区工会、区政府办、区民政局等部门负责人参加开幕式。区第八届体育节采取集中与分散相结合的形式,以社区为主阵地动员,吸引广大市民参与。期间举办全区性大型赛事10项,各社区举办各项活动252项次,直接参与体育节各项活动的人数突破15万。体育节期间,组队参加了北京市第五届体育节的各项活动,广外秧歌队参加开幕式行进表演受到各界关注,宣武区体育局获得优秀组织奖。

(章 奕)

【全民健身工程安全检查】 年内,区体育局和八个街道办事处对辖区内的全民健身工程进行了安全检查。各街道制定了"全民健身工程管理办法",配备了专、兼职人员,建立了巡查制度,发现问题及时解决,避免发生人身伤害事故。各健身工程配备了1-2名社会体育指导员为群众健身提供服务。

(章 奕)

【实施体育宫改革人员安置方案】 8月16日,宣武体育宫职工大会以无计名投票方式,对《宣武区体育局关于体育宫深化改革人员安置的实施方案(草案)》进行表决,方案获得通过。这是体育局继今年3月对青年湖体育场人员进行改革及清理三产之后的又一项较大规模的改革工作,初步达到了预想效果,为体育局转变职能,转换管理模式,进一步提高工作效率打下了基础。

(章 奕)

【第八届机关干部运动会】 10月

31日，在北京先农坛体育场举办了宣武区第八届机关运动会。宣武区政府各部门、各街道办事处、区委、人大、政协、宣武区工会、区共青团、区妇联在职机关工作人员参加了运动会。本次运动会设：100米跑、1 500米跑、30米绕杆运球折返跑（男）、30米运球折返跑（女）、跳远、铅球、4x100米接力、袋鼠赛跑、半分钟双摇跳绳（男）、一分钟单摇跳绳（女）、自行车慢骑、蹬看台、乘风破浪、集体十人8字跳绳等项目。

（章　奕）

【体育社团赛事】 年内，与区台球协会共同组织了“宣武区职工台球比赛”，近60名台球爱好者参加了比赛。与天元围棋培训中心合作举办了“宣武区围棋段级位赛”，300多名棋手参加。4月，区台球协会举办了“造币杯”第四届个人赛事，近百余选手参加。8月，举办“五洲杯”职工钓鱼比赛，全区8个单位的垂钓高手参加。

（章　奕）

【学校体育】 年内，组队参加市传统校篮球、足球、田径、乒乓球、棒球等比赛，六十六中分获乒乓球男高、女高、男初团体第一名、女初第三名；师大附中获女高篮球第三名；育才学校获棒球第二名、垒球第一名及秋季赛第二名；回民学校获足球第三名；北京小学女子乙组获田径团体第四名；半步桥小学获乒乓球男乙、女乙第三名；在市教委、市体育局组织的“金帆杯”“振兴中华”比赛中：回民学校获普高组足球第一名、初中组第四名；师大附中获篮球男高组第三名、女高第四名。六十六中在市中学生乒乓球比赛中获女初、女高第一名、男初第二名、男高第三名。在全国比赛中：六十六中在第九届全国中学生运动会上获乒乓球比赛团体总分第二名；在全国第二届中学生乒乓球锦标赛获男初团体第一名、女高、女初团体第三名；全国俱乐部比赛获男乙B组第四名；育才学校在全国青少年棒球锦标赛中获男高组第二名；垒球第四名。

（章　奕）

【体育特长生小升初工作】 年内，在小升初体育特长生的招生工作中，76名体育特长生进入区相关对口中学。

（章　奕）

【等级运动员达标情况】 年内，区内有田径、足球、游泳、棒垒、乒乓、轮滑等项目的115名运动员达到等级运动员标准，其中二级 标准108人、三级标准7人。

（章　奕）

社会生活

民政工作

【概况】 北京市宣武区民政局(简称区民政局)是负责全区有关社会行政事务工作的区政府职能部门。截至年底,全局共有8个行政科室,10个事业单位。12月9日,区军队离退休干部白纸坊服务管理中心成立。2005年,宣武区民政局认真贯彻落实十六届四中、五中全会精神及科学发展观,创造性地开展民政工作,为维护社会稳定做出了成绩,为促进社会和谐做出了贡献。区民政局荣获"2005年度北京市民政工作先进单位"称号。

地址:宣武区南菜园街51号
电话:83975203
邮编:100054

(刘成东)

【社区建设】 4月20日,召开了全区"贯彻落实市第五次城管会精神、推进宣武区城市管理体制改革和社区建设工作会议",对全区城市基层管理体制改革和社区建设工作做出部署,明确了重点推进的工作,制定了折子工程,从15个方面对任务进行了分解,明确了完成的时限和责任部门。以区社区建设和城市管理体制改革领导小组名义出台了《关于规范各单位向社区"派任务、建组织"的若干意见》。区民政局先后出台了《关于创新社区工作体制,增强社区民主自治功能的指导意见》、《关于加强社区协管员统一管理的实施意见》以及《关于加强对社区服务中心管理的指导意见》,以广外街道为试点,开展了五星级和谐社区创建活动,为在全区开展和谐社区创建工作奠定了实践基础。

(刘成东)

【基层政权建设】 年内,制定了《二〇〇五年宣武区社区专职工作者培训安排》,在各街道全面开展居委会业务培训的基础上,分两期对474名居委会主任进行了社区专职工作者提高性培训,组织108名社区居委会主任进行了社区专职工作者专题性培训。并组织开办了全区第一期社区专职工作者研修班,全区各街道推荐的重点社区、特色社区及工作有创新的18名社区居委会主任参加了研修班。出台了《关于创新社区工作体制,增强社区民主自治功能的指导意见》、《关于加强社区协管员统一管理的实施意见》,与公安、城管、劳动等部门协调,统一规范协管员队伍,加大社区居委会对社区协管人员的指导和监督力度,形成了"社区准入制"、"社区协管制"的初步意见。对全区派驻社区的协管员实行"六统一"管理,下发了《关于调整社区专职工作者工资待遇的通知》,对纳入社区专职工作者范围的社区党组织书记、专职副书记及社区居委会成员岗位,提高工资100元。按照市民政局、市财政局、市卫生局联合下发的《关于本市退离居委会老积极分子生活补贴和医疗待遇有关问题的通知》精神,为201名退离居委会老积极分子发放了每人每月330元的补贴,并享受城市特困人员医疗救助的待遇。

(刘成东)

【社区服务】 加强对社区服务中心的管理,制定了《关于加强对社区服务中心管理的指导意见》,扩大服务项目,发展壮大了志愿者队伍。96156社区公共服务平台充分发挥服务、咨询、统计功能,为社区居民提供了便利。区志愿者协会积极组织开展丰富多彩、形式多样的公益性活动和便民利民服务。开展了"亲情陪伴在社区"、"团圆关爱"等活动,通过网上招募、社区报名的形式动员热心公益的社会人士参加社区公益活动,组织96156的服务商、区志愿者协会的志愿者入院为老人服务。3月18日,在中国社工协会社区志愿者工作委员会成立大会上,天桥街道与其他省市的10个单位被评为"全国社区志愿者活动示范街道"。

(刘成东)

【社会救济】 年内,进一步完善了城市社会救助体系,在低保工作中实现了“应保尽保、确保覆盖、分类救助、规范管理”的工作目标。先后出台了《宣武区人民政府关于推进城市社会救助体系建设的意见》、《宣武区关于贫困孕产妇生育救助的意见》和《关于建立宣武区社会救助工作联席会议制度的通知》,规范和完善了社会救助体系建设,保障了特困家庭的基本生活。全区享受低保待遇的家庭 7 246 户 15 446 人,年支出低保金和粮油帮困补助 4 761 万元。为 51 名低保家庭中疑似无劳动能力人员进行劳动鉴定,32 人通过了劳动鉴定,救助与就业的衔接机制初步建立。为 994 名患危重病的低保对象办理了医疗救助,支出资金 214 万元;为4 504户困难家庭办理了临时救助,支出资金160.34万元;节日期间慰问享受城市低保家庭 11 268 户,慰问金 300 余万元;全年共有 8 人享受贫困孕产妇待遇,发放资金 2.64 万元。为 486 户住房困难的低保对象办理了廉租住房,支出配租资金 293.92 万元。

(刘成东)

【社会救助】 认真贯彻《城市生活无着的流浪乞讨人员救助管理办法》,全年共开展集中救助活动 30 次 41 天,接待求助人员 651 名,实际救助 525 名。送石景山提供食宿 234 名;提供返乡乘车凭证 218 张,提供通信联系 123 人次,提供医疗救治 12 人,提供食物 256 人。

(刘成东)

【社会捐赠】 年内,全区共接收捐赠衣被 33.79 万件,接收捐赠款 173.81 万元。在保持共产党员先进性教育活动中,为印度洋海啸灾民举行了大型募捐,共接收共产党员献爱心捐款 25.27 万元,与教委联合开展捐献学生校服、文具活动,共接收 1 775 件;与司法部门联合开展捐献法律书刊活动,共接收 2 132 本法律书籍;配合市慈善协会助老、助学等社会救助活动,共资助 127 人 11.04 万元;由区委副书记仲兆军带队为内蒙卡拉沁旗送去救灾款物合计 10 万元。为阜平送去 8 000件衣服,800 条棉被,支援贫困地区。

(刘成东)

【双拥工作】 以再创“全国双拥模范区”为目标,实行每周一联系、每月一活动、每季一计划、半年一会议、每年一总结的“五个一”制度,扎扎实实开展了一系列有声势、有影响、有效果的双拥活动。节日期间,区领导率队为战士们送去慰问品、慰问金共计 145.68 万元。组织今年入伍的 130 余名新兵家属,开展“兵妈妈军营探亲”活动。春节期间,对部队 20 名特困战士进行了慰问,每人慰问金 1 000 元。开展“送法进军营活动”,组织区普法讲师团深入部队,为七支队四个大队传授法律知识,现场解答法律疑难问题。举办“纪念抗日战争胜利 60 周年报告会”、走访慰问 160 余名抗战老战士老同志,为他们发放慰问金及抗战胜利 60 周年纪念章,与宣传部共同组织 9 000 余名机关企事业干部、各中小学校学生、部队官兵参观了“伟大的胜利抗战胜利 60 周年展览。召开了“宣武区军政座谈会”、“宣武区双拥理论研讨会”,举办了庆“八一”双拥电影专场招待会。协调教委招生办,安排部队子女入宣武优质资源学校。广泛开展了“我与功臣是近邻,我为功臣献爱心”群众性拥军优属活动。区政府投资 1 000 多万元,在怀柔建立了集民兵训练、国防教育、军地双拥共建示范基地于一体的国防教育基地,总建筑面积 4 023 平米。

(刘成东)

【军队离退休干部管理】 认真贯彻中办发【2004】2 号文件精神,为 300 余名军休干部、家属进行了体格检查;30 余户军休干部家中统一进行了整改检修;全年共调整滚档工资、增加离退休费、年定期工资、补发防暑降温费、特需费、护理费及发放丧葬费、抚恤金计 1 700 人次,补发经费 59 万余元。组织八个街道的科长、专干进行了无军籍职工生活待遇的调整,住房补贴、防暑降温费政策的落实,下拨全年军工经费 210 万元。全年慰问2 000余户(次)。开办了舞蹈、书法、歌咏、太极拳、门球、电脑班和英语班等各类学习培训班,极大的丰富了军休干部的生活;开展了“追忆革命历史,情暖抗日英雄”、“党员关心党员,老兵慰问老兵”活动,组织 314 名军休老党员扎扎实实开展了保持共产党员先进性教育活动。全年共接收 28 名军退老干部。12 月 9 日,经市军休办同意、区编办批复宣武区军队离退休干部白纸坊服务管理中心成立,办公地点设在宣武区南菜园 1 号院内,目前各项筹备工作正在紧锣密鼓地进行。

(刘成东)

【优待抚恤】 制定出台《宣武区优抚对象医疗减免实施细则》,把定抚定补优抚对象医疗减免标准提高到 100%,减轻了优抚对象的医疗负担。并且设立专项医疗救助资金,对特困企业在职优抚对象看病予以救助。节日期间,普遍走访慰问了优抚对象 1 100 余户、发放慰问金 40 万余元;为 500 余位伤残人员更换了伤残证件,保证了伤残军人乘车、游园免费。为 800 余位优抚对象提高了抚恤补助标准。补发各类抚恤补助经费 200 余万元;为近 300 名义务兵发放优待金每人 1 万元/年,合计 300 万元。

(刘成东)

【退伍军人安置工作】 年内,共接收退伍军人 165 人,其中义务兵 134

名，一、二期复员士官20人、转业士官8人，三期复员士官3人，全部得到妥善安置。举办各种退伍军人招聘洽谈会18场。为52名退伍战士发放生活补助款6.788万元、80名自谋职业退伍军人发放自谋职业补助160万元、10名自主择业的退伍军人发放自主择业补助2万元，就业培训54人，支付培训费用2.7万元，春节前夕困难补助5人，补助金额2 500元，安置总计支出经费171.738万元。

（刘成东）

【发展老龄事业】 年内，以坚持六个“老有”为目标，以推选“北京市敬老先进社区居委会”为契机，全面提升老龄工作管理和服务能力。走访慰问1 640名90岁以上和特困老年人，组织5 200名老人进行了健康体检；举办“宣武区老年人体育健身周”和“重阳节敬老游园会”活动，丰富了老年人的文化生活；组织参加北京市“纪念反法西斯战争胜利和抗战胜利60周年老年合唱大赛”和“北京市健康老人”、“健康之星”的评选活动，宣武区有544名老人被评为“北京市健康老人”，其中4名老人被评为健康之星，2名老人被评为健康形象大使，宣武区获“优秀组织奖”。牛街街道和大栅栏西街社区居委会两个层面开展居家养老工作试点，达到促进全区居家养老工作的目的。牛街街道建立“阳光为老服务社”，为老年人提供无偿、低偿的服务。大栅栏西街社区采取“一二三四五”的工作方法，使居家养老工作更实、更细。700余人次老年人享受到了家政服务、医疗卫生、精神慰籍等15个项目的服务，使社区老年人的生活质量不断提高。与司法局共同成立了“宣武区老年法律援助律师团”；由6家专业律师事务所，为宣武区老年人特别是经济困难的老年人提供法律服务及法律援助；向全区3 000余名老年人发送“宣武区法律服务关爱卡”和“宣武区法律援助贴心卡”；对于经济困难、行动不便需要提供法律服务的老年人提供上门服务，充分发挥“148法律服务热线”的作用，为老年人提供法律咨询服务。编制完成了《宣武区“十一五”老龄事业发展规划》。

（刘成东）

【全程办事代理】 严格规范全程办事代理制度，全年共受理即办件458件，承办件138件，接待来电来访700人次，办结率100%，群众满意率100%。

（刘成东）

【婚姻、收养登记】 年内，全区共办理结婚登记3 813对，离婚登记1 438对，办理收养登记5件，补办结婚证373个，补办离婚证19个，为2对半身不遂行动不便的婚姻当事人上门办理了结婚登记手续，依法登记合格率100%。

（刘成东）

【殡葬管理】 积极宣传贯彻殡葬管理两个《条例》，严格遵守《行政许可法》，按照行政许可事项办理。加强殡葬执法力度，进一步规范殡葬市场秩序，开展了“四局一队”的联合执法和“殡葬改革宣传一条街”活动。对全区8个街道主管科长和殡葬专干以及108个社区干部进行了殡葬工作培训，倡导移风易俗。没收封建迷信用品冥币烧纸等30余公斤。

（刘成东）

【“地退”人员管理】 现有民政部门管理的退休人员819人。其中退职9人；地工598人；100%老工人27人；地干185人。退休遗属22人。认真落实地退人员的服务管理，为每名地退人员订阅《北京社会报》，春节期间普遍走访慰问800余名地退人员，组织地退人员开展了各种形式的文体活动，进行了健康讲座和京郊疗养，使地退人员的生活丰富多彩。

（刘成东）

【民间组织管理】 年内，召开了“2005年民间组织管理工作大会”，为宣武区获得市级先进民间组织和先进工作者的单位和个人颁发了奖牌、证书以及奖金。完成了2004年度社会团体和民办非企业单位的年检工作。全区注册登记的社团43家，除欲注销的1家外，其它42家社团均按要求参加了年检；80个民办非企业单位中，应参加此次年检的70个，其中年检合格的47个，基本合格的12个，办理注销登记的11个。按照《行政许可法》和《民政部门实施行政许可办法》规定承办社会团体行政许可16件，其中筹备成立2件、成立登记1件、变更登记9件、注销登记1件、增设分支机构2件、注销分支机构1件；承办民办非企业单位行政许可41件，其中成立登记15件，变更登记21件、注销登记5件。完成了为25家个体、合伙类民办非企业单位转变民事主体资格的工作。在民办非企业单位自律与诚信建设活动中，宣武区有一家单位被民政部评为全国先进单位，两家单位被北京市民政局评为市级先进单位，12家单位被宣武区民政局评为区级先进单位。区民政局被北京市民政局评为“先进区县组织奖”。

（刘成东）

【区划管理】 年内，在界桩及界线标志物的维护管理工作中，组织对“崇宣丰”、“宣丰海”三交点界桩和宣丰线、宣海线的联合检查，与毗邻区政府签署了相关协议。向市民政局提交了界线管理情况的调研报告，组织对损毁界桩进行了修复，对修复的界桩委托专人维护。向区发改委、规划分局等相关部门移交了宣武区勘界成果资料。

(刘成东)

【社会福利事业】 年内,牛街民族敬老院工程建设顺利完工。

(刘成东)

【社会福利生产】 年内,宣武区福利生产实现利税924万元,比去年增长5%。为企业办理机动车养路费免征工作,减免金额3.5244万元。关心福利企业的残疾职工,督促福利企业为残疾职工上养老保险和基本医疗保险,为26名下岗残疾职工重新安排就业。

(刘成东)

【福利彩票销售】 年内,共销售电脑福利彩票8 541万元,比去年增长10.9%。

(刘成东)

【民政信息宣传工作】 年内,共编发《民政信息》69期、《双拥简报》22期、《宣武区民间组织信息》6期、《宣武老龄》12期、《老兵报》12期,其中市政府采用专刊1期,市局采用信息22条、区委、区政府采用信息68条、采用调研5篇;宣传民政工作的见报稿件1 124篇,其中重头文章70篇,部、市级报纸采用信息313篇。新华网、千龙网、京报网等各种网站采用信息58篇。

(刘成东)

【信访工作】 年内,共收到群众来信25件,接待群众来访664人次,比去年减少31%,办结率为100%。

(刘成东)

人口与计划生育

【概况】 北京市宣武区人口和计划生育委员会(简称区人口计生委),是负责本区人口和计划生育工作的区政府职能部门。主要职责是:稳定低生育水平,控制区域内人口数量,提高出生人口素质;加强人口和计划生育重大问题的前瞻性研究,提出人口发展规划;开展以生殖健康、避孕方法知情选择为主要内容的计划生育优质服务。区人口计生委内设综合管理科、宣传教育科两个职能科室,行政编制11人。年内,区人口计生委认真贯彻《北京市人口与计划生育条例》,严格依法行政,深化优质服务。全面落实第五周期生殖健康、计划生育项目方案,促进全区人口与计划生育工作整体水平的提高。年底,完成了第五周期生殖健康、计划生育项目的终线调查,区人口计生委对全区项目工作进行了检查验收,并开展了示范社区创建活动。按计划生育年度统计,本年户籍人口出生2 293人,计划生育率98.69%,人口出生率4.31‰,人口自然增长率-1.10‰;人口出生性别比正常。人口自然增长率14年实现负增长,人口再生产类型进入低出生、低死亡、低自然增长的良性循环阶段。本年度,区人口计生委被评为全国婚育新风进万家活动先进集体;区药具管理站被评为全国人口和计划生育系统药具工作先进集体;区计划生育生殖健康技术指导中心被评为北京市计划生育生殖健康技术指导示范中心等。

地址:宣武区广安门南街68号
电话:83976044
邮编:100054

(宫新华)

【国际宣传画获奖】 4月初,由联合国人口基金、国家人口计生委宣教司和中国人口宣传教育中心举办的2004年国际宣传画竞赛评选揭晓。宣武区获得2个二等奖、2个三等奖和4个优秀奖的好成绩。区教委动员了66位学生参加创作,有5名同学获奖。

(宫新华)

【计生项目管理】 4月中旬,请项目管理信息系统技术人员对街道专干进行技术培训。4月14日,“定性研究培训班”在区妇幼保健院举行现场观摩活动。11月,根据国家项目办要求,全国30个项目区县开展项目终线调查。宣武区对5个街道的20个社区300户家庭进行生殖健康、计划生育知识、避孕方法使用情况、怀孕及生育情况、生殖健康与服务、性健康和社会性别等方面的入户调查访问。11月25-28日,5个街道计生科长赴南京参加了公民权益保护、知情选择、艾滋病预防、社会性别、青少年生殖健康、规范服务、管理评估等知识的培训。12月,区人口计生委对全区八个街道的项目工作进行评估验收。

(宫新华)

【青春期教育】 4月25日,参加中国计生协青春健康国际合作项目国家级倡导会的与会专家领导一行50人,来到北京育才学校观摩指导宣武区青春健康生活技能培训。联合国人口基金项目官员卢洁心、国际帕斯组织项目官员陈建中、中国计生协副会长李宏规、项目处处长丁丹萍、齐玉玲博士、国家人口计生委宣教司文凯、市人口计生委及团市委领导参加了活动。10月29日,宣武区青春期性健康教育家长学校为全区35所小学1 000多名一年级家长举办讲座,形成了适应小学一年、四年级、初一、高一四阶段孩子成长和家庭教育需求的教育模式。

（宫新华）

【“幸福工程”项目交流会】 5月8日，区计生协举行幸福工程项目交流会。被扶助的贫困母亲代表谈了自己“编织一条自强路，织出美好新生活”和“编织改变了我的生活”等感受。全国幸福工程组委会葛振江部长、市计生协张瑞霞秘书长、区计生协常务副会长李晶等领导向编织坊的母亲代表敬献了鲜花。在向幸福工程－救助贫困母亲募捐活动中，全区各界人士有15 741人参加了募捐，共捐款10余万元。

（宫新华）

【中国计生协成立25周年纪念活动】 2005年是中国计生协成立25周年。在母亲节和“5.29”会员日活动期间，协会开展了丰富多彩的纪念活动。共举办知识答卷43场，3 235人参与；知识讲座84场，4 332人参加；召开座谈会96场，3 407人参加；举办报告会17场，798人参加；征文演讲比赛29场，324人登台演讲；“幸福工程”捐款100 472.37元；慰问困难独生子女家庭666户；发放慰问款物37 693元；全区协会理事、会员13 946人参加了活动。

（宫新华）

【婚育新风展示会】 6月4日，区人口计生委与区妇联、计生协联合举办了“女孩，我为你骄傲－婚育新风关爱女孩行动在宣武”主题演讲展示会。区人口计生委选取优秀家庭代表参加，其中有乒乓球世界冠军张怡宁、身残志坚的薄岚等15个家庭展示了女孩风采，此次活动共有70个家庭代表参加。国家人口计生委宣教司副司长石海龙、市人口计生委委员杨显平、宣教处处长刘凤婷等领导参加了活动。

（宫新华）

【编制人口发展规划】 6月2日，宣武区成立了由区人口计生委、统计局、民政局、公安分局、劳动和社会保障局、发改委、教委、卫生局和街道办等部门组成的人口发展规划研究领导小组。负责宣武区人口发展规划研究、编制工作，为宣武区经济和社会全面、协调和可持续发展提供科学依据。

（宫新华）

【组织计生项目交流考察】 6月13－14日，由中国CDC妇幼保健中心副主任王临虹带队，组织黑龙江、吉林、辽宁、内蒙古、河北、陕西等六省、市五周期项目单位领导对宣武区卫生系统开展项目工作考察。先后来到了区妇幼保健院、椿树医院、白纸坊医院和姚家井社区卫生站。10月14日，区人口计生委主任李晶在全国项目县流动人口计划生育/生殖健康培训班暨研讨会上作了《转变观念，突出维权，深化流动人口计划生育管理与服务》的发言。

（宫新华）

【计生协第六届二次理事会员代表会】 6月23日，宣武区召开计划生育协会第六届二次理事会会员代表大会。协会会长王瑞珠宣读荣获“青春健康国际合作项目”先进集体和先进个人名单。

（宫新华）

【减负工作调查】 8月初，宣武区在椿树、广内、天桥三个街道启动了“信息引导服务，减轻基层负担”调研项目。相继召开4个基层干部访谈会，以调查表形式对目前基层所承担的具体工作项目和工作量进行调查，并在街道干部和社区计生主任中开展了以征询建议为内容的征文活动。

（宫新华）

【“青春健康”暑期夏令营活动】 8月14日，宣武、大兴、昌平三区计生协以昌平青春健康教育基地为依托，共同推出了“青春健康”暑期夏令营活动。来自三个区的45名小营员及45位营员家长参加了夏令营活动。广外街道计生协会组织了12对学生和家长代表参加了活动。9月2日，宣武、大兴、昌平三区计生协会为纪念计划生育城乡手拉手十周年在昌平区召开研讨会。三区主管副区长、计生委全体干部参加了研讨会。

（宫新华）

【计生药具市场营销前期调查】 8月底，按照市人口计生委即将开展的避孕套社会市场营销工作要求，区人口计生委到街道召开座谈会。对“避孕套社会市场营销工作”开展前期调研，宣传避孕套市场营销将作为免费发放渠道和现行的药具销售形式的一种补充，以低廉质优的价格让利于育龄群众。同时，区药具站统一制作的110个免费避孕药具自取箱“落户”在全区的各个社区、部分街道政务大厅和流动人口集中的场所。箱内放置了各种型号的安全套，群众可以随时自取。自取箱上还张贴了相关的热线电话。

（宫新华）

【干部培训】 年内，推出人口计生工作培训“自助套餐”。各基层单位可根据自己的工作需要和不同的培训对象，在师资、内容、时间上自主选择，区人口计生委将上门进行培训。

（宫新华）

【世界艾滋病日】 12月1日，区卫生局、区人口计生委、计生协、区禁毒办、团区委、区疾病预防控制中心及椿树街道办事处等单位在崇光百货广场开展了街头宣传活动。

（宫新华）

【国际交流与交往】 年内,区人口计生委先后接待了社会性别视角项目专家 Ole Schack Hansen 先生及项目官员金花女士、法国国际关系社会事务和平特别大使妮克勒阿梅林女士和法国驻华使馆外交事务参赞娜萨丽亚布罗德赫斯特女士等。国外友人主要了解宣武区计划生育、生殖健康服务、妇女权益保护和妇女劳动就业等问题,并就社会性别等问题与区人口计生委、卫生服务站医务人员进行了座谈交流。

(宫新华)

消费保护

【概况】 北京市宣武区消费者协会(简称:宣武消协)是在北京市工商行政管理局宣武分局领导下,经宣武区社团管理办公室登记注册,对商品和服务进行社会监督,保护消费者合法权益的社会团体组织。区消协实行理事会制度,理事会下设常设机构和地区分会。常设机构设有组织宣传部、消费指导部、投诉部和办公室,人员编制 18 人。按行政区划,以工商所为依托,建有 5 个地区消费者协会分会。

地址:宣武区广义街甲 8 号
电话:63131650 63131350
邮编:100053

(马福春)

【"健康、维权"活动】 "3·15"期间,承办了市消费者协会开展的"健康、维权年"主题宣传活动启动仪式,与北京市委宣传部、首都精神文明办、北京市食品办、北京市工商局,在清芷园社区启动了消费维权"五进"活动。开展了"诚信、健康、维权与食品安全进社区、进学校、进警营、进工地和进景区"活动,先后组织形式多样的宣传咨询活动 102 次,发放宣传材料 4.5 万份,得到各界群众广泛好评。

(马福春)

【"从娃娃抓起"系列活动】 组织学生参加"跟着工商叔叔去检测"、"做一日经济小卫士"等主题实践活动。5 月 30 日,率先在宣师附小挂牌成立了全市首家"消费教育基地",发展了 3 所学校为"消费教育基地",聘选了 35 名消费维权小卫士,将消费维权的社会宣传面进行了有效延展。

(马福春)

【食品安全调查】 年内,随机对 500 名宣武区居民进行专题问卷调查,97.2% 的群众对政府组织的"食品安全放心工程"表示满意。

(马福春)

【倡议销毁不合格食品】 4 月,向辖区范围内所属企业发出倡议:对过期食品和经检查不合格的食品,进行"破坏性处理",防止再回流至销售环节。崇光百货商场、菜市口百货商场等辖区内龙头企业率先响应,一周内共有 400 多家企业积极响应,4 月 26 日,20 家企业代表在倡议书上签了字。

(马福春)

【调整协会理事】 4 月 21 日至 22 日,宣武区消费者协会在怀柔雁栖湖畔举行了第三届理事会第六次会议,通过了宣武区消费者协会会长韩森同志所作的《关于常务理事、理事、监事及常设机构负责人人事变动的报告》、常务副会长兼秘书长赵虹亮所作的《北京市宣武区消费者协会第三届理事会第六次会议工作报告》。调整后理事会成员由原来的 38 名变为 40 名。

(马福春)

【"3·15"宣传咨询】 3 月 13 日,工商宣武分局、区消协在庄胜崇光百货商场门前举办了以"诚信·维权"为主题的"3·15"国际消费者权益日宣传咨询活动。区委常委、常务副区长王永新、区人大常委会副主任吴甲龙、区政协副主席喻建平等有关领导参加。活动中,区质监局、药监局等职能单位以及 9 家知名企业、法律顾问、消费志愿者,分别就法律法规、政策职能、业务范围和消费知识进行现场咨询解答,分发各类宣传材料 3 000 余份。

(马福春)

【"消费维权之星"评选】 6 月,区消协与《宣武报》共同开展了在消费者中评选"消费维权之星"的活动。"维权之星"从维权意识强、维权效果好的消费者,热心维权工作的巡视员,以及终年工作在社区基层的维权志愿者中产生。经过评选,共产生 9 名"维权之星"。

(马福春)

【超市开展"两节"承诺】 年初,区消协在元旦、春节消费高峰期,在区华联、美联美等 10 大超市开展了"两节"承诺活动,与超市共同举行了《"两节"承诺》公开签字仪式。各超市负责人在承诺书中保证,"两节"期间为消费者营造舒适安全的消费环境,提供文明周到的服务,依法诚信经营。

(马福春)

【"首都万家企业诚信公约"签字活动】 3 月 13 日,根据市消协的统一安排,工商宣武分局、区消协和区各行业协会在北京庄胜崇光百货门前,举行了"2004 圻·首都万家企业诚信公约"公开签字仪式。区委常委、常务副区长王永新揭牌,9 家企业进行现场签约。活动期间,5 个分会共有 509 家企业在《诚信公约》上签字。

(马福春)

【社区消费投诉服务】 年内,与工商宣武分局消保科和各工商所配合,采取动态和静态两种形式,在区消费投诉服务站进行宣传。制作社区消费知识宣传栏,放置在 26 个重点社区内。截至 10 月份,共发布 6 期消费提示、法律常识等宣传内容;10 块宣传展板,在 26 个重点社区进行流动宣传。为保证宣传效果,区消协下发了《关于在社区消费投诉服务站(工商工作站)开展消费知识巡回展出的通知》,对此项工作进行了周密部署。

(马福春)

【聘请消协特约巡视员】 年初,区消协向社会聘请的 8 名"消费维权特约巡视员"正式颁发聘书。此次聘请的特约巡视员,有区人大代表和区政协委员,还有退休教授、社区主任、医务工作者等社会各界人士。

(马福春)

【"食品安全进校园"活动】 在北京 63 中学举行了以"科学消费进学校、安全食品伴健康"为主题的赠书仪式,赠送给该校《食品知识画册》、《首都市民生活手册》100 余册;在宣武师范第一附属小学,区消协向学校 1 000 余名小学生赠送了 100 本图文并茂、适合学生阅读的书籍。

(马福春)

【投诉调解工作】 截至 12 月底,区消协共接待来信来访 4 481 人次,调解投诉 181 件,投诉结案率达到 100%,为消费者挽回损失 28.46 万余元。

(马福春)

居民生活状况

【人均可支配收入】 年内,全区居民人均可支配收入 1 7024 元,同比增长 16%,扣除物价因素,实际增长 14.8%。从收入的构成看,工薪收入 13 518 元,同比实际增长 19.6%,占可支配收入的 79.4%,仍是居民家庭收入构成的主体;养老金或离退休金 4794 元,同比实际增长 15.4%;财产性收入(包括股息与红利收入和利息收入等)195 元,同比实际下降 1.9%。

(杨　玉)

【人均消费性支出】 年内,全区居民人均消费性支出 13 841 元,同比增长 20.8%,实际增长19.6%。居民在收入稳步提高的基础上,进入消费较旺盛时期,重点放在提高生活品质上,如购买家用汽车、进行住房装修、更新一些高科技数码产品等。

(杨　玉)

【人均食品支出】 年内,全区居民人均食品支出 4 181 元,同比增长9.3%。恩格尔系数 30.2%,比上年下降 3.2 个百分点。随着居民收入的增加,生活节奏的加快,居民家庭在外餐支出明显增加,今年人均在外用餐支出 1 183元,同比增长 11.3%。

(杨　玉)

【人均衣着支出】 年内,全区居民人均衣着支出 1 186 元,同比增长 18.7%。目前居民购买服装更加注重高档化、职业化。

(杨　玉)

【人均家庭设备用品及服务支出】 年内,全区居民人均家庭设备用品及服务支出 842 元,同比增长 21%。居民购买家庭设备主要是用于更新换代。

(杨　玉)

【人均医疗保健支出】 年内,全区居民人均医疗保健支出 1 432 元,同比增长 39.7%。其中,人均药品费支出 804 元,同比增长 41.8%,医疗费支出 301 元,同比增长41.9%,滋补保健品 254 元,同比增长 36.3%。

(杨　玉)

【人均交通通讯支出】 年内,全区居民人均交通通讯支出2 336元,同比增长 76%。购买家用汽车增长迅速,使人均交通工具支出同比增长 4 倍多,另外交通费支出同比增长 23.3%,电信费支出同比增长 20.3%。

(杨　玉)

【人均教育文化娱乐及服务支出】 年内,全区居民人均教育文化娱乐及服务支出 2 405 元,同比增长 8.9%。居民主要购买了家用电脑、钢琴和摄像机、数码相机等高档文化娱乐用品带动文化娱乐用品同比增长 28.2%。而文化娱乐服务增长 13.3%,主要是参观游览、健身和团体旅游支出增长迅速。教育支出却同比下降了 5.5%,主要是非义务教育学杂费和义务教育学杂费分别下降 14.1% 和 31.4%,从而影响教材费支出同比也下降 8.8%,成人教育支出下降 15.2%,但择校费却比去年增长 26.7%。

(杨　玉)

【人均居住支出】 年内,全区居民人均居住支出996元,同比增长4.4%。进行住房装修同比增长35.3%。由于今年大力倡导创建节约型社会,居民的节约意识逐步增强,已初步收到成效,今年人均水电燃料支出同比下降8.6%。

(杨 玉)

【人均杂项商品及服务支出】 年内,全区居民人均杂项商品及服务支出462元,同比增长10.4%。居民购买黄金珠宝饰品、化妆品等杂项商品支出增长9.5%,用于理发洗澡、美容等杂项服务支出同比增长12.5%。

(杨 玉)

【人均非消费性支出】 年内,全区居民人均非消费性支出3 555元,同比下降38%。其中,购买商品房支出同比下降76.4%,而转移性支出(包括交纳的个人所得税、捐赠支出、赡养支出、各种非储蓄性保险支出等)同比增长19.9%,社会保障支出同比增长23.6%。另外,贷款消费已经走进寻常百姓家庭,今年人均归还汽车贷款同比增长55.8%。

(杨 玉)

【人均住房使用面积】 年内,全区居民人均住房使用面积14.76平方米,居民购买商品房来增加住房面积的较为普遍,住房私有化率进一步扩大,私房比例逐年上升,而租赁公房比例是逐年下降的趋势。

(杨 玉)

街 道

街道工作办公室

【概况】 中共北京市宣武区委、北京市宣武区人民政府街道工作办公室(简称区街道办)是负责本区街道工作的主管部门。主要职责是:指导、检查、综合协调街道工委、办事处的工作;研究、解决街道社区建设中的困难和问题;协助区委组织部对街道处级干部进行考察、对街道社区党建工作进行指导等。全区划分为8个街道,分别为大栅栏街道、天桥街道、陶然亭街道、椿树街道、白纸坊街道、牛街街道、广内街道和广外街道。各街道设工委和办事处,对辖区内社区建设、城市管理、社区服务、社区卫生、社会治安综合治理、精神文明建设、经济发展等工作具有监督、检查、协调、服务的职能,对地区性、社会性、群众性的工作负全面责任。街道工委作为区委的派出机关,根据区委的授权,对辖区政治、经济、行政工作和社会组织实行政治领导;街道办事处是区政府的派出机关,代表区政府对街道辖区依法行使行政管理职权。年内,按照区委、区政府确定的全年工作思路,认真贯彻落实党的十六届五中全会精神及市第五次城市管理工作会议精神,围绕"党心凝聚民心,共建和谐宣武"的主题,解放思想,开拓进取,积极探索,大胆实践;不断深化城市基层管理体制改革,强化街道统筹辖区发展、监督专业管理、组织公共服务、指导社区建设的职能。在构建和谐宣武、创建和谐社区等方面,取得了一定的成绩。

地 址:宣武区广安门南街68号

电 话:83976065

邮 编:100054

(朱永明)

【召开领导小组扩大会】 年内,根据北京市第五次城管工作会精神,将原宣武区社区建设领导小组更名为"宣武区社区建设和城市管理体制改革领导小组",调整、补充了领导小组成员单位。4月,召开了宣武区社区建设和城市管理体制改革领导小组(扩大)会。讨论通过《中共北京市宣武区委北京市宣武区人民政府关于推进城市基层管理体制改革和加强社区建设的意见》、《宣武区关于贯彻落实市第五次城市管理工作会议精神实施折子工程的意见》等文件;通过了领导小组成员名单。明确了社区建设和城市管理体制改革领导小组作为指导我区城市管理体制改革和加强社区建设工作的领导机构,并将领导小组办公室设在区街道办。

(朱永明)

【贯彻市五次城管会精神】 4月20日,组织召开全区"贯彻落实市第五次城管会精神、推进我区城市管理体制改革和社区建设工作会"。总结了近年来在社区建设和城市管理体制改革工作方面取得的成绩和存在的问题。对全区城市基层管理体制改革和社区建设工作做出动员和部署,明确了今后一段时期重点推进的工作。

(朱永明)

【推进基层管理体制改革】 年内,按照北京市第五次城管会整合街道内部机构,进一步理顺区街职能,分步推进专业管理到位,逐步剥离街道作业职能,完善街道办事处统筹和监督机制建设的要求,选择牛街街道进行"大科制"试点。在认真梳理了街道的各项工作职能后,将职能相近、业务联系密切的科室以"统分结合"的方式进行了合并,将原来近20个科室整合为7个。街道司法所实行了垂直管理,逐步剥离街道作业职能。社会人员高考工作划归区教委负责,拟2006年正式实行;大栅栏街道、广内街道、椿树街道先后将环卫保洁推向市场。出台了《关于规范和加强街道地区管理委员会工作的意见》。

(朱永明)

【规范下派工作项目】 年内,协调教委、计生委、科委、体育局、文化委,区社区建设和城市管理体制改革领导小组出台了《关于规范各单位向社区"派任务、建组织"的若干意见》,从制度上对行政部门派向社区的工作进行规范,同时对悬挂在社区门前的各类牌子进行了清理,共摘掉15类391块牌子,切实为社区减负。

(朱永明)

【公开招考社区专职工作者】 年内,按照《宣武区关于进一步加强基层基础工作的意见》文件的要求,组织了面向社会公开招考社区专职工作者的工作,录取了116名社区专职工作者。

(朱永明)

【提高社区专职工作者待遇】 组织各街道为全区社区专职工作者进行了体检。上半年,给全区社区专职工作者每人增长了100元的岗位工资。按照《北京市关于进一步加强社区专职工作者队伍建设的意见》,研究制定了社区专职工作者工资增长机制和奖励机制的初步意见。

(朱永明)

【组织党务干部外出考察】 6月,组织各街道工委书记到沈阳、大连等地学习考察。11月9日至12日,组织16个社区的党组织书记赴沈阳大东区考察。

(朱永明)

【编制社区建设"十一五"规划】 年内,就社区建设"十一五"规划编制工作到八个街道进行调研,对有关人员进行专访,全面听取各方面意见,编制了《北京市宣武区"十一五"期间社区建设规划》。

(朱永明)

大栅栏街道

【概况】 大栅栏街道位于宣武区东北部,东起前门外大街,与崇文区相邻,南至两广大街中心线,西至南新华街中心线,北抵前门箭楼西侧路,与西城区临界。地域近似正方形。辖域面积约1.27平方公里,共有街巷115条,辖10个社区居委会,户籍人口21 936户,55 066人,暂住人口9 606人,其中以汉族居多,另外有回、满、蒙、朝、苗、藏、维、土家等18个少数民族,人口密度每平方公里4.4万人。驻街单位726个,(中央单位9个、市属单位47个、区属单位55个、其它单位615个、商业饮食网点206个、旅店服务业169个、个体工商户738户)。辖区内还分布着7所中小学幼儿园、1所医院、1个社区服务中心、3个社区卫生服务站等。街道有区级500强企业52户,2005年街道全年财税收入达到6 000余万元。区政府对大栅栏地区城市改造的资金投入达到1 600万元人民币。其中包括被列入市政府为民办实事56件实事之一的大栅栏煤市街道路拓宽工程,还包括被列入宣武区2005年"折子工程"的"城中村"环境整治、6 175户居民的一户一水表安装工作、3 750户居民的一户一电表改造工作,以及部分危电改造、平房大修、公厕改造等13个大项工作。年内,街道工委、办事处坚持依法治街,加强普法教育和宣传工作,全面完成了区政府下达的21项工作任务,街道普法工作取得了显著成绩,被评为全国"四五"普法先进单位。街道计生、统计普法、理论中心组学习、同法轮功邪教组织斗争、96156热线、无障碍工作、外事工作等也分别被评为市级先进单位。

地址:宣武区大力胡同5号

电话:63036944

邮编:100051

(沈华珍)

【人大、政协工作】 年内,组织地区22名人大代表、政协委员到辖区10个选区广泛征求社情民意,接待群众近万人,反馈社情民意20条,组织5名人大代表进行述职。人大代表、政协委员积极参与街道公益活动,在煤市街拆迁工作中,参加了14户的听证会,拓宽了人大代表、政协委员的知情、知政渠道,发挥了参政议政的作用。

(沈华珍)

【信访工作】 年内,街道继续坚持信访排查制度,认真学习、贯彻《信访条例》,规范处理信访事件的规定流程,调整、完善了信访排查报告和督办机制,各社区建立了信访排查调处制度,进一步畅通了民访渠道。全年共接待来信、来电、来访1 354件(次),妥善处理群众关心的热点、难点问题,实现了地区集体访和法轮功事件的"零"指标。

(沈华珍)

【普法工作】 年内,研究制定了"四五"普法总结年工作实施方案,召开4次普法工作推进会,完成"四五"普法年文件、信息等5类资料的整理工作,通过了市、区司法局的验收。同时在社区开展多种特色的普法宣传活动,积极探索居民普法新途径,共组织各种法律进社区活动40余场,宣传法律、法规、讲座、咨询38场,播放录相29场,制作板报600余块,印发法制宣传材料1 000余份(本),组织群众法律知识竞赛3场,举办演出2场,扩大了普法宣传面,增强了居民的普法意识,在全国普法评比工作中,被评"四五"普法全国先进单位。

(沈华珍)

【精神文明】 年内,街道投资12万元规范了社区13个精神文明建设宣传栏,改造了盼盼文化广场宣传栏10个，新建和修建了胡同精神文明，普法宣传墙画100平米，发挥新闻中心的宣传教育功能，全年拍摄照片3 000余张，影音资料800分钟，在网站发布政务、社区新闻100余条，制作先进性教育辅导材料光盘400余张。

（沈华珍）

【拆迁工作】 年内，大栅栏历史文化保护区的整体保护、整治与复兴步入实施阶段。街道成立了煤市街道路拓宽工程领导小组，制定了《大栅栏街道煤市街道路拓宽工程保障工作方案》和《大栅栏地区煤市街拆迁保稳定工作方案》，抽调20名机关干部全程参与拆迁工作，按照职责分工，先后发放4封《致居民一封信》，深入居民家中进行动员和政策宣传，了解拆迁户的思想动态，开展了"温馨拆迁伴您行"等项活动，最大限度地保证了拆迁居民的利益。此次拆迁涉及居民734户，奖励期内有633户签订了拆迁协议，占总量的86.23%，超额完成了80%的既定目标，拆迁过程中未发生集体访、越级访事件，得到了区领导的高度评价，对全区今后的拆迁工作起到了示范作用。

（沈华珍）

【市政基础设施改造工作】 年内，按照市、区工作部署，结合地区实际，先后制定了《大栅栏街道2005年城市环境建设计划》和《大栅栏街道安装一户一表工作实施方案》。完成廊房二条、廊房三条、门框三条胡同82个院、308户、724间房屋的危电改造工程；完成一户一电表改造、安装、送电3 100户；完成一户一水表改、安装工程6 175户；完成93座公厕的改造任务；对710间危房进行了大修翻建；完成了石头、铁树斜街等10条便民路的大修铺装工作，对安装一户一表破路的60余条胡同进行了沥青修补；回填人防工程4 056平方米，加套3 464平方米。

（沈华珍）

【环保工作】 年内，街道出动896人次对地区露天烧烤、小煤炉、裸露地面、卫生死角、工地扬尘进行了检查，检查单位1 280家，警告燃烧小煤炉户435家，对地区拆迁工地实行了全天候的监控。

（沈华珍）

【地区保洁市场化】 年内，地区保洁任务移交区环卫中心，探索地区保洁市场化渠道。在清扫保洁、垃圾收运上实行了两扫一收运制度，在垃圾量较大的地区设置了20个小型"垃圾房"，在窄小胡同内放置了73个垃圾分类箱，有效减少了垃圾暴露现象，实施重点时间、重点地区、重点街巷重点保洁，提高了繁华地区的保洁质量。

（沈华珍）

【爱国卫生工作】 年内，结合"创卫"和城市整治工作的开展，全年累计清理无主渣土183吨、杂物159立方米、清除小广告、张贴物1 950余处。为有效防控鼠疫病发生，加大对居民和单位的宣传力度，出灭鼠宣传板报25块，建灭鼠饵站500余个，投放鼠药350公斤。在迎接全国爱国卫生暗查工作中，开展了街巷整治工作，共清理杂物12立方米，无主渣土15吨，确保了地区的环境良好，顺利通过了市爱卫会"十·一"卫生大检查工作。

（沈华珍）

【防汛工作】 年内，街道成立了防汛指挥部，制定了防汛工作预案，确定了领导负责制、首问责任制和守机值班制，建立了24小时通讯网络；成立了13支抢险队和2支医疗救护队，并在每个社区成立了5人以上防汛巡逻队；地区防汛指挥部对防汛工作进行了全面检查落实，分别对地区拆迁地段、低洼院、房管所管段、地下空间、人防工事、幼儿园、社区用房等重点部位进行了防汛安全检查，对查出的安全隐患问题逐一进行了处理。共安排防汛值班102人次、816小时；组织抢险排险45次、125人次，实现了"少塌房、不死人"的工作目标。

（沈华珍）

【综合治理工作】 年内，以"保稳定、创平安、建和谐"为工作目标，从地区实际情况出发，在继续完善综治组织、加强综治工作的同时，进一步强化群防群治体系，促进保稳定工作的常态管理。完善了社区综治委组织，并吸纳地区社会单位及相关部门代表进入社区综治委，加强了社区综治委在维护社区稳定、社区治安防范方面的作用。街道出资为地区的13个光接点加装了防护罩，解决了有限电视网络监控无技术防范措施的问题；拨出专项资金在每个社区配备了多功能小型流动治安防范宣传车；针对地区今年以来发案率较高的情况，街道拨专项资金为居民安装防盗链3 000余条，累计安装门磁报警器1 000余个、防盗锁11 200余把，安装防盗街门50余个，对前门西大街沿线和外东街等10栋楼房实行封闭管理并安装楼宇对讲系统，同时发动地区志愿者每日在街巷巡逻宣传，提醒居民增强治安防范意识，随时处理各类突发事件，有效遏制了地区发案率上升的趋势。

（沈华珍）

【外来人口管理工作】 年内，加大对返京流动人口暂住证的检查力度，规范日常管理，目前地区流动人口办证率已达95%以上；全年接待、处理了18起民工状告拖欠工资的举报，为打工者讨回工资近3 480元。

（沈华珍）

【消防工作】 年内,重点加大了消防宣传的工作力度,广泛利用横幅、板报、橱窗等形式着力提高居民遵守消防法律、法规的意识,做到依法消防;重视发挥地区消防中队的资源优势,实现警民连手,组织防火培训19次,教育群众700余人次;进一步完善社区消防组织,成立了社区消防工作领导小组,建立了社区消防工作联席会议制度,完善了社区消防基础档案,社区消防志愿者队伍建设、消防队伍的应急能力得到有效加强。各社区共计发放《致地区居民(企业)一封信》3 000余份,与流动人员签订防火、防煤气中毒的协议书3 000余份。到11月地区共发生火情12起,未发生人员伤亡。

(沈华珍)

【社区事务服务站】 年内,创建了“社区事务服务站”,将出具证明、政策宣传、安置就业、志愿者服务等与居民生活密切相关的63项事务性工作纳入服务范围。主要由居民代表、社区流动人口协管员、社保协管员、志愿者以及工商、城管、房管等政府职能部门工作人员组成,实行“首问制”承办和“一站式”服务,制定了居民代表监督制度、“五员”服务回访等制度,并将服务受理项目、服务流程图、工作人员职责、承诺制度、监督制度、办结时限等内容明示公开,方便群众监督。运行以来,10个社区共受理居民办事事项25 764件,办结率100%,受到了居民的普遍认同和好评。

(沈华珍)

【低保工作】 年内,着重加强了低保体系运行的规范化、制度化、动态化建设。健全各类基础台帐,完善了“新增人员申请记录”、“保障金调整记录”等工作流程,为低保人员的管理和各项统计工作打下了坚实基础。严格低保核查,全年共入户147户次,退回申请材料12份,共减少低保家庭148户、326人;截至年底,地区共有低保家庭894户、1 925人,保障金支出4 448 459万元;医疗救助103人、226 477.91万元,临时救助48人、157 100万元。

(沈华珍)

【再就业工作】 年内,围绕再就业工作的主线,进一步加大了对就业困难人员的援助力度。通过举办再就业援助月活动挖掘百余个就业岗位;通过“巧巧编织坊”、“延寿民艺坊”两家手工制作再就业载体为20名残疾人、41名失业人员提供了免费培训和就业的机会;全年共接待用工单位210家,挖岗2 165个,办理求职登记人员1 800人,成功就业970人,接待咨询5 000人次,签定自由、自谋、定岗等各项协议512份,举办各类大、中、小型的用工单位招聘会专场28场,举办“成功求职策略培训班”26期,培训人员602人,“一对一”职业指导60人,技能培训362人。地区辖区登记失业人员就业率65.77%、登记失业率2.13%。创新助困形式,服务特困群体。依托“五网合一”信息平台,进一步完善热线服务体系和志愿者服务网络,紧紧围绕社区居民需求和社区管理的需求,不断提高平台的管理和运营水平,挖掘、培育和发展社区服务,不断宣传,扩大96156服务的覆盖面。1－10月,完成居民服务请求740件,居民满意率达98%。

(沈华珍)

【残疾人工作】 年内,拨款20万元筹建“延寿怡然便民浴池”,突出了残疾人无障碍设施的改造,制定了便民服务措施,加大了为残疾人、老年人服务的覆盖面。举办了残疾人洗浴专场,目前已实现每年为地区举办各项活动提供优惠不少于1 500人次的承诺;4月22日在盼盼文化广场举办了以“爱心助学”为主题的公益活动日,地区的人大代表、政协委员、党员支部、机关干部、社会团体积极响应,伸出了友情相助的双手,为36名残疾特困家庭学生筹集了每人500元的助学金。6月10日,组织地区9名残疾人参加了北京市第六届残疾人文艺汇演。

(沈华珍)

【双拥工作】 年内,在铁树社区开辟了一处15平方米的双拥长廊,展示近年来街道双拥工作成果。动员辖区单位、居民积极开展拥军优属工作,营造军、警民共建和谐社区氛围。处级领导结军亲工作中多次深入军亲家庭走访、慰问、帮助他们解决实际困难,排扰解难;对地区百余户优抚对象家庭进行了防火、防煤气安全检查,及时消除隐患;为地区12户军烈属送去慰问款计3 000余元;武警七支队为社区居民放映了多场抗日题材影片;年初,大栅栏消防中队的战士与铁树社区的军、烈、残、困、老等17户居民分别签定了“手拉手综合包户”帮困协议书;春节和“八一”前夕,街道出资40 000余元购置了打印机和各种食品慰问驻街武警七支队和大栅栏消防中队的官兵。

(沈华珍)

【老龄工作】 年内,开展了空巢家庭老人帮扶工作。以大栅栏西街为老服务示范社区为试点,组织开展了居家养老工作的探索与实践。设立了专项资金,成立“银鹤居家养老服务站”。并与47名特困空巢老人签订居家养老服务协议书,由政府出资为老人提供理发、送餐、代换煤气等家政服务。组织开展“为老服务月活动”,对46名特困高龄老人送去了烤鸭等慰问品,价值4 000余元;组织地区居民到八大处公园观花赏景,千余名老年人参加陶然亭公园游园活动;举办了老年人才艺表演活动,60多位老人表演了京剧、单弦、笛子独奏、歌曲演唱等节目。九月中旬,参加了街道系统组织的首届“九九”首届百对钻石婚、金婚庆典活动。4月22日组织了地区500余名老年人到白纸坊医院进行身体检查,并为9名高龄特困老人免费进行了体检。

(沈华珍)

【文化工作】 年内,街道以做好基层文化建设弘扬大栅栏传统文化为目标,继续发挥社区文体组织、社区教育学院的作用,打造大栅栏文化活动品牌,陆续挖掘整理出10项有价值的民间技艺,作为地区结合人文奥运,弘扬传统文化的特色工作,并召开专家论证会,将“五斗斋”高跷秧歌作为北京市第一批市级非物质文化遗产加以保护。

(沈华珍)

【红十字会工作】 年内,街道积极开展红十字示范街活动,成立了宣武区首家博爱超市,对地区35户特困家庭实施了救助,为地区小学60名特困学生交纳了少儿互助金,圆满完成了募捐、义卖等社会公益活动的组织工作。

(沈华珍)

【社区教育】 年内,继续依托社区教育学院、市民学校,开展争创学习型街道活动,提高居民的文化素养,与炭儿胡同小学试点建立“道德银行储蓄卡”,加强未成年人道德建设,得到中央文明委的首肯。街道建立了7处德育基地,开展了“爱国主义”、“学雷锋见行动”等主题教育活动,指导施家、前西两个社区完成了学习型社区的争创工作,营造出地区全民学习的氛围。

(沈华珍)

【经济普查工作】 2004年12月31日第一次全国经济普查正式开始,这次经济普查共8个行业52张表,涉及单位基本情况、财务状况、科技等情况,根据区、街分工,街道普查办负责600余家规模以下法人单位后续专业表收审、录入工作,按照依法布置、依法收审、依法检查的工作部署,采取落实数据质量责任制、严把数据“进口”质量的办法,总计完成数据处理报表5 000余张,确保了此次普查的工作质量。根据区统一部署,自11月1日零时进入1%抽样调查工作,街道投入了大量的人力、物力,扎实工作基础,夯实了数据基础,汇总、核对基础资料,严格登记程序,完成了入户登记任务。

(沈华珍)

【优化地区发展环境】 年内,街道围绕优化经营环境,服务纳税企业等方面做出了许多努力,在全地区营造了良好的投资经营环境,全年完成税收7 620万元,占税收计划的107.4%,超额完成全年财政收入任务;支出3 455万元,占支出计划的95.7%。

(沈华珍)

天桥街道

【概况】 天桥街道位于宣武区东南部,行政辖区面积2.02平方公里。东起前门大街、天桥南大街、永定门内大街与崇文区天坛街道为邻;西至虎坊路、北纬路、太平街与陶然亭街道接壤;南以永定门护城河为界,与崇文区永定门外街道相望;北至珠市口西大街,与大栅栏街道交界。截止到2005年末,有社区居委会9个,街巷胡同75条。有常住人口19 057户,53 594人。其中,男26 561人,女27 033人,出生260人。暂住人口9 229人。驻地单位714个,其中,中央单位24个,市属单位135个,区属单位42个,街属单位13个,无主管企业500个。辖区内有中小学6所,医院3所。以天桥为起点的公共汽车、电车共有5条线路。途经天桥设站有14条线路。年内,坚持以发展为第一要务,保稳定为第一责任,振奋精神,抢抓机遇,求真务实,开拓创新,较好地完成了各项工作任务。街道先后荣获“全国社区志愿者活动示范街道”、“全国群众体育工作先进集体”、“全国和谐社区建设示范街道”、全国“科教进社区”先进集体和全国“婚育新风进万家”先进集体。

地址:宣武区北纬路9号

电话:83136601

邮政编码:100050

(申云龙)

【人大工作】 年内,人大天桥街工委“三个创新”丰富代表履职实践活动。一是创新参与机制。建立代表履职的监督机制,建立代表履职手册,通报代表公示履职政绩,建立代表履职参政激励机制,使代表参会率明显提高。二是创新述职方式,提高代表述职效果。人大代表通过述学,丰富述职内容,提高述职效果。三是创新活动载体,丰富活动内容。建立了“四个有”。即:社区代表会议、街道管理委员会、先进性教育活动、党风廉政监督员有人大代表。全年接待选民90余人次,受理群众反映问题50余件。

(申云龙)

【人大代表接待选民】 1月,市人大常委会内务司法委员会副主任吴森钟、区人大常委会副主任栗琦一行9人到天桥街道调研代表接待选民日、受理社区选民群众来访情况。北京电视台报道了天桥人大街工委代表接待日实况,对接待日制度起到了良好的宣传作用。5 月 27 日,天桥街道人大街工委作为特邀单位在市人大有关会议上做了经验介绍。

(韩志杰)

【城市拆迁整治】 年内,先农坛北里"城中村"拆迁整治。共拆迁房屋 9 100 余平方米,搬迁居民 338 户、单位 3 个。整治留学路等 12 条主要街巷,拆除违法建设 100 平方米、清运渣土 350 吨、粉刷楼道外墙 2 500 平方米、拆除废旧烟囱 12 座、完成胡同内三类厕所改造 29 座、修补珠西大街临时院墙 70 延米、安装院门 8 个。完成留学路等道路改造修复 12 000 平方米;安装一户一水表 2 682 户、一户一电表 1 363 户、实现了计费入户。整治两广路拆迁遗留空地,建城市休闲广场和绿化屯苗基地 8 000 平方米。开展了本地区园林绿化普查工作,天桥地区绿地面积 44.1 万平方米、绿地率 21.6%。共普查居民院落 204 处、楼区 7 个、道路 28 条、单位 35 个,涵盖了所有地区、地段,针对汛期树木易发生险情危及居民安全的特点,共伐除危险树 52 株,排除险情 78 株。与辖区 12 个单位签订 233 株《古树名木养护管理责任书》,将居住区园林化与丰富的古树环境资源相结合。更换虎坊路、禄长街 19 号院花园式居住区草坪7 000平方米,绿地养护及时到位。盛景嘉园小区通过首都绿化委员会验收,被评为"首都花园式单位"。

(张　波)

【社会治安综合治理】 年内,综治办在 9 个社区成立了综合治理委员会,制定了工作职责,为创建平安社区奠定坚实的基础。对 9 个社区的消防器材进行更新、更换灭火器 181 个,投入资金 7 000 多元。在"打七黑"百日专项行动中,组织大型联合执法检查 15 次,出动执法车辆 50 台次,暂扣各类物品 160 余件,非法经营自行车 15 辆、无照运营残摩 15 辆,无照经营工具 130 型汽车 3 辆。做好压发案,创建平安社区。将 9 个社区划分为"复杂社区、较复杂社区、不复杂社区"三个等级,为平房区的复杂社区 50 个居民院安装防盗门。三员合一,共保安全。给 71 名环卫人员的保洁车配备灭火器,将他们发展成既是保洁员又是消防员和治安巡逻员,利用每天凌晨 4:30 至 8:00 工作的特点,弥补公安警力上的不足,协助公安机关成功破获了 11 万现金案。2005 年地区发生火情 12 起,比去年 17 起下降 30%。交通死亡"2 人"(指标 2 个)。1 至 10 月刑事案件 220 起,比去年同期少 5 起。下降 2%。可预防性案件 12 起,比去年少 4 起,下降 25%。110 接报刑事案件 60 起,比去年少 22 起,下降 26%。接报治安案件 199 起,比去年少 99 起,下降 33%。

(刘梅梅)

【城管监察工作】 年内,将天桥地区呈网格状划分成 14 块管理区域,并按照区域编号设立专门责任人,由过去的"一街一人",改变为"一人一格"的管理模式。积极开展公示宣传教育活动。开展了"禁放宣传""小手拉大手城管法规进校园"、"珍爱水资源从你我做起""禁止非法人力三轮车运营"、规范停车场秩序、致"门前三包"单位一封信、讲授法规知识等宣传活动,全年开展公示宣传 12 次,发放宣传材料 3 000 余份。开展暖心便民活动,服务辖区百姓,全年实施暖心便民工程 63 件。重要节日"春节"、"两会"、"国庆"、"百日专项整治活动"等开展专项整治活动,加大对施工工地、黑车、小广告等整治力度,查处非法张贴、散发小广告69起,录入非法小广告警示系统 794 件,查抄小广告窝点 12 处,收缴各种小广告近 20 000 余张,查处黑机动车 23 辆,黑三轮、黑摩的 120 起。及时、妥善处理"96310 城管热线"和群众来信、来访问题 363 件,人大建议和政协委员提案 2 件。全年查处各类违法行为 1 657 起,罚款182 272元。

(宋丽娟)

【社区服务工作】 年内,与 153 家用工单位联系协商,设专场招聘会 21 次,使 1129 名失业人员实现就业和再就业。春节期间,组织 60 名志愿者陪伴 38 个"空巢"老人过年,"96156"服务信息系统实现了服务热线呼叫、网络信息服务及网站服务的"三位一体"。全年接收服务信息 210 条、热线电话 1 300 个,办结率 100%,回访满意率达到 98%。爱心家园为地区 99 户困难家庭提供 6 万余元物品。

(李春利)

【计划生育工作】 年内,政务大厅计生窗口共接待前来办事的群众 3 546 人,为群众办理各种证件 348 份,为存档人员盖章 1 469 人次、依法征收社会抚养费 4 例61 000元。完成"幸福工程"捐款20 476.50 元,超历史记录。禄长街社区作为先进代表在全市计生系统大会上作了优质服务经验介绍。

(丁晓莹)

【增加居委会办公经费】 年内,天桥街道加大了对社区的经费投入,将社区办公经费在原有 5 000 元基础上提高一倍,达到每个社区 10 000元,活动经费也适当增加,同时设有特色经费,调整社区居委会办公经费和活动经费,将 2002 年至 2005 年社区经费余情况进行了统计,对各个社区科支配的办公经费、活动经费做了核对核查调整。

(刘　欣)

【双拥共建】 年内，街道开展了双拥共建系列活动：投资100余万元，在西珠市口大街修建了占地8 000平米的军民文化广场。在原有4个共建对子的基础上，又有5个社区与部队签订了共建协议，至此9个社区均与部队结成对子。为基层开展双拥共建工作打下了良好的基础；6月，天桥街道办事处与北京卫戍区66329部队结为军民共建单位，创建了天桥地区少年军校基地，并签署了共建协议。春节、"八一"组织慰问了武警七支队、消防中队、66329部队，为部队送去了各种慰问品。"八一"前，街道还领导与地区共建单位的10余名人大代表参观了66329部队。 （刘 欣）

【社会救济】 年内，民政科继续加强低保管理，严把低保入口关。坚持每月的低保联审会制度，对新申请低保、临时救助、医疗救助的家庭情况进行逐户讨论，按照动态管理的要求，对符合申报条件的居民做到应保尽保。11月，按照《北京市城市居民最低生活保障家庭住房情况调查》的通知精神，对辖区800户低保家庭进行住房状况入户调查。共审批新低保61户、107人，涉及金额25 999元；实施临时救助72人，发放救助金108 040元，其中救助困难学生18人，金额17 800元；节日三次大型送温暖活动，慰问贫困家庭500户，送去慰问品价值约3万元。积极开展"扶贫济困送温暖"活动，10月的"募捐月"活动中，共募捐衣物21 366件，资金22 883.7元。12月，在印度洋发生海啸后，民政科积极组织辖区单位、居民开展捐款活动，深入到社会单位发放募捐通知，在时间紧任务重的情况下，共接收捐款85 721.79元。

（刘 欣）

【老龄工作】 年内，街道老龄委围绕"六个老有"的目标，进一步推进社区为老服务工作，做好"空巢"、高龄特困老人的救助、帮扶工作，落实帮扶措施，组织开展了形式多样的老年活动。组织参加全市健康老人评选工作，有62名老人被评为健康老人，有2人被评为健康老人之星。做好节日期间慰问工作，多次到顺义敬老院慰问我地区6位孤寡老人；入户发放高龄特困老年人慰问款3 700元；组织425名老年人进行了体检；全年办理老年优待证293个。2005年底，天桥街道老龄委对地区老年人口摸底调查中，我地区60岁以上老年人共11 277人，其中60－64岁1994人、65－79岁7 493人、80－89岁1 790人；空巢老人2 354人。

（刘 欣）

【残联工作】 年内，完成了南纬路社区残疾人"温馨家园"的创建工作，使社区内的扶残助残活动经常化、双温暖常温化。完善了街道残疾人之家的"三站、两室、一个中心、一条专线"建设。完成了天桥工商银行储蓄所、农业银行分理处、永安路邮局、胜景家园小区的无障碍改造工作。落实了192个单位的按比例安排残疾人就业工作，收缴就业保障金40.3元，安置就业4人，扶持社区就业2人，扶持个体开业1人。街道残联被市残联授予"北京市基层组织建设窗口单位"称号。

（石国勇）

【干部人事工作】 年内，组织相关人员参加公务员任职培训和更新知识培训，街道组织各项培训共18期358人次。

（叶立红）

【社区教育】 年内，出台了《天桥街道深化学习型社区创建的意见》。社区分院出台了《天桥分院教师考绩实施方案》。成立了民俗文化社书画分社，组织了第十一次城乡青少年"手拉手"共度六一儿童节活动。

（赵兴力）

【社区体育】 6月12日，举办了地区第八届全民健身体育节。6月25日，接待国际奥委会委员及参加"2008奥运国际论坛2005年大会"的中外嘉宾一行并举行"北京人文奥运社区－天桥民俗文化体育社区"的揭牌仪式。6月27日接待国家体育总局局长刘鹏视察天桥社区体育健身中心。年为还接待了日本、香港、澳门体育代表团。社区体育中心全年组织近百场文体赛和表演赛，5万人参加，参加北京市"乒协杯"比赛，获男女团体第一名。北京人文奥运研究基地为天桥体育健身中心颁发了"北京市人文奥运天桥民俗文体体育社区"奖状。

（赵兴力）

【红十字工作】 1月，地区红十字会为印度洋海啸、地震灾区募集善款131 664.86元。"博爱在京城"大型募捐款：48 229.16元。3月底，接待由中国红十字会总会党组书记、常务副会长江奕曼及北京市红十字有关领导带领的全国、市、区级红十字会考察组视察社区红十字工作。接待外省市、城区红十字参观人员。4月6日，接待国际红十字会与红新月会国际联合会主席托罗一行参观考察天桥街道红十字工作。5月8日，举办纪念"五八"世界红十字纪念日志愿者宣传服务活动。年内，组建社区居民救护队，开办红十字"四大技术"取证培训班。28名会员考试合格，取得初级救护队员证书，在宣武区比武中获得第二名。全年组织开展红十字救护队训练和红十字健康教育讲座12次。

（任燕香）

【民俗文化工作】 9月9日至25日，与宣武区文化委员会举行了以

"忆老天桥往事、寻老天桥遗迹,听老天桥鼓曲,展老天桥绝技,拜老艺人为师,看老艺人评戏"为主题的天桥民俗文化节。举办第二届"天桥杯"北京社区鼓曲大赛;开办忆老天桥往事系列讲座;在盛金商城前举办了老天桥民间绝技绝活表演;老艺人评剧团演出了评剧评剧;在香厂路小学举办了天桥空竹老艺人王丽云收徒师仪式;在开展先进性教育期间,天桥老艺人评剧团创编了评剧联唱《我是共产党员》。

(赵兴力)

【劳动保障工作】 年内,街道建立了三级劳动保障宣传员网,有238名社区单位员工成为我街道兼职劳动保障宣传员。年内,被北京市劳动和社会保障局评为"2005年劳动用工规范一条街工程先进单位"。

(李爱勤)

【工会工作】 年内,新建工会4家,发展会员62人。与6家企业签订了集体合同、与21家企业签订了工资协议书并检查落实情况。"双爱双评"活动评选职工之家2个、职工之家标兵2个;热爱企业的先进员工8名、热爱员工的经营者9名。为35户特困职工、3位生活有困难的劳动模范发放慰问金、慰问品;4名特困职工子女得到助学款;为36名特困、困难职工发了看病、买药、购书优惠卡。组织20人次参加区总工会职介中心岗位推荐现场会。开展工资"一日捐"活动,11家单位277名职工捐款7 505元。职工安康储蓄百万元,意外伤害保险赔付6人次,职工住院保险赔付2人次。在全区获文明礼仪知识竞赛第三名、英语大赛第三名、交谊舞大赛获得团体第一名、保龄球比赛A组第二名。街道工会在区总工会年度百分考核中被评为优秀。

(陈 楠)

【共青团工作】 年内,天桥街道团工委坚持党建带团建,用团建创新密切联系青年。12月4日成立了共青团天桥医院总支部委员会,吸收1名非公企业的青年加入团组织扩大了团组织的有效覆盖;通过组织开展"青春健康志愿天桥行"、"拓展训练"、"奥运知识答题"、"春季拔河赛""生日周年"庆祝等主题活动,团组织的凝聚力明显增强;在迎接"五四"运动八十六周年之际,召开了"天桥地区争优创先表彰大会",对天桥地区3个优秀团支部,6名优秀团干部,17名优秀团员和11名青年岗位能手进行了表彰。建立青年志愿服务管理机制,推动青年志愿服务工作的开展。组织青年志愿者深入到天桥街道9个社区中开展"天桥街道青年志愿者健康社区行活动",让400余名居民得到了医疗帮助;20余名青年参加了"青春献祖国、志愿迎奥运"文明交通伴我行活动;与社区26名老人结成了"综合包户"对子。街道团委先后荣获"北京市五四红旗团委"、"北京市增强团员意识主题教育活动先进单位"称号。

(李 飞)

【妇联工作】 年内,开展了巾帼建功创建活动。以社区星级文明家庭创建活动为载体,在社区家庭中开展文明礼仪和道德宣传教育。积极扶持天桥小区社区巾帼编织社,为妇女实现再就业服务。街道妇联被评为宣武区2005年度基层妇女组织先进集体。

(侯红梅)

【人民武装工作】 年内,结合辖区的实际,加大了民兵组织整顿工作。辖区共有民兵597人,7个民兵组织,45个战斗班,调整4人。组建了90人的医疗救护专业分队和50人的应急分队。50名基干民兵参加了训练。并利用多种形式宣传普及国防教育,民兵的教育面达到了90%以上。依据上级的部署,进行了辖区内的国防潜力调查,240名适龄青年进行了兵役登记,128人进行了兵役核对,预征对象40人,缓征对象200人,免征对象2人,不得服兵役人员2人,圆满完成年度14名新兵征集任务。人民防空及防汛工作,在宣传、贯彻《人民防空法》的同时,进一步建立和完善了2005年度天桥地区人防使用工程和防汛、防火工作预案。完成了人民防空指挥中枢警报器的安装与管理,加固深挖工事500米,回填2 900米,与地区46家地下工程责任人签定了安全管理协议和长效管理机制,加大了监管力度,配合上级部门查处违法事件3期,收取人防工程赔付款10万元,用于工程的补救与排险。防汛工作,开展了对危旧房屋,低洼院落,古老树木,易发险情的早期工事进行了全面检查,重新修订预案,做到了分工明确、责任到人。

(田振文)

【精神文明建设】 2005年,街道实现了连续三年蝉联"首都文明街道"的目标。在"先进性教育活动"中,开展了"做人民满意公仆,创建服务型街道"主题教育活动,在社区开展了党员"认岗定责"活动、"社区党建创新项目"活动。在创新载体方面,探索实践了市民教育"一体化"办学模式,学校、家庭、社区"三位一体"的未成年人思想道德建设体系进一步完善。

(莫文俊)

【科教进社区】 年内,天桥街道围绕"讲科学文明,建和谐社区"的主题,以科技教育为先导,整合资源。北京育才学校的天文观象台、无土栽培实验室,北京古代建筑博物馆的古代建筑模型拆装体验台等为科教进社区提供了现代教学资源。促进了群众文化道德素质的提高。街道被评为全国"科教进社区"先进集体。

（莫文俊）

【学雷锋志愿服务】 年内，街道把学雷锋志愿服务组织作为推进和谐社区建设的重要力量来抓。志愿服务活动形成了学习促进型、互助关爱型、互动共享型、维权普法型等四个模式。北京电视台拍摄了"天桥社区志愿服务"的电视纪实片。在全国社区志愿者工作委员会成立大会上，天桥街道被评为"全国志愿服务活动示范街道"。

（莫文俊）

椿树街道

【概况】 椿树街道位于宣武区东北部，东起南新华街中心线与大栅栏街道交界；西至宣武门外大街中心线与广安门内街道相邻；南起骡马市大街中心线与陶然亭街道接壤；北至宣武门东大街中心线与西城区隔路相望，区域面积 1.0782 平方公里。辖区内有 52 条胡同，6 个社区居委会和 1 个拆迁工作站；总人口 41 962 人，户籍人口 35 899 人，流动人口 6 063 人，人口密度每平方公里 38 854 人；其中男性 17 833人，女性 18 066 人；新出生 126 人，死亡 161，自然增长率 -4.13‰。有 22 个民族，其中汉族占人口总数的 99.5%；有单位 321 个。街道工委设 5 个部门，街道人大工委设 1 个机构，办事处设 12 个科室，行政编制 81 个，控编 76 个，工勤人员 4 人；办事处下设社会保障所、环卫所、社区服务中心、绿化站 4 个事业编制单位，事业编制 36 人，实有 32 人。年内，椿树街道开展保持共产党员先进性教育活动，增强了党组织的战斗力、凝聚力、影响力，以建设和谐椿树为目标，坚持"团结、务实、高效、廉洁"的工作准则，带领全地区人民解放思想，开拓创新，扎实工作，使经济和各项社会事业得到健康发展，综合实力明显增强。2005 年，先后获得全国先进文化社区、北京市首批平安示范街道、北京市爱国卫生先进集体、北京市计划生育先进集体、北京市群众体育先进单位、首都维护国家安全先进单位、第一次全国经济普查先进集体等荣誉称号。

地址：宣武区椿树园小区 11 号楼甲 1 号

电话：63103585 63103648

邮编：100052

（杨　勇）

【社保所成立党支部】 1 月 10 日，根据街道工委决定，召开了椿树社保所党支部成立大会，正式组建椿树社保所党支部，并选举了党支部书记。

（杨　勇）

【文明礼仪过大年活动】 1 月 27 日，民盟区工委秘书长、委员参加了椿树街道的"文明礼仪过大年"活动。这是民盟和街道"结对子"开展的第一次活动，也是民主党派参与社区建设的初步尝试。

（张　弘）

【日本代表团参观椿树园社区】 3 月 16 日，日本专修大学社会科学院带领东京各区自治委员会成员一行 16 人，到椿树园社区参观考察。日本客人了解了社区居委会发挥自治组织的作用，在社区开展文化活动的情况，并到居民家中进行走访，观摩了社区老人的文化活动。

（何　鹍）

【再就业工作】 年内，椿树社保所通过"五个结合""五个服务"确保各项再就业工作指标的完成，总结再就业工作，并做好下一年度再就业工作的安排。"五个结合"即：队伍建设与行风建设相结合；重点工作与基础建设相结合；科所工作与街道工作相结合；劳动监察与社区岗位开发相结合；日常管理与中心工作相结合。"五个服务"即：加强培训服务于就业工作；完善机制服务于开发岗位；工作研讨服务于转变观念；培训考核服务于提高水平；联系例会服务于整体工作。

（杨　勇）

【社区服务】 年内，椿树社区中心以社区服务信息网络为龙头，形成96156 社区服务热线、呼叫系统、热线电话"三位一体"便民利民服务体系。2005 年在社区便民咨询、网络服务、文体活动、图书借阅、家政服务、志愿者服务、法律服务、社区卫生服务、退休人员管理等 9 类 86 个服务项目中（无偿服务 48 项，低偿服务 38 项），累计提供无偿服务 132 511 件次，低偿服务497 843件次。

（寿敬怡）

【建立"高技能人才库"】 年内，建立"高技能人才信息库"，并成立了人才信息采集专项工作组，制定了工作计划，推动人才工作开展。

（杨　勇）

【椿树秧歌队参加中韩文化交流】 2005 年 5 月，椿树秧歌队的 8 名队员在经过 20 天艰苦的集中训练后，参加了中韩文化交流活动。节目由原来的沙罐秧歌改为花棍秧歌。演出获得极大成功。

（秦　丽）

【青年公务员培养】 年内,共组织8批64人次35岁以下公务员培训。通过组织公务员参加奥林匹克知识竞赛、青年讲坛、征文和宣武区职工英语大赛等活动,给青年公务员提供了一个展示个人能力,体现人生价值的平台,提高了青年公务员自身的综合素质。

(孟令涛)

【市民学校十年成果展】 年内,椿树街道举办了市民学校十年成果展。椿树街道市民学校从1995年建立第一所民工学校开始,至今已有家长学校、下岗职工学校等各类校共计10所。学员由最初几百人发展到现在上万人。10年中,学校根据学员的需要,组织了30余场群众喜闻乐见的特色教育活动。学员三次到北京市市民学校经验交流会上做示范课。椿树市民学校总校被市文明办命名为"首都文明市民学校示范校"。

(李 梅)

【成立爱心互助社】 6月,椿树街道在6个社区分别成立了成立"爱心互助社"。社区发动并鼓励居民把家中闲置的物品(家用电器、家具、日常用品等)捐赠到"爱心互助社分社",并由其将上述物品发放给低保家庭和困难家庭。全年共为253个家庭提供物品400余件。

(何 鹍)

【暑期青少年活动】 从7月中旬开始,突出主题抓特色的暑期活动在各社区全面拉开序幕。活动由三个主题板块组成:"礼仪板块"倡导体验式教育,让青少年走进华大菜市场做起了临时售货员。礼仪老师现场辅导孩子们如何运用文明礼仪接待消费者。在"科普板块"中,街道邀请中国兵器总公司高级工程师以"科学在我们身边"为题,带领青少年开展科普活动。"文艺板块"以才艺搭台,举办地区青少年才艺展示大赛。通过预赛15名选手参加了汇报展示。

(王 萌)

【无障碍设施建设】 年内,办事处出资17多万元,对椿树园小区无障碍设施进行了改造。街道充分发挥宣传、协调、督促、检查工作职能,圆满完成了32处无障碍设施的改造工程。

(冯志华)

【装百扇门保百姓安】 年内,椿树街道在落实为民办实事过程中,从实际出发、从群众利益出发,把多年未能解决的居民院门破损,维修有困难的问题,提升到保地区稳定的大事来抓。主管领导亲自深入基层开展调研,对4个社区的近50条胡同800余个院落进行走访,了解掌握街门破损情况,向街道领导提出为92个无门院安装防盗铁门的实施建议。街道投资5万余元用于防盗铁门的安装。3个月的时间,综治办与派出所、社区居委会密切配合,克服了各种困难,使安装工作顺利完成。

(胡金钟)

【1%人口抽样调查】 6月-12月,在街道的宣东大街居委会和椿树园居委会进行了1%人口抽样调查工作。调查分为:社区居委会样本框确定、划分调查小区、绘制社区居委会地图、绘制调查小区图、第一次摸底、编制户主姓名底册、第二次摸底调整户主姓名底册、入户登记填表、编码等几个阶段。共对两个调查小区的216户居民407人进行了55项有关内容调查。

(马跃红)

【行政监察工作】 8月,椿树街道纪工委按照区监察局要求,根据区统计局对地区单位抽样,由分布在社区的街道党风廉政建设监督员和特邀监察员对辖区25个单位,就区各职能部门、执法部门和公共管理部门依法行政、廉洁从政、政务公开、办事效率、文明服务等方面进行问卷调查。经过"两员"对25个单位走访,满意度调查结果:综合反映行政部门的1家,比较满意率100%;调查反映区统计局的9家,非常满意2家,非常满意率占22%,比较满意7家,比较满意率占78%;反映国税局的7家,比较满意6家,比较满意率占86%,反映工作一般的1家,一般满意率14%;反映地税局的7家,非常满意的3家,非常满意率占43%,比较满意4家,比较满意率占57%;反映城管大队的1家,比较满意1家,比较满意率占100%。

(樊卫东)

【社区志愿者】 年内,各社区广泛发动志愿者与社区内的空巢老人、孤老户结成"一助一"帮扶对子。志愿者为他们换煤气、洗衣被、包饺子、送春联等。一年中有150人次的老人享受到了志愿者的服务。

(何 鹍)

【第三届"椿树杯"京剧票友大赛】 9月,第三届"椿树杯"社区京剧票友大赛决赛成功举办,宣武区副区长税勇、北京市文化局阮兰玉副局长、北京市群众艺术馆馆长张莞尔等市区领导到会祝贺,税勇副区长对街道成功举办三届票友赛给予高度的评价。此次大赛聘请了著名演员老艺术家李甫春、李玉芙、罗长德,优秀中青年演员杜镇杰、张静、王彩云为此次大赛评奖。来自14个区县的30名选手参加了此次决赛。

(秦 丽)

【人大代表选区述职】 10月初,人大椿树街道工委组织6名人大代表在社区述职，向选民报告履行职责的情况，接受选民的监督。述职会上，代表述职实事求是，选民评议客观公正。通过述职评议，提高了代表的履职意识，宣传了人民代表大会制度，促进了代表与选民之间的思想交流和感情沟通，推进了基层民主政治建设。

（张　弘）

【人民调解工作】　各社区调委会共调解198件人民内部矛盾，调解成功194件，成功率97.97%。调解31件复杂的人民内部矛盾，调解成功31件，维护了社区的稳定，保护了居民的合法权益，避免了民间纠纷转化为刑事案件。

（孙　玮）

【文明礼仪进家庭】　年内，街道在社区内深入开展文明礼仪教育实践活动。文明办制作了多套幻灯片，每组画面呈现一个主题。如："登门拜访应该注意什么"、"串门最好提前预约"、"送礼的几个禁忌"等等。共有200余名群众观看了幻灯片。

（张　峥）

【募捐工作】　年内，地区广大居民和社会单位在为印度海啸灾民、募捐月和年终紧急募捐工作中共捐款96 958元，捐物21 278件。

（何　鹍）

【残疾人按比例就业工作】　年内，安置残疾人单位就业3人，136个社会单位落实了残疾人就业工作，收取残疾人保障金40多万元。

（钱　榆）

【百日整治活动】　年内，开展了"百日整治"活动。采取宣传教育和处罚相结合的形式，向社会单位宣传门前三包法规，发放宣传材料120份，共出动执法人员上百余人次，车辆30台次规范和取缔烧烤设施10处，查处机动车售货3起，罚款3 000元，规范和取缔占道经营15处，罚款200元，清除堆物堆料30余处，拆除广告牌12块、清除拴钉刻画6处。

（杜凤霞）

【送温暖活动】　年内，共慰问低保困难家庭、高龄特困家庭、下岗失业困难家庭、优抚对象1 066户，慰问金289 300元，临时救助525户，救助金241 100元（其中冬季购煤446户，89 200元）。

（何　鹍）

【超额完成税收工作】　年内，完成税收12 236万元，占年度计划的115.8%，为地区各项事业发展奠定了坚实的基础。

（吴　英）

陶然亭街道

【概况】　陶然亭街道位于宣武区南侧中段，东起太平街、虎坊路中心线，与天桥街道办事处为邻；西至菜市口大街中心线，与牛街、白纸坊街道办事处毗邻；南以护城河为界与崇文区永定门外街道办事处、丰台区西罗园街道办事处隔河相望；北至虎坊桥路口，沿广安大街向西与菜市口大街交汇处中心点以南，同椿树街道办事处相接。辖区面积2.14平方公里。辖区有62条胡同、8个社区居委会。户籍人口22 407户，60 332人，其中男29 710人，女30 622人；出生254人，死亡297人，自然增长率-0.7‰；暂住人口5217人，人口密度每平方公里28 192人。驻地有中央单位14个、市属单位56个、区属单位160个；大学1所、中专2所、中学3所、小学5所、幼儿园1所。街道工委设8个科室，行政编制22人；街道办事处设12个科室，行政编制59人。有社保所、绿化站、环卫所、社区服务中心4个事业单位。根据宣编【2005】42号文件，街道司法所于2005年11月机构编制划归宣武区司法局。年内，陶然亭街道全面贯彻党的十六大、十六届三中、四中全会精神，按照发展先进生产力的要求，努力实现区域经济的新发展，按照发展先进文化的要求，努力实现社区文化建设的新提高，按照维护最广大人民根本利益的要求，努力实现群众生活质量的新变化，为打造"人文陶然、文化陶然、和谐陶然、现代陶然"努力工作。全年街道财政收入累计完成11 184万元，比去年同期10 406万元增加778万元，同比增长7.5%，完成年度计划108%。先后荣获全国经济普查先进集体、未成年人思想道德建设工作创新案例二等奖、"十五"期间北京市人民防空先进单位等荣誉称号。

地址：宣武区陶然亭路45号
电话：63533972
邮编：100052

（宋晓彤）

【拓宽群众利益表达渠道】　年内，在8个社区中建立了社区党委居民来访接待站。居民群众可以随时反映问题，及时得到反馈答复。社区党委通过群众来访呈办单和党政联席会两种方式加大指导监督、检查力度，较快地解决了居民来信来访的问题。到目前为止，各社区党委接待站共接待居民来信来访794人次，居民反映问题达411件，其中

319件已得到解决并将情况向居民群众及时反馈,对因客观原因解决不了的92件也已向居民说明了情况。随着长效机制的不断深化,呈现出群众上访的少了,到外面告状的少了,找媒体曝光的少了,群众的满意度提升了,党员在群众心目中的形象得到了提高。

(宋晓彤)

【精神文明表彰大会】 年内,街道在全地区窗口式机关单位开展评选人民满意公务员和人民满意的社区民警活动;在各个社区中开展推选"社区志愿者之星"、"扶残助困先进个人"等活动,以表彰为地区精神文明建设做出贡献的先进人物。3月3日街道隆重召开学雷锋精神文明表彰大会。大会共表彰先进集体20个、先进个人107名。人民满意的公务员8名、人民满意的社区民警1名。

(宋晓彤)

【思想道德建设】 年内,街道加大资源整合力度,积极构筑社区、学校、家庭"三位一体"的教育体系。先后与中央芭蕾舞团、宣武少年宫等16家文化单位达成资源共享协议,全年免费向地区青少年开放文体资源2-4次;分别与辖区7所学校签订《青少年校地德育合作备忘录》;开展"爱心洒社区·社区助成长"主题实践活动;积极引入中国青年政治学院大学生到社区,开展"宽容·礼让社区行"、"六德"童谣、宣传未成年人保护法等亮点活动。在开展"记'六德'日记-说三句话办三件事"活动中,街道向社区青少年发放"六德日记"本800册,并对'六德'日记进行展示,对评选出的50余篇优秀日记进行了表彰。

(宋晓彤)

【全国经济普查】 年内,街道完成了基本单位和个体户的清查、单位基本情况表的填报、经济普查后续报表的填报、收审、上报等项工作。普查员入户调查,做到数据准确、没有遗漏。共调查法人单位757家,产业活动单位202家,其他157家,个体1 025户。被第一次全国经济普查办公室评为先进集体。

(宋晓彤)

【干部队伍建设】 年内,街道注重加强公务员队伍建设,以提高政府部门的工作效率和服务水平。全年开展了公文写作、信访排查、党政知识、礼仪形象、人文历史等方面系列培训。使参训人员逐步提高了政治鉴别能力、公共服务能力、沟通协调能力,取得良好的培训效果。组织街道35岁以下青年公务员参加青年骨干公务员政治讲座、宣武青年讲坛系列培训。使广大青年进一步了解公务员的权力、义务、责任。从思想上、工作上更加严格要求自己,努力在本职位工作中发挥自己的专长和特点,为街道各方面工作增加了新的活力。

(宋晓彤)

【扶贫助学】 年内,街道以"北京青少年发展基金会、希望工程北京捐助中心宣武工作站"为依托,积极建立地区贫困青少年数据库,围绕"爱心基金"、"希望之星1+1奖学金"等捐款活动,为社区41名贫困家庭的青少年争取社会资助25 900元。在"谱爱心曲·圆学子梦"的主题活动中,街道第6次向独生子女特困生资助学费,为68名独生子女特困生资助学费4万元。

(宋晓彤)

【调整党风廉政监督员】 年内,调整了党风廉政监督员、信息员队伍,并对"两员"进行了培训。对"窗口部门"城管分队进行行风评议,接受人大代表、政协委员和群众代表的监督,通过走访、座谈、发放问卷等形式征求意见,满意率达到80%。城管分队针对存在的薄弱环节进行了整改,有效地促进了队伍建设。同时街道在辖区单位和社区居委会中公布监督举报电话、电子邮箱,设立意见箱,加强与居民群众的沟通,不断畅通民主监督的渠道。

(宋晓彤)

【社区文化】 年内,街道开展各种市民学校教育活动200余次,近万人次参加了教育活动,发放健康知识手册5 000余册。成功举办了"陶然杯"地书大赛,连续三年邀请北京市8个公园的地书爱好者300人次参加比赛,被评为北京市文化活动创新项目奖。举办了第一届"陶然乐"健身秧歌大赛,社区8支秧歌队143名队员参加了比赛;组织了"陶然文化伴我行"一日参观活动,40余人政协委员、统战人士参观视察了地区的特色文化代表湖广会馆的会馆文化、畅柳园居民危改回迁小区的社区文化、中央芭蕾舞剧团的高雅文化等,为打造陶然文化品牌,构建文化和谐社区,起到了宣传推动作用。以"街巷新貌"、"迷人风光"、"七色生活""社区风光"为主题开展"陶然美"摄影大赛,收集了地区群众报送的作品200多幅,2 000多名居民投票选出了自己心目中的获奖作品。营造了群众参与社区文化建设的良好氛围。

(宋晓彤)

【优化区域投资环境】 年内,街道结合危改回迁,按照精品小区标准加强畅柳园小区各项基础设施建设,营造良好的投资环境。开展"人人都是环境,事事关系环境、处处维护环境"的宣传教育活动;进一步深化"全程办事代理制",服务承诺制,营造良好的经济发展环境;发挥政府信息平台的作用,将工商、税务等职能部门进社区工作做实,为促进辖区经济发展服务。

(宋晓彤)

【城中村环境整治】 5月20日，街道对陶然亭公园周边城中村环境进行二期整治工程，截止到年底，居民全部按期拆迁，拆迁率100%。大吉片危改一期工程启动，拆迁奖励期后，签定拆迁协议940户，占拆迁居民总数38%。对四平园小区周边环境进行了整治，拆除违法建设，畅通道路，清理了无照摊商，还居民一个良好的居住环境；在平房区推广“一户一表”，改造上水管线2 914户，完成计划的208%；一户一电表安装1 257户，完成计划的125.7%。

（宋晓彤）

【创建学习型社区】 年内，街道开展以“创建学习型家庭”工程为主线，启动“做文明礼仪家庭学奥运英语”的实践活动，向社区家庭赠送300套日常英语300句和学习光盘。组织讲座，开展合格父母、合格人才的“双合格”教育活动，编辑出版了《走向家教成功之路》800册；在地区三所小学开展了“我和家长同读一本好书”读书活动；利用大众读书会、家长学校等活动载体，开展“合格父母大家谈”、“我把温暖送到邻居家”等活动，不断提高家庭成员的整体综合素质。各个社区也先后开展“好妻子、好儿媳、好母亲”、“我们眼中的合格父母”等活动，为构建“人文陶然、文化陶然、和谐陶然、现代陶然”起到了推动作用。

（宋晓彤）

【社区自治】 年内，组织社区专职工作者参加街道“新陶然、新形象、新素质”的培训，不断提高广大社区工作者联系群众、服务百姓、解决问题、化解纠纷、凝聚民心的能力；积极发挥社区居委会、社区代表、社区居民及社区单位的参与作用，深化居务公开，开展共驻共建。在举办的评议社区居委会测评中，8个社区代表参加了评议，同时邀请了部分区人大代表参加，社区代表的满意率为94.09%，使监督范围、民主参与程度更广、更深。在大吉片拆迁过程中，通过租用形式先后安置了3个社区居委会的办公用房，总面积达1 120平方米，改善了居委会办公环境。

（宋晓彤）

【工会工作】 年内，街道在非公企业和8个社区居委会中分别成立了工会组织，加强了工会基层组织建设。在外来务工人员中开展“讲文明礼仪，做文明外来务工人员”系列宣传教育，进行了职业技能、礼仪礼节系列培训和展示活动；组织外来务工人员和转制企业职工进行联谊活动，以加强职工的归属感和凝聚力。率先成立了首家职工困难帮扶服务站，为辖区新建企业工会职工、下岗、失业职工、进城务工人员，免费提供法律咨询与帮助，解决职工实际困难。

（宋晓彤）

【帮扶困难家庭】 年内，结合街道低保中心的建立，努力强化低保运行体系的科学化、规范化、制度化、动态化建设。在重大节日期间对困难家庭进行慰问，落实医疗救助、临时救助等相关制度；加强对空巢老人的帮扶力度，各社区居委会组织社区志愿者、低龄健康老人、邻里和低保人员与96名高龄特困老人签订“一助一”协议，在精神上给予关怀，生活上给予照顾，做到了老人遇到困难有人帮、有人管；组织360余名社区老年人参加全区组织的身体常规检查，提高老年人自我保健和预防疾病的能力。

（宋晓彤）

【社区治安防范】 年内，街道在8个社区建立了以社区居委会为龙头、辖区单位为主体、辐射全社区的居民楼、院长负责机制，形成了社区居委会抓楼院长，楼院长管居民户的社区治安管理网络；建立了以派出所巡警、专职社区巡逻队、社区志愿者、低保护卫队、治保积极分子为主体的“三级巡逻”网络。8个社区全部成立了社会治安综合治理委员会，制定了社区综治委例会制度、工作制度和社区创安工作研讨会制度，不定期就社区创安工作好的作法和存在的问题进行研讨，加大工作指导力度。全年加大了科技创安力度，街道、辖区单位、社区居民共出资10万余元，解决了290余户居民的楼宇对讲，安装了31个街门，真正为百姓解决实际问题。

（宋晓彤）

【矛盾排查】 年内，街道坚持定期矛盾排查制度、领导包案制度、矛盾纠纷协调例会制度等，8个社区坚持每月集中排查矛盾一次，街道将各社区上报的问题按照矛盾性质、类别分别调处，对重点矛盾纠纷及时协调、解决。全年共接待群众来信来访296人次。到目前为止，没有发生群体性越级访。

（宋晓彤）

【再就业工作】 年内，街道完善失业人员登记制度，有针对性地开展职业指导、专业技能培训等服务，采取举办“成功求职策略培训班”和岗前培训等形式，培训学员603名；为用人单位和求职人员提供真实可靠的各类供求信息，完善空岗信息采集传递制度，共推荐527人次面试，推荐成功382人；努力挖掘就业岗位，安置失业人员，已开发社区就业岗位842个，安置失业人员699个；做好用人单位劳动合同签订、社会保险缴纳、技术工种持证上岗等工作，规范用人单位基础信息工作建设；建立相应的跟踪服务档案，完善失业人员职业救助制度，实施全面调查审核，了解其家庭情况、就业愿望、就业能力等，全程帮扶，全年城镇登记失业率为 2%，就业率为 61.24%，其中“4050”人员就业率为 62.51%。

（宋晓彤）

【办事处迁入新址】 陶然亭街道办事处位于宣武区南横东街 79 号，为原河南开郑会馆，属于大吉片危改拆迁范围。2006 年上半年大吉片危改项目启动，街道于 6 月 3 日 –6 月 5 日迁移到陶然亭路 45 号，暂租用北京电信建筑工程公司信鸿宾馆为临时周转办公楼。同时陶然亭街道政务大厅正式对外服务，设立了 8 个接待窗口，即城市管理、民政优抚、计划生育、残疾人服务、民事调解、综合服务等窗口，方便居民办事。

（宋晓彤）

【红十字会工作】 年内，街道红会积极开展人道主义 4 项工程，即救灾救助工程、自救互救工程、红十字青少年工程、社会服务工程，进一步弘扬“人道、博爱、奉献”的红十字精神。组织社区居民、社会单位先后为海啸灾民捐款 66 511.53 元；为“博爱在京城”募捐活动捐款 39 049.08元；为 10 户帮困对象和 11 户失火特困家庭，捐款 7 000 元。在社区中广泛开展群众性卫生救护培训、讲座 15 期，获得“初级急救员”证书的 33 人。开展健康知识讲座 6 次。发放《禽流感预防知识手册》近 5 000 份，对地区 210 户，5 476羽鸽子全部进行了 H5N2 型禽流感疫苗免疫，免疫率 100%。

（宋晓彤）

【人民调解工作】 年内，街道人民调解委员会加强与公安、城管、供电、供水、房管等有关部门合作，成立了首家“供电供水服务调解委员会”，专职调处欠费停电、停水纠纷，不断探索基层司法行政工作的运行机制，为地区稳定和经济发展保驾护航。全年共调处各类纠纷 628 件，涉案金额共计 47 万元；涉及供电纠纷 63 起，解决了 25 起，已收缴欠费金额 30 702.25 元；解决劳资纠纷 5 件，涉及金额 9.1 万元，法律服务工作站的建立维护了居民的切身利益。

（宋晓彤）

【计划生育工作】 年内，街道在计划生育服务理念中突出“人情关爱，人性关爱，人文关爱”，连续六年开展青春期教育活动，健全计生协会网络；签订“社区计划生育警民自治公约”；以“春天的引导”为主题，组织了特殊群体的青春关爱互动活动。全年为 2 052 名无业存档人员办理发放独生子女费 11 万余元；组织低偿妇科体检，208 人参加；发放避孕药具 74 箱；为流动人口办理婚育证 303 个，孕检 265 人，孕检率为 94%。

（宋晓彤）

【残疾人康复工作】 年内，街道开展残疾人康复需求调查，17 名贫困白内障患者进行术前检查，有 7 名符合手术标准，其中 3 名接受了免费复明手术，8 个社区基本达到白内障无障碍社区的标准。对 12 名因中风引起的偏瘫患者进行肢体系统康复训练，显效率 100%。为 37 名残疾人配备了小型用品用具；为 2 名肢残人免费装配假肢。安排 3 名贫困精神病人免费入住农疗基地；对 2 名成年智障进行训练。努力实现“人人享有康复服务”的目标。

（宋晓彤）

【防汛工作】 年内，街道落实“以防为主，防重于抢”的方针，做到了“四早”即早计划、早排查、早动员、早准备。与相关部门配合对危险树木、人防工事、孤老户房屋、直管公房和私房危险房、危改拆迁和建筑工地、低洼院落、道路和排水设施进行了逐一检查，防汛人员加强了雨前、雨中、雨后的巡查。全年共出动抢险人员 210 人次，排除危险树木隐患 61 处、伐除险树 14 棵；协调排除房屋险情 8 起、11 间；雨后处理雨水口、污水口堵塞情况 35 起，有效地保证了辖区群众的生命、财产安全。

（宋晓彤）

【姚家井小区通邮】 姚家井小区是个老小区，小区的公共设施比较陈旧，通邮问题一直得不到解决。年内，街道将解决小区通邮问题作为 2005 年为群众办的第一件实事，筹集资金 11 万元，积极协调，在最短的时间内，解决了姚家井小区 700 余户居民的通邮问题。

（宋晓彤）

广安门内街道

【概况】 广安门内街道（简称广内街道）位于宣武区中部偏北，东以宣武门外大街中心线为标志，与椿树街道相邻；西以广安门护城河为界与广外街道相接，南以广安门内大街中心线为界与牛街街道相望，北以西便门护城河、宣武门西大街为界与西城区接壤。辖境东西最长 2 130米，南北最宽 1 200 米，面积 2.43平方公里。有街巷胡同 79 条，划分为 18 个社区。户籍总数32 439 户，户籍人口 85 742 人，其中女 43 278人，男 42 531 人，暂住人口 12 286人，人口密度居全区之冠。辖境单位总数 1 607 个，其中法人单位 1 377 个，产业单位 316 个，个体经营户 1 508 个。境内有三级甲等医院2所，中小学、幼儿园17所。街道辖境是广安门商务办公区和国际传媒大道的重要组成部分。广内街道工委下设5个部门及3个群团组织，行政编制25人；街道办事处设12个科室，行政编制65人。年内，街道完成地方税收11 227万元，财政收入4 035万元。全年安置失业人员1 322人，城镇登记失业人员失业率为2.02%，登记失业人员就业率为60.39%。

地址：宣武区感化胡同3号院12号楼

电话：83172764

邮编：100053

（张红霞）

【党风廉政教育】 年内，街道工委积极开展反腐倡廉及预防职务犯罪的宣传警示教育，利用机关局域网开辟了党风廉政建设专栏，网上编发了11期76篇预防职务犯罪警示教育资料，强化了日常和节日警示教育。进一步落实党风廉政建设责任制，明确了党风廉政建设责任和反腐败斗争主要任务。

（祝秉清）

【行政监察工作】 年内，围绕各专项清理整顿，加大行政监察工作力度，对街道中小工程管理、固定资产管理、失业保险基金发放、职工住房补贴、房屋调整、规范公务员工资收入、加班值班补贴、人员招聘、各项捐款捐物、全程办事代理等重点专项工作进行监察，对民政科、计生办进行行风民主评议。

（祝秉清）

【群团组织建设】 年内，以党建带动群团组织建设，充分发挥群团组织的桥梁和纽带作用。率先在全区社区成立7个社区工会。街道团工委率先启动了以“永远跟党走”为主题增强团员意识教育活动，在新经济组织“美丽风景图片社”建立了团支部。街道妇联在北京丽晶皇城老妈宣武店成立了地区第一个新经济组织妇代会。

（舒兆双 尚建红 王玲玲）

【信访调解中心成立】 年内，以深入贯彻国务院《信访条例》为契机，街道工委制发《广内地区信访、矛盾纠纷排查调处工作意见》，街道办事处制定出台了《广内地区信访、矛盾纠纷排查调处工作规程》。投资建成150平方米的信访调解中心，作为地区信访、排矛四级工作网络枢纽；赋予信访调解中心“分流指派”、“调处调度”、“督查督办”、“追究责任单位责任的建议”四项职权，实行信访办、司法所、人民调解委员会、律师事务所联合办公，形成整合地区行政资源、纵向到底横向到边的信访排矛工作格局，使司法行政、人民调解、法律援助介入信访和地区矛盾问题的解决，依法规范了办事处工作部门和地区管理委员会成员单位解决信访问题的工作程序。年内处理各类信访324件次，办结率达95%。

（周早阳）

【全程办事代理服务中心投入使用】 年内，全程办事代理服务中心建成并投入使用。26类服务事项纳入受理范围，做到一口办理、专人代办、限时反馈。新规范流程运行以来，群众满意率达到100%。

（王红卫）

【文化遗产保护】 年内，确立以弘扬北京宣南文化为主线的“四个一”文化遗产保护工程，即：保护一批有价值的文物古迹，如报国寺、长椿寺等，开展市民活动和青少年思想道德教育，发挥其作为爱国主义教育和民族传统教育基地的作用；传扬一批名人事迹，将研究成果转化为区域人民的口传历史；延续一件标志性记忆，即具有广内特色、重放异彩的北京民俗－抖空竹；继承一种市民气质，即地区人民长期形成的讲礼、互助的朴实民风。以保护和传承北京空竹文化作为“四个一”工程的突破口，挖掘整理空竹文化与广内街道的历史渊源，成立空竹协会，举办首届北京市社区空竹邀请赛，在群众中普及推广抖空竹运动，使之成为参与率最高的社区群众活动，以街道名义将“抖空竹”申报为北京市级和国家级非物质文化遗产代表作，9月10日，该项目通过专家论证会。

（张志怀）

【帮扶弱势群体】 年内，为991户低保家庭2138人发放最低生活保障金647.2万元。组织“送温暖”等慰问活动，慰问走访困难户1251户，发放慰问金37.4万元，临时救济款3.7万元。推动退休人员大额医疗费报销工作向企业和社区延伸，地区一半以上退休人员在街道内实现大额医疗费报销。

（李燕平）

【再就业工作】 年内，以“三个平台（与企业联动开发就业岗位的社会资源平台、依托政通劳务服务中心的托底安置平台、通过政策扶植的虚拟组织平台）、两个培训（着力抓好技能培训和求职策略培训）、一个基地”（残疾人就业服务基地）的“三二一”工作模式为依托，探索具有广内特色的再就业工作。通过与企业合作、扩大社区就业等方式，全年采集有效岗位3212个，开发有效岗位2927个（其中社区就业岗位1378个，社区公益性岗位217个）。以帮扶低保、残疾人员就业为重点，在报国寺、长西社区开展试点帮助有劳动能力低保人员退保和再就业，共有97名有劳动能力的低保人员实现再就业。加大对“4050”人员就业帮扶力度，733名“4050”人员实现再就业。

（张红珍）

【重点项目建设】 年内,大件公司综合楼、槐柏树电话局、象来家园小区、广义街道路、广安北街道路拓宽等一批地区重点工程竣工;地铁四号线工程辖境段进展顺利;天宁广场等单位公建正式动工;广安片危改项目完成规划,宣西片危改项目通过专家论证。

(孙宝安)

【平房区基础建设】 年内,共大修公房215间,完成212户老旧线路改造,改造公厕91间,完成1 671户一户一电表安装并送电;完成2 387户一户一水表改造,超额1 408户;为平房区配备灭火器材1 155具。改善平房区基础设施,提高地区抗风险能力,汛期全地区安全渡汛。

(马文浩)

【"城中村"整治】 年内,重点对报国寺"城中村"进行拆迁整治。截止到年底,报国寺"城中村"拆迁整治工程主体完成,宣西2号楼南侧、三庙前街、宣武艺园周边等三处"城中村"通过2006年立项。

(施凤桐)

【爱国卫生运动】 年内,抓住创建"国家卫生区"工作契机,在区政府统一部署下,全力推进爱国卫生运动。清理卫生死角216处,清运无主渣土和大件废弃物255吨,清除小广告4 200条,清理绿地卫生6 500平方米,投放各类除"四害"药品440公斤,签订门前三包责任书600余份。改善了辖区重点街巷及413家社会单位、124家餐饮业单位的卫生状况。完成宣西大街沿线、西便门东里和长椿街西里社区环境美化工程。

(吴秋利)

【精神文明建设】 年内,通过文明街巷、胡同评选等系列文明创建评比活动的开展,辖区居民文明素质进一步提高,街道被首都文明委评为首都文明街道,西便门东里等5个社区被评为首都绿色社区,西便门西里等13个社区通过了市级文明社区复查,大街东社区、校场社区被评为区级文明社区。街道充分发挥市民文明学校、社区教育学院阵地作用和社区志愿服务队的品牌效应,开展志愿服务和市民文明教育。开设社区"低保课堂",实施低保人员、流动人员等特殊人群教育学分制,建立资源共享、学员自取式教学"学习超市"体系;加大宣传栏整治力度,新建优秀宣传栏3处。举办第八届街道全民运动会,吸纳社会单位、武警官兵、社区居民共同参与,参赛运动员及表演人员达2 300人。开展了"告别陋习、请您支招"金点子征集等文明礼仪的宣传教育实践活动,举办了"中国人演外国戏"大赛。组织22场五月鲜花及"夏日广场"文艺演出,举办"科普之夏"、"科普周"等系列活动。注重发挥民间组织在活跃群众文化生活方面的作用,18个社区中涌现出26支品牌文体队伍,5月份,健身舞蹈队20名队员代表宣武赴韩国参加了"你好汉城"演出活动。

(许　建)

【社区自治】 年内,着力推动社区民主自治建设贯彻落实街道《关于加强社区民主自治的指导意见》,18个社区全部成立社区议事机构和民主监督小组,为居民参与社区民主管理搭建了平台,社区民主自治建设进一步加强。

【特色社区】 年内,完成了一批特色社区的建设。如宣西社区的平安创建、核桃园社区的共驻共建、西便门西里社区的"一支一楼一特"、报国寺社区的服务特色、三庙社区的居家养老助老、康乐里社区的文体协会建设、西便门东里社区的科普学习等。

(李　杰)

【社区治安】 年内,通过调整警力布防、加强社区治保队伍,推行科技创安,将专防、群防、技防相结合,全年在4个社区近700户居民和37个平房院安装了技防设施,提高了地区治安防范能力。辖境宣西社区由全市挂账的高发案社区成为可预防性案件零发案社区。公安派出所按照办事处"警力跟着警情走"的工作要求,科学调配警力,地区发案率明显下降。地区安全单位和社区均达到80%以上,"四无社区"达到95%以上,群众安全感增强。

(李　瑞)

【社区教育】 年内,充分发挥街道已有的市民文明学校、社区教育学院阵地优势,加强阵地建设,鼓励终身学习,倡导健康人生,并开设流动人员文明市民学校,通过网络优势创新文明市民学校网校。以培育社区学习型团体和家庭为载体大力推进学习型城区创建工作。街道社区教育工作的"八结合"方针,受到社区教育界的普遍赞誉;街道社区教育工作通过2005年北京市创建学习型城区专家评审组验收。

(黄博琦)

【社区服务】 年内,加强社区服务中心建设,逐步推出一批符合群众需求的社区服务项目。创新志愿服务项目,发展了近200支志愿者服务队,3 000多名志愿服务者。深化社区服务内容,培育了"居家养老家政服务队"、"卫生消杀服务队"等品牌服务队伍,在便民利民同时,实现下岗失业人员社区就业。

(白玉明)

【电子政务】 年内,街道电子政务三期工程建设完成。提出了"电子政务核心在政务、关键在应用"的指导思想,将街道电子政务四期建设重点放在了治安防范、城市管理、应急指挥和服务群众四个方面,在全市首创冰雪天气应急指挥系统,电子政务建设在应用领域取得明显进展。

（王惠敏）

【经济普查工作】 年内，完成全国经济普查后续工作和1%人口抽样调查、市民出行调查。完善“街道数据库”，丰富了区域数据资源。

（邢静文）

【政事分开、管办分离】 年内，街道以“政事分开、管办分离”为原则，按照市场化运作模式，将地区绿化、环卫工作纳入社区服务体系，并与开发社区就业岗位结合，开展地区绿化养护工作；通过政府购买服务的工作形式0，将地区环卫保洁工作交与专业环卫保洁公司承担。

（李童水）

牛街街道

【概况】 牛街街道位于宣武区中部，东起菜市口大街，西至广安门南街，南起南横西街、枣林前街，北至广安门内大街。区域面积1.44平方公里，30条街巷胡同、10个社区居委会。户籍人口17 438户、48 198人，其中男24 376人、女23 822人；人口密度每平方公里33 470人；暂住人口10 500人。辖区28个民族，其中回族人口1.2万，占辖区人口总数的四分之一。年内出生204人，死亡179人。驻地单位共1 073个，其中中央单位154个、市属单位87个、中学2所、小学2所。街道工委设9个部、室，行政编制22人；街道办事处设12个科室，行政编制59人；下属有社保所、环卫所、社区服务中心、绿化站4个事业单位。年内，牛街街道以民族团结进步为主线，以构建和谐牛街为目标，在党的建设、社区建设、城市建设以及精神文明建设等方面均取得较好成绩。全年实现财政收入19 165万元。年内被评为全国民族团结进步模范集体、全国军民共建社会主义精神文明先进单位和首都文明街道。

地址：宣武区牛街8号

电话：63553407

邮政编码：100053

（郤晓晶）

【党风廉政建设】 年内，牛街街道围绕“加强党的执政能力建设”的主题，结合保持共产党员先进性教育活动的开展，强化组织监督，通过“五个加强”不断推进党风廉政建设。一是加强领导干部学习工作，二是加强党风廉政建设责任制的落实，三是加强行政效能监察作用的发挥，四是发挥党风廉政监督员的作用，加强行风评议的力度，五是加强廉政文化建设，开展廉政文化进机关、进社区活动，组织廉政书画展评选活动，征得作品100余幅。

（郤晓晶）

【干部任用改革】 年内，牛街街道出台了《关于科级干部实行任期制的试行办法》，实行三年任期制，打破干部任用的“终身制”，建立了能上能下的用人制度。对科级非领导职位全部进行了竞争上岗，破格选拔了35岁以下优秀年轻干部任副科级领导职务。建立了干部定期下基层制度。

（郤晓晶）

【精神文明建设】 年内，成立了文明礼仪讲师团，开展文明礼仪“六进”活动。广泛开辟宣传阵地，充分利用并发挥宣传橱窗、《今日牛街》等地区宣传资源的宣传作用。深入开展未成年人工作，搭建社区教育平台。以文明礼仪、科普、五爱为教育内容；设立奖学金、助学金，支持地区民族教育。

（郤晓晶）

【民族团结工作】 年内，建立健全了社区民族工作例会、情况通报和基础资料管理制度。开展民族团结创建活动，召开了第八届民族团结进步表彰会，对辖区内101个民族团结先进单位、34个民族团结楼门（院）、124个民族团结进步先进人进行了表彰。

（郤晓晶）

【组建社区巡防队】 年内，采取公开招聘模式组建社区巡防队。人员的管理全部纳入牛街鑫牛劳务派遣公司，进行军训、职业道德培训和业务培训，建立《牛街巡防队组织管理规定》、《牛街巡防队规章制度》、《牛街巡防队目标考核办法》等相关规章制度，实行规范化管理。牛街社区巡防队是全市第一支由下岗失业人员组成的社区巡防队。

（郤晓晶）

【科技创安】 年内，牛街街道投资30万元设立8处警情通报栏，对当日110警情、消防、交通、卫生防疫、工商打假等情况进行通报。开展老旧小区、平房院的安全技防工程，安装防护栏、防护窗。

（郤晓晶）

【社区矫正】 年内，投资40万元成立社区人民调解暨阳光社区矫正管理服务中心。全年共接待、调解各类民事纠纷161件；防止群访、越级访20余件；发放各项补偿费用共计133万元；接收矫正人员16名。

（郤晓晶）

【再就业工作】 年内，成立了再就业大联盟，与辖区内民营单位合作，开发就业岗位。通过举办招聘会、一对一推荐等方式帮助失业人员再就业。全年共举办招聘会10余场,与会单位60余家,提供有效岗位近600个,与会求职人员900余人,达成用工意向比例为66.2%。加大再就业培训力度。年内共培训下岗失业人员免费技能培训739人;对110名特困失业人员实施“职业救助”。创新工作模式,把其它工作与再就业工作有机结合,共开发社区巡防队岗位56个,陆续开发司法行政协管员、居家养老指导员、交通协管员等公益性岗位,以爱心互助超市为依托,建立再就业基地。把低保工作与再就业工作相结合,促进低保人员再就业。全年共举办低保人员专场招聘会2场,招聘低保人员18名。全年再就业人数共计1 048人,就业率达到61.89%,高出既定目标近2个百分点。

(郤晓晶)

【双拥共建】 年内,组织用工单位开展送岗位进军营活动,为武警官兵提供电脑培训,完成部分优抚对象补助金额的大幅调标,举办“学雷锋精神、做文明北京人”便民服务活动。部队官兵对新上岗的巡防队员开展军训,在重大节日、庆典活动中提供安全保障支持。召开迎新春军警民联谊会,举办“溢满双拥情”文艺演出活动。

(郤晓晶)

【社区服务】 年内,成立了穆斯林家政服务公司。探索居家养老新模式,成立阳光服务社,开展“双创建”。牛街两位老人被评为“北京市健康老人之星”,其中一位被选为北京市“十佳”形象大使。牛街民族敬老院被评为全国巾帼文明岗。春风社区被评为全国学习型社区。

(郤晓晶)

【社区文化】 年内,把文体队伍事务性管理下沉到社区,增强居民主动性和积极性。招募新成员,推进文体队伍的正规化、年轻化、专业化。今年,牛街社区文体队参加“汉城您好”等国际文化交流活动,并多次参与中央电视台节目录制。举办“五月鲜花”、“颂歌献给党”、“民族团结杯”棋类赛、全国体育大会北京摔跤代表队选拔赛等大型社区活动近20场,社区文体活动逐渐品牌化。

(郤晓晶)

【行政事务监督】 年内,受理全程代理事项1 878件。完成全程办事代理事项梳理,整编后共27个项目。制定、完善14项政务服务制度,包括政务公开、全程办事代理制度、岗位责任制度、督查制度等十余方面内容。进一步加强行政监督,通过滚动大屏、便民笺、宣传板等多种形式公开服务事项及其依据、程序、期限,主动接受社会监督。

(郤晓晶)

【社区环境整治】 年内,投资近500万元进行环境整治。完成牛街西里二区绿化环境整治工程,共绿化小区面积11 900㎡、铺设道路8 500㎡、建设停车位300个;完成菜市口南下路沿线环境整治、白广路亮美设施改造和白广路精品街的建设、维护;整治烂漫胡同、南半截胡同、天景胡同,整治总面积达10 000㎡,拆除违章建筑1 500㎡,整修道路2 000㎡,绿化面积700㎡;妥善解决西里二区遮光问题;协助有关部门完成一户一表改造工作;改造达标厕所29座。

(郤晓晶)

【送温暖活动】 年内,在春节、“五一”、“十一”及开斋节等重大节日期间,共慰问居民5 000多户,慰问款达378 000元。慰问对象涉及到贫困家庭、下岗人员、残障人士、孤寡老人、民族宗教界知名人士、统战界人士。领导干部入户慰问工作,在送关心、送问候的同时,注重倾听群众的心声和意见,鼓励其为地区建设建言献策。

(郤晓晶)

白纸坊街道

【概况】 白纸坊街道位于宣武区西南部,东起菜市口大街南下路西侧,西至西护城河,南起南护城河,北至南横西街、枣林前街南侧,面积3.1平方公里。辖12条大街,76条胡同,18个社区居委会。户籍人口4.3万户、12.9万人。驻地单位957个,其中中央、市属单位200个。辖区内有大中小学校15所,托幼园所4个,医院6所。年内,立足街道实际,紧紧围绕构建和谐社区的工作目标,本着“巩固、发展、创新”的工作要求,切实加强基层基础工作,通过团结协作、共同努力,较好地完成了街道各项工作任务。

地址:宣武区樱桃二条8号
电话:63522753
邮编:100054

(马鸣扬)

【红十字工作】 1月19日,召开了“红十字与你牵手”社区服务活动启动仪式。启动仪式上,区红十字会对“博爱在京城”募捐活动中做出突出贡献的15家单位进行了表彰。并在华强超市专门开设了博爱专柜,全区112个特困家庭凭发放的爱心卡可以在专柜领取米、面、油等生活必需品。

（马鸣扬）

【"新春送健康、关爱到社区"活动】 2月1日,崇效寺社区举办了"新春送健康、关爱到社区"活动。参加这次活动的有国家卫生部副部长蒋作军、北京市副市长牛有成、卫生部社妇司司长杨青、北京市卫生局副局长梁万年、中共宣武区委副书记仲兆军、副区长曾赞荣。在活动中市区领导同30名社区居民就健康问题进行了亲切交谈,一起参加了健康知识竞猜活动。

（马鸣扬）

【社区代表会】 3月10日,举办了白纸坊街道第三次社区代表会,共有196名地区代表出席了大会。会上各位代表认真听取和评议了白纸坊办事处2003-2004年的工作报告,以及白纸坊派出所、工商所、医院、城管分队等9个职能部门的工作。对城市管理、社区建设、社会治安、干部队伍建设、工商管理等方面工作提出了146条意见和建议。

（马鸣扬）

【文化活动展示会】 4月6日,举办了"以文体活动为载体、努力构建和谐社区"现场会。文化部社会文化司群众文化处处长刘波、市文化局社文处处长阮兰玉、市文化局社文处副处长常林、首都文明办创建处副处级调研员常建军、宣武区委书记唐大生、副区长杜灵欣等领导参加了此次活动。各位领导和专家学者在白纸坊街道清芷园社区观看了白纸坊街道文体协会展示的太狮老会、太极扇、民族舞蹈、时装表演、扇花秧歌、易拉罐秧歌等文化活动,并在广安会议中心观看了宣传片《春潮涌动白纸坊》和多媒体演示,听取了白纸坊街道、中国歌舞团、新安南里社区等单位的情况汇报。

（马鸣扬）

【文体协会展示活动】 4月17日,市文化局社文处处长阮兰玉、宣武区文化委员会执法队队长李克刚、深圳市文化局代表团50余人到文体协会进行考察。欣赏了文体协会制作的《以文体活动为载体,努力构建和谐社区》的宣传片和宣传画册,观看了100名文体协会队员表演的易拉罐秧歌和扇花秧歌。听取了协会会长韩世和同志关于政府职能转变后成立文体协会有力推进社区文体工作的情况汇报。两市文化局就加强社区文化中心(文化站)建设问题进行了座谈,交流了工作经验。

（马鸣扬）

【五月鲜花文艺汇演】 5月27日,举办了五月鲜花暨抗日战争胜利60周年文艺汇演,18个社区近600名居民组成的17支队伍分别演唱了抗日战争、文明礼仪等歌颂祖国、歌颂美好生活、和谐社会的歌曲。

（马鸣扬）

【绿色社区建设】 6月2日全国政协副主席张思卿率全国政协委员一行30人到建功南里视察指导绿色社区工作,对我街道和建功南里社区的工作给予了充分肯定。

（马鸣扬）

【外国友人到清芷园参观】 6月3日,非洲国家贝宁共和国国民议会议长伊吉等一行8人到清芷园社区参观访问。来访人员参观了清芷园社区,随后又听取了社区主任关于社区建设的情况介绍并参观了社区的科普室。

（马鸣扬）

【纪念抗战胜利60年文艺汇演】 8月17日,在第三职业学校举办了高雅艺术进社区暨纪念抗日战争胜利60周年文艺汇演。此次活动,邀请了中国歌舞团艺术家与社区文化团体、青少年共同演出。

（马鸣扬）

【"我酷我炫"青少年文艺演出】 8月23日,组织18个社区的青少年进行了"我酷我炫"文艺秀。活动中共演出歌曲、京剧、舞蹈、器乐演奏、曲艺等各种形式节目23个。

（马鸣扬）

【外国友人参观崇效寺社区】 9月2日,国家计生委国合司司长、北京市计生委副主任、宣武区计生委主任、宣武区民政局局长、宣武区妇联副主席等领导陪同法国社会事业平等特别大使等外宾朋友到崇效寺社区参观考察。社区工作者介绍了社区妇女权益保障工作、妇女和儿童的保健情况及社区开展活动的情况。

（马鸣扬）

【"弘扬宣南文化"文艺汇演】 11月3日,在鑫融剧院举办了"弘扬宣南文化"为主题的高雅音乐进社区专场演出,600多名社区居民欣赏到一场高雅艺术与通俗、专业与业余相结合的音乐会。

（马鸣扬）

【小区环境改造】 年内,对菜园街24号院小区进行了升级改造。对小区进行拆违、建绿、刷墙、铺路。还安装了铁艺门2套、立杆灯6套和楼宇对讲系统3套,应居民要求新建2座自行车棚、4套配置路椅和树脂桌2套,小区环境焕然一新。

（马鸣扬）

广安门外街道

【概况】 广安门外街道(简称广外街道)位于宣武区西部,东以西护城河为界;西沿马连道北路、湾子街至太平里,与丰台为邻;南起广安门南滨河路向西沿鸭子桥、广安门火车站专用线莲花河故道与太平里相接,亦与丰台区相连;北以北京西客站、莲花池东路为界,与海淀区、西城区毗连。辖区总面积5.49平方公里。29个社区居委会。户籍人口36 961户、97 115人,其中男性49 865人,女性47 250人;新出生419人;暂住人口15 669人;驻辖区法人单位2 254个,学校12所,托幼园所6所,敬老院1所,医院1所。地下空间436处(其中人防工程188处、普通地下室248处)。市级文明社区7个,区级文明社区5个,首都绿色社区6个。莲花河由西向南斜穿地区中央,境内流长2 570米;西护城河从地区东侧流过,境内流长2 640米;天宁寺塔、金中都太液池分别为全国和北京市文物保护单位。年内,街道认真贯彻党的十六大、十六届三中、四中全会和北京市第五次城市管理工作会议精神,全年贯穿“党心凝聚民心、共建和谐广外”的主题,围绕一条主线,即:全面贯彻“三个代表”重要思想,夯实五个基础,即:夯实社区自治基础,促进基层民主发展;夯实环境优化基础,促进区域经济发展;夯实社会管理基础,促进和谐社会发展;夯实文明建设基础,促进社区文化发展;夯实社区党建基础,促进为民服务发展,实施六大工程,即,实施以为民服务为重点的社区党建工程、城市建设和管理的精品工程、区域经济发展的繁荣工程、社会治安和安全生产的安定工程、精神文明建设的素质工程、信息化管理的数字工程的工作思路,解放思想,扎实工作,较好地完成了全年工作任务,为构建社会主义和谐社会迈出了坚实的一步。

地址:宣武区广安门外大街189号
电话:63318222
邮编:100055

(陈红 吴哲)

【为印度洋海啸灾区捐款】 广外街道向居民户、社区单位发放《倡议书》3 000余份;悬挂横幅28条;出宣传板报37块;分别在居民小区设立募捐点70个。自1月1日至7日,在短短的7天时间里,地区居民和单位共为印度洋海啸灾区捐款152’598.20元。

(陈红 吴哲)

【参加“全国首届构建和谐社区高层论坛”】 1月25日,来自全国45个城区、街道及民政部门的代表参加了在北京举行的全国首届构建和谐社区高层论坛。北京大学、中国人民大学、中央党校的有关专家学者与到会的基层代表就构建和谐社区进行了深入的研讨。广外街道在论坛上介绍了街道在全面推进和谐社区建设的探索实践过程及取得的成果。

(陈红 吴哲)

【小型太阳能电站在社区启用】 3月13日,一座功率2千瓦小型太阳能电站在广外社区正式启用。这座小型电站仅电力每天就可节省近10度电,避免受高额电费开支和夜景照明开灯时间的限制。现有灯具能够根据外界光线的变化自动开启,方便社区居民出行,同时也成为了城区亮化景观新的亮点。在未来的30年内,这座小型电站将为社区30多盏庭院灯和10多盏办公用电提供绿色能源。

(陈红 吴哲)

【北京音像大厦乔迁开业】 位于西二环滨河路的北京音像大厦于3月24日迁址落户到马连道采购中心区。该音像大厦是两家国家级音像市场之一,销售覆盖华北及北方地区,预计年销售额超过5亿元。国家文化部副部长赵维绥,文化部市场司司长刘玉珠,北京市副市长孙安民,北京市新闻出版局党组书记冯俊科、局长孙向东,北京市商务局局长李昭和区委书记唐大生、区人大主任王敏荣、区长武高山、区政协主席张文华等领导出席开业仪式。常务副区长王永新主持开业仪式,文化部副部长赵维绥和副市长孙安民为新开张的音像大厦揭牌。

(陈红 吴哲)

【“五星级和谐社区”指标评估】主要是:以服务群众为重点,以居民自治为方向,以维护稳定为基础,以文化活动为载体,以党的领导和党的建设为关键。全面反映和谐社区建设的本质和内容,并将其分解为指标体系和责任体系进行评估,构成《“五星级和谐社区”指标评估体系》的基本内容。从2005年－2008年,社区将围绕创建活动五个方面内容开展“五星级和谐社区”创建活动。

(陈红 吴哲)

【三统碑地区综合整治】 4月19日下午,街道与宣武公安分局、区城管大队、工商、卫生、文委、广外街道、天叶公司300余人,对三统碑流动人口聚集区进行综合整治。公安机关对流动人口进行集中清理,共入30户,清查46人,拘留4人,收缴了部分管制刀具和可疑物品。清理无照摊商4户,依法拆除违法建设8间,清理堆物堆料3卡车。

（陈红　吴哲）

【第五届茶叶节开幕式暨“中国特色商业街”揭牌】　4月23日至5月7日茶叶节期间,各大茶城通过组织主题鲜明的开业、论坛、洽谈、促销、宣传、表演、展览、展示等活动,进一步突出“诚信与发展”的主题。其中,更香茶叶公司于5月4日举办店庆10周年暨旗舰店二层卖场开业活动;绿谷茶城定于4月23日—5月5日举办绿谷茶城首届普洱茶节;马连道茶叶街引进的第八家茶叶市场—茶缘茶城,结合开业庆典,吸纳茶叶企业和茶商在全市率先开办茶叶夜市,并举办首次“大红袍茶王”赛事。区委书记唐大生、中国步行商业街工作委员会会长荀培陆为马连道茶叶特色街获得的“中国特色商业街”揭牌。市商务局副局长李顺利、中国茶叶流通协会常务副会长王庆、市茶业协会会长段葆兰、市一商集团党委书记兼董事长赵志红、总经理孟卫东和区委、区人大、区政府、区政协有关领导一同参加了揭幕仪式。

（陈红　吴哲）

【“社区之韵”文化艺术节开幕】　4月29日下午,广外街道举办第五届“社区之韵”文化艺术节,此次艺术节是广外地区群众参与率最高、规模最大、经费投入最多的一届,有25支社区代表队1 000余名群众参赛。

（陈红　吴哲）

【王岐山、孙安民到广外调研】　5月19日上午,北京市市长王岐山、副市长孙安民到广外街道调研社会保障工作。王岐山市长先后参观了广外街道政务大厅、社区服务中心,并向在场工作人员询问了社会保障工作、再就业工作等落实情况。王市长还与前来办事的群众一一握手,了解他们的家庭生活、居住、工作等情况,鼓励他们要振奋精神,多学习新知识,掌握技术,谋求新的职业。在听取了广外街道社会保障工作情况汇报后,王岐山市长指出:社会保障工作体现了党和政府对广大人民群众的关心和关怀;要进一步加强对社会保障工作的规范化管理,认真落实政策,要公开、透明、准确的把握和运用政策;党和政府的各项工作都要通过街道去贯彻、组织和落实,要直接去面对百姓,因此要把宣传工作摆在各项工作的重要位置上。区政府有关领导陪同调研。

（陈红　吴哲）

【“失业人员同心俱乐部”成立】　5月18日成立的广外街道成立失业人员同心俱乐部,是由辖区内的失业人员自愿参与、自主管理、自我服务、自我教育的具有社会公益特点的互助组织。凡城镇失业人员、身份材料真实齐全的外地来京人员及曾经失业但仍愿意帮助他人的有识之士,自愿遵守俱乐部章程,履行章程所规定的权利和义务,均可申请加入,成为会员。俱乐部作为会员创业、沟通、交流、理解的场所,倡导会员互帮、互助、互教、互学,树立自强、自立、自救、自助精神,转变就业观念、树立就业信心,最终实现长期就业。俱乐部的成立为失业人员相互交流、自主创业、自谋职业提供了一个良好的平台。

（陈红　吴哲）

【更香茶楼开业暨公司10周年店庆活动】　6月17日,市人大副主任范远谋和九三学社中央秘书长徐国权、中国茶叶流通协会常务副会长王庆、北京市私营个体经济协会会长金鑫及区委、区人大、区政府、区政协等有关领导参加了更香茶楼开业暨公司10周年店庆活动。更香茶楼面积2 500平方米,集休闲、餐饮、茶艺、演出、保健、足疗等功能于一体。茶楼的开业,为马连道街增添了一个餐饮、娱乐、休闲的场所,也为宣传茶文化起到积极的促进作用。区人大、区政协有关领导参加了此次活动。

（陈红　吴哲）

【贾庆林到广外街道调研】　6月21日下午,中共中央政治局常委、全国政协主席贾庆林到广外街道就构建和谐社会工作开展调研。在红莲南里社区全程办事代理站,贾庆林详细询问了全程办事代理的全过程和具体办事事项。在社区居委会办公室,贾庆林同志慰问了居委会的社区工作者。街道工委书记单彩芝、办事处主任王旭介绍了街道开展共产党员先进性教育活动的情况。来到社区文化活动室,贾庆林看望了正在练习唱歌的20多位老人,与他们亲切握手并合影留念。在社区警务工作站,贾庆林询问了社区治安工作开展情况,仔细翻阅了广外街道创建“五星级”和谐社区的宣传资料。贾庆林同志对广外街道构建和谐社会的工作给予了充分的肯定,对大家辛勤的工作表示慰问。全国政协秘书长郑万通,市领导王岐山、程世峨及区委、区政府领导陪同调研。

（陈红　吴哲）

【菲律宾青年代表团参观马连道茶叶特色街】　7月14日上午,菲律宾全国青年委员会主席保罗·阿基诺率菲律宾青年代表团一行70余人在全国青联副秘书长江广平的陪同下参观马连道茶叶特色街。菲律宾代表团成员对宣武区的城市面貌表示赞赏,对城市建设水平给予较高评价,并对茶文化和宣南文化表现出浓厚的兴趣。杜灵欣副区长向代表团介绍了宣武区和马连道采购中心区的招商投资情况。菲律宾全国青联主席保罗·阿基诺先生发表了热情洋溢的讲话,并代表访问团向宣武区的热情款待表示感谢。区商务局、区青联及街道领导陪同参观了马连道茶叶特色街。

(陈红 吴哲)

【强卫到广外街道调研】 8月9日下午,市委副书记、政法委书记强卫到广外街道调研,听取了广外街道创建“五星级”和谐社区情况,并对建设好和谐社区发表了重要意见。

(陈红 吴哲)

【张茅出席华夏女中开学典礼】 9月1日上午,张茅副市长出席华夏女子中学2005—2006年度开学典礼。他代表市委、市政府对全体教职员工为培养下一代和为发展我市教育事业所做的贡献表示感谢,同时对学生们在学习中取得的成绩表示祝贺,并预祝教师和学生们在新的学期取得更大进步。区政府有关领导陪同参加了开学典礼。

(陈红 吴哲)

【百安居北京第四家店落户马连道】 百安居隶属于世界500强之一的英国翠丰集团,是世界第三、欧洲第一的大型国际装饰建材零售集团。百安居马连道店占地面积2.7万平方米,经营商品超过5万种,该店是中国第四十家店、北京第四家店,是北京南城的第一家店。落户庆典于9月6日举行。英国商贸大臣Ian Pearson、英国驻华大使贸易参赞Neil Blakeman、英国翠峰集团首席执行官马杰瑞(Gerry Murphy)、市商务局副局长程玉华、市外办副主任刘洋、副区长袁双梅出席了该店庆典。

(陈红 吴哲)

【警情通报牌揭牌】 9月10日上午,宣武区警情通报牌揭牌仪式在广外街道车站西街15号院社区举行,本次活动的目的是使社区居民能够及时的了解到本社区的治安情况,积极参加本社区的治安防控工作,使社区的发案率进一步下降,营造社区治安人人有责的工作氛围,同时为迎国庆创造一个安定祥和的社会秩序。区政法委副书记、区综治办主任李铁及公安宣武分局等领导出席了揭牌仪式。

(陈红 吴哲)

【百日专项整治行动】 广外地区综合执法队自8月23日成立至9月9日,在辖区内进行综合整治7次。共出动人员320人次,车辆54车次,取缔无照经营摊点15处,黑发廊20家,清理堆物堆料40处,清运物品30车,查处非法出售光盘人员3人,收缴光盘200余张。收审涉嫌藏毒人员1名,查获毒品10克。

(陈红 吴哲)

【陈秀榕、荣华到广外调研】 9月16日上午,全国妇联副主席陈秀榕、北京市妇联主席荣华到广外街道调研基层妇女组织建设工作,实地考察了广外街道红居街社区、车站西街15号院社区以及北京市更香茶叶有限公司,了解了社区及非公经济企业妇女组织建设的工作情况。陈秀榕主席对宣武区各级妇女组织工作给予了充分的肯定,并就今后进一步做好基层妇女组织工作提出了意见。

(陈红 吴哲)

【翟鸿祥到广外检查安全生产】 9月27日上午,市委常委、常务副市长翟鸿祥到广外北京茶叶总公司马连道茶叶市场检查“十一”期间安全生产工作,强调要重视节日期间的安全生产工作,认真落实安全生产责任制。

(陈红 吴哲)

【新华书店总店、新华出版物流通有限公司落户马连道】 新华书店总店、新华出版物流通有限公司年内迁入马连道采购中心区。新华出版物流通有限公司由新华书店总店、英国PACPOLY投资公司、人民出版社、人民文学出版社、商务印书馆等11家股东共同出资组成。新华书店总店拥有固定资产逾3亿元,营销面积及仓储场地近8万平方米,预计年物流吞吐能力市值约20亿元。

(陈红 吴哲)

【普洱茶都开业】 10月13日,北京普洱茶都举行开业庆典。普洱茶都位于马连道南街1号,总建筑面积约为4 000平方米,茶都内经营摊商100余家,经营品种涵括了云南普洱茶全部的名优品种共计400余个,是我国首家以特色茶种为主体的茶叶展示交易中心。云南省人大常委会副主任黄炳生、云南省思茅市副市长关鼎禄、中国茶叶流通协会常务副会长王庆、云南省茶叶流通协会会长邹家驹和北京茶叶流通协会秘书长刘珏及区委、区政府主要领导参加开业庆典。

(陈红 吴哲)

【马连道茶叶街参加第二届中国国际茶业博览会】 茶博会于10月9日—12日在北京国贸中心举行。区政府组织马连道茶叶街的23家主要茶叶企业,在展会显著位置集体参展。展会现场开辟展览展示区、宣传销售区、茶艺表演区及交易洽谈区,对展场进行统一布置和特别装饰,使“马连道京城茶叶第一街”完整地展示在参观者面前。

(陈红 吴哲)

【何鲁丽到京城茶叶街视察】 10月20日下午,全国人大常委会副委员长何鲁丽在区委、区人大领导的陪同下来到京城茶叶街参观视察。

何鲁丽副委员长听取了有关马连道茶叶街的形成和发展的情况介绍。详细询问了商户的经营情况。对马连道茶叶街对地区经济的发展和繁荣起到的积极促进作用予以充分肯定。

（陈红 吴哲）

【云南马帮走进马连道】 10月18日，云南马帮走进马连道欢迎仪式在茶缘茶城举行，马帮队伍从马连道南街西口沿马连道街从北向南，到达马连道南端的茶缘茶城。在茶缘茶城举行的欢迎仪式上，云南省和宣武区有关领导为马锅头与赶马人戴上了花环，向他们表示亲切慰问。由"马帮茶道·瑞贡京城"普洱茶文化北京行组委会和马连道茶缘茶城联合主办的马连道普洱茶文化周系列活动也同时拉开帷幕。区委、区人大、区政府领导和云南省、思茅市的有关领导出席了欢迎仪式。

（陈红 吴哲）

【市委组织部领导到广外调研】 12月8日下午，市委组织部组织处处长郭玉良就在构建和谐社区中如何建立为民服务长效机制到广外街道调研，街道工委书记从创建"五星级"和谐社区活动建立的四项长效机制（即：群众利益表达机制、党组织统筹协调资源共享机制、党员带动机制、监督机制）及如何创新服务方式、如何打造载体培育、为民服务组织三个方面做了汇报。郭玉良同志对广外街道在构建和谐社区工作中找准服务群众切入点，多方位、广覆盖、疏通群众诉求渠道，注重发挥组织带动作用，充分协调地区组织资源、物质资源，加强载体设置，满足群体性利益需求的作法给予了充分肯定。

（陈红 吴哲）

【2005年社区代表会】 12月23日，广外街道召开2005年度社区代表会议，参加这次会议的正式代表共251名，由社区居民提名推荐、群众选举产生的社区居民代表，中央、市、区属单位、非公经济界协商推荐的社区单位代表和驻地区各级人大代表、政协委员组成。会上，全体代表认真听取审议了街道办事处及派出所、城管监察分队、社区卫生服务中心等10个职能部门的工作报告，并对履职情况进行了评议。大会还讨论通过了《广外街道2006年在直接关系群众生活方面拟办的重要实事计划》和《北京市宣武区广安门外地区"十一五"期间发展规划纲要》（草案）。

（陈红 吴哲）

【经济普查工作】 年内，完成第一次全国经济普查工作。此次普查广外共有单位2 289家，占全区的24%，通过普查，摸清了广外地区企业的经营和发展状况，了解了驻地企业的运行规模和行业的分布，为促进地区经济的发展提供了详实的资料。全年地税收入完成2.3亿元，完成全年计划104%，财政收入6 518万元。

（陈　红）

【马连道茶叶街接受"特色街"命名】 4月，马连道茶叶街被中国步行商业街工作委员会命名为"中国特色商业街"。

（陈　红）

【社会治安综合治理】 年内，街道制定了《广外街道关于进一步加强平安社区创建活动的实施意见》、《广外街道创建平安市（商）场的评选办法》、《广外街道评选十佳民警办法》等制度；实施了领导包案、责任追究等措施；拨专款50万元开展了创建平安社区等活动，在现有100名社区巡逻队员的基础上又增加社区巡逻队员20名，完成了6个社区安装楼宇对讲设备工作，直接受益居民达到1 400户。妥善处理了西豪逸景、工地施工扰民、民工讨要工资等各类社会矛盾纠纷144件，处理群众来信来访209件。对市、区、街三级挂帐的13处乱点地区组织不同规模整治活动37次，共出动人员516人次，取缔无照经营摊点29处，黑发廊29家，收缴非法出售光盘200余张，收缴赌博用具麻将桌37张；处罚无照经营17家，处罚没款65 810元。加大检查力度，确保安全和生产。组织防火办、卫生、工商、房管等职能部门，分4个检查组，对辖区382处地下空间安全使用进行了巡视检查，并逐一登记，分类造册，列出安全隐患较多的重点场所。共组织检查74次，检查单位672家，发现隐患489处，当即整改468处，限期整改17处，责令停止使用4处。

（陈　红）

【环境综合整治】 年内，街道共筹资600多万元资金，对马连道西里市运二场公司宿舍、湾子街2个老旧小区及手帕口北街丁7楼、广安门外南街、北京小学分校周边等处进行环境整治，拆除违法建设5 140平方米，整治面积达1.7万平方米；完成了鸭子桥北里等14栋楼房屋顶平改坡工程及墙体外立面粉刷工作，为地区居民创造了更加便利的生活条件；完成手帕口南街、马连道胡同等18条道路改扩建工程，方便居民的出行，新铺雨、污水管线138米；新建自行车棚377平方米，新增绿化面积44 200平方米；清运大件垃圾渣土、废弃物700余吨，清运居民生活垃圾158 669吨，清除白色垃圾903公斤，清理树挂2 000多处，整治卫生死角80处；取缔无照摊商500余起，废品回收15处，收缴各类小广告10余万张，使群众的生活环境得到进一步改善。

（陈　红）

【社区服务】 年内,街道改革政务服务方式,推动政府服务重心下移。继续推进全程办事代理服务站向社区延伸,全年共为群众代办15179项。建立了再就业同心家园、举办了成功策略求职班22期、举办招工、招聘洽谈会9次,提供岗位信息1 680个,参会失业人员2 771人,1 421名失业人员达成求职意向,全年共开发社区就业岗位1 237个,安置失业人员1102人,失业人员办理自谋职业735人。关爱群众生活,最大限度解决群众实际困难。5个社区卫生服务站共为近万名65岁以上老年人建立了健康档案;为489名育龄妇女进行了妇科检查;免费为外来务工子女就读学校200余名学生进行健康检查。投资40万元改建了街道残疾人活动中心;投入资金15 120元,为33名精神残疾的特困人员提供免费服药,安置了13名残疾人就业,为40名特困青少年发放奖学金19 200元。采取项目申请的方法解决群众最关心的难点热点问题,通过召开社区居民代表大会、在社区公示等形式征求居民意见,确定申报项目。全年共申请立项46个,审批项目30个,投入资金54.9万元、社区单位、居民共集资27万元,解决了一批涉及社区基础设施改造、便民利民服务和长期困扰社区的难点、热点问题,受益社区24个,受益居民达18 000多户。

(陈　红)

【精神文明建设】 年内,街道开展了以"万张贺卡送礼仪"为主题的进军营、进社区、进企业文明礼仪宣传教育实践活动,成立了由56人组成的文明礼仪宣传员队伍,以讲座、知识问答等形式开展了文明礼仪宣传教育活动21场,1 000多人受到教育。在建筑工地设置了10块民工权益维权举报牌,发放法制宣传光盘10套,放映电影4场,丰富外来务工人员的精神文化生活。年底,第四次荣获"首都文明街道"称号。

(陈　红)

【社区文体活动】 年内,街道举办了"党心凝聚民心,共建和谐广外"—广外街道第五届社区之韵文化艺术节,有25支社区代表队1 300余名群众参加;参加了市舞蹈家协会举办的北京市第九届群众舞蹈比赛,《马连茶歌》群舞获得三等奖;成立了书画社,半年集体创作了长33米的"宣南揽胜"画卷,集中反映了和谐社区建设成果。开展了大学生志愿者科技服务进社区咨询宣传活动;开设了以平衡膳食、预防艾滋病、关爱健康等知识为主的健康课堂28次,共有1万余名居民听取了讲座,发放健康知识读本1.3万册;对30名科普志愿者进行了指导培训;在白菜湾、红莲南里社区安装电动科普画廊;在红莲中里和车站西街15号院两个社区建立了科普活动室。举办了地区第九届全民健身体育节,地区各单位1 000名运动员参加了比赛;对驻地单位和社区骨干进行了第八套广播体操和自编秧歌培训;参加了国家体委举办的纪念《全民健身计划纲要》颁布十周年行进表演活动,双扇秧歌获得了好评。

(陈　红)

人　　物

领导干部名单

中共宣武区委员会

区委书记
唐大生(满族)
区委副书记
武高山　韩恩慈(回族)　仲兆军　杨素荣(女)
区委常委
唐大生(满族)　武高山　韩恩慈(回族)
仲兆军　杨素荣(女)　马海泉　(2月任)
丁　力(女)　赵印春　王永新　周开让
赵金花(女)
区委委员(27人,按姓氏笔画为序)
丁　力(女)　于建伟　王玉兰(女)　王永新
王忠华　王敏荣(女)　王瑞珠(女)　白　杰(满族)
仲兆军　杜灵欣　李春英(女)　杨素荣(女)
宋大中　张文华　武高山　周开让　郑　然
赵玉山　赵印春　赵金花(女)　哈金起(回族)
姜良栋　唐大生(满族)　梁　诒(回族)
韩恩慈(回族)　曾赞荣　谢全林
区委候补委员(5人,按得票多少为序)
马新云(回族)　王　佐　杨　川　张炳田(女)
税　勇

宣武区人民代表大会常务委员会

主　任
王敏荣(女)
副主任
栗　琦(女)　单彩芝(女)　吴甲龙
申晓岩(满族)　杨月欣(女)
委　员　(按姓名笔划排列)
王砚池　王都伟　文家齐　申献国　刘文亭
刘　威　刘　燕(女)　阴建玲(女)　杜黎彬
(回族)　李仲毅　何贤景　张　华　张秀敏
(女)　陆惠民　郑维忠　赵志良　韩　波(女,
锡伯族)

宣武区人民政府

区　长
武高山
副区长
王永新　哈金起(回族)　袁双梅(女)　杜灵欣
王瑞珠(女)　曾赞荣(5月辞)　税勇(8月任)

中国人民政治协商会议宣武区委员会

主　席
张文华
副　主　席
王玉兰(女)　陈慧来(女,满族)　喻建平
李复来　王汉长　刘　迎(女,回族)
秘　书　长
崔显修
常务委员　(40人,以姓氏笔划为序)
王　红(女)　王　健　王　毅　王　燕(女)
王子荣　王国建　王振宇　王彩华(女)
王善杰　尹国芳(回族)　艾　丽(女)
田子贺　刘　琪　刘元龙　刘界成

刘家博　论茂伟　孙　静(女)　李永忠
李建辉　李振琦　杨文伯(回族)杨海森
吴永宁　汪　剑(女)　宋　毅
张建华　陈　颐　范明芳(女)　郑天工
姜　欧(女)　翁乃彤(女)　郭文瑞
唐学海　黄中军　曹淑琴(女)　曹惠彬
阎永旺　谢苗荣　雷振芳

宣武区纪律检查委员会

书　记
韩恩慈(回族)
副书记
王申恒　李　莉(女)　谷守元
常　委
韩恩慈(回族)　王申恒　李　莉(女)　谷守元
马立恒　刘忠玉　朱静伟　张德清　符保山
委　员(25人,按姓氏笔画为序)
马　毅　马立恒　王　典　王申恒　王学章
宁金芳(女)　朱静伟　朱冀花(女)　任金萍(女)　刘忠玉　刘新惠(女)　许　伟　李　莉(女)　李胜勇　谷守元　宋卫东　张沪生
张德清　陈茹俊(女)　周天林　涂云国(女)
黄　庆　符保山　韩恩慈(回族)　温元菊(女)

中共宣武区委工作机构主要负责人

直属机关委员会
书　记
赵金花(女)
常务副书记
邢贵斌(女)
党　校
校　长
杨素荣(女)
常务副校长
赵玉山
办公室主任
赵金花
组织部部长
赵印春
宣传部部长
丁　力(女)
政法委员会
书　记
周开让
常务副书记
李　铁
统一战线工作部部长
王玉兰(女)
精神文明建设委员会办公室主任
王　燕(女)
台湾工作办公室(北京市宣武区人民政府台湾事务办公室)主任
刘　琪
研究室主任
王建华
老干部局局长
陈德森
保密委员会办公室(北京市宣武区国家保密局)局长
王　成
社会治安综合治理委员会办公室主任
李　铁
处理法轮功问题领导小组办公室(北京市宣武区人民政府防范和处理邪教问题办公室)主任
王宝玉
机构编制委员会办公室
主　任
梁　诒(回族)
专职副主任
李　明
党史资料征集办公室主任
李德平
新闻中心主任
(空缺)

宣武区人大常委会工作机构主要负责人

办公室主任
陆惠民
代表工作室主任
郑维忠
财经城建工作室主任
王砚池

政法工作室主任

文家齐

教科文卫工作室主任

刘　燕(女)

宣武区人民政府工作机构主要负责人

办公室主任

杨　川

发展和改革委员会主任

王　佐

科学技术委员会主任

王国建

监察局局长

王申恒

财政局局长

张宗禹

人事局局长

梁　诒(回族)

劳动和社会保障局局长

段占民

建设委员会主任

税　勇(10 月免)

李海东(10 月任)

党组书记

税　勇(10 月免)

李海东(10 月任)

市政管理委员会主任

刘金水

国土资源和房屋管理局局长

张宏生

人口和计划生育委员会主任

李　晶(女)

审计局局长

张沪生

环境保护局局长

蔡求源

统计局局长

史象逵

民族宗教侨务办公室主任

杨文伯(回族)

外事办公室主任

乔燕骅

法制办公室主任

果玉成

街道工作办公室主任

贺道容(女)

信访办公室主任

耿惠芳(女)

人民防空办公室主任

管玉文

安全生产监督管理局局长

周即星

商务局局长

王　典

国有资产监督管理委员会

主任

杨有成

党委书记

杨有成(4 月免)

马继业(4 月任)

城管监察大队大队长

李洪祥(9 月免)

张洪刚(9 月任)

档案局(馆)局(馆)长

周永欣(女,6 月免)

张秀敏(女,6 月任)

地方志编纂委员会办公室主任

牛建华(女)

园林局党委书记、局长

王都伟

环境卫生服务中心党委书记、主任

白永进

城建监事会主席

杨同发

经贸监事会主席

宋秀山

商业网点管理处

主任

张援朝

支部书记

罗焕英(女)

机关后勤服务中心主任

唐晓宾(9 月免)

历史风貌保护住房开发办公室主任

李海东(10 月免)

宣武区政协工作机构主要负责人

办公室主任
唐学海
研究室主任
汪　剑(女)
联络一处处长
阎永旺
联络二处处长
王际民

宣武区政法系统主要负责人

人民武装部
党委第一书记
唐大生
部　长
马海泉
政　委
倪效仲
区人民检察院
检察长
王忠华
副检察长
田俊生　汪长青　许　伟(兼反贪局局长)
纪检组长
陈宗纲
区人民法院
院　长
于建伟
副院长
李瑞祥　张晓琨　张美欣
纪检组长
韩星桥
区民政局局长
张炳田(女)
区司法局局长
张洪刚(9月免)
张才斐(9月任)
武警七支队
支队长
王俊岭
政治委员
李直龙

宣武区民主党派主要负责人

民革区工委主任委员
张建华
民盟区工委主任委员
李复来
民建区工委主任委员
李仲毅
民进区工委主任委员
何贤景
农工党区工委主任委员
刘　迎(女,回族)
致公党区工委主任委员
李永忠
九三学社区工委主任委员
杨月欣(女)

宣武区群众团体主要负责人

团区委书记
艾　丽(女,满族)
妇女联合会主席
李春英(女)
工会主席
宋大中
工商联
会长
袁双梅(女)
常务副会长
王　健
侨联主席
郑添工
科协主席
王国建
残疾人联合会执行理事长
冯兰英(女)

宣武区街道工委、办事处主要负责人

大栅栏街道工作委员会书记
杨慕兰(女)
大栅栏街道办事处主任
宋　伟
天桥街道工作委员会书记
宋卫东
天桥街道办事处主任
曹立宏
椿树街道工作委员会书记
周雪风
椿树街道办事处主任
朱俊芳
陶然亭街道工作委员会书记
赵洪文(9月免)
杜　霞　(女,9月任)
陶然亭街道办事处主任
杜　霞(女,9月免)
李剑波(9月任)
广安门内街道工作委员会书记
雷秀兰(女)
广安门内街道办事处主任
白　杰(满族)
牛街街道工作委员会书记
杜黎彬(回族)
牛街街道办事处主任
范　宝(回族)
白纸坊街道工作委员会书记
张金同(女)
白纸坊街道办事处主任
缪剑虹
广安门外街道工作委员会书记
单彩芝(女)
广安门外街道办事处主任
王　旭

宣武区文教卫体系统主要负责人

区委教育工作委员会书记
郑　然
教育委员会主任
高子忠
教育督导室
主　任
王永新
常务副主任
唐贺光
文化委员会主任
许立仁
旅游局局长
许立仁
卫生局
党委书记
马新云(回族)
局　长
郑添工
体育局
党委书记
王建一(9月免)
赵洪文(9月任)
局　长
包　川
红旗业大
党总支书记
蒋澄澄
校　长
米淑兰(女)

宣武区国资委系统企业主要负责人

北京宣房投资管理公司
党委书记
任　伟
董事长
任　伟
总经理
朱伟民
北京京都文化投资管理公司
党委书记
孙雅娟(女)
董事长
张援朝
总经理(代)

张援朝

北京市金工投资管理公司

党委书记

袁海旺

董事长

袁海旺

总经理

袁海旺

北京世纪金工投资管理公司

总经理

赵　钢

宣武区城市建设综合开发总公司

党委书记

刘群生

董事长

刘群生

总经理

蔡建华

北京昊都建筑工程有限责任公司

党总支书记

马荣华

经理

马荣华

北京市金正资产投资经营公司

党支部书记

张　涛

总经理

张　涛

北京大栅栏投资有限责任公司

党支部书记

申献国

董事长

申献国

总经理

徐正榕

北京市天桥投资开发公司

党支部书记

辛建国

总经理

李　岩

北京市创通基础设施建设投资公司

党支部

赵书华

总经理

陈洪生

北京万佳利物业管理有限责任公司

党支部书记

居舒晏

总经理

谷景富

北京燕京汽车厂

党委书记

周纪文

厂　长

周纪文

北京大观园管理委员会

党总支书记

唐晓宾

主任

马俊潼

北京市宣武区政府投资项目建设中心

党支部书记

潘云峰

主任

潘云峰

北京金源投资管理有限公司

党委书记

于培德

董事长

阴建玲(女)

总经理

时文生

北京翔达投资管理有限公司

党委书记

任兆敏(女)

董事长

任兆敏(女)

总经理

孙　勇

北京莱市口百货股份有限公司

党总支书记

赵志良

董事长

赵志良

总经理

王春利(女)

北京宣兴房地产开发股份有限公司
党总支书记
史志广
董事长
史志广
总经理
陈海鸥
北京张一元茶叶有限责任公司
党支部书记
王秀兰(女)
董事长
王秀兰(女)
总经理
王秀兰(女)
北京房开置业股份有限公司
党支部书记
梅国良
董事长
梅国良
总经理
梅国良
北京市城南民族实业公司
党委副书记
郭劭武
总经理
郭劭武
北京大碗茶商贸集团公司
党支部书记
尹智君(女)
总经理
尹智君(女)
北京金座投资管理有限公司
党委书记
祖淑娟(女)
董事长
薛国强
总经理
袁瑞音
北京天桥建筑集团有限公司
党委书记
郑旭光
董事长
李运丁
总经理
韩　刚
北京市长城工商股份有限公司
党委书记
芦秀荣(女)
董事长
段恒庆
总经理
段恒庆
北京陶然建筑集团有限公司
党总支书记
林玉琇
董事长
林玉琇
总经理
王建国
北京新月联合汽车有限公司
党总支书记
袁　顺
董事长
刘长青
总经理
刘长江
北京中融物产有限责任公司
党支部书记
回铁勇
经理
回铁勇
北京市鑫宣市政工程有限公司
党支部书记
张雁林
董事长
张雁林
总经理
张雁林
北京国华商场有限责任公司
党支部书记
邹淑珍(女)
董事长
邹淑珍(女)
总经理
邹淑珍(女)
北京市恒达宏业经贸公司
党支部书记
郭秀君(女)

总经理

李华昌

北京崇光百货商场

党支部书记

张德武

北京庄胜房地产开发有限公司

党支部书记

郭欣辰

董事长

周建和

总经理

何慧聪

垂直管理单位主要负责人

公安宣武分局

局　长

姜良栋

政　委

宋永智

副局长

袁塞路　肖　毅　申　林　程永平　战玉贵　吴大征

政治处主任

贾启强

纪委书记

周天林

安全局宣武分局局长

国会森

规划宣武分局局长

甘靖中

工商宣武分局局长

杨　鸣

区质量技术监督局局长

钱希杰

药品监督管理局宣武分局局长

陈子平

区烟草专卖局局长

张　业

宣武区国税局局长

陈力雨

宣武区地税局局长

邢　军

宣武交通支队

支队长

于真昕

政　委

张克军

部级先进集体和先进个人

先进集体

全国文明单位

北京菜市口百货股份有限责任公司

全国精神文明建设先进单位

北京市第十四中学

北京市公安宣武分局牛街派出所

全国军民共建社会主义精神文明先进单位

北京市宣武区牛街街道办事处

全国计划生育协会工作先进单位

广内街道

白纸坊街道崇效寺社区计生协

全国婚育新风进万家活动先进单位

宣武区人口计生委

全国计划生育婚育新风进万家活动先进集体

宣武区广外街道

天桥街道

全国人民防空先进单位

宣武区人防办

全国社区红十字服务示范区

宣武区红十字会

全国志愿服务活动示范街道

天桥街道

先进个人

全国计划生育协会先进工作者

李玉静

全国计划生育协会优秀志愿者

李　晶　王　蓉　马玉清　温　方

婚育新风进万家活动先进个人

杨慕兰　张健伶

第四次全国民族团结进步模范个人

平国栋

全国商业行业尊师重教模范

王秀兰

中国品牌建设十大杰出经理人

王春利

市级（含系统）先进集体和先进个人

先进集体

北京市爱国卫生先进单位

中央芭蕾舞团
北京陶然花园酒店
中国歌剧舞剧院
北京市总工会职工大学
北京信鸿宾馆
宣武区国家税务局
北京市第十五中学分校
宣武区陶然亭街道办事处机关
宣武区教育委员会
北京市健宫医院
宣武区中医医院
首都医科大学北京市友谊医院
北京潇湘大厦
宣武区天桥街道办事处机关
北京北邮永安路物业分公司
北京市先农坛体育运动技术学校
北京古代建筑博物馆
北京首都旅游国际酒店集团有限公司前门饭店
北京市劳动和社会保障局
北京市育才学校
北京市融工宾馆
北京翔达投资管理有限公司翔达晋阳饭庄
宣武区大栅栏西柳树井幼儿园
北京谭鱼头虎坊桥店
北京全聚德和平门店
北京市丰泽园饭店
北京市六必居食品有限公司六必居酱园
北京宣武泰丰楼饭庄有限公司
北京京日餐饮有限公司面爱面前门分店
武警北京总队第七支队
宣武区牛街街道办事处机关
攀钢宾馆
水利部机关
中国北方工业公司
诺林酒店
港中旅新时代大酒店
华北电网有限公司
北京市菜市口百货股份有限公司
宣武区回民小学
国务院台湾事务办公室
宣武区白纸坊街道办事处机关
北京顺安昌菜市场中心
中环广场职业有限公司酒店管理分公司
国家税务总局宣武办公室
北京印钞厂
中国地图出版社
经济日报社
北京大观园游览中心有限公司
北京市建设工程专业劳务发包承包交易中心
北京市宣武区人民法院
北京市翔达泸州酒家有限公司
华北电网有限公司北京电力公司变电公司
北京中彩酒店有限公司
北京三原清芷园物业管理有限公司
宣武区椿树街道办事处机关
北京鲁能物业管理有限公司椿树分公司
北京越秀大饭店
中国集邮总公司
北京第一实验小学
北京万德金达工贸有限责任公司
中铁建设集团有限公司第二十四项目经理部
中国银行股份有限公司北京宣武支行
北京庄胜房地产开发有限责任公司
北京市公安局宣武分局
宣武区广内街道办事处机关
首都医科大学宣武医院
北京翔达山城饭庄有限责任公司
北京国华商场有限责任公司
北京市路政局
北京市第十四中学

中国农业银行宣武区支行
宣武区卫生监督所广内椿树监督站
北京丽晶皇城老妈饮食有限公司
北京广安宾馆有限责任公司
中国中医研究院广安门医院
宣武区广内街道长椿里社区
宣武区广内街道槐柏树南里社区
宣武区城市管理监察大队广内分队
宣武区爱国卫生运动委员会办公室
宣武区广外街道办事处机关
北京长江国际俱乐部有限公司
北京苏源锦江大厦
深圳大厦有限公司深圳大厦
北京市广外安顺成菜市场
北京安华景苑饭店有限责任公司
北京家乐福商业有限公司马连道店
北京一商批发配送中心
北京华联综合超市股份有限公司广安门分公司
宣武区广外街道天宁寺二热社区居委会
宣武区广外街道天宁寺北里社区
中国工商银行北京市宣武支行
北京市通信管理局
宣武区卫生监督所广外卫生监督站
宣武区城管监察大队广外分队

首都文明单位

北京牛街清真超市有限公司
北京翔达投资管理有限公司翔达吐鲁番餐厅
北京翔达投资管理公司晋阳饭庄
北京庄胜崇光百货商场
北京家乐福商业有限公司马连道店
北京更香茶叶有限公司
北京市宣武炊事食品机械有限公司
北京国华商场有限责任公司
北京内联升鞋业有限公司
北京鹤年堂医药有限责任公司
北京瑞蚨祥绸布店有限责任公司
北京市宣武区马连道茶城
北京陶然建筑有限公司
北京市宣武区城市建设综合开发总公司
北京大观园管理委员会
北京市宣武区宣房建筑工程处
北京市广安门电影院
北京宣房房屋经营公司
北京市宣武区环境卫生服务中心
北京市宣武区滨河公园管理处
北京市鑫宣市政工程有限公司
北京市公安局宣武分局天桥派出所
北京市宣武区人民检察院
北京市宣武区人民法院
北京市宣武区司法局
北京市宣武区民政局
北京市宣武区残疾人联合会
北京市第十四中学分校
北京市第四十三中学
北京师范大学附属中学
北京市华夏女子中学
北京市宣武区第一职业学校
北京市宣武区陶然亭小学
北京市宣武区北线阁小学
北京第一实验小学
北京市宣武区培智中心学校
北京市宣武区中小学卫生保健所
北京广播电视大学宣武分校
北京市宣武区文化委员会行政执法队
北京市宣武区广外医院
北京市宣武区妇幼保健院
北京市宣武区陶然亭医院
北京市工商行政管理局宣武分局
北京市宣武区国家税务局
北京市宣武区工会
共青团北京市宣武区委员会
北京市宣武区妇女联合会
中共北京市宣武区委党校
北京市宣武区质量技术监督局
北京市宣武区劳动和社会保障局
北京市宣武区烟草专卖局
宣武区私营个体经济协会
北京利尔德机电成套设备公司
北京兰格信息咨询有限责任公司

首都文明社区

广外街道车站西街 15 号院社区
广外街道天宁寺二热社区
广外街道三义里社区
广外街道车站西街 17 号院社区
广外街道天宁寺西里华电社区
广外街道红莲中里社区
广外街道湾子街社区(新创)
广内街道长椿街社区
广内街道槐柏树北里社区
广内街道康乐里社区

广内街道西便门东里社区
广内街道宣西社区
白纸坊街道清芷园社区
白纸坊街道万博苑社区
白纸坊街道双槐里社区
白纸坊街道建功南里社区
牛街街道春风社区
牛街街道牛街东里社区
牛街街道南线阁社区
牛街街道钢院社区
牛街街道牛街西里社区(新创)
椿树街道宣东社区
椿树街道椿树园社区
陶然亭街道新兴里社区
陶然亭街道红土店社区
陶然亭街道龙泉社区
天桥街道虎坊路社区
天桥街道天桥小区社区
天桥街道先农坛社区
大栅栏街道大安澜营社区

首都绿色社区

广外街道红莲中里社区
广外街道三义里社区
广外街道天宁寺北里社区
广外街道湾子街社区
广外街道车站西街 17 号院社区
广外街道红莲南里社区
广内街道西便门东里社区
广内街道长西社区
广内街道西便门内社区
广内街道大街东社区
广内街道老墙根社区
白纸坊街道半步桥社区
白纸坊街道右北大街社区
白纸坊街道自新路社区
牛街街道牛街西里社区
牛街街道南线阁社区
牛街街道钢院社区
牛街街道白广路社区
椿树街道琉璃厂社区
椿树街道梁家园社区
天桥街道留学路社区
天桥街道南纬路社区
天桥街道永安路社区
大栅栏街道三井社区
大栅栏街道百顺社区

北京市人口和计划生育工作先进集体

宣武区天桥街道办事处
宣武区广内街道办事处
宣武区教育委员会
宣武区卫生局
宣武区民政局
宣武区国有资产监督管理委员会
广外街道车站西街 17 号院社区居委会
广外街道天宁寺北里社区居委会
广内街道西便门内社区居委会
白纸坊街道双槐里社区居委会
天桥街道先农坛社区居委会
大栅栏街道石头社区居委会
椿树街道宣东大街社区居委会
陶然亭街道果子巷社区居委会
牛街街道白广路社区居委会
北京市爱国卫生先进社区
宣武区陶然亭街道龙泉胡同社区
宣武区陶然亭街道黑窑厂社区
宣武区天桥街道香厂路社区
宣武区大栅栏街到前门西河沿社区居委会
宣武区牛街街道牛街东里社区
宣武区椿树街道琉璃厂西街社区
宣武区广内街道宣西社区
宣武区广内街道核桃园社区
宣武区白纸坊街道右内西街社区
宣武区白纸坊街道光源里社区
宣武区广外街道天宁寺西里华电社区
宣武区广外街道车站西街 15 号院社区

首都文明单位标兵

北京菜市口百货股份有限责任公司
北京市公安宣武分局牛街派出所
北京市宣武区财政局机关
北京市张一元茶叶有限责任公司
北京市宣武区地方税务局机关
北京市宣武区审计局机关
北京市宣武区市政管理委员会
北京小学
北京市回民学校
北京老舍茶馆

首都文明街道

天桥街道
牛街街道
广外街道

白纸坊街道
广内街道

北京市人口和计划生育工作示范社区

广内核桃园社区
陶然亭新兴里社区
天桥留学路社区
大栅栏百顺社区
白纸坊清芷园社区
北京市模范集体
北京市公安局宣武分局牛街派出所
北京翔达投资管理有限公司清华池脚病治疗中心
宣武区椿树街道椿树园居委会

首都文明示范街

宣武区前门西大街
宣武区广安门南街
北京市人口和计划生育工作红旗单位
广外街道办事处

北京市流动人口管理基层工作先进集体

宣武区人口计生委

北京市人口计生系统先进集体

白纸坊街道
区教委

北京市计划生育婚育新风进万家活动先进集体

宣武区大栅栏街道
白纸坊街道
区教委
环卫中心

首都文明市民学校优秀校

宣武区大栅栏街道文明市民学校中心校
宣武区广外街道红莲南里社区文明市民学校分校
宣武区广内街道报国寺社区文明市民学校分校
宣武区天桥街道先农坛社区文明市民学校分校

首都文明景区

陶然亭公园
北京大观园

首都少年军校示范校

北京市外国语实验学校少年军校

首都先进少年军校

北京育才学校少年军校

2005 年度北京市党委系统信息工作优秀单位

宣武区委办公室

2005 年度北京市党委系统督察工作先进单位

宣武区委办公室

北京市党政系统机要密码工作先进单位

宣武区委机要室

先进个人

北京市爱国卫生先进个人

邢印良　宋　伟　张金同　祝利荣　单繁宇
刘光天　张爱琴　黄钊文　缪剑虹　吴秀霞
宋彬嵩　于亚宁　高晓春　栗广平　张秀查
陈　彪　高桂兰　赵奎丽　牛瑞华　马泉龙
范群志　孙宝安　朱忠孝　张建中　乔茂德
赵会利　商志刚　毕军东　马振亭　杜国瑞
李英哲　范　宝　王　速　华景术　李建文
孔建军　龙红艳　荣保城　刘晓琨　宁　娟
杨素贤　李建刚　马泽民　夏英杰　吴晋宁
刘　捷　王万金　贾冬梅　樊金和　杨丽蓉
刘　强　刘雪梅　苗　庆　张跃和　董瑞军
王京文　吉文斌　单彩芝　王　琦　张万红
彭小虎　郑添工　裴军武　张　瑾　贺红枫
肖锦秀　王　燕　安学军　董桂兰　牟东棋
王　莉　夏淑敏

北京市人口和计划生育工作先进个人

张秀查　王国建　王焕惠　李亚琴　邢文凯
夏英英　耿惠芳　陈丽媛　张建省　高瑞珍
牟东棋　王玉秋　费永祥　窦建红　肖俊淑
陈海征　姜丽霞　张秀芳　沙静云　马红燕
王玉华　羊　瑗　王兰英　张　健　冯文霞
刘　燕　于尊花　宗海玲　朱俊芳　董　超
沈　平　冯宝林　刘燕秀　张　静　邱　萍
郑　辉　李亚宁　郑幸昌　安久芸　刘　红
姚春健　宋丹云珠　陈竹荣　安淑红　冀惠珍

北京市先进工作者

隋丽丽(女)　宣武区教委第十五中学教师
张成斌(女)　宣武区教委第六十六中学教师
傅鸿端　北京市公安局宣武分局刑侦支队副支队长
成秉亮　宣武广外街道红莲中里居委会主任
吴桂芳(女)　宣武区白纸坊街道城管分队
龙红艳(女)　宣武区人民改府天桥街道办事处城建科科丧
李明新　宣武区教委北京小学郭校长
王　岩(女)　宣武区疾病预防控制中心副主任
陈叔平(女)　宣武区卫生局妇幼保健院妇产科主任
张宝贵　宣武区环境卫生四队疏通工

冯兰英(女)　宣武区残疾人联合会理事长

葛根学　宣武区陶然亭街道社会保障事务所所长

首都文明市民学校先进工作者

张树英　椿树街道四川营社区文明市民学校分校校长

孙玉华　牛街街道钢院社区文明市民学校分校老师

张　静　广外街道红居街社区文明市民学校分校教导主任

于九茹　天桥街道社区分院教育主任

李爱英　陶然亭街道粉房琉璃街社区文明市民学校分校校长

周书波　大栅栏百顺社区文明市民学校分校志愿者

赵宇平　广内街道校场社区文明市民学校分校校长

王　犟　白纸坊街道工委文明办副主任

北京市计划生育婚育新风进万家活动先进个人

于尊花　苏玉英　丁小莹　李渡中　田桂兰
谢桂荣　藏秀青

北京市人口计生系统先进工作者

李　晶　宫新华　苏玉英　杨淑萍　姚大冬
丁小莹

北京市劳动模范

曹秋霞(女)北京国华商场有限责任公司铂金部主任

袁瑞昔　北京金座投资管理公司副总经理

林玉峰　北京第三纺织机械有限公司技术科科长

阴建玲(女)北京金源投资管理有限公司董事长

刘长青　北京新月联合汽车有限公司董事长

北京市信访工作先进个人

耿惠芳　刘金水　张平斋

2005年度北京市党委系统信息工作先进个人

周兆鹏　宣武区委办公室

顾坤锋　宣武区委办公室

2005年度北京市党委系统督察工作先进个人

李英俊　宣武区委办公室

谭建华　宣武区委办公室

北京市党政系统机要密码工作先进个人

林黎　宣武区委机要室

区级先进集体和先进个人

先进集体

宣武区文明单位

厂甸市场管理处

北京翔达投资管理有限公司清华池浴池

北京华强经贸公司

北京正兴德茶庄有限公司

北京戴月轩湖笔徽墨有限责任公司

北京民生典当有限责任公司

宣武区饮食服务行业协会

北京湘君府餐饮有限责任公司

北京长江国际俱乐部有限公司

北京市菜市口医药有限责任公司

大栅栏第一百货商场

北京燕龙湾食府

北京宏宝堂文化有限公司

北京久福满堂香茶叶有限公司

北京清秘阁工艺品公司

北京德寿堂药品经营公司

宣武区国资委

北京市金正资产投资经营公司

北京房开置业股份有限公司

北京市天桥投资开发公司

北京市天枫房地产开发公司

北京市创通基础设施建设投资公司

北京中融物产有限责任公司

北京裕昌置业股份有限公司

北京裕泰达房地产开发有限公司

北京市科通电子继电器总厂

宣武区中华电影院娱乐宫

北京湖广会馆大戏楼

北京杂技团

北京风雷京剧团

北京市宣武区宣武艺园管理处

宣武区环卫业务管理站

北京市宣武区环境卫生一队

宣武区人民政府节约用水办公室
宣武区环境保护局
宣武区城市管理监察大队
宣武区城市管理监察大队椿树分队
北京市宣房房屋经营公司
中国银行股份有限公司北京宣武区支行
中国农业银行北京宣武支行
北京银行股份有限公司琉璃厂支行
中国人民财产保险股份有限公司北京市宣武支公司
中国人寿保险股份有限公司北京市宣武支公司
中国工商银行北京菜市口支行
中国工商银行广安门综合营业室
中国工商银行宣武支行范家胡同储蓄所
公安宣武分局巡警支队防爆大队
公安宣武分局刑侦支队便衣侦查队
公安宣武分局预审大队
公安宣武分局陶然亭派出所
公安宣武分局广内派出所
北京市宣武区法律援助中心
北京市国家安全局宣武分局
北京市宣武区军队离休退休干部休养所
北京市第十四中学
北京市第十五中学
北京市第十五中学分校
北京市第六十二中学
北京教育学院宣武分院附中
宣武区外国语实验学校
宣武区第三职业学校
宣武区招生考试中心
宣武区西河沿小学
宣武区棕树斜街小学
宣武区福州馆小学
宣武区香厂路小学
宣武师范学校附属第二小学
宣武区半步桥小学
宣武区回民小学
宣武区菜市口小学
宣武区青年湖小学
宣武区椿树馆小学
宣武区三义里小学
宣武区红莲小学
宣武区西便门小学
宣武区炭儿胡同小学
宣武区文化委员会
宣武区图书馆
北京市宣武区中医医院
北京市健宫医院
北京市宣武区广内医院
北京市宣武区椿树医院
北京市宣武区大栅栏医院
北京市宣武区疾控中心
北京市宣武区卫生局卫生监督所
北京市药品监督管理局宣武分局
北京爱义行汽车服务有限责任公司
北京丽晶皇城老妈饮食有限公司
北京健峰生物技术有限公司
北京原杰电子有限责任公司
北京金之源服饰有限责任公司
北京大唐万邦复制技术发展有限公司
北京红莲浒记餐饮有限责任公司
北京小肠陈饭庄
北京翌鑫盛世物业管理有限责任公司
北京千禧园球迷餐厅
新世纪青年饮食公司
天桥老好吃鸡架城
无量宾馆公司
金三铭营销公司
天天好大药房
广安菜市口百货商贸城
翔达山城饭庄
菜市口德缘烤鸭店
北京武夷山茶叶公司
名驰商贸公司
广外街道社会社区服务中心
北京深圳大厦有限公司
北京二商集团有限责任公司
北京国道通公路设计研究院
北京网通(集团)有限公司北京市三区电话局分公司
北京市南区邮电局牛街支局
北京枫景物业管理有限公司
北京电力公司需求侧管理展示中心
北京市蟹岛开饭楼餐饮有限公司
北京潇湘大厦
北京市工商行政管理局宣武分局天桥工商所
宣武区地方税务局大栅栏税务所

爱国卫生先进单位

国家烟草专卖局虎坊路物业管理中心
中国戏曲学院附属中等戏曲学校
中铁三局集团有限公司地铁四号线第六段项目经理部
宣武区陶然亭街道红土店社区
宣武区陶然亭街道福州馆前街社区
宣武区陶然亭街道粉房琉璃街社区
宣武区陶然亭街道米市社区
宣武区陶然亭街道新兴里社区
宣武区陶然亭街道果子巷胡同社区
北京市沁园春宾馆
中国网通有限公司北京公司三区电话局厂甸局
北京永福瑞茶叶商贸有限责任公司
北京宣房房屋经营公司一分部
北京金座投资管理有限公司和平门百货商场
北京市南区邮电局和平门支局
宣武区西河沿小学
北京李记白水羊头小吃店
北京金正阳酒楼有限公司
北京市宣武区天桥老好吃鸡架城
北京新北纬饭店有限责任公司
北京市热盆景酒家
北京陈老大涮肉城
北京市京轻饭店
宣武区华强经贸有限公司第五超市
中国通用机械工程总公司
中国医学科学院药物研究所
北京纪龙达酒店管理有限责任公司前门潮部城食府
北京市大观园管理委员会
北京南来顺饭庄有限责任公司
宣武区半步桥小学
宣武区妇幼保健院
北京郭林家常菜有限责任公司十二分店
北京美廉美连锁商业股份有限公司白纸坊超市
北京新美物业管理中心宣武分部
宣武区白纸坊街道新安中里社区
宣武区白纸坊街道右内西街社区
宣武区白纸坊街道光源里社区
宣武区白纸坊街道平原里社区
宣武区白纸坊街道自新路社区
北京普明大厦　宣武区燕赵宾馆
北京淮阳人家　北京龙电宾馆
北京华普超市莱百店　北京中民大厦
宣武区燕龙湾食府
宣武区牛街清真超市
宣武区绿色川府
北京市工商局宣武分局广内工商所
五洲工程设计研究院
北京北方长城光电仪器有限公司
北京公共交通控股有限公司保修分公司三厂
北京金色夏日长晨园宾馆有限公司
北京全兴设计装饰公司文华龙泉风味轩大酒楼
北京金色夏日商务酒店
宣武区广内街道大街东社区
宣武区广内街道小六条社区
宣武区广内街道上斜街社区
宣武区广内街道报国寺社区
宣武区广内街道广安东里社区
北京千禧园球迷美食城有限公司
仙踪林宣武门店
北京市宣武区实验幼儿园
宣武区椿树医院
宣武区椿树环卫所
宣武区椿树街道红线社区
宣武区椿树街道绿化站
北京物美便利超市有限公司和平门店
北京兴百轩黄金珠宝有限责任公司
宣武区广外街道红莲中里社区
宣武区广外街道白菜湾社区
宣武区广外街道湾子街社区
北京大京九宾馆有限公司
北京天天阳洗浴中心
北京小利四季涮肉馆有限责任公司
北京天华毛家菜馆
宣武区马连道幼儿园
宣武区广外医院
北京湘君府餐饮有限责任公司
北京御香苑饮食有限责任公司烧烤店
北京御香苑饮食有限责任公司广安门店
北京市工商局宣武分局天桥工商所
北京市工商局宣武分局市场监督管理科

宣武区文明社区

广外街道红莲北里社区
广外街道红莲南里社区
广外街道马连道中里社区
广外街道天宁寺北里社区
广外街道天宁寺南里社区

广内街道校场小六条社区(新创)
广内街道大街东社区(新创)
广内街道槐柏树南里社区
广内街道长椿里社区
广内街道三庙社区
白纸坊街道自新路社区(新创)
白纸坊街道右北大街社区
白纸坊街道半步桥社区
白纸坊街道里仁街社区
牛街街道枫桦社区　(新创)
牛街街道白广路社区(新创)
陶然亭街道福州馆社区
椿树街道梁家园社区(新创)
椿树街道四川营社区
椿树街道红线社区
天桥街道永安路社区(新创)
天桥街道留学路社区(新创)
天桥街道香厂路社区
天桥街道南纬路社区
大栅栏街道三井社区
大栅栏街道百顺社区
大栅栏街道石头社区
大栅栏街道铁树社区

宣武区创建文明机关先进单位

宣武区纪律检查委员会、区监察局机关
中共宣武区委办公室
中共宣武区委组织部
中共宣武区委宣传部
中共宣武区委统一战线工作部
中共宣武区委政法委员会(综治办、610办)
宣武区人大常委会机关
宣武区人民政府办公室
宣武区发展和改革委员会
宣武区人事局
宣武区商务局
宣武区人口和计划生育委员会
宣武区统计局
宣武区人民政府法制办公室
宣武区委、宣武区人民政府信访办公室
宣武区人民防空办公室
宣武区政协机关
宣武区政府机关后勤服务中心
宣武区“青年文明号”
宣武区疾病控制中心健康教育所
宣武区广外医院内科
公安宣武分局广内派出所第四警区
宣武区旅游咨询服务中心
北京申同健身中心
白纸坊街道社会保障事务所
北京梦龙有限责任公司广内分公司
公安宣武分局广外派出所行政三组
北京中水物业管理有限公司天桥项目部
北京菜市口百货股份有限公司大兴分店
北京菜市口百货股份有限公司东安分店
北京小学体育组
宣武区最低生活保障事务中心
槐柏幼儿园
宣武区回民小学科任组
公安宣武分局刑侦便衣支队

宣武区共建文明社区先进单位

北京苏源锦江大厦有限责任公司(广外街道)
宣武区广外医院(广外街道)
中国税务报社(广内街道)
北京公交控股有限公司保修分公司三厂(广内街道)
北京市宣武区第三职业学校(白纸坊街道)
北京鑫融文体俱乐部(白纸坊街道)
北京申同健身中心(牛街街道)
北京正兴德茶庄牛街店(牛街街道)
中国北方工业公司工会(牛街街道)
北京市第四十三中学(椿树街道)
中铁建设集团有限公司第二十四项目部(椿树街道)
北京市育才学校(天桥街道)
北京市体育运动技术学校(天桥街道)

宣武区军(警)民共建先进单位

广外街道三义东里社区居委会——武警十五支队二大队五中队
广外街道莲花河社区居委会——西客站消防特勤中队
北京市宣武区第一职业学校——武警七支队十二中队
白纸坊街道办事处——武警总队十二支队
牛街街道南线阁社区居委会——武警七支队十二中队
陶然亭公园——陶然亭公园派出所
北京健宫医院——武警七支队
椿树街道办事处——武警七支队十中队

天桥街道禄长街社区居委会——东经路消防中队

天桥街道留学路社区居委会——武警七支队警通连

大栅栏街道铁树斜街社区居委会——公安消防总队第一支队大栅栏支队

大栅栏街道办事处——北京铁路公安处治安支队

宣武区创建文明行业先进单位

宣武区环境卫生服务中心

宣武区卫生局

北京宣房投资管理公司

北京市宣武区国家税务局

北京市宣武区地方税务局

北京市公安局宣武分局

北京市工商行政管理局宣武分局

宣武区劳动和社会保障局

宣武区园林局

宣武区私营个体经济协会

宣武区文明市民学校优秀校

陶然亭街道粉房琉璃街社区市民学校分校

白纸坊街道右内西街社区市民学校分校

椿树街道琉璃厂西街社区市民学校分校

大栅栏街道西街社区市民学校分校

天桥街道禄长街社区市民学校分校

广外街道红莲中里社区市民学校分校

广内街道康乐里社区市民学校分校

牛街街道白广路社区市民学校分校

宣武区精神文明建设最佳活动

工商宣武分局　文明礼仪教育实践活动

天桥街道禄长街社区党委　党群共建特色楼门活动

椿树街道椿树园社区居委会　居民公共环境议事会活动

广外街道文体中心　共建和谐社区书画展活动

白纸坊街道办事处　以文化活动为载体努力构建和谐社区活动

广内街道核桃园社区居委会　给外来务工人员一个温馨的家活动

陶然亭工委、办事处　爱心洒社区、社区助成长活动

大栅栏街道　普法字画进社区活动

牛街白广路社区　青少年“健康教育”信箱活动

宣武区教委　情系奥运文明礼仪伴我行旗帜传递活动

北京滨河公园管理处　爱我绿地文明游园活动

宣武区环境保护局　推广首创公众参与京城蓝天行动活动

宣武区直属机关工委　“强素质、解三难、树形象”主题实践活动

宣武区国税局　“规范职业道德行为，树立文明礼仪形象”活动

宣武区地税局　“优化税收环境，树立税务形象，展示女性风采”活动

宣武团区委　“文明生活，健康成长”暑期社区青少年主题教育活动

宣武区妇联　“万名母亲学家教，科学教子进家庭”母亲课堂活动

宣武区发改委、宣武报社　我为“十一五”规划献一言活动

宣武区建委　“建设者之歌”建筑工人卡拉 OK 大赛

宣武区商务局　马帮走进马连道普洱茶商业文化系列活动

先进个人

宣武区文明标兵

回　娟　牛街街道春风社区居委会主任

陈秋兰　牛街街道南线阁社区党委书记

杨雅娜　牛街街道西里社区居委会主任

陈　田　椿树街道四川营社区居委会委员

张金生　椿树街道红线社区居民

乔　平　椿树街道椿树园社区居民

裘晓刚　广内街道社保所职介组长

白玉明　广内街道社区服务中心主任

李丽虹　广内街道西便门西里社区党总支书记

史文霞　广外街道红居街社区党委书记

张锦芝　广外街道车站西街 15 号院社区党总支书记

任福疆　广外街道手帕口南街社区书画社负责人

崔廷元　大栅栏街道施家社区居民

张祥福　大栅栏街道百顺社区居民志愿者

郭德瑞　大栅栏街道市民学校名誉教师

宋桂华　天桥街道虎坊路社区流动党支部书记

张春晔　天桥街道工委宣传部科员
冯大明　北京二十五中退休教师社区志愿者
张玉兰　陶然亭街道新兴里社区党委书记
刘慧珠　陶然亭街道黑窑厂社区志愿者
吴谦礼　陶然亭街道黑窑厂社区市民学校教师
王文峰　北京监狱管理局中心医院政治处科员
袁继辉　白纸坊街道半步桥社区党委书记
祁淑兰　北京印钞厂退休工人社区志愿者
苏建华　宣武区文化馆美术干部
王志刚　北京风雷京剧团党支部副书记
李克东　北京广安体育馆副馆长
郁建江　北京宣武体育宫游泳馆副馆长
林玉琇　北京陶然建筑有限公司董事长、党总支书记
孙乃红　宣房投资管理公司员工
赵永才　北京房开置业股份有限公司工程部副经理
夏丹妮　天桥投资开发公司拆迁部副经理
洪庆堂　北京世纪金工投资有限公司科通工业公司第一房屋租赁公司党委书记、经理
田卫东　北京宣武区城市建设综合开发总公司工程师
张力群　北京创通基础设施建设投资公司
苗造堂　中华电影娱乐宫党支部书记
邢贵斌　宣武区委区直属机关工委常务副书记
刘国梁　宣武区国家税务局第三税务所科员
张保军　宣武区地方税务局副主任科员
潘浩宇　工商宣武分局登记注册科科员
李　荣　宣武区财政局社会保障科副主任科员
王　莉　宣武区审计局财政金融科科长
李　曜　宣武区人事局办公室主任
赖丽玫　宣武区发展和改革委员会产业发展科主任科员
毛国强　宣武区委党校图书管理员
刘宝芬　宣武区信访办公室助理调研员
于忠芬　宣武区科协副主席
贺道容　宣武区委区政府街道工作办公室主任
孙　静　宣武区纪委宣教室主任
张　淼　宣武区政府办公室副主任科员
孟　盼　区委宣传部理论教育组主任科员
李　岩　宣武区文联秘书长
张　谨　宣武区建委施工现场管理办公室主任
孙玉民　宣武区建委企业科主任科员
刘智勤　公安宣武分局政治处民警
张树奇　公安宣武分局大栅栏派出所巡逻队副队长
黄海波　公安宣武分局广外派出所巡逻队民警
时瑛梅　宣武区残联档案员
宋　鹏　宣武区民政局低保中心职员
何　昆　安全宣武分局办公室科员
王东琴　宣武区司法局办公室副主任
吴淑琴　宣武区人民法院立案庭审判员
赵文胜　宣武区检察院公诉二处处长
蔡克毅　建行北京宣武支行经理
李　微　中国民生银行北京广安门支行职员
幺　媛　华夏银行股份公司北京和平支行职员
洪振华　区乘车办文明站台监督员
汤　富　区乘车办文明站台监督员
郑秀花　区乘车办文明站台监督员
高　琴　区乘车办文明站台监督员
宋文平　北京庄胜崇光百货商场组长
屈连友　北京庄胜崇光百货商场保安员
尹智君　北京大碗茶商贸公司党支部书记兼总经理
邵德忠　北京市华强经贸有限公司组长
马　静　牛街清真超市有限公司熟食组长
王国庆　翔达公司博兴饭店施家胡同第二旅馆经理
王　伟　晋阳饭庄白广路店经理
孙世东　北京健峰生物技术有限公司董事长
曹秋玲　北京家乐福有限公司马连道店收银员
王　璐　宣武区饮食行业协会会计
马　燕　张一元茶叶有限责任公司工会主席
闫　芳　张一元茶叶有限责任公司白广路店经理
王建国　北京菜市口医药有限责任公司党支部书记
王　君　北京菜市口百货股份有限公司K金部主任
王建娟　北京菜市口百货股份有限公司足金部营业员
赵泉山　北京武夷山茶叶有限公司董事长
李　建　宣武区市政管理委员会办公室副主任
王世荣　宣武区市政管理委员会科员
张　军　宣武区万寿公园管理处办事员
高俊宏　宣武艺园管理处园长
乔　丹　宣武区环境保护局科员
王如英　宣武区城市管理监察大队科员

季永萍　宣武区城市管理监察大队白纸坊分队助理

王　倩　宣武区城市管理监察大队广外分队监察员

侯宏固　北京宣房房屋经营公司管理员

田绍林　北京宣房房屋经营公司二分部副经理

尹志台　宣武区环境卫生三队工会主席

乔利深　宣武区环境卫生四队工人

孙　平　宣武区环境卫生二队分类运输班班长

冯金玉　宣武区白纸坊社区卫生服务中心老年病房主任

顾家兴　宣武区广内医院主治医师

王　蓉　宣武区陶然亭医院姚家井社区卫生服务站站长

张　芳　宣武区广外医院康复医师

古燕琴　宣武区康乐里小学副校长

朱贺超　北京市第十五中学教育处主任

高瑞丰　宣武区青少年科技馆人事干部

成　君　北京市第六十二中学校长

米君兰　宣武区回民小学校长、党支部书记

吴文英　宣武区第一职业学校教师

彭向阳　宣师二附小校长、党支部书记

胡贵萍　宣武区实验幼儿园教师

张　敬　北京电大宣武分校党支部书记、副校长

周京昱　北京教育学院宣武分院二部中学语文教研员

爱国卫生先进个人

陶然亭街道办事处

吴佳琪　王景方　王海林　李军华　李锐　王　钢　刘喜华

大栅栏街道办事处

张玉兰　周树劳　闫桂华　罗　文　黄东红　冯启晶　曹　旭

天桥街道办事处

赵　嵩　任燕香　何定洁　贾崇庆　周桂兰　刘秀玲　田月菊

白纸坊街道办事处

于永顺　李国动　闫树春　张秀芬　刘燕宗　张丽新　刘联合　夏　清　潘　静　王　南

牛街街道办事处

刘雪姝　孙淑兰　宗鸿儒　王　满　云　聪　张　苓　郎美荣

广内街道办事处

邢胜杰　沈熙春　马文霞　孙玉泉　王淑华　赵春彦　孙玉环　李童水　施凤桐　黑秀云

椿树街道办事处

胡胜利　肖新秀　张　辉　赵建华　张大生　吴　兵　孟令涛

广外街道办事处

杜文芳　陈洪丽　卢国保　何春生　赵燕芬　韩月芬　施翠玲　张安贵　郭晓枫　张　芸　李　木

宣武区卫生监督所

李志明　叶　石

宣武工商分局

蔡纪明　郭　威

宣武区教育委员会

黄　艳　陈　伟

宣武区市政管理委员会

张长复

宣武区共建文明社区先进个人

王春玲　广外街道红居南街社区居委会主任

张　喜　北京一商批发配送中心总经理

田连庆　中国图片社办公室副主任

李志库　北京市医疗护理服务中心主任

张秀廷　北京市三区电话局局长

李绍辉　北京金桥贸易有限公司董事长

田文秀　牛街街道春风社区志愿者

王秀兰　北京张一元茶业有限公司董事长

单新宁　牛街民族艺术团指导

巩燕军　椿树街道梁家园社区党委书记

赵光有　椿树街道宣东大街社区居委会委员

张志航　北京市劳动保护科学研究所

王守愚　北京市第十五中学分校校长

李国荣　天桥街道天桥小区社区居委会主任

王淑英　天桥街道太平街社区居委会委员

高惠茹　大栅栏街道前西社区居委会委员

李永海　大栅栏街道石头社区居民

宣武区军(警)民共建先进个人

王海军　北京消防总队第三支队政治处组教科科长

李秀温　广外街道手帕口南街社区党委书记

卜祥健　总装备部试验物资采购局政治部干事

郝桂枝　广内街道报国寺社区居委会干部

张建京　北京印钞厂保安部副主任

张秀查　白纸坊街道办事处副主任

段绪福　武警七支队九中队班长

刘建华　牛街街道白广路社区主任

郝心鹏　陶然亭小学校长
韩金忠　北京市液化公司红土店站站长
刘继红　椿树街道宣东社区居委会委员
何　绢　椿树街道办事处民政科科长
董恒吉　天桥街道永安路社区居民
张奇然　武警七支队干事
张　健　大栅栏街道百顺社区居委会主任
张太平　武警北京市总队第二师七支队八中队中队长

宣武区文明市民学校先进工作者

王淑敏　广外街道红居南街社区市民学校分校教导处主任
任泮寅　广外街道三义东里社区市民学校分校书法班教师
刘树满　天桥街道市民学校中心校计算机专职教师
陈国振　天桥街道市民学校书画分社社长篆刻教师
张秀英　大栅栏街道市民学校中心校校外辅导教师
金　勇　大栅栏街道施家社区居委会副主任
王　萌　椿树街道工委宣传部干部
李　玲　椿树街道四川营社区居委会主任
李文义　白纸坊街道建功北里社区市民学校分校校长
杨勤亮　白纸坊街道右北社区党委书记市民学校分校校长
于连英　广内街道长西社区文明市民学校分校校长
吴　莹　广内街道西便门内社区文明市民学校分校校长
金　砚　陶然亭街道工委宣传部副部长
刘静兰　陶然亭街道红土店社区党委书记
严仁莉　牛街街道春风社区文明市民学校分校英语教师
陈洪才　牛街街道东里社区文明市民学校分校副校长

获高级职称人员

教育系统

孙丽萍　孟学慧　王爱东　宋砚香　金　英
沈　宁　尹桂霞　王　岚　张培新　张咏梅
卢万升　梁俊国　何德强　宋长惠　王淑宁
王桂明　徐　敏　宋金秀　阮其红　吴志平
杨志惠　李元君　吴　梅　郭玉英　陈亚利
任苑辉　王红宇　孟晓梅　张　凡　周淑义
于秀珍　张春艳　张玉华　王　玲　韩　军
淮　晶　李　英　朱红杰　何文泽　孙小波
张　彤　赵桂华　徐凤池　朱学芝　赵钦宝
薛亚明　吴素温　何　兰　李亚卿　方　放
武秀春　宋艳丽　桂秀英　吴荷萍　施　锋
陈晓平　张卫红　甄国元　王和平　刘红艺
齐小兵　刘雪琴　成　君

卫生系统

主任医师

赵玉捷　关　欣　王世平　吴勇伟　王春生
李苏玲　娄锡恩

副主任医师

凌腾愿　李宁燕　刘初生　寇之虹

统计资料

行 政 区 划

表1

地 区	土地面积（平方公里）	户籍人口（人）	居委会（个）	胡 同（条）
总 计	19.04	523908	107	576
大栅栏	1.27	55107	10	114
天 桥	2.07	53614	9	77
椿 树	1.09	35907	6	53
陶然亭	2.14	59242	8	75
广 内	2.43	85824	19	79
牛 街	1.44	48198	9	35
白纸坊	3.11	88952	18	76
广 外	5.49	97064	28	67

注："土地面积"为规划局实际勘测数据。 （zhk）

宣武区国民经济主要指标

表2

项　　目	单　　位	2005年	2004年	2005年比2004年增长(±)%
综　合				
地区生产总值	亿元		206.5	
#第二产业	亿元		30.6	
第三产业	亿元		175.9	
财　政				
财政收入	万元	251653	246672	2.0
#税收收入	万元	236862	231963	2.1
财政支出	万元	264895	229785	15.3
人口和劳动力				
常住人口	万人	52.6	50.4	4.4
户籍人口	万人	52.4	52.9	-0.9
人口自然增长率	‰	-1.03	-2.93	
从业人员年末数	万人	20.8	21.5	-3.0
年末职工数	万人	17.2	17.4	-1.6
从业人员工资				
工资总额	万元	682801	630652	8.3
平均工资	元	33513	31080	7.8
固定资产投资				
全社会固定资产投资	万元	763274	846382	-9.8
#固定资产投资	万元	215795	153115	40.9
房地产开发投资	万元	547479	693267	-21.0
工　业				
全部工业总产值(现价)	万元	2447779	2006450	22.0
#轻工业总产值	万元	230404	248912	-7.4
重工业总产值	万元	2217375	1757538	26.2
独立核算企业全员劳动生产率	元/人	339440	2241109	40.8
利税总额	万元	401503	467607	-14.1
商　业				
社会消费品雪售额	万元	819699	771291	6.3
按类别分:				
吃的商品	万元	261820	234310	11.7
穿的商品	万元	120942	118928	1.7

宣武区国民经济主要指标(续)

项　　目	单　　位	2005 年	2004 年	2005 年比 2004 年增长 (±)%
用的商品	万元	428199	410605	4.3
烧的商品	万元	8738	7448	17.3
教　育				
学校数	个	60	63	-4.8
小　学	个	34	34	0.0
普通中学	个	23	26	-11.5
职业高中	个	3	3	0.0
在校学生	个	43572	47520	-8.3
小　学	个	15023	15734	-4.5
初　中	个	11167	12918	-13.6
高　中	个	13144	13789	-4.7
职业高中	个	4238	5079	-16.6
幼儿园、托儿所个数	个	25	26	-3.8
在园幼儿数	个	4087	4339	-5.8
文　化				
电影院	个	3	3	0.0
公共图书馆	个	1	1	0.0
公共图书馆藏书	万册	30.7	28.6	7.3
卫　生				
卫生机构数	个	221	183	20.8
床位数	张	4336	4156	4.3
平均每千人拥有床位数	张	8.3	7.9	5.1
城市公用				
城市绿化覆盖率	%	21.05	23.79	
人民生活和物价				
城镇居民人均可支配收入	元	17023.67	14676.97	15.99
城镇居民人均消费性支出	元	13840.77	11454.92	20.83
恩格尔系数	%	30.2	33.4	
商品零价格指数	%	99.7	99.2	
居民消费格指数	%	101.5	101.0	

注:(1)预计 2005 年地区生产总值增幅为 10% 左右。
(2)三所职业高中校均为一校多址办学。

(zhk)

规模以上工业企业单位数和工业总产值、销售产值

表3

单位:万元

项目	企业单位(个)	亏损企业数(个)	工业总产值(现价)	新产品价值	工业销售产值	全部从业人员平均人数(个)
总计	78	30	2421833	3144	2435058	23654
按登记注册类型分:						
内资合计	67	24	2360359	76	2368791	21949
# 国有企业	27	13	124305		136381	4994
集体企业	6	2	29960		26430	1060
联营企业	2	1	4311	746	3049	545
有限责任公司	21	6	219225		2203355	14712
私营企业	11	2	9558		9576	638
外商及港澳台商投资企业	11	6	61474	3068	66267	1705
按轻重工业分:						
轻工业	36	12	227962		243369	7776
重工业	42	18	2193871	3144	2191689	15878

(gik)

工业企业按销售收入排序前十名

表 4

名　次	单　位　名　称
1	华北电网有公司
2	北京印钞厂
3	北京王致和食品集团公司
4	华电（北京）热电有限公司
5	北京纳贝斯克食品有限公司
6	北京中融安全印务公司
7	北京邮票厂
8	北京利丰雅高长城印刷有限公司
9	北京蒙诺汽车减振器有限公司
10	经济日报印刷厂

（gjk）

工业企业按利税总额排序前十名

表 5

名　次	单　位　名　称
1	华北电网有限公司
2	北京印钞厂
3	北京中融安全印务公司
4	北京邮票厂
5	北京王致和食品集团有限公司
6	北京赛瑞斯机电设备科技开发有限公司
7	北京华北电力实业总公司
8	经济日报印刷厂
9	北京利丰雅高长城印刷有限公司
10	北京京城诚科林环保科技有限公司

（gjk）

独立核算建筑施工企业基本情况

表6

项　　目	企　业 单位数个 (个)	年　末 从业人员 (个)	年末自有机械设备		
			净　值 (万元)	总台数 (台)	总功率 (千瓦)
总　　计	138	25977	19533	6644	122466
按经济类型分					
内资企业合计	132	25610	19355	6528	121853
# 国有企业	11	1127	852	483	3797
集体企业	18	842	1685	569	7224
股份合作企业	3	148	512	134	7004
有限责任公司	31	19169	13225	2851	73526
股份有限公司	1	82	187	278	9909
私营企业	68	4242	2894	2213	20993
港澳台商投资企业合计	4	334	173	69	562
外商投资企业合计	2	33	5	47	51
按行业类别分					
房层和土木工程建筑业	47	21867	16543	4339	105560
建筑安装业	21	938	1032	657	4814
建筑装饰业	64	2577	1057	1599	10200
其他建筑业	6	595	901	49	1892
按企业资质等级分					
特　级	1	2355	6124	271	28060
一　级	11	14146	6281	2108	42548
二　级	42	5095	4718	3002	40048
三　级	82	4373	2410	1263	11810
不分资质等级	2	8	0	0	0

(gjk)

全社会固定资产投资额

表 7

单位:万元

项　　目	计划总投资	累计完成投资	本年完成投资
投资总额	3564651	1958869	763274
# 区县属	784332	533994	248789
一、固定资产投资	558479	394873	215795
# 区县属	558479	394873	215795
基础设施投资	–	–	159742
# 区县属	–	–	159742
住宅建设投资	–	–	8747
# 区县属	–	–	8747
二、房地产开发投资	3006127	1563996	547479
# 区县属	225853	139121	32994
商品房建设投资	–	–	269840
# 区县属	–	–	21993

(gjk)

固定资产投资额

表8　　　　单位:万元

项　　目	合　　计	#基础设施设资
本年完成投资额	**215795**	**159742**
一、按构成分		
建筑工程	59288	15963
安装工程	145	0
设备工器具购置	33245	26887
其他费用	123117	116892
二、按用途分		
工业、建筑业用	14727	0
商业、运输邮电业用	61072	56929
住宅	8747	0
其他	131249	102813
三、按登记注册类型分		
内资企业	215795	159742
#国有企业	156721	102813
集体企业		
股份合作企业		
联营企业	30392	30392
有限责任公司	28062	25917
股份有限公司		
私营企业	620	620
其他企业		
港澳台商投资企业		
外商投资企业		
个体经营		
四、按建设性质分		
新建	37566	30392
扩建	127872	100433
改建和技术改造	20201	2030
住宅等生活设施	2170	0
迁建	1099	
恢复		
单纯购置	26887	26887

(gjk)

房地产开发企业开发情况

表 9　　　　单位:万元、平方米

项　　目	合　　计	#国有企业	#三资企业
一、计划总投资	**3006172**	**659331**	**332120**
二、自项目开始至本年末累计完成投资	**1563996**	**392067**	**222274**
三、本年完成投资合计	**547479**	**128536**	**37086**
商品房建设投资	269840	103659	18740
土地开发投资	705	121	0
土地购置费	101900	1665	4695
四、本年完成投资按用途分			
住　宅	368292	86895	31659
办公楼	47589	4009	0
商业营业用房	47049	14848	463
其　他	84549	22784	4964
五、本年土地开发			
完成开发地面积	58308	1053	0
待开发土地面积	752694	130937	140921
购置土地面积	260620	27113	0
六、房屋建筑工和竣工面积			
施工面积	4173529	1425474	401835
#住　宅	2889501	1053609	274765
竣工面程	1676310	395053	307790
#住　宅	1224227	298107	236447
七、商品房屋销售情况			
销售面积	1223641	318482	290483
#住　宅	1163921	313080	268408
销信额	729217	138520	215222
#住　宅	686155	137215	193454
八、空置面积	**395218**	**92276**	**39432**
#住宅	150060	35047	32954

(gjk)

社会消费品零售额

表 10　　　　单位:万元

项　　目	2005 年	2004 年
社会消费品零售额	**819699**	**771291**
按用途分		
吃的商品	261820	234310
穿的商品	120942	118928
用的商品	428199	410605
烧的商品	8738	7448
按行业分		
批发和零售业	649126	617343
餐饮业	130352	114196
其他行业	40221	39752

(sdd)

限额以上批发和零售业企业

表11

项　目	商品购进总额	市内购进	市外购进	进口额	商品销售总额	批发额	市内批发
合　计	**57635426**	**16222381**	**33030945**	**8382100**	**58870558**	**53704230**	**12504105**
按行业分							
批发	53120951	13261819	31491574	8367558	53925266	53136460	12058343
零售	4514475	2960562	1539371	14542	4945292	567770	445762
按登记注册类型分							
国有	35720930	8188960	22503854	5028116	36521554	35771515	6144656
集体	2378251	1483438	343124	551689	2296347	885332	134116
股份合作	155395	108582	8414	38399	174138	38285	3818
国有联营	185350	62450	122900	0	194538	90110	1433
集体联营	0	0	0	0	0	0	0
国有与集体联营	0	0	0	0	0	0	0
其他联营	0	0	0	0	0	0	0
国有独资公司	949900	38503	669252	242145	1006423	1006283	556920
其他有限责任公司	13120511	4799230	5999652	2321629	13175522	12373328	3920101
股份有限公司	1445712	361932	1083684	96	1620007	438303	117686
私营独资企业	22862	7968	12669	2225	24899	980	967
私营合伙企业	175409	95862	79547	0	155108	155108	131893
私营有限责任公司	2722232	1023348	1535803	163081	2854494	2199076	1075258
私营股份有限公司	225344	14798	183647	26899	262230	210125	86600
其他企业	43118	7840	35278	0	43107	41743	39267
港澳台商投资	389578	11675	377903	0	428315	428315	247200
外商投资	100834	17795	75218	7821	113876	44190	44190

商品购进、销售、库存总值

单位:万元

市外批发	出口额	零售额	对居民的零售	对社会集团的零售	年末库存额	商口销售总额中				
						网上销售额	BTOB(G)销售额	BTOC销售额	其他无店铺销售额	持卡零售额
32117342	**9082783**	**5166328**	**3948691**	**1217637**	**14327414**	**6405390**	**6405390**	**0**	**701989**	**970985**
31996183	9081934	788806	231316	557490	13779629	6405390	6405390	0	692585	64861
121159	849	4377522	3717375	660147	547785	0	0	0	9404	906124
21433621	8193238	750039	441119	308920	11098637	6405390	6405390	0	262590	9861
687004	64212	1411015	1307582	103433	216215	0	0	0	0	486699
34467	0	135853	112736	23117	18400	0	0	0	0	0
88677	0	104428	0	104428	48774	0	0	0	0	0
0	0	0	0	0	0	0	0	0	0	0
0	0	0	0	0	0	0	0	0	0	0
0	0	0	0	0	0	0	0	0	0	0
11764	437599	140	79	61	234833	0	0	0	0	0
8129048	324179	802194	656019	146175	1674514	0	0	0	233367	105503
258270	62347	1181704	1117347	64357	185679	0	0	0	0	364678
13	0	23919	0	23919	10831	0	0	0	0	0
23215	0	0	0	0	42066	0	0	0	0	0
1122610	1208	655418	274613	380805	705482	0	0	0	63534	4244
123525	0	52105	14349	37756	32461	0	0	0	0	0
2476	0	1364	702	662	1185	0	0	0	6530	0
181115	0	0	0	0	31394	0	0	0	135968	0
21537	0	48149	2414	24004	26943	0	0	0	0	0

(sdd)

限额以上批发和零售业商品分类销售、库存

表12 单位:千 元

项 目	商品销售总额	批 发	零 售	年末库存
类值合计	58870558	53704230	5166328	14327414
食品、饮料、烟酒类	3372653	2909972	462681	3348239
# 粮油类	706960	684375	22585	3022269
肉禽蛋类	278049	240789	37260	60218
共他食品类	622045	421332	200713	53071
饮料类	338795	178086	160709	44334
烟酒类	1426804	1385390	41414	168347
服装鞋帽、针、纺织品类	1791869	720016	1071853	181428
# 服装类	1295916	589723	706193	140311
鞋帽类	284833	27649	257184	18893
针、纺织类	211120	102644	108476	22224
化妆品类	181368	35472	145896	19694
金银珠宝类	1309135	104907	1204228	137991
日用品类	454643	184380	270263	32380
# 洗涤用品类	55698	43019	12679	7189
儿童玩具类	8625	0	8625	-42
五金、电料类	62902	47824	15078	19762
体育、娱乐用品类	279995	231533	48462	15459
书报杂志类	268297	6269	262028	68691
电子出版物及音像制品类	60684	41767	18917	30973
家用电器和音像器材类	249817	162076	87741	59970
中西药品类	2513534	1759395	754139	274128
# 西药类	1523955	1173972	349983	127043
中草药及中成药类	876295	486776	389519	122788
文化办公用品类	1337480	1233176	104304	98029

限额以上批发和零售业商品分类销售、库存(续)

单位:千　元

项　　目	商品销售总额	批　发	零　售	年末库存
家具类	31649	849	30800	5334
通迅器材类	332610	213117	119493	31097
煤炭及制品类	1789016	1769356	19660	85648
木材及制品类	2245	2245	0	0
石油及制品类	3804933	3745353	59580	10956
化工材料及制品类	8563029	8553431	9598	378071
# 化肥类	118538	118538	0	0
金属材料类	14308364	14303577	4787	1846831
建筑及装潢材料类	114431	109077	5354	7655
机电产品及设备类	8979559	8892076	87483	4351248
# 农机类	18746	18746	0	13750
汽车类	415780	168621	247159	7143
棉麻类	58766	58766	0	9629
其他类	8587799	8450975	136824	3307058

(sdd)

个体工商户基本情况

表 13

行　　业	户　数(户)		从业人数(人)		资本金(万元)	
	2005 年	2004 年	2005 年	2004 年	2005 年	2004 年
总　计	39698	31283	53473	43624	23879	18611
制造业	495	498	522	514	300	287
批发零售业	30379	25004	36699	30829	14693	12240
租赁和商务服务业	3870	1809	4076	1915	1634	409
其　他	4954	3972	12176	10366	7252	5675

(数据来源:工商局)

批发和零售业企业零售额前十名

表 14

名　　次	单　　位　　名　　称
1	北京庄胜崇光百货商场
2	北京菜市口百货股份有限公司
3	中国药材集团公司
4	中国书店
5	北京同仁堂连锁药店有限责任公司
6	北京市华强经贸公司
7	北京华夏物资公司
8	北京市宣武京新医药公司
9	北京张一元茶叶有限责任公司
10	北京市宣武区振兴教育书店

(sdd)

餐饮业企业营业收入前十名

表 15

名　　次	单　　位　　名　　称
1	北京全聚德烤鸭股份有限公司
2	北京翔达投资管理公司
3	北京科力新荣经贸有限责任公司
4	北京市麻辣诱惑酒楼有限公司
5	北京信鸿餐厅
6	北京百万庄园西式餐馆有限公司
7	北京湘君府餐饮有限责任公司
8	北京天天阳餐馆有限公司
9	北京御香苑饮食有限责任公司
10	北京燕龙湾食府有限公司

(sdd)

各类商品交易市场情况

表 16

项　　目	计量单位	2005 年	2004 年
年末农贸市场数	个	45	48
年末摊位容量	个	5944	6903
年末市场出租摊位数	个	3988	5407
成交总额	万元	47566	50856
#食品、饮料、烟酒类	万元	34483	36014
服装鞋帽针纺织品类	万元	2083	2334
其他类	万元	11000	12508
农副产品成交总量	百公斤	789577	800100
#粮食	百公斤	40517	47164
食用植物油	百公斤	13278	15694
猪肉	百公斤	38017	44416
牛肉	百公斤	20790	19138
羊肉	百公斤	19879	18497
家禽	百公斤	7034	7405
鲜蛋	百公斤	20457	18074
鲜菜	百公斤	381099	439539
鲜瓜果	百公斤	224815	167433
水产品	百公斤	23691	22785

（sdd）

地 方 财 政 收 入

表 17

项　　目	财政收入(万元)		增　幅 (%)	构成(%)	
	2005 年	2004 年		2005 年	2004 年
总　　计	251653	246672	2.0	100.0	100.0
一般预算收入	251388	246345	2.0	99.9	99.9
一、共享税收	217427	215555	0.9	86.4	87.4
1. 增值税	23306	27343	-14.8	9.3	11.1
2. 营业税	120715	107907	11.9	48.0	43.7
3. 城市维护建设税	11860	12628	-6.1	4.7	5.1
4. 城镇土地使用税	1032	1102	-6.4	0.4	0.4
5. 土地增值税	9	29	-69.0	0.0	0.0
6. 教育费附加收入	5988	6491	-7.7	2.4	2.6
7. 企业所得税	54517	60055	-9.2	21.7	24.3
二、固定税收	25432	22899	11.0	10.1	9.3
1. 房产税	19640	16520	18.9	7.8	6.7
2. 印花税	4336	5084	-14.7	1.7	2.1
3. 车船使用和牌照税	1477	1295	11.7	0.6	0.5
三、分级收入	8538	7891	8.2	3.4	3.2
1. 国有资产经营收益	3215			1.3	-
2. 行政性收费	3648	4633	-21.3	1.4	1.9
3. 罚没收入	650	1646	-60.5	0.3	0.7
4. 专项收入	33	20	65.0	0.0	0.0
5. 场地使用费收入	158	215	-26.5	0.1	0.1
6. 其他收入	834	1377	-39.4	0.3	0.6
基金预算收入	265	327	-19.0	0.1	0.1

(数据来源:财政局)

地方财政支出

表 18

项　　目	财政支出(万元)		增幅	构成(%)	
	2005 年	2004 年	(%)	2005 年	2004 年
总　　计	264895	229785	15.3	100.0	100.0
一般预算支出合计	262806	226510	16.0	99.2	98.6
1. 基本建设支出	24712	23575	4.8	9.3	10.3
2. 企业挖潜改造资金	3285	1746	88.1	1.2	0.8
3. 科技三项费用	1114	401	177.8	0.4	0.2
4. 林业支出	30			0.0	
5. 工交部门事业费	208			0.1	0.0
6. 流通部门事业费				0.0	
7. 文体广播事业费	3110	2384	30.5	1.2	1.0
8. 教育支出	29077	27230	6.8	11.0	11.9
9. 科学支出	206	166	24.1	0.1	0.1
10. 医疗卫生支出	16662	14176	17.5	6.3	6.2
11. 其他部门的事业费	2187	1854	18.0	0.8	0.8
12. 抚血和社会福利救济	12178	10899	11.7	4.6	4.7
13. 行政事业单位离退休支出	29453	25673	14.7	11.1	11.2
14 社会保障补助支出	2801	1978	41.6	1.1	0.9
15. 行征管理费	25177	21481	17.2	9.5	9.3
16. 公检法司支出	19485	16442	18.5	7.4	7.2
17. 城市维护费	22218	19267	15.3	8.4	8.4
18. 政策性补贴支出	1244	1244		0.5	0.5
19. 专项支出	8713	7211	20.8	3.3	3.1
其中;教育费附加	8693	7197	20.8	3.3	3.1
20. 其他支出	60946	50783	20.0	23.0	22.1
基金预算支出合计	2089	3275	-36.2	0.8	1.4

(数据来源:财政局)

金融机构存、贷款

表 19

单位:万元

项　　目	2005 年余额	2004 年余额	同比增减额(+、-)
存款合计	12823995	11051677	1772318
#居民储蓄存款余额	3457618	2933007	524611
企业存款	8316244	7378306	937938
农业存款	4678	7303	-2625
贷款合计	6195183	5793030	402153
#短期贷款	1744744	2008211	-263467
中期流动资金贷款	274500	308847	-34347
中长期贷款	296381	2693418	2963

(zhk)

中、小学校学生概况

表20

项　　目	单　位	合　　计	教育部门和集体办	其他部门办
一、中学				
1. 学校数	所	23	21	2
2. 班数	个	678	608	70
初中	个	345	325	20
高中	个	333	283	50
3. 毕业生数	个	9503	8628	875
初中	个	5479	5355	124
高中	个	4024	3273	751
4. 招生数	个	7278	6406	872
初中	个	3495	3201	294
高中	个	3783	3205	578
5. 大校学生数	个	24311	21473	2838
初中	个	11167	10377	790
高中	个	13144	11096	2048
二、小学				
1. 学校数	所	34	33	1
2. 班数	个	620	612	8
3. 毕业生数	个	3324	3324	0
4. 招生数	个	2038	2013	25
5. 在校学生数	个	15023	14861	162

(数据来源:教委)

中、小学校教职工概况

表 21　　单位：人

项　　目	合　计	女　性	教育部门和集体办	其他部门办
一、中学				
教职工数	3068	2112	3068	
1. 专任教师	2007	1494	2007	
初中	1119	857	1119	
# 高级教师	211	149	211	
高中	888	637	888	
# 高级教师	209	128	209	
2. 行政人员	556	350	556	
3. 工勤人员	275	126	275	
4. 校办厂、职工	25	12	25	
5. 教辅人员	205	130	205	
另附：				
代课教师	107	76	107	
临时工	218		218	
兼任教师	87	39	87	
二、小学				
教职工数	2205	1914	2173	32
1. 专任教师	1688	1510	1673	15
2. 行政人员	342	276	338	4
3. 工勤人员	108	70	101	7
4. 校办工厂、职工	2		2	
另　附：	38	30	38	
代课教师	38	30	38	
临 时 工	278		278	
兼任教师	12	9	9	3

（数据来源：教委）

职业学校在校生、毕业生、招生人数

表22 单位:人

专　　业	在校生数	毕业生数	招生人数
合　计	4238	1838	1179
外事会计			
金融会计	40		
计算机与财务管理			
财　会	86		
金融事务	418	9	111
涉外财务与文秘	63		
工商管理		30	
高职辅导班	41	78	
国际金融			
电子商务		183	
计算机及应用	435	280	127
商务会计与营销			
国际商贸	95	70	33
计算机网络技术	96		31
商务英语	172	56	74
旅游服务与管理	105	58	29
饭店服务与管理	116	73	24
会　计	380	52	121
中餐烹饪	24	37	
体育服务与管理			
外事公关文秘			
汽车运用与维修	24		24
技术编辑			
综合(实验班)	25	23	
印　刷	149	47	47
广　告	209	64	54
机　电	167	64	44
药剂代培			
中　药	803	120	181
药剂	334	42	64
计算机			
幼　教	147	86	58
音　乐	34	15	17
工艺美术	32	17	19
经济管理		41	
保键按摩		15	
房地产	20		
文　秘	122	37	35
出版发行	209	110	53
医学生物技术	81	42	33

(数据来源:教委)

幼儿园、学前班基本情况

表23

项　目	单　位	总　计	教育部门办	其他部门和社会力量办	集体办
一、园所数	所	25	13	8	4
二、班数	个	172	91	61	20
#学前班	个	47	27	15	5
三、在园幼儿数	人	4087	2528	1284	275
#学前班	人	1252	786	385	81
四、教职工数	人	775	427	284	64
1. 园长	人	38	20	14	4
2. 教师	人	380	225	129	26
3. 保键员	人	35	18	12	5
4. 其他	人	322	164	129	29

（数据来源：教委）

成人教育基本情况

表24

类　别	校数(所)	教职工合计	专传教师	业生数	招生数	在校生数
总　计	**2**	**130**	**54**	**1519**	**2537**	**5896**
广播电视大学宣武分校	1	28	18	724	1051	2779
红旗业余大学	1	102	46	795	1486	3117

（数据来源：教委）

医疗卫生机构基本情况

表 25

项　　目	单　位	2005 年	2004 年
一、卫生事业机构	个	221	183
# 医院	个	22	20
门诊部	个	19	16
社区卫生服务中心	个	7	
诊所、卫生保健站、医务室	个	157	129
疾病预防控制中心	个	7	2
疗养院、所	个		
卫生防疫站	个		
妇幼保健所、站(院)	个	1	1
专科防疫所、站	个		
二、床位	张	4336	4156
# 医院	张	4308	4128
门诊部	张		
疗养院、所	张		
妇幼保健院	张	28	
平均每千人拥有医院床位	张	8.3	7.8
三、卫生技术人员	人	7296	6972
# 执业医生	人	2736	2677
注册护士	人	2713	2719
平均每千人拥有医生	人	5.22	5.1
平均每千人拥有护士	人	5.18	5.1

注:床位数为实有床位数。

(数据来源:卫生局)

城 镇 建 设 用 地

表 26

单位:平方公里

项　　目	实际用地		各类用地占合计的%	
	2005 年	2004 年	2005 年	2004 年
合　计	19.04	19.04	100.00	100.00
商业服务业用地	1.53	1.52	8.04	7.98
工业用地	0.99	1.00	5.20	5.25
仓储用地	0.48	0.48	2.52	2.52
交通用地	0.34	0.28	1.79	1.47
市政公用设施及绿化用地	2.14	2.13	11.23	11.19
文化教育用地	0.43	0.43	2.26	2.26
住宅用地	7.79	7.81	40.91	41.02
行政办公用地	0.69	0.69	3.62	3.62
道路用地	3.75	3.74	19.70	19.64
医疗卫生用地	0.22	0.22	1.16	1.16
文体设施用地	0.48	0.48	2.52	2.52
其他用地	0.20	0.26	1.05	1.37

(数据来源:规划局)

区管道路实有情况

表27

项　　目	条　数(条)		长　度(米)		面　积(平方米)	
	2005年	2004年	2005年	2004年	2005年	2004年
一、按路面等级分	616	616	159964.4	159872.1	1026428.86	1004538.25
1.高级路面小计	607	607	153343.9	153251.6	1004356.36	982465.55
沥青砼路	607	607	153343.9	153251.6	1004356.36	982465.55
沥青石屑、砾石路						
2.次高级路面小计						
碎石路沥青表面处理						
效区沥青石屑路						
3.低级路面小计	9	9	6620.5	6620.5	22072.50	22072.50
二、按路面宽度分	616	616	159964.4	159872.1	1026428.86	1004538.25
12－21米	30	26	20159.5	19148.6	328139.03	296640.08
7－12米	49	41	18310.7	16356.3	167226.23	154423.72
3.5－7米	263	272	75579.6	77981.7	401802.19	421886.10
2.5－3.5米	169	164	33829.4	32602.5	104495.17	99796.55
2.5米以下	105	113	12085.2	13783	24766.24	31791.80

（数据来源:市政管委）

城市园林绿化

表28

项　　目	单　位	2005年	2004年
年末园林绿地面积	万平方米	348.36	356.5
年末公共绿地面积	万平方米	126.35	128.49
绿地率	%	18.3	18.72
城市绿化覆盖面积	万平方米	400.81	452.95
城市绿化覆盖率	%	21.05	23.79
道路绿化总长度	公里	121.11	90.72
年末实有树木	万株	64.68	64.95
#本年新植	万株	4.05	2.31
年末实有草坪	万平方米	137	136.79
#本年新植	万平方米	7	12.58
人均绿地面积	平方米	6.58	6.74
人均公共绿地面积	平方米	2.39	2.43
公园数	个	8	8
#市级以上公园	个	1	1

（数据来源:绿化办）

环境保护工作情况

表29

项　　目	单　位	2005年	2004年
一、环境质量			
可吸入颗粒物年平均值	毫克/立方米	0.140	0.148
二氧化硫年平均值	毫克/立方米	0.045	0.046
二氧化氮年平均值	毫克/立方米	0.059	0.070
降尘量	吨/平方公里.月	8.9	9.0
区域环境噪声平均值	dB(A)	54.6	54.8
交通干线噪声平均值	dB(A)	68.5	68.6
二、主要污染物调整压缩情况			
外　迁	个	2	4
三、污染源限期治理情况			
烟控区污染源限期治理数	个	10	40
# 已完成治理达标数	个	10	40
噪声达标区污染源限期治理数	个	14	32
# 已完成治理达标数	个	14	32
四、污水污染源治理情况			
废水处理设备数	个	24	24
污水处理设备正常运转率	%	100	100
五、锅炉及除尘设备情况			
≥0.7MW 锅炉数	台	389	408
#烟尘浓度排放达标数	台	389	408
烟尘浓度排放达标率	%	100	100
更新锅炉数	台	0	13
更新除尘设备数	台	0	0
茶浴炉数	台	313	317
# 烟气黑度达标数	台	313	317
烟气黑度达标率	%	100	100
六、噪声污染源情况			
检测声源数	个	242	221
超标声源数	个	14	4
达标声源数	个	228	217
厂界噪声达标率	%	94.21	98.19
七、依法征收排污费情况			
排污费收入总计	万元	65.34	37.21
废水排污费	万元	0.56	5.3
废气排污费	万元	46.69	17.15
#二氧化硫排污费	万元	17.2	10.42
噪声超标排污费	万元	18.09	14.76
滞纳金	万元	0	0

(数据来源:绿化办)

统管房屋基本情况

表 30

单位:万平方米、万元

房管所	房屋总数	房屋分类			应屋租金	
		平房	正规楼房	简易楼房	应收	实收
总计	193.45	93.53	83.73	16.19	2622.98	2610.00
第一分公司	48.05	40.83	4.61	2.61	747.51	747.51
第二分公司	43.98	27.37	13.81	2.80	642.61	641.48
第三分公司	29.85	8.65	17.99	3.21	478.05	473.71
第四分公司	71.57	16.68	47.32	7.57	754.81	747.30

注:(1)第一分公司包括大栅栏、椿树街道;第二分公司包括陶然亭、天桥街道;第三分公司包括白纸坊、牛街街道;第四分公司包括广内、广外街道。

(2)现统管房屋产权分类,均为公产。

(数据来源:绿化办)

城市环境卫生

表 31

项目	单位	2005 年	2004 年
一、工作量			
清扫干路	条	50	50
清扫街道面积	万平方米	263.2	262
清运垃圾	万吨	22.8	19.8
清运粪便	万吨	17.1	16.9
清运渣土	万吨	3.2	2.5
翻改公厕	座	350	43
维修公厕	座次	18803	14463
二、环卫设施			
果皮箱	个	1115	1115
公共厕所	座	664	669
# 一类公厕	座	124	117
密闭式集装箱垃	座	36	38
三、环卫机械(环卫中心自有的)			
机扫车	台	30	24
垃圾车	台	18	18
真空吸粪车	台	12	10
洒水车	台	9	9

(数据来源:环卫中心)

劳 动 工

项 目	单位数	年末人数(人)			
			女 性	在岗职工	不在岗职工
总 计	3910	221529	89661	171726	13377
一、按单位类别分					
企业单位合计	3130	178086	66836	134879	11730
事业单位合计	628	33677	19104	28251	1468
行政机关合计	116	9563	3663	8448	170
其 它	36	203	58	148	0
二、按登记注册类型分					
国资企业	3786	213638	86304	165279	13164
# 国有企业	1249	73739	33567	60224	6124
集体企业	631	12578	4990	9207	1221
股份合作企业	744	6690	3107	5434	204
联营企业	25	1784	886	1573	60
有限责任公司	922	112002	40935	83652	5120
股份有限公司	86	5420	2120	4598	424
私营企业	0	0	0	0	0
其他企业	129	1425	699	591	11
港澳台商投资	51	3932	1808	3337	85
外商投资	73	3959	1549	3110	128
三、按行业分					
农林牧鱼业	2	4	1	0	0
制造业	226	14651	5763	11473	1721
电力、燃气及水的生产和供应业	6	12301	2925	11827	215
建筑业	119	18854	2536	15678	1598
交通运输、仓储及邮电业	49	26214	9638	9342	646
#交通运输业	41	25002	9380	8991	110
邮政业	4	361	34	61	4
信息传输、计算机服务和软件业	65	3844	1435	3541	129
批发和零售业	969	20540	9380	15474	2032
# 批发业	466	10590	3936	8004	1340
零售业	503	9950	5444	7470	692
住宿和餐饮业	327	14029	6702	11144	1553
# 住宿业	209	7315	3733	5754	619
餐饮业	118	6714	2969	5390	934

注:本表均不含私营企业数据。

资 情 况

年平均人数（人）			全年劳动报酬（生活费）总额（千元）			在岗职工年平均工资	不在岗职工年平均工资（元）
	在岗职工	不在岗职工		在岗职工	不在岗职工		
218032	166578	14287	6961454	5982058	133439	35911	9340
175161	130128	12607	5133886	4255248	110409	32700	8758
33140	27894	1502	1354686	1266544	22726	45406	15130
9529	8409	178	466482	454553	304	54056	1712
202	147	0	6400	5713	0	38862	0
210417	160405	14036	6665603	5754401	131473	35874	9367
75293	61190	6529	3201563	3003423	70442	49084	10789
12989	9447	1280	236587	180260	8408	19081	6568
6970	5510	248	114728	99018	769	17971	3101
1775	1538	84	32141	29496	550	19178	6624
106768	77584	5450	2855865	2242195	47091	28900	8641
5449	4589	434	200767	188616	4183	41102	9639
0	0	0	0	0	0	0	0
1173	547	11	23952	11393	30	20828	2770
3798	3173	76	133483	103932	708	25233	9496
3817	3000	175	162368	123725	1258	41242	7186
4	0	0	34	0	0	0	0
14868	11744	1770	396818	349473	10872	29758	6142
12173	11789	218	755829	734313	3319	62288	15226
18397	14748	1769	505734	455682	11644	30898	6582
25844	8010	721	540533	117871	6163	14715	8548
24572	7648	130	520271	104353	355	13644	2727
355	55	4	5368	4824	0	87704	0
3778	3471	121	174027	164332	704	47344	5814
20850	15626	2261	757466	690098	23879	44163	10561
10796	8129	1414	559039	17195	17247	63623	12197
100054	7497	847	198427	172903	6633	2306	7831
14123	11067	1646	258365	227716	13238	20576	8042
7398	5748	646	127441	108533	6017	18882	9314
6725	5319	1000	130924	119182	7221	22407	7221

劳 动 工 资

项　目	单位数	年末人数（人）	女性	在岗职工	不在岗职工
金融业	10	982	334	866	54
房地产业	246	11930	4433	8842	1121
租赁和商务服务业	583	37165	17005	33373	1996
# 租赁业	13	136	46	100	7
商务服务业	570	37029	16959	33273	1989
科学研究、技术服务和地质勘查业	247	9329	3175	6493	319
水利、环境和公共设施管理业	50	4041	1497	3346	244
# 水利管理业	13	642	185	568	2
环境管理业	20	1896	592	1729	25
公共设施管理业	17	1503	720	1049	217
居民服务和其他服务业	208	5207	2050	4231	389
#居民服务业	98	1869	873	1506	110
教育	192	10275	7051	7940	688
卫生、社会保障和社会福利业	76	10865	7317	9840	257
# 卫生	42	10035	6850	9090	246
社会保障业	14	486	301	446	8
社会福利业	20	344	166	304	3
文化体育和娱乐业	176	7582	3309	6677	214
# 新闻出版业	45	3597	1625	3317	49
广播、电视、电影和音像业	19	652	252	579	2
文化艺术业	53	1975	891	1687	112
体育	28	941	393	720	51
公管理和社会组织	359	13716	5110	11639	201
四、按街道分					
大栅栏街道	328	9854	4881	7492	916
天桥街道	345	23844	10547	19934	1281
椿树街道	257	14836	5238	13216	673
陶然亭街道	400	24338	5223	21539	751
广内街道	565	22668	10880	18973	1040
牛街街道	498	35279	12045	28790	3308
白纸坊街道	680	31532	12482	25431	2022
广外街道	803	57204	27820	34815	3031
外 区 县	34	1974	545	1356	355

情　况　（续）

年平均人数（人）			全年劳动报酬（生活费）总额（千元）			在岗职工年平均工资	不在岗职工年平均工资（元）
	在岗职工	不在岗职工		在岗职工	不在岗职工		
927	816	55	85058	79789	2208	97781	40139
11842	8544	1235	319044	258271	11339	30228	9181
34958	31316	2101	712628	645690	19024	20619	9055
172	133	7	2665	2086	40	15686	5737
34786	31183	2094	709963	643604	18984	20640	9066
9323	6382	328	402443	338360	3873	53018	11806
3962	3226	257	100253	91505	2888	28365	11238
570	501	3	23965	21763	25	43438	8228
1817	1628	31	39231	37266	387	22891	12493
1575	1097	223	37328	32475	2476	29604	11104
5172	4152	424	89782	78785	4653	18975	10973
1773	1445	122	28830	24893	1879	17227	15399
9987	7867	693	342400	307094	12814	39036	18491
10606	9634	266	509905	482511	3175	50084	11938
9794	8904	255	480690	454448	2931	51039	11495
482	440	8	17417	16928	177	38473	22126
330	290	3	11798	11135	67	38397	22445
7599	6620	219	328252	306574	3167	46310	14462
3490	3220	47	203847	196484	949	61020	20201
647	569	4	24340	23462	19	41234	4756
2033	1684	114	53738	48781	1392	28967	12208
975	732	54	35882	30413	807	41548	14943
13619	11566	203	682883	653994	479	56545	2360
9659	7391	1030	234411	211322	8549	28592	8300
23865	19698	1411	578567	525780	12187	26692	8637
13248	11672	664	489711	456053	7436	39072	11198
21410	18112	848	386155	339282	8779	18732	10353
22530	18929	1137	939839	869831	13895	45952	12220
35159	28794	3495	1508844	1406684	32624	48853	9334
32961	26763	2180	1042534	938474	17076	35066	678
57256	33923	3144	1726415	1196371	31529	35267	10028
1944	1296	378	54978	38261	1365	29523	3610

（shk）

人口数及户数

表 33

街　道	户藉人口						暂住人口(人)
	户　数(户)			人　数(人)			
	合　计	家庭户	集体户	合　计	家庭户	集体户	
全区合计	194896	194761	135	523908	515513	8395	81935
非家业户小计	194892	194757	135	523900	515505	8395	
大栅栏街道	21920	21920		55107	55107		11051
天桥街道	19063	19032	31	53614	51287	2327	8769
椿树街道	14145	14137	8	35907	35249	658	6192
陶然亭街道	22101	22079	22	59242	57570	1672	7162
广内街道	31671	31625	46	85824	83849	1975	11085
牛街街道	17438	17438		48198	48198		9541
白纸坊街道	31626	31608	18	88952	88002	950	11891
广外街道	36928	36918	10	97056	96243	813	16154
其　他	0	0	0	0	0	0	90
农业户小计	**4**	**4**		**8**	**8**		
广外街道	4	4		8	8		

(数据来源:公安局)

社会优抚、救济情况

表 34

项　目	优抚、救济人数(人)		抚恤、补助救济金额(元)	
	2005 年	2004 年	2005 年	2004 年
烈属牺牲病故军人家属抚恤	33	34	330000	344000
革命伤残人员抚恤	508	519	1981000	328000
复退军人生活补助	165	165	1945000	1572000
城镇最低生活保障	15702	16165	47514000	51829000
精减退职老职工救济	63	66	361000	298000
临时救济困难人	23637	16957	7067000	1590000
离退休人员	887	1361	14342000	–
离　林	25	–	765000	–

(数据来源:民政局)

社会保障基本情况

表 35

项　　目	单　位	2005 年	2004 年
一、养老保险			
参加单位数	个	3202	2573
参加职工(含退休)人数	人	179226	169897
收缴金额	万元	102266	83768
发放金额	万元	147274	130477
保险基金征缴率	%	99.23	96.3
二、基本医疗保险			
参加单位数	个	3213	2839
参加人数	人	377471	336467
收缴金额	万元	71600	59000
发放金额	万元	44087	35700
保险基金征缴率	%	99	99
三、工伤保险			
参加单位数	个	3014	1739
参加人数	人	158862	116895
收缴金额	万元	1657	1307
发放金额	万元	794	774
保险基金征集率	%	98.7	99.66
四、失业保障			
参加单位数	个	3348	1855
参加人数	人	209578	186185
领取失业保险金人数	人	12040	11628
收缴金额	万元	9491	8785
发放金额	万元	10212	8890
保险基金征缴率	%	99.4	99

(数据来源:劳动局)

1980 年—2005 年北京城市价格指数

表 36 单位:%

年　度	居民消费价格指数	商品零售价格指数
1980 年	106.0	106.7
1981 年	101.3	101.4
1982 年	101.8	102.0
1983 年	100.5	100.6
1984 年	102.2	102.1
1985 年	117.6	118.6
1986 年	106.8	106.7
1987 年	108.6	108.7
1988 年	120.4	121.9
1989 年	117.2	118.5
1990 年	105.4	104.1
1991 年	111.9	108.5
1992 年	109.9	108.5
1993 年	119.0	116.9
1994 年	124.9	117.9
1995 年	117.3	112.6
1996 年	111.6	107.3
1997 年	105.3	103.8
1998 年	102.4	98.3
1999 年	100.6	98.8
2000 年	103.5	98.9
2001 年	103.1	98.8
2002 年	98.2	98.4
2003 年	100.2	98.2
2004 年	101.0	99.2
2005 年	101.5	99.7

(cdd)

2005 北京市城市价格指数

表 37　　　　单位:%

日　期	居民消费价格指数		商品零售价格指数	
	本　月	累　计	本　月	累　计
一月	100.8	100.8	99.3	99.3
二月	102.8	101.8	99.9	99.6
三月	101.7	101.8	99.3	99.5
四月	101.7	101.7	99.5	99.5
五月	101.8	101.8	99.6	99.5
六月	101.5	101.7	99.4	99.5
七月	101.6	101.7	99.4	99.5
八月	101.4	101.7	99.6	99.5
九月	101.0	101.6	99.8	99.5
十月	101.2	101.5	100.1	99.6
十一月	101.0	101.5	100.2	99.6
十二月	101.1	101.5	100.6	99.7

(cdd)

附　　录

中共北京市宣武区委主要文件目录

中共北京市宣武区委文件

宣发〔2005〕1 号　印发唐大生同志在区委九届三次全体(扩大)会议上报告的通知

宣发〔2005〕2 号　贯彻中央和市委加强党的执政能力建设要求的实施意见

宣发〔2005〕3 号　印发《北京市宣武区 2004—2008 年创建文明城区规划》的通知

宣发〔2005〕4 号　关于打造宣武教育强区基本实现宣武教育现代化的意见

宣发〔2005〕5 号　关于加强处级领导班子思想政治建设提高履职能力的意见

宣发〔2005〕7 号　印发《关于区属国有及国有控股企业领导人员管理办法(试行)》的通知

宣发〔2005〕8 号　关于表彰第五届北京厂甸庙会和第十届北京大观园红楼庙会先进个人的决定

宣发〔2005〕9 号　关于进一步加强调查研究工作的意见

宣发〔2005〕10 号　关于对荣获"2005 年全国先进工作者、北京市劳动模范(先进工作者)和北京市模范集体"称号的集体和个人进行表彰的决定

宣发〔2005〕11 号　关于推进城市基层管理体制改革和加强社区建设的意见

宣发〔2005〕12 号　印发《中共北京市宣武区委常委会保持共产党员先进性教育活动整改方案》的通知

宣发〔2005〕13 号　印发《区政府党组先进性教育活动整改方案》的通知

宣发〔2005〕14 号　关于表彰基层工作先进单位和优秀个人的决定

宣发〔2005〕15 号　关于进一步加强基层工作的意见

宣发〔2005〕16 号　印发《关于深入开展社区教育创建学习型城区的实施意见》的通知

宣发〔2005〕17 号　关于贯彻落实《中共中央关于进一步加强中国共产党领导的多党合作和政治协商制度建设的意见》的实施意见

宣发〔2005〕18 号　关于推进基层党建工作创新的实施意见

宣发〔2005〕19 号　关于认真学习贯彻十六届五中全会精神的通知

宣发〔2005〕20 号　印发《中共北京市宣武区委关于制定宣武区国民经济和社会发展第十一个五年计划的建议》的通知

宣发〔2005〕21 号　关于表彰民族团结进步先进单位和先进个人的决定

中共北京市宣武区委办公室文件

宣办发〔2005〕1 号　关于对 2004 年度信息工作中做出优异成绩的单位和信息员予以表扬的通知

宣办发〔2005〕2 号　转发区委组织部《关于实施增强党组织创造力凝聚力战斗力工程的意见》的通知

宣办发〔2005〕3 号　关于在开展先进性教育活动期间减少党员领导干部和党员离京外出的通知

宣办发〔2005〕4 号　印发《进一步做好党派提案工作暂行办法》的通知

宣办发〔2005〕5 号　印发《2005 年区委常委会议题安排计划》的通知

宣办发〔2005〕6 号　关于成立中国电影诞生地百年纪念活动领导小组的通知

宣办发〔2005〕7 号　转发《中共北京市宣武区委政法委关于宣武区 2005 年政法工作意见》的通知

宣办发〔2005〕8 号　印发《〈中共北京市宣武区委贯彻中央和市委加强党的执政能力建设要求的实施意见〉各项任务分解方案》的通知

宣办发〔2005〕9号　转发《中共北京市委办公厅、北京市人民政府办公厅关于学习宣传贯彻〈信访条例〉的通知》的通知

宣办发〔2005〕10号　关于成立宣武区奥运安全保卫领导小组的通知

宣办发〔2005〕11号　关于恢复"宣武区'北京市民讲英语活动'领导小组"的通知

宣办发〔2005〕12号　印发《宣武区2005年党风廉政建设和反腐败工作主要任务》的通知

宣办发〔2005〕13号　转发《中共北京市委办公厅北京市人民政府办公厅关于2005年"五一"国际劳动节放假期间做好全市维护社会稳定、防范安全事故、加强值班等工作的通知》的通知

宣办发〔2005〕14号　印发《关于加强未成年人思想道德建设和社区教育工作向街道选派教师的意见(试行)》的通知

宣办发〔2005〕15号　印发《关于贯彻落实北京市第五次城市管理工作会议精神实施折子工程的意见》的通知

宣办发〔2005〕16号　关于规范和深化局处级领导干部联系重点单位制度的工作意见

宣办发〔2005〕17号　关于落实机关工作人员年休假制度的通知

宣办发〔2005〕18号　转发《北京市宣武区社区建设和城市管理体制改革领导小组办公室关于建立信息化城市管理系统工作方案》的通知

宣办发〔2005〕19号　关于评选表彰基层工作先进单位和优秀个人的通知

宣办发〔2005〕20号　转发《中共北京市宣武区委政法委关于贯彻落实〈市委政法委关于进一步加强和改进律师工作的意见〉的意见》的通知

宣办发〔2005〕21号　关于做好2006年度中央和市委党报党刊征订发行工作的通知

宣办发〔2005〕22号　关于2005年国庆节期间维护安全稳定加强值班等工作的通知

宣办发〔2005〕23号　关于区政协委员在区政协十一届二次会议期间对政府工作所提意见、建议的办理报告

宣办发〔2005〕24号　关于成立北京市宣武区突发公共事件应急委员会的通知

宣办发〔2005〕25号　转发《宣武区民族宗教工作领导小组办公室关于召开宣武区第六届民族团结进步先进集体、先进个人表彰大会的工作意见》的通知

宣办发〔2005〕26号　转发《宣武区政务公开领导小组办公室关于开展网上全程办事代理与审批工作实施意见》的通知

宣办发〔2005〕27号　转发《北京市宣武区社区建设和城市管理体制改革领导小组办公室关于建立局处级领导干部联系社区制度实施意见》的通知

宣办发〔2005〕28号　关于成立2006年春节厂甸庙会和大观园红楼庙会组织机构的通知

宣办发〔2005〕29号　关于成立宣武区爱国主义教育基地领导小组的通知

宣办发〔2005〕30号　关于认真做好今冬明春安全生产工作的通知

宣办发〔2005〕31号　关于开展宣武区民族团结进步宣传教育月活动的通知

宣办发〔2005〕32号　关于做好2006年元旦、春节期间有关工作的通知

北京市宣武区人民政府主要文件目录

北京市宣武区人民政府文件

宣政发〔2005〕1号　北京市宣武区人民政府印发2005年在直接关系群众生活方面拟办重要实事计划的通知

宣政发〔2005〕2号　北京市宣武区人民政府关于印发宣武区开展严禁赌博活动专项行动工作方案的通知

宣政发〔2005〕3号　北京市宣武区人民政府关于印发宣武区2005年人口和计划生育工作要点的通知

宣政发〔2005〕4号　北京市宣武区人民政府印发武高山区长在第十三届人民代表大会第二次会议上所作政府工作报告的通知

宣政发〔2005〕5号　北京市宣武区人民政府关于表彰2003—2004年度人大代表建议和政协委员提案办理工作先进单位先进个人和优秀承办件的通知

宣政发〔2005〕6号　北京市宣武区人民政府印发2005年主要工作任务指标分解责任制的通知

宣政发〔2005〕7号　北京市宣武区人民政府关于表彰再就业工作先进集体和先进个人决定的通知

宣政发〔2005〕9号　北京市宣武区人民政府关于做好2005年就业再就业工作的通知北京市宣武区人民政府关于发布本区第十一阶段控制大气污染措施的通告

宣政发〔2005〕10号　北京市宣武区人民政府关于表彰

2003－2004 年度行政执法工作先进单位和先进工作者决定的通知

宣政发〔2005〕11 号　北京市宣武区人民政府关于推进我区社会救助体系建设的意见

宣政发〔2005〕12 号　北京市宣武区人民政府贯彻市政府关于加强防震减灾工作意见的通知

宣政发〔2005〕13 号　北京市宣武区人民政府关于 2005 年冬季征兵工作的通知

宣政发〔2005〕14 号　北京市宣武区人民政府关于印发宣武区防控高致病性禽流感措施的通知

宣政发〔2005〕15 号　北京市宣武区人民政府关于推行行政执法责任制工作实施方案的通知

区人民政府通告(第 1 号)《北京市宣武区人民政府关于废止部分规范性文件目录》

区人民政府通告(第 2 号)《北京市宣武区人民政府行政许可档案管理规定》

区人民政府通告(第 3 号)《北京市宣武区人民政府行政规范性文件管理规定》

区人民政府通告(第 4 号)《北京市宣武区人民政府行政执法案卷评查规定》

区人民政府通告(第 5 号)《北京市宣武区人民政府行政执法人员文明执法规范》

区人民政府通告(第 6 号)《北京市宣武区人民政府关于规范行政自由裁量权行使的若干规定》

北京市宣武区
人民政府办公室文件

宣政办发〔2005〕1 号　北京市宣武区人民政府办公室关于印发 2004 年区政府在直接关系群众生活方面拟办重要实事计划完成情况的通知

宣政办发〔2005〕2 号　北京市宣武区人民政府办公室关于印发区政府作任务指标分解责任制完成情况的通知

宣政办发〔2005〕3 号　北京市宣武区人民政府办公室关于举办 2005 年厂甸庙会和大观园红楼庙会的通知

宣政办发〔2005〕4 号　北京市宣武区人民政府办公室关于表彰 2004 年督查工作先进单位优秀督查件的通知

宣政办发〔2005〕5 号　北京市宣武区人民政府办公室关于印发《宣武区企业信用信息系统建设实施方案》的通知

宣政办发〔2005〕6 号　北京市宣武区人民政府办公室关于印发 2005 年 2 月至 2006 年 1 月区政府常务会议区长办公会议议题安排计划的通知

宣政办发〔2005〕7 号　北京市宣武区人民政府办公室关于印发宣武区实施素质教育目标责任制评价方案(修订·试行)的通知

宣政办发〔2005〕8 号　北京市宣武区人民政府办公室关于开展实施素质教育自评工作的通知

宣政办发〔2005〕9 号　北京市宣武区人民政府办公室转发区监察局关于 2005 年宣武区行政监察工作要点的通知

宣政办发〔2005〕10 号　北京市宣武区人民政府办公室关于开展 2005 年宣武区 1% 人口抽样调查的通知

宣政办发〔2005〕11 号　北京市宣武区人民政府办公室关于成立宣武区刑释解教人员安置帮教工作领导小组的通知

宣政办发〔2005〕12 号　北京市宣武区人民政府办公室转发区教委关于深入开展社区教育创建学习型城区实施意见的通知

宣政办发〔2005〕13 号　北京市宣武区人民政府办公室转发区防汛指挥部关于宣武区 2005 年防汛工作意见的通知

宣政办发〔2005〕14 号　北京市宣武区人民政府办公室转发区法制办关于宣武区 2005 年依法行政工作要点的通知

宣政办发〔2005〕15 号　北京市宣武区人民政府办公室关于深入开展整治违法排污企业保障群众健康环保专项行动实施方案的通知

宣政办发〔2005〕16 号　北京市宣武区人民政府办公室关于成立宣武区卫生工作委员会的通知

宣政办发〔2005〕17 号　北京市宣武区人民政府办公室转发区残联关于宣武区进一步加强扶助贫困残疾人工作的实施意见的通知

宣政办发〔2005〕18 号　北京市宣武区人民政府办公室关于做好 2005 年献血工作的通知

宣政办发〔2005〕19 号　北京市宣武区人民政府办公室转发区教委等五个部门关于加强社区建设工作实施方案的通知

宣政办发〔2005〕20 号　北京市宣武区人民政府办公室关于做好第二次全国残疾人抽样调查工作的通知

宣政办发〔2005〕21 号　北京市宣武区人民政府办公室转发区劳动保障局关于做好全区低保就业服务对象就业工作实施意见(试行)的通知

宣政办发〔2005〕22 号　北京市宣武区人民政府办公室关于成立区防治艾滋病工作委员会的通知

宣政办发〔2005〕23号　北京市宣武区人民政府办公室转发区信息办关于《北京市政府信息网上公开试行办法》实施意见的通知

宣政办发〔2005〕24号　北京市宣武区人民政府办公室关于成立防治重大动物疫病指挥部的通知

宣政办发〔2005〕25号　北京市宣武区人民政府办公室关于成立宣武区信访事项复查、复核工作领导小组的通知

宣政办发〔2005〕26号　北京市宣武区人民政府办公室转发区市政管委关于宣武区今冬明春扫雪铲冰工作方案的通知

宣政办发〔2005〕27号　北京市宣武区人民政府办公室关于印发宣武区推行行政执法责任制实施方案的通知

驻区主要单位名录

驻区主要中央单位

名　　称	行业类别	地　　址
华北电网有限公司	工　业	宣武区广安门内大街482号
中国铁路物资北京公司	商　业	宣武区宣武门西大街28号1楼
中国烟草物资公司	商　业	宣武区广安门外大街9号9层
中铁行包快递有限责任公司	交通运输业	宣武区鸭子桥路24号
中国烟叶公司	商　业	宣武区广安门外大街9号
中国北方工业公司	商　业	宣武区广安门南街甲12号
中国水利水电建设集团公司	建筑业	宣武区白广路二条1号
中国烟草机械集团有限责任公司	商　业	宣武区广安门外大街9号
中国机械设备进出口总公司	商　业	宣武区广安门外大街178号
中设工程机械进出口有限责任公司	商　业	宣武区广安门外大街178号
中国水利电力物资有限公司	商　业	宣武区广安门内大街甲306号
北京印钞厂	工　业	宣武区白纸坊街23号
中国金币总公司	商　业	宣武区宣外大街6号庄胜广场北楼东区14层
中冶京诚工程技术有限公司	服务业	宣武区白广路4号
中国集邮总公司	商　业	宣武区宣武门东大街2号
中普科贸有限责任公司	商　业	宣武区莲花池东路102号天莲大厦8－9层
中国卷烟销售公司	商　业	宣武区广安门外大街9号
中国万宝工程公司	服务业	宣武区广安门南街甲12号
中能燃料配送有限公司	商　业	宣武区白广路2条1号
中冶集团北京钢铁设计研究总院	服务业	宣武区白广路4号
中国地图出版社	服务业	宣武区白纸坊西街3号
中国铁通集团有限公司北京分公司	交通运输业	宣武区广安门外大街248号机械大厦四层
中国电工设备总公司	服务业	宣武区广安门外莲花河胡同1号
中国中医研究院广安门医院	服务业	宣武区北线阁5号
中铁建设开发中心	交通运输业	宣武区西站地区南蜂窝路9－1
中国普天信息产业集团公司	服务业	宣武区宣武门西大街28号

名　称	行业类别	地　址
中国铁路物资总公司	商　业	宣武区南滨河路乙 25 号
北京金华房地产开发公司	房地产业	宣武区育新街 2 号
北京电力工程公司	建筑业	宣武区右内西街 2 号
中设国际贸易有限责任公司	商　业	宣武区广安门外大街 178 号
中经东源进出口公司	服务业	宣武区广安门外大街 248 号机械大厦 20 层
名　称	行业类别	地　址
中国机械对外经济技术合作总公司	服务业	宣武区广安门外大街 248 号机械大厦 20 层
高新国际贸易有限公司	商　业	宣武区南滨河路 1 号
北京邮票厂	工　业	宣武区右安门内大街 8 号
润华农水实业开发公司	商　业	宣武区广安门南街 60 号荣宁园小区 4 号楼二层
中国药材集团公司	商　业	宣武区广安门外大街 248 号机械大厦 12 层
北京广华轩房地产开发有限责任公司	房地产业	宣武区广安门内大街 338 号 901 室
北京市宣武烟草公司	商　业	宣武区南菜园街甲 1 号
中设国际工程有限责任公司	商　业	宣武区广安门外大街 178 号
中国印刷物资总公司	商　业	宣武区马连道路 16 号
中国华电集团公司北京第二热电厂	工　业	宣武区莲花池东路 16 号
中国通用机械工程总公司	服务业	宣武区太平街甲 2 号
中国疾病预防控制中心	服务业	宣武区南纬路 27 号
国电能源开发有限公司	商　业	宣武区白广路二条 1 号
中国烟草进出口集团公司	服务业	宣武区广安门外大街 9 号
北方运动器材有限责任公司	商　业	宣武区广安门南街甲 12 号
新京报社	服务业	宣武区永安路 106 东楼 707 室
水利部综合事业局	公共管理业	宣武区南线阁 10 号 6 层
国务院国有资产监督管理委员会机关	公共管理业	宣武区宣武门西大街 26 号

驻区主要市属单位

名　称	行业类别	地　址
北京建工集团有限责任公司	建筑业	宣武区广莲路 1 号
北京建工一建工程建设有限公司 建筑业	宣武区	右安门内大街 75 号
北京市恒物金属材料有限公司	商　业	宣武区广安门外北滨河路甲 1 号
北京市医疗保险事物管理中心	服务业	宣武区永定门内西街 5 号
北京市八方达长途巴士客运有限责任公司	交通运输业	宣武区广安门外西街 47 号
北京市燕谷粮油购销公司	商　业	宣武区广安门南街 60 号 5 号楼 3 层
首都医科大学附属北京宣武医院	服务业	宣武区长椿街 45 号
首都医科大学附属北京友谊医院	服务业	宣武区永安路 95 号
北京全聚德烤鸭股份有限公司	商　业	宣武区前门西河沿街 217 号
北京王致和食品集团公司	工　业	宣武区枣林前街 19 号 310 室
北京市国合京龙进出口公司	商　业	宣武区登莱胡同 26 号
北京建工物流配送有限公司	商　业	宣武区西便门西里 10 号楼 1 – 3 层
名　称	行业类别	地　址
北京纳贝斯克食品有限公司	工　业	宣武区南线阁 60 号
北京市物资总公司	商　业	宣武区槐柏树街 2 号
北京大成开发集团有限公司	房地产业	宣武区宣武门西大街 28 号院 7 门 14 层

名称	行业类别	地址
北京广安华实投资管理有限公司	服务业	宣武区枣林前街32号
北京云铜鑫晨贸易有限公司	商　业	宣武区广安门外大街小红庙18号楼8－101室
北京市京工服装进出口有限公司	商　业	宣武区宣武门外大街92号
中国有色金属进出口北京公司	商　业	宣武区感化胡同3号院
北京二商集团有限责任公司	商　业	宣武区槐柏树街2号
北京城乡欣瑞建设有限公司	建筑业	宣武区登莱胡同22号
中铁物总进出口有限公司	商　业	宣武区宣武门西大街28号1门16层
恒万实业有限公司	建筑业	宣武区鸭子桥6号万隆酒店605室
北京赛瑞斯达电气设计研究所	服务业	宣武区白广路4号
北京市公安局宣武分局	公共管理业	宣武区梁家园胡同1号
北京市劳动和社会保障局	公共管理业	宣武区永定门内西街5号
北京城乡昊都建设有限公司	建筑业	宣武区广安门外南街57号
北京市农业机械公司	商　业	宣武区广安门外红居南街1号
北京同力达通信服务有限公司	服务业	宣武区永安路173号
北京国道通公路设计研究院	服务业	宣武区槐柏树后街23号
北京利丰雅高长城印刷有限公司	工　业	宣武区永定门西街甲2号
深圳大厦有限公司	服务业	宣武区广安门外大街1号
北京中色亿安金属进出口有限公司	商　业	宣武区感化胡同3号院3号南楼
北京粮食集团有限责任公司	商　业	宣武区广内大街316号
北京蒙诺汽车减振器有限公司	工　业	宣武区广安门外鸭子桥路25号
北京市统计局	公共管理业	宣武区广安门南街36号
北京市劳动教养工作管理局	公共管理业	宣武区右安门东街7号
北京市大成房地产开发总公司	房地产业	宣武区宣武门西大街28号院－7(大成广场14－15层)
北京市热力工程公司	建筑业	海淀区会城门铁东宿舍对面热力站
中国书店	商　业	宣武区琉璃厂东街115号
北京市社会保险基金管理中心	服务业	宣武区永定门内西街5号
北京房开置业股份有限公司	房地产业	宣武区广安门内大街210号西华经典二层
北京市建设工程专业劳务发包承包交易中心	服务业	宣武区广安门南街68号
北京宣兴房地产开发股份有限公司	房地产业	宣武区枣林前街35号
北京市路政局养路费征收稽查处	公共管理业	宣武区广安门内大街317
名　　称	行业类别	地　　址
北京市自来水集团来水亭物资有限公司	商　业	宣武区马连道路12号
义利－纳贝斯克饼干食品有限公司	工　业	宣武区南线阁60号
北京市宣武区振兴教育书店	商　业	宣武区红莲北里17号院3号楼
北京电力先行实业公司	建筑业	宣武区白纸坊东街22号
北京市宣武区国家税务局	公共管理业	宣武区四平园7号楼

驻区主要宾馆饭店

名　　称	地　　址	电　　话
深圳大厦有限公司	宣武区广安门外大街1号	63271188
大观园游览中心有限公司	宣武区南菜园街88号	63538899
北京新北纬饭店有限责任公司	宣武区西经路11号	63012266
北京越秀大饭店有限公司	宣武区宣武门东大街24号	63014499

北京市丰泽园饭店	宣武区珠市口西大街 83 号	63186688
北京苏源大厦有限责任公司	宣武区广安门外大街 3 号	63267788
北京陶然花园酒店	宣武区太平街 19 号	63548536
北京市建设大厦置业有限责任公司	宣武区广莲路甲 5 号	63986611
北京金色夏日商务酒店有限公司	宣武区西便门内大街 85 号	63012999
北京诺林大酒店有限责任公司	宣武区菜园北里 29 号	63547540
北京潇湘大厦	宣武区北纬路 42 号	83161188
北京安华景苑饭店有限责任公司	宣武区马连道路 9 号	63272292
北京东方饭店有限公司	宣武区万明路 11 号	63014466
北京广安宾馆有限责任公司	宣武区广安门内大街 321 号 83153388	
北京气象宾馆	宣武区马连道南街 12 号	63266688
北京普明大厦	宣武区广安门内大街 308 号 83583118	
北京龙电宾馆	宣武区白广路甲 6 号	63549911
北京轻联富润饭店管理有限公司	宣武区铁门胡同 35 号	63018943
北京市远东饭店	宣武区铁树斜街 90 号	63018811
北京红龙宾馆有限责任公司	宣武区陶然亭路 12 号	63526002
北京瑞驰大酒店有限责任公司	宣武区南新华街甲 1 号	63022277
北京市凤龙豆花宾馆有限责任公司	宣武区太平街 35 号	63536413
北京云天酒店有限公司	宣武区白广路二条甲 3 号	63553377
北京京都紫禁城饭店有限责任公司	宣武区广安门南街 48 号	63549955
北京虹口宾馆	宣武区广安门南街 24 号	63542383
北京宏都花宇宾馆有限公司	宣武区广安门南街 54 号	63578679
北京中邮苑宾馆	宣武区右安门内大街 17 号	63522377
北京国信宾馆	宣武区仁民路甲 11 号	83101319
北京天池宾馆有限公司	宣武区广安门南滨河路 87 号 63272255	
北京燕赵宾馆	宣武区白广路 10 号	63511133
北京信鸿宾馆	宣武区陶然亭路 45 号	63536688
北京国轻宾馆	宣武区右安门内大街 59 号	63522437
北京新宝乐如家客栈	宣武区粮食店街 61 号	63173366
北京新电京联宾馆有限责任公司	宣武区南线阁街 35 号	83516655
北京中彩酒店有限公司	宣武区广安门南街 48 号	63567733
北京前门百顺宾馆有限责任公司	宣武区粮食店街 39 号	83161115
北京海诚酒店有限责任公司	宣武区南运巷 11 号	63580318
北京玉华宫宾馆	宣武区右安门大街万博苑小区 4 号楼	83525566
北京长晨园宾馆有限公司	宣武区长椿街 1 号	63013436
北京市紫金万寿宫酒店有限公司	宣武区白纸坊东街甲 29 号	63556688
北京飞龙阁饭店	宣武区白纸坊西街 10 号	83557903
北京前门新新宾馆	宣武区廊房头条 17 号	63042937
北京昆明大厦	宣武区香炉营头条 33 号院 1 号楼 83152299	
北京电培宾馆有限责任公司	宣武区白广路 13 号	63545259
北京前新饭店	宣武区廊房头条 45 号	63032331
中国铁道出版社招待所	宣武区右安门西街 8 号	51873630
北京祥瑞宾馆有限公司	宣武区福长街 45 号	63012233
北京市无量宾馆有限公司	宣武区廊房头条 11 – 13 号	63025566
北京京徐宾馆有限责任公司	宣武区南线阁 35 号	63548723
北京京塑宾馆有限公司	宣武区廊房头条 20 号	63036328

区属社会团体

名　　称	业务主管单位	法人代表	地　　址
宣武区集邮协会	文化文物局	张林侠	宣武区东琉璃厂29号
宣武区作家协会	文化文物局	李金龙	宣武区东琉璃厂29号
宣武区京昆艺术发展促进协会	文化文物局	刘群生	宣武区板章胡同9号
宣武区书法家协会	文化文物局	李文新	宣武区南菜园街12号
宣武区饮食行业协会	经贸委	孙　勇	宣武区板章胡同9号
宣武区服务行业协会	经贸委	朱　斌	宣武区板章胡同9号
宣武区商业经济学会	经贸委	王鸿义	宣武区西便门东里12号
宣武区老教育工作者协会	教　委	王基伟	宣武区梁家园胡同4号
宣武区理科学会	教　委	万　福	宣武区广内大街171号
宣武区教育学会	教　委	王守愚	宣武区广内大街171号
宣武区成人教育协会	教　委	李培恒	宣武区广内大街171号
宣武区陶然亭住宅合作社	建　委	谢建存	宣武区黑窑厂西里7楼
宣武区广外住宅合作社	建　委	王孚清	宣武区马连道中里2－5－
宣武区建筑行业学会	建　委	蔡钟林	宣武区右内大街26号旁门
宣武区房地产业协会	国土房管局	冯志高	宣武区果子巷77号
宣武区劳动学会	劳动局	吴甲龙	宣武区北大吉巷12号
宣武区社区家政服务就业管理协会	劳动局	马捍国	宣武区北大吉巷12号
宣武区烹饪学会	科　委	孙　勇	宣武区太平街5号
宣武区青少年科技辅导员协会	科　委	韩玉书	宣武区南横西街119号
宣武区园林学会	科　委	李松涛	宣武区盆儿胡同甲12号
宣武区医药卫生学会	卫生局	何永洁	宣武区天宁寺前街南里14
宣武区环境保护学会	环保局	蔡求源	宣武区北半截胡同甲13号
宣武区体育总会	体育局	马新云	宣武区登莱胡同26号
宣武区伊斯兰教协会	民宗办	薛天利	宣武区牛街88号
宣武区档案学会	档案局	陈　杨	宣武区麻刀胡同甲14号
宣武区消费者协会	计　委	赵兰洁	宣武区南菜园街5号
宣武区工商行政管理学会	计　委	张风平	宣武区南菜园街5号
宣武区个体劳动者协会	工商局	孟宪春	宣武区南菜园街5号
宣武区私营企业协会	工商局	赵秋华	宣武区南菜园街5号
宣武区党的建设研究会	组织部	王敏荣	宣武区南菜园街49号
宣武区计划生育协会	计生委	王永新	宣武区白纸坊东街甲25号
宣武区思想政治工作研究会	宣传部	张恕贤	宣武区广安门南街68号
宣武区人民对外友好协会	外事办	赵久合	宣武区广安门南街68号
宣武区海外联谊会	统战部	王玉兰	宣武区广安门南街68号
宣武区三胞妇女联谊会	统战部	单彩芝	宣武区白纸坊东街甲12号
宣武区海外同胞亲友联谊会	侨　办	李　铮	宣武区广安门南街68号
宣武区质量技术监督协会	技监局	张宗芳	宣武区自新路24号
宣武区慈善协会	民政局	马国有	宣武区崇效胡同18号
宣武区志愿者协会	民政局	迟淑敏	宣武区红莲北里10号
宣武区白纸坊街道文体工作协会	街道办	韩世和	宣武区新安中里4号

宣武区医疗器械协会	药监局	陈子平	宣武区广外三义东里 8 号
宣武区统计学会	统计局	王　宾	宣武区广安门南街 68 号
宣武区卷烟零售户协会	烟草专卖局	杨　捷	宣武区南菜园街甲 1 号
宣武区集邮协会	文化文物局	张林侠	宣武区东琉璃厂 29 号
宣武区作家协会	文化文物局	李金龙	宣武区东琉璃厂 29 号
宣武区京昆艺术发展促进协会	文化文物局	刘群生	宣武区板章胡同 9 号
宣武区书法家协会	文化文物局	李文新	宣武区南菜园街 12 号
宣武区饮食行业协会	经贸委	孙　勇	宣武区板章胡同 9 号
宣武区服务行业协会	经贸委	朱　斌	宣武区板章胡同 9 号
宣武区商业经济学会	经贸委	王鸿义	宣武区西便门东里 12 号
宣武区老教育工作者协会	教　委	王基伟	宣武区梁家园胡同 4 号

区域律师事务所

名　　称	地　　址
中允律师事务所	宣武区白广路二条 12 号中国水利投资公司一层
京泰律师事务所	宣武区白纸坊西街 20 号圣都大厦 309 室
亦德律师事务所	宣武区菜市口南大街陶然居 A 座 1005 室
建诚律师事务所	宣武区广安门内大街广信嘉园 C 座 23A－B
宝华德律师事务所	宣武区广安门内大街广信嘉园 C 座－13C
逸峰律师事务所	宣武区广安门内大街广信嘉园 A 座 3－A
光大律师事务所	宣武区广安门内大街广信嘉园 C 座 9E
中合律师事务所	宣武区广安门南街 36 号天缘公寓 B 座 1104 室
观澜律师事务所	宣武区广安门南街 42 号中建二局大厦 1605 号
义方律师事务所	宣武区广安门内大街 319 号广信嘉园 D 座 7E
信格律师事务所	宣武区核桃园西街 36 号丹通大厦 303 室
金台律师事务所	宣武区南滨河路 1 号高新大厦 3 层东
国源律师事务所	宣武区南滨河路 23 号立恒名苑 3 号楼 2004 室
中轩律师事务所	宣武区南滨河路 23 号立恒名苑 3 号楼 2105 室
汇源律师事务所	宣武区南滨河路 31 号华亨大厦 538 室
金石律师事务所	宣武区南菜园 49 号
广东圣天平律师事务所	宣武区手帕口南街甲 1 号西门二层
才良律师事务所	宣武区虎坊路 19 号院 17 号楼 1 单元 30 室
江山律师事务所	宣武区陶然亭路 53 号南楼 430 室
威宇律师事务所	宣武区宣外大街 6 号庄胜广场 3A19－20 室
中豪律师事务所	宣武区宣外大街 6 号庄胜广场南翼 13A
包银律师事务所	宣武区右安门内大街幸 10 楼地下室 27 号
浩光律师事务所	宣武区右安门内大街 67 号
安盛律师事务所	宣武区珠市口西大街 120 号太丰惠中大厦 18 层
法典航舰律师事务所	宣武区宣外大街庄胜广场 12 号楼 G 座 101 号

区域公证处

名　称	地　址
宣武区公证处	宣武区建功北里2区2号楼

区域教育机构名录

幼儿园

名　称	地　址
马连道幼儿园	宣武区红莲中里10号
小百合幼儿园	宣武区长椿街甲1号
实验幼儿园	宣武区南新华街21号
三义里第一幼儿园	宣武区三义里东里9号
三义里第二幼儿园	宣武区三义里西里7－2号
长椿街幼儿园	宣武区槐柏树街7号
三教寺幼儿园	宣武区里仁街12号
槐柏幼儿园	宣武区长椿街甲1号
虎坊路幼儿园	宣武区虎坊路14号楼旁门
回民幼儿园	宣武区枣林前街14号
烂缦幼儿园	宣武区烂缦胡同101号
北京市第四幼儿园	宣武区樱桃园三条7号
和平门幼儿园	宣武区上斜街66号

小　学

名　称	地　址
后孙公园小学	宣武区后孙公园胡同3号
琉璃厂小学	宣武区琉璃巷3号
第一实验小学	宣武区南新华街17号
菜市口胡同小学	宣武区菜市口胡同78号
回民小学	宣武区牛街西里5号
宣师二附小	宣武区登莱胡同29号
宣师一附小	宣武区右安门大街26号
上斜街小学	宣武区上斜街37号
北线阁小学	宣武区北线阁12号

康乐里小学	宣武区储库营 2 号
北京小学	宣武区槐柏树街 9 号
棕树斜街小学	宣武区棕树斜街 26 号
红莲小学	宣武区红莲中里 14 号
三义里小学	宣武区三义里 4 号
椿树馆小学	宣武区广外南街 43 号
天宁寺小学	宣武区天宁寺前街 35 号
青年湖小学	宣武区鸭子桥北里 13 号
广外一小	宣武区广外红居南街 2 号
福州馆小学	宣武区福州馆 3 号
陶然亭小学	宣武区龙泉胡同 5 号
中横街小学	宣武区中兵马街 16 号
太平街小学	宣武区太平街西巷 6 号
半步桥小学	宣武区白纸坊东街 27 号
老墙根三小	宣武区新桥胡同 1 号
右安门二小	宣武区右安门大街 67 号
白纸坊小学	宣武区白广路乙 27 号
南菜园小学	宣武区菜园街 28 号
香厂路小学	宣武区香厂路 31 号
新世纪实验小学	宣武区南纬路 2 号
煤市街小学	宣武区甘井胡同 18 号
炭儿胡同小学	宣武区炭儿胡同 11 号
西河沿小学	宣武区和平门外东街甲 1 号
培智中心学校	宣武区米市胡同 67 号

中　学

名　称	地　址
十四中	宣武区下斜街 40 号
十四中分校	宣武区老墙根甲 65 号
十五中	宣武区育新街 2 号
十五中分校	宣武区龙泉胡同 11 号
四十三中	宣武区后孙公园 37 号
六十二中	宣武区太平街西巷 5 号
六十三中	宣武区白广路 31 号
六十六中	宣武区枣林前街 111 号
七十八中	宣武区里仁街 10 号
一四零中	宣武区大川淀胡同 24 号
宣武分院附中	宣武区新安中里二巷 10 号
前门西街中学	宣武区和平门外东街甲 5 号
北纬路中学	宣武区北纬路 46 号
育才学校	宣武区东经路 21 号
广安中学	宣武区枣林斜街 55 号
回民学校	宣武区广安门内大街 223 号

宣武外国语实验学校	宣武区南菜园街35号
徐悲鸿中学(初中部)	宣武区永安路寿长街1号
徐悲鸿中学(高中部)	宣武区永安路寿长街1号
华夏女子中学	宣武区红莲中里12号
师大附中	宣武区南新华街2号
宣武一职	宣武区西便门内大街69号
宣武二职	宣武区宣外大街203号
宣武三职	宣武区南菜园街13号

高等院校

名　称	地　址
北京广播电视大学宣武分校	宣武区菜园街13号
宣武红旗业余大学	宣武区右安门内大街79号
北京教育学院宣武分院	宣武区永定门西街甲1号
北京教育学院宣武分院二部	宣武区广内大街171号
中国伊斯兰教经学院	宣武区南横街103号
北京市伊斯兰教经学院	宣武区天桥福长街四条2号
中国佛教学院	宣武区法源寺前街5号

校外活动场所

名　称	地　址
宣武区少年宫	宣武区陶然亭路51号
宣武区少年科技馆	宣武区上斜街36号
宣武区少年美术馆	宣武区梁家园5号
广外少年之家	宣武区椿树园小区4号

区域医疗机构名录

中央、市属医院

名　称	地　址	电　话
中国中医研究院广安门医院	宣武区广安门内北线阁5号	63013311
首都医科大学附属北京友谊医院	宣武区永安路95号	63014411
首都医科大学附属北京宣武医院	宣武区长椿街45号	63013355

区属、单位医院

名　　称	地　　址	电　　话
北京市回民医院	宣武区右安门内大街11号	63527755
宣武区中医医院	宣武区万明路甲8号	63038881
宣武区广内医院	宣武区校场五条49号	63037685
宣武区椿树医院	宣武区西琉璃厂63号	63035473
宣武区广外医院	宣武区广安门外三义里甲2号	63464828
宣武区白纸坊医院	宣武区平原里19号	63526395
宣武区陶然亭医院	宣武区南横东街103号	36534679
宣武区大栅栏医院	宣武区煤市街152号	63034250
宣武区天桥医院	宣武区北纬路11号	63012886
宣武区精神病医院	宣武区新安北里二巷20号	63523343
宣武区妇幼保健院	宣武区平原里19号楼	63537985
宣武区老年病医院	宣武区上斜街61号	63464828
宣武区华京医院	宣武区福州馆街4号	63521972
宣武区白云路医院	宣武区广安门外小马厂西里1号	63499036
宣武流动医院	宣武区广安门外大街甲2号	63261607
宣武区结核病防治所	宣武区广安门内大街石虎巷27号	63037565
宣武区急救站	宣武区右安门内大街11号	83539820
北京印钞厂医院	宣武区白广路26号	63543344－2930、2929
北京康迈医院	宣武区长椿街12号	63182267

卫生部、门诊部、医务室

名　　称	地　　址	电　　话
北京国医阁疑难病研究院第一中医门诊部	广安门外大街甲397号	63361636
北京口腔医院宣武第二门诊部	宣武区广内大街304号	83559101
北京张方明口腔诊所	宣武区右内西街甲1号	13501132180
中国歌剧舞剧院医务室	宣武区南华东街2号	83542871
北京瑞普达肿瘤药物研发中心中医门诊部	宣武区白纸坊西街22号都市晴园底商	83526088
中国疾病预防控制中心医务室	宣武区南纬路29号	63046086
中共中央台湾工作办公室服务局医务室	宣武区广安门南街6－1号	83551826
北京南文萍中医诊所	宣武区珠市口西大街115号	86666067
北京中环广场置业有限公司酒店管理分公司医务室	宣武区莱园街1号中环假日酒店B1层	83970088－6165
北京十方泰和中医门诊部	宣武区广义街4号	63161003
中国中医研究院广安门医院第二中医门诊部	宣武区白纸坊东街27号	66015372
北京市宣武区大栅栏医院虎坊路门诊部	宣武区寿长街甲51号	83163290
北京焦建环口腔诊所	宣武区马连道10号住宅1单元304	63342796
北京韩井昌口腔诊所	宣武区输入胡同25号	63518300
北京瀛美医疗美容门诊部	宣武区白纸坊西街22号都市晴园底商	83552168
北京市宣武区广内医院长椿街西里诊所	宣武区长椿街西里15－17号楼之间平房	63021577

北京市宣武区广内医院槐柏树诊所	宣武区槐柏树北里6号楼对面	63164492
北京市宣武区广内医院广内大街诊所	宣武区广内大街305号	63039643
北京市宣武区广内医院西便门东里诊所	宣武区西便门东里9－10号楼之间平房	63047853
北京市宣武区广外医院红莲诊所	宣武区广外红莲北里10号	63465245
北京第一建筑工程公司综合门诊部	宣武区右安门大街75号	63515491
中国北方工业公司门诊部	宣武区广安门南街甲12号	83918120
中国兵器工业第五设计研究院门诊部	宣武区西便门内大街85号	63167800
北京市先农坛体育场门诊部	宣武区先农坛体育场内	63017744－2328
首都医科大学附属北京口腔医院宣武门诊部	宣武区宣外大街椿树园一层12A	63102302
北京同仁堂股份有限公司同仁堂医馆	宣武区大栅栏24号	63083740
北京奥仕口腔门诊部	北京前门西大街正阳市场2号楼二层	63020202
北京市南城中医门诊部	宣武区延寿寺街50号	83168083
北京市宣武区疾病预防控制中心门诊部	宣武区长椿街34号	63011309
北京京城国中医门诊部	宣武区虎坊路大街14号	83159670
北京银建门诊部	宣武区西便门内大街56号	63178787
北京大观园畅海中医门诊部	宣武区南菜园街2号	83546302
北京鹤年堂医药有限责任公司中医门诊部	宣武区广安门内大街临43－1号	63028560
北京市宣武区第二职业学校第三卫生站	宣武区西便门西里18号	63536040
北京市嘉和口腔门诊部	宣武区白纸坊西街4号	63568454
北京市宣武区广外医院三义里诊所	宣武区广外三义里小区8号楼	63462573
北京市宣武区广外医院白菜湾诊所	宣武区广外鸭子桥北里甲2号	63478127
北京市宣武区广外医院小红庙诊所	宣武区广外小红庙南里11号楼平房	63458895
北京市宣武区广内医院三庙诊所	宣武区长椿街东里22号楼对面平房	63064614
北京市宣武区广外医院广外大街门诊部	宣武区天宁寺东里18号	63465976
北京市宣武区椿树医院和平门诊所	宣武区和平门4号楼2门	110 63035473
北京市宣武区椿树医院魏染门诊部	宣武区魏染胡同37号	63035473
北京市宣武区椿树医院椿树园诊所	宣武区椿树园小区7号楼一层	63035473
北京市宣武区大栅栏医院硬石头胡同诊所	宣武区石头胡同7号	63047930
北京市宣武区大栅栏医院东琉璃厂诊所	宣武区东琉璃厂28号旁门	60330894
北京市宣武区大栅栏医院永安路诊所	宣武区永安路南4楼平房	63159497
北京市宣武区大栅栏医院仁民路诊所	宣武区天桥香仁胡同28号	63011443
北京市宣武区大栅栏医院北火扇诊所	宣武区北火扇29号后门	83167905
北京市宣武区陶然亭医院果子巷诊所	宣武区陶然亭果子巷胡同27号	63536901
北京市宣武区陶然亭医院南横东街诊所	宣武区红土店小区10号楼3门001号	63533757
北京市回民医院春风小区诊所	宣武区春风小区3号楼旁平房	63557410
北京市回民医院南线阁诊所	宣武区南线阁5号院内	83546938
北京市宣武区陶然亭医院姚家井门诊部	宣武区姚家井小区5号楼4门102	63539931
北京市回民医院牛街东里一区诊所	宣武区牛街东里一区18号楼二层	63524680
北京市宣武区白纸坊医院双槐里诊所	宣武区双槐里小区8号楼4单元B101号	63565979
北京市宣武区白纸坊医院右安门诊所	宣武区右外万博苑小区6号楼B105号	83518604
北京市宣武区白纸坊医院南菜园诊所	宣武区白纸坊建功北里4区2号楼旁	63586692
北京市宣武区白纸坊医院白纸坊胡同诊所	宣武区白纸坊西街17号院7号楼102号	63541541
北京万博医院管理有限公司康桥医院	宣武区半步桥街13号甲2号楼	63563120
北京市马连道京城诊所	宣武区马连道甲16号	63310595

北京华仁商贸有限公司陶然中西医结合诊所	宣武区陶然亭四平园 2 号楼一层	63554955
北京钢铁设计研究总院诊所	宣武区白广路 4 号	63572115
北京阿贝尔生物材料研究所南横东街诊所	宣武区南横东街 214 号	63528596
北京刘增顺口腔诊所	天桥北里 6 号楼 3 单元 203 室	83133454
北京张树藩口腔诊所	宣武门西大街 12 楼三门 1014 号	63036988
北京春元中医诊所	宣武区天桥北里 7 楼 1 门 503	67627068
北京董武申中医正骨诊所	宣武区南横东街 105 号	63535182
北京广外阿力口腔诊所	宣武区手帕口南街 48 号	63458606
北京杨慧敏中医诊所	京山线茶淀站清河农场五科医院	02267988421
北京夏淑珍口腔诊所	宣武区西草厂 62 号	63046837
北京查倬中医诊所	广安门外湾子三义西里七号楼 2 门 101	63477861
中国图片社医务室	宣武区宣外大街甲 1 号	63072352
中国集邮总公司行政处医务室	宣武区宣武门东大街 2 号	63022452
北京尹鸿斌中医诊所	宣武区万福巷一号	63030064
北京吴智峰口腔诊所	宣武区建工北里二区四号楼四门 002	63554667
北京陈淑玲口腔正畸诊所	宣武区四平园 2 号楼一层	63571073
华电(北京)热电有限公司卫生所	宣武区莲花池东路 16 号	63252671
北京电力工程公司卫生所	宣武区右内西街 2 号	63126287
北京市统计局医务室	宣武区广安门南街 36 号	86547153
北京第一建筑工程公司物业管理公司卫生站	宣武区右内西街甲 1 号	63524831
北京市市政工程管理处排水收费管理所卫生站	宣武区下斜街 40 号旁门	63175492
华北电力集团公司机关医务室	宣武区枣林前街 32 号	83583166
中国医学科学院药物研究所医务室	宣武区先农坛 1 号	63165295
北京市游泳运动学校医务室	宣武区太平街 12 号	63011609
北京市宣武区政府医务室	宣武区广安门南街 68 号	83976251
中国金融电子化公司医务室	宣武区右安门新安南里甲 1 号	63528884
水利部机关服务局医务室	宣武区白广路二条二号	63202330
北京大观园管理委员会卫生室	宣武区南菜园街 12 号	83629668
北京市公安局宣武分局医务室	宣武梁家园 1 号	63031398
中国电工设备总公司医务室	宣武区广外莲花河胡同 1 号	63447406
北京市劳动和社会保障局医务室	宣武区永内西街 5 号	63015736
北京市公共交通控股(集团)有限公司保修分公司三厂卫生站	宣武区广内核桃园东街 1 号	63037031
北京第三纺织机械有限公司卫生站	宣武区马连道东街 30 号	63310903
北京市塑料公司卫生站	宣武区廊房头条 20 号	63031739
北京市第一建筑工程公司西便门卫生所	宣武区西便门 4 号楼	63040347
北京北邮物业管理有限责任公司永安路卫生所	宣武区永安路 173 号	63015642
北京市宣武区外国语实验学校卫生站	宣武区南菜园街 35 号	63522427
北京市第六十六中学医务室	宣武区枣林前街 111 号	63541344
北京市宣武区一三四中学卫生站	宣武区北线阁 2 号	63548567
北京市第十五中学卫生站	宣武区陶然亭育新街 2 号	63521115
北京市第四十三中学医务室	宣武区后孙公园 37 号	63153783
北京市华夏女子中学卫生站	宣武区广外红莲中里 12 号	63261984
北京市第十四中学医务室	宣武区下斜街 40 号	63030959

北京小学卫生站	宣武区槐柏树街9号	63185083
北京市一四零中学卫生站	宣武区大川淀24号	63521702
北京市宣武区第三职业学校医务室	宣武区菜园街13号	63545869
北京市回民学校医务室	宣武区广内大街223号	83162475
北京市牛街沈凤仁中医针灸诊所	宣武区牛街东里1区3－16－03	63514703
国务院国有资产监督管理委员会机关服务局医务室	宣武区宣武门西大街26号	63192251
国家电网公司机关服务中心医务室	宣武区白广路二条一号	63414382
北京市首都旅游国际酒店集团有限公司前门饭店医务室	宣武区永安路175号	63016688－8923
北京徐殿基中医诊所	宣武区菜市口胡同16号	83516345
北京邮票厂医务室	宣武区右内大街8号	63524455－2178
中国疾病预防控制中心病毒病预防控制所医务室	宣武区迎新街100号	63533538
北京市物资总公司医务室	宣武槐柏树街2号市府大楼东楼419号	88011320
北京市物资贸易学校卫生站	宣武区右安门内西街5号	63541198
北京金隅集团有限责任公司医务室	宣武区槐柏树街2号	66416688－8834
北京市宣武区体育局医务室	宣武区登莱胡司26号	63582540
北京市恒物经贸发展有限公司医务室	宣武区广安门外马连道15号	68471217
北京市宣武区师范学校附属第二小学卫生站	宣武区登莱胡同29号	63548579－8013
北京市十四中西址医务室	宣武区广外天宁寺前街8号	63466903
北京市第六十二中学卫生站	宣武区太平街西巷四号	63534619－811
北京市宣武区第二职业学校第一卫生站	宣武区宣外大街203号	63033034－8103
北京市第一八二中学卫生站	宣武区寿长街1号	63188786－803
北京市一四六中学卫生站	宣武区莲花河东里61号	63271329－8020
北京市第七十八中学卫生站	宣武区里仁街10号	63524395－8311
北京市前门西街中学卫生站	宣武区和平门外东街甲5号	63021293
北京市育才学校卫生站	宣武区东经路21号	83102558
北京市北纬路中学卫生站	宣武区北纬路46号	63031256－8513
水利部离退休干部局医务室	宣武区白广路二条一号	63202159
电力工业部离退休干部局医务室	宣武区白广路二条一号北院	63015057
宣武区环境卫生服务中心卫生所	宣武区魏染胡同甲36号	63047480
北京六十三中学卫生站	宣武区白广路33号	63510726
北京市宣武区三教寺幼儿园卫生站	宣武区里仁街12号	83546149
北京市宣武区槐柏幼儿园卫生站	宣武区槐柏树街南里10号楼	63039953
北京市宣武区和平门幼儿园卫生站	宣武区上斜街66号	63181953
北京市宣武区虎坊路幼儿园卫生站	宣武区虎坊路14号楼1号	63030694
北京金鑫然医药有限责任公司虎坊路中医诊所	宣武区虎坊路大街14号	83545463
北京印钞厂幼儿园医务室	宣武区白纸坊街23号	63543344－2737
北京市第四幼儿园医务室	宣武区南樱桃园三条七号	63540586
北京市宣武区实验幼儿园医务室	宣武区南新华街21号	63033056
北京黄书善中医诊所	宣武区牛街西里2号楼1层12号	83532985
北京张澄德口腔诊所	宣武区永安路96号	63032619
北京银建大药房连锁有限公司清芷园中医诊所	宣武区育新街47号清芷园3号楼B座一层1房	63178493
北京教育学院宣武分院附属中学卫生站	宣武区新安中里10号	63522702－8019
北京市宣武区教委中小学卫生保健所	宣武区韩家胡同25号	63035025
北京华综产业开发总公司医务室	宣武区广安门南街2号	63510627

北京德寿堂医药有限公司德寿堂中医诊所	宣武区珠市口西大街 175 号	63032093
北京同仁堂连锁药店有限责任公司珠市口中医诊所	宣武区珠市口西大街 23 号	63032186
北京市邮政管理局老干部处医务室	宣武区永安路 173 号	63180603
北京师范大学附属中学卫生站	宣武区南新华街 18 号	63014680 - 229
北京庄胜崇光百货商场医务室	宣武区宣武门外大街 8 号	63103388
北京港中旅大厦有限公司医务室	宣武区广安门内大街 338 号	63574792
中国机械设备进出口总公司医务室	宣武区广安门外大街 178 号	63450019
北京市市政工程管理处第一管理所医务室	宣武区姚家井二巷 19 号	63532006
北京第一实验小学医务室	宣武区南新华街甲 3 号	63037631 - 8077
中国戏曲学院附中医务室	宣武区陶然亭路 39 号	63554265
国家信访局医务室	宣武区太平街甲 8 号	83101005
中国华能集团公司离退办医务室	宣武区广安门南街 2 号 4 层	63524227
北京同仁堂连锁药店有限责任公司牛街中医诊所	宣武区广安门内大街 306 号 6 号楼底	83528399
北京市邮政局公寓医务室	宣武区莲花池东路 124 号	63951164
经济日报社医务室	宣武区白纸坊东街 2 号	58393102
北京卫生学校医务室	宣武区南横街 94 号	63534215
北京市第十五中学分校医务室	宣武区陶然亭龙泉胡同 11 号	63521739
北京泰大新世纪投资有限公司瑞丹堂中医诊所	宣武区骡马市大街 220 号	63532277
中国建设银行北京市分行医务室	宣武区宣武门西大街 28 楼 7 号	63603713
首都医科大学宣武医院广安门口腔门诊部	宣武区枣林前街 119 号	63563397
北京市第十四中学分校卫生站	宣武区老墙根 65 号	63030229 - 8046
北京医保全新大药房有限责任公司前门中医诊所	宣武区前门西大街正阳市场 2 号楼	63035316
北京电信建筑工程公司第三医务室	宣武区陶然亭路 47 号	83520799
北京广外王志繁口腔诊所	宣武区广华轩 1 号楼 101	63436630
北京胡立明中医骨伤科诊所	宣武西便门小区西 1 号楼 1 门 1 号	63027701
北京有为口腔诊所	宣武区牛街西里二区十二楼一零一室	58376155
北京宣武区第二职业学校第二卫生站	宣武区广外三义里 5 号	63496153
宣房房屋经营公司医务室	宣武右内大街 15 号	63578016
北京市莱市口金圣诊所	宣武区广内大街临 53 号	83155113
北京孙沭波中医诊所	宣武区广外车站西街 15 号院	63319960
北京林培炎口腔诊所	宣武区广内大街 6 号 A - 2 - 502	63045979
北京齐安口腔诊所	宣武区红莲北里 11 号楼	63486472
北京教育学院宣武分院医务室	宣武区永定门内西街甲一号	83101383
北京邮政速递局卫生站	宣武区永安路 121 号	63031696
北京改成诊所	宣武区菜市口大街平原里小区 20 号楼(陶然居)B 座 08 - 01	83521683
北京薛健口腔诊所	宣武区广外马连道中街 22 号楼 2 单元 2 号	63442488
宣武区第一职业学校卫生站	宣武区西便门内大街 69 号	63170904
北京和平维康健康信息咨询服务中心和平维康诊所	宣武区鸭子桥路 1 号 3 号楼 1 单元 202	63395755
北京广外高武口腔诊所	宣武区广安门外马连道路 6 号依莲轩二期(华隆住宅小区)1 号楼 B(二)单元 103 号	3343103
北京陶万明中医推拿诊所	宣武区南横西街 94 号 3 - 2 - 103	63514284
北京广安中医诊所	宣武区宣外西草厂街 A202	13501147156

区域文化设施名录

全国重点文物保护单位

名称	地址
天宁寺塔	宣武区天宁寺前街2号
牛街礼拜寺	宣武区牛街88号
先农坛	宣武区东经路21号
法源寺	宣武区法源寺前街5号

北京市文物保护单位

名称	地址
盐业银行旧址	宣武区前门西河沿7号
京华印书局	宣武区南新华街177号
正乙祠戏楼	宣武区西河沿220号
谦祥益绸布店旧址门面	宣武区珠宝市5号
瑞蚨祥绸布店旧址门面	宣武区大栅栏街5号
交通银行旧址	宣武区前门西河沿街9号
祥义号绸布店旧址门面	宣武区大栅栏街1号
劝业场旧址	宣武区廊坊头条17号
纪晓岚故居	宣武区珠市口西大街241号
长椿寺	宣武区长椿街9、11号
湖广会馆	宣武区虎坊路3号、5号
云绘楼o清音阁	宣武区太平街19号
陶然亭慈悲庵	宣武区太平街19号
财政部印钞厂	宣武区白纸坊街23号
报国寺及顾亭林祠	宣武区报国寺前街1号
第十旅馆	宣武区粮食店街73号
德寿堂药店	宣武区珠市口西大街175号
湖南会馆	宣武区烂缦胡同101、103号
安徽会馆	宣武区后孙公园17、19、23、25、27号
三圣庵	宣武区黑窑厂街14、16号
金中都太液池	宣武区广外南街77号
康有为故居	宣武区米市胡同43号
杨椒山祠	宣武区宣外达智桥12号、教场三条2号

《京报》馆	宣武区魏染胡同30、32号
中山会馆	宣武区珠朝街5号
朱彝尊故居	宣武区海柏胡同16号

宣武区文物保护单位

名　称	地　址
崇效寺藏经阁	宣武区白广路乙27号
师大旧址	宣武区南新华街15号
师大附小旧址	宣武区南新华街20号
宝应寺	宣武区登莱胡同29
东南园四合院	宣武区东南园胡同49号
谭嗣同故居	宣武区北半截胡同41号
沈家本故居	宣武区金井胡同1号
绍兴会馆	宣武区南半截胡同7号
荀慧生故居	宣武区山西街甲13号
林白水故居	（拟原地复建）
尚小云故居	（异地迁建）
余叔岩故居	（异地迁建）
粤东新馆	宣武区南横西街11号

文化广场

名　称	地　址
红莲文化广场	广外红莲小区内
盼盼文化广场	珠市口大街晋阳饭庄东侧
牛街东里民族文化广场	牛街东里社区
白纸坊文化广场	樱桃园路口
枫桦豪景文化广场	牛街枫桦豪景楼前

文化馆

名　称	地　址
宣武区文化馆	琉璃厂东街29号

图书馆

名　称	地　址
宣武区图书馆	教子胡同8号

街道图书分馆

名　　称	地　　址
广内街道图书馆	感化胡同3号院12号楼
牛街街道图书馆	牛街东里社区2号楼地下
白纸坊街道图书馆	半步桥街13号
大栅栏街道图书馆	西河沿135号
天桥街道图书馆	宣武区北纬路9号
椿树街道图书馆	宣武区椿树东夹道4号
陶然亭街道图书馆	宣武区四平园9号楼1层
广外街道图书馆	广外马连道中里1区1号

电影院

名　　称	地　　址
中华电影娱乐宫	天桥市场85号
广安门电影院	白广路8号
大观楼影城	大栅栏街36号

中央、市、区属营业性演出场所

名　　称	地　　址
北京市天桥剧场	北纬路30号
北京市工人俱乐部	虎坊路7号
北京广德楼戏园	大栅栏街39号
北京湖广会馆大戏楼	虎坊路3号
北京天桥杂技剧场	天桥市场95号
北京正乙祠文化艺术中心	前门西河沿220号
北京天桥乐茶园有限公司	天桥市场113号
北京老舍茶馆	前门西大街3号楼
北京春晖剧场	陶然亭路51号
北京鑫融文体俱乐部有限公司	白纸坊街16号
北京大观园戏楼	南菜园街12号
北京广安体育馆	登莱胡同26号
北京首旅国际集团前门梨园剧场	永安路175号

博 物 馆

名　称	地　址
宣南文化博物馆	长椿街 11 号
北京古代建筑博物馆	东经路 21 号
中国佛教图书文物馆	法源寺前街 7 号
北京红楼文化艺术博物馆	南菜园街 12 号
古陶文明博物馆	右安门内西街 12 号
慈悲庵	太平街 19 号
北京戏曲博物馆	虎坊路 3 号
北京松堂斋民间雕刻博物馆	琉璃厂东街 14 号

歌 舞 厅

名　称	地　址
北京百姓世界娱乐有限公司	手帕口南街 64 号
北京百广钱柜文化娱乐有限公司	白广路 11 号
北京越丽华娱乐有限公司	宣武门东大街 24 号
北京市韩一明光歌舞厅	北纬路 30 号
北京金色风华文化传播公司	马连道东街 15 号院地下
北京港中旅大厦金童玉女娱乐分公司	广安门内大街 338 号
北京苏源锦江大厦歌舞厅	广安门外大街 3 号
北京诺林大酒店歌舞厅	菜园北里 29 号
北京中民大厦名门圣会歌舞娱乐厅	白广路 7 号
北京潇湘大厦歌舞厅	北纬路 42 号
北京安华景苑饭店歌舞厅	马连道路 9 号
北京宝丽马健身俱乐部	广义街 4 号一层

街道社区居民委员会

大栅栏街道

名　　称	办公地址	电　　话
百顺	韩家胡同 45 号	63046852
石头	石头胡同 29 号	63185425
大栅栏西街	燕家胡同 39 号	63033490
大栅栏西街	杨梅竹斜街 85 号	63034183
施家	甘井胡同 19 号	63033698
铁树斜街	樱桃斜街 21 号	63189405
廊房二条	廊房二条 44 号	63036417
前门西河沿	前门西河沿 135 号	63035293
三井	耀武胡同 11 号	63187071
延寿街	延寿街 21 号	63179911
大安澜营	大安澜营 23 号	63046944
前门西大街	前门西大街 6 – 3 – 113 号	63021510

天桥街道

名　　称	办公地址	电　　话
留学路	灵佑胡同 4 号	63030256
香厂路	香仁胡同甲 36 号	63013397
永安路	齐胜巷 22 号	63010185
虎坊路	虎坊路 12 号楼北	63030614
天桥小区	东经路 6 号院内	63011798
禄长街	禄长街头条 19 号内	63173108
南纬路	东经路 21 号	63189408
先农坛	南纬路 2 号院内	83153309
太平街	太平街甲 4 号	63185042

椿树街道

名　　称	办公地址	电　　话
梁家园	前孙公园 56 号	63016209

四川营	棉花上六条	63176453
椿树园	椿树园 4 号楼	63101533
宣东大街	宣外东里 2－2－101	63035268
琉璃厂西街	东夹道 4 号	63016102
红线	红线胡同 26 号	63014831

陶然亭街道

名　　称	办公地址	电　　话
米市胡同	米市胡同 86 号	63533045
果子巷	南横东街 100 号	83529675
粉房琉璃街	粉房胡同 81 号	63547426
福州馆	福州馆前街 2 号旁门	63512618
新兴里	南华里 2 号楼 2 单元 1 层	51250497
龙泉	龙泉胡同 5 号	63513678
黑窑厂	黑窑厂西里 2－4 号楼中间平房	63522371
红土店	红土店 6 号楼 1 单 001 号	63522520

广安门内街道

名　　称	办公地址	电　　话
西便门内	79 号院内平房	83171674 63189412
槐南	槐柏树南里 9－2－002 号	63176082 63188977
长西	长椿街西里 18 楼西侧	63173194 63179338
便门东里	西便门东里东平房 1 号	63181958 83162892
槐北	槐北甲 2 号楼下	63173669 63189428
便门西里	西便门西里 1－102 号	63174273 63186630
报国寺	胜利一巷 18 号	63012861 63189414
核桃园	核桃园东街 6 号	63183795 63182736
长椿里	长椿街 8 号楼 3－1 号	63012797 83169614
校场	校场小七条 10 号	63030478 63189435
上斜街	达智桥 45 号	63012997 63184529
小六条	校场小七条 10 号	63186215 63180642
宣西	宣西大街 4－103 号	63021249 63183397
三庙	长椿街东里 24 楼前	63021921 63185423
老墙根	建学新楼 4 门 103 号	63173447 63183854
长椿街	感化 3 号院内平房	63173441 63183701
广安东里	广内大街 159 号	63188470 63189148
大街东	223 号楼内东	63187057 63188820
康乐里	一号楼地下室	83103462 83103463

牛街街道

名　称	办公地址	电　话
牛街东里	牛街东里7号楼108室	83517034
春风	春风小区7号楼旁	63557354
菜园北里	枣林前街147号楼旁	63579245
南线阁	南线里4号楼	63572165
白广路	白广路二条4号	63510468
法源寺	法源寺西里5号楼1门D03室	63515146
枫桦	西砖34号	63510467
钢院	白广路6号院平房	83559272
牛街西里	牛街西里小区平房	63532345

白纸坊街道

名　称	办公地址	电　话
建功南里	建功南里6－104	63513647
自新路	半步桥60号	63522617
右内西街	右内西街甲10号院	63524831－355
平原里	平原里3号楼1－001	63532629
里仁街	里仁街6号院	63532851
光源里	安建北里19号	63537643
半步桥	半步桥13号院	63526774
崇效寺	中禾巷2号	63541481
新安中里	新安中三巷19号	6353959
万博苑	万博苑5号楼地下室	83531534
新安南里	新安南里4－1－01	63526944
菜园街	菜园东里3－东门－106	63541270
双槐里	双槐里小区6号楼南侧	63536244
建功北里	南菜园19号楼前	63543139
樱桃园	安北里甲23号	63525141
右北大街	右内大街辛10楼地下室	63522463
右内后身	右安西里9号	63527942
清芷园	清芷园警务站	63581190

广安门外街道

名　称	办公地址	电　话
鸭子桥	鸭子桥路18号1门地下室	63466445
青年湖	鸭子桥北里14号楼3单元B02室	63467479
椿树馆	车站东街15号院2－1－102	51824944

白菜湾	广外南街 43 号	63491022
大街东	广外大街 13 号院 1 号楼地下 2 层	51923736
手帕口南街	手帕口南街 40 号院西街平房	63440436
大街西	朗琴园蓝港大厦 410 室	63462705
红居街	恒昌花园 7 号	63260387
红居南街	小红庙 3 号楼旁平房	63466764
小红庙	小红庙 1 号楼 8 门 101 号	63463823
车西 15 号院	车站西街 15 号院西侧平房	63263017
车西 17 号院	车站西街 17 号院 8－3 地下室	63445219
车站西街	车站西街 1 号楼旁平房	63490519
红莲北里	红莲北里 5 号楼 3 门 101 室	63461081
红莲中里	红莲中里 2 号楼 103 室	63264398
红莲南里	红莲南里 8 号	63261498
三义东里	马连道中里二区 2 号楼西侧平房	63479822
三义里	三义里 4 号楼东门 101 室	63463322
马连道中里	马中里一区 2 号楼 121 号	63262737
马连道	马连道北里 4－2－213 地下室	63463845
湾子街	湾子街 3 号楼 6 门 102 室	63490520
莲花河	莲花河胡同 1 号	63467407
小马厂	小马厂 1 巷 1 号院 3 号楼地下室	63467792
手帕口北街	手帕口北街 9 号	63461330
天宁寺二热	小马厂东里 2 号楼 101 室	63262230
天宁寺西里华电	天宁寺西里 1 号楼 2 门 3 号	83584667
天宁寺北里	天宁寺前街北里 5－1－103 室	63477044
天宁寺南里	天宁寺南里 12 号楼东侧平房	63477025